Pflanzennamen und botanische Fachwörter

Professor Dr. Rudolf Schubert
und Dr. Günther Wagner

Pflanzennamen und botanische Fachwörter

Botanisches Lexikon
mit einer »Einführung
in die Terminologie und Nomenklatur«,
einem »Verzeichnis von Autorennamen«
und einem Überblick
über das »System der Pflanzen«

Neumann Verlag Leipzig · Radebeul

Schubert, Rudolf:
Pflanzennamen und botanische
Fachwörter / Rudolf Schubert u.
Günther Wagner. – 9. Aufl. –
Leipzig; Radebeul : Neumann Verlag.
1988. – 582 S.
ISBN 3-7402-0033-2
NE: Wagner, Günther

ISBN 3-7402-0033-2

9. revidierte und ergänzte Auflage 1988

VLN 151-310/105/88 · LSV 1359
Lektoren: Dr. Manfred Geyer, Johannes Kokot
Gestaltung: Petra Matzke
Printed in the German Democratic Republic
Gesamtherstellung: Karl-Marx-Werk Pößneck V 15/30
Bestell-Nr. 798 787 7

01680

Vorwort zur 9. Auflage

Mit dem »Botanischen Wörterbuch«, das in dieser Auflage revidiert vorliegt, wenden wir uns an alle Interessenten, die sich aus unterschiedlichen Beweggründen mit den Grundlagen oder mit bestimmten Teilgebieten der Botanik beschäftigen und hierbei Wert auf ein handliches Nachschlagewerk als sprachkundlichen und begriffserläuternden Rat- und Auskunftgeber legen. Unsere langjährigen, seit dem Erscheinen der 1. Auflage (1961) bestehenden Kontakte zu dem Benutzerkreis haben unsere Absicht in zunehmendem Maße bestätigt, daß das mit der botanischen Fachsprache näher vertraut machende Wörterbuch vorzugsweise von Studierenden, Biologielehrern sowie von sich weiterbildenden Praktikern der verschiedenen Fachrichtungen der angewandten Botanik (wie des Gartenbaus, der Land- und Forstwirtschaft) verwendet wird. Das trifft aber auch zu für sich auf das Studium an Hoch- und Fachschulen Vorbereitende und nicht zuletzt für jenen Personenkreis, der sich botanischen Fragen als Naturfreund oder als »Liebhaber-Botaniker« (z. B. der Cactaceae und der Orchidaceae) zuwendet und dabei ein erweitertes Informationsbedürfnis besitzt bzw. entwickelt.

Der botanisch und allgemeinbiologisch Interessierte wird – in Lehr- und Fachbüchern, in Zeitschriften, im Unterricht, bei Vorträgen, Exkursionen einschließlich Begehungen von botanischen Gärten, Lehrpfaden, Parks, Ausstellungen sowie naturkundlichen Museen – nicht selten mit Fachwörtern und Pflanzennamen konfrontiert, die dort nicht immer erklärt werden können. Auch wenn dies geschieht, so besteht dennoch das geweckte Interesse, sich bei der Vor- und Nachbereitung über Wissenswertes hinsichtlich sprachlicher Herkunft und fachwissenschaftlicher Aussagen zu informieren.

Unser Wörterbuch hat daher die Aufgabe, über die vor allem zum Grundwissen gehörenden bzw. relativ häufig auftretenden Pflanzennamen und botanischen Fachwörter rasche, kurzgefaßte Auskunft zu vermitteln. Somit soll es ein Lehr- und Hilfsmittel bei den verschiedenen Anlässen und Formen der mündlichen und schriftlichen Kommunikation sein.

Bei der präzisierten, revidierten Neufassung dieser Auflage wurde die bewährte Disposition beibehalten. Die textliche Abhandlung »Einführung in die Terminologie und Nomenklatur« ist dem lexikalischen Hauptteil vorangestellt. Es folgen eine Liste häufiger »Deutscher Namen« (zum Auffinden von Gattungsnamen), ein Verzeichnis von »Autorennamen« (mit kurz-biographischen Angaben) und ein Überblick über das »System der Pflanzen«, in dem die bei Gattungsnamen im lexikalischen Hauptteil angeführten Familiennamen auffindbar sind und somit die Stellung im System ersehen werden kann.

Wir empfehlen das Lesen der »Hinweise für die Benutzung«, bei denen auch weitere Aspekte des Aufbaus der Abschnitte deutlich werden. Dadurch wird eine engere Beziehung im Interesse bewußter Handhabung ermöglicht.

Die Auswahl der Stichwörter erstreckt sich – im Gegensatz zu Spezialliteratur (Speziallexika, Handwörterbüchern, Fachbüchern) – auf nahezu alle Disziplinen der Botanik und hat somit weitgehend Querschnittscharakter. Aus dieser Anlage ergeben sich bei der Kurzfassung notwendigerweise bewußt vorgenommene Vereinfachungen bzw. auf Wesentliches begrenzte Aussagen, so daß der Benutzer je nach Situation und Erfordernis die Verbindung zu detaillierten Aussagen in spezieller Literatur beachten sollte. Der Hinweis gilt auch deswegen, da trotz Erweiterung der vorliegenden Auflage die Auswahl der aufgenommenen Stichwörter weiterhin den »Mut zur Lücke« erfordern mußte. Sicherlich haben die Anregungen der zahlreichen Interessenten und Rezensoren – wenigstens teilweise – zu einem ausgewogeneren Verhältnis der Auswahl und Erklärung der Namen und Fachwörter geführt.

Wem gebührt Dank bei dieser überarbeiteten Auflage unseres Wörterbuches? Die Beantwortung dieser Frage ist uns ein echtes Bedürfnis. Mit großem Dank werten wir die der Präzisierung und Erweiterung dienenden Zuarbeiten der Herren *Professor Dr. B. Märtin* (Halle) bei Termini des Acker-, Pflanzenbaues einschließlich Saat- und Pflanzgutwesen, *Dr. St. Rauschert* und *Dozent Dr. E. Weinert* (Halle) vor allem auf den Gebieten der Taxonomie, Systematik, Pflanzengeographie sowie *Dr. R. Grolle* (Jena) in bezug auf Problemkreise der Morphologie und Taxonomie und *Dr. sc. nat. D. Storch* (Schleusingen) in paläobotanischer, limnologischer, geologischer Hinsicht.

Wir danken ferner für zweckdienliche Hinweise und Zuarbeiten den Herren *Dr. H. Dörfelt, Dr. J. Ebel, Dr. E. Jäger, Dr. H. Mühlberg, Dr. K. Werner* (Halle); Frau *Dr. H. Dietrich*, den Herren *Dr. L. Lepper, Dr. H.-P. Liebert* (Jena), *Dr. H. Jähnichen* (Berlin) sowie den Herren *Professor Dr. med. habil., Dr. rer. nat., Dr. h. c. W. Köhler* (Jena), *Professor Dr. rer. nat. habil. G. Klotz* (Jena) und *Dr. J. Schultze-Motel* (Gatersleben), die sich speziell an der Verbesserung der 9. Auflage beteiligten.

Auch gebührt im Rückblick ausländischen Fachkollegen, wie den Herren *Dr. A. Kump* (Linz), *Dr. R. Reinle* (Basel), *Professor Dr. M. E. Kirpiznikow* (Leningrad), *Dr. E. Launert* (London), herzlicher Dank, da mit ihrer Hilfe vor allem wertvolle Angaben zum Autorenregister berücksichtigt werden konnten. Viele Zuschriften aus Benutzerkreisen ergaben überdies beachtenswerte Hinweise.

Besonderen Dank möchten wir den Herren *J. Kokot* und *Dr. M. Geyer* als Verlagslektoren für die förderliche, engagierte Einflußnahme aussprechen.

Hinsichtlich der aufwendigen Mitarbeit bei der Einarbeitung der zahlreichen Änderungen, Zusätze und Neuaufnahmen von Stichwörtern schulden wir wiederum Frau *M. Wagner* (Jena) Dank. Frau *Ch. Pingel* (Jena) danken wir für die technische Herstellung des Manuskriptes.

Wenn wir unsere Dankesverpflichtung auf die aktuelle Mitwirkung an der 8. und 9. Auflage hier beschränken, so sollen die bei früheren Auflagen mitwirkenden Fachkollegen nicht vergessen sein. Ihre namentliche Erwähnung erfolgte relativ vollständig im Vorwort zur 7. Auflage.

Wir bitten die Benutzer des vorliegenden Fachlexikons, Vorschläge zur weiteren Vervollkommnung und Verbesserung uns mitzuteilen, damit diese bei einer späteren Auflage berücksichtigt werden können.

Möge die Neufassung unseres Wörterbuches allen Interessenten beim Studium in Aus- und Weiterbildung, aber auch bei der beruflichen und nebenberuflichen Tätigkeit ein willkommener Begleiter und verläßlicher »Erst- und Schnellinformator« sein und der oben erläuterten didaktisch-methodischen Funktion noch besser gerecht werden.

Halle und Jena, im Februar 1988 Rudolf Schubert · Günther Wagner

Inhalt

Hinweise für die Benutzung

1. Unerläßlich für die erfolgreiche Benutzung ist die Kenntnis des Wesens und der *Grundlagen von Terminologie und Nomenklatur*, so daß je nach Vorkenntnissen ein gründliches Studium des Abschnittes A empfohlen wird.

   Hier erhält der Benutzer unter A. 1. ein Mindestmaß von Kenntnissen vermittelt über die *geschichtliche Entwicklung der botanischen Fachsprache* und die *Einleitung der Botanik* sowie die *Lautlehre* (Schrift und Schreibweise mit griechischem Alphabet, Aussprache der Selbst-, Doppel-, Mitlaute, Betonungsregeln, Silbentrennung, Bindevokale in Zusammensetzungen, Präfixe und Suffixe in Wortverbindungen).

   A. 2. gibt die erforderliche *Einführung in die Nomenklatur* hinsichtlich: Forderungen an wissenschaftliche Pflanzennamen, Überblick über die Taxa, Gattungsnamen, Artnamen, Autornamen, Namen unterhalb der Art (Unterart, Varietät, Sorte), Bastardnamen.

   In A. 2. 8. sind Ausführungen über Einbürgerungen und Gepflogenheiten zur *Wiedergabe der Namen im Deutschen* zu finden, wobei auch höhere Taxa einbezogen sind.

   Der Abschnitt A endet mit einer Aufstellung der in der Botanik und besonders auch im Gartenbau gebräuchlichsten *Zeichen und Abkürzungen* (Abschnitt A. 3.), während die in diesem Lexikon verwendeten am Ende der Benutzungsordnung aufgeführt und erklärt sind.

2. Im *Lexikonteil* (Abschnitt B) wird eine Auswahl von Namen und Fachwörtern etymologisch (sprachkundlich) und fachlich in Form von möglichst allgemeingültigen Definitionen erklärt. Hierbei werden dort, wo es angebracht erscheint, Beispiele oder Hinweise angegeben, die vielfach ein Einprägen erleichtern oder auf Anwendung und Zusammenhang hindeuten.

   Taxonomische Kategorien können im Abschnitt E »System der Pflanzen« in ihrer Stellung innerhalb des Pflanzensystems betrachtet werden.

   Die *Stichwörter* sind alphabetisch geordnet, wofür alle fett gedruckten Buchstaben gelten, auch wenn das Stichwort aus mehreren Wörtern besteht.

   Die Erklärungen sind in der Regel beim gebräuchlichen Stichwort ausgeführt. Bei Synonymen und deutschen Wörtern für Fachausdrücke geben oftmals Hinweiszeichen (→) oder (s.d.) Orientierung.

   Die *Umlaute* ä, ö und ü sind (entsprechend ihrer Phonetik) wie ae, oe und ue eingereiht, z.B. Ähre ist unter »Aehre« zu finden!

   Bei Stichwörtern mit c, k, z ist im allgemeinen die Form gewählt, die in neueren Büchern am häufigsten gebraucht wird. Wird ein Wort nicht an der entsprechenden Stelle gefunden, sind auch die möglichen Schreibweisen k für c, k für z zu berücksichtigen und umgekehrt.

Doppellaute, die getrennt zu sprechen sind, wurden oftmals durch ein Trema (¨) gekennzeichnet, z.B. aërob.

Um häufige Wiederholungen zu vermeiden, wurden Wörter – meistens bei zusammengesetzten – sprachlich nicht erklärt, wenn die Erklärung bei Wörtern gleichen oder teilweise gleichen Wortstammes in Nachbarstellung oder unter dem zweiten Wortbestandteil zu finden ist.

Die stets zu *betonende Silbe* wurde im allgemeinen durch einen rechtsliegenden Akzent (′) kenntlich gemacht. Bei Wörtern mit den Doppellauten ai, au, ei, eu, ae, oe bzw. den Umlauten ä, ö und ü wird die den Doppel- oder Umlaut enthaltende Silbe betont, wenn kein Akzent auf einer anderen Silbe liegt. Bei Wörtern, die mit einem Großbuchstaben beginnen und die kein Betonungszeichen haben, wird in der Regel die Anfangssilbe betont, z.B. Acer = A-cer.

Die angegebenen *Betonungszeichen* (Akzente) gehören nicht zur Schreibweise – mit Ausnahme weniger französischer Wörter –, sondern sind nur Hilfsmittel, um die unter A.1. zu findenden Betonungsregeln zur Gewöhnung werden zu lassen. Griechische Herkunftswörter wurden nach ihrer Phonetik in lateinischer Schreibweise wiedergegeben, wie z.B. ϑ= th, χ= ch. Das eta (η) erscheint also als e, wie es beispielsweise in régma und raphé der Fall ist (siehe auch: A.1.3.1.). Da das *Geschlecht der Gattungsnamen* für Sprachkundige nicht immer leicht feststellbar ist, wurde es angegeben (siehe auch: A.2.3.). Ist bei Gattungsnamen nur der (unwissenschaftliche, oft zweifelhafte) *deutsche Name* bekannt, muß unter C. nachgesehen werden, um nach Auffindung des wissenschaftlichen Namens im Lexikonteil (B) Näheres über sprachliche Herkunft und Familienzugehörigkeit zu finden, wodurch wiederum die Verbindung zum System (Abschnitt E) gegeben ist.

Für manche als *Artnamen* verwendete Adjektiva gibt es keine wörtliche Übersetzung. Sie können aber im Deutschen durch zusammengesetzte Substantive wiedergegeben werden; so wird z.B. nivalis, -e mit Schnee- übersetzt: Galánthus nivális = Schneeglöckchen.

Adjektive, z.B. der o- und a-Deklination mit den Endungen -us = masculinum, -a = femininum und -um = neutrum, sind oft nur in der maskulinen oder männlichen Form angegeben (z.B. magnus)

3. Die im Abschnitt C aufgeführte Liste einer *Auswahl deutscher Namen* gibt die Möglichkeit, für sie die botanischen im Lexikonteil zu finden. Die Liste enthält nur eingebürgerte deutsche Namen und solche, die deutlich von Fremdwörtern abweichen (nicht z.B. Dahlie für Dáhlia oder Begonie für Begónia.

   Abschnitt A.2.8. gibt dem Benutzer das erforderliche Wissen über die Anwendung, Bewertung und Problematik deutscher Namen, insbesondere der Gattungsnamen.

4. Das *Autorenregister* in Abschnitt D findet die allgemein erklärende Grundlage im Einführungskapitel A.2.5. und ist auch als Ergänzung zum geschichtlichen Abriß A.1.1. zu betrachten.

5. Das angeführte System (Abschnitt E) lehnt sich neuerer Literatur an und ist funktionell im Interesse eines Grobüberblicks und des erwähnten Einordnens der im Lexikonteil enthaltenen wichtigsten taxonomischen Kategorien zu sehen. Gerade auch für das Verständnis des Systems, seine Entwicklung und Problematik ist das Studium des Abschnittes A, vor allem der Abschnitte A.1.1., 1.2., 2.2. dem Benutzer zu empfehlen.

6. Erklärung der im Lexikon verwendeten Abkürzungen und Zeichen:

Abkürzung	Erklärung	Abkürzung	Erklärung
ebda.	ebenda	n. d.	nach dem
Abk.	Abkürzung	Nom.	Nominativ
Ableit.	Ableitung	Ordn.	Ordnung oder Reihe
eigtl.	eigentlich	Ordo	Reihe, Ordnung
arab.	arabisch	pflanzl.	pflanzlich
bes.	besonders	Plur.	Plural
Botan.	Botaniker	R.	Reihe oder Ordnung
bzw.	beziehungsweise	russ.	russisch
Cl.	Classis (Klasse)	s.	siehe
d. h.	das heißt	s. d.	siehe dort
engl.	englisch	slaw.	slawisch
et	und	sog.	sogenannte
evtl.	eventuell	Sing.	Singular
Fam.	Familie	spec.	species
f., fem.	femininum	Subfam.	subfamilia
franz.	französisch	Subst.	Substantiv
Gatt.	Gattung	Syn.	Synonym
Gen.	Genus	s. o.	siehe oben
Genit.	Genitiv	s. u.	siehe unten
gest.	gestorben	tier.	tierisch
Ggs.	Gegensatz	U-	Unter-
griech.	griechisch	u. a.	unter anderen
ind.	indisch	u. v. a.	und viele andere
insbes.	insbesondere	u. Z.	unsere Zeitrechnung
ital.	italienisch	v. a.	vor allem
japan.	japanisch	var.	varietas (varietät)
Jh.	Jahrhundert	v. u. Z.	vor unserer Zeitrechnung
kelt.	keltisch	vgl.	vergleiche
Kl.	Klasse	z. B.	zum Beispiel
lat.	lateinisch	z. Teil	zum Teil
latin.	latinisiert	→ (→)	siehe
m., masc.	masculinum	±	mehr oder weniger
n., neutr.	neutrum		

Anmerkung: Über Gesichtspunkte für (Fach-)Symbole und Abkürzungen gibt Abschnitt A.3. (mit Übersichten von Beispielgruppen) nähere Auskunft.

A Einführung in die Terminologie und Nomenklatur

1. Terminologie

1.1. Herkunft und Entwicklung der botanischen Fachsprache

Die wissenschaftlichen, botanischen Fachbezeichnungen und Namen sind mit geringen Ausnahmen aus fremdsprachlichen Wörtern und Wortstämmen gebildet und zusammengesetzt. Die absolute Mehrzahl der Termini und Nomina entstammt der griechischen und lateinischen Sprache, wobei insgesamt gesehen die Wörter griechischer Herkunft zwar überwiegen, jedoch hinsichtlich der Lautlehre (Schrift, Aussprache, Betonung usw.) allein die lateinischen Sprachregeln maßgebend sind. Das gilt allgemein für die Naturwissenschaften einschließlich ihrer Anwendungsgebiete und demgemäß auch für die Botanik und ist geschichtlich bedingt.

Die Grundlagen lieferten die Werke der großen Ärzte, Philosopohen und Naturforscher des klassischen Altertums, vor allem des Hippokrates (460–377 v. u. Z.), des Aristoteles (384–322 v. u. Z.), des Theophrastus (372–287 v. u. Z.), des Dioskorides (gest. 64 u. Z.), des Älteren Plinius (23–79 u. Z.) und des Galenos (lat. Galenus, 129–199 u. Z.).

Der Einfluß des Lateins auf die botanische Fachsprache wird durch den realen geschichtlichen Vorgang verständlich, daß alle im westlichen Teil des Römischen Reiches gepflegten Wissenschaften im Zeitraum seines Unterganges (im 4. und 5. Jahrhundert) in lateinischer Fassung an die Nachfolgevölker und von diesen an das ganze Abendland übergingen. Sie wurden von den neuen Völkern in lateinischer Sprache bewahrt und vielfach weiterentwickelt, so daß sich die lateinische Sprache aus praktischen und wissenschaftlich-technischen Gründen bis heute behauptete. Auch Wörter, die aus einer anderen Sprache (der griechischen, hebräischen oder neueren Sprachen) stammen, sind überwiegend »latinisiert«, d.h. wenigstens mit lateinischen Endungen versehen.

Daß demzufolge in der sich heute präsentierenden Fachsprache der Naturwissenschaften die Wörter den verschiedensten Zeiten der Sprachgeschichte entstammen, soll an Hand erhaltener, bekannter Schriften in lateinischer Sprache demonstriert werden:

- **Periode des klassischen Lateins**
  (um das letzte Jahrhundert v.u.Z.)
  Cato (234–149 v.u.Z.),

»De re rustica«;
Varro (Freund Caesars und Ciceros), ebenfalls Verfasser eines Buches über die Landwirtschaft;
Vergil (70–19 v. u. Z.), Gedichtwerk über die Landwirtschaft mit dem griechischen Titel »Georgica«.

- **Periode des silbernen oder nachklassischen Lateins**
  (Latein der Kaiserzeit im 1. und 2. Jahrhundert u. Z.)
  Columella verfaßte landwirtschaftliche Schriften in Versen im 1. Jahrhundert.;
  Celsus schrieb (etwa um 30 u. Z.) eine Enzyklopädie, von der 8 Bücher des Titels »De medicina« erhalten sind.
  Plinius (s.o.) = Verfasser der »Naturalis historia« in 37 Büchern;
  Seneca (4 v. u. Z.–65 u. Z.): »Naturales quaestiones« (»Naturwissenschaftliche Untersuchungen«);
  Scribonius Largus »Compositiones medicamentorum« (»Sammlung von Heilmitteln«).

- **Periode des Spätlateins**
  (3. bis 6. Jahrhundert)
  Palladius behandelte die Landwirtschaft in Versen (4. Jahrhundert);
  Chiron = Verfasser einer Tierheilkunde nach einer griechischen Vorlage als Sammlung tierärztlicher Rezepte »Mulomedicina Chorinis« (um 400);
  Vegetius = Verfasser einer Tierheilkunde;
  Marcellus Empiricus (nach 400) verfaßte eine Rezeptsammlung;
  Anthimus (Anfang des 6. Jahrhunderts) = Verfasser des Diätbuches »De observatione ciborum«;
  Bischof Isedorus von Sevilla (gest. 636) schrieb »Etymologiae oder Origines« als enzyklopädisches Werk für Medizin und Naturwissenschaften.

- **Periode des mittelalterlichen Lateins**
  Ein Mönch (8. oder 9. Jahrhundert) erläuterte in den »Kasseler Glossen« lateinische Wörter mit deutschen Beziehungen;
  Erasmus von Rotterdam (1467–1536) leistete Großes für die Pflege des Altlateins in der Renaissance;
  Johann Thal, Nordhausen (1542–1583): »Sylva Hercynia«, 1588 von J. Camerarius herausgegeben.

- **Periode der Neuzeit**
  Carl von Linné (1707–1778) schrieb in lateinischer Sprache: »Systema naturae sive regna tria naturae systematica proposita« (1735), »Genera plantarum« (1737), »Philosophia botanica, in qua explicantur fundamenta botanica« (1751), »Species plantarum« (1753);
  Alexander von Humboldt (1769–1859) verfaßte »Florae Fribergensis specimen« (1793) in lateinischer Sprache, deren sich ebenfalls z. B. E. Hampe bediente in »Flora Hercynica oder Aufzählung der im Harzgebiete wildwachsenden Gefaesspflanzen« (Halle, 1873).

Auch Schriften der Gegenwart sind bezüglich des fachlich-botanischen Inhaltes großenteils lateinisch abgefaßt oder stark mit lateinischen Beschreibungen durchsetzt (z.B. »Regni vegetabilis conspectus«). Das gilt u.a. auch für die Abfassung der Arzneibücher, der von den für internat. Tausch von botanischen Gärten herausgegebenen Samenkataloge genauso wie z.B. in der Medizin für die Festlegungen der »Nomina anatomica« (Basel 1895, Jena 1935, Paris 1955). Diagnosen und/oder Beschreibungen neu aufgestellter Arten müssen lateinisch abgefaßt werden.

Der historische Rückblick macht begreiflich, daß nicht alle Termini, die die Botanik heute benutzt, bei den antiken Schriftstellern zu finden sind. Gleichzeitig muß man wissen, daß viele der alten Bezeichnungen ihren ursprünglichen Sinn verloren haben (z.B. Sympathie), nicht selten philologisch falsch oder unschön (z.B. Bastardwörter, Phantasienamen, Anagramme) gebildet wurden und oft z.B. Namen infolge Übertragung keine oder nicht mehr die ursprüngliche Beziehung zum Objekt aufweisen. So vermittelten uns namhafte Nomenklaturforscher, z.B. R. Mansfeld in seiner Schrift »Die Technik der wissenschaftlichen Pflanzenbenennung« und Reinhold Strömberg in seiner Arbeit »Griechische Pflanzennamen«, einen tieferen Einblick in die Problematik der Nomenklatur und ihrer Geschichte. Danach ist es noch heute in nicht wenigen Fällen zweifelhaft, welche Pflanzen die Griechen und Römer mit ihren Namen meinten.

Im Mittelalter und bis Linné bestand der Name aus einer ± langen Beschreibung. Einen großen Einfluß auf das Längerwerden der Pflanzennamen, der sog. Phrasen, übte auch die Erschließung der Flora der Neuen Welt aus, da man die zunehmende Zahl ähnlicher Arten durch neu hinzugefügte Beiworte unterscheiden mußte. Die Benennung wurde fast zur reinen Beschreibung, wie ein von Mansfeld angeführtes Beispiel zeigt: »Trifoliástrum praténse corymbiferum május répens foliis rotundioribus alba et sagittata macula notatis, corýmbis flórum mágis spársis, pedículis longíssimis, insidéntibus, silíquis tetraspérmis« – etwa zu übersetzen mit: »Doldentrauben tragendes, größeres, kriechendes Wiesen-Trifoliastrum mit mehr rundlichen, weiß und pfeilförmig gefleckten Blättern, mit sehr langen gestielten, ansitzenden, mehr lockeren ebensträußigen Blüten und viersamigen Hülsen.«

Von Caspar Bauhin (1560–1624) sei folgendes Beispiel zitiert: »Cýclamen orbiculáto fólio inférne purpurascénte« – »Erdscheibe mit kreisrunden, unterseits purpurlichem Blatt« für unser heutiges Cýclamen europaeum. Dabei gilt Bauhin als Bahnbrecher für die nomenklatorische Vereinheitlichung.

Die heutige Technik der botanischen Namensgebung nahm ihren Anfang 1753, dem Erscheinungsjahr von Linnés Werk »Species plantarum«, in dem er die binäre Nomenklatur konsequent zur Anwendung brachte. Alle führenden Botaniker erkannten diese Verfahrensweise an und folgten bei der Benennung neu entdeckter Arten der von Carl von Linné durchgesetzten binären Nomenklatur. Durch internationale Beschlüsse wurden später alle vorlinnéischen Namen für ungültig erklärt. Dabei bedeutet die Tatsache des späteren Hinzukommens nomenklatorischer Elemente (Autorname der Art, Namen für Unterart, Varietät und gegebenfalls Form mit deren Autornamen) keine Durchbrechung dieser

Grundregel, sondern eine Folge neuerer wissenschaftlicher Erkenntnisse im Interesse exakter Kennzeichnung.

Um den notwendigen Anforderungen an die Namensgebung (Verständlichkeit, Einmaligkeit, Einheitlichkeit, Beständigkeit) nachzukommen, wurden auf internationalen Kongressen verbindliche Festlegungen getroffen bzw. Regeln aufgestellt. Dem 1. Botanikerkongreß 1867 zu Paris folgten weitere Kongresse, von denen die im 20. Jahrhundert mit Jahr und Ort angeführt seien:

Jahr	Ort	Jahr	Ort
1905	Wien	1959	Montreal
1910	Brüssel	1964	Edinburgh
1930	Cambridge	1969	Seattle
1935	Amsterdam	1975	Leningrad
1950	Stockholm	1981	Sydney
1954	Paris	1987	Berlin (West)

Die Nomenklaturregeln sind in drei Sprachen (englisch, französisch, deutsch) niedergelegt im »Internationalen Code der Botanischen Nomenklatur«, Utrecht 1978, deutsche Fassung von Paul Hiepko. Daneben erschien separat ein »Internationaler Code der Nomenklatur für Kulturpflanzen«, Utrecht 1969. Das Beispiel der Entwicklung der Nomenklatur macht deutlich, daß sich Erkenntnisfortschritte auf taxonomischem Gebiet nachhaltig in quantitativer und qualitativer Hinsicht auf die Entwicklung der botanischen Fachsprache auswirkten und im Zusammenhang mit der sich differenziert und integrativ vollziehenden Gesamtentwicklung der botanischen Wissenschaft erfolgten.

Welche Entwicklung hat sich seit C. v. Linné in der Erforschung von Systematik und Phylogenetik vollzogen? Die an Arbeitsrichtungen und Methoden skizzierte Entwicklung verdeutlicht den enormen Fortschritt, der sich auf die Taxonomie, ihre Aufgabenstellung des Ordnens und Benennens auswirkte und stets neue Fragestellungen mit sich brachte und bringt.

Arbeitsrichtungen, Methoden der Systematik zur Erforschung von Ähnlichkeit und Verwandtschaft in historischer Sicht:

Zeit/Zeitraum	Forschungsmethodik in ihrer Entwicklung (in Kurzform und ohne Vollständigkeit bzw. Details)
Antike bis in das 19. Jahrhundert	Habitusmerkmale zuerst, dann ab 16. und 17. Jahrhundert (und über Linnés Wirken hinaus) besonders makroskopische Blüten- und Fruchtmerkmale wichtigste Vergleichs- und Unterscheidungsbasis;

Zeit/Zeitraum	Forschungsmethodik in ihrer Entwicklung (in Kurzform und ohne Vollständigkeit bzw. Details)
im 19. Jahrhundert	mit zunehmender Verwendung des Mikroskops Beginn der Erforschung der Thallophyta und ihrer Fortpflanzungsorgane sowie gleichzeitig verbesserte Diagnose anatomischer Merkmale der Kormophyta;
ab 2. Hälfte des 19. Jahrhunderts	mit der Anerkennung der Abstammungslehre gewinnt die Paläobotanik zunehmend an Bedeutung für die Aufhellung historischer Verwandtschaftsbeziehungen (Phylogenetik); die sich gleichzeitig entwickelnde Arealkunde führt zu tieferen, umfassenderen Einsichten über Vorkommen, Verteilung von Pflanzensippen auf der Erde;
1. Hälfte des 20. Jahrhunderts	hinzutreten (als ebenfalls oder nicht minder bedeutsam für weitere Fortschritte): Zytologie und Genetik als Grundlage der experimentellen Systematik sowie die Palynologie;
im fortgeschrittenen 20. Jahrhundert (insbesondere in den letzten Dezennien)	große Fortschritte, Erkenntnisgewinnung und neue Fragestellungen (neben oder/und in Verbindung mit oben genannten und anderen Richtungen) vor allem durch: Vergleichende Phytochemie und Serologie sowie die quantitativ-statistische Bearbeitung von Merkmalsunterschieden (»numerische Taxonomie«) mit modernstem Technikeinsatz (vielfach Computer); Merkmalsanalysen mit Hilfe des Elektronenmikroskops (z. B. im Bereich der Protobionta).

Es wird deutlich, wie die wirkenden Gesetzmäßigkeiten von Integration und Differenzierung (Spezialisierung) auch die sog. klassischen Forschungsrichtungen bereicherten. Insbesondere in den letzten Jahrzehnten wurden mit Hilfe der kausalwissenschaftlichen, theoretisch-experimentellen, chemisch-physikalischen Methoden einst unerforschlich Scheinendes entdeckt und Zusammenhänge erkannt bzw. verifiziert, die alle Gebiete der Botanik und Biologie betreffen und zu einer Reihe von neuen Arbeitsrichtungen und Disziplinen führten. Es präsentiert sich eine neue Qualität in interdisziplinärer und disziplinärer Hinsicht, die sich im Verhältnis kausalwissenschaftlicher und kausal durchdrungener klassischer Disziplinen widerspiegelt. Enge Korrelationen und Verflechtungen bestehen und geben der Forschung ein neues Profil, um speziellere Problemstellungen mit adäquaten Methoden moderner Art zu bearbeiten. Mit Recht treten führende Botaniker für ein ausgewogenes Verhältnis von klassischen und kausalen Forschungsrichtungen im obigen Sinne ein, da z.B. Problemstellungen der Physiologie nicht losgelöst von der Speziellen Botanik, insbesondere der Systematik, zu sehen sind. Die disziplinspezifische Weiterentwicklung von Systematik und Phylogenetik, deren Erkenntnisstand Fundament der Taxonomie ist, hat daher nicht an Bedeutung verloren. Unter diesen Aspekten haben Taxonomie und Nomenklatur einen besonderen Stellenwert, da die erhöhten Anforderungen an Kommunikation und Kooperation Klarheit im Theoretischen und Praktischen verlangen. –

Greift man den engen Zusammenhang zur Systematik und Phylogenetik auf, so wird auch am Beispiel der historischen Entwicklung der Systeme des Pflanzenreichs der Fortschritt deutlich. Nach den zuerst bekannten sog. *künstlichen* Systemen (mit willkürlich bestimmten Leitmerkmalen) entstanden *»formale* Systeme« (mit Einbeziehung einer größeren Anzahl von auffälligen Merkmalen für Gruppierung bzw. Unterscheidung). Die *»phylogenetischen* Systeme«, die nach der Annahme der Abstammungslehre in Vielzahl aufgestellt wurden, basieren auf einer voreiligen Interpretation von Ähnlichkeiten als Ausdruck von Verwandtschaft.

Heute ist man sich der diesbezüglichen Irrtümer, aber auch der Schwierigkeiten bewußt, die vor allem im Mangel an Fossilfunden, in differenten Entwicklungsgeschwindigkeiten, in parallelen, konvergenten und retikulaten Entwicklungslinien gesehen werden. Deswegen wird versucht, auf möglichst breiter Basis die natürlichen Sippen zu erfassen, ihre Entstehung zu rekonstruieren, ist jedoch noch nicht frei davon, gezwungener- bzw. zweckmäßigerweise gewisse konvergente Gruppen zusammenzufassen, z.B. die aus verschiedenen Flagellaten- bzw. Algengruppen entstandenen Mycophyta.

Die auf multimethodische Weise der modernen Verfahren erfolgende Erforschung natürlicher Sippen bedeutete den Beginn der *Phase synthetischer Systeme* (in Anlehnung an Strasburger).

Wie sich der Wandel im Erkenntnisstand, aber auch die Problemhaftigkeit bis zur Gegenwart bei manchen Einteilungen und demgemäß auch Benennungen darstellt, sei am Beispiel der Kakteen vergegenwärtigt. Danach führten an:
- C.V.Linné (1753): nur 22 Kakteenarten, alle zusammengefaßt in dem einzigen Genus Cactus
- Karl Schumann (1898/1902): 672 Species in 21 Genera
- Britton et Rose (1919/23): 1235 Species in 124 Genera
- Curt Backeberg (1958/62): 2700 Species in 220 Genera und später sogar über 3000 Species (vgl. Grunert/Viedt/Kaufmann »Kakteen ...«, Berlin 1977, S.143).

Nach W. Barthlott sind rund 14000 »Species« beschrieben worden, wobei es mehr als umstritten ist, ob viele nur Varietäten oder Formen darstellen und daher in die Synonymie zu verweisen sind, also früher schon unter anderem Namen (mitunter mehrfach) beschrieben worden sind.

Aus diesem besonders extremen Beispiel wird die Notwendigkeit von Vereinbarungen über Einteilungen und Benennungen auf internationaler Ebene deutlich, um die objektivierten Kriterien der Taxonomie durchzusetzen. Gerade bei arten- und gattungsreichen Familien kommt der begründeten Gruppierung, z.B. in Unterfamilien (auch aus Zweckmäßigkeitsgründen), eine besondere Bedeutung zu, so bei den Cactaceae mit drei Unterfamilien und bei den Orchidaceae, deren Gattungen (mit über 24000 Arten) in sieben Unterfamilien zusammengefaßt werden. Dabei führte beispielsweise in neuerer Zeit die nähere Erforschung der Unterfamilien der einstigen »Leguminosen-Familie« zum selbständigen Familien-Rang derselben, nämlich in: Fabaceae, Caesalpiniaceae, Mimosaceae.

Diese Formenkreise der Ordnung Fabales (Hülsenfrüchtler) haben trotz einiger Gemeinsamkeiten die Familien-Spezifik rechtfertigende, erfordernde Unterschiede (vgl. Strasburger et aliores).

Wie sich die Entwicklung in Abhängigkeit besonders von den technischen Möglichkeiten vollzogen hat, soll an einem zweiten Beispielfeld an Hand der folgenden Aufstellung konkretisiert werden, die einen Überblick von der Zelle in historischer Sicht gibt. So soll auch an dem morphologisch-anatomisch und physiologisch orientierten Gegenstand der Zytologie das Entstehen von Fachtermini demonstriert werden.

Einige Daten und Fakten über die Erforschung der Zelle in historischer Sicht (zusammengestellt von Thomas Wagner, Jena):

Forscher (oder Autor) Lebzeit bzw. historisches Datum	Kurze Bemerkung über Entdeckung bzw. Verdienst
1. van Leeuwenhoek (1632–1723)	stellte als erster Linsen mit ausreichender Vergrößerung her, die das mikroskopische Erkennen und Beobachten von Zellen ermöglichten. Bekannt sind seine Beobachtungen an Protozoen, Pilzhyphen, Spermien u. a. Auch von seinem Landsmann Swammerdam sind zahlreiche zytologische Beschreibungen bekannt.
2. Marcelo Malpighi (1629–1694)	beschrieb in seinem Werk »Anatome plantarum« die Pflanzenzellen als schlauchförmige Elemente der Gewebe und nannte sie »Utriculi« (= kleine Schläuche), ohne sie aber als Träger des Lebensprozesses zu erkennen.
3. Nehemia Grew (1628–1711)	fand zur selben Zeit wie Malpighi (1671) in den Pflanzenorganen »Bläschen« oder »Poren«, deren Entstehung er phantastisch deutete (als Gärungsprozeß, wie die Porenentstehung beim Brotbacken).
4. Robert Hooke (1635–1723)	berichtete in seiner 1667 erschienenen »Micrographia« über 54 mikroskopische Beobachtungen, darunter über wabigen Bau des Korkes; er nannte die sog. little boxes erstmals cells = Zellen, erkannte deren Grundfunktion; er gilt als Begründer der Zellenlehre.
5. Besonders wichtige Ergänzungen zu R. Hookes Beobachtungen, z. B. durch:	
Meyen (1830)	definierte: »Die Pflanzenzelle ist ein von einer vegetabilischen Membran vollkommen umschlossener Raum.«
Corti (1774)	konnte Bewegungserscheinungen im Zellinneren nachweisen und das Interesse für Untersuchungen von der Zellwand auf das Zellinnere lenken.
Robert Brown (1773–1858)	entdeckte 1833 den Zellkern.

Forscher (oder Autor) Lebzeit bzw. historisches Datum	Kurze Bemerkung über Entdeckung bzw. Verdienst
Johannes Purkinje (1787–1869)	prägte bei seinen Untersuchungen über den Zellinhalt den Begriff »Protoplasma« (1839) und faßte die tierische Zelle nicht als Bläschen, sondern als »kernhaltiges Körnchen« auf.
6. Theodor Schwann (1810–1882) in Verbindung mit Matthias Jakob Schleiden (1804–1881)	vertrat das Prinzip der zellulären Organisation aller Lebewesen in seiner von Schleiden angeregten bzw. beeinflußten Zellentheorie, die später nach der Erforschung weiterer Sachverhalte durch andere Wissenschaftler z. T. korrigiert wurde.
7. Max Schultze (1841–1915)	formulierte 1861 die sog. klassische Definition der Zelle als »eines mit den Eigenschaften des Lebens begabten Klümpchens von Protoplasma, in welchem ein Kern liegt«.
8. Theoriebildung über die Protoplasmastruktur in der 2. Hälfte des 19. Jahrhunderts durch:	
Froman	vertrat die sog. Gerüst- oder Netztheorie (1865, 1867).
Walther Flemming (1843–1905)	unterschied bei der Strukturkennzeichnung des Protoplasmas zwischen Filiarmasse und Interfiliarmasse (1882); prägte den Terminus Mitose.
Otto Bütschli (1848–1920)	schloß auf eine Schaum- oder Wabenstruktur des Protoplasmas (1890, 1892).
Richard Altmann (1852–1900)	stellte die sog. Granulattheorie über die Plasmastruktur auf; entwickelte Fixierungs- und Färbemethoden weiter.
9. Wichtige Entdeckungen über die Zellentwicklung durch:	
W. Hoffmeister (1824–1877)	schilderte (in seinem Werk »Die Lehre von der Pflanzenzelle und Allgemeine Morphologie der Gewächse«, 1867/68, erstmals seine Beobachtungen über die Kernteilung.
A. Schneider	bestätigte und erweiterte die Beobachtungsergebnisse über die Kernteilung in einer Publikation 1873.
W. Flemming	konnte durch die Auswertung der Erkenntnisse von Hoffmeister und Schneider und infolge eigener Untersuchungen zur Aufklärung der Zellentstehung beitragen (1879–1882); »omnis nucleus e nucleo«.
Theodor Boveri (1862–1915)	begründete die Theorie der Chromosomenindividualität, auch Kontinuitätstheorie genannt (1904–1909), und leistete mit dieser Chromosomentheorie einen wichtigen Beitrag für die Vererbung.
R. Hertwig (1850–1937)	entdeckte gemeinsam mit O. Hertwig (1875) die Befruchtung bei den Echinodermata und definierte »die Befruchtung als die Verschmelzung zweier Zellen und ihrer Kerne«.

Forscher (oder Autor) Lebzeit bzw. historisches Datum	Kurze Bemerkung über Entdeckung bzw. Verdienst
10. Forscher der Gegenwart	wenden vor allem an: zyto-, histochemische, autoradiografische Verfahren, Elektronenmikroskopie, Methoden der Biochemie und -physik gewannen wichtige Erkenntnisse über Energiestoffwechsel, Synthese- und Sekretionsleistungen der Zelle, das Wesen der genetischen Information sowie über die Proteinbiosynthese; die Entschlüsselung des »genetischen Codes« und seine bewußte Veränderung sind zum aktuellen Problem geworden.

Der tabellarischen Übersicht ist vor allem zu entnehmen, daß die Ergebnisse empirischer Untersuchungen in Abhängigkeit von den optischen und technischen Hilfsmitteln und von Methoden anderer Naturwissenschaften immer umfassender und tiefgründiger werden und sich die Wissenschaftssprache mit der Vervollkommnung der Theorie und den erhöhten Anforderungen hinsichtlich der Problemstellungen entwickelte und weiterentwickelt.

Anmerkung: Der hier an der Taxonomie und Zytologie exemplifizierte Überblick zur Entwicklung der botanischen Fachsprache findet in den historischen Angaben bei den Autoren (s. Verzeichnis der Autoren, Kapitel D.) eine Ergänzung.

1.2. Einteilung der Botanik

Die Einteilung der Botanik im Rahmen dieser Einführung soll kurz sein und vorwiegend unter dem praktikablen Aspekt erfolgen, die für die Stichwortauswahl im lexikalischen Hauptteil herangezogenen Disziplinen zu erwähnen und dem Benutzer in Anbetracht der Fülle von Einzelfakten eine Gesamtschau als Ordnungs- oder Systemerkenntnis vor Augen zu führen.

Die Schwierigkeit, die botanischen Wissenschaften zu systematisieren, ergibt sich aus dem Wirken der Entwicklungstendenzen der Differenzierung (Spezialisierung) und Integration (Verflechtung botanischer Disziplinen, Eindringen anderer Wissenschaften in die Botanik) und deren Wechselwirkungen. Die zunehmend dynamische Wissenschaftsentwicklung hat bereits viele neue Disziplinen oder Spezialgebiete hervorgebracht und auch durch die Integration der sog. kausalen Wissenschaften traditionellen Disziplinen neue Inhaltsaspekte gegeben (vgl. Abschnitt 1. 1.). Hinzu kommt, daß zahlreiche Sachverhalte allgemeinen, gnoseologischen Charakter haben und deswegen grundlegende Inhalte zweckmäßigerweise in der Allgemeinen Biologie zusammengefaßt werden. Zu dem Inhaltskreis der *Allgemeinen Biologie* gehören vor allem:

- die Entstehung des Lebens (der Pflanzen und Tiere)
- molekulare Grundlagen des Wachstums, der Differenzierung, Fortpflanzung, des Alterns und des Todes
- Evolutions- und Abstammungslehre einschließlich der Erkenntnistheorie
- Theoretische Biologie, Mathematische Biologie
- Geschichte der Biologie.

Diese von den Gesetzmäßigkeiten der Evolution bestimmten allgemeinbiologischen Disziplinen lassen sich aus dem materialistischen Erkenntnisstand der Grundlagen der Biowissenschaften auf der Stufe der Makromoleküle, Zellen, Gewebe, Organe, Organismen und Sozietäten abstrahieren und den botanischen Disziplinen (bzw. weitgehend analog den zoologischen) im engeren Sinne voranstellen. Danach kann die »Botanische Wissenschaft« wie folgt systematisiert werden (vgl. Hentschel/Wagner 1984):

Botanische (phytobiologische) Disziplinen

Grund- oder Hauptdisziplinen

Taxonomie und Ökologie	Morphologie Zyto-, Histologie, Makroskopische Anatomie	Physiologie Biochemie Biophysik Genetik Biotechnologie

differenziertere (spezielle) Disziplinen

– Taxonomie mit Spezialisierungen (wie): Chemo-, Zytotaxonomie, Numerische Taxonomie, Evolutions-/Variabilitätsforschung, Phylogenetik – Pflanzengeographie einschließlich: Vegetationskunde, Floristik, Chorologie, Vegetationsgeschichte – Paläobotanik	– Mikroskopische Morphologie; – Histochemie; – Systematische, Organographische, Vergleichende Anatomie inklusive Embryologie und Palynologie	– Dynamische Biochemie – Energetik lebender Systeme – Zellphysiologie – Ernährungs- und Stoffwechselphysiologie – Wachstums- und Entwicklungsphysiologie – Fortpflanzungsphysiologie – Bewegungsphysiologie – Biokybernetik

Als »Hauptsäulen« im engeren und vereinfachenden Sinne können die drei korrelativen Problemkreise gelten: Taxonomie und Ökologie, Morphologie und Anatomie, Physiologie einschließlich Bio- (Phyto-) Chemie, Bio- (Phyto-) Physik und Biotechnologie. Von diesen Disziplinen aus lassen sich unter den verschiedensten Aspekten differenzierte Gebiete ableiten, wie das obige Strukturschema demonstriert. Aus diesem keineswegs vollständigen (und problemfreien) Schema der Einteilung der botanischen Disziplinen sind vor allem gegenüber früheren Systematisierungen einige Integrationsdisziplinen ersichtlich, die sich durch die Kooperation z. B. mit der Chemie, Physik, Mathematik und der Technik (Optik, Kybernetik) entwickelt haben. Über ihre Disziplinspezifik hinaus haben ihre Arbeits- oder Forschungsmethoden Eingang in sog. konventionelle oder klassische Disziplinen gefunden bzw. zu deren Entwicklungsfortschritten maßgeblich beigetragen (vgl. Abschnitt A. 1. 1.).

Im Zeitalter der modernen Wissenschaft und Technik werden durch die Integration und mit Hilfe anderer Wissenschaften gesellschaftlich bzw. ökonomisch, allgemein-naturwissenschaftlich relevante Frage- und Aufgabenstellungen an die Biologie und ihre Disziplinen herangetragen, die einerseits die Grundlagenforschung der Botanik nachhaltig entwickeln helfen und zum anderen eine Mitwirkung botanischer Wissenschaften in angewandten Richtungen erfordern.

Derartige Kooperationsbezüge bestehen vor allem zu den biologisch-botanischen Anwendungsbereichen:

- Pflanzenbau und Pflanzenzüchtung der Landwirtschaft, des Gartenbaues, der Forstwirtschaft (Waldbau)
- Phytopathologie
- Medizinische Mikrobiologie einschl. dem pharmazeutischen Gebiet
- Technische Mikrobiologie (Milchwirtschaft, Brennerei, Brauerei, andere Bereiche der Nahrungs- und Genußmittelherstellung, z. B. von Sekt und Weinen)
- Limnologie, Ozeanographie
- Bionik.

Hierbei sei besonders auch auf die aktive Rolle und große Bedeutung der biologischen Forschung bei der Erweiterung und Nutzung der Biosphäre hingewiesen.

Abschließend sei nochmals auf die Bedingtheit der obigen Einteilung aufmerksam gemacht, da trotz der didaktisch-methodischen Vorzüge eines Schemas zahlreiche Zusammenhänge nicht zum Ausdruck kommen. So finden z. B. die Ergebnisse der Evolutions- und Deszendenztheorie maßgeblich Niederschlag als Prinzip und Methode in der Taxonomie.

Deutlich werden sollte, daß der Leser sich trotz und in Anbetracht des sich abzeichnenden Trends der Spezialisierung den Blick für das Allgemeine, die Einordnung des Speziellen in das Ganze, den Überblick über die Details bewahrt. Dabei vergegenwärtigt die hier skizzierte Einteilung der Botanik etwa den Rahmen, in dem die begrenzte Auswahl der Fachausdrücke und Pflanzennamen in diesem Lexikon vorgenommen wurde. Für die Terminologie der Botanik haben philologische Grundlagen, historisch gewachsen und international anerkannt wie in allen Naturwissenschaften, Gültigkeit.

1.3. Philologische Grundlagen der Terminologie (Lautlehre)

1.3.1. Schrift und Schreibweise

Das griechische Alphabet, aus der semitischen Buchstabenschrift abgeleitet, hat nur sekundäre Bedeutung, da das Griechische durch das Lateinische, allerdings nicht ohne Spuren zu hinterlassen, ersetzt worden ist.

Sprachgeschichtliche Gründe und die Tatsache, daß in manchen Wörterbüchern (besonders früheren) die griechische Schrift bei Herkunftswörtern aus dem Griechischen Verwendung findet, lassen die Vergegenwärtigung und Kenntnis des griechischen Alphabetes (gerade auch für Benutzer ohne altphilologische Grundkenntnisse) zweckmäßig erscheinen:

Schriftzeichen große	kleine	Laut-wert	Benennung	Schriftzeichen große	kleine	Laut-wert	Benennung
Α	*α*	a	alpha	*Ν*	*ν*	n	ny
Β	*β*	b	beta	*Ξ*	*ξ*	x, ks	xi
Γ	*γ*	g	gamma	*Ο*	*ο*	o	omikron
Δ	*δ*	d	delta	*Π*	*π*	p	pi
Ε	*ε*	e	epsilon	*Ρ*	*ϱ*	r	rho
Ζ	*ζ*	ds	zeta	*Σ*	*σ, ς*	s	sigma
Η	*η*	ë-ä	eta	*Τ*	*τ*	t	tau
Θ	*ϑ*	th	theta	*Υ*	*υ*	ü	ypsilon
Ι	*ι*	i	jota	*Φ*	*φ*	ph	phi
Κ	*ϰ*	k	kappa	*Χ*	*χ*	ch	chi
Λ	*λ*	l	lambda	*Ψ*	*ψ*	ps	psi
Μ	*μ*	m	my	*Ω*	*ω*	ō	omega

In der botanischen Fachsprache werden die allgemein geläufigen großen und kleinen »lateinischen« Buchstaben (von A–Z) verwendet.

Die Römer gebrauchten das Zeichen K nur vereinzelt in Abkürzungen, sonst in weitem Umfange das aus dem griech. γ differenzierte c, das wie K gesprochen wurde. Auftretendes K in Fachwörtern zeigt den griechischen Einfluß. Das gilt auch für die Buchstaben J, Y und Z (das einem griech. ζ entspricht). Bestimmte griechische Laute erscheinen im Lateinischen wie folgt:
ε = kurzes e; η = langes e; o = kurzes o; ω = langes o; σ = s im An- und Inlaut; σ = s im Auslaut; γ wird vor g (γ), ch (χ), k (χ) zu n, z. B. ἀγγεῖον (aggẽion) (sprich angeion) = Gefäß, in angiosperm (= gefäßsamig = bedecktsamig) oder in Hydrangéa (= »Wassergefäß«).

Der W-Laut war im Lateinischen halbvokalisch (etwa wie heute im Englischen) und dem U-Laut nahe verwandt. Als Anlaut wurde oft v im Simme von u, als In- und Auslaut im Sinne von v = w gebraucht. Beispiel: uva = Traube, das demnach folgendes Aussehen zeigte: vwa.

In der Regel werden in der wissenschaftlichen Terminologie wie im Lateinischen alle Wörter klein geschrieben.

Groß geschrieben werden jedoch: alle Gattungsnamen (z. B. Abies), Autorennamen, alle Sortennamen (die in der Regel keine lateinischen Wörter sind), alle als termini technici (Fachausdrücke) z.B. auch im medizinisch-pharmazeutischen Latein verwendeten Hauptwörter (z.B. Oleum Olivarum). Die Kleinschreibung gilt für alle Artnamen, auch wenn sie von Eigennamen abgeleitet sind, und für alle Bezeichnungen der Unterarten, Varietäten und Formen sowie für Hauptwörter, die im terminus technicus nur als Hinweis dienen (z. B. Species ad longam vitam).

1.3.2. Aussprache

Die Laute werden wie folgt gegliedert und ausgesprochen:

Selbstlaute (Vokale): a, e, i, o, u, y

- Getrennt gesprochen werden, z.B. ánnu-us, prupúre-us, Álo-e, Ábi-es.
- Das i sollte auch vor Vokalen buchstabengemäß (und nicht zu j abgewandelt) geprochen werden, z.B. i-onánthus, I-onópsis.
- Das y wird im Anlaut wie j, im Inlaut wie ü gesprochen, sofern es nicht zwischen zwei Vokalen steht. Beispiele: Yucca (sprich: júkka), Puya (= púja), Corylus (= kórülus).

Anmerkung: Jeder Vokal kann kurz oder lang sein – je nach Stellung, sprachgeschichtlicher Herkunft, grammatischer Funktion.

Umlaute (Diphthonge): ae, oe, au, eu

Die Diphthonge *αι, οι* und *ει* griechischer Wörter erscheinen im Lateinischen entsprechend umgewandelt wieder: *αι* wird zu ae, *οι* zu oe und *ει* vor Konsonanten zu i, vor Vokalen zu i oder e. Alle Diphthonge oder von Diphthongen herstammenden Vokale sind lang. Beispiele: Áesculus, Oenothéra, coerúleus, cauléscens.

Mitlaute (Konsonanten):

Halbvokale: i (= j), j, u (= w);
Fließlaute (liquidae): l, r;
Nasenlaute (nasales): m, n;
Hauchlaut: h;
Reibelaute (spirantes): f, s;

Verschlußlaute (mutae) in phonetischer Differenzierung:

	Stimmhafte (mediae)	Stimmlose (tenues)	Stimmlose, gehauchte (tenues aspiratae)
Lippenlaute (labiales)	b	p	ph
Zahnlaute (dentales)	d	t	th
Gaumenlaute (gutturales)	g	k, c, q	ch

- Der Buchstabe c ist vor hellen Vokalen (e, j, y) und den Umlauten ae, oe wie z, sonst wie k zu sprechen. Analog ist: cc = kz, z.B. in coccineus (= kokzíneus), aber: Coccoloba (Kokkóloba), Yucca (= júkka).

Anmerkung: Bei der Lektüre römischer Schriftsteller wird jedoch c stets wie k (entsprechend dem klassischen Gebrauch, entgegen der obigen Gepflogenheit des Mönchslateins) gesprochen.

- Das sch ist lautlich getrennt (s-ch), nicht wie deutsches sch als einheitlicher Laut zu sprechen (S-choenus).
- -ti- (nicht zi) wird stets buchstabengemäß gesprochen, z.B. Astrantia.
- Vor Vokalen gilt für gu, qu, su die Aussprache: gw, qw (kw), sw. Beispiele: sanguíneus, Quércus, suecicus (= swézikus).
- V ist lautlich gleich w; z.B. Vicia = Wizia.
- Doppelkonsonanten sind als zwei Laute auszusprechen, z. B. Scilla (sprich: scíl-la).

Anmerkungen: Im Altertum war i nicht nur Vokal, sondern stand im Silbenlaut vor Vokal unserem j nahe, was sich auch phonetisch in der Stellung zwischen zwei Vokalen zeigt (z. B. Julius, Pompe-ius). V war sowohl vokalisch als auch halbvokalisch ähnlich unserem w (z.B. in vinum) oder umgekehrt u = w (z.B. in aqua, lingua). H klang schwach, wurde nicht als Konsonant empfunden; r wurde an der Zungenspitze gesprochen, so daß stimmhaftes S zwischen Vokalen zu R werden konnte. Das stimmlose S klang scharf (z.B. in silvia, causa).

1.3.3. Betonung

In einer Sprache ist die Betonung entweder vorwiegend exspiratorisch (Tonstärke) oder vorwiegend musikalisch (Tonhöhe). Die Betonung des Lateinischen ist exspiratorisch, d. h., die zu betonende Silbe wird mit stärkerem Ton gesprochen – und zwar nach folgenden Hauptregeln:

- Zweisilbige Wörter werden auf der ersten Silbe betont, z. B. albus = ál-bus, Bellis = Bél-lis.
- Bei mehrsilbigen Wörtern wird die vorletzte Silbe betont, falls sie lang ist; z.B. Aspidistra – Aspidí-stra, Sempervívum.
- Ist die vorletzte Silbe kurz, so wird die drittletzte Silbe betont, z.B. sempérvirens, Juníperus oder Aspáragus spréngeri.

Für die Quantität (Länge oder Kürze) einer Silbe gelten folgende Regeln oder Grundsätze:

- Naturlänge einer Silbe liegt vor, wenn sie die Umlaute (ae; oe) oder die Doppelselbstlaute (Diphthonge: au, eu, oi, ei) oder einen von Natur aus langen Selbstlaut (a,e, i, o, u, y) enthält, z.B. Chamaérops. Die hier angewandten Betonungszeichen werden im lexikalischen Teil nicht verwendet.

- Positionslänge (also bedingt durch »Stellung« des Vokals) ist gegeben, wenn dem an sich kurzen Vokal wenigstens zwei Konsonanten (z. B. ns, nf, ct) oder die als Doppelkonsonanten geltenden x und z und ferner v oder j (bei englischen Wörtern auch y) folgen; z.B. Orýza, Agapánthus, Alýssum, Leucójum.
- »Muta (b, p, d, t, g, K, c, ph, ch, th) cum liquida l, r, non facit positionem«, d.h. »Verschlußlaut mit Fließlaut l oder r macht keine Positionslänge«, so daß die drittletzte Silbe zu betonen ist; z.B. Átriplex, Anácyclus.
- Im Lateinischen ist ein Vokal vor einem anderen kurz, so daß nach diesem Lautgesetz die vorletzte Silbe jeweils als kurz gilt, wenn sie vokalisch endet und die letzte Silbe mit Vokal beginnt. Die drittletzte Silbe erhält dann die Betonung (Tonstärke). Beispiel: Senécio, Rosáceae.
- Die vorstehende lateinische Betonungsregel ist für Wörter griechischer Herkunft ungültig, da im Griechischen zwischen den Buchstaben eta (langes e) und epsilon (kurzes e) und zwischen omega (langem o) und omikron (kurzem o) scharf zu unterscheiden ist. Beispiele: Hydrangéa (-angéa aus aggēíon); gigantéus (aus gigánteios = als griech. Adjektiv).

1.3.4. Silbentrennung

Die Silbentrennung entspricht im allgemeinen der Aussprache und der Gepflogenheit im Deutschen: sa-ti-vus, la-na-tus; st bleibt zusammen wie im Deutschen, aber (!) ebenso werden auch alle anderen Gruppen von zwei Konsonanten nicht getrennt, die im Lateinischen am Wortanfang stehen können. Als Regel gilt daher, daß die Verbindung von b, p, d, t, c, g und r, l oder m, n geschlossen zur folgenden Silbe gehört: an-gu-sti-fo-li-us, ma-gnus, am-plus. Komposita werden nach ihren Bestandteilen getrennt (per-ennis).

1.3.5. Bindevokale, Prä- und Suffixe in Komposita

Für die *Bindevokale*, die Wortelemente bei zusammengesetzten Wörtern (= Komposita) miteinander verbinden, bestehen im Prinzip folgende Regeln:

- Den Bindevokal i (kurz) haben echt *lateinische Komposita* (= Wortzusammensetzungen), nachdem die Kasus- (Fall-) Endung des Anfangswortes fortgelassen wurde; z.B.: long (us) = lang und folius = blättrig; longifolius = langblättrig. Ausgang für das Kompositum ist der (durch Genitivbildung entstehende) Wortstamm, z.B. integer, -gra, -grum und folius = integrifolius = ganzblättrig, mit ganzrandigen Blättern.
- Der Bindevokal für *aus griechischen Wortstämmen gebildete Komposita* ist in der Regel o (kurz); Beispiel: macr(ós) = groß und -phýllus = blättrig: macrophýllus = großblättrig (griech. phýllon = Blatt; -us = latinisierende Endung).
- Bei den philologisch unschönen und abzulehnenden, doch wegen ihrer Einbürgerung schwerlich auszumerzenden *Bastardwörtern* (hybriden Bildungen) ist der Bindevokal in der Regel ebenfalls kurz o, weil diese Komposita meist unter

dem Einfluß des Griechischen entstanden. Beispiele: Acanthocéreus (aus griech. akánth[e] = Dorn und lat. céreus = wächsern), Phytolácca (aus griech. phyt[ón] = Pflanze und ital. lacca = Milch).

Trotz des Bestehens dieser Regeln treten nicht selten Abweichungen auf:
- Es gibt auch aus zwei lateinischen Wörtern gebildete Komposita mit dem Bindevokal kurz o.
- Umgekehrt tritt bei manchen hybriden Komposita der Bindevokal kurz i auf (z.B. Fimbrístylis aus lat. fimbria = Franse und griech. stýlos = Griffel).
- Komposita ohne die Bindevokale o oder i bedürfen keiner Erläuterung.

Zu den Präfixen und Suffixen in Wortverbindungen (Komposita):
Eine große Zahl der botanischen Namen und Fachwörter sind zusammengesetzte Wörter, deren Bestandteile oder Komponenten als Vor-, Zwischen- und Nachsilben (Endungen) auftreten.

Als Vorsilben (Präfixe) sind Präpositionen anzutreffen, von denen die folgende Aufstellung bekannte lateinische und griechische Präpositionen beinhaltet.

Lateinische und griechische Präpositionen als Präfixe in ihrer Grundbedeutung:

Präfix	Bedeutung
Lateinische Präfixe	
a-, ab-	von, weg
ad-	an, bei, zu
ante-	vor
circum-	ringsherum
de-	von … herab, weg
e-, ex-	aus (heraus)
extra-	außerhalb
in-	in, an, auf; in … hinein
infra-	unterhalb, unter
inter-	zwischen, unter
intra-	innerhalb
ob-	gegen
per-	durch
post-	hinter, nach
prae-	vor
pro-	für, vor
sub-	unter
supra-, super-	oberhalb, über
trans-	hin(über), jenseits
Griechische Präfixe	
ana-	hinauf, über … hin, wieder
anti-	anstatt, gegen

Präfix	Bedeutung
apo-	von her, von weg, ohne
amphi-	rings(herum), zu beiden Seiten
dia-	hindurch, durch
endo-	innerhalb
ek-	aus
ekto-	außerhalb
en-	in; während
epi-	auf, oben
ex-, ek-	aus (heraus)
hyper-	über
hypo-	unter, von (unten) her
kata-	hinab, durch … hin, entlang
meta-	nach, inmitten
para-	entlang, bei, neben
peri-	rings(herum), um … herum
pro-	vor, für
pros-	nach … hin, bei, an
syn-	mit, zusammen mit, mit Hilfe

Nicht immer erscheinen die Präpositionen in den Wortverbindungen buchstabengemäß, also unverändert, da beim Zusammentreffen mit dem folgenden Wortstamm bestimmte Lautgesetze in der Regel wirksam sind. Solche Lautgesetze sind z. B.: Assimilation (= Angleichung), Rhotaszismus (Wandlung des intervokalischen »s« zu »r«), Lautwegfall.

So ist das ebenfalls in der Botanik wichtige Wort »Assimilation« entstanden aus ad und similis bzw. aus adsimilatio, wobei die zusammentreffenden d und s zu ss wurden. Weitere Beispiele für das Wirken des Lautgesetzes der Angleichung (Assimilation) sind:

Zusammentreffende Laute	Assimilation	Beispiel
df	ff	affinis aus ad-finis
dg	gg	Agglutination aus ad-glutinatio
dl	ll	alligans aus ad-ligans

Das Angleichungsgesetz bewirkte ferner folgende Lautveränderungen:

nl → ll, nm → mm, np → mp, bc → cc, bp → pp, sf → ff.

Der Doppelkonsonant x kann durch Kontraktion aus gs und cs entstanden sein. Die altlateinische, vielfach in Komposita anzutreffende Präposotion com = mit, aus der später cum wurde, erscheint als Bestimmungsvorsilbe, je nach dem Anfangsbuchstaben des Grundwortes verschieden abgewandelt, als: co-, col-, con-, cor- (z. B. collocatus, contortus). Das Präfix dis tritt z. B. in folgenden Angleichungsformen je nach Folgelaut auf: di-,dif-, dir-.

Wichtig ist auch zu wissen, daß manche Präpositionen in der Wortverbindung als Vorsilben oft eine andere Bedeutung haben. Hierfür nachstehende Beispiele: In Wortverbindungen bedeutet die Präposition »de« in der Regel eine Trennung (z.B. Defoliation = Entblätterung, Entfernung der Blätter) oder das Gegenteilige bzw. die Umkehrung des Wortinhaltes ohne »de« (z. B. Plasmolyse und Deplasmolyse, Nitrifikation und Denitrifikation; siehe auch Lexikonteil). Die Vorsilbe dis- drückt Verschiedenheit und Negation aus (z. B. in Dissimilation), wie auch ne- negierende Bedeutung hat (ähnlich der Präposition in-). Das sei durch weitere Beispiele in der folgenden Tabelle verdeutlicht:

Präposition	Bedeutung in Komposita	Beispiel
con- per- prae-	als Verstärkungsvorsilben (= sehr, ganz)	consolidus perbellis praealtus
in-	als Verneinungsvorsilbe (= nicht, un-)	individuum, inermis

Von den für die botanische Fachsprache wichtigen Wortbildungsregeln ist u. a. die besonders zu beachten, daß hybride Wortbildungen zu unterlassen sind. Man soll also keine griechischen Endungen (Suffixe) an lateinische Wortstämme anfügen und überhaupt bei Wortneubildungen die Bastardierung vermeiden.

Auch aus diesem Grunde ist die Kenntnis der beiden Altsprachen eigentümlichen *Suffixe* wichtig. Die folgende Übersicht macht daher mit häufig vorkommenden Suffixen (Nachsilben, Endungen) näher vertraut und erleichtert das Verständnis für zahlreiche Komposita, in denen diese Endungen auftreten.

Suffixe und ihre Anwendung

Endung (Suffix) mit Quantitäten* und Herkunft	Wissenswertes über Bedeutung und Anwendung
-acus (a = kurz, latinisiert von -akos)	für allgemeine Beziehungen, Ähnlichkeit, gehört primär zu griechischen Wortstämmen, z. B. aurantiacus = orangefarbig
-aeus (aus griech. -aios)	für allgemeine Beziehung und Herkunft, z. B. caribaeus = von den Karibischen Inseln stammend

Endung (Suffix) mit Quantitäten* und Herkunft	Wissenswertes über Bedeutung und Anwendung
-alis und -aris (langes, betontes a, lat.)	bezeichnen allgemeine Zugehörigkeit; -aris wird meistens gebraucht, wenn das Stammwort auf l auslautet. Beispiele: stagnális = in stehenden Gewässern, singuláris = einzeln; unciális = zollgroß; umbelláris = doldig, saxanguláris = in Felsspalten wachsend
-arius	Ähnlichkeit, Zugehörigkeit bezeichnend, verwandt mit -aris; z. B. ulmárius = rüstern- (Ulmus-) artig
-atus (langes a, lat.)	bezeichnet ein Versehensein, bisweilen Ähnlichkeit, z. B. saturátus = gesättigt, pauciradiátus = wenigstrahlig, peltátus = schildartig, dolabrátus = beilförmig
-eus (mit kurzem, unbetontem e, lat.)	bezeichnet den Stoff, die Beschaffenheit, z. B. vítreus = glasartig, durchsichtig
-eus (kurzes e, griech.)	kennzeichnet ebenfalls den Stoff, z. B. chrýseos = chrýseus (latinisiert!) = goldig, golden
-ides und ideus (griech. Herkunft, latinisiert, kurzes e bei -ídeus; langes e bei -ídes im masc. und fem.)	Ähnlichkeit bezeichnend. Im Griechischen -eidés = förmig (von to eidos = Form; oideus = ähnlich aussehend wie). In Adjektiva als Epitheta häufig: gentianoides = enzianähnlich; tragoides = bockähnlich, bockartig duftend; thuioides; ovoideus (= eiähnlich) usw.
-inus (i = lang, lat.; erweitert aus -nus)	drückt auch Herkunft und allgemeine Beziehung aus, z. B. vagina (Substantiv) = Scheide; canínus = hundsgemein, gemein (z. B. Rosa canina = »Hunds«-rose, Wilde Rose); anserinus = zur Gans gehörend
-inus (i = kurz, griech.)	bezeichnet meist den Stoff und kommt in primär griech. Adjektiva vor z. B. crystallinus = kristallklar
-inus (i = kurz, lat.)	oft für Angabe über die Zeit und Anzahl: z. B. serótinus = spät, verspätet; géminus = gepaart, doppelt, bigéminus = zweipaarig, trigéminus = dreipaarig
-ios (mit kurzem i, griech.)	bezeichnet allgemeine Beziehungen; kommt vor in griech. Adjektiva, die mit Hilfe einer Präposition vom Hauptwort abgeleitet sind, auch wenn das Adjektiv dann auf -ikos endigt, z. B. hygroscópicus (latinisiert).
-ius (mit kurzem i, lat.)	drückt Befähigung aus, in den Adjektiva auf -orius, z. B. tinctórius = zum Färben geeignet; -ius stammt von -ios = griech.
-ivus (langes i, lat.)	gebräuchlich meist für Dienlichkeit, z. B. revolutívus = zurückgerollt, umgerollt; satívus = angebaut, angepflanzt
-olus, -ola, -olum; -ulus, -ula, -ulum (o und u = kurz), -ellus, -a, -um	= lateinische Deminutiva (= Verkleinerungssilben wie im Deutschen -chen, -lein), z. B. lodícula = Schüppchen

Endung (Suffix) mit Quantitäten* und Herkunft	Wissenswertes über Bedeutung und Anwendung
-osus (langes o, lat.)	drückt Fülle, Reichtum aus, seltener Modalität und Vergleich, z. B. delicósus = köstlich, sehr wohlschmeckend, silvósus = voller Wald, waldreich, waldig; siliculósus = schötchenartig; suffruticósus = halbstrauchig (im Deutschen entsprechend dem Suffix -reich bei Fülle)

* Die Quantität kennzeichnet die Länge (Betonung) oder Kürze eines Vokals bzw. einer Silbe.

Anmerkung: Bestimmte Suffixe finden zur Kennzeichnung der taxonomischen Kategorien Verwendung, was aus dem Abschnitt 2.2. zu ersehen ist.

Überleitend zum Kapitel »Nomenklatur« erscheint an dieser Stelle eine Aussage über das Verhältnis von Terminologie und Nomenklatur angebracht. Definitionsgemäß ist unter Terminologie die Lehre von den wissenschaftlichen Fachbezeichnungen zu verstehen, unter denen die Ordnungsbezeichnungen als Nomina eine spezifische Kategorie entsprechend ihrer Funktion darstellen. Somit kann man die Nomenklatur als spezielle Terminologie der Taxonomie bezeichnen und analog die Nomina als Termini der Sippen (Taxa) auffassen. Für die Nomenklatur gelten international verbindliche Regeln (vgl. A. 1. 1.).

2. Nomenklatur

2. 1. Grundforderungen an wissenschaftliche Pflanzennamen

Vier Forderungen stellt die Taxonomie (Ordnungslehre) an die wissenschaftlichen Pflanzennamen; sie bilden die Grundlage der internationalen Nomenklaturregeln:

- **Internationale Verständlichkeit**
  Sie wird weitestgehend gewährleistet durch die Verwendung der lateinischen Sprache sowie die Latinisierung der nichtlateinischen Namen in Form (durch Silbenanhänge = Suffixe) und Schreibweise unabhängig von ihrer eigentlichen Herkunft.

- **Einmaligkeit**
  Es dürfen nicht zwei oder mehr Taxa ein und denselben Namen haben. So mußte der Hallimasch in Armillariella umbenannt werden, weil Armillaria bereits für eine höhere Pflanze Verwendung gefunden hatte.
  Nach der Homonymregel (1930 in Cambridge beschlossen) sind jüngere Homonyme zu verwerfen.

- **Einheitlichkeit**
  Ein und dasselbe Taxon darf nicht mehrere »gültige« Namen haben. Es gilt, daß der älteste legitime Name korrekt (richtig) ist, also den Regeln entspricht. Die Internationalen Kongresse haben die Aufgabe, durch verbindliche Nomenklaturregeln die erforderliche Einheitlichkeit (Uniformität) durchzusetzen.

- **Beständigkeit**
  Zur Gewährleistung der Stabilität der Namen gilt die Priorität, nach der der älteste legitime Name verbindlich ist. So mußten z. B. (zeitweilig) eingebürgerte Namen durch die legitimen älteren ersetzt werden:
  Betula verucosa durch *Betula pendula;*
  Juncus supinus durch *Juncus bulbosus;*
  Pinus montana durch *Pinus mugo;*
  Quercus sessiliflora durch *Quercus petraea.*
  Willkürliche Umbenennungen (nomina superflua) widersprechen den Nomenklaturregeln und sind zu eliminieren bzw. durch den jeweils legitimen Namen zu ersetzen.

2.2. Überblick über die Taxa und ihre Benennung

Unter Sippen (= Taxa; Einzahl: Taxon) versteht man Gruppen von Pflanzen, die sich durch das konstante Auftreten bestimmter Merkmale von anderen Formen ständig differenzieren (trennen oder unterscheiden) lassen (siehe auch im Lexikonteil: Rangstufe).

Die Taxonomie als Ordnungslehre (weil ja die Namen – insbesondere Suffixe – zum Ordnen mit herangezogen werden) hat die Aufgabe, die Formenfülle der rezenten und fossilen Pflanzen zu beschreiben, zu gruppieren und die Gruppen nach bestimmten Gesichtspunkten zu einem System zu ordnen. Im Vordergrund steht das wissenschaftliche Postulat, im System eine Darstellung der entwicklungsgeschichtlichen Beziehungen der Pflanzen zueinander unter Beachtung der Morphologie zu geben. Zum anderen muß das System dem praktischen Bedürfnis nach Übersicht gebührend Rechnung tragen.

Man bedient sich im Interesse der genauen Festlegung der wissenschaftlichen Pflanzennamen und zur Vermeidung unterschiedlicher Interpretationen der Exemplare von Pflanzen als Typus. Jede Art (species) ist an Hand eines Pflanzenexemplars zu begründen, das der nomenklatorische Typus ist. Bei der Typisierung gilt:

- Wenn der Autor ein Pflanzenexemplar als Typus bei der Erstbeschreibung festgelegt hat, ist dieses der *Holotypus.*
- Ist vom Autor kein Holotypus angegeben, muß aus dem Originalmaterial ein Element oder Exemplar als *Lectotypus* ausgewählt werden.
- Falls kein Originalmaterial (mehr) auffindbar ist, so ist ein *Neotypus* zu bestimmen.

- Nach dem neuesten Code (Sydney 1981) ist der Typus einer Gattung das *Typusexemplar* der Typusart.

Solche nomenklatorischen Typen (Typenexemplare) sind sehr sorgfältig in Museen aufzubewahren, damit sie zum Vergleich für künftige Forschung zur Verfügung stehen.

Man muß sich vergegenwärtigen, daß in der Natur Individuen, also einzelne Pflanzen, angetroffen werden und nicht taxonomische Einheiten, wie Arten, Gattungen, Familien usw.

Beim Vergleich der Individuen fällt auf, daß mehr oder weniger gemeinsame Merkmale neben individuellen Besonderheiten charakteristisch sind. Man kann sagen, daß Individuen mit gleichen Hauptmerkmalen eine Art oder species bilden. Die Art als die taxonomische Grundeinheit, die man noch gliedern kann in Unterarten, Varietäten und Formen, ist nun der Ausgangspunkt für die höheren Taxa, bei denen die Zahl der gemeinsamen Merkmale abnimmt:

Aufbauprinzip des Pflanzensystems an Hand der Hauptrangstufen
Grundeinheit: Art = species

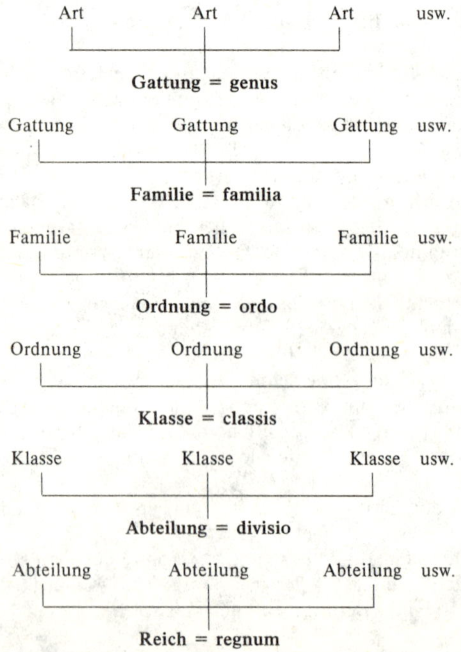

Je nach der Gliederung des entsprechenden Taxons kann es z. B. innerhalb der

Familie	Unterfamilien,	innerhalb der
Ordnung	Unterordnungen	und in der
Klasse	Unterklassen	geben.

Einen Überblick über die gebräuchlichen und im »Internationalen Code der Botanischen Nomenklatur« festgelegten Taxa und ihre Suffixe (Endungen) vermittelt die tabellarische »Übersicht über die Taxa«, wobei die Differenzierung der Rangstufen in Haupt- und Unterkategorien ersichtlich ist. Hervorgehoben sind die Hauptrangstufen.

Übersicht über die Taxa

Taxonomische Kategorie deutsch	lateinisch	Suffix (Endung)	Beispiel(e) oder Bemerkung
1. **Reich**	regnum	-ota	Eukaryota
2. Unterreich	subregnum	-bionta	Cormobionta
3. **Abteilung**	divisio (auch: phylum)	-phyta -mycota	Pteridophyta Eumycota
4. Unterabteilung	subdivisio (subphylum)	-phytina	Chlorophytina
5. **Klasse**	classis	-phyceae -mycetes -atae -opsida	Chlorophyceae Basidiomycetes Pinatae Taxopsida
6. Unterklasse	subclassis	-idae -phycidae -mycetidae	Bryidae; Asteridae bei den Algen bei Pilzen: Holobasidiomycetidae
7. Ordnungsgruppe	cohors	-iidae	wenig in Anwendung
8. Überordnung	superordo	-anae	Asteranae
9. **Ordnung** (Reihe)	ordo	-ales	Taxales; Asterales
10. Unterordnung	subordo	-ineae	–
11. Familiengruppe		-ineales	–
12. **Familie**	familia	-aceae	Taxaceae; Asteraceae
13. Unterfamilie	subfamilia	-oideae	–
14. Tribus	tribus	-eae	Amoniteae; Anthemideae

Taxonomische Kategorie deutsch	lateinisch	Suffix (Endung)	Beispiel(e) oder Bemerkung
15. Subtribus	subtribus	inae	–
16. Gattung*	genus	–	z. B. Achillea
17. Untergattung	subgenus	–	–
18. Sektion	sectio	–	sect. Achillea
19. Subsektion	subsectio	–	–
20. Serie	series	–	–
21. Art	species	–	stets klein geschrieben (auch bei abgeleiteten Personennamen!)
22. Unterart	subspecies	–	Abk.: ssp.
23. Varietät	varietas	–	Abk.: var.
24. Form	forma	–	Abk.: f.

* Die Namen von Gattungen (16.) bis Serie (20.) werden stets mit großem Anfangsbuchstaben geschrieben und haben keine (spezifisch-einheitlichen) Suffixe.

Auf der Grundlage (der zum Teil möglichen Auswahl) dieser angeführten Taxa werden die Pflanzen im System gruppiert. Die Problematik in der Taxonomie liegt jedoch darin, daß die phylogenetischen Beziehungen der Pflanzen z.T. noch nicht mit Sicherheit geklärt sind und es demzufolge unterschiedliche, mehr oder weniger begründete Auffassungen der systematischen Einordnung gibt. Daneben existieren über den Aufbau des Systems auch subjektive Ansichten. Nicht in jedem System treffen wir daher alle angeführten Kategorien an, da schließlich auch praktische didaktische Gesichtspunkte beachtet werden (insbesondere in der Schulbotanik). Die Einteilung in Reiche entspricht z.B. nicht in jeder Weise dem Internationalen Code, da es international auch üblich ist, vom Pflanzenreich insgesamt als regnum vegetabile (oder regnum plantarum) gegenüber dem Tierreich als regnum animale zu sprechen. Um hier auf einen Nenner zu gelangen, müßten zweckmäßigerweise die Begriffe Reich, Stamm und Abteilung differenziert und mit mehr vereinheitlichter Verbindlichkeit angewandt werden.

Um schließlich die Kategorien in der Anwendung zu demonstrieren, sollen zwei Beispiele bzw. Darstellungen aus der Literatur angeführt werden, die hinsichtlich des Aufbaus des Systems und der Benennung (Suffixe) gleichsam z.T. historischen Wert besitzen und deren Aufbauprinzip und Nomenklatur einen Vergleich zur obigen Tabelle und zum in Abschnitt E. angeführten System gestatten:

Das 1. Beispiel ist aufgestellt nach der Saxífraga-Monographie von Engler und Irmscher, in der die jetzt gültige alphabetische Reihenfolge der Bastardeltern in der Formel noch nicht üblich war. Außerdem verwendete man damals z. B. an Stelle von Spermatophyta »Embryóphyta siphonógama«, von Angiospermophyta »Angiospermae«.

1. Beispiel; Saxifrage moschata, Moschussteinbrech – demonstriert bis zur 4fachen Kreuzung (bei z. T. modernisierter Nomenklatur):

Reich	Régnum vegetábile	Pflanzenreich
Abteilung	Spermatophyta	
Unterabteilung	2. Angiospermophytina	Bedecktsamige Blütenpflanzen
Klasse	2. Dicotyledoneae	Zweikeimblättrige Pflanzen
Unterklasse	1. Rosidae	Getrenntkronblättrige Blütenpflanzen
Ordnung	21. Saxifragales	Steinbrechartige Gewächse
Unterordnung	2. Saxifragíneae	Steinbrechart, Gewächse
Familie	3. Saxifragáceae	Steinbrechgewächse
Unterfamilie	1. Saxifragoídeae	dem Steinbrech ähnliche Gewächse
Tribus	1. Saxifrágeae	wie Steinbrech wachsende Gewächse
Gattung	Saxífraga	Steinbrech
Section	8. Dactyloides	fingerähnlich Steinbrechgewächse
Untersection	12. Exaráto-moschátae	
Art	232. moscháta	nach Moschus duftender Steinbrech
Unterart	2. moscháta	echte moschusduftende Steinbrechgewächse
Varietät	versícolor	verschiedenfarbig
Untervarietät	fissifólia	spaltblättrig
Form	láxa	schlaff
Spezialform	stenophýlla	schmalblättrig
Bastard	moscháta x muscoídes	moschusduftend x moosartig
Blendling	moscháta var. fastigiata x moscháta var. versícolar subvar. integrifólia	

Vierfache Kreuzung: Saxífraga (moscháta var. versícolor subvar. fissifólia f. láxa subf. mutáta atropurpúrea májor x caespitósa subspec. dicípiens var. quinquéfida x decípiens x granuláta) = Saxifraga x aréndsii Engl.

2. *Beispiel:* species des Genus Rosa und ihre Einordnung (Stellung) im taxonomischen System:

Arten:	Rósa canína, Rósa gállica, Rósa rugósa	usw. (insges. mehr als 100 Arten)
Gattung:	Rósa	
Gattungen:	Rósa, Fragária, Drýas, Prúnus, Málus, Pýrus	usw. (insges. etwa 40–50 Gattungen m. ü. 2000 Arten)
Familie:	Rosáceae	
Familien:	Rosáceae, Neuradaceae, Chrysobalanaceae	uws. (insges. 21 Familien)
Ordnung:	Rosáles	
Ordnungen:	Rosáles, Saxifragales, Fabales	usw. (insges. 37 Ordnungen)
Unterklasse:	Rosidae (Getrenntkronblättrige Blütenpflanzen)	
Unterklassen:	Rosidae, Hamamelida, Magnoliidae	
Klasse:	Dicotyledoneae (Zweikeimblättrige)	
Klassen:	Dicotyledoneae (Zweikeimblättrige), Monocotyledoneae (Einkeimblättrige)	
Unterabteilung:	Angiospermóphytina (Bedecktsamige)	
Unterabteilungen:	Angiospermophytina, Cyadophytina, Coniferophytina	
Abteilung:	Spermatophyta	
Abteilungen:	Phycophyta, Spermatophyta	
Reich:	Phytobionta (Plantae; Regnum vegetabile)	

2.3. Gattungsnamen

Funktionell sind die Pflanzennamen Bezeichnungs- und Verständigungsmittel, die vielfach einen geschichtlich bedingten Bedeutungswandel erfuhren. Offensichtlich war z. B. die zuerst als Chrysanthemum benannte Pflanze entsprechend der Etymologie (griech. chrysós = Gold, ánthemon = Blume) gelbblühend. Das Wort wurde erst später zum botanischen Gattungsnamen.

Die Gattungsnamen sind sprachlich stets als Substantiva aufzufassen und zu behandeln, auch wenn sie ursprünglich Adjektiva waren. Sie sind immer mit großen Anfangsbuchstaben zu schreiben und bestimmen das Geschlecht des folgenden Artnamens, falls dieser (wie meist) adjektivisch ist.

Herkunftsmäßig entstammen die meisten Gattungsnamen der griechischen Sprache, zahlreiche der lateinischen, und nicht wenige sind sog. Vernakularnamen (siehe Lexikonteil), die aber genauso wie die Namen griechischer Herkunft als lateinische Namen behandelt werden. Auch latinisierte Personennamen, ferner Phantasienamen und Anagramme (siehe Lexikonteil) sind anzutreffen. Neue Namen sollen möglichst mit lateinischen Endungen versehen sein.

Betont werden muß, daß aus dem Altertum überlieferte Namen vielfach einen völligen Bedeutungswandel erfuhren und daß besonders Linné ältere Gattungsnamen z. T. übernahm und dabei oft vertauschte.

Herkunft und Motiv der Gattungsnamen lassen sich wie folgt gruppieren, wobei manche Namen zwei Rubriken zugeordnet werden können:

Herkunft/Motiv	Beispiel	Sprachliches
1. Ursprüngl. Adjektiva	Adenóphora	griech. = »drüsentragende«
2. Namen griechischen Ursprungs ohne latinisierende Endung	Rhododéndron	griech. rhódeios = rosenrot; rhódon = Rose; déndron = Baum
3. Altgriechische und -römische Volksnamen	Diánthus	griech. = Diós = Genitiv von Zeus; ánthos = Blüte
4. Aus der Mythologie	Artemísia	von Artemis
	Drýas	nach den Baumnymphen (Dyraden)
	Prótea	von Proteus
	Paeónia	nach dem griech. Gott Paeon
	Tagétes	nach Tages, Jupiters Enkel
5. Beschreibende Neubildungen aus dem Griechischen und Lateinischen	Narcíssus	griech. narkáo = ich werde betäubt (von dem Duft)
	Aquilégia	lat. áqua = Wasser; légere = sammeln (der Name bezieht sich offensichtlich auf die füllhornartige Form der Blütenhülle)

Herkunft/Motiv	Beispiel	Sprachliches
6. Verwendungsmöglichkeit	Cimicífuga	lat. címex, Genitiv címicis = Wanze; fúga = Flucht
	Aristolóchia	griech. aristos = sehr gut, lóchos = Entbindung, also: »das Beste für die Geburt«
7. Geographische Beziehungen	Carruánthus	= »Karroo-Blüte«, nach der südafrikanischen Hochebene, der Karroo
	Taiwánia	nach der Insel Taiwan
	Araucária	nach der chilenischen Provinz Arauco
8. Merkmale, Eigenschaften, Beschaffenheit	Eríca	greich. ereikein = zerbrechen (Pflanze mit brüchigem Holz)
	Láthyrus	griech. lathraios = verborgen, heimlich
	Gypsóphila	griech. gypsos = Gips; philos = freund, lieben
9. Vernakularnamen	Ananas	= Bezeichnung bei den Tupi-Indianern in Brasilien
	Arália	= kanadischer Heimatname
10. Personennamen	Billbérgia, Búchsia;	-ia, wenn Name auf Konsonant endet;
	Diervillea	-a bei Vokalende des Namens
11. Phantasienamen	Ada	unbekannt
	Rhoeo	unbekannt
12. Anagramme = Namen durch Buchstaben- oder Silbentrennung	Lobívia	aus Bolivien umgebildet
	Denmóza	Anagramm des argentinischen Städtenamens Mendoza

Der Gattungsname kann männliches, weibliches oder sächliches Geschlecht haben. Da das Geschlecht für Sprachunkundige nicht immer leicht festzustellen ist, wurde es im Lexikonteil angegeben.

Häufig vorkommende Geschlechtsendungen in ihrer grundsätzlichen Bedeutung:

männlich	weiblich	sächlich
-us (lat.)	-a (lat.)	-um (lat.)
-er (lat.)	-us (lat. bei Bäumen)*	-on (griech.)
-os (griech.)	-ē (griech.)	-ma (griech.)

* Die lateinische Ausnahmeregel der o-Deklination lautet: Land, Insel, Stadt und Baum auf -us/als weiblich man sich merken muß. Es heißt also: Prunus japonica, Quercus alba, Sambucus nigra, aber: Rubus odoratus, was besagen soll, daß die Regel für Bäume ohne Einschränkung, für Sträucher jedoch begrenzt gilt.

In der Regel bleibt also das klassische Geschlecht bestehen. Trotzdem gibt es diverse Ausnahmen durch den üblichen Gebrauch. Die internationalen Nomenklaturregeln geben folgende Richtlinien:
Gemäß dem geschichtlichen Brauchtum in der Botanik werden als femin behandelt: Adonis, Orchis, Stachys, Diospyros, Strychnos. Das Wort Hemerocallis – im klassischen Schrifttum sächlich, von Linné männlich behandelt – soll nomenklatorisch als weiblich gelten, um mit allen anderen auf -is endenden Gattungsnamen im Geschlecht übereinzustimmen. – Moderne Wortschöpfungen, aus lateinischen und griechischen Wörtern gebildet, erhalten das Geschlecht des Endwortes; Beispiele: Andropogon – bei Linné sächlich – sollte wie die modernen Komposita auf -pogon, z. B. Centropogon, Cymbopogon, Bystropogon, als männlich gelten. Auch sollten die Namen auf -codon, -myces, -odon, -panax, -stemon Masculina, Namen mit dem Endwort -mecon (Mohn) Feminina sein (Beispiele: Dendromecon, Hesperomecon, früher Neutra). – Moderne Komposita auf -achne, -carpha, -cephala, -chlamys, -daphne sollen als Feminina gelten. – Gemäß der griechischen Neutrum-Endung -ceras sollten die Namen Aceras, Aegiceras, Xanthoceras als Neutra benutzt werden (früher Feminina!). – Moderne Gattungsnamen mit den Endungen -dendron, -nema, -stigma, -stoma sind sächlich, Wörter hingegen mit den Endungen -anthos, -anthus, -cheilos, -cheilus in der Botanik männlich.

Nach botanischem Brauch blieben (entgegen der femininen Behandlung im klassischen Schrifttum) Namen auf -gaster Maskulina. Namen auf -carpos oder -carpus wie Hymenocarpus, Dipterocarpus = männlich, auf -carpa oder -carpaea = weiblich, auf -carpon, -carpum, -carpium wie Polycarpon, Ormocarpum, Pisocarpium = sächlich. –

Bei Gattungsnamen, die aus beliebig gebildeten Worten oder aus einheimischen Pflanzenbezeichnungen gewählt werden, gilt das vom Autor gegebene Geschlecht. Fehlt die Geschlechtsbezeichnung durch den Erst-Autor, kann der nächste Autor das Geschlecht angeben, was z. B. zwei Autoren für Mainhot 1760 und 1763 unterließen, aber durch einen dritten Autor über die Artbezeichnung Manihot gossypiifolia als Femininum erfolgte.

Bei den von Linné aufgestellten Gattungsnamen gilt dessen Schreibweise (z. B. Thuja, nicht Thuya), während bei unterschiedlichen Schreibweisen Linnés zugunsten der sprachlich richtigen entschieden wird (z. B. Agrostemma, nicht Agrostema), wobei, falls beide sprachlich richtig sind, die gebräuchlichere Form Berücksichtigung findet (z. B. Rhododendron, nicht Rhododendrum).

Für von Personennamen mit unterschiedlicher Endung abgeleitete Gattungsnamen gilt:

Endung des Personennamens auf	Gebildete Endung des Gattungsnamens
-a	-aea
z. B. Colla	Collaea

Endung des Personennamens auf	Gebildete Endung des Gattungsnamens
andere Vokale	-a
z. B. Otto	Ottoa
z. B. Sloane	Sloanea
-er	-a
z. B. Kerner	Kernera
andere Konsonanten	-ia
z. B. Dahl	Dahlia
-us bei latinisierten Namen	-us fällt fort, dann Bildung nach obiger Modalität

2.4. Artnamen

Die Artnamen sind zusammengesetzt aus dem Gattungsnamen und einem spezifischen Epitheton. Die spezifischen Epitheta stellen meistens Adjektiva (Eigenschaftswörter) dar, deren Endungen sich nach dem Geschlecht der Gattung, zu der sie gestellt werden, richten. Als häufigste Adjektivendungen kommen vor:

Wortendungen männlich	weiblich	sächlich	Beispiel für Artbezeichnung Gattungsname	Artbeiname (Epitheton)
-us	-a	-um	Ábies	álba
-er	-a	-um	Sambúcus	nígra
-er	-is	-e	Anemóne	sylvéstris
-is	-is	-e	Asplénium	víride
-or	-or	-us	Vinca	mínor

Neben diesen Endungen gibt es solche, die für alle drei Geschlechter gleich sind, wozu auch ursprünglich andere Wortarten gerechnet werden können:

- die auf as, es, ys, on, x und die auf s mit vorausgehendem Konsonanten (Mitlaut), z. B. orthóceras, brévipes, monostáchys, oder fallax, duplex, helix sowie die Präsenspartizipien, z. B. nutans, scandens, viridéscens;
- Wenn ein Genusname als Epitheton zu einer anderen Gattung gestellt wird, bleibt er unverändert, z. B. wurden zur Gattung Cichorium (n.) die beiden Arten hinzugestellt, die Bauhin als eigene Gattung Endivia (f.) führte bzw. die Hermann als Intybus aufführt. Es heißt also:
  Cichorium endivia bzw. Cichorium intybus (und nicht -um im Epitheton!). Ein weiteres Beispiel: Cypripedium calceolus (letzteres ein früherer Gattungs-

name!); Liriodendron tulipifera offenbart ebenfalls die »sprachliche Diskrepanz«, doch ist Tulipifera ein vorlinnéischer unveränderlicher Gattungsname;
- unverändert bleiben die Personennamen im Genitiv der Ein- und Mehrzahl, z. B. engleri; dagegen folgen von Personennamen abgeleitete Epitheta als Adjektiva dem Geschlecht des jeweiligen Gattungsnamens; die Adjektivisierung erfolgt durch -ianus, -a, -um, z.B. englerianus, wilsonianus;
- Hauptwörter im ersten und zweiten Fall, z.B. Prunus avium (= Genitiv Pluralis von avis = Vogel); toxicum (= Nominativ Singularis = das Gift);
- alle Artnamen fremder Sprachen, die keine lateinischen Endungen erhalten haben, z.B. kaido bei Malus kaido. Das gilt auch für die »Barbarismen«: kobus in Magnolia kobus oder mume in Prunus mume;
- die mit der griech. Endung (-oides) ausgehenden, eine Ähnlichkeit mit einer anderen Pflanze bezeichnenden Wörter, z. B. platanoídes (= Platanus ähnlich), euphorbioídes u.a.;
- Epitheta, die aus zwei Wörtern bestehen, z.B. agnus-castus.

Sprachlich ist ferner zu bemerken, daß von *Personennamen* abgeleitete Artnamen entweder in adjektivischer Form oder im Genitiv verwendet werden. Für die Bildung der adjektivischen Formen gilt seit Sydney (1981) die Vereinfachung mit dem durchgängigen Suffix -ianus, -a, -um (ohne Ausnahme bzw. unabhängig vom letzten Buchstaben des Personennamens). Die Genitivbildungen für die Verwendung als Epitheta sind abhängig vom Endkonsonanten bzw. vom Geschlecht der Personen, wie folgende Übersicht zeigt:

Endung	Bemerkung/Beispiel
Adjektivische Form	
-ianus, iana, -ianum	Wilson = wilsonianus, -a, -um Schneider = scheiderianus, -a, -um
Substantivische Formen	
-ii	Wilson – wilsonii, wegen der Konsonantenendung Schneider – schneideri,
-i	Sprenger – sprengeri, Fortune – fortunei, weil die Namen auf -er oder vokalisch enden
-ae	in Olgae, Juttae oder Hookerae (nach der Gattin des Botanikers J. D. Hooker), da es sich um weibliche Personen handelt

Anmerkung: Wurden von Autoren sprachliche Fehler begangen, so dürfen diese nicht berichtigt werden – abgesehen von einigen Fällen, die in Artikel 73 des

ICBN geregelt sind, z. B. Druckfehler und inkorrekte Verbindungsform (Bindevokal) in einem Epitheton.

So ist das Beispiel Pereskia opuntiaeflora in P. opuntiiflora zu korrigieren. Das gilt z. B. auch für: bruniifolius (statt bruniaefolius), mauritiiformis (statt mauritiaeformis), tubiformis (statt tubaeformis) (vgl. auch Abschnitt 1.3.5.). –

Bezüglich der sprachlichen Herkunft gilt im wesentlichen dasselbe für die Artnamen wie die Gattungsnamen (siehe dort).

Ihrer inhaltlichen Herkunft oder Modalität nach können die meisten Artnamen wie folgt im Überblick charakterisiert bzw. gruppiert werden (s. Tabelle).

Für manche als Artnamen verwendeten Adjektiva gibt es keine wörtliche Übersetzung. Sie können aber im Deutschen durch zusammengesetzte Substantive wiedergegeben werden. So wird z. B. nivalis mit Schnee- übersetzt: Galanthus nivalis = Schneeglöckchen.

Herkunft/Art/Motiv	Beispiel
1. Beschreibend, z. B. Farbe, Form, Anzahl, Geruch	albus, plumarius, stellaris, humilis, duplex, odoratus
2. Zusammengesetzte, häufig Organe charakterisierende Wörter	tricolor, quadrifolius
3. Die Phänologie betreffend (Jahreszeiten)	veris, vernus, aestivalis, autumnalis, hiemalis
4. Die Lebensdauer bezeichnend	annuus, biennis, perennis
5. Auf die Größe bezüglich	minor, maior
6. Auf die Verwendung hindeutend	usitatissimus, torminalis
7. Die Ökologie kennzeichnend (z. B. Sumpf, Acker, Wald)	palustris, pratensis, arvensis, silvaticus
8. Geographisches Vorkommen ausdrückend	canadensis, dalmaticus, europaeus, aequatorialis
9. Von Personen substantivisch abgeleitet	
a) masculinum	sprengeri, wilsonii
b) femininum	hookerae
10. Adjektivisch von Personen abgeleitet	humboldtianus, schneiderianus
11. Aus bestehenden Gattungsnamen gebildet zur Ähnlichkeitsbezeichnung mit einer anderen Gattung	fabaceus, platanoides
12. Aus ehemaligen Genusnamen gebildet (ohne verändertes Geschlecht)	calceolus
13. Vernakularnamen	káido, kaki, kali, tuna

Im Lexikonteil werden die Adjektiva – z. B. der o- und a-Deklination mit den Endungen -us, -a, -um – meistens nur in der maskulinen (männlichen) Form angegeben.

2.5. Autornamen

Der Autorname, der hinter den Pflanzennamen gesetzt wird, ist der Name dessen, der der Pflanze ihren Namen gegeben hat. Ein kurzer Autorname wird ausgeschrieben, während lange und sehr häufig auftretende Autornamen abgekürzt werden. Letzteres gilt besonders für den häufigsten aller Autornamen: Linné (kurzer Name, aber Abkürzung eingebürgert).

Autornamen ohne Abkürzung	abgekürzt	
Adams	L.	= Linné
Andre	Hook.	= Hooker
Baker	Adans.	= Adanson
Sims	Aubl.	= Aublet
Schott	Balf.	= Balfour
Stearn	Aschers.	= Ascherson

Wenn *mehrere Autoren gleichlautende Familiennamen* haben, werden sie durch ihre Vornamen unterschieden, z.B. A.Br. = Alexander Braun, R.Br. = Robert Brown. Die Namensidentität mit dem Sohn wird zur Unterscheidung kenntlich gemacht durch ein kleines f. von filius (= Sohn), z. B. Hook. & Hook. f. = Hooker und Hooker filius, oder auch durch den Zusatz von pat. für pater = Vater.

Sind *zwei Autoren* an der Namensgebung und Beschreibung beteiligt, werden laut internationaler Vereinbarung beide abgekürzten Namen durch »&« verbunden, z. B. Sieb. & Zucc. (vielfach auch: S. & Z.) = Siebold und Zuccarini. Für »&« wird häufig »et« geschrieben. Diese lateinische Form soll grundsätzlich das entsprechende Wort anderer Sprachen (und oder u., and, y, og) ersetzen. Der Regel Ausnahme bildet das »Triumvirat« Humboldt, Bonpland und Kunth, für die auch die Schreibweise H. B. K. erlaubt ist.

Eine besondere Erwähnung verdienen die sogenannten *Klammerautoren*, die zitiert werden, wenn aus taxonomischen Gründen ein Epitheton in eine andere Gattung oder andere Rangstufe übergeführt wurde, also beispielsweise, wenn eine Art zu einer anderen Gattung gestellt, eine Varietät zu einer Art erhoben oder eine Varietät in eine Form verwandelt wurde.

Hier verlangen im allgemeinen die Nomenklaturregeln die Beibehaltung des Epithetons. Dabei wird der ursprüngliche Autor des Epithetons in Klammern dem Namen des ändernden Autors vorangestellt. Das Beispiel Hydrangéa macrophýlla (Thunb.) Ser. besagt demnach, daß Thunberg das Epitheton macrophylla schuf, daß jedoch Seringe diesen Strauch von Vibúrnum in die Gattung Hydrangéa versetzte. Ein weiteres Beispiel: Dianthus superbus L. ssp. speciosus (Rchb.) Hayek = D. speciosus Rchb.

Sonderfälle liegen vor, wenn von zwei oder gar drei Autoren der gleiche Artname für zwei oder drei verschiedene Arten gebildet wurde. Dann wird zwischen den beiden ersten Autoren durch »non« (= nicht) und zwischen dem zweiten und dritten Autor durch »nec« (= und auch nicht) darauf aufmerksam gemacht.

Beispiele: Cýclamen neapolitánum Tenore (C. ibéricum Goldie non Lem.). Das heißt: Die von Goldie als C. ibericum benannte Art ist gleichbedeutend mit C. neapolitanum, nicht aber mit der von Lemaire.

Pýrus ussuriénsis Maxim. (P. sinensis Decne. non Poiret nec Lindl.) bedeutet, daß die von Decaisne als P. sinensis bezeichnete Art identisch ist mit dem gültigen Namen, was jedoch »nicht« zutrifft auf P. sinensis nach dem Autor Poiret »und auch nicht« nach dem Autor Lindley. Durch diese Schreibweise sollen in der Wissenschaft Errata (= Fehler) in der Synonymie vermieden werden.

Die *Ungültigkeit von Namen* wegen fehlender Beschreibung der Art wird kenntlich gemacht, indem hinter den Autornamen gesetzt wird: nom. nud. = nomen nudum (= nackter Name). Die *Unveränderlichkeit* eines Namens wird angegeben durch: nom. cons. = nomen conservandum (= beizubehaltender, festgelegter Name).

Namensänderungen sind wohl nie ganz zu vermeiden, da die korrekte Benennung der Taxa von den Nomenklaturregeln, der richtigen Interpretation der Typen sowie von der taxonomischen Gruppierung und Einstufung abhängt. So erscheint z. B. bei Veränderung eines Taxons der *Autor des »Basionyms«* in Klammern, dem folgt der Autor der Neukombination: Achillea sudetica Opiz → Achillae millefolium L. subsp. sudetica (Opiz) Weiß. Diese Verfahrensweise gilt analog bei der Übertragung von einem Taxon in eine andere Art bzw. Gattung. Dem ist gleichzeitig zu entnehmen, daß außer den Autornamen für die Art in der wissenschaftlichen Nomenklatur die Autornamen der Sippen unterhalb der species große Bedeutung haben. Die *Autoren der Sippen unterhalb der species* folgen stets dem jeweiligen Namen, z. B. Viola tricolor L. ssp. subalpina Gaud. –

In der Wissenschaft ist die Angabe der Autoren unerläßlich, während man in der Praxis im allgemeinen sehr wohl auf Autornamen verzichten kann. Im Gartenbau wird man jedoch auf die Angabe des Autornamens insbesondere dann Wert legen müssen, wenn man Gewißheit haben will, ob die Pflanze der Autorenbeschreibung auch tatsächlich entspricht. In der Regel wird es jedoch genügen, wenn dabei (in Katalogen oder Abhandlungen für die Praxis) eine kompetente Literaturquelle für die Autornamen pauschal angegeben wird.

2.6. Namen unterhalb der Art

Mit den bisher behandelten drei Teilen des Pflanzennamens – Gattungsname, Artname und Autorname – kommt man sowohl in der Botanik als auch in der Praxis nicht aus, da nach dem neueren Stand unseres Wissens die Art als nach wie vor wichtigste taxonomische Kategorie nicht absolut einheitliche Individuen umfaßt, sondern einen Kreis von Differenzierungen oder Abweichungen, die je nach dem Grad in bestimmten Untersippen zusammengefaßt werden:

Gliederung der Art

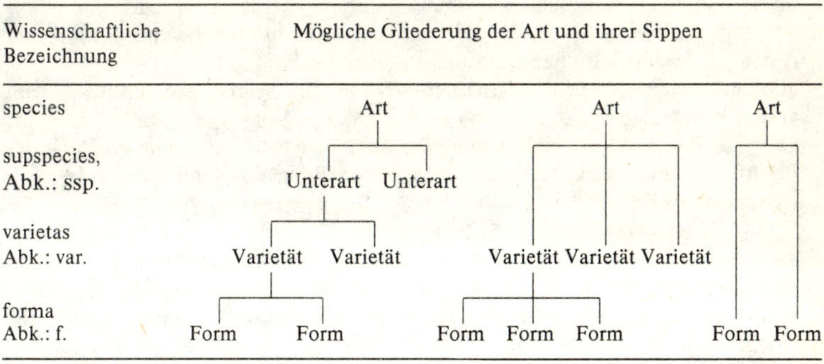

Das Schema zeigt, daß die Art in mehrere Unterarten, diese wiederum in Varietäten und letztere noch in Formen zerfallen können – je nach der Bedeutung oder dem Grad der Abweichung oder der Entfernung von der typischen Ausbildung der Art. Die Abweichungen beziehen sich häufig nur auf Blütenfarbe, Blattform, Höhe, Wuchs usw.

Die Epitheta der Untersippen der Art tragen dasselbe Geschlecht wie der Gattungsname.

Beispiele:
Viola tricolor L. ssp. subalpina Gaud. (= Artname und Unterartname mit Autorenangabe!);
Cypérus alternifólius L. var. variegátus Hort.;
Crepis rubra L. var. alba Hort.;
Althaea rosea Cav. var. nigra (= schwarzblühende Abart der Stockrose oder Pappelrose);
Crinum longifolium Thunb. var. album Hort.;
Daphne mezereum L. var. alba West (= Gattungsname und Varietätsname im gleichen Geschlecht trotz abweichenden Geschlechts des Artnamens);
Fagus sylvática L. f. atropunicea West (Blutbuche = Form der Rotbuche; Fagus = fem.!).

Im Gegensatz zu den spontanen oder natürlichen Sippen erfahren die Namen der Sorten, die ja durch Züchtung entstandene Abänderungen der Art sind, eine besondere Behandlung. Die wichtigsten Grundsätze sind:

- Sortennamen werden nicht latinisiert, frühere Latinisierungen bleiben bestehen; sie sollen lebenden Sprachen entnommen werden;

- sie sollen so kurz wie möglich sein (mit wenigen Silben);
- bei der Verwendung von Personennamen dürfen »Herr, Frau, Fräulein« nicht zugefügt werden;
- Artikel sind wegzulassen (also nicht »der Riese«, sondern »Riese«);
- Namen von Personen des öffentlichen Lebens sind nicht zu verwenden;
- Übersetzungen ausländischer Sortennamen dürfen nur in Klammern beigefügt werden, z.B. »Golden Ball« (Goldball);
- Sortennamen werden – außer in Listen oder Aufzählungen – in Einzelan- und Einzelausführungsstriche gesetzt;
- alle nicht latinisierten Sortennamen werden mit großen Anfangsbuchstaben geschrieben;
- gültig ist der Sortenname (ebenfalls) erst dann, wenn er mit Beschreibung der Pflanze in einer anerkannten Fachzeitschrift, einer Monographie oder in einer wissenschaftlichen Arbeit veröffentlicht wurde.

Näheres vermittelt der »Internationale Code der Nomenklatur der Kulturpflanzen« (Utrecht 1969).

In Ergänzung und überleitend zum Abschnitt 2.7. »Bastardnamen« seien von vorwiegend praktischen Kategorien genannt:

Kategorie deutsch	lateinisch	Bemerkung, Beispiel oder Abkürzung
1. Sorte	cultivar	durch Züchtung entstanden (= Kulturvarietät); Abk.: cv
2. Spezialform	forma specialis	Abkürzung: f. –
3. Spielart	aberratio	auch lusus gebräuchlich, Abk.: l.
4. Einzelpflanze	individuum	–
5. Bastard	hybrida	geschrieben: Art × Art in alphabetischer Reihenfolge; bei Pfropfbastard (Chimäre) ist das Verbindungssymbol ein stehendes Kreuz!
6. Blendling	mistus métis (franz.)	Abänderung einer Art × andere Abänderung derselben Art

2.7. Bastardnamen

Die Bastarde oder Hybriden nehmen eine Mittelstellung ein, entweder zwischen zwei oder mehr Arten derselben Gattung oder zwischen Arten verschiedener Gattungen. Sie können auf generativem oder vegetativem Wege entstehen.

Als genaueste Bezeichnung gilt allgemein die, welche die (beiden) Eltern erkennen läßt. Dabei setzt man die Artnamen alphabetisch hintereinander und verbindet sie mit einem liegenden Kreuz ×. Also: Rhododendron ciliatum × glaucum.

Ist jedoch – wie in der Regel in der Züchtung – bekannt, welche Art den weiblichen Elternteil darstellt, so wird die Mutterart vor die Vaterart gesetzt.

Es ist aber auch gebräuchlich, daß man dem Bastard oder der Hybride einen eigenen Namen gibt, wobei der Bastardname durch ein vorangestelltes × kenntlich gemacht wird. Der oben angeführte Rhododendronbastard wird deshalb auch Rh. × wilsonii genannt bzw. bezeichnet. Wenn jedoch die Eltern unbekannt oder unsicher sind, so werden die Bastarde einfach als »Hybriden« ohne weitere Angabe bezeichnet. Bei Hybriden zwischen Arten verschiedener Gattungen nimmt man entweder den Namen der Muttergattung oder schreibt die Namen in alphabetischer Reihenfolge, oder es wird ein neuer Gattungsname durch Zusammensetzung aus den Elterngattungen gebildet (3. Beispiel). Man kann auch solchen Hybridgattungen eine völlig neue Bezeichnung geben (4. Beispiel).

Beispiele:

1. × Achimenes naegelioides = Achimenes zebrina × Heppiella viscida
2. × Mahoberberis neuberti = Berberis vulgaris × Mahonia aquifolium
3. Brassocatlaelia = Brassavola × Cattleya × Laelia
4. Vuylstekeara (mit den beteiligten Gattungen: Odontoglossum, Miltonia und Chochlioda).

Für Pfropfchimären (Pfropfbastarde) ist als Kennzeichnung das Additionszeichen oder stehende Kreuz + verbindlich.

Beispiel:
Cytisus purpureus + Laburnum anagyroides = + Laburnocytisus adami.

Wenn jedoch zwischen zwei Arten echte Bastarde (generative) und auch Pfropfbastarde (vegetative Hybriden) existieren, dann soll der kombinierte Name unterschiedlich sein.

Beispiel:
+ Crataegomespilus dardarii = Crataegus monogyna + Mespilus germanica,
aber:
× Crataemespilus gilloti = Crataegus monogyna × Mespilus germanica.
Entsprechend der Bastardmethode (ob generativ oder vegetativ) schreibt man also: Syringa + corellata = Syringa × chinensis + S. vulgaris.

Zur Kennzeichnung der Komponenten bei Veredlungen benutzt man den Diagonalstrich /, der zu lesen ist als »veredelt auf«. Demnach ist vorangestellt die Pfropfsorte, und die Unterlage folgt.

Beispiel:
Jonathan/'Doucin' bedeutet: Die Apfelsorte J. wurde »veredelt auf« Doucin (als Unterlage).

Anmerkung: Bastardnamen und Bastardwörter sind nicht zu verwechseln. Erstere stellen, wie oben ausgeführt, Namen für Hybriden (= Kreuzungsprodukte) dar, letztere sind hybride Wortbildungen (= Wörter mit Teilen verschiedener sprachlicher Herkunft).

2.8. Wiedergabe von Namen im Deutschen

Die Namen von Reihen oder Ordnungen – meist erkenntlich am Suffix -ales in der botanisch-wissenschaftlichen Nomenklatur – werden im Deutschen durch die Endung -artige (im Sinne von -ähnliche) ausgedrückt, z. B. Rosales – Rosenartige, Fagales – Buchenartige, Rhoeadales – Mohnartige, Guttiferales – Hartheuartige, Malvales – Malvenartige. Die Endung -artige wird auch meist verwendet, wenn Reihennamen nicht auf -ales endigen, z. B. bei Centrospermae (auch: Centrospermales) – Nelkenartige, Tubiflorae (auch: Lamiales) – Lippenblütenartige, Helobiae (jetzt auch: Helobiales) – Froschlöffelartige, Gynandrae – Orchideenartige (Orchidales), Leguminosae (Fabales) – Hülsenfruchtartige. Gibt es für die dem Namen des ordo zugrunde liegenden Gattungsnamen keinen üblichen deutschen Namen, dann sagt man z. B. Cycas-artige für Cycadales (hier auch Palmfarne oder Palmfarnartige gebräuchlich).

Taxa über den Reihen bedürfen im Deutschen jedoch, um Irrtümer zu vermeiden, zumal wenn sie sich nur in den Suffixen unterscheiden, des Zusatzes der taxonomischen Kategorie (z. B. Glaucophyta – Glaucophyceae u. a.). In einigen Fällen gibt es aber im Deutschen eingebürgerte Namen, die bestimmte Kategorien bedeuten: Nadelhölzer für die Klasse der Coniferópsida, aber Kiefernartige für Coniferae (Rangstufe: Reihe oder Ordnung);
Farnpflanzen = Pteridophyta (Abteilung), aber Farne = Filices (Klasse).

Auch den wissenschaftlichen Familiennamen liegt meist ein zur Familie gehörender Gattungsname zugrunde, der sich – falls »Leitfamilie« – im Namen der Reihe wiederfindet, z. B. Fagus – Fagaceae – Fagales u. a. An den Stamm des Namens der Gattung, die als Typus gilt, wird -aceae als Suffix angefügt.

Im Deutschen wird die Endung -aceae durch -gewächse wiedergegeben, während die Unsitte -azeen tunlichst vermieden werden sollte. Es heißt also Rosaceae oder Rosengewächse, Campanulaceae oder Glockenblumengewächse (und nicht Campanulazeen!). Im Falle des Fehlens eines deutschen Namens für die den Familiennamen bestimmende Gattung sagt man z. B. Cycasgewächse = Cycadaceae, nicht aber etwa Cycadazeen. Auch sollte man die unschöne Bildung -blütler, z. B. Schmetterlingsblütler, vermeiden zugunsten von Schmetterlingsblütengewächsen.

Die Gattungsnamen kennzeichnen bekanntlich keine bestimmte Pflanzenart, sondern eine Gruppe verwandter Arten.

Der Name Hahnenfuß z B. hat kollektiven Charakter wie Haus, See, Auto, Rind oder Mensch. Auch können die zu den deutschen Gattungsnamen gehörigen Artnamen beliebige andere Namen sein, da beide – entgegen der botanischen Nomenklatur – keine binäre Einheit bilden.

So gehört das Stiefmütterchen zur Gattung Veilchen und wird höchst selten »Dreifarbiges Veilchen« genannt. Die Art Kornblume zählt zur Gattung Flockenblume, ohne daß dieser Gattungsname mit genannt wird.

Viele Gattungen haben keine einheitlichen deutschen Namen, den künstlich zu bilden jedoch nicht angebracht erscheint. So heißen im Deutschen die Arten der Gattung Prunus: Schlehe, Aprikose, Kirsche, Pflaume usw. Hier sollte man gleichsam als »deutschen« Gattungsnamen den botanischen, also Prunus, verwenden. Dasselbe gilt für Gattungsnamen, für die kein geläufiger deutscher Name existiert.

Adiantum muß ohne deutschen Namen bleiben, während nur der Art Adiantum capillus-veneris »Venushaar« zukommen kann.

Nach Personen benannte Gattungen behalten ihre Namen bei, auch die »eindeutschende« Endungsänderung ist statthaft: Dahlie – Dahlia – nach Andreas Dahl, dem Lieblingsschüler Linnés; Fuchsie – Fuchsia – nach Leonhard Fuchs, einem der »Väter der Botanik«; Robinie – Robinia – nach dem franz. Hofgärtner Robin (der die Pflanze um 1600 einführte); oder auch: Forsythie, Caesalpinie, Kolkwitzie, Weigelie u. a.

Das Hauptproblem bei den deutschen Artnamen ist, daß die weit verbreiteten heimischen Arten in jeder Gegend anders heißen und daß es für zahlreiche Arten keine volkstümlichen deutschen Namen gibt. Marzell wies z. B. für manche Art die Existenz von über hundert gebräuchlichen deutschen Namen nach.

Für viele Kulturpflanzen und für die vom Ausland eingeführten Pflanzen oder deren Nutzorgane – wie Tee, Kaffee, Kakao, Apfelsinen, Bananen usw. – gibt es verhältnismäßig wenig echte deutsche Namen. Auch sind zahlreiche Versuche, Übersetzungen von wissenschaftlichen Namen wie »Pfeilspange« für Belopérone, »Blattblume« für Phyllánthus, »Vierfaden« für Tetranéma usw. einzubürgern, gescheitert. Deswegen wird immer wieder empfohlen, das Fehlen eingebürgerter Namen nicht durch »Erkünsteln« beheben zu wollen und in solchen Fällen den botanischen Namen – ggf. mit verdeutschender Endung – zu verwenden, wie Chrysantheme für Chrysanthemum, Rose für Rosa (nicht mehr den altdeutschen Namen Hagdorn) usw.

Bestehen nun die deutschen Artnamen aus dem Gattungsnamen mit einem die Art bestimmenden Beiwort, sind zwei Punkte zu beachten:

- Man setzt einen Bindestrich zur Wortverbindung (einteiliger Namen), wenn der Gattungsname mit dem Beiwort vereinigt wurde, z. B. bei den Abiesarten (Tanne als Genusbegriff): Edel-Tanne, Balsam-Tanne usw. – Galanthus nivalis wird jedoch mit Schneeglöckchen im Deutschen bezeichnet.
- Alle Teile werden bei zwei- und mehrteiligen Namen groß geschrieben: z. B. Scharfer Hahnenfuß, Wohlriechendes Veilchen usw.

Manche deutsche Namen sind sachlich falsch, doch andererseits fest eingebürgert, was mitunter historische Ursachen (Synonyme) hat.

Picea abies = Rottanne ist eine Fichte und keine Tanne. Ágathis als Kaurifichte ist keine Fichte (Picea). Hier wird wie bei Schneeglöckchen wegen des einheitlichen Begriffes kein Bindestrich gesetzt. Auch nicht bei:

- Roßkastanie (Aesculus), die keine echte Kastanie (Castanea) ist;
- Hundspetersilie (Aethusa), die keine echte Petersilie (Petroselinum) ist;
- Silberwein (Actinidia), der kein echter Wein (Vitis) ist;
- Wasserwegerich (Alisma), der kein echter Wegerich (Plantago) ist;
- Holzölbaum (Aleurites), der kein echter Ölbaum (Olea) ist.

Die gültigen Grundsätze für die Sortennamen wurden oben (siehe A. 2. 6.) bereits angeführt. Gemäß dem Internationalen Code der Nomenklatur für Kulturpflanzen gilt, daß die Sorten mit einem Namen aus einer lebenden Sprache bezeichnet und durch Einzelanführungsstriche oder vorgesetztes cv. gekennzeichnet werden (z. B. Syringa vulgaris cv. Mont Blanc oder Syringa vulgaris 'Mont Blanc' oder Flieder 'Mont Blanc'). Vor 1954 gegebene Sortennamen können auch lateinische Form aufweisen. Auf die Vielzahl deutscher Sortennamen sei hier lediglich verwiesen (siehe auch: Sortenratgeber bzw. -listen).

3. Symbole und Abkürzungen

Zeichen und Abkürzungen haben die gemeinsame Funktion als Hilfsmittel für Raumersparnis und für bestimmte übersichtliche Darstellungen (z. B. in Bestimmungsbüchern, Preisverzeichnissen, Samenkatalogen, Arzneibüchern). Effektiv sind die Zeichen daneben ein Blickfang sowie für den optischen Lerntyp ein willkommenes Mnemotechnikum.

Diese Vorteile sind jedoch nur dann gegeben, wenn die Zeichen und Abkürzungen Allgemeingut sind und keine Mißverständnisse hervorrufen.

Die Angabe der Blütezeit nach Monaten erfolgt in Exkursionsfloren oder Bestimmungsbüchern üblicherweise mit Ziffern. Zur Kennzeichnung, z. B. besonderer Pflanzengruppen, werden Anfangsbuchstaben als Abkürzungen von international verständlichen (lateinischen) Wörtern empfohlen, sofern sich das Abkürzen überhaupt – vielleicht bei sehr häufiger Wiederkehr – rechtfertigen läßt. So verwendet man oft im gärtnerischen Handel für Knollengewächse den Buchstaben T (abgeleitet von túber = Knolle).

Die richtige Abkürzung erfolgt sprachlich in der Weise, daß das Wort bis zum Anfang der zweiten oder dritten Silbe geschrieben wird und die Abkürzung nicht auf einen Vokal endet (z. B. radix = rad., cortex = cort., species = spec., varietas = var., rhizoma = rhiz. oder rhizom.). In Texten sind Abkürzungen tunlichst zu vermeiden. Vor allem muß vor Willkür gewarnt werden.

Die folgenden Zusammenstellungen vermitteln einen Überblick über als standardisiert geltende oder gebräuchliche Zeichen und Abkürzungen.

3. 1. Zeichen (Symbole)

In der DDR gilt der Fachbereichsstandard TGL 37773/08 für botanische Sonderzeichen (Sonderzeichen für die Satzherstellung):

Lfd. Nr.	Zeichen	Benennung
1	⊙	sommereinjährige Pflanze (sommerannuelle)
2	①	wintereinjährige Pflanze (winterannuelle)
3	(··)	zweijährige Pflanze (bienne)
4	♃	Staude, ausdauernde (perenne) Pflanze
5	♄	Halbstrauch (suffrutex)
6	ħ	Strauch (frutex)
7	ǂħ	Baum (arbor)
8	♂	männlich
9	♀	weiblich
10	⚥	zwittrig
11	⚤	getrenntgeschlechtig, einhäusig
12	×	Bastard (Hybride)
13	+	Pfropfbastard (Chimäre)
14	/	veredelt auf
15	I-XII	Saat- oder Pflanzmonate
16	[1-12]	Blütemonate
17	○	sonniger Standort
18	○ ○	sehr sonniger und trockener Standort
19	◐	halbschattiger Standort
20	●	vollschattiger Standort
21	✂	zum Schnitt geeignet
22	⊥	für Einzelpflanzung geeignet
23	◇	Rabatten- und Beetpflanze
24	⁞	Einfassungspflanze
25	▤	für Hecken geeignete Pflanze
26	◓	Polsterpflanze
27	ıııııı	rasenbildende Pflanze
28	△	Steingartenpflanze
29	ʌʌʌ	Ufer- und Sumpfpflanze
30	≋	Wasserpflanze
31	≷↓	Hängepflanze
32	≷↑	Kletterpflanze

Lfd. Nr.	Zeichen	Benennung
33		Kriechpflanze
34		Topfpflanze
35		Rhizomgewächs
36		Zwiebelgewächs
37		Knollengewächs
38		Bienenweidepflanze
39		immergrüne Pflanze
40		Giftpflanze
41		zierfrüchtig
42		buntlaubig
43		Trockenblume
44		horstbildende Gräser
45		Ausläufer bildendes Gras, unterirdisch
46		Ausläufer bildendes Gras, oberirdisch
47		Aussaat am Standort
48		Winterschutz nur in rauhen Lagen
49		Winterschutz auch in geschützten Lagen
50		rauchhart
51		gut, im Sinne von Zierwert
52	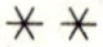	sehr gut, im Sinne von Zierwert
53		vorzüglich, im Sinne von Zierwert
54		für Kalthaus geeignete Pflanze
55		für temperiertes Haus geeignete Pflanze
56		für Warmhaus geeignete Pflanze
57		für Kasten geeignete Pflanze
58		für warmen Kasten geeignete Pflanze
59		Kreuzungsgefahr gering – Mindestabstand 50 m
60		Kreuzungsgefahr groß – Mindestabstand 500 m
61		Kreuzungsgefahr sehr groß – Mindestabstand 1 000 m
62		keine Kreuzungsgefahr, gegebenenfalls Trennstreifen einschalten, um mechanische Vermischung des Saatgutes zu vermeiden

Lfd. Nr.	Zeichen	Benennung
63	○	um die Zeichen 59 bis 61: Abstand nur erforderlich, wenn Samen- und Pollenträger ausnahmsweise gleichzeitig blühen
64		in der Nähe von Siedlungen, Gärten
65		Sumpf, Moor, nasse Wiesen
66		Straßen- oder Wegeränder
67		Wiesen
68	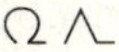	Laub- und Nadelwälder, Baumgruppen
69		Heide, trockene und steinige Flächen
70		Felder
71	▽	steht unter Naturschutz!
72	† † †	tödlich giftig (z. B. Amanita phalloides, Grüner Knollenblätterpilz)
73	† †	sehr giftig (z. B. Boletus satanas, Satanspilz)
74	†	giftig (z. B. Paxillus involutus, Kahler Krempling)

Beispiele für die Zeichen:
- 12 Artbastard: Crataegus × media
  (das Zeichen steht vor der Artbezeichnung)
- Gattungsbastard: × Crataemespilus pillotii-Crataegus monogyna × Mespilus germanica
- 13 Gattungschimäre: + Crataegomespilus dardarii = Crataegus monogyna + Mespilus germanica (das Zeichen steht vor dem Hybrid-Gattungsnamen).
- 59 bis 62 werden auch in einem Kreis eingeschlossen verwendet. Sie bedeuten dann, Mindestabstand nur erforderlich, wenn Samen- und Pollenträger ausnahmsweise gleichzeitig blühen, z. B.:  Kreuzungsgefahr gering. Mindestabstand 50 m. Abstand ist nur erforderlich, wenn Samen- und Pollenträger ausnahmsweise gleichzeitig abblühen.

3.2. Feststehende Abkürzungen

ord. (Ord.) für ordo (Ordnung)
fam. (Fam.), familia (Familie)
gen. (Gatt.), génus (Gattung)
spec.: spécies (Art)
ssp. subsp. subspécies (Unterart)

var. (Var.) varítas (Varietät)
f. für fórma (Form)
l. für lúsus (Spielart)
cv. cultivar (Kulturvarietät = Sorte)
syn. Synonym (Nebenname)

off. officinárum (d. Apotheken)
obs. obsolétus (nicht mehr gebräuchlich)
nom. cons. nomen conservandum (beizubehaltender, festgelegter Name)
nom. nud. für nomen nudum (nackter Name, d.h. Name, dem keine regelmäßige Beschreibung der Pflanze beigegeben wurde)
fol. für fólium (Blatt)
fol. var. fóliis variegátis (mit bunten Blättern)
fol. mac. fóliis maculátis (mit gefleckten Blättern)
fol. marg. fóliis marginátis (mit geränderten Blättern)
fol. aur. fóliis aúreis (mit goldgelben Blättern)
fol. arg. fóliis argénteis (mit silbrigen Blättern)
fl. flos, flóris (die Blume [Blüte], florum = der Blumen, Blüten)
fl. pl. flóre pléno (mit gefüllter Blüte)
fr. frúctu (mit Frucht)
hort. hortórum (der Gärten)
hortul. hortulanórum (der Gärtner, Mehrzahl 2. Fall)
nm. nothomorpha (pleomorphe Bastardform)

Anmerkung: Hierzu zählen auch Abkürzungen langer und häufig auftretender Autorennamen (s. a. B. 2.5. und D. Autorennamen und ihre Abkürzungen).

3.3. Abkürzungen

AKS	anerkanntes Saatgut
SRS	sortenreines Saatgut
MS	Mischsaatgut (Obstbau)
StE	Stammelite
ZGE	Zuchtgartenelite
SSE	Super-Superelite
SE	Superelite
E	Elite
Hz	Hochzucht
Sts	Stammsaat
Nb	Nachbau
Hds	Handelssaatgut
LA	Saatgut von Leistungsauslese
SEL	Saatgut von selektierten Pflanzen aus Konsumbeständen
TKM	Tausendkornmasse
FZZ	Frühzeitigkeitszahl
SWZ	Sortierungswertzahl
Kf	Keimfähigkeit
Rh	Reinheit
HF	Frostkeimer

fol.	Blatt (folium)
fl.	Blüte (flos, floris)
infl.	Blütenstand (Infloreszenz)
D	Duft
Fr	Frucht
Pfl	Pflanze
spec.	Art (species)
var.	Varietät (varietas)
syn.	synonym
cv.	Sorte (cultivar)
f.	Form (forma)
hybr.	Bastard, Hybride (vgl. Abschnitt 3.1., Nr. 12)
Treib.	zum Treiben geeignet
tub.	knollen-, zwiebelbildend
i	immergrün
pik	pikiert
v	verpflanzt
mv	mehrmals verpflanzt
VK	Vorkultur (in Verbindung mit Abschnitt 3.1., Nr. 5–55)

(Speziell für landwirtschaftliches und gärtnerisches Schrifttum verbindlich)

3.4. Abkürzungen für Baumschulen

Jungware

Abl	Ableger
Abr	Abriß
Ausl	Ausläufer
Slg	Sämling
Stg	Steckling
Sth	Steckholz
V	Veredlung (vgl. Abschnitt 3.1., Nr. 14)
HV	Handveredlung
bew	bewurzelt
Tb	Topfballen
mB	mit Ballen
mTB	mit Topfballen

Fertigware

H	Hochstamm
h	Halbstamm
Vst	Viertelstamm
Fst	Fußstamm
Str	Strauch (vgl. Abschnitt 3.1., Nr. 6)
Pyr	Pyramide
B	Busch
StB	Stammbusch
SpB	Spindelbusch
Cs	Cordon, senkrecht
KV	Kronenveredlung
Hei	Heister

Rosen

Kl	Kletterrosen
Tr	Trauerrosen
Lut	Abkömmling der Rosa foetida
Pol	Polyantha-Rosen
Pol-H	Polyantha-Hybriden
Rem	Remontantrosen
T	Echte Teerosen
T-H	Tee-Hybriden
Lamb	Lambertiana-Rosen
Mult	Abkömmling der Rosa multiflora
Wich	Abkömmling der Rosa wichuraiana
Flor	Floribunda-Rosen
Flor-H	Floribunda-Hybriden

3.5. Jungpflanzen – Altersbezeichnungen

Sämlinge

1jährige Sämlinge	1/0
2jährige Sämlinge	2/0
2jährige, verpflanzte Sämlinge	1/1
3jährige, verpflanzte Sämlinge	1/2 oder 2/1
4jährige, verpflanzte Sämlinge	1/3 oder 2/2
5jährige, verpflanzte Sämlinge	1/4 oder 2/3
5jährige, zweimal verpflanzte Sämlinge	1/2/2 oder 2/1/2
1jährige, krautartig pikierte Sämlinge	1×0
2jährige, krautartig pikierte Sämlinge	2×0
1jährig pikiert und dann verpflanzt	1×1

Stecklinge (einschließlich Steckholz)
1jährige, bewurzelte Stecklinge 0/1/0
2jährige Stecklinge 0/2/0
2jährige, verpflanzte Stecklinge 0/1/1
3jährige, verpflanzte Stecklinge 0/1/2 oder 0/2/1
4jährige, verpflanzte Stecklinge 0/1/3 oder 0/2/2
5jährige, verpflanzte Stecklinge 0/2/3
5jährige, zweimal verpflanzte Stecklinge 0/1/2/2 oder 0/2/1/2

Veredlungen
1jährige Veredlungen X/1/0
2jährige, verpflanzte Veredlungen X/-/1
1jährige Handveredlungen HV X/1/0

Abrisse
1jährige Abrisse -1/0
2jährige, verpflanzte Abrisse -1/1

Ableger
1jährige Ableger -1/0
2jährige, verpflanzte Ableger -1/1

Ausläufer
1jährige Ausläufer -1/0
2jährige, verpflanzte Ausläufer -1/1

Erläuterungen zu Abschnitt 3.5.:

- Sämlinge: Jede Zahl gibt an, wie viele Jahre die Sämlinge unverpflanzt gewachsen sind, z.B.
  5jährige, zweimal verpflanzte Sämlinge 1/2/2 = 1 Jahr im Sämlingsbeet, verpflanzt oder unterschnitten, 2 Jahre unverpflanzt, wieder verpflanzt und wieder 2 Jahre in Kultur.
- Stecklinge: 5jährige, verpflanzte Stecklinge 0/2/3 = die 0 kennzeichnet die Stecklinge, nach 2jährigem Stand verpflanzt und wieder 3 Jahre in Kultur.
- Veredlungen: 2jährige, verpflanzte Veredlungen X/1/1 = das X kennzeichnet die Veredlung.
- Abrisse, Ableger, Ausläufer: Der waagerechte Strich vor der ersten Zahl kennzeichnet die vegetativen Vermehrungsarten, die von der Stecklings- (Steckholz-) Vermehrung abweichen.

B Lexikalischer Hauptteil: Erklärungen von Pflanzennamen und botanischen Fachwörtern

A

A 1. in Blütenformeln Abk. für Androeceum; 2. bedeutet vor Konsonanten in griech. Wörtern Verneinung (vor Vokalen an-) wie im Deutschen un- und im Lateinischen in-; 3. Abk. für Anaphäse: A I und A II. 4. Bezeichnung für eine Apfelunterlage mit wertvollen Eigenschaften (Winterfestigkeit und frühes Tragen), die von der schwedischen Versuchsstation Alnarp (abgekürzt: A) stammt. 1922 wurde in Aln. ein altes Unterlagenareal mit »Doucin« geräumt, und 25 der besten (mit A 1 bis A 25 bezeichnet) wurden fortgeführt, woraus A 2 ausgewählt und die übrigen 24 mit M (s.d.) identifiziert wurden. Vgl. → M I, M II, M III usw. und MM 104, MM 106 usw.

Aasfliegenblumen, Blüten bzw. Blütenstände, die durch ihren Aasgeruch gewisse Fliegen anlocken und dadurch bestäubt werden (z.B. Arum-, Aristolochia- und Stapelia-Arten).

AbA oder **ABA,** Abk. für engl. abscisic acid = Abscisinsäure (s. d.), wichtigster Vertreter der Abscisine, einer Klasse der Phytohormone.

Abart, lat. varíetas (var.); Spielart; eine systematische Abstufung (Formbezeichnung) von geringerem taxonomischem Wert als die Unterart (ssp.); → Varietät.

abaxial (lat. ab = von, weg; axis = Achse), auf der der Abstammungsachse abgewandten Seite gelegen; bezeichnet die Unter- bzw. Außenseite eines Blattes, einer Blüte oder eines Seitensprosses. Ggs. → adaxial.

Abbau, 1. Zunehmender Ertragsrückgang bei Sorten einer Kulturpflanzenart, die ohne Selektion im Vermehrungsprozeß mehrfach nachgebaut werden. Ursachen sind erbliche Veränderungen bzw. Überhandnehmen spezifischer Krankheiten. Abbau tritt am stärksten in Erscheinung bei Kartoffeln, besonders durch Virusbefall. 2. Zersetzung toter organischer (organismischer) Substanz durch Mikroorganismen, Pilze, Bodentiere.

Abbau durch Hydrolyse, Spaltung von Verbindungen unter Wassereinwirkung in einfachere Bestandteile.

abbreviatus, -a, -um (lat.), verkürzt, abgekürzt.

AB – DDR, Arzneibuch der DDR; z. Z. gilt die 2. Ausgabe.

Abelia, f., Gatt. der Caprifoliáceae (nach Dr. Clarke Abel, gest. 1826 in Indien); fossil seit dem Tertiär.

Abeliophýllum, n., Gatt. der Oleáceae (Gatt. Abélia und griech. phýllon = Blatt).

abelmoschus (arab. abu-el-misk = Vater des Moschus), nach dem gleichen Gattungsnamen.

Aberkennung, bei Kultur- oder Nutzpflanzen (Sorten; Saat-, Pflanzgutvermehrung) verwendete Bezeichnung: 1. Umgangssprachlich häufig für Verweigerung der → Anerkennung bei Nichterfüllung der gültigen Standardforderungen; 2. Zurückziehen der Anerkennung für früher anerkannte Bestände und Baumgruppen bei Nichterfüllung der gültigen Standardforderungen (-normen). – Faktisch bzw. generell: Ablehnung angestrebter oder bereits erfolgter Anerkennung durch Diagnose, Bonitur von Pflanzenbeständen bzw. deren Erntegut.

Aberration (lat. aberrátio = Abirrung, Abweichung), 1. am Deckglas: Alle Trockenobjekte mit einer → numerischen Apertur, die höher als 0,60 liegt, sind für eine bestimmte Deckglasdicke korrigiert. Sie beträgt normal 0,17 (mm). Diese Zahl ist der Frontlinse am nächsten eingraviert; 2. durch Unregelmäßigkeiten bei der Reifeteilung hervorgerufene strukturelle Änderung eines Chromosoms (= Variation stärkeren Grades oder Ausmaßes); 3. Zerstükkelung eines Chromosoms.

Abhängigkeitsverbindung, Bezeichnung (oder Auffassung) für Pflanzengemeinschaft (nach Braun-Blanquet), deren Einzelglieder in einem Abhängigkeitsverhältnis (verschiedener Art) zueinander stehen. Nach dem Charakter des Abhängigkeits- oder Wechselverhältnisses können z. B. unterschieden werden: Schmarotzer (Parasiten), Epiphyten, Stützung oder Schutz erlangende Gewächse und alle Verbindungen von Bakterien, Pilzen, Algen unter sich bzw. mit höheren Pflanzen; → Kommensalen.

Abies, f., Gatt. der Pináceae (lat. Name für die Tanne, stammt wahrscheinlich vom indogermanischen Stammwort abh = strotzen und könnte sich auf den stolzen Wuchs beziehen) – Tanne; fossil seit dem Tertiär.

abiétinus, -a, -um, tannenartig.

abietoid (lat. abies = Tanne; »tannenähnlich, -artig«), moderne (oder rezent vorkommende) Art der Hoftüpfelung bei den Araukarien; → araucaroid.

Abiogénesis (griech. a = Verneinung, s. o.; bios = Leben; génesis = Zeugung, Entstehung, Geburt), Urzeugung, Entstehung lebender Organismen aus unbelebter Materie. Ggs. → Biogenesis.

abiotisch (griech.), nicht lebend, ohne Leben; Ggs. → biotisch.

Abkochung → Decoctum.

Ablaktation (lat. ab = von, von her, an, auf; lac, Genit. lactis = Milch, Milchsaft; bedeutet hier Saftstrom), Veredelungsmethode bei Gehölzen, die als Edelreiser mit ihrer Mutterpflanze so lange verbunden bleiben, bis das Edelreis mit der Unterlage fest verwachsen ist.

Ablaufwinkel, der Winkel, den die Richtung eines Seitenorgans mit der des Mutterorgans bildet (z. B. der Neigungswinkel der Seitenachse zur Hauptachse).

Ableger, bewurzelte Jungpflanzen aus in die Erde gelegten Seitentrieben einer Mutterpflanze.

abnórmis, -is, -e, ungewöhnlich, vom Normalen abweichend.

Ábobra, f., Gatt. der Cucurbitáceae; brasilian. (Vernakular-) Name.

aboriginum (Genit. Plur. von lat. Aborigines = Stammvolk der Latiner), von Eingeborenen (dem Stammvolk der Latiner) herrührend (Epitheton).

abortiert, abortiv (lat. abortivus = fehlgeschlagen, zu früh geboren), im Laufe der Stammesgeschichte völlig rückgebildete, überhaupt nicht mehr zur Entwicklung kommende Organe. Nur durch Vergleich mit verwandten Sippen kann auf abortierte Organe geschlossen werden; → rudimentär.

Abortus (lat., Fehlgeburt), in botanischer Bedeutung Unterbleiben der Ausbildung bestimmter Organe, z. B. der Staubgefäße.

Abrisse, bewurzelte Jungpflanzen, die durch Anhäufeln abgerissener diesjähriger Seitentriebe gewonnen werden.

Abróma, f., Gatt. der Sterculiáceae (griech. abróma = Frauenkleid).

Abromeitiella, f., Gatt. der Bromeliácae (griech. abróma = Frauenkleid). Spec. (z. B.) A. brevifolia, A. chloranta.

Abrónia, f., Gatt. der Nyctagináceae (griech. abrós = üppig, saftvoll, kostbar) – Sandverbene; fossil seit dem Pliozän.

abrotanódes, -oídes, eberrautenähnlich (Abrótanum, früher Gattungsname, vielleicht von griech. ábrotos = göttlich, daher später heilkräftig).

abrúptus (lat. abrúmpere = abbrechen), abgebrochen.

Ábrus, m., Gatt. der Fabáceae (griech. ábros = kostbar, wertvoll).

Absaat, 1. Saatguterzeugung aus den niedrigen Vermehrungsstufen bei landwirtschaftlichen Pflanzenarten; 2. in der Forstpflanzenzüchtung: das zur Nachkommenschaftsprüfung ausgesäte Saatgut von Auslesebäumen.

abschásicus, aus Abchasien (SW Kaukasus).

Abscisine, eine bedeutende Gruppe od. Klasse der Phytohormone mit überwiegend hemmender Wirkung; wichtigster Vertreter → Abscisinsäure.

Abscisinsäure (= AbA, s. d.). Vorkommen von AbA nur bei höheren Pflanzen. Synthesezentren sind Blätter, Früchte, Samen, Wurzelspitzen, Stengel. – AbA u. ihre Vorstufe, das Xanthoxin, sind Sesquiterpene u. durch den Besitz von 15 C-Atomen gekennzeichnet. AbA wirkt nicht auf Bakterien, Pilze, Algen, sondern auf höhere Pflanzen in vielfältiger regulierender Weise. AbA hemmt Zellteilung, Streckenwachstum, ist potenter Inhibitor der Protein- u. Nucleinsäure-Biosynthese, löst z. B. Knospen-/Samenruhe aus, akzeleriert die → Abscission u. die → Senescenz, sie induziert die Spaltöffnungs-/Schließbewegung der Stomata (nach Borris/Libbert 1984, gekürzt).

Abscission (lat. abscissio, -onis, f., = Trennung), das zum normalen Entwicklungsablauf der Pflanzen zählende Abwerfen von Blättern, Blüten und Früchten, ausnahmsweise von Zweigen.

abscíssus, abgebissen, getrennt, unterbrochen.

Absenker, bewurzelte Jungpflanzen aus vorjährigen Seitentrieben. Diese Triebe werden in einem Bogen in die Erde gesenkt und von dort wieder nach oben gerichtet. An der Umbiegestelle erfolgt die Bewurzelung. Danach werden diese Triebe von der Mutterpflanze abgetrennt.

absínthium (griech. Lehnwort aus d. Altpersisch.; ápsinthos = unerfreulich), Wermut.

absolutes Grasland, Gras- oder Grünland, das unter dem (ökonomischen) Nutzungsaspekt unterschieden wird von dem fakultativen Grasland. Zum absol. Grasland gehören solche Standorte, die eine ackerbauliche Bewirtschaftung nicht zulassen bzw. unter Ackernutzung niedrigere Erträge hervorbringen als bei Graslandnutzung.

absolutes Saatgut, Saatgut, das aufgrund seiner arteigenen, natürlichen Beschaffenheit nur zur Erzeugung von Pflanzen und nicht für Speise- oder Futterzwecke verwendet werden kann (z. B. Saatgut von Beta-Rüben, Klee, Grasarten, Möhren).

absolute Transpiration, gewichtsmäßige Wasserabgabe von Pflanzen bzw. insbesondere von Sprossen oder Sproßteilen, direkter Ausdruck der Transpirationsintensität im Gegensatz zur »relativen Transpiration« (→), die ihrerseits bei der Anwelkmethode aus praktischen Gründen (bessere Aussagekraft) Verwendung findet. Absolute Transpiration also = Gewichtsdifferenz durch Verdunstung im Ergebnis von zwei Wägungen. → Anwelkmethode.

absolútus, -a, -um, (lat.), vollkommen; absolut im Gegensatz zu relativ.

absonnig, Bezeichnung für einen nach Norden zu gerichteten Standort.

absorbíeren (lat. absorbére = hinunterschlucken), aufsaugen, etwas einverleiben (im Gegensatz zu adsorbieren).

Absorption, Aufnahme von Gasen durch flüssige oder feste Körper, von Flüssigkeiten durch feste Körper oder Zurückhalten von Strahlen in einem beliebigen Medium.

Abstammungsachse, Mutterachse, aus der Seitenachsen (Tochterachsen) hervorgehen.

Abstammungslehre (= Deszendenz-, Evolutionstheorie), sie besagt, daß alle Lebewesen sich in natürlicher Abfolge aus einer (monophyletische A.) oder mehreren (polyphyletische A.) Stammformen entwickelt haben. Erste derartige Gedanken finden sich bei Anaximander (611–545 v. u. Z.) und Empedokles (483–424 v. u. Z.). Wissenschaftliche Fundierung fand die Lehre u. a. bei Erasmus Darwin (1731–1802), Jean Baptiste de Lamarck (1744–1829), vor allem aber Charles Darwin (1809 bis 1882). Heute ist die A. die Grundkonzeption aller biologischen Wissenschaften. Sie hat sich gegenüber der früheren Lehre von der Konstanz der Arten durchgesetzt (nach Lehmann, 1986).

Abstufung, Einstufung von Saat- und Pflanzgut zugelassener Sorten in eine niedrigere → Anerkennungsstufe, als sich nach dem System des Vermehrungsaufbaus aus dem verwendeten Ausgangsmaterial ergibt, z. B. von Superelite zu Hochzucht. Hierbei gelangen standardisierte Normen (TGL) zur Anwendung.

Abteilung (divisio; auch Stamm, phylum), systematische Hauptkategorie oberhalb der Klasse (→ Rangstufe).

Abundanz (lat. abundantia = Überfluß), Häufigkeit bzw. Individuenzahl einer

Pflanzensippe in einer Vegetationsaufnahmefläche.

abutiloídes (griech. a = nicht; bous = Rind; tílos = Durchfall), abutilonähnlich.

Abutílon, n., arab. Pflanzenname, Gatt. der Malváceae – Schönmalve; fossil seit dem Tertiär.

abyssáles Plankton (griech. ábyssos als Adjektiv grundlos, unergründlich, in der Tiefe befindlich, als Substantiv Abgrund, auch des Hades und der Hölle), Schwebeflora der Tiefsee.

Acacállis, f., Gatt. der Orchidáceae (aca- [?], griech. kallos = schön). Spec. (z.B.): A. cyanea.

Acácia, f., Gatt. der Mimosáceae (griech. Pflanzenname für einen dornigen Baum in Ägypten, vielleicht für Acácia véra) – Schotendorn; fossil seit dem Tertiär.

Acaēna, f., Gatt. der Rosáceae (von griech. akis = Spitze, Pfeil bzw. akaina = Spitze, Stachel) – Stachelnüßchen.

Acalýpha, f., Gatt. der Euphorbiáceae (griech. Name für eine Nesselart) – Kupferblatt.

Acámpē, f., Gatt. der Orchidáceae (von griech. akámpes = steif; namentl. Bezug auf die kleinen »steifen« Blüten).

acánthi-, -acántho; -acánthos, -acánthus, in Zusammensetzungen: stachel-.

acanthifólius, acánthus-blättrig.

acánthium (griech. ákantha = Dorn), Stachel.

acanthocalýcium (griech.), 1. stachelige Blütenröhre (Epitheton); 2. Gattungsname Acanthocalýcium (Cactáceae).

acanthocárpus (griech.), stachelfrüchtig.

acanthódes (griech.), das Stachelkissen.

Acanthohippium, n., Gatt. der Orchidáceae (von griech. ákantha = Dorn, Stachel; ehíppion = Sattel; namentl. Bezug auf die sattelförmige Lippe mit ihren zwei gezähnten »Kämmen«). – Stachelorchidee, -stendel.

acanthoídes, dem Acánthus ähnlich.

Acantholímon, n., Gatt. der Plumbagináceae (griech. ákantha = Dorn; leimon = Wiese) – Stechnelke, Igelpolster.

Acanthópanax, m., Gatt. der Araliáceae (griech. ákantha = Dorn und Gatt. Panax) – Stachelpanax; fossil seit dem Miozän.

acanthophlégmus, -a, -um (griech.), stachelnetzig.

Acanthosícyos, f., Gatt. der Cucurbitáceae (griech. ácantha = Stachel, sicyos = Gurke) – Naraspflanze.

Acanthóstachys, f., Gatt. der Bromeliáceae (griech. ákantha = Dorn; stáchys = Ähre) z. B. A. strobilácea.

acanthúrus (griech.), stachelschwänzig.

Acánthus, m., Gatt. der Acantháceae (griech. ákantha – Stachel) – Akanthus, Bärenklau.

acaulis, -is, -e, stengellos, ungestielt.

accúmbens, anliegend.

ácer, ácris, ácre (lat.), spitz, scharf.

Ácer, n., Gatt. der Aceráceae (lat. Pflanzenname für einen Baum mit spitz gelappten Blättern. Genauso ist die etymologische Ableitung von dem keltischen ac = Spitze oder griech. kéras = Horn möglich) – Ahorn; fossil wahrscheinlich seit der oberen Kreide.

Acheránthus, m., Gatt. der Berberidáceae (griech. a = ohne, keras = Horn; anthos = Blüte).

acérbus (lat. acerbáre = verbittern), unreif, herb.

acerifólius, ahorn- (Acer) blättrig (z.B. Plátanus acerifólia – Ahornblättrige Platane).

Acérvuli (lat. acervulus = kleiner Haufe), parasitische Formen von → Koremien, die die Gestalt von flach ausgebreiteten Lagern haben.

acetoséllus, -a, -um (lat. = säuerlich), z. B. Oxális acetosélla – Sauerklee.

acetósus, (-a, -um), sauer.

-áceus (-a, -um), -artig. Dieses Suffix ist auch die obligatorische kennzeichnende Familienendung, z.B. Poáceae, Asteráceae.

Achäne (griech. a = nicht; chaino = ich öffne mich), Schließfrucht, die aus unterständigem Fruchtknoten entstand und bei der Fruchtwand (Perikarp) und Samenschale (Testa) miteinander verwachsen sind (bezeichnend für die Asteráceae).

Acheilarie, Unterdrückung des Labellums (vor allem bei Orchidáceae).

Achilléa, f., Gatt. der Asteráceae (benannt nach dem griech. Helden Achilles) – Schafgarbe.

Achímenes, f., Gatt. der Gesneriáceae

(griech. a = nicht; cheimaino = Kälte ertragen) – Schiefteller.

achlamydéische Blüten (griech. a = nicht; chlámys = Oberkleid); nackte Blüten ohne Blütenhülle; sie bestehen nur aus den der Fortpflanzung dienenden Blütenorganen.

Achnátherum, n., (= Casiagrostis), Gatt. der Poáceae (griech. áchne = Spreu; ther (therós) = Lebewesen) – Rauhgras.

Áchras, f., Gatt. der Sapotáceae (griech. áchras = ungenießbare Wildbirne) – Breiapfelbaum; fossil wahrscheinlich seit dem Tertiär.

Achromát (griech., → Achromatin), ein bestimmter Typ der mikroskopischen Objektive, der durch eine Kombination von Kron- und Flintglaslinsen für das primäre Spektrum des weißen Lichtes korrigiert ist; → Apochromat, → Fluoritsysteme.

Achromatin (griech. a = Verneinung; chróma = Farbe), Bezeichnung für die mikrotechnisch nicht oder schwer färbbaren Bestandteile des Zellkerns.

achromatisch sind die Teile des Zellkerns, die sich mit Chromosomenfarbstoffen nicht anfärben lassen.

A-Chromosomen, die normalen Chromosomen des diploiden Chromosomensatzes. Ggs. → B-Chromosomen.

Achse → Sproßachse.

Achsel, Winkel zwischen Sproßachse und Blatt.

Achselsproß, der aus Blattachseln gewachsene Sproß; Gegensatz: Sproß aus der Terminalknospe des Haupttriebes.

achselständig, unmittelbar über einer Blattansatzstelle in der Blattachsel hervorbrechend oder gewachsen.

Achsen-Theorie (griech. áxon; lat. áxis = Achse, Wagen-, Himmelsachse), Theorie, nach welcher der Urtyp der Farnpflanzen ein sehr einfacher Organismus ist, der aus einer wurzellosen und blattlosen Achse mit einem einfachen Gefäßbündelstrang besteht und mit einer vegetativen Spitze oder einem Sporangium abschließt. Die später auftretenden Mikrophylle stellen neue laterale Auswüchse an der vorher glatten Achsenoberfläche dar. Die Entstehung der Makrophylle wird durch eine wiederholte gabelige Verzweigung der Achse erklärt, die zu einer Differenzierung in eigentliche Achse und Kladodium, d. h. in eine abgeflachte und ± blattähnliche Achse führt (nach Bower, Fritsch).

Aciáchne, f., Gatt. der Poáceae (griech. akís = Spitze; áchnē = Spreu, Spelze).

aciculáris (lat.), mit kleinen Nadeln versehen, nadelartig.

aciculátus, -a, -um, (lat.), nadelartig (acicula, richtiger acúcula = kleine Nadel) zugespitzt, mit kleinen Nadeln versehen.

acículus (lat.), kleine Nadel.

Acidanthéra, f., Gatt. der Iridáceae (griech. akís = Spitze; anthera = Staubbeutel) – Sterngladiole.

acidophíl, auf saurem (lat. acidus, -a, -um) Boden gedeihend (griech. philos = liebend).

ácidus (lat.), sauer.

ácifer (lat.), nadeltragend, eine Nadelspitze tragend.

acinacifórmis (-is, -e) (griech. akinákes = krummer Säbel), säbelförmig.

Acinéta, f., Gatt. der Orchidáceae (griech. akínētos = unbeweglich, steif; bezieht sich auf die »steife« Lippe).

Ackerbau, Förderung und Mehrung der Bodenfruchtbarkeit, während unter Pflanzenbau die Nutzung der Bodenfruchtbarkeit zu verstehen ist. Durch alle ackerbaulichen Maßnahmen soll der Boden nicht nur bebaut, sondern auch verbessert werden. Die Lehre des Ackerbaus als Lehre vom planmäßigen Bodenaufbau umfaßt daher: Bodenkunde, Klimatologie, Fruchtfolge, Bodenbearbeitung, Düngung, Unkrautbekämpfung.

Ackerflächenverhältnis, prozentuale Gliederung des Ackerlandes nach Fruchtarten oder Gruppen von Fruchtarten.

Ackerfutterbau, bezeichnet die Futterproduktion auf dem Ackerland; zu Futterpflanzen des Ackerfutterbaus gehören alle auf dem Ackerland angebauten Futterpflanzen ohne Futtergetreide und Futterkartoffeln. Es werden unterschieden: 1. Hauptfruchtfutterbau = Futterbau mit Pflanzen, die während der ganzen oder des größten Teils der Vegetationszeit den Acker allein beanspruchen (z. B. Rotklee, Luzerne, Futterrüben); 2. Zweitfruchtfutterbau = Futterbau nach vorausgegangener Winterzwischenfrucht (z. B. Silomais nach Futterroggen); 3. Zwischenfruchtfutterbau = Futterbau zwischen zwei Hauptfrüchten, wobei es gibt: a) Winterzwischenfrüchte; b) Sommerzwischenfrüchte mit der Unterscheidung in: Stoppelsaaten nach einer vollen Jahresernte (z. B. Erbsen/Wicken-Gemenge nach Wintergerste) und Untersaaten.

Ackergras, bezeichnet den Bestand bzw. die Produktion von Gras auf dem Ackerland im Rahmen einer Fruchtfolge. Ausreichende Wasserversorgung (niederschlagsreiche Gebiete oder Bewässerung) und hohe Stickstoffdüngung bzw. Gülleeinsatz sind Erfolgsvoraussetzungen. Als Gräser werden das Welsche Weidelgras, Einjähriges Weidelgras und zur mehrjährigen Nutzung Knaulgras verwendet.

Ackerkrume, oberste bearbeitete Erdschicht von in der Regel 15 bis 30 cm Mächtigkeit.

Ackerland, systematischer Bodenbearbeitung, Düngung und Fruchtfolge unterliegendes Kulturland bei meist jährlicher Pflugarbeit.

Ackerschätzungsrahmen, Schätzungsrahmen für die Hauptkulturart Ackerland mit der Einteilung nach Bodenart (8 mineralische Bodenarten von Sand bis Ton und Moor), nach der Entstehung der Böden oder der geologischen Herkunft (Diluvial-, Alluvial-, Löß-, Verwitterungs- und junge Verwitterungsböden) und nach der Zustandsstufe als Ausdruck für den Bodentyp (Stufe 1: die Schwarzerdeböden; Stufe 7: die Heide- oder Podsolböden). Für diese durch Bodenart, Entstehung und Zustandsstufe gebildeten Einteilungen enthält der Schätzungsrahmen Wertzahlen, die Verhältniszahlen darstellen, die Unterschiede im Reinertrag bei normaler Wirtschaftsweise ausdrücken und denen bestimmte natürliche und wirtschaftliche Ertragsbedingungen zugrunde liegen, wie z. B. bezüglich der Bodenausformung eine ebene bis schwach geneigte Lage, für das Klima mittlere territoriale Verhältnisse (+ 8 °C Jahreswärme, 600 mm Jahresniederschlag) sowie in wirtschaftlicher Beziehung die Verkehrs- und Absatzlage entsprechend den Verhältnissen des mittleren Teiles der Bezirke Magdeburg und Halle. → Bodenzahlen, Ackerwertzahlen.

Ackerspörgel, als Stoppelsaat mit Senf und Serradella im Gemenge angebaute Kulturformen von Spergula arvensis.

Ackerzahlen, Ackerwertzahlen, Ergänzungszahlen oder korrigierte → Bodenzahlen. Die Korrektur erfolgt aufgrund vorhandener Abweichungen von den den Bodenzahlen zugrunde gelegten bestimmten natürlichen und ökonomischen Ertragsbedingungen. Die Ackerzahlen kennzeichnen die Ertragsfähigkeit der Böden, die Bodenzahlen jedoch die Bodenfruchtbarkeit. Da bei den Ackerzahlen Klima und Bodenausformung besondere Berücksichtigung finden, werden sie auch Bodenklimazahlen genannt. → Ackerschätzungsrahmen.

aconitifólius, sturmhutblättrig.

Aconítum, n., Gatt. der Ranunculáceae (griech. akóniton = Giftpflanze, die »en akóneis«, d. h. an schroffen Felsen wächst) – Eisenhut, Sturmhut (Blütenform).

Ácorus, m., Gatt. der Aráceae (griech. Pflanzenname) – Kalmus; fossil seit dem Tertiär.

acránthus (griech.), spitzblumig.

Acrasiales, zelluläre Schleimpilze (Myxomycetes), deren Sporen zu Myxamöben auskeimen und durch Zusammenkriechen und Aneinanderlegen, ohne zu verschmelzen, ein Pseudoplasmodium bilden. Diese Aggregation erfolgt so, daß von einem Zentrum aus eine chemotaktisch wirksame Substanz, Acrasin, abgesondert wird.

Acrasiomycetes, Gruppe (Klasse) der Abt. Myxomycota; zu der Klasse gehört die Ordn. Acrasiales (→ E. System der Pflanzen).

acre, ácris (lat.), scharf, beißend, maskuline Nominativform: acer.

acrocarp werden die endständigen Sporogonien der Laubmoose bezeichnet.

acrostichoídes (Acróstichum, von griech. ákros = spitz; stichos = Reihe, Linie), füllfarnähnlich.

Acróstichum, n., Gatt. der Polypodiáceae (von griech. ákros = spitz; stichos = Reihe) – Füllfarn; fossil seit dem Alttertiär.

acrótrichus (griech), spitzhaarig.

actinacánthus (lat.), strahlstachelig.

Actinélla, f., Gatt. der Asteráceae (griech. áktis = Strahl; -ella, Verkleinerungsform).

Actinídia, f., Gatt. der Actinidiáceae (griech. áktis = Strahl; eidos = Gestalt) – Strahlengriffel; fossil seit dem Eozän.

actinomórph (griech.), strahlig gestaltet.

Actinómyces, m., Gatt. (griech. áktis, Genit. aktinos = Strahl; mýkes = Pilz) – Strahlenpilz; Fam. Actinomycetaceae, Schizomycetes.

Actínostrobus, m., Gatt. der Cephalotaxáceae (griech. aktis = Strahl, strobos = Kreisel, Zapfen).

áctis (griech. áktis, aktinos), Strahl.

acúleus (lat. aculeátus = stachelig; aculeatissimus = sehr stachelig), Stachel.

acuminatus (lat.), lang zugespitzt (von acumen = Spitze).

ácus (lat.) Nadel; acículus = kleine Nadel.

acut-, acuti-, in Zusammensetzung: spitz-, scharf-.

acutángulus, -a, -um (lat. acutus = scharf, spitz; angulus = Ecke, Winkel), scharf- oder spitzkantig.

acutiflórus, -a, -um (lat.), spitzblumig.

acutíssimus, sehr spitz.

Áda, f., Gatt. der Orchidáceae (Ada = griech. Name der Schwester der Artemisia in Karien; etymol. wahrscheinlich mit griech. adámas = Diamant, »Edel«stahl in Beziehung) – Edelorchidee, -stendel.

Adansónia, f., Gatt. der Bombacáceae (nach dem franz. Botan. M. Adanson, 1727–1806) – Affenbrotbaum.

Adaptatión (lat. adaptatio), Anpassung.

adaxiál (lat. ad = hin, zu; áxis = Achse), auf der der Abstammungsachse zugekehrten Seite gelegen; bezeichnet die Ober- bzw. Innenseite eines Blattes, einer Blüte oder eines Seitensprosses. Ggs. → abaxial.

additive Genwirkung, die Partner eines oder mehrerer Genpaare stehen sich als Allele nicht antagonistisch gegenüber, sondern ergänzen, d. h. addieren sich in ihrem Effekt. Der Effekt eines Gens bleibt konstant derselbe, unabhängig vom Effekt aller übrigen vorhandenen Gene.

adélphicus (griech. adelphós = Bruder), verbrüdert, brüderlich.

Adelphie, Vereinigung mehrerer Staubfäden.

Adelphogamíe (griech. adelphós = Bruder, gámos = Heirat), Bezeichnung für die Verbindung von zwei »Bruderkernen«, die aus ein und derselben Mitose hervorgegangen sind. Dieser Vorgang ist sehr verbreitet unter den Fungi (Pilzen).

Adelphokarpíe, Fruchtbildung durch Geschwisterbestäubung.

áden-, adeno-, adénus (-a, -um) (griech. áden = Drüse), drüsen-, -drüse.

Adénia, f., (palaeotropisch verbreitete) Gatt. der Passifloráceae (griech. áden = Drüse), typische Stammbildung (jedoch nicht klimmend wie andere Passifl.).

Adénium, n., Gatt. der Apocynáceae (Hundsgiftgewächse); typisch (u. a.) für »Fallschirmsamen«, wobei beide Pole mit Haarbüscheln besetzt sind.

Adenóphora, f., Gatt. der Campanuláceae (griech. áden = Drüse; phóras = tragend) – Becherglocke.

Adenosintriphosphorsäure, Abk. ATP; im Jahre 1928 von Karl Lohmann entdeckt. ATP wirkt in der belebten Natur als Energiespender, -speicher oder fungiert als Modulator von Enzymaktivitäten, ohne die ein Stoffwechsel nicht möglich wäre.

Adenóstoma, n., Gatt. der Rosáceae (griech. áden = Drüse; stóma = Mündung, [Mund-] Öffnung) – Scheinseide.

Adenostýles, f., Gatt. der Asteráceae (griech. áden = Drüse; stýlos = Griffel) – Alpendost.

Adern, die ± deutlich erkennbaren, die Blattspreite durchziehenden Leitungsbahnen, die (insbes. bei den Laubblättern) ein oft reichverzweigtes System (Nervatur) bilden. Gewöhnlich springen die dickeren Adern (= Rippen) auf den (Laub-)Blattunterseiten leistenförmig vor, während ihnen auf den Oberseiten Furchen entsprechen (können); oft ist ein in der Medianebene der Spreite verlaufender Strang kräftig(er) als Mittel- oder Hauptrippe entwickelt, aus der die Seitenrippen (Adern) entspringen.

Aderung, Bezeichnung für die Anordnung (Verlauf, Stärke) der Adern oder Blattrippen (Leitungsbahnen). Für die A. ist eine fortschreitende Verschmelzung freier Fiederrippen zu komplexer Maschen- oder Netzanordnung bezeichnend, so daß offene und geschlossene A. auftritt. Abgeleitet ist gegenüber der fiedrigen die fingerige und auch die streifige Blattaderung, wie sie vor allem bei Monocotyledonen dominiert. – Bei den Farnen werden u. a. unterschieden: gabeladerige Blätter (z. B. Adiantum) bzw. Fächeraderung (Archaeopteris hibernica, Oberdevon), Fiederaderung (Alethopteris costei, Oberkarbon), Netzaderung (Linopteris obliqua, Oberkarbon). – Bei den Laubflechten wird der morphologische Terminus A. als Bezeichnung für die »aderartigen«, erhabenen Hyphengeflechte auf der Unterseite der Thalli verwendet.

Adesmie (griech. a = un-, nicht; desmós = Band, Fessel, Verbindung; ohne Fessel, ohne feste Verbindung), getrennte Ausbildung von Organen, die normalerweise untereinander verwachsen sind.

Adhäsion (lat. adhaerére = anhaften), Aneinanderheften stofflich verschiedener Substanzen bei sehr naher Berührung durch die Anziehungskraft ihrer Moleküle.

adhaérens (Präsenspartizip vom obigen Verb), anhaftend.

adiantifólius (Adiántum, griech. a = nicht; diaínein = benetzen), frauenfarnblättrig.

Adiantites, Formgattung für → Pteridophyllen (wahrscheinlich → Pteridospermales) des Unterkarbons und des untersten Oberkarbons; der Name erinnert an die rezente Farngattung → Adiántum.

Adiántum, n., Gatt. der Polypodiáciae (griech. a = nicht; diaínein = benetzen) – Frauenhaarfarn.

Adipinsäure, (lat. adipis = fettartig), HOOC–$(CH_2)_4$–COOH, Dicarbonsäure; A. wurde ursprünglich durch Oxidation verschiedener Fette gewonnen.

Adnáte (lat. agnásci, -or, agnatus = hinzugeboren werden), Pflanzen, die auf Rinde, Steinen oder an der Erdoberfläche haften, jedoch nicht wurzeln; größtenteils Thallophyten.

adnátus, -a, -um, angewachsen.

Adónis, f., Gatt. der Ranunculáceae (Pflanze mit Blüten, deren Schönheit an Adonis, den Liebling der Venus, erinnern soll, aus dessen Blut die Pflanze der Sage nach entstanden ist) – Adonisröschen.

adossíert (franz. dos = Rücken), mit dem Rücken angelehnt; Stellung eines Vorblattes, bei dem die Blattunterseite der Abstammungsachse zugekehrt ist (bei Monocotyledoneae).

Adóxa, f., Gatt. der Adoxáceae (griech. adóxos = unscheinbar) – Bisam-, Moschuskraut.

adpréssus, -a, -um, (lat.), angedrückt, z. B. Cotoneáster adpréssus – Niederliegende Zwergmispel.

adscéndens (lat. ad = von; scándere = steigen), aufsteigend.

adsorbieren (lat. adsorbére = anziehen, anlagern; aber Adsorption als Substantiv), Verb im lat. wörtlichen Sinne, welches das reversible lockere Anlagern von Stoffen an Oberflächen – physikochemisch bedingt – ausdrückt. Ton- und Humusteilchen sind adsorbierende Bodenkomplexe.

Adsorptionstheorie, Auffassung hinsichtlich der Ursache der Durchlässigkeit von Membranen oder Plasmagrenzschichten lebender Zellen. Sie gilt insbesondere für Elektrolyte (= in Ionen aufgespaltene = dissoziierte Moleküle), deren Durchtritt (= Permeabilität) durch Membranen von ihrer elektrischen Ladung neben der Porengröße mitbestimmt wird. → Ultrafiltertheorie.

adstríngens, zusammenziehend.

Adstríngens, Adstringéntium (lat. adstríngere = astríngere, astringo, -strinxi, -strictus = einschnüren, zusammenziehen, einschränken), zusammenziehendes Mittel. Adstringentia (Plur.) sind z. B. Gerbsäuren, Metallsalze, Phenole, die mit den albumoiden Bestandteilen der Zellen und Zellsekrete unlösliche Kolloidverbindungen bilden.

adúncus (lat. úncus = Haken), hakig gebogen.

adústus, -a, -um, (lat.), angebrannt, angesengt, gebräunt.

adventív (lat. advenire = hinzukommen); 1. pflanzengeographisch: Bezeichnung für Pflanzen, die vom Menschen beeinflußt oder unbeeinflußt in ein Gebiet eingewandert sind, in dem sie ursprünglich nicht beheimatet sind; 2. morphologisch: Bezeichnung für Pflanzen oder Pflanzenorgane, die nicht an ihrem normalen Entstehungsort aus meristematischem Gewebe oder

Dauergewebe auf natürlichem Wege oder durch mechanischen oder chemischen Einfluß entstehen.

Adventivembryonie (griech. ém, én = innen; brýo = ich sprosse), Hervorgehen von Embryonen auf asexuellem Wege nicht aus der Eizelle, sondern aus anderen Zellen des Embryosackes (Synergiden, Antipoden) sowie des Nucellus und des Integumentes.

Adventivknospen (lat. advenire = hinzukommen), nicht an Sproßspitzen oder in Blattachseln, sondern an anderen Stellen der Achse an Blättern oder Wurzeln gebildete Knospen, die entweder spontan oder häufiger erst nach Verletzung der Pflanze entstehen.

Adventivpflanzen → adventiv.

Adventivsprosse, aus → Adventivknospen hervorgegangene Sprosse (z. B. Wurzelsprosse).

Adventivthalli, Abgliederungen besonderer Thallusstücke (→ Thallus).

Adventivwurzeln, sproßbürtige Wurzeln, die aus Sproßachsen hervorgehen und für die → Monokotyledonen und viele sich vegetativ vermehrende → Dikotyledonen charakteristisch sind, sowie blattbürtige Wurzeln.

ádventus, (lat.), hinzugekommen, fremd.

adversális, (lat.), gegenüberstehend.

advérsus, -a, -um (lat.), hin-, zugewendet.

Aechméa, f., Gatt. der Bromeliáceae (griech. aichme = Lanzenspitze).

Aecidiosporen, paarkernige Sporen, die in basipetaler Folge abgeschnürt werden; sie werden in besonderen Behältern, den Aecidien (Aecia, Sing. Aecium), gebildet und nach Sprengung der Epidermis durch den Wind verbreitet.

Aecidium = Aecium, (mögliche, doch nicht sichere Ableitungen von griech. aikizein = mißhandeln oder aikion = Rad, sidomai = ich gleiche), Bildungsort der Aecidiosporen. Ein becherförmiges Gebilde der Rostpilze auf Organen der höheren Pflanzen (z. B. der Berberitze).

Aegíceras, n., Gatt. der Myrsináceae (griech. aix, aigós = Ziege; kéras = Horn).

Aegopódium, n., Gatt. der Apiáceae (griech. aix, aigós = Ziege; pódion = Füßchen) – Giersch.

Ährchen (lat. spicula; Plur.: spiculae), in sich geschlossener, aus ein bis mehreren Einzelblüten bestehender Teilblütenstand bei Süßgräsern (Poáceae) und Riedgräsern (Cyperáceae).

Ähre (lat. spica), razemöser Blütenstand mit gestreckter Hauptachse, an der ungestielte Einzelblüten oder bei den Süßgräsern (Poáceae) → Ährchen sitzen.

Ährenschieben, Heraustreten der Ähre aus der obersten Blattscheide. Der Zeitpunkt des Ährenschiebens ist je nach Reifezeit der betreffenden Spezies der Poáceae (z. B. Getreideart) oder der Sorte und je nach Klima und Witterung verschieden. Vor allem die Beendigung dieses Vorganges ist ein wichtiges phänologisches Datum. Bei Hafer und zahlreichen anderen Poáceae (Gräsern) spricht man analog dem Blütenstand vom Rispenschieben.

Ährenspindel (= Rhachis spicae), Achse einer → Ähre der Süßgräser (Poáceae).

Älchen → Nematoden.

aéneus (lat. aes = Erz, Kupfererz, Bronze) bronzefarben, rotgelb.

Aeónium, n., Gatt. der Crassuláceae (griech. ainios = ewig).

Äpfelsäure. Monohydroxybernsteinsäure, organische Säure, besonders unreifer Äpfel, Weintrauben und Vogelbeeren. Sie enthält optisch aktive Kohlenstoffatome und kommt in der Natur meist als L (+)-Form vor.

aequális, -is, -e (lat.), gleich, gleichmäßig.

Äquatoriálplatte (lat. aequáre = gleichmachen), Anordnung der Chromosomen in einer Ebene (Äquatorialebene) während der → Mitose.

aequidistans (lat.), gleiche Entfernung haltend.

äquifaziál, (lat.), gleichseitig.

aequilaterális, (lat.), gleichseitig.

aequilóbus, (lat.), gleichlappig.

aequipétalus, (lat.), gleichkronblättrig.

aequóreus, -a, -um (lat.), auf Mooren (bzw. wasserhaltigen Standorten) vorkommend.

Aërángis, f., Gatt. der Orchidáceae (griech. aér = Luft; ángos = Gefäß, Behältnis, wegen des langen Spornes der Typusart; also »Luftspornorchidee«) – Luftsporn.

Aëránthes, n., Gatt. der Orchidáceae (griech. aér → Aerangis, ánthos (n.) = Blüte; namentl. Bezug zur epiphytischen Lebensweise naheliegend).

Aërenchým, n., (griech. aér = Luft, énchyma = Eingegossenes, Ausfüllendes), durch große Interzellularen ausgezeichnetes, luftführendes Gewebe, das vor allem bei Wasser- und Sumpfpflanzen auftritt.

Aërídes, n., Gatt. der Orchidáceae (griech. aér = Luft; -eides = ähnlich, -artig; namentl. Bezug zur epiphytischen Lebensweise) – Luftorchidee (nach Übersetzung aus dem Engl. auch Fächerschwanzorchidee).

Aërobier, (griech. aér, Genit. aerós = Luft), Bezeichnung für Lebewesen, insbesondere für Mikroorganismen, die zu ihrem Leben des freien Sauerstoffs der Luft bedürfen.

Aërobiose (griech. aér Luft; bios = Leben), Bezeichnung für die Existenzbedingungen von Organismen, die für ihr Wachstum unbedingt Sauerstoff benötigen. Gegenbegriff: Anaërobiose.

Aërotáxis (griech. aér, Genit. aerós = Luft; táxis = Stellung), Richtungsbewegung frei beweglicher Organismen, die vom Sauerstoff angezogen (positive A.) oder abgestoßen werden (negative A.).

Aërozyste (griech. aér = Luft, kýstis = Blase), Luft- oder Schwimmblase.

Áerva, f., Gatt. der Amaranthaceae; abgeleitet von dem arab. Namen der Pflanze. Spec.: A. scándens (Roxb.) Wall.

Aeschynánthus, m., Gatt. der Gesneriáceae (griech. aischyne = Scham; ánthos = Blüte).

aesculifólius (lat. aesculus = Pflanzenname für Steineiche, wurde früher für Eiche [Viehfutter] gebraucht; folium = Blatt), roßkastanienblättrig.

Aesculus, f., Gatt. der Hippocastanáceae (lat. Pflanzenname, ursprünglich für die immergrüne Steineiche) – Roßkastanie; fossil seit dem Tertiär.

Ästivation (lat. aestíva, Genit. aestivorum = Lager) → Knospendeckung.

aestívus, -a, -um (lat. aestas, aestátis = Sommer), Sommer-, sommerlich (z. B. Túber aestivum – Sommertrüffel).

Aethalium, n., Sing.; Fruktifikation der Myxomycetes, bei der mehrere Sporocarpien zu einer komplexeren Einheit verschmolzen sind, z. B. bei Fuligo varians (= gelbe »Lohblüte« auf Gerberlohe).

aetheo- (griech. aithós = verbrannt, schwarz), brandschwarz.

ätherische Öle, in vielen Pflanzen vorkommende, stark riechende (aromatische), leicht flüchtige, ölartige Stoffe verschiedener chemischer Zusammensetzung: Aldehyde, Ketone, Alkohole, Ester, Phenole, Terpene u. a.

Aethionéma, n., Gatt. der Brassicáceae (griech. aethes = ungewöhnlich; néma = Faden) – Steinkresse, -täschel.

aethiopus, -a, -um, äthiopisch, in Äthiopien wachsend oder vorkommend.

Aethúsa, f., Gatt. der Apiáceae (griech. aithúsa = die Glänzende) – Hundspetersilie.

Ätiologie (griech. aitía = Ursache; lógos = Lehre), die Lehre von den Ursachen der Krankheiten.

aetnénsis, -is, -e, vom Aetna stammend, im Gebiet des Aetna vorkommend.

äußerer Wert des Saatgutes, Bezeichnung für Qualitätsmerkmale des Saatgutes, die durch entsprechende Prüfungen im Labor feststellbar sind, z. B. Reinheit, Keimfähigkeit, Sortierung, Feuchtegehalt, Tausendkornmasse.

áfer, áfra, afrum, afrikanisch.

affínis, (lat.), verwandt.

Affinität (lat. affínis = verwandt), 1. Ähnlichkeit verschiedener Vegetationseinheiten durch gemeinsame Arten; 2. »Verwandtschaft« der Gewebezellen untereinander (= vegatative A.) und »Verwandtschaft« der Fortpflanzungszellen zueinander (= sexuelle A.) (nach O. Hertwig); 3. Neigung zur chemischen Verbindung.

affíxus, (lat.), angeheftet.

agam, (griech.), sich asexuell vermehrend.

Agamandrözie, Bezeichnung für das Vorhandensein geschlechtsloser und männl. Blüten auf derselben Pflanze.

Agámeon (griech. → Agamet), Art, die aufgrund morphologischer Ähnlichkeit nur apomiktische Sippen enthält (→ Apomixis und Apogameon).

Agamét (griech. a = Verneinungssilbe; gamétes = Gatte), eine sexuell undifferenzierte Zelle (Spore), die der Reproduktion dient.

Agamogonie (griech. a = ohne; gamétes = Gatte; goné = Erzeugung), Fortpflanzung durch geschlechtlich nicht differenzierte Zellen (Sporen, Agameten); vollzieht sich entweder durch Zweiteilung oder unter Ausbildung besonderer Keimzellen; also ungeschlechtliche Fortpflanzung im allgemeinen.

Agamospermie, Bezeichnung für alle Formen von Apomixis, bei denen Embryonen und Samen auf ungeschlechtlichem Wege gebildet werden, ausgenommen vegetative Vermehrung.

Agamospezies, durch ungeschlechtliche Fortpflanzung charakterisierte Art, die sich wie die Wasserpest, Elodea canadensis, in Europa nur vegetativ vermehrt und unter entsprechenden Umweltbedingungen stark ausbreiten und längere Zeit existieren kann. Es wurden seit Mitte des vorigen Jahrhunderts nur weibliche Pflanzen eingeschleppt.

agamotrop werden Blüten bezeichnet, die sich nach dem Aufblühen nicht mehr schließen, also »offen« (= »nichtschlafend«) bleiben bis zum Verblühen.

ágamus, (lat.), geschlechtslos, unfruchtbar.

Aganísia, f., Gatt. der Orchidáceae (griech. aganós = mild, gefällig, sanft, erfreuend; wegen des schönen, zierlichen Aussehens) – Prachtorchidee, -stendel.

Agapánthus, m., Gatt. der Liliáceae (griech. agápe = Liebe; ánthos = Blüte) – Schmucklilie.

Agar-Agar, Mischpolysaccharid, das zur Herstellung von Bakteriennährböden häufig verwendet wird; geht hervor aus Zellwand-Schleimstoffen verschiedener ostasiatischer Rotalgen (Gelidium- und Gracilaria-Arten).

Agáricus, m., (griech. Agaria, Landschaft in Griechenland), Egerlinge, Gatt. der Fam. Blätterpilze (Agaricaceae), die zur Kl. Ständerpilze (Basidiomycetes) gehört. Die Arten besitzen wie alle Blätterpilze schirmartige Hüte, an deren Unterseite sich das Sporenlager (Hymenium) radial lamellenartig entwickelt. Die Gattung gehört der Ordn. Hymenomycetales an. Hierher gehören bekannte Speisepilze, z. B. der Champignon (Agaricus bisporus).

agath-, agatho- (griech. agathé, die Gute – Agathósma, Gutduft), gut-,

Ágathis, f., Gatt. der Araucariáceae (griech. ágathis, Fadenknäuel) – Kaurifichte; fossil wahrscheinlich seit der oberen Kreide.

Agáve, f., Gatt. der Agaváceae (griech. agauós = bewundernswert), sukkulente amerikanische Gattung mit stattlichem Wuchs, von der eine Art im Mittelmeergebiet eingebürgert ist. Eine Art liefert den Sisalhanf.

Ágens (lat.), als Adjektiv: wirkend; als Substantiv: wirksames oder wirkendes Mittel (im Plur.: Agentia, Agenzien).

Age- und Area-Theorie, Theorie, nach der die Größe eines Areals eine bloße Funktion der Zeit sei, die zur Ausbildung des Areals zur Verfügung stand (nach Willis).

ageratifólius (griech. agératos = nie alternd; géras = Greis; lat. folium = Blatt), agératumblättrig.

Agératum, n., Gatt. der Asteráceae (griech. agératos = nicht alternd, ewig jung) – Leberbalsam.

agglomerátus (lat. von agglomerare = knäuelartig fest anschließen), dicht gedrängt, knäuelartig fest angeschlossen.

Agglutinatión (lat. ad = zusammen; glutinare = leimen), Verklebung, Zusammenballung, gewöhnlich von Zellen, z. B. Bakterien o. a.

Aggregationsplasmódium, n., Sing.; Plasmodium, das durch Aneinanderlagerung von Zellen entsteht; Plasmodium der Acrasiomycetes.

aggregátus (lat. aggregare = sich beigesellen; grex, gregis = Herde), beigesellt, einer Schar angeschlossen.

agláia, f., (griech.), Glanz, Pracht.

Aglaonéma, n., Gatt. der Aráceae (griech. agláos = herrlich; néma = Faden) – Kolbenfaden.

ágnus-cásus (lat. ágnus = Lamm, cástus = enthaltsam, keusch), keusch, keuschlamm.

agrárius, agréstis, Äcker bewohnend (z. B. Verónica agréstis – Acker-Ehrenpreis).

Agricultúra (lat. ager, agri = Acker/griech. agrós; lat. cultura = Bebauung, Anbau, auch Veredlung), Ackerbau, im erweiterten Sinne auch als Bezeichnung für Landwirtschaft angewandt. (→ Horticultura).

Agriculturchemie, Landwirtschaftschemie.

Agrimónia, f., Gatt. der Rosáceae (wohl aus griech. argemóne = Mohnart) – Odermennig; fossil seit dem Pliozän.

Agriophýllum, n., Gatt. der Chenopodiáceae (griech. ágrios = wild, in der Wildnis wachsend, ungepflegt, roh; phýllon = Blatt).

agrióstachys (griech. ágrios = wild; stáchys = Ähre), dem Wilden Ziest ähnlich.

Agrobácter tumefáciens (lat. tumefácere = schwellen machen), Bakterium, das den »Pflanzenkrebs« erzeugt.

Agrobiologie, Lehre von der in der Landwirtschaft angewandten Biologie. Sie vereinigt die Wissenszweige von den Gesetzmäßigkeiten des Lebens und der Entwicklung der Kulturpflanzen (Pflanzenbau und -züchtung) und der Nutztiere (Tierzucht) und bezieht auch die Wissenschaft vom Boden als sehr wichtigen Faktor der landwirtschaftlichen Praxis mit den bedeutungsvollen Bodenorganismen ein (→ Landwirtschaft).

Agrobiozönose (griech. agrós = Acker, bios = Leben, koinos = gemeinsam), Lebensgemeinschaft von Kulturpflanzen, Ackerunkrautgesellschaft und Tiergemeinschaft eines Ackerstandorts. Der Pflanzenbestand dieser Kulturbiozönose wird aus Ertragsgründen vom Menschen zweckgerichtet durch Bodenbearbeitung, Pflege und Schutz vor Krankheiten und Schädlingen und durch die regelmäßige, teilweise oder vollständige Entnahme der Kulturpflanzen beeinflußt. Die Artenzusammensetzung der A. wird in regelmäßigen Zeitabschnitten verändert, wobei die natürliche Abfolge der → Sukzessionen unterbrochen und damit die Selbstregulation eingeschränkt wird.

agróphilus, feld- oder ackerliebend.

Agropýrum (= Agropýron), n., Gatt. der Poáceae (griech. agrós = Acker, Feld; pyrós = Weizen) – Quecke.

Agrostémma, f., Gatt. der Caryophylláceae (griech. agrós = Acker, Feld; stémma = Kranz) – Kornrade. Der Name bedeutet ein auf dem Acker wachsendes, zum Binden von Kränzen verwendetes Kraut.

agrostideus, straußgrasartig (Agróstris, von griech. agrós = Acker).

Agróstis, f., Gatt. der Poáceae (griech. Name für eine Grasart) – Straußgras.

Agrostophýllum, n., Gatt. der Orchidáceae (griech. agróstis = Grasart; phýllon = Blatt; namentl. Bezug auf die grasartigen Blätter) – Grasblattorchidee.

Agrotechnik (griech. agrós = Acker, Feld; téchne = kunstmäßiges Verfahren; technikós = fachmännisch ausgeführt), zweckmäßige Anwendung der Technik und bestimmter Verfahren in der Landwirtschaft, um höhere Pflanzenerträge und tierische Leistungen sowie eine höhere Arbeitsproduktivität zu erzielen.

Agrúmen, Agrumi, ital., Gesamtbezeichnung für sauer schmeckende Früchte wie Zitronen, Pomeranzen u.a. aus der Familie der Rutáceae.

Ailánthus, f., Gatt. der Simaroubáceae (ailanto = Himmelsbaum, molukkischer Name, Vernakularname) – Götterbaum; fossil seit dem Oligozän.

aiolostatisch heißen Pflanzen, wenn sie beim Vorherrschen bestimmter Winde schief wachsen.

Aíra, f., Gatt. der Poáceae (griech. Name des Taumellolches) – Schmielenhafer.

Aitomorphósen, durch äußere (aitiogone) Faktoren induzierte Gestaltungsvorgänge.

aitionóm, induzierter Vorgang, der durch einen äußeren Reiz (z. B. Licht, Schwerkraft, Temperatur) ausgelöst wird.

aizoídes, (griech.), (aei = immer, zoós = lebendig), aizóonähnlich.

Aizóon, n., Gatt. der Aizoáceae (griech. aei = immer; zoós = lebendig).

ajácis, auf die Gatt. Ájax (= Narcíssus) bezogen (Ajáx, ein griech. Held vor Troja).

ajanénsis, aus Ajan (Ostsibirien) stammend.

Ájuga, f., Gatt. der Lamiáceae (griech. a = ohne zygón, lat. júgum = Joch, nämlich Obermaul, das fehlt!) – Günsel; fossil seit dem Pliozän.

Akarophilie, Anpassung von Pflanzen an das Zusammenleben mit Milben (= Acari).

Akaryobiónta (griech. a = ohne; káryon = Kern), kernlose Lebewesen, auch Anukleobiónten genannt (→ Prokaryota).

Akinése, Wachstum ohne Kernteilung.

Akinét (griech. a = Verneinungsvorsilbe; kinesis = Bewegung), unbewegliche Dauerzelle, bei deren Entstehung die gesamte Zelle einschließlich ihrer Membran unter Membranveränderung, gleichzeitiger Reservestoff- und oft auch Pigmentspeicherung kontrahiert (= sich zusammenzieht).

Akklimatisatión (lat. ad = an; griech. klima = Neigung, Gegend, Land), Anpassung des Entwicklungsablaufes von Organismen an neue Standortverhältnisse ohne Veränderung der genetischen Struktur.

akranth (griech. ákron = Spitze; ánthos = Blume), endständig, Blüte am Ende (an der Spitze) befindlich.

akro- (griech. ákron = Spitze, Gipfel, Ende), am Ende befindlich, am Scheitel gelegen, zur Spitze (in Spitze) auslaufend.

akrokárp (griech. ákron = Spitze, Gipfel; karpós = Frucht), »gipfelfrüchtig«. Die akrokarpen Laubmoose wurden im 19. Jh. als eine taxonomische Einheit angesehen, die inzwischen jedoch längst aufgegeben ist. Ggs. → pleurokarp.

akropetál (griech. ákron = Spitze; lat. pétere = zustreben, bitten, erstreben), der »Spitze zustrebend«, Bezeichnung für eine typische Reihenfolge, wie sie z.B. bei der Blattbildung auftritt; die jüngsten Blattanlagen, die als kleine Höcker unterhalb des Vegetationspunktes sichtbar werden, liegen dem Sproßscheitel am nächsten, die älteren weiter von ihm entfernt. – Auch die Zweige werden häufig in akropetaler Folge gebildet (z. B. Tanne, Fichte, Cornus). – Anwendung des Adjektivs ferner (oder mitunter) zur Richtungsangabe des Stofftransports in einer Pflanze, d.h. »scheitelwärts«; → basipetal.

Akrotonie (griech. ákron = Spitze; témnein = trennen, spalten), Förderung des Spitzenbereiches in einem Verzweigungssystem (z. B. bei Bäumen) oder eines Organs (z. B. bei einem Fiederblatt). Vgl. Basitonie, Mesotonie.

aktinomórph, Bezeichnung für Gebilde, die durch mehr als zwei Ebenen in Spiegelbilder zerlegbar sind = strahlenförmig, strahlig, radiär, mehrseitig symmetrisch; → radiär.

Aktinomyzeten (griech. áktis = Strahl; mýkes = Pilz), Strahlenpilze, Bakterien, die verzweigte Filamente (Hyphen) und/oder Myzel bilden.

Aktinomyzin, Antibiotikum, das infolge seiner antimitotischen Eigenschaften durch Verhinderung der Zellteilung der Zellwucherung entgegenwirkt und deshalb zur Krebstherapie verwendet wird.

Aktinostéle (griech. áktis = Strahl, stéle = Stamm, Säule), Stele, bei der das Xylem strahlenförmig nach außen vorgedrungen ist und das Siebgewebe schließlich in einzelne Siebteile zerteilt wird; → radial(es Leitbündel).

Aktualismus (neulat. actuális = wirklich), die Ansicht, daß sich das erdgeschichtliche Geschehen in der Vergangenheit in derselben Weise und unter der Wirkung der gleichen Kräfte vollzog wie heute, so daß durch Beobachtung und Analyse gegenwärtiger Erscheinungen ein zutreffendes Bild der vergangenen gewonnen werden kann.

Aktuopaläontologie, die → Paläontologie des Rezenten (»Aktuellen«), untersucht die heute wirkenden, Lebensurkunden liefernden Vorgänge und sucht Erkenntnis der Gesetzmäßigkeiten wie der Einzeltatsachen, die zur Entzifferung des Fossilen dienen (können).

Akzeptor (lat. acceptio, -onis, f., der Empfang), Annehmer, z.B. Elektronenakzeptor, Elektronen aufnehmende Verbindungen.

Akzessibilität (lat. accéssio = Annäherung), Erreichbarkeit eines Gebietes für Diasporen einer bestimmten Pflanze.

Alae (lat. = Flügel, Sing. ála) → Flügel.

Alanin, α-Aminopropionsäure, CH_3–CH(–NH_2)–COOH, eine Monoamino-monocarbonsäure.

Alarzellen, bei vielen Laubmoosarten auftretende charakteristische Zellgruppen an den Ecken der Blattbasis.

alatérna, Wegdorn.

alátus, (lat.), geflügelt.

alb-, albi-, albo-, in Zusammensetzungen: weiß- (Wortstamm von lat. albus, -a, -um, weiß).

albénsis, -is, -e, an der Elbe wachsend.

álbicans (lat. albicare = weiß sein), weiß, weißlich.

Albicatio (lat.), Weißfleckigkeit, vgl. panaschiert.

albicaulis (lat.) weißstengelig.

albícomus, -a, -um (lat. coma und griech. kome = Haar), weißhaarig.

álbidi-, álbido-, in Zusammensetzungen weißlich-.

Albinísmus, das Unvermögen (Abnormität) oder die ± gestörte Fähigkeit, trotz Existenz entsprechender Voraussetzungen Blattgrün (Chlorophyll) zu bilden.

Albíno, anormal weiße Blütenhüllblätter, Samen usw. mit fehlenden Farbstoffen.

albispínus, -a, -um (lat.), weißstachelig, -dornig (z. B. Opúntia micródasys var. albispína; hat reinweiße Glochiden).

Albízia, f., Gatt. der Mimosáceae (nach dem ital. Naturforscher Filippo del Albizzi, 18. Jh.) – Schirmakazie.

Albumíne, wasserlösliche Eiweißstoffe. Sie enthalten kein Glykokoll, reagieren sauer und lassen sich durch hohe Salzkonzentration ausfällen.

álbus, -a, -um (lat.) = weiß (z. B. Lámium álbum – Weiße Taubnessel).

Álcea, f., Gatt. der Malváceae (lat. Pflanzenname) – Rosenmalve.

Alchemílla, f., Gatt. der Rosáceae (arab. Pflanzenname »Kleine Alchimistin«). Man schrieb dem Blatt-»tau« der Pflanze bei der Goldmacherkunst Wunderkräfte zu. Die in jugendlichem Zustand mantelartig zusammengefalteten Blätter sind häufig betaut. Die durch Guttation ausgeschiedenen Wassertröpfchen sitzen entweder an den Blattzähnen oder sammeln sich zu einer großen Perle im Blattgrund. – Frauenmantel, Taumantel.

alcicórnis (lat. álces = Elch; córnu = Horn), elchgeweih-(ähnlich).

Aldrovánda, Aldrovándia, f., Gatt. der Droseráceae (benannt nach dem ital. Naturforscher Ulysses Aldrovandi, 1522–1605) – Wasserfalle, ein fleischfressendes Wassergewächs; fossil seit dem Alttertiär.

Alectorólophus, m., Gatt. der Scrophulariáceae (griech. aléktor = Hahn; lóphos = Kamm) – Klappertopf.

alet (griech. a- = Verneinung oder Fehlen; lethein = verborgen sein) heißen Pollenkörner ohne erkennbare → Kontaktarea und ohne vorgezeichnete Keimungsstelle. Vgl. monolet und trilet.

Alétes, eine Abteilung der Sporae dispersae vor allem postpaläozoischer Mikrosporen und Pollenkörper ohne oder mit schwer erkennbarer Dehiszenzstelle.

Alethopteris (griech. haléthes = wahrhaftig; ptéris = Farn), Gruppe großer → Pteridophyllen (Pteridospermen) des Karbons und Perms mit Fiedernervatur und an der Rhachis herablaufenden Fiedern sowie Nebenadern aus der Rhachis.

Aleurien = Aleuriosporen (griech. áleuron = Mehl, spóros = Keim), mitunter ganz allgemein für laterale (seitliche) Konidien oder Konididien bzw. Ektosporen gebrauchter Terminus (»Mehlsporen«). Eigentlich versteht man darunter Myzelsporen, die zwar aus den Hyphen entstehen, sich aber nicht loslösen, sondern im Verband bleiben und die Hyphen zum Absterben bringen.

aleurítes (lat. aléo = ich zermalme), mehl-(griech. áleuron) artig, mehlig.

Aleurítes, m., Gatt. der Euphorbiáceae (griech. áleuron = das Mehl).

Aleuronkörner (griech. áleuron = das Mehl, bes. Weizenmehl), Eiweißkörner, meistens rundliche Eiweißablagerungen, die durch Wasserverlust bzw. steigende Konzentration zustande kommen und nicht selten ein oder mehrere quellbare Kristalloide (Eiweißkristalle) enthalten. In den Getreidekörnern ist die äußerste Zellschicht des Nährgewebes reich an einschlußfreien Aleuronkörnern (stärkefreie Aleuronschicht, die übrigens beim Mahlen in der Kleie zurückbleibt).

Aleuronschicht, Außenschicht der Getreidekörner, die frei von Stärke (Amylum), aber reich an Aleuronkörnern (s. d.) ist.

Algae, Pl., (lat. alga = Tang), Algen, Phycophyta, Pflanzengruppe, in denen autotroph lebende, ein- oder mehrzellige Organismen zusammengefaßt sind. Fossil seit dem Präkambrium. – Die verschiedenen gefärbten Zellen haben echte Zellkerne, die Algen sind also Karyobionten; ihr Vegetationskörper ist ein Thallus. – Ihre Differenzierung in phylogenetisch-morphologischer Hinsicht führte zur Herausbildung taxonomisch weitgehend homogener Abteilungen (→ Kapitel E. System der Pflanzen).

Algomycétes (lat. alga = Tang; griech. mýkes, -etos = Pilz), »Algenpilze«; eine kleine Gruppe fossiler → Thallophyta mit pilzähnlichem Gewebe und algenähnlichen Sporangien. Vorkommen: Devon.

Algónikum (latin. nach den Algónkin-Indianern in Nordamerika), geolog. Zeitabschnitt vor dem Kambrium, in dem niederste Pflanzen nachgewiesen sind.

Algophýtikum (griech. phytón = Pflanze), Zeitalter der Algen, vom Beginn der Fossilüberlieferung bis zum oberen Silur. Syn. → Eophytikum.

Alhági, n., Gatt der Fabáceae (arab., Vernakularname) – Kameldorn.

aliénus, (lat.), fremd, ausländisch.

Alísma, n., Gatt. der Alismatáceae (griech. álisma = Name einer Wasserpflanze mit plantagoähnlichen Blättern bei Dioskorides) – Froschlöffel; fossil seit dem Tertiär.

Alkalien, die in Wasser löslichen Hydroxide der Alkalimetalle: Kalium, Lithium, Rubidium und Caesium. Natrium und Kalium bilden z. B. die starken Basen NaOH (Natronlauge) und KOH (Kalilauge).

Alkalimetalle, Hauptgruppe der I. Gruppe im periodischen System mit den Elementen Lithium, Natrium, Kalium, Rubidium, Caesium. Dazu gesellt sich das biologisch wichtige Radikal Ammonium (NH_4OH Ammoniumhydroxid = schwache Base). Die Alkalimetalle sind einwertige Elemente und kommen nicht frei in der Natur vor. Ihre Salze sind im Meerwasser, in Solquellen und ± im Boden gelöst und pflanzenphysiologisch und pedologisch wichtig.

alkalisch = basisch, Reaktion wäßriger Lösungen von Alkalien, wobei die Konzentration der Hydroxylionen größer ist als die der Wasserstoffionenkonzentration; → *p*H-Wert.

Alkaloíde (von Alkali wegen des basischen Charakters; -id von griech. -eides, ähnlich), Pflanzenbasen, in denen der Stickstoff meist in heterocyclischer (ringförmiger) Bindung enthalten ist und die alkalische Reaktion bedingt (Name). Im weitesten Sinne kommen Alkaloide sowohl im Tierreich (Kröten- und Salamandergifte) als auch im Pflanzenreich vor. In der Pflanze liegen sie meist als leichtlösliche Salze verschiedener Säuren vor. Neben dem Hauptalkaloid treten in derselben Pflanze oft noch chemisch verwandte Nebenalkaloide auf. Besonders reich an diesen sekundären Pflanzenstoffen sind folgende Familien: Solanaceae, Asclepiadaceae, Apocynaceae, Ranunculaceae, Papaveraceae, Berberidaceae u. a.. Alkaloide sind als Heil-, Anregungs-, Betäubungsmittel, Gifte und Rauschgifte von großer Bedeutung. Beispiele: Nikotin, Morphin, Chinin, Atropin, Coffein.

Alkánna, f., Gatt. der Boraginàceae (arab. alhinna = Wurzel) – Alkannawurzel.

alkekéngi, arab. Name der Phýsalis-Art.

allagophýllus (griech. állos = anders; allásso = ich ändere), andersblättrig, verschiedenblättrig.

allagophýlus (griech. állos = anders; phylé = Stamm, Geschlecht), verschiedengeschlechtig.

Allél (griech. allélos = gegenseitig, zueinander gehörig), Gegen-Gen. Wenn sich zwei zu kreuzende Individuen in einem sich entsprechenden Anlagenpaar unterscheiden, z. B. pigmentiert und unpigmentiert, so spricht man in der Genetik von Allel oder Gen und Gegen-Gen. Jedes diploide Individuum weist ein Allelpaar auf, dessen Partner sich bei der Reduktionsteilung trennen (→ Gen).

Allelopathíe (griech. allélos = gegenseitig, zueinander gehörig; páthos = Erlebnis, Unglück, Ereignis, affektvoller Ausdruck einer Wirkung), Begriff für gegenseitige Wirkungen der Pflanzen aufeinander.

Allergéne (griech. állos = anders; érgon = Werk, Tat), Stoffe, die allergische Krankheiten hervorrufen, der Zahl nach sehr groß. So kann jeder organische Bestandteil durch Inhalation oder Hautkontakt zur Allergenwirkung bei Mensch und Tier kommen, wie auch z. B. Stoffe aus dem »Aeroplankton«, Pollen, andere Pflanzenstoffe. Allergische Wirkung haben ferner die sog. Nichtantigene (Jodverbindung, Chinin, Aspirin usw.)

Allergíe, geänderter Zustand von Organismen oder die zeitlich, quantitativ und qualitativ veränderte Reaktionsfähigkeit, die der Körper nach Überwindung einer

Krankheit oder nach Vorbehandlung mit körperfremden Stoffen bei erneuter Einwirkung des Reizes besitzt.

alliáceus (lat. állium = Lauch; hálo = ich rieche stark – hálium, was stark riecht; aceus = Suffix!), allium-, zwiebelartig.

Allianz, 1. Verband; 2. Beziehungen der Organismen untereinander.

Alliária, f., Gatt. der Brassicáceae (lat. allium = Knoblauch) – Knoblauchsrauke (Lauchkraut).

Állium, n., Gatt. der Liliáceae (röm. Pflanzenname für den Knoblauch, auch alium geschrieben) – Lauch.

Allobiogenesis, Wechsel zwischen geschlechtlichen und ungeschlechtlichen Generationen, zytologisch zwischen haploiden und diploiden Stadien.

Allobióse (griech. állos = anderer; bíos = Leben), verändertes Verhalten des Organismus bei veränderter (= anderer) Umgebung (nach Heubner).

Allochoríe (griech. állos = ein anderer, anders; chorízein = verbreiten), Fremdverbreitung der Früchte und Samen durch Außenkräfte.

allochthon (griech. állos = anders; chthon = Erde), nicht bodenständig, nicht einheimischen Ursprungs; Bezeichnung für Pflanzen, die außerhalb ihres natürlichen Areals vom Menschen bewußt verbreitet werden. Ggs. → autochthon.

Allogamie, Fremdbestäubung, wobei der Pollen auf die Narbe einer anderen Blüte oder auf die einer anderen Pflanze derselben Art gelangt. → Kreuzbestäubung, → Xenogamie.

allopatrisch, Bezeichnung für Sippen, Populationen oder Genotypen mit sich ausschließenden Arealen.

alloplasmátische Gebilde (griech. állos = anderes; plásma = das Gebildete), fadenförmige Plasmagebilde aus zähem Hyaloplasma, wie z. B. die Geißeln (Flagellen) und Wimpern (Zilien), entstehen jeweils durch Neubildung.

Alloploidíe (griech. allóploos = verschiedenfach; Hinweis auch auf háploos = einfach, diploos = zweifach), die den Bastard bildenden Gameten enthalten strukturell verschiedene Sätze; diese können im Gameten in Ein- bis Mehrzahl auftreten. Dadurch sind die Chromosomensätze im Bastard strukturell verschieden.

Alloploidion (griech. → Alloploidie), Art, die durch Alloploidie entstand; Individuen intrafertil.

Allopolyploidíe, nach Artkreuzung einsetzende Vervielfachung strukturell verschiedener Chromosomensätze. Im Bastard durch 1. somatische Chromosomenzahlverdopplung, 2. unterdrückte Chromosomenverteilung im Bastard; → Gameten.

Allorhizíe (griech. állos = anders, rhiza = Wurzel), Bewurzelungssystem, bei dem die → Primärwurzel der Keimpflanze erhalten bleibt. Sie wächst oft zu einer kräftigen Hauptwurzel heran, die sich reich verzweigen kann.

Allosyndése, Paarung zwischen Chromosomen, die durch verschiedene elterliche Gameten in die Kreuzung eingeführt wurden.

Alluvialböden (lat. alluere = anspülen), auf den Sedimenten oder Ablagerungen der Nacheiszeit resp. der Gegenwart entstandene Böden. Alluvium = Schwemmlandzeit, geologische Jetztzeit.

álmus, -a, -um (von lat. álere = nähren, ernähren), nährend, segenspendend, fruchtbar.

Álnus, f., Gatt. der Betuláceae (lat. Pflanzenname) – Erle, Eller; fossil seit dem Eozän.

Alocásia, f., Gatt. der Aráceae. Alocasia = Umbildung (→ Anagramme) von Colocásia (Gatt. ders. Fam.).

Áloë, f., Gatt. der Liliáceae (arab. alloeh; hebr. halal = glänzend und bitter; franz. aloé), arab. Name für eine in Südafrika heimische Pflanze mit dickfleischigen Blättern, deren eingekochter Saft, die Aloé, abführt.

Alónsoa, f., Gatt. der Scrophulariáceae (nach dem span. Botan. Alonzo Zanoni).

Alopecúrus, m., Gatt. der Poáceae (griech. álopex = Fuchs; oũra = Schwanz) – Fuchsschwanzgras.

alpéster, alpéstris, alpéstre, (lat.), aus den Alpen stammend.

alpícola, (lat.), die Alpen bewohnend.

alpígenus, (lat.), in den Alpen entstanden.

alpín (lat. Alpes, -ium = Alpen; Adj.: alpínus, -a, -um), pflanzengeographische Bezeichnung für das Vorkommen in der Hochgebirgsstufe.

Alpínum, Steingarten, Teil eines botanischen Gartens, in dem Hochgebirgspflanzen gezogen werden.

alpínus, -a, -um (lat.) = alpin, Alpen- (z. B. Leontopodium alpínum – Alpen-Edelweiß).

alsáticus, -a, -um, aus dem Elsaß stammend (z. B. Peucédanum alsáticum – Elsässer Haarstrang).

alseuosmoídes, nach der Gatt. Alseuósmia (griech. álsas = Heim; euosmus = wohlriechend).

Alsíne, f., Gatt. der Caryophylláceae (griech. álsos = Hain) – Miere.

Alsóphila, f., Gatt. der Cyatheáceae (griech. álsos = Hain; philos = Freund) – Hainfarn.

Alstroeméria, f., Gatt. der Amaryllidáceae (nach dem schwed. Botan. Baron Cl. Alstroemer, 1736–1796) – Inkalilie.

altaclarénsis, aus High Clerc (engl.), wo die so benannte Rhododéndron-Hybride gezüchtet wurde.

altáicus, altaiénsis, aus dem Altai (Innerasien) stammend (z. B. Dáphne altáica – Altai-Seidelbast).

altern-, alterni-, in Zusammensetzungen: wechsel- (z. B. alternifólius = wechselblättrig).

alterníerend, in aufeinanderfolgenden Wirteln auf Lücke stehend.

alternus, -a, -um (lat.), abwechselnd, veränderlich.

Althaéa, f., Gatt. der Malváceae (griech. álthos = ein Heilmittel) – Eibisch.

alti-, in Zusammensetzungen: hoch.

altifólius (lat.), hochblättrig.

altilís, -is, -e (lat.), fett, gemästet.

altimontan (lat. altus = hoch, mons, Genit. montis = Berg), oreal, supramontan, hochmontan; Bezeichnung für Pflanzen, die hauptsächlich in der oberen Bergstufe, in hochmontanen Lagen unterhalb der oberen Waldgrenze vorkommen oder verbreitet sind.

altíssimus, sehr hoch (Superlativ von → altus).

áltus, -a, -um (lat.), hoch, erhaben.

alutáceus, ledergelb (eigentlich weichgegerbt, von lat. alúta, d. h. mit alúmen = Alaun gegerbtes weiches Leder).

alýpum, nach der gleichnamigen Gatt. Alýpum, heute Globulária (griech. a = ohne, lýpe = Schmerz).

Alýssum, n., Gatt. der Brassicáceae (griech. lýssa = Hundswut, Tollwut; gegen Tollwut gebraucht) – Steinkraut.

amábilis, -is, -e (lat.), lieblich.

amáncaes, auf den Hügeln von Amancaes (Peru) wachsend.

Amaníta, f., Gatt. (griech. amanítes = Pilz) – Knollenblätterpilz, Wulstling.

Amanitin(e), hochtoxische Stoffe des Grünen Knollenblätterpilzes und wahrscheinlich auch des Weißen und Kegeligen Wulstlings, thermostabil (hitzebeständig), durch Magensaft nicht angreifbar wie auch das Phalloidin, mit dem sie gemeinsam vorkommen. Amanitin ist jedoch in größerer Menge vorhanden, sein Gehalt ist konstant und nimmt im getrockneten Zustand nicht ab. Es gibt α-, β- und γ-Amanitine (= ringförmige Polypeptide). α-Amanitin ist ein Amid des β-Amanitins.

Die Amanitine sind höchstwahrscheinlich die Ursache des tödlichen Verlaufes der Knollenblätterpilzvergiftung. In 100 g Frischpilzen wurden festgestellt: 10 mg Phalloidin, 8 mg α-Amanitin, 5 mg β-Amanitin und etwa 0,5 mg γ-Amanitin, die alle 4 Cyclopeptide sind. Letale Dosis: 0,1 mg/kg beim Menschen.

α-Amanitin hemmt die Polymerase-Aktivität der Zelle.

amánus, amanisch, Amanus (griech. Amanós) ist der Teil des Taurus in Kleinasien, der sich von NO nach SW bis an den Meerbusen von Issus hinzieht.

Amaránthus, m., Gatt. der Amarantháceae (griech. a – maraíno = ich verwelke nicht) – Fuchsschwanz.

amarantícolor, amarantfarbig (Amaránthus von griech. a = nicht; maraíno = ich verwelke).

amaréllus, -a, -um (lat.), etwas bitter (z. B. Polýgala amarélla – Bitteres Kreuzblümchen).

amárus, -a, -um (lat.), bitter (z. B. Cardámine amára – Bitteres Schaumkraut).

Amarýllis, f., Gatt. der Amaryllidáceae

(griech. Name einer Schäferin) – Ritterstern.

ambianensis, aus Amilus (lat. Ambiáni; in Frankreich) stammend bzw. in der Gegend von Amíens vorkommend.

ambíguus (lat.), zweifelhaft, unsicher, unbeständig.

ambly-, amblyo, in Zusammensetzungen: stumpf-.

Amblystégium, n., Gatt. der Amblystegiáceae (griech. amblýs = stumpf; stégion = Deckelchen. Nach dem stumpfen Deckel der → Kapsel), Hypnales – Laubmoose.

ambrosíacus (lat. ambrósia = Götterspeise; eigentlich »unsterblich machend«, von griech. a = nicht, (m)brotós = sterblich, das »m« ist des Wohlklanges wegen eingeschaltet), nach Ambra duftend.

Ameisenpflanzen, Pflanzen, die regelmäßig von gewissen Ameisenarten besucht oder bewohnt werden und die in ihrem Bau bestimmte Anpassungen (Nahrungskörperchen, Wohnkammern) für das Zusammenleben mit den Ameisen erkennen lassen. Das Auftreten solcher Anpassungen wird als → Myrmekophilie bezeichnet, die betreffenden Pflanzen selbst als Myrmekophyten.

Ameisensäure, Oxidationsprodukt des Methylalkohols mit der Formel HCOOH; farblose, stechend riechende bei 100,5 °C siedende und bei 8,4 °C erstarrende Flüssigkeit, frei in Ameisen, Brennesseln und Prozessionsraupen vorkommend.

Amelánchier, f., Gatt. der Rosáceae (Volksname aus Savoyen?) – Felsenbirne.

ameliorátus, verbessert.

améllus, vom Flusse Mella stammend, zugl. röm. Pflanzenname.

Améntum (lat.) → Kätzchen.

americánus, aus Amerika stammend.

amethýstinus (griech. a = nicht, methystikós = betrunken), amethystfarben. Der lilafarbene Amethyst galt als Amulett gegen Trunkenheit.

amíctus, umhüllt, umkleidet.

Amide, genauer: Säureamide, organische Verbindungen, in denen die Hydroxylgruppe einer –COOH-Gruppierung der Carbonsäure durch die Gruppen $-NH_2$, –NH–R oder $-N-R_2$ ersetzt ist.

Amikrónen (griech. a = Verneinung; mikrós = klein), amikroskopische Teilchen = kleinste Teilchen, die nur mit dem Elektronen- bzw. Ultramikroskop sichtbar bzw. erkennbar sind.

Amine, Abkömmlinge des Ammoniaks, in dem ein oder mehrere Wasserstoffatome durch Alkyl- und Arylreste ersetzt sind. Man spricht demzufolge von primären, sekundären und tertiären Aminen. Biogene Amine: Gruppe von Stoffen, die durch Decarboxylierung von Aminosäuren entstehen.

Aminosäuren, Carbonsäuren, in denen ein Wasserstoffatom durch eine Aminogruppe an $-NH_2$ ersetzt ist. Die wichtigsten α-Aminosäuren, die die Aminogruppe an dem der Carboxylgruppe benachbarten Kohlenstoffatom tragen, sind Bausteine der lebensnotwendigen Proteine. Beispiele: Glycin (Aminoessigsäure), Alanin (α-Aminopropionsäure).

Amitóse (griech. a = ohne; mitos = Faden), direkte Zell- oder Kernteilung, bei der keine Kernschleifen oder -fäden (Chromosomen) auftreten. Vorkommen bei Bakterien, Blaualgen.

amitotische Zellteilung, Amitose (griech. a = Verneinung; mitos = Faden, also »ohne Faden«, d.h. ohne [ersichtliche] Chromosomenbildung); direkte Teilung von Zellkernen (Zellen) ohne vorausgehende Kondensation der Chromosomen (bzw. einfache Abschnürung des Zellkerns in zwei Teile).

Åmmi, f., Gatt. der Apiáceae (griech. Pflanzenname) – Knorpelmöhre.

Ammodéndron, n., Gatt. der Fabáceae (griech. ámmos = Sand; déndron = Baum), besiedelt niederschlagsarme, kontinentale Gebiete (z. B. die mittelasiat. Wüsten).

Ammoniak: NH_3, farbloses Gas von charakteristischem Geruch, in Wasser sehr leicht löslich (»Salmiakgeist«); die Lösung reagiert alkalisch.

Ammonium: NH_4, nicht zu verwechseln mit Ammoniak = NH_3. A. ist nur bekannt als + 1wertiges Ion, während Ammoniak ein elektroneutrales, für sich allein existenzfähiges Molekül ist.

Ammoniumsalze, durch Zusammenbringen

von Ammoniak NH_3 mit Säuren entstehende Salze, z. B. $2NH_3 + H_2SO_4 \rightarrow (NH_4)_2SO_4$, Ammoniumsulfat.

Ammóphila, f., Gatt. der Poáceae (griech. ámmos = Sand und philos = Freund) – Sandrohr.

ammóphilus (lat.), sandliebend.

amöboid (Amöben ähnlich), formunbeständig durch wechselnde Ausstülpungen und/oder Fortsätze bei nackten Zellen bzw. → Zoiden. Ggs. → monadoid.

amöboide Bewegung (griech. ameíbein = wechseln; lat. amoebus = gestaltwechselnd), amöbenartige Bewegung mit Hilfe von Scheinfüßchen, kommt nicht nur bei den Wechseltierchen (Amoeba), sondern auch bei Pflanzen (Algen, Schleimpilzen) vor.

amoénulus, -a, -um (lat.), zierlich, zart.

amoénus (lat. ámo, amáre = lieben), lieblich, anmutig, gefällig.

amómum, Name einer Córnus-Art, nach der gleichnam. Gatt. (griech. ámomon, arab. hamama, ind. Gewürzpflanze).

Amórpha, f., Gatt. der Fabáceae (griech. amórphos = formlos) – Bastardindigo.

Amorphophállus, m., Gatt. der Aráceae (griech. amórphos = formlos, mißgestaltet; phallos = männliches Glied).

amórphus, formlos, un- oder mißgestaltet.

ampelóprasum, auf die gleichnam. Gatt. bezügl., die im Weinberg (ampelón) wächst (práson = Lauch).

Ampelópsis, f., Gatt. der Vitáceae (griech. ampelos = Weinstock; opsis = Aussehen) – Wilder Wein, Doldenrebe; fossil seit dem Eozän.

amphíbius, sowohl auf dem Lande wie im Wasser lebend.

amphidásys, beiderseits wollig (rauh).

Amphidiploidíe, somatische Zellen von Artbastarden enthalten den diploiden Chromosomensatz beider Eltern (Allopolyploidie).

Amphikarpie, Ausbildung von verschiedenförmigen Früchten auf derselben Pflanze; 1. Erzeugung von zweierlei Fruchtformen durch offene und geschlossen bleibende Blüten; 2. Reifen der Früchte teils in der Luft, teils in der Erde, bzw. Bildung von ober- und unterirdischen Früchten.

Amphimíxis (griech. amphi = um, herum, auf beiden Seiten; mixis oder meixis = Vermischung, Begattung), Vermischung zweier Keimsubstanzen von verschiedener Herkunft bei Vereinigung zweier Fortpflanzungszellen.

Amphiplásma, Plasma, das noch keine Spezialisierung in Kern- und Zytoplasma erfahren hat.

Amphisapropel (griech. saprós = verfault; pelós = Schlamm), Zelluloseschlamm (Grobdetritus-Gyttja); Faulschlamm in Moorseen und in der Röhrichtzone. Fossile Amphisapropele sind → Boghead- und → Kännelkohlen, vgl. Organopelit.

amphistomátisch (griech. ámphi = beiderseits; stóma = Öffnung) sind Blätter, die auf der Unter- und Oberseite Spaltöffnungen besitzen.

Amphithécium, bei Apothecien die Gesamtheit der vom Parathecium meist strahlig angeordneten Hyphen.

Amphitoníe, Förderung (besonders der Seitenzweige) der Flanken plagiotroper Achsen, typisch für viele Nadelbäume. Vgl. Epitonie, Hypotonie.

amphitrópe Samenanlage, Samenanlage mit hufeisenförmig gekrümmtem Nucellus und Embryosack; die Mikropyle liegt neben dem Funiculus (vgl. kampylotrope S.).

amphotér (griech. ámphi = auf beiden Seiten), Bezeichnung für Verbindungen wie Aminosäuren, die als Base und als Säure wirken können.

amplexi-, in Zusammensetzungen: umfassend.

ampléxus (lat.), umfassend.

Amplifikatión (lat. amplificatio = Vergrößerung), eine stetige Entwicklung der Pflanzenwelt mit der Tendenz, »den geogen gegebenen Raum langsam immer mehr aufzufüllen«, was letztlich zu einer »Schlußgesellschaft« führt, in welcher der biotische Druck (= das Biobar) der mutierenden Gesellschaft übergroß wird (Stadium der Ananke). Vgl. Bioananke-Hypothese.

Amplitúde (lat. amplitúdo, -inis = Weite), extreme Schwingungsweite, insbesondere Spanne zwischen zwei Werten eines Umweltfaktors, in der die Pflanze existieren oder bestimmte Funktionen ausüben kann.

ámplus, umfangreich, groß, ansehnlich.

ampullárius, flaschentragend.

amurénsis, vom Amurgebiet (Ostasien) stammend (z. B. Phellodéndron amurénse – Amur-Korkbaum).

Amygdalín, Glykosid in Blättern, Blüten und Samen vieler Pflanzen, das durch Säurebehandlung oder Fermenteinwirkung (Emulsion) in Cyanwasserstoff, Traubenzucker (Glukose) und Benzaldehyd zerfällt.

amygdálinus, amygdaloídes, mandelartig.

Amýgdalus, f., Gatt. der Rosáceae (griech. Pflanzenname) – Mandelbaum; fossil seit dem Oligozän.

Amyláse, Ferment, das Stärke (Amylum) und Glykogen zu Maltose abbaut.

Amýlum (griech. ámylon = Mehlbrei; sinngemäß: Stärke), Pflanzenstärke, weitverbreitetes, unlösliches Kohlenhydrat (→ Polysaccharide).

Anábasis, f., Gatt. der Chenopodiáceae (griech. anábasis = Auf-, Emporsteigen). Spec.: A. aphylla (Vorder-, M-Asien, SO d. SU); A. articulata (Charakterpflanze der Libyschen Wüste).

Anabióse (griech. → anabiotisch), Erwachen aus dem Zustand des latenten Lebens, in den ein Organismus durch fast völligen Wasserentzug verfallen kann.

anabiótisch (griech. anabióein = wieder aufleben, wieder zu sich ins Leben rufen), leblos und zugleich wiederbelebungsfähig.

Anacámpseros, f., Gatt. der Portulacáceae (griech. anacámpto = ich bringe wieder; éros = Liebe) – Liebesröschen.

anacámpseros, nach der gleichnam. Gatt. (griech. anacámpto = ich bringe wieder; éros = Liebe).

Anacámptis, f., Gatt. der Orchidáceae (griech. anakámptein = umbiegen) – Hundswurz.

Anacárdium, n., Gatt. der Anacardiáceae (griech. ana = hinauf; kardia = Herz) – Herznußbaum.

Anácyclus, m., Gatt. der Asteráceae (griech. anakýklein = im Kreise herumdrehen, ringsum emporwirbeln) – Steinblume, Kreisblume.

anadróm (griech. ána = auf, hinan; drómos = Lauf, laufend), Bezeichnung für die Verzweigungsform, bei der die erste Fieder eines Wedels oder die erste Ader eines Blattes bzw. eines Fiederchens zur Wedelspitze gerichtet ist. Vgl. katadrom.

Anaërobier (griech. a-, an-, entspricht der deutschen Vorsilbe un- in Zusammensetzungen; aér, Genit. aerós = Luft), Bezeichnung für Organismen, die ohne Zufuhr von Sauerstoff gedeihen.

Anästhesíe (griech. anaisthesía), Unempfindlichkeit, Betäubung.

Anagállis, f., Gatt. der Primuláceae (griech. Pflanzenname) – Gauchheil.

anagallódes (griech. anagállomai = ich prahle nicht; also Anagallis = die Unscheinbare), anagállis-ähnlich.

Anagrámme (griech. anagráphein = eintragen, verzeichnen, konstruieren; anagrámma = Wortkonstruktion), durch Umstellen von Buchstaben oder Silben innerhalb des Wortes geprägte Wörter, Wortkonstruktionen oder -bildungen, die, zur Kategorie der Phantasienamen gehörig, als Gattungsnamen nicht selten vorkommen. So ist der Name der bekannten Kakteengattung Lobívia aus Bolivia umgebildet. Der argentinische Städtenamen Mendoza liefert das Anagramm Denmóza. Tapiscia kommt von Pistácia, Tellima von Mitella.

analóg (griech. aná = gemäß; lógos = Wort, Vernunft, Verhältnis; aná lógon = verhältnismäßig ähnlich), physiologisch ähnlich oder gleichwertig, die gleiche Funktion ausübend, aber morphologisch ungleichwertig. Analog sind Organe, welche die gleiche Funktion haben, aber auf verschiedene Anlagen zurückgehen (z. B. die Dornen, die bei der Berberitze Blattumbildungen, bei der Robinie Nebenblattmetamorphosen, bei der Schlehe Sprosse sind); → homolog.

Analogíe, die Übereinstimmung von Organen hinsichtlich ihrer Funktion, unabhängig von ihrem Ursprung und ihrer Struktur.

Analýse (griech. analýein = auflösen), Zerlegung oder Auflösung eines Stoffes oder Körpers in seine Bestandteile. Gegenbegriff → Synthese.

Ananas, m., Gatt. der Bromeliáceae (Vernakularname aus der indianischen Verkehrssprache [Tupi] in Südamerika) – Ananas.

Anáphalis, f., Gatt. der Asteráceae (anáphalis = griech. Pflanzenname) – Staudenimmortelle.

Anapháse (griech. aná = auf, hinauf, nach oben; phásis = Erscheinung), dritte Phase der indirekten Kernteilung, in der die Spalthälften (= Chromatiden) der Chromosomen (→ Mitose) bzw. die homologen Chromosomen der → Bivalente (Meiose) getrennt werden und zu den Spindelpolen wandern und so auf die beiden künftigen Tochterzellen aufgeteilt werden.

Anaplasie, Umgestaltung; rückläufige Zellentwicklung. Neugebildete Zellen sind weniger differenziert als ihre Mutterzellen.

Anarrhínum, n., Gatt. der Scrophulariáceae (griech. áneu = ohne; rhis, rhinós = Nase) – Lochschlund.

Anastática, f., Gatt. der Brassicáceae (griech. anástatos = Auferstehung) – Jerichorose.

anastátische Böden (griech. anástatos = aus der Ordnung gebracht), Böden, die im Laufe eines Jahres große Schwankungen der Elektrolytkonzentration aufweisen.

Anastomose (griech. anastómosis = Ineinandermündung, Verbindung), teilweises Berühren und Verwachsen von Xylemsträngen oder Blattadern, ergibt z. B. die Maschenaderung bei Linopteris.

anátherus, grannenlos.

anatólicus, anatolisch, aus (in) Anatolien stammend (vorkommend).

Anatomíe (lat. anatómie, -ae, f. = die Kunst des Zergliederns; griech. anatémnein = aufschneiden), Wissenschaft von dem inneren Bau der Organismen, die Zellen-, Gewebe- und Organlehre umfassend.

anatrópe Samenanlage (umgewendete, gegenläufige S.), gegen den Funiculus um 180° umgewendete Samenanlage mit geradem Nucellus, die Mikropyle liegt neben dem Funiculus (vgl. atrope S., hemitrope S.).

Anbauintervalle, Anbauzwischenzeiten (→ Fruchtfolge) bis zu Wiederkehr derselben Fruchtart (oder verwandter Fruchtarten).

Anbaupause, Zeitspanne bis zum Wiederanbau der gleichen Fruchtart auf derselben Fläche, meist in Jahren angegeben.

Anbauschlag, mit nur einer Fruchtart bestelltes Ackerstück. Bei fehlender Fruchtfolgeplanung oder stark wechselnder Bodenqualität kommt es zur Teilung von Geländeschlägen in Anbauschläge, die unterschiedliche Fruchtarten tragen (Flächenzersplitterung).

Anbaustufe, im Vermehrungsbau gebräuchliche Bezeichnung für die Entfernung vom Aufwuchs aus dem Erhaltungszuchtaufbau des Zuchtgartens nach dem Reproduktionsgrad (der Anbaufolge). Die Anbaustufe kennzeichnet somit den Grad der Reproduktion, bezogen auf das verwendete Ausgangsmaterial.→ Ernte,- Vermehrungs-, Anerkennungsstufe.

Anbauverhältnis → Ackerflächenverhältnis.

ánceps (lat.), zweischneidig, doppelköpfig.

Anchúsa, f., Gatt. der Boragináceae (alter Name der südeuropäischen Alkanna, leitet sich ab von griech. ágchein = würgen, weil die Schlundröhre der Blüte durch fünf Schuppen verschlossen ist. Das verwandte agchousízein = schminken kann man auf den roten Farbstoff in der Wurzel der Art beziehen.) – Ochsenzunge.

ancíle, ancílis, n., (lat.), Schild.

ancistro- (griech. ánkistron = Widerhaken), haken-.

ancistrophorus (griech.), Haken tragend.

ancylótus, -a, -um, krummohrig, mit krummen Ohren (Öhrchen).

andícolus, = andínus, aus den Anden (Südamerika) stammend.

Andreáea, f., Gatt. der Andreaeáceae (benannt nach dem deutsch. Apotheker J.G.R. Andreae (1724–1793) in Hannover, Andreaeidae – Laubmoose.

andro-, andros, in Zusammensetzungen mann-, männig.

Androdiözie (griech. anér, Genit. andrós = Mann; di- = zweifach, oikos = Haus), Auftreten von Zwitterblüten und männlichen Blüten auf verschiedenen Pflanzen (z. B. Polýgonum bistórta); → diözisch.

Androecéum (griech. anér, Genit. andrós = Mann; oíkos = Haus; also wörtlich: Haus des Mannes), Gesamtheit der Staubblätter (der männlichen Geschlechtsorgane) einer Blüte. Abk. A.

Androezíe (griech. → Androeceum), ausschließliches Vorkommen rein ♂ Blüten an einem Individuum.

Andrözium (griech. andrós = Mann; oíkos = Haus), ♂ → Gametözium (bei Moosen).

Androgametozyste, männliche Gameten enthaltende Gametozyste der niederen Pflanzen.

Androgamón (griech. anér, Genit. andrós = Mann; gamein = heiraten), Befruchtungsstoff der männlichen Gameten.

Androgynie = Mannweibigkeit; männliche und weibliche Blüten befinden sich in ein und demselben Blütenstand getrennt, z. B. bei Aráceae.

Androgynophór, verlängerte Blütenachse oberhalb der Ansatzstellen der Blütenkronblätter (griech., »Zwitterblütenträger«); die männlichen und weiblichen Blütenorgane werden ± stark emporgehoben (getragen, von griech. phorein = tragen).

andrógynus, mannweibig, zwittrig.

Andrómeda, f., Gatt. der Ericáceae (griech. mythologischer Name) – Rosmarinheide; fossil seit der oberen Kreide.

Andromonözie (griech.), Auftreten von Zwitterblüten und männlichen Blüten auf derselben Pflanze (z. B. Filipéndula ulmária); → monözisch.

Androphór (griech. anér, Genit. andrós = Mann; phórein = tragen), Staubblattträger, stielartige Verlängerung der Blütenachse zwischen Blütenhülle und Androeceum (bei Euphorbiáceae).

Andropógon, m., Gatt. der Poáceae (griech. anér, Genit. andrós = Mann; pógon = Bart; die behaarte Scheinähre erinnert an den Bart eines Mannes) – Bartgras.

Andrósace, f., Gatt. der Primuláceae (griech. anér, andrós = Mann; sákos = Schild) – Mannsschild.

Androspóren (griech. anér, Genit. andrós = Mann; spóros = Keim), männliche Sporen, aus Pollenkorn. Sie sind kleiner als die weiblichen Sporen (→ Gynosporen) und heißen deswegen auch Mikrosporen.

Andrýala, f., Gatt. der Asteráceae (griech. anér, andrós = Mann; hýalos = Glas, Steinsalz).

Anemochoríe (griech. ánemos = Winde; chórein = sich verbreiten), Verbreitung der Früchte oder Samen durch den Wind (Adjektiv: anemochór).

Anemogamíe (griech. ánemos = Wind; gamein = heiraten), Windblütigkeit oder Vermittlung der Bestäubung durch den Wind (Adjektiv: anemogám). Beispiel: Kätzchenblütler (Hasel), Kiefern, Gräser.

Anemóne, f., Gatt. der Ranunculáceae (griech. ánemos = Wind) – Windröschen.

anemophíl (griech.), »windliebend« sind Pflanzen, deren Pollen durch den Wind auf andere Blüten übertragen werden; anemophile Pflanzen = »Windblütler«.

anerkanntes Saat- und Pflanzgut, 1. Saat- und Pflanzgut von zugelassenen Sorten, das nach dem Verfahren der → Anerkennung geprüft und durch ein Attest für den Saat- und Pflanzguthandel freigegeben ist. 2. In der Forstwirtschaft das aus anerkannten Beständen geerntete Saatgut und das daraus erwachsene (gezogene) Pflanzgut.

Anerkennung, Prüfung, und Attestierung des im Vermehrungsbau erzeugten Saat- und Pflanzgutes von zugelassenen Sorten. Die Anerkennung ist von der Erfüllung von Mindestanforderungen, die an die Beschaffenheit der Feldbestände und des Saat- bzw. Pflanzgutes laut Standard gestellt werden, abhängig. – Die Forstsaatgutanerkennung umfaßt die Auswahl und die Bestätigung der für die Forstsaatgutgewinnung vorgesehenen Bestände und Baumgruppen sowie alle Maßnahmen der Nachweisführung über die Saatgutherkunft. Eine bedingte Anerkennung wird ausgesprochen, wenn an die Gewinnung oder Vermehrung des Forstsaatgutes der betreffenden Bestände oder Baumgruppen eine oder mehrere Bedingungen geknüpft sind. Für die Anerkennung von Saatgut aus Plantagen besteht die Forderung, daß mindestens 20 Klone vorhanden sind (bei diözischen Pflanzenarten mindestens 20 männliche und 20 weibliche Klone).

Anerkennungseinheit, forstwirschaftlich anerkannte Bestände oder Baumgruppen oder Zusammenfassungen von mehreren anerkannten Beständen o. Baumgruppen gleicher Herkunft und gleicher Anerkennungsklasse innerhalb desselben Vegetationsgebietes.

Anerkennungsstufe, Stellung in der Generationsfolge im System des Vermehrungsaufbaus für anerkanntes Saat- und Pflanzgut.

Hohe Stufen mit Ausnahme von Pflanzkartoffeln: StE = Stammelite, ZGE = Zuchtgartenelite, SSE = Supersuperelite, SE = Superelite, E = Elite. – Niedere Stufen mit Ausnahme von Pflanzkartoffeln: Hz = Hochzucht, Sts = Stammsaat. – Hohe Stufen von Pflanzkartoffeln: V_1 = Vorstufe 1, V_2 = Vorstufe 2, V_3 = Vorstufe 3, E = Elite. – Niedere Stufen bei Pflanzkartoffeln: Hz = Hochzucht, Nb = Nachbau.

Anéthum, n., Gatt. der Apiáceae (griech. Pflanzenname) – Dill.

Aneuploidíe, die nicht ganzzahlige Vervielfachung der haploiden Chromosomenzahl.

Aneurín (griech. neuron = Sehne, Faser, auch Nerv), antineuritisches Vitamin (Vit. B_1); sein Fehlen verursacht die Avitaminose Beriberi mit hauptsächlich neuritischen Störungen.

Aneusomatíe, Bezeichnung für das Auftreten von Zellen mit variablen Zahlen individueller Chromosomen in einem Individuum. Meist betrifft die A. Chromosomen, die ganz oder größtenteils heterochromatisch sind. Nicht zu verwechseln ist die A. mit Aneuploidie, die sich auf Abweichungen in der Chromosomenzahl zwischen und nicht innerhalb von Organismen bezieht.

anfractuósus, gewunden, gedreht, gekrümmt, aufgebogen.

Angará-Flora (nach dem Fluß Angara in Sibirien), die permokarbonische Flora des Angara-Landes (nördliches Asien bis zur Petschora westl. des Urals) mit einer Mischung von Formen der Gondwana-Flora (Phyllotheca, Noeggerathiopsis, fast keine Glossopteris oder Gangamopteris) mit endemischen Formen wie Psygmophyllum. Hauptentfaltung: Karbon und Perm.

Angélica, f., Gatt. der Apiáceae (lat. angelus = Engel) – Engelwurz

angiál (griech. angeíon = Gefäß, Behälter), mit zelliger Behälterwand, was für die → Gonitangien (→ Sporangien, → Antheridien, → Archegonien) der → Embryobionten charakteristisch ist.

angiokarp (griech. angeion = Hülle, karpós = Frucht) heißt der Fruchtkörper der Pilze, wenn die Sporen im Innern desselben gebildet werden; → gymnokarp.

Angiópteris, f., Gatt. der Angiopteridáceae (griech. angeion = Gefäß; pteris = Farn).

Angiospermae (griech. angeion = Gefäß, Behälter; spérma = Samen), Bedecktsamer (Unterabteilung bzw. Abteilung der Samenpflanzen, zu der die beiden Klassen Einkeimblättrige und Zweikeimblättrige gehören). Typisch ist die Samenbildung innerhalb des Fruchtknotens, im Gegensatz zu den Nacktsamern, bei denen die Samen frei auf den Fruchtblättern liegen; fossil seit der unteren Kreide.

ánglicus, englisch.

Angraecum, n., Gatt. der Orchidáceae (latin. aus: angurek = malayischer Name dieser und ähnlicher Orchideen) – Angrekorchis, Tropensporn (wegen des Spornes und des Vorkommens).

anguíneus (lat. ánguis = Schlange), schlangenartig.

anguláris, -anguláris, anguláre, angulátus, angulósus, eckig, kantig, winklig.

Angulóa, f., Gatt. der Orchidáceae (benannt nach dem [1797 verstorbenen] peruanischen Pflanzenkenner Don Francisco de Angulo; deutsche Namen sind Übersetzungen von englischen, die Bezug auf die Blütengestalt nehmen) – Tulpenorchidee, Wiegenorchidee.

angúria, nach der gleichnam. Gatt. Wassermelone von griech. angoúrion (vielleicht von griech. ángos = Gefäß).

angusticéps (lat.), schmalköpfig.

angustifólius, -a, -um (lat. angústus = eng, schmal; fólium = Blatt), schmalblättrig (z. B. Lupínus angustifólius) – Schmalblättrige Lupine.

angustílobus, schmallappig.

angústus, schmal, eng.

Anhalónium, n., inzwischen in die Genera Ariocárpus und Lophóphora (s. d.) geteiltes Genus der Cactáceae (griech. anhalos = ungesalzen).

Anion (griech. aná = hinauf; íon = wandernd), elektrisch negativ geladenes Teilchen (Atom oder Atomgruppe), das im elektrischen Feld zur positiven Anode wandert. Ggs.: Kation.

Anisogamíe (griech. a, an = nicht; ísos = gleich; gámos = Heirat), Befruchtung durch ungleich gestaltete Gameten.

Anisophyllíe (griech. ánisos = ungleich; phýllon = Blatt), Ausdruck für das Vorkommen verschieden gestalteter Blätter am selben Sproßknoten.

anisophýllus, ungleichblättrig.

anisoploid wird Saatgut bezeichnet, das Embryonen verschiedener Genomstufen (di-, tri-, tetroploid usw.) in unterschiedlichen Anteilen enthält. Bei Beta-Rüben früher als polyploides Saatgut benannt. Vgl. isoploid.

anísum, Anis, antiker Pflanzenname, der vom Gattungsnamen zum Epitheton wurde: Pimpinella anisum = Anis.

Ankömmlinge (Kolonisten) → Epoikophýten, Adventivpflanzen.

Anlage, frühestes Entwicklungsstadium eines Organs, erbliche Disposition für ein Merkmal.

Annóna, f., Gatt. der Annonáceae (annon = Volksname auf Haiti) – Flaschenbaum.

annótinus, vorjährig.

annuéll (lat. ánnuus = einjährig), einjährig, d. h., der gesamte Lebenslauf einer Pflanze von der Keimung bis zur Fruchtreife und zum Absterben vollzieht sich innerhalb von 12 Monaten, im engeren Sinn innerhalb einer Vegetationsperiode. Demnach kann man unterscheiden zwischen:
a) sommerannuelle Pflanzen, die im Frühjahr keimen und im Sommer desselben Jahres blühen und fruchten (Sommergerste); Zeichen: ⊙;
b) überwinternde einjährige Pflanzen, die im Herbst keimen und im nächsten Jahr blühen und fruchten (Wintergerste); Zeichen: ①.

Annulária, f., Gatt. der → Calamitales mit relativ kurzen, gerade abstehenden und am Grunde der Quirle verwachsenen Einzelblättchen. Vorkommen: Karbon, Perm.

annuláris, anuláris, ringförmig.

ánnuus, -a, -um (lat.), einjährig (z. B. Heliánthus ánnuus – Sonnenblume).

anomál keimende Samen, Samen, die zur normalen Entwicklung unfähige Keimpflanzen ausbilden.

Anomalíe, Abweichung von der Norm.

Anoxybióse (griech. an = ohne; oxýs = brennend; bíos = Leben), Atmungsvorgang ohne Hinzutreten von Sauerstoff. Der zur Oxidation dienende Sauerstoff wird chemischen Verbindungen des eigenen Körpers (innerhalb der Zelle) entnommen. A. wird auch intramolekulare Atmung genannt; sie kommt u. a. bei keimenden Erbsen und Kartoffeln unter Luftabschluß vor.

Anpassung (Adaptation), physiologische und morphologische Veränderung eines Organismus entsprechend den äußeren Einwirkungen.

Anséllia, f., Gatt. der Orchidáceae (benannt nach dem engl. Gärtner John Ansell, der um 1841 die Typusart in Fernande Póo sammelte); hat »leopardenähnliche« Blütenfärbung, auf die der engl. Trivialname Bezug nimmt – übersetzt ins Deutsche: Leopardenorchidee.

anserínus, -a, -um (lat. ánser = Gans), Gänse- (z. B. Potentílla anserína = Gänsefingerkraut).

Antagonísmus (griech.), Gegenwirkung, kann aber auch »Kampf« zwischen zwei oder mehreren Indidviduen untereinander zur Beherrschung eines bestimmten Raumes bedeuten; das Phänomen des A. zwischen Penicillium notatum und anderen Mikroorganismen führte zur Antibiotikum-Entwicklung durch Alex. Fleming im Jahre 1929. A. ist auch unter Bakterien bekannt.

antagonistísch, entgegengesetzt wirkend.

antárcticus, aus dem Südpolargebiet stammend, im weiteren Sinne die von den Eismassen des Südpolargebietes beeinflußten Teile der Südlichen Halbkugel. → arktisch.

Antárktis (griech. antí = gegenüber, nämlich der Arktis), Florenreich der Erde, das den südlichsten Teil von Südamerika, die Antarktis und die antarktischen Inseln, wie Falkland, Südgeorgien, Kerguelen, Campbell- und Aucklandinseln, umfaßt.

antarktokarbónische Flora, permokarbonische Flora des Gondwana-Gebiets. Vgl. Gondwana-Flora, Glossopteris-Flora.

Antennária, f., Gatt. der Asteráceae (lat. anténna = Fühler, der Pappus der Zwitterblüten ist am Ende keulenförmig verdickt wie die Fühler der Tagfalter) – Katzenpfötchen.

antennárius, fühlerartig.

anténnifer, antennífera, -ferum (Antenne =

Fühler, lat., anténna = Segelstange, von aná = auf, téndere = spannen), fühlertragend.

anth-, antho-; -anthemos, -ánthus, -blütig.

Anthéla → Spirre.

Anthélia, f., Gatt. der Antheliáceae, Jungermanniales (griech. anthélios [und antelios] = östlich, besonnt). Sie sind bipolar verbreitet, wachsen in arktisch-alpinen Gebieten, Blätter mit grauem Gespinst überzogen, das aus nadelförmigen Kristallen des Diterpens 16 Hydroxykauran besteht.

Ánthemis, f., Gatt. der Asteráceae (altgriech. Pflanzenname; ánthemos = blumig; ánthos = Blüte) – Hundskamille.

Anthére (griech. ánthe = das Blühen; antherós = blühend) → Staubbeutel.

Anthéricum, n., Gatt. der Liliáceae (griech. anthérikos = Helm) – Graslilie, Zaunlilie.

Antherídien (griech. antherós = blühend; eídes = Gestalt, Form), männliche Geschlechtsorgane, Behälter der männlichen Keimzellen bzw. der Spermatozoiden. Das Antheridium (Sing.) ist meist von kugel- bis keulenförmiger Gestalt. – Der Begriff wurde ursprünglich von Bischoff 1835 nur für das ♂ → Gametangium der Moose geprägt. Die spätere Ausdehnung dieses Begriffes auf ♂ → Gametozysten (bei Algen und Pilzen), deren → Spermatozoide → Eizellen bzw. → Oogonien befruchten, ist morphologisch nicht exakt, jedoch eingebürgert. Der Behälter der Spermatozoide bei einer ♂ Gametozyste der Algen und Pilze ist die Zellwand der gonitogonen Mutterzelle, bei Moosen (und Farnartigen) hingegen eine Hülle steriler Zellen.

Anthése (griech. anthéein = blühen, hervorsprießen; ánthe und ánthos = die Blüte, das Blühen), Entwicklungsabschnitt der Blütenorgane vom Ende des Knospenzustandes bis zum Beginn des Verblühens.

Anthocárp (griech. ánthos = Blüte; karpós = Frucht), Frucht, die zusätzlich von Teilen der fleischig, lederig oder holzig entwickelten Blütenhülle umgeben wird; die als A. bezeichnete Fruchthülle (± mannigfach geformt, bewehrt) ist die Folge des rasch eintretenden Verwelkens des farbigen Teils der Blütenhülle, wobei der basilare Teil sich oben abschließt und eine schützende Hülle um die eigentl. Hülle bildet.

Anthóceros, m., Gatt. der Anthocerotáceae (griech. ánthos = Blüte; kéras = Horn. Beruht auf Mißdeutung des hornartigen Sporophyten als ♂ Blüte) – Hornmoose.

Anthocleista, f., Gatt. der Loganiáceae, Brechnußgewächse; (griech. ánthos = Blüte; kleistós = verschlossen, geschlossen).

Anthocyáne (griech. ánthos = Blüte; kyáneos = stahlblau, auch dunkelfarbig), im Zellsaft gelöste Farbstoffe, deren Farbcharakter u.a. von dem *p*H-Wert des Zellsaftes abhängt. Vorkommen: Rotkohl, Rote Bete u.a.

anthóra, verkürzt aus antiphthora (anti = gegen, phthorá = Verderben).

Anthoxánthum, n., Gatt. der Poáceae (griech. ánthos = Blüte; xanthos = gelblich) – Ruchgras.

Anthríscus, f., Gatt. der Apiáceae (griech. Pflanzenname; der Stempel ist einem Halm [anthérix] ähnlich) – Kerbel.

Anthropochóren (griech. ánthropos = Mensch; chorein = sich verbreiten, vorschreiten), dem Gebiet ursprünglich fremde Arten, die vom Menschen mit oder ohne Absicht verbreitet wurden.

anthropogén (griech. ánthropos = Mensch; génesis = Entstehung), durch den Menschen verursacht.

anthropogéne Faktoren, Kulturfaktoren, die die Landschaft direkt oder indirekt verändern.

Anthúrium, n., Gatt. der Aráceae (griech. Pflanzenname) – Schwanzblume, Flamingoblume.

Anthýllis, f., Gatt. der Fabáceae (von griech. ánthos = Blüte; ioulos = Mildbart) – Wundklee.

Antibiótika (griech. anti = gegen, wider, gegenüber; biótikos = auf das Leben bezüglich), spezifische Ausscheidungsprodukte von Bakterien und niederen Pilzen, die auf andere Sippen dieser Gruppen wuchshemmend bis abtötend wirken. Sie werden medizinisch angewandt (z.B. Penicillin, Streptomycin).

Antigenése (griech. anti = gegen; génesis = Entstehung) → Diplohaplontentyp.

antikline Wandrichtung (griech. klinein = sich neigen; also »entgegengeneigt«), Bezeichnung für Zellwände, die senkrecht zur Krümmung der Oberfläche verlaufen.

Antipóden (griech. anti = gegenüber; pous, Genit. podós = Fuß, also Gegenfüßler), Zellen am Grunde des Embryosackes bei Angiospermen, der Eizelle gegenüberliegend.

antiquórum, der Alten, altzeitlich.

antíquus, -a, -um (lat.), alt.

Antirrhínum, n., Gatt. der Scrophulariáceae (griech. anti = gegen, gelegentl. auch ähnlich; rhis, Genit. rhinós = Nase; die Früchte sind nasenähnlich) – Löwenmaul.

antiséptisch, fäulnishindernd, Krankheitserreger tötend.

antithétischer Generationswechsel (griech. antíthesis = Gegensatz; lat. génus, géneris = Geschlecht), (nach Celakowsky), mit einem Kernphasenwechsel verbundener Generationswechsel, d. h., es besteht ein entgegengesetzter Wechsel zwischen einer Geschlechtsgeneration mit x-Chromosomen, dem Gametophyten, und einer ungeschlechtlichen Generation mit 2 x-Chromosomen, dem Sporophyten.

Anucleobiónta (griech. a- = Verneinung, ohne; lat. núcleus = Kern; griech. biónta = Lebewesen), einfachst gebaute Organismen ohne echte Zellkerne.

Ánulus, Ring; 1. zwischen Kapsel und Deckel der Laubmoose; 2. am Stiel mancher Hutpilze (Rest des Schleiers); 3. an der äußeren Wand des Sporangiums der Farne; → Ring.

Anvectochílus, m., Gatt. der Orchidáceae (griech. anoiktós = geöffnet, cheílos (n.) = Lippe; danach: »Offenlippe«; ein anderer, aus dem Engl. übersetzter Trivialname: Juwelenorchidee).

Anwelkmethode, ein von Arland entwickeltes Verfahren zur Ermittlung der Transpirationsintensität.

ap., Abk. für apud = bei, nach; z. B. Festúca pseudovina Hackel ap. Wiesb.

aparíne, alter Name für Klebekraut (Gálium aparíne).

apennínus, von dem Apennin stammend.

Apéra, f., Gatt. der Poáceae (lat.) – Windhalm.

apért, bezeichnet (auch) die spezielle Art der Knospendeckung, bei der die → Perianthblätter (durch Auseinanderrücken) eine »offene« Krone (z. B. bei Acer) ergeben.

apétalus, kronblattlos, ohne Blumenkronblätter.

Ápex (lat. = Spitze), bei Sporen und Pollen der proximale Pol. → apikal.

Apfelfrüchte, Sammelfrüchte (s. d.), die als chorikarpe Früchte (s. d.) eine unverkennbare Annäherung an coenokarpe Fruchtformen aufweisen; typisch bei Kernobstgewächsen (z. B. Mispel mit verholzten oder Apfel mit lederigen Karpellwänden).

aphan-, aphano- (phan, von griech. phaíno = an den Tag bringen), unscheinbar.

Áphanes, f., Gatt. der Rosáceae (griech. áphanes = unscheinbar, übersehen) – Ackerfrauenmantel, Sinau.

Aphelándra, f., Gatt. der Acantháceae (griech. aphéles = einfach; anér, andrós = Mann) – Glanzkölbchen.

Aphlebien (griech. a = ohne; phleps, phlebós = Ader), abweichend geformte Blätter oder Fiedern an der Basis von Seitenfiedern der Filices oder Pteridospermae, sowohl fossiler als auch rezenter Arten. Sie werden als Schutzorgane junger, noch eingerollter Wedel angesehen und später abgeworfen.

Aphrodisíakum, n. (griech.), den Geschlechtstrieb anregendes Mittel.

Aphyllánthes, f., Gatt. der Liliáceae (griech. a = ohne; phýllon = Blatt; ánthos = Blüte) – Binsenlilie.

Aphyllo-Chamaephyta frutescentia (griech. áphyllos = blätterlos, ohne Blätter; chamaí = am Boden; phytón = Pflanze; lat. frutex, -icis = Busch, Strauchwerk), vollständig verholzte Zwergsträucher mit rückgebildeten immergrünen oder fehlenden Blättern.

aphýllus (griech./latin.), blattlos.

apicátus, mit Spitze (lat. ápex, ápicis) versehen.

apiculátus, -a, -um (lat.), fein zugespitzt, mit Spitze versehen (z. B. Lúma apiculáta).

ápifer, apífera, apíferum (lat.), bienentragend.

apiifólius, eppichblättrig (→ Apium).

apikál (lat. ápex = Scheitel, Spitze), oben befindlich, an der Spitze, spitzenständig, zur Spitze hin gelegen, also Lage- oder Richtungsbezeichnung. Apikalwachstum:

Wachstum an der Spitze mit Hilfe des Vegetationskegels oder einer Scheitelzelle. Ggs. → basal.

ápios, Erdbirne, Pflanze mit Wurzeln, die der Birne (griech. ápion, ápios) ähneln.

Ápium, n., Gatt. der Apiáceae (röm. Pflanzenname, von lat. ápex = Spitze, Kopf, weil die Sieger Eppichkränze auf den Kopf gesetzt erhielten.) – Sellerie, Eppich.

Aplanogaméten (griech. aplanés = nicht umherirrend, nicht abschweifend, unbeweglich), unbewegliche Fortpflanzungskörper der Desmidiaceae und vieler Diatomeen.

Aplanogamíe (griech. a- = un-; planós = umherirrend; gaméin = heiraten), Verschmelzung unbegeißelter Geschlechtszellen (→ Zystogamie. Konjugation, Somatogamie).

Aplanospóren, geißellose, unbewegliche Sporen, von derber Membran umgeben und in einem Sporangium entstehend.

Apochromát, ein bestimmter Typ der mikroskopischen Objcktivc, die für das sekundäre Spektrum des weißen Lichtes korrigiert sind. → Achromat, → Fluoritsysteme.

Apócynum, n., Gatt. der Apocynáceae (griech. Pflanzenname nach apo = hinweg; kyon = Hund) – Hundsgift.

ápodus (griech./latin.), fußlos, stengellos.

Apofermént = Apoenzym (griech. apó = weg, getrennt von; lat. fermentáre = gären, abbauen, spalten), hochmolekulares Eiweiß, das mit dem Coferment (= Coenzym) das Holoferment (= Holoenzym) bildet. Wird nicht speziell differenziert, so verstehen wir unter Ferment stets das Holoferment.

Apogámeon (griech. → Apogamie), Art, die apomiktische und gleichzeitig geschlechtliche Sippen enthält; → Agameon.

Apogamíe (griech. apó = verneinende Vorsilbe: weg, getrennt von ...; gamein = heiraten), Zeugungs- oder Geschlechtsverlust, d. h. Entwicklung eines Sporophyten oder Embryos nicht aus der Eizelle, sondern aus einer oder mehreren anderen Zellen des Gametophyten bei Farnen; aus den Synergiden, Antipoden oder des Embryosackes bei Blütenpflanzen, z. B. Löwenzahn, Habichtskräutern.

apokárp (griech. apó = weg, getrennt von; karpós = Frucht), Bezeichnung für ein Gynoeceum, das aus einzelnen getrennten Fruchtblättern besteht (z. B. Buschwindröschen); → chorikarp.

apokarpes Gynoeceum, freiblättrige Entwicklung der weibl. Blütenorgane, jedes Fruchtblatt bildet einen selbständigen Fruchtknoten.

Apomeiósis, Gametophytenentstehung ohne Reduktion der Chromosomenzahl. Ergebnis: unreduzierte Gameten. → Meiosis.

Apomíxis, Fortpflanzung, die scheinbar der sexuellen entspricht, tatsächlich aber ohne Befruchtung mit oder ohne Meiose vor sich geht. Hierher gehören folgende Formen: Parthenogenese; Aposporie, wenn bei einigen Pflanzenarten eine gewöhnliche diploide Sporophytenzelle die Spore ersetzt und die Meiose ausfällt, so daß ein diploider Gametophyt entsteht; Apogamie bei Pteridophyta und höheren Pflanzen, bei denen aus einer Nichtkeimzelle des Gametophyten direkt ein Sporophyt gebildet wird. – Der Begriff A. wird neuerdings auch auf alle Vermehrungsvorgänge angewandt, bei denen die sexuellen Prozesse nicht normal ablaufen oder stark reduziert sind (z. B. bei vielen Pilzen). → Agamospermie.

Aponogéton, m., Gatt. der Aponogetonáceae (umgebildet aus Gattungsname Potamogéton) – Wasserähre.

Apophýse, 1. häufig angeschwollene sterile Region an der Kapselbasis zwischen → Seta und → Sporensack bei Laubmoosen; 2. Verdickung der Zapfenschuppe bei Pinus-Arten.

Apophýten (griech. apó = verneinende Vorsilbe; weg, getrennt von; phytón = Pflanze), einheimische Arten, die zum Teil ihre natürliche Standorte verlassen haben und auf vom Menschen geschaffenes Ödoder Kulturland übergegangen sind.

Aporocáctus, m., Gatt. der Cactáceae (griech. áporos = dürftig; káktos = stachelige Pflanze).

Aporodisocáctus, m., Gatt. der Cactáceae (griech. áporos = dürftig; dis = doppelt und káktos).

Aposporíe, Überspringen der ungeschlechtlichen Sporenbildung (bei einigen Farnen, deren Prothallien aus dem Gewebe des Sporophyten hervorgehen, und bei höheren Pflanzen, bei denen sich irgendeine vegetative Zelle des Nucellus zu einem Embryosack mit Eizelle entwickelt, ohne eine Reduktionsteilung zu erfahren).

Apostásis, Verlängerung der Blütenachse und Übergang der vierteiligen Blattstellung in die spiralige; ferner die Trennung einzelner Blütenblätter von den benachbarten gleichwertigen Gliedern.

Apothécium (griech. apothéke = Lager, Behälter, Speicher), Fruchtkörper von lichenisierten und nichtlichenisierten Schlauchpilzen (Ascomyceten), dessen meist scheibenförmiges, gelegentlich verlängertes Hymenium zumindest reif offenliegt. In der Aufsicht betrachtet, wird es oft von einem ± dicken Rand, dem oberen Teil des Gehäuses, umgeben (becher- bis schüsselförmiges Fruchtkörper-»bild«).

appendiculátus, mit Anhang (lat. appéndix) versehen, verlängert.

Appéndix (lat., = Anhang, Zugabe; Genit.: appendicís; Plur.: -ces), eine Saugwurzel, die von den → Stigmaria der Lepidodendrales ins umgebende Erdreich führt. Appendices entspringen im Primärholz der Stigmarien; außerhalb des Stammes bilden sie hohle, von einem Leitbündel durchzogene Schläuche von maximal 1 cm Durchmesser.

applanátus (lat.), abgeflacht, eingeebnet.

Applikatión (lat. applicatio = Anschluß, Zuneigung, Anwendung), Verabreichung von therapeutischen Mitteln (Medikamenten u. a.) oder therapeutischen Maßnahmen (z. B. Rotlicht); in der Phytopathologie: Applikationen von Pflanzenschutzmitteln.

applizieren (→ Applikation), anwenden, verabreichen, auftragen, anheften.

Appositionswachstum (lat. appónere = hinzufügen), Dickenwachstum der Zellwand durch Anlagerung neuer Lamellen von Grund- und Gerüstsubstanz auf bereits vorhandene.

ápricus, die Sonne liebend.

ápud (lat.), bei, nach; in der Veröffentlichung von. – Abk. ap. gebraucht vor Autorennamen, z. B. ap. L. (apud Linnnaeum) = nach Linné.

ápulus, aus Apulien (Süditalien) stammend.

ápus (griech./latin.), fußlos, stengellos.

aquáticus, aquátilis, im Wasser lebend.

aquifólium, antiker Name f., Stechpalme.

Aquilégia, f., Gatt. der Ranunculáceae (lat. áquila = Adler; der Name bezieht sich auf die Ähnlichkeit der Blütensporne mit den Klauen eines Adlers oder lat. aqua = Wasser; légere = sammeln, Bezug nehmend auf die füllhornartige Form der Blütenhülle?) – Akelei.

aquilínus (lat. áquila = Adler), adlerähnlich.

arábicus, arabisch.

Arabidópsis, f., Gatt. der Brassicáceae (Gattungsname Arabis und griech. opsis = Aussehen) – Schmalwand.

Árabis, f., Gatt. der Brassicáceae (lat. Pflanzenname; arábia = Arabien) – Gänsekresse.

Árachis, f., Gatt. der Fabáceae (bei Plinius Name für eine Pflanze mit unterirdischen Früchten, z. B. Vicia- oder Lathýrus-Art, von Linné 1754 auf die Gatt. übertragen) – Erdnuß.

Arächnis, f., Gatt. der Orchidáceae; Syn. Arachnanthe. (griech. aráchne = Spinne, anthos = Blüte; namentl. Bezug auf die spinnenartige Gestalt der Blüte oder die nach ihren an Spinnengewebe erinnernden Zeichnungen) – Spinnenorchidee.

arachnítes (griech. aráchne = Spinne), spinnenartig.

Araeocóccus, m., Gatt. der Bromeliáceae (von griech. araiós = dünn, schwach, [auch] einzelstehend; kókkos = Beere, Kern).

Arália, f., Gatt. der Araliáceae (kanad. Name) – Aralie; fossil seit dem Tertiär.

aránifer, araneíferus (lat. aráneus = Spinne), spinnentragend.

ararági, japan. Bezeichnung einer Tsuga-Art.

araucánus, aus der Provinz Arauco (seit 1927 zur Prov. Concepción gehörend) stammend.

Araucária, f., Gatt. der Araucariáceae (nach dem Indianerstamm der Araukaner in Südchile benannt, in deren Gebiet die zuerst bekannt gewordene Art der Gatt. ausgedehnte Wälder bildet) bekannter Vertreter der Gatt. Zimmertanne; fossil seit dem Jura.

araucaroid (-oid = griech. -oides = ähnlich, -artig), eine heute nur noch bei den Araukarien vorkommende Art der Hoftüpfelung (→ Hoftüpfel, → Leitbündel), bei der die Tüpfel in gegenseitigem Kontakt hexagonal abgeplattet stehen. Bei der modernen oder abietoiden Hoftüpfelung stehen die Hoftüpfel weiter auseinander und in gleicher Höhe nebeneinander. Die araucaroide Hoftüpfelung herrschte bis zum Keuper vor, die abietoide H. löste sie ab.

Arbeitsprobe, Mindestmasse, die bei der Saatgut- und Rohwareuntersuchung zur Feststellung der Qualitätsmerkmale geprüft werden muß (Reinheit, Fremdbesatz, Sortierung, Saatgutausbeute u. a.).

árbor, arboris, m. (lat.), → Baum, baum-.

Arborétum (lat. arbor, arboris = Baum), Gehölzsammlung, Teil eines botanischen Gartens, in dem einheimische und ausländische Gehölze gezogen werden.

arbóreus, -a, -um, baumartig (z. B. Myrianthus arboreus).

arbúsculus (lat.), bäumchenhaft, buschig (mit Zweigen).

Arbútus, f., Gatt. der Ericáceae (röm. Pflanzenname) – Erdbeerbaum; fossil seit dem Tertiär.

Archaebaktérien (griech. archaíos = alt, ursprünglich; baktería = Stab), Gruppe der Procaryota, die sich durch Fehlen des Murein-Sacculus auszeichnet und deren primäre CO_2-Fixierung nicht über den Calvin-Cyclus verläuft; heterotroph, chemoautotroph oder photoautotroph. Hierher gehören die Methanbakterien und Halobakterien.

Archäophýten (griech. archaíos = alt, althergebracht, früher; phytón = Pflanze), Einwanderer, die seit weit zurückliegender Zeit, oft prähistorischer Epoche, eingebürgert sind.

Archaeopteridídae, f., Plur. (griech. ptéris = Farn), »Altfarne«, eine im Oberdevon und Unterkarbon vorherrschende Gruppe farnlaubiger Pflanzen (→ Pteriodphyllen) mit ausgesprochener Fächeraderung. Vgl. Progymnospermae.

Archáikum (griech. arché = Anfang, Ursprung; archaios = alt, uralt; -icum = (lat. Suffix), geologische Urzeit, Archaikum (= Azoikum); Archaikum (mit wahrscheinl. Beginn vor >3000 Mill. Jahren) und Algonkium (mit wahrscheinl. Beginn vor 2000 Mill. Jahren) werden meist als Präkambrium zusammengefaßt.

Archaiophyllóm (griech. arché =; phýllon = Blatt), Urblatt.

Archáiokaulóm (griech. archaíos = alt, früher; lat. caúlis = griech. kaulós = Stengel), Urkaulom, Ursproß, Urstengel.

Archangélica, alter Gattungsname, heute zur Gatt. Angélica (griech. archángelos; lat. archéngalus = Erzengel).

Archegoniáteae, in der 1. Hälfte des 20. Jahrhunderts sehr gebräuchliche taxonomische Zusammenfassung der → Bryophyta und → Pteridophyta im weitesten Sinn als Pflanzen mit → Archegonien. Natürlicher begrenzt sind die → Embryobionta bzw. → Kormobionta, die auch die → Spermatophyta einschließen.

Archegón(ium) (griech. arché = Ursprung, Anfang; goné = Erzeugung, Nachkommen), das meist flaschenförmige ♀ → Gametangium der Moose, Farne und Farnartigen. Rudimentäre Archegonien sind auch noch bei den → Spermatophyta im Embryosack nachzuweisen. Ein Archegonium besteht aus einer peripheren Schicht steril bleibender Zellen und → entalen, fertilen Zellen. Aus der untersten der letzteren geht die Eizelle hervor.

Archespór, diejenige Zelle, Zellreihe oder -schicht, aus der die Sporen bzw. → PMZ oder → EMZ hervorgehen.

Archichlamydeen (Archichlamydeae), getrenntkronblättrige Blütenpflanzen, deren Blumenblätter, wenn überhaupt vorhanden, nicht miteinander verwachsen sind.

Archiebnerélla, f., Gatt. der Cactáceae (griech. arché = Anfang).

Archimycétes (griech. arché = Ursprung, Anfang; mýkes = Pilz), im Innern von Pflanzen parasitär lebende Pilze mit nacktem Vegetationskörper ohne Zellwand, der sich als Ganzes in die Fruktifikationsorgane umwandelt (holokarp). Von einigen Autoren (z. B. Sparrow, 1943) werden sie nicht als besondere Klasse anerkannt und deshalb zu den Phykomyzeten in die Reihe der Chytridiales gestellt.

Archontophoeníx, f., Gatt. der Palmae (von griech. árchon, Genit. árchontos = Herrscher und Gatt. → Phoenix).

árcticus, arktisch.

Árctium, n., Gatt. der Asteráceae (griech. árktos = Bär) – Klette.

arcto-, bär-, nordisch- (das Sternbild des Bären steht im Norden! → septentrionális).

Arctostáphylos, f., Gatt. der Ericáceae (griech. árktos = Bär; staphylé = Traube, Weintraube) – Bärentraube.

Arctótis, f., Gatt. der Asteráceae (griech. árktos = Bär; oús, otos = Ohr) – Bärenohr.

Arctóus, m., Gatt. der Ericáceae (griech. arktoos = nördlich oder árktos = Bär) – Alpenbärentraube.

arctúrus (griech. árctos = Bär; ourá = Schwanz) bärschwänzig.

Ardísia, f., Gatt. der Myrsináceae (griech. ardis = Spitze) – Spitzenblume.

arduennénsis, arduénnis, aus den Ardennen stammend.

arduína, nach der gleichnam. Gatt., diese nach Prof. A. P. Arduino, Padua (1728–1805) benannt.

Areál (lat. área = Fläche, Gebiet), Ausbreitungsgebiet einer Pflanzenart oder -sippe.

Arealgürtel, floristische Hauptgliederungszone, entstanden aus der zonalen Teilung eines Florenreiches.

Arealkarte, kartographische Darstellung des Siedlungsgebietes (Areals) einer Sippe.

Arealkunde, Lehre von der räumlichen Verteilung der einzelnen Pflanzensippen auf der Erde.

Arealtyp, Grundform von Arealen gleicher Größe und Form mit einer spezifischen erdräumlichen Einordnung.

Arealtypenkreise, floristische Zonen, entstanden aus der ostwestlichen Gliederung der Arealgürtel.

Arealtypenspektrum, die prozentuale Verteilung der nach Arealtypen geordneten Arten einer Pflanzengemeinschaft.

Aréca, f., Gatt. der Arecáceae (areec = ostind. Volksname) – Areka oder Betelnußpalme.

Aregélia, f., Gatt. der Bromeliáceae (nach A. Regel, balt. Botan., Petersburg, 1815–1892).

arenaceus (lat.), sandfarbig, sandähnlich.

Arenária, f., Gatt. der Caryophylláceae (lat. aréna = Sand) – Sandkraut.

arenárius (lat.), auf Sandboden lebend.

arenósus (lat.), sandig.

areolátus (lat.), in kleine Felder geteilt, gefeldert.

Areóle (lat. aréola = kleiner freier Platz; Deminitivum von área = Platz, Fläche, Gebiet), Vegetationspunkt, Sitz der Stachelpolster bei den Cactaceae. Als eines der typischen Merkmale sind Areolen als Auszweigungen 1. Ordnung gestauchte, in der Entwicklung gehemmte Achselknospen, die bei einsetzender Verzweigung aber auch zu Langtrieben auswachsen können. Neben der Ausbildung von mit Kurztrieben besetzten Primärsprossen (z. B. bei einer Reihe von Kugelkakteen) tritt bei den meisten Cactáceae eine ± reiche Seitenastbildung auf. – Im allgemeinen besteht eine Areole aus einem weißen oder bräunlichen Haarkissen, dem in ± großer Anzahl lange und kräftige Dornen oder Borsten oder beide beigemischt sind. – Heute gilt die Annahme, daß Dornen und Borsten umgewandelten Blättern homolog sind (z.B. auch wegen der potentiellen Umbildung von Dornalagen zu Blättern).

areoliert, in eckige bis rundliche Thallusfelder gegliedert.

Arethúsa, f., Gatt. der Orchidáceae (nach der griech. Quellnymphe gleichen Namens benannt; naheliegender Bezug auf den vorzugsweise relativ feuchten Standort) – Quellenorchidee.

Argemóne, f., Gatt. der Papaveráceae (griech. argós = weiß, weißlich; argemós = weißer Fleck) – Stachelmohn.

argéntei-, in Zusammensetzungen: silber-, silbrig-, weiß-.

argénteus (lat.), silberweiß silbern.

Arginase, Enzym, spaltet die Aminosäure Arginin in Ornithin und Harnstoff.

Arginin, α-Amino-δ-guanidinovaleriansäure, eine basische Aminosäure, $H_2N-C(=NH)-NH-CH_2-CH_2CH_2CH(-NH_2)-COOH$, die in verschiedenen Pflanzenorganen gespeichert werden kann.

argútus (lat. árguere = deutlich zu erkennen geben), ausgeprägt, scharf, markiert; spitzzähnig, spitzig.

argylláceus, grauweiß.

argyro-, in Zusammensetzungen: silber-.

arhízus, wurzellos.

aríd, Klimabezeichnung für Trockengebiete, in denen die Verdunstung größer als der Niederschlag ist.

áridus, trocken, dürr.

arietínus, widder(áries)hörnig.

arifólius (griech. áros = Nutzen), árumblättrig – früher gegen Zahnkrankheit.

ariifólius, -a, -um (statt früher: ariaefolius), mehlbeerenblättrig, mehlbeerbaumblättrig (aria = antiker Pflanzenname f. Mehlbeere; Sórbus ária, aus Arien in Persien?).

Aríllus (Samenmantel), nach der Befruchtung am Samen sich entwickelndes Gewebe, das vom Integument, vom Nabel, von der Mikropyle oder von der Raphe her entstehen kann, z. B. Táxus baccáta.

Ariocárpus, m., Gatt. der Cactáceae (Gattungsname Aria und griech. karpós = Frucht) – Wollfruchtkaktus.

Arisǽma, n., Gatt. der Aráceae (Bedeutung unsicher) – Fleckenaron.

aristátus, mit Granne (lat. arísta) versehen, begrannt.

Aristída, f., Gatt. der Poáceae (lat. arista = Granne).

Aristolóchia, f., Gatt. der Aristolochiáceae (griech. áristos = der Beste; locheia = die Geburt, die Gebärende; Name für eine die Geburt fördernde Pflanze) – Osterluzei.

arktisch (griech. árktos = Bär, Großer Wagen, Norden), pflanzengeographische Bezeichnung für ein überwiegendes oder ausschließliches Vorkommen in den Gebieten jenseits des Polarkreises.

arktokarbonische Flora, die Flora der nördlichen Halbkugel im Karbon und Perm, in sich gegliedert in die → euramerische, → Cathaysia- und → Angara-Flora, im Gegensatz zur → antarktokarbonischen oder → Gondwana-Flora.

arktotertiäre Flora, eine von Fossilfunden bekannte, artenreiche, frostempfindliche und wärmebedürftige Flora der Nordpolarländer (Grönland, Spitzbergen, Grinnel-Land) des Frühtertiärs, die dann vom oberen Oligozän an auch Mitteleuropa besiedelte und den Grundstock zur Entstehung holarktischer Floren bildete.

armátus (lat. árma = die Waffen – Stacheln!), bewaffnet.

Arméria, f., Gatt. der Plumbagináceae (vielleicht vom kelt. armar = am Meer) – Grasnelke.

ármiger, waffentragend.

Armilla, f., Sing., lat., eigentl. Armband, auch Ring, Kragen (Plur.: Armillae); Manschette; Syn.: Anulus superus (Plur.: Anuli superi); bezeichnet die Reste des Velum partiale, die am Stiel einiger Hutpilze von der Ansatzstelle des Hutes aus als nach unten zu erweiterte Krause herabhängen; das Velum partiale bildet somit die Manschette (Armilla) oder den Anulus und kann ein festsitzendes (= Anulus inferus) oder verschiebbares (= Anulus mobilis) ring- bzw. armbandartiges Gebilde darstellen.

Armillariélla, f., Gatt. der Agaricáceae (lat. armílla = Ring. armillariélla = kleines ringförmiges Gebilde, bezieht sich auf den beim Hallimasch weißlichen, oben gerieften, dickhäutigen, weichflockigen Ring) – Hallimasch.

Armorácia, f., Gatt. der Brassicáceae (kelt., latin., armorácius, -a, -um = am Meer wachsend) – Meerrettich.

Arnébia, f., Gatt. der Boragináceae (nach dem arab. Pflanzennamen) – Prophetenblume.

Árnica, f., Gatt. der Asteráceae (lat. Pflanzenname) – Wohlverleih.

Arnóseris, f., Gatt. der Asteráceae (griech. árnos = Lamm; séris = Salat) – Lämmersalat.

aromáticus (griech. = ároma; lat. aróma = Gewürz), gewürzig.

aromatisch, Adjektiv mit der allgemeinen Bedeutung: wohlriechend, anregend auf Auslösung von Speichel- und Magensaftsekretion.

aromatische Verbindungen, umfassen neben dem Benzol und seinen Derivaten (= Abkömmlingen) alle carbocyclischen Verbindungen mit Benzolcharakter.

Arpophýllum, n., Gatt. der Orchidáceae (griech. hárpe = Sichel; phýllon = Blatt; namentl. Bezug auf die sichelförmigen Blätter der Typusart) – Sichelblatt.

Arrak (arab., »Palmensaft«) ist ein aus Reis,

Zuckerrohrmelasse und Palmwein hergestellter Edelbranntwein mit 50–60 Vol.-% Alkoholgehalt; Herstellungsländer vor allem: Indonesien, Sri Lanka.

Arrhenátherum, n., Gatt. der Poáceae (griech. arrhen = männlich; ather, atheros = Granne) – Glatthafer.

arrhízus, wurzellos.

Art (species), wichtigste systematische Kategorie, Grundheinheit des → Systems, von der alle anderen → Rangstufen abgeleitet sind. In einer Art werden alle Individuen einschließlich ihrer Vorfahren und Nachkommen zusammengefaßt, die in ihren wesentlichen Merkmalen übereinstimmen und sich fruchtbar miteinander kreuzen lassen. Abkürzung: sp. oder spec.

Art-Arealkurve, graphische Darstellung der Beziehungen zwischen Probeflächen steigender Größe und den darin enthaltenen Arten.

Artbastard, Kreuzungsprodukt von zwei verschiedenen Arten.

Artemísia, f., Gatt. der Asteráceae (benannt nach der griech. Göttin Artemis, der Beschützerin der Gebärenden, vielleicht auch von griech. artemés = frisch, gesund) – Beifuß.

Artengruppen, Zusammenstellung von Arten gleichen oder ähnlichen Verhaltens nach ökologischen oder soziologischen Gesichtspunkten.

Artengruppen, ökologische, Gruppen von Pflanzenarten gleichen oder ähnlichen Verhaltens in bezug auf bestimmte Faktoren oder Faktorenkomplexe.

Artengruppen, soziologische, aus der Tabellenarbeit sich ergebende Artengruppen gleicher soziologischer Amplitude.

Artenkreis, Vereinigung geographisch geschiedener Arten entsprechend einem Rassenkreis.

artenrein, Eigenschafts- bzw. Qualitätsbezeichnung für Saat- und Pflanzgut, das den zulässigen Besatz an fremden Arten gemäß Standards nicht überschreitet; unter den festgesetzten bzw. zulässigen Grenzwerten (Normen) an Fremdbesatz liegend. – Die Diagnose für die Artenreinheit geschieht (zumeist) multimethodisch (Kombination von Bestandsbonitur/Feldanerkennung und Saatgutuntersuchung mit ausreichenden Stichproben).

Artenzahl, mittlere, Anzahl der Arten aller Aufnahmen einer Vegetationseinheit, dividiert durch die Anzahl der Aufnahmen.

Arthrocéreus, m., Gatt. der Cactáceae (griech. árthron = Glied) – Gliedercereus.

Arthrophýtum, n., Gatt. der Chenopodiáceae (griech. árthron = Glied; phytón = Pflanze, also wörtl. »Gliederpflanze«).

Arthrosporen (griech. árthron = Glied; spóros = Keim), entsprechen begrifflich den Oidien (Sing.: Oidium), entstehen durch Umbildung der Hyphensegmente in dickwandige, mehr oder weniger ovale oder rechteckige Zellen, die in kettenartigen Verbänden zusammenbleiben oder an ihren gemeinsamen Wänden auseinanderbrechen können. Sie sind in den Gattungen Geotrichum (Oidium), Coccidioides und bei den Dermatophyten zu finden.

Articulátae (= Equisetatae, Sphenopsida), eine Klasse der → Pteridophyta, mit gegliederten Vegetationsorganen. Zu ihnen gehören die heutigen Schachtelhalme; die Mehrzahl der A. ist nur fossil bekannt. Man unterscheidet die Sphenophyllales, Keilblättler, Oberdevon – Perm; Calamitales, Karbon – Perm; Pseudoborniales, Oberdevon, und Equisetales, seit Unterkarbon.

articulátus, -a, -um (lat.), gegliedert.

Artmächtigkeit, kombinierte Schätzung der Abundanz und des Deckungsgrades auf einer Probefläche.

Artocárpus, f., Gatt. der Moráceae (griech. ártos = Brot; karpós = Frucht) – Brotfruchtbaum; fossil seit der oberen Kreide.

Artpopulation (lat. pópulus = Volk, Stamm), Bestand verschieden gestalteter Individuen, die zu einer Art gehören.

Árum, n., Gatt. der Aráceae (áron, griech. Pflanzenname) – Aronstab (Form des Blütenkolbens!), Zehrwurz.

Arúncus, m., Gatt. der Rosáceae (lat. Name für den Bart der Ziege, mit dem die Blütenstände der Pflanze seit dem 16. Jh. vielfach verglichen wurden) – Geißbart.

Arundína, f., Gatt. der Orchidáceae (lat. arúndo = Schilf[rohr]) – Schilf- oder Bambusorchidee.

arundináceus (lat. arúndo = Rohr), rohrartig.

Arundinária, f., Gatt. der Poáceae (lat. arúndo, arundinis = Schilfrohr) – Bambus.

Arúndo, f., Gatt. der Poáceae (lat. arúndo, arundinis = Schilfrohr) – Pfahlrohr.

arvénsis, -e (lat.), auf Äckern wachsend, Akker- (z. B. Círsium arvénse – Ackerdistel).

arvernénsis, arvérnus, aus der Auvergne (früher Arvérnia) in Frankreich stammend.

ásafoétida (lat.), ekelstinkend.

Ásarum, n., Gatt. des Aristolochiáceae (griech. ásaron = unverzweigt) – Haselwurz.

ascalónicus, aus Askalon (Palästina) stammend.

ascéndens, lat., aufsteigend (auch → adscendens).

asclepiádeus, schwalbenwurz- (asclépias)-ähnlich.

Asclépias, f., Gatt. der Asclepiadáceae (griech. Pflanzenname) – Seidenpflanze.

Ascocárpien, Plur., Fruchtkörper der Ascomycetes.

Ascocéntrum, n., Gatt. der Orchidáceae (griech. askós = Schlauch, Sack, kéntron = Sporn) – Schlauchsporn.

Ascogón, rundliches, vielkerniges Gametangium der Ascomycetes.

Ascomycétes (griech. askós = Schlauch; mýkes = Pilz) – Schlauchpilze; Kl. der Pilze.

Ascosporen (griech. askós = Schlauch, Weinschlauch) – Sporen, die zu je 8 (selten weniger oder bis zu 32) im Sporenbehälter der Schlauchpilze gebildet werden.

ascotiénsis, aus Ascot (Südengl.) stammend.

Áscus (griech. askós = Schlauch), kugelige bis meist keulige oder zylindrische Zellen (Schläuche), in deren Innerem nach Kernverschmelzung und Reifeteilung die Sporen (Ascosporen) gebildet werden. Der Ascus (Sporenbehälter) enthält meist acht Sporen.

ascýrum, áskyron war altgriech. Bezeichnung für das Hyperícum androsaémum Linnés.

asetósus (lat. séta = Borste), ohne (a- = Verneinung) Borsten.

asexuell, ungeschlechtlich.

asiatisch (lat. Asia = Asien), pflanzengeographische Bezeichnung für ein überwiegendes oder ausschließliches Vorkommen in der gemäßigten Zone Asiens.

Asparagín, Säureamid der Asparaginsäure, wichtige Stickstoffspeichersubstanz verschiedener Pflanzen. Der Name leitet sich von dem Vorkommen in Asparagus officinalis ab.

Asparagínsäure, Monoaminobernsteinsäure, organische Verbindung des Grundstoffwechsels aller Zellen; HOOC–$CH_2CH(–NH_2)$–COOH; eine Monoaminodicarbonsäure.

Aspáragus, m., Gatt. der Liliáceae (griech. Pflanzenname; spargáein = sprossen; a- hier verstärkende Vorsilbe: Spargel sproßt stark, üppig aus der Erde hervor) – Spargel.

Aspásia, f., Gatt. der Orchidáceae (griech. aspásios = willkommen, erfreut, erwünscht, annehmlich) – Willkommorchidee (-stendel).

Aspékt (lat. aspéctus = Anblick, Aussehen), jahreszeitliches Aussehen eines Pflanzenvereines.

Aspektfolge, Aufeinanderfolge verschiedener Blühoptima und Entwicklungszustände bestimmter Pflanzengruppen in Vegetationseinheiten.

Aspergillóse, Krankheit, hervorgerufen durch Aspergillus-Arten.

Aspergíllus, Gießkannenschimmel, Gatt. der Familie Aspergilláceae der Ordnung Plectascales der zu den Ascomycetes gehörenden Unterklasse Hemiasci (nach Gäumann). Die Aspergillus-Gruppe enthält die Mehrzahl der laborverunreinigenden Pilzarten neben Spezies, die aus Krankheitsprozessen des Menschen und von Tieren (Insekten, Vögeln u.a.) isoliert wurden; fossil seit dem Tertiär.

Asperúgo, f., Gatt. der Boragináceae (lat. ásper = rauh) – Scharfkraut, Schlangenäugelein.

Aspérula, f., Gatt. der Rubiáceae (lat. ásper = rauh; bezieht sich auf die etwas rauhen Blätter), Aspérula odoráta, jetzt Gálium odorátum – Waldmeister.

Asphodelíne, f., Gatt. der Liliáceae (aus Asphódelus gebildet) – Junkerlilie.

Asphódelus, m., Gatt. der Liliáceae (griech. Pflanzenname) – Affodil.

Aspidístra, f., Gatt. der Liliáceae (griech. áspís = Schild; wegen der großen schildförmigen Narbe) – Schildblume.

Aspídium, n., frühere Gatt. der Polypodiáceae (griech. áspís = Schild), Schildfarn (ein Farn mit schildförmigem Schleier, der die Sporangienhäufchen bedeckt); die Gatt. wurde in mehrere Gattungen aufgeteilt, z. B. in → Dryopteris, → Gymnocarpium, → Polystichum; fossil seit dem Tertiär.

Aspidospérma, n., Gatt. der Apocynáceae (griech. aspídion = kleiner Schild, áspis = Schild; spérma = Same) – Quebrachobaum.

asplenifólius (Asplénium von griech. a = gegen; splén = Milz; lat. folium = Blatt) milzfarnblättrig.

Asplénium, n., Gatt. der Polypodiáceae (griech. a = gegen; Genit. splenós = Milz) – Streifenfarn (wegen der streifenartigen Anordnung der Sporangienhäufchen); fossil seit dem Tertiär.

assámicus, -a, -um, aus Assam (Ostinden) stammend.

Assimiláte (lat. assimiláre = angleichen, ähnlich machen), aus der Assimilation herrührende organische Stoffe, die bei Kormobionten gelöst im Siebteil der Leitbündel im allgemeinen abwärts transportiert werden (→ Assimilation).

Assimilatión (lat. assimiláre = angleichen, ähnlich machen), Aufbau körpereigener organischer Stoffe aus anorganischen Stoffen (autotropher Stoffwechsel) oder aus anderen organischen Stoffen (heterotropher Stoffwechsel). Ggs. → Dissimilation. Häufig versteht man unter A. im besonderen die Bildung von Stärke aus Kohlendioxid und Wasser mit Hilfe von Lichtenergie und Blattgrün (→ Photosynthese).

Assimilationsleisten, leistenförmige Erhebungen der Blattoberseite, bei Frauenhaarmoosverwandten.

assímilis, verwandt, ähnlich.

Assoziatión (lat. socius = Genosse, Gefährte), Pflanzengesellschaft bestimmter floristischer Zusammensetzung (charakteristische Artenkombination), einheitlicher Standortbedingungen und einheitlicher Physiognomie.

Assoziationsgruppe, Zusammenfassung von Assoziationen eines Verbandes, meist nach geographischen Gesichtspunkten.

Assoziationsindividuum, der konkrete Einzelbestand (Fundort) einer Assoziation.

assúrgens, aufstrebend, in die Höhe wachsend.

Ast, stärkere Seitenachse eines Gehölzes.

Áster, m., Gatt. der Asteráceae (lat. áster, ástri; griech. astér, asterós = Stern; bezieht sich auf die sternförmigen Blütenkörbchen) – Staudenaster.

astérias (griech. astér = Stern), Seestern, seesternähnlich.

Asterólinon, n., Gatt. der Primuláceae (griech. astér = Stern; línon = Lein).

Asterophyllites, m., (griech. phýllon = Blatt), ein Blattyp der → Calamitales, dessen quirlständige Einzelblättchen lang, schräg aufwärts gerichtet und bis zum Grunde frei sind, vgl. Annularia.

asthénus, astheno-, schwach, in Zusammensetzungen: schwach-.

Astílbe, f., Gatt. der Saxifragáceae (griech. a = sehr; stilbe = Glanz) – Prachtspiere.

Astrágalus, m., Gatt. der Fabáceae (griech. Pflanzenname; astrágalos = Knöchel, Würfel, deren Form die Samen haben) – Tragant.

Astrántia, f., Gatt. der Apiáceae (griech. astér = Stern; antios = ähnlich) – Sterndolde.

Astróphytum, n., Gatt. der Cactáceae (griech. astér = Stern; phytón = Pflanze) – Sternkaktus.

asymmetrisch, Bezeichnung für Blüten, Blätter oder andere Organe, die nicht in spiegelbildlich gleiche Hälften zerlegbar sind.

Asyndese, teilweiser oder vollkommener meiotischer Paarungsausfall der Chromosomen bei Bastarden, deren Eltern stark unterschiedliche Chromosomensätze besaßen. Die Chromosomen des Bastards werden zufallsgemäß auf die Keimzellen verteilt, und es entstehen hypo- und hyperploide Gameten. Im Extremfall kann völlige Sterilität eintreten.

Ataktostele (griech. átaktos = ungeordnet), Stele, bei der eine große Anzahl kollateraler Einzelleitbündel über den Querschnitt verteilt ist; → Stele.

Atavísmus (lat. átavus = Urahne, Vorfahr), Rückschlagserscheinung auf die Jugend- bzw. Stammform.

Atemporen, Mündungen der Lufthöhlen bei Brunnenlebermoos-Verwandten.

Atemwurzeln, Pneumatophoren; bei tropischen Sumpfpflanzen auftretende, aus dem Schlamm emporwachsende Wurzeln, die negativ geotropisch sind und ein reich entwickeltes Durchlüftungsgewebe mit verschieden gebauten Ausführungsgängen besitzen.

áter, átra, átrum (lat.), schwarz (ohne Glanz).

Athamánta, f., Gatt. der Apiáceae (nach Athámas, Sohn des Aeolus, der die Heilwirkung gekannt haben soll) – Augenwurz.

athamánticus, athamantaähnlich (Athamánta, nach Athámas, Sohn des Aeolus, der die Heilwirkung der Pflanze gekannt haben soll, oder nach der epirischen Landschaft Athamania).

Atherospérma, n., Gatt. der Monimiáceae (griech. athér = Granne; spérma = Same).

-átherus, -a, -um (athér, athéros = Granne, Ähre), ährig.

Athýrium, n., Gatt. der Polypodiáceae (griech. athýrein = abändern; bezieht sich auf die verschieden gestalteten Sporenhäufchen) – Frauenfarn.

atlántisch (lat. Atlanticum mare = Atlantischer Ozean), pflanzengeographische Bezeichnung für ein überwiegendes oder ausschließliches Vorkommen in den niederschlagsreichen Gebieten Westeuropas oder Nordostamerikas.

Atmung, Energiefreisetzung des Organismus durch physiologische Oxidation (Dehydrierung) aus energiereichen Nährstoffen mit Luftsauerstoff.

ATP → Adenosintriphosphorsäure.

Atráctylis, f., Gatt. der Asteráceae (griech. atráktos = Pfeil) – Mastixdistel.

atrátus (lat.), geschwärzt.

Átriplex, f., Gatt. der Chenopodiáceae (griech. a- = verstärkende Vorsilbe: sehr; lat. tríplex = dreifach) – Graumelde.

atro-, schwarz- (Wortstamm von → ater in Zusammensetzungen).

atrococcíneus, dunkel-, -scharlachrot.

atrocoerúleus, schwarzblau.

Átropa, f., Gatt. der Solanáceae (griech. átropos = unwandelbar; Átropos = die Unabwendbare, der Tod), Pflanze, die wegen ihrer unabwendbar tödlichen Wirkung nach der den Lebensfaden abschneidenden Schicksalsgöttin Atropos (»der Unabwendbaren«) benannt wurde. Die kirschenähnlichen Früchte verursachen tollwutartige Vergiftungserscheinungen – Tollkirsche.

atrópe Samenanlage (orthotrope, aufrechte, geradläufige S.), Samenanlage mit geradem Nucellus in direkter Verlängerung des Funiculus, die Mikropyle befindet sich dem Funiculus gegenüber (vgl. anatrope S., kampylotrope S.).

Atrophíe, kümmerliche Ausbildung (nicht Unterdrückung) eines Organs, z. B. infolge einer Ernährungsstörung.

Atropín, Alkaloid, kommt neben dem Hyoscin (Scopolamin) vor in Átropa belladónna (Tollkirsche), Datúra stramónium (Stechapfel), Hyoscýamus níger (Bilsenkraut) u. a. Solanáceae.

Atropínum sulfuricum, wasserlösliches Salz des Alkaloids aus Atropa belladonna (»Tollkirsche«).

Átropis, f., Gatt. der Poáceae (griech. átropis = ungekielt) – Salzschwaden.

atrórubens (lat. zusammengesetzt aus → ater und rubens = schwarzrot, dunkelrot), z. B. Epipactis atrorubens – Schwarzrote Sitter.

atroviridis, -is, -e (lat.), dunkelgrün.

attenuátus (lat. attenáre = verdünnen, abschwächen), schlicht, einfach, verschmälert.

Attest (lat. attestare = bezeugen, beweisen), Bescheinigung über das Ergebnis bzw. den Befund der Qualitätsprüfung von Rohware, Saatware, Saatgut oder Pflanzgut. Syn. Zertifikat, Prüfungsbericht.

Attestierungstabelle, Tabelle für das Ermitteln der Energiekonzentration, der Verdaulichkeit, der Energie und der Proteinkonzentration des Futters mit Hilfe analytisch bestimmter Kriterien.

átticus, aus Attika stammend.

-atus, -a, -um, Suffix (= Endsilbe), bezeichnet ein Versehensein oder eine Ähnlichkeit, übersetzt im Kompositum: -förmig, -artig, -ähnlich, -ig; oder: mit ... versehen, geschmückt, ausgestattet, z. B. baccatus.

átypisch (griech. a = Verneinung; týpos = Gepräge), abweichend vom Mittelmaß oder von der normalen Größe bzw. vom durchschnittlichen Phänotypus.

Aubriéta, f., Gatt. der Brassicáceae (benannt nach dem franz. Blumenmaler Cl. Aubriet, 1651–1743) – Blaukissen.

Aucúba, f., Gatt. der Cornáceae; vom japan. Pflanzennamen (latin.) Aokiba. – Aukube.

aucubifólius, aucubablättrig (Aucúba von Aokiba, japan. Name der Pflanze) (anstelle von aucubaefolius = mit regelwidrigem Bindevokal).

aucupárius (lat.), zum Vogelfang dienend.

Aue, durch zeitweilig hohen Grundwasserstand und periodisches Auftreten von Überschwemmungen bzw. -stauungen gekennzeichnete Flußniederung (z. B. »Goldene Aue«, Helmetal zwischen Südharz und Kyffhäuser). Auenböden: zur Gruppe der mineralischen Naßböden gehöriger humusreicher Bodentyp.

Auenwald, Waldformation im Überschwemmungsbereich der größeren Flüsse, die aus einem Mosaik von feuchtigkeit- und nährstoffliebenden Waldgesellschaften, Sumpf- und Wiesengesellschaften besteht. Die flußnahe Weichholzaue setzt sich besonders aus Weiden und Pappeln zusammen, die grundwasser- und flußfernere Hartholzaue dagegen besonders aus Stieleichen, Ulmen und Eschen.

Aufgang, Erscheinen der Keimblätter (epigäische Keimung) oder der Primärblätter (hypogäische Keimung) über der Erdoberfläche. Syn. Auflaufen.

Aufguß (Infúsum), frisch zu bereitender, in der Regel 10%iger wäßriger Auszug aus zerkleinerten Pflanzenteilen, die, mit siedendem Wasser übergossen, 5 Minuten unter wiederholtem Umrühren im Wasserbad erhitzt und nach dem Erkalten abgepreßt werden. → Decoctio = Abkochung.

aufrechte Samenanlage → atrope Samenanlage.

Aufspaltung → Mendelsche Regeln.

Augenfleck (Stigma), karotinoidhaltiges Lichtsinnesorganell vieler einzelliger, beweglicher und koloniebildender Grünalgen und Zoosporen und Gameten von nichtbeweglichen Formen.

Augensteckling, Steckling, der eine Sproßknopse trägt (z. B. bei der Kartoffel ein herausgeschnittenes Knollenstück mit mindestens einem Auge).

Augenstecklingspflanze, Pflanze, die sich aus dem Augensteckling (also auf vegetativem Wege) entwickelt hat.

Augenstecklingsprüfung, Anzucht von Kartoffelpflanzen aus Augenstecklingen zur Durchführung der Virusdiagnose bei Pflanzkartoffeln.

augústus, erhaben, majestätisch.

aulaco- (aúlax von griech. aýlax = Furche; lat. súlcus, s. d.), furchen-.

aulacospérmus, furchensamig.

áulos (griech. aylos), die Röhre.

aurántius, -a, -um (lat.), orangefarbig, goldgelb, apfelsinenfarbig.

aurátus, (lat.), mit Gold (aurum) geschmückt, goldig.

aureo-, auch aurei-, in Zusammensetzungen: gold-, goldgelb-.

auréscens, goldgelb werdend.

auricomus (lat. cóma = Haupthaar), goldhaarig.

Auricula (lat. auricula = Ohrläppchen, Ohr) → Blattröhrchen.

auritus, -a, -um (lat.), öhrig, mit Ohren versehen.

ausdauernd → perennierend.

ausgeizen, »überflüssige«, d. h. den Ertrag der Nutzorgane beeinträchtigende Triebe bei Nutzpflanzen entfernen (z. B. Tomate).

Ausläufer, ober- oder unterirdische, mit stark verlängerten Internodien und reduzierten Blättern versehene plagiotrop wachsende Seitenachsen, die sich meist in einiger Entfernung von der Mutterpflanze bewurzeln und durch Absterben des dazwischenliegenden Stückes neue Individuen bilden.

Auslese, = Selektion, Zuchtwahl; gegenüber der natürlichen Auslese bedeutet künstliche Auslese das Prinzip der Züchtung, aus dem »Zuchtmaterial« in der Folge von Generationen nur die für das Zuchtziel typischen Individuen zur Fortpflanzung zu bringen. – In der Pflanzenzüchtung unterscheidet man z. B. als Ausleseverfahren: 1. Massenauslese; 2. Gruppenauslese; 3. Individual- oder Einzelpflanzenauslese, auch als Stammbaumzüchtung bezeichnet. Hier werden aus der besten Nachkommenschaft die Einzelpflanzen mit den besten Eigenschaften für die nächste Generation ausgelesen, im Ergebnis über mehrere Generationen (als Stammbaum) das züchterische Endprodukt. Dieses Ausleseverfahren wurde 1858 durch Vilmorin (Frankreich) zuerst angewandt. Anwendungsbereich (in weiterentwickelter Form) bei Selbstbefruchtern und vegetativ vermehrbaren Arten. Bei Fremdbefruchtern bezeichnet man die Einzelpflanzenauslese als Mutterstammbaumzüchtung, da nur die mütterliche Abstammung verfolgbar ist.

Auslesebaum, nach dem Erscheinungsbild ausgewählte hervorragende Forst- oder Waldbäume. Sie sind das Ausgangsmaterial für die Anlage von Samenplantagen und für züchterische Arbeiten.

Aussaat, Saatverfahren: a) Breitsaat = breitwürfiges Aussäen des Saatgutes, das dann entweder eingearbeitet oder angewalzt wird; b) Reihensaat als normale Drillsaat mit den Vorteilen gegenüber Breitsaat: Saatgutersparnis, bessere Standraumverteilung, Ermöglichen einer gründlichen Hackpflege und Unkrautbekämpfung, bessere, gleichmäßige Belichtung u. a. Reihenentfernung und Saattiefe sind artspezifisch; c) Dibbelsaat = fleckenweises Ausbringen mehrerer Saatkörner auf vorbestimmte Abstände, so daß die Pflanzen in Horsten oder auch einzeln stehen. Nur bei bestimmten Nutzpflanzen lohnend. – Außerdem gibt es: d) Bandsaat = Verteilung z. B. der Drillsaat aus verbreiterten Drillscharen auf einen Streifen anstatt einer Linie; e) Lichtschachtsaat = Wechsel von schmalen und breiten Zwischenräumen; f) Einzelkorn- bzw. Gleichstandsaat mit gleichmäßiger Saatverteilung in der Reihe (meistens per Hand).

Aussaatnorm, Masse an Saatgut, die auf der Flächeneinheit zur Aussaat kommen soll. Syn. Aussaatmenge, -stärke.

Aussaatperiode, begrenzter Zeitraum, in dem die Aussaat einer Kulturpflanzenart erfolgt bzw. ihre ökologisch bedingten besten, ökonomisch vertretbaren Bedingungen hat. Syn. Aussaatzeitspanne.

Außenkelch, kelchartige Bildung außerhalb (unterhalb) des Kelches, die aus Hochblättern oder Nebenblättern der Kelchblätter besteht, z. B. Malve, Fingerkraut.

austrál, auf der südlichen Halbkugel der Erde befindlich.

Austrális (lat. austrális = südlich; auster, austri, m. = Südwind, Süden), Florenreich der Erde, das durch die frühe Abtrennung Australiens vom Festland eine sehr lange Eigenentwicklung durchgemacht hat. Es zeichnet sich ähnlich wie die → Capensis durch den Reichtum an Endemiten aus. Von etwa 10000 Arten sind über 8000 Endemiten! – An Formationen sind vertreten: Regenwälder, Trockenwälder, Trokkenbüsche, Steppen, Wüsten.

austríacus, -a, -um, österreichisch (z. B. Dryópteris austriáca – Dorniger [eigentlich: österreichischer] Wurmfarn).

Austrócedrus, f., Gatt. der Cupressáceae (lat. áuster = Südwind, Süden bzw. australis = südlich; griech. hédros = lat. cedrus = Zeder); fem., weil Baumname (»Geschlechtsregel« in der lat. Sprache!).

Auswinterung, Absterben von Kulturpflanzen, besonders von Getreidebeständen, während des Winters und im Frühjahr infolge Erfrierens, Vertrocknens (bei gefrorenem Boden und warmer Luft), Erstickens (bei zu hoher Schneedecke) u. a. → Frosttrocknis.

Auswuchs, Bezeichnung für die Erscheinung bei Samen oder Früchten, die auf der reifen Pflanze vor der Ernte bzw. während der Nachreife oder Lagerung sichtbar gekeimt haben bzw. »auswachsen«.

Autochore (griech.), Pflanzen mit Selbstverbreitung (Autochorie), worunter das Verbreiten der Früchte und Samen durch die Mutterpflanze ohne Mitwirkung anderer Kräfte zu verstehen ist; z. B. durch Krümmungsbewegungen des Fruchtstiels, durch Schleuder- und Spritzbewegungen, durch Bewegungen vermittels Quellung, Kohäsion.

Autochoríe (griech. autós = selbst; chorízein = verbreiten), Verbreitung der Früchte und Samen durch die Mutterpflanze ohne Mitwirkung von Außenkräften.

autochthón (griech. autós = selbst; chthón, Genit.: chthonós = Erde, Erdboden, Heimatboden, auch: Gegend, Land), urwüchsig, eingeboren; wird in der Pflanzengeographie im Gegensatz zu verschleppt verwendet. Ggs. → allochthon.

Autökologie (griech. oikos = Haus, Wohnung, »Standort«), bezeichnet jene Disziplin der Ökologie, die die Wechselbeziehung einer einzelnen Pflanzen- (oder Tier-) art zu ihrer Umwelt zum Gegenstand hat; der Gegenbegriff zur »Ökologie in bezug auf den einzelnen Organismus« (Schröter 1902) ist die → Synökologie.

autözisch Archegonien und Antheridien auf derselben Pflanze vorhanden (griech., »auf demselben Hause«).

Autogamíe (griech. autós = selbst; gámos = Heirat), »Selbstbefruchtung«, 1. sexuelle Fortpflanzung durch Verschmelzung zweier Kerne innerhalb der ungleichen ungeteilten Zelle (bei einigen Bacillariophyceae und Euglenophyta); 2. Bestäubung einer Blüte durch ihren eigenen Blütenstaub.

Autointoxikatión = Selbstvergiftung. Kleinpilze können sich z. B. durch Anhäufung ihrer eigenen Stoffwechselprodukte (Säure, Alkohol oder andere Stoffe) selbst vergiften, so daß sie sich selbst abtöten; anschließend tritt dann Autolyse (meist allmählich fortschreitend) ein.

Autokláv, Apparat zum Sterilisieren unter erhöhtem Druck.

Autolýse (griech. autolýsis = »Selbstauflösung«), Selbstabbau der Biomasse mit direktem Beginn nach dem Tod eines Organismus; der Autolyse schließt sich der mikrobielle Abbau an.

autonóme Bewegung (griech. autónomos = nach eigenen Gesetzen lebend, im Wesen verankert, unabhängig), Wachstumsbewegung, die ohne äußere Ursachen erfolgt, indem verschiedene Seiten eines Pflanzenteiles ungleich wachsen.

autoplástische Transplantatión (griech. autós = selbst; plássein = bilden), Über- oder Verpflanzung eines lebenden Körperteils an eine andere Stelle desselben Individuums.

Autoploidíe, Vervielfachung der arteigenen Chromosomengarnitur.

Autoradiographíe, Methode zur Bestimmung radioaktiver Substanzen in Materialien mit Hilfe photographischer Schichten, die durch Strahlung (lat. radius = Strahl) geschwächt werden; sehr bedeutsam für die Forschung in der Zytologie.

Autoreduplikatión, originalgetreue Vermehrung von Nucleinsäuremolekülen mittels bestimmter polymerisierender Enzyme (Polymerasen). Zur Autoreduplikation sind nur DNS und Virus-RNS fähig, während Nichtvirus-RNS in einem der A. ähnlichen Prozeß (= Transkription) an einer DNS-Matrize synthetisiert wird.

Autosóm (griech. autós = selbst; sóma = Körper), Chromosom, das kein Geschlechtschromosom ist.

Autosporen (griech. autós = selbst; spóros = Keim), → Aplanosporen, die noch in der Mutterzelle dieselbe Form und Ausgestaltung wir diese annehmen (z. B. bei den Chlorophyta, → System).

Autosyndése, meiotische Paarung von Chromosomen, die aus den gleichen elterlichen Gameten eines Individuums stammen. Die Chromosomen können dabei strukturell verschieden sein.

autotróph (griech. autós = selbst; tréphein = ernähren), Bezeichnung für Pflanzen, die die Fähigkeit besitzen, sich ausschließlich von anorganischen Stoffen zu ernähren.

autovegetative Vermehrung, autonom bedingte, »von selbst« erfolgende ungeschlechtliche Vermehrung.

Autumnalform (lat. autúmnum = Herbst); »Herbstform« oder autumnale Form bzw. spätblühende Rasse saison-dimorph gegliederter Arten.

autumnális, -e (lat. autúmnum = Herbst), herbstlich, Herbst- (z. B. Cólchicum autumnále – Herbstzeitlose).

Auwald, Auenwald, Pflanzengesellschaft der Flußniederungen, die im Gegensatz zum Bruchwald (→) starken Schwankungen des Bodenwasserhaushalts (Überschwemmungen) ausgesetzt ist.

Auxiliarzellen (lat. auxiliáris = hilfreich), Hilfszellen bei einigen Rotalgen, die mit sporenbildenden Zellen verschmelzen.

Auxíne (griech. auxánein = wachsen), Gruppe von Pflanzenhormonen, die in Zonen aktiver Zellteilung und -vergrößerung gebildet werden (z. B. in Sproß- und Wurzelspitzen) und in vielerlei Hinsicht das Pflanzenwachstum steuern können. A. fördern: Ausmaß der Zellstreckung einschließlich der Krümmung von Organen als Reaktion auf Reize von Schwerkraft (Geotropismus) und Licht (Phototropismus); Zellteilung, z. B. im Zusammenwirken mit Cytokininen Anregung der Kambiumtätigkeit; Dominanz gewisser Pflanzenteile über andere, z. B. Entwicklungshemmung der Seitenknospen durch die Gipfelknospe (apikale Dominanz). A. kontrollieren zusammen mit anderen Faktoren das Fruchtwachstum und den Laubfall. A. werden in jungen Geweben aktiv basipetal befördert.

Auxine, z. B. Indol-3-essigsäure und Indol-3-acetonitril, kommen in Pflanzen natürlich vor. Indol-3-essigsäure wurde aus verschiedensten Geweben und Stoffen isoliert: aus Maisendosperm, Pilzen, Bakterien, menschlichem Speichel und besonders reichlich aus menschlichem Harn. Außer den natürlich vorkommenden Auxinen wurden zahlreiche Substanzen, die das Pflanzenwachstum beeinflussen können, künstlich hergestellt. Einige der synthetischen Auxine werden heute in großem Umfang zur Regulierung des Wachstums von Nutzpflanzen eingesetzt, ferner zur Verhinderung des »Keimens« von Kartoffeln, was ihre Lagerzeit verlängert; Vermeidung des Abfallens von Früchten in Obstanlangen; für gleichzeitiges Blühen und Fruchten von Ananas.

Parthenokarpe Fruchtbildung (bei Tomaten), wodurch der Nachteil unsicherer Bestäubung ausgeschlossen wird.

Auxosporen, meist durch Kopulation gebildete Sporen der Diatomeen, die größer als die beiden kopulierenden Zellen sind.

aúzin, Artname einer Quércus, → toza.

avellána, aus Abella (Italien) stammend.

Avéna, f., Gatt. der Poáceae (Pflanzenname des Mittelmeer-Kulturhafers [Avéna byzantína] bei den Römern) – Hafer.

avérsus (lat.), abgewendet.

Avicénnia, f., Gatt. der Verbenáceae, benannt nach dem persischen Arzt Avicenna, 980–1036. → Mangrove.

aviculáris, vom Vogel (ávis) gern gefressen.

Avitaminosen (griech. a- = Verneinung oder Fehlen ausdruckend; lat. vita = Leben, → Vitamine), Mangelkrankheiten, entstanden durch Fehlen oder Mangel an Vitaminen. Geringgradige Formen werden als → Hypovitaminosen bezeichnet.

axial, in der Achsenrichtung.

Axialblüte, Axillarblüte, in der Achsel eines Tragblattes zur Ausbildung gelangende Blüte (im Gegensatz zur Terminalblüte).

axiales Holz, Zentral- oder Ringholz; bezeichnet die innersten Jahresringe des sekundären Holzes, die in starkem Maße ganz englumige Gefäße besitzen.

axilláris, blatt- oder achselwinkelständig, z. B. Centauréa axilláris – Seitenblütige Flockenblume (Blüten stehen in den Blattachseln).

Axille, Vegetationspunkt für Blüten und Sprosse zwischen den Warzen der Spec. der Mammillariae; sie können auch »Wolle« und Borsten bilden.

Azálea, f., Gatt. der Ericáceae (griech. azáleos = dürr, trocken, namentl. Bezug zur familientypischen Xeromorphie). Spec. Azálea arboréscens Pursh, jetzt Rhododéndron arboréscens (Pursh) Torr.

Azára, f., Gatt. der Flacourtiáceae; nach J. N. Azara (Spanien).

azarólus, Azaroldorn (ital. azzarólo, azzeruólo), Bezeichnung für die Weißdornart Crataégus azarólus.

azédarach, arab. Name für Mélia azédarach.

Azetaldehyd, farblose Flüssigkeit von reizendem Geruch, entsteht als Zwischenprodukt bei vollständigem oxidativem Abbau der Zucker; Formel: CH_3CHO.

Azetat, essigsaures Salz.

Azidimetrie (lat. ácidus = sauer; griech. metréo = ich messe), Bestimmung der Säuremenge einer Lösung durch Titration.

Azidität (lat. ácidus = sauer), Säuregrad einer Lösung.

azidophil, Arten bzw. Gesellschaften, die fast ausschließlich auf sauren Böden vorkommen.

Azólla, f., Gatt. der Azolláceae (vielleicht griech. aza = Dürre; allýmein = dahinschwinden) – Algenfarn; fossil seit dem Tertiär.

azonal, unabhängig von den Zonen.
azonale Sporen (griech. a- = ohne; zóne = Gürtel, »Zone«), Bezeichnung von Sporen ohne besonders ausgebildete Äquatorregion und ohne Luftsäcke (= Sacci).
Azorélla, f., Gatt. der Apiáceae (Ableit. ungeklärt).
Azotobacter, heterotroph lebende Bakteriengattung, die den Stickstoff in Ammoniak verwandelt und daher pedologisch (bodenkundlich) sehr wertvoll ist. Reaktion: $N_2 + 3\,H_2 \rightarrow 2\,NH_3 + 153{,}7$ kJ (36,7 kcal).
azúreus, himmelblau.
Azygosporen, die Sporen der Schimmelpilze, die aus einem Ast des Myzels ohne vorausgegangene Kopulation entstehen.
azyklisch (griech. a- = Verneinungsvorsilbe vor Konsonanten; kýklos = Kreis). 1. Nicht in Kreisen angeordnet; Blüten, deren Glieder in einer Spirale stehen. 2. In der Chemie verwendetes Adjektiv acyclisch für aliphatische offene Kettenform. Aliphatische Verbindungen (griech. áleiphar = Salböl) sind Kohlenstoffverbindungen mit offener Kette, sog. Fettverbindungen, leiten sich von Methan CH_4 ab.
azyklische Blüte, Blüte, deren Glieder spiralig angeordnet sind.
azýmisch (griech. zymóo = ich setze in Gärung; a- = Verneinungsvorsilbe vor Konsonanten), Adjektiv, angewandt bei niedrigen Lebewesen (= Aerobiern), die keine Gärung erzeugen.

B

B, chemisches Symbol für Bor; → Spurenelemente.
babylonicus, aus der Umgebung von Babylon stammend.
bacába, brasilian. Name der Weinpalme (Oenocárpus bacába).
bácca, auch báca, Beere.
baccátus, -a, -um (lat. baca, bacca = Beere), beerentragend, mit Beeren versehen, Beeren- (z. B. Táxus baccáta – Beereneibe).
Báccharis, f., Gatt. der Asteráceae (griech. Pflanzenname) – Kreuzstrauch.
báccifer, baccífera, baccíferum, beerentragend.
baccifórmis, -is, -e, beerenförmig.
bacilláris (lat. bacillum = Stäbchen), stäbchenförmig.
Bacillus, m., Gatt. der Sektion 13 (nach Bergey 1986): Endosporen bildende grammpositive Stäbchen und Kokken (lat. bacillum = Verkleinerung von baculum = Stab). Aerob oder fakultativ anaerob; Bildung von Dauerformen (Sporen). Einige Arten sind Krankheitserreger (B. anthracis – Milzbrand; B. larvae – amerik. Faulbrut der Bienen).
Backebergia, f., Gatt. der Cactáceae (benannt nach C. Backeberg, 1894–1966); einzige Spec. der Gatt. B. militaris; kann als Beispiel nicht einheitlicher Gattungszuordnung gelten. Syn. Mitrocéreus (nach Buxbaum) und Cephalocéreus (nach Hunt).
Bácopa, f., Gatt. der Scrophulariáceae; Vernakularname (Guayana).
Báctris, f., Gatt. der Arecaceae (griech. báktron = Rohr); ganze Palmenpflanze stachelig bewehrt.
badénsis, badisch, aus Baden stammend.
baeo- (griech. baiós = klein, gering), klein.
baéticus, aus dem bätischen Gebirge (Spanien) stammend.
baktericíd (lat. -cid, vom Verb caedere, caedo, cecidi = fällen, auch töten abzuleiten), Bezeichnung für Bakterien abtötende Substanz.
Baktérien (griech. bactéria = Stock, Stab, Stäbchen; davon abgeleitet lat. = bacterium), sehr kleine Organismen ohne echten Zellkern, die einzeln oder in einfachen Zellverbänden leben. Nach der Form unterscheidet man Kugel-, Stäbchen- und Schraubenbakterien; nach ihrer Wirkung pathogene (lebende Pflanzen und Tiere schädigende), chromogene (farbstofferzeugende), saprogene (stickstoffhaltige Substanzen zersetzende) und zymogene (Kohlenhydrate vergärende) Bakterien; fossil seit dem Präkambrium.
Bakterienknöllchen, Bakteriengallen bei Fabaceae, in denen stickstoffbindende Bakterien in Symbiose mit der Wirtspflanze leben.
Bakteriochlorophyll, Hauptpigment der Photosynthese betreibenden Bakterien. Es unterscheidet sich vom Chlorophyll durch das

Fehlen einer Doppelbindung und den Besitz einer Acetylgruppe an Stelle einer Vinylgruppe (→ Porphyrine).

Bakteriolyse (griech. lýsis = Lösung), Auflösung der Bakterien.

Bakteriophagen (griech. phagein = fressen, verzehren, zerstören), Viren, die sich in lebenden Bakterien vermehren und sie bei der Freisetzung auflösen = virulente B. Die temperenten B. dringen in die Bakterienzelle ein, werden in das Genom integriert, oder verbleiben extrazellulär (als Prophage) und werden bei der Bakterienteilung mit vermehrt (= Lysogenie). Damit werden den Bakterien u. U. neue Eigenschaften verliehen (z. B. setzt Synthese von Diphtherietoxin die Anwesenheit der Beta-Phagen voraus). Durch äußere Einflüsse kann ein temperenter Phage in die virulente Form übergeführt werden.

bakteriostátisch (griech. stásis = Stehen, Stillstehen), vermehrungs- und wachstumshemmend für Bakterien, z. B. die Sulfonamide.

Balanítes, m., Gatt. der Zygophylláceae (griech. bálanos = Eichel, balanites = eichelartig; namentl. Bezug auf die Steinfrüchte).

Balanóphora, f., Gatt. der Balanophoráceae (griech. bálanos = Eichel; phorós = tragend; also: »Eichelträger«, Kolbenschosser).

baldénsis, vom Monte Baldo (Tirol) stammend.

Báldrian, der Name ist wahrscheinlich eine Eindeutschung des Gattungsnamens Valeriana mit der etymologischen Herkunft von (lat.) valére = gesund sein; hat Bezug zu den sedativen und spasmolytischen Eigenschaften von Baldrianzubereitungen.

baldschuánicus, aus Baldschuan (Mittelasien) stammend.

Balgfrüchte, primitiverweise als ventrizid aufspringende → Einblattfrüchte, so bei vielen Magnoliidae und ursprünglichen Dialypetalen, zu mehreren in einer Blüte (z. B. Paeonia oder Delphinium) oder auf eine reduziert (z. B. Consolida).

Ballóta, f., Gatt. der Lamiáceae (griech. Pflanzenname) – Stinkandorn, Schwarznessel.

Balsáme (lat. bálsamum = Balsamstaude, Balsam), dickflüssige, stark riechende Gemische von Harzen und ätherischen Ölen, die in den Interzellulargängen von Pflanzen vorkommen.

balsámeus, balsámicus, balsamisch.

balsámifer, balsamífera, balsamíferum, balsamtragend (-liefernd).

balsamíneus, -a, -um, balsamartig.

bálticus, -a, -um, aus dem baltischen Gebiet stammend.

Bambúsa, f., Gatt. der Poáceae (bambos = indischer Volksname) – Bambusrohr; fossil seit dem Pliozän.

banáticus, aus dem Banat (Siebenbürgen) stammend (z. B. Crócus banáticus – Banater Krokus).

Bandsaat, Aussaatverfahren, bei dem das Saatgut nicht wie bei der Drillsaat in linienförmigen Reihen, sondern in wenige Zentimeter breite, bandförmige Reihen ausgebracht wird. Durch diese Maßnahme soll der Einzelpflanze ein weiterer Standraum geboten werden.

Bandstöcke, aus dickeren Hasel- oder Weidenruten hergestelltes Bindematerial.

Bánksia, f., Gatt. der Proteáceae (benannt nach Sir Joseph Banks [1743–1820], Präsident der kgl. Gesellsch. der Wissenschaften, London, bereiste als Naturforscher Labrador, Neufundland, begleitete Cook und Solander auf der Weltreise [1769–1771], durchforschte mit Solander Island, die Hebriden und Shetlandinseln); Arten sind z. B.: Bánksia collína, B. speciósa, B. verticilláta.

Barbárea, f., Gatt. der Brassicáceae (nach der heiligen Barbara) – Barbarakraut.

bárbarus, aus dem Gebiet der Berber (NW-Afrika), ausländisch, fremd.

barbátus, -a, -um (lat. bárba = Bart), bärtig, mit einem Bart versehen, Bart- (z. B. Diánthus barbátus – Bartnelke).

barbiger, -gera, -gerum (lat. bárba = Bart; gérere = tragen), barttragend.

Barbosélla, f., Gatt. der Orchidáceae (nach dem brasilian. Naturforscher und Orchideenkenner J. Barbosa-Rodrigues, 1842 bis 1909) – Barbosa-Orchidee.

Bárbula, f., Gatt. der Pottiáceae (lat. bárbula = Bärtchen. Nach dem → Peristom, das aus spiralig gedrehten, zilienartigen Zähnen besteht) – Pottiales-Laubmoose.

Barkéria, f., Gatt. der Orchidáceae (nach dem engl. Gartenbauer George Barker, gest. 1845) – Barkerorchidee.

Barochóre (griech. barýs = schwer; chorízein = absondern), Selbstsäer-Pflanzen, die sich durch das Eigengewicht der Verbreitungseinheiten selbst aussäen.

Barringtónia, f., Gatt. der Myrtáceae (nach D. Barrington, Engl., 1727–1800, benannt).

Bart, an der der Kornbasis gegenüberliegenden Kornspitze befindlicher kleiner Haarschopf bei Roggen und Weizen.

Bartholina, f., Gatt. der Orchidáceae (nach dem dänischen Anatomen und Physiologen Thomas Bartholin, lebte um 1800, benannt); hat fadenförmig geschlitzte Lippe, worauf deutsche Trivialnamen (wie Spinnenorche, -orchidee) Bezug nehmen – Bartholin-Orchidee.

bartonióldes, -oídes, bartóniaähnlich (nach Prof. Benjamin Barton, Engl., 1766–1815, USA (Philadelphia).

Bartrámia, f., Gatt. der Bartramiáceae (benannt nach J. Bartraum [1699–1777], Pennsylvania, Pionier der Botanik in Nordamerika), Bryales – Laubmoose.

Bártsia, f., Gatt. der Scrophulariáceae (nach dem holländ. Arzt J. Bartsch, 1710–1738) – Alpenkamm, Alpenhelm.

bartsiifólius, bártsiablättrig (bartsiaefolius hat falschen Bindevokal).

basal, am Grunde, grundständig. Ggs. → apikal.

basális, -is, -e (lat.) grundständig.

Basálkorn (lat. básis = Sockel, Grundlage), kleines Korn an der Basis einer Geißel, z. B. bei Eugléna víridis, aber auch von Wimpern, z. B. bei den Ciliaten.

Basélla, f., Gatt. der Baselláceae (malabar. Volksname).

baselloídes, basella-ähnlich.

Basen, 1. anorganische Basen; Stoffe, die in wäßriger Lösung OH-Ionen abspalten und deshalb alkalisch reagieren, weiterhin alle Metalle, Metalloxide, Metallhydroxide und Karbonate, die mit stärkeren Mineralsäuren Salze oder salzartige Körper bilden; 2. organische Basen; Kohlenstoffverbindungen, die mit anorganischen oder organischen Säuren salzartige Verbindungen ergeben.

Basenanaloge. Purine und Pyrimidine, die sich in ihrer Struktur von den normalen N-Basen etwas unterscheiden. Einige Analoge z. B. 5-Bromurazil, können an Stelle der normalen Bestandteile in die Nucleinsäuren eingebaut werden.

Basenaustausch, Verdrängen eines Kations, z. B. aus der Außenhülle des Tonteilchens, durch ein and. Kation (Ionenaustausch). Im einzelnen sind chemische Gesetzmäßigkeiten festgestellt worden, die von der Natur der Ionen und von dem stofflichen Aufbau des Komplexes abhängig sind.

Basenpaarung, Desoxyribonucleinsäure (DNS) besteht chemisch aus Desoxyribose, Phosphorsäure, den Purinbasen Guanin und Adenin sowie den Pyrimidinbasen Cytosin und Thymin. Diese Verbindungen bilden kettenförmige Moleküle, die Polynucleotidstränge. Zwei solcher Nucleotidstränge werden durch Wasserstoffbrückenbildung zwischen Adenin und Thymin sowie Guanin und Cytosin (»Basenpaarung«) zu einem Doppelstrang zusammengehalten. Die Sequenz der Basen des einen Nucleotidstranges bestimmt die Reihenfolge der Basen im anderen Nucleotidstrang. Diese Anordnung bezeichnet man auch als das Watson-Crick-Modell.

Basídien (griech. básis, -eos = Grund, Säulenfuß; -idie bedeutet Verkleinerung), »kleine Säulen« gewisser Pilze, an denen meist vier kurzgestielte Sporen sitzen; Ständer, Sporenkolben.

Basidiocárpien (Plur.), Fruchtkörper der Basidiomycetes.

Basidiomycétes → Basidien – Ständerpilze, höchstentwickelte Klasse der Pilzabteilung Fungi.

Basidiosporen, in den Basidien meist in bestimmter Anordnung und in Vielzahl gebildete, dünnwandige Sporen.

basiláris, (lat. básis = Grundlage) grundständig.

Basilármembran, ringförmige, Peristomzähne tragende Grundhaut.

basílicum, nach der gleichnamigen Gattung (griech. basilikós = königlich).

Basionym (griech. básis = Grund; ónoma,

ónyma = Name, Benennung), der bei der Erstbeschreibung für ein Taxon gegebene (zunächst gültige) Name (= Basis- oder Grundname), der im Falle der Veränderung der Rangstufe des Taxons als nomenklatorischer Bestandteil in Einheit mit dem Autor (als »Grundname«) bleibt, gefolgt von dem Autor der Neukombination bzw. Neubenennung der Sippe; z. B. Achillea sudetica Opiz = Umbenennung in: Achillea millefolium L. subsp. sudetica (Opiz) Weiß; ebenso wird verfahren bei Übertragung eines Taxons in eine andere Art bzw. Gattung. Das Basionym gibt somit Aufschluß über den Namen vor Umbenennung bzw. Übertragung und verdeutlicht das Verhältnis von Historischem u. Aktuellem.

basipetál ist die Entwicklung der Organe in der Reihenfolge in Richtung auf die Basis, die ältesten an der Spitze, die jüngsten unten. Basipetaler Stofftransport in einer Pflanze geht von der Spitze in Richtung auf die Wurzel gegen den Grund zu, von oben nach unten; → akropetal.

basiphil, Bezeichnung für Arten bzw. Gesellschaften, die fast ausschließlich auf basenreichen, alkalischen Böden vorkommen.

básis fólii → Blattgrund.

Basiszahlsymból, vereinbartes Symbol (Abk., Zeichen, z. B.: n, x) für die Grund- oder Basiszahl, die die niedrigste monoploide (haploide) Chromosomenzahl (eines Genoms bzw. einer Polyploidiereihe) darstellt.

Basitonie (griech. básis = Grund, Sockel; témnein = trennen, spalten), Förderung des Basisbereiches in einem Verzweigungssystem (z. B. bei Sträuchern) oder eines Organs (z. B. bei einem Fiederblatt). Vgl. Akrotonie, Mesotonie.

basjóo, japan. Name f. d. Músa-Art (auch basho genannt).

basophíl, basenreiche, vorwiegend kalkreiche Unterlagen bevorzugend.

Bast, alles vom Kambium nach außen gebildete sekundäre Gewebe, das sich meist aus unverholzten Zellen zusammensetzt.

Bastárd, Individuum, das durch Kreuzung genetisch unterschiedlicher Elternformen entstanden ist. Es führt Genome in seinen Zellkernen, die sich in ihrer genetischen und strukturellen Konstitition unterscheiden.

Bastardíerung, Erzeugung neuer Individuen durch die geschlechtliche Vereinigung zweier in ihren erblichen Eigenschaften verschiedener Eltern.

Bastard, luxurierender, Kreuzungsnachkomme, der gegenüber seinen Eltern gesteigertes Wachstum zeigt.

Bastfasern, englumige, dickwandige, beiderseits spitz zulaufende Zellen des Bastes.

batátas, Batate, heute auch Artname für Dioscórea, früher nur für Ipomóea, deren Knollen auf Haïti Batátas heißen.

bataúa, am Orinoko heimischer Name der Bataua- oder Patavapalme (einer Oenocárpus-Art).

Batemán(n)ia, f., Gatt. der Orchidâceae (benannt nach dem engl. Orchideensammler und -kultivateur James Bateman, 1811–1898) – Bateman-Orchidee.

Batráchium, n., Gatt. der Ranunculáceae (griech. batráchos = Frosch) – Froschkraut, Wasserranunkel; fossil seit dem Pliozän.

bátus (griech. bátos = Brombeerstrauch, bátos Idaía = Himbeerstrauch), -dornstrauch.

Bauchnaht, bei Früchten die meist samentragende, der Blütenachse zugekehrte Verwachsungsstelle der Fruchtblätter.

Bauhínia, f., Gatt. der Caesalpiniáceae (nach den beiden Baseler Botan. Joh. und Caspar Bauhin, 1541–1613 und 1560–1624) – Bauhinie; fossil seit dem Tertiär.

Baum, hohe Holzpflanze (meist > 3 m), die in der Regel einen aufrechten Stamm entwickelt, der sich gar nicht oder erst in gewisser Höhe verzweigt; lat. → árbor.

Baumformen, im wesentlichen durch Unterlage, Stammhöhe und Schnitt bestimmte Obstbaumformen. Man unterscheidet: 1. große Formen wie Hoch-, Halb- und Viertelstämme; 2. kleine Formen, die man in Busch- und Formbäume unterteilt. Die kleinen Formen haben auch die Sammelbezeichnung → Niederstamm.

Baumgrenze, Grenze, jenseits der keine Pflanze mehr vorkommt, die normalerweise als Baum wächst.

Baumgruppe, in der Forstwirtschaft geltende

Anerkennungseinheit, die aus mindestens 20 Bäumen besteht. Bei ausländischen und Sonderbeständen einheimischer Holzarten sowie seltenen Holzarten oder Herkünften können mehrere getrennt gelegene kleinere Baumgruppen von mindestens je 3 Bäumen zu einer Anerkennungseinheit zusammengefaßt werden, mit der Bedingung, daß bei Verkauf oder Verwendung das Saatgut von mindestens 20 Bäumen zu mischen und als Mischsaatgut zu kennzeichnen ist.

Baumschicht, die aus Bäumen zusammengesetzte Vegetationsschicht eines Waldes.

Baumwachs, Paste, die nach Erwärmung weich und streichbar, jedoch kaltflüssig nach Zusatz von Spiritus bequemer in der Anwendung ist. Angewandt zum Verstreichen der Veredelungsstellen oder von »Pflanzenwunden«; besteht aus Kolophonium, geringem Zusatz von Bienenwachs u. a., enthält jedoch keine Fette, die die Transplantation sehr leicht stören.

bavaricus, bayrisch, aus Bayern stammend.

B-Chromosomen, neben den Chromosomen des diploiden Chromosomensatzes (A-Chromosomen) in bestimmten Arten auftretende → überzählige Chromosomen, die von den A-Chromosomen morphologisch verschieden sind und sich auch physiologisch und genetisch anders verhalten. Ihre Rolle in der Physiologie ist problematisch.

Beaucárnea, f., Gatt. der Agaváceae (nach dem flandr. Advokaten Beaucarne benannt).

Beblätterung, Bezeichnung für die Anordnung der Blätter am Stengel, z. B. zweizeilig (= Blätter stehen in zwei Geradzeilen am Stengel), dreizeilig (bei drei Geradzeilen).

Becherflechte → Cladonia.

Bedecktsamer = Angiospermae, die heute in nahezu allen Florengebieten das Bild der Vegetation beherrschen; sie sind die größte, aber auch jüngste Abstammungsgemeinschaft des Regnum vegetabile. Mit der Bezeichnung B. wird zum Ausdruck gebracht, daß die Samenanlagen von einem Fruchtblatt umschlossen werden und sich in dessen Schutz zu reifen Samen entwikkeln. Sie liegen also nicht frei wie bei den Nacktsamern und sind nicht unmittelbar der Bestäubung zugängig; fossil seit der unteren Kreide.

Beere, eine meist mehrsamige Frucht mit fleischiger oder saftiger Fruchtwand, die nicht aufspringt.

Beerenfrüchte, coenokarpe Saftfrüchte (s. d.), mit gänzlich fleischigem Perikarp gekennzeichnet (z. B. bei Ribes, Vitis, Arctostaphylos, Atropa oder Convallaria). Citrus-Früchte haben fleischige Pulpa. Als Panzerbeeren können die Früchte von Gurke, Kürbis (Cucurbitáceae) bezeichnet werden.

Beerenzapfen, paarig oder zu dritt quirlig stehende Deckschuppen des Zapfens verbinden sich völlig und bilden ein Fruchtfleisch, das bis drei hartschalige Samen einschließt.

Befruchtung, Vereinigung einer männlichen und einer weiblichen Keimzelle (oder deren Kerne) zu einer in der Regel einkernigen Zelle, der Zygote.

Beggiatóa Gatt. der Fam. Beggiatoáceae der Ordn. Cytophagales (nach dem ital. Arzt und Botaniker Francesco Secundo Beggiatoa, 1868–1883). – Fadenförmige, durch gleitende Bewegungen mobile Mikroorganismen, die im Zellinneren Schwefelkörnchen ablagern. Vorkommen in Wasser mit Sulfidgehalt (Schwefelquellen, Tümpel mit faulendem Material usw.).

Begleiter, nach Ansicht der Schule von Braun-Blanquet diagnostisch, d. h. für die Klassifizierung der Pflanzengemeinschaft nicht brauchbare Arten ohne besondere Gesellschaftstreue.

Begónia, f., Gatt. der Begoniáceae (benannt nach dem franz. Statthalter von St. Domingo, M. Begon, 1638–1710) – Schiefblatt (Laubblatt ungleichhälftig).

begrenzender Faktor, bei Vorgängen, die von mehreren Faktoren beeinflußt werden, bestimmt der jeweils im Minimum vorhandene den Gang des gesamten Prozesses entscheidend.

Beijerinck, Martinus Willem (1815–1931), niederländ. Botaniker, einer der Begründer der naturwiss.-techn. Mikrobiologie. Entdeckung der mikrob. Sulfatreduktion, Arbeiten über mikrob. Assimilation des anorgan. Stickstoffs (durch Azotobacter chroococcum).

Beiknospen, neben der Hauptachselknospe zusätzlich vorhandene Knospen. Seriale B., wenn sie übereinander-, kollaterale B., wenn sie nebeneinanderstehen.

Beilschmíedia, f., Gatt. der Lauráceae; latin. Personenname. Spec. B. pendula (Sw.) Benth. et Hook.

Beizung, 1. Chemische oder physikalische Saat- und Pflanzgutbehandlung mit dem Ziel, dem Saat- oder Pflanzgut anhaftende oder innewohnende (immanente) Krankheitserreger abzutöten.

Durch die chemische Beizung werden z.T. die Samen bzw. Keimpflanzen auch vor dem Befall durch bodenbürtige Krankheitserreger geschützt. 2. Bearbeitung von Holz mit Flüssigkeiten, um es zu färben und die Maserung hervortreten zu lassen (Naßbeize). 3. Behandlung von Zellen (z. B. mit Chromsäure) vor dem Anfärben der Zellen, um Farbstoffbindungen des Plasmas zu erhöhen.

Belebtschlamm, dichte Suspension von organischen Flocken, Bakterien und Ciliaten in biologischen Abwasserbehandlungsanlagen (»Belebtschlemmverfahren«). Pilze sind unerwünscht, weil sie das Absetzvermögen des B. empfindlich stören. Engl. activated sludge (= Belebtschlamm).

belladónna, schöne Frau (Artname zu Átropa, weil die Frucht als Schminke, der Saft als Augenerweiterungsmittel gebraucht wurde).

Bellidiástrum, n., Gatt. der Asteráceae (lat. béllus = schön, di = Suffix für Ähnlichkeit; ástrum = Stern) – Alpen-Maßlieb.

bellidiflórus (Béllis = Maßlieb, von kelt. mas = Anger), maßliebblumig.

Béllis, f., Gatt. der Asteráceae (lat. béllus = schön, hübsch) – Gänseblümchen, Maßlieb.

Béllium, n., Gatt. der Asteráceae (nach Bellis gebildet).

béllus (lat.), schön.

Belonida-Makrophanerophýta, immergrüne Nadelbäume, mit nadelartigen Blättern.

Belopérone, f., Gatt. der Acantháceae (griech. bélos = Wurfgeschoß, Pfeil; peróne = Spitze [der Staubgefäße]) – Sporenbüchschen.

benedíctus (béne, von lat. bónus = gut; dícere = sagen, sprechen), gesegnet, heilkräftig.

Benetzungsmittel (= Netzmittel), Mittel, welche die Oberflächenspannung (Kohäsion) eines Spritzmittels herabsetzen, so daß die Spritzflüssigkeit nicht in Tropfen zusammenhält, sondern sich als geschlossener Film über die Oberfläche verteilt und demgemäß länger wirkt. Besonders erforderlich bei Pflanzen mit Kutikula. Gute Netzmittel sind z. B. Kaliseifen (Schmierseifen, Ölschmierseife), Gelatine, Saponine, Kasein, Leim. Neuere Spritzmittel enthalten vielfach schon ein Netzmittel.

Bennettitales, fossile Gymnospermen; baumartige, den Cycadeen ähnliche Pflanzen mit häufig unverzweigten Stämmen und mächtigen, gefiederten Blättern mit syndetocheilen Spaltöffnungen (→ Stomata). Die stammbürtigen Blüten waren vielfach zwittrig und besaßen oft eine gut ausgebildete Blütenhülle (Perianth). Sie kamen damit dem Anigospermenzustand sehr nahe. Vorkommen: Keuper bis Oberkreide. Vgl. Cycadopsida.

Benthál, Bodenzone eines Gewässers.

Bénthon = Benthos (griech. bénthos = Tiefe, Meerestiefe), Gesamtheit der im Benthal lebenden Organismen in Seen (Litoral, Profundal) und Fließgewässern. Die benthisch lebenden Organismen umfassen festsitzende (aktiv, passiv) bewegliche Pflanzen und Tiere, z.B. auch die Meeresalgen (Tange) sowie die Fauna im Benthal. Ggs. → Plankton.

benzóifer, benzoífera, -ferum, benzoeliefernd (bénzoin = Benzoe, gelbliches Harz des Styraxbaumes).

Bérberis, f., Gatt. der Berberidáceae (arab. berberi = Muschel, nimmt Bezug auf die Form der Blumenblätter; aus Bérberis, -idis wurde Berberitze gebildet) – Sauerdorn (saure Früchte, dornige Zweige); fossil seit dem Oligozän.

Beregnung, Bewässerung mittels Pumpen, Rohrleitungen und Regengeräten.

Bereicherungszone, in Blütenständen die Zone der → Parakladien. Unter ihr folgt oft eine Hemmungszone, in der der Austrieb der Seitenknospen unterdrückt wird.

Bergénia, f., Gatt. der Saxifragáceae (nach

dem deutschen Botan. K. A. von Bergen, 1704–1759) – Wickelwurz.

Bernstein (abgewandelt von Brennstein), fossiles Harz, bei baltischem Bernstein waren Koniferen die Harzlieferanten.

Bernsteinsäure (lat. succinum = Bernstein), $HOOC-CH_2-CH_2-COOH$, Dicarbonsäure, die erstmalig von Agricola 1550 als Destillationsprodukt des Bernsteins beobachtet und danach benannt wurde.

berolinénsis, aus Berlin stammend (z. B. Pópulus berolinénsis – Berliner Pappel, ein in Berlin entstandener Pappelbastard).

Bertéroa, f., Gatt. der Brassicáceae (nach dem ital. Botan. C. G. Bertero, 1789–1831) – Graukresse.

Berthollétia, f., Gatt. der Lecythidáceae (nach dem franz. Chemiker C. L. de Berthollet, 1748 bis 1822) – Paranuß.

Bertolónia, f., Gatt. der Melastomatáceae (nach dem Botan. Antonio Bertoloni, Bologna, 1775 bis 1869) – Bertolonie.

Bertolónien, in Gartenbaupraxis und Handel mitunter verwendete Trivialbezeichnung für buntblättrige Formen bzw. Hybriden von bzw. mit Gravésia (s. d.).

Berührungszeilen → Schrägzeilen.

Bérula, f., Gatt. der Apiáceae (nach einem mittelalterl. Namen) – Berle.

Bestand, allgemein: größere Anzahl von Pflanzen, die einen bestimmten, physiognomisch abgrenzbaren Raum (»Fläche«) einnehmen; unter dem Aspekt des Pflanzenbaus: zusammenhängende Fläche (z. B. Schlag; Parzelle) angebauter Pflanzen; im Sinne der Anerkennung des Forstsaatgutes geschlossene Fläche einer Holzart, die eine auf die anzuerkennende Holzart und den Schlußgrad 1,0 reduzierte Mindestgröße von 1 ha hat.

Bestäubung, Übertragung des Pollens auf die Narbe des Fruchtknotens bzw. bei Gymnospermen auf die Mikropyle der Samenanlage.

Bestialismus (lat. béstia = Tier, wildes Tier, Raubtier, »Bestie«), zusammenfassende Bezeichnung für die Ernährungsweise von Pflanzen (Pilzen und Blütenpflanzen), die sich einen Teil ihrer Nahrung durch Fang und »Verzehr« kleiner Tiere verschaffen.

Bestockung, 1. Bildung von Seitensprossen an dicht aufeinanderfolgenden Stengelknoten (Bestockungsknoten) in der Nähe der Erdoberfläche (z. B. Poáceae); 2. Bestand von Waldbaumarten einer Holzbodenfläche.

Béta, f., Gatt. der Chenopodiáceae (lat. Pflanzenname, ursprünglich für Mangold und Rote Rübe) – Mangold, Runkelrübe, Zuckerrübe.

Betakokken (lat. béta = Rübe, auf Rüben vorkommend), heute nicht mehr gebräuchliche Bezeichnung für → Leuconostoc.

Betarüben, Rübenkörper bildende Pflanzen der Gatt. Béta. Im landwirtschaftlichen Sinne werden folgende Varietäten der Unterart Béta vulgáris subspec. rapacea zu Betarüben zusammengefaßt: Zuckerrübe = var. altíssima; – Futterrübe (Runkelrübe) = var. crassa; – Rote Rübe = var. conditiva. Der Begriff »Betarüben« wird im Gegensatz zu dem Summenbegriff »Brassica-Rüben« verwendet.

bétle, malabarischer Name für eine Pfefferart.

betónica, nach der gleichnamigen Gattung, jetzt Stáchys (Betónica, Ableit. unsicher!).

Bétula, f., Gatt. der Betuláceae (lat. Pflanzenname) – Birke; fossil seit dem Eozän.

bétulus, (-a, -um), birkenähnlich beblättert, unter Birken wachsend.

bi, in Zusammensetzungen: zwei-, doppel-, doppelt-.

Biaimorphóse (griech. bíaios = gewaltsam, gezwungen), Modifikation der Gestalt, mechanisch oder chemisch durch fremde Organismen bei Pflanzen hervorgerufen.

bialátus (lat.), zweiflügelig.

biatorín Bezeichnung für ein Apothecium mit algenfreiem, nicht kohligem Gehäuse.

biaurítus -a, -um (lat.), zweiohrig, mit doppeltem Ohr (Öhrchen).

biconvéxus, -a, -um (lat.), doppelt gewölbt.

Bídens, m., Gatt. der Asteráceae – (lat.) Zweizahn.

biénn (lat. biénnium = Zeitraum von zwei Jahren), zweijährig; Bezeichnung für hapaxanthe Kräuter, die bis zum Blühen und Fruchten zwei Sommer und den dazwischenliegenden Winter brauchen und dann absterben (Möhre, Zuckerrübe).

biénnis, is- ie (lat. bis = zweimal, doppelt; ánnus = Jahr), zweijährig (z. B. Oenothéra biénnis – Gemeine Nachtkerze).

Bier, ein im Prinzip nach alter Überlieferung aus Malz, Hopfen, Hefe und Wasser hergestelltes alkoholhaltiges Getränk.

Bierhefen, Kulturhefen mit Verwendung in den Brauereien resp. bei der Bierherstellung. Es handelt sich um Rassen von Saccharomyces cerevisiae, die nach ihrem Gärvermögen in hoch- und niedrigvergärende und nach ihrer Lage im Gärbehälter sowie ihren Wärmeansprüchen in obergärige und untergärige differenziert werden. Chemisch bewirken sie den Abbau von Stärke in Zucker, woran jedoch auch Diastaseenzyme aus dem jungen Gerstenkeimling beteiligt sind.

bifaciále Blätter (lat. fácies = Gestalt, Aussehen; bis → biennis), Differenzierung des Blattgewebes in dorsal liegendes Palisadenparenchym und ventral liegendes Schwammparenchym.

bífer, bífera, bíferum, zweimal blühend oder tragend.

bifólius, -a, -um (lat.), zweiblättrig (z. B. Scílla bifólia – Zweiblättriger Blaustern).

Bifrenária, f., Gatt. der Orchidáceae (lat. bi- = doppelt, zwei-; frenum = Riemen, Zügel, Zaum; bezieht sich auf die Modalität der Pollinienzusammenhaltung; also: »Doppelzaum«) – Doppelzaumorchidee (Doppelstendel).

bigelówii, als Epitheton gebildet (latin.) nach dem nordamerikan. Botan. J. Bigelow (1787–1879); z. B. Opúntia bigelówii.

Bignónia, f., Gatt. der Bignoniáceae (nach dem Mönch J. P. Bignon, 1662–1743) – Trompetenblume.

biháí, (indian.), einheimischer Name für eine Heliconia-Art, die zu den Musaceae gehört.

bikollaterál (lat. bis = zweimal), bikollateral oder doppelbastig ist ein Leitbündel, das in der Mitte ein Gefäßteil und nach zwei Seiten, nach außen und nach innen, ein Siebteil ausbildet (→ kollaterall).

bilaterál → disymmetrisch.

Billbérgia, f., Gatt. der Bromeliáceae (nach dem schwed. Botan. J. G. Billberg, 1772–1844).

bílobus, -a, -um (lat.), zweilappig (z. B. Gínkgo bíloba – Zweilappiger Ginkgo).

Biloméntum (lat.), die Gliederschote.

binäre Nomenklatur (lat. bíni, -ae, -a = je zwei; nómen = Name), zweiteilige Namensgebung. Jeder Artname einer Pflanze besteht aus zwei Wörtern: 1. dem Gattungsnamen (an erster Stelle stehend, großgeschrieben), 2. der Artbezeichnung = Epithet(on) (an zweiter Stelle stehend, kleingeschrieben); z. B. Víola trícolor. Wurde von Linné 1753 in seinem Werk »Species plantarum« erstmals konsequent angewandt.

binátus (lat.), zweiteilig, mit zwei Teilen.

binervátus, binérvis (lat.), zweinervig.

Bioaktivität, die durch die Aktivität lebender Organismen bedingte Stoffumsatzintensität im Gewässer.

Bioanánke-Hypothese (griech. bios = Leben; [h]anagkaios = notwendig), »die Summe der gegenseitigen Bewirkungen der Individuen einer Lebensgemeinschaft« bezeichnete R. Potonié (1952) als biotischen Druck oder Biobar. Das Biobar steigt durch → Amplifikation bis zu einem kritischen Bereich der Bioananke. Der hohe biotische Druck der Bioananke induziert (neue) Großmutationen: Phase der Einschaltung oder Interpolation. Nach einer gewissen Anlaufzeit kommt es zur schnell verlaufenden Permutation: Die neuen Formen dominieren und werden leitend.

Biobár (griech. báros = Druck, Einfluß, Schwere), biotischer Druck; → Bioananke-Hypothese.

Biochemíe, Lehre von der chemischen Zusammensetzung der Organismen und von den chemischen Vorgängen in den organischen Körpern.

biochemische und biophysikalische Keimprüfung, Ermittlung der Keimpotenz des Saatgutes mit Hilfe typischer Färbereaktionen. Bei der biochemischen Keimprüfung hat die topographische Tetrazoliummethode, bei der biophysikalischen die Säure-Fuchsin-Methode die größte Bedeutung.

Biochóre (griech. bíos = Leben; chóros = Raum; also: »Lebensraum«), Bereich eines Holocöns, eines Ökosystems, einer Biozönose; ein Ökotop, ein Biotop.

Biocoenóse (griech. bíos = Leben; koinós = gemeinsam), Vergesellschaftung von Lebewesen, die einen einheitlichen Abschnitt des Lebensraumes bewohnen und die in einem Zustand gegenseitiger Bedingtheit leben = Biozönose.

Biodynámik, die Lehre von den im lebenden Organismus wirkenden »Kräften« bzw. von den energetischen Systemen in Lebewesen.

Biogén, kleinste Lebenseinheit des Protoplasmas.

Biogénesis (griech. génesis = Zeugung, Entstehung, Geburt), Lehre, daß Leben nur durch Lebendes erzeugt werden kann. Ggs. → Abiogenesis.

biogenétische Grundregel (griech. bíos = Leben; lat. génere, griech. gennáein = erzeugen, bilden und griech. génesis = Werden, Entstehen), als Biogenetisches Grundgesetz aufgestellt von Haeckel. Es besagt: Die Ontogenese (Individualentwicklung) ist eine abgekürzte und [noch nicht bei Haeckel] z. T. abgeänderte Rekapitulation der Phylogenese (stammesgeschichtlichen Entwicklung).

Biogeocoenose (griech. ge = Erde; s. auch → Biocoenose), Typus ökologischer räumlicher Grundeinheiten der Landschaft, gebildet aus Lebensgemeinschaft und deren Lebensstätte.

Bioindikatóren (griech. bíos = Leben; lat. indicáre = anzeigen), Lebewesen, die das langfristige Zusammenwirken zahlreicher Umweltbedingungen anzeigen, aber auch auf die plötzliche Änderung einer wichtigen Faktorenkombination reagieren.

Biokatalysatóren, Sammelbegriff für die Fermente, Vitamine und Hormone.

Bioklimátik, Bioklimatologie, Wissenschaft, die sich mit der Wirkung des Klimas und Wetters auf Pflanzen, Tiere und Menschen befaßt. → Klima.

Biolíthe (griech. bíos = Leben; líthos = Stein), alle von Organismen oder ihren Teilen gebildeten Gesteine. Sie lassen sich (nach H. Potonie) unterteilen in die Kaustobiolithe (brennbare B.) und die Akaustobiolithe (nichtbrennbare B.), ferner nach ihrer Herkunft in phytogene und zoogene Gesteine (Phytolithe, Zoolithe).

Biologíe (griech. bíos = Leben; lógos = Lehre), Wissenschaft von den Lebewesen; Begriffsprägung geht auf Lamarck zurück.

Biologísmus, Bezeichnung für die Überbewertung der biologischen Seite des Menschen in seinen Lebensäußerungen bei nicht gebührender Beachtung des sozialen und gesellschaftlichen Aspektes, z. B. (Neo-) Sozialdarwinismus.

biologistisch sind solche inhumanen, den sozialen und gesellschaftlichen Aspekt mißachtenden, pseudowissenschaftlichen Auffassungen, wie Neosozialdarwinismus, Rassismus, Neomalthusianismus. Biologistische Auffassungen werden von reaktionären Biologen z. B. auch in der Verhaltensforschung und in der Ökologie vertreten.

Bióm, großräumige natürliche ökologische Gemeinschaft von Pflanzen und Tieren, z. B. tropischer Regenwald, Korallenriff. Die Pflanzen der Landbiome werden in den sog. → Formationen der Pflanzenökologie erfaßt.

Biomasse (biomass), Menge lebender Organismen in Masse- oder Volumeneinheiten, meist bezogen auf eine Volumen- oder Flächeneinheit. Die Biomasse ist die Grundlage der → Produktion.

Biometríe, Auszählung oder Messung von Lebewesen sowie einzelner Körperteile zur mathematischen Erfassung ihrer Häufigkeit oder Veränderlichkeit.

Bionomíe (griech. bíos = Leben; nómos = Brauch, Gesetz), Lehre von den Gesetzen und Gesetzmäßigkeiten des Lebens bzw. der Lebewesen.

-bionta (griech. bíos = Leben; bióein = leben), -bionten, in Zusammensetzungen: Lebewesen, Organismen, z. B.: Endobionta (= Endobionten) = im Sediment lebende Organismen (Endobenthos).

Biónten (griech. bíos = Leben), Lebewesen.

Bióntenwechsel, regelmäßige Aufeinanderfolge eines Gameten bildenden und eines Sporen bildenden Entwicklungszustandes.

Biophysik, Wissenschaftszweig zur Untersuchung von physikalischen Zuständen und Vorgängen in den Lebewesen.

Bióphýtum, n., Gatt. der Oxalidáceae (griech. bíos = Leben; phytón = Pflanze) – Sinnklee.

Biósen, Monosaccharide mit 2 C-Atomen.

Biosphäre (griech. sphaira = Kugel, Kreis, Bereich), von Organismen bewohnte Atmosphäre, Hydrosphäre und Lithosphäre.

Bíostoffe (griech. bíos = Leben), Wuchsstoffe der Biosgruppe, regulieren als Wirkstoffe vorwiegend das Plasmawachstum und die Zellteilung.

Biostratigraphie (griech. bíos = Leben; strátos = Schicht; graphein = schreiben), Zeit- und Altersbestimmung mit Hilfe fossiler Organismen.

Biosystematik, moderne komplexe Form der botanischen → Systematik, die zur Feststellung der natürlichen Artenbeziehungen neben der descriptiven Morphologie auch Wissenschaften wie Pflanzengeographie, Paläogeographie, Geologie, Paläontologie, Paläoklimatologie, Genetik, Zytologie, Palynologie u. a. heranzieht.

Bióta, f., Gatt. der Cupressáceae (griech. bíos = Leben) – Lebensbaum.

biotisch (griech.), lebend; Ggs. → abiotisch.

biotische Faktoren, Einflüsse der lebenden Umwelt auf die Organismen.

Biotóp (griech. bíos = Leben; tópos = Gegend, Raum), Lebensraum oder Standort mit bestimmten Bedingungen für die Existenz und das Gedeihen von Organismen. Der Biotop ist in seiner begrifflichen Einordnung der Umweltbeziehungen der Organismen (»Umweltlehre«) die niederste oder lokal begrenzte Einheit. Die größte Einheit stellt die Biosphäre (= Lebensraum aller Pflanzen, Tiere einschließlich der Protisten) dar.

biotróph (griech. bíos = Leben; trophé = Ernährung), adjektivische Bezeichnung (nach Gäumann) für die Ernährungsweise von Krankheitserregern (→ Pathophyta), die sich von der lebenden Substanz des Wirtes ernähren. Ggs. → nekrotroph. → Parasiten.

Biotyp, erblich einheitliche Organismengruppe, die aber sonst unter Umständen verschieden gestaltet sein kann.

Biozönose = Biocoenose (griech. bíos = Leben, koinos = gemeinsam), »Lebensgemeinschaft«, Bezeichnung für das Zusammenleben von mehreren Tierarten oder von mehreren Pflanzenarten (Phytozönose) oder von Tierarten mit Pflanzenarten. Der Terminus wurde von K. Möbius geprägt (1877), der die auf einer Austernbank gemeinsam lebenden Organismen so bezeichnete.

bipartítus (lat. partíre = teilen), zweiteilig.

bipolar (is, -e) (lat. bis = doppelt; polus = Pol; griech. pólos = Pol), mit zwei Polen, Fortsätzen.

Biscutélla, f., Gatt. der Brassicáceae (lat. bis = doppelt; scutéllum = Schildchen) – Brillenschötchen.

biserialis (lat.), zweireihig.

biserrátus (lat.) doppelt gesägt.

bisexuelle Potenz, angenommene Fähigkeit jedes Organismus, sich sowohl nach der männlichen als auch nach der weiblichen Seite entwickeln zu können.

bistórtus, -a, -um (lat.), doppeltgedreht (z. B. Polýgonum bistórta – Schlangenknöterich).

Bitterstoff, pflanzlicher Stoff, Schutzmittel gegen Tierfraß; konzentriert auftretend häufig Wildpflanzenmerkmal.

bituminósus, asphaltig, erdharzig (bitúmen = Erdpech).

bitunicát (lat. = »zweiwandig«), Bezeichnung für → Asci mit zwei (bi-) sich voneinander lösenden Ascuswänden.

Bivalént, Chromosomenpaar, das während der Reduktionsteilung gebildet wird durch die Verbindung von zwei homologen Partnern.

bivittatus (lat.), zweibänderig.

Bíxa f., Gatt. der Bixáceae (biché = brasilian. Volksname) – Orleanbaum.

bizyklisch → bienn.

blándus (lat.), reizend, angenehm.

Blanksaat, Ansaat ohne Deckfrucht. Bei Ansaat von Fruchtarten unter einer Deckfrucht zur Körnernutzung oder Gründeckfrucht kann unterschieden werden zwischen Einsaat (zur Hauptfutternutzung) und Untersaat (nur zur Nutzung als Zwischenfrucht).

Blásia, f., Gatt. der Blasiáceae (benannt nach dem Benediktinerabt P. Blasius Biagi in Vallombrosa [Italien], 18. Jh.) Metzgeriales = Lebermoose.

Blastése → Pseudokeimung.

blastocárpus, in der Frucht keimend.

Blastokolíne, veralteter Sammelbegriff für Hemmstoffe des Stoffwechsels, deren Struktur unbekannt war.

Blastomyzéten (griech. blastós = Sproß, Keim; mýkes = Pilz), Sproßpilze, Hefen, eine Ascomyzetengruppe, bei der Tochterzellen durch Sprossung, d. h. Ausstülpung der Zellwand der Mutterzelle, entstehen.

blastonemátisch (griech. blastós = Sproß, Keim; néma = Faden), aus unverzweigten einzellreihigen Fäden einkerniger, zellwandumgebender Zellen bestehend bei → Protobionten; auch trichal bezeichnet.

Blastospóren (griech. blastós = das Gebildete; spóros = Keim), durch Knospung entstehende Sporen einzelliger oder mehrzelliger Pilze. Identisch mit den Tochterknospen einer Elternzelle; sie können selbst wieder ohne Latenzperiode Blastosporen bilden. Durch die fortlaufende Knospung kann ein → Sproßmyzel entstehen. Die Blastosporen können sich aber auch ablösen. Am Pseudomyzel findet man ebenfalls Blastosporen. – Blastosporen werden z. B. von den Hefen gebildet.

Blatt (griech./latin. phyllum; lat. folium = Blatt); Grundorgan der höheren Pflanzen, das als seitliche Ausgliederung am Sproßvegetationskegel entsteht. Es ist von sehr verschiedener Gestalt und kann unterschiedliche Funktionen erfüllen (→ Keimblatt, → Laubblatt, → Niederblatt, → Blütenblatt, → Speicherblatt, → Blattdorn).

Blattabschnitte = segmenta foliorum, Sing.: segmentum folii.

Blattachsel, der vom Stengel bzw. von einem Stengelteil und einem aufsitzenden Blatt gebildete Winkel; → Achsel.

blattária, Schabenkraut (lat. blátta = Schabe).

Blättchen, Einzelteile von zusammengesetzten Blättern, die eine aus mehreren selbständigen Blatteilen (= Blättchen) bestehende Blattspreite haben, → Fiedern.

Blattdornen, zu spitzen, harten, holzigen Dornen umgebildete Blätter.

Blätterpilze (Lamellenpilze), Vertreter der Agaricales, die zu den Basidiomycetes (Ständerpilzen) gehören. Die B. besitzen charakteristische Fruchtkörper aus Stiel und Hut, an dessen Unterseite die radial verlaufenden Blätter (Lamellen) das Hymenium beherbergen (z. B. Champignon, Fliegenpilz).

Blattflügel, Gruppen vergrößerter, oft abweichend gefärbter Zellen am Grund von Laubmoosblättern.

Blattfolge, Aufeinanderfolge verschiedenartiger Blätter in der Entwicklung einer höheren Pflanze (Keim-, Nieder-, Laub-, Hochblätter; Kelch-, Kron-, Staub- und Fruchtblätter).

Blattform, forma folii.

Blattfrüchte, Gruppe aller Kulturpflanzen, die nicht zum Getreide zählen und im allgemeinen durch ihre Morphologie günstig auf Bodenstruktur und -gare wirken. Ggs. → Halmfrüchte.

Blattgrund, der an der Sproßachse ansitzende unterste Teil eines Blattes. Er kann → Nebenblätter tragen.

Blatthäutchen → Ligula.

Blattlücke, festumrissener Bereich im Gefäßzylinder eines Sprosses unmittelbar über der Stelle, an der die Blattspurbündel abbiegen, wo anstelle von Gefäßgewebe Parenchym ausgebildet ist. Bei einigen Pflanzen, bei denen mehrere Blattspurbündel zu einem Blatt führen, sind diese gemeinsam einer Blattlücke zugeordnet. Blattlücken sind für Farne, Gymnospermen und Angiospermen charakteristisch.

Blattöhrchen (Auriculae, f., Plural), paarige seitliche Ausgliederungen am Grund der Blattspreite (z. B. bei manchen Gräsern an der Übergangsstelle von Blattscheide zu -spreite).

Blattrand, Kontur des Blattes bzw. der Blattspreite. Der Blattrand kann z. B. sein: ganzrandig, gesägt, doppelt gesägt, gezähnt, gekerbt, ausgeschweift, buchtig.

Blattranken, zu Kletterorganen umgebildete Blätter oder Teile von Blättern. Sie entstehen dadurch, daß die Blattspreite reduziert und die Rippe zu einer Ranke wird oder die Spitze des Blattes selbst rankt. Auch der Blattstiel kann zu einer Ranke werden (z. B. Kürbis, Erbse).

Blattscheide (lat. vagína), der bei manchen Pflanzen die Sproßachse röhrig umschließende Teil eines Blattes (→ Unterblatt), z. B. bei Gräsern.

Blattspindel (Rhachis), der stielartige, die Fiedern tragende Teil eines Fiederblattes.

Blattspitze, der oberste (dem Blattgrund entgegengesetzt liegende) Teil des Blattes. Die Blattspitze kann z. B. gestaltet sein: spitz, zugespitzt, stachelspitzig, stumpf, abgerundet, abgestutzt, ausgerandet.

Blattspreite (Lámina), der verbreiterte, meist flächige Teil des Blattes, der mit einem Blattstiel oder direkt der Sproßachse ansitzt.

Blattspur, Gesamtheit der Leitbündel, die aus der Sproßachse in ein Blatt eintreten.

Blattstecklinge, vegetative Vermehrung von Pflanzen aus Blättern.

Blattstellung (Phyllotaxis = griech.), Anordnung der Blätter an der Sproßachse, häufig bestimmten Regeln folgend. Sie kann z. B. sein: wechselständig, zweizeilig, gegenständig, kreuz- und quirlständig.

Blattstiel (Petíolus), der meist runde, stengelartige Teil des Blattes zwischen Blattgrund und Blattspreite, bei sitzenden Blättern fehlend.

Blattsukkulente, Pflanzen mit fleischig-saftigen Blättern, die als Organe der Wasserspeicherung ausgebildet sind.

Bléchnum, n., Gatt. der Polypodiáceae (blechnon = griech. Pflanzenname) – Rippenfarn; fossil seit dem Tertiär.

Blendling (lat. = místus; franz. = metis), Bezeichnung für die speziellen Nachkommen aus Abänderung einer Art × andere Abänderung derselben Art; also »Mischling« oder »Bastard« auf niederer taxonomischer Rangstufe, erzeugt von zwei verschiedenen aberranten Formen derselben Art.

Blétia, f., Gatt. der Orchidáceae (nach dem span., katalon. Apotheker Don Luis Blet, 18. Jh.) – Blet-Orchidee.

Bletílla, f., Gatt. der Orchidáceae (Verkleinerungsform von Blétia).

Blühhormone, blütenbildende Wirkstoffe, deren Bildung, Wanderung und Konzentrierung an bestimmten Stellen die Ausbildung von Blüten veranlaßt (wahrscheinlich bzw. vermutlich durch Eingreifen in den Nucleinsäurestoffwechsel); es erfolgt die »hormonähnliche« Übermittlung eines blütenbildenden Stimulus durch Licht vom Laubblatt zum Vegetationskegel; → Florigen.

Blühreife, der Beginn der reproduktiven Phase bzw. das die Jugendform abschließende Entwicklungsstadium der Phanerogamen.

Blüte, Sproß begrenzten Wachstums, welcher der (geschlechtlichen) Fortpflanzung dienende und dementsprechend umgestaltete Blätter trägt; er ist meist von dem vegetativen Teil des Sprosses deutlich abgesetzt.

Blütenbecher = Hypánthium, ein langes, röhrenförmiges Achsenstück zwischen dem Fruchtknoten und den übrigen Blütenorganen.

Blütenbiologie, Wissenschaft von den Lebenserscheinungen der Blüte.

Blütenblätter, allgemeine Bezeichnung für Kelch-, Kron-, Staub- und Fruchtblätter; vorwiegend kreisförmig angeordnete, grüne oder farbige Blätter einer Blüte.

Blütenboden (Torus), oberster Teil der Blütenachse, an dem die Blütenblätter stehen.

Blütendiagramm, Blütengrundriß, zeichnerische Darstellung der Stellungsverhältnisse der einzelnen Blütenteile, auf einer Ebene projiziert.

Blütenformel, formelhafte Darstellung der Zahlen und Stellungsverhältnisse der Teile einer Blüte.

Blütenformen, formae florum, Sing.: forma floris.

Blütenhülle, die äußeren, sterilen Blütenblätter, welche die fertilen Blütenblätter umgeben. Die Blütenhüllblätter sind entweder gleich (→ Perigon) oder verschieden (→ Perianth) gestaltet und gefärbt.

Blütenknäuel, Blütenstand, bei dem auf sehr verkürzten Stielen – unter der endständigen Blüte der Hauptachse – weitere Blüten sitzen.

Blütenkorb → Körbchen.

Blütenstand (= Infloreszenz; lat. flos = Blüte), der Blütenbildung dienendes und entsprechend metamorphisiertes Sproßsystem der Samenpflanzen, das sich vom vegetativen Bereich mehr oder weniger deutlich absetzt. Die Tragblätter der blütentragenden Seitenachsen können Laubblattcharakter haben (frondose Infloreszens, z. B. Efeu-Ehrenpreis) oder vereinfacht (bracteose I., z. B. Flieder) oder völlig reduziert sein (nackte I., z. B. Senf). Geschlossene I. werden durch eine Terminalblüte abgeschlossen; bei offenen I. stellt die

Hauptachse ihre Entwicklung ohne Ausbildung einer Terminalblüte ein.

Blütenstaub → Pollen.

Blume, Bestäubungseinheit, die sowohl eine Einzelblüte als auch ein Blütenstand sein kann.

Blýsmus, m., Gatt. der Cyperáceae (griech. blyzein = fließen) – Quellried.

BM, Abk. für: Betäubungsmittel (im Sinne des Opiumgesetzes – OG).

Boccónia, f., Gatt. der Papaveráceae (nach dem ital. Botan. P. Boccone, 1633–1704) – Federmohn.

Boden, derjenige Teil der Erdkruste, der durch biologische Einwirkungen, Verwitterung und Verlagerungen von seiner Unterlage differenziert ist.

Bodenanzeiger → Indikatorpflanzen.

Bodenartengruppen, in der Vegetationskunde durch verschiedene ± regelmäßig im Kontakt miteinander auftretende Gesteinsarten bedingte Gruppen von Standortseinheiten mit entsprechend unterschiedlichen Pflanzengesellschaften.

Bodenfeuchtigkeitsreihen, nach der Stärke der Bodenfeuchtigkeit gürtelförmig angeordnete Pflanzengesellschaften.

Bodenfrost, im Gegensatz zum Nachtfrost Abkühlung unter 0 °C, die nur die Luftschichten unmittelbar über der Bodenfläche erfaßt, während die höheren Luftschichten Temperaturen über 0 °C aufweisen.

Bodenfruchtbarkeit, die Fruchtbarkeit eines Bodens wird beurteilt nach seinem Aufbau und nach seinen physikalischen, chemischen und biologischen Fähigkeiten, den Kulturpflanzen optimale Lebensbedingungen als Standort und als Nährstoffvermittler zu geben.

Bodenhorizont, meist oberflächenparallele Lage im Boden, deren Entstehung durch die Bodenentwicklung und/oder durch die Bodenkultur bewirkt wurde.

Bodenimpfung, künstliche Anreicherung der Ackerkrume mit Bakterien durch Verwendung von Impfpräparatan, besonders mit stickstoffbindenden symbiontischen Bodenbakterien. → Saatgutimpfung.

Bodenklimax (griech. klimax = Treppe, Leiter), klimatisch bedingtes Schlußglied der Bodenentwicklung.

Bodenklimazahlen → Ackerzahlen, Ackerwertzahlen.

Bodenkunde, Lehre von der Beschaffenheit der äußersten Schicht der Erdrinde, besonders in deren Beziehung zum Pflanzenwuchs und Pflanzenbau.

Bodenmüdigkeit, Ungeeignetwerden eines Bodens für die Kultur bestimmter Pflanzensippen oder Absinken der Erträge bei dem Anbau bestimmter Kulturpflanzen. Die Ursachen dafür können in den chemischen und physikalischen Qualitäten des Bodens oder im Auftreten von Parasiten im Boden bedingt sein.

Bodenprofil, vertikale Gliederung des Bodens in verschiedene Lagen von seiner Oberfläche bis zum Muttergestein.

bodenständig, an eine bestimmte Gegend angepaßte (akklimatisierte) Pflanzenart oder niedrigere taxonomische Kategorie.

bodenstete Pflanzen, Pflanzen, die ausschließlich auf bestimmten Böden vorkommen.

Bodenstruktur, Bodengefüge; gekennzeichnet durch das Verhalten der Bodenteilchen zueinander; z. B. werden unterschieden: Einzelkorn- und Krümelstruktur.

Bodentyp, Gesamterscheinung des Bodens, wie sie sich aus der Wechselbeziehung zwischen Muttergestein, Klima, Tier- und Pflanzenwelt ergibt, z. B. Schwarzerde, Podsol.

bodenvage Pflanzen (lat. vágus = umherschweifend, unstet, unbeständig), Pflanzen, die auf beliebigem Boden wachsen können.

Bodenzahlen, Wertzahlen des Ackerschätzungsrahmens, die den Unterschied der Bodenbeschaffenheit im weitesten Sinne berücksichtigen und ein Ausdruck für die Bodenfruchtbarkeit sind. Eine Bodenzahl enthält vor der Verhältniszahl die Angabe von geologischer Herkunft, Bodenart und Zustandsstufe, z. B.: D. sL, 4, 54. Das bedeutet: Der Boden gehört dem Diluvium an, besteht aus sandigem Lehm und zählt zur 4. Zustandsstufe, die einem mittleren Kulturzustand entspricht. Die Verhältniszahl 54 besagt, daß der Gesamtwert dieses Bodens 54% von dem des besten deutschen Bodens beträgt. → Ackerschätzungsrahmen, Ackerwertzahlen.

Bodenzeiger, von chemischen und physikalischen Eigenschaften des Bodens stark abhängige, bodenstete Pflanzenarten bzw. -gesellschaften, z. B. Gypsophila fastigiata, Minuartia verna, Armerietum halleri.

Boehméria, Gatt. der Urticáceae (benannt nach dem Wittenberger Botan. G. R. Boehmer, 1723 bis 1803).

boeóticus, aus Böotien (Griechenland) stammend.

Boghead-Kohle (nach dem schottischen Ort Boghead), Syn. Torbanit, Algenkohle; der Kännelkohle nahestehende Kohle aus hellen, bitumenreichen Algenkörpern eigenartiger Struktur, sie leitet über zu gewissen Ölschiefern (z. B. Kuckersit).

bogoténsis, -is, -e, aus Bogotá (Kolumbien) stammend bzw. in/um Bogotá vorkommend.

bohémicus, -a, -um, böhmisch, aus Böhmen stammend (z. B. Gerānium bohémicum – Böhm. Storchschnabel).

Bohrfrüchte, Fruchtformen, die nadelartig zugespitzt und so beschaffen sind, daß sie sich in die Haut vorüberstreifender Tiere oder in die Erde einbohren können.

Bokharaklee, Melilótus álbus Med. = Weißer Steinklee oder Honigklee. In der englischen Fachliteratur sind außer der exakten Benennung gebräuchlich: Bokhara – bzw. Bokharaclover. Franz.: trèfle de bokhara. Russ.: donnik. Nur Steinklee zu sagen, hat keine Speziesbezogenheit, da es in der Gattung noch andere Arten gibt. Buchara, Usbek. SSR, wird als Ursprungsgebiet des Bokharaklees angesehen, der eine massenwüchsige, sehr anspruchslose, wetterharte Futterpflanze (auch zur Gründüngung) für extreme Bodenarten ist. Die nektarreichen Blüten sind eine vorzügliche Bienenweide (»Honigklee«). Er ist in Europa, Asien und besonders in Nordamerika verbreitet. In Mitteleuropa hat er keine Anbaubedeutung.

Bolboschoenus, m., Gatt. der Cyperáceae (griech. bólbos = Zwiebel; schoinos = Binse) – Strandsimse.

Boleoanemochóre (griech. bolé = das Werfen, Schleudern, Streuen, leitet sich von dem bekannten Verb bállein = werfen ab; ánemos = Wind; choréein = verbreiten), Windstreuer, z. B. Papaver – Mohn.

Boleoautochóre (→ Boleoanemochóre; → Autochore), Schleuderer, z. B. Vícia.

Boleohydrochóre (→ Boleoanemochóre, griech. hýdor = Wasser), Regenstreuer, z. B. Cerástium – Hornkraut.

Boleozoochóre (→ Boleoanemochóre, griech. zóon = Tier), Schüttelkletten, z. B. Dípsacus – Weberkarde.

Bolétus, m., (griech. bolítes = eßbarer Pilz), Gatt. der Fam. Röhrenpilze (Boletaceae), die zur Kl. Ständerpilze (Basidiomycetes) gehört. Die Arten besitzen, wie alle Röhrenpilze, schirmartige Hüte, an deren Unterseite sich das Sporenlager (Hymenium) röhrenartig entwickelt. Die Gattung gehört der Ordn. Hymenomycetales an. Hierzu zählen bekannte Speisepilze, z. B. der Steinpilz (Boletus edulis).

boliviánus, -a, -um, in Bolivien vorkommend bzw. endemisch.

Bolusélla, f., Gatt. der Orchidáceae (nach dem engl. Orchideenkenner Südafrikas Harry Bolus, 1834–1911; lat.: -ella = Verkleinerungssuffix, Kleinheit bezeichnend) – Bolus-Orchidee.

Bómbax, m., Gatt. der Bombacáceae (griech. bómbyx = Seide) – Baumwollbaum; fossil seit dem Oligozän.

bombýcinus (bómbyx = Seide, Wolle), seidenwollig.

bóna nóx (lat.), gute Nacht, nächtlich schön.

bónduc (arab. bondoq = Haselnuß), gebraucht in bezug auf Samenart.

Bonitierung (lat. bonítas = gute Beschaffenheit, Güte), Begutachtung; in der Pflanzenzüchtung und im Versuchswesen laufende Beobachtung und Beurteilung von Einzelpflanzen oder Pflanzenbeständen in morphologischer, physiologischer und resistenzmäßiger Hinsicht. Im allgemeinen wird dabei eine von 9 bis 0 abgestufte Klassifizierung benutzt.

bononiénsis, aus Bologna (Italien) stammend.

bónus, -a, -um (lat.), gut, trefflich, zu etwas geeignet, günstig; Komparativ: mélior, mélius (= besser); Superlativ: óptimus, -a, -um (sehr gut).

Borágo, f., Gatt. der Boragináceae (lat. bórra = steifes Haar; griech. borá = Futter) – Gurkenkraut, Bor(r)etsch.

borbónicus, von der Insel Bourbon (Afrika, heute Réunion) stammend.

boreál (lat. boreas = Nordwind, Norden), pflanzengeographische Bezeichnung für ein überwiegendes oder ausschließliches Vorkommen im nördlichen Eurasien und nördlichen Nordamerika.

boreális, -is, -e (lat.), nördlich, nordisch (z.B. Linnaea boreális – Nordisches Moosglöckchen).

boreomeridionál, = temperat (als Synonym!), pflanzengeographische Bezeichnung für ein überwiegendes Vorkommen in der gemäßigten Florenzone der sommergrünen Laubwälder und Steppen Eurasiens und Nordamerikas.

Borke, außerhalb des zuletzt angelegten Korkkambiums gelegenes lebloses Gewebe, das meist von einem später angelegten zweiten oder dritten Korkkambium gebildet wird und stets Bastelemente enthält. So wird die Gesamtheit der abgetrennten Gewebe, samt den bereits früher zwischengeschalteten Peridermschichten, als Borke bezeichnet. Sie vermag, da von Wasser- bzw. Nährstoffzufuhr völlig abgeschnitten, der weiteren Dickenzufuhr des Stammes oder der Wurzel nicht mehr zu folgen und blättert mit der Zeit außen ab oder wird, so bei den meisten alten Bäumen, längsrissig; → Ringel-, Streifenborke.

Borónia, f., Gatt. der Rutáceae (nach dem Italiener Fr. Borone) – Korallenraute.

Bóstryx → Schraubel.

Boswéllia, f., Gatt. der Burseráceae (nach dem Engländer J. Boswell, 18. Jh.) – Weihrauchstrauch.

Botánik (griech. botáne = Futterkraut, Gewächs, Gras), Wissenschaft von den Pflanzen. Von ihr werden Bau, Lebensweise, Fortpflanzung, Veränderlichkeit, Anpassung und natürliche Verbreitung der Pflanzen erforscht. Die Botanik gliedert sich in: Morphologie, Anatomie, Physiologie, Ökologie, Systematik (= Taxonomie), Pflanzengeographie (Vegetationskunde und Chorologie), Paläobotanik (Abschn. 1.2.).

botanischer Garten → Hortus botanicus.

Bothriochlóa, f., Gatt. der Poáceae (griech. bóthrion = Grübchen; chlóē = Gras) – Bartgras.

Botrýchium, n., Gatt. der Ophioglossáceae (griech. bótrys, Genit. bótryos = Traube, weil die Sporangien dieses Farns traubenförmig an dem stengelförmigen, fertilen Teil des Laubblattes angeordnet sind) – Mondraute.

botryoides (griech.), traubenähnlich.

Bótrys (griech. s. o.) → Traube.

Botrýtis, f., Gatt. der Schimmelpilze aus der Gruppe der »Fungi imperfecti« (griech. bótrys = Traube), Traubenschimmel, dessen Art B. cinerea in der Natur weit verbreitet ist (auf süßen Früchten usw.; »Edelfäule«erreger für Ausleseweine).

Botulinus-Toxin, hitzelabiles (durch Kochen zerstörbares) Protein, das durch das anaerobe Clostridium botulinum gebildet wird. Genuß toxinhaltiger Nahrungsmittel (meist Konserven, da Keimvermehrung und damit Giftbildung nur anaerob erfolgen) führt zu schweren Vergiftungen → Botulismus.

Botulismus (lat. botúlus = Wurst), bakterielle Lebensmittelvergiftung, verursacht durch die Aufnahme der Toxine von Clostridium botulinum, die häufig in verdorbenen Fleischwaren oder Konserven vorkommen.

Bougainvíllea, f., Gatt. der Nyctagináceae (nach dem franz. Seefahrer Lous-Antoine Comte de Bougainville, 1729–1811, umsegelte 1766 die Erde) – Wunderblume, Bougainvillée.

Boutelóua, f., Gatt. der Poáceae (nach dem span. Botan. Cl. Boutelou, 1774–1842) – Moskitogras.

Bouvárdia, f., Gatt. der Rubiáceae (nach Ch. Bouvard, Leibarzt von Ludwig XIII., gest. 1658) – Bouvardie.

Bovísta, f., Gatt. (vom deutsch. Wort Bofist – »Fuchsfurz«); Bovist, Ordn. Bauchpilze oder Innenfrüchtler (Gasteráles).

Bowdíchia, f., Gatt. der Fabaceae; (nach T. E. Bowdich, brit. Botan).

Bowíea, f., Gatt. der Liliáceae (nach J. Bowie, engl. Gärtner und Botan.).

Bowmanites, m., Gattung für isoliert gefundene fossile Sporophyllstände, wahrscheinlich alle zu Sphenophyllum gehörig (nach dem engl. Botan. J. E. Bowman).

Boykínia, f., Gatt. der Saxifragáceae (nach Boykin) – Boykinie.

Brache, Ackerland, das unbebaut bleibt. Dadurch sollen die Gare verbessert und der Boden mit Wasser, evtl. auch mit Stickstoff angereichert werden. »Ruhejahr« des Bodens, Zeichen extensiver Bodenbewirtschaftung. Die Brache war in Deutschland Bestandteil der alten Dreifelderwirtschaft (Brache – Winterung – Sommerung), die durch die verbesserte Dreifelderwirtschaft abgelöst wurde, indem die Brache besömmert, d. h. bebaut wurde mit Blattfrüchten (z. B. Klee, Kartoffeln, Rüben, Hülsenfrüchte). – Bei Aussetzen des Anbaus von Hauptfrüchten im Verlauf einer oder mehrerer Vegetationsperioden werden je nach Zeitdauer, Agrotechnik und Einsatz von Zwischenfrüchten unterschieden: Voll- und Teilbrache, einjährige und mehrjährige Brache, Schwarz- und besetzte Brachen.

brachiátus, -a, -um, armförmig, mit Arm versehen.

brachy- (griech. brachýs = kurz) in Zusammensetzungen: kurz, klein.

brachýanthus, kurzblütig.

brachyárthrus (griech. árthron = Glied), kurzgliedrig.

Brachychíton, m., Gatt. der Sterculiáceae (griech. brachýs = kurz; chíton = Mantel).

brachypétalus (griech.), mit kurzen Blumen- oder Kronblättern, »kurzkronblättrig«.

Brachypódium, n., Gatt. der Poáceae (griech. brachýs = kurz; pódion = Füßchen) – Fiederzwenke.

Brachythécium, m., Gatt. der Brachytheciáceae (griech. brachýs = kurz; thékion = kleines Behältnis. Nach der kurzen Urne der → Kapsel); Hypnales – Laubmoose.

Brackwasser, Mischung von Süß- und Salzwasser.

bracteoláris, bracteátus, deckblättrig.

Bracteólea → Vorblatt.

Braktee → Deckblatt.

Brand, Getreide-, Flug-, Staubbrand; Brandpilze erzeugen krankhafte Erscheinungen, zerstören Pflanzenteile und bilden dort eine schwarze, pulverige, aus Chlamydosporen bestehende Masse.

Brandbeulen, Beulenbrand, die bei der Maispflanze an den Blüten und vegetativen Teilen durch den Brandpilz Ustilago zeae erzeugten augenfälligen Beulen.

Brandsporen, anfangs paarkernige, mit derber Membran umgebene Dauerzellen der Brandpilze.

Brasénia, f., Gatt. der Nymphaeáceae (nach dem Botan. Brasen benannt) – Wasserschild; fossil seit der oberen Kreide.

brasiliensis, -is, -e, in Brasilien vorkommend, aus Brasilien stammend.

Brasiliopúntia, f., Gatt. der Opuntioideae, Cactáceae (namentl. Bezug auf das Vorkommen in Brasilien [bis Paraguay, Peru und Ostbolivien] und auf das opuntienähnliche Aussehen). Bekannte Spec.: B. bahiénsis und B. brasiliénsis (besonders weit in Kultur verbreitet).

brassávola, Epitheton nach der gleichnamigen Gatt. der Orchidáceae, die nach dem ital. Arzt und Naturforscher Ant. Musa Brassávola (1500–1555) benannt ist.

Brássia, f., Gatt. der Orchidáceae (benannt nach William Brass, engl. Botan. um 1800).

Brássica, f., Gatt. der Brassicáceae (lat. Pflanzenname) – Kohl.

Brássica-Rüben, rübenbildende Unterarten der Gattung Brássica. Dazu gehören: Kohlrübe (Brássica nápus ssp. rapifera) und Herbstrübe (Brássica campéstris ssp. rapifera); → Betarüben.

brassicifórmis (statt früher brassicaeformis), kohl-(brassica-)förmig.

Braunkohlen, nach Gothan: »Kohlen von erdig-lockerer bis fester Beschaffenheit, von meist brauner bis selten schwarzer Farbe, mit braunem, sehr selten schwärzlichem Stich und fast stets deutlicher Ligninreaktion (Rotfärbung der Flüssigkeit beim Kochen in verdünnter Salpetersäure)«. Man unterscheidet: 1. Weichbraunkohlen (brown coal); 2. Hartbraunkohlen (lignite): a. Mattbraunkohlen, b. Glanzbraunkohlen (Pechkohlen).

Bráya, f., Gatt. der Brassicáceae; Tribus: Sisymbrieae (nach de Bray benannt); sind typische Bewohner der Hochgebirge Eurasiens (Tibet, Pamir, Himalaja, Sibirien, Karakorum), sogar z. T. bis in das arktische N-Amerika und Grönland vorgedrungen.

Breitsaat, breitwürfiges, ganzflächiges Ausbringen von Saatgut von Hand, mit dem Flugzeug oder einer Breitsämaschine.

Brennhaare, besonders ausgebildete Haare mancher Pflanzen mit stark verkieselter oder verkalkter und daher leicht brechender Zellwand, die unterhalb des schief aufsitzenden Köpfchens sehr verdünnt ist, so daß beim Berühren eine schräge Bruchstelle entsteht und der ätzende bzw. giftige Zellinhalt ausströmt.

Brettwurzeln, durch lokal verstärktes Dikkenwachstum ausgezeichnete, seitlich zusammengedrückte Wurzeln, die z. T. über dem Boden verlaufen, vor allem bei tropischen Bäumen.

brevi-, in Zusammensetzungen: kurz-.

brevialátus, kurzgeflügelt.

brevifólius, kurzblättrig.

brevihamátus (lat. hámus = Haken), mit kurzen Haken.

brevispínus, kurzdornig.

brigantíacus, aus Briancon, lat. Brigantium (Frankreich) stammend.

brignóla, nach Prof. I. L. Brignolo von Brunhof, Dir. des botan. Gartens zu Modena, gest. 1857.

britzénsis, aus Britz bei Berlin stammend.

Bríza, f., Gatt. der Poáceae (griech. Pflanzenname) – Zittergras.

briziformis, zittergras- (Bríza-) förmig (z. B. Bromus briziformis – Zittergrasartige Trespe).

brizoídes, zittergrasähnlich.

Brodiáe, f., Gatt. der Liliáceae (nach J. Brodie, schott. Kryptogamologe).

Brókkoli = Spargelkohl (Brássica oleráceae var. botrýtis subvar. cymósa); viel in England angebaut, dort zahlreiche Sorten.

-bróma (lat. bróma = Speise), -speise.

Bromélia, f., Gatt. der Bromeliaceae (nach dem schwed. Arzt Olaus Bromel, 1639–1705) – Bromelie.

bromeliifólius, ananasblättrig.

Brómus, m., Gatt. der Poáceae (bromos = griech. Name des Hafers oder Windhafers) – Trespe.

Brougthónia, f., Gatt. der Orchidáceae (nach dem engl. Botan. Arthur Brougthon, frühes 19. Jh.).

Broussonétia f., Gatt. der Moráceae (nach dem franz. Naturforscher P. M. A. Broussonet, 1761 bis 1807) – Papiermaulbeerbaum.

Brównea, f., Gatt. der Fabáceae (nach dem irisch. Botan. P. Browne, 1720–1790).

Bruch, Sumpfland.

Bruchfrüchte, Untergruppe der (coenokarpen) → Zerfallfrüchte, gekennzeichnet durch quer oder längs durchtrennte Karpelle (im Ggs. zu den → Spaltfrüchten). Hierzu zählen die etwa aus der Schote entstandene, quer zerbrechende Gliederschote mancher Brassicaceae (z. B. Raphanus) oder die Früchte der Boraginaceae und Lamiaceae, bei denen zweiblättrige Fruchtknoten entlang echter und falscher Scheidewände zu 4 Klausen zerfallen.

Bruchkörner, Körner, die infolge von Druck oder Schlag gebrochen sind (meist bei sehr trocken geerntetem Korn).

Bruchwald, Waldpflanzen-Gesellschaft, die durch eine hohes Maß an Bodennässe und Versumpfung bedingt ist.

Bruckenthália, f., Gatt. der Ericáceae (nach dem österr. Staatsmann S. v. Bruckenthal, 1721–1803) – Ährenheide.

Bruguiéra, f., Gatt. der Rhizophoráceae (nach dem franz. Arzt J. G. Bruguiér, 1750–1799) – Wurzelbaum, Nacktwurzelbaum.

Brunélla, f., falsche Schreibweise für → Prunella.

Brunfélsia, f., Gatt. der Solanáceae (nach O. Brunfels, Botan., 1534 verst.).

bruniifolius, brúniablättrig (Brúnia, nach dem holländ. Forscher Cornelius de Bruyn, genannt Lebrun, lebte um 1700).

brúnneus, tiefbraun (das latin. deutsche Wort braun).

Brutknospen, zwiebel- oder knollenartige, mit Reservestoffen gefüllte Knospen, die sich von der Mutterpflanze loslösen, sich bewurzeln und zu neuen Individuen heranwachsen.

Brutkörper, meist mehrzellige, grüne Zellkörper, die der vegetativen Vermehrung dienen.

Brutschrank, heizbarer Schrank, dessen Inneres auf einer konstanten Temperatur (mittels Thermostaten) gehalten werden kann.

Brutzwiebeln → Brutknospen bzw. Bulbillen.

Bryochamaephýta pulvináta (griechisch

chamaí = am Boden; phytón = Pflanze; lat. pulvinus = Polster, Kissen), mehr oder minder dichte Polster bildende ausdauernde Moose; Br. reptantia, kriechende, ± lockere Teppiche bildende ausdauernde Moose; Br. sphagnoidea, blutbildende, unbegrenzt wachsende Sumpfmoose.

Bryohemikryptophýta, ausdauernde Lebermoose und dem Boden angedrückte Laubmoose (→ Hemikryptophyten).

bryoides, moosähnlich.

Bryologíe = Mooskunde.

Bryónia, f., Gatt. der Cucurbitáceae (griech. Pflanzenname, bryein = sprossen, wachsen) – Zaunrübe.

Bryophýllum, n., Gatt. der Crassuláceae (griech. brýein = sprossen, grün werden; phýllon = Blatt; weil aus den Winkeln der Sägezähne des saftigen Blattes junge Pflanzen hervorsprossen) – Brutblatt.

Bryophýta (griech. brýon = Moos; phytón = Pflanze), Moospflanzen. Moose (fossil seit dem Oberdevon) sind mit Chlorophyll ausgestattete, autotrophe Landpflanzen ohne echte Wurzeln. Ihre Rhizoide haben vorwiegend Haftfunktion. Ihr Entwicklungsgang ist ein heteromorpher, heterophasischer Generationswechsel, bei dem der Sporophyt in trophischer Abhängigkeit vom Gametophyten auf diesem entsteht und unselbständig bleibt. Der Sporophyt ist stets unverzweigt, blatt- und rhizoidenlos, ganz oder doch größtenteils radiär und gipfelt stets in einem einzigen, terminalen Sporangium, der Kapsel. Außerdem ist vegetative Vermehrung durch Brutkörper und -organe verbreitet. Die Moose bestehen aus drei natürlichen Untereinheiten Horn-, Leber- und Laubmoose (→ Abschnitt E. System der Pflanzen).

Bryotherophyta (griech. théros = warme Jahreszeit, Sommer; also: »im Sommer lebende Moospflanzen«), kurzlebige Moose.

Brýum, n., Gatt. der Bryáceae (griech. brýon = [bei Dioscorides] eine an Bäumen wachsende Pflanze unbekannter Identität), Bryales – Laubmoose.

búccifer, buccífera, -ferum (lat.), posaunentragend.

bucéphalus (griech. boús = Rind, Ochse; képhalos = Kopf), ochsenköpfig.

Búchloe, f., Gatt. der Poáceae (griech. boús – Rind; chloe = Gras) – Buffalogras.

Buddléja, f., Gatt. der Buddlejáceae (benannt nach dem engl. Botan. Ad. Buddle, 1660–1715) – Sommerflieder.

Büschelwurzel, fädiges Wurzelsystem aus einem Büschel ziemlich gleich dicker Adventivwurzeln, die an der Sproßbasis oder dem Hypokotyl entspringen und feinere Seitenwurzeln besitzen, z. B. Weizen, Erdbeere (→ Pfahlwurzel).

Büschelwurzeln (→ Adventivwurzeln), gleichwertige Wurzeln ohne Hervortreten einer Hauptwurzel.

bufónius (lat.), krötenartig.

buglóssis, großzüngig, eigentl. ochsenzüngig.

Buiníngia, Gatt. der Cactáceae (nach dem holländ. Kakteenkenner A. F. H. Buining, 1902 bis 1976).

Bulbíllen (Brutzwiebeln), aus oberirdischen Achselknospen hervorgehende Embrýonen, die nach Abfallen auf die Erde (gleich) weiterwachsen.

búlbifer, bulbífera, bulbíferum, búlbiger, bulbígera, bulbígerum (lat.), zwiebeltragend.

bulbócalyx (griech. bolbós; lat. bulbus = Zwiebel; kályx = Kelch), Zwiebelkelch.

bulbocodioídes, lichtblumenähnlich (Bulbocódium).

bulbocódium (griech. kódion = Fellchen), zwiebelhäutig.

Bulbocódium, n., Gatt. der Liliáceae (griech. bolbós = Zwiebel; kódion = kl. Fell) – Lichtblume.

Bulbophýllum, n., Gatt. der Orchidáceae (griech. bolbos = Zwiebel, Knolle; phýllon = Blatt; namentl. Bezug auf die relativ dikken Blätter; »Zwiebelblatt«).

bulbósus, bulbulósus, zwiebelig.

bulláceus, bulláta, bullósus, blasig (z. B. Cotoneáster bullátus – Runzelblatt-Felsenmispel, wegen der runzelig aufgetriebenen Blätter).

Bulten, Bülten, Kuppen aus Torfmoosen in einem Hochmoor.

bumálda, nach der gleichnam. Gatt., diese nach Ovidio Montalbani, der sich I. A. Bumalda nannte; gest. daselbst 20. 9. 1671.

bumámmus, -a, -um, groß- oder dickwarzig.

-bundus, in Zusammensetzungen: voll-, reich-.

Búnias, f., Gatt. der Brassicáceae (griech. Pflanzenname) – Zackenschötchen.

Búnium, n., Gatt. der Apiáceae (bunion = griech. Pflanzenname) – Knollenkümmel.

Buntschlag, Feld einer Fruchtfolge, auf dem im selben Jahr mehrere meist nach ihrer Bedeutung für die Fruchtfolge ähnliche Fruchtarten angebaut werden.

Buphthálmum, n., Gatt. der Asteráceae (griech. boús = Rind; óphthalmos = Auge) – Ochsenauge.

Bupleúrum, n., Gatt. der Apiáceae (griech. boús = Rind; pleuron = Rippe) – Hasenohr.

Burdónen, Pflanzen, die man sich durch ein Verschmelzen von artfremden Körperzellen bei einem Pfropfungsvorgang entstanden dachte. Ihre Existenz ist bisher nicht nachgewiesen.

Burmánnia, f., Gatt. der Burmanniáceae, die zur Ordn. Liliales gehören (benannt nach dem holländischen Botan. Joh. Burmann, 1707–1779).

búrsa-pastóris (lat. búrsa, eigentl. = die Tasche; pastóris = des Hirten, v. pástor), Hirtentäschel.

bursárius, -a, -um, taschen-, börseartig.

Búrsera, f., Gatt. der Burseráceae (nach dem deutsch. Arzt J. Burser, 1583–1639) – Weißgummibaum.

Busch, Wuchsform, die bei holzigen Pflanzen durch periodisch aus basalen Knospen auswachsende Triebe begrenzter Lebensdauer entsteht.

Bútomus, m., Gatt. der Butomáceae (griech. boús = Ochse, Rind; témnein = schneiden), griech. Name einer Sumpfpflanze mit schneidenden Blättern, an denen sich die Rinder verletzen. Auf unsere Art B. umbellátus am Ende des 16. Jh. übertragen. – Schwanenblume, Wasserliesch.

Buttersäure, Butansäure, eine zu den Monocarbonsäuren gehörende organische Verbindung, $CH_3CH_2CH_2COOH$, die von verschiedenen Mikroorganismen (Clostridium acetobutylicum u. a.) durch Gärung gebildet werden kann.

Buxbáumia, f., Gatt. der Buxbaumiáceae (benannt nach dem deutsch. Botan. J. C. Buxbaum (1694–1730), Professor in Petersburg) – Buxbaumiales, Laubmoose.

buxifólius (Búxus, griech. pýxos = Buchs; pyxís = die aus Buchs verfertigte Büchse; lat. folium = Blatt), buchsblättrig.

Búxus, f., Gatt. der Buxáceae (röm. Pflanzenname, griech. pýxis von pykós = fest, wegen des Holzes) – Buchsbaum; fossil seit dem Pliozän.

Byblis, f., Gatt. der Byblidáceae (griech. býblos = Papyrus-Staude) – Regenbogenpflanze; gehört zu den → Carnivora.

Byrsonima, f., Gatt. der Malpighiáceae (griech. býrsa = Haut, Leder, Fell); Spec. B. crassifólia (L.) H. B. K.

byzantinus, -a, -um, byzanitinisch, in bzw. um Byzanz vorkommend.

C

C, in Blütenformeln gebräuchliche Abkürzung für Corolla, die Krone.

Caatínga, eine bestimmte Art von Dornengestrüpp bzw. »Trockenbusch« in (NO-) Brasilien, dessen Sträucher zu Beginn der Trockenzeit ihr Laub abwerfen. Es handelt sich um mimosen- und kakteenreiche Dorngebüsche trockener Gesteins- oder Felsböden. – Ausgangswort für das Anagramm → Tacinga.

Cabómba, f., Gatt. der Nymphaeáceae (Volksname) – Fischgras.

cacália (griech.: Kakalia), alter Pflanzenname, wahrscheinlich für Huflattich.

cacaliifólius, caccaliablättrig.

cacao, mexikan. Beiname von Theobróma – kakauatl ist die Kakaofrucht, Cacahoaquahuitl der Kakaobaum.

Cactáceae, f., Plur., Familie der Reihe Cactales; Einteilung in drei Unterfamilien: Pereskioideae, Opuntioideae, Cactoideae. Über die Systematik von Genera bestehen z. Z. noch unterschiedliche Auffassungen, besonders bei den Cactoideae. So ist der Engländer D. Hunt ein typischer Vertreter relativ heterogener Großgattungen im Gegensatz zu C. Backeberg, der zahlreiche Genera nach engeren, homogeneren Merkmalen systematisierte. In neuerer Zeit werden in die taxonomische Erforschung in breiterem Umfang rasterelektronenmikroskopische Untersuchungen an Samenschalenstrukturen in Verbindung mit anderen Untersuchungsergebnissen zur Klärung offener, strittiger Fragen einbezogen (vgl. W. Rauh, 1979).

cactáceus, kaktusartig.

cactifórmis, -is, -e, kaktusförmig.

cactoíd, kakteenförmig, -artig.

Cactoideae, f., Plur., »Cactusähnliche oder -artige« (von Cactus und oideae = Suffix für Unterfamilie), eine der 3 Unterfamilien der Cactaceae; typisch: ohne sichtbare Blätter (wenigstens im Alter), zuweilen aber mit blattartigen Mamillen. Je nach Morphologie und Lebensweise werden zwei Gruppen unterschieden: 1. Hylocereae (= Tribus), vorzugsweise in feuchttropischen Gebieten und dabei vorwiegend epiphytisch oder semiepiphytisch (mit Luftwurzeln, dünntriebig); 2. Cereae (= Tribus), zumeist terrestrisch (seltener epiphytisch), dann aber ohne Luftwurzeln.

Cáctus, m., (griech. káktos = stachelige Pflanze, Dorn), alter Gattungsname, heute Bestandteil verschiedener Gattungsnamen der Cactáceae, z. B. Melocáctus.

Cadaverín (lat. cadáver = Leichnam), giftige organische Verbindung, die durch mikrobiellen Abbau der Aminosäure Lysin entsteht; chem. 1,5-Diaminopentan. Der Name der Verbindung leitet sich her vom Leichengeruch.

caducus, -a, -um (lat.), abfallend, hinfällig.

Caeoma (Sing.), Fruktifikation der Rostpilze; Acervulus, der dicaryotische Sporen bildet.

caerúleo-, in Zusammensetzungen: blau-.

caerúleus (coerúleus), himmelblau (lat. caélum, coélum = Himmel).

Caesalpínia, f., Gatt. der Caesalpiniáceae (nach dem ital. Botan. A. Cesalpino, 1519–1603) – Brasilienholz.

caésius (lat.), blaugrau, blaugrün, hechtblau.

caespíticus, caespostosus, rasig, rasenbildend.

Cajóphora, f., Gatt. der Loasáceae (griech. kajo = brennen; phóros = tragend) – Fackelträger.

Cákile, f., Gatt. der Brassicáceae (arab. Pflanzenname) – Meersenf.

cal-, cali-, calo-, in Zusammensetzungen: schön-.

cálaber, cálabra, calabrum, calábricus, von der Halbinsel Kalabrien (Unteritalien) stammend.

Caládium, n., Gatt. der Aráceae (latin. indische Bezeichnung) – Buntwurz.

Calamagróstis, f., Gatt der Poáceae (griech. kálamos = Rohr; agróstis = Name für ein Gras) – Reitgras.

calamárius, rohrartig.

Calamíntha, f., Gatt. der Lamiáceae (griech. kalós = schön; ménthe = griech. Name einer Nymphe) – Steinminze, Kölme.

Calamitáles, Plur., f.; Calamiten, auch Kalamiten (griech. kálamos = Rohr; Endung: -ites = bedeutet Ähnlichkeit), fossile Schachtelhalmgewächse mit sekundärem Dickenwachstum, teils von beträchtlicher Größe. Die Blätter sind nicht verwachsen, an den Blüten wechseln Quirle steriler und fertiler Blätter miteinander ab. Die C. werden jetzt meist als Subtaxon in die Ordn. Equisetales einbezogen. – Vorkommen: Karbon bis Perm, z. B. Calamites suckowii (Riesenschachtelhalme der Steinkohlenzeit).

Calamophýton, n., (griech. phytón = Pflanze; »Rohrpflanze«), fossile Farngattung (polystel) des Mitteldevons, die früher als Schachtelhalm (zu den Equisetáceae) eingestuft wurde.

Cálamus, m., Gatt. der Arecãceae (griech. kálamos = Rohr) – Rotangpalme (liefert Rohrstöcke und Stuhlrohr); fossil seit dem Tertiär.

Calandrínia, f., Gatt. der Portulacáceae (nach J. L. Calandrini, Botan. in Genf, 1703–1758).

Calánthe, f., Gatt. der Orchidáceae (griech. kalós = schön; ánthe = Blüte; »Schönblütige Orchidee«, Schönorchidee).

calánthus, schönblumig.

Calapogon, m., Gatt. der Orchidáceae (griech. kalós = schön; pógon = Bart; nach der bartförmigen Lippe; »Schönbart«).

Caláthea, f., Gatt. der Marantáceae (griech. kalós = schön; théa = das Anschauen, der Anblick, also »Schönblick«, womit hauptsächlich ein Bezug zu den schön gefärbten Blättern besteht. In Betracht kommt auch die Ableitung von griech. kálathos = Korb, mit der die im Heimatgebiet, Brasilien, erfolgte Korbherstellung aus den Stengeln in Verbindung gebracht wird).

caláthinus (lat. calathídium = das Körbchen), korbähnlich.

Caláthium (lat.) → Körbchen.

calcarátus (lat. cálcar = Sporn), gespornt.

calcáreus (lat. calx, Genit. cálcis; griech. chályx = Kalk), kalkliebend.

Calceolária, f., Gatt. der Scrophulariáceae (lat. calcéolus = Schnabelschuh, Pantoffel) – Pantoffelblume.

calcéolus, -i, m., (lat. calcéolus = Schnabelschuh, Pantoffel, z.B. Cypripédium calcéolus – Frauenschuh), Calcéolus war vor Linné selbständiger Gattungsname und wurde zum Epitheton.

cálceus, kalkig.

calcígerus, -a, -um, pantoffeltragend.

calcítrapa, Fußangel (z. B. Centauréa calcítrapa – Fußangel-Flockenblume).

Caléndula, f., Gatt. der Asteráceae (lat. caléndae = der erste Monatstag; caléndula = kleiner Kalender, weil die Planze durch Öffnen und Schließen des Blütenstandes die Tage anzeigt) – Ringelblume.

calenduláceus (lat. caléndula = kleiner Kalender), ringelblumenfarbig oder -artig, Blüten schließen sich abends, zeigen die Tage an.

Calidárium (lat. calidus, -a, -um = warm), Warmhaus. Gewächshaus zur Aufbewahrung tropischer und subtropischer Pflanzen, wird auf 18 bis 22 °C gehalten.

califórnicus, -a, -um, aus Kalifornien (westliches Nordamerika) stammend, z.B. Rhododéndron californicum – Kalifornische Alpenrose.

call-, calli-, callo-, in Zusammensetzungen: schön-, aber auch schwielen-.

Cálla, f., Gatt. der Aráceae (griech. kallós = körperliche Schönheit, weil der Blütenkolben von einer schönen weißen Hülle umgeben ist) – Schlangenwurz, Schweineohr.

Calliánthemum, n., Gatt. der Ranunculáceae (griech. kallós = Schönheit; ánthos = Blüte) – Jägerkraut.

Callígonum, n., Gatt. der Polygonáceae (Knöterichgewächse); (griech. kallós = schön; góny = Knie), Besiedler von Steppengebieten Mittel- und Westasiens, bis Südrußland und in den mediterranen Raum vordringend; etwa 35 Arten bekannt.

calliopsídeus (griech. → Calligonum; ópsis = Anblick), schön aussehend.

Callípteris conférta, f., (griech. kalli – von kallós = schön; ptéris = Farn), das wichtigste pflanzliche Leitfossil des Rotliegenden. Callipteris ist wahrscheinlich ein Farnsamer; ihre doppelt gefiederten Wedel erreichen bis 80 cm Länge.

Callísia, f., Gatt. der Commelináceae (griech. kallós = Schönheit; lis = Lilie).

Callistémon, m., Gatt. der Myrtáceae (griech. kallós = Schönheit; stémon = Staubblatt) – Lampenputzerstrauch.

Callístephus, m., Gatt. der Asteráceae (griech. kallós = schön; stéphos = Kranz) – Sommeraster.

Callithámnion, m., Gatt. (griech. kallós = Schönheit; thámnion = Bäumchen) – Rhodophýceae, Kl. Rotalgen.

Callítriche, f., Gatt. der Callitricháceae (griech. kallós = Schönheit; thrix, trichós = Haar) – Wasserstern.

Callítris, f., Gatt. der Cupressáceae (griech. kallós = Schönheit; treis = drei) – Sandarakzypresse; fossil seit der oberen Kreide.

callósus, schwielig.

Callúna, f., Gatt. der Ericáceae (griech. kalýnein = fegen, reinigen, verschönern, da die Pflanze zur Anfertigung von Kehrbesen dient) – Besenheide.

Calochórtus, m., Gatt. der Liliáceae (griech. kallós = schön, chórtos = Gras) – Grastulpe.

Calophýllum, n., Gatt. der Hypericáceae (Syn. Guttiferae); griech. = »Schönblatt«; Spec.: C. brasiliénse, C. inophýllum; fossil seit dem Tertiär.

Calótropis, f., Gatt. der Fabáceae (griech. kallós = Schönheit; trópis = Schiffskiel, Schiffchen).

Cáltha, f., Gatt. der Ranunculáceae (röm. Pflanzenname) – Dotterblume.

cálvus, -a, -um (lat.), kahl, haarlos.

caly-, calyc-, calyci-, calyco-, calyx, in Zusammensetzungen: kelch-, -kelchig.

Calycánthus, m., Gatt. der Calycantháceae (griech. cályx = Kelch; ánthos = Blüte) – Gewürzstrauch.

Calyciflorae, früherer Name für eine Gruppe

der Dicotyledoneae mit mittel- oder oberständiger (peri- oder epigyner) Krone, Fruchtknoten mittel- oder unterständig.

calýcium, calýcibus = Blütenröhre, Blütenkelch.

Calycótome, f., Gatt. der Fabáceae (griech. cályx = Kelch; tóme = Schnitt) – Dorn-Geißklee.

Calypogeía, f., Gatt. der Calypogeiáceae (griech. kályx = Kelch; hypó = unter; gáia = Erde. Nach den meist im Erdboden steckenden Marsupien) – Jungermanniales – Lebermoose.

Calýpso, f., Gatt. der Orchidáceae (von griech. kalýptein = bedecken, verhüllen, umgeben, sich bedecken, sich verhüllen, wovon der Name für die Nymphe Kalypso gebildet wurde; Kalypso = Tochter des Atlas, die der Sage nach den Odysseus auf der Insel Ogygia 7 Jahre bei sich behielt) – Kappenstendel.

Calýptra (griech. kalýptra), Haube.

Calystégia, f., Gatt. der Convolvuláceae (griech. kályx = Blütenkelch, Fruchtkapsel; stégein = decken, bedecken) – Zaunwinde.

calystegioídes, calystégia-ähnlich.

Cályx (griech. kályx = Blütenkelch, Fruchtkapsel) → Kelch.

camánchicus, kamanchisch, von Camanche, Stadt am Mississippi, nördl. Davenport.

cámara, Kammer.

Camássia, f., Gatt. der Liliáceae (Quamash = indian. Name der Pflanze).

Cambrium = Kambrium, n., (alter Name für Wales; namentl. Bezug auch zu Cambridge), erste Periode des geolog. Erdaltertums; Zunahme von Spaltpflanzen und höherdifferenzierten Algen ist im Kabrium nachgewiesen.

Camelína, f., Gatt. der Brassicáceae (griech. chamai = niedrig; linon = Lein) – Leindotter.

Caméllia, f., Gatt. der Theáceae (auch Camelia, benannt nach dem Jesuiten Camelli aus Brünn, Erforscher der Flora der Philippinen) – Kamelie.

camerátus (lat.), gewölbt.

Campánula, f., Gatt. der Campanuláceae (lat. campánula = Glöckchen) – Glockenblume.

campéstris, -is, -e (lat. cámpus = Feld) – Feld- (z. B. Artemisia campestris – Feldbeifuß).

cámphora, Kampfer (früher Gattungsname; von arab. kamhour; griech. kaphourá).

Camphorósma, f., Gatt. der Chenopodiáceae (arab. kamhour = Kampfer; osme = Duft) – Kampferkraut.

Camplycéntrum, n., Gatt. der Orchidáceae (griech. kampýlos = gekrümmt; kéntron = Sporn; also »Krummsporn«).

campórum, der Felder, Ebenen.

campt-, bogen- (→ campyl-).

campyl-, campylo- (griech. kampýlos = gekrümmt); krumm-.

campylotrope Samenanlage → kampylotrope S.

camtchatcénsis, kamtschatkanisch, von der Halbinsel Kamtschatka, Ostsibirien, stammend.

canadénsis, -is, -e, kanadisch (z. B. Elódea canadénsis – Kanadische Wasserpest).

canariénsis, kanarisch, von den Kanarischen Inseln stammend (z. B. Phaláris canariénsis – Kanariengras).

cancellátus (cancélli = Gitter) gitterförmig.

candelábrum (lat.), Armleuchter.

cándicans (lat. candére = glänzen), weiß werdend.

candidulus (lat.), weiß.

cándidus, -a, -um (lat.), weiß, schneeweiß (z. B. Lílium cándidum).

Candle-Kohlen (von engl. candle = Kerze) → Kännel-Kohle.

canéscens (lat.), ergrauend, grau aussehend.

canínus (lat. cánis, Hund), hundsgemein, allgemein; z. B. Rósa canína (= »Hundsrose«, Wilde Rose, Heckenrose).

Canístrum, n., Gatt. der Bromeliáceae (griech. kánastron, lat. canístrum = Körbchen aus Rohr).

Cánna, f., Gatt. der Cannáceae (griech. cánna = Rohr; ursprünglich semitischer, in das Griech. und Lat. übergegangener Name für das Rohr [Arúndo dónax], der im 16. Jh. auf die Gatt. übertragen wurde) – Blumenrohr; fossil wahrscheinlich seit der oberen Kreide.

cannábinus, -a, -um, hanf(cánnabis)artig (z. B. Eupatórium cannábinum – Hanfblättriger Wasserdost).

Cánnabis, f., Gatt. der Cannabáceae (griech. kánnabis = Hanf) – Hanf.

Cantharéllus, m., Gatt. der Cantharelláceae (Leistenpilze), Ordn. Aphyllophorales, Nichtblätterpilze (lat. cantharéllus = kleiner Becher, leitet sich her von griech. kántharos = Becher, -ellus = Deminitivum, nimmt Bezug auf die Hutform) – Pfifferling.

Cántua, f., Gatt. der Polemoniáceae (griech. Pflanzenname).

cánus (lat.), grauhaarig.

Capanémia, f., Gatt. der Orchidáceae (nach dem brasilian. Naturforscher G. Schuch de Capanema, 19. Jh.).

capénsis, vom Kapland stammend.

Capénsis, Florenreich der Erde, auch kapländisches Florenreich genannt, das den äußersten Südwesten von Afrika umfaßt und als kleines, aber sehr artenreiches Gebiet etwa 6000 Blütenpflanzen mit u. a. 600 Arten der Ericaceae enthält. Eine gewisse Verwandtschaft besteht zur Flora Australiens.

caperátus, -a, -um (lat.), gekräuselt, gerunzelt.

capilláris (lat.), haarfein.

capíllus (lat.), Haar.

capíllus-véneris, Venushaar, Frauenhaar.

capitátus (lat.), kopfförmig, kopfig.

Capitulum (lat.) → Köpfchen.

cappadócicus, aus Kappadozien (Kleinasien) stammend (z. B. Ácer cappadócicum – Kleinasiatischer Ahorn).

Cápparis, f., Gatt. der Capparáceae (Kabar, arab. Pflanzenname) – Kapernstrauch.

cápreus (lat. cáprea = eine Art Wildziege, cáper = Ziegenbock), den Ziegen zur Nahrung dienend.

caprifólium, Geißblatt.

caproniánus (franz. capron = Riesenerdbeere, Ananaserdbeere), ananasartig duftend.

capsál, bezeichnet Organisationsstufe der niederen Pflanzen mit unbegeißelten Einzellern, die eine gallertartige Zellwand haben.

Capsélla, f., Gatt. der Brassicáceae (lat. capsélla = kleine Tasche) – Hirtentäschel.

capsicástrum, nach der gleichnam. Gatt. abgeleitet von Cápsicum (dies vielleicht von lat. cápsa = Kapsel; astrum = Suffix für Ähnlichkeit).

Cápsicum, n., Gatt. der Solanáceae (wahrscheinlich. vom griech. kaptein = gierig essen) – Spanischer Pfeffer.

cáput, cápitis (lat.), Kopf, Haupt (cáput medúsae, Medusenhaupt).

caracálla, nach dem gleichnam. Schmetterlingsblütler (lat. caracálla = Kapuze, Kappe).

Caragána, f., Gatt. der Fabáceae (kirgisischer Vernakularname) – Erbsenstrauch; fossil seit dem Oligozän.

Caraguáta, f., Gatt. der Bromeliáceae (südamerikan. Volksname) – Sennespflanze.

Carallúma, f., Gatt. der Asclepiadáceae (ostind. Name der Pflanze, latin.). – Fliegenblume.

Carbonáte (lat. cárbo, -ónis = Kohle), 1. Salze der Kohlensäure (H_2CO_3), bei denen beide H-Ionen durch Metalle ersetzt sind; 2. Bicarbonate, Salze der Kohlensäure, die durch Ersetzung eine H-Ions durch Metall gebildet werden.

Carbónsäure (lat. cárbo = Kohle, organische Verbindung mit der funktionellen Gruppe – COOH. In vielen Substanzen wie Aminosäuren, Verbindungen des Zitronensäurezyklus u. a. sind C. enthalten.

Cardámine, f., Gatt. der Brassicáceae (griech. kárdamon = Kresse) – Schaumkraut (trägt an den Stengeln oft Schaum, in dem sich die Larve der Schaumzirpe aufhält und der fälschlich Kuckucksspeichel genannt wird).

Cardaminópsis, f., Gatt. der Brassicáceae (griech. kárdamon = Kresse; opsis = Aussehen) – Schaumkresse.

cardamómum, früher Name für ein Gewürz amómon, das das Herz (kardía) stärkte.

Cardária, f., Gatt. der Brassicáceae (griech. kardía = Herz) – Pfeilkresse.

cardi-, cardio-, in Zusammensetzungen; herz-.

cardíaca, Herzgespann (Leonúrus cardíaca).

cardíacus (griech. kardiakós), den Magen betreffend; Mittel gegen Magenleiden.

cardinális, scharlachrot, kardinalsrot; eigentl. »zur Türangel (cárdo) gehörend«, übertragen auch »Haupt-«, später auf den Kardinal angewendet.

Cardiócrinum, n., Gatt. der Liliáceae (griech. kardía = Herz; krínon = Lilie).

Cardulovíca, f., Gatt. der Arecáceae (Pálmae); nach Carl IV. und Königin Louisa von Spanien. – Panamahut-Palme.

cardúnculus, Kardone (Cýnara cardúnculus), kleine »Cárduus«.

Cárduus, m., Gatt. der Asteráceae (röm. Pflanzenname) – Distel.

Cardy = Kardone, Spanische Artischocke (Cýnara cardúnculus var. áltilis). In den östlichen Mittelmeerländern seit dem Altertum in Kultur.

Cárex, f., Gatt. der Cyperáceae (lat. cárex, cáricis = Riedgras) – Segge; fossil seit dem Oligozän.

Cárica, f., Gatt. der Caricáceae (lat. cárica = Feige) – Melonenbaum (C. papáya).

caricósus, feigenartig (Ficus cárica).

Carína (lat. Schiffskiel, Schiffchen) Schiffchen.

carinátus (lat.), gekielt.

Carlína, f., Gatt. der Asteráceae (Ableit. vielleicht von Karl d. Großen) – Eberwurz.

Carnegíea, f., Gatt. der Cactáceae; nach dem Industriellen (»Stahlkönig«) Carnegie als Mäzen und Stifter.

cárneus (lat. cáro = Fleisch, cárnis = des Fleisches), fleischfarbig.

carniólicus, krainisch (Krain= Carniola, Gebirgslandschaft an der Save, Julische Alpen; frühere röm. Provinz Pannonia, daher → pannónicus

Carnivora, n., Pl., lat., »fleischfressende« Pflanzen mit Einrichtungen zum Fang, zur Verdauung von Kleintieren sowie zur Resorption der Abbauprodukte, vor allem von Aminosäuren, Kohlenhydraten und anderen niedermolekularen Verbindungen. Die Standorte der C. sind stickstoffarm, wie: Hochmoore mit dem vorzugsweisen Vorkommen z. B. von Drosera (Sonnentau), Dionaea (Venusfliegenfalle); anmoorige Wiesen mit Pinguicula (Fettkraut); Seen mit Aldrovanda (Wasserfalle), Utricularia (Wasserschlauch); nährstoffarme Sandböden (Drosophyllum = Taublatt); Nepenthes (Kannenpflanze) ist ein Beispiel der C. unter den Epiphyten. – Gefangen werden von terrestrischen Arten vor allem Kleininsekten, von aquatischen Arten vorzugsweise Insektenlarven, Kleinkrebse, Rotatorien usw. – Ihre Fangeinrichtungen sind verschiedenartig, z. B. Gleitfallen (bei Nepenthes), Klebfallen (Drosera, Drosophyllum), Klappfallen (Aldrovanda, Dionaea), Saugblasenfallen (Utricularia). Die aus den Drüsen der Fangeinrichtungen ausgeschiedenen Enzyme (wie Proteasen, Esterasen, Phosphatasen, bei Aldrovanda auch Amylase) bewirken den Abbau der organischen Substanz der Beutetiere. – Potentiell sind die C. autotroph, jedoch fakultativ N-heterotroph (nach Borris/Libbert 1984).

carnivórus, -a, -um (lat.), fleischfressend.

carnósus, -a, -um (lat.), fleischig.

caróta (lat. cáro, cárnis = Fleisch; bezieht sich offensichtlich auf die Farbe) – Karotte, Beiname zu Daucus, lat. Name für Mohrrübe.

carpáthicus, aus den Karpaten stammend.

cárpha-, in Zusammensetzungen: -spreuig, -strohig.

cárpicus, zur Frucht gehörig.

carpinifólius, hornbaumblättrig (Cárpínus = Kopfholz, kelt. car = Holz; pin = Kopf, das Holz wurde für Joche benutzt?).

Cárpinus, f., Gatt. der Betuláceae (lat. Pflanzenname) – Hainbuche, auch Horn- oder Weißbuche genannt, wegen der hornartigen Härte und dem hellen Holz; fossil seit dem Eozän.

Carposomáta (Plur.), Karposomata, »Fruchtkörper« (wörtl.) von Pilzen.

-cárpus, in Zusammensetzungen: -früchtig.

Cárthamus, m., Gatt. der Asteráceae (arab. korthom = färben) – Saflor.

carthusianórum, nach den Kartäusern, nicht nach Gebr. Cartheuser benannte Nelke.

cartilagíneus (lat. cartilágo = Knorpel), knorpelig.

Cárum, n., Gatt. der Apiáceae (griech. Pflanzenname) – Kümmel.

Carúncula (lat. carúncula = kleiner Keimwulst), fleischiger Wulst an den Samen vieler Euphorbiaceae, morphologisch den Arillusbildungen ähnlich.

cárus, -a, -um (lat.), wertvoll, lieblich, teuer.

cárvi, franz. und ital. Name des Kümmels (Cárum cárvi), von arab. karwija, altdeutsch Karvey.

Cárya, f., Gatt. der Juglandáceae (griech. káryon = Nuß; griech. Name für den Walnußbaum) – Hickorynuß; fossil seit dem Tertiär.

caryo-, nuß-, kern-, auch **-caryum** von cáryon, griech. káryon, die welsche Haselnuß.

caryocárpus, nußfrüchtig.

Caryópteris, f., Gatt. der Verbenáceae (griech. káryon = Nuß, ptéron = Flügel) – Bartblume.

caseoláris, käseartig.

Caspáryscher Streifen, wasserundurchlässige Fläche, die in Form eines Streifens die Radialwände der Zellen der Endodermis imprägniert; sie entsteht durch Einlagerung einer suberin- oder ligninähnlichen Substanz in die primäre Wand. Der Streifen kann so breit wie die Zellwand oder schmaler, fadenartig, sein. Der C. Streifen bewirkt, daß die Wanderung von Wasser und Lösungen durch die Endodermis vollständig unter der Kontrolle des lebenden Protoplasmas der Zellen bleibt.

Cássia, f., Gatt. der Caesalpiniáceae (griech. Pflanzenname) – Sennespflanze; fossil seit dem Oligozän.

Cassíope, f., Gatt. der Ericáceae (griech. mytholog. Name) – Schuppenheide; fossil seit dem Tertiär.

cassúbicus, kassubisch, kaschubisch (nach dem alten Volksstamm aus der Gegend Westpreußens).

cássus (lat.), leer, taub.

cassýtha, nach der gleichnamigen Gatt. (von griech. kassýo = ich flicke zusammen; wegen der Wuchsform).

Castánea, f., Gatt. der Fagáceae (lat. Pflanzenname) – Edelkastanie; fossil seit dem Tertiär.

castaneaefólius (lat.), kastanienblättrig (nach der Stadt Kastana in Thessalien).

Castanópsis, f., Gatt. der Fagáceae (griech. kastáneon = Kastanie; ópsis = Aussehen) – Scheinkastanie; fossil seit dem Alttertiär.

Castílloa, f., Gatt. der Moráceae (nach dem span. Botan. Don Castillejo, 18. Jh.) – Kautschukbaum.

castrátus (lat.), verschnitten, geschlechtslos.

Casuarína, f., Gatt. der Casuarináceae (angebl. nach dem molukk. Vogel Kasuar) – Keulenbaum, Känguruhbaum; fossil seit dem Tertär.

catacánthus, -a, -um (griech./latin.), mit abwärts gerichteten Stacheln.

Catálpa, f., Gatt. der Bignoniáceae (indian. Name des Baumes) – Trompetenbaum; fossil seit dem Oligozän.

cataphráctus, -a, -um, gepanzert, geharnischt.

cataractárum, am Wasserfall wachsend.

catárius, auf Katzen wirkend.

Catasétum, n., Gatt. der Orchidáceae (griech. káta- = abwärts, von – weg; lat. séta = Borste; namentl. Bezug auf die in den männlichen Blüten der meisten Species vorhandenen zwei abwärts gerichteten Anhängsel der Säule).

catawbiénsis, katawbisch, (am Catawbafluß, Nordamerika).

cátechu (von cate, dem indischen Namen von Acácia cátechu, und chu = Saft).

Caténa (lat. = Fessel, Kette, Band) – Standortreihe.

cathárticus (griech. kathaírein = reinigen), abführend, reinigend.

Catháysia-Flora (Cathay = alter Name für das nördl. China) = Gigantopteris-Flora: Die permokarbonische Flora Ostasiens von Korea bis Sumatra sowie der südwestlichen Vereingten Staaten; neben zahlreichen Formen der → euramerischen Flora besitzt sie endemische, wie vor allem die → Pteridophyllen-Gattung Gigantopteris.

Catophráctes, Gatt. der Bignoniáceae (wahrscheinlich von griech. katophraxein = nach unten zeigen). Spec.: C. kolbeana Harv.

Catópsis, f., Gatt. der Bromeliáceae (aus griech. káto [Adverb: katá] herab, nach unten, niederwärts, unten [gelegen, auch am Meer gelegen] und opsis = Aussehen, Erscheinung). Spec. (z. B.): C. morrieniana.

Cattléya, f., Gatt. der Orchidáceae (nach dem engl. Gartenbauer und Botan. William Cattley, gest. 1832) – Kapuzenorchidee.

Cáucalis, f., Gatt. der Apiáceae (griech. Pflanzenname) – Haftdolde.

caucásicus, aus dem Kaukasus stammend.

caúda (lat.), Schwanz.

caudátus, geschwänzt.

caudéscens (lat. caúdex = Strunk, Stock), strunkbildend.

Caúdex (lat. auch codex = Baumstamm, Buch, doch ursprünglich mit Wachs überzogenes Holztäfelchen), Stamm der Palmen und Baumfarne.

Caudículae, f., Pl.; (lat. caudícula = kleiner Schwanz), klebrige Fortsätze der Pollinien in der Unterfamilie Epidendroideae der Orchidaceae.

Caulárthron, n., Gatt. der Orchidáceae (von griech. kaulós; árthron = Glied).

caul-, cauli-, caulo-, -caulis, in Zusammensetzungen: stengel-, -stengelig.

cauléscens, stengeltreibend.

Caulídium, »Stengel« der niederen Pflanzen.

caúlis, der Stengel (griech. kaulós).

Cauloide, stengelartige Organe der Bryophýten.

Caulophýllum, n., Gatt. der Berberidáceae (griech. kaulós = Stengel; phýllon = Blatt).

cavernósus (lat.), ausgehöhlt.

cávus, -a, -um (lat.), hohl (z. B. Corýdalis cáva – Hohler Lerchensporn).

Caytoniáles, f., Plur. (nach der Cayton-Bay im südl. Yorkshire, dem ersten Fundpunkt der Gattung Caytonia), eine Ordn. zu den Cycadopsida gehörenden Pflanzen aus Rhät und Jura.

Ceanóthus, m., Gatt. der Rhamnáceae (griech. Pflanzenname) – Säckelblume.

Cecidiologie (lat. cécis = das Hervorquellende; cédium = Galle), Lehre von den Gallen und deren Erzeugern.

Cecidozóen, gallenerzeugende Tiere (Würmer, Milben, Insekten).

Cecrópia, f., Gatt. der Moráceae (griech. Kekróps = Sohn der Erde, halb Mensch, halb Schlange) – Ameisenbaum.

Cédrela, f., Gatt. der Meliáceae (Westindien, S-Amerika; Vernakularname).

Cédrus, f., Gatt. der Pináceae (griech. kédros = Name für die Zeder) – Zeder; fossil seit der Kreide.

Ceíba, f., Gatt. der Bombacáceae (Volksname) – Kapokbaum.

Celástrus, m., Gatt. der Celastráceae (griech. kelástros = Pflanzenname) – Baumwürger; fossil seit dem Tertiär.

Celluláse, Zellulose abbauendes Enzym verschiedener Mikroorganismen, das die 1,4-β-‑Glycosidbindung der Cellobiose (→ Zellulose) angreift.

cellwall (engl. Terminus für Zellwand), Hülle, die z. B. auch den Bakterienkörper abgrenzt und oft relativ dick und kräftig ist; besteht aus Polysacchariden, Lipoiden und Proteinen.

Celósia, f., Brandschopf; Gatt. der Amarantháceae (griech. kelós = brennend, flammend). Spec.: C. argéntea – Silber-Brandschopf, Hahnenkamm.

Célsia, f., Gatt. der Scrophulariáceae (nach O. Celsius, schwed. Gelehrter, 1670–1756) – Bartfaden.

célsior, célsius, höher.

célsus, -a, -um (lat.), hoch.

células, keltisch (Kelten, westeurop. Volksstamm).

Céltis, f., Gatt. der Ulmáceae (röm. Baumname) – Zürgelbaum; fossil seit dem Tertiär.

cémbra (von kelt. ciom – bra = Gebirgstal), aus dem Cembratal (Tirol).

cenísius, vom Mont Cenis.

Centauréa, f., Gatt. der Asteráceae (centauréa = griech. Name für eine Pflanze, deren Heilkräfte ein Zentaur [der griechischen Sage nach kräuterkundiger thessalischer Jäger, dessen Oberkörper aus einem Pferdeleib wächst] entdeckt haben soll) – Flokkenblume, Kornblume.

Centáurium, n., Gatt. der Gentianáceae (griech. Pflanzenname nach den Zentauren) – Tausendgüldenkraut.

centifólius, hundert- oder vielblättrig.

Centránthus, m., Gatt. der Valerianáceae (griech. kéntron = Sporn; ánthos = Blüte) – Spornblume.

centri-, in Zusammensetzungen: mittel-.

centricírrhus, mittelrankig.

centrifugal, vom Zentrum nach außen gerichtet.

Centriólen = Zentriolen, tubuläre Proteinstrukturen, von denen bei einigen niederen Pflanzen die Ausbildung eines Spindelapparats im Kern bei der Kernteilung erfolgt.

centripetál, von außen nach dem Zentrum hin gerichtet.

Centromér (griech. méros = Teil), Befestigungsstelle der Spindelfaser am Chromosom; ein kleines färbbares Körnchen, welches das Bewegungszentrum des Chromosoms darstellt.

Centrosóm(en) (griech. sóma = Körper), in Tierzellen nahe dem Kern liegende, kleine Körnchen. Im Pflanzenreich nur bei niederen Organismen vorkommend.

Centúnculus, m., Gatt. der Primuláceae (lat. centúnculus = kleiner Lumpen) – Kleinling.

cepāea (griech. kepaía = Zwiebelpfeffer [Sédum cepáea]).

Cephalanthéra, f., Gatt. der Orchidáceae (griech. kephalé = Kopf; anthéra = Staubblatt; der Name bezieht sich auf den gestielten kopfförmigen Staubbeutel) – Waldvögelein.

Cephalánthus, m., Gatt. der Rubiáceae (griech. kephalé = Kopf; ánthos = Blüte) – Kopfblume.

Cephalária, f., Gatt. der Dipsacáceae (griech. kephalé = Kopf; lat. Suffix -aria bezeichnet Ähnlichkeit) – Schuppenkopf.

Cephálium, (griech. kephalaion = Kopf, Schopf), besonders gestaltete, ausschließlich der Blütenbildung dienende Bereiche der Sprosse bei manchen Kakteenarten; end-, auch seitenständige Zone, die bei manchen Arten (Cactáceae) zu Beginn des Blühalters – aus Borsten, Filz und Haaren – einen »Wollfilz« bildet; das vegetative Wachstum hört dabei auf oder ist stark eingeschränkt. Plur.: Cephalia.

Cephalocéreus, m., Gatt. der Cactáceae (griech. kephalé = Kopf; lat. céra = Wachsfackel).

Cephalódien, bei Flechten, die Grünalgen als normale Symbionten enthalten, auftretende besondere Organe, die Blaualgen enthalten und der Stickstoffassimiliation dienen. Sie werden auf der Thallusoberseite oder im Thallusinneren gebildet. In der Gestalt sind sie oft warzig bis flächig oder zwergstrauchig.

cephaloídes (griech.), kopfähnlich (kephalé = Kopf).

cephalónica, -cus, von der Insel Kephalonia (Griechenland) stammend (z. B. Ábies cephalónica – Griechische Tanne).

Cephalotáxus, f., Gatt. der Cephalotaxáceae (griech. kephalé = Kopf, Haupt; lat. táxus = Eibe) – Kopfeibe; fossil seit dem Tertiär.

cephalótes, kopfförmig.

Cephalótus, m., Gatt. der Cephalotáceae (griech. kephalotós = mit einem Köpfchen versehen; – Kelch inwendig mit kopftragenden Haaren besetzt, läßt sich auch wohl auf die Grundblätter beziehen) – Drüsenköpfchen; gehört zu den fleischfressenden Pflanzen. → Carnivora.

Cephalózia, f., Gatt. der Cephaloziáceae (griech. kephalé = Kopf; ózos = Zweig, Sproß; nach den durch größere Beblätterung kopfig angeschwollenen Gynözien) – Jungermanniales – Lebermoose.

-céphalus, -ceps, in Zusammensetzungen: -kopfig.

cerásifer, cerasífera, cerasíferum (lat.), kirschentragend.

-ceras (-os) (griech. kéras = Horn), hörnig.

cerastioídes (Cerástium, von griech. kéras = Horn – Fruchtform!), hornkrautähnlich.

Cerástium, n., Gatt. der Caryophylláceae (griech. kéras = Horn; der Name deutet auf die Gestalt der Kapsel) – Hornkraut.

Cérasus, m., Gatt. der Rosáceae (griech. kérasos = Kirsche, von kurdisch-iranisch: kirahs, keras, keraseni usw.) – Kirsche (Syn. → Prunus; cerasus jedoch als Epitheton vorkommend, z. B. Prúnus cérasus L. = Sauerkirsche).

ceratítis, gehörnt.

Cerátodon, m., Gatt. der Ditricháceae (griech. kéras = Horn; odón = Zahn; nach den trocken hornartig einwärtsgekrümmten → Peristomzähnen), Dicranales – Laubmoose.

Ceratomaníe, Umbildung von Phyllomen in röhrenförmige, sporn- oder hornartige, oft nektarführende Organe.

Ceratónia, f., Gatt. der Caesalpiniáceae (griech. kéras, keratos = Horn) – Johannisbrotbaum.

Ceratophýllum, n., Gatt. der Ceratophylláceae (griech. Kéras, Keratos = Horn; phýllon = Blatt) – Hornblatt; fossil seit dem Miozän.

Ceratópteris, f., Gatt. der Parkeriáceae (griech. kéras, keratos = Horn; ptéris = Farn) – Hornfarn.

Ceratostígma, n., Gatt. der Plumbagináceae

(griech. kéras = Horn; stígma = Narbe) – Bleiwurz.

Ceratostýlis, Gatt. der Orchidáceae (griech. kéras = Horn; stýlis = Griffel, Stiel, Säule; namentl. Bezug auf die wie ein Horn aussehende Säule; als 2. Variante kommt die Ableitung von griech. keros = Wachs in Betracht, wonach die deutschen Namen gebildet wurden: Wachsstielorchidee, Wachsstielstendel).

Ceratozámia, f., Gatt. der Cycadáceae (griech. kéras, keratos = Horn; lat. zámia = Zapfen der Tannen).

Cercidiphýllum, n., Gatt. der Cercidiphylláceae (→ Gattungsname Cércis; griech. phýllon = Blatt; mit »cercis« ähnlichen Blättern) – Kuchenbaum, Kadsura (nur Japan); fossil seit der Kreide.

Cercídium, n., Gatt. der Caesalpiniáceae (sprachl.: Deminitivum von: Cercis L. (1753), Spec. (z. B.): C. texanum A. Gray.

Cércis, f., Gatt. der Caesalpiniáceae (griech. Pflanzenname, kérkos = Weberschiffchen) – Judasbaum; fossil seit dem Miozän.

Cereae, f., Plur., Gruppe (Tribus) von Genera der → Cactoideae Cactáceae; umfaßt, im Gegensatz zu den → Hylocereae, vorwiegend terrestrische, kugelige, kurzständige, strauchige oder baumförmige Kakteen.

Cereálien (benannt nach Ceres, der römischen Göttin der Feldfrüchte bzw. des Akkerbaus), Hauptgetreidearten, → Getreide.

cereális, -is, -e (von Ceres, der Göttin des Akkerbaus) – Getreide- (z. B. Secále cereále – Roggen).

cereoíd, säulenförmig.

Céreus, m., Gatt. der Cactáceae (lat. céra = Wachsfackel) – Säulenkaktus.

céreus, wachsartig, wachsfarben.

cerevísiae (lat.), wörtlich »des Bieres« bzw. als Genit. locativus: im Bier, Bier-; Saccharomyces cerevisiae = Bierhefe.

ceri-, in Zusammensetzungen: wachs-.

Cerínthe, f., Gatt. der Boragináceae (griech. kerinthos = Bienenbrot) – Wachsblume.

cérinus-, -a, -um, = ceríneus, latin., (griech. kérinos), wachsgelb.

Cériops, f., Gatt. der Rhizophoráceae, Myrtales (griech. kéros = Wachs; ops = Aussehen). Bedeutsame Gatt. der tropischen Mangroven (mit Anpassungen an die speziellen Standortverhältnisse, worauf auch der Name Bezug nimmt).

cérnuus (lat. cernuáre = sich umstürzen), übergebogen, nickend.

Ceropégia, f., Gatt. der Asclepiadáceae (griech. kéros = Wachs; pége = Quelle) – Leuchterblume.

cérris, Zerr-Eiche (nach den Cerretani, iber. Volk in Spanien, benannt).

cervicárius (lat. cérvix = Hals), genickartig.

cespitósus, rasenartig.

Céstrum, m., Gatt. der Solanáceae (griech. Pflanzenname, késtra = Hammer) – Hammerstrauch.

Céterach, n., Gatt. der Polypodiáceae (Ableit. unsicher, vielleicht aus dem arab. cheterak) – Schriftfarn.

Cetrária, f., Gatt. Familie der Parmeliáceae (lat. cétra = kleiner lederner Schild, bezieht sich auf die vorherrschende Gestalt der Apothezien, die sich an den Spitzen der Thalluslappen befinden) – Isländisches Moos (= C. islandica, als Droge Lichen islandicus); fossil seit dem Tertiär.

cf. (lat. conferre, confero = zusammentragen, in die Nachbarschaft stellen), Zeichen bzw. Abk. der → offenen Namengebung: »etwa«, »zu vergleichen mit«, »ähnlich mit«.

chába, asiat. Name für Pfeffer (chavíca = bei den Südsee-Insulanern; Kawa, Kaua, Ava = neuseeländisch).

Chaenoméles, f., Gatt. der Rosáceae (griech. cháinein = spalten, sich auftun; meléa = Apfelbaum; bedeutet insgesamt sinngemäß, daß das Kernhaus aufgespalten, d. h. mehrfächerig ist) – Scheinquitte.

Chaenorhínum, n., Gatt. der Scrophulariáceae (griech. cháinein = spalten; rhis, rhinós = Nase) – Zwerglöwenmaul.

Chaerophýllum, n., Gatt. der Apiáceae (griech. chaírein = sich freuen; phýllon = Blatt; also durch schöne große Blätter Freude bereitend) – Kälberkropf; fossil seit dem Tertiär.

chaet-,chaeto-; -chaetus, in Zusammensetzungen: -borsten, -borstig.

Chaláza (griech. chálaza = Hagel, Hagelfleck), Grund der Samenanlage, aus dem die Integumente (Schutzhüllen) hervorgehen.

Chalazogamíe (griech. chálaza = Hagel; griech. gamein = heiraten, befruchten), Befruchtungsart, bei welcher der Pollenschlauch neben der Mikropyle oder in der Gynaeceumwand zum Chalazaende der Samenanlage und von da aus aufwärts zur Eizelle vordringt.

chalcedónicus, aus Chalzedon (Kleinasien) stammend.

chalybéius, stahlblau (griech. chálybs = Stahl).

chamae-, chamai- (von griech. chamaí = am Boden), zwergartig, niedrig, klein.

Chamángis, f., Gatt. der Orchidáceae (griech. chamae = niedrig, klein; griech. ángos = Gefäß; namentl. Bezug auf die wie »kleine Gefäße« gestalteten Blüten) – Kleingefäßorchidee.

chamaebúxus, zwergbuchsartig.

chamaecérasus, zwergkirschartig.

chamaecístus (griech. kístos = Kapsel – Samenunterbringung), kleiner Zistrose ähnlich, zwergzistrosenartig.

chamaecrísta (lat. crísta = Kamm), zwergkammförmig.

Chamaecýparis, f., Gatt. der Cupressáceae (griech. chamaí = auf der Erde, am Boden; kypárissos = Zypresse) – Weißzeder; fossil seit dem Pliozän.

chamaecyparíssus (griech. kypárissos = Zypresse), zwergzypressenähnlich.

Chamaedáphne, f., Gatt. der Ericáceae (griech. chamai = niedrig; daphne = Lorbeer) – Torfgränke, Lederblatt.

Chamaedórea, f., Gatt. der Arecáceae (griech. dóry = Lanze) – Zwergrohrpalme, Bergpalme.

chamáedrys (griech. chamaí = auf der Erde; drys = Eiche), niedrige Eiche, (Téucrium chamáedrys = Gamander).

chamaedryfólius, gamanderblättrig.

chamáemorus (griech. moréa, lat. mórus = Maulbeerbaum), zwergmaulbeerähnlich.

Chamaenérion, n., Gatt. der Oenotheráceae (griech. nérion = Oleander) – Feuerkraut.

Chamaepéuce, f., Gatt. der Asteráceae (griech. peuke = Fichte) – Elfenbeindistel.

Chamaephýten (griech. phytón = Pflanze), Pflanzen mit Überdauerungsorganen nahe über dem Erdboden. Untergruppen: Chamaephyta frutescentia, vollständig verholzte Zwergsträucher; Ch. suffrutescentia, Halbsträucher, die nur im unteren Teile verholzt sind; Ch. velantia, kriechende, dem Boden anliegende Sträucher und Halbsträucher der kalten Klimate; Ch. frutescentia pulvinata, Sträucher und Halbsträucher von niedrigem, annähernd halbkugeligem Wuchs; Ch. pulvinata, nicht verholzte, dicht polsterartig wachsende ausdauernde Arten, meist immergrün bzw. überwinternd grün; Ch. reptantia, Kräuter oder grasartige Pflanzen mit niederliegenden Trieben oder Ausläufern, deren Knospen über der Erde überdauern; Ch. scandentia, ausdauernde, meist spreizend klimmende Stauden; Ch. succulenta, niedrige Stauden mit sukkulenten, ausdauernden Organen, immergrün; Ch. graminidea, dauernd assimilationsfähige, hochschäftige Gräser und Grasartige im Steppenklima.

Chamáerops, f., Gatt. der Arecáceae (griech. rhops = Reisig) – Zwergpalme; fossil seit dem Oligozän.

Chamomílla, Gatt. der Asteráceae (griech. chamaí = niedrig; mélon = Apfelblütengeruch) – Kamille.

Chamórchis, f., Gatt. der Orchidáceae (griech. chamaí = niedrig; orchis = Hoden) – Zwergstendel.

Chámpignon, franz. Bezeichnung für → Agáricus; im Französischen bedeutet der Name ganz allgemein »Pilz«, während dort der Zuchtchampignon als »Champignon de couche« bezeichnet wird. Champignon leitet sich her von lat. cámpus = Feld; franz. »champ« = Feld; also bedeutet eigentlich Champignon Feldling oder Feldbewohner.

Charakterarten, Arten, die fast stets oder ausschließlich an eine bestimmte Lebensstätte oder eine bestimmte Pflanzenvergemeinschaftung gebunden sind.

charakteristische Artengruppenkombination, Kombination von soziologischen und ökologischen Artengruppen als kennzeichnendes Merkmal von Vegetationseinheiten.

charakteristische Artenkombination, nach Auffassung von Braun-Blanquet gebildet aus den Charakterarten und Arten mit über 60% Stetigkeit oder Konstanz.

charakteristische Holzartenkombination, für die Ausscheidung von natürlichen Waldgesellschaften wichtige Grundlage des Vorkommens und der Mischung von natürlich vorkommenden Holzarten.

Charaktersamen, Samen von Pflanzen (Unkräutern), die wegen ihres Vorkommens in bestimmten geographischen Gebieten als typische Vertreter dieser Gebiete gelten. Vgl. Herkunft.

-charis, in Zusammensetzungen: -freund, -liebend.

Charophycéae (Armleuchteralgen, Klasse der Algen), die einzige Familie, die Characeae, kommt in wenigen Gattungen benthontisch in Bächen und Teichen vor. Diese Ch. besitzen Chlorophyll a und b und speichern Stärke als Reservestoff. Die Zellwände enthalten Zellulose. Der Thallus ist aus Knoten und langen Internodien aufgebaut, trägt quirlständige, fädige Verzweigungen, ist mit Rhizoiden im Boden verankert. Als Besonderheit besitzen die Ch. vielzellige Geschlechtsorgane.

Chásium (griech. chásis, chásma = Spalt, Schlund), sympodiales Sproßsystem (meist Blütenstand), bei dem die das Wachstum einstellende Hauptachse von einem oder mehreren Seitenzweigen übergipfelt wird. Nach der Anzahl der das System fortsetzenden Seitenzweige unterscheidet man zwischen Monochasium, Dichasium, Pleiochasium.

Chasmogamíe (griech. chásma = Spalt, Schlund; gamein = heiraten; übertragen: befruchten, bestäuben), Bestäubung bei Blüten, die sich öffnen und der Fremdbestäubung zugänglich sind. Ggs. → Kleistogamie.

Chasmophýten (griech. chásma = Spalt; phytón = Pflanze), Pflanzen, die in mit Humus angereicherten Felsspalten wachsen.

Cheimo-Makrophanerophýta (griech. cheimón = Regenguß, auch Winter), wintergrüne Laubbäume; → Makrophanerophyten.

cheir-, chir-, chiro- (griech. cheír, cheirós = Hand), hand-.

cheiranthifólius, goldlackblättrig.

cheiranthoídes, goldlack- (Cheiránthus-) ähnlich (z. B. Erysimus cheiranthoídes – Goldlackähnlicher Schotendotter).

Cheiránthus, m., Gatt. der Brassicáceae (arab. kairi, kheyri = Gold, wohlriechende Pflanze; griech. ánthos = Blüte) – Goldlack.

cheíri, Epitheton (Beiname) zu Goldlack → Cheiranthus.

cheiridópsis (griech. von cheiridos = des Fingerhandschuhs, Genit. von cheirís; ópsis = Aussehen), fingerhandschuhähnlich.

Cheirostróbus, m., (griech. cheir, cheiros = Hand; stróbos = Wirbel), eine den Sphenophyllales nahestehende, sehr komplex gebaute Gatt. für Sporophyllstände. Vorkommen: Unterkarbon.

Cheláte (engl.: chelates), es sind komplexe, cyclische organische Verbindungen, an deren Bildung Metallionen beteiligt sind, Erdalkali- und Schwermetallchelat, bei denen das Metall koordinativ, kovalent bzw. polar an eine organische Struktur gebunden ist. Als natürliche Chelatbildner kommen stickstoff- und schwefelhaltige Verbindungen in Frage, wie z. B. Peptide; Chelate bilden sich im Gewässer z. B. aus Huminsäuren und Eisen; Humusstoffe u.a. Chelate spielen im Mineralstoffwechsel eine große Rolle, da sie z. B. über einen weiten *p*H-Bereich wasserlöslich sind.

Chelidónium, n., Gatt. der Papaveráceae (griech. chelidón, Genit. chelidónos = Schwalbe; die Pflanze blüht beim Eintreffen der Schwalbe und welkt bei ihrem Wegzug) – Schöllkraut.

chemischer Sauerstoffbedarf, die zur völligen chemischen Oxidation organischer und anorganischer Stoffe im Wasser benötigte Menge an gelöstem Sauerstoff, Abk. CSB. Der CSB ist immer größer als der biolog. Sauerstoffbedarf, das Verhältnis beider gibt Hinweise auf die Abbaubarkeit und die Art der Wasserinhaltsstoffe.

Chemolithotrophíe (griech. líthos = Stein; trophein = sich ernähren), Bezeichnung für die Ernährungsweise eines Organismus, der seine Energie durch die Oxidation anorganischer Verbindungen bezieht. Im Ggs. zu Chemoorganotrophie = Ernährungsweise eines Organismus, der seine Energie durch Oxidation organischer Verbindungen gewinnt.

Chemolumineszénz (lat. lúmen = Licht), Lichtproduktion oder Lumineszenz tierischer und pflanzlicher Organismen, die mit oxidativen Stoffwechselvorgängen verknüpft ist, aber nicht in unmittelbarem Zusammenhang mit der Atmung steht.

Chemosynthése, Form des Stoffwechsels mancher Bakterien und Flagellaten, die ohne Sonnenenergie anorganische Substanzen zu assimilieren vermögen. Sie verwenden die bei der Oxidation anorganischer Stoffe frei werdende Energie für den Aufbau organischer Stoffe.

Chemotáxis, durch chemische Reize in ihrer Richtung beeinflußte freie Ortsbewegung von Organismen (→ Taxien).

chemotróph ist ein Organismus, der unabhängig vom Licht seine Energie aus chemischen Reaktionen bezieht.

Chemotropísmus (griech. tropé und trópos = Wendung, Richtung) Krümmungsbewegung. Reiz: bestimmte Stoffe, die meist anlockend wirken.

Chenopódium, n., Gatt. der Chenopodiáceae (griech. chen, Genit. chenós = Gans; pódion = Füßchen; die Blätter einiger Arten ähneln entfernt einem Gänsefuß [Zehen mit Schwimmhaut]) – Gänsefuß.

Chersophýten (griech. chérsos = fest, rauh; phytón = Pflanze), Pflanzen auf Ödland.

Chiásma (griech.), in den drei ersten Phasen der Reduktionsteilung der Meiose auftretende Überkreuzung von zwei Chromatiden eines Chromosomenpaares. Schon in der ersten Teilungsphase tritt ein Chromatidenstückaustausch ein. → Faktorenaustausch.

Chiastophýllum, n., Gatt. der Crassuláceae (griech. chiástos = kreuzgegenständig; phýllon = Blatt).

Chicorée, Zichorie, Cichórium íntybus var. foliósum = Blattzichorie oder Chicorée. Wurzelzichorie = C.íntybus var. satívum. Kulturformen der »Wegwarte«.

-chilos, chilo-, (griech.), in Zusammensetzungen: -lippig (lippig-).

Chiloschísta, f., Gatt. der Orchidáceae (griech. cheilos, chilos = Lippe; schístos = gespalten; also »Spaltlippe« oder »Lippenspalte«).

chimaéra, sagenhaft (früher Ungeheuer mit Löwenkopf, Löwenleib und Schlangenschwanz – heute Name für bestimmte Veredlungen).

Chimäre (griech. chímaira, f., = Ungeheuer, dessen Rachen Feuer entströmte; Symbol der Vulkane Lykiens. Es hatte vorn die Gestalt eines Löwen, in der Mitte die einer Ziege und hinten die einer Schlange = verschieden zusammengesetztes Fabelwesen!), Individuen oder Organe, die erblich aus verschiedenen Geweben aufgebaut sind, was durch Mutationen, Störungen der Mitose oder Pfropfungen verursacht sein kann.

Chimáphila, f., Gatt. der Pyroláceae (griech. cheima = Winter; phílos = Freund) – Winterlieb.

Chinakohl, triviale Sammelbezeichnung für: 1. Brássica pekinénsis, Anbau ursprüngl. auf China, Japan beschränkt, in letzten Dezennien u. a. auf USA und Europa ausgedehnt, besitzt helle, breite Mittelrippe, etwas blasige Blattspreiten, als Salat und Kochgemüse geschätzt; 2. Brássica chinénsis, außerhalb Ostasiens kaum (wenig) als Kulturpflanze bekannt (im Ggs. zu 1.), geeignet als Spätherbst-, Wintergemüse (z.B. möglich in Form von Zweitfrucht), habituell dem Stielmangold ähnlich, verwendet als Blatt- und Blattstielgemüse.

Chinín, bitter schmeckendes, weißkristallines Hauptalkaloid der Chinarinde (von verschiedenen Cinchona-Arten); wirkt u. a. hemmend auf den Zellstoffwechsel als allgemeines Plasmagift (besonders empfindlich Plasmodien, ferner auch Leukozyten und Spermien).

chion-, chiono- (griech. chión = Schnee), schnee-.

Chionóchloa (= Danthonia), f., Gatt. der Poáceae (griech. chión = Schnee, griech. chióneos = schneeweiß, schneeig, chlóē = Gras = »Weißgras«).

Chionodóxa, f., Gatt. der Liliáceae (griech. chión = Schnee; dóxa = Ruhm) – Schneestolz.

chionophíle Arten (griech. chióneos = schneeig, schneeweiß, -kalt; philós =

Freund, liebend), Arten, die nur bei einer beträchtlichen, langandauernden Winterschneedecke gedeihen.

chirónium, nach dem Zentaur Cheíron benannt.

chiropterochór, durch Fledermäuse verbreitet (griech. chóros = Raum, Landschaft), vgl. chiropterogam.

chiropterogám (griech. chiróptera = [eigentl. »Handflügler«] Fledermäuse; gameín = begatten), so wird die durch Fledermäuse bewirkte bzw. die auf Fledermäuse angewiesene Blütenbestäubung bezeichnet.

chiropterophíl (griech. philós = liebend), »Fledermäuse liebend«, d.h. fledermausabhängige bzw. vorzugsweise durch Fledermäuse bewirkte Blütenbestäubung.

Chitín (griech. chitón = Unterkleid, Hülle), stickstoffhaltige, gegenüber Basen und Säuren sehr widerstandsfähige Substanz; makromolekulares Polymerisatiosprodukt des Acetylglycosamins, ist enthalten in den Membranen von Bakterien und Pilzen und als Grundstoff u.a. im Panzer der Gliederfüßer; chemisch verwandt mit der Zellulose; Summenformel:
$(C_{18}H_{30}O_{12}N)n$.

-chiton (griech. chitón), -kleid.

-chlaena, in Zusammensetzungen: -granne, -grannig.

chlamy-, chlamydo-, -chlamys, in Zusammensetzungen: hüll-, mantel-.

Chlamydomónas, f., Gatt. der Chlamydomonáceae, Volvocophyceae, Chlorophyta (Grünalgen) (griech. clamydo- und monas = Monade). Die Gatt. umfaßt mehr als 600 Arten. Merkmale (mit etymologischem Bezug): Ihre oft verschleimende Zellulosewand wandelt sich in eine Gallerthülle (!) um, die einkernigen Zellen vermehren sich im monadoiden Zustand (!) durch Längsteilung (Schizotomie). Chl.-Arten gedeihen gut in oder auf künstlichen Medien, eignen sich für Massenkulturen, dienen als Testorganismen für Toxizitätsbestimmungen von industriellen Abwässern. Einige Arten vermögen im Dunklen heterotroph unter Zusatz von Zucker oder Azeton als Kohlenstoffquelle zu leben.

Chlamydomónas-Arten, z. B.: Chl. gymnogama (mit verschmelzenden nackten, homothallischen Anisogameten); Chl. reinhardii (bevorzugtes Objekt für genetische und submikroskop. Untersuchungen); Chl. kleineii (ist »palmelloid«, d.h. verbringt einen Großteil des vegetativen Lebenszyklus im Gallertstadium); Chl. nivalis (enthält reichlich »Haematochrom«, das Oxocaratinoid Astacin, wodurch bei oft zahlreichem Vorkommen im Gebirge, in der Arktis der Firnisschnee rot gefärbt erscheint, sog. »Roter« od. »Blutiger Schnee«, durch die unbeweglichen Phasen hervorgerufen). – Chl.-Arten besiedeln alle Gewässertypen von kataroben Quellen bis zu polysaproben Gewässern; leben auch als Bewuchs an Wänden von Wasserbecken, an Tümpelufern, andere Arten in Pfützen, Dorfteichen.

Chlamydospóren, durch Zerfall oder in der Kontinuität einer Hyphe entstehen Dauersporen mit dicker oder doppelter Zellwand. Sie helfen über schlechte Ernährungsbedingungen hinweg und keimen unter günstigen Bedingungen mit einem oder mehreren Keimschläuchen aus. Sie kommen bei der Mehrzahl der Pilze vor, sind funktionell identisch mit den Gemmen, nicht aber morphologisch, da die Gemmen mehrzellige Überdauerungsformen darstellen.

-chloa (griech. chlóe = junges Grün), -gras, -halm.

chlor-, chloro-, in Zusammensetzungen: grün-, blaßgrün-, grünlich.

Chloránthus, m., Gatt. der Chlorantháceae (griech. chlorós = gelb oder blaßgrün; ánthos = Blüte).

Chloranthíe, Vergrünung sämtlicher Blütenblattkreise (»Verlaubung«).

Chlorenchým, 1. in engerem Sinne: Mesophyll; 2. in weiterem Sinne: gleichbedeutend mit dem grünen Assimilationsgewebe.

Chlóris, f., Gatt. der Poáceae (griech. mythol. Name) – Fingergras.

chlorogónus (griech.), grünseitig, grünrippig.

chlorophthálmus (griech.), grünäugig.

Chlorophýceae (griech. chlorós = grün; phýkos = Tang, Alge) – Grünalgen, Klasse der Clorophyta, Phycobionta.

Chlorophýll (griech. chlorós = grün; phýllon = Blatt), stark lipophile, wasserunlösliche organische Verbindung, die in den meisten Pflanzen in zwei chemisch nahe verwandten Formen vorkommt, als blaugrünes Chlorophyll a und als gelbgrünes Chlorophyll b. Bei einer Reihe von Mikroorganismen sind weiterhin chemisch nahe verwandte Chlorophylle isoliert worden. Die auch Blattgrün genannte Verbindung enthält einen Porphinring aus vier Pyrrolringen, in dessen Zentrum sich ein Magnesiumatom befindet. Als Seitenkette ist im Chlorophyllmolekül der höhere Alkohol Phytol enthalten. C. sind in der Regel mit den Karotinoiden vergesellschaftet; sie wirken katalytisch bei der Assimilation.

chlorophýllus (griech.), grünblättrig.

Chloróphytum, n., Gatt. der Liliáceae (griech. chlorós = grün; phytón = Pflanze) – Grünlilie.

Chloroplásten (griech. chlorós = grün; plastós = gebildet), chlorophyllbildende Zellorganelle zahlreicher Pflanzen, gewöhnlich in kugeliger oder linsenförmiger Gestalt. Der Chloroplast besteht aus dem farblosen Stroma, in das Farbstoff enthaltende linsenförmige Grana eingebettet sind. Elektronenmikroskopische Untersuchungen lassen einen lamellären Aufbau der Chloroplasten erkennen. Die mit Chlorophyll besetzten Orte der Lamellen können streng geordnet sein und ergeben übereinander gepackt die Grana. Diese innere Oberflächenvergrößerung der Plastiden scheint eine wichtige Voraussetzung des katalytischen Photosyntheseprozesses zu sein.

Chloróse (griech. chlorós = gelbgrün, auch fahl, bleich), »Bleichsucht«, mangelnde Ausbildung des Chlorophyllfarbstoffs, häufig bedingt durch Eisenmangel, wie er z. B. durch Ausfällung auf stark kalkhaltigen Böden auftreten kann. Es handelt sich dabei um eine Sekundärwirkung, da das Chlorophyll selbst kein Eisen enthält.

Chlorozýten, lebende grüne Zellen.

chlórus, bleich.

Choísya, f., Gatt. der Rutáceae (nach J. D. Choisy, schweiz. Botan., 1799–1859) – Orangenblume.

Chondrílla, f., Gatt. der Asteráceae (griech. chóndros = Knorpel) – Knorpellattich.

Chondrióm (griech.), Gesamtheit der zytoplasmatischen Körperchen der Zelle, die man Chondriosome oder Mitochondrien nennt; spielt eine wesentliche Rolle im Zellstoffwechsel.

Chondriosómen (griech. chóndros = Körnchen; sóma = Körper), zu besonderen funktionellen Leistungen befähigte Protoplasmadifferenzierungen von länglicher Gestalt. Sie erscheinen im elektronenmikroskopischen Bild deutlich gekammert, enthalten Ribonucleinsäure und sind dementsprechend zur Selbstvermehrung fähig (→ Miochondrien).

chondro- (griech. chóndros = Korn, Graupe, Knorpel), knorpel-.

Chondrorhýncha, f., Gatt. der Orchidáceae (griech. chóndros = Knorpel; rhýnchos = Rüssel, Schnabel; namentl. Bezug auf die Gestalt des Rostellums; also »Knorpelrüssel«).

Chóndrus, m., Gatt. der Gigartináceae (griech. chóndros = Pille, Graupe, Knorpel) – Perltang (erhärtet an der Luft wie Knorpel); Kl. Rotalgen (Rhodophýceae).

-chórda, -sehne.

Chóre → Diachore.

chori-, in Zusammensetzungen: getrennt-.

chorikarp (griech., »getrenntfrüchtig«), Hauptgruppe der Fruchtform(en) gegenüber der coenokarpen Fruchtform(en); bei den chorikarpen Früchten sind die initial in Mehrzahl nebeneinander (»getrennt«) stehenden Fruchtblätter im Reifezustand zunächst (noch) nicht zu einer verbreitungsbiologisch-funktionellen Einheit verbunden, oder ihre Zahl ist je Blüte auf 1 verringert. In beiden Fällen liegen Einzelblattfrüchte (s. d.) vor; durch zahlreiche Übergänge mit den Sammelfrüchten (s. d.) verbunden, bei denen ± zahlreiche chorikarpe Fruchtblätter, deren jedes ein Karpidium darstellt, über Achsengewebe oder infolge postgenitaler Verwachsung zu einer Verbreitungseinheit verbunden sind.

choripetál, mit freistehenden (getrennten) Kronblättern versehen.

Choríse, Dédoublement, Verdoppelung; das Auftreten zweier oder mehrerer Glieder in einer Blüte, wo normalerweise nur ein einziges zu erwarten ist.

chorisepál mit freistehenden Kelchblättern versehen.

Chorologíe (griech. chóros = Raum, Ort,

Landschaft; lógos = Lehre), Areal- oder Florenkunde, auch floristische Pflanzengeographie genannt, beschäftigt sich mit der Verbreitung der einzelnen systematischen Einheiten.

chorologische Artengruppe, eine Gruppe von Arten, die in ihrer Verbreitung, d.h. in ihrem Areal, sehr ähnlich sind. Pflanzengesellschaften können durch die Kombination der sie zusammensetzenden chorologischen Artengruppen gekennzeichnet werden.

Chromatíd (griech. chróma = Farbe), bei der Reifeteilung durch Längsspaltung entstehende Chromosomenhälfte.

Chromatín (griech. chróma = Farbe), gallertiges Gerüst- oder Fadenwerk, das sich mit basischen Kernfarbstoffen wegen seines Gehaltes an Nucleoproteiden anfärben läßt.

Chromatophóren (griech. chróma = Farbe; phóros von phérein = tragen); Farbstoffträger; Bezeichnung für die Farbstoffe bergenden Plasmaorgane (Plastiden) in den Pflanzenzellen.

Chromatoplásma, die Assimilationspigmente führende periphere Zellplasmaschicht der Schizophyceae.

Chromidiálapparat, bei Schizophyceae im farblosen Zentralplasma vorkommende kugelige oder kurzfädige Gebilde, die dem Chromatin der übrigen Organismen sehr nahe stehen.

chromo-, -chromus, in Zusammensetzungen: -farbig, -gefärbt, auch gelb-.

Chromogenése (griech.), Fähigkeit einer Zelle oder eines Organismus, Farbstoffe zu bilden; chromogene Arten sind z.B.: Bacterium prodigiosum (= rote Kolonien), Pseudomonas-Arten (= grüne Kolonien).

Chromoméren (griech. chróma = Farbe; méros = Teil), stark färbbare Verdickungen verschiedener Größe und Struktur; auf den Chromonemen Lokalisationsorte der Erbanlagen.

Chromonéma (griech. chróma = Farbe; néma = Faden), nicht färbbarer dünner Faden, auf dem die Chromomeren (sehr stark färbbar) aufgereiht sind. Jedes Chromosom besteht aus wenigstens zwei Chromonemen (= Chromonemata).

Chromoplásten (griech. chróma = Farbe; plástos = gebildet, geformt), photosynthetisch inaktive Plastidenart mit Karotinen und Xanthophyllen. In gelben und roten Kronblättern und Früchten, auch in der Wurzel der Möhre.

Chromosómen (griech. chróma = Farbe; sóma = Körper), Kernschleifen oder Kernfäden, Hauptbestandteile des Zellkernes; im »Ruhe- oder Arbeitskern« liegen sie stark entspiralisiert vor (stark aufgelockert), zur Zellteilung werden sie durch extreme Spiralisation verkürzt und sichtbar. Bestandteile: → Matrix, → Chromonema, → Chromomeren, → Nucleolus (an einzelnen Chromosomen vorhanden).

Chromosómeneinschnürung 1. Primäreinschnürung = Centromerort; 2. Sekundäreinschnürung = Nukleolareinschnürung, d. h., an dem Verbindungsstück zwischen Chromosomen und Trabant bildet sich der Nucleolus → SAT-Chromosom.

Chromosómensatz, Zahl der Chromosomen in einer Zelle.

Chromozéntren, stark färbbare Chromosomensegmente, die im Ruhekern nicht aufgelockert sind.

Chronoeleménte (griech. chrónos = Zeit), Arten mit gleicher Entstehungszeit.

chroosépalus (griech. chróa, chróos = Haut), hautkelchblättrig.

chrys-, chryso-, -chrysos, in Zusammensetzungen: gold-, -goldig.

Chrysánthemum, n., Gatt. der Asteráceae (griech. chrysós = golden; ánthemon = Blüte, Blume) – Wucherblume.

Chrysobálanus, m., Gatt. der Chrysobalanáceae, Goldpflaumengewächse, Rosales (griech. chrysós = golden, goldgelb; bálanos = Eichel [Eiche]; namentl. Bezug auf die pflaumengroßen, meist kugeligen, verschiedenfarbigen [gelb, braun, rötlich] Früchte, die wohl einen Interpretationsbezug bei der Namensgebung großzügigerweise zu »balanos« ergeben). C. icaco = Icaco-Pflaume (engl. cocoa-plum), wird frisch oder als Kompott gegessen und auch gelegentl. angebaut (endemisch von Florida bis Brasilien).

Chrysocýcnis, f., Gatt. der Orchidáceae (von griech. chrysós = golden; griech. kýknos =

lat. cygnus = Schwan; also »Goldschwan«).

chrysomállus (griech. chrysós = goden; mallós = Wolle, Vlies), goldfellig.

Chrysopógon, m., Gatt. der Poáceae (griech. chrysós = Gold; pógon = Bart) – Goldbart.

chrýsops (griech. chrysós; -ops, -ópsis = Aussehen), goldig aussehend.

Chrysópsis, f., Gatt. der Asteráceae (griech. chrysós = golden; opsis = Aussehen) – Goldaster.

Chrysosplénium, n., Gatt. der Saxifragáceae (griech. splen = Milz) – Milzkraut.

Chrysothámnus, m., Gatt. der Asteráceae (griech. chrysós = golden; thámnos = Zweig, Busch).

Chuquirága, f., Gatt. der Asteráceae; Name des Strauchs in Peru (latin.).

Chusquéa, f., Gatt. der Poáceae (Chusque = Volksname auf Neu-Granada oder in Kolumbien) – Bambus.

-chylus (griech. chylós = Saft), -saft, -saftig.

Chýsis, f., Gatt. der Orchidáceae (griech. chýsis = das Ausgießen, Schmelzen, das Ausgegossene; namentl. Bezug auf die Pollinien); deutsche (triviale) Namen sind Hänge- oder Gußorchidee (= Gußstendel).

cibárius, -a, -um (lat. cíbus = Speise), eßbar (z. B. Cantharéllus cibárius – Pfifferling).

Cícer, n., Gatt. der Fabáceae (röm. Pflanzenname) – Kichererbse.

cícer, Kichererbse der Römer (von hebräisch kikar = rund).

Cicérbita, f., Gatt. der Asteráceae (griech. Pflanzenname) – Milchlattich.

Cichórium, n., Gatt. der Asteráceae (nach einem Volksnamen aus dem Arabischen) – Wegwarte, Endivie.

cicónius (lat. cicónia = der Storch), storchenschnäbelig (langgeschnäbelt).

Cicúta, f., Gatt. der Apiáceae (röm. Pflanzenname) – Wasserschierling.

cicutárius, -a, -um (lat.), wasserschierlingartig, -ähnlich; Schierlings- (z.B. Eródium cicutárium – Schierlings-Reiherschnabel).

ciliáris, ciliátus (lat. cílium = Augenlid, Wimper), bewimpert.

cilícicus, aus Zilizien (südöstl. Kleinasiens) stammend.

Cílien, einfache oder verzweigt fädige Anhangsgebilde des Thallus, die fast ausschließlich dem Thallusrand entspringen; → Wimpern.

Cimicífuga, f., Gatt. der Ranunculáceae (lat. címex, cimicis = Wanze; fúga = Flucht) – Silberkerze.

Cinchóna, f., Gatt. der Rubiáceae (nach der Gattin eines spanischen Statthalters in Südamerika) – Fieberrindenbaum; fossil wahrscheinlich seit dem Tertiär.

Cincínnus → Wickel.

cínctus (lat. cíngere = umgürten). umgürtet, gesäumt, gegürtelt.

Cinerária, f., Gatt. der Asteráceae (lat. cínis = Asche) – Zinerarie.

cineráscens, aschgrau werdend.

cinéreus, aschgrau.

cinnamómeus, zimtbraun.

Cinnamómum, n., Gatt. der Lauráceae (griech. Pflanzenname) – Zimtbaum; fossil seit der unteren Kreide.

Circǽa, f., Gatt. der Oenotheráceae (benannt nach der zauberkundigen Göttin Circe auf der Insel Äa, Tochter des Helios und der Parse, männerfesselnde Zauberin; die mit Häkchen versehenen Früchte der Pflanze bleiben am Fell oder an der Kleidung hängen) – Hexenkraut.

circinális (lat. círcinus = der Zirkel), schneckenartig eingerollt.

circuláris, kreisförmig.

Cirrhǽa, f., Gatt. der Orchidáceae (griech. kirrhos = lat. cirrhus = Ranke; namentl. Bezug auf das wie eine Ranke verlängerte Rostellum; also Ranken-Schnabel).

cirrhátus, cirr(h)ósus (lat. círrhus = Haarlocke, Ranke), wickelrankig.

círrhifer, cirrhífera, cirrhíferum, rankentragend.

Cirrhopétalum, n., Gatt. der Orchidáceae (lat. círrhus = Ranke; griech. petalon = Kronblatt; nach den riemen- bis rankenförmigen seitlichen Sepalen [nicht Petalen!]: also »Rankenkrone«, »Rankenblatt«, »Rankenblattorchis«; andere Deutung: cirrhus [lat.] = Locke, Franse, nach den gefransten Petalen, hier ist Suffix -petalum richtig; ein deutscher Name nimmt hierauf nicht Bezug. Andere Deutung: kirrhos = gelb, danach: »Gelbblatt«).

círrus (lat.), Krauskopf, Haarlocke, Franse.

Círsium, n., Gatt. der Asteráceae (altgriech. Pflanzenname) – Kratzdistel.

cisalpínus, diesseits der Alpen (von Rom aus).

cissifólius, -a, -um, klimmen- (Císsus-) blättrig (z. B. Ácer cissifólium – Cissusblättriger Ahorn).

Císsus, f., Gatt. der Vitáceae (griech. kissos = Efeu) – Klimme; fossil seit dem Eozän.

Cístus, m., Gatt. der Cistáceae (griech. Pflanzenname) – Cistrose.

-císus (-a, -um) (von lat. scíndere = schneiden, spalten), -geschnitten.

Citharéxylum, n., Gatt. der Verbenáceae (griech. kithára = Leier, Harfe; xýlon = Holz) – Geigenholz.

citrínus (lat. cítrus = Zitronenbaum), zitronengelb.

citrúllus, nach der Gattung Citrúllus = Wassermelone.

Citrúllus, m., Gatt. der Cucurbitáceae (lat. cítrus = lat. und griech. Pflanzenname; Verkleinerungsform) – Arbuse, Wassermelone.

Cítrus, f., Gatt. der Rutáceae (lat. cítrus → Citrúllus) – Zitrone u. v. a.

civílis, -is, -e (lat.), bürgerlich, verbessert, kultiviert.

clad-, cladon- (griech. kládos = Schößling, Zweig), zweig-, ast-.

Cládium, n., Gatt. der Cyperáceae (griech. kládion = kleiner Zweig) – Schneide.

Cladódien → Kladodien.

Cladónia, f., Gatt. der Cladoniáceae, Ordn. Lecanorales; (griech. kládos = Zweig, Busch; namentl. Bezug auf den Thallus, der in einen laubartig-schuppigen und einen aufrechten, strauchigen oder becherförmigen Teil [als Träger der Fruchtkörper] differenziert ist. Bekannte Arten: C. rangifera = Rentierflechte; C. coccifera = Rotfrüchtige Becherflechte.

Cladóphora (griech. kládos = Zweig; phérein, tragen); Gatt. der Reihe Siphonocladales, Kl. Grünalgen (Chlorophyceae). Die Pflanzen bilden im Meer und im Süßwasser auf festem Substrat verzweigte Thalli.

Cladospórium, n., Gatt. der Schimmelpilze (griech. kládos = Ast; spóros = Keim; der Name bezieht sich auf die pinselförmigen Fruchtstände, die denen von Penicillium ähnlich sind), Schwärzepilz, bildet an den Wänden rundliche, graue Flecke, färbt den Nährboden in der Kulturschale sowie die Rinde der Käse auf der Unterseite schwarz. Stockigfleckiges Zeug (Textilien) ist auf Infektion mit diesem Pilz zurückzuführen.

Cladrástis, f., Gatt. der Fabáceae (griech. kládos = Zweig) – Gelbholz.

cládus (latin. von griech. klados), Zweig, Trieb.

Clárkia, f., Gatt. der Oenotheráceae (nach dem engl. Geistlichen J. D. Clarke oder nach dem amerikan. General Wm. Clark, Anf. 19. Jh.) – Clarkie oder Sommerfuchsie.

Clássis → Klasse.

-clathra, -gitter (clátri).

cláusus (lat.), geschlossen.

Clavária, f., Gatt. der Clavariáceae = Keulenpilze (von lat. cláva = Keule, bezieht sich auf die Wuchsform) – Korallenpilz, Koralle.

clavarioídes, keulenähnlich.

clavátus, -a, -um (lat.), keulenartig (z. B. Lycopódium clavátum – Keulenbärlapp).

clavéllinus, -a, -um, (von lat. clavélla = kleine Keule), schwach keulig, einer (kleinen) Keule etwas ähnlich.

clavénae, clavénnae, Artname einer Schafgarbe (Achilléa), benannt nach dem venezian. Apotheker Nicol Clavena, der 1610 über diese Pflanze schrieb.

Cláviceps, f., Gatt. (lat. cláva = Keule; -ceps = -köpfig) – Mutterkornpilz; Kl. Schlauchpilze (Ascomycétes).

cleist-, in Zusammensetzungen: verschlossen.

Cleistothécien (= Kleistothecien), Plur., allseits geschlossene Fruchtkörper von einigen Ascomycetes.

Clématis, f., Gatt. der Ranunculáceae (griech. kléma = Ranke) – Waldrebe; fossil seit dem Oligozän.

Clerodéndron, n., Gatt. der Verbenáceae (griech. kléros = Schicksal; déndron = Baum) – Losbaum.

Cliffórtia, f., Gatt. der Rosáceae; von L. (1753) gegebener Name nach George Clifford (eigentl. »t« nicht exakt), Gouverneur im Holl. Ostind., 1685–1760, besaß in Hartecamp bei Amsterdam einen »Hortus medicus«, dessen »Aufseher« der junge Linnaeus war.

Clímax, das klimatische Endstadium einer Pflanzengesellschaft.

Clinopódium, n., Gatt. der Lamiáceae (griech. kline = Bettstatt; pódion = Füßchen) – Wirbeldost.

Clitória, f., Gatt. der Fabáceae (griech. kleitoris = Kitzler) – Schamblume.

Clívia, f., Gatt. der Amaryllidáceae (benannt nach einer Herzogin von Northumberland, einer geborenen Lady Clive) – Clivie.

Clostrídium, Gatt. der Sektion 19 (nach Bergey): Endosporen bildende grampositive Stäbchen und Kokken. Die meisten Arten sind streng anaerob. Hierher gehören z. B. Buttersäurebildner (C.butyricum) und der Erreger des Wundstarrkrampfes (C. tetani).

Clúsia, f., Gatt. der Clusiáceae (lat. clúsus, -a, -um = verschlossen; namentl. Bezug auf die Ausbildung eines Samenmantels [= Arillus]), Gatt. C. ist mit etwa 200 Arten im trop., subtrop. Amerika einer der größten Verwandtschaftskreise der Familie. Bekannte Art ist z. B. C. rosea (weit verbreitet auf den Antillen).

clýmenum, (griech. klýzein), rankend.

clypeátus (lat. clýpeus = Schild), schildartig.

Cneórum, n., Gatt. der Cneoráceae (griech. Pflanzenname) – Zwergölbaum.

cneórum, eine der Daphne-Arten hieß bei Theophrast Kneoros, von griech. knai, knen = kratzen, weil der Saft Brennen verursacht.

Cnícus, m., Gatt. der Asteráceae (griech. knizein = verletzen) – Benediktenkraut.

Cnídium, n., Gatt. der Apiáceae (griech. kníde = Nessel) – Brenndolde.

coal-ball (engl. = Kohlenball), auch in deutschsprachigem Schrifttum vorkommendes Synonym von → Torfdolomit.

coarctátus, -a, -um (lat.), zusammengedrängt, gedrungen.

Cobǽa, Gatt. der Polemoniáceae (benannt nach dem span. Jesuiten und Naturforscher Barnabas Cobo, 1582–1657).

cóca, kokainenthaltend (Coca ist mexikan. Name des Kokainstrauches Erythróxylon).

Cocaín = Cocainum hydrochloricum, Alkaloid aus den Blättern des Kokainstrauches Erythróxylon cóca; farb- und geruchlose Kristalle; Anästhetikum.

Coccáceae, Familie der Bakterien mit den bedeutsamen Gattungen → Micrococcus, Streptococcus, Sarcina. Kokken = kugelförmige Gebilde.

coccál (griech. kókkos = Kern, Korn), 1. → haploblástisch; 2. bezeichnet Organisationsstufe der niederen Pflanzen mit unbegeißelten Einzellern, die eine feste Zellwand haben.

coccífer, coccífera, coccíferum, scharlachbeerig, beerentragend.

coccinéllifer, Cochenille-Schildlaus (Cóccus cácti) tragend.

coccíneus (lat.), scharlachrot.

Coccolíthen (griech. kókkos = Fruchtkern; lithos = Stein), die winzigen (0,002–0,01 mm Durchmesser) einzelnen Kalkkörperchen der Coccolithinae. Sie gehören zu den wichtigsten Kalkbildnern (Schreibkreide besteht großenteils aus C.); Vorkommen: seit dem (Karbon?) Jura.

Coccóloba, f., Gatt. der Polygonáceae (griech. kokkos = Beere; lóbos = Lappen) – Meertraube, Lappenbeere.

Cochleánthes, f., Gatt. der Orchidáceae (griech. kochlías = Schnecke; ánthos = Blume, Blüte; namentl. Bezug auf das schneckenartige Aussehen der Blüte; »Schneckenblume«).

cochleár (→ Chochlearia), Bezeichnung für die spezielle Knospendeckung. So sind die → Perianthblätter cochlear aufsteigend (z. B. bei Kronen der Caesalpiniáceae), jedoch cochlear absteigend (z. B. Krone der Fabáceae).

Cochleária, f., Gatt. der Brassicáceae (lat. cochlear = Löffel; griech. kochlós = Schnecke). Spec. C. officinális = Löffelkraut.

cochleáris, -is, -e, löffelartig oder -förmig.

Cochlióda, f., Gatt. der Orchidáceae (griech. kochlías = Schnecke, nach dem schneckenschalenartigen Aussehen der Lippenkalli bei der Typusart, also Schneckenstendel, Schneckenorchidee).

cocomílio, Artname einer Pflaume (ital. cocomiglio, cocumiglio, von griech. kokkymeléa = Kuckucksapfelbaum, Bezeichnung mehrerer Pflaumenarten).

Cócos, f., Gatt. der Arecáceae (Name unsicheren Ursprungs, vielleicht von dem portugiesischen coco = Schreckgespenst, Affengesicht abzuleiten) – Kokospalme.

Codehydráse, veraltete Bezeichnung für die Coenzyme, Codehydrase I (= Diphosphorpyridindinucleotid, DPN, → NAD) und Codehydrase II (= Triphosphorpyridindinucleotid, TPN → NADP).

Codiǽum, n., Gatt. der Euphorbiáceae (griech. kodeia = Kopf vom Mohn) – Wunderstrauch.

-códon (griech. kódon = Glocke), -glocke.

Codonópsis, f., Gatt. der Campanuláceae (griech. kódon = Glocke; ópsis = Ähnlichkeit, Aussehen) – Glockenkraut.

coelestínus, coeléstis (lat. caélum, coélum = Himmel), himmelblau.

Cœ́lia, f., Gatt. der Orchidáceae (griech. koílos = hohl; der Name wurde nach einer schlechten Zeichnung gegeben, auf der die Pollenmassen einen Hohlkörper zu bilden scheinen; danach auch: Hohlpollen, Hohlstendel).

coeli-rósa, »blaurot«, Himmelsrose.

Coeloglóssum, n., Gatt. der Orchidáceae (griech. koílos = hohl; glóssa = Zunge) – »Hohlzunge«, bezieht sich auf die Form der Lippe.

Coelógyne, f., Gatt. der Orchidáceae (griech. koílos = hohl; gyne = Frau [hier: Pistill!]; namentl. Bezug auf die »hohle Narbe«).

Coenobíe, Zellverein; Vereinigung von gleichwertigen einzelligen Organismen.

Coenobien, lockere Zellverbände von Einzellern, die nach vollzogener Teilung eine gemeinsame Gallerthülle besitzen oder durch die beiden Tochterzellen gemeinsame Zellwand in Verbindung bleiben.

coenoblástisch (griech. koinós = gemeinsam; blastós = Keim), in der vegetativen Phase aus mehrkernigen, zellwandumgebenen Zellen bestehend bei → Protobionten.

Coenoeleménte (griech. koinós = gemeinsam); Arten, die eine bestimmte pflanzensoziologische Bindung aufweisen.

coenkárp sind Früchte der Angiospermen, die über chorikarpe bzw. hemisynkarpe Früchte mit zyklischer Kapellenanordnung entstanden sind. Einteilung in Streu-, Saft-, Zerfall-, Nußfrüchte. → zönokarp.

Coenosórus (griech. koinós = gemeinsam), mit Sporangien besetzter Blattabschnitt bei Farnen, bei dem die in großer Zahl gebildeten Sporangienhäufchen (= Sori) dicht nebeneinanderstehen und keine distinkten Gebilde darstellen.

coerul-, coerúleo-, in Zusammensetzungen: blau-.

coeruléscens (caeruléscens), bläulich.

Cóferment (lat. co-, con-, zusammen mit), gleichbedeutend mit Coenzym, niedermolekulare Wirkgruppe eines Enzyms.

Cóffea, f., Gatt. der Rubiáceae (benannt nach Caffa in Äthiopien) – Kaffeebaum.

Coffeínum = Koffein; 1, 3, 7-Trimethylxanthin, ein Purinderivat (Xanthin = 2,6-Dioxypurin); weiße Kristallnadeln, schwach bitterer Geschmack, ist enthalten in den Samen der Cóffea-Arten und in den Blättern des Teestrauches (Théa sinénsis), wo es früher auch als Thein bezeichnet wurde. Eng verwandt mit Coffein sind das Theobromin (= 3,7-Dimethylxanthin) im Kakao (Theobróma cacáo) und das Theophyllin (= 1,3-Dimethylxanthin = Theozin) im Tee. Koffein wirkt anregend auf Gehirn und Atemzentrum, beschleunigend auf die Herztätigkeit (nach anfänglicher Verlangsamung) und diuretisch (= harntreibend).

coggýgria (entstellter griech. Pflanzenname), z. B. in Perückenstrauch – Cótinus coggýgria, genannt nach den sich nach dem Verblühen verlängernden, dicht mit Haaren bedeckten Blütenstielen.

Cóla, f., Gatt. der Sterculiáceae (Volksname) – Kolanuß.

-cola, in Zusammensetzungen: -bewohnend.

Cólax, m., Gatt. der Orchidáceae (griech. kólax, -akos = Schmeichler, Schmarotzer, Parasit; namentlicher Bezug auf die epiphytische Lebensweise; also »Schmarotzerstendel, -orchidee«).

Colchicín (→ Cólchicum), Alkaloid, das aus Colchicum gewonnen und u. a. in der Pflanzenzüchtung (Polyploidiezüchtung) verwendet wird.

Cólchicum, n., Gatt. der Liliáceae (nach Colchis, dem antiken Namen des Landes an der Ostküste des Schwarzen Meeres, das bereits in der griechischen Mythologie

[Medea] als Heimat der Gifte und Giftmischerinnen erscheint. Die Landschaft ist reich an Liliengewächsen) – Zeitlose.

cólchicus, -a, -um; cólchis (lat.), aus Colchis (Ostküste des Schwarzen Meeres) stammend (z. B. Hédera cólchica – Kolchischer Efeu).

cole-, coleo- (griech. koleós = Scheide), rinnen-, scheiden-.

Coleonéma, n., Gatt. der Rutáceae (griech. koleós = Scheide, néma = Faden, Staubfaden).

Cóleus, m., Gatt. der Lamiáceae (griech. koleós = Scheide) – Ziernessel, Buntnessel.

collaterális, -is, -e,, nebenständig.

Collétia, f., Gatt. der Rhamnáceae (nach Ph. Collet, franz. Botan., 1643–1718).

collínus, hügelbewohnend.

collocátus, ausgestattet, verheiratet.

Collýbia, f., Gatt. der Agaricáceae = Dünnblättler = Fam. der Blätterpilze = Ordn. Agaricales (griech. kóllybos = kleines Geldstück); Beziehung zum meist flachrunden Hut – Rübling (»Münz- oder Pfennigpilz«).

Colobánthus, m., Gatt. der Caryophylláceae (griech. kolobós und kólos = verstümmelt; ánthos = Blüte).

Colocásia, f., Gatt. der Aráceae (griech. Pflanzenname) – Zehrwurz.

cólor-, auch **-color, colórus (-a, -um)** (lat. cólor, -oris = Farbe), farbig.

colorátus (lat.), farbig, gefärbt.

colosséus, colóssus (griech. kolossiaíos), riesig.

colubrínus, -a, -um (lat.), natterförmig.

columbínus (lat. colúmba = Taube), Tauben betreffend, taubengrau/-blau.

Columélla (lat. = Säulchen), 1. bei den Moosen ein zentral gelegenes Säulchen in der Kapsel des Sporogons, das von dem sporenbildenden Archespor umgeben wird; 2. bei Pilzen: zentraler Tramateil, der sich im Inneren mancher Gastromyceten-Fruchtkörper von der Basis gegen die Spitze zu bildet.

colúmna (lat.), Säule.

Colúmnea, f., Gatt. der Gesneriáceae (nach Fabio Columna, ital. Naturforscher, 1567–1640) – Kolumnee.

columnáris, columnárius, säulenartig (z. B. Cárpinus bétulus columnáris, die säulenförmig wachsende Form der Weißbuche).

colúrnus (-a, -um), entstanden aus lat. colurna = Haselstaude.

-colus (lat. cólo = wohne), bewohnend.

Colútea, f., Gatt. der Fabáceae (griech. Pflanzenname, kolútea = Linsenbaum) – Blasenstrauch (Frucht aufgeblasen).

com-, in Zusammensetzungen: mit, zusammen, gleich-.

coma-; -coma, -come, -comus, in Zusammensetzungen: -schopfig.

Cómarum, n., Gatt. der Rosáceae (kómaron = griech. Pflanzenname) – Blutauge.

comátus, beschopft.

Combrétum, n., Gatt. der Combretáceae (bei Plinius nicht näher erklärte Schlingpflanze) – Langfaden.

Commelína, f., Gatt. der Commelináceae (benannt nach dem holländ. Botan. Kaspar Commelin, 1667–1731) – Commeline.

commérsus, untergetaucht.

Commíphora, f., Gatt. der Burseráceae (kommi = Gummi; griech. phorein = tragen) – Myrtenstrauch.

commúnis, -is, -e (lat.), gewöhnlich, gemein (z. B. Lapsána commúnis – Gemeiner Rainkohl).

commutátus (lat. mutáre = ändern), umgeändert.

comósus (lat.), schopfartig.

compáctus (lat.), dicht, dichtgedrängt.

Comparéttia, f., Gatt. der Orchidáceae (nach dem ital. Pflanzenphysiologen Andreo Comparetti, 1746–1811; »Comparetti-Orchidee«).

Compárium, Bastardierungsgenossenschaft, Gruppe von miteinander kreuzbaren Arten.

complanátus, -a, -um (lat.), eingeebnet, (nach unten) zusammengedrückt.

compléctens, umfassend.

compléxus (lat. compléctere = umschlingen), verschlungen.

complicátus (lat. complicare = zusammenfalten), zusammengefaltet.

compósitus (lat.), zusammengesetzt.

compréssus (lat.), zusammengedrückt.

con-, gleich, mit, zusammen, ferner.

con-, cono- (griech. kónos = Kegel), kegel-.

concávus (lat.), ausgehölt, vertieft.
conchifólius, muschelblättrig.
concínnus (lat.), zierlich, hübsch.
cóncolor, gleichfarbig.
concrétus, zusammengewachsen.
Cóndylus (griech. kóndylos = Zapfen, Auswuchs), nach innen gehende Wucherung der Fruchtwand.
confértus (lat. confércio = stopfe), zusammengedrängt.
confórmis, gleichgestaltig.
congéstus (lat. congérere = häufen), gedrängt.
conglomerátus (lat.), geknäuelt, gehäuft.
cónifer, conífera, coníferum, zapfentragend.
Coníferae, Coniferópsida = Pinatae; die letztere Bezeichnung hat heute meist den Vorzug; (lat. conífer = zapfentragend, von cónus = Zapfen und férre = tragen), Nadelhölzer, haben ihre stärkste Verbreitung auf der nördlichen Halbkugel; Klasse der Gymnospermae. Hierher gehören einge ausgestorbene Formen und fast alle rezenten Nacktsamer, wie Kiefer, Zeder, Fichte, Eibe, Lärche usw.; charakteristisch für die gemäßtigen Klimazonen; die Mehrzahl sind hohe, immergrüne Waldbäume. Gewöhnlich bzw. überwiegend monözisch, mit getrennten männlichen und weiblichen Zapfen. Mikrosporophylle sitzen direkt an der Zapfenachse; die weiblichen Zapfenblütenstände tragen Samenanlagen auf → Samenschuppen, die in den Achseln von Deckschuppen an der Zapfenachse stehen; → Koniferen, Nacktsamer.
Coniín, Alkaloid im Gefleckten Schierling (Cónium maculátum).
Cónium, n., Gatt. der Apiáceae (koneion = griech. Name des Schierlings) – Schierling.
conjugális (lat. júgum = Joch), gepaart.
Conjugátae (lat. conjugátus = verbunden), Jochalgen, Klasse der Grünalgen.
Conocárpus, m., Gatt. der Combretáceae (griech. kónos = Kegel [Zapfen], karpós = Frucht, also »Kegel-Frucht«). C. erectus L.
Conoídeae (griech. kónos = lat. cónus = Kegel, Walze; griech. -oideae mit lat. Endung = -ähnliche, -förmige), morphologische Bezeichnung für walzenförmige Pflanzen (z. B. bei Cactáceae).
conopéus, conópseus, mücken- oder fliegenähnlich.
Conóphytum, n., Gatt. der Aizoáceae (von griech. kónos = Kegel, Walze; phytón = Pflanze, also »Kegel«- oder »Walzen«-pflanze).
Conríngia, f., Gatt. der Brassicáceae (nach dem Helmstädter Arzt H. Conring, 1606–1681) – Ackerkohl.
consístens, stehen bleibend, ruhend.
consólidus, -a, -um (lat.), fest, solid (z. B. Delphínium consólida – Feldrittersporn).
Conspéctus, (lat.), Übersicht, Gesamtschau.
cónstans, feststehend.
contort, Bezeichnung für mühlradartig gedrehte → Perianthblätter.
contórtus (lat. torquére = drehen), gedreht, geschraubt.
contrárius, entgegengesetzt.
Cónus (lat.), Zapfen der Coniferen.
Convallária, f., Gatt. der Liliáceae (lat. convállis = rings umschlossenes Tal) – Maiglöckchen.
convallária, nach der gleichnamigen Gatt. Maiglöckchen, die früher Lílium convállium, Lilie der Täler (lat. vállis = Tal) hieß.
Convariánte, ausgestorbene Zwischenform.
Convarietät (convarietas), taxonomische Einheit der Kulturpflanzen unterhalb der Unterart. Sie umfaßt eine Gruppe von Sorten, die gemeinsame Merkmale besitzen. Abk. conv.
convéxus (lat.), gewölbt, erhaben.
Convólvulus, m., Gatt. der Convolvuláceae (lat. convólvere = herumrollen, winden; die Pflanze hält ihren dünnen, langen Sproß aufrecht, indem sie sich um Stützen herumwindet) – Winde.
Copaífera, f., Gatt. der Caesalpiniáceae (copaiba = brasilian. Name des Harzes dieser Bäume; lat. féro = ich trage) – Kopaivabalsambaum.
Copernícia, f., Gatt. der Arecáceae (nach dem berühmten Astronomen Nik. Kopernikus, 1473–1543) – Kopernikus- oder Wachspalme.
Cóprinus, m., (griech. kópros = Kot), Gatt. der Tintlinge = Fam. Coprináceae. Die Pilze besitzen schwarze bis schwarzbraune Sporen, ihre Fruchtkörper unterliegen mit

erfolgender Sporenreife einer intensiven Autolyse, die an den Lamellen beginnt. Die Coprináceae gehören zur Kl. Ständerpilze (Basidiomycetes).

coprophíl (griech.), dungliebend; Organismen, die bevorzugt oder ausschließlich Dung besiedeln.

Coprósma, f., Gatt. der Rubiáceae (griech. kópros = Kot; ósme = Duft).

coptonogónus, -a, -um, eckig abgeschnitten, unterbrochen kantig.

coracánus, -a, -um, aus Korakan (Indien) stammend; → Eleusíne.

Corallorhíza, f., Gatt. der Orchidáceae (griech. kor̊állion = Koralle; rhíza = Wurzel; wegen des korallenförmigen Wurzelstockes) – Korallenwurz.

Córchorus, m., Gatt. der Tiliáceae (griech. Pflanzenname) – Jute.

cord-, cordi- (lat. cor = Herz, córdis = des Herzens), herz-.

Cordaíten, = Cordaítales (benannt nach dem Prager Botan. A.J.Corda, 1809–1849), eine Ordnung der Gymnospermae; hohe, verzweigte Bäume des Karbons und Perms mit mächtigem, gefächertem Mark und großen, ungeteilten, schmalen, parallelnervigen Blättern (= Cordaites im engeren Sinne).

cordátus, -a, um (lat. cor, Genit. córdis = Herz), herzförmig (z. B. Tília cordáta – Winterlinde).

Cordýceps, Gatt. Kernkeule der Kl. Schlauchpilze (Ascomycetes).

Cordylíne, f., Gatt. der Agaváceae (griech. kordýle = Kolben, Keule) – Keulenlilie; fossil seit dem Tertiär.

Coreópsis, f., Gatt. der Asteráceae (griech. kóris = Wanze; ópsis = Aussehen) – Mädchenauge.

Coriándrum, n., Gatt. der Apiáceae (griech. kóris = Wanze) – Koriander.

Coriária, f., Gatt. der Coriariáceae (lat. coriárius = Leder gerbend) – Gerberstrauch.

coriifólius, lederblättrig.

córis (griech. kóris), Wanze.

Corispérmum, n., Gatt. der Chenopodiáceae (griech. kóris = Wanze; spérma = Same) – Wanzensamen.

Cormobiónta (griech. kormós = Baumstumpf, abgeleitet auch Sproß; -biónta, Suffix für Gruppe zusammengehöriger Abteilungen im Pflanzenreich), Sproßpflanzen, umfassen Pteridophyta im weitesten Sinne und Spermatophyta (bei zahlreichen Autoren jedoch auch die Bryophyta, obwohl diese keinen → Kormus haben). → Kormobionta.

córneus (lat. córnu = Horn; griech. kéras), hornartig.

corniculátus, -a, -um (lat. córnu = Horn), gehörnt (z. B. Lótus corniculátus – Hornklee).

-cornis, in Zusammensetzungen: -hörnig.

Córnus, f., Gatt. der Cornáceae (lat. córnu = Horn oder córnum = Lanze aus Hartriegelholz) – Hartriegel; fossil seit dem Tertiär.

-cornútus, (-a, -um), hörnig.

Corókia, f., Gatt. der Diapensiáceae (Vernakularname/Neuseeland).

Corólla (lat. corólla = Kränzchen) → Krone.

corollínus, blumenkronenartig.

coronárius, -a, -um (lat. coróna = Krone, Kranz), kranzförmig, Kronen- (z. B. Lýchnis coronária – Kronenlichtnelke).

Coronílla, f., Gatt. der Fabáceae (Verkleinerungsform von lat. coróna = Krone) – Kronwicke.

Corónopus, m., Gatt. der Brassicáceae (griech. koróne = Krähe; pous = Fuß) – Krähenfuß.

Córpus, der zentrale Strang des Vegetationskegels mit antiklinen und periklinen Zellteilungen.

Corrigíola, f., Gatt. der Caryophylláceae (lat. corrigia = Schuhriemen) – Strandling.

corrugátus, -a, -um (lat.), gerunzelt.

corsicus, -a, -um, von der Insel Korsika stammend.

Córtex (lat.) → Rinde. In der Pharmazie als Droge verwendete Rinde, z.B. C. Frangulae – Faulbaumrinde (Abführdroge); C. Chinae – Chinarinde (von Cinchóna-Arten).

Cortícium, n., Gatt. der Protohydráceae (lat. cortex, -icis = Rinde); – Rindenpilz, bekannte Art: C. confluens = Flächiger Rindenpilz.

Cortinárius, Gatt. Schleierlinge der Fam. Cortinariaceae. Diese Pilzgattung ist nach einem typischen Merkmal, dem Schleier (Cortina) zwischen Hutrand und Stiel, benannt. Die Gattung gehört zur Kl. Ständerpilze (Basidiomycetes).

Cortúsa, f., Gatt. der Primuláceae (nach Cortusi, Prof. d. Botan., Padua, gest. 1603) – Glöckel, Heilglöckchen.

cortusoídes, heilglöckchen- (cortúsa-) ähnlich (z.B. Prímula cortusoídes – Heilglöckchenblättrige Primel).

corúscans, schimmernd, spiegelnd.

cory-, auch **-corys** (griech. kórys = Helm), -helm.

Corýanthes, f., Gatt. der Orchidáceae (griech. kórys = Helm; ánthos = Blume; namentl. Bezug auf das helmförmige Epichil; danach: Helmorchidee [-stendel]; engl. [Trivialname]: »Kübelorchidee«, da die »helmartige« Ausbuchtung anders herum [als »Kübel«] beschrieben wurde).

Corýdalis, f., Gatt. der Papaveráceae (griech. korydalis = Haubenlerche, an deren beschopftem Kopf die Blüte durch den gebogenen Sporn erinnert) – Lerchensporn.

Corylópsis, f., Gatt. der Hamamelidáceae (Gattungsname Córylus und griech. ópsis = Aussehen) – Scheinhasel; fossil seit dem Pliozän.

Córylus, f., Gatt. der Betuláceae (griech. Pflanzenname) – Haselnuß; fossil seit dem Eozän.

corymbiflórus (griech. kórymbos = Doldentraube), ebenstraußblumig.

corymbósus, ebensträußig, doldentraubig.

Corýmbus → Ebenstrauß.

Corynéphorus, m., Gatt. der Poáceae (griech. korýne = Keule; phorein = tragen) – Silbergras.

Coryphántha, f., Gatt. der Cactáceae (griech. korýphe = Scheitel; ánthos = Blüte).

Cósmos, m., Gatt. der Asteráceae (griech. kósmos = Schönheit, Schmuck) – Kosmee (früher auch das Syn. »Cosmea« für Cosmos üblich).

costális (lat.), rippig.

costátus (lat. cósta = Rippe), gerippt.

cóstis repándis, mit rückwärts (lat. = re) aufgebogenen oder ausgeschweiften Rippen (Ablativ pluralis von costa repanda).

cótinus, nach der gleichnam. Gattung Cótinus.

Cótinus, m., Gatt. der Anacardiáceae (griech. kótinos = wilder Ölbaum) – Perückenstrauch; fossil seit dem Miozän.

Cotoneáster, m., Gatt. der Rosáceae (griech. kotóneon = Quitte; áster = ähnlich) – Steinmispel.

cótula, soviel wie Napf, Schälchen (auf stengelumfassende, napfähnliche Blätter bezüglich).

Cótula, f., Gatt. der Asteráceae (griech. kotýle = Napf) – Fiederpolster, Laugenblume.

Cotylédo → Kotyledonen.

cotylédon, nach der gleichnam. Gatt. (Nabelkraut), (von griech. kotýle = Höhlung, Nabel, Becher, Napf).

Cotylédon, f., Gatt. der Crassuláceae (griech. kotyledón = Saugwarze trächtiger Tiere) – Nabelkraut.

crácca, Beiname von Vícia (Vogelwicke), Früchte vom Häher (krágge) geschätzt.

Crámbe, f., Gatt. der Brassicáceae (griech. Pflanzenname für Kohl) – Meerkohl.

craniál (lat. cranialis, -e = kopfwärts), scheitelwärts.

crassi- (lat. crássus = dick), dick.

crassifólius, dickblättrig.

crássinucellát wird eine Samenanlage bezeichnet, in der die Wand des Nucellus (Makrosporangium) mehrschichtig ist (entwickelt sich oft nach der Befruchtung weiter).

crássior, -ior, ius (lat.), Komparativ von: crassus, -a, -um, dick, also dicker; z. B.: Tephrocáctus floccosus var. crassior Backbg. (mit dickeren, größeren Trieben gegenüber T. f. var. canispinus).

crassispínus, -a, -um, dickstachelig.

Crássula, f., Gatt. der Crassuláceae (lat. crássus = dick; -ulus = Verkleinerungssilbe, also dicklich) – Dickblatt.

crataegifólius, dornblättrig, Ableitung von crataégus unbestimmt.

Crataégus, f., Gatt. der Rosáceae (griech. Pflanzenname; krataiós = fest) – Hagedorn, Weißdorn (sehr hartes Holz).

Crateréllus, m., Gatt. der Clavariáceae (griech. kráter = Schlund, Trichter, Krater; -ellus = Deminutivum) – Totentrompete (Herbsttrompete).

créber, crébra, crébrum, gedrängt.

Crednéria, f., fossile Gatt. der Dicotyledoneae aus der Oberkreide (nach Hermann Credner, geb. 1841 in Gotha, seit 1870 Prof. der Geologie in Leipzig).

crenátus, gekerbt, kerbig.

crenulátus, -a, -um, (fein-) gekerbt.

Crépis, f., Gatt. der Asteráceae (griech. krepís = Schuh, Grundlage, Boden) – Pippau, einige Arten haben im ersten Jahr grundständige, am Boden liegende Blätter.

créta (lat.), Kreide (kretische Erde, Ton).

cretáceus, kreideartig.

créticus, -a, -um, von der Insel Kreta stammend.

cribrátus, -a, -um (lat.), durchlöchert.

cribrósus, -a, -um (lat.), siebartig.

Crick, Francis H. C., geb. 1916, englischer Molekularbiologe, Forschungszentrum in Cambridge; entdeckte gemeinsam mit J. D. Watson 1953 die Doppelhelix-Struktur der DNS, erhielt 1962 dafür mit Watson und Wilkins den Nobelpreis. Weitere Arbeiten von Crick liegen auf dem Gebiet des genetischen Codes und der genetischen Informationsübertragungsmechanismen.

Crínum, n., Gatt. der Amaryllidáceae (griech. krínon = Lilie) – Hakenlilie.

crispátus (lat. crispáre = kräuseln), gekräuselt.

críspus (lat.), kraus.

crísta (lat.), Kamm, Federbusch.

crísta-galli, Hahnenkamm.

Cristát(e), Kammform, Hahnenkamm; eine abnorme Wuchsform, bei der der normalerweise punktförmig wachsende Scheitel linien- oder bandförmig verbreitert ist = Fasciation.

cristátum, -tus (lat.), kammartig, kammförmig (z. B. Melampýrum cristátum – Kammwachtelweizen).

crócei-, cróceo-, in Zusammensetzungen: safran-, safrangelb-.

Crócus, m., Gatt. der Iridáceae (griech. króke = Faden) – Krokus; eine in Griechenland und auf Kreta wildwachsende Art liefert den Safran (Gewürz, Arzneimittel).

Crossing-over, englischer Ausdruck für den → Faktorenaustausch.

Crotalária, f., Gatt. der Fabáceae (griech. krotálon = Klapper, namentl. Bezug auf die aufgeblasenen [klapperartigen] Hülsen). Spec. (z. B.): C. aegyptica; C. agatiflora (mit den größten Blüten der Gatt., Zentralafrika); C. anagyroides (S-Amerika); C. júncea (= Indischer oder Bengalischer »Hanf«; Lieferant der Sun-Faser); C. zanzibarica (O-Afrika; in Tropen als Gründungs-/Bodenbedeckungspflanze angebaut, ähnlich wie auch C. júnceae in ihrem Verbreitungsgebiet).

Cróton, m., Gatt. der Euphorbiáceae (griech. króton = Hundszecke) – Kroton.

cruci- (lat. crux = das Kreuz), kreuz-.

Crucianélla, f., Gatt. der Rubiáceae (Verkleinerungsform von lat crux = Kreuz).

crúcifer, crucífera, crucíferum, kreuztragend.

crúciger, crucígera, -gerum, kreuzführend.

cruéntus, blutrot, schmutzigrot.

crupína, von deutsch krupen, kriechen.

crús (lat.), Schenkel, Dorn.

crús-gálli (lat. crús = Schenkel, Bein, auch Dorn; gállus = Hahn), Hahnendorn, Hühnerhirse.

crypt-, crypto-, in Zusammensetzungen: verborgen-, versteckt-.

Cryptánthus, m., Gatt. der Bromeliáceae (griech. kryptós = verborgen; ánthos = Blüte).

Crýptic (species), Terminus für verborgene Arten, die nur genetisch isoliert, aber morphologisch nicht erkennbar sind.

Cryptocárya, f., Gatt. der Lauráceae (Lorbeergewächse); (griech. kryptós = verborgen; kárya = Nuß [Frucht]; namentlich konkreter Bezug auf die völlig von der Blütenachse eingeschlossene Frucht). Von Cr. moschata werden die sog. Amerikanischen Muskatnüsse gewonnen, die der »Echten Muskatnuß« in Geruch und Geschmack ähnlich sind, während man von Cr. massoy (vorkommend auf Neuguinea) die »Massoirinde« als Gewürz nutzt.

Cryptochílus, m., Gatt. der Orchidáceae (griech. kryptós = versteckt, verborgen; cheilos = Lippe; namentl. Bezug auf die verborgen liegende Lippe; also »Versteckt-Lippe«).

Cryptocóryne, f., Gatt. der Aráceae (griech. kryptós = verborgen; kóryne = Kolben).

Cryptogámae → Kryptogamen.

Cryptoméria, f., Gatt. der Taxodiáceae

(griech. kryptós = verborgen; méros = Teil) – Japanische Sicheltanne, Japanzeder; nur in Japan und China beheimatet; fossil seit der oberen Kreide.

Cryptophoránthus, m., Gatt. der Orchidáceae (griech. kryptós = versteckt; -phóros = tragend; ánthos = Blüte; die Sepalen hängen auch an der Spitze zusammen, so daß die anderen Blütenteile versteckt liegen und nur wie durch ein Fenster sichtbar sind, danach: »Fensterorchidee«, aus dem Englischen eingedeutscht).

Ctenánthe, f., Gatt. der Marantáceae (griech. kteis, kténos = Kamm; ánthe [und anthos] = Blume).

cubéba, Beinamen von Píper (ostind. cubeba = Braten, auch Bratengewürz).

Cucúbalus, m., Gatt. der Caryophylláceae (von Linné wahrscheinlich willkürlich gegebener Phantasiename, dessen zwei Anfangssilben möglicherweise von cucúllus = Kappe stammen und kombiniert wurden mit dem latin. Wortanfang von griech. balantídion = kleiner Beutel; »Beutelkappe« = bezeichnet den stark aufgeblasenen Kelch) – Taubenkropf.

cucullária, kappen- oder kapuzenartig.

cucullátus (lat. cucúllus = Kapuze), kappen- oder kapuzenartig.

cucumerifólius, -a, -um (lat. cúcumís, -eris = Gurke und Suffix -ínus = Ähnlichkeit bezeichnend), gurkenartig.

Cúcumis, m., Gatt. der Cucurbitáceae (bei Vergil bereits cúcumís, -eris, m., Gurke, Melone) – Gurke.

Cucúrbita, f., Gat. der Cucurbitáceae (lat. Pflanzenname, gebildet von cúcumis und [?] órbis = Kreis, Kugel) – Kürbis (mit kugeligen Früchten).

cúlmeus, -a, -um, halmständig.

Cultigén (lat. cólere, colo, colui, cultus = bebauen, anbauen, pflegen; gignere, -o, genui = erzeugen, hervorgehen) → Cultivar.

Cultimórpha, Kulturpflanzen bzw. Haustierarten.

Cúltiplex, Kulturpflanzensammelart.

Cultivár (lat. cúltus = angebaut; varíetas = Abart), also angebaute, gezüchtete Varietas, Sorte, Kulturvarietät, Gartenvarietät, niedrigste taxonomische Einheit der Kulturpflanzen (Abk. cv.). Es handelt sich entweder um eine Linie, die auf einen Standardtyp hin streng ausgelesen ist oder um einen in Kultur entstandenen → Klon. Sorten werden nach internationalen Regeln mit einem Namen aus einer lebenden Sprache bezeichnet (vor 1954 gegebene Sortennamen können auch lateinische Form haben) und durch einfache Anführungsstriche oder vorgesetztes cv. gekennzeichnet, z. B. Syringa vulgaris cv. Mont Blanc oder Syringa vulgaris, ›Mont Blanc‹ oder Flieder ›Mont Blanc‹.

cultórum, Genit. Mehrzahl v. lat. cúltor = der Züchter, Pflanzer, Anbauer.

cultrátus, -a, -um, messerartig, -förmig.

cúltus, angebaut.

cumulículus, überhäuft.

-cúndus (-a, -um), -stark, -reich.

cuneátus (cuneári = keilförmig zulaufen; lat. cúneus = Keil), keilförmig.

cuneifólius, -a, -um, keilblättrig.

Cunninghámia, f., Gatt. der Araucariáceae (nach dem engl. Botan. Cunningham) – »Spießtanne«. Nur in China und Taiwan.

Cunónia, f., Gatt. der Cunoniáceae (benannt nach dem holländ. Pflanzenzüchter J. Chr. Cono, 1708–1780).

Cuphéa, f., Gatt. der Lythráceae (griech. kýphos = Höcker), Höckerblume.

cupressifórmis, -e, zypressen- (Cupressus-) förmig (z. B. Hypnum cupressiforme – Zypressenförmiges Schlafmoos).

cupréssinus, zypressenartig (Cupréssus → Chamaecýparis).

Cupréssus, f., Gatt. der Cupressáceae (kyparissos, griech. Name der Zypresse) – Zypresse; fossil seit dem Eozän.

cúpreus (lat. cúprum = Kupfer), kupferfarbig.

Cúpula, eine den oder die Fruchtknoten umgebende ringförmige bzw. vierteilig angelegte, mit Schuppen oder Stacheln versehene Achsenwucherung (Fruchtbecher), z. B. Fágus, Quércus.

Curáre, amerik. Pfeilgift aus Strychnos-Arten; enthält die chemisch verwandten Curarine und Curine; wirkt lähmend durch Blockade der Nervenendplatte am Muskel. Verwendung in der Medizin: zur Unterstützung der Endotrachealnarkose (als isoliertes Tubocurarinchlorid = Intocostrin), bei Behandlung von spastischen (griech. spasmós = Krampf) Zuständen wie Tetanus, Eklampsie.

curassávicus, -a, -um, von der Insel Curaçao.

Curatélla, f., Gatt. der Dilleniáceae, Guttiferales; von lat. cúra = Sorge, Fürsorge, Besorgnis, Aufsicht, davon: unter »Kuratell« (= Schutz) stellen; sicherlich auch Bezug auf die Verwendung der in S-Amerika beheimateten C. americana (Blätter wie »Sandpapier«) zum Polieren von Möbeln; gerbstoffhaltige Rinde wird technisch und medizinisch genutzt.

Cúrcuma, f., Gatt. der Zingiberáceae (nach dem arab. Kurkum = Safran) – Safranwurz.

curelátus, -a, -um (lat.), abgekürzt.

curiósus, -a, -um (lat.), ausgefallen, sonderbar.

curv-, curvi (lat. curvus von curváre = krümmen), krumm.

cúrvans, bogig.

curvátus, gebogen.

curviflorus, -a, um, krummblütig.

curvispinus, -a, -um, krummdornig, gebogen, -stachelig.

Cuscúta, f., Gatt. der Cuscutáceae (ital. Pflanzenname) – Kleeseide.

cuspidátus, -a, -um, lang zugespitzt.

-cúspis, -spitz

Cutícula → Kutikula.

Cutín → Kutin.

cv. → Cultivar.

cyan-, cyano-, in Zusammensetzungen: dunkelblau.

Cyanánthus, m., Gatt. der Campanuláceae (griech. kyános = blau; ánthos = Blüte) – Blauglöckchen.

cyáneus, -a, -um, dunkelblau.

cyaniflórus, -a, -um, blaublütig.

Cyanobactéria (aus griech. kyáneos = stahlblau und Bacteria), früher Cyanophyceae, Bakterien mit blaugrünem Farbstoff (»Blaualgen«); → Cyanophyta.

cyanochílus, -a, -um, blaulippig.

Cyanocobalamín, Vitamin B_{12}, Perniziosa-Faktor, eine kompliziert aufgebaute, cobalthaltige organische Verbindung. Bei Mangel kommt es zu Blutarmut u. a.; es werden zu wenig rote Blutkörperchen ausgebildet.

Cyanophýceae (griech. kyáneos = stahlblau und -phýceae = Suffix für Algenklassen), »Blaualgen«, die aber keine Algen sind. Einzige Kl. der → Cyanophyta.

Cyanophýta, n., Plur.; »Blaualgen«, Spaltalgen; als modern bevorzugt gilt heute: Cyanobacteria, Abteilung (des Reiches) der Prokaryota; etwa 160 Genera mit 1500 Spezies; Ordnungen → E. System der Pflanzen). Vgl. Cyanophýceae, die Kl. der Cyanophyta sind. – Alle vier Ordnungen der C. sind seit dem Präkambrium fossil nachgewiesen.

Cyanthium, trugdoldenartige, becherförmige Infloreszenz, vor allem bei Euphorbiáceae.

cýanus, die blaue Kornblume (griech. kýanos).

Cyáthium (lat. cyáthus = Becher), Pseudanthium (Blütenstand) der Gattung Euphorbia. Jedes C. besteht aus einer röhrig verwachsenen Hülle von 5 Hochblättern, in deren Achseln in 5 Wickeln eine Reihe männlicher, nur aus einem Staubblatt bestehender Blüten steht. Das Ende der Achse nimmt eine weibliche Blüte ein, die auf einem längeren Stiel steht und nur aus dem dreifächrigen Fruchtknoten besteht.

Cycadópsida, eine Kl. der Gymnospermae, die u. a. die Pteridospermen, Cycadeen, Ginkgoartigen und Bennettitales umfaßt und den Coniferopsida mit den Cordaiten und Coniferen gegenübersteht; fossil seit dem Oberkarbon. Werden teils auch als Abt. Cycadophyta betrachtet.

Cýcas, f., Gatt. der Cycadáceae (griech. Pflanzenname) – Palmfarn; fossil seit der Kreide.

cycl-, cyclo-, in Zusammensetzungen: kreis-, rund-.

Cýclamen, n., Gatt. der Primuláceae (griech. kýklos = Kreis, Scheibe; bezieht sich auf die Form der Knollen) – Alpenveilchen.

Cyclánthus, m., Gatt. der Cyclantháceae (griech. kýklos = Kreis; ánthos = Blüte, Blume) – Scheibenblume.

cýclops, kreisförmig, rund.

Cyclópteris, f., (griech. ptéris = Farn), Formgattung. Größere, teils randlich ausgefranste, am Grunde des Wedels paripinnater Neuropterides ansitzende Blätter.

Cycnóches, n., Gatt. der Orchidáceae (griech. kýknos = Schwan, aychén = Hals, Nacken. Nach der schlanken, gebogenen Säule in den männlichen Blüten, also »Schwanenhalsorchidee«).

Cydónia, f., Gatt. der Rosáceae (nach der Stadt Kydon auf Kreta) – Quitte.

Cylindropúntia, f., Gatt. der Cactáceae (griech. kýlindro = Zylinder, Walze, Rolle; Opúntia) – Zylinder-/Walzenkaktus.

cymb-, cymbo (griech. kýmbion = kl. Schale), höhlen-, nachen-.

Cymbalária, f., Gatt. der Scrophulariáceae (griech. kýmbalon = Zymbel – Blattform) – Zymbelrebe oder -kraut.

Cymbidiélla, f., Gatt. der Orchidáceae (griech. kymbíon = kleiner kahnförmiger Becher; lat. -ella = Verkleinerungssuffix; bezieht sich auf die Form der kleinen Lippe; »Kleine Kahnlippe«).

Cymbídium, n., Gatt. der Orchidáceae (griech. kýmbē = kymbíon = Topf, Becher, Kahn; nach der kahn- bzw. becherförmigen Lippe; »Kahnlippe«).

cýmiger, cymígera, -gerum (lat. cýma = Trugdolde), trugdoldentragend.

cymínum (Cumínum, alter Name der Pflanze – griech. kýminon, arab. kamoun, hebräisch kammon), Römerkümmel.

cymös → zymös.

cymósus, trugdoldig (z. B. Hierácium cymósum – Trugdoldiges Habichtskraut).

cynánchicus (griech. kýon, kýnos = Hund; ánchein = würgen), hundswürgerähnlich.

Cynánchum, n., Gatt. der Asclepiadáceae (griech. kýon, kýnos = Hund; ánchein = würgen) – Schwalbenwurz.

cynápium, Hundspetersilie (griech. kýon = Hund, Genit. kynós; lat. ápium = Eppich und Petersilie).

Cýnara, f., Gatt. Asteráceae (griech. Pflanzenname) – Artischocke.

Cynoglóssum, n., Gatt. der Boragináceae (griech. kýon, kýnos = Hund; glóssa = Zunge, bezieht sich auf Form und Oberfläche der Blätter) – Hundszunge.

Cynomórium, n., Gatt. der Cynomoriáceae (griech. kýon, kýnos = Hund; mórion = männliches Glied; also: »Hundsrute«).

cynósbati (kynós = des Hundes; bátos = Brombeere), bei De Candolle ein Geranium-Gewächs mit rosenähnlichen Blüten, bei den Griechen hieß Rósa sempérvirens kynosbatos.

Cynosúrus, m., Gatt. der Poáceae (griech. kýon, kynós = Hund; oura = Schwanz) – Kammgras.

cyparíssias, zypressenartig (z. B. Euphórbia cyparíssias – Zypressenwolfsmilch).

Cyperáceae, Riedgrasgewächse, einzige Fam. der Cyperales; bestehend aus 70 Genera mit insges. etwa 3 700 Spezies. Fossile Hinweise bereits aus der oberen Kreide. Ihr »grasartiges« Aussehen bedeutet keine Verwandtschaft mit den Poaceae; näher verwandt sind die C. mit den Juncaceae. Subfamiliae: Cyperoideae (Typusgattung: Cyperus), Caricoideae (Typusgatt.: Carex).

Cypérus, m., Gatt. der Cyperáceae (kypeiros = griech. Pflanzenname) – Cypergras.

Cyphélle, scharf abgesetzte grubige Höhlung der Flechten auf der Thallusunterseite, mit sehr aufgelockerter Berindung. Sie dienen dem Gasaustausch.

cýpreus (griech. cýprum = Kupfer, das auf der Insel Cypern = Cypros gefundene Metall), kupfern.

Cypripedioídeae (Frauenschuh-Verwandte, Unterfam. der Orchidáceae mit den zwei gärtnerisch bedeutsamen Gattungen Cyprípedium (Frauenschuh) und Paphiopedílum (Venusschuh) sowie den selteneren Selenipedilum (Schwertfrauenschuh) und Phragmopedilum (Fachkapsel-Frauenschuh).

Cypripédium, n., Gatt. der Orchidáceae (griech. Kýpris = Name der auf Zypern besonders verehrten Göttin Aphrodite, Bewohnerin Cyperns; pédilon = Sandale, Schuh; Schuh der Kypris nach der schuhförmigen, schönen Gestalt der Lippe) – Frauenschuh.

Cyrílla, f., Gatt. der Cyrilláceae (nach dem neapolitan. Arzt Dominico Cyrillo, 1734–1799) – Lederholz; fossil seit dem Tertiär.

cyrt-, cyrto- (griech. kyrtón = der Bucklige), buckel-, krumm-.

Cyrtopódium, n., Gatt. der Orchidáceae (griech. kýrtos = geschwollen, gekrümmt; pódion = kleiner Fuß; wegen des gekrümmten Säulenfußes, danach Krummfuß, Beulenstendel).

cyst-, cysto- (griech. kýstis = Harnblase, Beutel, Schlauch), blasen-.

Cyste → Zyste.

Cysteín, α-Amino-β-merkaptopropionsäure, $HS-CH_2CH(-NH_2)-COOH$, eine schwefelhaltige Monoaminomonocarbonsäure.

Cystíden, größere sterile Endhyphen in den Hymenien der Basidiomyceten.

Cystítes, m., (griech. kýstis = Blase, Beutel; hier: große Spore; -ites = Suffix), eine Abteilung der → Sporae dispersae für sehr große Megasporen, die von jeweils drei kleineren Abortivsporen begleitet werden, teilweise noch als Tetrade gefunden.

Cystogamíe, Verschmelzung von zwei Geschlechtszellen (Gamocysten) nach lokaler Wandauflösung unter Bildung einer Zygote.

Cystolíthen (griech.) Auftreibung, → Zystolithen.

Cystópteris, f., Gatt. der Polypodiáceae (griech. kýstis = Blase, Beutel, ptéris = Farn) – Blasenfarn (wegen des gewölbten Schleiers).

Cýtisus, f., Gatt. der Fabáceae (kýtisos = griech. Pflanzenname für eine Kleeart; früher Name für den in Süditalien, Griechenland, Kleinasien und auf den Kanaren heimischen Schneckenklee [Medicágo arbórea], wurde im 16. Jh. auf andere Arten der Gatt. Cýtisus übertragen) – Geißklee; fossil seit dem Tertiär.

Cytochróme → Zytochrome.

Cytochrómsystem → Zytochromsystem.

Cytogoníe → Zytogonie.

Cytokiníne, Kiníne, Phytokiníne, Gruppe von Phytohormonen, die u.a. Zellteilungen fördern und mit anderen Wuchsstoffen, vor allem Auxinen und Gibberellinen, an der Regulierung verschiedener Entwicklungsprozesse beteiligt sind. Wichtige Verbindungen: Kinetin, Zeatin, 6-Benzylamino-9-methylpurin.

Cytologíe → Zytologie.

Cytolýse → Zytolyse.

Cytoplásma → Zytoplasma.

Cytospóre (griech. kýtos = Zelle; spóros = Keim) → Mikrocyste.

D

D, Zeichen für Dominanz in der Vererbungslehre.

DAB, Deutsches Arzneibuch, gültige Bezeichnung für die BRD; → AB – DDR.

Daboécia, f., Gatt. der Ericáceae (nach dem irischen Heiligen Daboek) – Irische Heide.

Dacrýdium, n., Gatt. der Podocarpáceae; von griech. dakry (= attisch dakryon) = Träne und tropfenförmig hervorquellende Feuchtigkeit einer Pflanze, Harz; vgl. Dakrydion.

dactýlifer, dactylífera, -ferum (lat. dáctylus = Finger, auch Dattel, ferner eine Grasart; fero = ich trage); datteltragend.

Dáctylis, f., Gatt. der Poáceae (griech. dáktylos = Finger; bezieht sich auf die fingerartig verzweigte Ährenrispe) – Knäuel- oder Knaulgras (Ährchen knäuelig).

-dactylítis, -dáctylus (-a, -um), -fingerig.

Dadoxýlon, n., (griech. xýlon = Holz), fossiles Holz mit araucarioider Anordnung der Hoftüpfel. Vorkommen: Seit dem Jungpaläozoikum, vorherrschend (etwa) bis zum Keuper. → Cordaiten.

daedáleus, daédalus (griech. daidalos), bunt, kunstvoll.

Daemonóceras, n., Gatt. der Cactáceae (griech. daimon = Dämon; kéras = Horn) – Dämonshorn.

Dämpfen, Garmachen von Gemüse (oder anderen Lebensmitteln) im oder durch Wasserdampf, wobei das Produkt (Gar- oder »Koch«gut) nicht mit dem Wasser in Berührung kommt, der Wasserspiegel also unter dem im Dämpfeinsatz befindlichen Nahrungsgut liegt; vgl. Dünsten.

Dáhlia, f., Gatt. der Asteráceae (benannt nach dem schwed. Botan. Andreas Dahl 1751–1789) – Dahlie.

dahlioídes, dahlienähnlich (nach Andr. Dahl [s. o.]: geb. 17. 3. 1751, gest. 25. 5. 1789, Schüler Linnés).

dahúricus, aus Dahurien (Sibirien) stammend.

daímio, Artname einer Eiche, eigentlich japan. Name einer Adelskaste.

Dakrýdion, n., Gatt. der Podocarpáceae (griech. dakrýdion = Träne, [auch] Harz; frühere Schreibweise für: Dacrydium). Bekannte Spec.: D. cupressinum, Trauerzypresse, »Maniu«.

Dalbérgia, f., Gatt. der Fabáceae; nach dem schwed. Botan. Dalberg, 1735–1820.

dalecárlicus, aus Dalekarlien (Schweden) stammend.

dalmáticus, aus Dalmatien stammend.

dámmara, nach dem früheren Gattungsname Dámmara, heute Agathis (von malaiisch damar = Harz).

dánicus, dänisch, aus Dänemark stammend.

Dáphne, f., Gatt. der Thymelaeáceae (griech. dáphne = Lorbeerbaum, weil einige Arten lorbeerähnliche Blätter besitzen) – Seidelbast, Kellerhals; fossil seit dem Oligozän.

Dáphno-Chamaephýtafrutescéntia, immergrüne, vollständig verholzte Zwergsträucher mit relativ großen, nicht harten Blättern.

daphnoídes, daphnoídeus, seidelbast- (dáphne-) ähnlich (z.B. Sálix daphnoídes – Reifweide).

Dáphno-Makrophanerophýta (griech. dáphne = → Lorbeer), immergrüne Weichlaubbäume, mit Knospenschutz, aber nicht hartblättrig.

Darlingtónia, f., Gatt. der Sarraceniáceae (bekannt nach dem amerik. Botan. W. Darlington [1782–1863]) – Darlingtonie; gehört zu den »fleischfressenden« Pflanzen (→ Carnivora).

Darre, Einrichtung zum Trocknen von Pflanzenteilen, maschinell oder von Hand betrieben.

Darwinismus, von Charles Darwin (1809–1882) begründete Evolutionstheorie, daß durch den »Kampf ums Dasein« eine natürliche Zuchtwahl (Selektion) zustande kommt, d. h. ein Überleben der Individuen der Art, die am kräftigsten und den Lebensbedingungen am besten angepaßt ist. So kann es durch Mutationen, Vererbung und Anpassung zur Entstehung neuer Arten kommen.

dasy-, in Zusammensetzungen: rauh-, rauhhaarig-.

dasyacánthus, -a, -um, rauhstachelig.

dasýanthus, -a, -um, behaartblumig.

Dasylírion, n., Gatt. der Agaváceae (griech. dasys = rauh; leirion = Lilie) – Rauhschopf.

dasyphríssus, -a, -um, borstig, gesträubt.

Datísca, f., Gatt. der Datiscáceae (griech. datousthai = ich verteile) – Scheinhanf.

Datúra, f., Gatt. der Solanáceae (nach einem arab. Pflanzennamen) – Stechapfel, hat stachelige, apfelrunde Frucht.

daucoídes, möhren- (daucus-) ähnlich (z. B. Caucalis daucoídes – Möhren-Haftdolde).

Daucus, m., Gatt. der Apiáceae (griech. Pflanzenname) – Mohrrübe.

Dauerflächen, zur Erforschung der Entwicklung der Pflanzengemeinschaften angelegte und vermarkte Probeflächen, die einer ständigen oder periodischen Beobachtung unterliegen.

Dauerfrostboden, Boden, der während des ganzen Jahres wenigstens in tieferen Bodenhorizonten gefroren ist.

Dauergesellschaft, Pflanzengesellschaft eines stationären Ökosystems, in dem sich die Vegetation mit den an ihrer Lebensstätte herrschenden Bedingungen, gegebenenfalls einschließlich der anthropogenen, im Gleichgewicht befindet.

Dauergewebe = Gewebe, das sich im Gegensatz zum Bildungsgewebe nicht mehr teilt und entsprechend der Lage im Pflanzenkörper bestimmte Funktionen übernimmt, z. B. Stütz- und Festigungsgewebe, Leitgewebe.

Dauergrünland, gemeinsame Bezeichnung für Wiese und Weide und manchmal für die extensiv bewirtschaftete Hutung. Das Dauergrünland (Wiese/Weide) gehört wie Ackerland, Gartenland und die Flächen der Sonderkulturen und Obstanlagen zur landwirtschaftlichen Nutzfläche (= LNF).

Dauermodifikation, durch Außenfaktoren in der Konstitution des vermehrungsfähigen Plasmas bewirkte Veränderung, die beschränkt erblich ist und nicht die Struktur der Zellkerne erfaßt.

Dauersporen, dickwandige Sporen, die eine Ruheperiode durchmachen.

Dauerzelle, umgewandelte vegetative Zelle, die eine Ruheperiode durchmacht.

Davállia, f., Gatt. der Polypodiáceae; nach dem engl. Botan. Davall, 1763–1799; fossil vielleicht seit dem Jura.

davallioídes, davilliaähnlich (nach Edm. Davall, gest. 1799).

Dawsónia, f., Gatt. der Dawsoniáceae (benannt nach dem engl. Botan. Dawson Turner (1755 bis 1858), Mooskenner) – Polytrichidae – Laubmoose.

Dct., Abkürzung auf Rezepten für Decoctum (lat.) = Abkochung.

DDT: Dichlor-diphenyl-trichlormethylmetan. Chemisch bereits 1874 entdeckt. Präpariert (von Zeidler), aber erst 1937 von Dr. Paul Müller (Fa. Geigy, Basel) in seiner hoch insektiziden Wirkung erkannt. Eine Basis der Seuchenbekämpfung (bes. Malaria) und der Pflanzenschutzmittel (z. B. Gesarol).

dealbátus (lat. dealbáre = abweißen), weißbestäubt, weißlich.

debílis, -is, -e (lat.), schwach, hinfällig.

deca-, in Zusammensetzungen: zehn-.

decagónus, -a, -um (griech., latin.), zehnkantig.

decípiens (lat.), täuschend, trügerisch.

Deckblatt (Bractee), das Tragblatt einer Blüte. → Tragblatt.

Deckel, abfallender Teil der Kapsel bei Laubmoosen.

Deckelkapsel, aus mehreren Fruchtblättern entstandene Kapsel, die mit einem scharf und quer umschnittenen Deckel aufspringt. Sie ist ein- oder mehrfächrig, die Fruchtwand meist dünn und trocken.

Deckfrucht, Pflanzenbestand, in dem eine andere Pflanzenart als → Untersaat oder → Einsaat eingesät worden ist.

Deckglas, dünnes quadratisches Glasplättchen (im allgemeinen 18×18 mm), wird besonders zum Abdecken beim Mikroskopieren nicht fixierter Präparate gebraucht.

Deckschuppe → Samenschuppe.

Deckspelze (Palea inferior), Deckblatt der Blüte der Gräser, in dessen Achsel die Blüte steht. Die D. kann eine Granne tragen, die der Spreite der Laubblätter entspricht; → Spelze!

Deckungsgrad, die senkrechte Projektion des Artbestandes auf die Aufnahmefläche, ausgedrückt in Prozent der letzteren.

Deckzellen, Stegmata; kleine, halblinsenförmige Zellen, welche die Bastbündel bei verschiedenen Orchideen, Palmen usw. an ihrer Außenseite bekleiden und deren Innenraum von einem Kieselkörper ausgefüllt wird.

Decóctio, Decóctum (lat. decóquere = abkochen), Abk. Dct., frisch zu bereitende in der Regel 10%ige wäßrige Auszüge aus zerkleinerten Pflanzenteilen, die mit kaltem Wasser übergossen, $^1/_2$ Stunde lang unter wiederholtem Umrühren im Wasserbad erhitzt und warm abgepreßt werden. → Aufguß.

decórticans (lat. córtex = Rinde), entrindend.

decórus (lat. décor = Zierde), zierlich.

decumánus, ansehnlich, groß.

Decumária, f., Gatt. der Saxifragáceae (lat. decúma = der zehnte Teil) – Sternhortensie.

decúmbens (lat.), liegend, niedergebogen.

decúrrens (lat.), hinablaufend.

decursívus, -a, -um (lat.), herabgelaufen.

decussátus (lat. decussáre = kreuzweise abteilen), kreuzständig

Dédoublement, Multiplikation → Chorise.

defíciens (lat.), fehlend (Partizip Praes, von deficere = fehlen).

Definitión, Abgrenzung und Erklärung eines Begriffs.

defíxus (lat.), hineingewachsen.

defléctens (lat.), herabbiegend, zurückbiegend.

defléxus (lat.), zurückgeschlagen.

deflorátus (lat.), abgeblüht, verblüht.

Defoliatión (lat. de = von – weg; folium = Blatt), »Entblätterung«, »Entblattung«, Entfernen der Blätter auf mechanischem oder chemischem Wege, bekannt u. a. im Pflanzenbau zur Erleichterung der Ernte von Hackfrüchten (Kartoffelkrautschlagen, Köpfen der Zuckerrüben) oder auch im Interesse der schnelleren, besseren Reife im Saatgutanbau, insbesondere bei Fabaceae (Lupine, Luzerne).

deformátus, defórmis, mißgestaltet, formlos,

defóssus (lat.), vergraben, versenkt.

dégener, degénera, -um (lat.), entartet.

Degeneratión, 1. Ausbildung eines Organismus oder einer systematischen Gruppe in einer Richtung, die der Erhaltung wenig günstig ist. 2. Rückbildung, regressive Metamorphose. 3. Verkümmerte Ausbildung eines Organs.

Dehiszénz (lat. dehíscere = sich klaffend auftun, öffnen, spalten), Art des Aufspringens von reifen, kapselartigen Organen.

Dehydrásen, genauer: Dehydrogenasen, die heute zur Gruppe der Oxidoreduktasen gestellt werden. Die D. vermögen Substrate unter Sauerstoffabschluß zu oxidieren.

Dehydríerung, Abspaltung von Wasserstoff durch Oxidation einer Verbindung.

Deinánthe, f., Gatt. der Saxifragáceae (griech. deinos = gewaltig, erhaben; ánthos = Blüte).

dejéctus = deiectus, -a, -um, zu Boden gestreckt, niedergebeugt, (-»geworfen«).

Dekadénz (lat. de = hinab, herab; cádere = fallen), Verfall.

Dekarboxylásen, Enzyme, die zur Gruppe der Lyasen gehören. D. katalysieren die Abspaltung der Carboxylgruppe der Carbonsäuren. Wichtig sind besonders die Aminosäuredecarboxylasen, die in Tier- und Pflanzenreich, speziell bei den Bakterien weit verbreitet sind.

Deklarationszwang (lat. declarátio = Erklärung), Zwang zur Mitteilung bestimmter Angaben, wenn das Saat- und Pflanzgut den Standardanforderungen (Normen) nicht voll entspricht.

Dekontamination, Entfernung von Schadstoffen (z. B. radioaktiven Materials) oder Mikroorganismen (Entkeimung = Sterilisation, Entseuchung = Desinfektion).

Dekussation, decussátio, -ónis, f.(lat.), die Kreuzung, kreuzweise Stellung, die bei Blattsukkulenten häufig vorkommende Blattstellung, bei der das Blattpaar des nächsten Knotens senkrecht zur Richtung des vorhergehenden steht.

dekussíert (lat. decussáre = kreuzweise abteilen), kreuzgegenständig; besondere gegenständige Blattstellung, bei der das Blattpaar des nächsten Knotens senkrecht zur Richtung des vorausgehenden steht.

Delesséria, f., Gatt. (benannt nach dem franz. Bankier und Förderer der Botanik de Lessert, 1773 bis 1847) – Seeampfer; Fam. Delesseriáceae, Kl. Rotalgen (Rhodophýceae).

deliciósus, -a, -um (lat.), wohlschmeckend, köstlich (z. B. Lactárius deliciósus – Edelreizker).

Delospérma, f., Gatt. der Aizoáceae (griech. délos = deutlich, erkennbar; griech. spérma = Same).

Delphínium, n., Gatt. der Ranunculáceae (griech. delphínion = Delphinpflanze, wegen der entfernten Ähnlichkeit der Blütenknospe mit einem Delphin) – Rittersporn.

deltoídes, deltaförmig, dreieckig.

Déme (griech. démos = Volk, Gebiet, Gemeinde), kleine, taxonomisch und räumlich sich nahestehende Populationen.

demérsus, untergetaucht, versenkt.

deminútus, -a, -um (lat.), verkleinert.

demíssus (lat. de = herab; míttere = schikken), herabhängend.

Dendríten = Dendrolithen, (griech. déndron = Baum; lithos = Stein), Scheinfossilien; feine pflanzen-, vor allem moosähnliche, dunkle Mineralabsätze (Mangan- und Eisenhydroxide und -oxide) auf Kluft- und Schichtflächen vieler Gesteine.

déndro; auch -déndrum (-on), (griech. déndron = Baum), -baum.

Dendróbium, n., Gatt. der Orchidáceae (griech. déndron = Baum; bios = Leben, weil auf Bäumen wachsend; also »Baumwucherer«, »Baumwurzler«, -Stendel, -Orchidee). Auf den Habitus bezieht sich der Name von Knotenstendel (D. stratiótes u. a. Arten bezeichnet man wegen der aufrechtstehenden gedrehten Petalen als Antilopenorchideen).

Dendrochílum, n., Gatt. der Orchidáceae (griech. déndron = Baum; cheilos = Lippe, namentl. Bezug auf die epiphytische Lebensweise und die auffällige Lippe; der Trivialname in Engl. bezieht sich auf die hängenden, langen, meist gelbblütigen Infloreszenzen) – Holzlippen-, Goldkettenorchidee.

Dendrochronologíe (griech. déndron = Baum; chrónos = Zeit; lógos = Lehre), Zeitbestimmung vermittels der Jahresringe von Bäumen; deren klimaabhängige Ausbildung ermöglicht innerhalb kleinerer Gebiete die Aufstellung regelrechter Jahresringkalender. – Altersbestimmung z. B. von nordamerikan. Mammutbäumen (Secquoiadendron) 3500 J., von der Grannenkiefer (Pinus longaeva) in Kalifornien über

4600 Jahre. – Bestimmte (Umwelt-) Bedingungen können jedoch erhebliche Abweichungen zwischen Jahresringbildungen (bzw. erkennbaren Zuwachszonen) und Anzahl der Altersjahre bewirken.

Dendrográmm (griech. déndron = Baum; grámma = Buchstabe, Schrift, das Buch, Verzeichnis, auch die Wissenschaft, das Gemälde), der »Stammbaum«, die Darstellung der phylogenetischen Entwicklung von Taxa (verschiedener Rangstufen) bzw. des Pflanzen- und Tierreichs (wobei zahlreiche phylogenetische Beziehungen hypothetischen Charakter haben).

Dendrologíe (griech. déndron = Baum; lógos = Lehre, Kunde), Baum-, Gehölzkunde.

Denitrifikatión (lat. de- = von, von ... her, weg, ent-; nitrogénium = Stickstoff; fácere = machen), »Entziehung von Stickstoff«, wobei Nitrate bis zum freien, entweichenden Stickstoff reduziert werden, findet bei Luftmangel, Nässe und saurer Bodenreaktion statt. Gegenläufiger Vorgang → Nitrifikation.

denitrifizierende Bakterien, im Boden lebende Bakterien, die Nitrate (NO_3-) über Nitrite (NO_2-) zu elementarem Stickstoff (N_2) reduzieren können. Einige Organismen sind zur Stickstoffreduktion zu Ammoniak (NH_3) fähig.

Denmóza, f., Gatt. der Cactáceae (umgebildet aus dem Namen der argentin. Stadt Mendoza – Anagramm).

de nóvo (lat.), von neuem.

déns, déntis, (lat.) Zahn, auch als Endsilbe »-zahn«.

dens-cánis (lat.), Hundszahn.

densi,- dicht- (in Zusammensetzungen), Abk.: von lat. dénsus = dicht.

densiaculeátus, mit dichten Stacheln.

densiflórus (lat. dénsus = dicht), dichtblumig.

dénsus (lat.), dicht, gedrängt.

dent-, denti- in Zusammensetzungen: zahn-.

Dentária, f., Gatt. der Brassicáceae (lat. dens, Genit. déntis = Zahn) – Zahnwurz, hat Wurzelstock mit zahnähnlichen Schuppen.

denticulátus, -a, -um (lat.), feingezähnt.

Denudatión (lat. denudáre = entblößen), Abtragung verwitterten Gesteinsmaterials durch fließendes Wasser (Ablation, Erosion), durch die Brandung des Meeres (Abrasion), durch Gletscher (glaziale D.) oder durch den Wind (Deflation).

deódara, Gottes-, Götterbaum (lat. déus = Gott), indisch. Pflanzenname.

deórsus, abwärts gerichtet.

depéndeus (lat.), herabhängend.

Deplasmolýse (lat. de- = von, von ... her, weg, ent-; griech. plásma = das Gebildete; lýsis = Lösung, Ablösung), Umkehrung der Plasmolyse, wobei der hypertonische Zellsaft der hypotonischen Umgebung osmotisch Wasser entzieht und somit durch Volumenvergrößerung der Vakuole der Protoplast wieder an die Zellwand zurücktritt (→ Plasmolyse).

depréssus (lat.), niedergedrückt.

Dermatogén (griech. dérma = Haut; génesis = Entstehung, Erzeugung), äußerste Zellschicht des Vegetationskegels, hervorgegangen aus den ganz außen gelegenen Initialzellen; auch Hautbildner genannt, da aus ihr die Epidermis des Sprosses und der Blätter hervorgeht.

Dermatokalyptrogén (griech. dérma = Haut; kalýptra = Wurzelhaube, Schleier; génesis = Entstehung), Bildungsgewebe, das neben der Wurzelhaube auch die Wurzelepidermis liefert.

Dermatomykósen (griech. dérma = Haut; mýkos = Pilz), Pilzflechten, durch Fadenpilze (→ Dermatophyten) hervorgerufene Krankheiten (bei Mensch und Tier). Die Pilze befallen insbesondere die Hornschicht der Epidermis und ihre Derivate (= Anhangsgebilde wie Haare, Nägel).

Dermatophýten (griech. dérma = Haut; phytón = Pflanze), Haut- und Haarpilze. Botanisch zählen sie zu den Fungi imperfecti, während sie nach ihrem Verhalten zu den Ascomyceten gerechnet werden. Apathogen – d.h., ohne Krankheiten zu erregen – wuchern sie auf der Haut, pathogen rufen sie Hautverfärbungen und sog. Dermatomykosen hervor.

Dermocýbe, Hautköpfe, Basidiomycetengattung der Fam. Cortinariaceae. Fleischige Arten mit braun–braunroter Huthaut und rostbraunem Sporenpulver.

-dérris (griech. dérris, déris = Oberhaut, Leder), lederhart.

Desaminíerung, eine durch Enzyme katalysierte Reaktion, bei der die Aminogruppe einer organischen Verbindung elimiert wird.

Descházmpsia, f., Gatt. der Poáceae (nach d. franz. Naturforscher Des-Longchamps, 1765 bis 1842) – Schmiele.

Descuráinia, f., Gatt. der Brassicáceae (nach dem franz. Apotheker F. Descouraine, 1658–1740) – Raukensenf.

desertórum, der Wüsten, in Wüstengebieten wachsend.

Desinfektión (lat. des = weg, inficere = anstecken), Entseuchung, Entkeimung, Vernichtung von Krankheitserregern mit chemischen Mitteln.

-désma (griech. désma = Band, Faden), -bündel, -faden.

Desmódium, n., Gatt. der Fabáceae (desmós = Joch, Band; eidos = Gestalt) – Wandelklee.

Desmolásen, veraltete Bezeichnung für alle nicht hydrolytisch wirkenden Enzyme.

Desmolýsen (griech. desmós = Band, Vereinigung; lýsis = Auflösung), Zellabbauvorgänge unter Beteiligung bestimmter Fermente (→ Desmolasen).

Desoxyribonucleínsäure, DNS, hochmolekulares Polynucleotid, das in den Molekülsträngen neben Phosphorsäure, Purin- und Pyrimidinbasen Desoxyribose enthält. Die DNS ist Träger der genetischen Information und in allen lebenden Organismen enthalten. Das Polynucleotid ist vor allem im Zellkern lokalisiert; neben der Kern-DNS kennen wir z. B. auch Chloroplasten-DNS. Zur Struktur → Basenpaarung.

despéctus, -a, -um (lat.), unbeachtet.

Destillatión (lat. destilláre = herabtropfen), Verdampfen einer Flüssigkeit und Kondensieren des Dampfes durch Abkühlen zum Zwecke der Reinigung oder Trennung von festen oder höher bzw. tiefer siedenden Stoffen.

destilliertes Wasser (Aqua destillata), durch ein- oder mehrfache Destillation gereinigtes (= bi-, tridestill.) Wasser.

destruíeren (lat. destrúere), zerstören.

Deszendénztheorie → Abstammungslehre.

Determinánten (lat. determináre = bestimmen, festlegen, abgrenzen), Faktoren oder kleinste Teilchen des Keimplasmas, welche die spezielle Ausbildung der Organe bedingen.

Determiníerung (lat. determinatio = Grenze, begrenzte Festlegung; determináre = abgrenzen), Festlegung einer ganz bestimmten Entwicklungsrichtung unter mehreren ursprünglich möglichen.

Determinísmus, Lehre, daß es keinen Zufall gibt, sondern daß alles die notwendige Folge besimmter Ursachen ist.

Detrítus, m., (lat. detére = zerreiben), Bezeichnung für zerfallende Organismen, Zerreibsel tier. und pflanzl. Gewebe (meist vermengt mit feinem anorganisch. Material); in diesem Sinne auch definierbar als Gesamtheit der toten organischen Partikel, die im Wasser schweben oder am Grund des Gewäsers abgelagert sind.

Deutérium (griech. deúteros = zweiter), schwerer Wasserstoff, Atomgewicht: 2,01356, verzögert Zellwachstum.

Deuterogamíe (griech. deúteros = zweit; gámos = Heirat; wörtlich also »Zweitheirat« oder Verschmelzung von zwei ...), Kopulationsvorgang, bei dem die Bildung echter Geschlechtszellen unterbleibt.

Deuteromycétes (Syn.: Fungi imperfecti), als heterogene Formgruppe der Pilze zu bezeichnen, deren sexuelle Fortpflanzungsphase (noch) unbekannt ist oder aber gar nicht existiert. Nicht wenige Arten, die früher zu den D. gerechnet wurden, konnten als Nebenfruchtformen von Ascomycetes, manche von Basidiomycetes identifiziert werden. Es wird angenommen, daß zahlreiche D. nicht zur geschlechtlichen Vermehrung fähig sind. Die Vermehrung geschieht ungeschlechtlich durch Sporen (Konidien), freistehend auf Konidienträgern oder in kompliziert gebauten asexuellen Fruchtkörpern (z. B. Pyknidien). – Ihre Klassifizierung ist diffizil, da die D. keine natürliche taxonomische Gruppe darstellen. Nach der Bildung oder dem Fehlen der Fruchtkörper werden von (manchen) Autoren drei Formordnungen unterschieden: Moniliales (= Hyphomycetales); Sphaeropsidales; Melanconiales. – Die sehr vielfältigen Formen und Modalitäten der Sporenbildung werden für die Untergliederung der Formordnungen verwendet.

Deuterosporophýt → Tetrasporophyt.

Deutzia, f., Gatt. der Saxifragáceae (benannt nach einem Amsterdamer Ratsherrn namens J. van der Deutz) – Deutzie; fossil seit dem Tertiär.

Devón (nach der engl. Grafschaft Devónshire, erdgeschichtliche Periode mit dem Beginn vor etwa 400 Millionen Jahren, ist die Zeit der Besiedlung des Landes durch Pflanzen und Tiere. Neben der Entwicklung von Riesenalgen (Braunalgen) ist botanisch das Auftreten der eigentlichen Farnpflanzen (Pteridophyten) bezeichnend. Aufgrund der Höhepunktentwicklung der → Psilophyten wird das Devon auch Psilophyten-Zeit genannt. Devon = zwischen Silur (vorher) und Karbon (danach).

di-, dia-, in Zusammensetzungen: zwei-, doppelt-.

Diachóre (griech. diachorízein = absondern, trennen), gegliederter Rassenkreis, Rassenkette.

diadélphisch, zweibrüderig.

diadelphus, -a, -um (lat. von griech. dis = zwei; griech. adelphós = Bruder; z. B. in zwei Bündel verwachsene Antheren = Staubfäden), zweibrüderig.

diademátus, -a, -um, lat., mit Diadem (griech. diádema = Kopfbinde, Zierde) versehen, gekrönt, geziert.

diadémus, -a, -um, geziert, verziert, Diadem-.

Diät (griech. díaita = Lebensweise), Ernährungsweise, Kost, Schmalkost, bei der in der Regel Obst und Gemüse ein wesentlicher Bestandteil sind.

diätétisch (→ Diät), Adjektiv: für die Ernährung zweckmäßig; schonende Wirkung.

Diageotropísmus, Orientierung von Pflanzenteilen durch Wachstumsvorgänge auf den Reiz der Schwerkraft, so daß die Achse senkrecht zur Schwerkraftrichtung, also horizontal, liegt. Deutlich bei Rhizomen und Seitenwurzeln vieler Pflanzen; vgl. Geotropismus, Plagiogeotropismus.

Diagnóse, Beschreibung eines Taxons nach botanischen Merkmalen.

Diagrámm (griech. diágramma = Umriß, Zeichnung, Figur), projizierte Querschnittsdarstellung, schematischer Grundriß, z. B. zur Kennzeichnung einer Blüte.

Diakinése (griech. diakinéein = heftig bewegen, rütteln, aufregen), Endstadium der meiotischen Prophase. Die Spiralisation der gepaarten Chromosomen ist noch nicht abgeschlossen. Weitere Verkürzungen. Vorübergehende Verlagerung der → Bivalente in Kernwandnähe.

diaktín (griech. diá = hindurch; áktis = Strahl), strahlendurchlässig, z. B. für Röntgenstrahlen durchlässig.

Dialypétalae (griech. dialýein = trennen; pétalon = Blatt), zweikeimblättrige Pflanzen, die meist eine doppelte, in einen Kelch und eine freiblättrige Krone gegliederte Blütenhülle aufweisen.

Dialýse (griech. diá = auseinander; lýsis = Lösung), Trennung kolloidaler und kristalliner Körper mit Hilfe tier. oder pflanzl. Membranen (Pergament, Schweinsblase), die nur für die letztere durchdringbar sind.

dialysepál, mit getrennten Kelchblättern versehene → Blütenhülle.

Dialýsis, Adesmie; Trennung von normal vereinten, ihrer Natur nach homologen Organen.

Diamesogámae, Pflanzen, deren Befruchtungskörper (Pollen) zur Übertragung besonderer Vermittler bedürfen.

Diándria, Zweimännige, Zweigriffelige; Zwitterblüten mit zwei freien Staubblättern (II. Kl. des Linnéschen Systems).

Diánthus, m., Gatt. der Caryophylláceae (griech. Zeus, Genit. Diós = des oder von Zeus; ánthos = Blüte, Blume; von Linné auf die Gartennelke wegen ihrer Blütenpracht übertragen) – Nelke.

Diapénsia, f., Gatt. der Diapensiáceae (griech. Name der Sanikel).

Diaphanánthe, f., Gatt. der Orchidáceae (griech. diaphánes = durchsichtig; ánthe = Blüte; Name bezieht sich auf die durchscheinende, glasige Blütenhülle; also: »Durchblickorchidee«).

diáphanus, durchscheinend, halbdurchsichtig (griech. phainomai = erscheinen).

Diaphrágma, f., (griech. diaphrágma =

Scheidewand), bei den Calamitales und Equisetales Querwand im Markhohlraum.

Diaphýse, zentrale Durchwachsung von Blüten, wobei die durchwachsende Achse Blüten bzw. einen Blütenstand oder Blätter tragen kann.

diapléktisches Leitbündel, das nicht radiale, sondern durchwobene Leitbündel (von Lycopodium).

diarch, zweistrahlig; ein radiales Leitbündel mit zwei Xylemstrahlen.

Diaspóren (griech. diasporá = das Ausstreuen, die Ausstreuung), Verbreitungseinheiten der Pflanzen.

Diáster (griech. di- = zweifach; astér = Stern), Doppelstern; das Diasterstadium ist in der Anaphase während der indirekten Zellteilung ausgeprägt.

Diastóle (griech. diastolé = das Ausdehnen, Expansion), Ausdehnung von Vakuolen, dabei nehmen dieselben wäßrige Lösung auf. Gegenbegriff → Systóle.

Diatoméen (griech. diatémnein = hindurchschneiden, bezieht sich auf die Hälfte des Kieselpanzers), Kieselalgen (Klasse: Bacillariophyceae, Stamm: Chromophyta); fossil seit der Kreide.

Diatoméenerde, Kieselgur. In Binnenseen entstandenes, hauptsächlich aus den Kieselschalen abgestorbener → Diatomeen gebildetes Sediment, das meist in Tagebauen gewonnen wird und zur Herstellung von Filter- und Isoliermaterial Verwendung findet.

Dibbelsaat, Reihensaat mit gleichmäßigem Abstand der Samen, durch besondere Vorrichtungen an der Drillmaschine hervorgerufen.

Dicéntra, f,. Gatt. der Papaveráceae (griech. dis- = zweifach; kéntron = Sporn; also Doppelsporn, d.h., zwei Blumenblätter tragen je einen Sporn) – Herzblume (Form!).

Dichāea, f., Gatt. der Orchidáceae (griech. dícha = zweifach, zweireihig; sieht zufolge der zweireihigen Beblätterung wie ein Schweif aus; also »Schweiforchidee«).

Dichásium (griech. dicházein = auf-, zerteilen, verzweigen), eine Form der Verzweigung, bei der zwei Seitenäste die Fortsetzung der Mutterachse übernehmen; häufig im Bereich der Blütenstände auftretend; z. B. zweigabelige Trugdolde, d. h. ein zymöser Blütenstand, bei dem unterhalb der Spitze des Hauptsprosses zwei Seitensprosse entspringen, die sich in gleicher Weise verzweigen.

Dichogamíe (griech. dichós = doppelt; gamein = begatten), zeitlich verschiedenes Reifwerden der Geschlechter innerhalb einer Zwitterblüte, was eine Selbstbefruchtung verhindert.

Dichorisándra, f., Gatt. der Commelináceae (griech. dis = zwei; chorá = Raum; anér, andrós = Mann, Staubgefäß) – Doppeldrilling.

Dichotomíe (griech. dichótomos = in zwei Teile gespalten, gabelig), Gabelverzweigung, kommt zustande durch Längsspaltung des Vegetationskegels der Sproßachse. Vorkommen: u. a. bei höheren Algen und den Pteridophyta.

dichotómische Methode (griech. dichoteméo = in zwei Teile spalten, trennen, gliedern; dichótomos = in zwei Teile gespalten, gegensätzlich), erstmals von Lamarck in seinem dreibändigen Werk »Flora von Frankreich« (1778) angewandte Bestimmungsmethode, die nach dem Prinzip der Gegenüberstellung von Merkmalen ein schnelles Auffinden von gesuchten Pflanzen ermöglicht und bislang bei entsprechender Weiterentwicklung den Bestimmungsbüchern resp. Exkursionsfloren zugrunde liegt. Die Bestimmungstabellen bestehen dabei aus Zeilengruppen, von denen jeweils zwei aufeinanderfolgende die gleiche Zahl führen. Beide gehören zusammen und stellen gegensätzliche Fragen (deswegen dichotomisch). Die Merkmale der gesuchten, unbekannten Pflanzen passen nur zu einer der Angaben. Die Zahl am Ende der betreffenden Zeile weist auf ein weiteres Zeilenpaar hin.

dichótomus, -a, -um, zweiteilig, gabelig (z.B. Siléne dichótoma – Gabel-Leinkraut).

Dickenwachstum, die Art des Wachstums, die den Querschnitt eines Organs vergrößert.

Dicksónia, f., Gatt. der Cyatheáceae (nach dem engl. Botan. J. Dickson, 1738–1822); fossil wahrscheinlich seit der Kreide.

dicóccus, zweibeerig.

Dicotyledóneae (griech. di- = zweifach; kotyledón = → Kotyledónen), zweikeimblättrige Pflanzen, Kl. der Bedecktsamer, besitzen bis auf seltene Ausnahmen zwei am Embryo gegenständig angelegte Keimblätter. Sie unterscheiden sich von den Einkeimblättrigen in der Regel durch Langlebigkeit der Hauptwurzel, kreisförmige Anordnung der Leitbündel auf dem Stengelquerschnitt, oft sekundäres Dickenwachstum mittels eines Kambiums, Vielgestaltigkeit und Netznervatur der Blätter. Nebenblätter sind häufig, Blattscheiden selten vorhanden.

dicr-, dicro-, zweispaltig, doppelt-.

Dicránum, n., Gatt. der Dicranáceae (griech. díkrános = zweiköpfig, zweizinkig. Nach den → Peristomzähnen, die tief in zwei Schenkel gespalten sind) – Dicranales – Laubmoose.

Dictámnus, m., Gatt. der Rutáceae (gebildet aus Dikte [=Dicta], Berg auf Kreta, und griech. thámnos = Strauch, Staude, Zweig) – Diptam; fossil seit dem Pliozän.

díctyo- (griech. díctyon = Netz), netz-, sieb-.

Dictyosómen (griech. díctyon = Netz; sóma = Körper), = Dictyosomata, Stapel scheibenförmiger, membranumgrenzter Hohlräume in pflanzlichen Zellen. Die Scheiben an der Konkavseite des schalig gebogenen Stapels bilden an den Rändern blasenförmige Auftreibungen. Sie sind Orte der Konzentrierung oder auch Bildung von Sekreten. Sing.: Dictyosoma.

Dictyoxylón-Struktur (griech. díctyon = Netz; xýlon = Holz), netzartige Struktur mancher Pteridospermen-Stämme und -Wedel, herrührend von vertikal verlaufenden, einander streckenweise berührenden, in Grund-Parenchym eingebetteten Bändern bastartiger Gewebe (Stereome).

Dictyozamítes, f. (griech. díctyon = Netz; lat. zámia = camia = Zapfen der Tannen nach Plinius), eine Sammelgattung fossiler Cycadophyta-Blätter. Vorkommen: Jura.

Didiérea, f., Gatt. der Didiereáceae, Caryophyllales; nach dem franz. Oberst und Naturforscher Grandidier. Endemisch in den Trockengebieten Madagaskars, eingeschlechtige Blüten, stammsukkulent.

Didíscus, m., Gatt. der Apiáceae (griech. dis = doppelt; dískos = Scheibe) – Blaudolde.

didymo-, didym-, griech. doppelt, doppel-.

didymostachys, griech. doppelährig.

dídymus (latin. von griech. dísdymos = doppelt, zweifach; griech. hoi didymoi = die Zwillinge), zweifach, z. B. Monárda dídyma.

didynámius, didýnamus (griech.), zweimächtig.

Dieffenbáchia, f., Gatt. der Aráceae (nach dem Arzt J. F. Dieffenbach, 1792–1847) – Dieffenbachie.

Diervíllea, f., Gatt. der Caprifoliáceae (nach dem franz. Arzt Dierville, 17./18. Jh.).

differens (lat.), verschieden, verschiedenartig, unterschiedlich, different.

Differentialarten, Arten, die zwei oder mehrere floristisch nahestehende Pflanzengemeinschaften (meist Subassoziationen, Varianten und Ausbildungsformen) durch ihr Vorkommen bzw. Fehlen voneinander trennen. Sie brauchen keine Bindung an eine bestimmte Assoziation aufzuweisen.

difficílis, -is, -e (lat.), schwierig.

diffinis, -is, -e (lat.), bestimmt.

diffissus, -a, -um (lat.), zweigespalten.

diffluens (lat.), zerfließend.

diffórmis, -is, -e (lat.), verschiedengestaltet, verbildet.

Diffusión (lat. diffúndere = sich ergießen, auseinanderfließen, ausbreiten, verbreiten), gleichmäßige Verteilung von Masseteilchen über das Volumen eines Gases oder eines Lösungsmittels als Folge der thermischen Bewegung der Moleküle; bei Vorhandensein eines Konzentrationsgefälles diffundieren die Stoffe von Orten höherer Konzentration zu Orten niederer Konzentration.

diffúsus (lat.), ausgebreitet.

Digestiónsdrüsen (lat. digérere, -o, -gessi, -gestus = zerteilen, verteilen, verdauen), drüsige Anhängsel der insektenfressenden Pflanzen, die ein klebriges Enzym ausscheiden, das die Eiweißstoffe der gefangenen Insekten für die Pflanze aufnahmefähig macht.

Digitális, f., Gatt. der Scrophulariáceae (lat. digitális = Handschuhfinger, auch Fingerhut) – Fingerhut (Blütenform!).

Digitária, f., Gatt. der Poáceae (lat. dígitus = Finger) – Fingergras.

digitátus (lat. dígitus = Finger), gefingert, handförmig.

dikárp (griech.), »zweifrüchtig«; dikarpes Saatgut wird bei Betarüben verwendet und bedeutet hier: vorwiegend aus zweifrüchtigen Saatguteinheiten bestehend.

Dikaryónt → Dikaryophase.

Dikaryopháse (griech. dis. = doppelt, zwei; káryon = Kern; phásis = Erscheinung), Phase im Kernphasenwechsel der Ascomyceten und Basidiomyceten, bei der nach erfolgter Kopulation zunächst die Kernverschmelzung unterbleibt, so daß die beiderlei Kerne noch getrennt nebeneinander bestehen.

diklín (lat. diclínus = zweilagerig, getrennten Geschlechts) sind Pflanzen mit eingeschlechtigen Blüten, in denen nur die Staubgefäße oder nur die Fruchtknoten entwickelt sind (z. B. Mais).

Diklinie, Getrenntgeschlechtigkeit.

Dikotyledónen = »Zweikeimblättler« (zweikeimblättrige Pflanzen); exakt (ohne eindeutschende Elemente): → Dicotyledoneae.

Dilatationswachstum (lat. dilatátio, -onis = Erweiterung, Ausdehnung), tangential gerichtetes Wachstum des Sprosses (= Dehnungswachstum).

dilatátus (lat. dilatáre = erweitern), verbreitert, erweitert.

Dillénia, f., Gatt. der Dilleniáceae (nach dem in Engl. lebenden deutsch. Botan. J. J. Dillenius, 1684–1747) – Rosenapfelbaum; fossil seit dem Tertiär.

dimíktischer See, so wird ein See bezeichnet, in dem im Jahreslauf zwei Zirkulationen auftreten, die zu einer Teil- oder Volldurchmischung der vertikalen Wasserschichten führen (meist im Frühjahr und Herbst).

dimorphánthus (griech. dís = doppelt; morphé = Gestalt; ánthos = Blüte; latin. Adjektiv), doppelgestaltig blühend.

Dimorphísmus, »Zweigestaltigkeit«, Erscheinung, daß ein Organ bei demselben Individuum in zwei differenten Formen auftritt.

dimórphus (griech. dís = zwei; morphé = Gestalt), zweigestaltig.

Dinckel, in südlichen Gebieten der BRD (Bayern, Baden-Württemberg) noch gelegentlich bzw. territorial begrenzt angebaute Weizenart: Triticum spelta L.; wahrscheinlich entstanden aus T. dicoccon x compactum (Emmer x Buckelweizen).

diözisch (griech. = »zweihäusig«), Archegonien und Antheridien auf verschiedenen, eingeschlechtlichen Pflanzen. Zweihäusigkeit (z. B. bei Weide, Hanf, Hopfen).

dióicus, -a, -um (griech. → diözisch), zweihäusig, männliche und weibliche Blüten getrennt auf verschiedenen Pflanzen (z. B. Urtíca dióica – Große Brennessel).

Dionáea, f., Gatt. der Droseráceae (griech. Dioné = Mutter der Venus) – Venusfliegenfalle.

Dióon, n., Gatt. der Cycadáceae (griech. di[s] = zwei [doppelt]; óon = Ei); die großen Samen von D. edule liefern Stärkemehl, jedes 2. Jahr i. d. Regel Bildung neuer Blattkrone; geschätztes Alter für Exemplare von D. e. etwa 1000 Jahre.

Dioonítes, m. (nach der Cycadee Dioon edule), eine Sammelgattung von Blättern cycadeenartiger Gymnospermen. Vorkommen: Jura und Wealden.

Dioscoréa, f., Gatt. der Dioscoreáceae (bekannt nach Dioscorides, einem griech. Arzt um 50 n. u. Z.) – Yamswurzel; fossil seit dem Tertiär.

Dioskorídes, dioskúrides Pedanios, aus Anazarbos in Kilikien, Militärarzt unter Claudius und Nero (1. Hälfte des 1. Jh.), berühmtester Pharmakologe des Altertums. Hauptwerk: »Peri hylēs iatrikēs« (Über Arzneistoffe) in 5 Büchern, bis weit in das 16. Jh. hinein das Hauptwerk auf dem Gebiet der Pharmakologie, behandelt pflanzl. und tier. Genuß-, Nahrungs- und Arzneimittel sowie Getränke (Weinsorten) und Mineralien nach medizinischen Gesichtspunkten.

Diospýros, f., Gatt. der Ebenáceae (griech. dios = göttlich; pýros = Korn) – Kaki-, Dattelpflaume – Ebenholz; fossil seit der Kreide.

Diótis, f., Gatt. der Asteráceae (griech. dis = zwei; ous, otos = Ohr) – Ohrblume.

Dipélta, f., Gatt. der Caprifoliáceae (griech. dis-, di- = zwei; pélte = Schild).

diphásischer Generationswechsel (nach Hartmann) (griech. dis = zwei; phásis = Erscheinung) → antithetischer Generationswechsel.

Diphylléia, f., Gatt. der Berberidáceae (griech. dis = zwei; phýllon = Blatt) – Schirmblatt.

dipl-, diplo-, in Zusammensetzung: doppel-.

dipleúrisches Kambium (griech. pleurá = Seite), Kambium, das neue Gewebeelemente nach zwei Seiten hin ausbildet.

Diplobiónt (griech. díploos = zweifach; bíos = Leben), eine Geschlechtspflanze mit Generationswechsel und zwei Arten von Individuen.

diplochlamydéisch, Bezeichnung für Blüten mit zwei Kreisen von Hüllblättern.

Diplochóre (griech. díploos = zweifach; chorízein = verbreiten), Pflanzen, deren Verbreitungsorgane diploide Samen sind (Gymno- und Angiospermae).

Diplohaplontentyp (griech. díploos = zweifach; háploos = einfach), Kernphasenwechsel, bei dem die Organismen einen Wechsel zwischen einer haploiden Geschlechtsgeneration und einer diploiden ungeschlechtlichen Generation zeigen, da im Anschluß an die haploide Phase zwischen Kopulation und Reduktionsteilung eine kürzere oder längere diploide Phase bzw. selbständige Generation eingeschaltet ist.

diploíd, Bezeichnung für einen Organismus mit einer Gesamtzahl an Chromosomen, die der doppelten Grundzahl entspricht.

Diploidíe, Bezeichnung für die Gesamtzahl der Chromosomen in einer somatischen (= Körper-) Zelle, die der doppelten Grundzahl oder der doppelten haploiden Chromosomenzahl entspricht.

diplokaúlisch, Bezeichnung für die Pflanzen, bei denen erst die Achsen 2. Ordn. mit einer Blüte abschließen.

Diplokokken, paarweise gelagerte Kokkenbakterien, die stets zu zweit nebeneinander liegen.

Diplónten (griech. díploos = zweifach, doppelt), Lebewesen mit einem diploiden Chromosomenbestand.

Diplontentyp (griech.), Kernphasenwechsel, bei dem die Organismen diploid sind; die Reduktionsteilung erfolgt erst kurz vor der Gametenbildung und ist mit ihr verknüpft. Die Wiederherstellung der diploiden Phase vollzieht sich in der Zygote.

diplophásisch (griech. díploos = zweifach, doppelt), Generationswechsel, bei dem die Reduktion der Befruchtung unmittelbar vorausgeht. Alle Zellen mit Ausnahme der Gameten sind diploid (→ homophasisch).

Diploschístes, m., Gatt. der Lecanorales (griech. diploos = doppelt; schistós = gespalten [= »Doppel-Spaltung«]).

Diplosporie (griech. spóros = Keim), apomiktische Entstehung des weiblichen Gametophyten aus einer diploiden Mutterzelle.

diplostemón, Bezeichnung für ein Androeceum, das aus zwei (griech. diploos-) Kreisen von Staubblättern besteht, deren äußerer über den Kelchblättern (episepal) und deren innerer über den Kronblättern (epipetal) steht; (vgl. obdiplostemon, haplostemon).

Diplotän, 4. Stadium der Prophase in der Meiose, in dem die bereits gepaarten Chromosomen die Längsspaltung in die beiden Chromatiden erkennen lassen.

Diplotáxis, f., Gatt. der Brassicáceae (griech. díploos = doppelt; táxis = Reihe) – Doppelsame.

diplotmemátisch (griech. díploos = zweifach; tméma = Schnitt, Abschnitt), durch doppelte Gabelung gekennzeichneter Wedelbau mancher Pteridophyllen (z. B. der Mariopteriden).

diploxýl (griech. díploos = doppelt; xýlon = Holz) sind die Holzkörper von Leitbündeln, wenn sich der eine Teil zentrifugal, der andere zentripetal entwickelt.

dipsáceus, kardeartig.

Dípsacus, m., Gatt. der Dipsacáceae (griech. dípsa = Durst; dipsáein = dürsten, durstig sein; die Pflanze sammelt in den beckenartigen Grundblättern Regenwasser) – Karde.

dípter-, díptero- (griech. dis = zweimal, pterón = Flügel), zweiflügelig-.

dipterocárpum, nach dem gleichnam. Gattungsnamen (griech. dis = zweimal; pterón = Flügel; karpós = Frucht).

Dipterocárpus, m., Gatt. der Dipterocarpáceae (griech. dis = zweimal; pterón = Flügel; karpós = Frucht); fossil seit dem Tertiär.

direkte Anpassung, hierunter versteht der Lamarckismus eine den jeweiligen herrschenden Verhältnissen entsprechende aktive, zweckmäßige Änderung der Organismen.

direkte Zellteilung, Zellteilung durch einfache Durchschnürung des Zelleibes und des Zellkernes.

dis-, verschieden-, mehrfach-.

Dísa, f., Gatt. der Orchidáceae (lat. dis, ditis [kontrahiert aus dives] = reich, lohnend; namentl. Bezug auf die Schönheit der Blüte. Daneben wird auch die Ableit. nach einem südafrikanischen Ortsnamen vertreten) – Kaporchidee.

Disaccharíde (griech. dis- = zweifach; sákchar, -aros = Zucker, auch sákcharis = Zucker), Zweifachzucker; Zuckerarten, die aus zwei einfachen Zuckermolekülen (Glucose, Fructose usw.) aufgebaut sind (Bruttoformel meist $c_{12}H_{22}O_{11}$).

discátus, -a, -um, reich bewehrt.

Dischídia, f., Gatt. der Asclepiadáceae (griech. dischídes = zweispaltig) – Urnenpflanze.

díscolor (lat.), verschiedenfarbig, bunt.

disjúnktes Areal (lat. disjúnctus = getrennt, entfernt, fernliegend), Areal, das aus Teilen besteht, zwischen denen eine große Verbreitungslücke der betreffenden Pflanze besteht, die mit deren Verbreitungsmitteln nicht überbrückt werden kann.

Disjunktionsschwelle, Entfernung, die von einer Pflanze mit ihren natürlichen Verbreitungsmitteln gerade noch überbrückt werden kann.

diskontinuierlich (lat.), unterbrochen.

diskontinuierliche Sterilisation, Verfahren, um sporenhaltiges Material, wie Nährböden, keimfrei zu machen. Es wird auf 100 °C erhitzt, im Brutschrank ausgekeimt und erneut auf 100 °C erhitzt.

diskontinuierliches Areal (= unterbrochenes A.) → disjunktes Areal.

Diskus (lat. Scheibe), Anschwellung der Blütenachse in Form eines ringförmigen Wulstes oder Polsters, die meist Nektar absondert. Beispiel: Rutaceae, Aceraceae.

Dislokation, Verlagerung von Chromosomensegmenten durch Chromosomenmutationen.

Disomie, das Vorhandensein zweier strukturell identischer Chromosomen in einer Zelle.

dispar (lat.), ungleich, verschieden.

dispérs (lat. dispérsus = zerstreut, verbreitet), Bezeichnung für ein System, an dessen Aufbau verschiedene Stoffgruppen teilnehmen. Der Stoff, dessen Teilchen miteinander in Verbindung stehen, heißt Dispersionsmittel, der in ihm verteilte Stoff disperse Phase (Wolken = Wassertröpfchen in Luft; Milch = Fetttröpfchen in Lösung; Flußtrübe = Schlammteile in Wasser; Boden = Bodenteilchen in Bodenlösung; Protoplasma = Eiweiß in wäßriger Lösung).

Dispersión (lat. dispérsio), Zerstreuung.

Dispersionsgrad, Feinheitsgrad der Verteilung kleinster Teile der kolloidalen Lösungen.

Dispersität, Zerteilungsgrad (→ dispers).

Dispirém (griech. dis = doppelt; speíra = Windung, Knäuel), Doppelknäuel, Stadium der Karyokinese; vgl. Mitose.

Dispositión (lat. dispónere = bereitstellen, ausbreiten, gliedern), 1. Krankheitsbereitschaft, Anlage, Gesamtheit der inneren Krankheitsbedingungen, diejenige Beschaffenheit des Organismus, die die Voraussetzung der Wirkung schädigender Einflüsse ist. Disposition ist die Empfänglichkeit, Ansprechbarkeit des Körpers für Krankheiten. Disposition kann angeboren oder erworben sein. 2. Gliederung, Einteilung.

disséctus, -a, -um (von lat. dissecáre = auseiannderschneiden), feingeschlitzt.

Dissimilatión (lat. dissimiláre = unähnlich machen), Abbau energiereicher organischer Stoffe zu energiearmen, anorganischen Stoffen oder allgemein: Verbrauch von Körper- bzw. Reservesubstanz zum Zwecke der Energiefreisetzung.

dissímilis (lat.), unähnlich, ungleichartig.

disso-, doppel-.

Dissoziatión, Störung der Assoziation, Lokkerung des Zusammenhanges, Trennung.

distál (lat. distáre = entfernt sein), Bezeichnung für ein Stück eines Zweiges (Ast, Wurzel o.ä.), das vom Insertionspunkt desselben ± weit entfernt ist. Ggs. → proximal.

Distichíe, zweizellige Blattstellung; zerstreute Blattstellung mit → 1/2-Divergenz, wobei die Blätter in zwei Längszeilen übereinanderstehen, z.B. bei den Gräsern (Poáceae).

Distíchlis, f., Gatt. der Poáceae. Spec.: D. hírta Phil.

distórtus (lat.), verdreht.

Distrophíe (griech. distéphein = unterschiedlich ernähren), ungleichgroße Ausbildung homologer Organe.

Distylíe (griech. dís = zwei; stylís = Stange), Ausbildung von zwei auf verschiedene Pflanzen verteilten Blütentypen mit verschieden langen Griffeln.

disymmétrisch, Bezeichnung für Gebilde (Blüten, Organe), die durch zwei Symmetrieebenen in spiegelbildlich gleiche Teile zerlegbar sind. Hierfür wird in der Botanik häufig der Begriff »bilateral« (zweiseitig) gebraucht, der jedoch in der Zoologie und Medizin sprachlich richtiger für → dorsiventral verwendet wird.

Diúris, f., Gatt. der Orchidáceae (griech. dís = zwei; oyrá, urá = Schwanz; namentl. Bezug auf die seitlichen Sepalen, die schwanzförmig sind und sich einander kreuzen – ähnlich den X-Beinen eines Esels; daher verdeutscht aus dem Engl.: »Eselsorchidee«).

diúrnus, tagsblühend (lat. díes = Tag).

diútinus (lat.), langdauernd.

divaricátus (lat.), ausgespreizt, sperrig.

divérgens (lat. divérgere = auseinanderspreizen), auseinanderlaufend.

Divergénz, bei der zerstreuten Blattstellung der Winkel, den zwei aufeinanderfolgende Blätter miteinander bilden. Man gibt ihn als Bruchteil eines Kreises an, z.B. 1/2-Divergenz: die aufeinanderfolgenden Blätter sind um je 180° gegeneinander verschoben, so daß das zweite dem ersten gegenüber und das dritte über dem ersten steht, sämtliche Blätter also in zwei Längszeilen (→ Orthostichen) übereinanderstehen (→ Distichie). Am häufigsten ist die 2/5-Divergenz, bei der fünf Orthostichen auftreten und jedes sechste Blatt über dem ersten steht.

Divíduenbildung (lat. divíduus, -a, -um, = trennbar, teilbar), Selbständigwerden der Äste von Erdsprossen durch das Absterben der verbindenden älteren Teile (z. B. Rhizomäste von Iris, Sproßknollen der Kartoffel).

Divísio → Abteilung.

divúlsus (lat.), zerrissen, getrennt.

Dizygothéca, f., Gatt. der Araliáceae (griech. dis = zwei; zýgos = Paar; théke = Staubbeutel), – Fingeraralie.

DNA = Deoxyribonucleic acid = Desoxyribonucleinsäure. Auch in der deutschsprachigen Literatur häufiger gebraucht als die Kurzform DNS.

DNS → Desoxyribonucleinsäure.

Dodecátheon, n., Gatt. der Primuláceae (griech. dodéka = zwölf; théos = Gott) – Götterblume.

Dodonǣa, f., Gatt. der Sapindáceae; nach R. Dodoens = Dodonaeus Rembert, Botan./Prof., 1517 (Mecheln) – 1585 (Leiden), beschrieb einheimische und ausländische Pflanzen in einem Werk mit 1340 Kupfertafeln. Gattungsname von Linné gegeben.

dolabrátus, -a, -um; dolabrifórmis, beilförmig (z. B. Thujópsis dolabráta – Beilblättrige Hiba).

Dolde (Umbélla), razemöser Blütenstand mit verkürzter Hauptachse, an welcher die etwa von einem Punkt ausgehenden, ± gleich lang gestielten Einzelblüten stehen. Wenn an Stelle der Einzelblüten wieder kleine Dolden (Döldchen) sitzen, spricht man von einer zusammengesetzten Dolde.

Doldenrispe, eine Rispe, bei der die Blüten in einer Ebene stehen; → Ebenstrauß.

Doldenstrahlen, von dem Endpunkt der Hauptachse abgehende, gleichlange, blütentragende Stiele.

Doldentraube, eine Traube, bei der die unteren Blütenstiele so lang sind, daß die Blüten fast in einer Ebene liegen; → Ebenstrauß.

dolich-, dolícho- (griech. dolichós = lang), lang-.

Dólichos, m., Gatt. der Fabáceae (griech. dolichós = lang) – Lablabbohne, Helmbohne.

dolichothéle (griech. dolichós = lang; thelé = Zitze, Warze), langwarzig.

Dolipórus, m., Sing., griech./latin.; Formenporus; Porus mit einem Dolium (tonnenförmige Verdickung) bei Basidiomyceten.

Dólium (Sing.), tonnenförmige Verdickung am Porus der Basidiomyceten-Septen.

Dolomítknollen → Torfdolomit.

Domäne, Begriff der Pflanzengeographie, identisch mit → Provinz.

Domátien (lat. dómus = Haus, Wohnung), Bezeichnung für alle besonderen Bildungen an einem Pflanzenteil oder für Umwandlungen von Pflanzenteilen, die anderen Organismen als Aufenthaltsort dienen.

doméstìcus, häuslich, zum Hause gehörend.

Domestikatión, Entstehung von Kulturpflanzen aus Wildpflanzen bzw. von Haustieren aus Wildtieren.

dominánt (lat. dóminans = Partizip Präs.: herrschend), verdeckend, überdeckend, unterdrückend; 1. Ausdruck der Vererbungslehre, wenn das Merkmal eines Elters das homologe des anderen überdeckt. Das überdeckte Merkmal ist dann rezessiv. 2. In der Vegetationskunde Bezeichnung für eine vorherrschende Art.

Dominánte, die in einer Schicht einer Pflanzengemeinschaft vorherrschende Art bzw. mehrere vorherrschende Arten.

Dominánz, in sehr vielen Fällen mit dem Deckungsgrad zusammenfallender Begriff der auf den Boden projizierten Flächen jeder Art in jeder Schicht.

dominíerend (lat. von domináre = herrschen; dóminus = Herr), vorherrschend.

Donátor (lat. donáre = schenken, geben), Geber, z. B. Elektronendonator, Elektronen abgebende Verbindungen; Aminogruppendonator u. a.

dónax (lat. donéo = ich bewege hin und her), Pfahlrohr.

Doppelbefruchtung, die Verschmelzung des zweiten generativen Spermakernes mit dem sekundären Embryosackkern.

Doppelfruchtwechsel, zweijährig alternierender Anbau von Blattfrucht- und Halmfruchthauptfrüchten (2x Blattfrucht – 2x Halmfrucht) → Fruchtfolge.

Doppelhélix, Modell der Desoxyribonucleinsäurestruktur nach Watson und Crick. Danach bilden die Polynucleotidstränge eine Doppelspirale; → Basenpaarung.

doppelt gefiedert ist ein Blatt, wenn die Blattspindel an Stelle der Fiederblättchen Spindeläste trägt, an denen erst die Fiederblättchen sitzen.

Dorítis, f., Gatt. der Orchidáceae (griech. Dorítis = Beiname der Aphrodite; daneben auch die Ableit. von griech. dorý = Spieß, Lanze möglich, denn die Lippe hat eine spießähnliche Form) – Spießorchidee.

Dormanz (lat. dormíre = schlafen), endogene (innere, echte) Ruhe (-im Ggs. zur → Quiescenz); die D. ist in den ruhenden Zellen selbst (autonom) manifestiert u. vollzieht sich typischerweise im kausalen Zusammenhang mit Blockierungen der Genexpression, so daß auch keine Unterbrechung unter günstigen Außenbedingungen erfolgt.

Dormín, ältere Bezeichnung für → Abscisinsäure, die sprachlich die hemmende Wirkung auf physiologische Prozesse zum Ausdruck bringt.

Dornbusch, subtropische gehölzreiche Formation, deren Bestandsbildner sich durch starke Sklerenchymbildung in Form von Dornen und Stacheln auszeichnen; meist an trockenen, oft bodenskelettreichen Standorten.

Dornen, spitze, starre Gebilde, die durch Umwandlung aus Zweigen, Blättern oder Seitenwurzeln hervorgehen.

Dorónicum, n., Gatt. der Asteráceae (nach einem arab. Pflanzennamen) – Gemswurz.

dorónicum, nach der gleichnamigen Gatt. Gemswurz.

Dorotheánthus, m., Gatt. der Mesembrianthemáceae (nach Dorothea Schwantes, der Mutter von Prof. G. Schwantes, und griech. ánthos = Blüte, Blume) – Mittagsblume.

dorsál (lat. dórsum = Rücken), zur Rücken- oder Oberseite gehörig oder dahin gerichtet, rückenständig, auf der Rückseite gelegen. Bezeichnet bei einer Blüte oder einem Seitensproß die Oberseite. Ggs.: → ventral.

dorsiventrál (monosymmetrisch, zygomorph), Bezeichnung für Gebilde (Blüten,

Organe), die nur durch eine Symmetrieebene in spiegelbildlich gleiche Hälften zerlegbar sind. Sie weisen eine unterschiedliche Rücken- und Bauchseite auf (vgl. radiär, disymmetrisch).

Dorsténia, f., Gatt. der Moráceae (nach dem Marburger Prof. Th. Dorsten, 1492–1552).

Dorýcnium, n., Gatt. der Fabáceae (griech. Pflanzenname) – Backenklee.

Dossínia, f., Gatt. der Orchidáceae (nach dem belgischen Botan. M. E. P. Dossin, 1777–1852) – Dossin-Orchidee.

Douglásia, f., Gatt. der Primuláceae (nach D. Douglas, schott. Botan., 1799–1834) – Goldprimel

-dóxa, -ruhm (Erwartung).

DPN, Diphosphorpyridinnucleotid; → NAD.

Drába, f., Gatt. der Brassicáceae (griech. Pflanzenname) – Hunger- od. Felsenblümchen; fossil seit dem Pliozän.

drába, scharf, brennend.

Dracaéna, f., Gatt. der Agaváceae (griech. drakaina = weibl. Drache) – Schlangenlilie, Drachenlilie; fossil seit dem Eozän.

dráco-, Drache-.

Dracocéphalum, n., Gatt. der Lamiáceae (griech. drákon = Drache; képhale = Kopf) – Drachenkopf.

dracúnculus, Schlangenwurz (Verkleinerungsform von dráco).

Dränáge (engl. drain = Zug, Strang; man verwendete zuerst Faschinenstränge [Reisigbündel] zur unterirdischen Wasserableitung), Entwässerung, Ableitung.

drepan-, drepano- (griech. drépanon = Sichel), sichel-.

Drepánium → Sichel.

Drift (drift), die Gesamtheit der im fließenden Wasser suspendierten lebenden und toten, organischen und anorganischen Partikel. Als organische D. werden nur die organischen Partikeln, als organismische Drift nur die driftenden lebenden Organismen bezeichnet. Mengenangabe pro Zeiteinheit oder Wassermenge.

Drillsaat, Ausbringen von Saatgut mit der Drillmaschine, wobei es durch Saatleitungsrohre und Drillschare in parallelen Reihen abgelegt und mit Erde bedeckt wird.

Drímys, m., Gatt. der Winteráceae (griech. drímys = beißend, scharf) – Beißrinde; fossil seit dem Tertiär.

Droge (holländ. = droog, engl. = drug, verwandt mit trocken, plattdeutsch = drög), jedes aus pflanzl. oder tier. Material hergestellte Arzneimittel, das eine Vielzahl von Stoffen enthalten kann.

Drósera, f., Gatt. der Droseráceae (griech. droserós = betaut, tauig) – Sonnentau; gehört zu den »fleischfressenden Pflanzen« (→ Carnivora).

Drosophýllum, n., Gatt. der Droseráceae (griech. drósos = Tau; phýllon = Blatt) – Taublatt.

drupáceus (lat. drúpus = zum Abfallen reif; drúpa = Steinfrucht), steinfruchtartig.

Drúsen, Einzelkristalle aus oxalsaurem Kalk im Zellsaft, die unregelmäßig um ein Bildungszentrum miteinander verwachsen sind. Gelbliche Körnchen aus den Fäden und Sporen von Actinomyces israeli, umgeben von Granulationsgewebe bei der Aktinomykose.

Drüsen, Organe, die ein Sekret bilden, das auf die äußere oder innere Körperfläche abgegeben wird.

Drýandra, f., Gatt. der Proteáceae (nach Jonas Dryander, 1748 [Schweden] – 1810 [London]).

Drýas, f., Gatt. der Rosaceae (griech. dryás = Baumnymphe, Dryade) – Silberwurz.

Dryas-Flora (griech. dryás = Dryade, Baum-, Waldnymphe), Tundrenflora mit Drýas octopétala (Silberwurz), Bétula nána (Zwergbirke), kriechenden Weiden usw., die dem zurückgehenden pleistozänen Inlandeis folgte und als erste die glazialen Ablagerungen besiedelte.

Drymoglóssum, f., Gatt. der Polypodiáceae (griech. drýmos = Wald; glóssa = Zunge).

Drynária, f., Gatt. der Polypodiáceae (griech. drys = Eiche; »eichenartig«).

Dryópteris, f., Gatt. der Polypodiáceae (griech. drys, dryós = Eiche; ptéris = Farn; also Farn, der auf alten Eichen wächst) – Wurmfarn.

dryópteris, nach der gleichnamigen Gatt. als Epitheton.

dúbius (lat.), zweifelhaft, unsicher.

Duboísia, f., Gatt. der Solanáceae (nach

Dubois d'Amiens, franz. Botan.) – Pituripflanze.

Dünen, vom Wind aufgeworfene Hügelketten aus Flugsand.

Dünsten, Garen im eigenen Saft (unter Zugabe von wenig Fett und Flüssigkeit); hat gegenüber dem Kochen den Vorzug, daß die Nährstoffe erhalten bleiben; vgl. Dämpfen.

dulcamára, -us, bittersüß (z.B. Solánum dulcamára – Bittersüßer Nachtschatten).

dúlcis (lat.), süß.

dumális, dumetórum, gestrüpp- oder heckenliebend (z.B. Vícia dumetórum – Heckenwicke). (lat. dumétum = Hecke, Dickicht; dumetórum = der Hecken).

Dunkelkeimer, Pflanzen, bei denen das weiße Licht eine hemmende Wirkung auf die Keimung der Samen hat.

dúplex (lat.), doppelt.

durácinus, -a, -um (lat.), hartbeerig.

Duránta, f., Gatt. der Verbenáceae; nach C. Durante benannt.

Durchdringung, Grenzzone zweier Pflanzengemeinschaften. Manchmal auch für gemischte Pflanzengemeinschaften gebraucht.

Durchforstung, nach bestimmten Gesichtspunkten erfolgende Bestandslichtung eines Forstes, um den allmählich heranwachsenden Bäumen den notwendigen Standraum zu schaffen.

Durchlaßzellen, charakteristische Zellen der Endodermis älterer Monokotylenwurzeln, die den Protoxylemgruppen der Leitstänge gegenüberliegen. Die Zellen der Endodermis, die zunächst nur einen Casparystreifen trugen, können in der Folge durch Wandveränderungen verschiedener Art so sehr verdickt werden, daß der Stofftransport durch sie hindurch unmöglich wird. Die unverdickten Zellen bilden dann die Verbindung zwischen Zentralzylinder und Rinde.

Durchlüftungsgewebe, Gesamtheit der Einrichtung, die einen Gasaustausch zwischen dem inneren Gewebe des Pflanzenkörpers und der atmophärischen Luft ermöglicht; → Aerenchym.

Durchschnittsprobe, Teil einer Saatgut- oder Rohwarepartie, der in jeder Beziehung ihrer durchschnittlichen Beschaffenheit und Zusammensetzung entspricht.

Durchwachsung von Blüten oder Blütenständen, Phänomen, daß über den Blüten ein Blattschopf gebildet wird, wobei die Blüten- oder Blütenstandachse ihr Spitzenwachstum nicht abschließt.

Durilignósa (lat. dúrus = hart; lignósus = holzig), Pflanzengesellschaften, in denen Holzpflanzen mit Hartlaub oder axillärem Assimilationsgewebe dominieren. Sing. Durilignósum.

Dúrio, m., Gatt. der Bombacáceae; malaiischer Name. – Durianbaum.

duriúsculus (von lat. dúrus = hart), härtlich.

dúrus (lat.), hart.

Duvália, f., Gatt. der Asclepiadáceae (nach J. Duval-Jouve, franz. Botan. 1810–1883).

Dy, m., (schwed. = Schlamm), Torfmudde, entsteht vorwiegend in dystrophen, an eingeschwemmten Humusstoffen reichen Seen (→ Organopelit).

Dýas, veraltete Bezeichnung bzw. Synonym für die geologische Periode des → Perm.

Dýckia, f., Gatt. der Bromeliáceae (nach Salm-Dyck, Fürst zu Salm-Reifferscheidt-Dyck, 1773–1861, bekannt durch bedeutende Sukkulentensammlung).

dys- (griech.), bedeutet die Störung eines Zustandes oder einer Tätigkeit.

dysánthus (griech. dys = miß-, un-; ánthos = Blüte), mißblütig, trübblütig.

dysentéricus (lat.), ruhrbringend, abführend.

dysgeogene Gesteine (griech. dys = miß-; gé = Erde; génesis = Entstehung; also »Mißbodenbildung«), Gesteine, die nur wenig Verwitterungsprodukte liefern.

Dyskinése (griech. dys = miß-; kinesis = Bewegung), Fehlfunktion; u.a. in der Medizin häufig angewandter Ausdruck, auch gültig in der → Phytopathologie.

dysphótische Tiefenstufe, lichtschwache, dämmerige T. der Wasservegetation.

Dysploídion (griech.), Art, zusammengesetzt aus morphologisch ähnlichen, aber eine dysploide Reihe (Chromosomen z. B. 10, 11, 12, ...) bildenden Sippen, deren Individuen sich geschlechtlich fortpflanzen. → Euploidion.

dystróph (griech. dys = miß-; tréphein = ernähren), nährstoffarm, aber humusreich.

E

e-, in Zusammensetzungen: aus-, un-; -los; ohne.

ebenacánthus, -a, -um, ebenholzstachelig.

Ebenstrauß (Corymbus), Rispe oder Traube, bei der die Blüten in einer Ebene oder einer nach oben gewölbten Fläche stehen. Hierzu gehören Schirmrispe (Doldenrispe) und Schirmtraube (Doldentraube).

ebracteátus, deckblattlos.

ébulus, röm. Name einer Holunderart.

ebúrneus (lat. ébur = Elfenbein), elfenbeinweiß.

Ecbállium, n., Gatt. der Cucurbitáceae (griech. ekbállein = herausschleudern; die Samen werden aus den reifen Früchten herausgeschleudert) – Spritzgurke.

Eccremocárpus, m., Gatt. der Bignoniáceae (griech. ekkremámein = an etwas hängenbleiben; karpós = Frucht).

Echevéria, f., Gatt. der Crassuláceae (nach dem mexikan. Pflanzenzeichner Echeverria).

echídne (griech. échidna), Otter.

echin-, echino- (griech. echínos = Igel), ígel-.

echináceus, echinátus, igelborstig, stachelig (z. B. Cynosurus echinátus – Stacheliges Kammgras).

Echinocáctus, m., Gatt. der Cactáceae (griech. echínos = Igel und Gattungsname Cáctus) – Igelkaktus.

Echinocéreus, m., Gatt. der Cactáceae (griech echínos = Igel und Gattungsname Ceréus) – Igel-Säulenkaktus.

Echinóchloa, f., Gatt. der Poáceae (griech. echínos = Igel; chloe = Gras) – Hühnerhirse.

Echinocýstis, f., Gatt. der Cucurbitáceae (griech. echínos = Igel; kýstis = Blase) – Igelgurke.

Echinódorus, m., Gatt. der Alismatáceae (griech. echínos = Igel; dorós = Schlauch) – Igelschlauch.

Echínops, m., Gatt. der Asteráceae (griech. echínos = Igel; ópsis = Aussehen) – Kugeldistel.

Echinópsis, f., Gatt. der Cactáceae (griech. echínos = Igel; ópsis = Aussehen).

echínus (von griech. echínos = Igel), igelstachelig.

echioídes, natterkopf- (Échium) ähnlich.

Échium, n., Gatt. der Boragináceae (griech. échis = Schlange, Natter; die blauen Blüten [Blumenkrone] haben entfernte Ähnlichkeit mit dem Kopf einer Schlange) – Natternkopf.

Echtheitsprüfung, Feststellung der Arten- oder Sortenzugehörigkeit von Saat- und Pflanzgut mit Hilfe folgender Merkmale: 1. morphologische und histologische Merkmale des Saatgutes; 2. typische Färbungsreaktionen des Saatgutes (z. B. Phenolfärbung, Jod-Jodkalium-Methode); 3. typische Fluoreszenzerscheinungen des Saatgutes; 4. Merkmale an kurzfristig im Vegetationslaboratorium, im Gewächshaus oder auf dem Versuchsfeld angezogenen Pflanzen.

edáphisch, vom Boden abhängig, auf den Boden bezüglich.

edáphische Faktoren, Umweltbedingungen, die auf den physikalischen, chemischen und biologischen Eigenschaften des Bodens beruhen.

Edaphologíe (griech. → Edaphon; lógos = Lehre, Kunde), im Ausland gebräuchliche Bezeichnung für Bodenkunde, die die Bedeutung des Edaphon unterstreicht. Identisch mit → Pedologie.

Edáphon (griech. édaphos = Grund, Boden), Sammelbegriff für die Mikroorganismen des Bodens (Lebensgemeinschaft von ständig frei im Boden lebenden Organismen), ist dem Begriff → Plankton analog.

Edaphophýten, mikroskopische Bodenflora.

edentátus (lat.), zahnlos.

Edraiánthus, m., Gatt. der Campanuláceae (griech. hédra = Sitz; ánthos = Blüte) – Becherglocke.

-edrus, -a, -um (lat. hédra = Fläche, Sitz), -flächig.

edúlis (lat. édere = essen), eßbar.

effúsus (lat. effúndere = ausbreiten), weitausgebreitet, flatterig.

Egerlinge (Egertlinge), deutsche Bezeichnung für die Champignonarten (Gattung Agáricus). »Egerling«, »Egertling« ist abzuleiten von »egarte« oder »egerde« = Brachfeld, wonach in Bayern das Fruchtfolgesystem, die Egartwirtschaft, benannt ist, und bedeutet demnach Bewohner der Brache, d. h. des ungepflügten, zur Viehweide freigegebenen Landes.

eglantéria (franz.), wilde Rose.

egrégius, -a, -um (lat.), auserlesen, vortrefflich.

Eiapparat, im Embryosack der Blütenpflanzen die drei oberen Zellen (Eizellen und die zwei Synergiden).

Eichórnia, f., Gatt. der Pontederiáceae (nach dem preuß. Minister J. A. Fr. Eichhorn, 1779 bis 1856); fossil seit dem Eozän bekannt. – Wasserhyazinthe.

Eigenrand, bei Apothecien Rand des Gehäuses, der die Apothecienscheibe umgibt. Er ist in Farbe und Form meist wenig von der Scheibe unterschieden.

Eikern, Kern der Eizelle.

einachsig → haplokaulisch.

Einblatt-Beeren, saftige → Einblattfrüchte; bei Annonáceae (z. T.), Actaea (Ranunculáceae) oder bei der Dattel (mit hartem Endosperm).

Einblattfrüchte, von den → Sammelfrüchten abgegrenzte Gruppe der → chorikarpen Früchte; zu ihnen gehören: 1. Balgfrüchte, 2. Hülsenfrüchte, 3. Einblatt-Beeren, 4. Einblatt-Steinfrüchte, Einblatt-Nüsse (s. d.)

Einblatt-Nüsse, Früchte der Gruppe → Einblattfrüchte; weit verbreitet, z. B. bei Anemone, Ranunculus, Alisma; tragen teilweise funktionell bedeutsame Zusatzorgane, wie (in etwa) federige (z. B. bei Clematis, Pulsatilla) oder widerhakige Griffel (z. B. bei Spezies von Geum).

Einblatt-Steinfrüchte, Untergruppe der → Einblattfrüchte, z. B. typisch bei den Steinobstgewächsen (Kirsche mit verholztem Endokarp).

Einbürgerung, das »Heimischwerden« einer Pflanzensippe in einem neuen Lebensraum (Areal).

einfache Blätter, Blätter, deren Spreite nicht aus Einzelblättchen zusammengesetzt ist (→ zusammengesetzte Blätter).

Einführung, 1. bewußte Besetzung eines neuen Lebensraumes mit einer bis dahin dort nicht vorkommenden Pflanzensippe; 2. »unbewußte Einführung« = Einschleppung (s. d.); vgl. auch Einwanderung, Einbürgerung.

eingeschlechtliche Blüten, Blüten, in denen sich entweder nur weibliche oder nur männliche Geschlechtsorgane entwickeln oder vorfinden.

einhäusig → monözisch.

einjährig → annuell.

Einkornramsch, in der Mutationszüchtung angewandte Zuchtmethode. Von jeder Pflanze bzw. Ähre, die aus röntgenbehandelten Samen hervorgegangen ist, wird ein Korn entnommen und im folgenden Jahr ramschmäßig vermehrt (→ Ramsch).

Einsaat, Ansaat von Fruchtarten unter einer Deckfrucht zur Körnernutzung oder Gründeckfrucht zur Hauptfutternutzung. → Untersaat.

Einschlag, eingeschlagen, in einer abgedeckten Grube Gemüse u. a. überwintern.

Einschleppung, pflanzengeographische Bezeichnung für eine unter unbeabsichtigter Mitwirkung des Menschen ermöglichte Besetzung neuen Lebensraumes; nicht gewollte, jedoch ermöglichte, also »unbewußte Einführung« einer Pflanzensippe in einen neuen Lebensraum.

Einschnürung der Chromosomen → Centromer, → SAT-Chromosom.

einschürig, einschnittig (bei Wiesen). Ggs.: zwei- und mehrschürig.

Einspritzverfahren, gemeinsamer Anbau, z. B. von Getreide als Haupt- und Stützfrucht mit geringen Mengen von Hülsenfrüchten, die dem Getreidesaatgut beigemengt werden. Syn.: Beisaatverfahren.

Einwanderung, pflanzengeographische Bezeichnung für die Besetzung neuen Lebensraumes ohne Zutun des Menschen.

Einwohnergleichwert, die Menge an Sauerstoff, die für den aeroben Abbau der organischen Abfallstoffe pro Tag eines Menschen erforderlich ist, angegeben in BSB_5 bei 20 °C (= 72 g). In EGW können auf dieser Basis auch die abbaubaren organischen Abwässer von Industrien bewertet werden. Abk. EGW.

Einzelfrüchte, Früchte, die nur aus einem einzigen Fruchtknoten hervorgehen.

Einzelkornsaat, Saatverfahren, bei dem die Saatguteinheiten in den Reihen in nahezu gleichen Abständen einzeln abgelegt werden. Es hat besondere Bedeutung beim Anbau von monokarpem oder technisch aufbereitetem Betarübensaatgut, desgl. beim Anbau von Mais und Gemüse.

einzellige Pflanzen, Lebewesen, die nur aus einer Zelle bestehen oder höchstens Zellkolonien bilden.

Einzelmerkmale, nach der idealistischen Morphologie für den Bauplan unwesentliche Merkmale, welche die Mannigfaltigkeit der Einzelformen bedingen.

»Eisenholz« → Xylia.

Eisodiálöffnung (griech., eisódos = Eingang, Zugang, Vorhalle, auch Eingangstür), Eingang in den Vorhof des Spaltöffnungsapparats.

Eistage, Tage mit Temperaturmaximum unter 0 °C.

Eiweiß, Protein, organische Verbindungen, bestehend aus C, O, H, N, S. Ohne Protein ist kein Leben möglich. Die Bausteine aller Eiweiße sind etwa 20 Aminosäuren, die sogenannten proteinogenen Aminosäuren. Sie sind durch die Peptidbindung –CO–NH– miteinander verknüpft. Die Stereochemie der E. wird durch die Primär-, Sekundär- und Tertiärstruktur bestimmt.

Eizellen, aktiv unbewegliche, große ♀ Gameten, die von aktiv beweglichen, meist viel kleineren ♂ Gameten befruchtet werden.

Ekblástesis (griech. ekblástesis = das Herauswachsen, Emporsprießen), Knospenbildung in der Achsel von Blütenorganen.

Ektodésmen, submikroskopische Epidermisporen für die Epidermistranspiration.

Ektokárp (griech. karpós = Frucht), äußere Schicht der Fruchtschale.

Ektoparasiten (griech. ektós = außerhalb, draußen; parásitos = Mitesser, Schmarotzer), Außenparasiten.

elae-, elaeo (griech. élaia = Olivenhain, Olive), öl-.

elaeagnifólius, -a, -um, ölweideblättrig (Elaeágnus von griech. élaia = Ölbaum und agnós = rein, keusch; die Früchte sind olivenförmig, die Blätter ähneln dem Keuschbaum Vítex ágnus-cástus).

elaeagnoídes, (griech.), Ölweiden- (elaeagnus-) ähnlich.

Elaeágnus, f., Gatt. der Elaeagnáceae (griech. élaia = Ölbaum; ágnos = heiliger Baum der Mittelmeerländer, dessen Blätter denen der Weiden ähneln) – Ölweide; fossil seit dem Pliozän.

Elaéis, f., Gatt. der Arecáceae (griech. élaia = Ölbaum) – Ölpalme.

Elaeocárpus, f., Gatt. der Elaeocarpáceae (griech. élaios = Olive; karpós = Frucht); fossil seit dem Tertiär.

Elaiosómen (griech. élaia = Ölbaum; sóma = Körper), besondere öl-, fett- und eiweißreiche Gewebeanhängsel an bestimmten Stellen der Samen und Früchte, die von Ameisen aufgesucht werden, die dabei die Samen verschleppen.

Elaphoglóssum, n., Gatt. der Polypodiáceae (griech. eláphos = Hirsch; glóssa = Zunge) – Zungenfarn.

elásticus, -a, -um (lat.), elastisch, biegsam, dehnbar, Gummi- (z. B. Fícus elástica – Gummibaum).

Elatéren (lat. elatráre = herauspoltern), Schleuderfäden im Sporogon von Lebermoosen, die sich durch Kohäsionsmechanismen bewegen und die Sporen nach dem Öffnen der Kapsel ausstreuen.

elatérius (lat. elator = Treiber, später auch Schleuderer), schnellend.

Elatíne, f., Gatt. der Elatináceae (griech. eláte = Tanne) – Tännel.

elátior, -or, -us (lat.) höher, erhabener (z. B. Prímula elátior – Waldschlüsselblume).

elátus, -a, -um (lat.), hoch, aufgerichtet.

élegans (lat.), zierlich, fein.

Elektrolýte, Stoffe, die in Lösung Ionen, d.h. elektrisch geladene Teilchen, bilden.

Elektrónen, kleinste Masse 1/1846 eines Wasserstoffatoms und Träger einer elektrischen Ladung: = $4.769 \cdot 10^{-10}$ = elektrostatische Einheit.

Elektronenmikroskop, Mikroskop mit 100000- bis 1000000facher Vergrößerung; zwei Systeme: 1. magnetisches, 2. elektrostatisches. Nicht identisch mit → Ultramikroskop.

Elektronentransport, Elektronenübertragung von einer organischen Verbindung auf eine andere. So erfolgt z. B. der E. bei der Zellatmung mit Hilfe eines aus verschiedenen Redoxsystemen zusammengesetzten Übertragungsmechanismus, den man als Atmungskette bezeichnet; → Zytochromsystem.

Elektrophorése (griech. phérein = tragen), Verfahren zur diskontinuierlichen oder kontinuierlichen Trennung von Substanzgemischen im elektrischen Gleichstromfeld in geeigneten Trägermedien (Filterpapier, Azetatfolien, Agargel, Stärkegel usw.), die mit Pufferlösung getränkt sind. Kolloidpartikeln wandern unter dem Einfluß des elektrischen Stromes.

Elemént, 1. allgemein: das, woraus etwas besteht; Bestandteil von Zusammengesetztem, speziell von Mengen, Klassen, Systemen; z. B. → Florenelement; 2. chem.-phys.: Stoff, der im Unterschied zu einer chem. Verbindung mit chem. Methoden nicht weiter zerlegt werden kann; besteht aus Atomen gleicher Kernladung, gleicher Protonen- und Elektronenzahl (= Ordnungszahl im »Periodischen System der Elemente«). Die einzelnen Elemente (z. Z. sind 103 bekannt) unterscheiden sich voneinander durch die Zahl der Protonen und Elektronen.

Elementaranalýse, quantitative Bestimmung der Elemente in der Trockensubstanz, die bei Pflanzen im groben Durchschnitt 45% C, 40% O, 7% H, 2% N und 5% Asche enthält.

Elementarfunktiónen, die einfachsten Fähigkeiten, die ein Lebewesen haben muß, um existieren zu können.

Eleócharis, f., Gatt. der Cyperáceae (griech. hélos = Sumpf; cháris = Dank, Freude) – Sumpfriet.

Eleusíne, f., Gatt. der Poáceae (benannt nach der griech. Stadt Eleusis mit dem Tempel der Demeter [Ceres], der Göttin des Ackerbaus; Eleusine coracan[a] wird im mittl. Afrika, in Äthiopien, Indien, S-China, Japan kultiviert [sehr genügsam, klimahart]) – Korakan, Ragi.

eleuth-, eleuthero- (griech. eleutherós = frei), frei-, getrennt.

eleutheropetále Blüten (griech. eleutherós = frei; pétalon = Blatt, Kronblatt), Blüten mit freistehenden, nicht verwachsenen Kronblättern.

eleutherosepále Blüten (griech. eleutherós = frei; lat. separáre = trennen, davon sépala = Kelchblätter), Blüten mit freistehenden, nicht verwachsenen Kelchblättern.

elevátus (lat.), erhöht.

Elimination (lat. elimináre = über die Schwelle bringen; límen = Schwelle, e = ex = heraus, hinaus), Entfernung, Ausschaltung, Beseitigung.

Elísma, n., Gatt. der Alismatáceae; aus Alísma umgebildet – Froschkraut.

Elite (E) (lat. elígere = auslesen, auswählen), hohe (elitäre) Stufe mit entsprechenden Normen in der Pflanzenzüchtung, definiert: 1. in der Landwirtschaft: Anerkanntes Saat- und Pflanzgut, das aus Saat- und Pflanzgut höherer Anerkennungsstufen als Elite oder aus der Erhaltungszüchtung erwachsen ist; 2. in der Forstwirtschaft: Anerkanntes Elite-Plantagensaatgut. Das Ausgangsmaterial der Samenplantage ist auf Kombinationseignung geprüft, das Elite-Saatgut stammt aus einer Blühperiode, in der mindestens je 20 Klone männlich und weiblich blühten.

Elleánthus, m., Gatt. der Orchidáceae (griech. Héllē = Name der Tochter des Athamas und der Nephele, die auf der Flucht nach Kolchis im »Hellespont« ertrunken sein soll, wonach dieser seinen Namen trage; ánthos = Blüte).

ellipsoídeus (griech. élleipsis = Ellipse; -oid = Ähnlichkeit bezeichnend; -us latin. Endung), länglich rund, ellipsenähnlich, elliptisch (z. B. Saccharomyces ellipsoideus = Weinhefe).

-éllus (-a, -um), -lich, -gar, -chen; Suffix der Verkleinerung, Verniedlichung.

Elódea, f., Gatt. der Hydrocharitáceae (griech. helódes = sumpfig; hélos = Sumpf) – Wasserpest.

elódes (griech.), sumpfbewohnend.

elongátus (lat.), verlängert, gestreckt.

Elshóltzia, f., Gatt. der Lamiáceae (nach S. Elsholtz, Arzt, Berlin 1623–1688) – Kamminze.

Élymus, m., Gatt. der Poáceae (griech. élymos = Name für ein Getreide) – Haargerste.

Élyna, f., Gatt. der Cyperáceae (griech. eilyein = umhüllen) – Nacktriet.

Elytropáppus, m., Gatt. der Asteráceae (griech. élytron = Hülle, Behälter [Zisterne]; páppos = Ahne.

em., emend. → emendatus.

emarginális, emarginatus, ausgerandet.

Embótrium, n., Gatt. der Proteáceae (griech. émbolos = Keil, Schnabel; thrix, Genit. trichós = Haar), Gatt. Embot(h)ritis, fossil.

Embryo (griech. émbryon = ungeborene Leibesfrucht, Keim). 1. Teil des Samens der Samenpflanzen, besteht aus Keimachse, Keimwurzel und Keimblättern, meist vom Nährgewebe umgeben; 2. erstes Stadium des → Sporophyten bei Moosen (von der ersten Teilung der → Zygote bis zur Sprengung oder Ablösung der → Kalyptra).

Embryobiónta (aus → Embryo und dem Suffix -biónta = Gruppe zusammengehöriger Abteilungen im Pflanzenreich), Pflanzen mit Embryo (z. B. bei Cronquist, Takhtajan und Zimmermann 1966), umfassen Bryophyta, Pteridophyta im weitesten Sinn und Spermatophyta.

Émbryosack, Keimsack einer Blütenpflanze; ein Zellkomplex, der meist aus einer durch Reduktionsteilung gebildeten Makrospore hervorgegangen ist. Er besteht in der Regel aus einer Eizelle, zwei Gehilfinnenzellen (Synergiden), einem sekundären Embryosackkern und drei Gegenfüßlerzellen (Antipodenzellen).

Émbryosack-Mutterzelle → EMZ.

Embryoträger → Suspensor.

emendátus, -a, -um (lat.), verbessert, verändert. Die Abkürzung emend. oder em. (emendavit = verändert hat) zwischen zwei Autornamen bedeutet, daß der zweite Autor die Umgrenzung der Sippe gegenüber dem ersten Autor verändert (d. h. entweder erweitert oder eingeengt) hat.

emérgens, hervor- oder emporkommend.

Emergénzen (lat. emérgere = auftauchen, zum Vorschein kommen), mehrzellschichtige Auswüchse (Ausgliederungen der Organe), wie z. B. Stacheln, Haare, Schuppen und ähnliche Oberflächenstrukturen, an deren Bildung außer der Oberhaut stets tiefer liegende, angrenzende Gewebe(schichten) beteilgt sind.

emérs, über dem Wasser lebend.

emérsus, -a, um. aufgetaucht, emporragend.

émerus, zahm, kultiviert.

éminens (lat.), hervorragend, stattlich.

emíssus, -a, -um (lat.), entlassen, ausgestreut.

Emmer, seit der Steinzeit bekannte, inzwischen aus der Kultur fast verschwundene Weizenart: Triticum dicóccon, auch Zweikorn-Weizen genannt.

emōdi, vom Berg Emodus (Himalaja) stammend (z. B. Syrínga emódi – Emodi-Flieder).

emórtuus (lat.), abgestorben.

empetrifólius (griech. en[em] = in, auf, ein-; pétros = Fels), émpetrumblättrig.

Émpetrum, n., Gatt. der Empetráceae (griech. en = in; pétros = Fels) – Krähenbeere.

empírisch (griech. émpeiros = erfahren, kundig, bekannt), erfahrungsgemäß, auf Erfahrung begründet.

Emulsión (lat. mulgére = melken), Mischung zweier Flüssigkeiten, die nicht ineinander löslich sind.

emulsívus, milchig.

EMZ, eine der vier aus der Meiose der Blütenpflanzen hervorgehenden Gonen, die funktionsfähig bleibt und das → Makroprothallium (= Embryosack) bildet.

Enatiónen (lat. enásci, enáscor, enátus = hervorwachsen, entstehen), laterale (seitliche) Auswüchse an einer vorher glatten Achsenoberfläche.

Enatión-Theorie (→ Enationen), Theorie, nach der die Mikrophylle der Farnpflanzen als neue laterale Auswüchse an der vorher glatten Achsenoberfläche entstanden sein sollen.

Encélia, f., Gatt. der Asteráceae; nach Chr. Encel benannt.

Encephalártos, m., Gatt. der Cycadáceae (griech. en = in; kephalé = Kopf; ártos = Brot) – Brot-Farnpalme.

Encýclia, f., Gatt. der Orchidáceae (griech. enkyklóein = umkreisen, umhüllen; Bezug auf die die Säule umgebende Lippe).

endárches Protoxylém (griech. éndon = innen; arché = Anfang, Beginn), Bezeichnung dafür, daß die zuerst gebildeten engerlumigen Elemente des Xylems innen liegen, während sich die später gebildeten weiterlumigen Elemente des Xylems gegen die Stammperipherie zu anschließen (→ Protoxylem).

Endemíten (griech. endémos = einheimisch), Pflanzen, die im Gegensatz zu den

Kosmopoliten nur in einem relativ eng begrenzten Gebiet einheimisch sind.

endívia (Cichórium endívia, von griech. endon = in, auf; via = Weg (?); arab. hendibeh), Endivie.

endo-, in Zusammensetzungen: innen-.

endobiótisch (griech.), innerhalb eines anderen Organismus lebend.

Endodérmis (griech. éndon = innen; dérma = Haut), Innenhaut, die zwischen Rinde und Zentralzylinder in der Wurzel liegt und meistens einschichtig und dickwandig bis auf einzelne dünnwandige Durchlaßzellen ist.

Endodérmissprung, Vorgang des Stofftransports, bei dem der Saugwert der Endodermiszellen selbst beträchtlich niedriger ist als der der anliegenden Rindenschicht. Siehe auch als Erklärung → polare Saugkraftdifferenz.

endogén (griech. éndon = innen; geneá = Abkunft, Abstammung), Bezeichnung für Pflanzenorgane, die nicht aus oberflächlichen Gewebeschichten des erzeugenden Organs entstehen, sondern in dessen Innerem und die die äußeren Gewebeschichten durchbrechen.

Endokárp (griech. éndon = innen; karpós = Frucht), innere Schicht der Fruchtwand.

endolithísch, Bezeichnung für einen Thallus, der in der obersten Gesteinsschicht, zwischen den Gesteinspartikeln wächst.

Endolithophýta (griech. éndon = innen; → Lithophyten), ± tief in das Gestein eindringende Flechten, Algen und Pilze.

Endomitóse, Chromosomenteilung im Kern, wobei die Kernmembran erhalten bleibt. Keine Spindelausbildung.

Endoparasíten (griech. éndon = innen; parásitos = Mitesser, Schmarotzer), im Gewebe bzw. im Inneren des Wirtes lebende Parasiten.

endophloëdisch, Bezeichnung für einen Thallus, der in der Rinde, zwischen den Korkschichten der Wirtspflanze wächst.

Endophýten (griech. éndon = innen; phytón = Pflanze), Innenpflanzen. Man unterscheidet nach Raunkiaer: a) Endolithophyten: Flechten, Algen und Pilze, die ins Gestein eindringen; b) Endoxylophyten: im Pflanzenkörper lebende Parasiten; c) Endozoophyten: im menschlichen und tierischen Körper lebende Protisten.

Endoplásma (griech. éndon = innen; plásma = das Gebildete), Innenplasma.

endoplasmatisches Retículum, submikroskopische Gerüststruktur der Makromoleküle der Eiweiße des Endoplasmas; bezeichnet die flächigen Membranstrukturen in pflanzlichen Zellen, die zu einer unvollständigen, oft lamellenförmigen Kammerung des Zellplasmas führen. Es besteht aus Doppelmembranen, die Durchbrechungen und flächige Verzweigungen besitzen und untereinander und mit der Kernmembran verbunden sind.

Endospérm (griech. éndon = innen; spérma = Same, Saat), Nährgewebe, Nährgewebe der Samen, das den Keimling umgibt, bzw. das Nährgewebe im Embryosack der Blütenpflanzen. Bei den Angiospermen entsteht es aus dem befruchteten, sekundären Embryosackkern.

Endospór, innere Schicht der Sporenwand.

Endospóren (griech. éndon = innen; spóros = Samen, Keim), ungeschlechtliche Keimzellen, die in Behältern (→ Sporozysten) entstehen, aus denen sie durch ein Loch oder einen Riß ausschlüpfen oder ausgestoßen werden (bei zahlreichen Algen und Pilzen); früher auch Sporangiosporen genannt (was künftig vermieden werden sollte).

Endostóm, die innere, meist zartere Zahnreihe bei doppeltem Peristom.

Endothécium (griech. éndon = innen; théka = Schale), 1. zentrales Gewebe der Mooskapsel, das sich entweder ganz zu Sporen umwandelt oder teils zu Sporen, teils zu sterilen Zellen; 2. bei Blütenpflanzen die innere Wand des Pollensackes.

endozoochóre Verbreitung, Samenverbreitung, die über das Verzehren und Ausscheiden der Samen durch Tiere erfolgt.

Endozoochoríe (griech: éndon = innen), Verbreitung von Samen über den Verdauungsweg von Tieren. Endozoochore können als »Verdauungssämlinge« bezeichnet werden; vgl. Zoochorie.

Energétische Futtereinheit, nach Tierarten differenzierte Kennzahl für den energetischen Wert eines Futterstoffes auf der Grundlage der Nettoenergie Fett. Es werden z. B. unterschieden: Energetische Futtereinheit Rind = EFr (1 EFr ≙ 10,5 kJ ≙ 2,5 kcal NEFr); Energetische Futtereinheit Schwein (1 EFs ≙ 14,7 kJ ≙ 3,5 kcal NEFs); Energetische Futtereinheit Huhn EFh (1 EFh ≙ 14,7 kJ ≙ 3,5 kcal NEFh). Zur Kennzeichnung des energetischen Futterwertes und des Energiebedarfs landwirtschaftlicher Nutztiere sind die EFr für alle Wiederkäuerarten und Pferde, die EFs für Schweine, Kaninchen und Pelztiere und die EFh für alle Geflügelarten anzuwenden.

Energíekonzentration, gibt an, wieviel → Energetische Futtereinheiten in 1 kg Trockensubstanz des betreffenden Futtermittels enthalten sind.

Energíetransport, Energieübertragung mit Hilfe von Verbindungen, die einen hohen Energiegehalt besitzen (sogenannte energiereiche Verbindungen). Bei der Hydrolyse solcher Verbindungen kann die Energie frei oder auf andere Substanzen übertragen werden. Viele Phosphatester organischer Verbindungen (z. B. ATP = Adenosintriphosphat) sind energiereiche Verbindungen und zum E. fähig.

Enkápsis (griech.), Einschachtelung, Ineinanderschachtelung (s. u.).

enkáptische Hierarchie, allgemeines Strukturprinzip der Materie, wonach Systeme niederer Ordnung in Systemen höherer Ordnung enthalten sind (→ Enkapsis).

-énnis, -énne (lat. ánnus = Jahr), -jährig.

enórmis (lat.), übermäßig groß.

enséte, äthiopischer Name einer Bananenart (Músa enséte).

ensifólius (lat.), schwertblättrig.

énsis (lat.), Schwert.

Entáda, n., Gatt. der Mimosáceae; malabarischer (= Vernakular-) Name. – Meerbohne, Riesenhülse.

entál (griech. entós = innen, drinnen), allseits umschlossen, innerhalb gelegen.

Entelechíe (griech. entelécheia = Zustand des Besitzes der Vollendung; télos = Ziel, Grenze, Vollendung), im Organismus befindliche, immaterielle, auf ein Ziel hinwirkende Kraft.

entomogám (griech. éntomos; lat. inséctus = eingeschnitten, zerschnitten; gamein = heiraten, bestäuben; d. h. durch Insekten [Kerbtiere] bestäubt), insektenblütig.

Entomologíe (griech. → entomogám; lógos = Lehre, Kunde), Insektenkunde, Lehre von den Kerbtieren.

Entrümpeln, phytosanitäre Maßnahme vor allem im Obstanbau; umfaßt das Entfernen trockener Äste oder (anderer) Baumteile (z. B. rissiger, »abblätternder« Borke); im weitesten Sinne ist das Entfernen von Bäumen eingeschlossen, die als Folge von (Umwelt-) Schäden oder ihres Alters eine geringe Ertragsfähigkeit haben (einschl. Entfernung völlig abgestorbener Bäume, der sog. Baumruinen).

Entspitzen (= Stutzen), vor allem im Obst- und Zierpflanzenbau (bzw. in Baumschulen) angewandte Verfahrensweise, die dem rationellen bzw. beabsichtigten Aufbau eines (kräftigen) Zweigsystems (der Krone) dient. Entspitzen schließt auch die den Heckenwuchs befördernde Regulierungsmaßnahme ein, z. B. bei Liguster, Eibe, Hainbuche, die als »lebende Zäune« durch Stutzen eine dichte Verzweigung entwikkeln; gilt auch für die Formgebung der Krone mancher Zier- oder Parkbäume.

-éntus, -reich, -stark, -voll.

Entwicklungslehre, Lehre von der Entwicklung der organischen und anorganischen Welt; insbesondere die Lehre von der Entstehung der Arten im Pflanzen- und Tierreich.

Entwicklungsphysiologie, Physiologie des Formwechsels, beschäftigt sich mit den Erscheinungen des Wachstums, der Entwicklung und Fortpflanzung.

Enumerátio(n), (lat.), Aufzählung, Pflanzenverzeichnis.

Enzýme (griech. en = in; zýme = Sauerteig), organische Wirkstoffe, gleichbedeutend mit → Fermente.

Enzýmhemmung, Hemmung enzymatischer Reaktionen durch Hemmstoffe (Inhibitoren), die die Reaktionsgeschwindigkeit herabsetzen oder die Reaktion völlig unterbinden.

Enzýminduktion, Vorgang, bei dem eine genetisch gesteuerte Enzymsynthese in Gang gesetzt wird. E. kann ausgelöst werden durch Induktoren, die niedrigmolekulare

Verbindungen darstellen und Repressoren inaktivieren.

Enzýmrepression, die Unterbindung der Enzymbildung durch einen Repressor, eine Verbindung, die vom Regulatorgen gebildet wird, mit dem Operatorgen reagiert und so die Übermittlung der in einem Operator gespeicherten genetischen Information blockiert.

Eophýtikum, n., griech. (latin.), Frühzeit der pflanzlichen Entwicklung, vom Beginn der Fossilüberlieferung (vor 3,4 Milliarden Jahren) bis zum oberen Silur. Syn. → Algophytikum.

Epácme, Entwicklungsphase in der Sippenentwicklung.

Épacris, f., Gatt. der Epacridáceae (griech. epí = auf; ákros = Bergspitze) – Fels- oder Bergheide.

Éphedra, f., Gatt. der Ephedráceae (griech. Pflanzenname, leitet sich wahrscheinlich ab von epi = auf und hédra = Sitz; sie bezeichnete ursprünglich ein an Bäumen in die Höhe aufsteigendes, blattloses, binsenähnliches Gewächs. Im 16. Jh. wurde der Name auf die heutige Gatt. übertragen) – Meerträubel; fossil seit dem Tertiär.

Ephedrín, Alkaloid, aus der Éphedra vulgáris gewonnen, aber auch synthetisch hergestellt, wird medizinisch angewendet.

ephemér (griech. ephemérios = nur einen Tag lebend, dauernd, wirkend), kurzlebig, vorübergehend.

Ephemére (griech. → ephemér), kurzlebige Pflanzen.

Ephemerophýten, nur vereinzelt, vorübergehend in einem Gebiet vorkommende Pflanzen, z. B. Vogelfutterpflanzen.

epi-, auf-, über-.

epibiótisch, auf einem anderen Organismus lebend.

Epiblém (griech. epíblema = das Darübergebreitete, Deckel), Wurzelhaut, analog dem Begriff Epidermis, führt keine Chloroplasten und auch keine Spaltöffnungen, bildet Wurzelhaare aus und ist wie diese mehr oder weniger osmotisch wirksam.

Epidemíe, Massenerkrankung, Seuche.

Epidendroídeae (Baumorchideen-Verwandte), Unterfam. der Orchidaceae mit etwa 230 Gattungen, zu denen an bekannten Orchideen Sobralia, Vanilla, Corallorhiza (Korallenwurz), Pleurothallis (Rippenorchidee), Dendrobium (Baumorchidee), Epidendrum (Baumsiedler), Encyclia (Hüllippenorchidee), Laelia, Coelogyne (Hohlnarbe) und Bulbophyllum (Zwiebelblatt) zählen.

Epidéndrum, n., Gatt. der Orchidáceae (griech. epí = auf; déndron = Baum) – Baumwurzler.

Epidérmis (griech. epí = über, darauf; dérma = Haut), Oberhaut, meistens einzellige Schicht.

Epigǽa, f., Gatt. der Ericáceae (griech. epí = auf; ge, gaia = Erde) – Bodenlorbeer.

epigäisch (griech. epí = über; ge = Erde), oberhalb der Erde, oberirdisch keimend; 1. Keimungsart mit meist erheblich verlängertem Hypokotyl, das sich aufrichtet und dadurch den Samen aus der Erde dem Licht zuführt. Die Kotyledonen entfalten sich, streifen dadurch die Samenschale ab und ergrünen. 2. Bezeichnung für einen Thallus, der auf der Erde, häufig auch in der obersten Erdschicht wächst.

Epigenéium, n., Gatt. der Orchidáceae (griech. epí- = auf; géneion = geneiás = Kinn, Kinnbart; nimmt Bezug auf die Stellung der Petalen bzw. der seitlichen Petalen auf dem Säulenfuß) – Kinnorchidee.

Epigenése (griech. epi = darauf, nach – hin; génesis = Entstehung), gesetzmäßige Folge von Entwicklungsschritten, so daß ein Entwicklungsschritt auf dem anderen aufbaut, von dem vorhergehenden ermöglicht oder kausal von ihm induziert wird. Hierbei kann ein Schritt automatisch den nächsten auslösen (endogene Schrittfolge), oder aber jeder Schritt spezifische äußere (exogene) Bedingungen erfordern, die erst nach Vollzug des vorherigen Schrittes wirksam werden können.

epigýne Blüte (griech. epí = über; gyné = Frau, Weib), Blüte mit unterständigem Fruchtknoten; die Blütenhülle steht also über dem Fruchtknoten.

Epikotýl (griech. epí = darauf, über; kotýle = Höhlung, Gefäß; Kotýledon = Saugorgan, Keimblatt), Teil über den Keimblättern oder das erste Stengelglied (Internodium) über den → Kotyledonen.

Epilimnion, Oberflächenschicht eines Sees während der Stagnation. E. ist ein Begriff aus der Thermik eines Sees und daher nicht identisch mit der trophogenen Zone.

epílinus, -a, -um (griech. epí = auf; lat. línum = Lein, Flachs), auf Flachs wachsend, Lein- (z. B. Cuscúta epílinum = Leinseide).

Epilíthen (griech. epí = über, darauf; líthos = Felsstein), Felshafter.

epilíthisch, Bezeichnung für einen Thallus, der auf der Gesteinsoberfläche wächst.

Epilóbium, n., Gatt. der Oenotheráceae (griech. epí = darüber, auf; lobós = eigentlich Hülse; lóbion, wohl auch kleine Frucht. Der Name deutet wahrscheinlich auf den unterständigen Fruchtknoten hin) – Weidenröschen.

Epimedium, n., Gatt. der Berberidáceae (griech. Pflanzenname) – Sockenblume.

Epinastíe (griech. epí = nach oben, darüber; náein = fließen; also etwa das »Nachobenfließen der Nährstoffe«), stärkeres Wachstum der Oberseite eines Pflanzenteiles.

Epipáctis, f., Gatt. der Orchidáceae (griech. Pflanzenname) – Sumpfwurz.

epipáctis, nach der gleichnamigen Gatt. Sumpfwurz (epipactóo = ich schließe zu – die Blütenlippen!).

epipétrisch, fest auf Felsflächen angewachsen.

epipetál (griech. epí → Epinastie; pétalon = Blatt, Kronblatt), über den Blütenkronblättern stehend.

epiphloëdisch, Bezeichnung für einen Thallus, der auf der Rinde von Wirtspflanzen wächst.

Epiphrágma (griech. epí = über, darauf; phrágma = Zaun), trommelfellartige Haut (wie sie z. B. in der Sporenkapsel des Goldenen Frauenhaares vorkommt).

epiphýll, Bezeichnung für einen Thallus, der auf der Oberseite von Blättern wächst.

Epiphýlle (griech. epí = auf, über; phyllón = Blatt), auf meist lebenden Blättern wachsende Epiphyten, z. B. Moose, Flechten und Pilze, nur in sehr feuchtem Klima vorkommend.

Epiphyllópsis, f., Gatt. der Cactáceae (Gattungsname Epiphýllum und griech. opsis = Aussehen).

Epiphýllum, n., Gatt. der Cactáceae (griech. epí = auf; phýllon = Blatt) – Gliederkaktus.

Epiphýten (griech. epí = über, darauf, auf; phytón = Pflanze), »Aufsitzerpflanzen«, die sich vorwiegend in den Laubkronen der Bäume (in Astgabeln, an Bruchstellen usw.) ansiedeln und so an das Sonnenlicht herangelangen. Sie sind keine Parasiten und kommen meist in den Tropen vor. Man unterscheidet: echte Epiphyten (zeitlebens ohne Verbindung mit dem Boden) und Hemi-Epiphyten, die später Bodenwurzeln bilden.

epiphýtisch, kennzeichnet die Lebenweise der Epiphyten.

Epiplásma, Teil des Protoplasmas in den Sporenschläuchen der Schlauchpilze, der nicht zur Bildung von Sporen verbraucht wird.

Epipógium, n., Gatt. der Orchidáceae (griech. epí = auf; pógon = Bart) – Widerbart.

Epíscia, f., Gatt. der Gesneriáceae (griech. epískios = schattig) – Schattenröhre.

episepál (lat. separáre = trennen, davon: sépala = Kelchblätter), über den Kelchblättern stehend.

Epistasíe, die Unterdrückung eines Gens oder Genpaareffektes durch ein vorhandenes nichtalleles Gen oder Genpaar. Ähnlicher Effekt wie bei Dominanz, mit dem Unterschied, daß er durch die Wechselwirkung nicht alleler Genpaare ausgelöst wird.

epistomátisch (griech. epí = auf, oben; stóma = Öffnung) bezeichnet man Blätter, die nur auf der Oberseite Stomata ausbilden, z. B. Schwimmblätter einiger Wasserpflanzen.

Epithécium (griech. epithéke = Zusatz, Zugabe, Hinzufügen; théka = Schale), durch Verzweigung und Vernetzung der Paraphysen gebildetes Geflecht über dem Hymenium im → Apothecium der Scheibenpilze.

Epithélzellen, Drüsenzellen, die als dünnwandige, plasmareiche Zellschicht das Innere der Sekretionsbehälter auskleiden.

Epithéka (griech. epí = darauf; théka = Schale), Schalendeckel oder obere Theke der Kieselalgen.

Epithém (griech. epíthema = das Daraufgelegte), das unter den Wasserspalten befindliche, kleinzellige Gewebe.

Epítheton (griech. epíthetos = hinzugefügt), n., unterscheidendes Beiwort. In der Taxonomie der zweite Teil eines binären Namens (z.B. eines Artnamens), der dem Gattungsnamen nachgestellt wird.

epithymum, auf Thymian wachsend; z. B. Orobánche epíthymum, eine Sommerwurzart (Schmarotzer), die auf den Wurzeln von Thýmus serpýllum wächst.

Epitoníe, Förderung (besonders der Seitenzweige) der Oberseite plagiotroper Achsen, typisch für viele Sträucher. Vgl. Hypotonie, Amphitonie.

Epitrophíe (griech. epí = oben; tréphein = ernähren), stärkere Entwicklung auf der morphologischen Oberseite eines Organs.

epizoochóre Verbreitung (→ Zoochorie), Samenverbreitung durch Anheften der Samen oder Früchte an Tiere oder Menschen.

Epoikophýten (griech. époikos = Ankömmling; phytón = Pflanze), Arten, die erst in historischer Zeit eingewandert und auf von Menschen geschaffene Standorte angewiesen sind.

equisetifólius (lat. équus = Pferd; séta = Borste), schachtelhalmblättrig.

Equisetínae (Schachtelhalmgewächs), Gruppe (Klasse) der Pteridophyta (Farnpflanzen); die fossilen Funde gehen bis ins Paläozoikum zurück. Höchste Entwicklungsstufe im Karbon mit der Ausbildung baumartiger Formen, z. B. der Calamitaceae. Heute sind die E. nur durch eine Gattung, Equisetum, vertreten. Mehrjährige (perennierende) krautige Pflanzen mit Rhizomen, die aufrechte, gerillte Stämmchen mit Quirlen rudimentärer Blätter an den Knoten ausbilden. Sprosse unverzweigt oder mit Quirlen schlanker Äste in den Achseln der schmalen Blätter. Sproßachse grün. Sporophylle zu Ähren zusammengefaßt, von deren Achse sie senkrecht abstehen und zahlreiche Sporangien unter einem schildförmigen Vorsprung tragen. Die Pflanzen sind homospor und je nach Lebensbedingungen mon- oder diözisch.

Equisetítes, m., der heutigen Schachtelhalm-Gattung Equisetum ähnliche Pflanzen, besonders in der Trias häufig. Vorkommen: Karbon bis Kreide.

Equisétum, n., Gatt. der Equisetáceae (lat. équus = Pferd; séta = Borste, starkes Haar; also etwa sinngemäß »Pferdeschwanz«) – Schachtelhalm. Fossil sicher seit dem Tertiär, wahrscheinlich viel älter (→ Equisetites).

ER = Endoplasmatisches Retikulum.

Eragróstis, f., Gatt. der Poáceae (griech. éros = Liebe; agróstis = Gras) – Liebesgras.

Eránthemum, n., Gatt. der Acantháceae (griech. er = Frühling; ánthemon = Blume).

Eránthis, f., Gatt. der Ranunculáceae (griech. er = Frühling; ánthos = Blüte) – Winterling.

erásus, -a, -um, abgeschürft, rasiert.

Erbanlage, die dem Vererbungsprozeß zugrunde liegende »Potenz«, die mit den Umweltfaktoren vereint die Artcharakteristika entstehen läßt; → Erbfaktor.

Erbfaktor, das → Gen als Reaktionselement in physiologischer Richtung.

Erbformel, Aufzeichnung von Erbanlagen mit einem bestimmten Buchstabensystem.

Erbgang, die Vererbungsweise eines Merkmales.

Erbgut, Gesamtheit der Eigenschaftsanlagen, die das Lebewesen charakterisieren. Idiotýpus.

Erblichkeit, Fähigkeit gewisser Eigenschaften, in den Nachkommen der sie besitzenden Organismen wieder aufzutreten.

Erdalkalien, Oxide und Hydroxide der (alkal. Erden) Metalle: Beryllium, Calcium, Strontium, Barium, Magnesium, Radium. Pedologisch und physiologisch sind Magnesium und Calcium, Barium hingegen analytisch wichtig, während u.a. Strontium für die Gewinnung von Zucker aus Melasse Bedeutung besitzt. – Alkalische Erden deswegen, weil ihre Wasserlöslichkeit zwischen der der Alkalien und der eigentlichen Erden liegt.

Erden, umfassen die Elemente Bor B, Aluminium Al, Scandium Sc, Yttrium Y, Lantan La, Actinium Ac.

Erdhalbsträucher, Halbsträucher mit niedergestreckten, am Boden ausgebreiteten Hauptachsen.

Erdzeitalter, Zeitalter der Erdgeschichte, die großen geologisch-paläontologischen Abschnitte, die in Perioden, Epochen usw. unterteilt werden, z. B. Präkambrium, Paläozoikum, Mesozoikum und Känozoikum.

eréctus, -a, -um (lat.) aufrecht, gerade (z. B. Brómus eréctus – Aufrechte Trespe).

Eremóphila, f., Gatt. der Myoporáceae (griech. éremos = einzeln; phílos = liebend). Spec. E. oppostifolia R. Br.

Eremíaphýten (griech. éremos = Wüste, Öde; phytón = Pflanze), stark xerophile Pflanzen der Wüsten und Steppen.

Eremospárton, n., Gattung der Fabáceae (griech. erēmía = Einsamkeit, Öde, Wüste; éremos = alleinstehend, verödet, entblößt, wüst; he spartós [Plur.: ta sparta] = Seil, Strick bzw. spartós – Strauch, aus dessen Ruten man Stricke/Seile flocht [»Besenginster«], Gültiger Name: Lebechia Thunberg 1800. E. turkestanum Franch = Lebechia turkestana).

Eremúrus, m., Gatt. der Liliáceae (griech. éremos = einzeln; oura = Schwanz) – Kleopatranadel.

Ergasiolipophýten (griech. ergasía = das Geschaffene, Verfertigte; liparéo = festhalten, ausharren; phytón = Pflanze), Überreste fremder Kulturpflanzen; Kulturrelikte oder »ausharrende« Kulturpflanzen.

Ergasiophygophýten (griech. phygé = Flucht; → Ergasiolipophyten), verwildernde, ursprünglich fremde Kulturpflanzen; Kulturflüchtlinge, -flüchter.

Ergasiophýten (griech. »geschaffene Pflanzen«; → Ergasiolipophyten), Kulturpflanzen.

Erhaltungszüchtung, in Zielstellung und Verfahrensweise spezifische Züchtung von (Kultur-)Pflanzen, die definiert wird: 1. für die Landwirtschaft als züchterische Weiterbearbeitung von Neuzüchtungen und zugelassenen Sorten zur Erhaltung bzw. Verbesserung der Sorteneigenschaften und zur Ausmerzung aller vom Sortentyp abweichenden Formen; 2. für die Forstwirtschaft als Erhaltung genetisch wertvoller Baumrassen mit Hilfe von Erhaltungsplantagen.

éri-, (griech.), früh.

Éria, f., Gatt. der Orchidáceae (griech. érion = Wolle) – Wollorchidee.

eriánthus, wollblütig.

Eriánthus, m., Gatt. der Poáceae (griech. erion = Wolle; ánthos = Blüte, Blume) – Seidengras.

Eríca, f., Gatt. der Ericáceae (griech. ereíkein = zerbrechen; Pflanze mit brüchigem Holz) – Heidekraut.

ericoides, heide- (eríca-) ähnlich. Als forma ericoides wird z. B. die mit nadelförmigen Blätter versehene Jungendform des Abendländischen Lebensbaumes – Thúja occidentális – bezeichnet.

Erígeron, m., Gatt. der Asteráceae (griech. éri = früh; géron = Greis); die Pflanze verblüht schnell und entwickelt weiße Haarkronen) – Berufkraut, Beschreikraut.

Erináceae, f., Gatt. der Fabáceae (lat. erináceus = Igel) – Igelginster.

Erinéumgallen, Gallen, die von Milben hervorgerufen werden und meist durch Auswachsen zahlreicher Epidermiszellen zu schlauchartigen Haaren gebildet werden (Filzgallen).

Erínus, m., Gatt. der Scrophulariáceae (eríneos = griech. Pflanzenname) – Alpenbalsam (auch Leberbalsam).

erio-, (griech. érion = Wolle), woll-.

Eriobótrya, f., Gatt. der Rosáceae (griech. érion = Wolle; bótrys = Traube) – Japanmispel.

Eriocáulon, n., Gatt. der Eriocauláceae (griech. érion = Wolle; káulos = Stengel).

Eriógonum, n., Gatt. der Polygonáceae (griech. érion = Wolle; góny = Knie, Knoten) – Wollknöterich.

Erióphorum, n., Gatt. der Cyperáceae (griech. érion = Wolle; phoréein = tragen) – Wollgras.

Eriophýllum, n., Gatt. der Asteráceae (griech. érion = Wolle; phýllon = Blatt).

Eriópsis, f., Gatt. der Orchidáeae (griech. -ópsis = ähnlich im Aussehen; d. h. der Eria ähnlich; deswegen: Scheinwollorchidee).

Eriosýce, f., Gatt. der Cactáceae (griech. érion = Wolle; syké = Feigenbaum, also »bewollte Feige«, »Woll-Feige«).

Erítrichum,→ n., Gatt. der Boragináceae (griech. érion = Wolle; thrix, trichós = Haar) – Himmelsherold.

Erneuerung → Innovation.

Erntebewertungsziffer, die auf Vollernte (= 100%) bezogene, in Zehnprozentstufen ausgedrückte Ernteaussicht bei Forstsaatgut. Die Erntebewertungsziffern betragen bei: Vollmast 100%, guter Mast 70–90%, mittlerer oder Halbmast 40–60%, geringer oder Sprengmast 10–30%, Fehlmast 0%; vgl. Mast.

Erntestufe, im Vermehrungsanbau gebräuchlicher Begriff, der den zeitlichen Abstand des Aufwuchses vom Erhaltungszuchtaufbau des Zuchtgartens nach dem Grad der Reproduktion ausdrückt. Durch die Erntestufe wird der Reproduktionsgrad, bezogen auf das zu erntende Gut, festgelegt. Vgl. Anbaustufe.

Eródium, n., Gatt. der Geraniáceae (griech. eródios = Reiher; die verwachsenen Fruchtblätter sind dem Kopf und Schnabel eines Reihers ähnlich) – Reiherschnabel; fossil seit dem Tertiär.

Eróphila, f., Gatt. der Brassicáceae (griech. er = Frühling; phíle = Freundin) – Hungerblümchen.

Erosión (lat. erósio = »Ausnagung«), abschleifende Tätigkeit von Wasser, Eis und Wind.

erósus (lat. eródere = abnagen), ausgenagt.

Erránte (lat. error = das Umherirren, -schweifen; érráre = irren), passiv oder aktiv bewegliche Pflanzen in verschiedenen Medien.

-érrimus, (-a, um-), den Superlativ bezeichnend, auch »sehr« (vgl. -ímus, -íssimus).

Ersatzgesellschaft, Pflanzengesellschaft, die eine bestimmte andere Pflanzengesellschaft an deren Standort zu ersetzen vermag.

Erstarkungswachstum, durch Zellteilung hervorgerufene Vermehrung der Elemente des Urmeristems bei monokotylen Pflanzen, die dem Wachstum der primären Meristemzellen parallel geht. Es kommt dadurch zu einer Vergrößerung des Umfanges des Vegetationspunktes.

Ertragssicherheit, Eigenschaft, sichere, d. h. jährlich gleiche hohe Erträge mit geringen Schwankungen zu bringen.

erubéscens (lat.), rot werdend.

Erúca, f., Gatt. der Brassicáceae (röm. Pflanzenname) – Rauke.

erúca (lat.), die wilde Rauke.

Erucástrum, n., Gatt. der Brassicáceae (Gattungsname Eruca und griech. áster = ähnlich als Determinativum) – Hundsrauke.

erworbene Eigenschaft, Modifikation in der Struktur eines Organismus, die ihm durch äußere Umwelteinflüsse im Laufe seiner Entwicklung aufgeprägt wird.

Erýngium, n., Gatt. der Apiáceae (griech. Name, der Ziegenbart bedeuten soll) – Mannstreu.

Erýsimum, n., Gatt. der Brassicáceae (griech. Pflanzenname) – Schöterich.

erythr-, erythro- (griech. erythrós = rot), rot-.

Erythrǽa, f., Gatt. der Gentianáceae (griech. erythraios = rötlich) – Tausendguldenkraut.

erythréus, aus Erythraea (am Roten Meer) stammend.

Erythrína, f., Gatt. der Fabáceae (griech. erythrós = rot) – Korallenstrauch.

Erythródes, m., Gatt. der Orchidáceae (griech. erythrós = rot, rötlich, rotbraun; griech. odós = Schwelle).

Erythrónium, n., Gatt. der Liliáceae (griech. erythrós = rot) – Zahnlilie.

Erythróxylon, n., Gatt. der Erythroxyláceae (griech. erythrós = rot; xýlon = Holz) – Cocastrauch; fossil wahrscheinlich seit dem Eozän.

-éscens, werdend, wachsend, artig-.

Escherichia, f., Gatt. der Fam. Enterobacteriáceae. Escherichia coli, von Theodor Escherich (Pädiater 1857–1911) 1885 als Bact. coli commune erstmalig beschrieben, galt lange Zeit als einer der wichtigsten normalen Darmbewohner.

Eschschól(t)zia, f., Gatt. der Papaveráceae (benannt nach dem Arzt und Biologen J. F. Eschscholtz, Dorpat, 1793–1831) – Kappenmohn, Goldmohn.

esculéntus, -a, -um (lat. ésca = Speise), eßbar, genießbar (z. B. Lens esculénta – Linse).

Espelétia, f., Gatt. der Asteráceae; Tribus: Heliantheae. Esp. grandiflora, eine der Frailejonas-Arten, die das Bild der alpin. Paramos-Formation in den nördl. Andenketten beherrschen (riesenhafter »Kerzenwuchs« der unverzweigten Schopfbäume!).

Espóstoa, Gatt. der Cactaceae (nach dem peruan. Botaniker N. Esposto).

essentiélle Amínosäuren, lebensnotwendige Aminosäuren, die der Organismus nicht selbst bilden kann und die deshalb mit der Nahrung zugeführt werden müsen. Für den Menschen sind folgende Aminosäuren unentbehrlich: Valin, Leucin, Isoleucin, Threonin, Methionin, Phenylalanin, Tryptophan und Lysin.

Essigsäurebaktérien, teils bewegliche, teils unbewegliche »Kurzstäbchen«, die aus Ethylalkohol Essigsäure bilden und dabei Energie gewinnen. Umsetzung nach folgender Bruttogleichung:
$C_2H_5OH + O_2 = CH_3COOH + H_2O$ + Energie. Die Essigsäure kann von natürlich vorkommenden Essigsäurebakterien weiter oxidiert werden: $CH_3COOH + 2\ O_2 = 2\ CO_2 + 2\ H_2O$ + Energie. Es gibt viele Arten, die Henneberg in folgende Gruppen aufteilte: 1. Maische- oder Würzessigbakterien; 2. Bieressigbakt.; 3. Weinessigbakt.; 4. Schnellessigbakt. – Die wichtigsten Arten werden von Bergey in die Gattung Acetobacter eingereiht. Im weiteren Sinne stellen die Essigsäurebakterien eine »physiologische Gruppe« dar.

Essigsäuregärung, Entstehung von Essigsäure (CH_3COOH) aus Ethylalkohol durch die Tätigkeit von Mikroben (z. B. Bacillus aceticus) unter aeroben Bedingungen.

Éster, alle Verbindungen, die aus Säure und Alkohol unter Wasserabgabe entstehen.

ésulis (-is, e) = esulus (-a, -um), (lat.), scharf, saftig, eßbar.

Etáge, Höhenstufe, charakteristische Verteilung der Vegetation auf bestimmte Höhenlagen.

Etagenwuchs, etagenartige Anordnung der Seitensprosse oder Blattrosetten bei manchen Pflanzen.

-etalia, in der → pflanzensoziologischen Nomenklatur verwendetes Suffix bei der Bezeichnung einer Ordnung.

-etea, Suffix bei der Benennung einer Gesellschaftsklasse; → pflanzensoziologische Nomenklatur.

Etesienklimate (Etesien, griech. etesiai = »Jahreszeitenwinde«, wegen des im östl. Mittelmeer vom Frühjahr bis zum Herbst vorherrschenden trockenen Nordwindes). Klimata der südlichen gemäßigten Breiten mit niederschlagsreichen, meist milden Wintern und trockenen, heißen Sommern.

Ethanol, Syn.: Ethylalkohol (früher: Äthanol, Äthylalkohol) CH_3-CH_2OH; ist Abbauprodukt des Kohlenhydratstoffwechsels, das bei der Alkoholgärung und anderen Gärungen durch Reduktion von Acetaldehyd zustande kommt. E. wird vornehmlich von Hefen und anderen Mikroorganismen gebildet, kann aber auch unter anaeroben Bedingungen in Geweben höherer Pflanzen entstehen, jedoch in geringen Mengen.

Ethylen ($CH_2=CH_2$) ein natürlicher, vorwiegend hemmender Regulator (Wirkstoff), der verschiedene Entwicklungsprozesse beeinflußt. Im allgemeinen wird E. zu den → Phytohormonen als eine Klasse gezählt. – E. wirkt fördernd auf die Fruchtreifung, beschleunigend auf die → Abscission, → Senescenz.

Ethnologie (griech. éthnos = Volk, Volksstamm, Völkerschaft, Nation; lógos = Kunde, Lehre, Wort), Völkerkunde, in der die Pflanzen insbesondere auf Grund ihres Vorkommens und ihrer früheren Verbreitung resp. Häufigkeit sowie bestimmter wirklicher oder ihnen beigemessener Eigenschaften (z. B. Giftigkeit, Verwendbarkeit des Holzes und Verwendung im Totenkult) einen mehr oder weniger großen Raum einnehmen.

Éthnos (griech. = Schar, Volk, Völkerschaft), räumlich begrenzte Population aus gleichen Biotypen.

Etiolemént (franz. étioler = verkümmern, dahinsiechen), starkes Streckungswachstum und Ausbleiben der Chlorophyllbildung durch Lichtmangel und andere ungünstige Umweltbedingungen (Vergeilen). Beispiel: Dunkelkeime der Kartoffel, zu spätes Vereinzeln der Rüben.

Etioplásten, farblose, in der Dunkelheit entstehende Vorstufen der → Chloroplasten.

-étum, Suffix für Pflanzenassoziationsnamen, z. B. -wald, -gebüsch; je nach der bestandbildenden Gatt. Pinétum (von Pinus), Salicétum (von Salix); → pflanzensoziologische Nomenklatur.

Etymologie (griech. étymos = als Adjektiv: dem Wesen der Sache entsprechend, wahr, echt, richtig, gewiß, deutlich, als Subjektiv: das Stammwort, die wahre Bedeutung des Wortes; lógos = Wort, Lehre, Kunde; etymología = der wahre Sinn, die Grundbedeutung eines Wortes), Sprachkunde, Lehre von der Herkunft und Grundbedeutung der Wörter oder Lehre von den Stammwörtern.

eu- (griech.), gut, echt, wahr.

Euanemochóre (griech. eu = wohl, gut, als Adverb; ánemos = Wind; chorízein = absondern), Schweber, Pflanzen mit Windverbreitung der Samen, z. B. Löwenzahn.

Euánthe, f., Gatt. der Orchidáceae (griech. eu = gut, schön; ánthos = Blume, Blüte; »Schönblume«)

Euanthientheorie (griech, euánthemos = blumenreich, blühend; auch: euanthés = schön blühend, blumig ...), Theorie, nach der die Vorfahren der heutigen Angiospermen Zwitterblüten, d. h. Blüten mit terminalem Gynaeceum und darunter stehendem Androeceum, besaßen. Eingeschlechtige Blüten sind jeweils durch Unterdrückung des anderen Geschlechts entstanden (Hallier, Arber und Parkin); → Pseudanthientheorie.

Eucalýptus, f., Gatt. der Myrtáceae (griech. eu = schön, gut; kalýptein = verhüllen, bedecken; die Blütenblattknospen sind durch die später abfallenden Kelchblätter eigenartig eingeschlossen und werden gut bedeckt) – Fieberbaum.

Eucecídien, Gallen, die für die gallenerzeugende Pflanze nützlich sind.

Éucharis, Gatt. der Amaryllidáceae (griech. eucháris = anmutig).

Euchéa, f., Gatt. der Ebenáceae (griech. eukleía = Berühmtheit; Ebenholz = Lieferant); Früchte eßbar, z. B. E. unduláta.

Euchlǣna, f., Gatt. der Poáceae (griech. eu = schön, gut; chlāína = Mantel) – Teosinte, Rayanagras.

Euchromatín, im Ruhekern nicht färbbare Chromosomenabschnitte.

Eucníde, f., Gatt. der Loasáceae (griech. eu = schön; kníde = Nessel) – Schönnessel.

Éucomis, f., Gatt. der Liliáceae (griech. eu = schön, gut [wohl]; griech. kóme = Schopf) – Lilienschopf, Schopflilie. Spec.: E. punctáta, E. bícolor.

Eucómmia, f., Gatt. der Eucommiáceae (griech. eu = schön; kómmi = Gummi); Blätter und Samen kautschukführend (Name!); monotypisch; Spec. E. ulmoídes; -fossil seit dem Miozän.

Eucyte (eingedeutschte Endung), bezeichnet die Zelle bei den → Eucariota.

Eugénia, f., Gatt. der Myrtáceae (benannt nach Prinz Eugen v. Savoyen, einem Förderer der Botanik, 1663–1736) – Gewürznelkenbaum, Kirschmyrte.

eugeogén (griech. eu = gut; ge = Erde; génesis = Entstehung; »gut Erde bildend«), Bezeichnung für Gesteine, die leicht verwittern.

Euhydatophýta (griech. hýdor = Wasser, phytón = Pflanze), Arten, die an ein Leben im Wasser gebunden sind; sie passen sich daher nur der Hydrophase und litoralen Ökophase an.

Eukárp wird ein reifer Pilzthallus bezeichnet, der sich in getrennte vegetative und geschlechtliche Teile differenziert.

Eukaryóta, n., Plur., auf der Klassifizierung der Zellen von Organismen beruhende (Makro-)Gruppe, in der gegenüber den Prokaryota (s. d.) mit den Bakterien und Blaualgen alle anderen Einzeller sowie die vielzelligen höheren Pflanzen und Tiere zusammengefaßt werden. Die Vertreter beider »Sammelgruppen« unterscheiden sich in vielen Eigenschaften ihrer Zellen in deutlicher Weise, so daß die Notwendigkeit ihrer Differenzierung in der Evolutionsforschung, Zytologie, aber auch in anderen biologischen Disziplinen zweckvoll und legitim ist. Etymologisch: griech. eu = echt; griech. karyotós = kern- oder »nuß«haltig (latin. betont: karyótos); Eukaryota = Lebewesen mit echtem Kern; der Name E. ist ein substantiviertes Adjektiv (bei Weglassung des im Geiste zu ergänzenden bzw. a priori bestehenden Substantivs: griech. bionta = Lebewesen; Sing. prokaryóton bion, n.). Die Schreibweise ohne »n« (also nicht: Eukaryonta) ist etymologisch richtig; engl. eukaryotes = Eurkaryota; adjektivisch: eukaryotic (engl.) = eukaryot, eukaryotisch (nach G. Wagner/Th. Börner 1976).

Eulitorál (griech. eu = gut; lat. lítus, litoris = Gestade, Ufer), Pflanzenwelt der Uferzone von Binnengewässern.

Eulóphia, f., Gatt. der Orchidáceae (griech. eu- = gut, lóphos = Kamm, Federbusch; namentlicher Bezug zum »Kamm« auf der Lippe bei vielen species).

Eulophidáum, n., Gatt. der Orchidáceae (griech. euliphos = mit schönem Helmbusch [Kamm]; – ídes = ähnlich; der Eulophía ähnlich).

Eulophiélla, f., Gatt. der Orchidáceae (lat. -ella = Verkleinerungssuffix, weil einer »kleinen Eulophia« ähnlich; daher: »Kleine Kammlippe«).

Eulýchnia, f., Gatt. der Cactáceae (griech. eu = gut; lychnía = Leuchterstock, also »schöner Leuchterstock«).

Eu-Makrophanerophýta (griech.), Pflanzen mit verholztem Stamm und nicht schopfig angeordneten Blättern; die Knospen befinden sich mehr als etwa 2 m über dem Boden; → Makrophanerophyten.

Eumycétes (griech. eu = gut, wohl echt; mýkes = Pilz), zusammenfassende Bezeichnung für die Ascomycetes (Schlauchpilze) in Gegenüberstellung zu den Phycomycetes (Algenpilzen). → Fungi!

Euochthophýta (griech. eúchthos = stark aufgehäuft, reich, üppig; phytón = Pflanze), Arten, die in der litoralen Phase leben, in der sie Reproduktionsorgane ausbilden.

Euónymus, f., Gatt. der Celastráceae (griech. Pflanzenname; ev, eu = gut; ónoma = Name; also eigentlich: »in gutem Namen oder Ruf« stehend, ist hier umgekehrt zu verstehen wegen der Giftigkeit und des üblen Geruchs) – Pfaffenhütchen; fossil seit dem Tertiär.

eupatórium, nach der gleichnamigen Gatt. (Kunigundenkraut; griech. eupatoría, lat. eupatória; König Mithradates Eupator, gest. 63 v. u. Z., soll die Pflanze gegen Leberleiden verwendet haben).

Eupatórium, n., Gatt. der Asteráceae (röm. Pflanzenname) – Wasserdost.

Euphórbia, f., Gatt. der Euphorbiáceae (lat. Pflanzenname, benannt nach Euphorbos, einem Leibarzt des Königs Juba von Mauretanien, 54 v. u. Z.) – Wolfsmilch. -Fossil seit der oberen Kreide.

Euphrásia, f., Gatt. der Scrophulariáceae (griech. euphrasía = Wohlbefinden, Frohsinn; wegen der Heilkraft, die die Pflanze besitzt, die früher gegen Augenleiden benutzt wurde) – Augentrost.

Euploídion (griech.), Art, zusammengesetzt aus morphologisch ähnlichen, eine euploide Reihe Chromosomen (z. B. 8, 10, 16, 32, ...) bildenden Sippen, deren Individuen sich geschlechtlich fortpflanzen; → Dysploidion.

euramérische Flora, die permokarbonische Flora des europäisch-nordafrikanisch-vorderasiatisch-nordamerikanischen Raumes. Die größte Übereinstimmung zwischen europäischer und nordamerikanischer Karbonflora bestand im Westfal C und D; gekennzeichnet wird die euram. Flora durch zahlreiche Arten von Calamiten und Lepidophyten.

eurasiátisch sind Pflanzen, die für die gemäßigte Zone Europas und Asiens bezeichnend sind oder dort vorkommen.

europaéus, -a, -um (lat.), europäisch, in Europa heimisch (z. B. Salicórnia europaéa – Queller).

eurosibírisch sind Arten, die für die gemäßigte Zone in Europa und Asien bis zum Altai bezeichnend sind oder dort vorkommen.

Eurótia, f., Gatt. der Chenopodiáceae (griech. eurós = Schimmel) – Hornmelde.

eury- (griech.), weit-, breit-.

Eúrya, f., Gatt. der Theáceae (griech. eurýs = breitästig) – Sperrstrauch; fossil seit dem Tertiär.

Eurýale, f., Gatt. der Nymphaeáceae (nach einer griech. Göttin) – Indische Seerose; fossil seit dem Pliozän.

Eurychóne, f., Gatt. der Orchidáceae (griech. eurýs = breit; chonē = Trichter; namentl. Bezug auf die trichterförmige Lippe; also Breit-Trichter-Orchidee).

eurychór (griech. eurýs = weit; chóros = Gegend; also »weitverbreitet«), geographisch weitverbreitete Arten.

euryhalín (griech. eurýs = sehr, weit, stark; lat. halínus = salzhaltig), Beziehung für Pflanzen mit einer wenig ausgeprägten Empfindlichkeit gegenüber dem mehr oder weniger großen Salzgehalt des Wassers.

euryözische Pflanzen (griech. eurýs = weit; oíkos = Haus, Standort, Wohnbezirk), unter sehr verschiedenen Außenbedinungen gedeihende Arten.

euryphót (griech. eurýs = weit; phos, Genit. photós = Licht), Bezeichnung für Pflanzen, die sowohl bei wenig als auch bei viel Licht gedeihen, deren Lichtminimum und -maximum weit auseinanderliegen, im Gegensatz zu stenophoten Arten (mit engem Lichtbereich oder enger Lichtamplitude).

eurysóm (griech. eurýs = breit; sóma = Körper), breitwüchsig.

eurythérm (griech. eurýs = weit; thermós = warm), Benennung für Pflanzen mit weiter Wärmeamplitude, deren Minimum und Maximum, d. h. deren Kardinalpunkte für Wärme, weit auseinanderliegen. Gegenbegriff: stenotherm.

eurytóp (griech. eurýs = weit; tópos = Gegend, Raum), Bezeichnung für ökologisch weitverbreitete Arten.

Éuscaphis, f., Gatt. der Staphyleáceae (griech. eu = schön, skáphis = Kapsel) – Kahnfrucht.

eusporangiáte Pteridophýten, diejenigen Pt., bei denen sich die Sporangien aus Zellgruppen entwickeln; → leptosporangiate Pt.

eustátische Böden (griech. eustátes = feststehend), Böden, die im Verlauf des Jahres eine gleichbleibende Elektrolytkonzentration aufweisen.

Eustẹle (griech. stéle = Säule, Stamm; bedeutet soviel wie: Zentralzylinder), Stele, bestehend aus einem Ring kollateraler Einzelleitbündel, die phylogenetisch entstanden sind durch Differenzierung von Markstrahlen sowohl innerhalb des Xylems als auch des Siebgewebehohlzylinders.

Eutherophýten, einjährige Blütenpflanzen.

eutrópe Blüten (griech. tropós = Ausbau, Balkon, bezieht sich auf den besonderen Bau der Blüte), Blüten mit verborgenem Nektar, der nur für besonders angepaßte Insekten erreichbar ist.

eutróph (griech.), nährstoffreich.

Evaporatión (lat. vaporáre = dampfen, verdunsten; e, ex = aus), einfache Verdunstung, wie sie eine freie Wasserfläche zeigt (auch Verdampfung).

Evaporimẹter, Verdunstungsmesser.

Evolution (lat. evólvere = entwickeln), Entwicklung.

evolútus (lat.), ausgerollt, entwickelt.

Evónymus, richtige Schreibweise für →Euónymus = Spindelbaum.

ex-, in Zusammensetzung: aus-, un-; -los; ohne.

Éxacum, n., Gatt. der Gentianáceae (Herkunft unsicher) – Bitterling, Bitterblatt.

exaltátus (lat. áltus = hoch), hochgewachsen, erhöht.

exárches Protoxylém (griech. éxo = außen; arché = Anfang), Bezeichnung für die zuerst gebildeten, nach außen liegenden engerlumigen Elemente des Xylems; die später gebildeten weiterlumigen Elemente des Xylems schließen sich gegen die Stammmitte zu an. Ggs. → endarches Protoxylem.

excélsior, -or, -us (Komparativ von lat. excélsus, **-a, -um** = hoch), hervorragend, höher (z. B. Fráxinus excélsior – Gemeine Esche).

excélsus, -a, -um (lat.), hervorragend (z. B. Araucária excélsa – Zimmertanne).

Excípulum (n., Sing.), äußere Schicht der Apothecien bzw. Gehäuse der Perithecien.

exémplum (lat. ad exémplum = zum Beispiel), Beispiel

exíguus (lat.), unansehnlich, klein, schmal.

exílis (lat.), dünn, unbedeutend, schwächlich.

exímius (lat.), ausgezeichnet.

Exíne, (lat. exin als Adverb = hierauf, sich anreihend, von da aus), die äußere, kutinisierte Schicht der Sporen der Archegoniaten und der Pollen der Phanerogamen.

Exkláve, kleineres, vom Hauptareal isoliertes Verbreitungsgebiet einer Sippe.

Exkrét (lat. excérnere = ausscheiden), Zellausscheidung, meist ohne ersichtliche positive Bedeutung für die Pflanze, bestehend aus wertlosen oder beim Verbleiben in den Zellen schädlich wirkenden Stoffwechselprodukten. Ggs. → Sekret.

exo- (griech.), außen.

Exochórda, f., Gatt. der Rosáceae (griech. éxos = äußerlich; chórde = Faden, Darmsaite) – Blumenspiere.

Exodérmis (griech. éxo = außen; dérma = Haut), subepidermale Außenhaut der Wurzel, die nach dem Verlust der primären Wurzelhaut durch die äußerste Rindenschicht auf dem Wege der Verkorkung gebildet wird.

Exogamíe, Kreuz-, Blendlings- und Bastardbestäubung.

exogén (griech. éxo = außen; geneá = Abstammung, Abkunft), abstammend von Gewebe, das außen liegt. Die Blätter bilden sich exogen, d. h. aus oberflächlichen Gewebeschichten. Gegenbegriff: → endogen.

Exogónium, n., Gatt. der Convolvuláceae (griech. éxos = äußerlich; góny = Knie).

Exokárp (griech. éxo = außen; karpós = Frucht), äußere Schicht der Fruchtwand.

Exospór, äußere Schicht der Sporenwand.

Exospóre (griech. éxo = außen; spóros = Keim), nach außen abgeschnürte, also nicht in Behältern gebildete Spore (→ Konidien).

Exostóm, die äußere, meist derbere Zahnreihe bei doppeltem Peristom.

Exothécium (griech. éxo = außen; théka = Schale, Wandung), die äußere versteifte Wandung des Pollensackes der Gymnospermen.

exóticus (lat.), ausländisch.

expánsus (lat.), ausgedehnt.

Expedition (lat. expedítio, -ónis = Kriegs- oder Feldzug), Forschungsreise.

Experimént (lat. experiméntum = Versuch, Probe, Beweis), die genaue Beobachtung und Beschreibung der Naturvorgänge unter planmäßigen, veränderten Bedingungen.

Explantatión (lat. ex = aus, heraus; plantáre = pflanzen), Heraustrennung von Gewebe zur Züchtung außerhalb des Organismus; die Kultur erfolgt in vitro, d. h. »im Glas«.

explódens (lat. explódere = klatschend forttreiben), platzend, aufspringend.

Explosionskapsel, zu den Kapsel- bzw. den Streufrüchten gehörende Fruchtform, wie sie bei Impátiens typisch ist.

Expositión (lat. exposítio, -ónis = Darlegung), Lage eines Standortes zur Himmelsrichtung; Hangrichtung.

Expositionsschwärme (lat. → Exposition), der geländeklimatischen Abwandlung der Standorte entsprechende, mit dem Wechsel der Hangrichtung um einen Berg umlaufende Folgen verschiedener Pflanzengesellschaften.

Expressivität, Ausprägungsgrad; der Grad der Merkmalsprägung bei Genen mit variabler Wirkung.

exquisítus (lat. exquirere = aussuchen), ausgesucht.

Exsiccát (lat. exsiccáre = austrocknen), trockenes präpariertes Pflanzenmaterial = Herbarexemplar.

exsúdans (lat.), ausschwitzend, gekocht.

extraaxillär (lat. éxtra = außerhalb; axilla = Achselhöhle), außerhalb der Blattachsel stehend.

extraflorál→ (lat. éxtra = außerhalb; flos, floris = Blume, Blüte), außerhalb der Blüte stehend.

extraflorále Nektárien, »außerhalb der Blüten« befindliche Nektarien, die sich z. B. häufig am Blatt von Süßkirschen und Pfirsichen finden. Typisch auch bei der Ackerbohne vorhanden; → nuptiale Nektarien.

Extraktiónsschrot (lat. extráhere = herausziehen), zerkleinerter Rückstand von Pflanzensamen, denen das Öl entzogen (extrahiert) wurde, z. B. Rapsschrot (meist reich an Phosphor).

Extraktívstoffe, organische Verbindungen in pflanzlichen oder tierischen Substanzen, die mit Wasser, Alkohol usw. herausgezogen (extrahiert) werden können.

extrastaminál (lat. éxtra = außerhalb; stámen, stáminis = Faden), außerhalb der Staubgefäße stehend.

extrórs, nach außen gewendet (z. B. Staubbeutel), Ggs. → intrors.

exulátus, -a, -um (lat.), verbrannt.

F

f. → Form.

F_1, F_2 usw., Kurzbezeichnung für erste, zweite usw. Tochtergeneration aus einer bestimmten Paarung. Anfangsbuchstabe von Filialgeneration (lat. filia = Tochter).

fába, Bohne, Beiname einer Vícia.

fabáceus, fabárius, puffbohnen- (vícia-fába-)artig, bohnenartig.

Fabiána, f., Gatt. der Solanáceae (nach F. Fabiano, span. Botan., Erzbischof von Valencia).

FAD → Flavinadenindinucleotid.

Fadenmýzel (griech. mýzein = saugen), Gesamtheit aller Hyphen der Pilze, die fädige Gebilde mit oder ohne Septen sind. Das echte oder Fadenmyzel entsteht durch Keimung. Aus einer sich vergrößernden Spore wächst ein Keimschlauch oder wachsen mehrere Keimschläuche aus, die sich durch Wachstum am distalen Ende verlängern. Sie können sich verzweigen und durch Septen in Zellen aufteilen, wobei die Septen hinter dem »Wachstum«- oder »Ausgangspunkt« entstehen. → Myzel, Sproß- und Pseudomyzel.

Fadenpilze, Schimmelpilze = Hyphomycetes-Gruppe der Ascomycetes mit verzweigtem Netz (Mycelium) von Fäden (Hyphen), auf dem sich bei einzelnen Arten verschieden gestaltete sporentragende Fruchtkörper erheben, z. B. bei Aspergillus (Kolbenschimmel) und Penicillium (Pinselschimmel). Bei einigen Arten der Schimmel- oder Fadenpilze findet zu bestimmten Zeiten auch eine geschlechtliche Fortpflanzung statt.

Fächel (Rhipídium), cymöser, monochasischer Blütenstand, in dem sämtliche Sproßgenerationen sich auf der Rückseite der relativen Hauptachse in einer Ebene befinden.

Fächerpalmen, Palmen mit handförmig zerschlitzten Blättern.

Fäule, durch Mikroorganismen, insbesondere Bakterien und Pilze, verursachte Krankheit bzw. unerwünschte Zersetzung pflanzlicher Substanzen oder hauptsächlich pflanzlicher Organismen; nach dem befallenen Organ bzw. Produkt werden z. B. unterschieden bzw. benannt: Knollenfäule (der Kartoffel), Krautfäule (der Tomate), Wurzelfäule (der Bohne), Phytopathologisch werden unterschieden: 1. Trockenfäule (mit der Folge der Mumifizierung der befallenen Produkte, z. B. bei Kartoffeln); 2. Naßfäule (mit dem Zerstören der Mittellamellen und dem Ausfluß der Zellinhalte).

Fäulnis, anaerober bakterieller Abbau stickstoffhaltiger, organischer Verbindungen, besonders von Eiweißkörpern, unter Entwicklung z. T. übelriechender Gase und Substanzen (Skatol, Schwefelwasserstoff, Putrescin, Cadaverin u. a.), von denen einzelne ausgesprochene Giftwirkung besitzen. Endstufe der Fäulnis ist die vollständige Mineralisierung der organischen Stoffe.

fäulniserregend, saprogen (griech. saprós = faul; griech. genáein = erzeugen, hervorrufen), im engeren Sinne durch Mikroben hervorgerufene Zersetzung insbesondere stickstoffreicher organischer Substanzen (wie toter Tiere, pflanzlicher Teile) unter anaeroben Bedingungen, wodurch der Kreislauf der Stoffe in der Natur befördert wird (Mineralisation!); abhängig vor allem von den Temperatur- und Feuchtigkeitsbedingungen. Endprodukte saprogener Prozesse sind u. a. Ammoniak, Indol, Schwefelwasserstoff, Skatol. Nicht immer werden im trivialen Sprachgebrauch Fäulnis und Verwesung unterschieden. Die Verwesung läuft jedoch unter aëroben Bedingungen ab.

Fagopýrum, n., Gatt. der Polygonáceae (lat. fágus = Buche; pyrós = Weizen; das bedeutet, die Früchte ähneln denen der Buche und sind nahrhaft wie Weizen) – Buchweizen.

Fágus, f., Gatt. der Fagáceae (lat. Pflanzenname) – Buche; fossil wahrscheinlich seit der oberen Kreide.

Fahne (Vexíllum), das hintere, größte Blütenkronblatt der Schmetterlingsblüte der Fabaceae.

Fahnenwuchs, durch die Kraft des Windes entstandene, einseitige Ausbildung der Baumkrone.

Faktor (lat. fácere = tun, machen) → Gen, → Mendelsche Regeln.

Faktorenaustausch, wechselseitige Umlagerung von Chromatidensegmenten der verschiedenen Bivalentchromosomen (auch Crossing-over).

fakultativ (lat. facúltas, Genit. -atis = Gelegenheit, Möglichkeit, Fähigkeit), nach Belieben; unter gewissen Umständen.

fakultativ aërob (= aerotolerant) sind Keime, die normalerweise anaërob wachsen, aber auch bei Luftzutritt zu gedeihen vermögen.

fakultativ anaërob (lat., s. o.), Bezeichnung für Mikroorganismen, die normalerweise aërob leben, aber auch unter Abschluß von Sauerstoff wachsen können.

fakultative Parasiten sind pathogene pflanzliche Organismen (→ Pathophyta), deren Ernährung wie bei allen Parasiten auch von lebendem Substrat möglich ist, die aber im Gegensatz zu den → obligaten Parasiten eine volle Entwicklung bei Saprophytie und gelegentlich auch bei Parasitie haben. → Nekrophyten, Perthophyten, Thryptophyten, Saprophyten, die es entsprechend ihrer Lebensweise von den Parasiten zu unterscheiden gilt.

fakultatives Grasland (Grünland), bezeichnet im Gegensatz zum absoluten Grasland landwirtschaftliche Nutzflächen, die auch ackerbaulich genutzt werden können. Fakultatives (d. h. wahlweise angelegtes) Grasland wurde meist aus betriebswirtschaftlichen Überlegungen heraus geschaffen, um z. B. in ausgesprochenen Ackerbaugebieten mit fehlendem absolutem Grasland Jungviehweide betreiben zu können. Fakultat. G. sollte wieder in akkerbauliche Nutzung übergeführt werden, da auf diesen Standorten mit Ackernutzung höhere Erträge erreicht werden können.

Falcária, f., Gatt. der Apiáceae (lat. falx, fálcis = Sichel) – Sichelmöhre.

falcárius, sichelförmig.

falcátus, -a, -um (lat. falx, fálcis = Sichel), Sichel- (z. B. Medicágo falcáta – Sichelluzerne).

fállax (lat.), trügerisch, falsch.

falsche Scheidewände, durch Wucherungen der Innenseite der Fruchtblätter erzeugte Scheidewände im Fruchtknoten.

Falterblumen, Pflanzen, deren Blüten vorwiegend an die Bestäubung durch Schmetterlinge angepaßt sind.

famatiménsis, -is, -e, aus oder auch bei Famatima (in Argentinien) stammend.

Familie, família, systematische Hauptkategorie oberhalb der Gattung (→ Rangstufe).

Familienzüchtung, fortgesetzte Nachkommenschaftsauslese bei Fremdbestäubern, das bedeutet eine Mutterstammbaumzüchtung ohne Kenntnis der väterlichen Abstammung.

Farbstoffe, Verbindungen, die aufgrund ihrer chemischen und physikalischen Struktur bestimmte Wellenlängenbereiche des sichtbaren Spektrums (4000 bis 7000 Ångström) absorbieren können. Wird z. B. Gelb absorbiert, so erscheint die Farbe Blau, bei Rot erscheint Grün. Die Lichtabsorption hängt mit Schwingungen der Elektronen im Molekül zusammen, die mittels Lichtstrahlen bestimmter Frequenz angeregt werden. Moleküle mit leichter beweglichen Elektronen, die durch langwelliges Licht angeregt werden können, absorbieren im sichtbaren Spektralbereich und sind farbig. Die Elektronenbeweglichkeit wird in organischen Verbindungen meist durch konjugierte Bindungen heraufgesetzt.

fárfara, Epitheton von Tussilágo (lat. fár, farína = Mehl; férre = tragen, weil wie mit Mehl bestäubt).

farfúgium, nach dem gleichlautenden Gattungsnamen; von Plinius auch für fárfara gebraucht, abgeleit von lat. fár = Mehl, Getreide und fúgere (fúgi) = fliehen, weil die Pflanze das Getreide verdrängt.

farinósus, -a, -um (lat.), mehlig.

-farius (-a, -um), reihig.

Farne, Filices.

farnétto, eine Quercus-Art aus Italien, dort wahrscheinlich früher so genannt.

Farnpflanzen, Pteridophyta.

Fasciatión (lat. fáscia = Binde, Band; fasciátio, -nis), Bandbildung, Verbänderung. Abnorme Erscheinung, indem Achsen und Wurzeln eine elliptische oder bandähnliche Querschnittsform ausbilden, z. B. bei den → Cristaten liegt eine bandförmige Verbreiterung vor.

fasciátus (lat. fáscia = Binde, Band, Bündel), gebändert.

Fasciculária, f., Gatt. der Bromeliáceae; lat. fáscilus = Strauß, Bündelchen; -aria = Suffix, Ähnlichkeit bezeichnend, also »Straußartige, -ähnliche«.

fasciculáris, fasciculátus, -a, -um (lat.), büschel- oder bündelartig.

Fasciculíten-Kohle, in den Weichbraunkohlen finden sich → Xylite von Palmen mit Bastfasersträngen (Palmoxylon bacillare).

Faser, langgestreckte, dünne Zelle oder Zellbündel.

Faserpflanzen, Gewächse, die in ihrer Gesamtheit oder in bestimmten Teilen die Rohstoffe für Spinnerei und Seilerei, für Geflechte, Bürsten, Besen, Pinsel, Polster- und Packmaterial sowie für die Papierfabrikation liefern.

fastigiátus (lat. fastigáre = schräg zulaufen lassen), gegipfelt spritzig, in die Höhe gerichtet.

faszikulär (lat. fascículus = Bündelchen), Bezeichnung für das Kambium in den Leitbündeln, daher auch Faszikularkambium genannt, zur Unterscheidung vom Interfaszikulärkambium

Fatshédera, f., Gatt. der Araliáceae (aus den Gattungsnamen Fátsia und Hédera zusammengesetzt) – Efeuaralie.

Fátsia, f., Gatt. der Araliáceae (japan. Pflanzenname) – Aralie.

fátuus, -a, -um (lat.), leer, taub, unfruchtbar, wetteranzeigend.

Faucária, f., Gatt. der Aizoáceae (lat. faux, Genit. faucis = Rachen, Schlund).

Faulschlamm, m., → Sapropel.

Fáuna (lat. Faunus = weissagender Feld- und Waldgott, Vater des Latinus, später dem griech. Pan gleichgestellt; Mehrzahl: Fauni = Panes – nackte Walddämonen in Bocksgestalt), Gesamtheit der in einem bestimmten Gebiet der Erde heimischen Tierwelt.

Faux → Schlund.

faýa, nach dem Gattungsnamen Faýa (Syn. zu Myríca).

Fázies (lat. fácies = Gestalt, Aussehen), kleinste unterscheidbare Einheit der Vegetationssystematik, ausgezeichnet durch das vorherrschende Auftreten einer oder mehrerer bestimmter Arten.

Féchser, unterirdischer, mit Augen besetzter Sproß bei Hopfen und Meerrettich, der von der Wurzel abgeschnitten und als Steckling gepflanzt wird.

fecúndus (lat.), fruchtbar.

feedback-Mechanismus (engl.), Rückkopplungsmechanismus, Kontrollmöglichkeit der enzymatischen Synthese organischer Verbindungen im Zellstoffwechsel.

Feige, Sammelfruchtstand (»Frucht des Feigenbaumes«), der durch die hohle Blütenstandsachse gebildet wird, an deren Innenseite die Blüten und später die Früchte sitzen.

Feldanerkennung, vorläufige Einstufung vertraglich angebauter Vermehrungsbestände nach den in Standards festgelegten Vorschriften durch beauftragte Personen. Die Prüfung erstreckt sich im wesentlichen auf Ursprung des Ausgangsmaterials, Sortenechtheit und -reinheit, Unkrautbesatz, ausgeglichene und gesunde Entwicklung des Bestandes, Einhaltung der Mindestentfernungen und anbautechnische Regeln und Maßnahmen, ordnungsgemäß durchgeführte Selektion. → Anerkennung.

Feldaufgang, Prozentsatz der reinen Samen, die auf dem Feld (Kulturboden) gesunde Keimpflanzen hervorbringen.

Feldkeimsumme, Gesamtzahl der Keimpflanzen je 100 Saatguteinheiten, die auf dem Feld aufgehen. Vgl. Keimsumme.

Feldschicht → Krautschicht.

Felícia, f., Gatt. der Asteráceae (nach Felix, deutsch. Botan. und Legationsrat, Regensburg, gest. 1846).

felínus (lat. félis = Katze), katzenähnlich.

Felshafter (Epilithen), auf Felsen lebende Pflanzen, die keine bes. Wurzelorgane besitzen, sondern mit der ganzen Oberfläche Nahrung aufnehmen.

Felswurzler, auf Felsen lebende Pflanzen, die mit Rhizoiden oder Wurzeln in den Fels eindringen.

Femelschlagbetrieb, Bewirtschaftungsform des Hochwaldes, bei der plätzeweise ungleichmäßig auf der Ernteﬂäche eingegriffen wird, auch Gruppenwirtschaft genannt.

femíneus, feminíus, féminus (lat.), weiblich, Zeichen: ♀

Fenestrária, f., Gatt. der Aizoáceae (lat. fenéstra = Fenster) – Fensterpflanze.

fénnicus, aus Finnland stammend.

-fer, -fera, -ferum, in Zusammensetzungen: -tragend.

Ferménte (lat. fermentáre = gären lassen; ferméntum = Sauerteig, gegorenes Getränk, allgemein: Gärung), gleichbedeutend mit Enzyme, organische Wirkstoffgruppe, die im Stoffwechsel von Tier und Pflanze als Biokatalysatoren fungieren. Sie können Reaktionen auslösen oder als Reaktionsbeschleuniger dienen, dabei gehen die F. aus einer Reaktion unverändert wieder hervor. Neuerdings werden sechs Hauptgruppen von F. unterschieden: Oxydoreduktasen, Transferasen, Hydrolasen, Lyasen, Isomerasen und Synthetasen (= Ligasen). Über den Bau der F. → Co- und Apoferment.

Fermentgifte → Inhibitoren.

férox (lat.), stark bewehrt, fruchtbar (z. B. Aloe ferox – Stachelige Aloe).

ferrugíneus (lat. férrum = Eisen; -ferrúgo = Eisenrost), rostfarbig.

fertil (lat. fértilis = fruchtbar, ertragsfähig), fruchtbar, Gameten oder Sporen bildend.

fertile Phase (lat. fértilis = fruchtbar; griech. phásis = Erscheinung) → reproduktive Phase.

Férula, f., Gatt. der Apiáceae (lat. férula = Rute, Stecken) – Steckenkraut.

férus (lat.), wild.

Festigungsgewebe, mechanisches Gewebe aus Zellen mit verstärkten Zellwänden.

festívus, féstus (lat.), hübsch, niedlich; festlich.

Festúca, f., Gatt. der Poáceae (lat. festúca = Grashalm; wurde als Pflanzenname zuerst im 16. Jh. verwendet) – Schwingel.

Fette, durch hohe Viskosität ausgezeichnete Verbindungen, die esterartige Verb. des dreiwertigen Alkohols Glycerin, besonders mit der Palmitin-, Stearin- und Ölsäure, darstellen.

Fettvakuólen, stark lichtbrechende Tröpfchen, die im wasserreichen Plasma, z. B. von keimenden Samen, auftreten; → Vakuolen.

F-Generatión, Tochtergeneration, → F_1, F_2.

Ficária, f., Gatt. der Ranunculáceae (lat. fícus = Feige; wegen der feigenähnlichen Wurzelknollen) – Feigwurz, Scharbockskraut; fossil seit dem Pliozän.

ficárius (lat. fícus = Feige, Feigenbaum), feigenartig.

Fícus, f., Gatt. der Moráceae (lat. Pflanzenname) – Feige; fossil wahrscheinlich seit der oberen Kreide.

ficus-índica, der indischen Feige ähnlich.

Fidelität (lat. fidélis = treu), Grad der Regelmäßigkeit des Auftretens bestimmter Pflanzen in einer Pflanzengesellschaft.

-fidus, in Zusammensetzungen: -spaltig.

Fiedern, die Einzelblättchen eines gefiederten Blattes.

fiedernervig ist die Blattnervatur, wenn schwächere Seitennerven abwechseln oder paarweise am Blattmittelnerv entspringen.

fiederspaltig, Bezeichnung für Blätter mit nach der Mittelrippe verlaufenden tiefen Einschnitten.

Filágo, f., Gatt. der Asteráceae (lat. filum = Faden) → Fadenkraut.

Filamént (lat. filum = Faden, Saite) → Staubfaden.

Filialgeneratión (lat. filia = Tochter), die unmittelbar aus der Kreuzung hervorgegangene Nachkommenschaftsgeneration. → F_1.

Fílices (lat. fílix, -icis f. = das Farnkraut), die Farne, Klasse der Pteridophyta. Sie schieben aus einem Erdstamm meist kräftige, reichgefiederte, in der Jugend bischofsstabartig nach vorn eingerollte Wedel, seltener einfache Blätter (Hirschzunge, Natternzunge). Die Wedelstiele und die Rückseite der Wedelrippen sind bei vielen Farnen mit braunen Spreuschuppen besetzt. Die Sporenbehälter entwickeln sich teils an besonderen, abweichend gestalteten Blättern (z. B. Strauß-, Königs-, Rippenfarn), vorwiegend aber auf der Unterseite gewöhnlicher Wedel, zahlreich und meist gruppenweise zu Sori vereinigt, oft von einem Indusium bedeckt. Fast alle Farne sind feuchtigkeitliebende Humus- und Schattenpflanzen. → Kapitel E. »System der Pflanzen«.

filicoídes (lat. fílix, fílicis = Farnkraut), farnähnlich.

filífer (-a, -um) (lat. fílum = Faden), fadentragend.

filifórmis, fadenartig (z. B. Júncus filifórmis – Fadenförmige Binse).

Filipéndula, f., Gatt. der Rosáceae (lat. fílum = Faden; péndulus = hängend) – Spierstaude, Mädesüß.

filipes (lat.), fadenfüßig (fadenstielig).

Filzgallen → Erineumgallen.

fimbriátus (lat.), gefranst, gewimpert.

finedonénsis, aus Finedon-Hall (England) stammend, die in Finedon-Hall aufgefundene und von dort verbreitete buntlaubige Form der Gemeinen Fichte – Pícea ábies finedonensis.

Fissidens, m., Gatt. der Fissidentáceae (lat. fissus = gespalten; dens = Zahn. Nach den tief gespaltenen → Peristomzähnen).

fissifólius (lat. físsa = die Spalte), spaltblättrig.

físsus (-a, -um) (lat. findere = spalten), -gespalten.

Fittónia, f., Gatt. der Acantháceae (nach den Schwestern E. und S. M. Fitton, engl. botan. Schriftstellerinnen).

Fitzróya, f., Gatt. der Cupressáceae (nach dem engl. Admiral R. Fitz-Roy, gest. 1855 oder 1865).

fixíeren (lat. fíxus = anheften, befestigen), Abtöten und Haltbarmachen von Einzelzellen und Geweben, besonders durch eiweißfällende Mittel, vor allem zur Herstellung von Dauerpräparaten, wobei die Strukturen ihrer Form und Lage nach so erhalten bleiben müssen, wie sie im Leben vorlagen.

fíxus (= lat.; Infinitiv fígere), befestigt, festgewachsen.

Flabellária, f., (lat. flabéllum = Fächer, Wedel), Sammelgattung für nicht exakt bestimmbare Blätter von Fächerpalmen.

flabellifólius, -a, -um, fächerblättrig.

flabéllus (lat.), fächerig.

fláccus, -a, -um (lat.), schlaff, welk.

Flachmoor (Syn. Niedermoor), bei Verlandung von nährstoffreicheren Gewässern und bei der Versumpfung von Mineralböden entstehende Moore, deren Torf schwach sauer reagiert oder neutral und ± nährstoffreich ist.

Flachsproß, blattartig abgeflachte, grüne, der Assimilation dienende Sproßachse, deren Blätter reduziert sind. Es kann sich um Langtriebe (→ Kladodien) oder Kurztriebe (→ Phyllokladien) handeln.

Flacóurtia, f., Gatt. der Flacourtiáceae (nach dem franz. Statthalter auf Madagaskar E. de Flacourt, 1607–1660).

Flächenkarten, Karten mit flächenhafter Eintragung der Verbreitung einer bestimmten Pflanze.

flächenständige Samenanlagen → laminale Plazentation.

flagelláris, flagellátus (lat.), peitschen- oder pinselartig.

Flagelláta (lat. flagéllum = Geißel), geißeltragende, einzellige Lebewesen.

Flagéllen, peitschenähnliche, verlängerte, kleinblättrige Sprosse.

flámmula (lat.), das Flämmchen.

Flárken → Rüllen.

flav-, flavi-, flavo-, in Zusammensetzungen: gelb-.

flávidus (lat.), blaßgelb, gelblich.

Flavinadenindinucloetíd, abgekürzt FAD, prosthetische Gruppe der Flavinenzyme, z. B. der Xanthin-Oxydase.

Flavinmononucleotíd, abgekürzt FMN, prosthetische Gruppppe der Flavinenzyme, z. B. der L-Aminosäureoxydase u. a.

Flavóne (lat. flávus, -a, -um = goldgelb), in der Pflanzenwelt weitverbreitete, farblose oder gelbliche Glycoside, die mit den Anthocyanidinen verwandt sind.

Flechten (Lichenes), innige Symbiosen von Pilzen mit Algen mit eigenartigen Wachstums- und Lebenserscheinungen.

»fleischfressende« Pflanzen, → Carnivora.

Fleming, Alexander (1881–1955), Engländer; entdeckte bzw. isolierte als erstes Antibiotikum das Penicillin aus dem Schimmelpilz Penicillium notatum.

flexíbel (lat. fléctere = biegen, beugen, krümmen, wenden), biegsam, beweglich.

flexispínus, -a, -um (lat.), krummdornig (z. B. Tephrocáctus flexispínus – Krummdorniger T.).

flexuósus, -a (lat. fléxus = Biegung, Krümmung), hin- und hergebogen (z. B. Spiráea flexuósa – Krummzweigiger Spierstrauch).

Fliegenblumen, Pflanzen, deren Blüten vorzugsweise oder ausschließlich an Bestäubung durch Fliegen angepaßt sind.

Fliesen (Sites), topographische Bereiche mit einem bestimmten ökologischen Potential; ihre Abgrenzung ist unabhängig von ihrer augenblicklichen Pflanzendecke.

Fliesengefüge, Grundzug der naturräumlichen Gliederung, der darin besteht, daß in der Landschaft mehrere Typen von Standortsräumen in charakteristischen Anordnungsmustern mosaikartig wechseln.

floccósus, -a, -um (lat.), beflockt, flockenreich, flockig, wollig.

Flóra (lat. = Blumengöttin), 1. die Gesamtheit aller Pflanzenarten eines bestimmten Gebietes der Erde; 2. im übertragenen Sinne ein Buch, in welchem die Pflanzenarten eines bestimmten Gebietes aufgezählt sind, meist verbunden mit einem Bestimmungsschlüssel (Bestimmungsbuch).

Florenbezirk = Sektor, Untereinheit der Florenprovinz.

Florendistrikt (lat. distríctus = auseinandergezogen; auch scharf [abgegrenzt]; Substantiv: Gebiet, Bereich), Untereinheit des Florenbezirks oder → Sektors.

Florenelemént (lat. flos, flóris = Pflanze, Blume), Bestandteil der Flora eines Gebietes, Begriff in der Pflanzengeographie (z. B. pontisches Florenelement).

Florengefälle, Florenkontrast auf 100 km. Eine allmähliche Abnahme der Anzahl von Pflanzensippen in benachbarten Gebieten.

Florenkontrást (lat. cóntra = gegen; contrárius = entgegengesetzt; Kontrast = Gegensatz), Unterschied in der floristischen Zusammensetzung zweier Gebiete.

Florenprovinz, Untereinheit der Florenregion; → Provinz.

Florenregion (lat. flos, flóris = Pflanze, Blume; regio, -onís = Gegend, Gebiet), Gebiet innerhalb der Florenreiche, das sich durch bestimmte Florenelemente auszeichnet und eine verhältnismäßig einheitliche Flora besitzt.

Florenreich (lat. flos, flóris = Pflanze), floristisch, ökologisch und vegetationskundlich gekennzeichneter Flächenteil der Erde, der sich grundlegend durch das Fehlen oder Auftreten bestimmter Pflanzengruppen (vor allem Familien) von anderen Teilen unterscheidet. Aufgrund der Analyse der Pflanzenwelt durch arealkundliche Untersuchungen gelangte man unter Berücksichtigung der Florengeschichte zur Aufstellung von 6 rezenten (heutigen) Florenreichen: Holarktis, Paläotropis, Neotropis, Capensis, Australis, Antarktis. – Unterbegriffe oder Unterteilungen sind → Regionen, Provinzen, Bezirke. Florenreiche sind seit dem Karbon nachgewiesen.

-flórens, blühend, in Zusammensetzungen: -blühend.

Florenschwelle, Übergangsgebiet von einem pflanzengeographischen Gebiet zum anderen.

Florensprung, ein plötzlicher Wechsel in der Zusammensetzung der Flora zwischen Namur A und B (unteres Oberkarbon).

florentínus, aus Florenz (Italien).

flóre pléno (lat. Ablativ von flos plénus), mit gefüllter Blüte. In der gärtnerischen Literatur oft auch gebraucht, wenn der ganze Blütenstand nur zahlreichere und üppigere Blüten enthält.

Flóres (lat. Mehrzahl; Einzahl: flos), Blüten. In der Pharmazie Blüten, Blütenstände oder Blütenteile, die als Droge verwendet werden (z. B. F. Arnicae – Arnikablüten, F. Chamomillae – Kamillenblüten, F. Tiliae – Lindenblüten).

floribúnda, -us, reichblühend (z. B. Diervílla floribúnda – Reichblühende Weigelie).

floricomus, (mit) Blütenschopf.

Florigén → Blühhormon.

Florístik, floristische Geobotanik, Wissenszweig der Botanik, der sich mit dem Studium der Flora eines bestimmten Gebietes beschäftigt; dabei werden die Elemente der Flora (Florenelemente) zusammengestellt, die einzelnen Pflanzensippen in ihrer systematischen Wertigkeit, hinsichtlich ihrer Wuchsbedingungen, Standortansprüche und Verbreitung untersucht sowie die Beziehungen zu anderen Pflanzensippen analysiert.

flós-cucúli (lat. flos = Blume; cucúli = des Kuckucks), Kuckucksblume) – Lýchnis flos-cucúli, die Kuckuckslichtnelke, die zeitig im Frühjahr blüht.

Flügel (Alae), die zwei kleineren, seitlichen Blütenkronblätter der Blüte bei den Schmetterlingsblütlern (Fabáceae).

Flughaare, an Früchten oder Samen auftretende Haarbildungen, die eine Windverbreitung erleichtern.

flúitans (lat.), schwimmend, flutend.

Fluktuatiónen, durch Umweltveränderungen hervorgerufene Änderungen oder Unterschiede zwischen genetisch einheitlichen Individuen.

Fluoritsystéme, bestimmte Typen von mikroskopischen Objektiven, die eine Mittelstellung zwischen → Achromaten und → Apochromaten einnehmen und bei denen Flußspatlinsen als Korrektionsmittel eingesetzt sind.

Fluraufnahme, Flureinschätzung, Erfassung und Einschätzung der Flurmerkmale, des Steinbesatzes, der Hangneigung sowie weiterer für die Pflanzenproduktion wichtiger Flurelemente.

Flurelemente, trassenförmige, flächenhafte oder punktförmige Geländemerkmale mit schlagbegrenzender oder schlagformender Wirkung (Verkehrslinien, Wasserläufe, Feldgehölze, Reliefstufen u. a.).

fluviátilis, -is, -e (lat. flúvius = Fluß), an oder in fließendem Wasser wachsend (z. B. Equisétum fluviátile – Teichschachtelhalm).

FMN → Flavinmononucleotid.

Fobéa, f., Gatt. der Cactáceae (nach Fobe benannt).

Fóckea, f., Gatt. der Asclepiadáeae (nach G. W. Focke).

foeniculáceus (lat. fóenum = Heu, fœnículum ist Verkleinerungsform), fenchelartig.

Foenículum, n., Gatt. der Apiáceae (Verkleinerungsform von lat. fóenum = Heu) – Fenchel.

fóetidus (lat.), übelriechend, stinkend.

fokussieren, methodischer Terminus der Mikroskopie: Einstellung der größten Schärfe des mikroskopischen Bildes mittels des Mikrometertriebes (Mikroskopfeintriebes).

Folge, beliebiger Abschnitt einer Fruchtfolgerotation; kann durch Zusätze näher bezeichnet werden (Getreidefolge, langjährige Getreidefolge, Blattfruchtfolge usw.).

Folgeform, das auf die Jugendform folgende Entwicklungsstadium der Pflanzen.

Folgemeristém (griech. merizein = teilen), sekundäres Bildungsgewebe, das durch Umwandlung von Grundgewebe entsteht, z. B. Korkzellen produzierendes Rindengewebe (Korkkambium).

foli-, in Zusammensetzungen: -blättrig, beblättert.

Fólia (lat. Mehrzahl; Einzahl: fólium), Blätter (→ Blatt). In der Pharmazie Blätter, die als Droge verwendet werden (z. B. F. Betulae – Birkenblätter, F. Menthae piperitae – Pfefferminze, F. Salviae – Salbeiblätter).

fólia compósita (Sing. fólium compósitum) → zusammengesetzte Blätter.

fólia simplícia (lat. Plur. von fólium símplex) → einfache Blätter.

fóliis aúreis, goldgelbblättrig, gelbbuntblättrig.

folios sind Thalli der Lebermoose, die nicht lappig sind, sondern in »Stengel« u. »Blätter« gegliedert.

foliósus (lat.), blattreich.

Fómes, m., Gatt. der Polyporáceae (Löcherpilze) (lat. fómes, -itis = Nahrung des Feuers, Zunder[schwamm], Zündstoff); mit ausdauerndem Fruchtkörper, stark holzzerstörend.

fontánus (lat.), quellenliebend.

Fontinális, f., Gatt. der Fontinaláceae (lat. fons = Quelle. Nach dem untergetauchten Vorkommen in Bächen, Quellen und Brunnen).

Form, fórma, niedrigste systematische Kategorie unterhalb der Art (→ Rangstufe). In ihr werden Pflanzen zusammengefaßt, die meist nur in einem Merkmal von den übrigen Pflanzen einer Population abweichen. Abkürzung: f.

Formaldehýd, Aldehyd der Ameisensäure

```
   ╱H
C=O
   ╲H
```

Formalín, eine 40%ige Formaldehyd-Lösung, die eine geringe Menge Methanol enthält.

Formatión (lat. formátio, -iónis = Bildung, Gestaltung), eine aus mehreren Vereinen (Synusien) zusammengesetzte physiognomisch-ökologisch einheitliche Pflanzengemeinschaft, die im Gegensatz zur → Assoziation von der floristischen Zusammensetzung unabhängig ist.

Formationsgruppe, eine Zusammenfassung ähnlicher Formationen zu einer Einheit von ökologischer Wertigkeit.

Formationskunde, Richtung der Vegetationskunde, die die Vegetation mit Hilfe von physiognomisch, nach der Gestalt gefaßten Vegetationseinheiten, den Formationen, darstellt.

Formationsubiquisten, Pflanzen, die in verschiedener Vergesellschaftung auftreten können.

Formbäume, kleine Formen von Obstbäumen oder Spalierformen einschl. dem sogenannten Schnurbaum.

Formenkreistrennung, Auslesezüchtung, bei der vorwiegend nach morphologischen Gesichtspunkten ausgelesen wird.

Formgattung, -art, eine Gattung oder Art, die aus praktischen Gründen aufgestellt oder beibehalten wird, für Fossilien, denen es an diagnostischen Merkmalen für die Erkennung der natürlichen Verwandtschaft mangelt.

-fórmis, in Zusammensetzungen: -förmig, z. B. filiformis = fadenförmig.

formósus, -a, -um (lat.), schön gestaltet, schön.

Forstgesellschaft, künstlich geschaffener Baumbestand, Monokulturen oder Anbauten nichtspontaner Holzarten.

Forstpflanze, Sämling, Verschulpflanze oder Wildling zur Begründung und Ergänzung von Beständen, die forstwirtschaftlicher Nutzung und Bewirtschaftung unterliegen, und für Pflanzen außerhalb des Waldes, soweit sie der Holzproduktion dienen.

Forsýthia, f., Gatt. der Oleáceae (benannt nach dem Direktor des Botan. Gartens in Kensington, W. A. Forsyth, 1737–1804) – Goldglöckchenstrauch, Goldweide, Goldflieder.

Fortpflanzung, Bildung der Nachkommenschaft für die Erhaltung des betreffenden Organismus.

Fortpflanzungsorgane, Organe, die der Fortpflanzung dienen, wie Keimzellbehälter, Sporangien und Gametangien.

Fossíl, lat., das Fossílium, die Fossília = Fossilien; Bezeichnung für Organismen, die in geologisch älteren Epochen (Systemen) lebten (bzw. ausstarben) oder (bereits) nachgewiesen wurden (und noch rezent sind).

fossíl (lat. fóssa = Graben, Grube; fóssio = das Umgraben), ausgegraben. Bezeichnung für Organismen, die in geologisch älteren Epochen lebten.

fossílis, -is, -e, ausgegraben; fossil = nicht mehr rezent, in früheren geologischen Epochen vorkommend bzw. nachgewiesen.

Fossombrónia, f., Gatt. der Codoniáceae (benannt nach C. V. Fossombroni, 1754–1844, toskanischer Finanz- und Kriegsminister sowie Förderer der Botanik), Metzgeriales – Lebermoose.

Fothergílla, f., Gatt. der Hamamelidáceae (nach dem engl. Arzt J. Fothergill, 1712–1780); fossil seit dem Tertiär.

Fouquíeria, f., Gatt. der Fouquieriáceae (nach dem franz. Arzt P. E. Fouquier, Anf. d. 19. Jh.) – Kerzenstrauch.

Fourcróya, korrekt Furcraéa, f., Gatt. der Agaváceae (nach Fr. de Fourcroy, Prof. der Chemie in Paris, 1755–1809).

foveolátus, -a, -um (lat. fóvea = Grube), (klein)grubig.

Fragária, f., Gatt. der Rosáceae (lat. frágum = Erdbeere, gewöhnlich im Plural = fróga angewandt) – Erdbeere; fossil seit dem Tertiär.

frágifer, fragífera, fragíferum, Erdbeeren tragend (z. B. Trifólium fragíferum – Erdbeerklee, dessen Fruchtstände der Erdbeere ähneln).

frágilis (lat. frángere = zerbrechen, brechen), zerbrechlich.

Fragmentatión (lat. frángere = zerbrechen; fragméntum = Bruchstück), Zerfall von Algenfäden in kurze Teilstücke (z. B. bei Chlorophyta).

frágrans (lat. fragráre = duften), wohlriechend, duftend.

-fragus (-a, -um) (lat. frángere = brechen), -brechend.

Fráilea, f., Gatt. der Cactáceae (nach M. Fraile, geb. 1850, benannt).

fraktioníerte Destillatión, Methode zur Trennung von Stoffen mit verschiedenen Siedepunkten. Dabei wird bei Außendruck oder im Vakuum destilliert und das Destillat bei verschiedenen Temperaturen aufgefangen.

Fraktúr (lat. fráctum = Knochenbruch; frángere = brechen), Zerbrechen eines Chromosoms in zwei oder mehrere Teile.

Francíscea, f., Gatt. der Solanáceae (nach Kaiser Franz II. v. Österreich, gest. 1835).

Frángula, f., Gatt. der Rhamnáceae (lat. frángere = brechen) – Faulbaum.

frángulus, -a, -um (lat. frángere = brechen), zerbrechlich, spröde.

Frankénia, f., Gatt. der Frankeniáceae (nach dem schwed. Botan. Frankenius, 1590–1661) – Seeheide.

fratérnus (lat. fráter = Bruder), brüderlich, verwandt.

fraxinifólius, eschenblättrig.

Fráxinus, f., Gatt. der Oleáceae (lat. = Esche, Eschenspeer; verwandt mit frángere = brechen, offensichtlich namentl. Bezug auf die »Brechbarkeit« von Eschenholz) – Esche; fossil seit der Kreide nachgewiesen.

Freésia, f., Gatt. der Iridáceae (nach H. Th. Frees, Arzt in Kiel, gest. 1876).

freiblättrig, Bezeichnung für Krone (choripetal) und Kelch (chorisepal), wenn alle ihre Blätter einzeln dem Blütenboden angewachsen sind.

freie Kernteilung, eine Kernteilung, die nicht von Zellteilung begleitet ist.

freie Zellbildung, Vielzellbildung, bei der nicht alles Plasma der Mutterzelle aufgebraucht wird, sondern ein kleiner Anteil, das Epiplasma, übrigbleibt.

Freikronblättrige (Choripetalae), Unterklasse der Dicotyledonae mit freien Blütenkronblättern.

Fremdbefruchter, Pflanze, die zum Samenansatz den Blütenstaub (Pollen) von anderen Pflanzen nötig hat. Ggs. → Selbstbefruchter.

Fremdbesatz, Bezeichnung für Beimengungen von fremden Kulturpflanzensamen im Saatgut.

Fremdbestäubung, die Bestäubung einer Blüte mit dem Blütenstaub einer anderen Blüte.

Fremdverbreitung → Allochorie.

Frequénz (lat. → Frequenzkarte), Werte, gewonnen aus regel- oder unregelmäßig in einer Siedlung verteilten kleinen Probeflächen zur Ermittlung der Homogenität einer Pflanzengemeinschaft.

Frequenzkarte (lat. frequéntia = Häufigkeit, Menge, Anwesenheit vieler, das Erscheinen in Menge), Arealdarstellung, bei der quantitative Unterschiede in der Verbreitung einer Sippe im Arealbild berücksichtigt werden, z. B. gehäuftes Vorkommen durch große Punkte, zerstreutes Vorkommen durch kleine Punkte.

Freycinétia, f., Gatt. der Pandanáceae (benannt nach dem franz. Kapitän L. C. de Freycinet, 1779–1842); fossil seit dem Tertiär.

Frigidárium (lat. frígidus, -a, -um = kalt), Kalthaus. Gewächshaus zur Überwinterung oder Aufbewahrung von Hartlaub- und Lorbeergehölzen, auch von Sukkulenten, wird auf +6 °C bis +8 °C gehalten.

frígidus, -a, -um (lat.), kalt, frierend.

Fritillária, f., Gatt. der Liliáceae (lat. fritíllus = Würfelbecher) – Schachbrettblume, Kaiserkrone.

Frondequénz (lat. frondéscere = sich belauben, ausschlagen), Belaubung.

fróndeus, -a, -um (lat.), belaubt, laubig (laubartig).

frondós, Bezeichnung für die in Blättchen und Stengel gegliederten Lebermoose.

frondósus, -a, -um (lat.), laubreich.

-frons, in Zusammensetzungen: -belaubt, -laubig, z. B. álbifrons = weißlaubig.

Frosttrocknis, das Auftreten von Wassermangel durch Einfrieren des Bodenwassers. Die F. zeitigt bei bestimmten Pflanzengruppen unterschiedliche Auswirkungen. So führen Frosttemperaturen, unter 0 °C, mitunter schon in einem Temperaturbereich, in dem niedere Protophyta ohne weiteres zu überleben oder sogar zu vegetieren vermögen, bei manchen höher organisierten Kormophyta zum Tode. Hingegen besitzen immergrüne Gehölze (Xerophyta) in winterkalten Gebieten im Effekt ihrer xeromorphen Eigenschaften einen ausgeprägten Schutz gegen Frosttrocknis (Frostresistenz).

Frucht (Fructus), alle diejenigen Organe der Pflanze, welche die Samen bis zur Reife umschließen und dann zu deren Verbreitung dienen.

Fruchtbecher → Cupula.

Fruchtblätter (Karpelle), Blattorgane der Pflanze, welche die Samenanlagen erzeugen.

Fruchtfolge, Bezeichnung für den planmäßigen Anbauablauf der Fruchtarten in einem bestimmten Bereich der Flur. Sie ist als Bestandteil komplexer Verfahren zur Erhöhung der Bodenfruchtbarkeit auf die Steigerung und Stabilisierung der Erträge gerichtet. Die Fruchtfolge erfüllt eine wichtige Ordnungsfunktion in der Pflanzenproduktion und ist ein Merkmal hoher Ackerkultur. Die Fruchtfolgegestaltung schließt die bestmögliche Nutzung der Vorfrucht- und Fruchtfolgewirkungen, die Beachtung phytosanitärer Erfordernisse, die volle Ausschöpfung der Vegetationszeit und die Gewährleistung der agrotechnischen Termine ein. Stabile Fruchtfolgen verbessern die Effektivität der Intensivierungsmaßnahmen durch optimale Kombination im Rahmen des konkreten Anbauablaufes. Als Synonym zum Begriff der Fruchtfolge wird zum Teil die Bezeichnung »Rotation« verwendet (nach Steinbrenner).

Die Fruchtfolge umfaßt fruchtfolgetechnische Flurgestaltung, Rotationsaufbau, Übergangsfolgen; hat enge Wechselbeziehungen zu den anderen Maßnahmen der Intensivierung in der Pflanzenproduktion (Düngung, Bodenbearbeitung, Pflanzenschutz, Melioration, Landschaftsgestaltung, fruchtartenspezifische Produktionsverfahren).

Fruchtfolgefeld, kleinste Gliederungseinheit der Rotation. Die Anzahl der Felder bestimmt die Umlaufdauer der Rotation und dient zur Bezeichnung der Rotation (vierfeldrig, sechsfeldrig usw.). Das Feld umfaßt alle im Verlauf eines Jahres angebauten Haupt-, Zweit- und Zwischenfrüchte mit der gleichen Stellung im Rotationsablauf. Die Fruchtfolgefelder einer Rotation haben gleiche Flächengröße.

Fruchtfolgeglied(er), Unterteilung der Fruchtfolgen nach Stellung der Halmfrüchte, wobei die Einteilung von der Gruppierung der Fruchtarten aus in tragende und abtragende Felder vorgenommen wird. Es wird unterstellt, daß die tragenden Felder solche Feldfrüchte enthalten, die auf die Bodeneigenschaften positiv wirken. In einem Fruchtfolgeglied sind die zeitlich aufeinanderfolgenden Felder zusammengefaßt, die vom ersten tragenden bis zum letzten abtragenden vor der Wiederkehr eines neuen tragenden Feldes stehen. Mithin: Fruchtfolgeglied = Ausdruck für die absolute Intensität und Feldrigkeit der Fruchtfolge (Sechsfelderfolge usw.) = Kennzeichnung des Fruchtfolgeumlaufs oder der Rotation (siehe dort).

fruchtfolgelabil = fruchtfolgegefährdend, diese Eigenschaft liegt vor, wenn verschiedene Feldfrüchte (Arten) sich in einer Fruchtfolge gegenseitig ausschließen oder sie nur in größeren Abständen stehen dürfen. Gegenbegriff: fruchtfolgestabil. → selbstfolgelabil.

Fruchtfolgepaar, die Verbindung zweier Hauptfrüchte, wobei die vorhergehende Fruchtart als Vorfrucht, die nachfolgende als Nachfrucht bezeichnet wird. Vorausgegangene Zwischenfrüchte werden der jeweiligen Vorfrucht zugeordnet. Verwendet werden die Begriffe Vorfrucht/Vorvorfrucht sowie erste, zweite usw. Nachfrucht.

Fruchtfolgerotation, planmäßiger Anbau der Feldfrüchte im Ablauf der Jahre in einem bestimmten Bereich der Flur (Rotationsbereich) unter voller Nutzung der Vegetationszeit und Gewährleistung der agrotechnischen Termine und Bodenfruchtbarkeitskennziffern. Sichert die volle Effektivität der Intensivierungsmaßnahmen durch vorausgeplante optimale Kombination im Rahmen des konkreten Anbauablaufes.

Fruchtfolgeschlag → Schlag.

fruchtfolgetechnische Flächenkonzentration, durch Schaffung von Schlageinheiten im Rahmen von Rotationsbereichen bewirkte anbaumäßige Zusammenfassung (Aggregation) der Geländeschläge-Anzahl der im Durchschnitt zu einer Schlageinheit gehörenden Geländeschläge.

Fruchtfolgetechnische Flurgestaltung, a) betriebsökonomisch, technologisch, standörtlich und fruchtfolgeseitig begründete Großgliederung der Ackerfläche in Rotationsbereiche entsprechend den Anforderungen der intensiven Pflanzenproduktion; Bestandteil der Flurneugestaltung; b) technologisch, standörtlich und fruchtfolgeseitig begründete Gliederung der Rotationsbereiche (Nutzungseinheiten) in Schlageinheiten (Schlageinteilung).

Fruchtfolgeumlauf → Rotation.

Fruchtfolgeversuche (kontinuierliche Fruchtfolgeversuche), erlauben den Leistungsvergleich von mindestens zwei verschiedenen kompletten Fruchtfolgen oder

Fruchtfolgegliedern und wechseln nach Ablauf einer Rotation die Versuchsfläche nicht.

Fruchtfolgewirkung, Einfluß der gesamten Rotation auf die Ertragsleistung der angebauten Fruchtarten sowie auf Merkmale der Bodenfruchtbarkeit.

Fruchtholz (Tragholz), umfaßt die Kurztriebe und Langtriebe (der Obstbäume), die Blüten und Früchte tragen.

Fruchtholzschnitt, Obstbaumschnittmethode mit der Aufgabe der Begünstigung von schwachen, blütentragenden Trieben bei Kernobst oder der Förderung kräftiger Jungtriebe bei Steinobst, um so die Fruchtzahl oder -größe zu steigern.

Fruchtknoten (Ovarium, Germen), der durch Fruchtblätter gebildete, geschlossene Hohlraum, in dem die Samenanlagen eingeschlossen sind; der untere Teil des → Stempels.

Fruchtkörper, bei Pilzen (Asco- und Basidiomycetes) plectenchymatische Gebilde, die Meiosporen in Meiosporocysten (→ Ascus, → Basidie) entwickeln; die Meiosporocysten stehen oft in einem Hymenium, das sich am → Hymenophor entwickelt (vgl. gymnokarp, angiokarp, hemiangiokarp). Sie dienen der Erzeugung der Sporen, die in enormer Vielzahl in der Fruchtschicht (Hymenium) an gruppen- oder artspezifischen Lokalisationen gebildet werden: in wabenartigen Vertiefungen bei den Morcheln; an der Außenseite faltiger Lappen bei den Lorcheln; an der Innenseite bei den becher- oder ohrförmigen Fruchtkörpern; meistens an der Hutunterseite bei den Hutpilzen.

Fruchtstand, viele mehr oder weniger eng zusammenstehende Einzelfrüchte, z. B. Nußfrüchte in der Feige, Steinfrüchte in der Himbeere.

Fruchtverbände, apokarpe Früchte einer Blüte bzw. mehrerer Blüten, die durch Akzessorien (Achsenteile, Blütenhüllen, Hochblätter) zusammengehalten und so als eine Verbreitungseinheit von der Mutterpflanze abgetrennt werden.

Fruchtwand → Perikarp.

Fruchtwechsel, der jährlich alternierende Anbau von Blatt- und Halmfruchthauptfrüchten in Form von Zweifeldergliedern. Der zweijährig alternierende Anbau in Form von Vierfeldergliedern (2x Blattfrucht – 2x Halmfrucht) wird als Doppelfruchtwechsel bezeichnet. Fruchtfolgeglieder mit überwiegendem Blattfruchtanteil werden als Überfruchtwechsel gekennzeichnet.

Fruchtwechselglied, ein aus einer Blattfrucht und einer Halmfrucht bestehendes Fruchtfolgepaar.

Fructóse (lat. frúctus = Frucht), Fruchtzukker, verbreitetes Monosaccharid, seinem Bau nach eine Ketose; die Schreibformel entspricht der des Traubenzuckers, nämlich $C_6H_{12}O_6$; F. ist optisch aktiv, dreht polarisiertes Licht nach links.

frúctus (lat.) → Frucht. In der Pharmazie Früchte, die als Droge verwendet werden (z.B. F.Carvi – Kümmel, F.Juniperi – Wacholderbeeren, F. Myrtilli – Heidelbeeren).

Frühlingsholz, das in Gebieten mit Vegetationsruhe in der ersten auf die Ruhe folgenden Vegetationsperiode gebildete Holz, das sich meist durch weitlumige Gefäße und Holzparenchymzellen auszeichnet.

Frühtreiben, Abkürzung der Ruheperiode durch verschiedene Verfahren (Warmbad, Ether- oder Chloroformnarkose, Formaldehyddämpfe usw.).

Fruktifikatión (lat. frúctus = Frucht; fácere = tun, machen, bilden), Fruchtbildung.

Frullánia, f., Gatt. der Frullaniáceae (benannt nach L.Frullani, Geheimer Staatsrat in Florenz und Direktor des Kgl. Finanzsekretariats und der Schatzmeisterei der Toskana, 1. Hälfte des 19. Jh.); Jungermanniales – Lebermoose.

frútex (= lat.; Genit.: frúticis), der Strauch.

fruticósus, -a, -um (lat.), strauchig, buschig (z.B. Potentílla fruticósa – Fingerstrauch).

Fúchsia, f., Gatt. der Oenotheráceae (nach dem Tübinger Botan. Leonhard Fuchs, 1501–1566) – Fuchsie.

fuciflórus (lat. fúcus = Drohne; aber auch Name einer farbliefernden Krustenflechte, Purpur), hummelblumig.

Fúcus, m., Gatt. (griech. phýkos = Tang) – Blasentang, Sägetang; Ordn. Fucáles, zur Abt. Phaeophyta gehörig.

fúlgens, fúlgidus (lat. fulgére = blitzen, schimmern), leuchtend, glänzend.

Fulígo, f., Gatt. (lat. fulígo = Ruß; Staub; bezieht sich auf die Farbe der Sporen) – Lohblüte (auch Rußpilz), Kl. Schleimpilze (Myxomycétes); → Abt. Myxophyta.

fullónum (lat. fúllo = Walker, Weber), der Weber.

fulvícomus, -a, -um (lat.), braunrotschopfig.

fúlvus (lat.), gelbrot, braunrot, gelbbraun.

Fumána, f., Gatt. der Cistáceae (vielleicht von lat. fúmus = Rauch) – Heideröschen.

Fumária, f., Gatt. der Papaveráceae (lat. fúmus = Rauch, weil einige Arten wie angeräuchert erscheinende, graugrüne Blätter aufweisen) – Erdrauch.

Fumársäure, eine in trans-Form vorliegende, ungesättigte Dicarbonsäure, die als Zwischenprodukt des Zitronensäurecyclus auftritt und in manchen Pflanzen angereichert wird, z. B. in Fumaria officinalis (Erdrauch).

Funária, f., Gatt. der Funariáceae (lat. fúnis = Seil, Strick. Nach der trocken seilartig gedrehten → Seta) – Laubmoos.

Fundort, geographisch bestimmter Punkt des Vorkommens eines Objektes.

Fúngi, m., Plur. (lat. fúngus, m., Sing., = Pilz); (Syn.: Mycophyta), Pilze, chlorophylllose, saprophytisch oder parasitisch lebende Organismen als polyphyletische (Groß-)Gruppe (je nach Rangstufenanwendung im »System der Pflanzen«: Reich, → Abschnitt E. in diesem Wörterbuch, oder Abt.). – Ihre Zellen besitzen meist einen Kern (Eukaryota). Ihr Vegetationskörper ist ein → Myzel. Bei den einfachsten Gruppen ist der Thallus nackt und amöboid, bei allen anderen sind die Zellen meistens von einer Membran umgeben (meist Chitin, selten Zellulosereaktion). – Vermehrung durch verschiedene Arten von Sporen, z. B.: Zoosporen (Schwärmer) bei Wasserbewohnern, behäutete Sporen bei Landbewohnern, die endogen (Endosporen) oder exogen (Konidien) entstehen. Bei geschlechtlichen Vorgängen treten verschiedene Arten von Kopulationen (Iso-, Aniso-, Oogamie oder Gametangiogamie) auf; oder es kopulieren zwei nicht als spezifische Sexualzellen differenzierte Thallusenden (= Somatogamie). Vielfach herrscht die vegetative Vermehrung vor. Im Sexualverhalten zeigen die F. eine große Mannigfaltigkeit. – Oft werden die Eumycota (als Echte Pilze) den anderen Gruppen gegenübergestellt. Eine »Sondergruppe« stellen die → »Fungi imperfecti« dar. – Die Pilze umfassen über 55 000 Arten (etwa 1 000 »Niedere Pilze«, 20 000 Ascomyceten, 15 000 Basidiomyceten und 20 000 Fungi imperfecti = Deuteromycetes (s. d.); – fossil seit dem Präkambrium.

Fungicíde, Stoffe, die zum Vernichten schädlicher Pilze dienen. → bactericid.

Fungi imperfecti, m., Plur. (lat. = »unvollendete« Pilze), Gruppe der → Fungi, der alle Pilze zugeordnet werden, von denen die sexuelle (oder »perfekte«) Form bzw. die sexuellen Sporen (Asco-, Basidiosporen) nicht oder noch nicht bekannt sind. Sie werden nach ihren asexuellen Vermehrungsformen (Konidien), der Nebenfruchtform, in, an und auf den Hyphen unterteilt. Die nach diesen Merkmalen gebildeten Gattungen sind demnach Formgattungen (= keine phylogenetisch begründeten Gattungen), d. h., sie drücken keine natürliche Verwandtschaft, sondern lediglich eine morphologische Ähnlichkeit aus. – Syn. Deuteromycetes.

Fungizíd, Schädlingsbekämpfungsmittel gegen Pilze; Plur. Fungizide.

Funículus (lat. fúnis = Seil, Strick, Tau; -ulus = Verkleinerungssilbe), Nabelstrang, Verbindungsstück zwischen Samenanlage und Plazenta.

funikuläres Bodenwasser, jenes Bodenwasser, das an den Berührungsstellen der Bodenteilchen in Form von Wassermenisken haftet. Wenn die Bodenteilchen nicht in Berührung stehen, bezeichnet man die hangenden Wassermenisken als → penduläres Wasser.

Fúnkia, in die Synonymik verwiesener Gattungsname (nach H. Chr. Funck, 1771 bis 1839); → Hosta.

Funktión (lat. fúngi, fúngor, fúnctus sum = ausführen, vollbringen), Betätigungsweise, Aufgabe, Bedeutung.

funktionélle Anpassung, Veränderung eines Organs gemäß einer Funktion.

funktionélle Differenzierung, die nach Ablauf der Embryonalentwicklung erfolgende Ausbildung der Organe, die durch deren Funktion bestimmt wird.

Funktiónswechsel, Aufgabenwechsel.

furcátus (lat.), gabelförmig, gabelteilig.

fúrcifer, furcívera, -ferum (lat.), gabeltragend.

Furcraéa → Fourcroya.

furfuráceus, -a, -um, kleieartig, kleiig (lat. fúrfur = Kleie).

Furnierholz, wertvolles Holz in dünnen Platten zum Verkleiden minderwertiger Hölzer, besonders im Möbelbau.

Fusárium, n. Gatt., zugeordnet zu den Fungi imperfecti (lat. fúsus = Spindel, Spille oder fúsus = ausgebreitet). Schneeschimmel = Fusarium nivale als arger Getreideschädling, wird als flaumige Auflagerung auf den Pflanzen – namentlich auf Winterroggen – sichtbar.

fuscátus (lat.), bräunlich.

fúsco-, in Zusammensetzungen: braun-.

Fusión, ± dauerhafte Vereinigung.

Fusionsplasmódien, Vereinigungen von (dadurch vielkernig werdenden) Plasmodien (bei Myxomyceten), die ihrerseits vorher aus diploiden, nackten, amöboid beweglichen Protoplasten (Amöbozygoten) hervorgingen und deren Kerne sich durch (wiederholte) synchrone mitotische Teilungen stark vermehren.

fußförmiges Blatt (lat. = fólium pedátum oder folium pedáti-partítum), besondere Blattform.

-fúsus, -a, -um (lat. fúndere = ausbreiten), hingestreckt, ausgebreitet.

Futterhefe, Hefe von hohem Futterwert aufgrund der Fähigkeit, einfache Mineralstoffe (z. B. Ammoniumsalze) und Melasse in proteinhaltige Stoffe umzuwandeln. Es handelt sich um schnellwachsende Torulopsis-Arten (Torulopsis utilis Henneberg).

G

G, in Blütenformeln Abk. für Gynoeceum.

Gabeladerung, Bezeichnung für die altertümliche dichotome Anordnung der → Adern ohne Mittelrippe; z. B. noch bei einigen Farnen (Adiántum ténerum), bei Ginkgo und bei gewissen altertümlichen Ranunculáceae (Gingdonia).

gabelige Verzweigung → Dichotomie.

Gärung, fermentativer Abbau energiereicher organischer Verbindungen zum Zwecke der Energiegewinnung. Man unterscheidet aërobe (z. B. Essigsäure- und Zitronensäuregärung) und anaërobe Gärung (alkoholische Gärung, Milchsäure-, Buttersäure-, Propionsäuregärung u. a.). G. werden durch Bakterien und Pilze hervorgerufen.

-gaéus, -a, -um (griech. gaía, gé = Erde, eigentlich die Erzeugerin), -irdisch.

Gagát, m. (nach der Stadt Gagai in Kleinasien), pechschwarze, glänzende, zähe, schnitz- und polierbare, bitumenhaltige Kohle; »Pechkohle«; wird zu Schmuck, Knöpfen u. ä. verarbeitet.

Gágea, f., Gatt. der Liliáceae (nach dem engl. Botan. Thomas Gage, 1781–1820) – Gelbstern.

Gaillárdia, f., Gatt. der Asteráceae (nach dem Franzosen Gaillard de Charentonneau) – Kokardenblume.

gal-, gala-, galo-; galact-, galacto- (griech.), milch-.

galácteus, galáctinus, milchweiß.

Galánthus, m., Gatt. der Amaryllidáceae (griech. gála = Milch; ánthos = Blüte, Blume) – Schneeglöckchen.

Gálax, f., Gatt. der Diapensiáceae (griech. gála = Milch), Bronzeblatt.

Galáxia, f., Gatt. der Iridáceae (griech. galaxía = Milchbrei).

gálbanus, -a, -um (= gálbinus, lat.), grünlich.

gále, Artbezeichnung des Gagel (Myríca gále, vielleicht von kelt. gal = Balsam).

Galeándra, f., Gatt. der Orchidáceae (lat. gálea = Helm; griech. anér, andrós = Mann, »männl. Blüte«, bzw. andr- = »Anthese«; nach der helmförmigen Kappe über der Anthere; danach: »Helmorchidee«).

galeátus (lat. gálea = Helm), behelmt.

Galéga, f., Gatt. der Fabáceae (ital. Pflanzenname, dem etymol. zugrunde liegt: griech. gála = Milch; ágein = bringen, treiben, führen) – Geißraute.

galénisch, aus Drogen bereitet. Galenische

Mittel = in der Apotheke zubereitete Mischung und Auszüge im Gegensatz zu chemischen Mitteln.

galeóbdolon (griech. galé = Wiesel, Katze; bdólos = Gestank bezüglich zerriebener Blätter); Epitheton der Goldnessel: Lámium galeóbdolon = Galeóbdolon lúteum.

Galeópsis, f., Gatt. der Lamiáceae (griech. galé = Wiesel; ópsis = Aussehen, eigentl.: »Wieselgesicht«) – Hohlzahn, Hanfnessel.

galericulátus, -a (lat.), kleinbehelmt, kleinhaubig (z. B. Scutellaria galericulata – Helmkraut).

Galeriewald, Waldstreifen an den Flußufern der → Savannen.

Galinsóga, f., Gatt. der Asteráceae (benannt nach M. Galinsoga, Leibarzt und Direktor des Botan. Gartens von Madrid, 1766 bis 1797) – Franzosenkraut, Knopfkraut.

Galípea, f., Gatt. der Rutáceae – Augusturabaum (S-Amerika).

Gálium, n., Gatt. der Rubiáceae (griech. gála = Milch, die durch den Saft der Pflanze gerinnt, ähnlich wie durch das Labferment) – Labkraut.

Gálium-Arten: G. aparíne L. (= Klettenlabkraut); G. mollúgo L. (= Wiesenlabkraut); G. odorátum (L.) Scop. (= Aspérula odoráta (L.) = Waldmeister.

galla, f., (lat., bei Vergil), der »Gallapfel«.

Gállen (Cecidien), meist durch Stich und Eiablage von Gallwespen oder Milben oder durch parasitische Pilze hervorgerufene Bildungsabweichungen von Pflanzen.

Gallenwirt, Organismus, der nach einer Infektion durch geeignete Parasiten Gallen erzeugt.

Gallérte, kolloid-disperses System, das sowohl Eigenschaften fester als auch flüssiger Körper zeigt.

gállicus, gallisch, französisch.

Galmei (auch Zinkspat genannt), Gemenge von kieselsaurem mit kohlensaurem Zinkerz; bekannte Lagerstätten befinden sich bei Aachen.

Galmeipflanzen, an das Vorkommen von Galmei gebundene Arten.

Galtónia, f., Gatt. der Liliáceae (nach Fr. Galton, Erforscher der südafrikan. Flora, 1822–1911) – Riesen- oder Sommerhyazinthe.

-galus (-a, -um), -milch, -milchig.

Gametángien (griech. gamétes = Gatte; aggeion = Behälter), Zellen oder Zellgruppen, aus denen die Gameten hervorgehen bzw. in denen sie gebildet werden (Verwendung dieses Begriffes bei Algen und Pilzen ist nicht korrekt; vgl. hierzu Gonitangien). Einzeller und einfach organisierte Formen: Gametenbildung aus vegetativen Zellen (Gametozyten); höher organisierte Formen: Gametenbildung in besonders gestalteten vielzelligen Behältern (bei Moosen und Farnen z. B. in Antheridien und Archegonien); Sing. Gametangium.

Gametangiogamíe (aus → Gametangium und griech. gámos = Heirat), siehe die dem Wesen nach geeignetere Bezeichnung → Zystogamie; Sonderfall der geschlechtlichen Fortpflanzung bei vielen Pilzen; Kopulation ganzer vielkerniger Gametangien ohne vorausgehende Ausbildung von Gameten. Isogame oder heterogame Gametangiogamie, je nachdem, ob die Gametangien äußerlich gleich oder verschieden gestaltet sind.

Gaméten (griech. gamétes = Gatte), männliche und weibliche Keimzellen mit haploidem Chromosomensatz, die sich bei der Kopulation oder Konjugation vereinigen. Die weiblichen Keimzellen sind in der Regel größer, die männlichen kleiner, daher die Bezeichnung Makro- und Mikrogameten (griech. makrós = groß; mikrós = klein). – Gameten werden als → Gonite definiert, die zur Entwicklung eines neuen Individuums oder einer neuen Generation nur nach einem Sexualakt fähig sind. Durch diese Befähigung bzw. Bedingung unterscheiden sie sich von den → Sporen.

gamétischer Kernphasenwechsel → Diplontentyp.

Gametözium (griech. gamétes = Gatte; oíkos = Haus), → Gametangienstand mit seiner meist vorhandenen Hülle (bei Moosen).

Gametogamíe, Befruchtung durch Verschmelzung von zwei Gameten.

Gametophór, so nennt man bei den Archegoniaten den Träger der Geschlechtsorgane, also z. B. bei den Moosen die Moospflanze, bei den Pteridophyten das Prothallium.

Gametophýt (griech. gamétes = Gatte; phytón = Pflanze), Pflanze, die Geschlechtszellen (Gameten) bildet, stellt die haploide Generation innerhalb des heterophasischen oder antithetischen Generationswechsels dar. Der Gametophyt wechselt dabei regelmäßig mit einer diploiden, sporenliefernden Generation, dem Sporophyten, ab.

Gametozýste (griech. gamétes = Gatte; kýstis = Beutel, Blase), Gameten enthaltende Zellen der niederen Pflanzen bzw. reproduktive Zellen, innerhalb deren Zellwand Gameten (zuweilen aber auch nur 1 Gamet) gebildet werden. – Wird oft auch → Gametangium genannt, obwohl dies grundlegenden Homologien widerspricht.

Gametozýte (griech. gamétes = Gatte; kýtos = Zelle), Gametenbildungszelle, mitunter auch unreife Vorstufe eines Gameten.

gamo-, in Zusammensetzungen: vereint, verwachsen, verbunden.

Gamobiónt (griech. gámos = Heirat; biós = Leben), Entwicklungszustand im Verlauf der Entwicklung eines Organismus, der zur Ausbildung von Geschlechtszellen führt.

Gamogonie (griech. gamein = heiraten; gámos = Heirat; goné = Erzeugung, das Erzeugte), Fortpflanzung durch Gameten, also geschlechtliche Fortpflanzung.

Gamólepis, f., Gatt. der Asteráceae (griech. gamos = Verbindung, Ehe; griech. lepís = Schuppe).

Gamóne (griech. gamein = heiraten), Befruchtungshormone, die von den reifen Samen- und Eizellen abgesondert werden und an der Vereinigung beider Gameten in komplizierter Weise beteiligt sind (nach Hartmann). Es gibt Andro- und Gynogamone (griech. anér, andrós = Mann; gyné = Weib); vgl. Termone.

gamopetál, verwachsenblumenkronblättrig.

Gamopháse (griech. gámos = Heirat; phásis = Erscheinung), durch die Reduktionsteilung eingeleitete und mit der Befruchtung abschließende Phase, in der die Gameten gebildet werden.

Gamophyllíe (griech. gámos = Heirat; phýllon = Blatt), Verwachsung von Blättern eines Blattwirtels, also Laub- oder Blütenblättern, seriale G. = Verwachsung von Blättern verschiedener Blattwirtel, z. B. Blumenkron- und Staubblätter.

gamosepál, verwachsenkelchblättrig.

gamosépalus (griech. gámos = Ehe, gamétes = Gatte, gameté = Gattin, gámein = heiraten), vereintkelchblättrig.

gamotepál, mit verwachsenen Perigonblättern.

Gamozýsten, Geschlechtszellen; → Cystogamie.

-gámus, -a, -um -ehig.

gandavénsis, gentisch (aus Gent, franz. Gand in Belgien).

Gangamópteris, m., eine Gatt. der Glossopterides aus den unteren Gondwana-Schichten; Blätter ungestielt, ohne Mittelader.

Garcínia, f., Gatt. der Hyporiáceae (nach dem engl. Reisenden L. Garcin, 1683 bis 1752).

Gardénia, f., Gatt. der Rubiáceae (nach A. Garden, engl. Arzt, 1730–1792).

Gare, für die Kulturpflanzen günstiger, lokkerer Zustand des Bodens mit einer reichen Mikrofauna und Mikroflora.

Garígue, vorwiegend durch Zwergsträucher, Geophyten und Gräser aufgebaute Formation des Mittelmeergebietes.

Gárrya, f., Gatt. der Garryáceae (nach dem Amerik. Nik. Garry, Anfang 19. Jh.).

gáster-, gastero-, gastri- (griech. gastér, gastrós = Bauch), bauch-.

Gastéria, f., Gatt. der Liliáceae (griech. gastér, gastrós = Bauch, Wölbung).

Gasteromycéten, Gasteromycetes, Bauchpilze, Basidiomyceten mit angiokarpen Fruchtkörpern.

Gastrochílus, m., Gatt. der Orchidáceae (griech. gastér, Genit. gastrós = Bauch; cheilos = Lippe; nimmt Bezug auf die Lippenform; daher »Bauchlippe«).

Gattung (génus), systematische Hauptkategorie oberhalb der Art (→ Rangstufe). Jede Art gehört zu einer Gattung, eng verwandte Arten mit zahlreichen gemeinsamen Merkmalen werden in einer Gattung vereinigt.

Gattungsbastárd, aus der Kreuzung von zwei Individuen verschiedener Gattungen hervorgegangene Pflanze.

Gaudínia, f., Gatt. der Poáceae (nach dem franz. Geistlichen Ph. Gaudin, 1766 bis 1833). – Ährenhafer.

Gaulthéria, f., Gatt. der Ericáceae (nach dem schwed. Arzt in Kanada H. Gaulthier, 18. Jh.) – Scheinbeere.

Gaúra, f., Gatt. der Oenotheráceae (griech. gayros, -a, -on = stolz, sich brüstend; »ay« transkribiert in »au«), Pracht(nacht)kerze.

Gaylussácia, f., Gatt. der Ericáceae (nach dem franz. Chemiker J. L.Gay-Lussac, 1778–1850) – Buckelbeere.

Gazánia, f., Gatt. der Asteráceae (nach dem röm, Geistl. Th. von Gaza, 1398–1478, Übersetzer des Theophrast) – Gazanie

geánthus (griech. gé = Erde; ánthos = Blüte; dazu latin. Endung), an der Erde blühend.

Geástrum (griech. gé = Erde; astér = Stern), Erdstern der Fam. Geastráceae. Diese zu den Bauchpilzen (Gastromycetales) gehörende Gatt. bildet jung geschlossene, unterirdisch lebende Fruchtkörper aus, die erst vollentwickelt über den Erdboden gehoben werden und aufreißen. Die Fruchtkörper bekommen daher ein sternförmiges Aussehen.

Gebietsplanung, systematische, komplexe Planungstätigkeit zur Abstimmung der Erfordernisse der Gesellschaft und Wirtschaft eines Landes mit dessen natürlichen Gegebenheiten und naturräumlicher Struktur.

Gebrauchswert, prozentual ermittelte Größe für den Anteil an reinen, keimfähigen Samen. Er wird errechnet nach der Formel:

$$\text{Gebrauchswert} = \frac{\text{Reinheit} \cdot \text{Keimfähigkeit}}{100}$$

Der Gebrauchswert ist nicht immer für eine zutreffende Beurteilung des Samens geeignet.

Gebüsche, Gehölze, bei denen die Sträucher am Bestandsaufbau die vorherrschende Rolle spielen.

Geest, Landschaften im Küstengebiet der Nordsee mit wenig ertragreichen sandigen Böden, die aus eiszeitlichem Material aufgebaut sind.

Gefäßbündelscheide, die Zellschicht, welche die Gefäßbündel von dem benachbarten Gewebe trennt und das Gefäßbündel umgibt.

Gefäße, bei Pflanzen Röhren, die aus Reihen von toten Zellen entstehen, deren Querwände aufgelöst oder durchlöchert werden.

Gefäßkryptogámen, blütenlose Pflanzen, die Leitbündel besitzen.

Gefäßpflanze, Pflanze, die ein Leitbündelsystem besitzt, d. h. ein Vertreter der sog. Tracheophyta ist (Pteridophyta und Spermatophyta nach älterer Klassifikation).

Gefäßstränge, Tracheen und Tracheïden, die mit schmalen, gestreckten Parenchymzellen verbunden sind.

gefiederte Blätter, zusammengesetzte Blätter, deren Teilblättchen beiderseits der Mittelrippe (Spindel) stehen.

gefingerte Blätter, zusammengesetzte Blätter, deren Teilblättchen strahlig am Ende des Blattstiels stehen.

gefülltblütig sind Pflanzen, deren Blüten-Schauapparat in irgendeiner Weise vermehrt ist.

gegenständige Blattstellung, je zwei Blätter stehen sich an einem Stengelknoten gegenüber.

Gehäuse, die vom Thallus bzw. Myzel deutlich zu unterscheidende sterile Umhüllung der Hymenien bei Apothecien und Perithecien.

Gehölz (mittelhochdtsch. gehülze); 1. Holzpflanze, 2. eine aus Holzpflanzen bestehende Formation.

Gehölzsammlung → Arboretum.

Geilstellen, zu stark gedüngte Stellen in Saatfeldern, auf denen die Pflanzen abnorm üppig wachsen; auf der Weide entstehen sie dort, wo die Weidetiere Kot oder Harn abgesetzt haben.

Geißeln, im Gegensatz zu den Wimpern in Einzahl oder nur in kleiner Zahl vorkommende Anhangsgebilde des Ektoplasmas der Bakterien, Flagellaten, Schwärmsporen und Spermatozoiden. Sie befähigen diese Gebilde zu freier Ortsbewegung.

Geißelzellen, Zellen, die Geißeln tragen.

Geitonogamie (griech. geíton, -onos = benachbart, Nachbar), Nachbarbestäubung; die Blüte wird durch den Pollen einer anderen Blüte desselben Individuums bestäubt.

gekerbte Blätter, Blätter, deren Blattrand abgerundete Vorsprünge zeigt, die im spitzen

Winkel zusammenstoßen. Beispiel: Veilchen (Víola).

Gel (lat. gélidus, -a, -um = starr, steif), gallertartiger Zustand bei Kolloiden. Gegenbegriff → Sol = flüssiger Zustand eines Kolloids. Manche Gele lassen sich in den Solzustand überführen. Diesen Zerteilungsvorgang bezeichnet man als Peptisation.

Geländeschlag, Flurstück, das von natürlichen oder anthropogenen (schlag-)begrenzenden Flurelementen umgeben ist. Kleinstes Flächenelement der landwirtschaftlich genutzen Flur. Die Geländeschlagstruktur als unmittelbar (primär) vorliegende Flurgliederung genügt nicht mehr den Anforderungen der industriemäßigen Pflanzenproduktion (→ Schlageinheiten).

gelappte Blätter, einfache Blätter, deren Blattfläche durch Einschnitte, die nicht bis zur Mitte der Spreite oder Spreitenhälfte reichen, in breite Zipfel unterteilt ist. Beispiel: Ahorn (Acer).

Gelatíne (neulat. gelatina = Gallerte, elastische Beschaffenheit); 1. Gallerte; 2. Leim, der beim Erhitzen von Knochen und Bindegewebe unter Wasserzusatz entsteht. Chemisch ist G. ein Protein.

Gelatine-Nährboden, 1 l Nährbrühe + 100 g Blattgelatine. Nach Aufquellen wird die Gelatine unter leichter Erwärmung gelöst, die Flüssigkeit alkalisiert, filtriert und wie Agar-Agar sterilisiert.

gelbe Ferménte → Flavinmononucleotid, → Flavinadenindinucleotid.

Gelbreife, vor der Vollreife liegendes Reifestadium (der Getreidearten), in dem die Assimilation beendet ist, jedoch Stoffumlagerungen aus dem Halm in die Körner stattfinden und die (drei) oberen Halmknoten noch nicht eingetrocknet sind. Die Gelbverfärbung von Halm, Blättern, Spelzen kennzeichnet neben dem Viskoswerden der Korninhalte dieses (auch als Vorreife) benannte Stadium.

Gelegenheitsepiphýten, fakultative Epiphyten; Pflanzen, die sich in Astgabeln oder Rindenrissen der Bäume aus zufällig durch den Wind oder durch Tiere hergebrachten Samen bzw. Früchten entwickeln.

Geleitzellen, die Schwesterzellen der Siebröhrenzellen der Angiospermen. Beide entstehen aus einer Mutterzelle durch Längsteilung. Die Geleitzellen sind englumig, großkernig und plasmareich. Mit den Siebröhrenzellen sind sie durch Tüpfel verbunden.

Gelídium, n., Gatt. (lat. gélidus = starr, steif), liefert in Form weißer Stränge das Nährsubstrat Agar-Agar für Bakterienkulturen; Kl. Rotalgen (Rhodophýceae).

gélidus (lat.), eisig, in kalten Gebieten wachsend.

Gelierfähigkeit, Neigung zum halbfesten Erstarren.

Gelóse (lat. geláre = zum Gefrieren bringen), franz. Name für Agar-Agar.

Gelsémium, n., Gatt. der Loganiáceae (ital. gelsomino = Name des Echten Jasmins) – Jasminwurzel.

Gemenge, gleichzeitiger Anbau zweier oder mehrerer Fruchtarten im Gegensatz zum alleinigen Anbau einer Fruchtart, der Reinsaat genannt wird.

geminiflórus (lat. géminus = doppelt, zugleich geboren), gepaart-, zweiblumig.

Geminus → Bivalent.

gémma (lat., Stein), Knospe.

Gémmen (wahrscheinlich Zusammenhang mit griech. gemo = angefüllt sein), bei Pilzen endständige Zellen, die zu besonders dickwandigen Konidien werden. → Chlamydosporen.

-gémmis-, -gémmius, in Zusammensetzungen: -knospig.

Gen (griech. geneá = Abstammung), Erbanlage bzw. Erbfaktor, von der klassischen Genetik an bestimmten Stellen eines Chromosoms lokalisiert gedacht, wird seiner Natur nach unterschiedlich definiert, z. B. korpuskelhaft oder enzymatisch. Unter biochemischem Aspekt: Abschnitt des genetischen Materials (DNS oder Virus-RNS), in dem durch eine spezifische Sequenz von Basen(paaren) die Information zur Synthese eines bestimmten Gen-Produktes, z. B. eines Enzyms (Strukturgen) oder eines Repressors (Funktionsgen), verschlüsselt ist und durch Transkription und Translation abgegeben wird.

generátio spontánea (Abiogenese, Urzeugung), die Annahme, daß in unserer Zeit

Organismen aus lebloser Materie entstehen, wurde von Pasteur widerlegt. Bis dahin war der Glaube an eine Urzeugung von Mikroorganismen verbreitet.

Generationswechsel (lat. génus, géneris = Geschlecht), regelmäßiger Wechsel zwischen Generationen mit ungleichartiger Fortpflanzung. Bei den meisten Pflanzen ist der Generationswechsel mit einem Kernphasenwechsel verbunden und wird als → antithetisch oder heterophasisch bezeichnet, da es sich um einen Wechsel zwischen Diplo- (Generation mit diploidem Chromosomensatz) und Haplophase (Generation mit haploidem Chromosomensatz) handelt, also von → Sporo- und → Gametophyt.

generative Fortpflanzung, Fortpflanzung auf geschlechtlichem Wege (z. B. durch Samen), ist gekennzeichnet durch die Bildung von Geschlechtszellen, aus denen sich meist im Ergebnis einer Zygote ein neues Individuum entwickelt.

Genétik (griech. geneá = Abstammung), Wissenschaft von der Vererbung.

genétisch, 1. entwicklungsgeschichtlich; 2. erbmäßig.

genétische Pflanzengeographie (Epiontologie), Lehre, die sich mit der Entwicklung der Pflanzenverbreitung im Laufe der Zeit beschäftigt.

Genexpression (lat. expréssio, -ónis = die Ausprägung, das Herauspressen), die Realisierung genetischer Information; das bedeutet die Herausgabe der Information vom Gen über RNA an die Proteine, vor allem Enzyme. Die G. (als normale physiologische Funktion der Gene) führt vom Gen über Transkription u. Translation bis zur konkreten Menge des in diesem Gen kodierten Proteins.

genevénsis, aus Genf (Schweiz) stammend.

geniculátus (lat. génu, génus; griech. góny, gónatos = Knie), gekniet (gelenkig) – geniculum = Gelenk, Halmknoten.

Genista, f., Gatt. der Fabáceae (röm. Pflanzenname) – Ginster.

genistifólius (Genista, kelt. gén = Strauch oder gaiune = Schilf, Genist?), ginsterblättrig.

Genitále, Genitálien (lat. generáre = zeugen), Geschlechtsorgane.

genitális, -is, -e (lat.), genital, zu den Genitalien gehörig.

Genmutatión, spontane oder künstliche erbliche Veränderungen des Gens. Sie stellen Veränderungen des Molekulargefüges der betreffenden Gene dar.

Genoelemént, zusammenfassende Bezeichnung für Arten, die ein gemeinsames Ursprungsgebiet (Genzentrum) haben.

Genóm, Gesamtheit der → Gene.

Genómanalyse, mittels experimenteller Kreuzungen durchgeführte Herkunftsuntersuchung verschiedener Genome, die in einem wahrscheinlich allopolyploiden Taxon vorliegen. Nach der Kreuzung erfolgt meist eine Polyploidisierung, der sich eine ausführliche Chromosomenanalyse hinsichtlich der Paarungsvorgänge anschließt.

Genómmutation, Veränderung der Chromosomenzahl eines Individuums. Folgende Unterteilung der Genommutation ist möglich: 1. Autoploidie (= Autopolyploidie), 2. Aneuploidie (Überzähligkeit oder Fehlen einzelner Chromosomen), 3. Euploidie (= Vervielfachung ganzer Chromosomensätze), 4. Allopolyploidie.

Genomstufe, Anzahl der Chromosomensätze in der Zelle, Syn.: Ploidiestufe; vgl. anisoploid, isoploid.

Genossenschaften, pflanzengeographische Bezeichnung für Gruppen von Pflanzen (Arten), die Zusammengehörigkeit beweisen.

Genotýpus, die durch die Kombination der Erbanlagen bedingte Erbstruktur, die Summe aller Erbanlagen oder Gene eines Individuums; dagegen → Phänotypus.

Genregulation, Regulation der → Genexpression, d.h. Einschaltung (Induktion) od. Ausschaltung (Repression) der von einem Gen ausgehenden Informationskette, die von der genetischen Information über Transkription u. Translation bis zu einer konkreten Menge des im betreffenden Gen verschlüsselten Proteins führt. Dabei steuert das Protein (meist Enzym) katalytisch den genetisch verschlüsselten Effekt. Die Genregulation tritt je nach Regulationsebene auf: als Transkriptions-, Posttranskriptions-, Translations-, Posttranslations- od. als Enzymabbaukontrolle.

Gentiána, f., Gatt. der Gentianáceae (benannt nach Gentius, einem illyrischen König, gest. 167 v.u.Z., der eine Enzianart gegen Pest empfahl) – Enzian.

gentílis (lat.), edel.

Génus (lat. génus, géneris = Gattung, Geschlecht) → Gattung.

Génzentren, Mannigfaltigkeitszentrum. Ein geographisches Gebiet (oft einem eiszeitlichen Refugialgebiet entsprechend), in dem von einer Art (meist Kulturart) eine sehr große Formenmannigfaltigkeit vorliegt. Nach Vavilov 8 Genzentren: Zentralasien und Westchina, Indien, Vorderindien, Mittelasien, Mittelmeergebiet, Äthiopien, Mittelamerika, Gebirge von Peru, Bolivien, Chile und Ekuador.

Geobiónten, die dauernd im Boden lebenden Organismen.

Geoblásten (griech. ge = Erde; blastós = Keim, Sproß), Pflanzen, deren Keimblätter in der Erde bleiben.

Geobotánik (griech. ge = Erde), Wissenschaft von der Verteilung der Pflanzen auf der Erde, einschließlich der Ursachen und Gesetze dieser Verteilung. Man unterscheidet Vegetationskunde, floristische, ökologische und historische Geobotanik.

Geocályx, f., Gatt. der Geocalycáceae (griech. ge = Erde; kályx = Kelch. Nach den oft ins Erdreich reichenden Marsupien).

Geoelemént, Bezeichnung für Arten gleicher oder ähnlicher Verbreitung.

geographische Isolation (ital.: isola = die Vereinzelung, Trennung), geographisch bedingte Absonderung einer Gruppe von Organismen; führt oft ± zur genetischen oder morphologischen Differenzierung.

geoídes (Géum, vielleicht von griech. geúein = gut schmecken – Viehfutter), nelkenwurzähnlich.

Geokarpíe (griech. ge = Erde; karpós = Frucht), Reifen der Früchte unter der Erde.

geonemifórmis, geonomaförmig (Geónoma, von griech. geónomas = erfahren im Akkerbau; die Palme treibt Spitzensprosse, die als Stecklinge dienen).

Geónoma, f., Gatt. der Arecáceae (→ geonemiformis).

Geooecotýp (griech. oikos = Wohnplatz; Standort; týpos = Gepräge, Bild), geographisch geprägter Oecotyp = Standortstyp.

Geophýten (griech. ge = Erde; phytón = Pflanze), krautartige Gewächse mit unterirdischen Überdauerungsorganen. Untergruppen: Geophyta radicigemma, Pflanzen, deren wurzelbürtige Überdauerungsknospen am Stengelgrund unter der Erdoberfläche liegen; G. rhizomatosa, mit ± weit wandernden Rhizomen; G. bulbosa, mit unterirdischen Speicherorganen, die seitlich nicht zu wandern vermögen, aber oft durch Wurzelkontraktion tiefer in den Boden gelangen.

Georgína, f., Gatt. der Asteráceae (nach J. Gottl. Georgi, Petersburg, 1729–1802), früher benutzer Name für die Gattung Dáhlia.

Geospécies, durch geographische Isolierung entstandene Art.

Geotorsiónen, durch geotropische Reaktion veranlaßte Drehungen der pflanzlichen Organe, um ihre natürliche Stellung wieder einzunehmen.

Geotropísmus, Wahrnehmungs- und Reaktionsvermögen der Pflanzen, ihre Organe in Richtung der Schwerkraft zu orientieren; → Tropismen.

-ger, -era, -erum (lat. gérere = an sich tragen, führen), führend.

Geradzeilen → Orthostichen.

geranifólius (Geránium, von griech. géranos = Kranich; lat. grús), storchschnabelblättrig.

Geránium, n., Gatt. der Geraniáceae (griech. géranos = Kranich; bezieht sich auf die Form der Frucht) – Storchschnabel; fossil seit dem Tertiär.

Gérbera, Gatt. der Asteráceae (nach dem deutsch. Arzt Traugott Gerber, gest. 1743).

Gerbstoffe, Gemische sehr verschiedenartig zusammengesetzter, aromatischer Verbindungen, die oft Glycoside sind; werden zum Gerben von Tierhäuten verwendet.

germánicus, -a, germanisch, deutsch (z. B. Genísta germánica – Deutscher Ginster).

Gérmen (lat. → Germination) → Fruchtknoten.

Germinatión (lat. gérmen, gérminis = Sproß, Keim; germináre = sprossen), Periode der Keimung bei höheren Pflanzen.

Gerstgras, Anbaukombination von Welschem Weidelgras und Sommergerste als Ansaatverfahren zu Welschem Weidelgras in feuchterer Lage. Beide Partner werden im Frühjahr gemeinsam gesät. Im Stadium der Teigreife des Korns und Ende Grünreife des Strohs der Gerste wird gemäht. Ein besonderer Vorteil ist, daß ohne Silierzusätze und ohne Anwelken siliert werden kann. In höheren Lagen gilt das Gerstgras als Ersatz des Silomaises. Parallel zum Gerstgrasverfahren werden auch Luzerne, Luzernegras, Rotklee und Kleegras mit Sommergerste zur Silierung kombiniert.

gesägte Blätter, Blätter, deren Blattrand spitze Zähne aufweist, die im spitzen Winkel zusammenstoßen (z. B. bei Urtíca dioíca – Große Brennessel).

Gesamtschätzung, kombinierte Schätzung von → Abundanz und → Dominanz = Artmächtigkeitsschätzung.

geschlechtliche Fortpflanzung, sie erfolgt durch Bildung und Isolierung zweier geschlechtlich differenzierter Fortpflanzungszellen bzw. Zellkerne, die erst miteinander verschmelzen müssen, ehe eine Weiterentwicklung stattfindet.

Geschlechtschromosómen, die meist ungleichen Chromosomenpartner, welche die Vererbung des Geschlechts bedingen; → Chromosomen.

Geschlechtsdimorphísmus, verschiedenartige Ausbildung der männlichen und weiblichen Individuen einer Art; → Dimorphismus.

geschlechtsgebundene Vererbung, Vererbung von Erbanlagen, die in einem Geschlechtschromosom lokalisiert und dadurch mit dem Geschlechtsrealisator verbunden sind.

Geschlechtshormone = Sexualhormone; ein in der Botanik uneinheitlich angewendeter Begriff, der (nach Borris/Libbert 1984) umfaßt: (1) Termone (geschlechtsbestimmende, -realisierende Hormone), die die Geschlechtsausprägung (männl. oder weibl.) determinieren; (2) Substanzen, die die Bildung von Geschlechtsorganen induzieren; (3) Gamone, die durch ihre chemotaktische Wirkung die männlichen Gameten zu den weiblichen hin orientieren; (4) Verbindungen, die (beispielsweise bei Flagellaten u. Hefen) eine agglutinierende Wirkung haben, wenn Zellen beiderlei Geschlechts zusammengebracht werden.

Geschlechtszellen, Zellen, die nur der Fortpflanzung dienen (Gameten).

geschlossenes Areal, Areal, in dem die Einzelsiedlungen so dicht liegen, daß eine natürliche Verbreitung von der einen zur anderen möglich ist.

geschlossene Infloreszenzen, → Infloreszenzen, bei denen die (Zentral)-Achsen mit Terminalblüten enden (End-, Scheitel- oder Gipfelblüte an der Haupt- oder Primärinfloreszenz; laterale Terminalblüten an den Zentralachsen der Partialinfloreszenzen). Terminalblüten sind daran erkennbar, daß sie vor den ihnen benachbarten Lateralblüten aufblühen. Im Gegensatz zu den → offenen Infloreszenzen werden bei den geschl. Infloresz. sämtliche Vegetationskegel zur Ausbildung von Blüten restlos verbraucht. Alle Verzweigungsachsen sind demzufolge endgültig abgeschlossen.

geschlossene Leitbündel, Leitbündel, bei denen der Holzteil und der Siebteil unmittelbar aneinanderstoßen.

geschnittene Blätter, einfache Blätter, deren Einschnitte bis zum Mittelnerv oder bis zur Basis der ganzen Blattspreite gehen.

geschrotet, Adjektiv (Eigenschaftswort) für grob zerkleinerte Körner oder Samen.

Geselligkeit → Soziabilität.

Gesellschaftskreis, nach Braun-Blanquet die höchste systematische Einheit der Vegetation, geographisch bedingt.

Gesellschaftspulk, Gesamtkomplex des Gesellschaftsinventars eines Wuchsdistriktes mit seinem charakteristischen räumlichen Gefüge.

Gesellschaftsring, Gesamtheit der auf einem bestimmten Standortstyp vorkommenden bzw. möglichen Pflanzengesellschaften.

Gesellschaftstreue, das ± enge Gebundensein bestimmter Pflanzen an bestimmmte Pflanzengesellschaften.

Gesetz der homologen Reihen, es besagt, daß die Formenmannigfaltigkeit einer Art sich in der Formenmannigfaltigkeit nahe verwandter Arten oder Gattungen wiederholt.

Gesetz des Minimums (lat. mínimum = das Geringste, Kleinste), nach Liebig (1862) richtet sich die Zunahme der Trockensubstanz einer Pflanze nach dem im Minimum vorhandenen Nährstoff.

Gesnéria, f., Gatt. der Gesneriáceae (nach dem Züricher Arzt und Botan. Konrad Gesner, 1516–1565).

gespaltene Blätter, einfache Blätter, deren Einschnitte bis zur Mitte der Spreitenhälfte gehen.

Gespinstpflanzen, Faserpflanzen wie Lein (Línum usitatíssimum) und Hanf (Cánnabis satíva).

Gesteine, geologisch selbständige Teile der festen Erdrinde, die eine Gesellschaft oder ein Aggregat gleicher oder verschiedenartiger → Mineralien darstellen. Ablagerungen von weichen Tonen oder lockerem Sand oder Kies fallen dabei mit unter den Begriff eines Gesteins, sobald sie als geologisch selbständige Bildungen auftreten. Nach ihrem Mineralbestand werden die Gesteine als einfache und zusammengesetzte oder gemengte unterschieden. Einfache sind solche, die nur aus einem einzigen Mineral bestehen (Quarzit aus Quarz, Marmor aus Kalkspat); zusammengesetzt sind diejenigen, die ein Gemenge von zwei oder mehr Mineralien darstellen (wie Granit aus Feldspat, Quarz und Glimmer). Nach ihrer Entstehung unterscheidet man: Eruptivgesteine (Tiefen- und Oberflächengesteine), Sedimentgesteine, kristalline Schiefer oder metamorphe Gesteine.

geteilte Blätter, einfache Blätter mit Einschnitten, die mindestens ein Viertel der Blattspreite erreichen; im engeren Sinne, wenn die Einschnitte bis über die Mitte der Spreitenhälfte gehen.

Getreide (althochdtsch.: gitregidi; mittelhochdtsch.: getregede), ursprünglich verstand man unter Getreide alles das, was der Boden an notwendiger Nahrung »trägt«. Heute gilt im wesentlichen die schon 1812 von Albrecht Thaer geprägte Festlegung, daß »Getreide« die Mehrfruchtarten aus der Familie der Poaceae umfaßt. Man unterscheidet dabei zwischen den vier Hauptgetreidearten oder Cerealien (Roggen, Weizen, Gerste, Hafer) und den Getreidearten im weiteren Sinne, wie Mais, Reis, Hirse.

getrenntgeschlechtliche Pflanzen, männliche und weibliche Organe befinden sich in verschiedenen Blüten. Die Pflanzen sind einhäusig (→ monözisch) oder zweihäusig (→ diözisch).

Géum, n., Gatt. der Rosáceae (röm. Pflanzenname, wahrscheinlich etymol. Bezug zu griech. geuein = schmecken) – Nelkenwurz.

Gewebe, Verband aus gleichartigen Zellen, die ähnlichen Aufbau und meist auch gleiche Funktion haben; vgl. Histologie.

Gewebespannungen, Spannungen in wachsenden Organen, die auf dem verschiedenen Ausdehnungsbestreben der einzelnen, im Verband stehenden Zellelemente beruhen.

Gewohnheitsrassen, Formen von Schmarotzern (viele Pilze), die sich allmählich an bestimmte Nährpflanzen angepaßt haben.

Gewürznelke → Syzygium.

gezähnte Blätter, Blätter, deren Blattrand spitze Zähne aufweist, die durch einen Bogen verbunden sind (z. B. bei Tussilágo fárfara – Huflattich).

Gibbǽum, n., Gatt. der Aizoáceae (lat. gíbbus = gewölbt, bucklig).

Gibberellíne, Gruppe von Wuchsstoffen, die vor allem in Sproß- und Wurzelmeristemen, in unreifen Samen und Früchten sowie in jungen Blättern gebildet werden; vielfältige Wirkungen, vorwiegend fördernder Einfluß auf Streckungswachstum und Kambiumtätigkeit (1976 waren 51 Gibberelline bekannt, z. B. GA_3 = Gibberellinsäure).

gibbósus (lat.), höckerig, reich an Höckern.

gíbbus, -a, -um (lat.), höckerig (z. B. Lémna gíbba – Buckelige Wasserlinse).

Gift, jeder chemische Stoff, der auf den lebenden Organismus von einer bestimmten Konzentration ab schädigend wirkt.

Giftpflanzen, Pflanzen, die in allen oder in einzelnen ihrer Teile giftige Substanzen in solcher Menge enthalten, daß ihr Genuß schädigend oder tödlich wirkt.

Giftpflanzen des Graslandes (Grünlandes) sind Pflanzen, die Giftstoffe, vor allem Alkaloide, Glycoside und etherische Öle, enthalten und beim Nutzvieh gesundheitliche

Störungen bzw. Leistungseinbußen hervorrufen oder sogar letal wirken. Die beiden gefährlichsten Giftpflanzen des Graslandes sind Sumpfschachtelhalm (Duwok) und Herbstzeitlose. Verbreitete G. sind ferner Scharfer Hahnenfuß (giftig nur im grünen Zustand) und Zypressenwolfsmilch.

gigantéus, -a, um (lat.), riesenhaft, riesig.

Gigantopterídes (griech. gígas, -antos = Gigant, Riese, riesig; ptéris = Farnkraut), Pteridospermae aus der Verwandtschaft der Gattung Gigantopteris. Große gegabelte oder gelappte Blätter mit schrägen Seitenadern, zwischen denen feine Sekundäradern ein Maschennetz bilden.

Gigantópteris-Flora → Cathaysia-Flora.

Gígaswuchs (griech. Gigas, Gigántos = in der Odyssee ein riesenhaftes, wildes, den Göttern verhaßtes und von ihnen endlich vertilgtes Volk; später: jeder Riese), genetisch bedingter Riesenwuchs durch: a) erhöhte Zellenzahl, b) Polyploidie, c) erhöhtes Zellvolumen bei gleicher Chromosomenzahl.

Gília, f., Gatt. der Polemoniáceae (benannt nach dem span. Botan. F. S. Gil. 1756–1821) – Gilie.

Gillénia, f., Gatt. der Rosáceae (nach dem Kasseler Arzt und Botan. Arn. Gillenius, 17. Jh.) – Dreiblattspiere.

Gínkgo, f., Gatt. der Ginkgoáceae (nach dem chin. gin-kyo = Silber-Aprikose) – Ginkgo; fossil seit der Kreide, wahrscheinlich viel älter (→ Ginkgoites).

Ginkgoites, m., fossile Gatt. der oberen Trias bis Kreide, mit stärkerer Lappung der Blätter als bei der rezenten Art, aber mit gleichartiger Epidermisstruktur.

ginnála, Volksname einer Ahornart im Amurgebiet (Ácer ginnála – Mandschurischer Ahorn.)

gínseng, chines. Name für den betreffenden Pánax (gin-seng = Menschen-Pflanze – Wurzelgestalt!).

githágo, nach der gleichnam. Gatt., diese vielleicht wegen der Samen von gith (engl.) = Schwarzkümmel und -ago = ähnlich.

-gíton, -geton (griech. geíton = Nachbar), -nachbar.

Gitternetzkarte, Arealdarstellung, bei der das Kartenbild durch ein Gitternetz gegliedert wird und jedes Gitterquadrat, das die zu untersuchende Sippe enthält, durch ein Kreuz gekennzeichnet wird.

glabéllus, gláber, glábra, glábrum (lat.), glatt, kahl, unbewehrt.

glabérrimus (lat.), sehr glatt (völlig unbehaart).

glabréscens (lat.), kahl werdend.

glaciále Relíkte (lat. glácies = Eis) → Relikt.

glaciális (lat. glácies = Eis), gletscherliebend, an der Schneegrenze vorkommend.

gladiátus, -a, um (lat.), mit einem Schwert versehen.

Gladíolus, m., Gatt. der Iridáceae (lat. = gladíolus = kleines Schwert; bezieht sich auf die Blattform) – Siegwurz.

glándifer, glandífera, glandíferum (lat.), nuß- oder eicheltragend.

glandúlifer (lat. glándulae = Drüsen; Verkleinerung von gláns, glándis, jede Kernfrucht, besonders der Eichel), drüsentragend.

glandulósus (lat.), drüsig.

Glanz, im Volksmund gebräuchliche Bezeichnung insbesondere für die als Vogelfutter dienenden Samen von sog. Glanzgräsern wie vor allem von Phalaris canariensis (Kanariengras).

glareósus (lat. glárea, f. = der Kies), kiesliebend.

Glashaar, helles, durchsichtiges Endhaar an der Blattspitze einiger Laubmoose.

glastifólius, waidblättrig (glástum, glásti alter Name für die jetzige Isatis.)

glaucéscens (lat.), blau werdend.

Gláucium, n., Gatt. der Papaveráceae (lat. glaucus = blaugrün) – Hornmohn.

gláucus, -a, -um (lat.), graublau, meergrün, blaugrün, (hell schillernd), (z. B. Leucóbryum gláucum – Weißmoos).

Gláux, ,f., Gatt. der Primuláceae (röm. Pflanzenname) – Milchkraut.

Gléba (lat. gléba = Erdschollen, Klumpen), die gekammerte Hyphenmasse im Inneren der Fruchtkörper mancher Pilze.

Glechóma, f., Gatt. der Lamiáceae (gléchon = griech. Pflanzenname) – Gundermann.

Gledítsia, f., Gatt. der Caesalpiniáceae (Benennung nach dem Direktor des Botan. Gartens zu Berlin J. G. Gleditsch,

1730–1780) – Dornkronenbaum, Gleditschie (auch Christusdorn, fälschlich!); fossil seit dem Tertiär.

Gleichénia, f., Gatt. der Gleicheniáceae (nach dem Bayr. Botan. Fr. Wilh. v. Gleichen-Rußwurm, 1717–1783) – Gleichens Farn; fossil seit dem Jura.

Gley = Glei, in Niederungen des Binnenlandes entstandener Grundwasserboden. Im Bereich des stagnierenden Grundwassers bildet sich bei Mitwirkung anaërober Mikroorganismen durch Reduktion von Eisen- und Schwefelverbindungen ein typischer Reduktionshorizont (grünlich bis bläulich, meist tonig). Der darüberliegende, nur temporär vom Grundwasser erreichte Horizont zeigt zufolge oxidierter Eisen- und Manganverbindungen rost- oder schwarzbraune Niederschläge (bei hohem Eisengehalt sogar Raseneisenerz). Natürliche Vegetation der Gleyböden: Wiesen, Erlenbruch – oder Eichen-Hainbuchen-Wälder.

Gliadíne, einfache Eiweißstoffe, die bei der Hydrolyse in Aminosäuren zerfallen. In reinem Wasser sind sie unlöslich, dagegen können sie mit 50- bis 80%iger Alkohollösung extrahiert werden.

Gliederhaare, Haare, die aus einer Zellreihe bestehen, die an den Querwänden etwas eingeschnürt ist.

Gliederhülse, eine Fruchtform, die im Bau mit einer Hülse übereinstimmt, aber nicht der Länge nach aufspringt, sondern in so viele einsamige Querglieder zerfällt, als Samen vorhanden sind.

Gliederschote, eine Bruchfrucht, die aus zwei Fruchtblättern besteht und quer in einsamige geschlossene Glieder zerfällt, die Teile von zwei Fruchtblättern sind.

glob-, globi- (lat. glóbus = Kugel), kugel-.

Glóbba, f., Gatt. der Zingiberáceae; vom malaischen (Vernakular-) Namen »galoba« gebildet.

Globoíd (lat. glóbus = Kugel, Ball, Klumpen; -oid drückt die Ähnlichkeit aus), glasiges Kügelchen, durch das Ausfällen der schwerlöslichen Mineralstoffe der Vakuole bei der Aleuronkornbildung durch Wasserentzug entstanden.

globósus (lat.), kugelförmig, kugelig.

Globulária, f., Gatt. der Globulariáceae (lat. glóbulus = kleine Kugel) – Kugelblume.

Globulíne, Eiweißart mit schwachsaurem Charakter, in Wasser unlöslich, durch verdünnte Neutralsalzlösung, verdünnte Säuren und Alkalien dagegen in Lösung zu bringen.

glóbulus (lat.), Kügelchen.

Glochíden, Glochídien (griech. glochís, glochínos = Spitze, Pfeilspitze, hakig = spitzes Ende), 1. mit Widerhaken besetzte Dornen einer Areole, typisch für Opuntien, was den Umgang mit ihnen erschwert, da die Glochiden bei Berührung leicht abbrechen und sich in die Haut einbohren; 2. bei den Azollaceae gestielte Widerhäkchen an der Oberfläche der schwimmfähigen Mikrosporenballen aus Periplasmodiumsubstanz.

glomerátus, -a, -um (lat.) geknäuelt (z. B. Dáctylis glomeráta, – Knaulgras.

Glomérus, ein ± kugeliger, knäueliger Blütenstand, der meist cymösen Charakters ist.

Glorióśa, f., Gatt. der Liliáceae (lat. glorió-sus = ruhmvoll) – Ruhmeskrone.

Glossárium (lat.) Schlagwortverzeichnis mit Erklärungen.

glossoídes (griech.), zungenähnlich.

Glossopterídes, f., Plur., (griech. glóssa = Zunge; ptéris = Farnkraut), »Zungenfarne«, Hauptgattung Glossopteris; → Pteridospermae mit einfachen, lang zungenförmigen Wedeln, an der Basis in einen kurzen Stiel übergehend. Die Gl. sind charakteristisch für die tieferen Gondwana-Schichten (Permokarbon) und reichen bis ins Rhaet. Wahrscheinlich waren sie keine Farne, sondern Gymnospermen. Vgl. Gondwana-Flora.

Glossópteris-Flora = Gondwana-Flora (s.d.)

Glottiphýllum, n., Gatt. der Aizoáceae (griech. glótta = Zunge; phýllon = Pflanze; namentl. Bezug auf die zungenförmigen, stark sukkulenten Blätter).

Gloxínia, f., Gatt. der Gesneriáceae (nach dem Kolmarer Arzt Benj. Peter Gloxin, 18. Jh.) – Gloxinie.

Glucose (griech. glykýs = süß, lieblich), Traubenzucker, dreht polarisiertes Licht nach rechts = Dextrose. Strukturell ist er eine Aldose; erstes Produkt der Photosynthese, häufig nicht nachweisbar, da er sich meist sehr schnell in Stärke oder andere Saccharide umwandelt.

Glucoside, von der Glucose sich herleitende Verbindungen, bei denen die Hydroxylgruppe am Kohlenstoffatom 1 mit einem Zucker verestert ist.

Glüten, Klebereiweiß der Getreidekörner, das aus Gliadinen und Glutelinen besteht.

Glúmae → Hüllspelzen.

-glúmis (lat. glúma = Hülse, Hüllspelze), -spelzig.

Glutamin (von lat. glúten, Leim), Säureamid der Glutaminsäure; wichtige Stickstoffspeichersubstanz verschiedener Pflanzen.

Glutaminsäure, -Aminoglutarsäure, organische Verbindung des Grundstoffwechsels aller Zellen; eine Monoaminodicarbonsäure, $HOOC-CH_2CH_2CH(-NH_2)-COOH$.

Glutársäure, $HOOC-CH_2CH_2CH_2-COOH$, Dicarbonsäure, die wegen ihrer Beziehung zur Glutamin- und Weinsäure (lat. acidum tartaricum) so benannt wurde.

Gluteline, Eiweißart, den Globulinen nahestehend, aber nur in verdünnten Alkalien und Säuren, nicht aber in Neutralsalzlösungen löslich.

glutinósus (lat.), klebrig.

glyc-, glyci- (griech. glykýs) = süß), süß.

Glycéria, f., Gatt. der Poáceae (griech. glykerós = süß) – Schwaden.

Glycerzín (griech. glykýs = süß, lieblich), dreiwertiger Alkohol, bildet zusammen mit organischen oder anorganischen Säuren Ester; Fette sind Ester, bestehend aus Glycerin und Fettsäuren. → Ester.

Glycín, Glycokoll, Aminoessigsäure, $CH_2-(NH_2)-COOH$, eine Monoaminomokarbonsäure. Einfachste Aminosäure, die in vielen Eiweißen vorkommt.

Glycíne, f., Gatt. der Fabáceae (griech. glykýs = süß) – Sojabohne.

Glycósmis, f., Gatt. der Fabáceae (griech. glykýs = süß; griech. ósme = Duft).

Glycyrrhíza, f., Gatt. der Fabáceae (griech. glykýs = süß; rhíza = Wurzel)– Süßholz.

Glycogén (griech. glykýs = süß, lieblich; gennáo = ich erzeuge), aus polymerisiertem Traubenzucker aufgebautes Polysaccharid $(C_6H_{10}O_5)n$, das sich mit Jod-Jodkalium rotbraun färbt. Tierische Stärke, die aber auch bei den Pilzen vorkommt, hat im Gegensatz zur Pflanzenstärke (Amylum) kugelförmige Moleküle.

Glykophýten, Pflanzen, die keine salzigen Böden besiedeln.

Glycoside, etherische Verbindungen eines Zuckers (Glucose) mit einem nichtzuckerartigen Stoff.

Glyoxýlsäurecyclus, Abbauweg von organischen Verbindungen über Acetyl-Coenzym A, der vor allem bei Mikroorganismen gefunden wurde. Der G. unterscheidet sich vom → Zitronensäurecyclus durch die enzymatische Isozitronensäurespaltung in Bernsteinsäure und Glyoxylsäure, die dann mit Acetyl-Coenzym A zu Äpfelsäure synthetisiert wird. Alle Verbindungen, die im Zitronensäurecyclus zwischen Isozitronensäure und Äpfelsäure stehen, werden gleichsam »überbrückt«.

Glyoxysómen → Mikrobodies.

glyptostroboídes (griech. glyptós = eingeschnitzt, gekerbt, stróbos = Zapfen, kreiselförmiger Zapfen und -ides = ähnich), glyptostrobusähnlich; Art: Metasequoia glyptostroboides.

Glyptóstrobus, m., Gatt. der Taxodiáceae (griech. glyptós = gekerbt, gestichelt, stróbos = Zapfen; der Name bezieht sich auf das gekerbte obere Glied der Zapfenschuppen, also auf gestichelte Zapfenschuppen) – Chines. »Wasserfichte« (nur in S-China, Hainan, Vietnam); fossil seit dem Tertiär.

Gmelína, f., Gatt. der Verbenáceae (nach dem Petersburger S. G. Gmelin, 1743 bis 1774).

gnaphalioídes (griech. gnáphalon = Wolle – Blattbehaarung), gnaphaliumähnlich.

Gnaphálium, n., Gatt. der Asteráceae (griech. gnáphalon = Filz, Wolle) – Ruhrkraut.

Gnétum, n., Gattung der Gnetáceae (gnemon = malaiischer Name der Pflanze) – Meerträubel.

Godétia, f., Gatt. der Oenotheráceae (nach dem schweiz. Botan. C. H. Godet, 1797–1879) – Godetie.

Goethea, f., Gatt. der Malváceae (nach J. W. v. Goethe, 1749–1832, der u. a. Einfluß auf die Konzeption des »Hortus botanicus jenensis« ausübte. Berater von Prof. A. J. G. C. Batsch, 1761–1802, dem 1. Direktor des eigenständigen Botan. Gartens, nach dem Vorläufer »Hortus Medicorum«).

Gólgi-Apparat, Gesamteinheit der → Dictyosomen einer Zelle, die Orte der Konzentrierung oder auch Bildung von Sekreten darstellen.

Gólgimaterial, Zytoplasmaregion von netzartiger granulärer oder irregulärer Struktur. Golgikörner haben eine submikroskopisch sichtbare Lamellenstruktur; Stoffwechselfunktion noch problematisch.

Gomésa, f., Gatt. der Orchidáceae (nach dem portug. Marinearzt und Kenner der Heilpflanzen Brasiliens Bernardino Antonio Gomes, 1769–1823) – Gomes-Orchidee.

gomph-, gompho- (griech. gómphos = Nagel, Nagelkopf).

Gomphréna, f., Gatt. der Amaranthãceae, Kugelamaranth.

gon-, góny- (griech. góny, gonatos = Knie), in Zusammensetzungen: knie- (→ geniculátus).

Gondwána-Flora, Glossopteris oder antarktokarbonische Flora. Die permokarbonische Flora der Gondwana-Gebiete: Antarktis, Südafrika, Südamerika, Vorderindien, Australien. Charakteristisch für diese Flora sind Arten von Glossopteris und Gangamopteris und deren Stammstücke (Vertebraria), ferner die mit den Cordaitales verwandten Noeggerathiopsis-Blätter und die Equisetalen Schizoneura und Phyllotheca.

Gónen (griech. gonė = Samen), »Gebilde«, welche die generativen Kerne enthalten.

Góngora, f., Gatt. der Orchidáceae (nach dem span. Bischof Don Antonio y Góngora; nach dem engl. Trivialnamen »Punch-and-Judy-Orchid.« kann der deutsche Name gebildet werden: »Kasperleorchidee«) – Gongoraorchidee.

gongyloídes (griech. gongylís = die runde Rübe), rundlich, rübenähnlich.

Gonídienschicht, Schicht des Thallus einer Flechte, in der die Algen besonders gehäuft vorkommen.

Gonídium (griech. goné = Samen; eídomai = gleichen), Plur.: Gonidia, 1. Spore, die nicht durch eine Reduktionsteilung entstanden ist; 2. bei den Flechten die im Thallus befindlichen Algen (→ Gonidienschicht).

Gonimoblásten, die sporogenen Zellfäden, die bei den Rotalgen durch die Keimung der Zygote, die das Karpogonium nicht verläßt, entstehen. Sie erzeugen die ungeschlechtlichen diploiden Karposporen.

Gonitángium (aus → Goniten und griech. aggeion = Behälter); Plur.: Gonitangien, für Landpflanzen typische Systeme aus mehreren Gonitocysten, die in einer Hülle aus sterilen Zellen liegen; bei Algen und Pilzen sind die Gonitozysten ohne eine besondere Hülle, es sind höchstens sekundäre Hüllfäden vorhanden. Die Gonitozystenwandungen werden vor der Entlassung der Gonite aufgelöst, die reifen Gonite sind nur von der mehrzelligen Gonitangienwand umgeben. Sporangien = sporenbildende Gonitangien; Gametangien = gametenbildende Gonitangien.

Gonite (griech. goné = Erzeugung, Abkunft, Nachkommenschaft), durch → Gonitogonie entstehende reproduktive Pflanzenzellen d. h. → Sporen und → Gameten.

gonitogón griech. goné = Geburt, Abkunft, Nachkommenschaft), → Goniten erzeugend.

Gonitogonie (aus → Goniten und griech. goné = Erzeugung, Abkunft), Gonitenbildung; Zellteilungsvorgang innerhalb der → Gonitozyste, der zur Bildung von Keimzellen (Goniten) führt. Die in der Gonitozyste entstehenden reproduktiven Zellen heißen Gonite, die → Sporen oder → Gameten sein können.

Gonitothécien, Bezeichnung für Organe aus der Anlage nach peripheren → Gonitozysten und einer zelligen sterilen, nachträglich umschließenden Hülle, z. B. die Gynothecien (Schussnig 1954, 1960) der Charaphyceae und von Coleochaete.

Gonitothécium (aus → Goniten und griech. thékion = kleines Behältnis), reproduktives Organ, dessen → Gonitozyste(n) peripher angelegt werden, aber nachträglich von einer Hülle steril bleibender Zellen umgeben wird, z. B. die ♀ Organe bei Coleochaete und Chara.

Gonitothómus (aus → Goniten und griech. thomós = Haufen), Gruppe kongenital verwachsener monogonitischer Gonitozysten bei Phaeophyceae und Rhodophyceae. Wird auch mit dem Terminus »plurilokuläres Sporangium« bezeichnet.

Gonitozýste (aus → Goniten und griech. kýstis = Beutel, Blase), → gonitogone Zelle, d. h. Zelle, in der → Gonitogonie stattfindet bzw. durch Teilungen Gonite (Keimzellen) gebildet werden (Gameten in Gametozysten, Sporen in Sporozysten).

Gonophyll-Theorie (Melville 1960). Die Vorläufer der heutigen Angiospermenblätter u. -Blütenblätter seien im Jungpaläozoikum Doppelorgane gewesen: Blattflächen u. Achsen mit Samenanlagen od. Pollenorganen (z. B. bei Glossopterides). Durch Reduktion dieser Doppelorgane seien die Blätter, Blütenblätter, Staubgefäße u. Fruchtknoten entstanden.

Gonospóren (griech. goné = Erzeugung, Abkunft, Nachkommenschaft; spóros = Samen, Keim), veraltet, → Meiosporen.

Gonotokónt, Gone (Gonosporen) liefernde Mutterzelle; meist diploide Zellen, die unter Meioseablauf vier haploide → Gonen bilden.

Gonotrophíe (griech. goné) = Erzeugung; trophós = Ernährer), tropische Abhängigkeit einer Generation von der vorigen, z. B. bei Moosen des Sporophyten vom Gametophyten. Wird oft auch als parasitär bezeichnet, was jedoch unzulässig ist, weil die Beteiligten nicht verschiedenen Arten angehören.

Goodénia, Gatt. der Goodeniáceae (benannt nach dem engl. Bischof und Botan. S. Goodenough, 1743–1827) – Goodenie.

Goodyéra, f., Gatt. der Orchidáceae (nach dem engl. Botan. John Goodyer, 1592 bis 1664) – Netzblatt, Mooswurz.

Gossýpium, n., Gatt. der Malváceae (lat. gossýpium = Baumwolle) – Baumwolle.

grácilis (lat.), schlank, zierlich.

graecus (lat.), griechisch.

gramen, -inis,, n., (lat.) Gras Pflanze, Kraut.

Gramfärbung, Färbemethode nach dem dänischen Pharmakologen und Internisten Christian Gram (1894). Färbung der Bakterien mit Gentianaviolett, Jodjodkali, Entfärben mit Alkohol, Nachfärben mit Fuchsin. Grampositive Bakterien werden durch Alkohol nicht entfärbt und behalten die blaue Farbe, gramnegative Keime werden durch Alkohol entfärbt und nehmen die rote Nachfärbung an. Wichtige differentialdiagnostische Methode der Bakteriologie. Grampositiv z. B. Streptokokken, Staphylokokken, Bazillen, Clostridien, Corynebakterien, Mycobakterien, Hefen. Gramnegativ u. a. Gonokokken, Darmbakterien (Coli, Typhus, Ruhr), Influenzabakterien, Vibrionen.

Gramicidín, → Tyrothricin.

Gramineae, f., Pl., frühere Bezeichung der → Poaceae.

gramma-, grammato (griech. grámma = Buchstabe, Ziffer, Zeichen), schrift-, strich-.

Grammángis, f., Gatt. der Orchidáceae (griech. grámma = Buchstabe, Zeichen; ángos = Gefäß; sicherlich ist der namentliche Bezug auf die [rote] Zeichnung der Lippe vertretbar).

Grammatophýllum, n., Gatt. der Orchidáceae (griech. grámma, grámmatos = Schrift, Zeichen; phýllon = Blatt; der Name nimmt Bezug auf die dunkle Zeichnung der Blütenblätter; also »Schriftblatt-Orchidee«. Vom Engl. her läßt sich die Art G. speciósum eingedeutscht als »Königinorchidee« bezeichnen).

gramnegative Bakterien, → Gramfärbung

grampositive Bakterien, → Gramfärbung

Grána (lat. gránum = Korn), submikroskopische Plastidenstrukturen mit lamelliger Struktur, die durch Einstülpungen der Plastidenwandungen entstehen. Grana sind Träger einer Chlorophyllschicht.

granátus (lat. gránum = Korn, Kern), körnig (vielkernig).

grandi- (lat.), in Zusammensetzungen: groß-.

Granne (Arista), ein borstenförmiger, meist trockener Fortsatz der Deckspelzen der Gräser, der morphologisch der Spreite der Laubblätter entspricht.

granularís, granulátus (lat.), körnig.

-graphis (griech. gráphein = schreiben, zeichnen – graphís = Griffel), -schrift, -gezeichnet.

Gras, keine taxonomische Kategorie, bezeichnet lediglich eine habituelle Erscheinung (ohne Verwandtschaftsanspruch), wird aber schwerlich bei den Trivialnamen zu verdrängen sein; so gehört z. B. Zostera = Seegras zu den Potamogetonáceae; Süßgräser, Echte Gräser (= Poáceae) sind mit den Sauer- oder Riedgräsern (= Cyperáceae) nicht verwandt.

Grasland, Synonym für Grünland, bezeichnet die landwirtschaftliche Nutzfläche, die durch mehrjährigen oder ständigen Anbau mehrjähriger Gräser als dominierender Bestandsbildner genutzt wird. Man unterscheidet im wesentlichen zwei Graslandformen, das Dauergrasland und das Saatgrasland. Letzteres wird je nach Standort- und Nutzungsbedingungen in Zeitabständen von etwa 4 bis 8 Jahren periodisch erneuert.

gratianopolitánus, aus Gratianópolis (jetzt Grenoble), Stadt im alten narbonensischen Gallien.

Gratíola, f., Gatt. der Scrophulariáceae (Verkleinerungsform v. lat. grátia = Gnade) – Gnadenkraut.

grátus (lat), dankbar, angenehm.

gravéolens (lat.), stark duftend (z. B. Ápium gravéolens – Sellerie).

Gravésia, f., Gatt. der Melastomatáceae (benannt nach L. L. Graves, Botan. auf Madagaskar). Etwa 100 Grav.-species stammen aus Madagaskar. Gravésia guttáta und Hybriden dieser Art mit verwandten Genera werden gern wegen ihrer schön gezeichneten Blätter in Warmhäusern gezogen, oft in der Gartenbaupraxis bzw. im Handel mit dem trivialen (Komplex-)Namen Bertolonien bezeichnet.

gravídus, -a, -um (lat.) angefüllt, schwanger, schwer, voll.

grávis, -is, -e (lat.), schwer.

Gravísia, f., Gatt, der Bromeliáceae (vermutlich nach einem Personennamen) – Spec.: G. exsúdans (= Hohenbérgia exsúdans).

Greigia, f., Gatt. der Bromeliáceae (nach dem russ. General S. A. von Greig – Spec.: G. sphaceláta.

Grenzhorizont, die meist deutliche Grenze zwischen älterem und jüngerem (schwach zersetztem) Moostorf, der in fast allen Mooren vorhanden ist. Die Entstehung wird in die 1. Hälfte des Jahrtausends v. u. Z. gesetzt; dient zur Altersbestimmung bei der → Pollenanalyse.

Grenzplasmolýse (→ Plasmolyse), diejenige Konzentration der Außenlösung, die zu den ersten Anfängen einer Plasmolyse führt.

Grevíllea, f., Gatt. der Proteáceae (nach dem franz. Botan. Ch. Fr. Greville, 1749 bis 1809) – Australische Seideneiche.

Gréwia, f., Gatt. der Tiliáceae (nach dem engl. Bontan. Nehemiah Grew, 1628 bis 1682).

Grex (lat.), Schwarm oder Herde, Bezeichnung (Abk. g.) vor Sammelepitheta, wenn es sich um eine Herde bei Kulturhybriden handelt.

Greÿia, f., Gatt. der Melianthаceae (nach dem ehem. Gouverneur der »Kapkolonie« G. Grey).

Griffel (Stýlus), Verbindungsglied zwischen Narbe und Fruchtknoten.

Griffelbürste, bürstenartig angeordnete Haare am Griffel (z. B. bei Fabáceae), durch die der Pollen aus dem ihn enthaltenden Gebilde herausgefegt wird.

Griffínia, f., Gatt. der Amaryllidáceae (nach dem Brasilien-Reisenden und Botan. W. Griffin).

Grímmia, f., Gatt, der Grimmiáceae (benannt nach dem deutsch. Arzt J. F. K. Grimm [1737–1821] in Gotha), Grimmiales – Laubmoose.

Griselínia, f., Gatt. der Cornáceae (nach dem venezian. Botan. Fr. Grisilini, 18. Jh.).

gríseus (lat.), grau.

Grobfutterstoffe, Futterstoffe mit einer Energiekonzentration < 600 EFr/kg TS, unabhängig von ihrem Trockensubstanzgehalt in der Originalsubstanz. Dazu gehören Grünfutterstoffe, Konservate aus Grünfutterstoffen, Frischsilagen, Welksilagen, Heu, Trockengrünfutter, Futterstroh.

Großmutatión, eine erbliche Veränderung, die wesentlich stärkere phänotypische und physiologische Abwandlungen des Individuums bewirkt als → Kleinmutionen. Im homozygoten Zustand wirken Großmutationen oft letal. → Makromutation.

Großspirale der Chromosomen, Spiralform der Chromosomen in der ersten meiotischen Teilung; sie enthält zwei Kleinspiralen, die sich in der meiotischen Anaphase voneinander lösen. → Spiralisation, Watson-Crick-Modell.

grossulárius, -a, -um, einer kleinen Feige ähnlich; lat. grossularia = Stachelbeere.

Grúbbia, f., Gatt. der Grubbiáceae (benannt nach Mich. Grubb, Vorst. der Ostind. Gesellschaft, schrieb Beitrag zur Capflora).

Gründeckfrucht → Deckfrucht, die vor der Reife genutzt wird (zur Grünfütterung oder zur Heuwerbung bzw. zur Silierung) und somit vorzeitig einer → Einsaat oder → Untersaat das Feld vollkommen freigibt.

Gründüngung, Düngung des Feldes durch dort gewachsene grüne Pflanzen (im wesentlichen Leguminosen), die man einpflügt.

Grünlandbewertungsrahmen, ein z. B. von Petersen auf der Grundlage des Grünlandschätzungsrahmens der Reichsbodenschätzung weiterentwickeltes Verfahren, bei dem es u. a. 4 Klimastufen (a bis d) gibt und die Wasserstufen genauer gekennzeichnet sind und dabei als Hilfsmittel auch die Wurzelausbildung bestimmter Pfahlwurzler (Engelwurz, Ampferarten, Kerbel u. a.) berücksichtigt ist.

Grünlandgrundzahlen, den Bodenzahlen des Ackerschätzungsrahmens entsprechende Wert- oder Verhältniszahlen, die die Bodenfruchtbarkeit des Grünlandes kennzeichnen.

Grünlandschätzungsrahmen, ein dem Ackerschätzungsrahmen analoger Schätzungsrahmen für die Bodenbewertung des Grünlandes. Da für den Wert des Grünlandes kleinere Bodenunterschiede von geringem Einfluß sind, hat man zweckmäßigerweise die Einteilung nach Bodenart und Zustandsstufe vereinfacht und die Entstehungsart wegfallen lassen. Dafür finden die Wasserverhältnisse in ihm verstärkte Berücksichtigung, so daß der Schätzungsrahmen folgende Einteilung aufweist: Bodenart (S, LS, L, T, Mo): Bodenstufe (I, II, III); Klimastufe (a, b, c, d); Wasserstufen (1 bis 5). Diese Beurteilungskomponenten führen zur Grünlandgrundzahl, die nach Berücksichtigung aller positiven und negativen Verhältnisse durch Zu- oder Abschlag die Grünlandzahl ergibt.

Grünlandzahlen, den Ackerzahlen entsprechende Wert- oder Verhältniszahlen, die die Ertragsfähigkeit des Grünlandes charakterisieren.

Grünmasse, mengenmäßiger Ertrag an grünen Pflanzen oder Pflanzenteilen, gemessen in dt/ha.

Grünreife → Milchreife.

gruínus, -a, -um, reiherschnabelartig (Eródium gruínum von lat. grús. grúis = Kranich).

Grundgewebe, zusammenfassende Bezeichnung für das Rindengewebe und das Mark des Pflanzenkörpers, in denen die Leitbündel eingebettet liegen.

Grundmeristém, primäres Meristem, das nach Anlage sämtlicher aus dem Urmeristem hervorgehender Prokambiummassen und des Protoderms übrigbleibt. Es stellt ein verhältnismäßig großzelliges Meristem mit deutlichen Interzellularräumen dar; → Meristem.

Grundspirale, die schraubenförmig verlaufende, die wechselständigen Blätter eines Sprosses in der Reihenfolge ihrer Entstehung auf dem kürzesten Wege verbindende Linie.

grundständige Blätter, Blätter, die am Grunde des Stengels entspringen, z. B. Windröschen (Anemóne nemorósa), gehäuft stehende grundständige Blätter bilden eine Rosette wie beim Löwenzahn.

Grundwasser, Wasser, das in örtlich verschiedener Tiefe unter der Erdoberfläche steht oder fließt; von vielen Pflanzen nur dann verwertbar, wenn es sich nicht tiefer als 1,50 m bis 2 m befindet.

Grundwasserstandsreihe, nach der Höhe des Grundwassers gürtelförmig angeordnete Pflanzengesellschaften.

Grundzahl der Chromosomen, die kleinste haploide Chromosomenzahl, die in einer Gattung gefunden wird. Viele Gattungen enthalten mehrere Grundzahlen. Symbol: »x« oder »b« = Basiszahl.

Gruppenanteil, Teilwert zur Berechnung der Gruppenwerte.

Gruppenauslese, in der Pflanzenzüchtung bestimmte Form der Massenauslese; Selektionsverfahren, bei dem die ausgelesenen Einzelpflanzen nach bestimmten Gesichtspunkten in Gruppen zusammengefaßt und diese getrennt vermehrt werden.

Gruppenstetigkeit, auf eine Pflanzengruppierung bezogene Berechnung der Stetigkeit, zugleich ein Teilwert zur Berechnung des Gruppenwertes.

Gruppenwert, nach Tüxen und Ellenberg (1937) zur Ermittlung der Zugehörigkeit einer Pflanzengemeinschaft zu einer Assoziation und höheren Einheiten aufgestellter systematischer Gruppenwert. Daneben wird von denselben Autoren ein ökologischer Gruppenwert aufgestellt.

Grusónia, f., Gatt. der Opuntioideae, Cactáceae (benannt nach dem Pflanzensammler Gruson, 1821–1885, aus Magdeburg); mitunter auch als Subgenus in die Gatt. Cylindropúntia eingeordnet.

Guaiácum, n., Gatt. der Zygophylláceae (westindischer Volksname) – Pockholz; fossil seit dem Tertiär.

guajáva, Beiname von Psídium (Guajábe ist ein indischer Birnbaum).

Guáno, unter dem Einfluß der Luft, aber bei Ausschluß von Regen entstehende Zersetzungsprodukte von Seevögelexkrementen, auch von Fledermausexkrementen in Höhlen.

Gülle, Kot-Harn-Gemisch sowie Geflügelexkremente aus Anlagen der einstreulosen Nutztierhaltung mit unterschiedlich hohem Anteil an Wasser, Futterresten und anderen Fremdstoffen.

Gürtel, im pflanzengeographischen Sinne: 1. die vertikale oder zonale floristische Gliederung der Vegetation in einem bestimmten Gebiet, 2. die ringförmige Anordnung der Bestände innerhalb einer Formation.

Gummi, amorphes, durchsichtiges, geschmack- und geruchloses Sekretionsprodukt von Pflanzen, das aber auch bei der Umwandlung von Zellwänden entstehen kann. Es gibt mit Wasser eine klebrige Flüssigkeit und kann durch Alkohol gefällt werden.

gúmmifer (gúmmi, cúmmi, cómmi; griech. kómmi = Gummi, nicht Harz!), gummitragend.

Gummósis, Gummifluß, krankhafte, übermäßige Absonderung von Gummi durch Umwandlung von Zellwänden.

Gúnnera, f., Gatt. der Haloragáceae (nach dem norw. Bischof J. E. Gunner, 1718–1773).

Guttatión (lat. gútta = Tropfen), Wasserabgabe durch Tropfen an Tagen mit feuchtigkeitsgesättigter Luft. Die aktive Wasserabgabe geschieht durch Wasserspalten (Hydathoden) an den Zähnen von Blatträndern und an Blattspitzen, z. B. bei jungen Gräsern, der Kapuzinerkresse, aber auch bei untergetauchten Wasserpflanzen.

guttátus (lat. gútta = Tropfen), betropft, getüpfelt.

Guzmánia, f., Gatt. der Bromeliáceae (nach A. Guzmán span. Naturforscher).

gymn-, gymno- (griech. gymnós = nackt), nackt-.

Gymnadénia, f., Gatt. der Orchidáceae (griech. gymnós = nackt; áden = Drüse) – Händelwurz.

Gymnocalýcium, n., Gatt. der Cactáceae (griech. gymnós = nackt; griech, kályx = Kelch).

Gymnocárpium, n., Gatt. der Polypodiáceae (griech. gymnos = nackt, frei; karpós Frucht). Spec.: G. dryópteris – Eichenfarn, G. robertianum – Rupprechtsfarn.

Gymnócladus, f., Gattung der Caesalpiniáceae (griech. gymnós = nackt, kladós = Zweig) – Schusser oder Geweihbaum; fossil seit dem Tertiär.

gymnokárp wird der Fruchtkörper der Pilze bezeichnet, wenn die Sporenbildung nach außen, also an der Oberfläche, erfolgt, Ggs. → angiokarp.

Gymnospérmae (griech. gymnós = nackt; spérma = Same), Nacktsamer, phylogenetisch uneinheitliches Taxon; vgl. E. System der Pflanzen.

gyn-, gyno- (griech.), weiblich (in Zusammensetzungen).

Gynándria (griech. gyné = Weib; anér, andrós = Mann), Pflanzen, deren Staubblätter und Griffel miteinander verwachsen sind.

gynándrus, mannweibig, zwitterig.

Gynodiözíe (griech.), Auftreten von Zwitterblüten und weiblichen Blüten auf verschiedenen Pflanzen (z. B. bei Diánthus carthusianórum), → diözisch.

Gynoeceum (griech. gyné = Weib, oikeion = Haus), Gesamtheit der weiblichen Blütenorgane bzw. der Fruchtblätter einer Blüte.

Gynözium (griech. gyné = Frau; oikos = Haus), ♀ → Gametözium (bei Moosen).

Gynogamét, weiblicher Gamet; die Gynogameten der Kormobionta entstehen in monogonitischen Mitogametozysten, den Eizellen, in Einzahl je Archegonium. Ggs.: Androgamet.

Gynogametozýste, weibliche → Gameten enthaltende → Gametozyste der niederen Pflanzen.

Gynogamón (griech. gyné = Weib; s. a. unter → Gamóne), weibl. Wirkstoff bei der Befruchtung, von Gynogameten abgegeben.

Gynogenesis, Scheinbefruchtung, bei der der männliche Gamet in die Eizelle eindringt, sie aber nicht befruchtet, so daß die weitere Entwicklung des Eies parthenogenetisch erfolgt.

Gynomonözíe, Bezeichnung dafür, daß Zwitter- und weibliche Blüten auf derselben Pflanze vorkommen; → monözisch.

Gynophór (griech. gyné = Weib; phérein = tragen; also »Träger des Weiblichen«), stielartige Verlängerung der Blütenachse zwischen Androeceum und Gynoeceum (bei Capparidáceae).

Gynophyllíe (griech. gyné = Weib; phýllon = Blatt), Umbildung von Fruchtblättern in Laubblätter.

Gynospóren (griech. gyné = Weib; spóros = Keim), weibliche Sporen (→ Heterosporie).

Gynostégium, säulenartiges Gebilde, das durch die Verbindung von Staub- und Fruchtblättern entsteht.

Gynostemium, Griffelsäule der Orchideen.

Gynúra, f., Gatt. der Asteráceae (von griech. gyné = Weib; oura = Schwanz).

gynus (griech. gyné, gynaikós = Weib), in Zusammensetzungen: -weibig.

Gypsóphila, f., Gatt. der Caryophylláceae (griech gýpsos = Gips; phílos = Freund) – Gipskraut.

gyr-, gyro-, gyrus, -a, -um (griech. gyrós = rund, gýros = Kreis), Kreis, Bogen.

Gýttja (schwed. = Schlamm), »Halbfaulschlamm«; bei beschränktem Sauerstoffzutritt verwesen die leichter zersetzlichen Stoffe (Eiweiße), der N- und S-Gehalt sinkt infolgedessen. Bodentiere durchwühlen Gyttja, jedoch nicht Sapropel; engl.: fine sudlege.

H

H, chemisches Zeichen für Hydrogénium = Wasserstoff. H_2O = Wasser. H_2O_2 = Wasserstoffperoxid = Hydrogenium peroxydatum.

Haageocéreus, m., Gatt. der Cactáceae (nach dem Erfurter Kakteenzüchter Fr. A. Haage, gest. 1866, und der Gattungsname Cereus).

Haare (Trichome), Gebilde, die aus einer, seltener aus mehreren Epidermiszellen hervorgehen und an deren Erzeugung die unter der Epidermis liegenden Gewebe nicht beteiligt sind.

Haarkelch → Pappus.

Habenária, f., Gatt. der Orchidáceae (lat. habéna = Zügel) – Riemenlippe.

Habérlea, f., Gatt. der Gesneriáceae (nach Prof. K. C. Haberle, Budapest, gest. 1831).

Habitát (lat. habitáre = wohnen; habitátio = Wohnung, habitátor = Bewohner), Gesamtheit der ökologischen Umweltfaktoren einer Lebensgemeinschaft einschließlich der von ihr selbst bedingten.

Hábitus (lat. hábitus = Haltung, Aussehen, Äußeres, Gestalt), Gesamtbild, Gestalt oder Aussehen der Pflanze, hauptsächlich abhängig von der Art der Verzweigung und Beblätterung, der Internodienlänge, der Wuchsrichtung der Sprosse und der Verholzung.

habituélle Parthenogénesis, Keimen der Gameten ohne Befruchtung, → Parthenogenesis.

Habrothámnus, m., Gatt. der Solanáceae (griech. habrós = üppig; thámnos = Strauch).

Hackfrüchte, botanisch heterogene, d. h. zu mehreren Familien gehörende landwirtschaftliche Nutzpflanzen, die aufgrund ähnlicher Anbaumerkmale vielfach zu einer Anbaugruppe der Blattfrüchte zusammengefaßt werden. Gemeinsame oder ähnliche Anbauansprüche sind u. a.: intensive Hackpflege aufgrund langsamer Jugendentwicklung und späten Bestandesschlusses, gute Ausnutzung organischer Dünger (vor allem großer Mengen von Stalldung), hoher Nährstoff- und Düngerbedarf (auch an mineralischen Nährstoffen).

Hacquétia,, f., Gatt. der Apiáceae (nach dem Lemberger Prof. Balth. Hacquet, 1740–1815) – Schaftdolde.

Hadróm (griech. hadrós = voll, ausgewachsen, reif, dicht, stark), der aus den Gefäßen und dem dazugehörigen Gefäßparenchym bestehende Gefäßteil des Leitbündels.

haem-, haemato- (griech. haíma, haímatos, Blut, Leben, Kraft), blutrot.

Haemánthus, m., Gatt. der Amaryllidáceae (griech. haíma = Blut; ánthos = Blüte) – Blutblume.

Haemária ,f., Gatt. der Orchidáceae (griech. haíma = Blut; nach den unterseits [blutroten] Tragblättern) – Blutorchidee.

Haematóxylon, n., Gatt. der Caesalpiniáceae (griech. haíma = Blut; xýlon = Holz) – Blutholzbaum.

Härte des Wassers, Gehalt des Wassers an gelösten Calcium- und Magnesiumsalzen.

Häufigkeit, Bezeichnung über das Vorkommen bzw. den Verbreitungsgrad von Pflanzen. Die Pflanzen sind demnach (in der abnehmenden Rangfolge): kosmopolitisch bzw. gemein, häufig, verbreitet, zerstreut, stellenweise oder selten.

Haftwurzeln, kurze Luftwurzeln, die sich an feste Gegenstände anklammern, ohne in diese einzudringen.

Hagénia, f., Gatt. der Rosáceae (nach dem deutsch. Botan. K.G. Hagen, 1749–1829) – Kosobaum.

Hákea, f., Gatt. der Proteáceae (nach dem hannov. Minister und Botan. Baron v. Hake, 18. Jh.).

hal-, hali-, halo- (griech. háls, halós = Salz, Meer), salz-, meer-.

Halbarten, Kreuzungen von Gartenpflanzen mit nahe verwandten, in der Umgebung wildwachsenden Arten.

Halbkulturgesellschaft, durch intermittierende Eingriffe der Menschen bedingte Ersatzgesellschaften, z. B. Forsten, Heiden, Wiesen.

Halbrosettenpflanzen, Kräuter mit rosettig angeordneten Grundblättern und beblättertem Stengel.

Halbstamm, Obstbaumform mit einer Stammhöhe bis zur Krone von 1,50 m.

Halbstrauch, Pflanze, die einen Übergang von Kraut zu Strauch darstellt. Die unteren Sproßteile verholzen, die oberen bleiben krautig und sterben am Ende der Vegetationszeit ab.

Halbwaise, hybridogene Sippe, deren einer Elter im Verbreitungsgebiet der Sippe fehlt.

halepénsis, aleppisch, aus Aleppo (Syrien) stammend.

halimifólius, keilmeldeblättrig (Hálimus-, jetzt Átriplex).

Halimodéndron, n., Gatt. der Fabáceae (griech. hálimos = salzig; déndron = Baum) – Salzstrauch.

hálimus (griech. hálimos = salzig), salzig.

Halm, der von gestreckten Internodien gebildete ± aufrecht wachsende Sproßabschnitt der Gräser.

Halmfrüchte, Bezeichnung für die Getreidearten, die den → Blattfrüchten insbesondere bei der Fruchtfolge gegenübergestellt werden.

Halocnémum, n., Gatt. der Chenopodiáceae; namentl. Bezug auf den halophilen (griech. = salzliebenden) Standort.

halodéndron, nach der ehemaligen gleichnamigen Gatt. Salzbaum.

Halogéton, n., Gatt. der Chenopodiáceae. Syn. von → Anábasis.

halophíl (griech.), Organismen, die bevorzugt an salzhaltigen Standorten leben.

Halophýten (griech. hals, halós = Salz; phytón = Pflanze), »Salzpflanzen«; Gewächse, die durch einen bestimmten Salzgehalt im Boden eine deutliche Förderung ihrer Verbreitung und Entwicklung erfahren.

Haloplánkton, Mikroplankton des Salzwassers.

Halorágis, f., Gatt. der Haloragáceae (griech. hals = Salz, Meer; rhax, rhagós = Traube) – Seebeere.

Halóxylon, n., Gatt. der Chenopodiáceae

(hals = Salz, Meer; xýlon = Holz) – Saxaul.

Halskanalzellen, Zellen im obersten halsartigen Teil des Archegoniums bei Moosen und Farnen.

Hamamélis, f. Gatt. der Hamamelidáceae (griech. háma = gleichzeitig; mélon = Apfel, Frucht) – Zaubernuß; fossil seit dem Tertiär.

hamatacánthus, -a, -um, hakenstachelig.

Hamstersämlinge → Synzoochore.

hamulátus, -a, hamulósus (lat.), kleinhakig (z. B. Callítriche hamuláta – Haken-Wasserstern).

handnervig ist die Blattnervatur, wenn mehrere annähernd gleich starke Nerven strahlenförmig vom Blattstielende ausgehen und die Blattspreite handfächerförmig durchziehen.

Hangneigungsreihe, nach Unterschieden der Steilheit auf einem Hang derselben Exposition gürtelförmig angeordnete Pflanzengesellschaften.

hapal-, hapalo- (griech. hapalós = zart), zart.

hapaxánthe Pflanzen (griech. hápax = einmal; ánthos = Blüte), nur einmal blühende Pflanzen, die ihre Individualentwicklung mit der erstmaligen Furcht- und Samenbildung endgültig abschließen. Zu ihnen zählen die → annuellen, biennen und pluriennen Pflanzen. Ggs. → pollakanthe Pflanzen.

hapl-, haplo- (griech. haplóos = einfach), einfach-.

Haplobiónt (griech. haplóos = einfach; bíos = Leben), eine Geschlechtspflanze mit nur einer Art von Individuen. Zu unterscheiden von → Diplobiont.

haploblástisch (griech. haplóos = einfach, blastós = Keim), einzellig, einkernig und zellwandumgeben in der vegetativen Phase eines → Protobionten.

haplocárpus (griech. haplóos = einfach; karpós = Frucht), nur einmal fruchtend.

haplocheil (griech. haplóos = einfach; cheilos = Lippe) heißen Spaltöffnungen, bei denen die beiden Schließzellen direkt durch Teilung der Spaltöffnungsmutterzelle entstehen.

haplochlamydéisch, Blütenhülle, die nur aus einem Kreis besteht, der entweder kelch- oder kronartig sein kann.

Haplochóre (griech. haplóos = einfach; chorízein = verbreitern), Pflanzen, deren Verbreitungsorgane haploide Sporen sind (Bryophyta, Pteridophyta).

Haplodiplónt → Diplohaplontentyp.

haploíd (griech. haplóos = einfach), Bezeichnung für einen einfachen Chromosomensatz.

Haploid-Generation, Generation mit einfachem Chromosomensatz (gegenüber der diploiden, ungeschlechtlichen Generation).

haplokáulisch (griech. haplóos = einfach; lat. caulis = Stengel), eine einachsige Pflanze, bei der die durch Keimung entstandene Achse mit einer Blüte abschließt.

Haplomítrium, n., Gatt. der Haplomitriáceae (griech. haplóos = einfach; mítrion = Häubchen, Mützchen. Da nur eine Kalyptra, jedoch kein Perianth besitzend).

Haplónten (griech. haplóos = einfach), Lebewesen mit einem einfachen Chromosomensatz.

Haplóntentyp (griech.), Kernphasenwechsel, bei dem die Organismen haploid sind; die Reduktionsteilung erfolgt unmittelbar nach der Bildung des Zygotenkernes, d. h. bei dessen erster Teilung. Die diploide Phase ist auf das Zygotenstadium beschränkt (z. B. bei vielen Chlorophyta, bei Ascomycetes).

Haplopáppus, m., Gatt. der Asteráceae (griech. haplóos = einfach; páppos = Haarschopf).

haplophásisch (griech. haplóos = einfach; phásis = Erscheinung, »Phase«), Bezeichnung für einen Generationswechsel, bei dem die Reduktion unmittelbar auf die Befruchtung folgt. Alle Zellen mit Ausnahme der Zygote sind haploid.

Haplophýllum, n., Gatt. der Rutáceae (griech. haplóos = einzeln; phyllon = Blatt).

Haplosomíe (griech. haplóos = einfach; sóma = Körper), Erscheinung, daß in diploiden Zellen einzelne Chromosomen nur einfach vorhanden sind.

Haplosporángien, von der haploiden Generation gebildete → Sporangien.

Haplosporie (griech. haplóos = einfach; spóros = Keim), apomiktische Entwicklung des weiblichen Gametophyten aus einer durch normale Kernteilung entstandenen Mutterzelle.

haplostemón (griech. haplóos = einfach; stémon = Faden), Blüte mit nur einem Staubblattkreis (vgl. diplostemon).

Haptéren (griech. háptein = heften, anknüpfen, berühren), Haftorgane, die an der Unterlage anliegen oder in sie eindringen, z. B. bei zellreichen Meeresalgen, aber auch an anderen Teilen des Thallus vorkommen, z. B. die spatelförmigen Bänder an den Sporen des Ackerschachtelhalmes.

Haptotropísmus (griech. háptein = anknüpfen, berühren), Wachstumskrümmung, ausgelöst durch einen Berührungsreiz. Sie kommt vor u. a. beim Ranken, Winden und Schlingen; → Tropismen.

Hartholzaue → Auenwald.

Hartlaubgewächse, Pflanzen mit immergrünen, ledrigen, meist ziemlich kleinen, z. T. behaarten Blättern.

Hartlaubwald, vorwiegend im Bereich der Etesienklimate auftretende Waldformation, deren Bäume sich durch kleine Hartlaubblätter auszeichnen.

Hartschaligkeit, Wasserundurchlässigkeit der Samenschale bei den Fabaceae und anderen Familien, die eine Keimung verzögert oder gar verhindert.

Harz, Gemisch aus Terpenen, Harzsäuren und etherischen Ölen, das in besondere Behälter (Harzkanäle) ausgeschieden wird.

Haschisch (arab. Kraut; H. el Fokkara = Kraut der Fakire), Rauschgift, Extrakt aus dem Harz von Cannabis sativa var. indica mit den wirksamen Tetrahydrocannabinolen. Die jungen Triebspitzen, die reich an narkotischem Harz sind, werden geraucht. Gebrauch bis ins 8. Jh. v. u. Z. zurückverfolgbar. Heute im globalen Maßstab noch 200 Mill. Süchtige. Es wird als Rauschmittel im Orient und in Afrika gegessen und geraucht und führt zu Dämmerzuständen, Euphorie, Unruhe, Sinnestäuschungen und sexuellen Erregungen; die psychischen Veränderungen können schizophrenieähnlichen Charakter haben. Synonyme (in Lateinamerika): Marihuana, Rosa-Maria, Doña Juanita.

hastátus, -a (lat. hásta = Spieß, Lanze), spießig, speerartig (z. B. Sálix hastáta – Spießweide).

Hauptachse, die aus der → Plumula des Keimlings sich entwickelnde Sproßachse, die nach unten durch das Hypokotyl begrenzt wird.

Hauptassoziation, nach Knapp eine über größere Gebiete sich erstreckende, durch Charakterarten gekennzeichnete Vegetationseinheit.

Hauptfrüchte sind diejenigen, die ein Ackerstück über den größten Teil der Hauptvegetationszeit beanspruchen. Zeitlich zwischen zwei Hauptfrüchten angebaute Fruchtarten heißen Zwischenfrüchte (Winterzwischenfrüchte, Stoppelsaaten, Untersaaten).

Haupt(frucht)**futterfläche,** derjenige Teil der Gesamtfutterfläche im landwirtsch. Betrieb, der von folgenden Kulturen gebildet wird: Dauergrünland (Wiese, Weide), Akkerfutterpflanze, wie Luzerne, Rotklee, Mais, Grünfuttergemenge, Futterhackfrüchten, wie Futterrüben und Futtermöhren. Gegenbegriff: → Zusatzfutterfläche.

Hauptgene, Gene, die qualitative Merkmale beeinflussen und sich durch Kreuzungen leicht nachweisen lassen; → Gen.

Hauptsproß, der aus der → Plumula des Keimlings sich entwickelnde Sproß.

Hauptwurzel, die aus dem Würzelchen des Keimlings hervorgehende Wurzel, welche die Verlängerung des Sprosses nach unten bildet.

Haustorialfortsatz, der in die Wirtspflanze eindringende Teil des Haustoriums (s. Haustorien)

Haustorialknopf, der außerhalb des Wirtsorgans liegende Teil des Haustoriums.

Haustórien, Sing: Haustórium (lat. hauríre = schöpfen, entnehmen, aufnehmen, verzehren), Saugorgane parasitischer Pflanzen, meistens umgewandelte Wurzeln oder Wurzelteile, mit denen die Parasiten in die Wirtspflanze eindringen. Auch die Ausstülpungen von Hyphen der Schmarotzerpilze heißen Haustorien, sie dringen ebenfalls in das Gewebe der Wirtspflanzen ein.

Hautsystem, im physiologisch-anatomischen Sinn die Gesamtheit aller peripher gelegenen Gewebekomplexe (verschiedener entwicklungsgeschichtlicher Herkunft), deren Hauptfunktion die des Schutzes ist.

Hawórthia, Gatt. der Liliáceae (nach dem engl. Botan. A. H. Haworth, 1772–1833).

hebe- (griech. hébe =Jugend), flaum-.

Hébé, f., Gatt. der Scrophalariáceae (griech. Hebe = Göttin der Jugend).

Hebeloma, Fälblinge, Pilzgatt. der Fam. Cortinariáceae. Gatt. gehört zur Kl. der Ständerpilze (Basidiomycetes).

Héchtia, f., Gatt. der Bromeliáceae (nach dem preuß. Regierungsrat J. G. H. Hecht, 19. Jh.). Spec. (z. B.): H. argentea.

Hédera, f., Gatt. der Araliáceae (lat. Pflanzenname, stammt von dem griech. hédra = das Sitzen; bezieht sich auf das Haften, Festsitzen an der Unterlage) – Efeu; fossil seit der oberen Kreide.

Hedýchium, n., Gatt. der Zingiberáceae (griech. hedýs = süß) – Kranzblume.

Hedýsarum, n., Gatt. der Fabáceae (griech. Pflanzenname) – Süßklee.

Hefe, Hefepilze, Sproßpilze, einzellige, durch Sprossung sich vermehrende Pflanzen, Erreger der Gärung (→ Zymasen).

Hefekolonien, die aus zu einzelligen oder wenigzelligen Formen reduziertem Sproßmyzel aufgebauten Kolonien der Hefepilze ohne Luftmyzel. Nur durch eventuell entstehendes Pseudomyzel wird in diesem Falle Luftmyzel gebildet.

Heide, 1. Pflanzenformation, die baumfrei oder baumarm ist und vorwiegend aus niedrigen, immergrünen Sträuchern, Zwergsträuchern oder derbblättrigen Gräsern aufgebaut wird. In der neueren vegetationskundlichen Literatur gelegentlich auf azidiphile, atlantische, zwergstrauchreiche, baumarme Pflanzengemeinschaften beschränkt. 2. Bezeichnung für Landschaften, die (regional unterschiedlich) vorwiegend waldfrei, aber auch bewaldet sein können (z. B. Dübener Heide, Lüneburger Heide).

Heißluftbehandlung, physikalische Saatgutentseuchung, z. B. bei der Entseuchung von (Blumen-) Zwiebeln oder bei käferbefallenen Hülsenfrüchten. – Es wird mit trockener oder häufiger mit feuchter Wärme gearbeitet. → Heißwasserbeize.

Heißwasserbeize, Heißwasserbehandlung unter Zusatz von chemischen Mitteln, um gleichzeitig wärmeresistente Krankheitserreger (z. B. Weizensteinbrand, Gerstenstreifenkrankheit) zu vernichten.

heitere Tage, Tage mit Tagesmittel der Bewölkung unter 2,0 Stunden.

Helcía, f., Gatt. der Orchidáceae (lat. hélcium = Joch; namentl. Bezug auf die Gestalt der Lippe: »Jochorchidee«).

Helénium, n., Gatt. der Asteráceae (griech. Pflanzenname hélios = Sonne) – Sonnenbraut.

heleócharis, (griech. hélos = Sumpf; chairein = gern haben, lieben; cháris = Gunst, Dank, Freude), Sumpfzierde.

Heleócharis, falsche Schreibweise für → Eleocharis.

Heleóchloa, f., Gatt. der Poáceae (griech. hélos = Sumpf; chlóë = Gras) – Sumpfgras.

heli-, helio- (griech. hélios = Sonne), sonnen-.

Heliámphora, f., Gatt. der Sarraceniáceae (griech. hélos = Sumpf amphora = Krug) – Sumpfkrug (gehört zu den → Carnivora).

Heliánthemum, n., Gatt. der Cistácae (griech. hélios = Sonne, ánthemon, ánthos = Blume, Blüte) – Sonnenröschen.

Heliánthus, m., Gatt. der Asteráceae (griech. hélios = Sonne; ánthos = Blüte, Blume) – Sonnenblume.

helic-, helico – schraubig-, → hélix.

Helichrýsum, n., Gatt. der Asteráceae (griech. hélios = Sonne; chrysós = Gold) – Strohblume.

Helictótrichon,, n. Gatt. der Poáceae (griech. heliktós = gewunden; thrix, trichós = Haar) – Wiesenhafer.

heliophíle Pflanzen (griech. hélios = Sonne; phílos = Freund), Pflanzen, die einem starken Belichtungsgrad angepaßt sind.

heliophóbe Pflanzen (griech. hélios = Sonne; phóbos = Frucht), Pflanzen, die an einen geringen Belichtungsgrad angepaßt sind.

Heliophyten (griech. hélios = Sonne; phytón = Pflanze), Pflanzen sonniger Standorte.

Heliópsis, f., Gatt. der Asteráceae (griech.

hélios = Sonne; ópsis = Aussehen) – Sonnenauge.

helioscópius, -a, um, (griech. hélios = Sonne; skopein = spähen, blicken; »nach der Sonne blickend«), sonnenwendig, Sonnen- (z. B. Euphórbia helioscópia – Sonnenwolfsmilch).

Heliospérma, n., Gatt. der Caryophýlláceae (griech. hélios = Sonne; spérma = Same) – Strahlensame.

Heliotropísmus, Lichtwendigkeit einer Pflanze oder eines Pflanzenorganes; → Tropismen.

Heliotrópium, n., Gatt. der Boragináceae (griech. hélios = Sonne; trépein = wenden) – Sonnenwende.

Helípterum, n,. Gatt. der Asteráceae (griech. hélios = Sonne; pterón = Flügel) – Sonnenflügel.

hélix (lat.; alle drei Geschlechter), gewunden (z. B. Hédera hélix = Efeu).

Helíxstruktur, schraubenförmige Anordnung der Polypeptidketten in Proteinen. Ungefähr 3 bis 4 Aminosäuren bilden einen Schraubengang; die Aminosäuren benachbarter Gänge sind durch Wasserstoffbrükken verbunden, Seitenketten der Aminosäuren sind außen an der Helix radial zur Achse angeordnet. Diese Konfiguration wird als α-Helix bezeichnet.

Helléborus, m., Gatt. der Ranunculáceae (griech. Name des im Altertum gegen Wahnsinn angewandten Helléborus orientális, der besonders bei der griechischen Stadt Antkyra vorkommt, die an dem Fluß Helleboros liegt, mit dem der Name im 16. Jh. in Verbindung gebracht wurde) – Nieswurz, Schneerose, Christrose.

helobiále Endospérmbildung (abgeleitet von der Ordn. Helobiae, bei der sie vorkommt). Bildung von Nährgewebe durch Zerfall des sekundären Embryosackkernes in eine obere und eine untere Tochterzelle, von denen in der oberen zunächst freie Kernteilungen und anschließende Vielzellbildungen erfolgen.

helódes (griech.), sumpfliebend.

Helophýten (griech. hélos = feuchte Niederung, Sumpf; phytón = Pflanze) – Sumpfpflanzen des süßen Wassers.

Helotísmus (griech. heilótes, ursprünglich: spartanischer Staatssklave, später: Ausgebeuteter; lat. helotae und hilotae), eine Lebensgemeinschaft mit gegenseitigem Nutzen, wobei allerdings der eine Partner wesentlich im Vorteil ist.

Helvélla, f., Gatt. der Helvelláceae = Lorchelpilze; Ordn.: Discáles = Scheibenpilze (lat. hélvus = rot, helvéolus = rötlich oder von hélus = olus = Gemüse oder heluor = schwelgen) Herbst-, Mützenlorchel.

helvéticus, schweizerisch.

Helxíne, f., Gatt. der Urticáceae (griech. hélko = ziehen; griech. Pflanzenname) – Bubiköpfchen.

Hemerobíe (griech. hémeros = gezähmt, kultiviert; bios = Leben), Grad der menschlichen Beeinflussung von Lebensgemeinschaften.

Hemerocállis, f., Gatt. der Liliáceae (griech. heméra = Tag; kállos = Schönheit) – Taglilie.

Hemerodiaphóre (griech. unterschiedslos, gleichgültig, »indifferent«), kulturindifferente Pflanzen, d. h. von der Kultur weder nützlich noch schädlich beeinflußte einheimische Arten.

hemerophíl (griech. hémeros = kultiviert; philos = Freund), kulturliebend.

hemerophób (griech. hémeros = kultiviert; phobéo = fürchten, fliehen), kulturmeidend.

Hemerophóbe (griech. hémeros = in die Obhut des Menschen übernommen; bei Tieren: gezähmt, bei Pflanzen: veredelt, in »Kultur« genommen; griech. phóbos = Flucht), Kulturfeinde, kulturmeidende Organismen bzw. Arten; oft adjektivisch verwendet.

Hemerophýten, kulturfreundliche Pflanzen, welche die Kulturlandschaft bevorzugen.

hémi (griech.), halb.

hemianatróphe Samenanlage → hemitrope Samenanlage.

hemiangiokárp, bezeichnet die für die meisten Vertreter der Agaricales typische Anlage und Bildung des Hymeniums im Inneren des Fruchtkörpers in schizogenen Höhlungen, wobei durch die Fruchtkörperentfaltung das Hymenium jedoch freigelegt wird (im Ggs. zu den angiokarpen »Bauchpilzen«). Im Ggs. zu den gymnokarpen Poriales erfolgt hier die Anlage des Hymeniums nicht allmählich, sondern spontan.

hemigamotrópe Blüten (griech. hémi = halb; gamein = heiraten, zusammenschließen; trópos = Wendung, Drehung), Blüten, die sich nur unvollständig öffnen oder schließen.

Hemikryptophýten (griech. hémi = halb; krýptos = verborgen; phytón = Pflanze), Pflanzen, deren Überdauerungsknopsen sich an der Erdoberfläche befinden. Man unterscheidet Untergruppen: Hemikryptophyta caespitosa, Gräser und Grasartige, die durch Bestockung dichte Horste bilden, H. reptantia, ausläufertreibende Gräser und Grasartige, deren Knospen an der Erdoberfläche, also nicht im Boden, überwintern; H. rosulata, niedrige Kräuter mit rosettig angeordneten Grundblättern und ± blattlosen Stengeln; H. hemirosulata, niedrige Kräuter mit grundständiger Blattrosette und zahlreichen Blättern am Stengel; H. scaposa, keine grundständige Blattrosette, meist hochwüchsige Pflanzen; H. scandentia, mit klimmendem, alljährlich absterbendem Stengel.

Hemiparasíten (griech. hémi = halb; parásitos = Mitesser, Schmarotzer), Halbschmarotzer, die nur zum Teil autotroph leben und fehlende Nährstoffe Wirtspflanzen entziehen (Mistel, Wachtelweizen u. a.).

Hemiphanerophýten → Halbsträucher.

hemiploíd, die Hälfte der normalen Chromosomenzahlen enthaltend.

Hemisaprophýten, Organismen, die sich unter Umständen saprophytisch ernähren können. → Saprophyten.

hemisphaéricus (griech.), halbkugelig.

hemitrópe Samenanlage (hemianatrope, halbumgewendete S.), gegen den Funiculus um 90° gewendete Samenanlage mit geradem Nucellus; die Mikropyle liegt rechtwinklig zum Funiculus (vgl. anatrope S.).

Hemizellulóse, Polysaccharide, an deren Aufbau → Hexosen oder → Pentosen beteiligt sind. Allgemein bauen die H. zusammen mit Zellulose die pflanzliche Zellwand auf.

hemizygót ist ein Gen, das nicht in Form eines Allelpaares, sondern stets in Einzahl auftritt; → Zygote.

hemizýklisch, »halbkreisförmig«, werden Blüten bezeichnet, deren Blätter teils quirlig, teils spriralig angeordnet sind: faktisch mit spirozyklisch synonym.

Hemmstoffe, Inhibitoren, → Enzymhemmung.

Hemmungsfaktoren, Gene, die das Aktivwerden anderer Gene verhindern.

Hepática, f., Gatt. der Ranunculáceae (griech. hépar, Genit.: hépatos = Leber), Leberblümchen.

Hepáticae, Lebermoose, Kl. der Bryophyta; sind entweder flache, meist lappige, der Unterlage angeheftete Gebilde (z. B. Brunnenlebermoos) oder in Stämmchen und rippenlose, oft nur zweireihig geordnete Blätter (z. B. Peitschenmoos). Ihr Körper weist Ober- und Unterseite auf, die Sporenkapseln sind hauben- und deckellos. Die Lebermoose bewohnen überwiegend feuchte Standorte und treten selten in auffälliger Menge auf; fossil seit dem unteren Devon. → Musci sowie Kapitel E. System der Pflanzen.

hepáticus, leberbraun, lederartig.

herablaufende Blätter, sitzende Blätter, deren Basis sich am Stengel ± herabzieht.

Heracléum, n., Gatt. der Apiáceae (benannt nach Héracles [Herkules], der ihre Heilkraft entdeckt haben soll) – Herkulesstaude, Bärenklau.

Heranthéria, f., Gatt. der Pontederiáceae (griech. anthéra = Staubbeutel), Trugkölbchen.

Hérba (lat)., Kraut, Pflanze. In der Pharmazie krautige Pflanzen, die als Ganzes als Droge verwendet werden (z. B. H. Absinthii – Wermut, H. Millefolii – Schafgarbe).

herbáceus (lat. hérba = Kraut, -aceus = Suffix), krautartig

Herbárium (lat. hérba = Pflanze, Gewächs), wissenschaftliche Sammlung von gepreßten und getrockneten Pflanzen.

Herbicide, Plur., (lat.; »Unkrautvernichtungsmittel«), Substanzen, die Pfanzen abtöten, dabei zumeist unter starken morphologischen Veränderungen. Sie sind als Wachstumshemmstoffe (Inhibitoren), aber auch als → Morphoregulatoren zu kennzeichnen und haben als moderne Pflanzenschutzmittel große Bedeutung erlangt. Herbicide dienen z. B. der Vegetationsvernichtung auf Wegen oder in verunkrauteten Gewässern oder werden eingesetzt zur umbruchlosen Gründlanderneuerung, zur Ernteerleichterung für die Entlaubung (Defoliation), zur → Desikkation. Nach ihrer Wirkung werden unterschieden: Total-Herbicide, die der gezielten Vegetationsvernichtung dienen; Selektiv-Herbicide, die auf eine bestimmte Pflanzengruppe wirken. Musterbeispiel für ein selektives Herbicid ist 2,4 D, das als Auxin zu den Hormonherbiciden gehört und der Unkrautbekämpfung in Getreidebeständen dient. Es vernichtet die zweikeimblättrigen Unkräuter, schädigt aber nicht das Getreide. – Die Selektivität von H. beruht vor allem auf den Aufnahmeunterschieden, die sich z. B. aus der Struktur, Dicke und dem Chemismus der Kutikula u. der äußeren Zellwand der Epidermis ergeben. – Zu den H. gehören u. a.: Trichloressigsäure und ihre Salze, Dichlorpropionsäure, Dinitroorthokresol, Phenoxyessigsäure, Phenoxypropionsäureverbindungen, Harnstoffderivate. Die Na- und K-Chlorate zählen u. a. zu den total wirkenden.

hérbidus, krautreich.

herbivór (lat. herba = Kraut, Pflanze, Blatt; vorare = fressen), adjektivisch: pflanzenfressend; subjektivisch: Pflanzenfresser. Ggs.: Carnivor. Mittelstellung einnehmend zwischen beiden: Omnivor.

Herbívora, n., Plur, Pflanzenfresser = Organismen, die sich von pflanzlicher Substanz ernähren im Ggs. zu den → Carnivora.

Herbstholz, das in Gebieten mit Vegetationsruhe im Herbst gebildete Holz, das sich durch englumige Gefäße und tangential abgeplattete Holzparenchymzellen auszeichnet.

hercýnicus, -a, -um, im Harz vorkommend.

Herkogamíe (griech. hérkos = Zaun; gamein = heiraten; also »Hindernis- oder Zaunehe«), Blüteneinrichtung, bei der durch die räumliche Anordnung der Staubbeutel und Narben eine Selbstbestäubung verhindert wird.

Herkunft, Bezeichnung für die Abstammung von Saat- und Pflanzgut nach bestimmten Vermehrungs- oder Aufwuchsgebieten. Im Saatgut enthaltene Unkrautsamen (Charaktersamen) vermögen oftmals, Aufschluß über das Aufwuchsgebiet zu geben.

Hermánnia, f., Gatt. der Sterculiáceae (nach P. Hermann, Arzt auf Ceylon, benannt).

Hermaphrodít (griech. Hérmes = Merkúr; Aphrodite = Vénus), Individuum, das gleichzeitig die Fortpflanzungsorgane beider Geschlechter oder Teile derselben besitzt (Zwitter).

hermaphrodítus, zwittrig, zweigeschlechtig (nach dem Zwittersohn von Hermes und Aphrodite).

Herniária, f., Gatt. der Caryophylláceae (lat. hérnia = Bruch) – Bruchkaut.

Herpautochóre (griech. herpetikós = kriechend, herpýzein = kriechen; autós = selbst; chorízein = absondern), Pflanzen, deren Früchte und Samen sich auf dem Erdboden »kriechend selbst verbreiten«.

herzýnisch (lat. Hercýnia = Mittelgebirge von den Quellen der Donau im Schwarzwald bis nach Dazien) sind Pflanzen, die für das mitteldeutsche Waldgebiet bezeichnend sind oder dort bevorzugt vorkommen.

hesper-, hespero- (griech. hésperos = Abend) abend-.

Hésperis, f., Gatt. der Brassicáceae (griech. hésperos = Abend; die Blüte duftet am Abend stärker) – Nachtviole.

hésperis, herspérius, abendländisch.

héter-, hétera-, hétero-, in Zusammensetzungen: verschieden-, anders-.

Heterantheríe (griech. héteros = verschieden; anthera = Staubbeutel), ungleiche Ausbildung der Staubblätter.

heteroblástische Entwicklung (griech. heteroblastós = verschieden gebildet), Entwicklung, bei der die Jugend- und die Folgeform voneinander stark abweichen.

heteroblástische Pseudobulben, aus einem verdickten Internodium gebildete Sproßknollen; mit endständigen Blättern und endständigen oder seitlichen Blütenständen (z. B. Coelogyne).

Heterocéntron, n., Gatt. der Melostomatáceae (griech. héteros = verschieden; kentron = Sporn.)

heterochlamydéische Blüte, Blüte, bei der

die äußeren und inneren Blütenhüllblätter verschieden sind, einen Kelch und eine Blumenkrone bilden; → Perianth.

Heterochromatín (griech. héteros = verschieden; chróma = Farbe), stark färbbare Chromosomenabschnitte, die die Auflokkerung nach der Telophase umgehen und daher im »Ruhe- oder Arbeitskern« nach Anfärbung als »Heterochromatinbrocken« sichtbar bleiben.

Heterochromosómen, Chromosomen, die durch ihre Eigenart im Verhalten, in der Form oder Größe von den übrigen Chromosomen unterschieden sind; → Chromosomen. Der Terminus wird heute meist für Geschlechtschromosomen angewendet.

Heterocýsten, Zellen der Cyanobakterien (»Blaualgen«), die Orte der Stickstoffassimilation darstellen; sie sind dickwandig und pigmentarm.

Heterodéndron, n., Gatt. der Sapindáceae (griech. héteros = verschieden; déndron = Baum).

Heterodichogamíe, Vorkommen metandrischer und metagyner Individuen bei der gleichen Pflanzenart; → Dichogamie.

Heterodynamíe, 1. jene Ausbildungsweise hermaphroditischer Blüten, in welcher deren männlicher bzw. weiblicher Charakter schon äußerlich durch relativ starke Entwicklung des Androeceums bzw. Gynaeceums zum Ausdruck kommt; 2. das Zusammenwirken der beiden Allele eines Allelpaares im Bastard bei dominanter Merkmalsausbildung.

heterogám sind die Blütenköpfchen der Asteráceae, wenn die Randblüten weiblich oder ungeschlechtlich, die Scheibenblüten zweigeschlechtlich oder männlich sind.

Heterogámeon (griech.), Art mit hochgradiger Heterozygotie (z. B. Oenothera, Godetia; → Agameon.

Heterogamíe (griech. héteros = verschieden; gamé = Heirat, Begattung), Kopulation von verschieden großen Gameten.

heterogén (griech. génesis = Herkunft), verschiedenartig, aus ungleichen Teilen bestehend, von verschiedener Herkunft.

heterogener Generationswechsel (nach Strasburger) → anthithetischer Generationswechsel.

Heterogoníe (griech. gónos oder goné = Nachkommenschaft, Same), Aufeinanderfolge von verschieden gestalteten Geschlechtsgenerationen, von denen sich eine oder auch mehrere parthenogenetisch fortpflanzen können.

Heterokarpíe (griech. karpós = Frucht), Vorkommen verschiedenartiger, oberirdischer Früchte bei ein und derselben Pflanze.

Heterokaryónt (griech. káryon = Kern), Mycelium, desen Zellen zwei oder mehrere genotypisch verschiedene Kerne enthalten.

Heterokotylíe (griech. kotýle = Höhlung, Gefäß), Einkeimblättrigkeit, die durch den Verlust eines Keimblattes entstanden ist.

heteromér (griech. méros = Teil), »andersteilig«, ungleich viel mit ungleichen bzw. anderen Teilen; Bezeichnung für Flechten-Thallus, in dem die Algen auf eine bestimmte Schicht konzentiert und nicht durch den ganzen Thallus verteilt sind.

heteromérischer Thállus, Flechtenthallus, bei dem die Algenzellen in bestimmten Schichten zwischen dem Fadengeflecht der Pilze angeordnet sind; → Thallus.

heteromesogáme Blüten (griech. héteros = verschieden; mésos = Mitte; gamein = heiraten), Übergangsformen zwischen Wind- und Tierbestäubung.

heteromórpher Generationswechsel (griech. morphé = Gestalt; also »verschiedengestaltet«), Gametophyt und Sporophyt haben den gleichen Anteil innerhalb der Entwicklung, sind aber morphologisch verschieden gestaltet.

Heteromorphíe (griech., s. oben), ungleichmäßige Ausbildung eines Organs.

heteroözisch (griech. héteros = anderer; oikos = Wohnort, Haus), werden z. B. Parasiten mit Wirtswechsel bezeichnet.

heterophág (griech. héteros = der andere, verschieden; phágein = fressen), verschiedene Nahrung fressend; auf verschiedenen Wirten schmarotzend.

heterophásisch (griech. héteros = verschieden; phásis = Erscheinung), Ausdruck für Generationswechsel, bei denen diploide und haploide Phasen bzw. Individuen miteinander abwechseln, und zwar so, daß ein größerer zeitlicher Abstand zwischen Befruchtung und Reduktion liegt.

Heterophyllíe (griech. héteros = verschieden; phýllon = Blatt), Audruck für die Erscheinung, daß eine Pflanze verschieden geformte Blätter an verschiedenen Sproßteilen aufweist, häufigstes Vorkommen als Dimorphismus, z. B. bei Thúja (nadel- und schuppenförmige Blätter) und Ranúnculus aquátilis, dessen im Wasser befindliche, fein zerschlitzte Blätter ganz anders gestaltet sind als die flächigen Schwimmblätter.

Heteroplasie, jede Massenzunahme eines Organs, das durch abnorme Zellteilungen Gewebe bildet, deren Bau nicht dem normalen gleicht (also »andere Gestalt« hat).

Heteroploidíe, jede Abweichung von der normalen Chromosomenzahl.

Heterorhizíe (griech. rhíza = Wurzel), Verschiedenwurzeligkeit bei ein und derselben Pflanze.

Heterósis, Leistungssteigerung in der F_1-Generation als Folge der Kreuzungen von Arten (Linien), die ein Inzuchtminimum erreicht haben (große Bedeutung in der Maiszüchtung sowie für Gemüse- und Zierpflanzenzüchtung).

heterosomál (griech. sóma = Körper; also »unterschiedlich gebaut«), Veränderung der Chromosomenstruktur durch Segmentaustausch zwischen nichthomologen Chromosomen.

Heterospermíe (griech. spérma = Same), Ausbildung verschiedenartiger Samen bei ein und derselben Art.

Heterospóren (griech. spoŕos = Keim), in ihrer Größe ungleichartige und geschlechtlich differenzierte Sporen.

Heterosporíe (griech. héteros = ein anderer, verschieden; spóros = Keim), Ausstattung mit geschlechtlich differenzierten, in der Größe unterschiedlichen Sporen. Die größeren weibl. heißen Gyno-, Mega- oder Makrosporen (griech. mégas, makrós = groß; gyné = Weib), die kleineren männl. Mikro- oder Androsporen (griech. mikrós = klein; anér, Genit. andrós = Mann) – Vorkommmen u. a. bei manchen Farnpflanzen.

heterostomär sind Organe, die an verschiedenen Stellen voneinander abweichend gestaltete Spaltöffnungen besitzen.

Heterostylíe (lat. stylus = Griffel), das Vorkommen von zwei oder drei auf verschiedenen Individuen derselben Art verteilten Blütentypen, die sich durch verschiedene Länge bzw. Ansatzhöhe der Griffel unterscheiden (z. B. Buchweizen).

Heterotaxíe (griech. táxis = Stellung, Anordnung), Bildung von Organen an Stellen, wo sie sonst nicht auftreten.

heterotetraploíd, ein tetraploides Individuum mit einem oder mehreren zusätzlichen Chromosomen.

heterothállisch, haplodiözisch; getrenntgeschlechtlich in der Haplogeneration.

heterotróph (griech. héteros = verschieden; tréphein = ernähren), Ernährungsweise von Organismen, die zu ihrer Ernährung außer anorganischen auch organische Stoffe benötigen. Diese verarbeiten sie zu arteigenen Körperstoffen; vgl. autotroph.

Heterotrophíe, 1. Ernährung durch andere Stoffe; 2. unterschiedliches Wachstum der verschiedenen Seiten eines Organes. Produktion von Zellen normaler Art, jedoch am falschen Ort.

heterozygót (griech. héteros = verschieden; zygón = Joch), Bezeichnung für Nachkommenschaft mit ungleichartigen Anlagen für die Merkmale, also mischerbig. Ggs.: → homozygot.

heterozýklisch, Bezeichnung für Blüten mit verschiedenzähligen Blattkreisen.

Heterozýsten (griech. héteros = verschieden; kýstis = Beutel, Blase), »Grenzzellen«; bei den Cyanobakterien dickwandige, farblose, inhaltsarme Zellen, die zwischen normale Zellen in die Fäden eingeschaltet sind. Sie scheinen oft Zentren besonders hoher stoffwechselphysiologischer Ativitiät zu sein. Häufig sterben sie frühzeitig ab, wodurch der Zellverband an diesen Stellen in Teilstücke zerfällt.

Heu, durch natürliches Trocknen oder natürliches Vortrocknen und weitere Kalt- oder Warmlufttrocknung aus Grünfutterpflanzen gewonnenes Konservat.

Héuchera, f., Gatt. der Saxifragáceae (nach J. H. von Heucher, 1677–1747, Leibarzt Augusts II. von Sachsen) – Purpurglöckchen.

heurístisch (griech. heurískein = finden, erfinden, entdecken, erkennen), zum Gewinnen neuer Erkenntnisse dienlich.

Hevéa, f., Gatt. der Euphorbiáceae (brasilian. Vernakularname) – Kautschukbaum.

hex-, hexa- (griech. hex = sechs), sechs-.

Hexadésmia, f., Gatt. der Orchidáceae (griech. hex = sechs; desmós = Band; wegen der sechs Pollinien: »Sechsbänderorchidee«).

Héxa-Mittel (griech, hex = sechs), Pflanzenschutzmittel, dessen wirksamer Bestandteil die Formel $C_6H_6Cl_6$ hat. Siehe auch vergleichsweise DDT und Hormon-Mittel.

hexacánthus, sechsstachelig.

hexárch (griech. hex = sechs) sind Wurzeln mit je sechs Gefäß- und Siebteilen.

Hexenbesen, durch Schlauch- oder Rostpilze hervorgerufene abnorme Astwucherungen an Bäumen; nestartig dichte Zweigbüsche mit zahlreichen kurzen Trieben, die auf lokaler, sehr reicher Knospenanhäufung beruhen.

Hexenringe, das Myzel der im Boden wachsenden Basidiomycetes wächst von der Spore aus zentrifugal und stirbt nach innen zu ab. Es entsteht daher eine von Jahr zu Jahr größer werdende kreisförmige Zone, innerhalb der sich auch die Fruchtkörper befinden.

Hexísia, f., Gatt. der Orchidáceae (griech. hex = sechs; isos = gleich; namentl. Bezug auf die gleiche Gestalt der Sepalen und Petalen).

Hexósen (griech. hex = sechs), häufigste Kohlenhydrate, benannt nach ihren sechs (oder ein Mehrfaches von sechs) Sauerstoffatomen, neben denen sie meist auch sechs (oder ein Mehrfaches von sechs) Kohlenstoffatome besitzen, wie z. B. Traubenzucker $C_6H_{12}O_6$, weitere Zuckerarten.

híans (lat. hiáre = klaffen), klaffend.

Híatus, Lücke.

Hibernákeln (Turiónen) (lat. hibernáculum = Winterquartier), Überwinterungsknospen zahlreicher Wasserpflanzen. Sie werden im Herbst gebildet, überwintern auf dem Boden der Gewässer und kommen erst im Frühjahr an die Wasseroberfläche, wo sie sich zu neuen Pflanzen entwickeln.

hibernális, den Winter überdauernd.

hibérnicus, aus Irland (Hibérnia), irisch (z.B. die häufig angepflanzte, säulenförmig wachsende Form des Gemeinen Wacholders – Juníperus commúnis f. hibernica).

Hibíscus, m., Gatt. der Malváceae (röm. Pflanzenname) – Eibisch.

hiemális, winterlich.

Hierácium, n., Gatt. der Asteráceae (griech. híerax = Habicht) – Habichtskraut.

Hieróchloë, f., Gatt. der Poáceae (griech. hierós = heilig; chlóe = Gras) – Mariengras.

Hilarappéndix, am Hilum der Basidiosporen lokalisiertes Anhängsel (»Apiculus«).

Hill-Reaktion, Teil der Photosynthesereaktionen; Bezeichnung für die Photolyse des Wassers, d. h., Chloroplasten und deren Fragmente können nach Belichtung Sauerstoff aus Wasser entwickeln, wenn Wasserstoffakzeptoren vorhanden sind.

hilocárpus, nabelfrüchtig.

Hílum (Nabel), die Stelle, an der die Samenanlage dem Samenstiel (Funiculus) oder der Plazenta ansitzt.

Himantoglóssum, n., Gatt. der Orchidáceae (griech. hímas, himántos = Riemen; glóssa = Zunge) – Riemenzunge.

hipp-, hippo- (griech. híppos = Roß, Pferd), roß-, pferde-.

Hippeástrum, n., Gatt. der Amaryllidáceae (griech hippeus = Ritter; lat. ástrum = Stern) – Ritterstern.

hippocástanum, Roßkastanie (griech. híppos = Roß, Pferd; kastánon = Kastanie); z. B. Áesculus hippocástanum.

Hippocratéa, f., Gatt. der Hippocrateáceae (nach Hippokrates benannt) – Waldmandelbaum.

Hippocrépis, f., Gatt. der Fabáceae (griech. híppos = Pferd; krépis = Schuh, Hufeisen) – Hufeisenklee.

Hippómane, f., Gatt. der Euphorbiáceae (griech. hippos = Pferd; griech. manía = Raserei; namentl. Bezug auf die sehr giftigen Früchte, den Hautentzündungen verursachenden Saft), Steinfrüchte (gelb bis rot, kugelig, kleinen »Äpfeln« ähnlich). Spec. H. mancínella – Mansanilla- oder Manschinellenbaum (Westindien, trop. Amerika).

hippomárathrum, Pferdefenchel (z. B. Séseli hippomárathrum – Pferdesessel).

Hippóphaë, f., Gatt. der Elaeagnáceae (griech. híppos = Pferd; phéos = Distel) – Sanddorn.

Hippúris, f., Gatt. der Hippuridáceae (griech. híppos = Pferd; ous, oura = Schwanz) – Tannenwedel.

hircánicum, hyrcánicum, aus Hyrcanien, Alt-Persien, stammend.

hircínus, bockartig stinkend.

hirsútus, rauhhaarig.

hirtellus, struppig, kurzborstig.

hírtus, rauh, zottig.

hispánicus, -a, um, (lat), spanisch (z. B. Scorzonéra hispánica – Schwarzwurzel).

híspidus, steifhaarig.

Histidín, Aminosäure mit einem heterocyclischen Ringsystem, α-Amino-β-imidazolpropionsäure.

Histogéne (griech. histíon = Gewebe; gené = Bildung, Entstehung), Gesamtbezeichnung für die Bildungszentren des Urmeristems, die bestimmte Dauergewebepartien der verschiedenen Pflanzenorgane liefern.

histoíde Gallen, Gallen, die nur durch eigenartige Wucherungen aus Teilen von Stengeln, Blättern oder Wurzeln entstehen.

Histologíe (griech. histos = Gewebe; logós = Kunde, Lehre), die Lehre von den Geweben des Körpers.

historische Geobotanik, Wissenschaftszweig, welcher der erdgeschichtlichen Bedingtheit der heutigen Pflanzenwelt nachspürt und Aufschluß zu erhalten sucht über das Werden der festgestellten floristischen Erscheinungen; → Geobotanik.

Hochblätter, Blätter, die zwischen den Laubblättern und den Blütenblättern einer Pflanze stehen. Sie sind meist kleiner und einfacher gestaltet als die Laubblätter.

Hochmoore, Moore, die auf ständig durchfeuchtetem Boden in niederschlagsreichem, kühlem Klima durch Ansiedlung von Torfmoosen entstehen. Die Torfmoose wachsen an ihrer Spitze unbegrenzt in die Höhe und sterben an ihrer Basis ab. Die einzelnen Torfmoospolster schließen sich zu Decken zusammen, deren Oberfläche immer höher verlagert wird.

Hochstamm, Obstbaumform mit einer Stammhöhe bis zur Krone von 1,8 bis 2 m, die der natürlichen Entwicklung entspricht.

Hochstaudenflur, eine aus hohen Stauden, zumeist Doldengewächsen, Kletten und Disteln bestehende Pflanzengesellschaft.

Hochwald, aus Samen erwachsener Baumbestand.

Hochzuchten, durch scharfe Selektion, Kreuzung, Inzucht usw. bedeutend verbesserte, hochgezüchtete Rassen bzw. Sorten.

Höhenstufen, Vegetations- und Verbreitungsstufen, die durch charakteristische Verteilung der Vegetation auf bestimmten Höhenlagen zustande kommen. Man unterscheidet nivale, subnivale, alpine, subalpine, altomontane oder oreale, montane, kolline und planare Stufen.

höhere Pflanzen, die blüten- und samentragenden Pflanzen.

höhere Pilze (Eumycetes), ansehnliche Fruchtkörper erzeugende Schlauch- und Ständerpilze.

Hoftüpfel, verschieden geformte Aussparungen in den ± verholzten Wänden von Gefäßen, die sich von der Schließhaut in das Zellinnere hinein trichterförmig verengen und den Wasseraustausch zwischen den Zellen regulieren.

Hohenbérgia, f., Gatt. der Bromeliáceae (nach Hohenberg [Name] benannt). Spec. (z. B.): H. angústa.

Holárktis (hólos = ganz, vollständig; → arktisch), Florenreich der Erde, das die gesamten gemäßigten und kalten Gürtel der nördlichen Hemisphäre mit immergrünen Wäldern, sommergrünen Laubwäldern, Nadelwäldern, Steppen, Heiden und Tundren umfaßt.

Hólcus, m., Gatt. der Poáceae (röm. Pflanzenname) – Honiggras.

holo-, in Zusammensetzungen: ganz-.

Holobasídien (griech. hólos = ganz), ungeteilte → Basidien, wie sie z. B. auftreten bei Corticium (Rindenpilz) und bei Cantharellus (Pfifferling).

Holocön (griech. hólos = ganz; koinós = gemeinsam), Einheit von Lebensgemeinschaft und Lebensstätte.

Holofermént (griech. hólos = ganz; neulat. ferméntum = Gärung), Bezeichnung für das wirksame Ferment, das aus → Apoferment und → Coferment besteht.

Hologamíe (griech. hólos = ganz; gamein = heiraten, befruchten), Befruchtungsart bei denjenigen Einzellern, bei denen das ganze Individuum die Funktionen eines Gameten übernimmt und mit einem anderen Individuum verschmilzt.

Holomixís, holomiktischer See (holomictic lake), bei H. erfaßt die Zirkulation die gesamte Wassermasse eines Sees bis zum Grund. Tritt dies regelmäßig auf, ist der See holomiktisch. Ggs.: Meromixis.

Holoparasíten (griech. hólos = ganz; parásitos = Mitesser, Schmarotzer), Vollschmarotzer, Lebewesen mit völlig heterotrophem Stoffwechsel, die ihre Nährstoffe einem Wirtsorganismus entnehmen.

Holoschoenus, m., Gatt. der Cyperáceae (griech. hólos = ganz; schoinos = Binse) – Kugelsimse.

holoseríceus, dichtseidenhaarig.

Holósteum, n., Gatt. der Caryophylláceae (griech. holósteos = ganz knöchern) – Spurre.

holósteus (griech. hólos = ganz; ostéon = Knochen), knochenhart.

Holotypus (Holostandard), dasjenige Exemplar, das der Autor als Typus gekennzeichnet hat; → Typus.

Holozän, geolog. Epoche (früher: = Alluvium) der Periode Quartär; → Kaenozoikum.

Holz, die vom Kambium nach innen zu abgegebenen, sekundären Dauergewebe. Sie bestehen aus mechanischen und stoffleitenden Elementarorganen, die mehr oder weniger verholzt sind.

Holzfasern, langgestreckte Sklerenchymzellen im Holzteil.

Holzmarkstrahl, dem Holzkörper angehörender Teil des Markstrahles.

Holzparenchym, Bestandteil des Holzteils (Xylem). Es besteht aus gestreckten Zellen mit protoplasmatischem Inhalt und einfachen Tüpfeln.

Holzpflanzen, Gewächse, die in ihren ausdauernden, oberirdischen Achsenorganen relativ umfangreiche Holzgewebe erzeugen. Sie werden gegliedert in Bäume und Sträucher.

Holzprosenchým, Gesamtbezeichnung für die faserförmigen Elemente des Holzkörpers; → Prosenchym.

homal- homalo- (griech. homalós = eben, gleichmäßig), eben-, flach.

homoblástisch (griech. homós = gleich; blastós = gebildet), eine Entwicklung, bei der die Jugend- und die Folgeform nicht unterschieden sind oder unmerklich ineinander übergehen.

homoblastische Pseudobulben, Bezeichnung für eine Sproßknolle, die aus mehreren allseits beblätterten Internoiden zusammengesetzt ist; Blüten meist seitlich (z. B. Dendrobium).

hómoeo-, homo- (griech. homós und hómoios = gleich, ähnlich), gleich-

homöohýdrisch, gleichbleibend feucht, mit annähernd konstanter Dampfspannung. Bei homöohydrischen Pflanzen, zu denen die Samenpflanzen und viele Farne zählen, vermindert sich auch in sehr trockener Luft der Dampfdruck der Gewebeflüssigkeit nicht oder nur geringfügig; sie trocknen nicht aus.

homöomér, Bezeichnung für einen Thallus der Flechten, in dem Algen durch den ganzen Thallus verteilt und nicht auf eine bestimmte Schicht konzentriert sind.

Homösis, die Umbildung einzelner Fiedern der Farnpflanzen in ganze Wedel oder in weiterem Sinne die Neigung einfach gefiederter Wedel, doppelt oder dreifach gefiedert zu werden.

homogám (griech. homós = gleich; gamein = heiraten, befruchten), 1. sind Zwitterblüten, bei denen die männlichen und weiblichen Geschlechtsorgane gleichzeitig reifen; 2. sind die Köpfchen der Asteraceae mit völlig gleichgestalteten Einzelblüten.

homogén (griech. homós = gleich; -genes von gignomai = ich entstehe), gleichartig, aus gleichartigen Teilen bestehend.

Homogéneon (griech. → homogen), eine genetisch und morphologisch homogene, infertile Art.

homogéner Generationswechsel (nach Strasburger) → homologer Generationswechsel; Ggs. → heterogener Generationswechsel.

Homogenität, 1. auf eine Siedlung bezogene, durch Frequenzuntersuchungen aufgezeigte Verteilung der Arten; 2. auf eine Vegetationseinheit bezogene, z. B. durch Stetigkeitsuntersuchungen aufgezeigte Gleichmäßigkeit in der Präsenz der Arten.

Homógyne, f., Gatt. der Asteráceae (griech. homós = gleich; gyné = Weib) – Alpenlattich.

homoiochlamydéische Blüte, Blüte, deren Blütenhülle aus zwei gleichartigen Kreisen besteht; → Perigon.

Homoiogamíe (griech. homoios = gleichartig; gamein = heiraten), Verschmelzung zweier Kerne derselben Art.

homoiohýdre Pflanzen → homoiohydrisch.

homoiohýdrisch (griech. homoios = gleichartig; hydor = Wasser) werden Pflanzen bezeichnet, die durch die Stabilisierung ihres Wasserhaushalts in der Lage sind, auch bei höherem Sättigungsdefizit der Luft zu wachsen (eine wesentl. Anpassungseigenschaft an das Landleben der → Kormophyta; vergleichbar, allerdings bezogen auf den Wärmehaushalt, mit homoiotherm (bei den Aves und Mammalia).

homoiomérisch (griech. homoios = gleichartig; méros = Teil, Abschnitt, mit gleichförmigem Teil (Anteil) oder gleichartiger Verteilung versehen; ein Thallus der Flechten wird als homoiomerisch bezeichnet, wenn Algen und Pilze eine annähernd gleichmäßige (wenig geschichtete) Verteilung aufweisen; bei ungleichmäßiger (»geschichteter«) Verteilung wäre der Thallus als heteromerisch zu bezeichnen.

homoklíne Bestäubung (griech. klíno = neigen, sinken, beugen; klíne = Ruhebett, also auf das »gleiche Ruhebett« erfolgende Bestäubung), Bestäubung mit eigenem Pollen.

homolépis, gleichschuppig.

homológ (griech. homologéo = ich stimme überein; gleichaltrig in bezug auf die Herkunft), Bezeichnung für Organe, die sich auf die gleiche Grundform zurückführen lassen, die in gleicher Weise angelegt werden und in den Anfangsstadien ihrer Entwicklung übereinstimmen, unabhängig davon, welche Funktion sie haben. So sind z. B. die Kartoffelknollen und die Rhizome des Maiglöckchens, die Ranken des Weins und die Dornen der Schlehe den Sproßachsen homolog. Dagegen → analog.

homológe Chromosómen, zwei sich entsprechende, in Bau und Lage übereinstimmende → Chromosomen.

homológe Variatión, gleichförmige, meist mutative Abänderung bei Individuen verschiedener systematischer Einheiten.

homológer Generationswechsel (nach Bower), Generationswechsel, bei dem sich der Vorgang der Aufeinanderfolge verschieden sich fortpflanzender Generationen gleicher Chromosomenzahl innerhalb des Haplonten- oder Diplontenstadiums vollzieht, d. h., es gibt nur haploide, ungeschlechtliche und geschlechtliche Generationen oder nur diploide, ungeschlechtliche und geschlechtliche Generationen.

Homomeríe, gleichartige Wirkung polymerer Erbfaktoren; → Polydie.

homomórph (griech. homós = gleich, übereinstimmend; morphé = Gestalt), gleichgestaltet, von gleicher Gestalt, morphologisch gleich (übereinstimmend).

Homonýme (griech. homós = gleich; ónoma oder ónyma = Name), gleichgeschriebene Namen, die sich auf verschiedene Taxa beziehen. Nomenklatorisch müssen alle jüngeren H. verworfen werden. Nur durch Konservierung kann ein solches Homonym beibehalten werden.

homophág sind Rostpilze, die streng an eine Nährpflanze gebunden sind.

homophásisch (griech. homós = ebenderselbe, gleich, ähnlich; phásis = Erscheinung), Bezeichnung für Generationswechsel, in dessen Verlauf die zwischen zwei Befruchtungen existierenden Lebewesen ausschließlich einer Phase angehören, d. h. entweder Haplonten oder Diplonten sind.

Homoplasíe (griech. plásis = Gestaltung, Gebilde, das Gebildete; also »das Gleichgestaltete, Gleichgebildete«), Übereinstimmung von morphologisch ungleichwertigen Organen, die auf gleichartiger Anpassung an ähnliche Lebensbedingungen beruht.

Homorhizíe (griech. homós = gleich; rhíza = Wurzel), im engeren Sinne (= primäre H.): die nur bei den Farnpflanzen auftretende Erscheinung, daß an dem Keimling überhaupt keine Hauptwurzel gebildet wird, sondern schon die ersten Wurzeln seitlich am Sproß angelegt werden. Im weiteren Sinne (sekundäre H.) die sroßbürtige Bewurzelung vieler Blütenpflanzen, bei denen die Keimwurzel (Hauptwurzel) frühzeitig abstirbt, so daß an der ausgewachsenen Pflanze nur seitlich aus der Sproßachse entspringende Wurzeln vorhanden sind, z. B. bei den Gräsern (Poaceae). Ggs. → Allorhizie.

homosomál, chromosomale Strukturveränderung, die innerhalb des Chromosoms erfolgt.

Homosporíe (griech. homós = gleich; spóros = Keim), Ausstattung mit äußerlich gleichgestalteten, jedoch geschlechtlich differenzierten Sporen. Die Homosporie kommt z. B. bei diözischen Farnpflanzen vor. Gegenbegriff → Heterosporie.

homoxyl (griech. xýlon = Holz), Sekundärholz (s. d.) einiger ursprünglicher Angiospermae ohne Tracheen, nur aus Tracheiden mit Hoftüpfeln; fossil seit dem oberen Jura.

homozygót (griech. homólogos = gleichartig; zygón = Joch), rein- oder gleicherbig; also Lebewesen mit zwei gleichartigen Anlagen für die Merkmale. Gegenbegriff → heterozygot.

Honckénya, f., Gatt. der Caryophylláceae (nach dem deutsch. Amtmann und Botan. G. A. Honckeny, 1724–1805) – Salzmiere.

hondoénsis, von Hondo (japan. Insel) stammend.

Honigpolster, am Grund des Fruchtknotens befindliches, honigabsonderndes wulstiges Gewebe.

Honigtau, 1. durch Blattläuse hervorgerufene klebrige, süße Substanz auf der Oberfläche der Blätter; 2. süße Ausscheidung des Mutterkornpilzes auf den von ihm befallenen Grasährchen.

Hookéria, f., Gatt. der Hookeriáceae (benannt nach dem engl. Botaniker W. J. Hooker, 1785–1865) – (Hookeriales) Laubmoose.

hoplo- (griech. hóplon = Gerät, Waffe), waffen-.

Hórdeín (lat. hórdeum = Gerste), Protamin in der Gerste.

hordeístichus, gerstenzeilig.

Hórdeum, n., Gatt. der Poáceae (lat. Pflanzenname) – Gerste.

horizontális (griech. hórizon, horizóntis = Gesichtskreis von horízon = begrenzen), waagerecht.

hormínum (griech. hormáo = reizen, antreiben – aphrodisiakisch), reizend.

Hormínum, n., Gatt. der Lamiáceae (griech. Pflanzenname) – Drachenmaul.

Hormogónien (griech. hormé = Anstoß; goné = Same, Fortpflanzung), durch Zerfall der Fäden entstehende, wenigzellige Stücke der blaugrünen Algen, die der Vermehrung dienen.

Hormone (griech. hormé = Anstoß, Antrieb), spezifische Wirkstoffe bzw. im eigenen Stoffwechsel gebildete, in geringen Konzentrationen (oligodynamisch) wirkende Wuchsstoffe, die Wachstum, Differnzierung und Entwicklung auslösen bzw. steuern. Sie können entweder schon am Ort ihrer Entstehung oder aber nach ihrem Transport in anderen Zellen – als »chemische Sendboten« dank ← (polarer) Wanderung – bestimmte Prozesse im Protoplasma auslösen. → Phytohormone.

Hormon-Mittel, Pflanzenschutzmittel, um die Unkräuter zu übersteigertem unnatürlichem Wachstum und dann zum Absterben zu bringen.

Hornmoos, → Anthóceros.

Hornúngia, f., Gatt, der Brassicáceae (nach dem deutsch. Apotheker E. G. Hornung, 1795–1862) – Felskresse.

hórridus, schrecklich, starrend.

Horste, durch Auswachsen der untersten Achselknospen entstandene Büschel mit gleich starken, unverzweigten Achsen.

Horstgräser, Gräser (Poáceae), deren Seitentriebe dicht beieinanderliegen, so daß deutlich abgegrenzte, geschlossene »Horste« entstehen. Horstbildende Gräser sind weniger gut zur Rasenbildung geeignet als ausläufertreibende Gräser.

Horstsaat (Syn. Nestsaat), ein Aussaatverfahren, bei dem das Saatgut in den Reihen nicht fortlaufend, sondern in bestimmten Abständen zu mehreren Körnern abgelegt wird.

horténis, -is, -e (lat. hórtus = Garten) – Garten- (z. B. Majorána horténsis – Majoran).

Horticultúra (lat. hortus = Garten; cultura = Anbau), Gartenbau.

hortulánus, zum Garten gehörig, Garten-,

Hórtus botánicus, botanischer Garten. Anlage, in der einheimische und ausländische Gewächse zu Lehr- und Forschungszwekken gezogen werden.

Hórtus Bergiánus, Botan. Garten in Stockholm, zu Ehren von bzw. nach P. J. Bergius (1730–1790) benannt. Einer seiner Direktoren war C. R. Florin (1894–1965), bekannter Botan. und Paläontologe (→ Lebachia).

Hósta, f., Gatt. der Liliáceae (benannt nach dem österr. Arzt und Botan. N. Th. Host, 1761–1834, Wien) – Funkie.

hostílis, -is, -e, feindlich, fremd.

Hottónia, f., Gatt. der Primuláceae (nach dem Leidener Botan. P. Hotton, 1648 bis 1709) – Wasserfeder.

Houllétia, f., Gatt, der Orchidáceae (nach M. Houllet/19. Jh., Sammler der Typusart in Brasilien, Gartendirektor in Paris; »Houllet-Orchidee«).

Houstónia, f., Gatt. der Rubiáceae (nach W. Houston, schott. Botan., 1695–1733) – Engelsauge.

Hoýa, f., Gatt. der Asclepiadáceae (nach dem engl. Gärtner Th. Hoy) – Wachsblume.

Hülle (Involucrum), 1. Gesamtheit der Deckblätter der Blütenstiele einer Dolde. Hüllchen heißen die Hüllen der Einzeldöldchen bei einer zusammengesetzten Dolde; 2. Gesamtheit der Hochblätter, die Blütenkörbchen oder Köpfchenblütenstand z. B. bei Asteráceae umgeben.

Hüllspelze = Gluma (lat.) → Spelze.

Hülse (Legumen), eine aus nur einem oberständigen Fruchtblatt bestehende Frucht, die sich mit zwei Längsspalten an der Bauch- und Rückennaht zweiklappig öffnet. Typische Frucht der Schmetterlingsblütengewächse (Fabáceae).

Hülsen, durch ventri- und dorsizide Öffnung gekennzeichnete → Einblattfrüchte, z. B. zu mehreren je Blüte bei Magnolia, einzeln bei den Fabaceae. Eine Weiterentwicklung zur Bruchfrucht stellen die Gliederhülsen dar (z. B. bei Orníthopus satívus).

humíd (lat. humidus), feucht, naß. Klimabezeichnung für Gebiete, in denen die Niederschlagsmenge die Verdunstungsmenge wesentlich übertrifft.

humifúsus (lat. húmus = Boden, fúndere = hinstrecken), niedergestreckt.

húmilis, -is, -e (lat. húmus = Boden), niedrig, am Boden wachsend (z. B. Bétula húmilis – Niedrige Birke).

Hummelblumen, Blumen, die an den Besuch von Hummeln angepaßt sind. In ihnen ist der Honig tiefer geborgen als in den Bienenblumen.

Húmulus, m., Gatt. der Cannabáceae (lat. Pflanzenname, der offenbar aus dem im frühmittelalterlichen Lat. gebräuchlichen Worten humlo hervorging, das zweifellos von dem slaw. chmel herstammt) – Hopfen.

Humus (lat. Boden), Gesamtheit der dem mineralischen Boden beigemischten oder aufgelagerten toten, dunkelgefärbten, organischen Substanzen, sowohl pflanzlicher als auch tierischer Herkunft, die einem stetigen Abbau-, Umbau- und Aufbauprozeß unterworfen sind.

Humusanzeiger, Pflanzen, die für ihr Gedeihen humusreiche Böden verlangen.

Huntlḗya, f., Gatt. der Orchidáceae (nach dem engl. Orchideenzüchter J. T. Huntley, 1. Hälfte 19. Jh.; die Art der Huntlḗya meleágris hat perlhuhnartige Fleckung, daher Perlhuhnorchidee).

hupehénsis, aus der Provinz Hupe (China) stammend (z. B. Cotoneáster hupehénsis).

Húra, f., Gatt. der Euphorbiáceae (Vernakularname; im trop. Amerika). Spec.: H. crépitans – »Assacu.«

Hutchínsia, f., Gatt. der Brassicáceae (nach der irischen Botanikerin Hutchins) – Gemskresse.

Hutpilze, morphologische Gruppe der Pilze mit hutförmigem Fruchtkörper, bei der die Sporen meist an der Hutunterseite des Fruchtkörpers gebildet werden. Die Hutunterseite kann erkennen lassen: 1. feine Röhren, deren Mündungen Poren heißen, deswegen »Röhrlinge«, z. B. Steinpilze oder »Porlinge«, z. B. Semmel-Porling; 2. stachelartige, stoppelige Auswüchse, daher; »Stachelpilze«, z. B. Habichtspilz; 3. radial gestellte, dünne Blätter (Lamellen) oder dickliche, rippenförmige Leisten, daher: »Blätterpilze«, z. B. Fliegenpilz, oder »Leistenpilze«, z. B. Pfifferling.

hyacínthinus, (nach Hyakinthos aus Sparta, Freund Apollons), hyazinthenartig.

Hyacínthus, m., Gatt. der Liliáceae (nach Hyakinthos, griech. mythol. Gestalt) – Hyazinthe.

hyalín (griech. hýalos = Glas), glasig.

hýalinus (griech. hyalinos), gläsern, durchsichtig.

Hyaloplásma (griech. hýalos = Glas; plásma = das Gebildete), 1. klares körnchenarmes Plasma, 2. die äußere, völlig körnchenfreie Schicht des → Zytoplasmas.

Hyalozýten, große, dünnwandige, bald den lebenden Inhalt verlierende Zellen.

hybogónus, -a, -um, hockerrippig, buckelkantig.

hybos (griech.), Höcker, Buckel.

Hybride (griech. hýbris = unehelich, zügellos, von zweierlei Geschlecht), Mischlingspflanze, Blendling, Bastard, Kreuzungsprodukt. Durch Kreuzung verschiedenartiger Eltern entstandener Bastard. Die Bezeichnung »Hybride« wird überwiegend bei Pflanzen angewandt. Der Anbau von Hybriden ist besonders bei Mais von Bedeutung. Man unterscheidet Linien-, Sorten- und Sortenlinienhybriden.

hybridogén, aus einer Kreuzung hervorgegangen.

Hybrídschwarm, eine heterogene Typenmischung aus der Kreuzung zweier isolierter Arten. Filialtypen können Selbst- oder Fremdbestäuber sein. Rückkreuzung mit Eltern möglich.

Hýbrídsorte, Bezeichnung für eine Sorte, die durch Kreuzung genetisch verschiedener Elternformen ständig neu hervozubringen (zu züchten) ist und als F_1- (oder F_2-) Generation zum Anbau gelangt.

hýbridus, -a, -um (griech. hýbris = unehelich, zügellos), aus einer Kreuzung hervorgegangen, unecht (z. B. Potentilla hýbrida Wallr. = P. álba × stérilis).

Hydathóden (griech. hýdor = Wasser ; hodós = Weg, Straße, Zugang), Wasserspalten, die z. B. bei der Guttation zur tropfenförmigen Wasserausscheidung dienen.

Hydatoaerophýta (griech. hýdor = Wasser; áer, Genit aerós = Luft; phytón = Pflanze), Arten, die an ein Leben im Wasser gebunden sind, aber gleichzeitig mit der Luft in Kontakt stehen.

Hydatochoríe, Verbreitung der Früchte und Samen durch das Wasser.

Hydnóphytum, n., Gatt. der Rubiáceae (griech. hýdnon = Trüffel, Knolle; phytón = Pflanze = »Knollenpflanze«), bildet faust- bis kindskopfgroße, saftige Knollen, deren Gänge (im Inneren) Ameisen bewohnen. Spec.: H. formicárum – Ameisenpflanze.

Hýdnum,, n., Gatt. der Hydnáceae = Stachelpilze (griech. hýdnon = ein eßbarer Pilz; Hýdnum repándum ist eßbar), Stoppelpilz (mit gelblichen oder weißlichen Stacheln oder Stoppeln).

hydr-, hydro- (griech. hýdor = Wasser), wasser-.

Hydrangéa, f., Gatt. der Saxifragáceae (griech. hýdor = Wasser; aggeion = Gefäß) – Hortensie; fossil seit dem Alttertiär.

Hydratatión (griech. hýdor = Wasser), Wasserein- oder -anlagerung. Man unterscheidet im koloidchemischen Sinne: hydrophile (wasserliebende) Kolloide, die große Mengen Wasser aufnehmen, und hydrophobe (wasserfeindliche) Kolloide. Letztere lassen sich das Hydrationswasser leicht wieder entreißen.

Hydratúr (griech.), der »Wasserzustand« des Substrates, z. B. des Bodens oder des Nährbodens; wird gemessen als relative Dampfspannung oder relative Feuchtigkeit. Es tritt z. B. auf organischen Substanzen keine Schimmelbildung bei einer Hydratur unter 75 v. H. auf (d. h. einer Dampfspannung unter 75 v. H. der vollen Dampfsättigung des Raumes). Durch Trocknen von Obst, Gemüse, Heilkräutern usw. sowie durch Salz- und Zuckerzusatz zu Konserven wird eine Herabsetzung der Hydratur erreicht.

Hydrílla, f., Gatt. der Hydrocharitáceae (griech. hýdor = Wasser; illein = sich drehen) – Grundnessel.

Hydroästhesie, Empfindlichkeit gegen Feuchtigkeit.

Hydrobiologie (griech. hydór = Wasser; bios = Leben; logos = Lehre), Lehre von den in Gewässern lebenden Organismen. H. ist ein Spezialgebiet der Limnologie (Organismen in Süßwasser) und der Ozeanologie (Organismen im Meer), aber nicht identisch mit Limnologie oder Ozeanologie.

Hýdro-Chamaephýta adnáta (lat. adnáre = heranschwimmen; adnátus = herangeschwommen), am Substrat im Wasser haftende Algen, Pilze oder Moose. → Chamaephyten.

Hydrócharis, f., Gatt. der Hydrocharitáceae (griech. hýdor = Wasser; cháris = Freude, Dank, Zierde; also Wasserzierde) – Froschbiß; fossil seit dem Oligozän.

hydrochór sind solche Verbreitungseinheiten, deren Transport durch die Strömung des Wassers erfolgt.

Hydrochoríe (griech. hýdor = Wasser; chorízein = absondern), Verbreitung der Früchte und Samen durch das Wasser.

Hydrócleys, f., Gatt. der Butomáceae (griech. hýdor = Wasser; klis, Genit. kleidós = Schlüssel) – Wasserschlüssel.

Hydrocótyle, f., Gatt. der Apiáceae (griech. hýdor = Wasser; kotýle = Nabel) – Wassernabel.

Hydrogamíe (griech. hýdor = Wasser; gamein = heiraten), Vermittlung der Bestäubung mit Hilfe des Wassers, z. B. beim Seegras, bei der Wasserpest.

Hýdro-Geophýta (griech.), → Geophyten, deren Rhizome im Boden von Gewässern leben.

Hýdro-Hemikryptophýta (griech.), Wasser-Hemikryptophyten.

Hydrokultúr (griech. hýdor = Wasser; lat. cúltus = Anbau), Pflanzenbau mit Nährlösungen, die in festes Substrat gegeben werden (Kies, Bimsstein), → Hydroponik.

hydrolápathum (griech. hýdor = Wasser; lápothon = Ampfer), Wasserampfer.

Hydrolásen, Fermente, die eine Aufspaltung bzw. Synthese ihres Substrates unter Aufnahme bzw. Abgabe von Wasser bewirken.

Hydrolýse (griech. hýdor = Wasser; lýein = lösen, auflösen), Spaltung chemischer Verbindungen durch Wasserzutritt oder -aufnahme.

Hydróm (Hadrom), Bezeichnung für das typische Wasserleitungssystem.

Hydromorphíe, die besonderen Baueigentümlichkeiten der Stengel und Laubblätter der Wasser- und Sumpfpflanzen, die im Wasser leben und mit Stengel und Blättern unmittelbar Kohlendioxid, Sauerstoff und Nährsalze aus dem Wasser aufnehmen.

Hydromýstria, f., Gatt. der Hydrocharitáceae (griech. hýdor = Wasser; mýstrion = Löffelchen) – Wasserlöffel; fossil seit dem Miozän.

Hydroochthophýta (griech. óchthos, óchthe = Gestade, Uferrand, Rand; phytón = Pflanze), Arten, die in der Hydrophase leben und vor allem der litoralen Phase angepaßt sind.

Hydropháse (griech. hýdor = Wasser; phásis = Erscheinung), Milieu mit hohem Wasserstand.

hydrophíl (griech. hýdor = Wasser; phílos = liebend), Bezeichnung für ein Kolloid, das Wasser bindet.

hydrophób (griech. hýdor = Wasser; phóbos = Frucht, Scheu), Bezeichnung für ein Kolloid, das Wasser abstößt, also »wasserfeindlich« ist.

Hydrophýllum, n., Gatt. der Hydrophylláceae (griech. hýdor = Wasser; phýllon = Blatt) – »Wasserblatt«.

Hydrophýten (griech. hýdor = Wasser; phytón = Pflanze), Wasserpflanzen; alle nicht zum Plankton zählenden, ausdauernden Wasserpflanzen, deren Überdauerungsorgane in der ungünstigen Jahreszeit im Wasser untergetaucht sind.

hydrópiper, Wasserpfeffer.

Hýdro-Planktophýten (griech. hýdor = Wasser; planktón = das Umhergetriebene; phytón = Pflanze), im Wasser frei schwebende Pflanzen (→ Plankton).

Hydropónik (griech. hýdor = Wasser; lat. pónere = setzen, stellen), Wasserkultur in Nährlösungen ohne festes Substrat; Anbauverfahren für hochintensive gärtnerische Kulturen (→ Hydrokultur).

Hydropóten (griech. hýdor = Wasser; ho pótes = der Trinker), »Wasseraufnehmer«; drüsenartige Epidermisdifferenzierungen am Sproß (an Blättern) submerser Wasserpflanzen; Absorptionseinrichtungen, die als »Ionenfänger« Mineralnährstoffe aus dem Wasser aufnehmen.

Hydrosérie (lat. series = Reihe, Folge, Kette), sich im Wasser (oder vom Wasser her) entwickelnde Serie (s. d.) bzw. zum Wald führende Sukzession(en); vgl. Litho- und Xeroserie.

Hydrosphäre (griech. hýdor = Wasser; sphaira = Kugel, Kreis, Bereich), Lebensbereich der im oder am Wasser lebenden Organismen, Teil der → Biosphäre.

hydrostátischer Druck, Maß für den osmotischen Druck, angegeben in Pascal.

Hydrostereïden (griech. stereós = hart, fest), Elemente, die sowohl der Wasserleitung als auch der Festigung dienen.

Hýdro-Therophýta (griech.), im Wasser lebende einjährige Pflanzen; → Therophyta.

Hydrotropísmus, tropistische Krümmungsbewegung, die durch eine Feuchtigkeitsdifferenz hervorgerufen wird; → Tropismen.

Hyenia, f., (nach einer norwegischen Landschaft benannt); fossile Farngattung (polystel) des Unter- und Mitteldevons, die früher als primitiver Schachtelhalm (Equisetatae) eingestuft wurde.

hygro- (griech. hygrós = feucht, naß), feucht-.

Hygrochasíe (griech. hygrós = naß, feucht; chásis = Spalt, Öffnung), Bezeichnung für Öffnungunsbewegungen bei Früchten und Fruchtständen infolge von Durchfeuchtung, die das Ausstreuen der Samen erleichtern.

Hygrocýbe, Saftlinge, Pilzgattung der Fam. Hygrophoraceae, Kl. Ständerpilze (Basidiomycetes). Die Fruchtkörper sind mehr oder weniger glasig und besitzen eine meist sehr lebhafte gefärbte Huthaut.

hygromórph (griech. hygrós = naß, feucht; morphé = Gestalt) werden Pflanzen mit Baueigentümlichkeiten für eine hohe Transpiration bezeichnet. Hygromorphie liegt vor bei Pflanzen, die bei ständig reichlicher Wasserversorgung auf feuchtem Boden in feuchter Atmosophäre leben, z. B. viele feuchtigkeitsliebende (hygrophile) Schattenpflanzen, die Bewohner tropischer Regenwälder sowie die aus dem Wasser herausragenden Hydrophyten.

hygrophíl (griech. hygrós = naß; philos = Freund), feuchtigkeitsliebend.

Hygrophýten (griech. hygrós = naß, feucht; phytón = Pflanze), Pflanzen feuchter Standorte.

hygroskopisch, wasseranziehend.

hygroskópische Bewegungen, vom Leben unabhängige, rein mechanische Krümmungsbewegungen, die auf Quellung und Entquellung der toten Membranteile oder ganzer Zellen beruhen.

hygroskópische Salze, insbesondere auch den Wasserdampf der Luft anziehende, leicht feucht werdende und oft sekundär verhärtende Salze, z. B. Kochsalz, Chlor-Calcium, Ammoniumsulfat u. v. a.

Hyláea (griech. hyléis = holzreich, bewaldet), Regenwaldgebiet des äquatorialen Brasilien.

Hylocereae, f., Plur., (griech. hýla, hýlē = Wald, Holz, Gehölz), Tribus der → Cactoideae, Cactáceae; eine relativ klar umgrenzte Gruppe von Kakteen, deren zusammengefaßte Genera von den Cereae (2. Tribus der Unterfamilie) unterschieden werden. → Cactoideae.

Hylocéreus, m., Gatt. der Cactáceae (griech. hýle = Wald und Gattungsname Cereus).

Hylomécon, f., Gatt. der Papaveráceae (griech. hýle = Wald; mékon = Mohn) – Waldmohn.

hýmen-, hýmeno- (griech. hýmen = Häutchen), haut-.

Hymeniálalgen, kugelige bis stäbchenförmige Algen, die im Hymenium zwischen Asci und Paraphysen in großen Mengen vorkommen können. Sie weichen von den normalen Thallusalgen in der Form stark ab und werden mit den Sporen gemeinsam ausgestoßen.

Hymeniálgonidien, abweichend gestaltete, innerhalb der Perithecien vorhandene Algenzellen, die bei der Sporenentleerung mit ausgeworfen werden; → Gonidium.

Hyménium, n., (griech. hýmen = Häutchen u. ä.), bei vielen Pilzen stehen die sporenbildenden Zellen (Meiosporocysten) in besonderen Lagerschichten, die als Hymenium (= Fruchtschicht) bezeichnet werden.

Hymenocállis, f., Gatt. der Amaryllidáceae (griech. hýmen = Häutchen; kallos, kállis = schön) – Schönhäutchen.

Hymenoderm (griech. hýmen = Häutchen; dérma = Haut), Oberflächenstruktur eines Pilzfruchtkörpers, wobei die Zellen palisadenartig (wie im Hymenium) angeordnet sind.

Hymenophór, n., griech., »Träger des Hymeniums«, der hymeniumtragende Teil des Fruchtkörpers, der eine taxaspezifische Anordnung und Morphologie aufweist; bildet z. B. bei Hydnum (Stachelpilz) Warzen und Stacheln, bei den meisten Poriales dichtstehende Röhren, bei Daedala quercina (Eichenwirrschwamm) weite, labyrinthartige Gänge; bei den Agaricales hat das Hymenophor meist die Gestalt blattartiger, radialer, senkrechter Lamellen (seltener Röhren), die im reifen Zustand die Unterseite des gestielten Hutes bekleiden, während bei den Gasteromycetales (Bauchpilzen) das Hymenophor im geschlossenen Fruchtkörper sich befindet und oft in verschiedener Weise gekammert oder zerklüftet ist (vgl. angiokarp, gymnokarp, hemiangiokarp).

Hymenophýllum, n., Gatt. der Hymenophylláceae (griech. hýmen = Häutchen; phýllon = Blatt) – Hautfarn; fossil seit dem Oberkarbon.

Hyoscyamín, Alkaloid im Bilsenkraut (Hyoscýamus níger) und im Stechapfel (Datúra stramónium).

Hyoscýamus, m., Gatt. der Solanáceae (griech. hys, Genit. hyós = Schwein; kýamos = Bohne; also eigentlich Schweinsbohne) – Bilsenkraut; ist giftig.

Hypánthium (griech. hypó = unter; ánthos = Blüte), Blütenbecher; ein ± langes röhrenförmiges Achsenstück zwischen dem Fruchtknoten und den übrigen Blütenorganen.

Hyparrhénia, f., Gatt. der Poáceae (griech. hýpar = wirkliche Erscheinung; wahrscheinlich rhéos = Fluß, Gewässer bzw. rhein = fließen). Spec.: H. fóliosa Anderss.

Hypécoum, n., Gatt. der Papaveráceae (griech. Pflanzenname, hypéchein = rasseln, klingen) – Lappenblume.

hyper-, in Zusammensetzungen: über, zwischen, übermäßig.

Hyperacidität (griech. hypér = über-; lat. ácidus = sauer), Bezeichnung für hohen Säuregrad; zur Vermeidung des Bastardwortes eigentlich besser: Superacidität.

hyperbóreus, nördlich.

hypericifólius (griech. hýper = über; ereike = Heide – Standort!), hyperícumblättrig.

Hypéricum, n., Gatt. der Hypericáeae (etymolog.: aus griech. hypér und ereikein [als Med.] = lat. perforatum esse = [auch] durchbohrt sein, »perforiert« sein; hýper = griech. Verstärkungssuffix; ist wahrscheinlich als Aktiv[form]: griech. hypercíkein = stark zerbrechen [= lat.: frángere]; die Angabe hypereikon = [bereits] griech. Pflanzenname hat geringe Aussagekraft, weil unklar, welche Pflanze gemeint war). In der Gatt. H. mit etwa 350 Arten gibt es neben niedrigen Sträuchern auch »Kräuter«, z. B.: H. perforátum = Tüpfel-, Hartheu-, Johanniskraut; fossil seit dem Pliozän.

Hyperplasíe (griech. hypér = auf, über; plásis = das Gebildete, also »Überbildung«), abnorme Massenzunahme der Gewebe und Organe, durch Zellteilung zustande kommend.

hypertónisch (griech. hypér = über, hinaus; tónos = Spannung, Druck), Bezeichnung für eine Lösung, die einen höheren Lösungsdruck als eine bestimmte Vergleichslösung hat. Lösungen, die im Vergleich zur Pflanzenzelle hyptertonisch sind, entziehen der Zelle Wasser und führen zur Plasmolyse. Gegenbegriff → hypotonisch.

Hypertrophíe (griech. tréphein = ernähren, trophé = Ernährung, also »Überernährung«), abnormer Wachstumsvorgang, der ohne Zellteilungen zur Bildung abnorm großer Zellen führt.

hyph-, hypho- (griech. hyphé = Gewebe), gewebe-.

Hyphaéne, f., Gatt. der Arecáceae (griech. hyphainein = weben, spinnen) – Astpalme.

Hýphe, Einzelzellfaden als Grundelement der Pilze, aus dem sämtliche Hyphengeflechte (Mycelium) aufgebaut sind.

Hýphen (griech. hyphé = Gewebe), Pilzfäden; Zellketten oder coenocytische Schlauchsysteme, die das → Myzel und die plectenchymatischen (→ Plectenchym) Fruchtkörper aufbauen.

Hypholónia, Schwefelköpfe, Pilzgatt., Fam. Strophariaceae. Der dt. Name der Pilze wurde hergeleitet von der schwefelgelben

Farbe der Huthaut. Die Gatt. H. gehört zur Kl. der Ständerpilze (Basidiomycetes).

Hyphomycétes, Bezeichnung für sterile Pilzmycelien bzw. Pilze, von denen keine Sporenbildung bekannt ist.

hypnoídes (griech. hýpnos = Schlaf – Wirkung des Mooses), hypnumähnlich.

Hypnospóren (griech. hýpnos = Schlaf, Ruhe, Schlummer; spóros = Keim), mit Reservestoffen gefüllte Dauerzellen oder Akineten der Grünalgen, die vor dem Keimen eine Ruhezeit durchmachen.

Hypnozygóte (griech. hýpnos = Schlaf, Ruhezustand), große dickwandige Dauerspore; entsteht bei den Zygomycetes durch die Verschmelzung des mehrkernigen Inhaltes zweier benachbarter, zu Kopulationszellen (den Gametocysten homolog) umgebildeter Hyphenenden bzw. bei den Conjugatophyceae durch die Vereinigung von zwei gleichgestalteten, unbegeißelten Kopulationszellen (Gamocysten), die aus dem ganzen Plasmakörper vegetativer Zellen hervorgehen. Die (diploide) Hypnozygote keimt nach (meist) längerer Ruhezeit (hypno-!) meiotisch, so daß haploide Organismen entstehen. Syn.: → Zygospore.

Hýpnum, n., Gatt. der Hypnáceae (griech. hýpnos = Schlaf. Nach der angeblich einschläfernden Wirkung) – Hypnales – Laubmoose.

Hypochoéris, f., Gatt. der Asteráceae (griech. Pflanzenname; hypó = unter; choiros = Ferkel) – Ferkelkraut.

hypochondríacus (griech. hypó = unter; chóndros = Brustknorpel), düster.

Hypodérm (griech. hypó = unter; dérma = Haut), Unterhautgewebe; eine unter der Epidermis der Blätter mancher Pflanzen liegende Zellschicht, welche die Epidermis in ihrer Funktion unterstützt und aus dieser oder aus dem darunterliegenden Gewebe hervorgeht.

hypogäisch (griech. hypó = unter; ge = Erde), Keimungsart, bei der das Hypokotyl so kurz bleibt, daß der Same den Boden nicht verläßt und die Keimblätter in der Regel unter der Erde bleiben. Die Sproßspitze hingegen entwickelt sich frühzeitig und bildet eine Knospe mit sich rasch entwickelnden Primärblättern. Die Reservestoffe wurden schon während der Samenentwicklung in die Keimblätter übergeführt. Beispiel: Roßkastanie, Eiche, Erbse, Ackerbohne.

hypogáeus, -a, -um (griech. hypó = unter; ge = Erde), unterirdisch wachsend (z. B. Arachis hypogáea – Erdnuß).

hypogýne Blüte (griech. hypó = unter; gyné = Frau), Blüte mit oberständigem Fruchtknoten, bei der die Blütenhüll- und Staubblätter unter dem Fruchtknoten stehen.

Hypohydrogamícae (griech. hypó = unter; hýdor = Wasser; gamein = heiraten, befruchten, bestäuben), Wasserblütler, bei denen die Bestäubung im Wasser erfolgt.

Hypohydrogamíe (griech. hypó = unter; hýdor = Wasser; gamein = heiraten), Bestäuben unter dem Wasserspiegel.

Hypokotýl (griech. hypó = darunter, unten, unterhalb; kotýle = Höhlung, Gefäß; cotýledon = Saugorgan, Keimblatt), Keimachse, die durch das obere Ende der Keimwurzel (den Wurzelhals) und die Ansatzstelle der Keimblätter begrenzt wird.

hypomórphe Gene, durch Genmutation entstandene Allele, welche die gleiche Wirkungsrichtung haben wie das Standardallel, aber weniger ausgeprägte Wirksamkeit zeigen.

Hyponým (griech), Name für ein unbekanntes Objekt.

hypophégeus (griech. hypó = unter; phegós = lat. fágus = Buche), unter Buchen wachsend, buchenliebend.

Hypophýse (griech. hypó = unter, phýomai = ich wachse, phýsis = Wuchs), 1. die Endzelle des Embryoträgers; 2. eine ± starke Anschwellung am oberen Ende des Stieles einer Mooskapsel, die deutlich von der eigentlichen Kapsel abgesetzt ist.

hypópitys (griech.), unter Fichten wachsend, fichtenliebend.

Hypoplasíe, unvollkommene Ausbildung von Organen; → Hyperplasie.

Hypoploidíe, Fehlen einzelner Chromosomen in einem (diploiden) Individuum.

Hypopódium (griech. hypó = unter pous, podós = Fuß), das erste Stengelglied der Seitensprosse.

hypostomátisch (griech. hypó = unter, stóma = Öffnung, Spalt) sind Laubblätter, bei denen sich nur auf der Unterseite Spaltöffnungen befinden.

Hypothállus, schwammig, dunkles Hyphengeflecht auf der Unterseite einiger Flechtenthalli.

Hypothécium, ± deutlich von der Umgebung abgesetzes, auf dem Subhymenium ruhendes, dichthyphiges, häufig kegelförmig nach unten verlängertes Geflecht der Apobzw. Perithecien.

Hypothéka (griech. hypó = unter; théka = Schale), Unterseite oder »Schachtel« des Panzers von Kieselalgen.

Hypothése, unbewiesene wissenschaftliche Annahme.

Hypotonie, Förderung (besonders der Seitenzweige) der Unterseite plagiotroper Achsen, typisch für viele Laubbäume. Vgl. → Epitonie, Amphitonie.

hypotónisch (griech. hypó = unter; tónos = Spannung, Druck), Lösung mit geringerem Tonus (Druck) als eine Vergleichslösung, im Gegensatz zur → hyptertonischen Lösung. Die Boden- oder Nährlösung muß gegenüber dem Zellinneren der Pflanzen hypotonisch sein.

Hypothrophie (griech. trophé = Ernährung; hypó = unten, darunter, Unterernährung der Gewebe bzw. Organe.

Hypovitaminósen, geringgradige Formen von Mangelkrankheiten, → Avitaminosen.

Hypóxis, f., Gatt. der den Amaryllidáceae nahestehenden Fam. Hypoxidaceae; von Linné der Gatt. gegebener griech. Name (Präfix hypó- = unten, -[o]xis vielleicht von oxys = spitz, scharf) – Härtling.

hyptiacánthus (griech.), krallenstachelig.

Hyssópus, m., Gatt. der Lamiáceae (griech. Name unbekannter Bedeutung) – Ysop.

hysterogén (griech. hýsteron = hernach, später; genáein = entstehen, später oder nachträglich entstehend) werden Gerbstoffbehälter bezeichnet, die durch nachträgliche Teilung aus Parenchymzellen hervorgehen; im Ggs. zu den proterogenen Gerbstoffbehältern, die bereits im Urmeristem als solche angelegt wurden.

Hystrichosphaeridáles = Hystrichosphaerideen (griech. hýstrix = Igel, Stachelschwein; sphaira = Kugel), Hystrichosphären, »Stacheleier«; mikroskopisch kleine, rundliche, mit zahlreichen, sich verzweigenden dorn- oder flügelartigen Fortsätzen versehene Gebilde, deren chemisch sehr widerstandsfähige äußere Hülle aus kutinähnlichem Material besteht. Die systematische Zugehörigkeit der H. ist umstritten. Vorkommen: seit dem Präkambrium in marinen, feinkörnigen Sedimenten.

hystricínus, -a, -um, (latin.), einem Stachelschwein oder Igel (= hýstrix, -ichos) ähnlich, z. B. Opúntia hystricina (hat zahlreiche Areolendornen).

Hýstrix, f., Gatt. der Poáceae (griech. hýstrix = Igel) – Bürstengras.

I

IAN, Indol-3-acetonitril, das Wachstum von Pflanzen steuerndes Hormon (Auxin).

iánthinus (griech. iánthinos = veilchenblütig), violett, veilchenblau, vgl. io-.

Ibéris, f., Gatt. der Brassicáceae (wahrscheinlich abgeleitet von Ibéria = Spanien, Iberische Halbinsel) – Schleifenblume.

ibóta, nach dem japan. Namen für verschiedene Liguster, vielleicht nach der gleichnam. Stadt.

icáco, mittelamerik. Name der Chrysobalanus-Art (Icaco-Pflaume).

ICBN, Abk. für: Internationaler Code d. Botanischen Nomenklatur.

ichtyóstomus, -a, -um (griech./latin.), an ein Fischmaul erinnernd.

iconicus, -a, um, ebenbildlich.

Iconographie (lat. icónes = Abbildungen, leitet sich ab von griech. eikón, -ónos; gráphein = schreiben, beschreiben), Bilderwerke, Sammlung von Bildern oder Bildverzeichnis.

icosándrus, -a, -um, mit zwanzig Staubfäden.

icosigónus, mit zwanzig Rippen, zwanzigkantig.

-ícus, in Zusammensetzungen: -lich, -lisch, -ich, -ig.

Id (griech. ídion = erbliches Wesen; ídios = eigen), Erbanlage = Gen.

idaeus, vom Idagebirge (Kleinasien) stammend.

Idatión (griech. ídion = erbliches Wesen), Idiovariation = → Mutation.

idealistísche Morphologíe (griech. eidía = Gedanke), Wissenschaftsrichtung, die als Idee das Vermögen versteht, die dem äußeren Sinn zugänglichen Gestalten in einer allgemeinen Form, aber dennoch anschaulich zu vergegenwärtigen. Sie nimmt an, daß den systematischen Gruppen ein ganz bestimmter Bauplan zugrunde liegt, der als Begriff, Typus oder Urbild bezeichnet wird. Er beherrscht mit seinen in ihm verankerten Merkmalen die gesamte Organisation der einzelnen ihm zugeordneten Organismen. Die Mannigfaltigkeit der Einzelformen ist bedingt durch eine Fülle für den Bauplan unwesentlicher Merkmale. Im Pflanzenreich gibt es eine Vielzahl von Grundtypen, die in sich wieder typenhafte Einheiten niederen Ranges ausgliedern. Die typologische Struktur des Organismenreiches wird deshalb als ein Urphänomen, als eine der Urgegebenheiten organischer Entwicklung angesehen.

idéntisch (lat. idem = derselbe und idéntidem = ebenderselbe), gleich, gleichbedeutend.

idéntische Reduplikatión, Selbstverdopplung, Autoreduplikation, Vorgang der identischen Reproduktion biologischer Systeme, Organismen, Zellen und Zellsubstrukturen, wie Chromosomen, Plastiden und Viren. Grundstrukturen der i. R. sind die Nucleinsäuren als genetische Informationsträger.

-ides, -idius, in Zusammensetzungen: -ähnlich.

Idésia, f., Gatt. der Flacourtiáceae (nach dem holländ. Chinareisenden E. Ysbrant Ides) – Orangenkirsche.

Idiobiologíe (griech. ídios = eigen, einzeln; ídion = Lebewesen), Lehre von den Einzelorganismen.

Idiobiológische Geobotánik (griech.), Forschungszweig, der die einzelnen Pflanzensippen in ihrer Verteilung auf der Erde betrachtet.

Idioblásten (griech. blastós = Gebilde, Keim), Gesamtbezeichnung für die durch ihre Größe, Physiologie und Histologie von dem benachbarten Gewebe abweichenden Formbestandteile in den verschiedensten Geweben in Form von Einzelzellen oder Zellgruppen.

Idiobotánik, Lehre von den Einzelpflanzen.

Idiogamíe (griech. ídios = eigen; gamé = Heirat, Befruchtung), Selbstbestäubung, Bestäubung einer Blüte mit den Pollen derselben Pflanze.

Idiográmm (griech. grámma = Buchstabe, das Aufgezeichnete), graphische Darstellung des Chromosomensatzes einer Art zur Feststellung von Verwandtschaftsbeziehungen in oder zwischen den Arten. Meist verwendete Kennzeichen der mitotischen Chromosomen: a) Chromosomenzahl (x oder 2x), b) Chromosomenlänge in Meta- oder Anaphase, c) Lage der primären oder sekundären Einschnürungen, d) Vorkommen und Größe der Satelliten, e) Chromomerenmuster, Verteilung des Heterochromatins.

Idiokinése (griech. ídion = das erbliche Wesen; kinéo = ich bewege), Erbänderung, Verursachung von Mutationen.

idiokinétischer Faktor, Umwelteinfluß, der die Erbmasse ändert, also erbändernder Faktor. Der Vorgang der Erbänderung heißt → Idiokinese, das Ergebnis Mutation (= Idiovariation, Erbabweichung).

Idioplásma (griech. plásma = das Gebilde), Summe aller Zelleinheiten, die genetische Funktionen haben und die sich identisch reproduzieren können. Summe aus → Genom und → Plasmon.

Idiosóm (→ Id; griech. soma = Körper) = Chromosom; eigentlich wörtlich »Erbanlagenkörper«.

idiotróp (griech. ídios = eigen, selbst; trópos = Richtung auf-), vegetativ.

idiotýpisch (griech. týpos = Gepräge), durch die Erbmasse begründet, erblich im strengsten Sinne.

Idiotýpus (griech. ídios = eigen; týpos = Gepräge, Bild), Erbmasse, Erbgut oder die Gesamtheit der Erbanlagen.

Idiovariatión = Mutation; → idiokinetischer Faktor.

IES, Indol-3-essigsäure, häufigstes, das Wachstum der Pflanzen steuerndes Hormon (Auxin).

ígneus, feuerfarbig, feuerrot.

ignorátus (lat. ignoráre = nicht kennen, von etwas oder von jemandem nichts wissen), verkannt.

ignótus (lat.), unbekannt.

-ígnus -a, -um, -artig.

Ikterus (griech. íkteros = Pirol, gelber Vogel; lat. ícterus = Gelbsucht), Bleichsucht.

Ílex, f., Gatt. der Aquifoliáceae (leitet sich wahrscheinlich ab von dem kelt. Wort ic oder ac = Spitze, wegen der stachligen Blätter) – Hülse, Stechpalme; fossil seit dem Tertiär.

ilicifólius, stechpalmen(ilex-)blättrig.

-ilis, in Zusammensetzungen: -lich, -bar.

Illécebrum, n., Gatt. der Caryophylláceae (röm. Pflanzenname von lat. illécebra = Reizmittel) –Knorpelblume.

illegitíme Befruchtung (lat. in = Verneigungssilbe; lex, legis = Gesetz), bei Heterostylie die Bestäubung der Narbe mit dem Pollen der ungleich hoch inserierten Staubblätter.

Illícium, n., Gatt. der Illiciáceae (lat. illícere = anlocken) – Sternanis; fossil seit dem Tertiär.

-íllus, -a, -um, Kleinheit, auch Wirkung andeutend.

illustrátus (lat.), erleuchtet, berühmt.

íllýricus, aus Illyrien (Südeuropa) stammend.

ilvénsis, von der Insel Elba (Mittelmeer), früher Ilva genannt, stammend (z. B. Woodsia ilvénsis – Südlicher Wimpernfarn).

-im, in Zusammensetzungen: un-, -los, ohne.

imbecíllis, -is, -e, schwach, schwächlich.

imbérbis, -e, imberbus, -a, -um (lat. bárba = Bart), bartlos.

Imbibitión (lat. in = hinein; bibere = trinken), Einsaugen von Wasser in die kapillaren Zwischenräume eines porösen Körpers, aus dem die Luft verdrängt und durch Wasser ersetzt wird. Dabei vergrößert sich das Volumen des imbibierten Körpers nicht.

imbricárius, imbricatívus, imbricátus, schindelartig, dachziegelig.

imbrikáte Knospendeckung, dachziegelige Knospendeckung, bei der die benachbarten Blätter mit ihren Rändern übereinandergreifen.

imitans (lat.), nachahmend.

immaculatus (lat.) ungefleckt.

immergrüne Pflanzen, Pflanzen, deren Blätter (Laub- oder Nadelblätter) über mehrere Vegetationsperioden hin erhalten bleiben.

Immersión (lat. immérsio, -ónis), Eintauchen, Untertauchen, Versenken.

Immersionsobjektíve, meist Objektive stärkerer Vergrößerung. Kennzeichen bei Zeiss-Objektiven: »HI« und ein umlaufender schwarzer Strich.

Immersiónsöl, in der Mikroskopie verwendetes Öl, das zwischen Immersionsobjektiv und Deckglas gebracht wird; es besitzt wie Glas praktisch denselben Brechungsindex (1,51) und dient zur Behebung der Lichtreflexion an der Oberseite des Deckglases.

Immunität (lat. immúnis = frei, unberührt, rein, befreit), weitgehende Unempfindlichkeit gegenüber gewissen Krankheiten oder Schädlingen, die auf gebildeten spezifischen Abwehrstoffen beruht, die durch eine vorherige Infektion gebildet wurden.

impár (lat.), ungleich.

imparipinnát (lat. impar = ungleich, ungerade; pinnatus = gefiedert), unpaarig gefiedert, Fiedern mit einem einzeln stehenden Blättchen endend.

Impátiens, f., Gatt. der Balsamináceae (lat. impátiens = ungeduldig, empfindlich) – Springkraut, Rührmichnichtan.

impátiens, ungeduldig.

impedítus, -a, -um, schwer zugänglich, gehemmt, verhindert.

Imperáta, f., Gatt. der Poáceae (nach dem neapolitan. Botan. Ferrante Imperato, 16. Jh.) – Silbergras.

imperáti Genit. v. Imperato, s. o. (als adjektiv. Epitheton).

Imperatória, f., Gatt. der Apiáceae (lat. imperátor = Kaiser) – Meisterwurz.

imperátus, -a, -um, beherrscht, kaiserlich.

Impfung, Behandlung des Leguminosensaatgutes oder des Bodens mit spezifischen Bakterienpräparaten; nicht zu verwechseln mit Beizen. Übertragen von Mikroorganismen oder Pilzen auf andere Organismen oder Nährböden.

impléxus, verflochten, verschlungen.

impréssus (lat. imprímere = hineindrücken), der Eindruck, eingedrückt, vertieft.

impúdicus, schamlos.

-imus, -érrimus, -íssimus, sehr (in der Steigerung als Superlativ).

in-, in Zusammensetzungen: un-, -los, ohne, nicht.

inäquále Teilung (lat. inaequus = ungleich), Zellteilung, in deren Verlauf zwei verschiedene Tochterzellen entstehen.

Inaktivíerung, vorübergehende Hemmung einer Organfunktion unter dem Einfluß äußerer und innerer Bedingungen.

incánus (lat.), grau, weißlichgrau.

incarnátus, -a, -um, fleischrot, schönrot, »incarnat« (z. B. Trifólium incarnátum – Inkarnat-Klee).

Incarvíllea, f., Gatt. der Bignoniáceae (nach dem franz. Missionar in China R. P. d'Incarville, gest. 1757) – Trompetenblume, Freilandgloxinie.

incertae sedis, inc. sed., systematische Stellung ist unsicher.

incísus, eingeschnitten.

incrassátus, -a, -um verdickt.

incúltus, ungepflegt, unbebaut.

Index (lat.) Anzeiger, Register, Verzeichnis.

Indianersommer, im nördl. Nordamerika im Spätherbst regelmäßig auftretende Schönwetterperiode (dem europ. Altweibersommer entsprechend), verbunden mit intensiver Rot- und Gelbfärbung der Blätter, vor allem der Acer-, Quercus- und Rhusarten.

Indien, Subkontinent, der ein Mannigfaltigkeits- oder Genzentrum darstellt, erstreckt sich über das tropische Vorder- und Hinterindien sowie Indonesien. Diees Zentrum ist besonders reich an tropischen Kulturpflanzen, z. B. Reis, Zuckerrohr, Bananen und Zitrusgewächsen.

índifferent (lat.) ohne Unterschied, ohne Wirkung.

indigén (franz.), einheimisch, eingeboren.

Indigófera, f., Gatt. der Fabáceae (Indigo = blauer Farbstoff; lat. féro = ich trage) – Indigostrauch.

Indikatóren (lat. indicátor = »Anzeiger«), Farbstoffe, die bei einem bestimmten *p*H-Wert ihre Farbe wechseln und daher zur Bestimmung des *p*H-Wertes von Flüssigkeiten dienen.

Indikátorpflanzen, Standortzeiger, Bodenanzeiger; Pflanzen, die durch ihr einzelnes oder gehäuftes Auftreten Rückschlüsse auf die Standorteigenschaften zulassen. Auf diese Pflanzen wirken stets mehrere Umweltfaktoren ein, so daß ihr Vorkommen nur die Wirkung der Summe aller Faktoren, möglicherweise auch die Wirkung oder die Änderung der Wirkung weniger überwiegender Faktoren zum Ausdruck bringen kann. Daraus ergeben sich gewisse Rückschlüsse auf das Lokalklima des Standorts bzw. auf den Stickstoffgehalt, den Kalkgehalt, den Versalzungsgrad, den Versauerungsgrad des Bodens oder Wassers, deren Mengenaussage durch physikalisch-chemische Analysen geeicht werden kann. → Kalkpflanzen, → Kieselpflanzen, → Salzpflanzen.

índirekt (lat. in- = un-, nicht; dirécte = Adverb: geradezu, ohne Umwege), nicht unmittelbar; mittelbar; auf Umwegen.

indirekte Vorfruchtwirkung, längerwirkender Einfluß einer bestimmten Fruchtart auf mehrere Nachfrüchte innerhalb der Fruchtfolge.

índirekte Zellteilung → Mitose.

Individuálbestäubung → Idiogamie.

Indivíduenzahl, auch Abundanz genannt, summarische Schätzung der Zahl der Individuen einer Art auf einer Probefläche.

Indivíduum (lat. in = Verneinungssilbe; dividére = teilen; also Individuum = Unteilbares), ein unteilbares Ganzes, ein Einzellebewesen, eine Einzelpflanze.

indoloíde Düfte, durch Indol und Skatol bedingte üble Blumendüfte.

Indolýlessigsäure, genauer Indolyl-3-essigsäure, β-Indolylessigsäure, Abk. IES. Die Verbindung kommt in nahezu allen Pflanzenteilen vor; I. ist das am weitesten verbreitete Auxin. Es fungiert als Zellstrekkungshormon und steuert im Zusammenhang mit anderen Pflanzenhormonen zahlreiche Differenzierungsvorgänge.

Indóre-Verfahren (Indore = Stadt in Vorderindien), sorgfältige Art der Kompostbereitung mit Humifikation (Verrottung) des organischen Ausgangsmaterials innerhalb weniger Monate. Dabei bedient man sich relativ hoher Temperaturen auch im Interesse des Abtötens von Krankheitserregern und Unkrautsamen. Das ist möglich durch: lockeres Aufschichten des Materials;

schichtenweise schwache Erdabdeckung (fingerdick); Schaffung von senkrechten Luftkanälen (durch Eintreiben von Locheisen oder Pfählen); anfangs Durchfeuchtung, so daß bei entsprechender Witterung und dank dem verteilten Zusatz von tierischen Fäkalien, Kalk und Erde sich Bakterien und Bodenpilze optimal entwickeln; dabei entstehen in 6 bis 8 Tagen etwa 60 °C im Kompost. Das in Abständen von 2 bis 3 Wochen zu erfolgende Umsetzen garantiert weiterhin aerobe Verhältnisse, wobei evtl. erneute Wassergaben biologisch fördernd und wärmeregulierend (nicht über 60 °C) wirken. In den kühlen Monaten dauert der Reifeprozeß des Kompostes bedeutend länger.

Induktiónszeit (lat. indúcere = einführen, hinleiten), die Zeit, während der ein Reiz auf den Organismus einwirkt.

Indúktor, m., → Enzyminduktion

Indumént (lat. induméntum = Hülle u. ä.), Bekleidung des Pflanzenkörpers.

induplikatíve Knospendeckung, eine klappige Knospendeckung, bei der sich die sich berührenden Ränder der Blätter nach innen gebogen haben.

indurátus, -a, -um (lat.), verhärtet.

induréscens (lat.) hart werdend.

indusiátus, -a, -um (lat.), verschleiert.

Indúsium (Schleierchen), 1. die zarte Hülle, die bei den Farnen die Sporangiengruppe (Sori) umhüllt; 2. die zarte Haut, die im jugendlichen Zustand die Unterseite mancher Pilzhüte bedeckt, später zerrissen wird und einen Ring um den Stiel bildet.

indútus, bekleidet, bedeckt.

induzíert (lat. indúcere = hineinführen, verursachen), durch Außenfaktoren hervorgerufen, verursacht.

induzíerte Apogamíe, apogame Entwicklung, die nur dann erfolgt, wenn Pollenschläuche in das Griffelgewebe eindringen und einen Entwicklungsreiz ausüben.

induzíerte Bewegung, Bewegung, die durch einen von außen wirkenden Reiz ausgelöst wird.

inérmis (lat. árma = die Waffe), unbewaffnet, unbewehrt.

-ineus, in Zusammensetzungen: -artig, so beschaffen wie.

Infektión (lat. inficere = anstecken, vergiften; neulat. Substantiv: infectio), Eindringen von Krankheitserregern in den Organismus. Der Infektionsvorgang ist dadurch gekennzeichnet, daß Krankheitserreger und -träger miteinander in Wechselwirkung treten.

Infektiónszeit Zeitspanne, die der Erreger (Parasit) – vom Krankheitsbeginn an gerechnet – benötigt, um mit seinem Wirt in ein stabiles parasitisches Verhältnis zu gelangen. Das Eindringen des Krankheitserregers kann entweder nur durch schon vorhandene Öffnungen, wie Spaltöffnungen, Lentizellen, Wunden (z. B. Plasmopara viticola, Falscher Mehltau), oder auch durch solche erfolgen, die er selbst erst schafft (z. B. Phytophthora infestans).

inférior (lat.), der untere.

inférlobus, -a, -um, unten gelappt.

inférus, -a, -um, unterständig.

inféstans, schädigend.

inféstus, -a, -um, schädlich.

infidélis, -is, -e (lat.), untreu, unsicher, treulos.

infímus, -a, -um (lat.), der unterste.

infírmus, -a, -um (lat.), schwankend, zerbrechlich, unfest.

infizíeren, anstecken, eine Infektion hervorrufen.

inflátus aufgeblasen.

infléxus (lat. fléctere = biegen), einwärtsgebogen.

Infloreszénzen (lat. infloréscere = aufblühen, erblühen) = Blütenstände; der Blütenbildung dienende, dementsprechend metamorphisierte Sproßsysteme der Spermatophyta, die sich vom rein vegetativen Bereich ± deutlich absetzen. Häufiger als frondose Infloreszenzen, bei denen die Tragblätter der blütentragenden Seitenachsen auch im Infloreszenzbereich ihren Laubblattcharakter weitgehend behalten, sind vereinfachte (= brakteose) oder völlig reduzierte (= nackte) Infloreszenzen. – Nach dem Grad ihrer Verzweigung wird unterschieden in: 1. einfache I. (= Trauben); 2. komplexe I. (mit Seitachsen bzw. Blüten höherer Verzweigungsordnung, tragenden Partialinfloreszenzen). – Von besonderer Bedeutung für die morphologische Einteilung der Infloreszenztypen ist das Verhalten des Scheitels der Infloreszenzhauptsache sowie bei komplexen I. der Scheitel an den Zentralachsen der Partialinfloreszenzen; → geschlossene Infloreszenzen, offene Infloreszenzen.

ínfra (lat.), unterhalb.

infundibulifórmis, -is, -e, trichterförmig.

Infúsum (lat.), Aufguß.

Inga, f., Gatt. der Fabáceae; westind. (Vernakular-) Name.

íngens, ungewöhnlich groß.

Inhibitor, m. (lat.) = »Hemmstoff«, Substanz, die einen physiologischen Prozeß hemmt; man unterscheidet z. B. Enzym-, Atmungs-, Wachstumsinhibitor usf. – Wird keine spezifische Bezeichnung angegeben, so sind in der Regel I. von Wachstums- u. Entwicklungsprozessen oder aber Substanzen mit breitem Hemmungsspektrum gemeint. Es gibt neben körperfremden I. auch körpereigene I., die für die Regulation physiologischer Prozesse wichtig sind, z. B. Abscisine u. a. → Wachstumshemmstoffe.

inisoploíd, Bezeichnung für Saatgut, das Embryonen ungleicher (nicht »isoploider«) Genomstufen enthält (in- = Verneinung als lat. Präfix).

Initiálschicht, eine mittlere Zellschicht des Kambiummantels, deren in radialer Richtung wachsende Zellelemente meristematisch bleiben und nach außen und innen ständig gleich gestaltete Tochterzellen abgeben.

Initiálzellen (lat. inítium = Anfang), 1. Ausgangszellen, die meristematisch, d. h. teilungsfähig bleiben und somit an der Vermehrung des Zellmaterials beteiligt sind, z. B. Vegetationspunkte, Scheitelzellen; 2. Ausgangszellen mehrzelliger Haare.

Inklinatión (lat. inclinátio = Neigung), Neigung einer Fläche gegen die Erdoberfläche.

Inklúse, f., (lat. inclúdere = einschließen), ein im Bernstein oder anderen fossilen Harzen eingeschlossenes Fossil.

Inkohlung (= Karbonifikation), der Prozeß der allmählichen Umwandlung der Pflanzensubstanz in Kohle, wobei sich der Kohlenstoff gegenüber Wasserstoff, Sauerstoff und Stickstoff relativ anreichert. Inkohlungsreihe: Holz, Torf, Braunkohle, Steinkohle, Anthrazit, Graphit.

inkompatíbel (lat. in = Verneinung; cum = mit; patior = dulden), unverträglich; z. B. in bezug auf die Aufeinanderfolge bestimmter Fruchtarten im Rahmen der Fruchtfolge; auch in der → Genetik angewandt.

Inkompatibilität, eine Hemmnungsmöglichkeit der Gametenverschmelzung, die nicht auf Kerndefekten basiert. Ein genetisch gesteuerter Isolationsmechanismus.

Inkrustatión = Inkrustierung, 1. nachträgliche Einlagerung namentlich von Mineralsubstanzen in das Zellulosegerüst der Zellmembran; 2. Knollen- oder Konkretionsbildung; ein Mineral fällt an oder um organische Reste herum aus und hüllt sie ein.

Inkrustierung, Behandlung von Saatgut mit Kontaktinsektiziden, um es gegen Bodenschädlinge zu schützen.

Inkubatión (lat. incubáre = sich aufhalten, in oder auf etwas liegen, auch hüten), Zeitspanne zwischen dem Eindringen eines Krankheitserregers in den Körper bis zum Auftreten der ersten Krankheitserscheinung.

Inkurvatión (lat. incurváre = einbiegen, einkrümmen), einer der sechs Elementarprozesse bei der Umbildung des Teloms; ungleiche Gewebeausdehnung auf zwei entgegengesetzten Flanken eines Organs, was zu dessen Einkrümmung führt.

innátus, -a, -um, eingewachsen.

innerer Wert des Saatgutes, meist äußerlich nicht erkennbare Eigenschaften des Saatgutes, die auf erblicher Anlage beruhen. Vgl. äußerer Wert des Saatgutes.

Innovatión (lat. nóvus = jung, neu), Verjüngung, Erneuerung; bei ausdauernden Pflanzen die jährliche Erneuerung eines Teiles des Sproßsystems.

Innovatiónssprosse, Erneuerungssprosse der ausdauernden Pflanzen, deren Knospen im Vorjahr gebildet wurden und die im folgenden Frühjahr austreiben.

innóxius, unschädlich.

Inocárpus, m., Gatt. d. Fabaceae (griech. is, inos = Muskel; karpós = Frucht).

Inócybe, Rißpilze, Pilzgattung der Fam. Cortinariaceae, Kl. Ständerpilze (Basidiomycetes). I. haben meist kleine Fruchtkörper mit radial rissigem oder faserigem, kegeligem oder rundem Hut. Das Sporenpulver ist schmutzig tabakbraun. Hierher gehört der für den Menschen gefährliche Ziegelrote Rißpilz (I. patouillardii).

inodórus, geruchlos (z. B. Philadélphus inodórus – Geruchloser Pfeifenstrauch).

inoperculát (lat. in = Verneinungspräfix, opérculum = Deckel; -atus = versehen mit), ohne Deckel; Ascomycetes, deren Asci sich nicht mit Deckel öffnen.

ínophýllus (griech./latin.), faserblättrig.

ínops (lat. in = Verneinungspräfix; griech. ops = Aussehen, also »kein Aussehen«), armselig.

inornátus (lat.), ungeschmückt, schmucklos.

Inoskopíe (griech. ís, Genit. inós = Faser; skopéo = betrachte, untersuche), Freisetzung und mikroskopische Untersuchung von in Gewebe eingeschlossenen Bakterien, z. B. durch Pepsineindauung desselben.

inquilínus, -a, -um, eingebürgert, -gewandert.

inquinâns, befleckend.

inquinátus, -a, -um, befleckt, beschmutzt.

inséctifer, insectífera, insectíferum, Kerbtiere (Insekten) tragend.

Insektenblütler (entomophile Pflanzen), Pflanzen, deren Blüten an die Bestäubung durch Insekten angepaßt sind.

insektenfressende Pflanzen → Insectivore.

Insektivóre, »insektenfressende Pflanzen« = Pflanzen mit Einrichtungen zum Fang und zur Verdauung kleiner Tiere; → Carnivore.

insektizíd (lat. caedere = töten), insektenvernichtend. Subst.; Insektizide: Mittel zur Insektenbekämpfung.

Inseminatión (lat. in = hinein; semen = Samen), 1. künstliche Befruchtung, 2. das Eindringen eines männlichen Gameten in den weiblichen.

inserére, einfügen.

inseríert, eingefügt, eingereiht.

Insertión(lat, insértio = Einfügung), in der Botanik die Anheftungsstelle, an der ein Pflanzenteil einem anderen aufsitzt oder eingefügt ist.

ínsidens (lat.), daraufsitzend, sich einnistend.

insígnis, -e, ausgezeichnet (z. B. Ácer insígne – Hoher Ahorn).

insitítius (lat. ínsitum = Pfropfreis), gepfropft, eingeführt.

insolúbel (von lat solvére = lösen; in = Verneinung), unlöslich.

Inspissatión (lat. spissáre = dick machen), Eindickung einer Flüssigkeit durch Verdampfen.

insuláris (lat.), inselbewohnend.

intáctus (lat. tángere = berühren), intakt, unberührt, unversehrt, unverletzt.

ínteger, -gra, -grum, ganz, unversehrt, ungeteilt.

integérrimus, -a, -um (lat., Superlativ von integer), völlig, ganz unversehrt, auch glattrandig (z. B. Cotoneáster integérrimus – Echte Zwergmispel).

Integratión (lat. integrátio = Erneuerung), Zusammenschluß, Verflechtung.

integrifólius, -a, -um (lat.), mit ganzrandigen Blättern.

Integrität (lat.) Vollständigkeit, Ganzheit, Unversehrtheit.

Integumént (lat. = Decke, Hülle), Integumentum, Hülle der Samenanlage, die den Nucellus umschließt, entweder in Ein- oder Zweizahl vorhanden.

Intensität, Stärke, Wirksamkeit.

Intensitätsfaktóren, ein in der Erblehre gebräuchlicher Ausdruck, der soviel bedeutet wie: Erbeinheiten, die die Manifestation anderer verstärken.

intensivíeren, Produktion steigern durch erhöhten Aufwand an Arbeit und Produktionsmitteln.

inter-, in Zusammensetzungen: zwischen-.

Intercútis = Endodermhypodermis (lat. inter = zwischen; cútis = Haut), die vorwiegend aus Endodermzellen bestehende Hypodermis der Wurzel.

interfaszikulär (lat. ínter = dazwischen; fáscis = Bündel; fasciculus = kleines Bündel), Bezeichnung für das Kambium, das sich zwischen den Leitbündeln in den Markstrahlen befindet.

Intergradatión, Beschreibung des Zusammentreffens von → Populationen oder Arten, die bestimmte Gebiete besiedeln und intermediäre Populationen bilden.

interkalár (lat. intercalárius = zwischengeschaltet; caláre = schalten), Bezeichnung für das Wachstum, das mit Hilfe eines in das Dauergewebe eingeschalteten Bildungsgewebes stattfindet (z. B. Grashalm, Blattwachstum). Ggs. → apikales oder Spitzenwachstum.

interkalares Meristem, Meristem, das zwischen fertigem Gewebe eingeschaltet ist.

Interkalationshypothése (lat. intercaláre = einschalten), Theorie von der Entstehung des Generationswechsels, nach der im Verlauf der Phylogenie der Pflanzen zunächst allein die Geschlechtspflanze existierte, zwischen die durch weitere Ausgestaltung der diploiden Zygote die Sporengeneration erst allmählich schrittweise eingeschaltet worden sein soll (nach Svedelius, Celakowska, Bower, v. Wettstein).

Interkinése (lat. inter = dazwischen; griech. kinéo = bewegen; kínesis = Bewegung), kurzes Zwischenstadium zwischen Reduktions- und Äquationsteilung.

interkostál (lat. inter = zwischen; costa = Rippe), zwischen den Rippen (Blattnerven).

Interkostálfelder (s. o.), »Zwischenrippenfelder« oder Blattflächen zwischen den Rippen oder der Nervatur.

intermediär (lat. inter = dazwischen, zwischen; médius = in der Mitte, dazwischenliegend), eine Mittelstellung einnehmend.

Intermediärbastarde, durch intermediäre Vererbung entstandene Bastarde, die Einflüsse beider Elternteile erkennen lassen.

intermediärer Kernphasenwechsel (antithetischer Generationswechsel), Wechsel zwischen einer haploiden Geschlechtsgeneration und einer diploiden ungeschlechtlichen Generation.

intermediäre Vererbung, eine Vererbung, bei der die Merkmalsausprägung von beiden Elternteilen gleich stark beeinflußt wird.

Intermediärzone des Stammes, der zwischen Mark und primärer Rinde gelegene Gewebekomplex im Stamm einer dikotylen Pflanze.

intermédius (lat. médius = in der Mitte befindlich), mittelständig.

intermittíerend (lat. intermíttere = unterbrechen), zeitweilig aussetzend.

Internódium (lat. ínter = zwischen; nódus = Knoten), zwischen zwei Knoten liegender Teil der Sproßachse, Stengel- oder Zwischenglied.

Interpetiolárknospen (lat. ínter = zwischen; petíolus = Blattstiel), Knospen, die infolge vollkommener Umhüllung durch den Blattstiel in diesem zu liegen scheinen.

Interpetiolárstipeln (lat. ínter = zwischen; stipulae = Nebenblätter), Nebenblätter, die jeweils in der Einzahl zwischen zwei gegenständigen Blättern sitzen und aus der Verwachsung zweier Nebenblätter entstanden sind.

Interpháse (griech. phásis = Erscheinung; also »Zwischenerscheinung«), Ruhestadium zwischen zwei Kernteilungen.

interrúptus, -a, -um, unterbrochen (z. B. Apéra interrúpta – Unterbrochener Windhalm).

Íntersex (lat. ínter = zwischen; séxus = Geschlecht, also übersetzt: »zwischengeschlechtlich«), 1. eingeschlechtiges Individuum, das eine Mittelstellung zwischen männlichem und weiblichem Geschlecht einnimmt, ohne jedoch ein Hermaphrodit zu sein; 2. Individuum, das sich zuerst in die Richtung des einen Geschlechtes entwickelt, später jedoch in die Richtung des anderen.

Intersterilität (Gruppensterilität), Auftreten von Individuengruppen innerhalb einer Art, die sich wechselseitig trotz normaler Gametenausbildung nicht zu befruchten vermögen.

Interstitiálsegment (lat. intersístere, -sisto, -stiti = mitten innehalten, dazwischenfügen; secáre = schneiden), Chromosomensegment zwischen Centromer und dem Translokationspunkt.

interstitiéll (lat. interstítium = Zwischenraum), in den Zwischenräumen liegend.

intertéxtus, verstrickt, verwoben, zwischengeflochten.

Intervàll (lat. intervállum), Zeitabstand, Zeitspanne, Zwischenraum.

interxyläres Phloëm (lat. inter = zwischen; griech. xýlon = Holz), Bastgewebe, das vollkommen im Holzkörper des Gefäßbündelringes eingeschlossen ist; → Phloëm.

Interzellulären (lat. ínter = zwischen; céllula = Zelle), Zwischenräume, die sich vor allem im Grundgewebe befinden und ein zusammenhängendes lufterfülltes System bilden. Entstehung durch Trennung der Zellen in ihren Mittellamellen oder durch Auflösen von Zellen. Im Blatt stehen die Interzellularen mit den Spaltöffnungen der Epidermis in Verbindung.

Intíne (lat. íntus = innen), die innere Schicht der Sporenmembran der Moose und Farne und der Pollenkörner der höheren Pflanzen.

intórtus, gedreht, gewunden.

Intrabilität (lat. intráre = eindringen), Eindringen von gelösten Stoffen in das Plasma durch die äußere Plasmagrenzschicht.

intramolekuláre Atmung (lat. íntra = innerhalb; neulat. molecula = Massenteilchen; lat. móles = Masse), Atmung ohne atmosphärischen Sauerstoff, wobei innerhalb der zur Verbrennung kommenden Kohlenhydratmoleküle eine Umlagerung von O-Atomen erfolgt.

intramontán (lat. intra = innerhalb; mons, montis = Berg), Bezeichnung für Sedimentationsräume und Sedimente in von Gebirgszügen umgebenen Festlandsräumen. Vgl. paralisch.

intrapetioláre Nebenblätter, Stipulae intrapetiolares; Stipeln, die aus Verwachsung zweier zu verschiedenen Blättern gehöriger Nebenblätter entstanden sind, wie sie sich namentlich bei zahlreichen Rubiaceae in charakteristischer Ausbildung finden.

intrastaminál (lat. intra = innerhalb; stámen, -inis = Faden), innerhalb der Staubgefäße befindlich.

Intrastérilität (lat. intra = innerhalb; stérilis = unfruchtbar), Sterilität zwischen Individuen einer Gruppe von Pflanzen, die aus vegetativer Vermehrung einer Einzelpflanze entstanden sind, obwohl diese Pflanzen funktionsfähige Keimzellen besitzen.

Intravaginálschuppen (lat. intra = innerhalb; vagína = Scheide), haarähnliche Gebilde, die sich innerhalb des verbreiterten Blattgrundes mancher Wasser- und Sumpfpflanzen befinden.

íntra vítam (lat. intra = innerhalb; vita = Leben), während des Lebens.

íntraxyläres Phloëm (lat. intra = innerhalb; griech. xýlon = Holz), Bast- (Phloëm-) Partien, die in der Achse, seltener in der Wurzel von den Gefäßbündelringen nach innen zu gelegen sind; → Phloem.

intrazéllulär, innerhalb der Zelle liegend.

intricátus, -a, -um, verworren.

introfléxus, -a, -um (lat.), einwärts gebogen.

Introgressión (lat. introgréssus = eingetreten), »Eintritt« von Genen oder Gengruppen einer Art in eine andere über eine unvollständige, zwischenartliche → Isolationsbarriere hinweg, wodurch → Konvergenzen zwischen früher genetisch entfernteren Arten entstehen können. Meist entstehen durch sie keine neuen morphologischen und physiologischen Merkmale.

intrórs (lat. intrórsus, -a, um =), nach innen gewendet (z. B. Staubbeutel). Ggs. → extrors.

intrusus, -a, -um (lat.), eingeschoben.

Intumeszénsen (lat. intuméscere = an-, aufschwellen, sich aufblähen), kleine Pusteln an der Rinde jugendlicher Zweige, an Blättern und Blüten, die vom Grundgewebe gebildet werden.

íntus, innen, innerhalb.

Intuskrustatión (lat. intus = innen, von innen; crustáre = mit einer Kruste versehen), Vorgang (Prozeß) und Resultat als echte Versteinerung (besonders von Pflanzen), bei der durch ausgefällte Mineralsubstanz die Hohlräume ausgefüllt werden.

intussuszeptionélles Wachstum (lat. íntus = innen; suscípere = stützen, aufnehmen), Auffüllen der Maschen des aus Zellulosefibrillen bestehenden Zellwandgerüstes durch Einlagerung neuer Grundsubstanz zwischen die schon vorhandene Gerüstsubstanz. Folge dieser Vorgänge ist das Flächenwachstum der Zellwand, → Appositionswachstum.

íntybus, eingeschnitten.

Inula, f., Gatt. der Asteráceae (lat. Pflanzenname) – Alant.

Inulín, aus Fruchtzucker aufgebautes Polysaccharid, das gelöst im Zellsaft verschiedener Pflanzen (z. B. Asteráceae) vorkommt.

Invasiónsflora (lat. invádere = eindringen; flos, flóris = Blume, Pflanze), eingewanderte Pflanzengruppe.

invérs, invérsus (lat. vértere = wenden), umgekehrt.

Inversión (lat. invértere = umkehren, umdrehen), Herausbrechen eines Chromosomenstückes und Wiedereinlagerung in umgekehrter Richtung. Im → Pachytän wird die Inversion durch die Entstehung einer typischen Schleife manifestiert.

Invertásen, Enzyme, die Disaccharide in Monosaccharide umwandeln.

Invértzucker (lat. invértere = umkehren, drehen), in Trauben- und Fruchtzucker aufgespaltener Rohrzucker. Die Spaltung erfolgt durch das Ferment Saccharase, das früher auch Invertin genannt wurde. Invertzucker (z. B. Bienen- und Kunsthonig) dreht die Ebene des polarisierten Lichtes im Gegensatz zum Rohrzucker nach links.

in vívo (lat., zu ergänzen ist statu), in lebendem Zustand.

Involucellum (lat.), Hüllchen der zusammengesetzten Dolden.

involucrátus (lat. involúcrum = Hülle), eingehüllt.

Involucréllum, vom Thallus gebildete kohlige Deckschicht oder Hülle um ein Perithecium.

Involúcrum (lat.), Hülle, 1. der Hüllkelch der Köpfchen- und Körbchenblütenstände (z. B. bei Asteráceae); 2. die Hülle der Dolden.

Involutiónsformen, abgewandelte Zellformen bei Bakterien.

ínvolutive Knospenlage (lat. invólvere = einrollen, einhüllen), Knospenlage, bei der die Seitenränder der Blätter gegen die Oberfläche zu eingerollt sind.

Ínzestzucht, erzwungene Selbstbestäubung bei Fremdbestäubern; engste Verwandtschaftszucht.

Ínzucht, Paarung von Individuen, die Abkömmlinge eines einzigen Elternpaares sind.

Inzuchtdepressión (lat. deprímere = unter-, nieder-, herabdrücken), die durch Inzucht ausgelöste (Wuchs-) Schwächung von fremdbefruchteten Individuen oder Individuengruppen, tritt im Rahmen der praktischen Züchtung von I- (nzucht-) Linien für die → Heterosis auf, die dann häufig gepaart den sog. Heterosiseffekt mit üppigem Wuchs (bei Maishybriden oft 20- bis 25%ige Ertragssteigerung) in der F_1-Generation ergeben.

Inzuchtminimum, nach mehreren Inzuchtgenerationen auftretender Tiefpunkt der physiologischen Leistungsfähigkeit (Inzuchtdepression).

Inzuchttoleránz, »Duldsamkeit«, Widerstandsfähigkeit, die bei Inzucht auftreten kann.

-ion, in der pflanzensoziologischen Systematik angewandtes Suffix bei der Benennung eines Verbandes.

ionánthus (griech. íon = Veilchen; ánthos = Blüte), veilchenblütig.

Iónen (von griech. íon = gehend, 3. Person von íon; Verb: iénai = gehen, wandern), elektrisch geladene Atome oder Atomgruppen. Positiv geladene I. heißen Kationen, negativ geladene → Anionen.

Ionengleichgewicht, Ausgeglichenheit der elektrischen Ladungen durch eine Mischung verschiedener Ionen, wobei das Plasma den günstigsten Quellungszustand und damit seine größte Lebensfähigkeit erreicht. Nährlösungen, die für die Entwicklung von Pflanzen aufgrund dieser Tatsache besonders geeignet sind, nennt man physiologisch angeglichene oder balancierte Lösungen.

Ionométer → Potentiometer.

Ionopsídium, n., Gatt. der Brassicáceae (griech. ion = Veilchen; ópsis = Aussehen) – Scheinveilchen.

Ionópsis, f., Gatt. der Orchidáceae (griech. íon = Veilchen; ópsis = Aussehen) – Veilchenstendel.

Iphĕion, n., Gatt. der Liliáceae (wahrscheinlich ist der Bezug zu: griech. iphios = wohlgenährt).

Ipomŏea, f., Gatt. der Convolvuláceae (griech. ips = Wurm; hómoios = ähnlich) – Trichterwinde.

Irechocéreus, m., Gatt. der Cactáceae (griech. íris = Regenbogen[farbe]; échis = Schlange und → Cereus).

Iresíne, f., Gatt. der Amaranth____áceae (griech. eiresione = geschmückter [Öl-]Zweig, sprachl. verwandt mit griech. eiros = erion = Wolle).

Iriártea, f., Gatt. der Arecaceae. Stelzenpalme des tropischen Südamerika, auch Paxiubapalme genannt.

Íris, f., Gatt. der Iridáceae (griech. íris = Regenbogen, weil die Blüten ähnlich vielfarbig sind wie der Regenbogen) – Schwertlilie; fossil seit dem Miozän.

irreversíbel, nicht umkehrbar.

irritábilis, reizbar.

irroratus (lat. rós = Tau), betaut.

Isabélia, f., Gatt. der Orchidáceae (nach Isabel, Gräfin zur Zeit Pedros II. in Brasilien, die als Schirmherrin der Blumenkulturen galt) – Isabel-Orchidee.

Ísatis, f., Gatt. der Brassicáceae (griech. Pflanzenname) – Färberwaid.

ischáemon, ischaemum, blutstillendes Kraut (z. B. Bothriochloa íschaemum – Blutstillgras, Bartgras).

Isídien (aus griech. ísos = gleich; ídia = zum einzelnen gehörig, eigen), berindete, meist in größerer Anzahl zusammenstehende Auswüchse des Thallus, die reif leicht abbrechen und der vegetativen Vermehrung dienen. In der Form sehr verschieden können sie kugelig, keulig, elliptisch, fingerförmig, fädig, korallin verzweigt sein.

Isobáren (griech. ísos = gleich; barýs = schwer), Linien, die Punkte gleichen Luftdruckes verbinden.

Isochílus, m., Gatt. der Orchidáceae (latin. von griech. isos = gleich; cheilos = Lippe; die Lippe ist gleich groß wie die Sepalen: »Gleichlippe«).

isochrón (griech. ísos = gleich; chrónos = Zeit), gleichzeitig.

isodiamétrisch (griech. ísos = gleich; diá = durch, hindurch; métron = Maß, Messer), Bezeichnung für Zellen, die nach allen Richtungen fast gleichen Durchmesser aufweisen (z. B. Grundgewebe).

isodynámisch (griech. dýnamis = Kraft), für die Kraft- oder Wärmeerzeugung gleichwertig; isodynamisch sind diejenigen Mengen der verschiedenen organischen Stoffe, durch die bei der Verbrennung (Dissimilation) im Körper von Pflanze, Tier oder Mensch gleiche Mengen an Wärme oder nutzbarer Energie geliefert werden.

isoeléktrischer Punkt, der »elektrisch-neutrale« Punkt, bei dem unter der Einwirkung des elektrischen Stromes keine Ionenwanderung einsetzt und die Ausflokkung der Kolloide erfolgt.

Isóëtes, f., Gatt. der Isoetáceae (griech. ísos = gleich; étos = Jahr; also das ganze Jahr hindurch im Wuchs gleichbleibend; der Name wurde bereits von Plinius für eine Sedum-Art verwendet) – Brachsenkraut; fossil seit dem Jura.

Isoflóren (griech. ísos = gleich; lat. flos, flóris = Pflanze, Blume), Zonen mit gleichem Blühbeginn.

Isogaméten (griech. ísos = gleich; gámos = Heirat), gleichgestaltete, gleich große, aber physiologisch bereits geschlechtsverschiedene Keimzellen.

Isogamíe (griech. ísos = gleich; gámos = Heirat, Befruchtung), Befruchtung zwischen Gameten, die äußerlich gleich sind, aber physiologisch verschiedengeschlechtig sein können.

isogén (griech. ísos = gleich; -genes = abstammend), gleichen Ursprungs; gleicher Abstammung; Bezeichnung für Lebewesen von gleichem Idiotypus.

Isogeníe (griech. ísos = gleich; geneá = Abstammung), gleicher Erbbestand von Individuen einer reinen Linie oder eines Klons.

isogónus, -a, -um, gleichkantig.

Isohydríe (griech. ísos = gleich; hýdor = Wasser), Zustand konstanter Wasserstoffionenkonzentration im Körperzellmilieu.

Isoioníe, Konstanz des Mischungsverhältnisses der Ionen in den Pflanzensäften.

isokónt (griech. ísos = gleich; kontós = Ruderstange zur Fortbewegung des Bootes im Wasser, übertragen: Geißel), gleichartig begeißelt.

isolaterál (griech. ísos = gleich; lat. látus, láteris = Seite), Ausdruck für Blätter, die keine anatomischen Unterschiede zwischen Ober- und Unterseite zeigen.

Isolatión (neulat.: von italien. isola [lat. insula] = Vereinzelung, Insel), Absonderung einer Gruppe von Angehörigen einer bestimmten Sippe, so daß zwischen den Gruppen dieser Sippe keine Bestäubung möglich ist.

Isolatiónsbarriere → Isolationsmechanismus.

Isolatiónsmechanismus, Evolutionsfaktoren

zur Einschränkung der → Panmixie und Populationsgröße. Isolationsformen sind z.B. generative: a) mechanische: morphologische Unterschiede, b) genetische: X → Inkompatibilität, c) Letalität der Bastarde, d) Bastardsterilität; räumlich – geographisch: e) nach inneren Komponenten: Jahreszeiten, f) nach äußeren Komponenten: ökogeographische und ökologische Isolation.

Isólepsis, f., Gatt. der Cyperáceae (griech. ísos = gleich; lepís = Schuppe) – Frauenhaargras.

Isoleucín, α-Amino-β-methylvaleriansäure, $CH_3CH_2CH(-CH_3)CH(-NH_2)$-COOH, eine verzweigtkettige Monoaminomonocarbonsäure.

Isolierentfernung, bestimmter räumlicher Mindestabstand eines Vermehrungsbestandes, eines anerkannten Forstsaatgutbestandes, einer anerkannten Baumgruppe oder einer Samenplantage von anderen Pflanzenbeständen derselben oder verwandten Art, durch den unerwünschte Fremdbefruchtung unterbunden werden soll. Erfolgreicher Vermehrungsbau solcher Arten ist von der Einhaltung des Mindestabstandes abhängig. Syn. Mindestentfernung, Mindestabstand.

Isolóma, n., Gatt. der Gesneriáceae (griech. ísos = gleich; loma = Rand, Saum).

Isomerásen, Enzyme, die z. B. Verschiebungen von Doppelbindungen und intramolekulare Gruppenübertragungen in ihren Substanzen katalysieren.

Isomeríe (griech. ísos = gleich; méros = Teil), 1. gleiche Gliederanzahl in den verschiedenen Kreisen einer Blüte; 2. Abhängigkeit einer Eigenschaft von mehreren gleichsinnig wirkenden Genen, die sich gegenseitig in ihrer Wirkung ersetzen können.

isométrisch (griech. ísos = gleich; métron = Maß), Bezeichnung für Spannungsänderung von Gewebe bei gleichbleibender Länge.

isomórpher Generationswechsel (griech. isomórphos = gleichgestaltig), Generationswechsel, bei dem Gametophyt und Sporophyt gleichen Anteil an der Entwicklung haben und morphologisch einander vollkommen gleich sind.

Isomorphísmus (griech. isomórphos = gleichgestaltig), Gleichartigkeit der Organe zweier verschiedener Pflanzenarten.

isophág (griech. ísos = gleich; phágein = fressen) ist ein Parasit, der streng an eine Nährpflanze gebunden ist.

Isophän (griech. ísos = gleich; phainein = zeigen, offenbaren, kundtun), 1. Isophänen (Substantiv) – Linien, die Punkte gleicher Merkmalsvorkommnisse verbinden; 2. isophän (Adjektiv) = Bezeichnung in der Erblehre (= Genetik) für Lebewesen von gleichem → Phänotypus.

Isophyllíe (griech. ísos = gleich; phýllon = Blatt), Gleichblättrigkeit.

Isopléxis, f., Gatt. der Scrophulariáceae (von griech. isos = gleich; lat. pléxus = geflochten).

isoploíd wird Saatgut bezeichnet, das Embryonen gleicher Genomstufen enthält. Ggs. → inisoploid.

Isopóllen, Linien, die Punkte gleicher Pollenhäufigkeit verbinden.

Isopolyploidie, geradzahlige Vervielfachung der ursprünglichen Chromosomenzahl.

Isopórien (griech. ísos = gleich; póros = Durchgang, Weg, Linie), Linien, die Punkte gleicher Artenzahl verbinden. Das sich in den I. widerspiegelnde Artengefälle läßt die Ausbreitungszentren erkennen.

Isopýrum, n. Gatt. der Ranunculáceae (griech. ísos = gleich; pyros = Weizen) – Muschelblümchen.

Isoreagénten (lat. reagens = entgegenwirkend), Biotypen mit völliger morphologischer Identität, die aber genotypisch verschieden sein können.

Isospóren (Homosporen), morphologisch gleichartige, gemischt-geschlechtige oder geschlechtlich determinierte Sporen.

Isosporíe (Homosporie) (griech. ísos = gleich; spóros = Keim), Fortpflanzung durch völlig gleiche, also meist geschlechtlich nicht differenzierte Sporen, z. B. bei zahlreichen Farnen vorkommend.

Isothérmen (griech. ísos = gleich; thermós = warm), Linien, die Punkte gleicher Temperatur verbinden.

Isótoma, f., Gatt. der Campanuláceae (griech. isos = gleich; tome = Schnitt).

Isotomíe (griech. ísos = gleich; témnein =

trennen, schneiden, spalten), Gabelung mit zwei gleich starken Gabelästen, die sich in gleicher Weise weitergabeln.

isotónisch (griech. ísos = gleich; tónos = Spannung, Druck), Bezeichnung für Lösungen, die den gleichen Lösungsdruck besitzen (äquimolekulare Lösungen). Isotonisch sind z. B. 342 g Rohrzucker und 180 g Traubenzucker, in gleichen Mengen des Lösungsmittels gelöst.

Isotópe (griech. ísos = gleich; tópos = Ort, Stellung, Gegend), I. sind Atome gleicher Ordnungszahl, aber unterschiedlicher Masse (Neutronenzahl). Sie besitzen gleiche chemische Eigenschaften. Man unterscheidet radioaktive I., die unter Aussendung radioaktiver Strahlen zerfallen, und stabile I., die unverändert bleiben.

Ísotypíe, morphologische Gleichheit in der 1. Filialgeneration.

Isotýpus (Isostandard), nomenklatorischer Typus in Form einer Pflanze, welche die gleiche Sammelnummer besitzt wie der zur Beschreibung der Sippe vom Autor verwendete Holotypus.

Isozitrónensäure, eine mit der Zitronensäure isomere Tricarbonsäure; tritt im Zitronensäurezyklus auf.

isozygót, adjektivische Bezeichnung für die Identität sämtlicher Erbanlagen verschiedener Individuen. → Zygote.

isozýklische Blüten, Blüten, deren Kreise aus der gleichen Zahl von Blättern gebildet werden.

-issimus, (lat.) sehr (vgl. -imus), Superlativendung.

istriacus, istrius, (lat.) aus Istrien (am Adriatischen Meer) stammend.

itálicus, ítalis, ítalus, (lat.) aus Italien stammend.

Ítea, f., Gatt. der Saxifragáceae (griech. itea = Weide) – Rosmarinweide.

-ites, (lat.) Ähnlichkeit oder Anwendung bezeichnend-, -ig, -lich.

-ítus, -a, -um (lat.) versehen mit = -atus, -a, -um; Suffix.

iuláceus, -a, -um (lat.), kätzchenartig.

iulíferus, -a, -um (lat.), kätzchentragend.

iuliflórus, -a, -um (lat.) kätzchenblütig.

ix-, -ixo-, -ixio- (ixía, ixós = Vogelleim, lat. íxia bei Plinius eine Pflanze), klebe-.

ixanthérus, -a, -um, mit klebrigen Staubbeuteln.

Íxia, f., Gatt. der Iridácea (griech. íxein = kleben) – Klebschwertel.

ixoídes, schwertartig, auch klebrig; ixiaähnlich.

Ixiolírion, f., Gatt. der Amaryllidáceae (griech. ixós = Vogelleim; lirion = Lilie) – Ixlilie.

Ixóra, f., Gatt. der Rubiácea (Vernakularname nach malebar. Gottheit).

J

J → Joule.

Jacaránda, f., Gatt. der Bignoniáceae; brasilian. Volksname. Spec: J. mimosifólia; J. procéra – Palisanderholzbaum.

jacéa, vielleicht vom ital. Wort für Stiefmütterchen, Artbezeichnung z.B. in Centauréa jacéa.

Jacksónia, f., Gatt. der Papilionáceae (nach dem schott. Botan. G. Jackson.).

jacobáeus, -a, -um, am St.-Jakobs-Tag (25. Juli) blühend (z.B. Senécio jacobáea – Jakobs-Kreuzkraut). Nach dem Bauernkalender wurde am Jakobstag mit dem Mähen einschüriger Wiesen begonnen.

Jacobínia, Gatt. der Acantháceae; nach einem Personennamen – Jacobiníe.

Jacquemóntia, f., Gatt. der Convolvuláceae (nach dem franz. Naturforscher V. Jacquemont, 1801–1832).

Jacquínia, f., Gatt. der Theophrastáceae (nach dem österr. Botan. Nik. Jos. Jacquin, 1727–1817).

jacquiniiflórus, -a, -um, mit Blüten wie Jacquinia.

jaculifólius, -a,- -um (lat.), wurfspießblättrig.

Jahresring, durch die periodische Tätigkeit des Kambiums in einer Vegetationsperiode entstandene Grenze mit dem lockeren, dünnwandigen, weitlumigen Frühholz und dem dichten, dickwandigen, englumigen Spätholz. – Die weiten Elemente (jeder radialen Tracheïdenreihe) gehen im Jahresring ganz allmählich, die englumigen zu den weiten des nächstäußeren Jahresringes unvermittelt über. Das Frühholz (= Frühlings- oder Weitholz) dient der Wasserzufuhr nach den Verbrauchsorten, das Spätholz (= Sommer- oder Engholz) erhöht vor allem die Festigkeit des Stammes. Vgl. Dendrochronologie.

Jahresschwankung, den Klimafaktor Temperatur kennzeichnender Terminus, Ausdruck für die Kontinentalität eines Ortes; sie gibt die Grenzwerte an, zwischen denen sich die Monatsmittel bewegen, und liefert nach Supan folgende Einteilung: 5–15 °C mittlere Jahresschwankung = Seeklima; 15–20 °C mittlere Jahresschwankung = Übergangsklima; 20–40 °C mittlere Jahresschwankung = Landklima.

Jahrestrieb, bei Bäumen und Sträuchern die innerhalb einer Vegetationsperiode gebildeten Sprosse aus einer im Vorjahr angelegten Knospe.

jalápa, nach der gleichnamigen Gattung (Jalapa = Xalapa, Stadt und Distrikt in Mexiko).

jaliscánus, -a, -um, Jalisco- (Mexiko).

jámbos, nach dem indisch. Namen einer Syzygium-Art.

Jambósa, f., Gatt. der Myrtáceae; latin. indischer bzw. malaiischer (Vernakular-) Name: jambu = schambu – wie dort der Baum trivial bezeichnet wird. – Rosenapfel.

Jamésia, f., Gatt. der Saxifragáceae (nach dem amerikan. Botan. Edwin James, 1797–1861).

Jankǽa, f., Gatt. der Gesneriáceae (nach dem ungar. Botan. Janka von Bules, 1837–1890).

japónicus, aus Japan stammend, japanisch.

Jarowisatiónsstadium (russ. Jarowisacija = Versommerung; jarowae serno = Sommerkorn), Phase im Entwicklungsablauf mancher Pflanzen, in der besondere Anforderungen an die Temperatur gestellt werden. So verlangen z. B. die Wintergetreidearten eine Zeitlang niedrige Temperaturen (0 bis +5 °C), um zum Schossen, Blühen und Fruchten übergehen zu können. Technische Jarowisation (thermische Behandlung angequollenen Saatgutes vor der Aussaat) ermöglicht z. B. die Aussaat von Wintergetreide im Frühjahr und führt bei Sommergetreide mitunter zu Ertragssteigerungen. Gleichbedeutend mit Jarowisation wird vielfach auch Vernalisation gebraucht (lat. ver, véris = Frühling).

Jasióne, f., Gatt. der Campanuláceae (griech. íasis = Heilung, Heilmittel) – Sandknöpfchen, Sandglöckchen.

Jasminocéreus, m., Gatt. der Cactáceae (zusammengesetzt aus den Gattungsnamen Jasminum und Cereus).

jasminodórus, -a, -um, nach Jasmin duftend.

Jasmínum, n., Gatt. der Oleáceae (nach einem pers. oder arab. Pflanzennamen) – Jasmin.

jaspídeus, jaspisartig.

Jateorhíza, f., Gat. der Menispermáceae (griech. iatrós = Arzt; griech. rhiza = Wurzel).

Játropha, f., Gatt. der Euphorbiáceae (griech. iatrós = Arzt; trophé = Nahrung) – Maniokstrauch.

javanénsis, javánicus, von der Insel Java (Ostindien) stammend.

jeddoénsis, jedoensis, von Jeddo (jetzt Tokio, Japan) stammend.

Jeffersónia, f., Gatt. der Berberidáceae (nach Th. Jefferson, Präsident d. USA, 1743 bis 1826) – Zwillingsblatt.

jenénsis, aus Jena stammend.

jejúnus, -a, -um (lat.), dünn, mager, zart.

Jodzahl, Maß für den Sättigungsgrad eines Fettes oder für die Anzahl der darin enthaltenen Doppelverbindungen. Die ungesättigten Fettstoffe vermögen an ihren Doppelbindungen Jod zu addieren, dessen Menge, in Prozent der Fettmenge ausgedrückt, die Jodzahl ergibt.

jonquílla (von lat. júncus = Binse), mit (kl.) Binsenblättern (z. B. Narcissus jonquílla).

Jordánons, Kleinarten.

josikǽus, -a, -um, nach einer Freifrau von Josika, die Anfang der 20er Jahre des vorigen Jahrhunderts den nach ihr benannten von Jaquin 1831 beschriebenen Ungarischen Flieder = Syringa josikaea Jacq. fil. in Siebenbürgen auffand.

Joule, 1. physikal. Einheit für die Arbeit bzw. Energie; Abk.-symbol: J. Das J ist die Arbeit, die verrichtet wird, wenn sich der Angriffspunkt der Kraft 1 N (Newton) in Richtung der Kraft um 1 m verschiebt. Daraus ergeben sich folgende Beziehungen zu den Basiseinheiten: 1 J = 1 N mal m = 1 m^2 mal kg mal s^{-2}. Die frühere Einheit 1 erg entspricht 10^{-7} J; 2. Einheit für die elektromagnet. Energie, wobei das J die elektromagnet. Energie ist, die der unter 1. definierten Einheit äquivalent ist; 3. Einheit der Strahlungsenergie, wobei das J die Strahlungsenergie ist, die der unter 1. definierten Einheit äquivalent ist; 4. Einheit der Wärmemenge, wobei das J die Wärmemenge ist, die der unter 1. definierten Einheit äquivalent ist. Die frühere Einheit 1 Kalorie entspricht 4,1868 J; 1 J = 0,23885 cal.

Juannulóa, f., Gatt. der Solanáceae (nach den span. Naturforschern Juan und Ant. Ulloa, 18. Jh.).

Jubǽa, f., Gatt. der Arecáceae (Pálmae) (lat. iuba = juba = Mähne). Spec.: J. chilensis. – Honig- oder Chilepalme, Mähnenpalme.

jubátus, -a, -um, (lat.) mähnenartig, gemähnt, mit Mähne versehen.

jubiformis, -is, -e, mähnenförmig.

jucundus, -a, -um, lieblich.

jugátus, -a, um, (lat.) gejocht.

Jugendblätter, von den Folgeblättern abweichend gestaltete Blätter der Jugendform einer Pflanze.

Jugendform, Bezeichnung für die Entwicklungsstadien einer Pflanze von der Keimung bis zur Blühreife.

juglandéus, -a, -um (lat.), Walnuß., juglansartig.

juglandifólius, -a, -um, walnuß (júglans) blättrig (z. B. Fráxinus americana juglandifolia – Form der Weißesche).

Júglans, f., Gatt. der Juglandáceae (lat. jóvis, Genit. von Jupiter; glans = Eichel, = »Jupiternuß«) – Walnuß; fossil seit der oberen Kreide.

jugósus, -a, -um, jochartig.

-jugus-, -a, -um (lat.), in Zusammensetzungen: -paarig.

juliánus, -a, -um, im Juli blühend.

julibríssin (nach Hegi von pers. gül-i-abrischim = Flockseide; so genannt wegen der Staubfäden).

julifórmis, kätzchenförmig.

júnceus (Júncus = Binse), binsenartig.

juncifólius, binsen(júncus)blättrig.

júncinus-, -a, -um, juncusähnlich.

Júncus, m., Gatt. der Juncáceae (röm. Pflanzenname; lat. júngere = zusammenbinden; wegen der Verwendung). Spec.: J. articulátus; J. bufónius (= Krötenbinse). – Binse; fossil seit dem Miozän.

Jungermánnia, f., Gatt. der Jungermanniáceae (benannt nach dem deutsch. Botan. L. Jungermann, 1572–1653, in Gießen und Altdorf) – Lebermoose.

Jungfernfrüchtigkeit → Parthenokarpie.

Jungfernzeugung → Parthenogenesis.

juniínus, -a, -um, im Juni blühend.

juniperínus (wacholder-), juniperusartig.

Juníperus, f., Gatt. der Cupressáceae (röm. Name) – Wacholder; fossil seit dem Tertiär.

junkoíde Blätter (lat. júncus = Binse; -oid bezeichnet Ähnlichkeit), lange, stielrunde, nicht gefurchte Blätter, die besonders oft bei Xerophyten auftreten.

junkoíde Sprosse, hohle, stielrunde, blattlose und unverzweigte Sprosse, wie sie besonders oft bei Binsen und Sauergräsern vorkommen.

Júra (nach dem Júra-Gebirge), geologische Periode des Erdmittelalters (= Mesozoikum) zwischen Trias und Kreide, in der sich besonders die Gymnospermae stark entwickelten resp. differenzierten; Nadelhölzer, Cycadatae, Bennettitatae und Ginkgobäume herrschten vor.

juraténsis, -is, -e, Jura- (Schweiz und Frankreich).

Jurínea, f., Gatt. der Asteráceae (nach dem Genfer Arzt André Jurine, 1751–1819) – Silberscharte.

Jussieua, f., Gatt. der Oenotheráceae (nach dem franz. Botan. Bernard de Jussieu [Paris], 1699–1777).

Justícia, f., Gatt. der Acantháceae (nach dem schott. Gärtner und Botan. James Justice, 18. Jh.).

justieren (lat. jústus = gerecht, richtig), richtig einstellen, auf ein Vergleichsmaß abstimmen.

Jute, Ausdruck für Bastfasern verschiedener Corchorus-Arten.

Juttadintéria, f., Gatt. der Aizoáceae (nach Jutta Dinter in Bautzen).

juvénculus, -a, -um, (lat.) etwas jung.

juvenílis, -is, -e (lat.), jugendlich; allgemein angewandtes Adjektiv, mitunter in der Abk. juv.

júvenis, -is, -e (lat.), jung.

K

K, 1. in der Blütenformel Abkürzung für Kelch; 2. K_1, K_2, K_3 ... Bezeichnung für vegetative Nachkommen eines Individuums. Abk. von → Klon.

Kadsúra, f., Gatt. der Schisandráceae (japan. Pflanzenname) Kugelfaden; fossil seit dem Tertiär.

Kaempféria, f., Gatt. der Zingiberáceae (nach dem lippischen Arzt und Botan. Engelb. Kaempfer, 1651–1716) – Gewürzlilie.

Kännelkohle (auch Kennelkohle geschrieben; engl. candle = Kerze), sehr sporen- und pollenreiche, zähe und matte, gasreiche Steinkohle (= karbonischer Sapropelit).

Känophýtikum (griech. kainós = neu; phytón = Pflanze), die Neuzeit der pflanzlichen Entwicklung, vom Apt (= Aptium, obere Unterkreide) an.

Känozóikum (griech. kainós = neu; zóon = Lebewesen, Tier; -icum = lat. Nachsatz), geologisch-paläontologisches Zeitalter mit den Perioden 1. Tertiär, der Kreide folgend. Die Tertiärperiode hat folgende Epochen (mit mittlerem Alter derselben): Eozän (80 Mill. Jahre), Oligozän (15. Mill. J.), Miozän (5 Mill. J.), Pliozän (1 Mill. J.). 2. Quartär mit Pleistozän und Holozän (= Jetztzeit). – Paläobotanisch wird wegen des Vorherrschens und der Entwicklung der Angiospermae das Känozoikum als Angiosperm-Zeit bezeichnet. Andere Zeitalter → Archaikum, Paläo- und Mesozoikum.

Kätzchen (Amentum), ein meist hängender, ähriger Blütenstand, bei dem in der Achsel der Deckblätter entweder Einzelblüten oder 3blütige Dichasien stehen.

Kätzchensucht, anomale Vermehrung der Kätzchen zu Büscheln bei Kätzchenblütlern.

Kahlschlagbetrieb, forstwirtschaftliche Bewirtschaftungsform, bei der der Holzbestand entweder ganz oder einstweilen nur auf einem Streifen vollständig (kahl) abgehauen und durch Saat oder Pflanzung oder Seitenbesamung wieder aufgeforstet wird. Andere Bewirtschaftungsformen z. B.: → Plenter-, Femelschlag-, Schirmschlagbetrieb.

Kahmhaut, aus Bakterien oder Kahmhefen bestehende dünne Haut auf der Oberfläche von Nährlösungen und stehenden Flüssigkeiten.

Kahmhefen, Hefen, die mit großer Leichtigkeit trockene, matte, luftgefüllte Häute (Kahmhäute) auf zuckerhaltigen oder schwach alkoholischen Flüssigkeiten bilden. Kahmhautbildner sind u. a. die Spec. der Gattungen: Mycoderma, Hansenula und Pichia.

káido, japan. Bezeichnung einer Apfelbaumart (kaido).

káki, japan. Name einer Dióspyros-Art, die in Südeuropa als Fruchtbaum angepflanzte Kaki-Pflaume Diospyros kaki L.

kaktoíd, kaktusähnlich.

Kalánchoe, f., Gatt. der Crassuláceae (chines. Volksname).

káli, aus dem Arab.: Asche von Salzpflanzen.

Kalibrierung, Siebsortierung von Saatgut nach Größe und Form.

Kalídium, n., Gatt. der Chenopodiáceae. Spec: K. arábicum Moq.

Kalímeris, f., Gatt. der Asteráceae (griech. kalos = schön; meris = Teil).

Kalkalgen, kalkabscheidende Algen, seit dem Ordovizium.

Kalkflieher (Kalkmeider), 1. Arten, die durch Kalklösungen geschädigt oder in ihrer Entwicklung gehemmt werden; 2. acidophile Arten, die nur oder vorwiegend auf saurem Boden gedeihen.

kalkhold (kalkliebend), vorzugsweise auf kalkreichen Böden vorkommende Arten.

Kalkpflanzen, Basiphyten, Pflanzen, die vorzugsweise oder ausschließlich auf Böden mit hohem Calciumcarbonatgehalt siedeln.

kalkstét (kalkzeigend), ausschließlich, auf kalkreichen Böden wachsende Arten.

Kalkzeiger, Pflanzenarten, die zufolge häufigen Vorkommens bzw. guten Gedeihens einen basischen Standort anzeigen; → Indikatoren für ± basische Standorte.

Kallose (lat. cállum = harte Haut, Schwarte), aus Traubenzucker aufgebautes Polysaccharid, das als dünne Lamelle alle freien Oberflächen der Siebplatte in den Siebröhrchen überzieht. Im Herbst kommt es zur verstärkten Kallosebildung in den Siebröhren und somit zum Verschluß der Siebplatten (→ Kallusplatten).

Kállus (lat. cállum = harte Haut, Schwarte, Schwiele), Wundgewebe, das in der Regel entsteht, wenn eine Wunde junges Gewebe bloßlegt und die Wunden durch Überwallung geschlossen werden.

Kallusplatte (lat. cállum = harte Haut, Schwarte, Schwiele), Siebplattenverschluß durch Polysaccharid Kallose; tritt auf bei alternden Siebröhren. Die im Herbst gebildeten Kallusplatten können bei manchen Pflanzen (z. B. Wein) im Frühjahr wieder aufgelöst werden.

Kalmia, f., Gatt. der Ericáceae (nach dem schwed. Botan. Pehr Kalm, 1715–1779) – Lorbeerrose; fossil seit dem Miozän.

kalmiaeflórus, -a, -um, kalmienblütig.

Kalmiópsis, f., Gatt. der Ericáceae (nach dem Gattungsnamen Kálmia und griech. opsis = Aussehen; wegen Ähnlichkeit).

Kalópanax, m., Gatt. der Araliáceae (griech. kalos = schön und Gattungsname Pánax).

Kaloríe (lat. cálor, -óris = Wärme, Hitze, Glut, Feuer), die Wärmemenge, die nötig ist, um 1 kg (bei einer großen Kalorie = eine Kilokalorie = kcal) bzw. 1 g (bei einer kleinen Kalorie = cal) Wasser von 14,5 °C auf 15,5 °C zu erwärmen. – Durch → Joule ersetzte Einheit der Wärmeangabe.

Kaloríenwert, Energiewert eines Materials; Brennwert.

Kalthaus → Frigidarium.

Kaltkeimer, Pflanzen, deren Samen oder Früchte bei relativ niedrigen Temperaturen keimen.

Kaltnaßbehandlung, Aufbewahrung von vollständig gequollenem Saatgut bei +2 bis +5 °C zur Überwindung der Keimruhe oder zur Beschleunigung des Auflaufens.

Kalýptra (griech. kalýptra = Decke, Deckel, Schleier), 1. Wurzelhaube, bestehend aus Dauergewebe, das fingerhutartig den Vegetationskegel der Wurzelspitze umgibt. Die Kalyptra wird ständig erneuert, da die Außenzellen beim Vordringen der Wurzel verbraucht werden. 2. Von einem befruchteten → Archegonium ausgehendes, häufig Stengelteile einbeziehendes, gametophytisches Hüllorgan des Embryos der Moose und Farne, bei Laubmoosen zu einer basal abgelösten Hülle der reifenden Kapsel entwickelt.

Kalyptrogén, die Kalyptra erzeugende äußerste Zellschicht der Wurzelspitze.

Kambifórmzellen, im Siebteil auftretende Zellen, die den Geleitzellen ähneln, aber selbständig entstehen.

Kámbium (lat. cámbio = Wechsel, Tausch), teilungsfähiges Gewebe bei den Zweikeimblättrigen und Nadelbäumen, jedoch nicht bei den Einkeimblättrigen, bewirkt als Bildungsgewebe das sekundäre Dickenwachstum. Das Kambium liegt zunächst zwischen Sieb- und Gefäßteil und schließt sich später zu einem Hohlzylinder zusammen, der im Querschnitt der Sproßachse als ein geschlossener Ring erscheint.

Kámbrium, besser → Cambrium (engl. [lat.] Cambria, alter Name für Wales; vgl. Cambridge), erste Periode des geologischen Erdaltertums, die (von Domke) gemeinsam mit dem folgenden Silur als Tangzeit bezeichnet wird. Zunahme des Formenreichtums von Spaltpflanzen und höher differenzierten Algen ist im Kambrium nachgewiesen.

kammeriger (gekammerter) **Fruchtknoten,** Fruchtknoten, in dem die Scheidewände nicht bis zur Mitte reichen.

Kámpfer, in ätherischen Ölen vorkommende Oxidationsprodukte der Terpene.

kampylotróp (griech. kampé = Biegung, Krümmung, trópos = Richtung, Wendung), gekrümmt.

kampylotrópe Samenanlage (krummläufige S.), Samenanlage mit gekrümmtem Nucéllus und ± geradem Embryosack, die Mikropyle liegt dem Funiculus benachbart (vgl. anatrope S., amphitrope S.).

kamtscháticus, von der Halbinsel Kamtschatka (Ostasien) stammend.

Kanadabalsam (Balsamum canadense), Harz verschiedener nordamerikanischer Abies-Arten, insbesondere von Abies balsamea, wird für die Kittung optischer Linsen und zur Herstellung mikroskopischer Präparate verwendet.

Kannen, krugförmig gestaltete Blattspreiten von Nepenthes, die dem Tierfang dienen.

Kantenkollenchým, Kollenchym, deren Zellverdickungsschichten nur in den Ecken der Zellen angelegt sind, so daß die aneinanderstoßenden Zellen in den Winkeln einen dicken Membranstreifen besitzen → Kollenchym.

Kapazität (lat. cápere = nehmen, fassen), Aufnahmefähigkeit, Fassungsvermögen.

Kapilláre (lat. capíllus = Haar), Haarröhrchen.

Kapillarität, Anziehungskraft im Haarröhrchen.

Kapillarwasser, vom Boden zurückgehaltenes Haftwasser, das von den Pflanzen voll ausgenützt werden kann.

Kapillítium, fadenartiges Gerüstwerk bei Pilzen.

Kaprifikatión (lat. cápra = Ziege; fácere = tun), Aufhängen von Blütenständen der Ziegenfeige in den Kulturen der Eßfeigen.

Kapsel (lat. capsúla = kleiner Behälter), 1. bei Moosen der sporenbildende terminale Behälter (→ Sporangium) des → Sporophyten, gewöhnlich auf einem Stiel; 2. bei vielen Bakterien vorkommende, der Zellwand aufgelagerte Gallertschicht aus Polysacchariden (Dextran, Levan), Hyaluronsäure oder Polypeptiden. Die Mikrokapseln werden zur Zellwand gerechnet (z. B. Polysaccharide bei Pneumokokken) und sind für die Virulenz verantwortlich. Innerhalb einer species gibt es kapselbildende und kapsellose Stämme, selbst innerhalb einer Population kapselpositive und -negative Keime.

Kapselfrucht, aus mehreren verwachsenen Fruchtblättern entstehende trockenschalige Frucht, die sich auf verschiedene Weise öffnet und die Samen ausstreut.

Kapselfrüchte, in trockene und saftige Kapselfrüchte unterscheidbare Streufrüchte in der Fruchtformgruppe coenokarper Früchte.

káratas, westind. Name einer Bromélia-Art.

Karbohydrásen, kohlenhydratspaltende Fermente.

Karbon, (lat.), geolog. Periode des Erdaltertums, folgt dem Devon, gehört zum Pteridophytikum; Aufblühen der Pteridospermae, erstes Auftreten der Coniferae. Massenentwicklung der Pflanzenwelt führte zur Bildung umfangreicher Kohlenlagerstätten.

Karbonifikatión → Inkohlung.

Karboxylíerung, enzymatische Stoffwechselreaktion der CO_2-Bindung über aktivierte Zwischenstufe.

Karína (lat. Schiffskiel, Schiffchen) → Carína.

Karnivóre (lat. cáro, cárnis = Fleisch; voráre = hinunterschlingen, fressen), Pflanzen, die zwar völlig autotroph leben können, außerdem aber mit Einrichtungen zum Fangen und Festhalten kleiner Tiere (Insekten) ausgestattet sind, die sie verdauen und sich als Nahrung (tierisches Eiweiß) nutzbar machen. Die Fangeinrichtungen sind verschieden ausgebildet (z. B. Sonnentau, Wasserschlauch, Venusfliegenfalle).

Karotíne (leitet sich primär vom lat. cáro = Fleisch bzw. dessen Farbe ab; lat. caróta = Möhre), orangerote (gelbrote) Farbstoffe, die in geringer Menge in den Chloroplasten, in größerer Menge in den Chromoplasten vorkommen; chemisch: ungesättigte Kohlenwasserstoffe, die durch Oxidation Xanthophylle ergeben.

Karotinoíde, eine Gruppe ungesättigter, farbiger aliphatischer Kohlenwasserstoffe sowie einige sauerstoffhaltige Derivate mit ähnlichen physikalischen Eigenschaften.

Karpélle (griech. karpós = Frucht), Fruchtblätter. Bei den Gymnospermae tragen die Fruchtblätter (auch Makrosporophylle genannt) die Samenanlagen (= auch Makrosporangien) offen. Bei den Angiospermae bilden die Fruchtblätter – entweder jedes für sich oder zu mehreren verwachsen – geschlossene Hohlräume, die Fruchtknoten, in denen die Makrosporangien eingeschlossen sind. → Fruchtblätter.

Karpellomaníe, sämtliche Blütenkreise bestehen aus Fruchtblättern.

Karpogónium (griech. karpós = Frucht; góne = Nachkommenschaft,) weibliches → Gametangium bei Rotalgen.

Karpolíth (griech. karpós = Frucht; líthos = Stein), versteinerte Frucht.

Karpologíe, Lehre von den Pflanzenfrüchten.

Karpophór (griech. karpós = Frucht; phérein = tragen; also »Fruchtträger«), bei den Apiáceae die Mittelsäule, die bei der Teilung der Frucht auf dem Blütenstiel stehenbleibt und die beiden Teilfrüchte trägt.

Karpospóre (griech. karpós = Frucht; spóros = Keim), ungeschlechtliche, nackte, kugelige Spore, die einen Kern und Chromatophor führt und in den anschwellenden Endzellen der sporogenen Fäden erzeugt wird.

Karposporophýt (griech- → Karpospore; phytón = Pflanze), sporogenes, wenigzelliges, fädiges Gebilde, das dem Gametophyten aufsitzt und von ihm ernährt wird (bei Florideae).

Karpotropísmus, Bewegungen, die zum Schutze der reifen Frucht erfolgen oder als Nutationsbewegungen die Aussaat der Samen erleichtern; → Tropismen.

Karpoxeníe (griech. karpós = Frucht; xénion = Geschenk), Frucht, deren Eigenschaften durch den Pollen der Vaterpflanze beeinflußt worden sind.

Karpozoospóren (griech.), zweigeißelige → Zoosporen, die zu 8 bis 16 bei der Keimung der Oospore entstehen (z. B. bei Coleochaete).

Karst (nach dem Karstgebirge an der Adriaküste), Sammelbezeichnung für Wirkungen der Erosion und der Auslaugung vegetationsarmer Kalkgebirge.

Karstheide, Hartwiesen kahler, öder Hänge auf trockenen Karststandorten.

Karúnkula (lat.) kleiner Keimwulst, Wucherung des Samenmundes.

karwinskiána, nach dem bayr. Baron Wilh. Karwinsky von Karwin, gest. 2.3.1855.

Karyobiónta (griech. káryon = Kern; bióein = leben, bióntos = Genit. des Partizips Präsens), allgemeine Bezeichnung für Lebewesen mit Kern; identisch mit → Nucleobionta.

Karyodésmen (griech. káryon = Nuß, Kern; desmós = Verbindung, Band, Bindemittel), Verbindungen zwischen Kern und Zytoplasma, die durch die Kernmembran hindurchführen.

Karyogamíe (griech. káryon = Kern; gamein = heiraten), Kernverschmelzung, wesentlichster Vorgang bei der Befruchtung.

Karyográmm, Gesamtheit der Chromosomen einer Zelle, nach Zahl und Morphologie graphisch dargestellt (→ Idiogramm).

Karyokinése (griech. káryon = Kern; kínesis = Bewegung), gebräuchliche Bezeichnung für die Mitose (→ indirekte Zellteilung).

Karyologíe (griech. káryon = Kern; lógos = Lehre), Lehre vom Zellkern.

Karyolýmphe (griech. káryon = Kern; lat. lympha = Flüssigkeit), plasmatische Grundsubstanz des Zellkerns. Hiermit kann auch die stark gequollene Matrix der Chromosomen gemeint sein.

Karyolýse (griech. káryon = Kern; lýsis = Auflösung), nach dem Zelltod auftretende Kernauflösung.

Karyoplást (griech., káryon = Kern; plastós = geformt, gebildet), Gesamtkörper des Zellkerns.

Karyópse (griech., káryon = Nuß, Kern; ópsis = Aussehen), eine aus einem oberständigen Fruchtknoten entstandene Nuß, bei der Fruchtwand und Samenschale miteinander verwachsen sind (Frucht der Poáceae).

Karyotín (griech. káryon = Kern), in der Botanik angewandter Ausdruck für die stark färbbare Kernsubstanz Chromatin.

Karyotýp, Gesamtheit der Chromosomen des Individuums, die sich unterscheiden durch: a) die Grundzahl x; b) Größe und Form der Chromosomen des Satzes; c) Zahl und relative Größe der sekundären Einschnürungen; d) absolute Chromosomengröße; e) Verteilung von Eu- und Heterochromatin.

Karyotypevolutión (lat. evolutio = Entwicklung), 1. durch → Translokationen und → Inversionen auftretende, progressive Reduktion der Basischromosomenzahl x; 2. fortschreitende Asymmetrie der Chromosomen.

Kastratión (lat. castráre = verschneiden), künstliche Entfernung der männlichen und weiblichen Fortpflanzungsorgane.

kat-, katá, griech. Praeposition, häufig in zusammengesetzten Wörtern, bedeutet: hinab, herab, entgegen, gänzlich.

Katabolísmus (griech. katabolé = das Niederlegen, Niederwerfen; leitet sich von katabállo her), zerlegender Stoffwechsel.

katadróm (griech. katá = abwärts; drómos = Lauf; »hinabverlaufend«), Bezeichnung für Verzweigungsform, bei der die erste Fieder eines Wedels oder die erste Ader eines Blattes bzw. eines Fiederchens zur Wedelbasis gerichtet ist. Vgl. anadrom.

Kataláse, Enzym, das spezifisch Wasserstoffperoxid zu Wasser und Sauerstoff zersetzt.

Katalysátor, in sehr geringen Mengen wirkende Substanz, die chemische Reaktionen einleitet oder beschleunigt, ohne selbst im Endprodukt in Erscheinung zu treten, sich zu verändern oder zu verausgaben.

Katalýse (griech. katálysis = Auflösung, Sturz, Beendigung), Einleitung, Beschleunigung oder Verlangsamung einer chemischen Reaktion durch die Gegenwart eines Katalysators.

Kataphýlla (griech. katá = abwärts; phyllon = das Blatt), Niederblätter, die weitgehend nur aus dem Blattgrund hervorgehen.

Katapultkapsel, Sonderform trockener → Kapselfrüchte, z. B. bei Geranium.

Katatonóse (griech. katá = abwärts; tónos = Spannung, Druck), Sinken des osmotischen Wertes des Zellsaftes.

Kategoríe → Rangstufe.

Katharobiónten (griech.) katharós = rein, sauber; biónta = Lebewesen), Organismen, die in der Regel nur im reinen Wasser leben.

Kathóde, negative Elektrode.

Kauliflorie (Stammblütigkeit), (lat. caulis = Stengel; flos, flóris = Blume), Auftreten von Blüten und Früchten an den bereits verholzten Teilen des Stammes von Holzpflanzen dadurch, daß schlafende Knospen erst nachträglich zu Entwicklung und Blütenbildung gelangen. (Bekanntes Beispiel: Theobroma cacao – Kakaobaum.)

Kaulis (lat. caulis von griech. kaulós = Strunk, Stengel), → Stengel, Sproß.

Kauloíd (griech.), »sproßähnliches« Organ bei niederen Pflanzen.

Kaulóm (griech. → kaólus), Sproßachse.

Kausalbehandlung (lat. causa = Ursache), Behandlung einer Krankheit bei Pflanze, Tier oder Mensch nach der Ursache.

Káustik, Synonym oder gleichbedeutendes Wort für → Kauterisation.

Kauterisatión, (griech. kautérion = Brenneisen), Gewebszerstörung durch Brenn- oder Ätzmittel.

keaki, japan. Name für Zélkowa-Arten.

Kedróstis, f., Gatt. der Cucurbitáceae (griech. Pflanzenname).

Keferstéinia, f., Gatt. der Orchidáceae (nach dem Orchideenzüchter Keferstein, 19. Jh.).

Keimbereitschaft, Keimfähigkeit der Samen bei Eintritt der Keimbedingungen.

Keimbett, das Keimmedium, das die entsprechenden Keimbedingungen garantiert (z. B. für zu untersuchende Samen).

Keimblätter → Kotyledonen.

Keimdauer, die Anzahl der Tage vom Auslegen der Samen oder Früchte bis zur Keimung. Die »mittlere Keimdauer« wird errechnet, indem man das an den einzelnen Tagen ermittelte Keimprozent mit dem betreffenden Zeitintervall seit dem Auslegen (in Tagen) multipliziert und die Summe sämtlicher Produkte durch die Prozentzahl der insgesamt gekeimten Samen dividiert.

Keimenergie, Fähigkeit der Keimlinge, ein Medium von bestimmter Konsistenz u. Dicke zu durchwachsen, bei der Saat(gut)wertprüfung auch Triebkraft genannt.

Keimfähigkeit, der Prozentsatz der keimfähigen Samen (bzw. entsprechender fertiler Diasporen) einer zu prüfenden Probe bei Anwendung der im Standard festgelegten Prüfmethodik (einschl. Normen).

Keimfähigkeitsquotient, Verhältnis von Feldaufgang zu Keimfähigkeit im Laboratorium.

Keimhemmung, das vollständige oder teilweise Ausbleiben der Keimung trotz normaler Keimbedingungen, kann bewirkt werden von Hemmstoffen, Beschaffenheit von Frucht- und Samenschale und ist von der Keimruhe nicht klar zu trennen. Syn. Keimungshemmung.

Keimkörper = Brutkörper.

Keimkraft, Fähigkeit der Samen, sich unter bestimmten Bedingungen bis zu einem selbständig assimilierenden oder sich selbst ernährenden Individuum zu entwickeln.

Keimling, ein bereits gekeimter Embryo bis zu seiner selbständigen Ernährung.

Keimplasmamischungshypothese, theoretische Vorstellung vom Wesen der Sexualität, nach der das Wesen der Befruchtung in der zustande gekommenen Vermischung der beiden Keimplasmen, also gleichsam der Repräsentanten zweier vorher getrennter Individuen, zu einem neuen Individuum liegt (Weissmann).

Keimpoténz (= Keimvermögen), Lebensfähigkeit der Samen in Prozent, gibt an, daß sofort oder nach Überwindung der Keimruhe Keimpflanzen ausgebildet werden können. Sie kann vielfach auf biochemischem oder biophysikalischem Wege ermittelt werden, z. B. durch die topographische Tetrazoliummethode oder die Säure-Fuchsin-Methode.

Keimprüfung, die Feststellung der Keimfähigkeit im Laboratorium; Syn. Keimfähigkeitsuntersuchung.

Keimreife, das Stadium der Samen, in dem sie ihre Keimbereitschaft erlangen; ihr Eintritt ist von den Witterungsbedingungen abhängig und auch sortenspezifisch.

Keimruhe, innere Bedingung des Chemismus oder des Entwicklungsstadiums eines lebensfähigen Samens, welche die Keimung trotz Vorhandenseins günstiger Temperatur und Feuchtigkeit verhindert. Man unterscheidet allgemein: 1. primäre Keimruhe (bedingt durch Einwirkungen vor der Reife oder Ernte); 2. sekundäre Keimruhe (durch Einflüsse nach der Reife oder Ernte). Syn. Dormanz, Keimunreife.

Keimsack → Embryosack.

Keimscheide (Koleoptile), Schutzorgan für das aufgehende erste Blatt einer Graspflanze.

Keimschnelligkeit, die in Prozent angegebene Anzahl von Samen, die in der je nach Pflanzenart und Vorschrift unterschiedlichen Zeit von $^1/_5$ bis $^1/_2$ der für die Ermittlung der Keimfähigkeit vorgeschriebenen Keimprüfungsdauer gekeimt haben. Ein genaueres Maß für die Schnelligkeit der Keimung ist die mittlere Keimdauer. Als Wertmaßstab für das Saatgut ohne Aussage.

Keimstengel, → Hypotokyl.

Keimstimmung, Bereitschaft des Saat- und Pflanzgutes, unter normalen Bedingungen zu keimen. Die Keimstimmung kann durch bestimmte Maßnahmen induziert (hervorgerufen, auch beschleunigt) werden.

Keimsumme, der prozentuale Anteil von Saatguteinheiten, die keimen bzw. aufgehen (unter bestimmten bzw. festgelegten Keimbettbedingungen) als Resultat der Saatgutbeurteilung (bzw. der Keimfähigkeit). Erfolgt die Ermittlung der Keimsumme unter natürlichen Bedingungen, wird von → Feldkeimsumme gesprochen (im Ggs. zu den artspezifischen Tests von Keimproben in Gefäßen mit entsprechend normativ präpariertem Keimbett); eine Vorbehandlung des Saatgutes ist (unter dem Praxisaspekt) nicht statthaft.

Keimtemperatur, Temperatur des Keimbettes bzw. der Umgebung der keimenden Samen.

Keimtemperaturminimum, untere, zur Keimung erforderliche Temperaturgrenze. Sie ist bei den einzelnen Pflanzenarten verschieden.

Keimung, erstes Wachstum des pflanzlichen Embryos, wobei die Keimwurzel (Radicula) die Samen- oder Fruchtschale durchbricht.

Keimverzug, verspätete Keimung, die durch schwere Quellbarkeit der Samenschale oder durch ungünstige Keimungsbedingungen verursacht wird.

Keimwurzel (Radicula), die erste Wurzel des Embryos.

Keimzahl, die bei der Keimprüfung ermittelte durchschnittliche Anzahl Keimpflanzen je keimfähige Saatguteinheit (insbes. bei Betarüben).

Keimzelle, Geschlechtszelle, Gamet.

Kelch (Cályx), der äußere, meist grüne Kreis einer doppelten Blütenhülle.

kelchartig, Bezeichnung für eine Blüte, deren Blütenhüllblätter (Krone und Kelch) alle kelchähnlich sind.

Kellerschimmel = Penicillium commune, überall massenhaft vorkommende Art, verursacht muffigen »Schimmelgeruch«, gefährlich wegen Fettspaltungsvermögen; besonders angereichert mit Sporen ist Milch aus Ställen, in denen verschimmeltes Futter o. verschimmelte Spreu verwendet werden.

Kennart, durch Tüxen als Syn. für den Begriff → Charakterart eingeführte Bezeichnung.

Kennart, absolute, nur in einer Pflanzengemeinschaft auftretende Art.

Kennart, feste, sehr stark an eine Pflanzengemeinschaft gebundene Art.

Kennart, holde, minder stark an eine Pflanzengemeinschaft gebundene Art.

Kennart, lokale, für ein begrenztes Gebiet geltende Charakterart.

Kennart, territoriale, für ein größeres Gebiet geltende Charakterart.

Kennart, treue, eine noch gut an eine Pflanzengesellschaft gebundene Charakterart.

Kennart, übergreifende, auch in anderen Pflanzengesellschaften vorkommende Charakterart.

Kennédya, f., Gatt. der Fabaceae (nach dem Londoner Gärtner Kennedy, 18. Jh.).

Kenokarpíe (griech. kenós = leer; karpós = Frucht), Bildung samenloser Früchte oder von Früchten mit tauben Samen wie bei vielen Kulturrassen.

Kéntia, f., Gatt. der Arecáceae (nach Wilhelm Kent, Engl., Gärtner und Missionar, gest. 1748).

Kentiópsis, f., Gatt. der Arecáceae (Palmen) (nach dem Gattungsnamen Kentia und griech. opsís = Aussehen; wegen der Ähnlichkeit).

Kentránthus, → Centranthus.

kentroides (griech.), spornähnlich.

kermésinus (arab. kermes = rot), karmoisinrot.

Kern, → Zellkern.

Kérnera, f., Gatt. der Brassicáceae (nach dem Stuttgarter Botan. J. S. Kerner, 1755–1830) – Kugelschötchen.

Kerngerüst, das aus Lignin bzw. auch Chromatin bestehende → Retikulum des Arbeits- oder Ruhekernes, wird durch die im Funktionszustand entspiralisierten Chromosomen gebildet.

Kernholz, der innere, ältere Teil des Holzkörpers vieler Laub- und Nadelhölzer, der am Wassertransport nicht mehr beteiligt ist. In ihm sind alle Zellen tot. Weiterhin ist er vom jüngeren Teil (Splintholz) in Substanzgehalt, Dichte und in der Färbung verschieden.

Kernkörperchen (Nukleólen, Nucléoli), ein abgerundetes, mit einer Membran versehenes, optisch homogenes Körperchen, dessen physiologische Rolle noch problematisch ist. Wenn vorhanden, sind die Kernkörperchen mit dem SAT-Chromosom verbunden.

Kernmembran (lat. membrána = zarte Haut), die den Kern gegen das umgebende Zytoplasma abgrenzende, doppelwandige Membran.

Kernphasenwechsel, Wechsel von Haploidie und Diploidie der Kerne im Entwicklungsgang aller Organismen, die sich geschlechtlich fortpflanzen.

Kernplasmarelatión (K/P.), gesetzmäßige physiologische und morphologische Beziehung (Relation) zwischen Zellkern und Plasma, die zusammen eine Einheit bilden.

Kernteilung, → Mitose, → Amitose.

Kernwuchs, in der Forstwirtschaft: eine aus dem Samen entstandene Pflanze.

Kérria, f., Gatt. der Rosáceae (nach William Kerr [aus Kew] der in China, auf Jawa und den Philippinen Pflanzen sammelte und 1814 auf Ceylon starb) – Ranunkelstrauch, Goldröschen.

kerrioídes, kerriaähnlich.

Keteléeria, f., Gatt. der Pináceae (nach dem belg.-franz. Gärtner und Botan. J. B. Keteleer, geb. 1813).

keulige Krone, Kronenform mit keulenförmiger Erweiterung der Kronröhre und nur undeutlichem Abheben des Saumes von der Röhre (Beinwell).

kewénsis, aus Kew bei London stammend.

Kibrálteil, → Siebteil.

Kíckxia, f., Gatt. der Scrophulariáceae (nach dem belg. Botan. J. Kickx, 1775–1831) – Tännelkraut.

Kienholz, mit Harz imprägniertes Holz der Nadelbäume.

Kieselgur, f., (niederdeutscher Volksausdruck), → Diatomeenerde.

kieselhold (kieseldeutend), vorwiegend auf kalkarmen Böden wachsend.

Kieselpflanzen, 1. Pflanzen, die beträchtliche Mengen von Kieselsäure in den Membranen ihrer Zellen speichern; 2. Pflanzen, die ausschließlich auf kieselhaltigen, kalk- bzw. mineralarmen Böden wachsen.

kieselstet (kieselzeigend), ausschließlich auf kalk- bzw. mineralarmen Böden wachsend.

Kigélia, f., Gatt. der Bignoniáceae; malabar. Vernakularname. Spec.: K. africana (im trop. W-Afrika) – Leberwurstbaum.

Kiggelária, f., Gatt. der Flacourtiáceae (nach dem holländ. Botan. Kiggelaer, um 1700).

Kindel, 1. Zur Vermehrung verwendbare Seitensprosse (z. B. bei Bromeliáceae, Crassuláceae); 2. Auswüchse der Kartoffelknollen, die nach vorübergehendem Wachstumsstillstand zustande kommen; 3. kohlensaurer Kalk, der im Lößlehm in Form merkwürdig geformter Konkretionen ausgeschieden wurde.

kinétischer Kern (griech. kinē̄in = bewegen), in Teilung befindlicher Kern.

Kinetochór, → Centrómer.

Kinetonéma (griech. kinetés = der Bewegung; néma = Faden), Spindelfaseransatzstelle des Chromosoms = Centromer.

Kíngia, f., Gatt. der Juncáceae. Spec.: K. australis R. Br.

Kinosóm (griech. kinē̄in = bewegen; sóma = Körper), kleiner Körper im Centromer auf jedem Chromonema.

Kirengeshóma, f., Gatt. der Saxifragáceae (japan. Pflanzenname).

kirgísicus, aus der Kirgisensteppe (Mittelasien) stammend.

Kitaibélia, f., Gatt. der Malváceae (nach dem ungar. Botan. Paul Kitaibel, 1757–1817).

Kladódien (griech. kládos = Schößling, Zweig; kládion = kleiner Zweig), Platykladien, blattartig verbreiterte Langtriebe, grüne Flachsprosse, die bei Reduktion der Blätter deren Funktionen übernehmen (z. B. bei Opúntia, Muehlenbeckia).

Kladogenése (griech. kládos = Zweig; génesis = Entwicklung, Entstehung), Stammbaumentwicklung.

Kladomaníe (griech. kládos = Zweig; manía = Raserei, Wahnsinn, Wut), abnorm gesteigerte Neigung zur Bildung von Laubsprossen.

Klären, Beseitigung feiner Suspensionen aus Flüssigkeiten.

klappige Knospendeckung (valvate Ästivation), Knospendeckung, bei der die benachbarten Blätter eines Quirls mit ihren Rändern aneinanderstoßen.

Klasse (clássis), 1. systematische Hauptkategorie oberhalb der Ordnung (→ Rangstufe); 2. höhere Vegetationseinheit (nach Braun-Blanquet), entspricht oft einer Formation.

Klausen (lat. claudere = schließen), die vier einsamigen Teilfrüchte, in welche die Frucht der Boragináceae und Lamiáceae zerfällt, deren zweiblättriger Fruchtknoten durch falsche Scheidewände in vier Kammern geteilt wird.

Kleber (Glutén), stickstoffhaltige Bestandteile der Getreidekörner, die in Wasser unlöslich sind und nach Auswaschen der Stärke als klebrige, zähe Masse zurückbleiben; sein Gehalt bestimmt die Backfähigkeit des Getreides.

Kleberschicht, → Aleuronschicht.

Klebwarze, stärkehaltiges Anhängsel an Samen.

Kleegras, Sammelbegriff für eine Vielzahl möglicher Kombinationen von Klee- u. Grasarten (auch für Luzerne u. Gräser) für fast alle Klima- und Bodenbedingungen. Im engeren Sinne wird unter Kleegras meist Rotklee-Gras-Gemenge verstanden. Gegenüber Reinsaaten von Klee haben Kleegrasgemenge mehrere Vorteile. Wichtig ist die Wahl der richtigen Partner und deren mengenmäßige Beteiligung.

Klē̄inia, f., Gatt. der Asteráceae (nach dem deutsch. Botan. J. Th. Klein, 1685–1759).

Kleinmutationen, Mutationen, die nur eine geringfügige Veränderung des Phänotypes bewirken, aber beständig sind. Gegensatz → Großmutation.

kleistogáme Blüten (griech. kleistós = verschlossen; gámos = Ehe; also »verschlossenblütig«), Blüten, die sich nicht öffnen und sich im geschlossenen Zustand selbst bestäuben; → Zwangsbestäubung.

Kleistogámeon (griech. s. o.), Art mit ganzer oder teilweiser kleistogamer Vermehrung.

Kleistogamíe, Befruchtung innerhalb der nicht geöffneten Blüte, z. B. Veilchen.

Kleistokarpíe (griech. kleistós = verschlossen; karpós = Frucht), »Schließfrüchtigkeit«, 1. Fruchtbildung bei kleistogamen Blüten; 2. bei Pilzen vollständig geschlossener Fruchtkörper, aus dem die Sporen durch Zerfall oder Bruch der Wand frei werden; 3. Kleistokarpie bezeichnet auch schließfrüchtige Laubmoose mit Kapsel ohne abgegliederten Deckel. – Derartige Pflanzen sind kleistokarp (als Adjektiv).

Kleistopetalíe (griech. kleistós = verschlossen; pétalon = Blatt, Kronblatt), dauerndes Geschlossenbleiben der Blütenkronblätter (braucht nicht mit Kleistogamie gekoppelt zu sein).

Kleistothécium (griech. kleistós = geschlossen; théke = Gehäuse), völlig geschlossener Fruchtkörper (Ascokarp) bei Schlauchpilzen (Ascomycetes).

Kletterhaken, krallenförmig gebogene Kurztriebe, die sich nach dem Festfassen der Unterlage verdicken und verholzen.

Klettpflanzen, Pflanzen, die sich durch Organe, die hakig gekrümmte, nach rückwärts gerichtete Stacheln besitzen oder wenigstens rauh sind, an anderen Gegenständen festhaften.

Klima (griech. Neigung, Himmelsgegend), mittlerer Zustand der atmosphärischen Verhältnisse an einem bestimmten Ort, in einer Landschaft über einen längeren Zeitraum.

Klimaperiodizität, regelmäßiger Wechsel zwischen einer für das Pflanzenwachstum günstigen und einer dafür ungünstigen Zeit.

Klímax (griech. klimax = Stufe, Leiter), die klimatisch bedingte Schlußgesellschaft der Vegetationsentwicklung.

Klimaxformation (Endformation) (lat. formátio = Bildung), die natürliche Vegetation, die sich in einem Gebiet unter den heutigen klimatischen Bedingungen ohne menschlichen Einfluß im Laufe der Zeit einstellen würde, z. B. in Mitteleuropa, der sommergrüne Laubwald.

Klimaxgesellschaft, Schlußglied einer natürlichen Vegetationsentwicklung in einem klimatisch einheitlichen Gebiet mit mehr oder minder gleichbleibender Zusammensetzung der Pflanzengesellschaft, z. B. zusammenhängende Waldgebiete (→ Plagioklimaxgesellschaft).

Klimaxkomplex, Begriff für das Gesellschaftsinventar des Gesamtareals einer Schlußgesellschaft; er umfaßt alle Entwicklungsserien der gleichen Schlußgesellschaft.

Klimmhaken, Ausstülpungen der Oberhaut bei den Stengeln mancher Pflanzen, sie dienen zum Klettern.

Klimmstauden, ausdauernde Pflanzen mit klimmendem, alljährlich absterbendem Stengel und grundständigen Erneuerungsknospen.

Klinándrium, Hohlraum, der sich am Säulenende befindet und in den die Antheren hineinragen (z. B. bei Orchidáceae).

klinotróp (griech. klinē̃in = beugen, sich neigen; trópos = Wendung, Richtung), schief zur Richtung des Reizes gestellt.

Klon (griech. klon = Zweig, Nachkommenschaft), Gruppe von Individuen, die durch vegetative Vermehrung eines Individuums entstanden sind und die gleiche Erbmasse besitzen. Entstehung: a) Nucellarembryonen, b) Stecklinge, Knollen (Kartoffel), c) Vermehrung durch Pfropfung (Obst), d) Zellsprossung (Pilze).

Klúgia, f., Gatt. der Gesneriáceae (nach dem Berliner Zoologen Fr. Klug, 1. Hälfte des 19. Jh.).

Knäuel, → Glomerus.

Knaútia, f., Gatt. der Dipsacáceae (nach dem Arzt Christ. Knaut aus Halle, 1654–1716) – Witwenblume

knéme (griech), Knorpel, z. B. in → Polycnemum.

Knick (Heckenlandschaft), Form der Kulturlandschaft, in der das Grünland und die Felder von Hecken (in Schleswig-Holstein Knick genannt) umgeben sind. Die Hecken dienen in erster Linie dem Windschutz.

Knieholz, kniehohes Gestrüpp der Bergkiefer (Pínus múgo) oberhalb der Waldgrenze; unter dem Einfluß des Schneedrucks, der Windwirkung und der Kälte entstanden.

Kniphófia, f., Gatt. der Liliáceae (nach dem Erfurter Botan. Joh. Jerem. Kniphof, 1704–1765), Fackellilie (Tritoma), heimisch im Kapland, in Ostafrika, auf Madagaskar.

Knöllchenbakterien, Bakterien, die in Wurzelanschwellungen bestimmter Pflanzen (Leguminosen) leben und in der Symbiose mit der höheren Pflanze fähig sind, den Stickstoff der Luft zu binden.

Knollen, Speicherorgane, die metamorphosierte, fleischig angeschwollene Sproßachsen (Kartoffeln) oder Wurzeln (Dahlien) darstellen.

Knollengeophýten (griech. ge = Erde; phytón = Pflanze), Pflanzen, die unterirdische Speicher- und Überdauerungsorgane in Form von Knollen besitzen; Geophyten.

Knospe (Gemma), Jugendzustand eines Sprosses, in dem die wesentlichen Teile bereits angelegt, aber noch nicht voll entwikkelt sind. Anders formuliert: kompakter, noch gestauchter, unentwickelter Trieb, der eine Achse mit zahlreichen übereinanderliegenden, angelegten (unfertigen) Blättern enthält.

Knospendeckung (Ästivation), Stellung und Lage der Blätter eines Kreises zueinander in der Knospe.

Knospenlage (Vernation), Lage jedes einzelnen Blattes der Knospe für sich.

Knospenproterogynie (griech. próteros, próteron = früher, eher, vordem, vor; gyné = Weib), die Erscheinung, daß die Narbe vor dem Öffnen der Blüte empfängnisfähig ist.

Knospenschuppen (Tegmente), schuppenförmige, meist braune Niederblätter, welche die zarten Teile der Knospe schützen.

Knospung (Sprossung), eine Form der ungeschlechtlichen Fortpflanzung, bei der durch örtliche Wachstumsvorgänge Auswüchse entstehen, die sich ± vollständig von der Mutterpflanze ablösen.

Knoten (Nodium), die Ansatzstelle des Blattes am Stengel.

Koagulatión (lat. coágulum = Lab bzw. getrockneter Magen von Kälbern; coaguláre = gerinnen lassen), Übergang eines Kolloids vom löslichen in den unlöslichen Zustand, also vom Sol- in den Gelzustand; Gerinnen, Ausflocken.

Koazervát (lat. con = zusammen; acérvus = Haufe), Produkt, das durch Zusammenlagerung kolloider Moleküle (Eiweiß) entsteht. Der Vorgang heißt Koazervation.

Kobrésia, f., Gatt. der Cyperáceae (nach dem Augsburger Sammler T. v. Kobres, 1747–1823) – Schuppenriet, Kobresie.

kóbus, japan. Name einer Magnólia-Art, der Kobushi-M. – Magnolia kobus.

Kochenílle (span. cochinilla = scharlachrot, von lat. coccíneus), roter Farbstoff, der von der sich auf Opuntia vulgaris und O. coccínellifera lebenden und in Mexiko gezüchteten Schildlaus »Echte Kochenillelaus« (Dactylopus coccus) gebildet und aus dem das noch in der Mikroskopie verwendete Karmin bereitet wird.

Kóchia, f., Gatt. der Chenopodiáceae (nach dem Erlanger Botan. W. D. J. Koch, 1771–1849) – Radmelde.

Koeffiziént (lat. con = zusammen, mit; effícere = bewirken), Zahlenwert einer veränderlichen Größe in einem speziellen Fall; Verhältniszahl.

Koeléria, f., Gatt. der Poáceae (nach dem Mainzer Botan. G. L. Koeler, 1765 bis 1807) – Schillergras.

Koellikéria, f., Gatt. der Gesneriáceae (nach dem Botan. Alb. Koelliker, Schweiz, 19. Jh.).

Koelreutéria, f., Gatt. der Sapindáceae (nach dem Karlsruher Naturforscher. Jos. G. Koelreuter, 1733–1806) – Blasenesche; fossil seit dem Oligozän.

Koenígia, f., Gatt. der Polygonáceae; von Linné gegebener Name für die Gatt. zu Ehren von J. G. Koenig (1728–1785), deutsch. Naturforscher, bereiste SO-Asien, korrespondierte mit L.

koenozýtisch (griech. koinós = gemeinsam; kýtos = Höhlung, Zelle), Bezeichnung für Hyphen ohne Querwände (Septen). Vorkommen bei den Phycomycétes (= Algenpilzen).

Köpfchen (lat. Capítulum), ein razemöser Blütenstand mit verkürzter Hauptachse, an der die Einzelblüten sitzen. Er wird von einer Anzahl Hochblätter (→ Involucrum) umgeben und ähnelt äußerlich einer Einzelblüte.

Körbchen (lat. Caláthium), Blütenstand der Asteráceae, der aus einer stark verkürzten, verbreiterten, von Hüllblättern umgebenen Achse und meist vielen ungestielten, oft in der Achsel von Schuppenblättern (Spreublättern) sitzenden Blüten besteht.

Kohäsión (lat. con = zusammen; haerére = haften; also zusammenhaften), molekulare Binde- und Anziehungskraft zwischen den Teilchen desselben Körpers.

Kohäsionsbewegungen, Bewegungen pflanzlicher Gebilde, die durch Wasserverlust entstehen; »Zusammenziehungsbewegungen«.

Kohlendioxid, CO_2, Bestandteil der Luft, wichtigste Kohlenstoffquelle aller autotrophen Organismen. K. wird durch Photosynthese und Chemosynthese der autotrophen Lebewesen gebunden.

Kohlenhydráte, kettenförmige Kohlenwasserstoffverbindungen mit der allgemeinen Formel $C_x(H_2O)_y$, am besten bezeichnet als Aldehyde oder Ketone mehrwertiger Alkohole. Sie haben stets mindestens eine Hydroxylgruppe und außerdem eine Aldehyd- oder Ketongruppe.

Kohléria, f., Gatt. der Gesneriáceae (nach J. M. Kohler, Lehrer in der Schweiz, 19. Jh.).

kokanicus, -a, -um, aus Kokan in Turkestan stammend.

Kókken (griech. kókkos = Kern, Scharlachbeere), Bakterien in Kugelform.

Kokosmilch, Zellsaft im Nährgewebe der Kokosnuß.

Kolben (Spádix) razemöser Blütenstand, bei dem die gestreckte Achse, an der die ungestielten Blüten sitzen, dick und fleischig ist.

Koleoptíle (griech. koleós = Scheide) → Keimscheide.

Koleorhíza (Wurzelscheide), Hülle um die Radicula des Graskeimlings. Ihre Herkunft ist noch umstritten.

Kolk, m.; Plur.: Kolke; wassergefüllte Vertiefungen (in der Mitte der Hochfläche) der Hochmoore, auch »Mooraugen« genannt, Reste von verlandeten Gewässern.

Kolkwítzia, f., Gatt. der Caprifoliáceae (nach dem Berliner Botan. R. Kolkwitz, 20. Jh.).

kollaterál (lat. con = zusammen; látus, -eris = die Seite; collaterál = nebenständig, sich mit einer Seite berührend); 1. in einer Reihe nebeneinanderstehend (z. B. Beiknospen); Ggs. → serial; 2. Form des Leitbündels, bei dem der Siebteil gegen die Peripherie, der Holzteil gegen die Mitte der Achse zu liegt. Vorkommen: vor allem in den Sproßachsen der Samenpflanzen.

Kollatéren (griech. kólla = Leim; lat. elatráre = herausschleudern), Haargebilde, die auf den Deckschuppen der Winterknospen vieler Holzgewächse sitzen und Gemische von Gummi und Harz abscheiden; Leim- oder Drüsenzotten.

Kollenchým (griech. kólla = Leim; énchyme = das Eingegossene), lebendiges, wachstumsfähiges Festigungsgewebe mit ungleichen Zellulose- und Pektinverdickungen (gleichsam aufgeleimt) – besonders an den Zellkanten (Kantenkollenchym) oder an den tangentialen Wänden (Plattenkollenchym) –, ähnelt dem Parenchym und kann wie dieses Chloroplasten enthalten.

Kollenchýmzellen, Zellen, bei denen nur an bestimmten Stellen der Wand sekundäre Membranen aufgelagert werden, während andere Stellen unverdickt bleiben.

Kolloíde (griech. kólla = Leim, also leimartige Stoffe), Substanzen von bestimmter Größenordnung (0,1 μ bis 1 mμ), die weder molekular- noch grobdispers im Dispersionsmittel verteilt sind und so eine kolloide Lösung bilden. Jedes kolloide System kann in zwei Formen auftreten, als Sol und als Gel. Sole sind flüssig, Gele gallertartig. – Die Kolloide weisen eine Reihe von besonderen physikochemischen Eigenschaften auf (große Oberflächenwirkung u. a., vgl auch dispers, Sol und Gel).

kolomícta, mandschurischer Name einer Actinídia-Art, von Maximowicz für den in China und Japan heimischen Mandschurischen Strahlengriffel Actinidia kolomicta verwendet.

Koloníen (lat. cólere = wohnen, bewohnen), lockere Zellverbände, in denen die einzelnen Zellen bis zu einem gewissen Grade ihre Selbständigkeit behalten; die Zellen bleiben nach der Teilung vereint und werden vielfach durch Gallertmassen zusammengehalten. Kolonien kommen vor bei Bakterien, Blaualgen, Geißelalgen.

Kolonisten, naturalisierte Pflanzen.

Kolophónium, erhärtetes Harz. Das aus den Harzgängen der Koniferen bei eintretenden Beschädigungen ausfließende flüssige Terpentin, das sich in das flüchtige Terpentinöl (Pinen) und das erhärtende Harz = Kolophonium trennt.

Kolorimetrie (lat. cólor = Farbe; griech. métron = Maß, Messen), Bestimmung des Farbstoffgehaltes einer Lösung durch Vergleich mit Standardlösungen, die bekannte Mengen desselben Farbstoffes enthalten.

Kombinationsregel, Erkenntnis, daß die Verteilung der Erbanlagen in der zweiten Bastardgeneration gesetzmäßig ist und von der Kombination der Gameten abhängt, die nach den Regeln des Zufalls erfolgt, → Mendelsche Regeln.

Kombinationszüchtung, Züchtungsverfahren, bei dem durch Kreuzung genotypisch verschiedener Eltern künstliche Erbvariationen geschaffen werden, welche die Grundlage der weiteren Auslesearbeit bilden.

Kommabazillus, der kommaähnliche Erreger der asiatischen Cholera, von R. Koch 1883 in Alexandria entdeckt.

Kommensálen (lat. commensáles = Tischgenossen, abgeleitet von lat. ménsa = Tisch), Bezeichnung für Arten, die unter den besonderen Bedingungen eines Standortes dauernd nebeneinander zu gedeihen vermögen, z. B. Arten einer Pflanzengesellschaft.

Kommensalverbindungen: Organismen, die getrennt in den Wettbewerb für Lebensbedingungen eintreten und deren Zusammenleben darauf beruht, daß sie sich gleichzeitig die verschiedenartigen Lebensmöglichkeiten, die ein (bestimmter) Standort bietet, zunutze machen. Die Beziehungen zwischen den einzelnen Kommensalen beruhen auf dem »Kampf« um Raum, Licht und Nahrung.

Kommissúr (lat. commissúra = Naht, »Kommissur«), an bestimmter Stelle vorgebildete Einschnürung an den Chromosomen, die diese in zwei Schenkel teilt und das → Centromer einschließt.

Kommissuralnerven, Nerven, die den Verwachsungsnähten entsprechen.

kompákt (lat. compáctus), zusammengedrängt, dicht, fest, gedrungen, dick.

Kompaßpflanzen, sie zeigen wie ein Kompaß die Himmelsrichtung an, indem sie ihre Blätter so stellen, daß die Flächen nach Ost und West, die Ränder nach Nord und Süd gestellt sind. Dadurch kann die schwächere Morgen- und Abendsonne zur Assimilation voll ausgenutzt werden; die Mittagssonne trifft dagegen nur die Schmalseite des Blattes; vgl. auch: Silphium.

kompatíbel (lat. cum = mit, zusammen; pati, patior, pássus sum = dulden, ertragen), verträglich; → inkompatibel.

Kompensatión, (lat.) Ausgleich.

Kompensationsebene, die (horizontal gedachte) Tiefenschicht eines Gewässers, in der die Strahlungsenergie so gering ist, daß im Tagesrhythmus die Biomasseproduktion durch Photosynthese von den Produzenten völlig wieder veratmet wird und somit keine positive Nettoproduktion entsteht. Die Tiefenlage der Kompensationsebene ist abhängig von optischen (also Licht-) Eigenschaften des Gewässers und hat im Jahresablauf (oft) erhebliche Schwankungen.

Kompensatiónspunkt (lat. compensátio, -ónis = Ausgleich), Lichtintensität, bei der die CO_2-Aufnahme (Assimilation) der CO_2-Ausscheidung (Atmung) die Waage hält.

Kompeténz, die Fähigkeit von embryonalem Gewebe, auf einen Reiz zu reagieren, der eine Entwicklung in bestimmter Richtung bewirkt. Vor der Determination sind Gewebe gewöhnlich kompetent (fähig), sich in mehreren verschiedenen Richtungen zu entwickeln. Wenn Gewebe determiniert sind, verlieren sie ihre Kompetenz.

kompetitíve Hemmung (lat. competítus = zusammengetroffen), Verdrängungshemmung, Hemmung der Enzymkatalyse durch Inhibitoren, die durch Erhöhung der Substratkonzentration aufgehoben werden kann.

Kompletíne (lat. complétus = ergänzt, vollwertig gemacht), Ergänzungsstoffe, Synonym für Vitamine.

Komplexión (lat. compléxio, -onis = Ausdruck), inneres physiologisches Kennzeichen des Phänotypes.

Kompléxversuch, Feldversuch zur Klärung der Wechselbeziehungen verschiedener variierbarer Faktoren wie Düngung, Pflanzenbestand, Genotyp.

Komponénte (lat. compónere = zusammensetzen), Bestandteil oder jeder zusammensetzende Teil eines Ganzen.

Kompóst (lat. compónere = zusammensetzen; compósitum = das Zusammengesetzte), der an Humus konzentrierteste organische Dünger oder Wirtschaftsdünger, bereitet aus allen anfallenden organischen Abfällen, Zusatz von Tierkot, Stalldung, Jauche und Feinerde.

Kondensatión (lat. condénsus = dichtgedrängt), Zusammenlagerung organischer Verbindungen unter Wasseraustritt, z. B. Monosaccharid + Monosaccharid → Disaccharid + H_2O.

Kondúktor (lat. condúctor = Unternehmer, »Mitführer«), Träger rezessiver Erbanlagen.

Konfiguration (lat. con = zusammen; figúra = Gebilde, Gestalt, Gestaltung), 1. die räumliche Anordnung der Atomgruppen einer Verbindung, besonders bei optisch aktiven Verbindungen; 2. gepaarte Chromosomen in der Meiose (→ Bivalent).

kongenitál (lat. con = zusammen; genitális = zur Geburt bzw. Entstehung gehörig), zugleich mit der Entstehung von Beginn an vorhanden, z. B. bei einem Merkmal oder einer Verwachsung (vgl. Konkaulescénz).

Kongopapier, Filtrierpapier, das in Kongorot getränkt ist.

Konídien (griech. kónis = Staub, weil die Sporen fein wie Staub sind), alle Sporen (Außen-, Ekto- oder Exosporen), die am Myzel exogen durch Abschnürung, Abtrennung oder Knospung entstehen. Sie sind gestielt oder ungestielt und stehen lateral (seitlich) oder terminal (endständig) am Myzel. – Sind sie gestielt, heißt die Trägerhyphe der einen Spore oder mehrerer Sporen Konidiophore, die sich bei höheren Pilzen zu größeren Verbänden zusammenschließen können. Form und Ansatz am Myzel der Konidien und Konidiophoren sind bei den einzelnen Pilzgruppen verschieden.

Koniféren, Nadelhölzer, Gruppe (Cl.) der Nacktsamer; die Koniferen oder → Coniferae rechnet man in die »mikrophylle« Linie (der Gymnospermen), gemeinsam mit den Cordaiten und Ginkgogewächsen; → Nacktsamer.

Kóniga, f., Gatt. der Brassicáceae (nach dem engl. Botan. R. Br. Konig, um 1800).

Konjugatión (lat. conjugátio = Vereinigung), als Konjugation bezeichnet man: a) Paarung homologer Chromosomen in der Meiose. b) Aneinanderlegen zweier Individuen zwecks Kernaustausches, z. B. während der Vermehrung bei Jochalgen (und auch beim Wimpertierchen).

konjugíerte Kernteilung, gekoppelte Teilung der beiden in einer Zelle gewisser Algen und Pilze auftretenden zwei Gametenkerne, die hier durch eine Verzögerung der Sexualkernverschmelzung eine ± lange Zeit nebeneinander liegenbleiben.

Konkaulescénz (lat. con = zusammen; cauléscere = Stengel bilden; caulículus = Sproßtrieb), Verlagerung der Ansatzstellen von Tragblatt und Seitenzweig, beruht darauf, daß z. B. zwischen Blatt und Teilen der Mutterachse eine kongenitale Verwachsung eingetreten ist; häufiges Vorkommen bei Nachtschattengewächsen

konkáv (lat. cávus = hohl), nach innen gewölbt, vertieft. Ggs. konvex.

Konnektív (lat. connéctere = verknüpfen, verbinden, zusammenfügen), steriles Verbindungsstück zwischen den Staubbeutelhälften.

konservatíver Endemísmus, Reliktendemismus, Paläoendemismus (lat. conserváre = erhalten), Erscheinung, daß eine früher viel weiter verbreitete Art durch Isolierung dem Wettbewerb entzogen oder standortmäßig besonders begünstigt wurde und sich so in einem räumlich beschränkten Gebiet bis heute erhalten hat; → Endemiten.

Konsoziatión (lat. consociátus = innig verbunden), ein mehrschichtiger Pflanzenbestand, der nur in einer der Schichten eine Dominante (herrschende Art) hat, durch deren Dominanz er sich von ähnlichen Pflanzenbeständen unterscheidet.

Konstánte, eine Größe, die ihren Wert unter verschiedenen Bedingungen beibehält.

Konstánz, Stetigkeitsberechnung auf Basis gleich großer Probeflächen; allgem. Unveränderlichkeit.

Konstitutión, im weiteren Sinne das Reaktionsvermögen eines ausgewachsenen Organismus auf äußere Einflüsse; im engeren Sinne die Widerstandskraft und Gesundheit des Organismus.

Konsuménten (= Verbraucher; engl.: consumers), die sich von vorgebildeten organischen Stoffen ernährenden tierischen Organismen in einem Lebensraum. Dabei sind zu unterscheiden: Primär-Konsumenten wegen ihrer Ernährung durch/von pflanzlicher Biomasse, Sekundär-Konsum., die sich von tierischem Material ernähren. Heterotrophe Mikroorganismen sind (im strengen Sinne) auch Konsumenten, werden aber zweckmäßiger- und üblicherweise abgegrenzt als Destruenten bezeichnet, da sie (nur oder fast ausschließlich) tote organische Substanz verwerten.

Kontákt (lat. contáctus), Berührung.

Kontaktaréa, f., (lat. aréa = freier Platz), die Berührungsstelle bzw. -fläche der Sporen und Pollenkörper in der → Tetrade.

Kontaktgesellschaft, an eine Pflanzengesellschaft räumlich angrenzende andere Gesellschaft, oftmals eine Ersatzgesellschaft. Die Kontaktgesellschaften treten zu bestimmten Vegetationskomplexen zusammen.

Kontaminatión (lat. contamináre = entstellen, verdrehen, verunreinigen), Verseuchung, Verunreinigung oder Verschmutzung, z. B. mit pathogenen Mikroorganismen oder mit radioaktiven Stoffen. Analog spricht man auch von Dekontamination = Entseuchung, z. B. in der Phytopathologie.

kontinentále Pflanzen (lat. cóntinens = Festland, Kontinent; Partizip Präs. von continére = zusammenhaltend, -hängend), in der Pflanzengeographie Bezeichnung für Pflanzen, die an kontinentales Klima angepaßt sind.

kontinentáles Klima, Klima mit geringen Niederschlägen und größeren Temperaturunterschieden.

kontinuíerlich (lat. contínuus = ununterbrochen), fortlaufend, zusammenhängend.

Kontínuum (lat. → kontinuierlich), ohne merkliche Grenzen ineinander übergehende Pflanzengemeinschaften oder Vegetationseinheiten.

kontraktíle Vakuólen (lat. contráhere = zusammenziehen); rhythmisch sich zusammenziehende Bläschen bei Süßwasserprotozoen. Sie dienen der Osmoregulation der Zelle, d. h., sie sammeln das ständig in die Zelle eindringende Wasser und transportieren es aus der Zelle heraus.

Kontúr (franz. contour = Umriß; über ital., aus lat. contúeor = ich beschaue, überblicke), Umriß, Einfassung.

Konvergénz (lat. convérgere = sich zusammenneigen), äußerliche Ähnlichkeit genetisch verschiedener Pflanzen durch gleichsinnige Anpassung an analoge Lebensbedingungen.

Konvergénzzüchtung, eine weiterentwikkelte Form der Kombinationszüchtung mit dem Ziel der Verdrängung schlechter Merkmale durch wünschenswerte unter Beibehaltung der schon vorhandenen positiven Eigenschaften.

konvéx (lat.), convéxus = nach außen gewölbt, erhaben. Ggs. → konkav.

Konzentráte, Gruppe von Futtermitteln, deren Einsatz in der Fütterung durch einen hohen Gehalt an energetischen Futtereinheiten und/oder an verdaulichem Rohprotein in der Trockensubstanz bestimmt wird. Zur Gruppe der Konzentrate gehören auch die frischen und konservierten Produkte von Wurzeln und Beiprodukte der industriellen Verarbeitung. – Sie bilden z. B. für Schweine und Geflügel fast ausschließlich die Ernährungsgrundlage; bei Wiederkäuern stärker kombiniert mit »Grobfutterstoffen«, die hier den Hauptanteil in der Ernährung/Fütterung ausmachen.

Konzentratión, Gehalt einer Lösung an wirksamer Substanz; Verhältnis zwischen der Menge der gelösten Substanz zur Menge des Lösungsmittels.

konzentrisches Leitbündel, ein Leitbündel, das einen zentralen Gefäß- oder Siebstrang besitzt, der von einem mantelförmigen Sieb- oder Gefäßstrang umgeben wird.

Konzeptákeln, bei den Braunalgen Einsenkungen der Oberfläche an der Spitze besonderer Äste, in denen neben sterilen Haaren die weiblichen und männlichen Fortpflanzungsorgane sitzen.

Kopál (nach dem mexikan. Kopaibabaum), Sammelname für Naturharze tropischer Bäume. Echte Kopale sind hart und fossil, unechte weich und nicht fossil.

Kopfsalat, Trivialbezeichnung für: Lactúca

satíva var. capítata, als besonders in Europa angebaute Salatpflanze mit kopfförmig geschlossenen Blattrosetten, in einer Vielzahl von Sorten in Kultur; → Pflücksalat.

kopiös (lat. cópia = Menge, Fülle), massenhaft.

Koppelung, die gemeinsame Vererbung von zwei oder mehreren Erbfaktoren, die im gleichen Chromosom lokalisiert sind.

Koppelungsbruch, Umkombination gekoppelter, in einem Chromosom lokalisierter Gene durch Faktorenaustausch.

Koppelungsgrad, die Bindungsstärke zwischen zwei gekoppelten Genen.

Koppelungswechsel, das Übertreten eines oder mehrerer Gene von einer Kopplungsgruppe in eine andere durch Austausch oder Translokation.

Kopplungsgruppe, alle in einem Chromosom vorkommenden Gene, die mit den anderen Genen des Chromosoms »gekoppelt« sind. Zahl der K. entspricht der Zahl der haploiden Chromosomen.

Kópra, Name eines Handelsprodukts, hergestellt aus dem eßbaren Nährgewebe des Samens der Kokospalme (Cocos nucifera).

Kopulatión (lat. copulátio = Verbindung, Vereinigung), Befruchtungsvorgang, wobei zwei geschlechtlich, männlich und weiblich, bestimmte Zellen miteinander verschmelzen.

Kopulíeren (lat. copuláre = verbinden, vereinen), Pfropfungs- oder Transplantationsmethode. Zwei gleich starke Triebe werden mit ihren Schnittflächen aufeinandergesetzt und fest miteinander verbunden. Anwendung: im Januar/Februar oder April/Mai bei Obstbäumen.

koraiánus, koraiénsis, koreánus, koreénsis, von der Halbinsel Korea (Ostasien) stammend.

Korallenwurzeln, Wurzeln vieler Cycadeen, die nahe oder über der Erdoberfläche auftreten und sich hier durch wiederholte Gabelung zu korallenstockähnlichen Gebilden entwickeln.

Korémien (griech. kóre = Mädchen, Jungfrau, aber auch: langer, über die Hand hinausreichender Ärmel des persischen Gewandes), in Bündeln sich zusammenschließende Konidienträger (bei den Fungi imperfecti); Konidienverbände, sog. Fruchtkörper.

Kork (Peridérm), sekundäres Hautgewebe, das an älteren Pflanzenorganen die Epidermis ersetzt und die darunterliegenden Gewebe schützt.

Korkkámbium (Phellogén), sekundäres Meristem, das nach außen Korkzellen, nach innen Korkrinde bildet und so bei der Dikkenzunahme des Sprosses die peripheren Schichten ersetzt.

Korkrinde (Phellodérm), die durch das Korkkambium nach innen abgegebenen grünen Rindenzellen.

Korksäure (lat. súber = Kork), $HOOC-(CH_2)_6-COOH$, Dicarbonsäure, auch Suberinsäure genannt, entsteht u.a. durch Oxidation von Kork.

Korkstoffe (Suberíne), hochpolymere Verbindungen gesättigter und ungesättigter Fett- und Oxifettsäuren.

Korkwarzen, → Lentizellen.

Kormobiónta, n., Plur., griech., = Cormobionta (Syn.: Telomophyta), Archegoniatae; Echte Landpflanzen; hierher gehören die Moose und die Gefäßpflanzen (Tracheophyta; Farne und Samenpflanzen). Sie sind offenbar von den Chlorophyta abzuleiten, weil sie u. a. gleiche Assimilationspigmente, gleiches Zellwandmaterial, gleiche Speicherkohlenhydrate besitzen. – Die Archegoniatae (= Kormobionta) unterscheiden sich aber durch mehrere Anpassungen an das Landleben von den Algen ganz wesentlich. Im Rahmen dieser Anpassungen gilt u.a. als vereinheitlichendes Charakteristikum für die Gruppe der Echten Landpflanzen vor allem der Besitz von vielzelligen Gonitangien (Sporangien und Gametangien) mit einer Hülle aus sterilen Zellen.

Kórmo-Epiphýta (griech.), an Baumstämmen oder an anderen Pflanzenteilen haftende Phanerogamen und Gefäß-Kryptogamen; → Epiphyten.

Kórmo-Hydrophýta natántia (→ Hydrophyten = Wasserpflanzen; Partizip Präs. von lat. natáre = schwimmen), frei schwimmende Phanerogamen und Farne.

Kormophýta, n., Plur., griech., Pflanzen, deren Körper ein → Kormus ist; sie haben stammesgeschichtlich den höchsten Differenzierungsgrad erreicht und zeichnen sich durch eine Reihe spezifischer Anpassungen an das Landleben aus. Durch die Stabilisierung ihres Wasserhaushalts sind sie befähigt, auch bei höherem Sättigungsdefizit der Luft zu wachsen. Anatomisch-morphologisch sind sie durch die Ausbildung morphologisch differenzierter Gewebe gekennzeichnet, die die Grundgewebe oder Parenchyme funktionell im Dienste verschiedener Spezialaufgaben ergänzen, z. B. Abschluß-, Wasseraufnahme-, Wasserleitungs-, Wasserabgabe- und Festigungsgewebe. Zu den K. gehören die Pteridophyta und Spermatophyta. Die Bryophyta (Moose) nehmen eine vermittelnde Zwischenstellung zwischen → Thallophyta und Kormophyta ein.

Kórmus (griech. kormós = Stamm, Sproß), Pflanzenkörper, der sich aus den Grundorganen Sproßachse, Blatt und Wurzel aufbaut und durch starke Zelldifferenzierung auszeichnet. Vorkommen bei Farn- und Samenpflanzen (→ Thallus).

Kornausbildung, eine äußere Werteigenschaft des Saatgutes, gibt Aufschluß über Form, Größe und Masse des Kornes. Man unterscheidet z. B. bei Getreide: Voll-, Mittel- Schmacht- (Mangel- oder gedrücktes Korn), Hinterkorn.

Kornform, die den körnerartigen Samen oder Früchten (jeder Kulturpflanzenart und -sorte) eigentümliche oder charakteristische Gestalt.

Korólla, → Krone.

korollinisch, kronblattartig.

Korrelatión (lat. con = zusammen; relatio = Beziehung), Wechselwirkung, die gegenseitige Beeinflussung der Organe und Zellen (z. B. durch die Verteilung von Wuchsstoffen).

Korrelatiónsindex (-koeffizient), zahlenmäßiger Ausdruck für die Korrelation.

korrelatíve Differenzierung, Differenzierung eines Keimteiles durch Nachbarschaftseinwirkungen, die von anderen Keimteilen ausgehen.

Korrosión (lat. corródere = zernagen, zerfressen), von außen her fortschreitender Abbau der Stärkekörner bzw. Rückverwandlung der Stärke in Zucker. Es entsteht ein typisches Bild: die Stärkekörner erscheinen wie angefressen oder korrodiert durch Kanäle und Spalten, die vom Rande her nach dem Zentrum vorschreiten (z. B. bei der Keimung der Samen, beim Austreiben von Knollen).

korrugatíve Vernation (lat. corrugáre = rümpfen, runzeln, zerknittern; vernátio = Knospenlage, leitet sich ab von vérno = »mache Frühling«), zerknitterte Knospenlage, bei der das Blatt in zahlreiche, unregelmäßig verlaufende Falten gelegt ist; → Vernation.

Koryphyllíe (griech. kórys = Helm, Haar; koryphé = Gipfel; phýllon = Blatt), abnorme Bildung eines terminalen Blattes.

Kosmopolíten (griech. kósmos = Welt; polítes = Bürger; also Weltbürger), Pflanzen, deren Areal sehr große Teile der Erde umfaßt.

Kostelétzkya, f., Gatt. der Malváceae (nach dem böhm.-tschech. Botan. V. F. Kosteletzky, 1. Hälfte d. 19. Jh. benannt).

Kotyledonárknospen, in den Achseln der Keimblätter befindliche Knospen.

Kotyledónen (griech. kotýle = Höhlung, Gefäß; kotyledón, Genit. -ónos = Saugorgan), Keimblätter, die mehr oder weniger die Keimknospe bei der Keimung schützen, Nährstoffe speichern oder diese aus dem Nährgewebe dem Keimling zuführen.

Kräuter, Kormuspflanzen, deren oberirdische Sprosse ± weich, saftig und nur wenig verholzt sind und am Ende der Vegetationsperiode ganz oder weitgehend absterben.

Kräuterbücher, botanische Werke des Mittelalters und der Renaissance.

Kräuterschiefer, m., Schiefer, die ± direkt über einem Flöz liegen und sehr viele meist gut erhaltene fossile Pflanzenreste enthalten, besonders häufig → Pteridophyllen und → Articulatae.

Kraínzia, f., Gatt. der Cactáceae (von Backeberg gegebener Name nach dem schweiz. Gärtner und Botan. H. Krainz, geb. 13. 5. 1906 in Zürich).

Krankheit, jede Abweichung von dem normalen Verlauf der Lebensvorgänge, die in dem Sinne stattfindet, daß das Leben des

Organismus oder seiner Teile ± bedroht ist. – Hierbei ist jedoch das Relative des Krankheitsbegriffes zu beachten, da es auf den Standpunkt (des Pflanzenzüchters oder des Botanikers) ankommt. Der Kulturzustand, in den ein großer Teil der Pflanzen versetzt wird, wirkt so nachteilig auf die Organismen, daß wenigstens die Mehrzahl von ihnen krank genannt zu werden verdient (nach Unger).

Krankheitssymptome, Veränderungen der kranken Pflanzen gegenüber gesunden. Es gibt Haupt- und Nebensymptome oder auch Anfangs- und Folgesymptome. Die Krankheitserreger selbst können in der Phytopathologie als Hauptsymptome auftreten. Das vollständige Erfassen aller Symptome kann u. a. betreffen: Welkeerscheinungen, Verfärbungen, Absterbeerscheinungen, Formveränderungen, Wunden, Ausscheidungen, Epiphyten und Parasiten als Hauptsymptome von Krankheiten.

Krautschicht (auch Feldschicht genannt), über der Moos- oder Bodenschicht sich erhebende, aus Kräutern, Gräsern und Stauden, Keimlingen und Jungpflanzen von Holzgewächsen gebildete Vegetationsschicht.

Krebse, abnorme, krankhafte, z. T. durch Parasiten erzeugte Gewebeprodukte oder Zellwucherungen, die eine gewisse Ähnlichkeit mit Gallen haben.

KREBS-Zyklus → Zitronensäurezyklus.

Kreide, Periode des Mesozoikums (Erdmittelalter), in der sich die Angiospermae zu entwickeln begannen und rasch entfalteten, so daß – wie im Perm das Mesophytikum – hier das Känophytikum anfing, das sich über das Tertiär bis in die jüngste Erdneuzeit (Quartär) erstreckt.

Kremnophýten (griech. kremnós = steiler Abhang, abschüssiges Gelände, Berghöhe; phytón = Pflanze), Bewohner harter, humusarmer Böden.

Kreuzbestäubung = Xenogamie, Form der Allogamie (Fremdbestäubung), bei der der Pollen auf die Narbe einer anderen Blüte derselben Pflanze (desselben Stockes) oder einer anderen Pflanze (eines anderen Stockes) gelangt. Die Xenogamie kann stattfinden: 1. zwischen Blüten verschiedener Stöcke derselben Art naher direkter Abkunft (= Adelphogamie, Geschwisterkreuzung); 2. zwischen Blüten verschiedener Stöcke derselben Art entfernterer Abkunft (= Gnesiogamie). Xenogamie umfaßt beide Formen. Ist diese von Erfolg → Xenokarpie.

kreuzgegenständig, → dekussiert.

Kreuzung, Vereinigung zweier Gameten mit verschiedenem Erbgut; Bastardierung, Hybridisation.

Kreuzungsnóvum, eine neue, bei den Eltern des Bastards nicht vorhandene Eigenschaft.

Kreuzungssterilität, → Inkompatibilität.

kriechend, Pflanzen oder Sprosse, deren Achsen dem Boden angeschmiegt wachsen und sproßbürtig bewurzelt sind (→ niederliegend).

kriechende Früchte, durch hygroskopische Bewegungen bei wechselnder Feuchtigkeit sich auf dem Boden fortbewegende Früchte.

Kriechstauden, krautige Gewächse mit niederliegenden oder aufstrebenden Trieben, die während der ungünstigen Jahreszeit erhalten bleiben und auch die Erneuerungsknospen tragen.

Kristall, vom Bergkristall (SiO_2) abgeleitete Bezeichnung für feste Körper, die von gleichmäßig angeordneten, ebenen Flächen begrenzt sind.

Kristalloíde, 1. Eiweißkristalle, die bei Flüssigkeitszusatz quellen und variierende Winkel haben; 2. Stoffe, deren äußere, regelmäßige Form in gesetzmäßigem Zusammenhang mit besonderen physikalischen und chemischen Eigenschaften steht.

Kristallsand, sandige Masse aus oxalsaurem Kalk im Zellsaft.

kritische Gruppen, Gruppen verwandter Organismen, die sich trotz vorhandener Unterschiede schwer in taxonomisch definierbare Einheiten einteilen lassen.

Krone (Corólla), der von Kronblättern gebildete innere Kreis einer doppelten Blütenhülle.

Kronröhre, Teil der verwachsen-blättrigen Krone, der aus den verwachsenen unteren Teilen der Kronblätter gebildet wird. → Saum und Schlund.

Krümelstruktur (lat. structúra = Aufbau,

Gefüge), erstrebenswertes Bodengefüge für die Kulturpflanzen, entsteht durch Aneinanderlagerung von Bodenteilchen, die u. a. unter dem Einfluß von Calciumionen zu gröberen Aggregaten verkittet werden.

Krummholz, → Knieholz.

krummläufige Samenanlage, → kampylotrope Samenanlage.

Kryoplánkton (griech. kryóeis, kryerós = eisig), Schnee und Eis bewohnende niedere Pflanzen; → Plankton.

kryoskopische Methode (griech. kryóeis, kryerós = eisig, eiskalt; skopéo = betrachten, untersuchen), Verfahren zur Bestimmung der Gefrierpunktserniedrigung von Pflanzenpreßsäften.

Kryptocecídien, Gallen, die im Innern des Wirtsorgans völlig verborgen sind.

Kryptogámen (griech. kryptós = verborgen; gámos = Heirat, Begattung, Befruchtung), verborgengeschlechtliche Pflanzen. Darunter werden verstanden Thallophyten, Moose, Farne, Schachtelhalme. Der Entwicklungsgang dieser Pflanzen war bei der Begriffsprägung vor mehr als 200 Jahren noch wenig bekannt. Ggs. → Phanerogámae.

Kryptomeríe (griech. kryptós, verborgen; méros, Teil), äußerlich nicht erkennbares Vorhandensein bestimmter Erbanlagen; gilt als Sonderfall der polymeren Vererbung, da bei der kryptomeren Vererbung die Vererbung eines Merkmals auch von mehreren Genpaaren abhängt.

Kryptophýten (griech. kryptós = verborgen; phytón = Pflanze), Pflanzen, die nach dem Absterben der oberirdischen Organe die ungünstige Jahreszeit im Boden oder unter Wasser überdauern, z. B. Windröschen, Schilf, Knabenkraut.

Kryptozóikum, n., Zeitalter des verborgenen Lebens (= Präkambrium).

KTP, Abk. für Kurztagspflanze.

Kuehneromýces, Stockschwämmchen, Pilzgattung der Fam. Strophariáceae; Kl. Ständerpilze (Basidiomycetes). Fruchtkörper mit feucht-wäßrig zimtbrauner, trocken honigockerfarbiger Huthaut. Hut und Stiel sind mehr oder weniger spaarig schuppig; Sporen tonbraun.

künstliche Parthenokarpíe, Bildung reifer, samenloser Früchte durch künstliche Zufuhr von Heteroauxin zum Fruchtknoten.

künstliche Selektion, bewußte Auswahl der Zuchtindividuen durch den Menschen.

künstliche Systeme, Gruppierungen der Pflanzen nach einzelnen, leicht erkennbaren Merkmalen entsprechend den praktischen Bedürfnissen.

Kúhnia, f., Gatt. der Asteráceae (nach Adam Kuhn, Schüler von Linné, benannt).

Kulturfeinde → Hemerophóbe.

Kulturflüchter → Ergasiophygophýten.

Kulturfreunde → Synantrópe.

Kulturgesellschaften, durch starken fortwährenden Einfluß des Menschen geschaffene Pflanzengemeinschaften, z. B. Ackerunkrautgesellschaften.

Kulturhefen, Hefepilze, die praktische Verwendung in der Gärungsindustrie finden. »Wilde Hefen« hingegen sind meist unbrauchbar und oft sogar schädlich. Bekannte Kulturhefen sind: Bierhefen (Saccharomyces cerevisiae), Weinhefen (S. ellipsoideus).

Kulturindifferente, → Hemerodiaphoren.

Kulturlandschaft (lat. cólere, cólo, cólui, cúltus = pflegen, bebauen), die vom Menschen beeinflußte Landschaft.

Kulturpflanzen, als Nutz- oder Zierpflanzen ± züchterisch bearbeitete, aus Wildpflanzen z. T. mit Unkrautcharakter hervorgegangene, im Anbau (in Kultur) befindliche Arten, die durch die Kultur gewollte, gezielte Abänderungen insbesondere der für den Menschen wertvollsten Pflanzenteile mit gradueller Entfernung von der jeweiligen Wildform erfuhren. Typisch ist insbesondere für die eingeführten Arten, daß sie meist der Pflege des Menschen bedürfen und ohne diese (z. B. Erhaltungszüchtung) degenerieren bzw. oft wieder verschwinden, da sie der Konkurrenz der Wildflora unterliegen.

Kultursteppe, eine vom Menschen geschaffene, der Steppe ähnliche Kulturlandschaft, in der vor allem Getreide angebaut wird.

Kulturvarietät → Cultivar.

Kulturwald, ein vom Menschen geschaffener Wald; Forst.

Kumarín, Bitterstoff in manchen Pflanzen

(z. B. in Aspérula odoráta = Galium odorátum, Anthoxánthum odorátum, Melilótus officinális).

Kunstwiesen (Kulturw.), durch Einsaat auf Äckern oder durch andere Beeinflussung seitens des Menschen entstehende Wiesen.

Kúnzea, f., Gatt. der Myrtáceae (nach dem Leipziger Botan. Gustav Kunze, 1793 bis 1851, benannt).

Kupferpflanzen, Pflanzen, die auf stärker schwermetallsalzhaltigen, insbesondere kupfersalzhaltigen Böden zu gedeihen vermögen.

Kúpula → Cupula.

kúrdicus, -a, -um, kurdisch.

kurilénsis, von den Kurileninseln (Ostasien) stammend.

Kurztagpflanzen, Abk.: KTP; Bezeichnung für Pflanzen, die nur dann zur Blütenbildung übergehen, wenn ihre artspezifische, kritische Tageslänge nicht überschritten wird. Die Dauer der kritischen Tageslänge sowie die Anzahl der zur Induktion benötigten Tage ist je nach Art unterschiedlich; → Photoperiodismus.

Kurztriebe, Haupt- und Seitenzweige, die unter Stauchung der Internodien wenig in die Länge wachsen und meist dicht beblättert bleiben.

Kutíkula (lat. cutícula = Häutchen), Kutinhäutchen, verläuft als äußerste Membranlamelle über die Außenwände der Epidermiszellen, ist häufig etwas gefältelt. Die Kutikula schützt vor schädlichen Wasserverlusten des Gewebekörpers und erhöht zugleich die mechanische Festigkeit der Oberhautzellen. Der Kutikula ist häufig noch Wachs aufgelagert.

Kutikuláranalyse, mikropaläobotanische Untersuchungsmethode zum Studium anatomischer Merkmalskomplexe fossiler Blätter nach vergleichendem Studium lebender Pflanzen (Spaltöffnungsapparatebau, Trichome, Sekretorgane etc.); wichtig für die taxonomische Bestimmung von Blättern, bes. in der Braunkohle und ihren Nebengesteinen; Anwendung auch auf Pflanzen des Paläo- und Mesophytikums; Rückschlüsse auf Kohlenfazies, Paläoökologie (= Palökologie), Paläoklimatologie sowie Evolution.

kutikuláre Transpiratión, Verdunstung von Wasserdampf durch die Kutikula hindurch.

Kutikulárnaht, Verzahnung der Epidermiszellen oder der Kutikularrippen.

Kutín (lat. cútis = Haut), fettartige Ein- bzw. Ablagerungssubstanz der pflanzlichen Membran; Ester von Fettsäuren, überzieht als Kutikula alle typischen Epidermen und kann auch die darunterliegenden Zelluloseschichten imprägnieren, wird vom Plasma gebildet, in flüssigem Zustand durch die junge Zellwand nach außen abgesondert.

Kutinisierung, Aus- oder Einlagerung von Kutin auf oder in Zellulosemembranen/Zellwänden.

Kyllíngia, f., Gatt. der Cyperáceae (nach dem dän. Botan. Peder Kylling, 1640–1696, benannt).

L

L., Abk. für den schwed. Botan. Carl v. Linné (Linnaeus), 1707–1778, den häufigsten aller Autornamen (→ A. Einführung in die Terminologie und Nomenklatur, Abschnitt 1. 1. und Abschnitt 2. 5.). L. setzte u. a. in entscheidendem Maße die → »binäre Nomenklatur« durch.

labellátus, -a, -um (lat. labéllum), mit Lippe versehen, (klein)lippig.

Labéllum (lat. kleine Lippe), das hintere Blumenkronblatt des inneren Perigonkreises bei den Orchideen, das durch seine Größe und andere Form von den übrigen Blumenkronblättern abweicht.

labiatiflórus, -a, -um (lat.), lippenblütig.

labiátus (lat.), lippig.

labíle Géne (lat. labílis, = schwankend, unsicher), 1. Gene mit überdurchschnittlich hoher Mutationsrate; 2. Gene, die zur Mutation vom dominanten zum rezessiven Allel neigen und umgekehrt; → Gene.

lábium (lat.), die Lippe.

láblab, arab.: eine Bohnenart.

lábrum (lat.), Oberlippe.

labrúsca, Bezeichnung einer Art von Vítis, die hebräisch busca heißt (nach Plinius).

Laburnocýtisus, m., Pfropfbastard (Chimäre)

zwischen Labúrnum und Cýtisus (Genera der Fabáceae). Nur eine Form bekannt: L. Adamii C. Schn. (= Labúrnum anagyroídes + Cýtisus purpúreus), um 1826 entstanden.

Labúrnum, n., Gatt. der Fabáceae (lat. Pflanzenname) – Goldregen.

Lacǽna, f., Gatt. der Orchidáceae (griech. Lakaina = Beiname der »schönen« Helena).

lácer, lácera, lácerum (lat.), zerschlitzt.

Lachenália, f., Gatt. der Liliáceae (nach W. de Lechenal, Botan., Basel, 1736 bis 1800) – Lachenalie.

laciniátus, -a, -um (lat. lacínia = Borte, Franse, Zipfel), zerteilt, zerstückelt z. B. Artemísia laciniata – Geschlitzter Beifuß, auch werden die schlitzblättrigen Formen Birke, Hasel, Erle u. a. mit laciniata als Epitheton bezeichnet.

Láckmus, aus Flechten gewonnener blauer Farbstoff.

Lackmuspapier, ein mit Lackmus imprägniertes Papier, das sich durch Säuren rot, durch Alkalien, wenn es vorher durch Säurezusatz rot gefärbt worden ist, blau färbt.

lact-, lacti- (lat. lác, láctis = Milch), milchweiß, vgl, gála.

lactárius, lactéscens, láctifer, lactífera, -ferum (lat.), milchend, milchsaftführend (Epitheton).

Lactárius, m., Gatt. der Russuláceae (Sprödblätter), Ordn. Agaricales (Blätterpilze). Latein. lactárius = milchig, bezieht sich auf das Symptom, daß bei Verletzung Milchsaft ± reichlich heraustritt. – Milchling.

Lactóse (lat. lac, Genit. láctis = Milch), Milchzucker, der als Zweifachzucker aus einem Molekül Glucose und einem Molekül Galactose besteht.

Lactúca, f., Gatt. der Asteráceae (lat. lac., Genit. láctis = Milch; bezieht sich auf den Milchsaft) – Lattich.

Lactúca sátiva, Gartenlattich, mit Vielzahl von Kulturvarietäten, die nach der Morphologie ihrer Blätter bzw. Blattrosetten und der Art ihrer Nutzung oder Zubereitung (als Gemüse, Salat) differenzierbar sind in: Spargelsalat (L. s. var. angustana), Römischer Salat (L. s. var. longifolia), Schnitt- oder Pflücksalat (L. s. var. crispa), Kopfsalat (L. s. var. capitata).

lácus, lacúna (griech. lákkos = Lache; lat. lacus), See, Gewässer, Tümpel.

lacúster, lacústris lacústre (lat.), teich- oder seebewohnend.

ladánifer, ladanífera, -ferum (lat.) gummiharzliefernd.

ládanum (lat. ládanum, lédanum = Gummiharz), wohlriechendes Harz, gummiharzliefernd.

Lägerflur, Hochstaudenflur der überdüngten Lagerstellen von Tieren, vor allem im Bereich der Gebirge.

Lägerpflanzen, stickstoffliebende, vom Vieh gemiedene Arten, die bevorzugt in Lägerfluren auftreten.

Lǽlia, f., Gatt. der Orchidáceae (Laelia = eine der vestalischen Jungfrauen, oder nach dem röm. Feldherrn C. Laelius, 2. Jh. v. u. Z.). –

Laeliocattleýa, f., Gatt. der Orchidáceae (gebildet aus den Gattungsnamen Lǽlia und Cattleýa).

Längsreihen → Orthostichen.

Längsschnitt, in der Längsrichtung eines Organs verlaufender Schnitt. Bei radiären Organen entweder in der Längsachse, d. h. vom Zentrum zum Rand, verlaufend (radialer L.) oder parallel zur Längsachse und senkrecht zum radialen L. verlaufend (tangentialer L.). Bei dorsiventralen Organen entweder in der Medianebene (medianer L.) oder in der Transversalebene (transversaler L.) verlaufend.

Laesión (lat. lǽsio, Genit. laesiónis), Verletzung, Störung, Beeinträchtigung.

lǽtus (lat.), freudig, lebhaft, angenehm.

lǽvigátus (lat.), glatt, geglättet.

lǽvis (-e), lévis (lat.), glatt, eben.

Lävulóse (lat. laevus = links), zu den Hexosen und Ketosen gehörende Zuckerart, die in den Lösungen das Licht in der Polarisationsebene nach links dreht: d-Fructose.

lag-, lago- (griech. lagós = Hase), Hasen-.

Lagáscea, f., Gatt. der Asteráceae (nach dem span. Botan. Mariano Lagasca, 1776 bis 1839).

lagenaria, nach der gleichnam. Gatt. (lat. lagéna, schlechte Schreibweise von lagoéne = Flasche) – Lagenaria – Flaschenkürbis.

Lagenária, f., Gat. der Cucurbitáceae (lat. lagéna = Flasche) – Flaschenkürbis (Fruchtform!).

Lager, der vegetative Körper der Lagerpflanzen.

Lagerfähigkeit, Eigenschaft des Saatgutes, längere Zeiträume der Lagerung unter bestimmten Bedingungen (z. B. geeigneten Räumen) ohne wesentliche Saatwertminderung zu überstehen, hängt vor allem von Feuchtigkeitsgehalt und Temperatur ab, die bei den einzelnen Pflanzenarten bestimmte Höchstwerte nicht überschreiten dürfen.

Lagergetreide, durch falsche Düngung, Krankheiten oder Wettereinflüsse verursachte Erscheinung, wobei die Getreidehalme nicht senkrecht stehen.

Lagerpflanzen → Thallophyta.

Lagerstroémia, f., Gatt. der Lythráceae (nach Magnus v. Lagerstroem, 1696–1759, Freund von Linné).

Lagewirkung → Positionseffekt.

Lagoécia, f., Gatt. der Apiáceae (griech. lagós = Hase; oikia = Haus, Wohnplatz) – Hasenkümmel.

lagópus (griech.), Hasenpfote.

Lagótis, f., Gatt. der Scrophulariáceae (griech. lagós = Hase; os, Genit. otós = Ohr) – Hasenohr.

Lagunária, f., Gatt. der Malváceae (nach dem span. Mediziner Andreas Laguna, 1494–1560).

Laguncularia, f., Gatt. der Combretáceae (lat. lagúncula [= lagoena] = Flasche, Bouteille, [bauchiges] Gefäß [mit engem Hals]); spec.: L. racemósa Gaertn.

Lagúrus, m., Gatt. der Poáceae (griech. lagós = Hase; oura = Schwanz) – Sammetgras.

Lallemántia, f., Gatt. der Lamiáceae (nach dem Petersburger Botan. J. L. E. Avé-Lallemant, 1803–1867).

Lamárckia, f., Gatt. der Poáceae (nach dem franz. Botan. und Biol. Lamarck, → Lamarckismus).

Lamarckismus, von Jean-Baptiste de Lamarck (1744–1829) entwickelte Lehre von der Entstehung erblicher Veränderungen der Lebewesen durch direkte Wirkung der Außenwelt und Erwerbung von Anpassungsmerkmalen als Folge des Gebrauchs und Nichtgebrauchs bestimmter Organe während des Individuallebens.

Lamellen (lat. lamélla = dünne Scheibe, Blättchen, Plättchen), an der Hutunterseite von Fruchtkörpern der Fungi: radial gestellte, dünne (sporenbildende) Blätter, daher der Name »Blätterpilze«, z. B. Amanita muscaria, Fliegenpilz. Blätter: frei, wenn sie den Stiel nicht berühren; abgerundet oder angeheftet, wenn sie den Stiel an der Spitze nur schmal berühren; angewachsen, wenn sie mit ganzer Breite am Stiel sitzen; herablaufend, wenn sie sich sichelförmig am Stiel herabziehen. → Hutpilze.

lamellósus, -a, -um (lat.), plättchenartig, lamellenreich.

Lámina (lat. lámina = Scheibe, Platte, Blatt) 1. → Blattspreite, 2. → Platte.

laminal, flächenständig, auf der Blattfläche befindlich. Ggs. → marginal.

laminále Plazentation, flächenständige Plazentation, Anheftung der Samenanlagen auf der Fläche des Fruchtblattes. Ggs. → marginale Plazentation.

Laminariáles (lat. lámina = Blatt), Ordn. der Braunalgen; in ihr kommt die bekannte Gattung Laminária vor.

Lamináriastift, Quellstift, in der Medizin verwendet zur Erweiterung des Gebärmutterhalses, aus den quellbaren Stengeln von Laminaria digitata.

Lámium, n., Gatt. der Lamiáceae (griech. lámos = Schlund, Rachen; bezieht sich auf den Blütenbau) – Taubnessel.

Lampránthus, m., Gatt. der Aizoáceae (griech. lámpros = glänzend; ánthos = Blüte).

lámpro- (griech.), in Zusammensetzungen: glänzend-, glanz-.

lamprocárpus (griech. lámpros = glänzend; karpós = Frucht), glanzfrüchtig.

Lámpsana → Lápsana.

lanátus (lat.), wollig.

lanceolátus, -a, -um (lat. láncea = Lanze), lanzettlich (z. B. Plantágo lanceoláta – Spitzwegerich).

lancifólius, lanceifólius (lat.), lanzett- oder lanzenblättrig.

Landbrückentheorie, Theorie, die als ehemalige Verbindungen der Kontinente jetzt versunkene Landbrücken betrachtet.

Landesforschung, zusammenfassende Bezeichnung für alle Zweige der Forschung, die sich einem bestimmten Territorium widmen, es gibt dabei einen historisch-gesellschaftswissenschaftlichen und einen naturwissenschaftlichen Sektor.

Landeskultur, System gesellschaftlicher Maßnahmen zur planmäßigen Erschließung, Verbesserung und Mehrung der Naturschätze und natürlichen Produktionsgrundlagen eines Landes mit dem Ziel einer optimalen Dauernutzung der Kulturlandschaft, heute auch Erhaltung der Natur eingeschlossen.

Landformen, außerhalb des Wassers lebende Standortsformen von Wasser- oder amphibischen Pflanzen.

Landólphia, f., Gatt. der Apocynáceae (nach Landolphe, Leiter einer Expedition nach W-Afrika).

Landsberger Gemenge, Winterzwischenfrucht mit Herbstaussaat in der 1. Septemberhälfte und Grünfutterernte im Mai (etwa 2. Maihälfte); Komponenten des Gemenges sind: Welsches Weidelgras (Lolium italicum), Inkarnatklee (Trifolium incarnatum), Zottelwicke (Vicia villosa).

Landschaftsgestaltung, die aus der Landschaftsplanung sich ergebenden konkreten Einzelmaßnahmen mit dem Ziel einer leistungsstarken, erholungbietenden Landschaft.

Landschaftspflege, die planmäßige Erhaltung und Mehrung der natürlichen Werte eines Landes.

Landschaftsschutzgebiet, Landschaft, die wegen ihrer Schönheit für die Erholung der Bevölkerung besonders geeignet, wegen ihrer Eigenart erhaltungswürdig oder ein Beispiel vorbildlicher Landschaftspflege ist.

Landsorten, durch methodische Züchtung noch nicht erfaßte Populationen von Kulturpflanzen, die durch Akklimatisation besonders gut angepaßte Typen für ihren Anbauort enthalten.

Landwirtschaft, Volkswirtschaftszweig der Urproduktion, liefert den bedeutendsten Teil der menschlichen Nahrung sowie zahlreiche Rohstoffe für die Industrie.

landwirtschaftliche Kulturpflanzen, Gewächse, deren Anbau direkt (Ernährung, Bekleidung) oder indirekt (Verfütterung usw.) der Befriedigung menschlicher Bedürfnisse dient und nach landwirtschaftlichen Grundsätzen erfolgt.

Langtagspflanzen, Pflanzen, die in einem bestimmten Entwicklungsstadium zur normalen Bildung ihrer Blüten eine Beleuchtung von mehr als 14 Stunden täglich benötigen. Kurztag fördert das vegetative Wachstum und drängt das Blühvermögen zurück, unterhalb einer bestimmten Beleuchtungsdauer unterbleibt das Blühen ganz. Dauerlicht fördert die Blütenbildung stark. Abk.: LTP.

Langtriebe, Haupt- und Seitenzweige, die unter Streckung der Internodien stark in die Länge wachsen.

laníceps (lat.), Wollkopf.

lániger, lanígera, -um (lat. lána = Wolle), wolleführend.

Lánium, n., Gatt. der Orchidáceae (lat. lána = Wolle; sicherlich wegen der flaumigen Blüten; »Flaumorchidee«).

Lantána, f., Gatt. der Verbenáceae (alter röm. Pflanzenname, verwandt mit lat. lentáre = biegen) – Wandelröschen.

lanuginósus (lat. lanúgo = Flaum), kurzwollig.

lanzettliche Blätter, Blätter, die drei- bis viermal so lang wie breit sind und zugespitzte Enden haben (z. B. Sálix viminális – Korbweide).

Lapagéria, f., Gatt. der Liliáceae (nach der Kaiserin Josephine, geb. Tascher de La Pagerie).

lapathifólius, -a, -um, sauerampfer- (Rúmex patiéntia-)blättrig (z. B. Polýgonum lapathifólium – Ampferknöterich).

Lapeiroúsia, f., Gatt. der Iridáceae (nach dem franz. Marineoffizier G. de La Peyrouse, 1744–1818).

Lapidária, f., Gatt. der Aizoáceae (lat. lápis, Genit. lápidis = Stein, Marmor).

lapídeus (lat.), steinhart, steinern.

lapidósus, -a, -um (lat.), steinig.

Laportéa, f., Gatt. der Urticáceae (nach dem franz. Entomologen Fr. L. de Laporte, 19. Jh.). Spec.: L. pustulata (N-Amerika).

láppa, Klette (von kelt. llap = Hand; griech. labeín = nehmen, festhalten, ergreifen).

Láppa, f., (röm. Pflanzenname) Syn. von › Arcticum, Klette, Gen. der Asteráceae.

lappónicus, lappónum, aus Lappland stammend.

Láppula, f., Gatt. der Boragináceae (Verkleinerungsform von lat. láppa = Klette) – Igelsame.

Lapsána, f., (griech. Pflanzenname), Gatt. der Asteráceae; Rainkohl (z. B. L. commúnis).

Lardizabála, f., Gatt. der Lardizabaláceae (nach dem Spanier Lardizabal Y Uribe benannt).

larício, Lärchenkiefer.

Lárix, f., Gatt. der Pináceae (lat. Name für die Lärche) – Lärche; fossil seit dem Tertiär.

Lárrea, f., Gatt. der Zygophylláceae. Spec.: L. divaricata Cav.

larvicíd (lat. lárva = Maske), Insektenlarven tötend.

Láser, n., Gatt. der Apiáceae (lat. láser = harziger Saft einer bestimmten Pflanze) – Roßkümmel.

laserpitiifólius (lat. láser, ein Saft; griech. pitízein = tröpfeln), laserkrautblättrig.

Laserpítium, n., Gatt. der Apiáceae (Gattungsname Laser →) – Laserkraut.

lasi-, lasio- (griech.), in Zusammensetzungen: -zottig, zottel-, rauh-.

Lásia, f., Gatt. der Aráceae (griech. lásios = rauh, behaart).

lasiacánthus (griech.), behaartstachelig.

Lasiagróstis, f., Gatt. der Poáceae (griech. lasíos= rauh; agróstis = Gras) – Rauhgras. Syn. von → Achnátherum.

lasiocárpus (griech.), rauhfrüchtig, zottelfrüchtig.

Lástrea, f., Gatt. der Polypodiáceae (nach dem österr. Botan. C. J. L. de Lastre, 19. Jh.) – Lappenfarn.

Latánia, f., Gatt. der Arecáceae (ostind. Pflanzenname).

latént (lat. látens, Genit. des Partizips: laténtis = verborgen, nicht wahrnehmbar), z. B. in der Heterozygote nicht in Erscheinung tretend.

laténte Erbfaktoren, Gene, die nur bei Anwesenheit eines zweiten, ergänzenden Gens zur Realisierung eines Merkmals fähig sind.

laténter Zustand, Zustand der Lebewesen bei äußerst stark herabgesetztem Stoffwechsel.

Laténzstadium → Inkubation.

Laténzzeit, 1. Ruhezeit; 2. Zeit, die nach Übermittlung eines Impulses bis zum Beginn einer sichtbaren Reaktion vergeht; 3. Inkubationszeit.

laterál (lat. látus, -eris = Seite), seitlich, seitwärts, seitenständig, von der Mitte abgewandt.

laterícius, laterítius (lat. láter = Ziegel), ziegelrot.

Laterít, rotgefärbter Bodentyp der Tropen.

Lathrǽa, f., Gatt. der Scrophulariáceae (griech. lathraios = verborgen, heimlich; der Stengel ist bis auf die Blütentraube im Boden verborgen) – Schuppenwurz.

Láthyrus, m., Gatt. der Fabáceae (griech. láthyros, Name einer hülsentragenden Pflanze) – Platterbse.

lati- (lat.), in Zusammensetzungen: breit-.

latifólius (lat.), breitblättrig.

latisépt (lat., mit breitem Septum bzw. breiter »Zwischenwand«), sind Früchte (Brassicáceae), deren Scheidewand in der Ebene des größten Breitendurchmessers liegt.

Latitúde (franz., Spielraum, Freiheit, Breite; lat. latitúdo = Breite, Ausdehnung), Spielraum, zulässige Abweichung bei mehreren Untersuchungsergebnissen; Syn. Toleranz.

Laubblätter, assimilierende, meist lebhaft grün gefärbte, verschieden gestaltete Organe des Sprosses, die an der Sproßachse sitzen, mit Ausschluß der Nieder-, Hoch- bzw. Hüll- und Vorblätter.

Laubblattscheide, → Blattscheide.

Laubfall, Abfallen der Blätter an einem vorgebildten parenchymatischen Trennungsgewebe durch Verschleimung der Mittellamellen.

Laubgehölze, durch Bäume und Sträucher in der Gestalt bestimmte Pflanzengesellschaften, deren verhältnismäßig breite Blattspreiten sommergrün bis teilwintergrün und laubwerfend oder immergrün sind. Zu ihnen gehören die von breitlaubigen Holzarten aufgebauten Wälder, Waldrestgehölze und Gebüsche.

Laubmoose = Músci (→ Bryophyta).

Laubwaldgrenze, Linie, bis zu der geschlossene, von breitblättrigen Bäumen aufgebaute Wälder reichen. Sie verläuft in Nordeuropa als nördliche, sommergrüne Laubwaldgrenze (Frostgrenze) durch Südnorwegen, Südschweden und Südfinnland und in Nordafrika als südliche, immergrüne Laubwaldgrenze (Trockengrenze) im Gebiet der Atlas-Gebirge und der Cyrenaika.

Laubwald, sommergrüner, Waldformation der gemäßigten Breiten mit Niederschlag zu allen Jahreszeiten, der das Aufkommen von Bäumen mit großen Blättern ermöglicht. Die ungünstigen Witterungsverhältnisse während des Winters bedingen jedoch einen Laubfall im Herbst.

laubwerfend, Bezeichnung für die Eigenschaft der Pflanzen, vorwiegend der Holzarten, vor oder/und während der für das Pflanzenwachstum ungünstigsten Jahreszeit (Frost-, Trockenperioden) die Blätter abfallen zu lassen.

Laurélia, f., Gatt. der Monimiáceae (von Gatt. Laūrus gebildet).

Lauréntia, f., Gatt. der Campanuláceae (nach dem franz. Forstwirt P. Laurent).

laureus (lat.), lorbeerähnlich.

laurifólius (lat.), lorbeerblättrig.

Laurocérasus, f., Gatt. der Rosáceae (lat. laurus = Lorbeer; cérasus = Kirsche) – Kirschlorbeer.

Laūrus, f., Gatt. der Lauráceae (lat. Pflanzenname) – Lorbeer; fossil seit der oberen Kreide.

laurustínus, tinus ist bei Plinius der Name für unser Vibúrnum tínus.

Lavándula, f., Gatt. der Lamiáceae (lat. laváre = waschen) – Lavendel.

Lavátera, f., Gatt. der Malváceae (nach dem Züricher Arzt J. R. Lavater, 17. Jh.) – Strauchpappel, Staudenpappel.

Lawsónia, f., Gatt. der Lythráceae (nach dem engl. Arzt und Botan. John Lawson, 1794–1876) – Hennahstrauch.

laxiflorus (lat.), lockerblumig, vgl. laxus.

láxus (lat.), locker, schlaff.

Láya, f., Gatt. der Asteráceae (nach dem engl. Naturforsch. Thomas Lay, 1828).

lázuli (lat./ital.), blau, himmelblau.

l. c., loco citato (lat. Ablativ von lócus citatus), am angegebenen Ort.

Lebáchia, f., Gatt. der ausgestorbenen Lebachiáceae, Coniferales; nach den sog. Lebacher Schichten (nach der Stadt Lebach im Saargebiet); im Oberkarbon selten, Unterperm in Europa und N-Amerika zahlreich verbreitet. Die Lebachiaceae werden zusammen mit den Voltziaceae als älteste Vorfahren der Pinaceae angesehen. Ihre Erforschung ist vor allem das Verdienst des schwed. Paläobotanikers Carl Rudolf Florin, 1894–1965.

lébbek, von arab. loebach, dem Namen der Albizia lebbeck.

Lebéchia, f., Gatt. der Fabaceae; → Eremosparton (Syn.).

»Lebende Steine«, die hochsukkulenten, kugeligen Vegetationskörper von Lithops (griech.: »Steinaussehen, -gestalt«), Gatt. der Aizoáceae; die (Kugel-) Form ist günstig für die Transpirationseinschränkung.

Lebensform, Gesamtbau von Pflanzen, die mehr oder weniger deutlich ausgeprägte, gleichartige Anpassungserscheinungen an den Lebenshaushalt und die gleiche Form der Überdauerung der ungünstigen Jahreszeit aufweisen.

Lebensformenspektrum, Darstellungsform der Gesamtheit der Lebensformen einer bestimmten Vegetationseinheit oder eines bestimmten Gebietes, meist ein biologischer Ausdruck für die Gesamtheit der verschiedenen Außenfaktoren.

Lebenskraft, → Vitalität.

Lebermoose = Hepáticae (→ Bryophyta).

lecanorín, Bezeichnung für ein Apothecium mit algenhaltigem Gehäuserand, der meist in Form und Farbe deutlich von der Scheide abgesetzt ist.

lecideïn, Bezeichnung für ein Apothecium mit algenfreiem Gehäuserand.

Léctotypus (lat. légere = sammeln, lesen; léctor = Vorleser), ein Syntypus, Isotypus oder Paratypus, der zu dem Originalstück für die Benennung einer Sippe erklärt wird, wenn bei der Erstbenennung kein Holotypus angegeben worden oder dieser nicht auffindbar ist.

Lécythis, f., Gatt. der Lecythidáceae (griech. lékythos = Gefäß, Krug) – Krukenbaum.

Lédum, n., Gatt. der Ericáceae (griech. lédon, lédos = Wollstoff; existiert schon als altgriech. Pflanzenname; der Strauch hat wolligfilzige Blätter) – Porst; fossil seit dem Oligozän.

Léea, f., Gatt. der Vitáceae (nach dem schott. Gärtn. und Botan. James Lee, 1715 bis 1795) – Wasserrebe.

Leérsia, f., Gatt. der Poáceae (nach dem deutsch. Apotheker Jos. David Leers, 1727–1774) – Reisquecke.

Legoúsia, f., Gatt. der Campanuláceae (gilt als Phantasiename) – Frauenspiegel.

Legúmen (lat. legúmen = Hülse, Hülsenfrucht) → Hülse.

»Leguminósen« (lat. legúmen, -inis, neutr. = Hülsenfrucht), Hülsenfrüchtler, die viele gemeinsame Merkmale (Blüte, Frucht) haben und N-Sammler aufgrund der Symbiose mit den Knöllchenbakterien sind. Sie haben zwar hohen N-Bedarf, aber in der Regel kein N-Düngebedürfnis. In der Taxonomie: Leguminosáles (= Ordnung!). Leguminósae als Familienname ist veraltet, wurde abgelöst durch Papilionáceae, deren drei Subfamiliae heute den Status von Familien haben: Fabáceae, Caesalpiniáceae, Mimosáceae (→ E. System der Pflanzen).

Lehm, Bodenart, die aus einem Gemenge von Sand (60–70%), Schluff und Ton (30–40%) besteht.

lei-, leio, li- (griech.), Zusammensetz.: glatt-.

leierförmiges Blatt, gekapptes oder geteiltes Laubblatt mit vergrößertem Endlappen.

Leiochílus, m., Gatt. der Orchidáceae (griech. leios = glatt; cheilos (= chilos) = Lippe).

Leiophýllum, n., Gatt. der Ericáceae (griech. leios = glatt; phýllon = Blatt) – Sandmyrte.

Leipóldtea, f., Gatt der Aizoáceae (nach einem Personennamen).

Leitbündel, Bezeichnung für die zu gemeinsamen strangförmigen Verbänden zusammengefaßten Assimilat- und Wasserleitungselemente in den (primären) Geweben der höheren Pflanzen. Die L. verlaufen in Stengeln und Wurzeln meist in Richtung der Längsachse, sind jedoch durch Querverbindungen zu einem Netzwerk, dem sog. Leitbündelgewebesystem, verbunden. In der Regel liegen die Elemente der Wasserleitung und die der Leitung organischer Stoffe dicht nebeneinander, so daß das Wasser mit den gelösten Mineralstoffen (zu Beginn der Vegetation auch mit mobilisierten organischen Reservestoffen) und die in den Blättern im Überschuß gebildeten (organischen) Assimilate auf eng benachbarten Wegen, jedoch zumeist in entgegengesetzter Richtung, »geleitet« werden. Das Leitbündel (als Längsstrang von Leitgewebe) besteht hauptsächlich aus Xylem (Gefäßteil; Gefäßstränge) und Phloëm (Siebteil; Siebstränge) und stellt eine steläre Struktureinheit in Sprossen von Gymnospermen und Angiospermen dar, die in den Sproßanhängen, z. B. den Blattadern, in Erscheinung tritt. – Der Siebteil (ohne mechanische Elemente) wird als Leptom, der Gefäßteil (ohne mechanische Elemente) als Hadrom bezeichnet. – In den Sprossen von Gymnospermen bzw. Diktotylen sind L. in einem Ring um das Mark angeordnet, während sie bei den Monokotylen über das ganze Sproßgewebe zerstreut sind. Es werden unterschieden: (a) kollaterales L.: das Phloëm hat den gleichen Durchmesser wie das Xylem, und dieses liegt innen, was typisch für Gymnospermen und Angiospermen ist; (b) bikollaterales L.: zwei Phloëmgruppen, innen und außerhalb des Xylems mit gleichem Radius; kommt selten, nur bei einigen Dikotylen, vor, z. B. im Mark; (c) konzentrisches L.: eine Gewebeart umgibt die andere. Hierbei kann noch eine konzentrische Form mit Innenxylem, wie bei einigen Farnen, und konzentrisch mit Außenxylem vorkommen, wie in den Rhizomen bestimmter Monokotylen. – L. werden als offen bezeichnet, wenn ein Kambium vorhanden ist, wie bei den meisten Dikotylen, und geschlossen, wenn dieses fehlt, wie bei den Monokotylen.

Leitfossilien (lat. fossílis = ausgrabbar, ausgegraben; von fódere = graben; fossilium = das Ausgegrabene), charakteristische Fossilien in bestimmten Erdschichten oder Systemen, die geologisch vielfach zur Ermittlung der Zusammengehörigkeit der Schichten und zur relativen Altersbestimmung herangezogen werden. Bei Tiefbohrungen zeigen oft Kleinfossilien die Nähe gesuchter Lagerstätten an (Erdöl).

Leitgesellschaft, die nach Schretzenmayr für ein kleines Gebiet charakteristische und auch bes. verbreitete Pflanzengesellschaft, der sich andere verwandte Pflanzengesellschaften als Kontaktgesellschaften anschließen.

Leitneria, f., Gatt. der Leitneriáceae (nach E. F. Leitner, amerikan. Naturforscher) – Korkholz.

Leitparenchým, Gewebebezeichnung für in der Hauptleitungsrichtung langgestreckte Parenchymzellen, die der Leitung organischer Stoffe, vor allem der Kohlenhydrate, dienen. → Parenchym.

Leitsaaten, eine neue Methode, um dem Mechanisator das exakte Ausbringen von Agrochemikalien in engreihigen Ackerfutterbeständen und auf dem Grasland zu erleichtern und dabei sowohl Doppelbehandlungen als auch Auslassungen zu vermeiden. Als Leitsaaten dienen zahlreiche Futterpflanzen (u. a. Knaulgras, Welsches Weidelgras), die sich aufgrund ihrer Wuchshöhe, Wuchsform, Blattform oder Blattfarbe vom Hauptbestandsbildner unterscheiden. – Sie werden meist als Doppelreihe in einem Arbeitsgang mit der anzubauenden Futterpflanze gesät (Abstand der Leitsaatendoppelreihen 9,20 m). Praxisreifes Verfahren mit hoher ökonomischer Effektivität.

Leitungsgewebe, im physiologisch-anatomischen Sinne die Gesamtbezeichnung für alle Gewebe, deren Hauptfunktion die Stoffleitung ist.

Lejéunea, f., Gatt. der Lejeuneáceae (nach dem belg. Arzt und Botan. A. L. S. Lejeune, 1779–1858) – Jungermanniales – Lebermoose; fossil seit dem Eozän.

Lektine (syn. Phytohämagglutinine, Phytoagglutinine), bei mehr als 800 Pflanzenarten nachgewiesene Substanzen, die Zellen, vor allem rote Blutkörperchen und Bakterien, zu agglutinieren vermögen. Lektine und Proteine, die sich spezifisch an Zuckermoleküle binden und damit die Zellverklumpung (Agglutination) bewirken. Es gibt spezifisch reagierende Lektine, die z. B. nur mit Erythrozyten der Gruppen A, B oder O reagieren (z. B. Vicia cracca; Bandeiraea simplicifolia; Laburnum alpinum) oder unspezifische Lektine, die sämtliche Erythrozyten agglutinieren. Ähnliche Substanzen wurden auch bei Invertebraten (bes. Schnecken) und im Fischrogen nachgewiesen. Lektine finden zunehmend Anwendung in der Immunhistologie.

Lemaireocéreus, m., Gatt. der Cactáceae (nach dem franz. Gartenbauschriftsteller Ch. Lemaire, 1801–1870, und dem Gattungsnamen Céreus).

Lémna, f., Gatt. der Lemnáceae (griech. limné = Teich, Sumpfteich; früher Name einer Wasserpflanze, der von Linné auf die Wasserlinse übertragen wurde) – Wasserlinse; fossil seit dem Tertiär.

Lemúria, hypothetische Landbrücke im Indischen Ozean.

Lenophýllum, n., Gatt. der Asteráceae (griech. lénos = Trog, Wanne; phýllon = Blatt).

Lens, f., Gatt. der Fabáceae (lat. Name für Linse) – Linse.

lentágo, alter Pflanzenname (von lat. lentáre = biegen), bezieht sich auf biegsame Zweige (z. B. Vibúrnum lentágo – Kanadischer Schneeball).

lentíscus, Mastixbaum (jetzt Pistacia lentiscus; von lat. lentéscere = weich, klebrig werden).

Lentizéllen (lat. lens, léntis = Linse; -ellus, -a, -um: Verkleinerungsform; lentícula = kleine Linse), häufig linsenförmige Rindenporen, die durch die Bildung eines Korkmantels an Stelle einer Epidermis als Ersatz für die Spaltöffnungen entstehen. Sie übernehmen den Gasaustausch zwischen Atmosphäre und dem Inneren des Stammes; äußerlich als vorspringende Warzen an jungen Stämmen oder Zweigen (Korkwarzen) und als Punkte auf der Schale von Kernobst oft deutlich sichtbar.

léntus (lat.) zäh, langsam, dickflüssig, klebrig.

Leocéreus, m., Gat. der Cactáceae (lat. léo = Löwe und Gattungsname Céreus).

leon-, leont-, leonto-, löwen- (lat. léo, leónis, griech. léon, léontos = Löwe).

Leóntice, f., Gatt. der Berberidáceae (griech. léon = Löwe) – Trapp.

Leóntodon, n., Gatt. der Asteráceae (griech. léon = Löwe; odous, odóntos = Zahn) – Löwenzahn.

leontopétalum, nach dergleichnam. Gatt. (griech. léon; pétalon – Blumenblattform!).

leontopodioídes, edelweißähnlich.

Leontopódium, n., Gatt. der Asteráceae (griech. léon = Löwe; pódion = Füßchen; der Blütenstand ähnelt der Form eines Löwenfußes) – Edelweiß.

Leonúrus, m., Gatt. der Lamiáceae (griech. léon = Löwe; oura = Schwanz) – Herzgespann.

Lepáchis, f., Gatt. der Asteráceae (griech. lepis = Schuppe; páchys = dick).

Lepánthes, f., Gatt. der Orchidáceae (griech. lepís = Schuppe; ánthē = Blüte; wegen der schuppenförmigen Blüten. Der triviale deutsche Name bezieht sich auf den Wuchsort: »Rindenorchidee«).

lepid-, lepido- (griech. lepís, lepídos = Schuppe), schuppen-.

Lepídium, n., Gatt. der Brassicáceae (griech. lepídion = Schüppchen) – Kresse.

Lepidocoryphántha, f., Gatt. der Cactáceae (griech. lepis, Genit. lepidis = Schuppe und Gattungsname Coryphántha).

Lepidodendráles (griech. lepis = Schuppe; déndron = Baum), ausgestorbene Ordnung fossiler Lycopsida, dazu gehören u.a. Lepidodendron, Bothrodendron, Sigillaria und Cyclostigma, alles baumförmige (bis 30 m hohe) Pflanzen. Vorkommen: Oberdevon bis Unteres Perm.

Lepidodéndron, n., Gatt. der Lepidodendráceae; Schuppenbaum, bedeutsames Element der Karbonwälder (→ Lepidodendrales).

Lepidostróbus, m., (griech. lepís = Schuppe; stróbos = Wirbel, Kreisel), das zapfenförmige, sporentragende Organ der Lepidodendren.

Lepidózia, f., Gatt. der Lepidoziáceae (griech. lepís = Schuppe; ózos = Zweig, Sproß. Nach den schuppenförmigen Blättern) – Jungermanniales – Lebermoose.

lépidus (lat.), zierlich, niedlich.

Lepigónum, n., Gatt. der Caryophylláceae (griech. lepis = Schuppe; gony = Knie) – Schuppenmiere.

Lepióta, f., Gatt. der Agaricáceae (Dünnblättler), Ordn.: Blätterpilze (von griech. lepion = Schüppchen, Suffix: -otos; bezieht sich auf die durch Reißen der Oberhaut entstehenden Schuppen).

Lepísmium, n., Gatt. der Cactáceae (von griech. lepís = Schuppe), spec. L. crucifórme, L. dissímile.

leporínus, (lat. lépus, lepóris = Hase), zum Hasen gehörig.

Leprabakterien, von Hansen, dem Direktor des Lepraheims in Bergen, 1873 entdeckte Bakterien, die zu den säure- und alkoholfesten B. gehören, sich grampositiv verhalten und die Leprakrankheit (Mycobact. leprae) verursachen.

Leptándra, f., Gatt. der Scrophulariáceae (von griech. leptós = dünn; anér, Genit.: andrós = Mann).

Leptarrhéna, f., Gatt. der Saxcifragáceae (griech. leptós = dünn; arrhén = Männchen).

Leptinélla, f., Gatt. der Asteráceae (von griech. leptós = dünn; lat. -ella = Verkleinerungssuffix, also »sehr dünn«).

lepto- (griech.), in Zusammensetzungen: dünn-.

leptocárpus, -a, -um (griech.), feinfrüchtig, dünnfrüchtig.

Leptocéreus, m., Gatt. der Cactáceae (griech. leptós = dünn, schmal und Gattungsname Céreus).

Leptochílus, m., Gatt. der Polypodiáceae (griech. leptós = dünn, schmal; cheilos = Lippe, also »Dünn- oder Schmallippe«).

Leptochlóa, f., Gatt. der Poáceae (griech. leptós = dünn; chloe = Gras).

leptócladus (griech.), dünnzweigig.

Leptodérmis, f., Gatt. der Rubiáceae (griech. leptós = dünn; dérma = Haut).

Leptoláelia, f., Gatt. der Orchidáceae (gebildet aus Leptotes und Laelia).

Leptóm, der aus Siebröhren, Kambiformzellen und Phloëmparenchym bestehende Teil der Leitbündel, der die Assimilate leitet.

Leptonéma (griech. leptós = dünn; néma = Faden), langes, dünnes, nicht spiralisiertes und nicht gepaartes Chromosom im Leptotän-Stadium.

Leptópteris, f., Gatt. der Osmundáceae (griech. leptós = dünn; ptéris = Farn).

Leptospérmum, n., Gatt. der Myrtáceae (griech. leptós = dünn; spérma = Same) – Südseemyrte.

leptosporangiáte Pteridophyten, diejenigen Pt., bei denen sich die Sporangien aus je einer Zelle entwickeln und im reifen Zustand eine einzellschichtige Wand besitzen; → eusporangiate Pt.

Leptosporángien, Sporangien, die sich aus einer einzigen Epidermiszelle entwickeln und im reifen Zustand eine einzellschichtige Wand besitzen.

Leptosýne, f., Gatt. der Asteráceae (griech. leptosýne = Zartheit, Schmalheit).

Leptotänstadium (griech. tainía = Band), das erste Teilungsstadium der Reduktionsteilung, in dem sich die bereits längs gespaltenen Chromosomen als lange und feine Fäden aussondern.

Leptótes, f., Gatt. der Orchidáceae (griech. leptótes = Zartheit; besitzt »zarte« Blätter: »Zartblattorchidee«).

Leptothrix, Gatt. der Scheidenbakterien. Einzellige, gramnegative, lange Stäbchen, die von einer Scheide zu langen Fäden zusammengehalten werden. Einlagerung von Eisen- oder Manganoxid in die Scheide. Vorkommen in eisenhaltigem Wasser. L. cholodny zu Ehren von Nikolaj Grigorevič Cholodnyi (1882–1953), der die Eisenbakterien besonders intensiv bearbeitete.

leptozéntrisch, konzentrisches Leitbündel, in dem sich ein Siebteil in der Mitte, der Holzteil als Hülle außen befinden.

Leptúrus, m., Gatt. der Poáceae (griech. leptós = dünn; oura = Schwanz) – Dünnschwanz.

Lepyrophyllíe (griech. lepýron = kleine Schale; phýllon = Blatt), Umbildung von Integumenten in Schüppchen oder Blättchen.

Leschenāultia, f., Gatt. der Goodeniáceae (nach dem franz. Botan. L. T. Lechenault, 1773–1826).

Lespedéza, f., Gatt. der Fabáceae (nach einem Gouverneur, D. Lespedez, 18. Jh.).

letál (lat. letális = todbringend, tödlich), tödlich.

Letálfaktoren, Erbfaktoren, bei deren homozygotischen Vorkommen das betreffende Individuum nicht lebensfähig ist.

leuc-, leuco-; -leucus (griech.), in Zusammensetzungen: weiß-; -weiß.

leucadéndron (griech.), weißästig (als Epitheton).

Leucadéndron, n., Gatt. der Proteáceae (griech. leukós = weiß; déndron = Baum) – Silberbaum.

Leucǣna, f., Gatt. der Fabaceae (von griech. leukós = weiß); fossil seit dem Tertiär.

leucánthemus, -a, -um (griech. leukós = weiß; ánthemon = Blüte, Blume), weißblütig (z. B. Chrysánthemum leucánthemum – Wucherblume).

Leuchtenbérgia, f., Gatt. der Cactáceae (nach Eugéne de Beauharnais, Herzog von Leuchtenberg, 1781–1824).

Leucín, α-Amino-isocarbonsäure, $(CH_3)_2$-$CHCH_2CH(-NH_2)$ – COOH, eine verzweigtkettige Monoaminomonocarbonsäure.

Leucóbryum, n., Gatt. (griech. leukós = weiß; brýon = Moos), Weißmoos, ein Laubmoos mit im trockenen Zustand sehr hellen Blättern; Kl. Musci.

Leucocóryne, f., Gatt. der Liliáceae (griech. leukós = weiß; kóryne = Kolben, Keule).

Leucocrínum, n., Gatt. der Liliáceae (griech. leukós = weiß; krinon = Lilie) – Kolorado-Sandlilie.

Léucodon, m., Gatt. der Leucodontáceae (griech. leukós = weiß; odón = Zahn. Nach der gelblichweißen Färbung der → Peristomzähne) – Leucodontales – Laubmoose.

Leucójum, n., Gatt. der Amaryllidáceae (griech. tó leukón = das weiße Veilchen) – Knotenblume, Märzenbecher.

Leuconostoc, Bakteriengattung, die den Streptokokken ähnlich ist, jedoch linksdrehende Milchsäure bildet. Typische Pflanzenbewohner, L.mesenteroides subspec. dextranicum dient der biotechn. Herstellung von Dextran; L.mesenteroides subspec. cremoris in Milchprodukten.

Leucophýta, f., Gatt. der Asteráceae (griech. leukós = weiß; phytón = Pflanze).

Leucopógon, m., Gatt. der Epacridáceae (griech. leukós = weiß; pogōn = Bart, »Weißbart«); fossil seit dem Eozän.

Leucórchis, f., Gatt. der Orchidáceae (griech. leukós = weiß und Gattungsname Orchis) – Weißzunge.

Leucospérmum, n., Gatt. der Proteáceae (griech. leukós = weiß; spérma = Same, »Weiß-Same«).

Leucóthoë, f., Gatt. der Ericáceae (griech. mythol. Name) – Traubenheide.

Leukoplásten (griech. leukós = weiß; plastós = gebildet, geformt), farblose Zellorganellen (Plastiden). Sie sind vor allem in jungen Pflanzen enthalten und können hier bei Belichtung ergrünen (Umwandlung in Chloro- und auch Chromoplasten ist möglich). In Speicherorganen vermögen die Leukoplasten aus Zucker Stärke zu bilden und schichtweise in sich abzulagern. Hier werden sie dann als Amyloplasten (Stärkebildner) bezeichnet.

Leukospermíe (griech. leukós = weiß, hell; spérma = Same), Hellsamigkeit bei Samen oder Früchten infolge Pigmentverlustes.

Leukozýsten, bei Pilzen dünnwandige, durchlöcherte, leere Zellen; → Zysten.

lévis (lat.), glatt, eben.

Levísticum, n., Gatt. der Apiáceae (libistikon = griech. Pflanzenname) – Liebstöckel.

Lewinín, aus Piper metysticum hergestelltes Betäubungsmittel; benannt nach dem Toxikologen Louis Lewin (Prof. in Berlin), geb. 1850 (in Tuchel).

Lewísia, f., Gatt. der Portulacáceae (nach M. Lewis, engl. Statthalter in Amerika, Anf. 19. Jh.), Bitterwurzel.

Leycestéria, f., Gatt. der Caprifoliáceae (nach dem Inder Wm. Leycester, Bengalen).

Lezithín (griech. lékythos = Dotter, Ölflasche), Phosphatid, das Cholin als stickstoffhaltige Base enthält.

Liánen (griech. liázomai = seitwärts abbiegen, ranken), kletternde Holzgewächse, die im Erdboden wurzeln und sich an anderen Pflanzen emporwinden und emporranken.

Liátris, f., Gatt. der Asteráceae (griech. leios = glatt; iatrós = Arzt) – Prachtscharte.

líbani, des Libanons (Líbanus).

libanóticus, vom Berge Libanon stammend.

Libanótis, f., Gatt. der Apiáceae (griech. Pflanzenname, libanótos = Weihrauch) – Heilwurz.

líber, líbera, líberum (lat.), frei.

Libértia, f., Gatt. der Iridáceae (nach der belg. Schriftstellerin und Botan. Marie A. Libert de Malmedy, 1782–1865).

Libócedrus, f., Gatt. der Cupressáceae (griech. líbos = Tropfen, Träne; kédros = Zeder) – Flußzeder; fossil seit der oberen Kreide.

Libónia, f., Gatt. der Acantháceae (nach dem Belgier Libon [aus Verviers, gest. 1861], bekannt als Pflanzensammler in Brasilien).

Librifórmfasern (lat. líber, líbri = Bast, später auch: Buch; fórma = Form; also wie die Fasern des Bastes gestaltete Zellen), Holzfasern, die im Holzkörper vorkommen, etwa 0,3 bis 1,3 mm lang und in der Regel völlig verholzt sind; sie besitzen linksschiefe Tüpfel und bewirken in erster Linie Zug- und Druckfestigkeit.

Libriformring, der innerhalb des Kambiumringes liegende Bastring.

Lichénes (griech. leichén = Flechte) → Flechten.

Lichenín (griech. → Lichénes), bei Flechten auftretende Zellwandsubstanz, die mit echter Zellulose sehr nahe verwandt ist, aber viel leichter abgebaut und in kochendem Wasser kolloidal gelöst wird.

lichenisiert, in Form einer Flechte lebend; lichenisierte Pilze sind die Mykobionten der Flechten.

Lichenisierung, Flechtenbildung; Übergang zur Lebensform der Flechten.

Lichenochamaephýta (griech. chamaí = am Boden; phytón = Pflanze), Strauchflechten.

Lichenohemikryptophýta epipétria (griech. epí = auf, an, zu, nach, hin; pétra = Stein, Felsen), Stein-, Krustenflechten.

Lichtgürtelreihe, nach dem von der Wassertiefe abhängigen Beleuchtungsgrad gürtelförmig angeordnete Pflanzengesellschaften wie die klar abgestuften Reihen von Algengesellschaften an Meeresküsten.

Lichtkeimer, Pflanzen, deren Samen am besten unter Lichteinwirkung keimen.

Lieschen, Hüllblätter des Maiskolbens.

ligaminátus, -a, -um (lat.), mit einer Binde versehen.

ligátus (lat.), gebunden, verbunden.

lignátilis, -is, -e, auf Holz wachsend.

Lignín (lat. lígnum = Holz), Holzsubstanz. Unter Lignin versteht man aromatische polymere Zellwandstoffe, welche die Verholzung der ursprünglich aus Kohlenhydraten angelegten Zellwände bewirken. In der Papier- und Zellstoffindustrie wird aus den verholzten Pflanzenfasern das Lignin durch Kochen mit Natriumsulfit oder mit Natronlauge und Natriumsulfid herausgelöst. Nach dieser Behandlung liegt die reine Zellulosefaser zur Weiterverarbeitung vor.

lignósus (lat.), holzig.

lígnum (lat.), das Holz.

Lígula (lat. lígula = kleine Zunge), 1. Blatthäutchen, hautartiges Gebilde an der Übergangsstelle von Blattscheide und -spreite (bei Gräsern), das eine Verlängerung der inneren Epidermis der Blattscheide darstellt und vor Verletzungen durch Reibung des sich beim Wind hin und her bewegendes Halmgliedes schützt. Die Morphologie der Ligula ist für die Unterscheidung mancher Poaceen von großer Bedeutung. – Auch andere Monokotylen, wie gewisse Aráceae und Potamogetonáceae, haben ähnliche typische Ligulae. 2. Bei den Selaginellaceae versteht man unter Lígula ein an der Spitze dünnhäutiges Gebilde, das sich am Grunde der Blätter ausbildet und an der Basis meist zu einem vielzelligen Gewebekörper anschwillt (von Hofmeister als Nebenblatt bezeichnet). – Familien mit solcher Ligula hat man früher als Ligulatae bezeichnet bzw. zusammengefaßt.

Ligulárbildungen, Anhangsgebilde von Blättern, meist Blumenkronblättern, die den Blatthäutchen (→ Ligula) homolog sind, z. B. die Nebenkrone der Nachtnelke (Melandrium).

Ligulária, f., Gatt. der Asteráceae (lat. lígula, kleine Zunge) – Goldkolben, Greiskraut.

Ligústicum, n., Gatt. der Apiáceae (ligústicus, ligurisch) – Mutterwurz.

ligústrínus, ligusterähnlich (ligústrum = Liguster, von lat. ligáre = binden).

Ligústrum, n., Gatt. der Oleáceae (lat. Pflanzenname; der Name bedeutet entweder: aus Ligurien stammend oder zu Flechtwerk [lat. ligáre = binden, flechten] brauchbar) – Liguster, Rainweide; fossil seit dem Pliozän.

liliágo, lilien- (lílium-) ähnlich (z.B. Anthéricum liliágo = Astlose Graslilie).

Lílium, n., Gatt. der Liliáceae (griech. leirion = weiße Lilie, lat. lílium = Lilie; mittelhochdtsch. lilge und gilje; z. B. L. cándidum = Weiß-Lilie) – Lilie.

limbátus (lat. límbus = Saum), gesäumt, umsäumt.

Límbus, (lat. límbus = Saum; limbátus = gerandet, gesäumt) → Saum.

Limétta, f., Gatt. der Rutáceae (türk. limun = Zitrone).

limitatus, -a, -um (lat.), umwallt, -grenzt.

Limnánthemum, n., Gatt. der Gentianáceae (griech. límne = Sumpf; ánthemos = Blume) – Seekanne.

Limnánthes, f., Gatt. der Limnantháceae (griech. límne = Sumpf; ánthos = Blüte) – Sumpfblume.

Límnium (griech. límne = Sumpf, stehendes Wasser), Süßwasservegetation.

Limnóbium, n., Gatt. der Hydrocharitáceae (griech. límne = Sumpf; bios = Leben) – Amerikan. Froschlöffel.

Limnócharis, f., Gatt. der Butomáceae (griech. límne = Sumpf; cháris = Schönheit).

Limnologíe (griech. límne = Sumpf, lógos = Lehre); engl.: limnology; Lehre von den Binnengewässern, also den stehenden und (!) fließenden Gewässern auf dem Festland (mit dem Untersuchungsgegenstand ihres Stoffhaushaltes).

Limnóphila, f., Gatt. der Scrophulariáceae (griech. límne = Sumpf; phílos = liebend, also »sumpfliebend«).

Limnophýten (griech. límne = Sumpf; phytón = Pflanze), hydrophile Organismen, die stehendes Süßwasser bevorzugen.

Limnoplánkton, Mikroplankton des Süßwassers; → Plankton.

Limodórum, n., Gatt. der Orchidáceae (haimodoron = griech. Pflanzenname) – Dingel.

Limónia, f. = Citrus, Gatt. der Rutáceae (ital. limone = Zitrone).

Limónium, n., Gatt. der Plumbagináceae (griech. leimón = Wiese) – Widerstoß.

Limosélla, f., Gatt. der Scrophulariáceae (lat. limósus = sumpfig) – Schlammkraut.

limóse Phase (lat. limósus = sumpfig), Milieu ohne Wasserschicht, dessen Boden vollständig mit Wasser gesättigt ist.

Linánthus, m., (Syn. von Gilia), Gatt. der Polemoniáceae (griech. línon = Lein; ánthos = Blüte).

Linária, f., Gatt. der Scrophulariáceae (lat. línum = Flachs, Lein; der Name bezieht sich auf die Ähnlichkeit mit der Blattform des Flachses) – Leinkraut.

Lindelófia, f., Gatt. der Boragináceae (nach Fr. von Lindelof, Darmstadt).

Lindenbérgia, f., Gatt. der Scrophulariáceae (nach dem Moosforscher Joh. Bernh. Wilh. Lindenberg zu Bergedorf, 1781 bis 1851).

Líndera, f., Gatt. der Lauráceae (nach dem schwed. Botan. Joh. Linder. 1676–1723) – Fieberstrauch.

Lindérnia, f., Gatt. der Scrophulariáceae (nach dem Straßburger Botan. Fr. Balth. v. Lindern, 1682–1755) – Büchsenkraut.

Lindléya, f., Gatt. der Rosáceae (nach dem engl. Botan. John Lindley, 1799–1865).

Lindmánia, f., = (Syn. von Fosterella); Gatt. der Bromeliáceae (nach dem schwed. Botan. Carl Axel Lindman, 1856–1928).

Lindsáya, f., Gatt. der Polypodiáceae (nach dem engl. Botan. Arachibald Lindsay, bekannter Moosforscher).

linealische Blätter, Blätter mit parallelen Rändern; sie sind viel länger als breit, z. B. bei Gräsern.

linearifólius (lat. línea: griech. línon = Faden), linealisch, gleichbreitblättrig.

lineáti-, lineáto-, in Zusammensetzungen: gestreift.

língua (lat.), Zunge, Band.

linguifórmis, lingulátus (lat. língua = Zunge, Sprache), zungenförmig.

Linie (reine), Nachkommenschaft eines sich durch Selbstbefruchtung oder Parthenogenese vermehrenden homozygoten Individuums oder einer Inzuchtlinie, die das gleiche Erbgut hat.

Linientaxation, für Spezialzwecke, z. B. zur Ermittlung von Übergängen, erfolgende Aufnahmen des Pflanzenbestandes längs einer Linie.

Linientrennung, Auflösung einer Population von Selbstbestäubern in Linien durch Methode der Nachkommenauslese.

Linienzüchtung, fortgesetzte Nachkommenschaftsauslese bei Selbstbestäubern.

liniflórus (lat. línum von griech. línon = Lein), leinblumig.

Linín (lat. línum = Lein, Leine, Schnur, Faden), schwach- oder nichtfärbbare fädige Kernsubstanz, auch Achromatin genannt; neuerdings ist bekannt, daß Chromatin und Linin nicht in allen Kernen klar getrennt werden können. Deswegen Benennung der gesamten Gerüstsubstanz als Karyotin.

Linnǣa, f., Gatt. der Caprifoliáceae (nach dem schwed. Botan. Carl v. Linné, der diesen Namen nach sich selbst gab) – Moosglöckchen.

Linné, Carl, berühmter schwedischer Naturforscher (1707–1778), der das nach ihm benannte System der Pflanzen aufstellte und die binäre Nomenklatur (jede Pflanze nur mit Gattungsnamen und Artnamen) konsequent durchführte.

Linnéon (Ausdruck, nach Linné benannt mit griech. Endung), Groß-Art, Megaspecies.

Linnésches System, künstliches System der Pflanzen, das nach Zahl und Ausbildung der Fortpflanzungsorgane das Pflanzenreich in 24 Klassen einteilte.

Linópteris, f., Formgattung der → Pteridospermae; die Blätter gleichen denen der paripinnaten Neuropteris-Arten, haben aber Maschennervatur. Vorkommen: Oberkarbon.

Linósyris, f., Gatt. der Asteráceae (griech. línon = Lein, Faden bzw. aus den [vereinigten] Gattungsnamen Linum und Osyris gebildet) – Goldschopf, »Leinkraut«-Aster.

linsenförmig (bikonvex), nach beiden Seiten gewölbt.

Lint, engl., Rohbaumwolle (bei den Gossypium-Arten), lockerer Flausch von Samenhaaren, aus dem die erbsengroßen Samen entfernt sind. Nach der der Trennung folgenden Reinigung werden die gut spinnbaren Haare weiter verarbeitet.

Línum, n., Gatt. der Lináceae (lat. Pflanzenname) – Lein, Flachs.

lio-, in Zusammensetzungen: glatt-.

Líparis, f., Gatt. der Orchidáceae (griech. liparós = fett, glänzend; wegen der glänzenden Blattoberfläche) – Glanzstendel, -orchidee, Glanzkraut.

Lipásen (griech. liparós = fett, fruchtbar,

glänzend), zur Gruppe der Esterasen gehörende Fermente, welche die Synthese oder Hydrolyse von Fetten und anderen Estern bewirken.

Lipochóndrien, rundliche, fetthaltige Zellorgane, die in vitalem Zustand färbbar sind; → Chondriosomen.

Lipochromfarbstoffe (griech. lípos = Fett; chróma = Farbe) → Karotinoide.

Lipoíde (griech. lípos = Fett; eĩdos = das Aussehen), fettartige Stoffe: Wachse, Phosphatide, Steroide, Karotinoide.

Lipoidtheorie, Erklärung dafür, daß Stoffe, die in den fettartigen Lipoiden löslich sind, besonders leicht in Zellen eindringen. → Ultrafilter- und Adsorptionstheorie.

Lippenblüte, zygomorphe sympetale Blütenkrone, deren Saum in zwei sich gegenüberstehende, verschiedenartig zerteilte Hauptabschnitte zerfällt; dabei stellt einer die Oberlippe, der andere die Unterlippe dar.

Líppia, f., Gatt. der Verbenáceae (nach dem Pariser Arzt und Botan. Aug. Lippi, 1678–1704).

liquens liquidus (lat.), fließend, flüssig.

Liquidámbar, f., Gatt. der Hamamelidáceae (lat. líquidus = flüssig; arab. ambar = Amber) – Amberbaum; fossil seit dem Cenoman (obere Kreide) bekannt.

Lirélle, ±lang gestrecktes, oft verbogenes und verzweigtes Apothecium.

liri-, lirio- (griech. leíron = Lilie, Tulpe; auch allgem. f. Blume), lilien-.

Liriodéndron, Gatt. der Liliaceae (griech. lírion, leirion = Lilie; déndron = Baum) – Tulpenbaum; fossil seit der unteren Kreide.

Liriópe, f., Gatt. der Liliáceae (griech. lirion = Leier, Harfe; ópsis = Aussehen).

Lisiánthus, m., Gatt. der Primuláceae (griech. lis = (glatter) Fels; ánthos = Blume).

liss-, lisso- (griech.), in Zusammens.: glatt-.

lissochílus, glattlippig.

Lissochílus, m., Gatt. der Orchidáceae (griech. líssos = glatt; cheilos, chilos = Lippe).

Lístera, f., Gatt. der Orchidáceae (nach dem engl. Arzt M. Lister, 1638–1711) Zweiblatt.

Listróstachys, m., Gatt. der Orchidáceae (griech. lístron = Spaten, Schaufel; stáchys = Ähre; sicherlich besteht ein namentl. Bezug auf die kompakte, distiche Infloreszenz).

Lítchi, f., Gatt. der Sapindáceae (chines. Volksname) – Chinesische Zwillingspflaume.

litho- (griech. líthos = Stein), stein-.

Lithocárpus, f. (weil Baum), Gatt. der Fagáceae (griech. líthos = Stein; karpós = Frucht).

Lithophýten (griech. líthos = Felsen, Gestein; phytón = Pflanze), Felsenpflanzen, welche die nackte Felsoberfläche besiedeln oder aktiv in den Fels eindringen.

Líthops, f., Gatt. der Aizoáceae (griech. líthos = Stein; ópsis = Aussehen) – Lebender Stein.

Lithosérie, sich auf exponierten Felsen(flächen) entwickelnde Serie (Sukzession von Pflanzengemeinschaften).

Lithospérmum, n., Gatt. der Boragináceae (griech. líthos = Stein; spérma = Same; bezieht sich auf die kleinen, harten, steinähnlichen Früchte). – Steinsame.

Lithosphäre (griech. líthos = Stein; sphaira = Kugel, Kreis, Bereich), Gesteinshülle der Erde, die zum weitaus größten Teil aus Eruptivgesteinen oder daraus hervorgegangenen kristallinen Schiefern besteht. Als Mineralbestandteil dieser Gesteine überwiegen ganz die Silikate. Biologisch interessiert der ökologisch wichtigste Teil der Lithosphäre besonders als Teil der → Biosphäre.

Lithrãea, f., Gatt. der Anacardiáceae (Litré = chilen. Name). Spec. L. venenosa Miers.

Litorál (lat. lítus, -oris = Gestade, Küste, Ufer), der durchlichtete Bereich des Benthals bis zur Tiefengrenze der Netto-Primärproduktion (Kompensationstiefe). Im See: die Uferzone, die mit Algen und höheren Pflanzen bewachsen ist. Ozeanologisch: Gezeitenzone, die mehr oder weniger für Stunden (zweimal täglich) wasserfrei (wasserarm) ist.

litorále Phase, Milieu mit seichter Wasserschicht; → limose Phase.

Litorálflora, Pflanzenwelt der Uferregion von Gewässern und der Gezeitenzone.

litorális, -is, -e (lat.), (auch:) littoralis, strand-, ufer-, küstenliebend; Strand-.

Litséa, f., Gatt. der Lauráceae (nach dem chines. Pflanzennamen litchi); fossil seit dem Eozän.

Littónia, f., Gatt. der Liliáceae (nach dem Dubliner Botan. S. Litton).

Littorélla, f., Gatt. der Plantagináceae (lat. lítus, -oris = Meeresufer, Strand; -ella = Verkleinerungssuffix; die dem Herkunftswort entsprechende Schreibweise Litorella ist weniger gebräuchlich) – Strandling.

lívidus (lat.), bläulich, bleifarbig.

Livistóna, f., Gatt. der Arecáceae (nach dem Schotten Patrik Murray, Baron of Livingstone, 18./19. Jh.).

-lix, -fädig.

Llano (span. »Ebene«), Ebene Südamerikas, bes. des Orinokogebietes, aus tertiärem Meeresbecken durch Auffüllung mit alluvialen Flußablagerungen entstanden, die von grasreichen Savannen eingenommen wird.

Llávea, f., Gatt. der Polypodiáceae (nach dem mexikan. Botan. M. Canonigo Pablo de La Llave, 1773–1833).

Llóydia, f., Gatt. der Liliáceae (nach dem engl. Botan. G. Lloyd, gest. 1843) – Faltenlilie.

LNF, Landwirtschaftliche Nutzfläche mit den Kulturarten Dauergrün-, Acker-, Gartenland sowie Sonderkulturen, Obstanlagen, Baumschulen. Oft nur: LN.

Loása, f., Gatt. der Loasáceae (südamerik. Volksname). Spec.: L. lateritia – Ziegelrote Brennwinde (Chile).

lobátus, -lobátus (lat.), gelappt; in Zusammensetzungen: -gelappt.

Lobélia, f., Gatt. der Campanuláceae (nach dem flandr. Botan. Mathias de l'Obel, 1538–1616) – Lobelie, Spaltglöckchen.

Lóben, Blätter oder größere Teile von Blättern bei hochsukkulenten Mesembrianthemaceae (z. B. Conóphytum, Líthops).

-lóbium, -lóbus, -hülse, -schote.

Lobívia, f., Gatt. der Cactáceae (Anagramm durch Buchstabenumstellung von Bolivia, S-Amerika) – Lobivie.

Lobostémon, m., Gatt. der Boragináceae (griech. lóbos = Lappen; stémon = Staubfaden) – Schuppenfaden.

Lobulária, Gatt. der Brassicáceae (lat. lóbulus = Läppchen) – Lappenblume.

-lobus (lat.), in Zusammensetzungen: -gelappt, -lappig.

Lockhártia, f., Gatt. der Orchidáceae (nach David Lockhart, Leiter des Botan. Gartens von Trinidad von 1818–1846. Nach Übersetzung aus dem Engl.: »Trassenorchidee«).

Lóculi, m., Plur. (lat. lóculus = kleiner Raum, Ort [Demin. von lócus], im Plur.: Kästchen, Behälter, Hohlraum), 1. Bezeichnung für die blasenförmigen Sporangien als »Orte« der Entstehung der Zoosporen bei den Phaeophyceae (Braunalgen); 2. Bezeichnung der sich um die ascogenen Hyphen bildenden Hohlräume bei den Loculomycetidae (= Gruppe der Ascomycetes). In den Loculi liegen dann die Asci bzw. Gruppen von Asci.

lócus, Lokalisationspunkt, zytologischer Begriff für den Ort, an dem das Gen im Chromosomen lokalisiert ist.

lócus clássicus (lat. = klassischer Fundort), Fundort der erstbeschriebenen Pflanze eines Taxons; Originalfundort.

locus typicus, gleiche Bedeutung wie locus classicus, wird vorzugsweise in der Paläobotanik und -zoologie verwendet.

lodénse, regelwidrige amerikanische Bezeichnung der Lonícera-vulgare-Sorte ›Nanum‹ und eine irreführende Wortbildung, da die letzten Buchstaben auf die häufige Endung -ensis, -ense = wachsend in, um, bei hindeuten. Gemeint war eine niedrige (engl. low), dicht (engl. dense) verzweigte Sorte.

Lodículae (lat., kleine Schuppen, Schüppchen), bei den Ährchen der meisten Gräser oberhalb der Deckspelze befindliche, zur Blütezeit saftig angeschwollene Schüppchen, die als sog. Schwellkörper das Öffnen der Grasblüte bewirken.

Lodoícea, f., Gatt. der Arecáceae (vielleicht aus Ludovícea = griech. Frauenname) – Seychellennuß.

Löß, durch Wind abgelagertes, staubfeines, leicht zerreibbares Sediment, das aus 60–80% Quarz und 10–15% Kalk besteht. Er enthält auch etwas Feldspat und Glimmer mit spärlichem tonigem Bindemittel. Alle Gemengteile sind dabei meist von dünnen Kalkhäutchen überzogen.

Lößlehm, durch Entkalkung und Tonumlagerungen aus Löß entstehendes kompaktes Bodenmaterial.

Logánia, f., Gatt. der Loganiáceae (nach dem engl. Gouverneur James Logan, 1674–1736) – Bitterblatt.

Loiselēūria, f., Gatt. der Ericáceae (nach dem franz. Botan. J. L. A. Loiseleur-Deslongchamps, 1774–1849) – Alpenheide, Felsenröschen, Zwergporst.

lokale Charakterarten, Arten, die nur in einem enger umgenzten Bezirk an bestimmte Vegetationseinheiten gebunden sind, d. h. als Charakterarten auftreten.

Lokomotiónen (lat. lócus = Ort; movére = fortbewegen; also vom Ort fortbewegen), freie Ortsbewegungen oder Bewegungen, die einen Ortswechsel im Raum ermöglichen.

Lokulaménte (lat. lóculus = Fach, kleiner Raum, Kästchen) → Pollensäcke.

lokulizíde Kapsel, entlang der Mittellinie der Fruchtblätter (fachspaltig bzw. rückenspaltig) sich öffnende Kapsel.

Lókulus (lat. lócus = Ort, Raum; -ulus = Verkleinerungssilbe, s. o.) – Fruchtknotenfach.

Lólium, n., Gatt. der Poáceae (lat. Name für ein Unkraut im Altertum, wurde im 16. Jh. auf Lólium temuléntum – Taumel-Loch übertragen). Spec. L. perénne = Ausdauerndes Weidel- oder Raygras; tritt-, schnitt- und bißverträgliches, narben- und rasenbildendes Untergras. – Lolch, Weidelgras.

Lomándra, f., Gatt. der Liliáceae (griech. lóma = Rand; anér, andrós = Mann).

Lomária, f., Gatt. der Polypodiáceae (griech. lóma, lómatos = Rand, Saum).

lomarioídes, rippenfarnähnlich (Lomária, von griech. lóma = Saum).

Lomátia, f., Gat. der Proteáceae (griech. lóma, Genit. lómatos = Rand, Saum).

Lomátium, n., Gatt. der Apiáceae (griech. lóma → Lomatia) – Flüsgelsamen.

lomáto- (griech.), in Zusammensetzungen: gesäumt-, saum-, rand-.

Lomatogónium, n., Gatt. der Gentianáceae (griech. lóma, → Lomátia; gýne = Weib) – Saumnarbe.

Lomatophýllum, n., Gatt. der Liliáceae (griech. → Lomátia; griech. phýllon = Blatt) – Bourbonenlilie.

Loméntum (lat.) → Gliederhülse.

Lonchítis, f., Gatt. der Polypodiáceae (griech. lónche = Lanze) – Lanzenfarn.

lonchítis, spießähnlich (eigentl. Name einer Pflanze; Serápis língua mit spießförmigen Blättern).

lónche- (griech. lónche = Lanze), speer-.

Lonchocárpus, m., Gatt. der Fabaceae (griech. → lónche; karpós = Frucht).

Lonchoptéris, f., (griech. lógge = lónche = Lanzenspitze; ptéris = Farnkraut), Formgattung der Pteridophyllen. Blätter gleichen denen von Alethopteris, haben aber Maschenaderung. Vorkommen: Oberkarbon.

long-, longi- (lat.), in Zusammensetzungen: lang-.

longǣvus (lat.), langlebig, hochbejahrt (lat. áevum = Lebensalter, hohes Alter).

longifólius (lat.), langblättrig.

lóngipes (lat.), langstielig.

longitudinal, längsgerichtet, auf die Längsachsen bezogen.

lóngus, -a, -um (lat.), lang.

Lonícera, f., Gatt. der Caprifoliáceae (benannt nach dem deutschen Arzt und Botan. A. Lonitzer, 1528–1586) – Heckenkirsche, Geißblatt.

Lopézia, f., Gatt. der Oenotheráceae (nach dem span. Naturforscher Th. Lopez). Spec.: L. mexicána (Zierpflanze mit roten, endständigen Trauben).

loph-, lopho- (griech.), in Zusammensetzungen: kamm-.

Lophánthus, m., Gatt. der Lamiáceae (griech. lóphos = Helmbusch; ánthos = Blüte) – Büschelblume.

lophánthus (griech.), federbuschblumig.

Lophocéreus, m., Gatt. der Cactáceae (griech. lóphos und Gattungsname Céreus).

Lophocólea, f., Gatt. der Lophocoleáceae (griech. lóphos = Helmbusch, Haarschopf, Hahnenkamm; koleós = Scheide. Nach der grob gezähnt-gelappten Mündung des Perianths) – Jungermanniales – Lebermoose.

Lophóphora, Gatt. der Cactáceae (griech. lóphos = Helmbusch; pherein, phorein =

tragen) – Schnapskopf, Peyote, »Büschel«-Kaktus.

lophotrích (griech. lóphos = Helmbusch; thirx, trichós = Haar), büschelgeißelig.

Lophózia, f., Gatt. der Lophoziáceae (griech. lóphos = Helmbusch, Haarschopf; ózos = Sproß. Nach den schopfigen, zerteilten ♀ Hüllblättern) – Jungermanniales – Lebermoose.

Loránthus, m., Gatt. der Loranthâceae (griech. lóron = Riemen; ánthos = Blüte, Blume; die Blumenkronzipfel sind etwas riemenförmig) – Riemenblume.

Lorbeerwald, subtropische Waldformation, deren Bestandsbildner sich durch relativ große, lederige, lorbeerblattähnliche Blätter auszeichnen. Am Waldaufbau nehmen sowohl Pflanzen der Subtropen und der gemäßigten Breiten als auch breitblättrige Nadelgehölze teil.

loricátus (lat. loríca = Panzer), bepanzert.

Loropétalum, n., Gatt. der Hamamelidáceae (griech. lóron = Riemen; pétalon = Blumenblatt) – Riemenblume.

lotifólius, lotusblättrig.

Lótten, Langtriebe des Weinstockes.

Lótus, m., Gatt. der Fabáceae (griech. Pflanzenname; lótos = Klee; bei Homér erwähnt, wurde bereits im 16. Jh. für Arten der heutigen Gatt. verwendet) – Hornklee.

Loúrea, f., Gatt. der Fabaceae (nach dem portug. Missionar in Ostasien J. D. Loureiro, 1715–1796).

Lówia, f., Gatt. der Lowiáceae Ridl. (nach Sir Hugh Low, 1824 bis 1905; bekannt als Pflanzensammler auf Borneo).

Lowiára, f., Gatt. der Orchidáceae (nach dem engl. Orchideenzüchter Stuart Henry Low, 1826–1890).

lox-, loxo- (griech. loxós = schief, schräg), schief-.

Loxanthocéreus, f., Gatt. der Cactáceae (griech. loxós = schief; ánthos = Blüte und Gattungsname Céreus).

LTP, Abk. für Langtagpflanze(n).

lúcens, lúcidus (lat.), glänzend, leuchtend.

lucérna (lat.), Lampe (auf Blüte bezügl.).

lúcidus (lat. lúx, lúcis = Licht), stark glänzend, licht, hell.

Lucúlia, f., Gatt. der Rubiáceae (ostind. Name als Wortstamm).

Ludólfia, f., Gatt. der Poáceae (nach M. M. Ludolf, 1705–1756, Botan., Prof. in Berlin) – Riesenrohr.

Ludóvia, f., Gatt. der Cyclantháceae (aus dem Namen Carludovica gebildet).

Ludwígia, f., Gatt. der Oenotheráceae (nach dem Leipziger Arzt und Botan. C. G. Ludwig, 1709–1773) – Syn.: Jussieua (s. d.). (Trivialname: Heusenkraut).

Lueddemánnia, f., Gatt. der Orchidáceae (nach einem Personennamen).

Luehéa, f., Gatt. der Tiliáceae (nach dem österr. Botan F. Karl v. d. Lühe).

Luetkéa, f., Gatt. der Rosáceae (nach dem russ. Admiral Fr. Luetke, 19. Jh.) – Traubenspiere.

Lueúma, f., Gatt. der Sapotáceae; peruan. (Vernakular-)Name.

Lúffa, f., Gatt. der Cucurbitáceae (luff = arab. Pflanzenname) – Schwammkürbis.

Luftgewebe → Aerenchym.

Luftkapazität des Bodens, die Anzahl cm³ Luft, die in der Volumeneinheit Boden im Minimum nach einer vollkommenen Anfeuchtung noch vorhanden ist.

Luftmyzél (griech. myzein = saugen), das in dem als Kolonie bezeichenten Kulturverband der Pilze sich über die Oberfläche des Nährbodens erhebende Myzel (im Gegensatz zum vegetativen → Myzel). Bildet das Luftmyzel Reproduktionsorgane, spricht man auch von Reproduktionsmyzel.

Luftwurzeln, oberirdisch entstehende Adventivwurzeln, die verschiedene Aufgaben übernehmen können.

lugúbris, -is, -e (lat.), unheilvoll, düster.

Luísia, f., Gatt. der Orchidáceae (nach dem span. Botan. Don Luis de Torres, 19. Jh.; bei Eindeutschung des engl. Trivialnamens ergäbe sich »Bienenorchidee«). Spec.: L. amesiána, L. teretifólia.

Lúma, f., Gatt. der Myrtáceae. Spec.: L. apiculáta (»Spitze« Luma-Myrte).

Lúmen (lat. Licht, lichte Weite), Zellraum, Zellhöhlung, Innenraum der Zelle.

Lumnítzera, f., Gatt. der Combretáceae. Spec.: L. racemósa Willd.

Lunária, f., Gatt. der Brassicáceae (lat. lúna = Mond; bezieht sich auf die Form der Früchte; noch mehr ist die Schotenscheidewand mondähnlich) – Silberblatt.

lunáris (lat.), mondförmig, monatlich.

Lupinín, Alkaloid in Leguminosen.

lupinoídes (lat. lúpus = Wolf – Wolfsbohne!), lupinenähnlich.

Lupinóse, Leberkrankheit bei Wiederkäuern, durch den Genuß von Bitterlupinen verursacht.

Lupínus, m., Gatt. der Fabáceae (lat. lúpus = Wolf; sinngemäß: Wolfsbohne) – Lupine, Wolfsbohne.

lupulínus, -a, -um (lat. vom Artnamen des Hopfens, lúpulus, gebildet), hopfenartig (z. B. Medicágo lupulína – Gelbklee).

lúridus (lat. lúror = Blässe), schmutzigbraun, fahlgelb.

Lurónium, n., Gatt. der Alismatáceae; verwandt mit lat. lúridus = grünlich, blaß. Spec.: L. nátans, Froschkraut.

lusitánicus, aus Portugal (Lusitania) stammend.

Lúsus (lat. lúdere = spielen) → Spielart.

lútei, lúteo-, in Zusammensetzungen: gelb-.

lutetiánus, aus Paris (Lutétia Parisianórum) stammend.

lúteus, -a, -um (lat.) = gelb (z. B. Lupinus lúteus – Gelblupine).

luxúrians (lat. luxúria = Üppigkeit), üppig wuchernd, verschwenderisch.

Luxuríeren (lat. lúxus = Üppigkeit), Heterosiserscheinung bei Bastarden, die sich durch üppigeres Wachstum gegenüber den Eltern auszeichnen.

Luzérne (von lat. lux = Licht bzw. lucérna = »Öllampe«, farbiges Licht), Genus der Fabáceae (→ Medicago); in der DDR und BRD wird vorzugsweise die buntblühende Bastardluzerne, Medicago varia, angebaut. Mehrjährige Pflanze mit Wurzelkopf, an dem sich die Erneuerungsknospen befinden. Die L. ist bes. auf weniger futterwüchsigen, trockenen Standorten eine wichtige Futterpflanze, wo sie hohe, stabile Erträge von etwa 80 bis 100 dt Trockensubstanz/ha bringt. Luzernebestände liefern Frischfutter, proteinreiches Trockengrünfutter und Anwelksilage. Die L. trägt bes. über die Versorgung des Bodens mit organischer Substanz zur Reproduktion der Bodenfruchtbarkeit bei, besitzt große Bedeutung auch für die Rekultivierung von Kippflächen der Braunkohleindustrie sowie bei der Nutzung (Verbesserung) von sonstigen landwirtschaftl. Extremflächen. L. wird in Reinbeständen (= Reinsaat) oder im Gemenge mit Gräsern (= Luzernegras) angebaut. Luzernegrasgemenge werden für graswüchsige Standorte empfohlen, um durch Kulturgräser die Wildberasung in Grenzen zu halten. Luzernegrasbau gewinnt offenbar für die Landwirtschaft an Bedeutung, da er gegenüber Luzernereinbeständen einige (wesentliche) Vorteile hat.

Luziferín (lat. lúcifer = lichtbringend), S- und N-haltige komplizierte organische Verbindung, die das Leuchten des Glühwürmchens Photinus pyralis verursacht. Dabei wird L. mit Luftsauerstoff und dem Enzym Luziferase zu Dehydroluziferin oxidiert; 96% der freigesetzten Energie werden dabei als sichtbares Licht abgegeben.

Lúzula, f., Gatt. der Juncáceae (lat. Verkleinerungsform von lux = Licht; man verwendete das Mark als Lampendocht; auch an den italienischen Namen Lucciola = Glühwürmchen sei erinnert, mit dem man die glänzenden, mit Tautröpfchen besetzten Blütenstände in Zusammenhang bringt) – Hainsimse; fossil seit dem Oligozän.

Lyasen, die Enzyme, die die Spaltung bzw. umgekehrt die Bindung organischer Moleküle katalysieren. Man unterscheidet C-C-Lyasen (z. B. Dekarboxylasen), C-O-Lyasen (z. B. Dehydratasen) und C-N-Lyasen (z. B. Desaminasen).

Lycáste, f., Gatt. der Orchidáceae (Lykaste = griech. Nymphe, die schöne Tochter des Priamos, des letzten Königs von Troja; »Lycaste-Orchidee«).

Lýchnis, f., Gatt. der Caryophylláceae (griech. lýchnos = Leuchte, Lampe, wegen der lebhaft leuchtenden Färbung der Blüte) – Lichtnelke.

lychnítis, leuchtend (nach Plinius eine Pflanze betr., die zu Dochten gebraucht wurde).

Lýcium, n., Gatt. der Solanáceae (griech. Pflanzenname; lýkion = aus Lykien stammend) – Bocksdorn, Teufelszwirn (dünne, verflochtene Sprosse).

lycóctonus (griech. lykoktónos = Wölfe tötend), wolftötend.

Lycomórmium, n., Gatt. der Orchidáceae (griech. lýkos = Wolf; mórmon = Popanz, Kobold, Gespenst; nach der eigenartig gestalteten Lippe) – »Wolfsorchidee«.

Lycopérdon, n., Stäublinge, Pilzgattung der Fam. Lycoperdáceae, Cl. Ständerpilze (Basidiomycetes), Bauchpilze (Gasteromycetales). L. besitzt birnenförmige Fruchtkörper, die in eine innere Schicht (Endoperidie) und eine äußere Schicht (Exoperidie) gegliedert sind. Reife L.-Fruchtkörper öffnen sich mit einem Scheitelporus.

Lycopérsicon, n., Gatt. der Solanáceae; Tomate (eigentl. und ursprünglich von griech. lýkos = Wolf und Persica = alter Gattungsname f. Pfirsich; das altgriech. lykopérsikon hat eine andere Pflanze bezeichnet, denn die Tomate kam erst 1596 aus Amerika nach Europa). – Spec.: Lycopérsicon esculentum = Solánum lycopérsicum = Tomate; Lycopersicum pimpinellifólium = Solánum racemiflórum = Johannisbeertomate.

Lycopín, roter Farbstoff, ein Karotinoid, das in der Tomate und Hagebutte vorkommt.

Lycopódium, n., Gatt. der Lycopodiáceae (griech. lýkos = Wolf; pódion = Füßchen; also wolfstatzenähnlich; der Name entstand durch Übersetzung eines deutschen Namens am Ende des 16. Jh.) – Bärlapp; fossil seit der oberen Kreide.

Lycópsida, Bärlappe, Kl. der Pteridophyta; die B. sind krautige Pflanzen mit oft weit am Boden hinkriechenden, gabelig verzweigten Sprossen und in der Regel zahlreichen einfachen, kleinen, nadelförmigen Blättern. Die Sporenbehälter stehen einzeln in oder über den Achseln meist veränderter Blätter. Die Blätter der zu den B. gehörenden Moosfarne (Zwergbärlappe) haben am Grunde der Blattoberseite eine Ligula (Häutchen), die der Wasseraufnahme dient. Die Bärlappe sind immergrün und ziemlich schattenfest. Ihre Sporen keimen gewöhnlich erst mehrere Jahre nach der Reife. Auch kommt vegetative Vermehrung durch frei werdende Sprosse vor. → E. System der Pflanzen.

Lycópsis, f., Gatt. der Boragináceae (griech. lýkos = Wolf; ópsis = Gesicht) – Krummhals, Wolfsauge.

Lýcopus, m., Gatt. der Lamiáceae (griech. lýkos = Wolf; pous = Fuß; vielleicht wegen der Ähnlichkeit der Zweigspitzen mit einem Tierfuß) – Wolfstrapp.

Lycóris, f., Gatt. der Amaryllidáceae (mythologischer griech. Name nach der Nereide Lykoris).

Lýgeum, n., Gatt. der Poáceae (griech. lýgos = Pfrieme, Zweig, biegsame Gerte, Rute). Spec.: L. spártum. – Pfriemen- oder Espartogras.

Lyginopteridáceae, f., Plur. (griech. lýgos = biegsamer Zweig), Familie fossiler Farnsamer. Vorkommen: Karbon.

Lygódium, n., Gatt. der Schizaeáceae (griech. lygódes = schlank) – Schlingfarn; fossil seit der Kreide.

Lyónia, f., Gatt. der Ericáceae (nach dem Botan. John Lyon, verst. 1818 in Amerika) – Zwerglorbeer.

Lyosómen, griech. (= Lyosomata), kugelige, membranumgrenzte Blasen unterschiedlicher Größe in pflanzlichen Zellen, die verschiedene Enzyme enthalten. Im Inneren sind keine Strukturen erkennbar. Der Durchmesser beträgt selten $> 2\ \mu m$. Sie sind Orte des hydrolytischen Abbaus biologisch wichtiger Makromoleküle. Sing. Lyosoma.

lyratifólius (lat.), leierblättrig.

lyrátus (lat. lýra = Leier), leierförmig.

Lysérgsäure, Bestandteil der Mutterkornalkaloide aus Claviceps-Arten.

Lysergsäurediethylamíd, Abk. LSD, stark psychotrop wirksame organische Verbindung, die schon in geringen Mengen beim Menschen schizophrenieähnliche Geistesstörungen hervorrufen kann. Antagonist von Serotonin.

Lysichítum, n., Gatt. der Aráceae (griech. lysis = Trennung; chíton = Kleid, Hülle).

lysicéphalus, -a, -um (griech.), getrenntköpfig.

lysigén (griech. lýein = auflösen; génesis = Entstehung), durch Auflösung entstehend.

Lysimáchia, f., Gatt. der Primuláceae (benannt nach dem griech. Feldherrn Lysimachos, dem Leibwächter Alexanders d. Gr., nach dessen Tode König von Thrakien und Mazedonien) – Felberich, Gilbweiderich.

Lysín, α-, ε-Diaminocarbonsäure, H_2N–

$CH_2CH_2CH_2CH_2CH - (-NH_2)-COOH$, eine Diaminomonocarbonsäure.

lysipétalus, lysisépalus, -a, -um (griech.), freikron-, freikelchblättrig.

Lysozýme (griech. lýsis = Auflösung; zýme = Sauerteig), L. gehören zur Enzymgruppe der Glykosidasen. Sie haben bei der Abwehr von Infektionskrankheiten große Bedeutung.

Die L. sind funktionelle Wirkstoffe, die Zellwände vieler Bakterien zerstören oder angreifen, was zu Schädigung und Tod des Protoplasten führt, indem sie die in den Zellwänden enthaltenen komplexen Polymere von Aminosäuren und Aminozukkern hydrolysieren. L. dienen gegen das Eindringen von Bakterien bei Tier und Mensch, werden z. B. von Schleimhäuten abgegeben.

Lýthrum, n., Gatt. der Lythráceae (griech. lýthron = Besudelung mit Mordblut; nimmt Bezug auf die rote Blütenfarbe, z. B. Lýthrum salicária – Blutweiderich) – Weiderich, Blutweiderich; fossil seit dem Pliozän.

M

M I, M II, Bezeichnung für die differenzierten Stadien der Metaphase während der Meiose: erstes Stadium = M I, zweites Stadium = M II; M = Abk. für Metaphase.

M I, M II, M III usw., Bezeichnung für die Unterlagen bei Äpfeln, jedoch sprachlich nicht (wie oft fälschlich) von Malus abzuleiten, sondern von der engl. Versuchsstation »East Malling«, wo die ersten Züchtungen durchgeführt und die Unterlagen als »Malling«-Serie M I, M II, M III usw. verkauft wurden. M = Abk. von »Malling«. Die M-Unterlagen haben bis XXV römische Ziffern, ab M 26 arabische. Früher nannte man diese Unterlagen insgesamt »Doucin«. Vgl. A 2 und MM 104 usw.

Maáckia, f., Gatt. der Fabáceae (nach dem russ. Naturforscher R. Maack, 1825–1886).

Macadámia, f., Gatt. der Proteáceae (nach dem austral. Naturforscher John Macadam).

Macaránga, f., Gatt. der Euphorbiáceae; myrmekophile Arten (ähnl. wie bei den Akazien symbiotisch).

Macchie (ital. = macchia; korsisch = maquis), Degradationsstadium des immergrünen Eichenwaldes oder der Kiefernwälder im Mittelmeergebiet, in dem Sträucher und niedrige Bäume mit immergrünen, derben, harten Blättern vorherrschen. Die durch Abholzung der ursprünglichen Steineichenwälder entstandene Trockenstrauchformation ist in den Mittelmeergebieten u. a. charakterisiert durch Ólea europáea, Mýrtus commúnis, Cístus, Árbutus und Eríca arbórea. Ähnliche Vegetationsformen herrschen im südwestl. Kapland, in SW-Australien, Chile und den sog. Chaparods Kaliforniens vor.

macedónicus, aus Mazedonien stammend.

mácer, mácra, mácrum (lat.), mager.

Machaeranthéra, f., Gatt. der Asteráceae (griech. macheira = Säbel; ánthera = Staubbeutel).

Machaerocéreus, m., Gatt. der Cactáceae (griech. macheira = Säbel und Gattungsname Céreus).

Mackáya, f., Gatt. der Acantháceae (nach dem irisch. Botan. J. T. Mackay, 1862 verst.).

Macleánia, f., Gatt. der Ericáceae (nach John Maclean, Kaufmann aus Lima, Peru).

Macleáya, f., Gatt. der Papaveráceae (nach A. Macley, London von R. Brown), Spec.: M. cordáta; Zierpflanze in China und Japan, in Europa kultiviert. – Federmohn.

Maclúra, f., Gatt. der Moráceae (nach dem engl. Geologen W. Maclure in Mexiko, 1763–1840) – Osagedorn, Gelbholz.

Macódes, f., Gatt. der Orchidáceae (griech. mékos, mákos = Länge, schlanker Wuchs; u. a. ist der Lippen-Mittellappen schlank, lang). – Goldblatt.

macr-, macro- (griech.), in Zusammensetzungen: groß-.

Macradénia, f., Gatt. der Orchidáceae (griech. makrós = lang, groß; áden = Drüse; namentl. Bezug auf den langen Stipes: »Langdrüsenorchidee«).

macrocárpus (griech.), großfrüchtig.

Macrochórdium, n., Gatt. der Bromeliáceae (griech. makrós = lang; chorde = Saite).

Macroméria, f., Gatt. der Boragináceae (griech. makrós = lang, groß; méros = Teil) – »Gernegroß«.

Macrostáchya, f., (griech. makrós = groß; stáchys = Ähre; »Großähre«), Gatt. für ährenförmige Blüten (Sporophyllstände) der Calamitáceae. Vorkommen: Karbon.

Macrozámia, f., Gatt. der Cycadáceae (griech. makrós = groß und Gattungsname Zamia).

maculátus; -maculátus (lat.), gefleckt; in Zusammensetzungen: -gefleckt, -fleckig.

maculósus (lat.), reich gefleckt.

Mádia, f., Gatt. der Asteráceae; chilen. Vernakularname. M. satíva – Madie, Ölmadie.

Mähwiese, regelmäßig gemähte Wiese, die wegen ihres Heues genutzt wird, Weide nur als Nebennutzung.

männlich ♂, 1. Blüten, die nur Staubgefäße tragen; 2. Prothallien, die nur Antheridien besitzen.

Maërua, f., Gatt. der Capparidáceae (wahrscheinl. von lat. maērere = traurig [düster, wehmütig] aussehen). Spec.: M. crassifólia Forsk.

maesíacus, -a, -um (= moesíacus), in Serbien (Maesia = Moesia) vorkommend.

magellánicus, von Magalhãesland oder Patagonien.

Magermatten, ungedüngte, regelmäßig gemähte Wiesen.

mágicus (lat. mágus = Zauberer), zauberisch.

magn-, magni- (lat. mágnus), groß.

magníficus (lat.), großartig, prächtig, rühmlich.

Magnólia, f., Gatt. der Magnoliáceae (benannt nach dem franz. Prof. der Botanik Pierre Magnol, 1638–1715) – Magnolie; wahrscheinlich seit dem Mitteljura.

mágnus, -a, -um (lat.), groß.

máhaleb, arabischer Name für Weichselkirsche oder Steinweichsel: Prunus mahaleb, dient als Unterlage für Kirschen.

Mahérnia, f., Gatt. der Sterculiáceae (Anagramm aus dem Gattungsnamen Hermánnia).

Mahónia, f., Gatt. der Berberidáceae (benannt nach dem amerik. Gärtner und Botan. B. M. M'Mahon, 1775–1816) – Mahonie; fossil seit dem Tertiär.

Maiánthemum, n., Gat. der Liliáceae (lat. május = Mai; griech. ánthemon = Blume) – Schattenblume.

maiésticus (majésticus), erhaben, vortrefflich (lat. maiéstas = Erhabenheit, Vortrefflichkeit).

Maihuénia, f., Gatt. der Pereskioideae (s. d.), Cactáceae (Vernakularname); in den höheren Regionen der südchilenischen und südwestl. Kordillere Argentiniens verbreitete Gatt. (mit etwa 5 spec.).

Maihueniópsis, f., Gatt. der Cactáceae, von C. Backeberg zu den Opuntioideae gestellt (Maihuen = Vernakularname und griech. ópsis = Aussehen, d. h. der Gatt. Mahuénio im Aussehen ähnlich); einzige Art der Gattung: M. molófinoi.

Mais, Zéa máys, uralte Kulturpflanze; gehört zu den Poáceae. Seine Formenmannigfaltigkeit wird in 8 Varietätengruppen eingeteilt. Größte Bedeutung haben der Zahnmais und der Hartmais. Wichtige Merkmale: Kurztagpflanze, Einstengeligkeit, einhäusig getrenntgeschlechtlich blühend, Protandrie (die Staubgefäße entlassen den Pollen vor der Befruchtungsfähigkeit der weiblichen Blüten). Dadurch wird die Fremdbefruchtung begünstigt. Diese Merkmale sind Voraussetzungen für die bedeutsame Hybridmais-Saatgutproduktion. Entsprechend der Verwendung werden Grünmais, Silomais und Körnermais unterschieden. Der Körnermais ist in der Welt das drittwichtigste Getreide. In Mitteleuropa ist seine Bedeutung sehr begrenzt. Der Energieaufwand für die Trocknung ist sehr hoch. Deshalb wurden neue Verfahren zur Produktion von Maiskolbenprodukten entwickelt. Die Trocknung wird durch die Silierung ersetzt, z. B. beim Maiskorn-Spindel-Gemisch (engl. Corn-Cob-Mix = CCM). Den weitaus größten Teil der Maisfläche z. B. in der DDR, nimmt der Silomais ein. Er dient der Schaffung großer Futtervorräte (Konservate als Silagen). Der Grünmais ist der Mais zur direkten Grünverfütterung. Er trägt in den Landwirtschaftsbetrieben zur kontinuierlichen Grünfutterproduktion bei; Ansprüche an den Boden gering; daher auch auf leichteren Sandböden hohe Erträge. Wesentlich sind die Klimaansprüche. Entscheidend ist die Länge der Wachstumszeit. Silomais benötigt etwa vier Monate Vegetationszeit und kann wegen seines hohen Keimtemperaturminimums (+9 bis +10 °C) erst spät gesät werden. Begrenzend wirkt die Frostempfindlichkeit im Herbst (nach B. Märtin).

Maische, feingemahlener, mit heißem Wasser vermischter Malz; in der so hergestellten Suspension wird (bei der Bierherstellung, Spiritusgewinnung) Stärke durch das im Malz befindliche Enzym Diastase abgebaut in Maltose (»Verzuckerung«), die dann vergärbar ist.

majális (maiális), im Mai blühend (lat. május = Mai).

majellénsis, vom Majellaberg (Abruzzen).

májor-, -or, -us (lat. Komparativ von mágnus, -a, -um = groß), größer (z. B. Plantágo májor – Breitwegerich).

Majorána, f., Gatt. der Lamiáceae (arab. Pflanzenname: mariamie) – Majoran.

makro- (griech.), groß – in Zusammensetzungen; neuerdings oft durch griech. mega- ersetzt.

Makrobiokarpíe (griech. makrós = groß; bíos = Leben; karpós = Frucht), Bezeichnung für das Haftenbleiben der reifen Früchte über mehrere Jahre an der Mutterpflanze.

Makrocýsten, im Ruhezustand befindliche Cysten, die durch Abrunden junger Plasmodiumteile zustande kommen, die sich mit einer derben Wand umgeben; → Zysten.

Makrogametángium, Bildungsbehälter von Makrogameten; → Gametangien.

Makrogaméten, die größeren, weiblichen Gameten, die bei Anisogamie entstehen.

Makroklíma, Klima großer Räume.

Makrokonídien, große und vielzellige → Konidien.

Makromoleküle = Großmoleküle.

Makromutatión (Großmutation), 1. Mutation mit großem phaenotypischem Effekt; 2. Mutation, die eine gleichzeitige Änderung mehrerer Einzelmerkmale bewirkt; → Mutation.

Makronährstoffe, Grundnährstoffe, die für Wachstum und Entwicklung der Pflanzen in größeren Mengen lebensnotwendig sind. Die Pflanzen benötigen fernerhin ± artspezifisch noch Mikronährstoffe, die bei geringem Mengenbedarf auch absolut lebensnotwendig sind.

Makrophanerophýten, baumartige, wurzelnde Pflanzen, deren Überdauerungsknospen mehr als 2 m über dem Boden liegen; → Phanerophyten. Untergruppen: Makrophanerophyta graminidea, Baumgräser; M. scaposa, Schopfbäume mit immergrünen endständigen Blattrosetten; M. herbacea, wenig oder nicht verholzte baumartige Hochstauden ohne Knospenschutz und mit meist großen Blättern; M. succulenta, Hochstamm-Sukkulente mit fleischigem, schwach verholztem Wassergewebe; M. scandentia, mehrjährige, meist verholzte Klimmpflanzen.

Makrophýll (griech. makrós = groß; phýllon = Blatt) = Megaphyll, »Großblatt« der Farne und Samenpflanzen; Blattyp mit stark gegliederter, meist großflächiger Spreite und mit Stiel.

Markophýten (griech. makrós = groß; phytón = Pflanze), alle mit bloßem Auge deutlich erkennbaren, pflanzlichen Organismen; Syn: Megaphyten.

Makroprothállium, aus der Makrospore hervorgehender Vorkeim mit den weibl. Geschlechtsorganen.

makroskópisch (griech. makrós = groß; skopéo = sehen, betrachten), mit bloßem Auge erkennbar, mit bloßem Auge betrachtet.

Makrosporángium, 1. Bildungsbehälter von Makrosporen; 2. der in der Samenanlage eingeschlossene Nucellus; → Sporangium.

Makrospóren, die bei der Heterosporie entstehenden größeren Sporen, aus denen bei der Keimung die weiblichen Gametophyten hervorgehen; Syn.: Megasporen.

Makrosporogénesis (griech. makrós = groß; spóros = Keim; génesis = Entstehung), Vorgang bei der Embryosackbildung.

Makrosporophýlle, fertile Blätter, welche die Makrosporangien tragen, bei den Samenpflanzen die Fruchtblätter.

malac-, malaco-, malach-, malacho- (griech.), in Zusammensetzungen: weich-.

malachiódes, malacoídes, malvenähnlich (griech. malakós = weich, hiervon maláche = Malve, malásso = ich erweiche).

malachitícus, -a, -um, malachitfarben (-grün), auf Malachit vorkommend.

Maláchium, n., Gatt. der Caryophylláceae (griech. malakós = weich) – Wasserdarm.

malacophíl (griech. malakós = weich; phílos = Freund, liebend) sind Pflanzen, deren Blüten an die Bestäubung durch Schnekken angepaßt sind.

malakophýll, weichblättrig; Bezeichnung für Xerophyten mit weichen, meist stark behaarten Blättern, bei denen die osmotischen Werte während der Trockenzeit sehr hoch ansteigen können. Oft haben solche Pflanzen polsterartigen oder rosettenförmigen Wuchs. Ggs. sklerophyll.

Maláxis, f., Gatt. der Orchidáceae (griech. malakós = weich) – Weichorchis.

Malcólmia, f., Gatt. der Brassicáceae (nach dem engl. Gärtner W. Malcolm, 18. Jh.).

maldívicus, von den Malediven.

maleficus, -a, -um (lat.), boshaft, schlecht.

maléolens (lat.), übelriechend.

malifórmis (lat.), apfelförmig.

malleátus, -a, -um (lat.) hammerförmig.

malleíferus, -a, -um (lat.), hammertragend.

Malónsäure (lat. málum = Apfel), HOOC–CH_2–COOH, Dicarbonsäure, die als Oxidationsprodukt der Äpfelsäure auftritt und danach benannt wurde.

Malonýl-Coënzým A, in biochemischen Stoffwechselprozessen aktivierte Malonsäure.

Malpíghia, f., Gatt. der Malpighiáceae (nach dem ital. Prof. Marcello Malpighi, 1628–1693).

Maltóse (lat. máltum = Malz), Malzzucker, durch Kondensation zweier Glucosemoleküle gebildet. Ein Disaccharid, das Fehlingsche Lösung reduziert.

Málus, f., Gatt. der Rosáceae (lat. málus = Apfelbaum) – Apfelbaum.

Málva, f., Gatt. der Malváceae (röm. Pflanzenname; griech. malách = lat. malva, -ae = die Malve, das Abführmittel) – Malve, Käsepappel.

malváceus, -a, -um, malvenartig.

malviflórus (lat.), malvenblütig.

Malz (= Maltum), durch Keimen von Gerstenkörnern und folgendes Trocknen gewonnenes Produkt, in dem die Stärke (Amylum) größtenteils zu Dextrinen und Maltose abgebaut ist; für Bierherstellung und Produktion von Malzextrakt verwendet. Auch als Bestandteil von Nährböden zur Züchtung von Pilzen eingesetzt.

Malzextrakt, Polysaccharid, das sich chemisch aus verschiedenen enzymatisch gespaltenen Stärkeabbauprodukten zusammensetzt; ist Grundkomponente zur Herstellung bakteriologischer und vor allem mykologischer Nährböden.

Malzextrakt-Ágar, fester Pilznährboden zur Züchtung vor allem von Hautpilzen und Hefen; besteht aus Malzextrakt, Glukose, Pepton, Agar und Aqua destillata.

Malzkeime, Rückstände des vergorenen Malzes, die bei der alkoholischen Gärung nicht abgebaut werden; insbes. als Futtermittel beim Rind eingesetzt. Gehalt an Rohprotein etwa 23% (davon etwa 30% Nichtprotein-N-Verbindungen).

mámmifer, mammífera, mammíferum (lat.), warzentragend, zitzentragend.

Mammillária, f., Gatt. der Cactáceae (lat. mammilla (und mamilla) = Brustwarze). Spec.: M. magnimámma Haw. – Warzenkaktus, Mammillarie.

mammilláris (lat.), brustwarzenförmig.

Mammíllen, mitsamt ihrem Zellinnenraum stark vorragende Blattzellen.

mancinélla, Äpfelchen, kl. Apfel.

máncus, -a, -um (lat.), mangelhaft, gebrechlich, verstümmelt.

mandchúricus, mandschúricus, aus der Mandschurei (Ostasien) stammend.

Mandevílla, f., Gatt. der Apocynáceae (nach dem südamerik. Minister H. J. Mandeville, 1773–1861).

Mandrágora, f., Gatt. der Solanáceae (griech. Pflanzenname) – Alraunpflanze.

Manéttia, f., Gatt. der Rubiáceae (nach dem ital. Botan. Saverio Manetti, Florenz, 1723–1784).

Mangelkrankheiten, durch Fehlen oder mangelhafte Zufuhr von Vitaminen bedingte Krankheiten. Hochgradige heißen → Avitaminosen, geringgradige → Hypovitaminosen.

Mangelmutánte, (meist Mikro-) Organismus, der durch Mutation die Fähigkeit zur Synthese eines Wuchsstoffes (Aminosäure, Vitamin o. ä.) verloren hat und nur in Gegenwart dieses Wuchsstoffes zu existieren vermag.

Mangífera, f., Gatt. der Anacardiáceae (Mango = ind. Vernakularname der Frucht, lat. férre, = tragen) – Mangobaum (Malaiischer Archipel, S-China).

Mangróve, die von halophilen Holzpflanzen gebildete Formation an flachen, ruhigen, von den Gezeiten beeinflußten Küsten und Flußmündungen der Tropenländer; s. Bruguiera, Avicenia u. Rhizophora.

manicatus (lat. mánica = Ärmel, mánus = Hand), manschettenartig.

Manifestatión (lat. maniféstus = »handgreiflich«, ertappt, deutlich), Wahrnehmbarwerden einer Erbanlage durch Auftreten des von ihr bedingten Merkmals.

maniféstus (lat.), sichtbar, deutlich, als Artbezeichnung.

Mánihot, f., Gatt. der Euphorbiáceae (Vernakularname, brasilianisch) – Maniok.

Mánna (hebräisch: manah = schenken oder man-hu = »Was ist das?«, Redewendung des Erstaunens), 1. Bezeichnung für den erhärteten, zuckerartigen Saft mancher Bäume (z. B. Eschen, Eichen, Tamarisken), den diese nach Einschnitten oder infolge des Stiches von Insekten (z. B. von Zicaden) ausscheiden. 2. Krustenflechte Lecanora esculanta, die in großen Mengen in den Halbwüsten Vorderasiens vorkommt und eßbar ist.

Mannigfaltigkeitszentren, Entwicklungszentren, → Genzentren oder Areale des größten Formenreichtums einer Gattung oder Familie. Die Mannigfaltigkeitszentren der Kulturpflanzen sind in einer relativ kleinen Zone der Erde zu finden. Es handelt sich dabei ausnahmslos um gebirgige Gebiete, die in zahlreiche Täler und Hochebenen zerteilt sind. In diesen eng umgrenzten Gebieten sind neue Formen relativ abgeschlossen, isoliert. Die Einwanderung anderer Biotypen und Kreuzung mit diesen sind somit erschwert. Die Untersuchungen der Mannigfaltigkeitszentren gehen im wesentlichen auf Vavilov und Schiemann zurück. Unterschieden werden 7 Zentren, in denen jeweils Formenmannigfaltigkeit und Merkmalshäufigkeit mehrerer Kulturpflanzen zu finden sind: Ostasien, Indien, Vorderasien, Mittelmeergebiet, Nordostafrika, Mittelamerika, nordandines Südamerika (s. d.). Die Bedeutung dieser Gebiete für die Pflanzenzüchtung besteht darin, daß sich hier Sippen finden, die bisher noch nicht zu Kreuzungen herangezogen wurden.

Mannít, sechswertiger Alkohol, der z. B. bei der Milchsäuregärung von Rohrzucker entsteht.

mannweibig, 1. einhäusige Gewächse; 2. Blütenstände, die männliche und weibliche Blüten erzeugen; 3. zwitterig.

manoxyl, Holz mit hohem Markanteil, weiten Tracheiden und breiten Markstrahlen, charakteristisch für frostfreies Klima.

Manschette → Armilla.

Mantelblätter, bei epiphytischen Farnen auftretende, schalenförmig übereinanderliegende Blätter, zwischen denen sich Humus ansammelt und die zwischen die Wurzeln hineinwachsen.

Mantelgesellschaft, an Waldrändern (Bestandesmäntel) ausgebildete Pflanzengesellschaft, die von derjenigen des Bestandesinneren mehr oder minder erheblich abweicht. Der äußerste Rand von Mantelgesellschaften ist meist besonders nährstoffreich. Pflanzengesellschaften, die saumartig die Bestandesmäntel umgeben, werden Saumgesellschaften genannt.

Maránta, f., Gatt. der Marantáceae (nach dem venezian. Arzt Bartholomeo Maranta, gest. 1754) – Pfeilwurz.

marántae, Epitheton (als Genit.) des Pelzfarns Notholaena.

marásca, Strauchweichselkirsche.

Maráttia, f., Gatt. der Marattiáceae (nach dem ital. Abt und Botan. Giov. Fr. Maratti, gest. 1777).

Marcgrávia, f., Gatt. der Marcgraviáceae (benannt nach dem Brasilienreisenden G. Markgraf, 1610–1644).

Marchántia, f., Gatt. der Marchantiáceae (benannt nach dem Arzt N. Marchant, gest. 1678) – Brunnenlebermoos; Ordn. Marchantiáles, Kl. Hepaticae – Lebermoose.

márcidus, -a, -um (lat.), welk, schlaff, verwelkt.

Marenopúntia, f., Gatt. der Cactáceae (Subfam. Opuntioidea).

marginál, randständig, z. B. am Blattrand befindlich. Ggs. → laminal.

marginále Plazentation, randständige Plazentation, Anheftung der Samenanlagen am Rand des Fruchtblattes.

marginátus, -a, -um (lat.), gerändert, mit Rand versehen.

márgines foliórum (lat. Plural von márgo fólii), Blattränder.

márgo, Genit. márginis, f., lat., Rand, Grenze.

marhán, Bastard aus Lílium mártagon und L. hansónii, Name aus den Anfangssilben der Epitheta gebildet.

mariána, gültiger Artname der amerikanischen Schwarzfichte Pícea mariána (MILL.) B. S. P., nach deren Hauptverbreitungsgebiet Maryland (USA), das von den ersten engl. Besiedlern »terra mariana« genannt wurde.

mariánus (von Maria, hl. Maria gebildet) = marilandicus, Marien-, Maryland (USA).

Marihuana, lateinamerikan. Bezeichnung für Haschisch; Rauschgift des Hanfes, Cánabis satíva f. índica. Die jungen Triebspitzen, die reich an narkotischem Harz sind, werden geraucht. Näheres → Haschisch.

marilándicus, -a, -um; marylándicus, aus Maryland (USA) stammend (z. B. Quércus marilándica – Maryland-Eiche).

marín, im Meer lebend, im Meer entstanden, das Meer betreffend.

marínus, -a, -um (lat.), das Meer (máre) bewohnend, im Meer vorkommend.

marítimus, -a, -um (lat. máre, máris = Meer), im oder am Meer vorkommend (z. B. Erýngium marítimum – Stranddistel).

Mark, 1. der Teil des Grundgewebes einer (höheren) Pflanze, der innerhalb des Leitbündelringes liegt und aus lebenden oder aus frühzeitig absterbenden parenchymatischen Zellen besteht; 2. bei Flechten die algenfreie Zone zwischen Algenschicht und Unterrinde bzw. Substrat, z. T. auch für alle Hyphengeflechte zwischen Ober- und Unterrinde verwendete Bezeichnung.

Markkrone, Bezeichnung für die primären Gefäßteile, die in das Mark hineinragen.

markständige Leitbündel, Leitbündel, die innerhalb des typischen Leitbündelzylinders im Mark verlaufen.

Markstrahlen, aus Grundgewebe bestehende Zellbänder, die den Stengel zwischen den Leitbündeln durchsetzen und so den Stoffaustausch zwischen den äußeren und inneren Geweben in radialer Richtung vermitteln.

marmorátus (lat.), marmoriert.

marmóreus (lat.), marmorartig.

Marrúbium, n., Gatt. der Lamiáceae (röm. Pflanzenname, lat. marrúbius = bitter) – Andorn.

Marsch, das niedrige, bei Flut zum Teil unter dem Meeresspiegel gelegene, fruchtbare Land längs der Meeresküste und der Flüsse, meist durch Deiche gegen Überflutung geschützt.

Marsdénia, f., Gatt. der Asclepiadáceae (benannt nach dem Iren William Marsden, 1754–1836).

Marsílea, f., Gatt. der Marsileáceae (nach dem Farnforscher Grafen L. F. v. Marsigli, 1658–1730, benannt, der 1726 ein Verzeichnis der an den Ufern der Donau wachsenden Pflanzen veröffentlicht hat) – Kleefarn; fossil seit dem Tertiär.

Marsúpium (griech. mársipos = Beutel, Tasche, Sack; lat. marsúpium), beutel- bis keulenförmiges Hüllorgan, das aus Stengelgewebe hervorgeht und in dem der Embryo heranwächst, bei manchen Lebermoosen bzw. bei perianthlosen Jungermanniales (eine Stengelausstülpung um das Archegon bzw. Sporogon).

mártagon, Goldzwiebel.

martiális (lat.), kriegerisch, auch märzlich (von Márs, Mártis = röm. Kriegsgott).

Martiusélla, f., Gatt. der Sapotáceae (nach dem Münchener Botan. C. F. Ph. v. Martius, 1794–1868).

Martýnia, f., Gatt. der Martyniáceae (nach dem engl. Botan. J. Martyn, 1699–1768) – Gemsenhorn.

márum, nach der gleichnamigen Gattung, dem Katzenkraut (griech. máron, antiker Name einer wohlriech. Pflanze Ägyptens).

más, másculus, masculínus (lat.) männlich. Zeichen: ♂.

Masdevallia, f., Gatt. der Orchidáceae (nach dem span. Arzt und Botan. José Masdevall, 18. Jh.).

Maserholz, Holz, das durch gebogenen Verlauf oder durch knäuelartige Gruppierung der Elemente gekennzeichnet ist.

Maserung, Zeichnung im Holz der Bäume.

Massenauslese, Auslese von Einzelpflanzen, deren Ernten zusammengeworfen und gemeinsam angebaut werden (= positive Massenauslese). Bei der negativen Massenauslese werden die unerwünschten Exemplare ausgemerzt, z. B. bei der Pflanzgutvermehrung der Kartoffel die virus- und pilzbefallenen Pflanzen.

Massenwirkungsgesetz, Gesetz, das besagt, daß die an einer Reaktion beteiligten Stoffe proportional ihrer Konzentration wirken. Sind A und B die Komponenten oder Spaltprodukte des Stoffes C, so gilt: $\frac{A \cdot B}{C}$ = konstant.

massiliénsis, Marseille- (Frankreich).

Massónia, f., Gatt. der Liliáceae (nach dem schott. Botan. Fr. Masson, 1741–1805).

Mássulae (lat. mássula = kleiner Klumpen), rundliche Ballen, zu denen die Mikrosporen von Azolla oder die Pollen von Ophrydeae und Mimosoideae vereinigt sind.

Mast, in der Forstwirtschaft: die Ernteaussicht (von Saatgut). Man unterscheidet: Vollmast, gute, mittlere oder Halbmast, geringe oder Sprengmast, Fehlmast. Für den Grad der Mast werden Erntebewertungsziffern verwendet.

mastacánthus (griech. mástax = Mund, Oberlippe; ánthos = Blume), Lippenblüte.

Mástix, aus der Rinde von Stamm und Ästen ausfließendes (balsamartiges) Harz bei Anacardiáceae (Pistacia lenticus; Schinus molle), das ökonomisch verwendet wird, z. B. zu Salben, zu Raki (Branntweinherstellg.), Mastixkitt (mit Leinöl).

Mastixioidénflora (nach Mastixia), immergrüne Vegetation des europäischen Tertiärs unter sehr feuchtwarmen Klimabedingungen mit zahlreichen heute z. T. ausgestorbenen Gattungen, deren Arten mit ganzrandigen Blättern, z. T. mit Träufelspitze bevorzugt, z. B. Mastixia, div. Lauraceae usw.

Materialismus (lat. matéria = Stoff, Gegenstand, »Materie«), Weltanschauung, die alle nichtstofflichen Grundlagen ablehnt.

maternále Vererbung (lat. máter = Mutter), Vererbung von der Mutter auf die Nachkommen, unbeeinflußt durch den Vater.

matricális (lat.), die Gebärmutter betreffend.

Matricária, f., Gatt. der Asteráceae (lat. mátrix, -icis = Gebärmutter, Mutter; wurde gegen Krankheiten der Frauen angewendet) – Kamille (Mutterkraut).

matricarioídes (Matricária von lat. máter, mátrix = Mutter), kamilleähnlich (– Anwendung bei Frauenkrankheiten).

matriténsis, madriténsis, aus Madrid (Madritum, Matritum, auch Madridum) stammend.

Mátrix (lat. máter = Mutter; mátrix = Gebärmutter, Mutter). Hülle des Chromosoms, welche das spiralige Chromonema umgibt; häufig als allgemeine Bezeichnung für Muttersubstanzen gebraucht.

Matroklinie (lat. máter = Mutter; griech. klínein = neigen, sich neigen), Bezeichnung für die Fälle, in denen die Bastarde in auffälliger Weise der Mutterpflanze ähnlicher sind.

matronális, -is, -e (lat. matróna = Frau), zu Müttern in Beziehung stehend, von Frauen gebraucht, Mutter- (z. B. Hésperis matronális – Gemeine Nachtviole).

Matte, natürliches Grünland der alpinen Stufe.

Mattéuccia, f. Gatt. der Polypodiáceae (nach dem Italiener Carlo Mattecci).

Matthíola, f., Gatt. der Brassicáceae (Benennung nach dem ital. Botan. und Arzt P. A. Matthiolus, 1500–1577) – Levkoje.

matthíoli (nach Peter Andr. Matthiolus, 1500–1577, Leibarzt Maximilians II.); Genit. als Epitheton.

Matucána, f., Gatt. der Cactáceae (nach Matucana in Zentralperu).

matúrus (lat.), reif, frühzeitig.

Maurándy, f., Gatt. der Scrophulariáceae (nach Maurandy, Botanikerin in Cartagena).

mauritánicus, von Marokko, Nordafrika, stammend.

Mauritia, f., Gatt. der Arecáceae (nach dem Prinzen Moritz v. Nassau, 1587–1665) – Mauritiuspalme, Moritzpalme, Ipuruma (Brasilien).

mauritiánus, von der Insel Mauritius (östlich von Afrika).

mauritiifórmis, mauritiaförmig (Palme, die nach Moritz von Nassau, gest, 1665, benannt wurde).

Maxillária, f., Gatt. der Orchidácease (lat. maxilla = (Ober-)Kiefer; -aria = -artig, -ähnlich; aus seitlicher Sicht erscheinen Säule und Lippe bei manchen Arten wie das Bild eines Kiefers bzw. Mauls; danach »Kieferorchidee«).

maxilláris (lat. maxilla = Kinnbacken), kinnbackenförmig.

máximus (lat.), sehr groß, der größte; Superlativ von magnus = groß.

Mayáca, f., Gatt. der Mayacáceae (etymologisch ist Volksname – Vernakularname – anzunehmen).

máys, peruanischer Volksname der Zéa-Art.

Mazáedium, staubartige, aus Resten von Asci und Paraphysen älterer Ascus-Generationen bestehende Masse auf der Oberfläche von Apothecion.

Mazerationsmethode (lat. maceráre = mürbe machen, aufbereiten; macerátio, -ónis = Mazeration = Aufbereitung), Methode, mit der man aus nicht zu stark inkohlten Pflanzenresten noch Strukturen der Epidermis (Oberhaut) von Blättern, Stengeln, Sporen und Pollen gewinnen kann.

Mázus, m., Gatt. der Scrophulariáceae (griech. mázos = Warze).

meábilis (lat. meáre = gehen, wandern), durchdringend.

meádia, nach dem engl. Arzt Rich. Mead (1673–1754), der über Pflanzengifte schrieb.

Mechanísmus (griech. mechané = Maschine, Werkzeug, auch Wirkungsweise), materialistische Auffassung, die alle Vorgänge auf die Folge-Ursache-Wirkung zurückführt und die Lebensvorgänge als rein physikalisch-chemisch bedingte Vorgänge auffaßt.

mechanisches Gewebe (Stereom), Gewebepartien, deren Zellen stark verdickt sind und die Festigkeit der Pflanzenteile gewährleisten.

Meconópsis, f., Gatt. der Papaveráceae (griech. mékon = Mohn; ópsis = Aussehen) – Scheinmohn.

Medéola, f., Gatt. der Liliáceae (griech. nach Médeia = Medea, mytholog. Tochter des Königs Aites von Kolchis; -ola = lat. Deminutivum).

medeoloídes, medéolaähnlich (Medéola, nach der kräuterkundigen Medéa, Tochter des Königs Aites).

mediál (lat. médium = Mitte), nach der Medianebene zu gelegen.

medián, in der Medianebene selbst gelegen.

median-dorsiventral, dorsiventrale Blüte, deren Symmetrieebene mit der Medianebene zusammenfällt.

Medíanebene, Ebene, die durch Abstammungsachse, Seitenachse und durch deren Tragblatt geht.

Mediánnerv, Mittelnerv.

Medicágo, f., Gatt. der Fabáceae (benannt nach dem Lande Media, Medien, aus dem die Luzerne eingeführt sein soll. Die Luzerne erhielt am Ende des 16. Jh. den Namen Medicago) – Schneckenklee, Luzerne.

médicus, -a, -um (lat. médicus = Arzt), heilend, heilsam (z. B. Cítrus médica – Zitronenbaum).

Medinílla, f., Gatt. der Melastomatáceae (nach J. de Medinilla y Pineda, span. Gouverneur der Marianeninseln).

Mediocáctus, m., Gatt. der Cactáceae (lat. médius = der mittlere und alter Gattungsname Cáctus).

medioxímus (lat.), mittelständig.

mediterrán (lat. médium = Mitte; térra = Land, Erde), Bezeichnung für Pflanzen, die sich in ihrer Verbreitung vor allem auf das Mittelmeergebiet beschränken.

Médium (lat. médium = Mitte), stoffliche Umwelt.

médius, -a, -um (lat.) in der Mitte befindlich, mittelgroß (z. B. Stellária média – Vogelsternmiere).

medúlla (lat.), das Mark.

Meeresflóra, Gesamtheit der im Meer lebenden pflanzlichen Organismen.

Meerzwiebel → Urginéa; pharmokologische Bezeichnung der Zwiebel (Bulbus Scillae), einer weißen Spielart von Urginéa marítima, die digitalisähnliche Glycoside = Scillaren (A und B, Kardiakum, Diuretikum) enthält.

mega-, megalo- (griech.), in Zusammensetzungen: groß-, übergroß-, stark-.

megacéphalus (griech.), großköpfig.

Megaclínium, n., Gatt. der Orchidáceae (griech. mégas = groß; kline = Bett).

megaphýllus (griech.), großblättrig.

megaseifólius, megaseablättrig, nach dem Steinbrechgewächs, Megásea, Stengel- und Blattstielgrund sind sehr groß (griech. mégas = groß).

Megaspore = Makrospore, Makrokonidie.

megathérm (griech. mégas = groß; thermós = warm), Bezeichnung (Eigenschaft) von Pflanzen (Megathermen) mit großem Wärmebedürfnis, z. B. Kakaobaum.

Mehltau, 1. Pflanzenkrankheit, die durch einen Pilz verursacht wird, der eine mehlige oder daunige Schicht auf der Oberfläche des Wirtes bildet. Es handelt sich um das Luftmyzel von Erysiphaceae-Arten. 2. Auch als (nicht taxonomische) Sammelbezeichnung für Erreger (Pilze) verwendet, die eine derartige Krankheit bzw. Symptomatik hervorrufen.

mehrjährig → plurienn, perennierend.

mehrjährige Selbstfolge, drei bis fünfjähriger Nacheinanderbau der gleichen Hauptfrucht.

Mehrjährigkeit von Pflanzen: Überleben von einer Vegetationsperiode zur anderen über Jahre hinaus; sie perennieren, sind perennierend (lat. perénnis, -is, -e = überdauernd), z. B. Lólium perénne = Überdauerndes Weidelgras.

mehrschürig, mehrschnittig; sind Wiesen unter günstigen Bedingungen.

Meio-, in Zusammensetzungen aus Meiose hervorgehend; z. B. Meiospore, Meiogamet.

Meiophyllíe (griech. meíon = kleiner, geringer, Komperativ von mikrós, phýllon = Blatt), reduzierte Blattzahl in einem Quirl.

Meiósis, Meióse (griech. meióo = vermindern, verkleinern), Reifeteilung, die zur Reduktion des Chromosomenbestandes führt, indem aus einer diploiden Zelle vier haploide Tochterzellen entstehen (vgl. auch Kernphasenwechsel). Bei Haplonten folgt sie der Kopulation als Reduktionsteilung. Die Prophase ist gegenüber der Mitose stark verlängert und enthält die Stadien: → Leptotän, → Zygotän, → Pachytän, → Diplotän, → Diakinese. In diesen Stadien Bildung von Bivalenten aus je zwei homologen Chromosomen. Reduktionsteilung erfolgt in der ersten meiotischen Teilung. Die zweite Teilung ist eine reine Mitose.

Meiosporen (aus → Meiose und → Sporen abgeleitet), Sporen, deren Bildung mit einer Meiose verbunden ist, früher oft Gonosporen genannt. Ggs. → Mitosporen.

Meiospóren-Tedrade, »Vierzahl« von → Meiosporen, typisch für ihre meiotische Entstehung (gegenüber den auf dem Wege der Symgamie entstandenen Mitosporen).

Meiosporocýsten werden die sporenbildenden Zellen der Pilze bezeichnet, in denen über die Meiose oder Reifeteilung → Meiosporen entstehen.

Meiotaxíe (griech. meíon = geringer; táxis = Stellung), Unterdrückung eines ganzen Blattquirles.

Meiracýllium, n., Gatt. der Orchidáceae (griech. meirakýllion = der zarte Jüngling, schmächtige Knabe; weil klein und von wenig aufrechtem Wuchs).

mela-, melan-, melano-, melanus (griech.), in Zusammensetzungen: schwarz-.

Melaleũca, f., Gatt. der Myrtáceae (griech. mélas = schwarz; leukós = weiß) – Myrtenheide.

Melampódium, n., Gatt. der Asteráceae (griech. mélas = schwarz; pous, podos = Fuß).

Melampýrum, n., Gatt. der Scrophulariáceae (griech. mélas = schwarz; pýron = Weizen; die Pflanze hat schwarze, weizenähnliche Samen) – Wachtelweizen.

Melándrium, n., Gatt. der Caryophylláceae (röm. Pflanzenname, griech. mélas = schwarz) – Nachtnelke.

Melanísmus, Schwarzfärbung, Neigung, eine dunklere Färbung als gewöhnlich anzunehmen.

Melanóxylon, n., Gatt. der Ebenáceae (griech. mélas = schwarz; xýlon = Holz) – Schwarzholz.

Melánthium, n., Gatt. der Liliáceae (griech. mélas = schwarz; ánthos = Blume, Blüte).

Melástoma, f., Gatt. der Melastomatáceae (griech. mélas = schwarz; stóma = Mund) – Schwarzmund.

meléagris (meléagris [ergänze ávis = Vogel] das Perlhuhn), perlhuhnfleckig.

-méles, -mélus, -a, -um (griech. mélon = Apfel), -apfel.

meli- (griech. méli = Honig), honig-.

Mélia, f., Gatt. der Meliáceae (griech. Pflanzenname) – Paternosterbaum.

Meliánthus, m., Gatt. der Melianthâceae (griech. méli, mélitos = Honig; ánthos = Blüte) – Honigstrauch.

Mélica, f., Gatt. der Poáceae (mittelalterl. Name der Hirse) – Perlgras.

Melilótus, Gatt. der Fabáceae (griech. méli = Honig; lótos = Klee; der Name bedeutet: nach Honig riechend und dem Klee ähnlich) – Steinklee, Honigklee.

melióḋorus, -a, -um (lat.), nach Honig duftend.

Melioratión (lat. melior = besser = 1. Steigerungsform oder Komparativ von bonus = gut; Superlativ: optimus = der beste), Maßnahme zur grundlegenden und dauerhaften Verbesserung der potentiellen biologischen Leistungskraft land- und forstwirtschaftlich nutzbarer Standorte.

meliorative Flächenkonzentration, durch Maßnahmen der Flurmelioration in einem bestimmten Zeitraum erreichte bzw. erreichbare durchschnittliche Vergrößerung der Geländeschläge eines Flurbereiches im Vergleich zum vorhergehenden Zustand.

Melíssa, f., Gatt. der Lamiáceae (griech. mélitta, mélissa = Biene, zugl. Pflanzenname) – Melisse.

melissoídes (griech. mélissa = Biene – die Pflanze lockt Bienen an!), melissaähnlich.

melissophýllum, melissenblättrig.

Melíttis, f., Gatt. der Lamiáceae (griech.-neulat.: mélitta = Biene) – Immenblatt.

mellítus (lat.) honigsüß.

mélo, Melone = Cúcumis mélo (griech. mélon = Apfel; pépo [latin.] = Kürbis; als griech. Kompositum: mo͡elopépon = »Apfelkürbis«) – Pfebe.

Melocáctus, m., Gatt. der Cactáceae (griech. mélon = Apfel und alter Gattungsname Cáctus).

melóngena, Eierfrucht, Apfelnachtschatten. (Die Namenerkärung wird verschieden gegeben!)

melópepo (griech. pépon = Pfebe), Melonenpfebe.

Melóthria, f., Gatt. der Cucurbitáceae (griech. melóthron = weiße Rübe, Zaunrübe bzw. aus griech. mélo und griech. throm = Blume gebildet = »Melonenblume«) – Haarblume.

melúca, angeblich bolivian. Name einer Malvenart.

Membrán (lat. membrána = Haut), plasmatische Grenzschicht, z. B. Plasmalemma, Tonoplast usw. Früher oft auch für Zellwand benutzt, was heute unbedingt vermieden werden sollte.

membranáceus (lat. membrána = Haut), dünnhäutig.

-mena, -e (griech.), -haut.

Mendel, Gregor, Abt des Augustinerklosters in Brünn (1822–1884). Er führte Kreuzungsversuche an Erbsen, Bohnen und Hieracium-Arten durch und leitete daraus die Erbgesetze für die einfachen Merkmale ab.

Mendelísmus, Teilgebiet der Genetik, das aufgrund der Mendelschen Regeln dem Erbgang der Merkmale nachgeht.

mendeln, Ausdruck dafür, daß Merkmale bei der Kreuzung den Mendelschen Regeln folgen.

Mendelsche Regeln, die Regeln, nach denen sich die Vererbung unter bestimmten Voraussetzungen vollzieht. 1. Uniformitätsregel: Die F-1-Generation aus homozygoten Elternkreuzungen ist geno- und phänotypisch uniform. 2. Spaltungsregel: In der F-2-Generation treten die Parentalmerkmale in voller Reinheit im bestimmten Verhältnis wieder auf. 3. Regel von der unabhängigen Kombination der Gene: Sie gilt für verschiedenen → Kopplungsgruppen angehörende Gene.

Meningokókken (griech. meninx = Hirn- und Rückenmarkhaut, Haut), Erreger der Meningítis: Neisseria meningitidis (Weichselbaum, 1887); Syn. Micrococcus intracellularis meningitidis.

Meníscium, n., Gatt. der Polypodiáceae (griech. meníkos = kleiner Mond, Halbmond).

Menispérmum, n., Gatt. der Menispermáceae (griech. méne = Mond; spérma = Samen) – Mondsame; fossil seit dem Teritiär.

Mensch-Biogeozönose-Komplex, Beziehungsgefüge, in dessen Wirkungsnetz der Mensch als biotisch-soziales Wesen außerhalb der tierischen und pflanzlichen Lebensgemeinschaften, jedoch mit diesen in einem engen Wechselverhältnis steht. Der Mensch nimmt dabei im Laufe seiner phylogenetischen Entwicklung als bewußter Gestalter von Ökosystemen eine von den anderen Organismen abweichende Funktion ein und stellt damit eine neue Organisationshöhe der lebenden Materie mit seinen Wechselwirkungen zum Ökosystem dar. → Ökosystem, → Biogeocoenose.

ménstruus (lat.), monatlich, einen Monat (= mensis) lang dauernd oder blühend.

Méntha, f., Gatt. der Lamiáceae (Benennung nach der Nymphe Minthe, Vorkommen an wasserreichen Standorten) – Minze.

Menthélla, f., Gatt. der Lamiáceae (Diminit. von Méntha) – Zwergminze.

mentosus, -a, -um (lat.), kinnartig.

Mentzélia, f., Gatt. der Loasáceae (nach dem brandenburg. Arzt und Botan. Christian Mentzel, 1622–1701).

Menyánthes, f., Gatt. der Menyantháceae (griech. Pflanzenname) – Fieberklee.

Menziésia, f., Gatt. der Ericáceae (nach dem engl. Arzt Archib. Menzies, 1754–1842).

Mercuriális, f., Gatt. der Euphorbiáceae (Benennung nach dem Gott Merkur, dem die Entdeckung der Pflanzenheilkräfte zugeschrieben wurde) – Bingelkraut.

Meréndera, f., Gatt. der Liliáceae (Quita meriendas = span. Name der »Herbstzeitlose«) – Irrlichtblume.

meriána, nach Maria Sybilla Merian, Blumenmalerin (1647–1717).

Meridiálpflanzen (lat. merídies = Mittag) → Kompaßpflanzen.

meridionál (lat. merídies = Mittag), pflanzengeographische Bezeichnung für ein ausschließliches oder überwiegendes Vorkommen in der südlichen Zone des außertropischen Bereiches der Nordhalbkugel der Erde.

Merikárpien (griech. méros = Teil; karpós = Frucht), Teilfrüchte einer → Spaltfrucht.

-meris (griech.), in Zusammensetzungen: -teilig, -gliedrig.

Meristele, das einzelne Leitbündel innerhalb einer → Stele.

Meristém (griech. merízein = teilen), Bildungs- oder Teilungsgewebe (embryonales Gewebe), welches die Fähigkeit zu laufenden mitotischen Teilungen besitzt. Man unterscheidet: → Ur- und → Folgemeristeme. Den Meristemen werden die differenzierten, nicht mehr teilungsfähigen Dauergewebe gegenüberstellt. → Meristemkultur.

meristemátisch, teilungsfähig.

Meristemkultur, sterile Isolierung des Vegetationskegels aus der Sproßspitze einer vegetativ vermehrbaren Pflanze mit nachfolgender Übertragung auf ein steriles Nährmedium, geeignet zum weiteren Wachstum des Meristems, für die Heranzucht einer neuen Pflanze; geeignetes Verfahren zur Gewinnung gesunder Abkömmlinge aus Pflanzen, die durch Viren oder Gefäßparasiten befallen sind. Meristemkulturpflanzen werden verbreitet zum Aufbau gesunder Mutterpflanzenbestände bei einer Reihe gärtnerischer Nutzpflanzen herangezogen (z. B. Nelken, Chrysanthemen, Orchideen).

Meristemoíde (griech. merízein = teilen), einzelne in Dauergeweben verstreute Zellen oder kleine Zellkomplexe, die bei teilweiser Differenzierung erst unter bestimmten Bedingungen (z. B. bei Ausfall oder Verlust von Organen) wieder teilungsfähig werden.

Meristémrinde, kreis- oder ringförmig (zylindrisch) angeordnetes teilungsfähiges Gewebe (Meristem) in der Determinations- bzw. Differenzierungszone der Sproßspitze bei Dikotyledonen; wird als Rest des Meristems (bzw. aus der alternden Urrinde) aufgefaßt.

Merkmale, für die Beschreibung und die Gliederung der Einzelpflanzen und der Vegetation notwendige Angaben.

Merogamíe (griech. méros = Teil; gamein = heiraten, befruchten), Bildung mehrerer Gameten bei Einzellern durch Teilung einer Gametenbildungszelle; Ggs.: Hologamie.

Merogoníe (griech. méros = Teil; goné = Erzeugung), Entwicklung einer Eizelle, deren Zellkern experimentell entfernt und durch den Kern einer männlichen Keimzelle ersetzt worden ist. Die Merogonie ermöglicht den Nachweis, daß auch das Eiplasma mütterliche Eigenschaften vererbt (Versuche Bovris an Seeigeleiern).

Merténsia, f., Gatt. der Boragináceae (nach Fr. K. Mertens, botan. Schriftsteller und Professor in Bremen, 1764–1831).

mesárches Protoxylém (griech. mésos = mittlerer, in der Mitte; arché = Anfang, Beginn; prótos = der erste; xýlon = Holz), Lagebezeichnung des Protoxylems, wobei die zuerst gebildeten engerlumigen Elemente des Xylems in der Mitte des Xylemstranges liegen, umgeben von den später gebildeten weiterlumigen Elementen des Xylems. Siehe auch → exarches und endarches Protoxylem.

Mesembriánthemum, n., Gatt. der Aizoáceae (griech. mesembría = Mittag; ánthemon = Blüte, Blume, weil die meisten Arten nur mittags bei voller Sonne ihre Blüten entfalten) – Mittagsblume.

Meskalín, Mezkalin, Rauschgift, verursacht Sinnestäuschungen und Farbvisionen. M. ist eine organische Verbindung und gehört zu den Alkaloiden; kommt in der mexikan. Kakteenart Anhalónium lewínii vor, auch in Lophóphora williámsii.

Mesochil (griech. = »Mittellippe«), mittlerer Teil eines gegliederten Labellums (z. B. bei Orchideen).

Mesokárp (griech. mésos = mitten, in der Mitte; karpós = Frucht), Mittelschicht der Fruchtwand.

Mesokotýl, die zwischen Scutellum und Koleoptile liegenden Sproßteile des Graskeimlings.

Mesomelaéna, f., Gatt. der Cyperáceae (von griech. mésos = mitten und melaínein = dunkel (schwarz) sein). Spec.: M. stygia Nees.

mesophíl (griech. mésos = mitten; philos = liebend), Bezeichnung für Anpassung an oder Vorliebe für Standorte mittleren Feuchtigkeitsgrades; mittlere Standortbedingungen bevorzugend bzw. liebend.

Mesophýll (griech. mésos = mitten, in der Mitte; phýllon = Blatt), Grundgewebe oder Parenchym des Blattes, im wesentlichen Palisaden- und Schwammparenchym umfassend (Mittelschicht).

Mesophýta, n., Plur. (griech. mésos = mitten, in der Mitte; phytón = Pflanze), Mesophyten, Pflanzen gemäßiger Standorte bezüglich der Wasserversorgung; nehmen eine Mittelstellung ein zwischen den beiden extremen ökologischen Gruppen, den Xero- und Hygrophyta. Zu den Mesophyten gehören unsere meisten Kulturpflanzen.

Mesophýtikum (griech. mésos = mitten; phytón = Pflanze), die Mittelzeit der pflanzlichen Entwicklung (Oberperm bis Unterkreide), gekennzeichnet durch das Vorherrschen nacktsamiger Pflanzen (= Gymnospermenzeit); vgl. Paläophytikum.

Mesosómen, Ausstülpungen der Zytoplasmamembran bei Prokaryota, zuerst bei Bakterien nachgewiesen. In funktioneller Hinsicht enthalten sie Atmungsenzyme, sind sie an Zellteilung und Zellwandbildung sowie am Stoffaustausch zwischen Zelle und Umgebung beteiligt.

Mesospinídium, n., Gatt. der Orchidáceae (griech. mésos = Mitte; spínos = Dorn; sicherlich Bezug auf die spitz verlängerte Anthere) – »Nabeldornorchidee«.

Mesospóren, einzellige → Teleutosporen.

Mesothérmen (griech. mésos = mittlere; thermós = warm), »mittlere Temperaturlinien«, die Länder mit einer mittleren Jahrestemperatur von 15–20 °C umfassen. In diesen Gebieten mit mildem, warmem Winter gedeihen frostempfindliche Arten, z. B. Reis, Oliven, Baumwolle (als Mesothermophyten!).

Mesotoníe (griech. mésos = mitten; témnein = trennen, spalten), Förderung der Verzweigung in mittlerer Höhe der Hauptachse und Hemmung der darüber- und darunterliegenden Seitenachsen, z. B. bei manchen Rhinanthus-Arten. Vgl. Akrotonie, Basitonie.

Mesozóikum (griech. mésos = mitten, der mittlere; zóon = Lebewesen, Tier; -icum = lat. Nachsilbe), Erdmittelalter mit den Perioden Trias, Jura, Kreide.

Méspilus, f., Gatt. der Rosáceae (méspilus = altröm. Name) – Mispel.

Messenger RNS, (engl.) Boten-Ribonucleinsäure, abgekürzt nach der engl. Bez. m-RNS. Die von der Desoxyribonucleinsäure in die m-RNS transkribierte genetische Information (→ Transkription) wird im Zuge der Proteinsynthese auf weitere RNS-Arten übertragen.

messus, -a, -um (lat.), abgeschnitten.

Mestóm (griech. mestós = voll, angefüllt), Vereinigung von einem oder mehreren Leptom- und Hadromsträngen zu einem gemeinschaftlichen Strang.

méstris, -e (lat.), -monatig.

Metabíosis (griech. metá = Präposition; drückt in Zusammensetzungen häufig Veränderung/Folge/Wechsel aus; bíosis = Lebensweise), Art des Zusammenlebens zweier Organismen, bei der die eine Pflanze für die andere die Ernährungsbedingungen schafft, indem sie den Nährboden so verändert, daß die andere dann in diesem zu gedeihen vermag.

Metachlamýdeae → verwachsen-kronblättrige Pflanzen.

Metagynie (griech. metá = danach; gyné = Weib), die männlichen Geschlechtsorgane werden bei eingeschlechtigen Blüten früher geschlechtsreif als die weiblichen.

Metakinése (griech. metá = danach; kínesis = Bewegung), Auseinanderweichen der Chromosomenspalthälften in der Anaphase, der 3. Phase der Mitose.

metamórphe Nektárien, Blütenorgane, die ihre ursprüngliche Funktion aufgeben und sich morphologisch und physiologisch gänzlich in ein Nektarium umgewandelt haben.

Metamorphósen (griech. metá = nach, drückt vorangestellt in Zusammensetzungen eine Veränderung aus; morphé = Gestalt, Bildung; also Umbildung), Umbildungen, Umwandlungen der Grundorgane (Sproßachse, Blatt, Wurzel). Die Metamorphosen dienen der Erfüllung besonderer Aufgaben, die von den gewöhnlichen Funktionen abweichen (z B. Ausbildung von Hafteinrichtungen, Schutzorganen, Speicherorganen).

Metandríe (griech. metá = danach; anér, andrós = Mann), die weiblichen Geschlechtsorgane werden bei eingeschlechtigen Blüten früher geschlechtsreif als die männlichen.

Metaphàse (griech. metá = danach; phásis = Erscheinung; also Zwischenerscheinung), zweite Phase der indirekten Kernteilung, während der sich die Chromosomen in der Äquatorialplatte anordnen und sich vollkommen der Länge nach spalten.

Metapheríe (griech. metaphérein = verlegen, anderswohin bringen), Verschiebung von Organen.

Metaphysík (griech. metá = danach, phýsis = Natur), Lehre vom Übersinnlichen, Unwirklichen, Richtung innerhalb der idealistischen Philosophie.

Metapléxis, f., Gatt. der Asclepiadáceae (griech. metapléktos [-plexos] = herumgewunden).

Metasequoia, f., (aus griech. metá = Präfix und → Sequoia, gebildet), fossil seit der oberen Kreide nachgewiesene Gatt. der Taxodiáceae; sommergrüner »Mammutbaum«, Urwelt-Mammutbaum, Wassertanne od. Chinesisches Rotholz; Heimat im Grenzgebiet der chin. Provinzen Hupeh/Szechuan; mit gegenständigen Blättern, langgestielten Zapfen und dekussiert angeordneten Zapfenschuppen. Spec.: M. glyptostroboides. – Der als bereits fossil angesehene Baum wurde 1944 noch lebend gefunden; seitdem vielerorts kultiviert.

Metastáse (griech. metástasis = Veränderung), Verlagerung eines Organes an einen ungewöhnlichen Ort.

metatroph (griech. metá = Präposition, drückt Wechsel oder Veränderung aus), Bezeichnung z. B. für Bakterien, die notwendige Elemente nur bestimmten Verbindungen entnehmen können; werden hierzu organische Verbindungen genutzt, spricht man von heterotrophen Bakterien, bei anorganischen Verbindungen hingegen von autotrophen Bakterien. Vgl. proto- und mixotroph.

Metatypíe (griech. Abwandlung vom »Typischen«), abnorme Veränderung d. Zahlenverhältnisse in einer Blüte. Abweichung v. Typischen.

Metaxénien (griech. metá = danach; xénion = Geschenk), Einfluß der Polleneltern auf Eigenschaften des Fruchtgewebes.

Metaxylém, Bezeichnung für später gebildete, weitlumige Elemente des → Xylems.

métel, von dem arab. methel, ein Nachtschattengewächs.

meteórische Blüten (griech. metéora = im Plur. die Höhen, überirdische Dinge, Himmels- und Lufterscheinungen), Blüten, deren Öffnen von den Witterungsverhältnissen abhängig ist.

Methionin, α-Amino-γ-merkaptomethylbuttersäure,
$CH_3-S-CH_2CH_2CH(-NH_2)-COOH$,
eine schwefelhaltige Monoaminomonocarbonsäure.

métis (franz.) → Blendling.

Metrosidéros, f., Gatt. der Myrtáceae (griech. méter, métros = Mark, Kern; sidéros = Eisen) – Eisenholzbaum.

Metróxylon, n., Gatt. der Arecáceae (griech. méter, métros = Mark, Kern; xýlon = Holz) – Sagopalme.

Metzgéria, f., Gatt. der Metzgeriáceae (benannt nach dem deutsch. Kupferstecher J. B. Metzger im badischen Staufen, 1. Hälfte des 19. Jh.) – Metzgeriales – Lebermoose.

Méum, n., Gatt. der Apiáceae (griech. Pflanzenname) – Bärwurz (bei Diosk. Méon athamantikón, vielleicht identisch mit maión, ein Doldenblütler, dies von maía = Amme, wegen der milchfördernden Eigenschaften. Vgl. athamánticus) Bärwurz = Gebärwurz; hat mit dem Bären nichts zu tun.

Mevalónsäure, Zwischenprodukt der Biosynthese von Isoprenoiden (Terpene, Steroide, Karotinoide, Kautschuk).

mezeréum, Seidelbast.

Míbora, f., Gatt. der Poáceae (willkürl. Name) – Zwerggras.

Micélle, nach Naegeli (1866) submikroskopische, parallel aufgerichtete Elementarfibrillen aus Zellulose in der Zellwand. Folge der kristallin angeordneten Micellen ist die optische Doppelbrechung der Zellwand im polarisierten Licht. Naegelis Mizellartheorie des Zellulosebaus wurde später mit Hilfe der Durchleuchtung durch Röntgenstrahlen bestätigt sowie in neuerer Zeit durch elektronen-optische Untersuchungen weiterentwickelt.

micr-, micro-, in Zusammensetzungen: klein-.

microcárpus (griech. mikrós = klein; karpós = Frucht), kleinfrüchtig.

Micrococcus, m., Gatt. der Coccáceae, → Mikrokokken.

Microcoélia, f., Gatt. der Orchidáceae (griech. mikrós = klein; koílía = Bauch; hat bauchförmigen Sporn an der kleinen Lippe; »Bauchlippenorchidee«).

microdásys (griech. mikrós = klein; dasýs = dichtbewachsen, haarig, büschelig), mit kleinen Büscheln (versehen), z. B. Opúntia microdásys (in N-Mexiko beheimateter Typus, bildet bis ± meterhohe Büsche; Glieder weich samtig behaart; hat weiße/gelbe bis bräunliche Glochidenbüschel).

Microméria, f., Gatt. der Lamiáceae (griech. mikrós = klein; méros = Teil).

Mícropus, m., Gatt. der Asteráceae (griech. mikrós = klein; pous = Fuß) – Falzblume.

microspérmus (griech. mikrós = klein; spérma = Same), kleinsamig.

microstégius (griech. mikrós = klein; stége = Decke – Blütenblätter kleiner als Kelchblätter), kleinhäusig.

Microstýlis, f., Gatt. der Orchidáceae (griech. mikrós = klein; stýlis, stýlos = Griffel, Säule; wegen der »kleinen Säule«) – »Kleingriffel«, »Zwerggliedorchidee«.

Mícton (griech. miktós, meiktós = gemischt, unrein), aus der Bastardierung zweier oder mehrerer Arten entstanden.

Mietbakterien, symbiotisch lebende Bakterien.

Migratión (lat. migráre = wandern), Einwanderung neuer Genotypen in eine Population. Ein genetisch wirksamer Faktor, der Änderungen in den Genhäufigkeiten von Populationen hervorrufen kann.

Migrochronoeleménte (lat. migráre = wandern; griech. chrónos = Zeit), Arten, die zur gleichen Zeit eingewandert sind.

Migróelement (lat. migráre = wandern), Einwanderungselement; Arten, die auf demselben Weg oder aus derselben Richtung in ein bestimmtes Gebiet eingewandert sind.

Mikánia, f., Gatt. der Asteráceae (nach Prof. J. Ch. Mikan, Professor in Prag, schrieb u. a. Delectus Florae et Faunae Brasiliensis; 1769–1844) – »Mikanie«, Sommer-Efeu.

mikanoídes, mikániaähnlich. Die Asteracee M. wurde nach Prof. I. Ch. Mikan, Prag, gest. 1844, benannt.

Mikróben (griech. mikrós = klein; bíos = leben), Kleinlebewesen, → Mikroorganismen.

Mikrobiologíe, Wissensgebiet von den Kleinlebewesen (→ Mikroorganismen). Die M. ist neben der Botanik und der Zoologie ein jüngerer Wissenszweig der Biologie. Sie wurde im 17. Jaharhundert durch die Erfindung des Mikroskops begründet. Als gemeinsames Merkmal der M. gelten u. a. die besonderen Arbeitsmethoden, wie Bestimmung der Keimzahlen, Isolierung von Reinkulturen, Kultivierung auf flüssigen oder festen Nährmedien, Färbeverfahren, mikroskopische Untersuchungsmethoden. Aufgrund der verschiedenen Organismengruppen werden folgende Zweige der M. unterschieden: Virologie (Viren sind aber keine echten Lebewesen), Bakteriologie (Bakterien, Aktinomyzeten), Mykologie (Pilze), Algologie (Algen), Protozoologie (Protozoen). Eine scharfe Abgrenzung der M. gegenüber der Botanik und Zoologie besteht nicht. – Als Teilgebiete der M. werden unterschieden: Allgemeine M., Industrielle oder Technische M., Medizinische M., Bodenmikrobiologie.

Mikrobiotóp, Lebensraum einer bestimmten, im biologischen Gleichgewicht stehenden Lebensgemeinschaft von Mikroorganismen, → Mikrobiozönose. Das M. ist festgelegt durch seine Mindestgröße und einheitliche, gegenüber seiner Umgebung abgrenzbare Beschaffenheit. Es ist weiterhin durch eine bestimmte Kombination von Umweltfaktoren, z. B. die anatomischen, physiologischen und hygienischen Bedingungen eines Wirtes, gekennzeichnet. In einem bestimmten M., z. B. Pansen der Wiederkäuer, Dickdarm des Menschen, Rhizosphäre, treten stets gleichartige oder zumindest ähnliche Kombinationen von Mikroorganismen auf.

Mikrobiozönose, Mikrobiozön; Lebensgemeinschaft von Mikroorganismen, die ähnliche Lebensansprüche stellen und an einen bestimmten Lebensraum (→ Mikrobiotop) gebunden sind, z. B. die Mikroflora eines bestimmten Darmabschnittes des Menschen. Zwischen den an einer M. beteiligten Mikroorganismenarten und ihrer zahlenmäßigen Relation besteht ein natürliches Gleichgewicht. Es wird durch die Gesamtheit der Umweltfaktoren bestimmt, die den Lebensraum einer M. kennzeichnen. Ändern sich diese Faktoren, z. B. die Temperatur, der *p*H-Wert, der Sauerstoffdruck oder anatomische Bedingungen eines Wirtes, so verschiebt sich auch das mikrobiozönotische Gleichgewicht sowohl quantitativ als auch in seinem qualitativen Bestand an Mikroorganismenarten.

Mikrobodies, entstehen meist als kugel- bis eiförmige oder auch anders geformte Gebilde (Größe 0,5–1,5μm) aus Vesikeln des endoplasmatischen Retikulums; beinhalten viele Enzyme, vor allem Katalase; zwei Typen: Peroxysomen und Glyoxysomen.

Mikrocýste, Ruheform der Myxomyceten, die durch Abrunden einer Myxoflagellate, die sich mit einer dünnen Membran umgibt, zustande kommt; → Zysten.

Mikroevolutión, Evolutionsvorgänge, deren Größenordnung nach Raum und Zeit der Beobachtung und dem Experiment zugänglich sind. Bezug auf niedere taxonomische Kategorien. – Umfaßt Genmutationen und Strukturveränderungen der Chromosomen, unter Mitwirkung aller weiteren Evolutionsfaktoren, wie Selektion und Isolation.

Mikrogaméten, kleinere männliche Gameten, die bei Anisogamie entstehen.

Mikroklima, das besondere Kleinklima, das z. B. in der bodennahen Luftschicht, an der Süd- oder Nordseite eines Baumstammes oder unter lockerer Baumrinde herrscht.

Mikrokókken (griech. mikrós = klein; kókkos = Kern), Kokken in traubenförmigen Häufchen, bei manchen Arten aber vorwiegend in Diploform. 1872 von dem Botaniker Ferd. Cohn entdeckt.

Mikrokonídien (→ Konidien), kleine und einzelne Konidien.

Mikrometer-Wert (MW), dient der exakten Längebestimmung von mikroskopischen Objekten bei Beobachtung mittels einer geeichten Okular-Objektiv-Kombination. Der MW ist die Zahl, die mit Hilfe von → Objekt- und Okularmikrometern gemeinsam für jede Optikkombination bestimmt werden muß. Berechnung nach der Formel: $MW = \frac{x \cdot y}{z}$ dabei ist x = Anzahl der Objektmikrometerintervalle, y = Intervallgröße des Objektmikrometers, z = Anzahl der Okularmikrometerintervalle, die sich mit denen des Objektmikrometers decken.

Míkromutatión → Kleinmutation.

Míkron, Grundmaß für Mikroorganismen. 1 Mikron = $^1/_{1000}$ mm = 1 μ (griech. Buchstabe für m, gesprochen mü). Der mittlere Durchmesser der Bakterien entspricht etwa der Größe von 1 μ.

Míkronährstoffe, diejenigen Spurenelemente, die lebensnotwenig sind für normales Wachstum und gute Entwicklung der Pflanzen; funktionell sind sie vorwiegend und häufig als Bausteine in der Wirkgruppe der Fermente erforderlich. → Makronährstoffe, Spurenelemente.

Mikrónen, mit dem gewöhnlichen Mikroskop wahrnehmbare Teilchen in dispersen Systemen.

Mikroökologie, die Ökologie der Mikroorganismen; Wissenschaft von den Beziehungen der Mikroorganismen untereinander und zu ihrer Umwelt.

Mikroorganismen, Mikroben, Kleinlebewesen: Gruppe von vorwiegend einzelligen niederen Organismen, die gewöhnlich nur mit Hilfe des Mikroskops sichtbar sind, wie Bakterien, Aktinomyzeten, Pilze, niedere Algen und Protozoen. Von den höheren Lebewesen unterscheiden sich die M. des ferneren durch Fehlen von Zellgeweben mit gemeinsamen Zellwänden benachbarter Zellen, außerordentlich schnelle Vermehrung, weite Verbreitung, durch hohen Stoffumsatz und die große Anpassungsfähigkeit des Stoffwechsels an die Umweltbedingungen. Manche Mikroorganismengruppen zeigen auch Merkmale höherer Organismen. So stehen die einzelligen Protozoen den Tieren nahe, da sie aktiv beweglich sind und feste Nahrungsteilchen aufnehmen. Algen können den Pflanzen zugeordnet werden, da sie Chlorophyll enthalten, zellulosehaltige Zellwände haben und Stärke als Reservekohlenhydrat speichern. Mikroorganismen sind in der Natur weit verbreitet und kommen im Boden, Wasser und in der Luft vor. Ein Gramm Ackerboden kann mehrere Milliarden M. enthalten.

Mikropýle (griech. mikrós = klein; pýle = Tor, Tür), kleiner Zugang zum inneren Teil der Samenanlage, der von den Integumenten frei gelassen wird.

Mikrophýlle (griech. mikrós = klein; phýllon = Blatt), kleine, meist ungegliederte Blättchen.

Mikrophýten (griech. mikrós = klein; phytón = Pflanze), pflanzliche Mikroben.

Mikroprüfung, die meist als Dibbelsaat auf 2=3m² großen Parzellen durchgeführten Vergleichsprüfungen von ersten Absaaten.

mikroskópisch (griech. mikrós = klein; skopéo = schauen, sehen), nur mit einem Lichtmikroskop erkennbar.

Mikrosómen (griech. mikrós = klein; sóma = Körper). Früher wurden alle an der Grenze des Auflösungsvermögens der Lichtmikroskope liegenden tropfen- oder körnchenförmigen Einschlüsse des Zytoplasmas als Mikrosomen bezeichnet. Die moderne Forschung entdeckte unter den Mikrosomen als lebende Zellorganellen die → Mitochondrien und → Ribosomen. Als Mikrosomen werden heute nur noch die im Wasser schwer- oder nichtlöslichen Stoffwechselprodukte, vor allem Lipoidtröpfchen, dieser Größenordnung bezeichnet.

Mikrosporángium, Bildungsbehälter der Mikrosporen, bei Samenpflanzen der Pollensack; → Sporangium.

Mikrospóren (griech. mikrós = klein; spóros = Keim), Sporen, die bei ihrer Keimung den männlichen Gametophyten liefern, bei den Samenpflanzen die Pollenkörner.

Mikrosporogenése (griech. → Mikrosporen; génesis = Entstehung), Bildung der Mikrosporen; → Makrosporogenesis.

Mikrosporophýll (griech. → Mikrosporen; phýllon = Blatt), fertiles Blatt, das die Mikrosporangien trägt.

Mikrothérmen (griech. mikrós = klein, gering; thérmos = warm) umfassen Länder oder Gebiete mit »niedriger Temperatur«. Hier wachsen die Vertreter der Flora gemäßigter und subpolarer Breiten, die Winterfröste zu ertragen vermögen. → Megathermen, Mesothermen.

Mikrotóm (griech. mikrotémnein = »kleinschneiden«), Instrument zur Herstellung sehr dünner Schnitte von Objekten.

Mila, f., Gatt. Cactáceae, Anagramm aus Lima (Peru).

Milchreife, 1. Reifestadium des Getreides (der Cerealien), auch Grünreife genannt; hauptsächliche Kennzeichen sind: milchiger Inhalt der Körner, Prall- und Weichsein der Körner, noch Grünfärbung der Spelzen und des Bestandes, noch Prall- und Saftigsein der Nodien, erstes Reifemerkmal durch den Absterbebeginn der unteren Blätter. Der Milchreife schließt sich die → Gelbreife an. 2. Bei Mais: Stadium nach der Dünnmilchreife, in dem der Korninhalt milchig bis sahnig ist.

Milchröhren, engere oder weitere Röhren im Pflanzenkörper, die Milchsaft enthalten. Wenn sie aus zusammenhängenden Reihen von Zellen bestehen, deren Querwände aufgelöst oder durchbrochen sind, heißen sie gegliederte M.; wenn sie jedoch von geschlossenen, vielfach verästelten Zellen, welche die ganze Pflanze durchziehen, gebildet werden, nennt man sie ungegliedert.

Milchsaft, milchige Flüssigkeit, die eine Emulsion von Gummi, Harzen, Kautschuk und Fetten in Wasser darstellt.

Milchsäure, organische Säure mit der Formel $CH_3-CHOH-COOH$, Abbauprodukt des Kohlenhydratstoffwechsels.

Milchsäurebakterien verursachen die Gärung der Milch und des Silagegutes, leben anaerob; verschiedene Bakterien, z. B. Bacillus acidi lactici, Bacterium coli, Protëus-Arten usw.

Milchwachsreife, Reifezustand bei Mais, bei dem der Korninhalt eine dickflüssige bis breiige Konsistenz (Beschaffenheit) aufweist.

Milchzellen, einzellige bzw. ihrer Entstehung nach vielzellige, langgestreckte, meist reich verzweigte Röhren, die im Inneren Milchsaft führen.

Milchzuckerhefen, Hefen der Art Saccharomyces lactis (echte Milchzuckerhefen, Sporenbildner); vermögen Lactose zu zersetzen und in Milch alkoholische Gärung hervorzurufen; genutzt bei der Herstellung von Milchbranntwein (Destillat aus vergorener Molke) und von gärenden Milchgetränken (Kefir, Kumys).

miliáceus, hirseartig (Panícum miliáceum) oder miliumartig (lat. mílium = Hirse).

militáris (lat. míles = der Soldat; mílites = die Soldaten), soldatenartig, z. B. Orchis militáris – Helm-Knabenkraut.

Mílium, n., Gatt. der Poáceae (lat. mílium = Hirse) – Flattergras.

millefólius, tausendblättrig.

milliflórus (lat. mille = tausend; flos, flóris = Blume, Blüte), tausendblütig, vielblütig.

Miltónia, f., Gatt. der Orchidáceae (nach Lord Fitz William Milton, Schirmherr des Gartenbaus und Orchideenfreund in Yorkshire, 1786–1857. – Der engl. (Trivial-) Name bezieht sich auf die Blütengestalt und ergäbe eingedeutscht »Stiefmütterchenorchidee«.

Mímikry (engl. = unbewußte »Nachahmung«, übertragen auch: Schutzfarbe, Schutzfärbung), Erscheinung, daß eine Pflanze oder ein Tier in Färbung und Form mit der Umgebung ähnlich wird.

Mimikrypflanze, der leblosen Umwelt im Aussehen stark ähnliche Pflanze.

Mimósa, f., Gatt. der Mimosáceae (griech. mímos = Schauspieler, Nachahmer, wegen der Reizbarkeit vieler Arten der Gatt., die ihren Namen im 17. Jh. erhalten hat) – Sinnpflanze.

mimosifólius (griech. mimeisthai = eine Bewegung machen; mímos = Schauspieler – Blätter!), mimóseblättrig.

Mímulus, m., Gatt. der Scrophulariáceae (Verkleinerungsform von lat. mímus = Schauspieler) – Gauklerblume.

Mína, f., Gatt. der Convolvuláceae (Ableit. unbekannt) – Prunkwinde.

Míne (lat. mína = Schacht; franz. mine = Bergwerksgang), Hohlraum, der durch Fraß von Insektenlarven in parenchymführenden Teilen von Pflanzen erzeugt wurde (z. B. Rübenfliege in Blättern der Betarüben).

Minerálien, Minerale (Ableit. von griech. mna und dem hiernach im Mittelalter geprägten neulat. mína = Schacht), alle die chemischen Grundstoffe oder häufiger die Verbindungen solcher Elemente, die als einheitliche (homogene) anorganische Bildungen in der Natur vorkommen. Sie treten vorwiegend in geometrisch regelmäßiger, von ebenen Flächen begrenzter Gestalt auf, können aber auch einer besonderen äußeren Bauform ermangeln und werden dann als amorph (= gestaltlos) bezeichnet; manche erscheinen auch als Kolloide mit wechselndem Gehalt an Quellungswasser.

Minerálstoffe, Aschebestandteile, unverbrennbare Teile einer Pflanze, z. B. Calcium, Kalium, Phosphor.

miniátus (lat. mínium = Mennige), mennigfarbig, -rot.

Minimálareal, kleinstes Areal einer Pflanzengesellschaft, das die vollständige, normale, charakteristische Artenkombination und eine bestimmte Mindestartenzahl aufweist.

mínimus (lat.), der kleinste, sehr klein.

mínor, -or, -us (lat. Steigerungsform von párvus, -a, -um = klein), kleiner, weniger (z.B. Lémna mínor – Kleine Wasserlinse).

Minuártia, f., Gatt. der Caryophylláceae (nach dem span. Botan. J. Minuart, 1693–1768) – Miere.

Mínusauslese, Auslese von Minusvarianten zur Verminderung oder Beseitigung einer ungewünschten Eigenschaft.

minúsculus (lat.), sehr winzig, ziemlich klein.

Minusvarianten, den Durchschnitt nicht erreichende, dem Zuchtziel nicht entsprechende Pflanzen einer Population.

Mirábilis, f., Gatt. der Nyctagináceae (lat. mirábilis = wunderbar) – Wunderblume.

mirábilis (lat. mírari = sich wundern), wunderbar.

mírus (lat.), selten, wunderbar.

Miscánthus, m., Gatt. der Poáceae (griech. miskos = Stempel, Stiel; ánthos = Blüte) – Stielblütengras.

misch-, mischo- (griech. míschos = Blatt-, Fruchtstiel), stiel-.

Mischling → Bastard.

Mischsaat, die gleichzeitige Aussaat zweier oder mehrerer Pflanzenarten, deren Saatgut gemischt ist.

miser, misera, -um (lat.), elend, kläglich, arm, kümmerlich, dürftig.

Miss-Amerika-Methode, eine von Frimmel entwickelte Methode der gelenkten Bestäubung von Fremdbefruchtern. Durch zweckmäßige Anordnung der P_1- und P_2-Generation als Mantelschutz um jede Einzelfamilie finden vorwiegend Bestäubung innerhalb dieser Einzelfamilie und diese mit den zugehörigen Eltern (P_1) bzw. der Großelternvermehrung (P_2) statt. Die Anlage von solchen Miss-Amerika-Aggregaten ermöglicht eine Art Separierungszüchtung ohne die Notwendigkeit einer räumlichen Isolierung der Familien.

mistus (lat.) → Blendling.

Mitélla, f., Gatt. der Saxifragáceae (Verkleinerungsform von griech. mítra = Mütze) – Bischofskappe.

mítis (lat.), sanft, mild.

Mitochóndrien (griech. mítos = Faden; chóndros = Körnchen), wenige große faden-, stäbchen- oder kugelförmige bzw. körnige, aber flexible Zellorganellen. Sie enthalten Ribose-Nucleinsäure und vermehren sich im Zytoplasma nur durch Teilung aus ihresgleichen. Chemisch bestehen sie im wesentlichen als Lipoproteiden. Sie sind als Träger verschiedener Atmungsfermente für die Zellatmung verantwortlich.

Mitóse (griech. mítos = Faden), indirekte Kern- oder Zellteilung mit dem Auftreten von Chromosomen, die gleichmäßig auf die beiden Tochterzellen verteilt werden. Die Mutterzelle teilt sich im Verlauf der vier Hauptphasen (→ Pro-, Meta-, Ana- und Telophase) in zwei Tochterzellen, die den gleichen Chromosomenbestand wie die Mutterzelle haben.

Mitósegift → Colchicin.

Mitospóren (aus → Mitose und → Sporen abgeleitet), Sporen, zu deren Bildung nur Mitosen geführt haben. Ggs. → Meiosporen.

mitótische Zellteilung, = Mitose (griech.), als indirekte Zell- bzw. Kernteilung (Karyokinese) in Erscheinung tretende Phase der Zellvermehrung bzw. des somatischen Zellzyklus, die der gleichmäßigen Aufteilung der identischen genetischen Informationsträger auf die Tochterzellen dient. Sie ist durch bestimmte Bewegungsabläufe der Chromosomen und daraus resultierender »Mitosefiguren« charakterisiert, die eine Unterscheidung von vier Mitophasen (Pro-, Meta-, Ana-, Telophase) gestatten. Naturgemäß muß dieser Zellteilung eine Verdopplung (ident. Reduplikation) des nukleären und chromosomalen DNA-Bestandes vorausgehen (u. a. verbunden mit dem Prozeß der prämitotischen Intermitosephase). Die m. Z. (Mitose) wird meist mit der als Zytokinese bezeichneten Durchschnürung des Zelleibes und der völligen Trennung der Tochterzellen abgeschlossen.

Mitrophýllum, n., Gatt. der Aizoáceae (griech. mítra = Mütze; phýllon = Blatt).

Mittelamerika, Gen- oder Mannigfaltigkeitszentrum, das die Gebirgsteile von Mexiko und Guatemala umfaßt. Genzentrum für Mais, Phaseolus, Bohnen, Tabak, Pfeffer, Kakao, amerikan. Baumwolle.

Mittellamélle, die äußerste aus Pektin, Hemizellulose und wachsartigen Substanzen bestehende Lamelle einer Zellwand, die bei den Zellen im Gewebeverband in der Mitte der Wand liegt, die zwei benachbarte Zellen voneinander trennt und die beiden Zellen als Kittsubstanz gemeinsam angehört.

Mittelmeergebiet, Genzentrum an der gesamten Küste des Mittelmeeres. Hier sind die Mannigfaltigkeitszentren für viele Gemüse- (Salat, Spargel, Sellerie) und Futterpflanzen (Raps, Kohlrübe, Futter- und Zuckerrübe) zu finden = Mediterraneis.

Mittelrinde, primäre Rinde des Baumes mit Einschluß der primären Phloëme und der nicht verkorkten, phellogenen Gewebe.

mittelständiger Fruchtknoten, Fruchtknoten, der in einem schüssel- oder becherförmig eingesenkten Blütenboden unterhalb der Ansatzstelle der Blütenhülle und Staubblätter steht, jedoch nicht mit dem Blütenboden verwachsen ist.

Mittelwald, forstwirtschaftliche Betriebsform, bei der das Unterholz in regelmäßigen Zeitabständen ausgeschlagen wird und einzelne gutgewachsene Stämme als Schirm stehengelassen werden.

Mittlere Menge, nach Etter der aus der Artmächtigkeit der Einzelaufnahme für eine Art berechnete Wert in einer Pflanzengesellschaft.

Mixomyceten → Myxomycetes.

mixotróph, griech. Bezeichnung für gleichzeitig sich heterotroph und autotroph ernährende Mikroorganismen (z. B. Bakterien); vgl. metatroph und prototroph.

mixotróphe Pflanzen (griech. misgeín = mischen; trophé = Ernährung), Pflanzen mit gemischter Ernährungsweise, teils organische Stoffe durch Photosynthese erzeugend, teils sie anderweitig aufnehmend.

Mixtae, f., Plur., Bezeichnung für die ohne Regelhaftigkeit nacheinander gebildeten Sporangien eines Sorus, z. B. bei den meisten Polypodiáceae.

Mixtúr, Mixtúra (lat. = Mischung; míscere = mischen), Mischung verschiedener Flüssigkeiten oder Lösungen, besonders flüssiger Arzneimischungen. Mixtura agitanda = Schüttelmixtur.

MM 104, MM 106 usw., Abk. für neuere Unterlagenzüchtungen (zu Äpfeln) aus der »Malling-Merton«-Serie (z. Z. 101–115, besondere Resistenz gegen Blutlaus). Vgl. M I, M II, M III usw. und A 2.

Mnémotechnik (griech. mnemoneueín = sich erinnern, im Gedächtnis haben, in Erinnerung bringen, ins Gedächtnis rufen; mnémon = eingedenk, sich erinnernd; téchne = Kunst(werk), Kunstgriff, Handwerk, List, Lehrgebäude der Grammatik; technikós = kunstgemäß, fachmännisch, verstandesgemäß), Gedächtniskunst, didaktische Methode zur Erleichterung des Aneignens, Behaltens von Kenntnissen.

Mníum, n., Gatt. der Mniáceae (griech. mníon = im Wasser wachsende Pflanze unbekannter Identität) – Bryales – Laubmoose; fossil seit dem Oligozän. – Birnmoos.

mociniána, nach dem mexikan. Botan. José Mariano Mocino, gest. 1819 in Barcelona.

Moder, Form des → Humus, der als Rotteprodukt auf der Bodenoberfläche im Walde liegenbleibt und im Gegensatz zum → Mull deutlich gegen den darunterliegenden Mineralboden abgesetzt ist. Während M. pulvrig locker liegt, bildet → Rohhumus zusammenhängende, verfilzte Schichten.

moderatus, -a, -um (lat.), gemäßigt.

modéstus (lat.), bescheiden.

módicus (lat.), mäßig, gering.

Modifikatiónen (lat. módus = Art, Weise, Maß; fácere = tun, machen), nicht erbliche Veränderungen von Organismen.

Modifikationsfähigkeit, Befähigung der Organismen, je nach der Umgebung verschiedene Eigenschaften auszubilden.

Moehríngia, f., Gatt. der Caryophylláceae (nach dem deutsch. Arzt P. H. Moehring, 1720–1792) – Nabelmiere.

Mœ́nchia, f., Gatt. der Caryphyolláceae (nach dem Marburger Botan. K. Moench, 1744–1805) – Weißmiere.

moldávicus, aus der Moldau (Rumänien) stammend.

moléstus, -a, -um (lat.) unangenehm.

Molínia, f., Gatt. der Poáceae (nach dem span. Missionar J. I. Molina, 1740–1829) – Pfeifen-, Blaugras.

móllis, mollúgo, mollúscus (lat.), weich.

Molospérmum, n., Gatt. der Apiáceae (griech. molops, Genit. molopos = Strieme, Schramme; griech. spérma = Samen = »Striemensamen«) – Striemendolde.

Móltkia, f., Gatt. der Boragináceae (nach dem dän. Grafen J. G. Moltke, 1746–1818, Kopenhagen).

Molucélla, f., Gatt. der Lamiáceae (von den Molukken-Inseln hergeleiteter Name) – Trichtermelisse, Muschelblume.

móly, griech. Name eines Zauberkrautes (griech. mólia = ich entferne – nämlich eine Krankheit), gebraucht für Állium móly – Zauberlauch.

Momórdica, f., Gatt. der Cucurbitáceae (lat. momórdicus = beißend, bissig, scharf; Saft der Früchte sehr scharf). – Beißgurke, Balsamapfel.

mon-, mona-, mono-, in Zusammensetzungen: einzeln, ein-, allein.

monac(h)énsis, -is, -e, aus München bzw. dem Gebiet von München stammend oder dort vorkommend.

monáchius (lat.), einsiedlerisch.

monacrístus (lat.), einhakig.

monadál, Organisationsstufe der niederen Pflanzen mit stets begeißelten Formen; vgl. capsal, coccal.

monadélphius (griech.), einbrüderig.

Monáden (griech. monás, Genit. monádos = Einheit), veraltet, jetzt allgemein → Flagellaten genannt.

Monadénium, n., Gatt. der Euphorbiáceae (griech. mónos = einzeln, einzigartig; aden = Drüse bzw. gebildetes Kompositum aus mon[-os] und Gattungsname Adenium, n., Genus der Apocynáceae).

monadoíd (Monaden ähnlich), artspezifisch formbeständig bei Flagellaten. Ggs. → amöboid.

monándrus, »einmännig«, mit einem Staubblatt versehen.

Monánthes, f., Gatt. der Crassuláceae (griech. mónos = einzeln; ánthos = Blüte, Blume) – Felswurz

monarch (griech. mónos = einfach, einzeln, allein; arche = Anfang, Ursprung, auch Prinzip); einstrahlig; z. B. Wurzeln, die in ihrem radialen Leitbündel (a priori bzw. prinzipiell) nur einen Xylemstrang besitzen.

Monárda, f., Gatt. der Lamiáceae (nach dem span. Arzt und botan. Schriftsteller Nic. Monardes, 1493–1578) – Monarde. Spec.: M. dídyma, M. fistulósa, M. punctáta, M. bradburiána.

Monáster (griech. mónos = einfach, einzig; astér = Stern), Bild der sternförmigen Anordnung der Chromosomen in der Äquatorialebene während der Metaphase der → Mitose.

Monéra (griech. monéres = vereinzelt, einsam), Moneren; Bezeichnung, die gelegentlich zur Beschreibung bzw. Klassifizierung prokaryotischer Organismen, wie Bakterien und Blaugrünalgen, verwendet wird; früher mehr gebräuchlich gewesen für Mikroorganismen, bei denen sich kein Kern nachweisen ließ; vgl. Prokaryota.

Monéses, f., Gatt. der Pyroláceae (griech. mónos = einzeln). Spec.: M. uniflóra. – Moosauge.

Moniliária, f., Gatt. der Aizoáceae (lat. monile = Halsband, also »halsbandartig«).

monilifórmis, -is, -e (lat.), perlschnurförmig, halsbandförmig.

Monímia, f., Gat. der Monimiáceae (benannt nach Monime, Gemahlin des pontisch. Königs Mithridates Eupator, gest. 64 v. u. Z.) – »Monimie«.

Monochǽtum, n., Gatt. der Melastomatáceae (griech. mónos = einzeln; chaíte = Borste).

Monochásium, zymöser Blütenstand, bei dem unterhalb der relativen Terminalblüte jeweils nur eine Seitenachse entspringt.

Hierzu gehören → Wickel, Schraubel, Fächel, Sichel.

Monochlamýdeae, zweikeimblättrige Pflanzen, deren wirtelige Blüten meist nur ein unscheinbares, hochblattartiges Perigon oder überhaupt kein Perianth besitzen.

monocóccus (griech.), einbeerig, einkernig.

Monocolpátes, eine Abteilung der Sporae dispersae für sehr große Megasporen, die von jeweils drei kleineren Abortivsporen begleitet werden, teilweise noch als Tetrade zusammen gefunden.

Monocotyledóneae, Monocotyledonópsida, vgl. Kapitel E. System der Pflanzen.

monodíkarp wird Betarüben-Saatgut bezeichnet, das aus ein- und zweifrüchtigen Saatguteinheiten besteht.

Monodóra, f., Gatt. der Annonáceae (griech. mónos = einzeln; dóra = abgezogene Haut, Fell, Hülle).

monözisch (griech. mónos = einzig, allein; oíkos = Haus), einhäusig, d. h., männliche und weibliche Blüten, also Blüten, die entweder nur Staubblätter oder nur Fruchtblätter enthalten, befinden sich auf ein und derselben Pflanze.

monogám (griech. mónos = einzig, allein; gámos = Heirat, Ehe), einehig.

monogén (griech.), 1. aus einer Zelle entstanden; 2. ein durch ein einziges Gen bedingter Erbunterschied.

monogonítisch (griech. mónos = einzeln und → Gonit), nur 1 Goniten je → Gonitozyste hervorbringend, z. B. →Oogonien. Phylogenetisch durch Reduktion → polygonitischer Gonitozysten entstanden.

Monographíe (griech. monográphein = einzeln beschreiben, darstellen), allseitige Darstellung eines Themas bzw. in der Botanik Darstellung einer bestimmten Pflanzensippe.

monogýn (griech. mónos = einzig, allein; gyné = Weib), eingriffelig.

Monohybríden (griech. mónos = einzig, allein; lat. hybrída = Mischling), aus einer Kreuzung hervorgegangene Pflanzen, deren Eltern sich in nur einer Erbanlage unterscheiden.

monokárp, griech. »einfrüchtig«; monokarpes Saatgut der Betarüben besteht zu über 80% aus einfrüchtigen Saatguteinheiten.

monokárpische Pflanzen (griech. mónos = einzig; karpós = Frucht) → hapaxanthe Pflanzen.

Monokárpium (griech. mónos = einzig, allein; karpós = Frucht), Frucht, die nur aus einem einzigen Fruchtblatt gebildet wird.

monoklíne Blüten (griech. mónos = einzig; kliné = Lager), Blüten, die Frucht- und Staubblätter zugleich entfalten.

monokotýl (griech.), einkeimblättrig.

Monokotýlen (griech. mónos = allein, alleinstehend, einzig; kotyledón = Saugorgan; kotýle = Gefäß, Höhlung; übertragen: Scheide), Einkeimblättrige Pflanzen, eine Klasse der Bedecktsamer mit einem Keimblatt. Dieses dient häufig als Saugorgan bei der Aufnahme der Nährstoffe aus dem Endosperm. Zahlreiche Unterschiede zu den → Diktoyledonen (Zweikeimblättrigen Pflanzen).

Monokultur ohne Fruchtwechsel, kontinuierlicher Anbau derselben Fruchtart auf demselben Schlag (Ackerstück); ist der mehr als fünfjährige, meist langjährige Nacheinanderbau der gleichen Fruchtart auf derselben Fläche.

Monoléna, f., Gatt. der Melastomatáceae (griech. mónos = einzig; léna = Kupplerin).

monolét (griech. lethein = verborgen sein), die ± geradlinige einfache Dehiszenzmarke von Sporen aus der (in einer Ebene angeordneten) Tetragonaltetrade.

Monolétes, eine Abteilung der Sporea dispersae für Mikrosporen und Pollenkörner mit einer von zwei Falten umrahmten Längsfurche (Dehiszenzmarke).

monoméres Gynoecéum, Gynoeceum, das von nur einem Fruchtblatt gebildet wird; dagegen → polymeres Gynoeceum.

monomórph (griech.), einförmig. 1. systematische Gruppe ohne oder mit geringer Variabilität; 2. Gewebe, die aus gleichartigen Zellen bestehen.

Monopétalae (griech. mónos = allein, einzig; pétalon = Blatt), verwachsenkronblättrige Pflanzen.

monophág (griech. mónos = einzig; phágein = fressen), Schmarotzerpilze, die sich auf eine Wirtspflanze beschränken.

monophásischer Generationswechsel (nach Hartmann) → homologer Generationswechsel.

monophylétisch (griech. mónos = einzig; phylé = Stamm; phylétes = Stammgenosse), von einer gemeinsamen Urform abstammend.

Monophylláea, f., Gatt. der Ges neriáceae (aus griech. mónos = allein, einzig; phýllon = Blatt).

monopléurisches Kambium (griech. mónos = einzig, allein; pleurá = Seite), Kambium, das neue Gewebeelemente nur nach einer Seite hin ausbildet.

monopodiále Verzweigung (griech. mónos = einzig, allein; pous, podós = Fuß), sie entsteht, wenn der Scheitel des Muttersprosses immer weiter fortwächst und die Seitensprosse jeweils schwächer entwickelt sind als ihr Muttersproß.

Monopódium (griech. mónos = einzig; pous, Genit. podós = Fuß, Fußstück; also gemeinsames Fußstück für alle Verzweigungen; lat. pódium = Erhöhung, Erhebung), Sproßsystem mit durchgehender Hauptachse und monopodialer Verzweigung, z.B. bei Tanne und Fichte. Ggs. → Sympodium.

Monópsis, f., Gatt. der Campanuláceae (griech. mónos = einzig, allein (einmalig); ópsis = Gestalt, Aussehen, Angesicht) – Sonderkraut.

Monosaccharíde (griech. mónos = einfach; sákchar, -aros = Zucker; auch sákcharis = Zucker), Bausteine der Kohlenhydrate oder Einfachzucker.

monoséxuell, eingeschlechtlich.

monosiphóner Zellfaden (griech. mónos = einfach; siphon = Röhre), Zellverkettung zu einfachen Zellfäden, wobei die Zellen nach der Teilung durch die gemeinsame Teilungswand verbunden bleiben.

monosóm, dem betroffenen Individuum oder der Zelle fehlt ein Chromosom des diploiden Satzes. Formel: $2n - 1$.

Monosóm, ungepaartes X-Chromosom im heterogametischen Geschlecht.

Monospóren, Sporen, die ohne Reduktionsteilung in Einzahl aus Thalluszellen hervorgehen.

Monostéle, Grundtypus der Stele mit einer einzigen zentralen, von einer einheitlichen Endodermis, Rinde und Epidermis umgebenen → Stele.

monostemóne Blüten (griech. mónos = allein, einzig; stémon = Faden, Kette, hier auch: Staubblatt = lat. → stámen), Blüten mit nur einem Staubblatt.

monosymmétrisch → dorsiventral.

monothékische Anthére, Staubbeutel, dessen eine Hälfte unentwickelt ist.

monotópe Entstehung (griech. mónos = einfach; tópis = Ort, Stelle, Gebiet), Entstehung einer Art nur an einer Stelle (bzw. in einem Gebiet).

monotrích (griech. mónos = einfach; trix, trichós = Haar), Bezeichnung für Bakterien mit nur einer Geißel.

Monótropa, f., Gatt. der Pyroláceae (griech. monótropos = für sich allein lebend; mónotropa = Einsiedlerin; da die Pflanze auch in Gruppen vorkommt, ist die Erklärung besser: griech. mónos = ein; trópis = Richtung, Wendung oder tropéein = wenden, und zwar wegen des nach einer Seite gewandten, überhängenden Blütenstandes) – Fichtenspargel.

monotýpisch, ein Taxon bestimmter Rangstufe, das nur ein Taxon der nächstniederen Rangstufe enthält, z. B. eine Gattung, zu der nur eine einzige Art gehört.

monozygót, von einer befruchteten Eizelle herstammend, aus der im Laufe der Entwicklung zwei oder mehrere Individuen entstehen; → Zygote.

monozýklisch → annuell.

Monozýten, einzellige, nur einen Kern enthaltende Lebewesen.

monspeliénsis, monspessulánus, aus Montpellier (Frankreich) stammend.

Mónstera, f., Gatt. der Aráceae (die Ableit. wurde von dem Benenner Adanson nicht angeführt) – Heimat: Mexiko.

Monstrositäten (lat. mónstrum = Ungeheuer), Mißbildungen, abnorm ausgebildete Pflanzen bzw. Pflanzenorgane.

Monsúnwald (arab. mausim = Jahreszeit), nur während der regenbringenden Monsunzeit belaubter, in der Trockenzeit kahler, tropischer Wald.

montán (lat. mons, móntis = Berg), Bezeichnung für Pflanzen, die hauptsächlich in den Mittelgebirgen vorkommen oder verbreitet sind.

montánus, -a, -um (lat. mons, móntis = Berg), Berg- (z. B. Árnica montána – Bergwohlverleih, Arnika).

Montbrétia, Gatt. der Iridáceae (nach dem Orientreisenden C. de Montbret, gest. 1836).

Móntia, f., Gatt. der Portulacáceae (nach dem ital. Botan. Giuseppe Monti, 1682–1769) – Quellkraut.

monticola (lat. móns, móntis = Berg; cólere = bewohnen), Bergbewohner, z. B. Pínus montícola – Gebirgskiefer.

Moorauge → Kolk.

Moorbeetkulturen, gärtnerische Spezialkulturen, die ursprünglich vorwiegend unter Verwendung von Moorerde durchgeführt wurden. Zu den Moorbeetpflanzen rechnet man u. a.: Azálea (Rhododendron), Camélia, Eríca, Borónia, Épacris.

Moore, alle natürlichen Lagerstätten von Torf.

Mooskapsel, Sporenbehälter der Moose.

Moosmoor → Hochmoore.

Moráceae, f., Plur., Fam. der Urticales. Die Maulbeerbaumgewächse zählen etwa 1550 Arten in 61 Genera (z. B. mit Fícus, Mórus); vornehmlich in Tropen und Subtropen (endemisch) verbreitet. Ein Vertreter in Mitteleuropa: Húmulus lúpulus. – In der Regel (bzw. oft) eingeteilt in die Subfam.: Moroideae, Conocephaloideae, Cannaboideae. → Morus.

Moraéa, f., Gatt. der Iridáceae (nach Linnés Schwiegervater Dr. F. Moraeus) – Kapiris.

morávicus, -a, -um, aus Mähren (Moravia) stammend (z. B. die in Mähren aufgefundene »Süße« Vogelbeere – Sórbus aucupária moravica).

Morawétzia, f., Gatt. der Cactáceae (nach dem Amerikaner V. Morawetz, Kakteenkenner).

Morchélla, f., Gatt. der Helvelláceae (von dem deutschen Wort »Morchel« gebildet) – Morchel; die Pflanzen dieser Gattung gehören gemeinsam mit den Becherlingen und Lorcheln zur Ordnung Scheibenpilze (Discomycetes oder Discales); Kl. Schlauchpilze (Ascomycétes).

Morína, f., Gatt. der Dipsacáceae (nach dem Arzt und Botan. Louis Morin, Paris, 1636–1715) – Kardendistel.

mório (lat.; von griech. móros = dumm, mürrisch), Erznarr, narrenkappenartige Blüte (z. B. Órchis mório = Salep – Knabenkraut, alle Blütenhüllblätter außer der Lippe sind kappenförmig zusammengeschlagen).

Mormódes, f., Gatt. der Orchidáceae (griech. mormon = Popanz, Kobold, Gespenst; -eides = ähnlich, -artig; nach den »gespenstisch« aussehenden Blüten: »Larvenorchidee«).

Mormolýca, f., Gatt. der Orchidáceae (griech. mormolýkeion, mormon = Kobold u. ä.; nach den seltsam [»lustig«] aussehenden Blüten: »Koboldorchidee«).

Morphín, Morphium, entdeckt von dem Apoth. Sertürner, Paderborn, 1904, benannt nach dem griech. Gott Morpheus; chemisch: C_{17}, $H_{19}O_5N + H_2O$, Hauptalkaloid des Opiums, das aus dem Milchsaft des Schlafmohns (Papáver somníferum) gewonnen wird; kristallisiert gut in farblosen, seidenglänzenden Nadeln oder rhombischen Prismen, bitterer Geschmack; angewandt meist als Morphium hydrochloricum; hat schmerzstillende, einschläfernde Wirkung. Mittlere tödliche Dosis: 0,3 g; Tod durch Lähmung des Zentralnervensystems.

Morphogeníe (griech. morphé = Gestalt; génos = Abstammung, Herkunft), ontogenetische und phylogenetische Entwicklung der Gestalt der Organismen.

Morphologíe (griech. morphé = Form, Gestalt; lógos = Lehre), Wissenschaft von der äußeren Form oder Gestalt der Pflanzen. In der Botanik beschränkt man die M. auf die Betrachtung der äußeren Beschaffenheit der Organe und weist der Anatomie die Erforschung des inneren Baues der Pflanzen zu. Erstreckt sich die morphologische Betrachtung über mehrere Gruppen (Taxa), so heißt sie Vergleichende Morphologie.

morphológisch, Form und Gestalt betreffend.

morphologischer Wert, Wert eines Organes nach seiner Abstammung.

Morphoregulator, bezeichnet eine in Morphogenesen eingreifende Substanz; Syn.: »morphogenetische Substanz«, wird aber in teilweiser Abgrenzung zu diesem für körpereigene Substanzen gebrauchten Begriff vorwiegend für synthetische Chemikalien verwendet, die die Gestalt (griech. morphé) beeinflussen; z. B. das synthetische Auxin 2, 4 D u. viele andere → Herbicide bzw. Wuchsstoffe.

Morphósen (griech. morphé = Gestalt), Abwandlungen der Pflanzengestalt, bedingt durch Umweltfaktoren. Entsprechend dem wirksamen Umweltfaktor unterscheidet man Photo-, Thermo-, Hygromorphosen usw.

-mórphos, -a, -um (griech. morphé = Gestalt), -gestaltig.

morrenianus, -a, -um (latin.), aus dem (Nach-) Namen von Charles François Antoine Morren (1807 bis 1858), Prof. der Botanik in Gent, gebildet.

mórsus-ránae (lat. mórsus = Biß; rána, Genit. ránae = Frosch), Froschbiß, Hydrócharis mórsusránae = Gemeiner Froschbiß.

Mórus, f., Gatt. der Moráceae (griech. Pflanzenname) – Maulbeere; fossil seit dem Pliozän.

Mosaík (griech. »Bildwerk aus bunten Steinchen«), Organismus, der wenigstens z. T. aus Geweben besteht, die sich genetisch voneinander unterscheiden.

Mosaïkbastárde, Bastarde, bei denen abwechselnd Eigenschaften der Mutter und des Vaters auftreten.

Mosaïkchimäre, Chimäre, bei der die beiden Gewebearten unregelmäßig verteilt sind; → Chimäre.

Mosaïkentwicklung (Watsonsche Regel), die phylogenetische Umwandlung der Organismen erfolgt mosaikartig, heterochron: Die einzelnen Organe wandeln sich mit unterschiedlicher Geschwindigkeit und zu verschiedenen Zeiten.

Mosaïkkrankheit, durch phytopathogene Viren hervorgerufene Blatterkrankung, die sich mit einer differenzierten, abgestuften Blattverfärbung äußert, in dem kleinere oder größere Gewebebereiche mit dunkleren bzw. helleren grünen, gelegentlich auch gelben und weißen Farbtönen einander abwechseln und trotz diffuser Übergangszonen verhältnismäßig scharf voneinander abgegrenzt über die gesamte Blattspreite oder einzelne Blattbezirke verteilt sind.

moschátus, moschéutos, nach Moschus duftend.

Motilität (lat. mótio = Bewegung; motilis = beweglich), Fähigkeit, auf Reize mit einer Bewegungsreaktion zu antworten.

moupinénsis, aus Moupin (China) stammend.

moután, chines. Name einer Päonienart. → Syn. für Paeónia suffruticósa Andr., die prächtige, in vielen Gartenformen verbreitete Strauchpäonie.

Múcor, m., Gatt. der Mucoráceae (lat. múcor = Schimmel) – Kopfschimmel (mit kopfigen Sporenbehältern); Kl. Jochpilze (Zygomycétes).

mucronátus, -a, -um (lat. mucro = Dolch; natus = entstanden – Partizip Perfecti von nasci), mit einer Spitze versehen (z. B. Pernéttya mucronáta – Stachelspitzige Torfmyrte).

Múdde, aus vorwiegend organischen Stoffen zusammengesetzter Faulschlamm, der sich unter Wasser bei Luftabschluß absetzt.

Muehlenbéckia, f., Gatt. der Polygonáceae (nach dem elsäss. Arzt. und Botan. G. Mühlenbeck, 1798–1845).

múghus, nach dem Namen der Bergkiefer (mugo) in den südlichen Alpen.

Muhlenbérgia, f., Gatt. der Poáceae (nach dem amerikan. Botan. H. L. Muhlenberg, 1756–1817).

Muíria, f., Gatt. der Aizoáceae (nach Muir, J.).

Múlchen, insbesondere in den USA und in Kanada gebräuchliches Verfahren, bei dem Ernterückstände mit der obersten Bodenschicht durchmischt werden und einen Verdunstungsschutz bilden. Die wendende Pflugbearbeitung entfällt. Dieses Verfahren ist vom Mulchen in Mitteleuropa verschieden, bei dem beispielsweise das Häckselstroh nach der Getreideernte flach eingeschält und teilweise danach Stoppelsaat bestellt wird.

Mulgédium, n., Gatt. der Asteráceae (lat. mulgére = melken) – Milchlattich.

Mull = »Mullerde«, besondere Form des

Humus, die aus inniger Vermengung von Ton und Calciumhumatteilchen feinster Verteilung besteht. Die Mullbildung wird überwiegend durch Regenwürmer geleistet. Vgl. Ton-Humuskomplex.

mult-, multi-, in Zusammensetzungen: viel-, reich-.

multifaktorielles Merkmal, ein durch mehrere Gene bedingtes Merkmal.

multiflórus, -a, -um (lat. múltus, -a, -um = viel; flos, flóris = Blüte, Blume), vielblütig (z. B. Polygonátum multiflórum – Vielblütige Weißwurz).

multilaterál = radiär heißen solche Pflanzenteile, die rings um ihre Längsachse gleich gebaut sind, somit keinen Unterschied ihrer Seiten erkennen lassen. Ggs. → bilateral oder dorsiventral.

multípler Allelomorphísmus, das Vorkommen von mehr als zwei alternativen Genformen an derselben Stelle eines Chromosoms. Irgend zwei Glieder einer multiplen Allelen-Serie verhalten sich gegenseitig als Allelomorphe. Das einzelne Individuum mit diploidem Chromosomensatz besitzt immer nur zwei Glieder einer solchen Serie.

Multiplikatión, Spaltung eines Organes in mehrere homologe Teile.

multivalént ist ein aus mehr als zwei Chromosomen bestehender meiotischer Paarungsverband. Durch ungeregelte Verteilung der Multivalentpartner in der meiotischen Anaphase kann eine Gametenfertilitätsminderung erfolgen.

múme, japan. Name für einen Pfirsich.

múndus, -a, -um (lat.), sauber, rein, ordentlich, zierlich, elegant.

munítus (lat.), bewaffnet.

murális, murárius (lat.), an Mauern wachsend.

Muráltia, f., Gatt. der Polygaláceae. Spec.: M. fasciculáta DC.

Mureïn (lat. múrus = Mauer, Wand), Glucopeptid, Hauptbestandteil der Zellwand der Prokaryota, Polymer aus N-Acetylglucosamin und N-Acetyl-muraminsäure.

murínus (lat.), mausartig, auch an Mauern wachsend.

murórum, der Mauern, an Mauern wachsend, Genit. Plur. von lat. múrus = Mauer.

Músa, f., Gatt. der Musáceae (von dem Sanskritwort môtscha, das im Hindostanischen und Arabischen als môs oder mus vorkommt; ägyptisch: mauz; Linné: nach Ant. Musa, Leibarzt des Kaisers Augustus) – Banane; fossil seit dem Tertiär.

Musánga, f., Gatt. der Urticáceae. Spec.: M. smithii R. Br.

Muscári, n., Gatt. der Liliáceae (muskarini = arab. Pflanzenname; die Blüten riechen nach »Muskat«nuß) – Träubel, Traubenhyazinthe.

muscárius (lat. músca = Fliege), fliegenartig, Fliegen betreffend.

muscaviénsis, aus Muskau (Lausitz) stammend (aus dem Park des Fürsten Hermann v. Pückler-Muskau, 1785–1871, einem der bedeutendsten Gestalter von Landschaftsparks).

Músci (Plur. lat. múscus = Moos, Moospflanze), Laubmoose oder echte Moose, Kl. der → Bryophyta; sind stets gegliedert in Stengel (Stämmchen) und meist spiralig, nur selten zweizeilig gestellte Blätter, die oft eine Rippe besitzen. Die Sporenkapsel ist gestielt, häufig von der später abfallenden Haube bedeckt und öffnet sich durch Abwerfen eines Deckels mit oder ohne schnabelige Spitze. Einteilung → Kapitel E.; System der Pflanzen; fossil seit dem unteren Karbon.

múscifer (lat.), fliegentragend (Blüte von Ophrys ähnelt einer Fliege).

muscípula, Fliegenfalle, Fliegenfänger.

muscívorus (lat. músca = Fliege; voráre = fressen), fliegenfangend, -»fressend«.

muscoídes (lat. múscus = Moos, músci = Moose, besonders die Laubmoose), moosähnlich.

Muskarín, das parasympathische Nervensystem erregende Alkaloid von Amanita muscária (Fliegenpilz). Vergiftungserscheinungen: Erregungszustände bis zu Tobsuchtsanfällen, Speichelfluß. – Die Wirkung der Amanitine und des Phalloidins hingegen ist hämolytisch. → Pilzvergiftungen, Amanitine.

mutábilis (lat.), veränderlich, wechselnd.

Mutafaziént (lat. mutáre = verändern; fácere = tun, machen), Gen, das die Mutabilität eines anderen Gens steigert.

Mutagén (lat. mutáre = verändern; gens = Geschlecht, Sprößling), ein zur Auslösung erblicher Veränderungen geeignetes Mittel. Beispiele: 1. Temperatur; 2. ionisierende Strahlen: a) Röntgenstrahlen, b) Neutronen, c) β-Strahlen, d) γ-Strahlen; 3. ultraviolette Strahlen; 4. Chemikalien.

Mutagenése, Induktion von Mutationen durch physikalische oder chemische Einwirkungen. → Mutagen.

mútans (lat.), abändernd.

Mutánten, die durch Mutationen abgeänderten Formen.

Mutatión (lat. mutátio = Änderung), sprunghafte, erbliche Abweichung einzelner Eigenschaften der Nachkommen von denen der Vorfahren.

Mutatiónsform, a) Genmutation, b) Chromosomenmutation (-umbauten), c) → Genommutation, d) Plasmonmutation, e) Plastidenmutation.

Mutatiónslehre, Lehre von der Veränderung der Arten, die diese vorwiegend auf genetische Mutationen zurückführen will.

Mutatiónsrate, Prozentsatz der Mutationen, bezogen auf die Population ein und derselben Art, die unter bestimmten Bedingungen auftreten können.

Mutatiónszüchtung, Züchtungsverfahren, das auf der züchterischen Bearbeitung von künstlich ausgelösten Mutationen, besonders Genommutationen, aufbaut.

mutátus (lat.), verändert.

mutellínus, nach dem schweizer. Pflanzennamen »Mutteren« wurde mutellína für die betr. Méum-Art gebildet.

múticus (lat. múticus = verstümmelt), grannenlos (= inérmis).

Mutterachse → Abstammungsachse.

Mutterkorn, Secale cornutum; hornartiges, schwarzviolettes Dauermyzel (→ Sklerotium) des Mutterkornpilzes, Claviceps purpurea. Der Pilz infiziert mit seinen Ascosporen die Narben von Poaceae, vorzugsweise des Roggens, wächst in den Fruchtknoten und bildet zunächst Konidien. Diese werden zusammen mit einer süßen Flüssigkeit als Honigtau von Insekten auf andere Blüten übertragen. Nach Aufzehrung des Fruchtknotengewebes bildet das Myzel das M., das hornartig aus der Ähre ragt. Es fällt nach der Reife ab, überwintert und keimt im nächsten Frühsommer mit langgestielten, blaßroten Köpfchen, die die Perithezien tragen. Letztere bilden die Asci (mit 8 Ascosporen), die vom Wind übertragen werden. M. enthält zahlreiche Alkaloide, die früher Ursache von Vergiftungen (Ergotismus) waren, heute für medizinische Zwecke eingesetzt werden.

Mutterstammbaumzüchtung, Einzelpflanzenauslese mit Nachkommenschaftsprüfung über mehrere Generationen. → Pedigreezüchtung.

Mutualísmus (lat. mútuus = wechsel-, gegenseitig), Lebensgemeinschaft zwischen zwei Organismen mit gleichem Nutzen für beide Teile.

Mycél, Gesamtheit der Hyphen eines Pilzes.

Mycélis, m., Gatt. der Asteráceae (willkürlich gebildeter Name, dem vielleicht zugrunde liegen: griech. mýa = Fliege; kylis = Fleck, Schmutz; also etwa »Fliegenschmutz«salat) – Mauerlattich.

-myces (griech. mýkes, mýketos = Pilz), -pilz.

Mycetísmus → Myzetismus.

Mycetogeophýta (griech. mýkes = Pilz; ge = Erde; phytón = Pflanze), im Boden wachsende, mehrjährige Pilze.

Mycetotherophýta (griech.), kurzlebige Pilze; → Therophyta.

Mycobacteriáceae, Bakterienfamilie mit der Gattung Mycobacterium; besonders bekannte Vertreter: Mycobacterium tuberculosis (Tuberkulosebakterium, Kochscher Bacillus); M. leprae (Lepraerreger), M. bovis (Rindertuberkuloseerreger; virulenzgeschwächte Mutante ist der zur Tuberkuloseschutzimpfung benutzte BCG-Stamm (Bacille bilié Calmette-Guérin).

Mycobiont, Pilzpartner einer Flechte.

mycóni, nach dem mythischen Bären Mykon (latin. Genit. als Epitheton) benannt, namentl. Bezug auf die Blattbehaarung.

Mycophýta, n., Plur., (griech. mýkes = Pilz; phytón = Pflanze), Bezeichnung für die polyphyletische (Groß-) Gruppe der Pilze, = Fungi (s.d.); von manchen Autoren auch Mycota (als Syn.) verwendet.

Mycóse → Mykose.

Mycóta, von manchen Autoren synonym verwendete Bezeichnung für Fungi oder Mycophyta = Pilze.

myioídes, fliegenähnlich.

Mykocecídien (lat. cecídium = Galle), durch Pilze bei Pflanzen erzeugte Gallen.

Mykoflorístik, Pilzfloristik, Erfassung der Pilze eines bestimmten Gebietes oder einer bestimmten Pflanzengesellschaft (phytozönologische Mykofloristik).

Mykologíe (griech. mýkes = Pilz; lógos = Kunde, Lehre), Pilzkunde.

Mykorrhíza (griech. mýkes, -etos = Pilz; rhíza = Wurzel), Pilzwurzel; nach B. Frank (1887) das unmittelbare Zusammenleben von Pilzen mit den Wurzeln höherer Pflanzen. Wesentlich für die M. ist der gegenseitige Stoffaustausch der M-Partner, der in den meisten Fällen zu gegenseitigem Nutzen erfolgt. Es kommen jedoch auch wechselseitig schwach prarasitäre Verhältnisse vor, so daß nicht alle Formen der M. echte Symbiose sind. Die M. ist in der Natur weit verbreitet, kommt bei allen höheren saprophytären Pflanzen und bei den meisten Landpflanzen vor. Für viele Waldbaumarten, z. B. Kiefern (Pinus), ist sie obligatorisch. Nach B. Frank werden aufgrund morphologisch-anatomischer Unterschiede zwei Formen der M. unterschieden: 1. Die ektotrophe = epiphytische M. kommt hauptsächlich bei Holzgewächsen vor. Die Pilzhyphen entwickeln sich vorwiegend als dichtes Geflecht auf den dicken, langsam wachsenden »Kurzwurzeln« und höchstens in den Interzellularräumen der Außenschichten. Sie umspinnen die Zellen als dichtes Gewebe, das Saraun nach dem Entdecker Hartigsches Netz nannte. Die Wurzelhaare werden verdrängt, ihre Funktion wird durch die Hyphen übernommen. Typisches Beispiel für ektotrophe M. ist die M. zwischen Birke (Betula pendula) und Birkenpilz (Leccinum scabrum). 2. Die endotrophe M. ist bes. bei Orchideen und Ericaceae verbreitet. Sie ist durch das Eindringen der Hyphen in das Wurzelgewebe und in das Innere der Rindenzellen gekennzeichnet, während der Pilz außerhalb der Wurzel weniger in Erscheinung tritt. 3. Zwischen endotropher und ektotropher M. bestehen keine scharfen Grenzen. Es gibt Übergangsformen, die als ektendotrophe M. bezeichnet werden.

Mykósen, Erkrankungen durch Pilze. Klinisch-diagnostisch lassen sich endogene und exogene M. unterscheiden. Endogene M. werden durch ursprünglich saprophytär im Menschen siedelnde Pilze hervorgerufen, die durch irgendeinen Einfluß (z. B. Resistenzschwäche) pathogene Wirkungen entfalten können, z. B. Candidiasis, Aktinomykose, Geotrichose. Exogene M. haben primär im menschlichen Organismus nicht vorkommende Pilzarten als Infektionsursache. Sie sind an bestimmte Regionen gebunden, z. B. tropische Mykosen wie Blastomykose, Chromoblastomykose, Histoplasmose, Kokzidioidomykose, Sporotrichose. Einige Mykosen können sowohl endo- als auch exogen entstehen (z. B. Aspergillose).

Mykotrophíe, Pilzernährung; nach Stahl (1900) besondere Form der Ernährung von Pflanzen mit Hilfe der → Mykorrhiza.

Mykozönologíe, Pilzsoziologie, Lehre von der Vergesellschaftung der Pilze.

Mykozönóse, Pilzgesellschaft, Zönose von Pilzen.

Myóporum, n., Gatt. der Myoporáceae (griech. mys, myós = Maus; póros = Loch »Mauseloch«).

Myosótis, f., Gatt. der Boragináceae (griech. mys, Genit. myós = Maus; ous, Genit. otós = Ohr; also eigentlich »Mäuseohr«, wegen der Blattform mancher Arten) – Vergißmeinnicht.

Myosúrus, m., Gatt. der Ranunculáceae (griech. mys, myós = Maus; oura = Schwanz, bezieht sich auf die Form des Fruchtbodens) – Mäuseschwanz.

myria-, myrio- (griech.), in Zusammensetzungen: tausend-, viel-, reich-.

Myriánthus, m., Gatt. der Urticáceae (griech. mýrios = unzählig; ánthos = Blüte, namentl. Bezug auf die »vielen Blüten«). Spec.: M. arbóreus Beauv.

Myríca, f., Gatt. der Myricáceae (myríke = griech. Pflanzenname) – Gagelstrauch, Wachsmyrte; fossil seit der oberen Kreide.

Myricária, f., Gatt. der Tamaricáceae (abgeleitet von dem Gattungsnamen Myríca) – Rispelstrauch.

myricoídes, myricaähnlich (myríke ist eigentlich Tamarix, des Geruchs wegen auf den Gagelstrauch übertragen).

Myriocárpa, f., Gatt. der Urticáceae (griech. mýrios = unzählig, riesig viel; karpós = Frucht).

Myriophýllum, n., Gatt. der Haloragáceae (griech. mýrios = unzählig; phýllon = Blatt) – Tausendblatt; fossil seit dem Tertiär.

Myriothécium, ein polsterförmiger Fruchtkörper der Schlauchpilze (→ Ascomycetes), der zahlreiche unregelmäßig angeordnete Loculi mit je einem → Ascus enthält.

Myrística, f., Gatt. der Myristicáceae (griech. myrístikos = wohlriechende Salbe) – Muskatnußbaum.

Myrmecódia, f., Gatt. der Rubiáceae (griech. mýrmex, mýrmekos = Ameise).

Myrmekochoríe (griech. mýrmex, Genit. mýrmekos = Ameise; chorízein = absondern, verbreiten), Verbreitung von Samen und Früchten durch Ameisen.

Myrmekophilíe (griech. mýrmex = Ameise; phílos = Freund, liebend; also wörtlich: »ameisenliebend«), Auftreten von Anpassungen an eine Lebensgemeinschaft mit Ameisen.

myro- (griech. mýron = Balsam), balsam-.

myrobálanus, -a, -um (griech.), nach der gleichnamigen Gattung mit balsamigen, der Eichel (= bálanos) ähnlichen Früchten.

Myrosín (griech. mýron = wohlriechendes Öl, Salbe, Balsam), charakteristisches Ferment der Brassicáceae.

Myrothámnus, m., Gatt. der Myrothamnáceae (griech. mýron = Balsam; thámnos = Gebüsch, Strauch). Kleine Sträucher mit dünnen, rutenförmigen Zweigen. Spec. (nur 2): M. flabellifólia (S-, M-Afrika); M. monhátus (Madagaskar).

Mýrrhis, f., Gatt. der Apiáceae (griech. mýrrhís = wohlriechende Myrrhe) – Myrrhe, Süßdolde.

Myrsíne, f., Gatt. der Myrsináceae (griech. Pflanzenname, myrsíne = Myrte, wegen ähnlicher Belaubung); fossil seit dem Tertiär.

myrsinítes, myrtenartig.

myrtilloídes (lat. myrtíllus = kleine Myrte), heidelbeerähnlich (Vaccínium myrtíllus).

Mýrtus, f., Gatt. der Myrtáceae (lat. mýrtus = Myrte; griech. mýron = wohlriechender Saft, Öl, Balsam; bezieht sich auf den Duft) – Myrte.

Mystacídium, n., Gatt. der Orchidáceae (griech. mýstax, Genit. mýstakos = Schnurrbart; eidos = Gestalt, Aussehen).

mýstax (griech.), Schnurrbart, Knebelbart.

Mythologíe (griech. mýthos = Sage, Geschichte, Legende, unglaubliche, fabelhafte Erzählung; lógos = Kunde, Lehre, Wort) – Sagenkunde.

myúrus (griech. mys = Maus; ourá = Schwanz), Mäuseschwanz.

Myxamöbe (Plur. Myxamöben), amöbenartige Spore der Schleimpilze (Myxomycetes), entsteht gewöhnlich aus einer Zoospore durch Abwerfen der Geißel(n).

myxo- (griech. mýxa; mýkes, mýkos = Schleim), schleim-.

Myxoflagellen, flagellatenartige Schwärmzellen (→ Zoospore) der Schleimpilze (→ Myxomycetes).

Myxogastres, Schleimpilze, → Myxomycetes.

Myxomycetes, Gruppe (Cl.) der Myxomycota; Schleimpilze (im engeren Sinne) bestehen im vegetativen Zustand aus nackten, amöboid beweglichen, vielkernigen Protoplasmamassen, den sog. → Plasmodien, mit saprophytischer oder sogar animalischer (phagotroper) Ernährungsweise. Die Plasmodien entstehen durch einen Sexualakt mit behäuteten ungeschlechtlichen Sporen. Ihre Reservesubstanz ist Glykogen. – Bau, Beschaffenheit sowie Färbung der Sporangien ergeben die Merkmale zur Unterscheidung in die Ordines, Familiae (usw.) mit etwa 500 species ab. Fossil seit dem Tertiär nachgewiesen, ältere Reste vorhanden, jedoch fraglich. – → Abschnitt E. System der Pflanzen.

Myxomycóta (griech. mýxa = Schleim; mykos, mykes, myketos = Pilz), Myxophyten, Schleimpilze; Gruppe der Fungi (oder Mycophýta = Mycota); Abteilung mit den Klassen: Myxomycetes, Acrasiomycetes, Plasmodiophoromycetes (s. jeweils dort); vgl. Abschnitt E. System der Pflanzen.

Myxospérmie (griech. mýxa = Schleim; spérma = Same), Schleimsamigkeit, bei der die äußeren Zellwände der Samen verschleimen.

Myzél (griech. mýzein = saugen), Myzelium, Vegetationskörper der Fungi (Pilze). Das Myzel besteht entweder aus Hyphen, d. h. aus fädigen Gebilden mit oder ohne Septen, und wird dann als Fadenmyzel bezeichnet, oder es besteht aus rundlichen bis zylindrischen, aneinanderhängenden Ausstülpungen, den sog. Sproßhyphen. In diesem Falle bildet es das Sproßmyzel bzw. das Pseudomyzel. Bei einzelnen Arten kann das Sproßmyzel bis zu einer einzelligen Sproßform reduziert erscheinen – z. B. bei einigen Hefen – und somit gleichzeitig Fruktifikationsorgan sein. → Fadenmyzel, Sproß-, Pseudo-, Luftmyzel, vegetatives Myzel.

Myzelversporung, Zerfall des Myzels in Sporen, z. B. in der Pilzgattung Geotrichum der Zerfall von Hyphen in Arthrosporen.

Myzetísmus, Pilzvergiftung; Erkrankungen nach Genuß von giftigen Pilzen.

Myzetophágen, Mykophagen, Fungivoren: Pilzfresser; Organismen, deren Nahrung aus Pilzen besteht.

Myzetozýten, Bakteriozyten: einzelne, gewöhnlich große polyploide Zellen eines Gewebes tierischer Organismen, die bestimmte Bakterien oder Pilze als Symbionten (→ Symbiose) beherbergen. Meist sind mehrere M. zu einem Myzetom vereint.

N

N 1. »n« = Symbol der gametischen Chromosomenzahl, diploid »2«; 2. »n« = Symbol der Anzahl der Einzelwerte in der Biostatistik; 3. »N« = Symbol für die Populationsgröße.

NA → numerische Apertur

Nabel → Hilum.

Nabelstrang → Funiculus.

Nachbarbestäubung → Geitonogamie.

Nachbau, Vermehrung von Originalsaatgut an einer dem Züchter nicht mehr unterstehenden Stelle.

Nachfrucht, die nach einer Kulturpflanze auf einem Beet oder Feld angebaute Kulturpflanze.

Nachkommenschaft, 1. Bezeichnung für die Folgegenerationen eines bestimmten Organismus; 2. die angebaute Ernte einer für die Weiterzüchtung bestimmten Einzelpflanze.

Nachkommenschaftsprüfung, Feststellung des Erbtypus einer Pflanze aus dem Verhalten ihrer Nachkommenschaft, um die Zahl der homo- und heterozygotisch dominierenden F_2-Pflanzen zu ermitteln.

Nachkultur = Subkultur, Abimpfung, in der Mikrobiologie eine Kultur, die von einer bereits vorhandenen abstammt. Subkulturen entstehen z. B. durch Überimpfen von Teilen einer alten Kultur auf einen frischen sterilen Nährboden, der anschließend bebrütet wird. Durch ständiges Abimpfen in regelmäßigen Abständen können Mikroorganismenkulturen unbegrenzte Zeit am Leben erhalten werden.

Nachreife, Stadium, das durch die Beendigung der Nährstoffeinlagerung in die Samen und die Umwandlung der Nährstoffe in Reservestoffe gekennzeichnet ist.

nackte Blüten → achlamydéische Blüten.

nackte Knospen, Knospen, denen die Knospenschuppen fehlen.

nackter Sorus, Sporangiengruppe der Farne, die nicht von einer Hülle umgeben sind.

nackte Zellen, Zellen ohne Zellmembran.

Nacktsamer = Gymnospermae; bilden mit den Bedecktsamern die Samenpflanzen. Während bei den Bedecktsamern die Fruchtblätter mit den Samenanlagen zu einem Behälter verwachsen sind, der sich zur Frucht entwickelt, stehen bei den N. die Samenanlagen frei auf den Samenblättern (es entstehen keine Früchte, daher die Bezeichnung Samenblätter). – Bereits seit Oberdevon nachgewiesen, einige Gruppen sind ausgestorben. – Unter dem Begriff »Gymnospermae« werden wenigstens zwei Entwicklungslinien zusammengefaßt: eine »makrophylle« Linie (mit den Samenfarnen, Cycadeen, Bennettiteen) und eine »mikrophylle« Linie (mit den Cordaiten, Koniferae, Ginkgogewächsen).

nacktsamige Pflanzen → Gymnospermae.

NAD, Abk. für Nicotinamid-Adenin-Dinucleotid, Codehydrogenase I, ein in vielen Dehydrogenasen vorkommendes Pyridinnucleotid. Es besteht aus Nicotinamid, das N-glycosidisch mit Ribose verknüpft und über Phosphorsäure mit Adenosin verbunden ist. Die Funktion des NAD besteht in der reversiblen Wasserstoffaufnahme, wobei der Pyridinring des Nicotinamids zum Dihydroderivat reduziert wird. Für NAD ist heute noch weitgehend die alte Bezeichnung Diphosphorpyridinnucleotid, DPN, im Gebrauch.

Nadelkissen, bei Nadelpflanzen ein den Zweigen aufsitzender Wulst, der das Nadelblatt trägt.

Nadelwald, besonders in den nördlichen gemäßigten Breiten mit tiefer Wintertemperatur und kurzer Vegetationszeit weit verbreiteter Wald, der fast ausschließlich von Nadelgehölzen aufgebaut wird. Kommt auch in den Gebirgen der südlicheren Breiten vor.

NADP, Abk. für Nicotinamidadenindinucleotidphosphat; Triphosphorpyridinnucleotid, TPN; Codehydrase II, ein in zahlreichen Dehydrogenasen vorkommendes Pyrimidinnucleotid. Es unterscheidet sich vom NAD nur durch eine zusätzliche Phosphorsäuregruppe im Adenosinanteil.

Naegélia, f., Gatt. der Gesneriáceae (nach Professor C. v. Naegeli in Zürich, seit 1857 in München, 1817–1891) – »Nägelie«.

Nährboden, die bei Bakterienzüchtung verwendeten flüssigen oder festen Stoffe, woraus die Keime ihre Nahrung gewinnen. Als flüssiges Grundsubstrat dient Nährbouillon, als feste Grundsubstrate dienen Nährgelatine, Nähragar, denen in besonderen Fällen noch Substanzen – wie Blut, Serum, Aszites, verschiedene Zucker, Alkohole, Aminosäuren usw. – hinzugesetzt werden. Auch finden erstarrtes Serum, Milch, Kartoffelscheiben sowie ferner synthetische Nährsubstrate Verwendung. – Für die Viruszüchtung sind lebende Zellen erforderlich.

Nährgewebe, mit Reservestoffen angefüllte Zellgewebe vieler Samen, die bei der Keimung des Embryos die erste Ernährung der jungen Pflanze gewährleisten.

Nährlösungen, künstlich hergestellte Lösungen von anorganischen Pflanzennährstoffen.

Nährstofflinie, Gruppierung der für das Planzenleben wesentlichen Elemente im periodischen System, wobei die »Linie« das Element C in beiden Richtungen mit dem Element Ar (Argon, Edelgas) verbindet.

Nagel (Unguis), stielartig verschmälerter basaler Teil vieler Blütenkronblätter.

Nahrungskette (engl. food chain), funktionelle Verknüpfung von Pflanze, Pflanzenfresser, Tierfresser (= Produzent, Primär-, Sekundär-, Endkonsument) mit Stoff- und Energietransport.

Nájas, f., Gatt. der Najadáceae (nach den griech. Quellnymphen, den Najaden, benannt; griech naiás, Plur. naiádes von náein = schwimmen) – Nixenkraut; fossil seit dem Miozän.

Namíbia, f., Gatt. der Aizoáceae (nach der südafrikan. Wüste Namib).

Nanánthus, m., Gatt. der Aizoáceae (griech. nános = niedrig u. ánthos = Blüte, Blume) – Zwergblume.

Nandína, f., Gatt. der Berberidáceae; japan. (Vernakular-) Name.

Nanísmus (griech. nános = zwerghaft, ein Zwerg), Kümmerwuchs, Verzwergung.

Nan(n)oplánkton, n., (griech. nánnos = lat. nánus = Zwerg), Bezeichnung für sehr kleine Arten des → Plankton. Häufig gute Leitfossilien.

Nanometer, Maßeinheit, Abk. → nm.

Nanophanerophýten, Kormophyten, deren Überdauerungsknospen mehr als 25–30 cm, aber weniger als 2 m über dem Erdboden liegen; → Phanerophyten.

nánus, -a, -um (griech. latin), zwergig, klein, niedrig.

napáeus (von griech. nápe = Waldtal), waldtalbewohnend.

napellifólius, sturmhut- (aconitum-) blättrig.

napifórmis, rübenförmig.

Napoleóna, f., Gatt. der Lecythidáceae (nach Napoleon I.).

nápus (lat.; griech. nápy oder nápeion = Senf), Rapskohl.

Narbe (Stígma), das oberste, zur Aufnahme der Pollenkörner bestimmte Ende der Fruchtblätter bei den Angiospermen. Es ist meist mit Papillen besetzt und scheidet eine klebrige Flüssigkeit aus.

narbonénsis, aus der Narbonne (Frankreich) stammend (z. B. Vícia narbonénsis – Maus- oder Französische Wicke).

narcissiflórus, narzissenblumig, -blütig (sprachliche Ableitung → Narcissus).

Narcíssus, m., Gatt. der Amaryllidáceae (griech. narkáein = gelähmt werden, betäuben; wegen des betäubenden Geruches so benannt oder nach Narcissus, einem schönen Jüngling, der sich in sein im Wasser erblicktes Bild verliebte, dahinschmachtete und der Sage nach in eine Blume verwandelt wurde) – Narzisse.

Nárdus, f., Gatt. der Poáceae (griech. nárdos = Name einer wohlriechenden Pflanze) – Borstgras.

Narkótika (griech. narkáein = betäuben), oberflächenaktive Stoffe, die durch schnelle Ausbreitung auf die Grenzschichten des Protoplasmas dieses reversibel lähmen und damit wichtige Reiz- und Stoffwechselvorgänge herabsetzen oder ausschalten.

Narrentaschen, Mißbildungen an Pflaumen, hervorgerufen durch einen Pilz (Exoascus pruni).

Narthécium, n., Gatt. der Liliáceae (griech. nárthex = Stab) – Beinbrech.

nárthex = griech. Stab (der Stengel ist kahl wie ein Stab), eigentlich Staude.

náscens (lat.), entstehend, heranwachsend, wachsend.

Naßbeize, chemische Saatgutentseuchung in wäßrigen Lösungen; kann als Tauchbeize oder als Benetzungsbeize durchgeführt werden; eine besondere Form der letzteren ist das Kurznaßbeizverfahren. Beim Tauchverfahren wird das Saatgut in die Beizlösung getaucht und gründlich mit ihr in Berührung gebracht, wobei Konzentrationsänderungen während der anschließenden Trocknung und bei wiederholter Verwendung derselben Lösung durch Beschleunigung ersterer und durch Auffüllung letzterer mit doppelt konzentrierter Lösung vermieden werden. Den Nachteil großer Flüssigkeitsaufnahme vermeidet das Benetzungsverfahren, bei dem ein Überbrausen des Saatgutes vorgenommen wird. Beim Kurznaßbeizverfahren erübrigt sich die Rücktrocknung zufolge der herabgesetzten Beizmenge (bei höherer Konzentration bis auf 3,5% und bei erforderlicher Verwendung von Beizapparaten). Die Naßbeizwirkung gewährt einen sofortigen, doch zeitlich beschränkten Schutz gegen Nachinfektionen im Boden. Sekundäre (nachhaltige) Beizwirkung gewährt die Trocken- oder Staubbeize.

Naßfäule, zum Erweichen führende und mit einem mehr oder weniger starken Feuchtwerden verbundene Zerstörung des Pflanzengewebes, die durch (vom Erreger ausgeschiedene) pektinolytische und zellulolytische Enzyme verursacht wird.

Nastíen (griech. náein = fließen; also sinngemäß: in unbestimmter Richtung »fließen«; oder aber abzuleiten von: nastós = geknetet, gedreht; also hier: unbestimmt gerichtet), Reizbewegungen, bei denen die Richtung der Bewegung keine Beziehung zu der des auslösenden Reizes zeigt. Nastien verlaufen in den durch die besondere Struktur des Organs vorgezeichneten Bahnen, dienen nicht der Raumorientierung der Pflanzen.

nástische Bewegungen → Nastíen.

Nastúrtium, n., Gatt. der Brassicáceae (lat. Pflanzenname) – Brunnenkresse.

nátans (lat.), schwimmend.

nátrix (lat.), Natter.

Naturalisatión, Heimischwerden fremder Pflanzen.

naturalisierte Pflanzen, in historischer Zeit durch den Menschen in ein bestimmtes Gebiet eingeschleppte Pflanzen, die sich ohne Hilfe des Menschen erhalten, vermehren und ausbreiten.

Naturdenkmal, ein dazu erklärtes »Einzelgebilde« der Natur, das Zeuge bzw. Zeugnis der Erd- und Landschaftsgeschichte ist, wissenschaftliche oder heimatkundliche Bedeutung besitzt oder sich durch besondere Schönheit oder seinen Wert für Erziehung und Bildung auszeichnet, z. B. Bäume, Baumgruppen, Pflanzengesellschaften, Findlingsblöcke, Höhlen, Quellen (usw.). Flächenausdehnung bis 3 ha (Flächennaturdenkmal).

Naturlandschaft, die vom Menschen unbeeinflußte Landschaft, in der die Natur ungestört hat wirken können.

natürliche Auslese = natürliche Selektion, naturbedingte Ausmerzung derjenigen Individuen, die den vorherrschenden Lebensbedingungen nicht genügen; wichtigste treibende Kraft des evolutionären Wandels, zuerst von Darwin als solche erkannt (1859). Diese Theorie besagt, daß Individuen einer Population unter dem Druck sich wandelnder Umweltbedingungen, je nach genetischer Konstitution und Phänotyp, verschieden gute Fortpflanzungs-, Vermehrungs- und Überlebenschancen haben. Schon geringfügige Unterschiede der Einzelorganismen können einen Selektionsvorteil (eine Verminderung des Selektionsdruckes) bedeuten. Hieraus ergibt sich für die natürliche Auslese, daß in relativ seltenen Fällen durch Mutation, zumeist aber durch Rekombination, d. h. durch Ansammlung günstig wirkender Gene aus dem Genpool der Population in einzelnen Individuen die selektierenden Effekte entstehen.

natürliches System, auf allen erfaßbaren Merkmalen begründete Zusammenfassung von Arten zu natürlichen Gruppen, d.h. zu Einheiten aufgrund ihrer Verwandtschaftsverhältnisse.

Naturschutz (engl. conservation of nature), Schutz der Pflanzen- und Tierwelt, der Natur und Naturkräfte sowie der Bodenschätze vor unberechtigten und nicht notwendigen Eingriffen, aber auch Pflege und Förderung der Natur und der Bodenschätze bzw. die Gesamtheit der Maßnahmen zum Schutz seltener Pflanzen und Tiere, Naturdenkmäler und ganzer vom Menschen ungestörter Landschaftsformen (Naturschutzgebiete). Die Entwicklung des N. verlief von der zunächst vorwiegend ethischen Bedeutung des Schutzes einzelner Organismen über die Einsicht, ursprüngliche Landschaften aus wissenschaftlichen und kulturellen Gründen erhalten zu müssen, bis zur modernen Form der Landschaftspflege, Landschaftsgestaltung und des Landschaftsschutzes. Auf weite Sicht wird dadurch ein Kompromiß zwischen wirtschaftlichen Erfordernissen und dem Schutz der Natur erstrebt.

Naturschutzgebiet, geschützte Fläche mit einer Ausdehnung von mehr als 3 ha; dient 1. der Dokumentation charakteristischer Oberflächenformen und repräsentativer Biogeozönosen; 2. als Refugium für selten gewordene Tier- und Pflanzenarten; 3. als »Freilandlaboratorium« für ökologische Untersuchungen; 4. als Testfläche(n) für die Veränderungen der Biosphäre.

Nautohydrochóre (griech. nautes = Seefahrer; hýdor = Wasser; chorizein = verbreiten), Pflanzen, deren Samen oder Früchte im Wasser schwimmend verbreitet werden.

Nebelwald, Wald der nebelreichen Bergstufen, meist durch einen Reichtum an Moosen und Flechten ausgezeichnet.

Nebenachsen → Seitenachsen.

Nebenblättchen → Stipeln.

Nebenblätter (Stipulae), blattartige Bildungen des Blattgrundes an der Ansatzstelle des Blattstieles; ihr Vorhandensein ist typisch für einige Familien (Rosáceae), bei manchen fehlen sie stets.

Nebenblattscheide → Óchrea.

Nebenfruchtform, Imperfektform; ein durch ungeschlechtliche Fortpflanzung gebildetes Fruktifikationsorgan der Pilze, z.B. die Konidienträger mit Konidien bei Deuteromycetes (Fungi imperfecti); Gegenteil: Hauptfruchtform. Von vielen Pilzarten, z. B. Spezies der Gattungen Aspergillus und Penicillium, sind Neben- und geschlechtlich gebildete Hauptfruchtformen bekannt, wobei die N. gewöhnlich wesentlich häufiger auftreten und der Verbreitung dienen. Soweit keine Hauptfruchtformen bekannt sind, werden die N. als Merkmal zur Klassifizierung herangezogen.

Nebenkrone (Paracorólla), freie oder verwachsene, kronblattartige Anhängsel an der Innenseite von Perigon- oder Kronblättern, welche Ligular- oder Stipularbildungen darstellen, z.B. Narzisse.

Nebenwurzeln → Seitenwurzeln.

Nebenzellen, Zellen, welche die Schließzellen der Spaltöffnungen umgeben und sich gegenüber den übrigen Epidermiszellen durch ihre Form und Lage zu den Schließzellen auszeichnen.

nebrodénsis, vom Nebrogebirge (Sizilien) stammend.

Néckera, f., Gatt. der Neckeráceae (benannt

nach dem deutsch. Botan. N. J. Necker, 1729–1793, in Mannheim) – Leucodontales – Laubmoose.

nect-, nectaro- (griech. néktar = Göttertrank; in der Botanik Blütenhonig), nektar-.

nectárifer (-us), a, um (lat.), honigtragend.

Negabacteriophyceae, Kl. der Bakterien, bei denen nach Anilinfärbung der Farbstoff aus der Zellwand wieder ausgewaschen werden kann.

negativ-geotropische Bewegungen, Bewegungen von Pflanzenorganen, die in ihrer Richtung senkrecht vom Erdmittelpunkt abgewendet sind.

negléctus, -a, -um (lat. neglégere = verachten, verschmähen), vernachlässigt, gering geschätzt, verachtet (z.B. Málva negléctа – Kleine Malve).

negúndo, malabar. Name, ursprünglich für Vitex-Art mit ähnlichem Laub wie Ácer negúndo.

Neísmus (griech. néos = neu), formbildende Reaktion, welche die Entstehung neuer Organe an einem gegebenen Punkt veranlaßt.

Nekrohormóne (griech. nekrós = tot, abgestorben, für etwas wirkungslos, träge), Wundhormone; Stoffe unbekannter Zusammensetzung, die bei verwundeten Pflanzenteilen frei werden oder entstehen und bei ihrem Eindringen in unbeschädigte Nachbarzellen diese zur Zellteilung veranlassen; → Hormone.

Nekróphyta (→ Nekrophytie), Gruppe zahlreicher pathogener Mikroorganismen, die sich (nach Münch, 1929) im Ggs. zu den → Parasiten von totem Substrat ernähren. Sie werden eingeteilt in: 1. → Perthophyta, die lebende Pflanzen befallen und von totem Gewebe leben, das sie selbst abgetötet haben. Dabei gibt es obligate und fakultative Perthophyta. 2. → Thryptophyta, die lebende Pflanzen befallen, aber nur von totem Gewebe leben, dessen Abtötung durch andere Ursachen sie durch »verweichlichende« Enzymausscheidung ermöglicht haben. 3. Saprophyten, befallen keine lebenden Pflanzen, leben von totem Substrat. Einteilung in Vollsaprophyten mit ausschließlicher Saprophytie (nicht pathogen) und Halbsaprophyten, die teils halbparasitär, teils perthophytisch oder thryptophytisch leben.

Nekrophytíe (griech. nekrós = tot; phytón = Pflanze), Nahrungsaufnahme aus totem Gewebe, wie sie z. B. typisch ist für die meisten Blattfleckenpilze sowie die Zerstörer von Holz und Rinde der Holzpflanzen. Diese Lebensweise hat also nichts gemein mit der Parasitie.

Nekróse (griech. nekrós = abgestorben), Absterben von Pflanzengewebe, das noch im räumlichen Zusammenhang mit dem lebenden Organismus steht.

nekrotróph (griech. nekrós = tot; trophé = Ernährung), adjektivische Bezeichnung für pathogene pflanzliche Organismen (→ Pathophyta), die sich von abgetötetem Substrat ernähren. Gegensatz → biotroph. Siehe auch → Nekrophyta.

Néktar, wäßrige Lösung verschiedener Zuckerarten, denen geringe Mengen anderer organischer Verbindungen, vor allem Duftstoffe, beigemischt sind.

Nektárien (griech. néktar = Göttertrank), meistens in der Blütenregion auftretende Gewebebildungen von verschiedenem Bau, die einen zuckerhaltigen Saft, den Nektar, absondern.

Nektarorganísmen, mikroskopische Lebewesen, die regelmäßig im Nektar verschiedener Blütenpflanzen vorkommen.

nelumbiifólius, lotosblättrig (Nelúmbo, Name von Lotos auf Ceylon).

Nelúmbo, f., Gatt. der Nymphaeáceae (Vernakularname, Ceylon) – Lotosblume; fossil seit der oberen Kreide.

nema-, nemato-, -nemus, -a, -um (griech. néma = Faden), faden-, -faden, -fädig.

Nematoblastén (griech. néma = Faden; blastós = Sproß, Keim), → Thallus aus verzweigten, einzellreihigen Fäden einkerniger, zellwandumgebener Zellen.

Nematóden, Älchen oder Fadenwürmer, die aus der Erde in die Pflanzen wandern und dort schmarotzen. Jede der vielen Arten bevorzugt bestimmte Gruppen von Wirtspflanzen.

Nemésia, f., Gatt. der Scrophulariáceae (griech. Pflanzenname bei Dioskorides für Antirrhinum). – Elfenspiegel; aus S-Afrika, häufig kultiviert.

Nemóphila, f., Gatt. der Hydrophylláceae (némos = Hain; phílos = Freund), Hainfreund.

nemorális, nemorénsis, nemorósus (lat.), hainbewohnend.

némorum (lat.), der Haine, Wälder.

neo- (griech.), in Zusammensetzungen: neu-.

Neo-Darwinismus, Verbindung der Mutationstheorie mit der Darwinschen Selektionstheorie.

Neo-Endemísmus (griech. néos = neu, frisch, jung; endémos = einheimisch), Endemismus phylogenetisch junger Sippen, die sich nicht weiter ausbreiten können. Sie sind infolge geänderter Lebensbedingungen in einem bestimmten Gebiet aus einer Stammform entstanden.

Neoglazióvia, f., Gatt. der Bromeliáceae (griech. néos = neu und glázein). Spec.: N. variegáta, aus deren Blättern die sog. Caroá-Fasern gewonnen werden; N. cóncolor liefert die (ebenfalls) genutzte Makimbeira-Faser.

Neolíthikum (aus dem Griech. künstlich gebildet), jüngere Steinzeit der menschlichen Kulturentwicklung.

neo-mexicánus, neu-mexikanisch.

Neontologíe, f., die Wissenschaft von den heutigen (rezenten) Lebewesen im Gegensatz zur → Paläontologie.

Neophýten (griech. néos = neu; phytón = Pflanze), »Neubürger« oder Einwanderer, die an natürlichen Standorten inmitten der einheimischen Pflanzenwelt sich anzusiedeln und einzubürgern vermögen; können die einheimische Pflanzenwelt auch verdrängen.

Neoregélia, f., Gatt. der Bromeliáceae (von griech. néos = neu und Regelia, nach E. v. Regel, russ. Botan., 1815–1892).

neotrópisch (griech. néos = neu, jung), Bezeichnung für ein Florenreich der Erde, das die tropischen und subtropischen Teile von Mittel- und Südamerika bis etwa zum 40. Grad südlicher Breite umfaßt; → Tropen.

Neóttia, f., Gatt. der Orchidáceae (griech. neóttia = Vogelnest; wegen der vogelnestartig gehäuften Wurzeln) – Vogelnestorchis, Nestwurz.

Neottioídeae (Vogelnestwurz-Verwandte), Unterfam. der Orchidáceae mit etwa 120 Gattungen, darunter die namengebende Neottia (Vogelnestwurz), Cephalanthera (Waldvöglein), Spiranthes (Drehwurz), Pterostylis (Flügelsäulenorchidee) und Drakaea (Drachenorchidee).

Néotypus, nach bestimmten Vorschriften neu ausgewählter nomenklatorischer Typus, wenn kein vom Erstbeschreiber der Sippe benutztes Originalmaterial vorhanden ist.

nepalénsis, aus Nepal (Vorderindien).

Nepénthes, f., Gatt. der Nepentháceae (griech. nepenthés id quod [= dasselbe wie/oder:] nepathés = Leid verscheuchend; bei Homer Bezeichnung für ein kummerstillendes Zaubermittel; die in kannenförmige Tierfallen umgewandelten Blätter der Pflanze erinnern an einen Becher mit Wein) – Kannenpflanze.

Népeta, f., Gatt. der Lamiáceae (röm. Pflanzenname, steht im Zusammenhang mit Népete, jetzt Nepi, Stadt in Etrurien, wo häufig wild!) – Katzenminze.

nepetoídes, katzenminzen- (népeta-) ähnlich (z. B. Méntha nepetoídes – Sumpfminze).

Nephelaphýllum, n., Gatt. der Orchidáceae (latin., griech. nephélē = Wolke, Nebel; phýllon = Blatt; Bezug nehmend auf die Blattoberfläche: »Fleckenblatt«).

nephr-, nephro- (griech. nephrós = Niere), nieren-.

Nephródium, n., Gatt. der Polypodiáceae (griech. nephródes = nierenartig). – Nierenfarn; fossil seit dem Tertiär.

Nephrólepis, f., Gatt. der Polypodiáceae (griech. nephrós = Niere; lépis = Schuppe, bezieht sich auf die Form des Indusiums).

Nereíden (griech. »Nereide«, Meernymphe), im Wasser lebende, mit Haftorganen auf felsigem Untergrund befestigte Pflanzen.

neriifólius, oleanderblättrig (Nérium von griech. nerós = feucht – Standort!).

Neríne, f., Gatt. der Amaryllidáceae (griech. nerós = wasserliebend).

nerítisches Plánkton, Meeresplankton, benannt nach Néreus, dem antiken Gott der Seen.

Nérium, n., Gatt. der Apocynáceae (griech. Pflanzenname von nérion = naß) – Oleander; fossil seit der oberen Kreide.

Nértera, f., Gatt. der Rubiáceae (griech. nerterós = niedrig, unten; steckt mit den Stengeln im Sumpf) – Korallenbeere.

nervális, nervátus (lat. nérvus = Sehne, Ader), genervt, nervig.

Nervatúr, Gesamtheit der Gefäßbündel (Nerven) eines Blattes; die nérvi fólii in ihrer charakteristischen Anordnung; → Aderung.

Nervília, f., Gatt. der Orchidáceae (lat. nérvus = Nerv, Ader; bezieht sich auf die geäderten Blätter).

Néslia, f., Gatt. der Brassicáceae (nach dem franz. Botan. J. A. N. de Nesle) – Finkensame.

Nestwurzeln, negativ geotropische Luftwurzeln, die nestähnliche Geflechte bilden, zwischen denen sich Humus anhäuft.

Netto-Assimilatión, Differenz zwischen dem gesamten assimilierten und dem gleichzeitig durch Atmung ausgeschiedenen Kohlendioxid.

netzartige Aderung, kennzeichnet die meisten Dicotyledonen und Farne; vgl. Streifenaderung, → Aderung.

Neubildung → Kallus und Regeneration.

Neubürger → Neophýten.

Neukombinatiónen, die von den elterlichen Genotypen abweichenden Merkmalkombinationen einer Spaltungs- oder Rückkreuzungsgeneration.

neur-, neuro- (griech. néūron = Nerv), nerven-, ader-.

Neurográmme, f., Gatt. der Polypodiáceae (griech. néūron = Sehne, Nerv; grámma = Schrift).

Neuropterídes, f., Plur., (griech. neurá u. neuron = Sehne, Nerv; ptéris, pteridos = Farnkraut), Pteridophyllen mit neuropteridischen, großen, bis vierfach gefiederten Wedeln, die im tieferen Westfal in zahlr. Arten vorkommen, aber im Rotliegenden fossil wurden. Es sind → Pteridospermae. N. imparipinnatae: Wedel schließen mit einem unpaaren Fiederblättchen ab; N. paripinnatae: Wedel haben zwei (paarige) Endblättchen. Vorkommen: Unterkarbon (Visé) bis Unterperm.

neurotrópe Wirkung (griech. néūron, lat. nérvus = Nerv; trópos = Richtung, auch die Art und Weise; trépein = umwenden), Wirkungsweise bestimmter Pflanzenstoffe, insbesondere der Alkaloide, auf das Nervensystem.

Néūston, n., Lebensgemeinschaft von Organismen im Bereich der Grenzlamelle »Wasser/Luft«, das Oberflächenhäutchen der Gewässer; aus Mikroorganismen, vorwiegend Algen und Bakterien, bestehend. Diese leben entweder epineustisch (auf der Oberfläche) oder hyponeustisch (an der Unterseite der Grenzschicht zw. Wasser/Luft). N. entwickelt sich insbesondere in kleinen windgeschützten Gewässern und künstlichen Wasseransammlungen. Es ist als farbiger Überzug an der Wasseroberfläche meist gut erkennbar. Vgl. Wasserblüte.

Neuzeit, 1. geschichtlich, im Sinne der Politik der Vergangenheit: Zeit nach dem Mittelalter; 2. geologisch-paläontologisch: Erdneuzeit (= Kaenozoikum) mit den Perioden Tertiär und Quartär.

Neuzüchtung, 1. züchterische Bearbeitung genetisch unterschiedlichen Materials mit dem Ziel der Schaffung einer neuen Sorte; 2. durch züchterische Bearbeitung geschaffene neue Sorte.

nevadénsis, aus Nevada (Nordamerika).

Neviúsa, f., Gatt. der Rosáceae (nach dem Entdecker der Gatt. R. D. Nevius) – Schneelocke.

N-freie Extraktstoffe (lat. nitrogénium = Stickstoff, chem. Symbol N; extráhere = herausziehen), Rohnährstoffgruppe bei der Analyse von Pflanzenmaterial oder eines Futtermittels. Die N-freien Extraktstoffe enthalten leichtlösliche Kohlenhydrate, Stärke, einfache Kohlenhydrate, organische Säuren sowie Stoffe, die bei den anderen üblichen Analysebestimmungen nicht erfaßt werden. Sie werden aus der Differenz der Bestimmungen der anderen Nährstoffe gegenüber 100% errechnet; N-freie Extraktstoffe = 100 – (Wasser + Rohasche + Roheiweiß + Rohfett + Rohfaser)

nicaeénsis, aus Nizza (Südfrankreich) stammend (z.B. Crépis nicaeénsis – Franzosen-Pippau).

Nicándra, f., Gatt. der Solanáceae (nach dem griech. Arzt Nikañdros, 2. Jh. v. u. Z.) Giftbeere.

Nicotiána, f., Gatt. der Solanáceae (nach

dem franz. Diplomaten Jean Nicot, 1530–1600) – Tabak.

níctans (lat. nictáre = zwinkern, blinzeln), winkend, blinkend.

niduláris, nidulárius (lat.), nestartig.

Nidulárium, n., Gatt. der Bromelíaceae (Verkleinerungsform v. lat. nídus = Nest) – Nestbromelie.

Nídus → Convarietät.

nídus-ávis (lat. nídus = Nest; ávis = Vogel), Vogelnest bildend.

Niederblätter, vereinfachte Blattorgane, die unterhalb der Laubblattregion an der Sproßachse stehen.

niedere Pflanzen, einfach gebaute, äußerlich und innerlich wenig gegliederte Pflanzen, die keine Gliederung in Sproßachse, Blatt und Wurzel erkennen lassen.

niederliegend, Pflanzen oder Sprosse, deren Achsen dem Boden angeschmiegt wachsen und keine sproßbürtigen Wurzeln tragen (→ kriechend).

Niedermoor → Flachmoor.

Niederstamm, zusammenfassende Bezeichnung für folgende drei Obstbaumformen: Busch (Stammhöhe: 0,60 m), Spindel(busch) und Spalierformen mit jeweils Stammhöhen von oder bis 0,40 m.

Niederwald, durch Stock- und Wurzelausschlag verjüngter Wald bzw. forstwirtschaftliche Betriebsform für einen durch Stock- und Wurzelausschlag begründeten Holzbestand. Andere Betriebsformen sind Mittel- und Hochwald, von denen insgesamt die Betriebsform Hochwald in Mitteleuropa bei weitem vorherrscht.

Nierembérgia, f., Gatt. der Solanáceae (nach dem span. Jesuiten und Professor Joh. Euseb. Nieremberg, Madrid, 1595–1663) – Weißbecher.

Nigélla, f., Gatt. der Ranunculáceae (lat. Verkleinerungsform von níger = schwarz; nigéllus = schwärzlich; die Samen sind schwärzlich) – Schwarzkümmel, Jungfer im Grünen.

nigéllus (lat.), schwärzlich.

níger, nígra, nígrum (lat.), schwarz (z. B. Solánum nígrum – Schwarzer Nachtschatten).

nigr-, nigri- (lat. níger = schwarz), schwarz-.

nigricans (lat.), schwarz werdend.

Nigritélla, f., Gatt. der Orchidáceae (lat. nigrítia = Schwärze) – Kohlröschen.

nikoénsis, -se, aus Nikko (Japan) stammend (z. B. Ácer nikoénse – Nikko-Ahorn).

Nikotín, Hauptalkaloid des Tabaks, Nicotiana tabacum, kommt dort neben anderen Alkaloiden vor. N. (tabakähnlich riechend) ist eine an der Luft sich schnell bräunlich verfärbende Flüssigkeit. Es gehört mit zu den stärksten pflanzlichen Giften. Niedere Dosen erregen das vegetative Nervensystem und rufen Übelkeit, Speichelfluß, Schweißausbruch sowie Pupillenverengung hervor. Höhere Dosen lähmen das Atem- und Gefäßzentrum im verlängerten Rükkenmark. Beim Rauchen wird der größte Teil des N. durch Verbrennen zerstört. Siedepunkt: 247 °C; sehr giftig, enthält Pyridin und Pyrrolidingruppe. Das natürliche Alkaloid ist 2- bis 3mal giftiger als die linksdrehende Form.

Nilssoniáles (nach dem schwed. Zoologen Nilsson, 1787–1883), den Cycadales nahestehende Gymnospermen mit taeniopteris- und anomozamites-ähnlichen Blättern. Vorkommen: Keuper (obere Trias) bis Oberkreide.

Nípa, f., Gatt. der Arecáceae (ostind. Volksname) – Molukken-Strauchpalme; halophytischer Farn der Mangrove, Indomalaysia und Florida; fossil seit dem Eozän.

nipónicus, nippónicus, von der Insel Nippon (Japan) stammend.

Nische (franz. nicher = nisten, hausen), die ökologische Nische bezeichnet die multidimensionale Position oder den Lebensbereich einer Sippe in einem Wirkungsgefüge zwischen zusammenlebenden Organismen und anorganischer Umwelt; ein von angelsächsischen Autoren geprägter und häufig benutzter Begriff. Vgl. Ökosystem.

nítens (lat.), blinkend, glänzend, gleißend.

nítidus (lat.), glänzend, schimmernd.

Nitrária, f., Gatt. der Zygophylláceae (lat. nítrum = Natron) – Salpeterstrauch.

Nitrátbakterien, frei im Boden und im Wasser lebende gramnegative chemolithotrophe Bakterien, die unter Energiegewinn Nitrit zu Nitrát oxidieren. Zu den N. gehören drei Gattungen: Nitrobacter, Nitrospina und Nitrococcus; → Nitrifikation.

Nitráte, Salze der Salpetersäure, z. B. Kaliumnitrat (KNO_3).

Nitrifikánten, nitrifizierende Bakterien: Gruppe gramnegativer Bakterien, die an der Nitrifikation beteiligt sind und die Ammoniak oder Nitrit unter Energiegewinn zu Nitrat oxidieren; die N. werden in der Familie Nitrobacteriáceae zusammengefaßt.

Nitrifikatión (lat. nitrogénium = Stickstoff; fácere = tun, machen), Umwandlung des freien Ammoniaks unter aëroben Verhältnissen in Salpetersäure bzw. die Oxidation von Ammoniak über Nitrit zu Nitrat durch gramnegative chemolithotrophe Boden- und Wasserbakterien (Nitrifikanten). Die N. hat große Bedeutung für den Kreislauf des Stickstoffs in der Natur. Bei der Mineralisation des organisch gebundenen Stickstoffs entsteht zunächst Ammoniak. Dieses wird unter Energiegewinn von den Nitritbakterien, z. B. Gattungen Nitrosomonas, Nitrosococcus, Nitrosolobus, zu Nitrit und von den Nitratbakterien, z. B. Gattungen Nitrobacter, Nitrococcus, zu Nitrat oxidiert, das dann den grünen Pflanzen wieder als Nährstoffquelle zur Verfügung steht.

Nitrítbakterien, frei im Boden und im Wasser lebende gramnegative chemolithotrophe Bakterien (→ Chemolithotrophie), die Ammoniak und Ammoniumverbindungen unter Energiegewinn zu Nitriten oxidieren und Kohlendioxid als Kohlenstoffquelle verwerten. Zu den N. gehören die vier Gattungen Nitrosomonas, Nitrosococcus, Nitrospira und Nitrosolobus; → Nitrifikation.

Nitríte, Salze der Salpetrigen Säure, z. B. Kaliumnitrit (KNO_2).

nitrophíle Pflanzen (griech. nítron = Salpeter; phílos = liebend; also salpeterliebend), Pflanzen mit besonders hohem Stickstoffbedarf, sind als Wildpflanzen oder Unkräuter Indikatoren (Zeigerpflanzen) für hohen Stickstoffgehalt des Standortes, z. B. Gänsefußarten.

nivál (lat. nix, nívis = Schnee), zur Höhenstufe der Schneeregion gehörend bzw. dort vorwiegend vorkommend.

nivális, -is, -e (lat. nix, nívis = Schnee) – Schnee- (z. B. Galánthus nivális – Schneeglöckchen).

nm, Nanometer = 0,000000001 m.

nóbilis, -is, -e (lat), vornehm, edel, vortrefflich (z. B. Laúrus nóbilis – Lorbeer).

nócti- (lat. nóx, noctis = Nacht), in Zusammensetzungen: nachts, nächtlich.

noctiflórus, noctúrnus (lat.), nachts blühend, nächtlich.

Nódi (lat., m., Plur.; Sing.: nodus = Knoten; engl. node), → Knoten (Sproßknoten).

nodósus (lat.), knotig.

Noeggerathiópsis, f., (nach der Ähnlichkeit mit der Gattung Noeggeráthia, diese nach dem deutsch. Bergrat J. Nöggerath 1788–1877, Prof. der Geologie zu Bonn ab 1818), Formgattung für Blattreste der Gondwana- und Angara-Flora, die evtl. zu den Cordaitales gehören. Vorkommen: Karbon bis Trias.

Nolána, f., Gatt. der Nolanáceae (lat. nóla = Glöckchen) – Glockenwinde.

noliflórus (lat.), glockenblütig.

Nolína, f., Gatt. der Agaváceae (nach C. P. Nolin, franz. Botan., Mitte 18. Jh.).

nóli tángere (lat. nóli = Imperativ von nolle = nicht wollen; tángere = berühren, davon rühr nicht an, Artbezeichnung, z. B. Impátiens nóli-tángere – Echtes Springkraut).

Nómen (lat., Genit. nominis), n., Name (in der Nomenklatur); man unterscheidet: n. abortivum (von Beginn an unberechtigter Name), n. ambiguum (mehrdeutig gewordener N.), n. dubium (nicht sicher deutbarer N.), n. conservandum (geschützer N.), n. illegitimum (regelwidriger N.), n. invalidum (ungültiger N.), n. novum (Ersatz-N.), n. nudum (ohne Beschreibung veröffentlichter N.). – Plur.: nomina.

nómen confúsum, auf verschiedene Bestandteile gegründeter, aber nicht exakter Name (»verwirrender« N.).

nómen conservándum, zu schützender (zu erhaltender) Name.

nómen illegitímum, regelwidriger Name.

nómen legitímum, gültiger (den internationalen Regeln entsprechender) Name.

nómen nóvum, neu veröffentlichter Name (für ein Taxon).

nómen núdum, ohne Beschreibung des Taxons (Typusexemplars) veröffentlichter (also »nackter«) Name.

nómen vernáculum, einheimischer (inländischer) Name, Vernakular-, Volks- oder Trivialname (= nicht wissenschaftlicher Name).

Nomenklátor = nomenclator, -oris, m., (lat.), der »Namengeber«; der Autor, der ein Taxon benennt.

nomenklatorisch, die Nomenklatur betreffend.

Nomenklatúr (lat. nomen-clatio, -onis, f., die Namennennung, -gebung), Lehre von der Namengebung, Benennung der Pflanzen.

Nomophýlla (griech. nómos = Gesetz, Regel; phýllon = Blatt) → Laubblätter.

Non-disjunktión (lat. non = nicht; disjúnctus = getrennt, entfernt liegend), Verhinderung des Auseinanderweichens paariger Chromosome in der Meiose, so daß beide Paarlinge in dieselbe Tochterzelle gelangen.

Nónnea, f., Gatt. der Boragináceae (nach dem Erfurter Arzt und Botaniker J. Ph. Nonne 1729 bis 1772) – Mönchskraut.

nón plús últra (lat.), nichts geht darüber, unübertrefflich.

nonscríptus (lat.), unbezeichnet, nicht beschrieben.

Noosphäre (griech. nóos = der Verstand d. Menschen), Teil der Biosphäre, in dem die menschliche Gesellschaft existiert und die sie durch ihre vernünftige Tätigkeit gestaltet und ausdehnt.

nootkánus, nootkaténsis, aus Nootka, einer Insel vor der Vancouver-Insel stammend.

Nopálea, f., Gatt. der Cactáceae (latin. aus dem aztekischen Wort für Feigenkaktus: nopal).

nordandines Südamerika, Genzentrum, im Hochgebirge und in den Hochsteppen der Anden gelegen. Von den Pflanzen dieses Gebietes interessiert vor allem der Formenreichtum der Kartoffeln und Tomaten. → Gen- oder Mannigfaltigkeitszentren.

Nordostafrika, Genzentrum im Gebiet von Äthiopien und Eritrea. Beispiele für dieses Zentrum: Emmer, Gerste, Dattel und Kaffee → Mannigfaltigkeitszentren.

nóricus, -a, -um, Salzburger, Steiermärker (z. B. Gentiána nórica – Salzburger Enzian).

normális, -is, -e (lat.), normal, gewöhnlich, üblich, regelrecht, typisch.

Nóstoc, n. »Schleimling« oder »Zittertang«; Typusgatt. der Nostocaceae, Oscillatoriales (Hormogonales), Cyanophyta (griech. nóstos = Heimkehr, Wanderung bzw. nosté-ein = wandern, fahren, bewegen, heimkehren). Die Gatt. umfaßt etwa 40 Arten, z. B.: N. commune (= »Sternschnuppe«), N. pruniforme (= »Seepflaume«); Nostoc sphaericum lebt in den Höhlungen von Lebermoosen, N. punctiforme in Wurzelknöllchen von Cycas und Trifolium.

notábilis, -is, -e (lat.), bemerkenswert.

notátus, -a, -um (lat.), gezeichnet.

nótho- (griech. nóthos = unecht, unehelich), schein-, unecht-.

Nothoclíne (griech. nóthos = unehelich, unecht, Bastard), Bastardformenschwarm, Bastardpopulation.

Nothofágus, f. (Baum!), Gatt. der Fagáceae (nóthos = unecht und Gattungsname Fagus = Buche) – Scheinbuche, Südbuche; fossil seit der oberen Kreide.

Nothogamíe (griech. nóthos = falsch; gámos = Heirat), Blendlingsbestäubung, bei der die Gameten von zwei verschiedenen Unterarten derselben Art abstammen.

Notholáena, f., Gatt. der Polypodiáceae (griech. nóthos = falsch; chlaina = Mantel) – Pelzfarn.

Nothomórphe, nothomórpha (griech. nóthos = unehelich, falsch; morphé = Gestalt), Bastardform. Taxonomische Rangstufe für eine Form eines vielgestaltigen (pleomorphen) Bastards derselben Abstammung, gleich, ob sie zu einer F_1-Generation, einer Aufspaltung oder Rückkreuzung gehört. Abk. nm. Beispiel: Mentha × niliaca nm. lamarckii ist eine Form des vielgestaltigen Bastards Mentha × niliaca = M. longifolia × M. rotundifolia.

Nothoscórdon, n., Gatt. der Liliáceae (griech. nóthos = falsch; skórdon = Knoblauch) – Bastardlauch.

nothoxéne Bastarde (griech. nóthos = unecht, xénos = fremd), Adventivbastarde.

Notocáctus, m., Gatt. der Cactáceae (aus griech. nóton = Rücken und dem alten Gattungsnamen Cactus gebildet).

Notothýlas, f., Gatt. der Notothyláceae (griech. nóton = Rücken; thýlas = Sack.

Nach den sackförmigen Perichätien auf dem »Rücken« der Thalloide) – Hornmoose.

Notreife, dürrebedingte Abnormität (insbesondere beim Getreide), die zum vorzeitigen Reifwerden mit kleinen, stärkearmen und mit schwacher Keimkraft ausgestatteten Körnern führt.

Notýlia, f., Gatt. der Orchidáceae (griech. nóton = Rücken; týlon = Höcker; Bezug auf die »Schwiele« an der Narbe: »Schwielenorchidee«).

novaeángliae, aus Neu-England (Nordamerika) stammend.

novaehollándiae, aus Neu-Holland (jetziges Australien) stammend.

noveboracénsis, noviboracénse (z. B. Dryópteris und Vernónia) aus der Gegend von New York; nóve = neu (engl. new), eborac – von dem lat. Namen Eborácum, der engl. Landschaft York.

novéllus, -a, -um (lat.), neu entstanden, jung.

nóvem- (lat.), in Zusammensetzungen: neun-.

novempunctátus, -a, -um (lat.), mit 9 Punkten versehen.

novibélgii, aus Neu-Belgien (Nordamerika) stammend.

nóvus, -a, -um (lat.) neu. Abk. nov., z. B. gen. nov. (genus novum), neue Gattung, sp. nov. (species nova), neue Art, → stat. nov.

nóx (lat., Genit. nóctis), Nacht.

Nóxen, f., (lat. nóxa, -ae, = Schaden, Schuld), Umweltnoxen (lat. nóxius = schädlich), chemische Schadenursachen, schädigende Wirkungen von Umweltfaktoren auf Organismen. Noxe (generell): Schadenursache, (ursächliche) Schädlichkeit.

nubeculósus, -a, -um (lat.), mit wolkenartigen Flecken versehen, »wolkenreich«.

núbilis, -is, -e (lat.), mannbar, fortpflanzungsfähig.

nubílus, -a, -um (lat.), wolkig, trübe, ungünstig.

Nucellarapogamíe, Entwicklung eines Embryos aus einer Nucelluszelle. → Apogamie.

Nucellárembryonen, Embryonen, die nicht aus der Eizelle, sondern aus Zellen des Nucellus entstehen.

Nucéllus (lat. nux, núcis = Nuß, Kern; núcula = Nüßchen, Eikern), innerer Teil der Samenanlage, der den Embryosack enthält.

nucífer, -a, -um (lat. nux, núcis = Nuß; férre = tragen), nußtragend (z. B. Cócos nucífera – Kokospalme).

Nucleásen (lat. núcleus = Kern; -asen = charakteristische Endung für Fermente oder Enzyme), alle Enzyme, die Nucleinsäuren in Basen, Kohlenhydrate und Phosphorsäure spalten.

Nucleíne, phosphorhaltige Eiweißkörper, die in den Zellkernen vorkommen.

Nucleínsäuren (lat. núcleus = der Kern), hochmolekulare Verbindungen aller Organismen. N. sind an Eiweiße gebunden und kommen als Nucleoproteide in allen Zellkernen vor. Die Polynucleotide können durch Hydrolyse in ihre Grundbausteine Kohlenhydrat, Phosphorsäure, Purin- und Pyrimidinbase zerlegt werden. Je nach der Art der Kohlenhydratkomponente unterscheidet man Desoxyribonucleinsäure (DNS) und Ribonucleinsäure (RNS). Sie spielen eine große Rolle bei der Vermehrung lebender Materie.

Nucleobiónten, zusammenfassende Bezeichnung für die Lebewesen, die einen echten Zellkern in ihren Zellen haben; → Anucleobionta.

Nucleoíde, kleine, im Zytoplasma der Bakterien auftretende Körnchen, die eine »kernähnliche« Anordnung zeigen und an die Nucleinsäuren gebunden sind.

Nucléolus, Plur. Nucléoli (lat. nucléolus = kleiner Kern), rundliche Kernkörperchen; einzeln oder zu mehreren in den Zellkernen vorhanden; → Kernkörperchen.

Nucléolusorganisator, sekundäre Einschnürung der Chromosomen, an der der Nucleolus (Kernkörperchen) entsteht.

Nucleóm, Gesamtbezeichnung für die Kerninhaltsstoffe.

Nucleoplásma, Kernplasma.

Nucleoproteíde, phosphorhaltige, in Pepsin unlösliche Eiweißverbindungen, die im Zellkern auftreten.

Nucleosíde, Purine (z. B. Adenin, Guanin, Hypoxanthin) bzw. Pyrimidine (z. B. Thymin, Uracil, Cytosin), die N-glycosidisch mit einer Pentose (z. B. Ribose, Desoxyribose) verbunden sind. N. entstehen durch Hydrolyse der Nucleinsäuren.

Nucleotíde, Verbindungen, in denen an ein Nucleosid Phosphorsäure esterartig an die Kohlenhydratkomponente gebunden ist. N. sind Bausteine der Nucleinsäuren.

Núcleus, auch Núkleus (lat. núcleus – Nußkern) → Zellkern.

nud-, nudi- (lat.), nackt-.

nudicáulis (lat.), nacktstengelig.

Nüßchen, Einzelfrucht einer Sammelnußfrucht.

nukleare Endospermbildung, Teilung des sekundären Embryosackkernes durch freie Kernteilung in eine große Anzahl Kerne. Erst anschließend erfolgt die Bildung von Zellwändchen zwischen diesen Kernen, die Vielzellbildung.

nullisóme Zellen (lat. núllus = kein, aber auch: gering, deutet also auf ein Fehlen hin; griech. sóma = Körper), Zellen, denen ein Chromosom des haploiden Satzes fehlt.

Nullosóme (lat. núllus = kein, aber auch: gering, deutet also auf ein Fehlen hin; griech. sóma = Körper), Zellen oder Individuen, denen ein homologes Chromosomenpaar fehlt. Formel: $2n - 2$.

numérische Apertur eines Objektes = NA. Formel: $A = n \cdot \sin\alpha$; n = Brechungsindex des Mediums zwischen Frontlinse des Objektivs und der Deckglasoberseite; α = der halbe Öffnungswinkel der Frontlinse des Objektivs. Die NA. ist auf einem Zeißobjekt der Frontlinse am zweitnächsten aufgetragen.

numérische Taxonomie, Klassifizierung der Organismen unter Anwendung mathematischer Hilfsmittel zur quantitativen und objektiven Erfassung von Ähnlichkeiten und Unterschieden der Taxa (Sippen, taxonomischen Gruppen); vgl. Taxonomie.

numerósus (lat.), zahlreich.

nummulárius (lat. númmus = Münze), münzenartig, münzenblättrig.

Núphar, f., Gatt. der Nymphaeáceae (anscheinend vom arab. nunfar = blauglänzend; nach Leunis: nenuphar von lat. ne = nicht, núphar = eßbar) – Mummel, Nixblume; fossil seit dem Pliozän.

nuptiále Nektarien (lat. núpta = Braut, Frau, bezieht sich also sprachlich auf die nahe Lage zum weiblichen Geschlechtsapparat), Nektarien, die im Bereich der Blüten auftreten.

Nuß (Nux), trockene Schließfrucht mit hartem Perikarp. Sie fällt mittels eines Trennungsgewebes als Ganzes von der Mutterpflanze ab.

Nußfrüchte, formenreiche Gruppe der coenokarpen Früchte; sie fallen mittels eines Trenngewebes als Ganzes ab. Zu ihnen werden gerechnet: die Flügelnüsse von Betula, Ulnus, Fraxinus, die trag- und vorblattumhüllten Nüsse von Carpinus und Humulus sowie die verbreitungsbiologisch differenten Nüsse von den Dipsacaceae mit Außenkelch und die von einer Cupula umgebenen Nüsse der Fagaceae. – Verwachsen sind Fruchtwand und Samenschale bei den Sonderformen der Poaceae (Karyopse; oberständig, oft auch von Spelzen umgeben) sowie den Asteraceae (Achäne; unterständig, Kelchblätter oft zu einem Pappus umgewandelt).

Nußverbände, durch fleischige oder trockene Akzessorien zu einer Sammelnußfrucht zusammengehaltene Nüsse, die zur Reifezeit eine selbständige Verbreitungseinheit darstellt.

nútans (lat.), nickend.

Nutatiónen (lat. nutáre = hin und her schwanken), selbsttätige (autonome) Wachstumskrümmungen, die vor allem durch einseitig erhöhten Wuchsstoffgehalt bedingt werden, z. B. die kreisenden Suchbewegungen von Ranken und Sproßenden windender Gewächse.

nutkánus, nutkaénsis, → nootkánus.

Nutritísmus (lat. nutrímen und nutriméntum = Nahrung, Nahrungsmittel), Ernährung mit Hilfe von Mykorrhizen, Knöllchenbakterien usw.

Nutálla, f., Gatt. der Rosáceae (nach dem engl. Botan. Th. Nuttall, 1785–1859, Reisender in NW-Amerika, Professor zu Philadelphia) – Oregonpflaume.

núx, núcis, f., (lat.), die Nuß.

núx-vómica (lat. nux = Nuß; vómica, -ae, f., Eiterbeule, Abszeß), Brechnuß.

nyct-, nycto- (griech. nyx, nyktós = Nacht; nykterinós = nächtlich), nächtlich, nacht-. Vgl. nocti-.

Nyctánthes, f., Gatt. der Verbenáceae (griech. nyx, nyktós = Nacht; ánthos = Blüte) – Trauerbaum.

Nycterínia, f., Gatt. der Scrophulariáceae (griech. nyx, nyktós = Nacht; erinós, eine Pflanze, lat. Erinus, also: schwärzlich aussehende Pflanze; griech. nycterinós = nächtlich, schwärzlich) – Sternbalsam.

Nyctocéreus, m., Gatt. der Cactáceae (griech. nyx, nyktós = Nacht und Gattungsname Céreus).

Nyktinastíe (griech. nyx, nyktós = Nacht; vgl. auch Nastien), Bezeichnung für die sog. Schlafbewegung, also Veränderung der Blattstellung als Folge der bei Tag und Nacht verschieden starken Belichtung.

Nymphǣa, f., Gatt. der Nymphaeáceae (griech. nýmphe = Braut; Nýmpha = Name einer Göttin) – Seerose; fossil seit dem Oligozän.

nymphális, -is, -e, zu den Nymphen gehörend, schwimmend.

Nymphoídes, f., Gatt. der Menyantháceae (Gattungsname Nymphǣa und griech. eidos = Gestalt) – Seekanne.

Nýssa, f., Gatt. der Nyssáceae (Name einer griech. Wassernymphe) – Tupelobaum; fossil wohl seit der oberen Kreide.

nyssánus, vielleicht nach der von Linné benannten Gattung Nýssa, in bezug auf die Wassernymphe Nyssa.

O

ob, in Zusammensetzungen: verkehrt-, ab-, vor-, dagegen.

obássia, japan. Bezeichnung einer Styrax-Art.

obdiplostemón, Blüte mit zwei Kreisen von Staubblättern, von denen die äußeren über den Kronblättern und die inneren über den Kelchblättern stehen (vgl. diplostemon).

Obdurátion (lat. dúrus = hart), Verhärtung.

obergärige Biere, Biere, die unter den für die obergärigen Hefen günstigen Bedingungen vorwiegend oder ausschließlich mit Hilfe derselben hergestellt werden.

obergärige Hefen, Kulturhefen bzw. Rassen von Saccharomyces cerevisiae, die während der Gärung bei relativ hohen Temperaturen (15–20 °C) einen starken hefehaltigen Schaum bilden. Zu ihnen gehören: obergärige Bierhefen, die Brennerei- und Preß- (= Bäckerei-)Hefen.

Obergräser, diejenigen Gräser des Dauergrünlandes, die sich durch getreideähnlichen Habitus, größeren Halmanteil gegenüber dem geringeren Blattanteil sowie im allgemeinen durch bloße Büschelwurzelausbildung (keine Rhizome) und vorwiegend durch Wuchs in Horsten auszeichnen. Bekannte Obergräser: Knaulgras, Wiesenfuchsschwanz, Wiesenlieschgras, Wiesenschwingel, Rohrglanzgras u. a. Ggs. → Untergräser.

Oberhaut → Epidermis

Oberlippe (Labium superior), die aus zwei verwachsenen Kronblättern gebildete obere Hälfte der Krone einer Lippenblüte.

Oberónia, f., Gatt. der Orchidáceae (nach Oberon, dem König der Elfen) – Elfenkönigorchidee.

oberschlächtig, der obere Blattrand deckt den unteren des nächstjüngeren Blattes; bei beblätterten Lebermoosen gebräuchlich. Ggs. → unterschlächtig.

oberständiger Fruchtknoten, Fruchtknoten, der oberhalb der Ansatzstelle der Blütenhülle und der Staubblätter steht.

oberweibig → epigyne Blüte.

obésus, -a, -um (lat.), dick, geschwollen, fett.

Obióne, f., Gatt. der Chenopodiáceae (nach dem Flusse Ob in Sibirien? gebildetes Wort) – Keilmelde.

Objektmikrométer (OM), das OM enthält einen unter einem Deckglas auf einem Objektträger aufgeritzten Maßstab, wobei meist 1 mm in 100 Teile geteilt ist (1 Intervall = 0,01 mm). Unter Zuhilfenahme eines Okularmikrometers läßt sich mit ihm der → Mikrometerwert einer Objektiv-Okular-Kombination berechnen.

Objektträger, Tragglas, Glasplatte (26 : 76 mm), auf der kleine Gegenstände (= Objekte) gefärbt (dann meist vorher fixiert) oder ungefärbt, oftmals unter einem Deckgläschen (18 × 18 mm) mikroskopisch betrachtet werden.

oblátus, -a, -um (lat. óffero, óbtuli, oblátum = entgegenbringen; aufgetragen, entgegengebracht), im übertragenen Sinne von der Oblate breitrund.

obligát (lat. obligáre = binden, verpflichten) an ein bestimmtes Verhalten gebunden oder angepaßt, verbindlich.

obligáte Aëróben, Organismen, die ausschließlich auf ein Leben mit Sauerstoff angewiesen sind.

obligate Anaëróben, Organismen, die ausschließlich auf ein Leben ohne Sauerstoff angewiesen sind.

obligate Apogamíe, regelmäßige ungeschlechtliche Entwicklung des Embryos.

obligate Parasíten, pathogene pflanzliche Organismen (→ Pathophyta), deren voller Entwicklungsgang nur bei wenigstens temporärer (zeitweiser) Parasitie möglich ist. Sie werden eingeteilt in: 1. Vollparasiten (= ohne saprophytische Entwicklungsabschnitte); 2. Halbparasiten (mit saprophytischen Entwicklungsabschnitten.) Ggs.: → fakultative Parasiten.

oblíquus (lat.), schief, schräg.

obliteríert (lat.), verlorengegangen, getilgt, vergessen, gelöscht.

oblit(t)erátus, -a, -um (lat.), getilgt, gelöscht, ausgestrichen; eingedeutscht: obliteriert.

oblongátus (lat.), verlängert.

oblóngus (lat.), länglich (oval).

obovátus, -a, -um (lat. ob = entgegen, umgekehrt; ovum = Ei), verkehrt eiförmig, queroval.

Obregónia, f., Gatt. der Cactáceae (nach Obregon, einem mexik. Staatspräsidenten).

obrepándus, -a, um (lat.), schwach ausgeschweift.

obregónius (lat.), schwachkantig, schwachrippig.

obscúrus (lat.), dunkel, undeutlich.

obsolétus (lat.), veraltet, verbraucht, abgenützt (bei Heilpflanzen nicht mehr üblich).

Obstbaumschnitt, Beschneiden von Obstbäumen zur Entwicklung und Erhaltung einer leistungsfähigen Krone. Zu unterscheiden sind folgende Schnittarten: Pflanz-, Erziehungs-, Auslichtungs-, Verjüngungs- und Fruchtholzschnitt.

obtéctus, -a, -um (lat.), geschützt, bedeckt, verhüllt.

obtus-, obtusi- (lat. obtúsus = stumpf von obtúndere = abstumpfen), stumpf-.

obtusifólius, stumpfblättrig (z. B. Rumex obtusifolius – Stumpfblättriger Ampfer).

obvallátus, -a, um (lat.), verhüllt, verschanzt, umwallt.

ocánnae, vom Ocaña in Columbia (Südamerika).

occidentális, westlich, abendländisch (lat. óccidens = die Abendgegend, der Westen; occídere = untergehen, z. B. die Sonne; Ggs. Orient = Morgenland, → orientális), z. B. Thuja occidentalis – Abendländischer Lebensbaum.

occúltans (lat.), verbergend.

Ochagávia, f., Gatt. der Bromeliáceae (griech. ocha-agáyos = hervorragend, bewundernswert). Spec. (z. B): O. lindleyana.

Óchna, f., Gatt. der Ochnáceae (griech. óchne = wilder Birnbaum) – Nagelbeere.

ochr-, ochro- (griech. ochrós = blaß), ocker-, blaßgelb-.

ochránthus (griech.), gelbblütig.

Óchrea (lat. ócrea = Beinschiene), Tute, eine durch Verwachsung von Nebenblättern entstandene stengelumfassende Röhre. Eine solche häutige Gelenkscheide kommt z. B. vor bei der Gatt. Polýgonum – Knöterich.

ochreátus, gestiefelt, mit óchrea versehen.

ochroléucus, -a, -um (griech.), gelblichweiß, fahlgelb (z. B. Scabiosa ochroleuca – Gelbe Skabiose).

Ochróma, n., Gatt. der Bombacáceae, Malvales (griech. óchros = gelb; chróma = Farbe); Ochr. lagópus (in M- u. NW-Südamerika), bekannt als »Lieferant« des Balsaholzes; die getrockneten Stämme haben u. a. ein geringes spezifisches Gewicht, so daß die Eigenschaften (auch Festigkeit) zu neuen Verwendungszwecken in der Industrie führten (z. B. im Flugzeugbau oder in Kühlaggregaten).

Ochthohydrophýta (griech. óchthos = Gestade, Ufer; → Hydro- oder Hygrophyten), Arten, die während verhältnismäßig kurzer Zeit in der Hydrophase und lange Zeit in der litoralen und limosen Ökophase leben.

Ócimum, n., Gatt. der Lamiáceae (griech. Pflanzenname, Okimon von ozein = riechen, duften) – Basilienkraut.

oct-, octi-, octo- (griech.), in Zusammensetzungen: acht-.

Octadésmia, f., Gatt. der Orchidáceae (griech. ókto = acht [8] und désme = Bündel, Band; »achtbündelig«).

octogónus, a, um (lat.), achtkantig.

octonérvius, -a, -um (lat.), achtnervig.

octónus, -a, -um (lat.), zu acht, je acht (8).

Octoploidíe, liegt vor, wenn (in der Diplophase) der Chromosomensatz je Zellkern 8 n (octo = acht) beträgt.

óculus (lat.), Auge.

ocymoídes (griech. ókimon, Basilienkraut; von ózein = riechen), ócymumähnlich, richtiger ócimumartig.

-odes, in Zusammensetzungen: -ähnlich; auch: -oides.

odessánus, aus Odessa (am Schwarzen Meer) stammend.

-ódon, -odóntus, odónt- (griech. odoús, odóntos = Zahn), -zahn, zahn-.

Odontítes, f., Gatt. der Scrophulariáceae (griech. odontítes = zu Zähnen gehörend) – Zahntrost.

Odontoglóssum, n., Gatt. der Orchidáceae (griech. odoús, Genit. odóntos = Zahn; glóssa = Zunge; namentl. Bezug auf die zahnartigen Fortsätze auf der Lippe bei zahlreichen Arten) – »Zahnzunge«.

Odontonéma, n., Gatt. der Acantháceae (griech. odoús, odóntos = Zahn; néma = Faden) – »Zahnfaden«.

Odontopterídes, f., Plur., (griech. odoús, odóntos = Zahn; ptéris = Farnkraut), Pteridospermae mit wenigstens teilweise gegabelten Wedeln, Blättchen ohne Mittelader; Vorkommen: Oberkarbon (ab Westfal D) bis Unterperm.

Odontospérmum, n., Gatt. der Asteráceae (griech. odoús, odóntos = Zahn; spérma = Same).

odorátus, -a, -um (lat.), wohlriechend, duftend (z. B. Aspérula odoráta – Waldmeister).

Ödland, offener, nicht in Kultur genommener Boden.

Öhrchen → Blattöhrchen.

Ökoelemente, Arten gleicher ökologischer Ansprüche und gleicher Lebensform.

öko-geographische Gruppe, Artengruppe, deren Vertreter in ihren Beziehungen zu den wichtigsten Standortfaktoren annähernd übereinstimmen und annähernd gleiche Areale besitzen.

Ökoklima (Bestandesklima, Standortklima, Biotopklima), Bezeichnung für die Eigenklimate, die sich in der Landschaft durch die verschiedenen Vegetationsdecken und die Geländestruktur herausbilden, z. B. Ö. des Laubwaldes, Hochmoors, Berghangs. → Klima.

Ökologíe, Wissenschaft von den Beziehungen der Organismen untereinander und zu ihrer Umwelt. Je nach dem Ausgangspunkt der Betrachtung unterscheidet man Autökologie (Einzelorganismus bzw. Art als Grundeinheit) und Synökologie (Population als Grundeinheit). Synökologie hat in der weiteren Zielstellung die Lehre vom Gesamthaushalt der Natur zum Gegenstand; Palökoloie (= Paläo-Ökologie).

ökologische Amplitúde, Wirkumgsbreite eines Umweltfaktors (z. B. Temperatur, Feuchtigkeit, Licht, Salzgehalt) für eine bestimmte Art oder Rasse. In seinem optimalen Bereich (Optimum) hat die Art bzw. Rasse ihre größte Häufigkeit, im unter- oder überoptimalen Bereich (= Pejus, Pessimum) nimmt ihre Zahl ab bis zum Fehlen an der Minimum- oder Maximumgrenze der ö. A. Der ö. A. eines Faktors entspricht die Reaktionsbreite (ökologische Valenz, Plastizität oder Potenz), vom Organismus aus gesehen.

ökologische Faktoren → Umweltfaktoren.

ökologische Gruppe, Artengruppe, deren Vertreter in ihren Beziehungen zu den wichtigsten Standortfaktoren annähernd übereinstimmen.

ökologische Konstitution (lat. constitútio = Verfassung), die Gesamtheit der für die Umweltbeziehungen wichtigen und damit als Verbreitungsursache wirksamen genetisch bedingten Eigenschaften einer Pflanze; ökol. Nische.

ökologische Optimumkurve, Kurve, die das Gedeihen einer Pflanze unter natürlichen Bedingungen im Zusammenwachsen mit anderen Pflanzen darstellt.

ökologische Pflanzengeographie (ökologische Geobotanik), Wissenschaft, die Lebensweise und Organisation sowie Verbreitung der Pflanzen in ihren Beziehungen zum Standort untersucht.

ökologische Streubreite, Bezeichnung für die Fähigkeit z. B. von Sorten, sich in verschiedenen geographischen Gebieten bei verschiedenen Umweltbedingungen als leistungsfähig zu erweisen.

ökológische Valénz (Wertigkeit), Widerstandsfähigkeit der Organismen gegen einwirkende Umweltfaktoren.

ökonómischer Koeffiziént, das Verhältnis zwischen der von einem Organismus verbrauchten Nahrung und der dabei erzielten Körpermasse.

Ökospezies, alle Ökotypen, deren Verwandtschaftsgrad noch so groß ist, um fertile Nachkommen bilden zu können. Freier Genaustausch ist aber durch genetische Isolation nicht möglich.

Ökosystem (griech. oikos = Haus, nähere Umgebung), strukturelles und funktionelles Beziehungsgefüge ökologischer Funktionselemente; ein offenes, zur begrenzten Selbstregulation und biologischen Reproduktion fähiges, relativ abgegrenztes raumzeitliches Wirkungsgefüge zwischen zusammenlebenden Organismen und ihrer anorganischen Umwelt, mit eigenem Stoff- und Energiefluß, eigenem internen Kreislauf, mit Produktivität und Artendiversität; z. B. Ö. der Ostsee, Ö. des Buchenwaldes, Ö. einer Großstadt. Im Ö. stehen die verschiedenen Bestandteile (Kompartimente: Standortfaktoren, Produzenten, Konsumenten, Zersetzer, tote organische Substanz) miteinander in Wechselwirkung. Die Wirkung bzw. die Funktion eines Ö. besteht nicht aus der Summe seiner Teilwirkungen, sondern tritt mit eigenen Funktionen hervor, die durch die Wechselwirkungen der Bestandteile entstehen und als Ganzes wirken. Das Ö. ist von verschiedener Art und Größe und hat eine physikalisch, chemisch und biologisch bestimmte Struktur. Je höher die Organisationsstufe des Ö. wird, um so komplexer und vielschichtiger wird das Beziehungsgefüge; dabei werden Ö. niederer Ordnung dialektisch in der höheren Ordnung aufgehoben. Ein Ö. einer bestimmten, in sich homogenen und von der Umgebung abgrenzbaren Lebensgemeinschaft (→ Biozönose) in ihrer abiotischen Umwelt wird eine Biogeozönose genannt.

Ökotóp (griech. tópos = Gegend, Landschaft, Ort), ökologische räumliche Grundeinheit der Landschaft, Typus gleichartiger örtlicher Holocöne, gleichbedeutend mit → Biogeocoenose.

Ökotýpen (griech. oíkos = Standort, Wohnplatz; týpos = Gepräge, Bild), erbliche umweltbedingte Varianten innerhalb einer Art.

oelándicus, von Oeland (Schweden) stammend.

Öle, flüssige Fette, die als Säure(n) vor allem Ölsäure enthalten.

Ölkörper, 1. bei Samenpflanzen → Elaiosomen; 2. bei Lebermoosen spezifische Organellen aus vorwiegend Terpenen und Terpenoiden (als an ätherischen Ölen reiche Einschlüsse), meist stark lichtbrechend.

Ölkuchen, plattenförmig gepreßte Rückstände von Pflanzensamen, denen das Öl ausgepreßt wurde; Futtermittel.

Ölsäure, eine ungesättigte Fettsäure ($C_{17}H_{33}COOH$).

Ölstriemen, mit ätherischem Öl gefüllte Kanäle, die zwischen den Rippen der Teilfrüchtchen der Apiaceae verlaufen.

oen-, oeno (griech. oínos = Wein), wein-.

Oenánthe, f., Gatt. der Apiáceae (griech. oinos = Wein; ánthos = Blüte, wegen des Geruchs!) – Roßfenchel, Rebendolde

Oenocárpus, m., Gatt. der Arecáceae (griech. oínos = Wein; karpós = Frucht; »Weinfrucht«) – Wein- oder Mastpalme (Brasilien), deren Früchte für das weinartige Getränk »Batava« verwendet werden.

Oenothéra, f., Gatt. der Oenotheráceae (griech. Pflanzenname; oinothéris = Blume mit Weingeruch der Wurzel) – Nachtkerze.

Oeónia, f., Gatt. der Orchidáceae (latin. von griech. oiónos = Raubvogel; die abspreizenden Blütenteile ähneln dem Flugbild eines Raubvogels) – »Raubvogelorchidee«.

offene Gefäßbündel, Leitbündel, bei denen der Holzteil und der Siebteil durch ein Kambium getrennt sind.

offene Infloreszenzen, Infloreszenzen (s. d.),

bei denen die Scheitelmeristeme der Hauptachse und ihrer primären seitlichen Verzweigungen ihre Entwicklung nach geraumer Zeit einstellen, ohne dabei mit einer Terminalblüte – im Ggs. zu den → geschlossenen I. – abzuschließen; charakteristisch für ganze Familien (z. B. Brassicáceae, Lamiáceae, Scrophulariáceae).

offene Knospendeckung, die einzelnen Blätter eines Kreises berühren sich in der Knospenlage nicht mit ihren Rändern.

offene Namengebung, Bezeichnung von Organismen mit Abkürzungen bzw. Zeichen (inc., sp., cf., aff.) oder Symbolen, wenn eine genaue Bestimmung nicht möglich ist.

officinális, -is, -e (lat. officína = Werkstätte, Apotheke), als Arznei verwendet (z. B. Taráxacum officinále – Löwenzahn).

officinárum (Genit., Plur. von lat. officína = Werkstätte, »der Apotheken«), in Apotheken gebräuchlich (z. B. Sáccharum officinárum – Zuckerrohr).

offizinélle Drogen, Drogen, die im Deutschen Arzneibuch (= AB-DDR u. DAB) angeführt sind. → Droge.

Ohío-Methode → Restsaatgutmethode, eine bei Fremdbefruchtern angewandte Züchtungsmethode (»Zuchtmethode der Reserven«).

-oides, -oideus, in Zusammensetzungen: -ähnlich, -artig.

Oídien (griech. oón = Ei; eidomai = aussehen, erscheinen), fortpflanzungsfähige Dauerzellen bei Pilzen, die durch das simultane Querteilen von Hyphenenden zustande kommen.

Okularmikrométer, eine runde Glasscheibe, auf der ein Maßstab (z. B. 5 mm in 50 Teile geteilt) eingeätzt ist. Gebräuchlich sind folgende Typen: 1. Strichmikrometer; 2. Strichkontrastmikrometer; 3. Kontrastmikrometer; 4. Netzmikrometer (10 mm^2). → Objektmikrometer.

Okulíeren (lat. óculus = Auge, Knospe), Veredlungs- oder Transplantationsmethode, bei der ein sog. Auge des Edelreises (Knospe mit einem schildförmigen Rindenstück) in einen T-förmig eingeschnittenen Rindenspalt der Unterlage eingeschoben wird. Anwendung: (im Sommer) bei Rosen und Obstgehölzen.

Ólax, m., Gatt. der Olacáceae (ólax von griech. oléo = rieche) – »Kot- oder Stinkholz«; fossil seit dem Eozän.

ólbia, olbiénsis, nach der gleichnamigen Gatt., die nach dem Fundort Hières (lat. Olbia) in der Provence benannt wurde.

Ólea, f., Gatt. der Oleáceae (griech. Pflanzenname: elaia; lat. = ólea; kelt. = olwe oder eol) – Ölbaum; fossil seit dem Alttertiär.

oleánder (lat. von ólea = Ölbaum; griech. andreíos = männlich, kräftig). Beispiel (als Epitheton): Nerium oleander.

Oleária, f., Gatt. der Asteráceae (nach dem deutsch. Geistl. J. C. Olearius, 1635–1711) – Baumaster.

oleárius (lat.), öl-, zum Öl gehörend; Ölhändler.

ólens (lat.), stinkend, riechend.

Oleosóm (lat. óleum = Öl; griech. sóma = Körper), Fetteinschluß im Plasma.

oleráceus, -a, -um (lat. ólus, óleris = Gemüse), Gemüse-; als Gemüse gebraucht (z. B. Spinácia olerácea – Gemüsespinat).

óleum (lat.), n., Öl.

olíbanum (lat. olívanus = zur Olive = olíva gehörig), Weihrauch.

olig-, oligo-, in Zusammensetzungen: wenig-.

oligodynám, oligodynámisch (griech. dýnamis = Kraft), in geringer Menge starke Wirkung ausübend, in kleinen Mengen wirksam.

Oligomeríe, Oligomerisatión, (griech. méros = Teil), meist durch Ausfall einiger Glieder bedingte Minderzähligkeit eines Blattwirtels der Blüte, zahlenmäßige Verringerung von Blütenteilen.

Oligopyréne, Keimzelle mit weniger Chromosomen, als dem normalen haploiden Satz entspricht.

oligosaprób (griech. saprós = in Fäulnis übergehend, faul), Bezeichnung hydrophiler Organismen, die in wenig verschmutztem Wasser leben.

oligotróph (griech. trophé = Nahrung), nährstoffarm.

oligotrophe Pflanzen, Pflanzen, die bevorzugt auf nährstoffarmen Böden vorkommen.

Oligozän (griech. kaínos = neu), Abschnitt des Tertiär, eine Epoche der Erdgeschichte.

olitórius (lat. ólitor, olitóris = Gemüsegärtner), küchengebräuchlich, angebaut (vgl. oleráceus).

olivifórmis, olivienförmig.

-ólus, -a, -um, ist Verkleinerungssilbe.

olusátrum, Artname zu Smýrnium, einem Küchenkraut (lat. ólus), dessen Blätter fast schwarz (lat. áter) sind.

ombriophíle Pflanzen (griech. ómbros = Regen; phílos = liebend; »regenliebend«), Pflanzen, die ohne Schaden längere Regenzeiten überstehen, während ombriophobe Pflanzen dabei zugrunde gehen. Pflanzen heißfeuchter Gebiete fast sämtlich ombriophil, Xerophyten meist ombriophob.

ombriophóbe Pflanzen (griech. → ombriophile Pflanzen; phobéo = fürchten, fliehen), Pflanzen, die bei längeren Regenzeiten im Ggs. zu den ombriophilen Pfl. (s. d.) stärkere Schädigungen zeigen.

Ombrohydrochóre (griech. ómbros = Regen; hýdor = Wasser; chorízein = absondern), Pflanzen, deren Samen oder Früchte durch den Regen weggeschwemmt und dadurch verbreitet werden.

Ombro-Makrophanerophýta (griech. ómbros = Regen), immergrüne Regenwaldbäume, großblättrig, ohne Knospenschutz; → Makrophanerophyten.

omíssus (lat.), nachlässig, übersehen.

omnipotént (lat. ómnis = jeder, alles; poténtia = Kraft, Vermögen, Fähigkeit. Aus den Zellen »kann« noch »alles« werden.), Bezeichnung für ± undeterminiertes Zell- und Gewebematerial.

omnivór (lat. ómnis = alles; voráre = fressen; »alles fressend«), organische und anorganische Nahrung bzw. tierische und pflanzliche Nahrung fressend.

Omnivór (lat. omnivórus), Adjektiv: alles fressend (sowohl pflanzliche wie auch tierische Nahrung); Subjektiv: Allesfresser.

omórica, bosnischer Volksname f. Pícea omórica.

omphal-, omphalo- (griech. omphalós = Nabel), nabel-.

Omphalódes, f., Gatt. der Boragináceae (griech. omphalós = Nabel; eidos = Gestalt) – Gedenkemein.

Oncídium, n., Gatt. der Orchidáceae (griech. ónkos = Höcker, Schwiele; eidos = Aussehen, Gestalt; Warzen bzw. Höcker auf der Lippe).

onco- (griech. ónkos; lat. óncus, von úncus = Krümmung, Wulst, Geschwulst), wulst-,

Onkológie 6griech. ónkos = Geschwulst; lógos = Wort, Kunde), Lehre von den Geschwülsten.

ono- (griech. ónos = Esel), esels-.

Onóbrychis, f., Gatt. der Fabáceae (griech. ónos = Esel; brýchein = mit den Zähnen knirschen, beißen, wohl auch fressen) – Esparsette.

Onocléa, f., Gatt. der Polypodiáceae (griech. Pflanzenname); fossil seit dem Tertiär.

Onónis, f., Gatt. der Fabáceae (griech. ónos = Esel) – Hauhechel.

Onopórdum, n., Gatt. der Asteráceae (griech. ónos = Esel; pórde = Wind, Blähung) – Eselsdistel.

Onósma, n., Gatt. der Boragináceae (griech. Pflanzenname) – Lotwurz.

Ontogenése (Ontogeníe) (griech. oón, óntos = Ei; génesis = Bildung, Entstehung, Werden; also Entwicklung des Eies, der Eizelle), gesamte Entwicklung eines Individuums von der Keimzelle an; → biogenet. Grundregel.

ontogenétisch, die individuelle Entwicklung betreffend.

Onýchium, n., Gatt. der Cryptogrammatáceae (von griech. ónyx = Klaue) – Klauenfarn.

Ooapogamíe (griech. oón = Ei; → Apogamie), Entwicklung des Embryos ohne Befruchtung aus einer Eizelle, die durch Ausbleiben der Reduktionsteilung diploid geblieben ist.

Oogamíe (griech. oón = Ei; gámos = Heirat, Befruchtung), Befruchtung von Eizellen durch aktiv bewegliche ♂ Gameten außerhalb der Oozýste.

Oogoniogamíe (aus → Oogonium und griech. gámos = Heirat, Befruchtung), Befruchtung von Eizellen durch aktiv bewegliche ♂ Gameten innerhalb des Oogoniums.

Oogónium (griech. oón = Ei; goné = Erzeugung), Mutterzelle, in der die Eizellen gebildet und befruchtet werden.

Oolýse (griech. oón = Ei; lýsis = Lösung, auch wie hier z.B.: Abschweifung), Vergrünung der Samenanlagen.

Oosphäre (griech. oón = Ei; sphaira = Kugel, Ball), kugelig geformte weibliche Fortpflanzungszelle vieler niederer Pilze, Algen und aller Archegoniatae.

Oóphytum, n., Gatt. der Aizoáceae (griech. oón = Ei; phytón = Pflanze).

Oospóren (griech. oón = Ei; spóros = Samen, Keim), Dauersporen, die aus → Zygoten von Oogonien hervorgehen.

Ootid, haploide Eizelle nach der → Meiose.

Ootiolum, n., Sing. (lat.), Öffnung der → Perithecien.

Oozýste (griech. oón = Ei; kýstis = Blase, Beutel), Mutterzelle (→ Gynogametozyste), in der eine oder mehrere Eizellen gebildet und diese erst nach der Entlassung aus der Mutterzelle befruchtet werden.

Oozýten (griech. oón = Ei; kýtos = Zelle), Eizellen.

opálus (griech. opállos = Opal oder Hornkiesel; bezieht sich wahrscheinlich auf die Früchte), Acer opalus – Italienischer oder Opal-Ahorn.

Operátor, Operatorgen, das die Messenger-RNS-Synthese in einem Operon reguliert.

operculát (lat. operculátus, -a, -um = mit Deckel versehen), Ascomycetes, deren Asci mit Deckel versehen sind.

Operculína, f., Gatt. der Convolvuláceae (lat. opérculum = Deckel; »deckelartig«).

Operculum, n., Sing. (lat., Deckel), operkulate Struktur am Ascus einiger Ascomycetes.

opértus- -a, -um (lat.), verhüllt, versteckt, verborgen.

Ophioglóssum, n., Gatt. der Ophioglossáceae (griech. óphis = Schlange, Natter; glóssa = Zunge; der sporentragende Sproß des Farns gleicht der Zunge einer Natter) – Natternzunge.

Ophiopógon, m., Gatt. der Liliáceae (griech. óphis, óphios = Natter; pógon = Bart) – Schlangenbart.

Ophiorrhíza, n., Gatt. der Rubiáceae (griech. óphis, óphios = Natter; rhiza = Wurzel) – Erdgalle.

Óphrys, f., Gatt. der Orchidáceae (griech. ophrýs = Augenbraue) – Ragwurz.

Ophthalmophýllum, n., Gatt. der Aizoáceae (griech. ophthálmos = Auge; phýllon = Blatt).

opiifer, opiifera, -ferum (lat. ópium; griech. ópion = Mohnsaft), opiumtragend.

opímus, -a, -um (lat.), fett, feist, fruchtbar, reichlich, stattlich, ansehnlich.

Opisthiálöffnung (griech. ópisthen = hinten), Ausgang aus dem Hinterhof des Spaltöffnungsapparates.

opisthokónt (griech. ópisthen = hinten, kontós = Stange zum Fortstoßen), Begeißelungstyp, bei dem eine Geißel am hinteren Ende inseriert ist.

Ópium (lat.), der getrocknete, an Alkaloiden reiche Milchsaft von Papaver somniferum.

Ópium pulverátum (alte Namen: Laudanum, Mexonium), Opiumpulver.

Oplísmenus, m., Gatt. der Poáceae (griech. hoplismenós = bewaffnet) – Stachelgras (hat Stachelgrannen!).

Oplópanax, m., Gatt. der Araliáceae (griech. hóplon = Waffe und Gattungsname).

Opópanax, m., Gatt. der Apiáceae (griech. opós tou Panakous = Saft der »Allesheilpflanze«; von pas, pasa, pan = alles und akéo oder akéomai = heilen) – Heilwurz.

opponíert, entgegengestellt, gegenüberstehend.

oppositi-, oppósitus (lat. oppónere = entgegenstellen), gegenständig, gegenüber, entgegengesetzt.

Opsigoníe (griech. ópsis = Auge, Knospe; goné = Erzeugung, Nachkommenschaft), verspätetes Auftreten von Knospen.

Optik (griech. optiké téchne), Lehre vom Sehen.

optimál (lat. óptimus = beste, ist der Superlativ von bónus = gut), so günstig wie möglich, sehr günstig.

optimále Nutzungszeitspanne, Zeitspanne im Wachstums- und Entwicklungsprozeß der Grünfutterpflanzen, in der die günstigste Kombination von Futterwert und Energie- sowie Nährstoffertrag erreicht wird.

Óptimum, derjenige Grad der äußeren Lebensbedingungen, bei dem die Lebenstätigkeit der Organismen für sie am günstigsten abläuft.

óptische Aktivität, Fähigkeit einer Substanz,

die Schwingungsebene polarisierten Lichtes zu drehen.

óptischer Test, biochemisches Meßverfahren von Enzymreaktionen, bei dem die Änderung der Lichtabsorption eines Reaktionspartners verfolgt wird.

ópulens, opuléntus (lat.), reich, voll, fruchtbar, herrlich.

opulifólis (Vibúrnum ópulus), schneeballblättrig.

ópulus, Feldahorn, vgl. opulifólius.

Opúntia, f., Gatt. der Cactáceae, Leitgatt. der Unterfam. Opuntioideae. (Der Name stammt von Mathiolus [1565], der [fälschlich] annahm, daß es sich um Pflanzen handele, über die Plinius aus dem griech. Ort Opuns oder Opuntium in Lokris berichtet hatte. Doch gelangten die »Indischen Feigen« [Opuntia ficus-indica] erst durch spanische Seefahrer von Ostindien in den Mittelmeerraum, wo sie sich völlig naturalisierten.) – Feigenkaktus.

Opuntioídeae, f., Plur., Unterfam. der Cactáceae (→ Opuntia), meist rundliche bis zylindrische Blattspreiten, seltener flächig; dann jedoch Areolen mit Glochiden. C. Backeberg (1977) klassifiziert folgende Genera: Brasiliopuntia, Consolea, Carynopuntia, Grusonia, Maihueniopsis, Marenopuntia, Micropuntia, Nopalea, Opuntia, Pereskiopsis, Pterocactus, Quiabentia, Tacinga, Tephrocactus. Taxonomien anderer Autoren (z.B. D. Hunt, 1967) koordinierten z.T. einige Genera (Bildung relativ heterogener »Groß«-Gattungen).

orbiculáris, orbiculátus (orbículus ist Verkleinerung von lat. órbis = Kreis; vgl. gyr-), kreisförmig.

Orchidáceae, f., Plur., Knabenkrautgewächse, Orchideen, sehr artenreiche Familie der Ordnung Orchidales (→ System). Unterteilung in folgende Unterfamilien: Cypripedioideae (Frauenschuh-Verwandte); Orichidoideae (Knabenkraut-Verwandte); Nettioideae (Vogelnestwurz-Verwandte); Epidendroideae (Baumorchideen-Verwandte); Vandoideae (die Adelfangen-Verwandten).

Orchidántha, f., Gatt. der Lowiáceae (griech. órchis = Hoden; ánthos = Blüte, Blume).

Orchidoídeae (Knabenkraut-Verwandte), Unterfam. der Orchidáceae mit etwa 70 ausschließlich terrestrischen Gattungen, darunter Ophrys – Ragwurz, Himantoglossum – Bocksriemenzunge, Orchis – Knabenkraut, Plantanthera – Waldhyazinthe, Habenaria – Zügelorchidee, Disa – Kaporchidee, Satyrium – Faunblume.

-órchis, orchi-, (griech. órchis = Hoden – auf Gestalt der Knollen bezogen), -orche.

Órchis, f., Gatt. der → Orchidoideae, Orchidáceae (griech. órchis = Hoden) – Knabenkraut.

ordinárius, -a, -um (lat.), ordentlich.

Ordnung, 1. Reihe, systematische Hauptkategorie oberhalb der Familie (→ Rangstufe); 2. Einheit des Systems der Pflanzengesellschaften, in der mehrere Verbände zusammengefaßt werden.

órdo, m. (!), (lat., Plur.: ordines, -inis), Zug, Reihe, → Ordnung.

Ordovízium, n. (nach dem kelt. Stamm der Ordovizier in Wales), geologische Periode nach dem Kambrium und vor dem Silur. Kalkalgen (Dasycladaceae) als Gesteinsbildner weit verbreitet, daneben andere niedere Algen als Bildner bitumenreicher Gyttjaablagerungen.

oreál = altimontan, hochmontan, zum Gebirgswald gehörig, vorwiegend im Bereich des Gebirgswaldes vorkommend.

oregónus, aus Oregon stammend (Nordamerika).

oreo- (griech. óros, óreos = Berg), in Zusammensetzungen: Berg-.

Oreocéreus, m., Gatt. der Cactáceae (griech. óros, óreos = Berg und Gattungsname Cereus).

Oreodáphne, f., Gatt. der Lauráceae (griech. óros, óreos = Berg; dáphne = Lorbeer) – Berglorbeer.

Oreodóxa, f., Gatt. der Arecáceae (griech. óros, óreos = Berg; dóxa = Ruhm; also »Zierde der Berge« in Südamerika) – Bergpalme, Königspalme.

Oreoherzógia, f., Gatt. der Rhamnáceae (griech. óros = Berg; nach Th. Herzog, Prof. in Jena).

Oreópanax, m., Gatt. der Araliáceae (griech. óros, óreos = Berg, Gattungsname Panax); fossil seit dem Tertiär.

oreophílus (griech.), bergliebend, vorzugsweise auf Bergen oder im Gebirge vorkommend.

Oreophýten (griech. óros, óreos = Berg; phytón = Pflanze), charakteristische Gewächse des Gebirgswaldbereiches.

Orgáne (griech. órganon = Werkzeug, Teil, »Organ«), aus bestimmten Gewebearten in bestimmter Anordnung zusammengesetzte Teile eines Lebewesens, die innerhalb der Gesamtheit des Organismus eine bestimmte Funktion übernommen haben.

Organéllen (Verkleinerungsform von Organ), lebende, vom übrigen Zytoplasma meist durch doppelte Plasmalamellen abgegrenzte Teile einer Zelle, die besonderen physiologischen Leistungen dienen. → Plastiden, Mitochondrien, Zellkern.

Organ-Gattung, behelfsmäßige Einheit (Gruppe) bei fossilen Pflanzenresten, die sich auf bestimmte »Organe« bezieht (z. B. Blätter, Wurzeln, Blüten). Sie soll einer Familie zuweisbar sein.

Organisationsmerkmale, diejenigen Merkmale eines Organismus, die nicht als Anpassung an bestimmte Verhältnisse zu deuten sind, sondern als Ausdruck der Vererbung. Nach der Typenlehre der idealistischen Morphologie die im Bauplan (im Typus) verankerten Merkmale, welche die gesamte Organisation der einzelnen ihm zugeordneten Organismen beherrschen.

orgánisch, lebendig, die Organe oder einen Organismus betreffend, nur in Organismen vorkommend.

organische Pflanzensäuren, organische, saure Verbindungen mit der Carboxylgruppe (–COOH), die teils frei, teils an Alkalien oder Pflanzenbasen gebunden, teils verestert vorkommen.

organische Substanz, sind alle brennbaren (organischen) Stoffe wie Roheiweiß, Rohfett, Rohfaser und N-freie Extraktstoffe. Man erhält sie, indem die → Rohasche von dem Trockensubstanzgehalt abgezogen wird.

Organísmus, Lebewesen, ein Gebilde, das die Erscheinungen des Lebens, vor allem Stoffwechsel und Fortpflanzung, zeigt.

organogén, 1. Organe erzeugend; 2. organischen Ursprungs.

Organographíe, Organlehre, Wissenschaft, die sich mit dem äußeren und inneren Bau der Pflanzenorgane beschäftigt.

organoíd, Bezeichnung für Gallen (Phyto- oder Pflanzengallen), wenn die Wachstumsanomalie ganze Organe einer Pflanze (Knospe, Sproßachse, Trieb) betrifft. Ggs. histoid.

organoíde Gallen, Gallen, die aus den zwar sehr stark veränderten, aber doch deutlich erkennbaren Grundorganen der Wirtspflanzen bestehen.

Organologíe, Lehre vom Bau der Organe.

Organopelít, m., (griech. pelós = Ton, Schlamm), organischer Schlamm; drei Haupttypen: Faulschlamm (Sapropel), Gyttja (Halbfaulschlamm) und Dy.

organotróph, die Eigenschaft bestimmter Mikroorganismen, organische, aber nicht anorganische Substanzen als H-Donatoren beim Energiegewinnungsprozeß zu verwerten.

orgyális (griech. orgyiá = Klafter), klafterlang (= 2 m); richtig orgyiális; früher Längenmaß, jetzt Raummaß.

orientális, östlich, morgenländisch (z. B. Thúja orientális – Morgenländischer Lebensbaum).

Oríganum, n., Gatt. der Lamiáceae (griech. Pflanzenname von óros = Berg und gános = Schmuck) – Dost.

Originál, n., (lat. orígo = Ursprung, Herkunft), Urstück, d. h. jeder Gegenstand, der einer Veröffentlichung zugrunde liegt.

Originalsaatgut, amtlich anerkanntes Saatgut einer Neuzüchtung.

-órium, -órum, Örtlichkeit oder Wirkung bezeichnend.

Oríxa, f., Gatt. der Rutáceae (latin. jap. Pflanzenname).

Orláya, f., Gatt. der Apiáceae (nach dem Moskauer Arzt Joh. Orlay, 18./19. Jh.) – Breitsame.

ornátus (lat. ornáre = schmücken), geschmückt.

Ornithídium, n., Gatt. der Orchidáceae (griech. ornithídion = kleiner Vogel; namentl. Bezug auf die kleinen roten Blüten, die bei der Typusart »Vogelköpfen« ähnlich aussehen) – »Vogelorchidee«.

Ornithín (griech. órnis → Ornithidium), α,δ-Diaminovaleriansäure,

$H_2N - CH_2CH_2CH - CH_2CH(-NH_2)-COOH$, eine Diaminomonocarbonsäure, wichtige Verbindung des Ornithinzyklus.

Ornithínzyklus, zyklischer Stoffwechselprozeß in der Säugetierleber, in dem aus toxisch wirkendem Ammoniak und Kohlendioxid Harnstoff synthetisiert wird. Dabei reagieren CO_2, NH_3 und Adenosintriphosphat zu Carbamylphosphat, das enzymatisch auf Ornithin zu Citrullin übertragen wird. Citrullin wird nachfolgend in zwei Reaktionsschritten unter Beteiligung von Adenosintriphosphat und Asparaginsäure in Arginin umgewandelt. Durch das Enzym Arginase wird Arginin in Ornithin und Harnstoff gespalten. Der O. dient der Beseitigung des Zellgiftes Ammoniak.

ornitho- (griech. órnis, órnithos = Vogel), vogel-.

Ornithocéphalus, m., Gatt. der Orchidáceae (griech. órnis = Vogel; kephalé = Kopf; bei der Typusart ähnelt die Spitze der Säule mit ihren Anhängen einem Vogelkopf) – »Vogelkopforchidee«.

Ornithochílus, m., Gatt. der Orchidáceae (griech. cheilos = Lippe; die aufgegliederten Seitenlappen der Lippe ähneln dem Bild eines fliegenden Vogels) – »Vogelschnabelorchidee«.

Ornithógalum, n., Gatt. der Liliáceae (griech. órnis, órnithos = Vogel; gála = Milch) – Milchstern.

Ornithogamíe (griech. órnis, Genit. órnithos = Vogel; gamein = heiraten), Bestäubung durch Vögel.

ornithophíle Pflanzen, Pflanzen, deren Pollen durch Vögel übertragen werden.

Orníthopus, m., Gatt. der Fabáceae (griech. órnis, órnithos = Vogel; pous = Fuß; die Pflanze hat vogelkrallenähnliche Hülsen) – Serradella (franz. serre = Säge, Kralle, -ella Verkleinerungsform; also »kleine Kralle«).

órnus (griech. oreinós = auf dem Berg [óros] wachsend), Artname von Fráxinus.

Orobánche, f., Gatt. der Orobancháceae (griech. órobos = Kichererbse; ánchein = würgen; also auf der Kichererbse schmarotzend, sie erwürgend) – Sommerwurz.

orobódes, -oídes (griech. órobos = Kichererbse), órobusähnlich.

orographische Faktoren, die durch die Landschaftsstruktur mit ihrer besonderen Höhenlage, Exposition und Inklination bedingten Faktoren, die Einfluß auf Vorkommen und Häufigkeit von Pflanzen und Tieren ausüben.

Oróntium, n., Gatt. der Aráceae (griech. Pflanzenname nach dem Fluß Orontes in Syrien) – Goldkeule; fossil seit dem Miozän.

oróphilus (griech.), bergliebend.

Oróstachys, m., Gatt. der Crassuláceae (griech. óros = Berg; stáchys = Ähre) – Sternwurz.

Oróya, f., Gatt. der Cactáceae (nach Oroya in Zentralperu).

Ortgiesia, f., Gatt. der Bromeliáceae (nach dem Züricher Eduard Ortgies, 1829–1916).

orth-, ortho- (griech. orthós = gerade, aufrecht), in Zusammensetzungen: gerad-, gerade-.

Orthogenése (griech. orthós = gerade, aufrecht; génesis = Bildung, Entwicklung), in stets gleicher Richtung erfolgende Abänderung einer Pflanzen- oder Tierart während ihrer Entwicklung in den aufeinanderfolgenden Generationen.

Orthogeotropísmus (griech. orthós = senkrecht auf etwas stehend; ge = Erde, Schwergewicht; trópos = Richtung, Wendung), stabile Gleichgewichtslage orthotroper Organe.

Orthóphytum, n., Gatt. der Bromeliáceae (griech. orthós = gerade, aufrecht; phytón = Pflanze).

Orthoploidíe, geradzahlige Vervielfachung des haploiden Chromosomensatzes. → Di-, Octoploidie.

Orthosíphon, m., Gatt. der Lamiáceae (griech. orthós = gerade, aufrecht; siphon = Röhre).

Orthostíchen (griech. orthós = senkrecht zu etwas stehend, gerade, aufrecht; stíchos = Reihe, Linie), Geradzeilen oder Längszeilen bei der zerstreuten Blattstellung, auf denen die Blätter übereinanderstehen, und zwar jeweils das erste und letzte Blatt eines Zyklus. Bei der zweizeiligen (distichen) Blattstellung treten zwei, bei der 2/5-Divergenz fünf Orthostichen auf. (Vgl. auch Parastichen).

orthotrop (griech.), annähernd senkrecht wachsend; Ggs. → plagiotrop (vgl. auch atrope Samenanlage).

Orthrosánthus, m., Gatt. der Iridáceae (griech. orthós → orthotrop; ánthos = Blüte).

orvála, vom franz. Orvale, womit das Scharlachkraut (Sálvia hórminum) gemeint ist.

Orychophrágmus, m., Gatt. der Brassicáceae (griech. orýchein = graben; phrágmos = Zweig, Zaun, auch die Verstopfung).

Orýza, f., Gatt. der Poáceae (arab. uruz u. eruz = Reis; altind. oryza = Reis) – Reis.

orýzinus, orýzaartig.

Oryzópsis, f., Gatt. der Poáceae (Gattungsname Oryza und griech. ópsis = Aussehen) – Grannenhirse, Scheinreis.

Osbéckia, f., Gatt. der Melastomatáceae (nach dem schwed. Theologen Pehr Osbeck, 1723–1805).

Osculária, f., Gatt. der Aizoáceae (lat. ósculum = kleiner Mund; -aria = Suffix für Ähnlichkeit).

-ósis, Suffix, das Beschaffenheit, Gehalt und Krankheit andeutet.

Osmánthus, m., Gatt. der Oleáceae (griech. osmé = Duft; ánthos = Blüte) – Duftblüte.

osmophíle Mikroorganismen werden solche M. genannt, die vorwiegend in konzentrierten Zuckerlösungen mit hohen osmotischen Werten (mit einem Wassergehalt von etwa 15–20%) zur Entwicklung kommen. Da o. M. aber auch in Nährmedien mit einer geringen Zuckerkonzentration wachsen, werden sie ebenfalls oft als Osmotolerante bezeichnet. Zu den Osmophilen gehören vor allem Pilze der Gattungen Aspergillus, Penicillium und Hefen. Eine häufig in Honig und Sirup vorkommende osmophile Hefe: Saccharomyces rouxii.

Osmóse (griech. osmós = das Stoßen, der Antrieb), begrenzter Stoffaustausch zwischen zwei verschiedenen konzentrierten Lösungen durch eine halbdurchlässige Membran, bei dem die stärker konzentrierte Lösung das Wasser der schwächeren anzieht. Halbdurchlässige Membranen haben kleine Porengrößen, die kleine Moleküle (z. B. H_2O) hindurchgehen lassen, große Moleküle (z. B. Zucker) jedoch zurückhalten.

osmótischer Druck, Druck, der durch das Einströmen eines Lösungsmittels durch eine semipermeable Membran in einem Raum höherer Stoffkonzentration verursacht wird.

osmótischer Wert, Eigenschaft einer Lösung, aufgrund der gelösten Stoffe in einem osmotischen System Wasser an sich zu ziehen.

Osmúnda, f., Gatt. der Osmundáceae (die Ableit. des Namens ist unklar, wahrscheinlich ist er deutschen Ursprungs; er wurde zuerst im 16. Jh. für den Farn gebraucht) – Rispenfarn; fossil seit der unteren Kreide.

ossiculósus (lat.), mit Steinkern versehen.

ossifórmis (lat.), knochenförmig.

ossifrágus (lat. ós, óssis = Knochen; frángo = ich breche), knochenbrüchig; Genuß der Pflanze wurde als Erregung von Knochenbrüchigkeit angesehen.

Ostasien, Mannigfaltigkeitszentrum (Genzentrum) mit dem Territorium von Korea, Japan, Nepal, einem Teil von China. Hier befinden sich die Merkmalszentren u. a. für Soja, Tee, Pfirsich, Aprikose und Chinakohl.

osteo- (griech. ostéon, lat. ós = Knochen, Genit. óssis), knochen-.

Osteoméles, f., Gatt. der Rosáceae (griech. ostéon = Bein, Knochen; méles = Apfel) – Steinapfel; fossil seit dem Tertiär.

Osteospérmum, n., Gatt. der Asteráceae (griech. ostéon = Bein, Knochen; spérma = Same) – Paternosterstrauch.

Osthophýtum, n., Gatt. der Bromeliáceae (griech. orthós = gerade, aufrecht, richtig; phyton = Pflanze).

Ostióle (lat. os = Mund, Öffnung), Öffnung zwischen (zwei) Zellen eines Stomas (Spaltöffnung), der Gasaustauschvorrichtung der Blätter.

Ostíolum, in einem Porus endende Mündung eines Perithezium oder einer Pyknidie, durch die die Sporen nach außen gelangen. In dem O. können die Periphysen stehen.

Ostrówskia, f., Gatt. der Campanuláceae (nach dem russischen Gouverneur N. v. Ostrowsky) – Prachtglocke.

ostrúthium, nach der gleichnamigen Gattung, deren dreiteilige Blätter einem Sperling (griech. strouthós, strouthíon) mit ausgebreiteten Flügeln gleichen.

Óstrya, f., Gatt. der Betuláceae (griech. ostréon = Muschel) – Hopfenbuche; fossil seit dem Oligozän.

Ostryópsis, f., Gatt. der Betuláceae (aus Gattungsname Ostrya und griech. ópsis = Aussehen) – Scheinhopfenbuche.

-ósus, -a, -um (lat.), Suffix: -reich, reich versehen mit (Mengen- und Zugehörigkeitsbezeichnung).

Osýris, f., Gatt. der Santaláceae (griech. Pflanzenname) – Hornstrauch; fossil seit dem Tertiär.

otáksa, jap. Bez. einer Hydrangéa–Art.

Othonnópsis, f., Gatt. der Asteráceae (griech. othónne = Leinewand; ópsis = Aussehen).

otítes (griech.), ohrähnlich, geöhrt.

Otochílus, m., Gatt. der Orchidáceae (griech. óys, otós = Ohr; cheilos = Lippe; Seitenlappen der Lippe sind ohrenartig) – »Ohrenlippe«.

Ottélia, f., Gatt. der Hydrocharitáceae (nach einem malabar. Volksnamen).

Ouabaín, Pfeilgift der Somali, Glycosid aus Acocanthera; identisch mit g-Strophanthin.

Ouari → Curare.

ovális, ovátus (lat.), oval, eirund.

Ovárium (lat. óvum = Ei), »Eibehälter«, → Fruchtknoten.

ovátus, -a, -um (lat.), eiförmig.

Overdominánz (engl. óver = über; lat. dóminans = Herrscher), leistungsmäßige Überlegenheit der heterozygoten Kombination über die homozygote.

ovínus (lat. óvis = Schaf), für Schafe geeignet, zu Schafen gehörig.

Óvula (lat. óvum = Ei; -ula = Verkleinerungssilbe), also wörtlich »kleines Ei«, → Samenanlage.

Oxaláte, Salze der Oxalsäure.

Óxalis, f., Gatt. der Oxalidáceae (griech. oxýs = scharf, sauer; hals, hális = Salz; die Pflanze schmeckt sauer) – Sauerklee (dreizähliges Blatt wie der Klee).

Oxálsäure, Kleesäure, HOOC–COOH + $2\,H_2O$, kommt u. a. auch in den Blättern der Betarüben und im Sproß des Rhabarbers vor.

Oxánien, normale weibliche Blüten von Arum-Blütenständen.

Oxibióse (griech. oxýs = scharf, auch brennend; bíos = Leben), das an die Aufnahme von freiem Sauerstoff gebundene Leben.

Oxidásen, oxidierende Fermente.

Oxidatión, chemischer Prozeß, bei dem einer Verbindung Wasserstoff entnommen oder Sauerstoff angelagert wird. O. wird heute definiert als Elektronenentzug einer Verbindung durch ein Oxidationsmittel. Dieses wird dabei selbst reduziert. Früher verstand man unter O. die Reaktion eines Elementes oder einer Verbindung mit Sauerstoff oder Wasserstoffentzug aus einer Verbindung.

Oxidatiónsgärung, durch Enzyme oder Fermente von Mikroorganismen hervorgerufene Stoffumwandlung mit unvollständiger Oxidation.

oxy-, oxi- (griech. oxýs = scharf, spitz, stechend; sauer), spitz-.

oxyacánthus, -a, -um (griech. oxýs = scharf; acántha = Dorn), spitzdornig, z. B. Crataegus oxycantha – Zweigriffeliger Weißdorn.

oxycárpus (griech. → Oxybiose; karpós = Frucht), spitzfrüchtig.

oxýcedrus (griech. kedrós = Name für die Zeder), Baumwacholder, Spitzzeder; Juniperus oxycedrus – Spitzblättriger oder Zedern-Wacholder.

oxycóccus, die Moosbeere mit scharfen (griech. oxýs), sauren Beeren (griech. kókkos).

Oxydéndron, m., Gatt. der Ericáceae (griech. oxýs = sauer, scharf; déndron = Baum) – Sauerbaum.

Oxydoreduktásen, Hauptguppe der Enzyme, die Oxidationen und Reduktionen katalysieren.

Oxygénium = Oxigemium (griech. oxýs = brennend, scharf; géno = erzeugen, also: »Brand- oder Säureerzeuger«), Sauerstoff, Element mit Atomgewicht 16.

Oxýria, f., Gatt. der Polygonáceae (griech. oxýs = sauer, scharf) – Säuerling.

Oxýtropis, f., Gatt. der Fabáceae (griech. oxýs = sauer, scharf; trópos = Schiffskiel) – Spitzkiel.

ozeanische Florenelemente, Pflanzen, die in ihrer Verbreitung an ozeanisches Klima gebunden sind.

ozeanisches Florenreich, die in den Meeren vorkommende Flora, wird gegliedert in boreales, tropisches und australisches Gebiet.

ozeanisches Klima, Klima, das im Vergleich zum kontinentalen Klima durch größere Niederschläge und geringere Temperaturschwankungen ausgezeichnet ist.

Ozón (griech. ózein = riechen, duften), allotrope Form des Sauerstoffs mit einem aus drei Sauerstoffatomen (O_3) bestehenden Molekül.

P

P, 1. In Blütenformeln Abk. für → Perigón; 2. Abk. für → Parentalgeneration.

paarig gefiederte Blätter, zusammengesetzte Blätter, an deren Spindel an zwei gegenüberliegenden Seiten kleine Blättchen stehen und an deren Ende kein Endblättchen sitzt, wie z. B. bei der Erbse (Pisum).

Paarkernphase → Dikaryont.

Paarung (von Chromosomen [Synapsis]), Parallelanordnung homologer Chromosomen in der Meiose.

pabuláris (lat. pábulum = Futter), futtergebend.

pacalaénsis, aus der Gegend von Pacala (N-Peru) stammend.

pacátus (lat.), friedlich, ruhig.

Pachíra, f., Gatt. der Bombacáceae (Volksname aus Guayana)

pachy- (griech.), in Zusammensetzungen: dick-.

pachýcladus (griech.), dicktriebig, -ästig.

Pachynéma (griech. pachýs = dick; néma = Faden), die für das Pachytän (meiotische Prophase) typische Längsstruktur der gepaarten Chromosomen.

Pachýphytum, n., Gatt. der Crassuláceae (griech. pachýs = dick; phytón = Pflanze) – Dickstamm.

Pachypódium, n., Gatt. der Apocynáceae (griech. pachýs = dick; pous, podós = Fuß) – Dickfuß.

Pachysándra, f., Gatt. der Buxáceae (griech. pachýs = dick; anér = Mann, Staubgefäß); fossil seit der oberen Kreide.

Pachytän, drittes Prophasestadium der Meiose, in dem die homologen Chromosomen völlig gepaart vorliegen.

pádus (griech. Baumname), auch: am Po (Italien) wachsend.

Paedogamíe (griech. paideuo = erziehen; pais, Genit. paidós = Knabe, Zögling; gamé = Heirat), Kopulation von haploiden Gameten, die vom selben Individuum gebildet wurden.

Paedogenése (griech. → Paedogamie; génesis = Entstehung), abnormes Auftreten von Blüten bei Keim- oder Jungpflanzen.

Paeónia, f., Gatt. der Paeoniáceae (benannt nach Paion, dem griech. Gott der Heilkunst) – Pfingstrose.

Pärchenzüchtung, nach L. M. Kopetz eine Methode zur Regulierung der Fremdbestäubung unter teilweiser Ausschaltung der Inzuchtdepression.

Paläobotánik (= Paläophytologie) (griech. palaiós = alt; phytón = Pflanze), Pflanzenpaläontologie, Teilgebiet der Paläontologie und Botanik, das sich mit fossilen Pflanzen und deren Entwicklung in der Erdgeschichte befaßt; von praktischer Bedeutung vor allem für die Erforschung und Beurteilung von Kohlenlagerstätten, geologische Altersbestimmungen sowie Phylogenie/natürliches System. Das Material besteht z. T. aus echten Versteinerungen, z. B. verkieselten Farnstämmen, einfachen Abdrücken, aber auch inkohlten Abdrücken oft weit verstreuter Pflanzenteile, deren Zusammengehörigkeit mitunter erst spät erkannt wurde. Das Erkennen der Zusammengehörigkeit (Verwandtschaft) ist eine wichtige Aufgabe, da in vielen Fällen noch nicht bzw. nicht eindeutig gelöst.

Paläoendemísmen → konservativer Endemismus.

Paläokarpologie (griech. palaiós = alt; karpós = Frucht; lógos = Lehre), paläobotanische Untersuchungsmethode zum Studium morphologisch-anatomischer Merkmalskomplexe fossiler Früchte und Samen nach vergleichendem Studium lebender Pflanzen. Zielsetzung: vgl. Kutikularanalyse.

Paläolíthikum (griech. palaiós = alt; líthos

= Stein), ältere Steinzeit der menschlichen Kulturentwicklung.

Paläontologíe (griech. palaiós = alt, früher, ehemalig; Genit. des Partizips von einai: óntos = seiend; lógos = Lehre), Lehre von den früheren (fossilen) Lebewesen.

Paläophytikum, n., (griech. palaiós = alt; phytón = Pflanze; lat. -icum = Suffix), das Altertum in der Entwicklung der Pflanzenwelt beginnt im oberen Silur (folgt dem Eophytikum), gekennzeichnet durch Vorherrschen der Pteridophyten (= Pteridophytikum), wird im oberen Perm durch das Mesophytikum abgelöst.

Paläophytologie (= Pflanzenpaläontologie) → Paläobotanik.

Palaeostáchya, f., (griech. palaiós = alt; stáchys = Ähre), Gatt. der Calamitáles. Blüten, bei denen die Sporangiophore in den Achseln der Sporophylle entspringen.

Paläotrópis (griech. palaiós = alt; trópos = Richtung, Gegend), Florenreich der Erde, welches die tropischen und subtropischen Zonen der Alten Welt umfaßt und vorwiegend aus Regenwäldern, Trockenwäldern, Steppen und Wüsten besteht. In diesem Florenreich kommen dieselben Formationen vor wie in der Neotropis, woraus sich die vielen gemeinsamen Familien beider Gebiete erklären.

Paläoxylotomíe (griech. palaiós = alt; xýlon = Holz; tomé = Schnitt), mikropaläobotanische Untersuchungsmethode zum Studium anatomischer Merkmalskomplexe fossiler Hölzer mittels Dünnschnitt- und Dünnschlifftechnik nach vergleichendem Studium rezenter Hölzer. → Kutikularanalyse.

Paläozóikum, n., (griech. palaiós = alt; zóon = Lebewesen, Tier; -icum = lat. Suffix), Erdalterum mit den Perioden Kambrium, Ordovizium, Silur, Devon, Karbon, Perm. Paläobotanisch liegen im P. folgende Epochen: Eophytikum (Kambrium bis Silur); Paläophytikum (Obersilur bis Unterperm) und Mesophytikum (ab mittlerem Perm).

Palátum (lat.), Gaumen; Vorstülpung der Unterlippe bei manchen Scrophulariáceae.

Páleae (lat. Plur. von pálea = Spreu; griech. pále = Mehlstaub), 1. Spreublätter oder Spreuschuppen der Korbblütler und Farne; 2. obere Spelzen der Gräser (P. inferior → Deckspelze, P. superior → Vorspelze).

paleátus, mit Spreublättern versehen.

Palingeníe (griech. pálin = zurück, wieder, noch einmal; gené = Entwicklung), Auftreten von Merkmalen der Ahnen während des Keimstadiums.

Palisádenzellen (lat. pálus, páli = Pfahl), senkrecht zur Oberfläche stehende, zylindrische Parenchymzellen mit seitlich engen Interzellularen in Blättern. Die Palisadenzellen sind besonders reich an Chloroplasten und stellen typisches Assimilationsgewebe dar.

Palisadodérm, Oberfläche von Pilzfruchtkörpern, wobei die Hyphenenden palisadenartig angeordnet sind, aber nicht in einer Ebene inseriert sind, wie beim → Hymenoderm.

Paliúrus, m., Gatt. der Rhamnáceae (griech. palioúrus = harn-, urintreibend; von pállein = treiben und oúron = Harn) – Christus-, Stechdorn; fossil seit der oberen Kreide.

pállens, palléscens (lat.), blaß werdend, erbleichend.

palliátus, -a, -um (lat.), mit einem Mantel versehen.

pállidus (lat.), bleich, blaß.

Pálmae, früherer Name der Fam. Arecáceae, Ordo Arecales (= Princípes). Es sind (sub)tropische, meist baumförmige Gewächse mit schlankem, unverzweigtem, von unten bis oben fast gleich dickem Stamm, der an seinem Gipfel einen Schopf mächtiger, meist langgestielter und fiederig oder fächerig zerteilter Blätter trägt (Fieder- bzw. Fächerpalmen), oder Spreizklimmer; fossil seit der Kreide.

palmatífidus (lat.), handförmig gespalten.

palmátus (lat.), handförmig gespreizt.

Palméllastadium (lat. wahrscheinlich von pálma; -ella = Verkleinerungssilbe = kleine flache Hand, kleiner Palmenzweig), Zusammenhalten von Aplanosporen in Lagern durch Schleimabsonderung der Muttermembran.

palmétto, Palmettopalme (Sábal palmétto – Palmetten sind palmblattähnliche Verzierungen an griech. Säulen).

Palmoxýlon, n., (lat. pálma = Palme; griech.

xýlon = Holz), Sammelgattung für fossiles Palmenholz; fossil seit der unteren Kreide (mittl. Jura?).

Palökologie (griech. palaiós = alt; → Ökologie); Lehre von den Wechselbeziehungen fossiler Organismen untereinander und zu ihrer Umwelt. Neben der Rekonstruktion von Verhaltens- und Funktionsweisen der meist nur teilweise erhaltenen Organismen und deren oft nur indirekt erschließbarer Umwelt untersucht sie Fragen der Gemeinschafts-Evolution und Ökostratigraphie.

Paludárium (lat. pálus, palúdis = Sumpf), Sumpfanlage in einem botanischen Garten.

Paludilignósa (lat. pálus, Genit. palúdis = Sumpf; lígnum = Holz) → Bruchwald.

paludósus (lat.), sumpfig.

Palumbina, f., Gatt. der Orchidáceae (lat. palúmbus = Wildtaube; Bezug auf die einem Vogel mit ausgespannten Flügeln ähnelnde Blütenform) – »Taubenorchidee«.

palúster, palústris, palústre (lat. pálus, palúdis = Sumpf), Sumpf- (z. B. Lédum palústre – Sumpfporst).

Palynográmm, schematische Darstellung der Pollenformen zum Vergleich verschiedener Gattungen oder höherer taxonomischer Kategorien.

Palynologíe (griech. palýnein = streuen; lógos = Lehre), Zweig der Botanik, der sich mit der Untersuchung rezenter und fossiler Sporen und Pollen beschäftigt. Diese werden aus Sedimentproben vom Präkambrium bis zur Gegenwart, besonders aus Ton-, Torf- und Kohlenablagerungen, durch Aufbereitung (Mazeration) isoliert und unter dem Mikroskop bestimmt. Wichtig für die geologische Altersbestimmung von Kohlenflözen, für die Feinstratigraphie in der Erdölgeologie, zur Klärung der Vegetations- und Klimaverhältnisse verschiedener geolog. Formationen sowie zur Deutung der Pflanzenentwicklungsgeschichte (Waldentwicklung), außerdem zur Datierung ur- und frühgeschichtlicher Grabungsergebnisse. → Pollenanalyse.

Pámpa (Pámpas) (Vernakularname für »Ebene«), ebene, baumlose Hartgrassteppe im warmgemäßigten Klimagebiet Argentiniens und Uruguays.

pánaces, Artname von Heracléum (vgl. -pánax).

panaschíert (franz. panacher = Streifen bekommen oder panáche = Helm-, Federbusch), Bezeichnung für gestreifte oder gefleckte Blätter, in denen trotz Belichtung die Chlorophyllbildung innerhalb der Plastiden stellenweise unterbleibt. Pflanzen mit panaschierten Blättern werden gern als Zierpflanzen verwendet, z. B. Eschenahorn.

-pánax (von griech. pan = alles; akéo = heilen; bezieht sich auf ein erdichtetes Wunderkraut mit dem Namen pánax, panacéa, panx, panákeia), -heil.

Pánax, m., Gatt. der Araliáceae (nach Panakeia = Tochter des Asklepios, Allesheilerin) – Gilgen, Kraftwurz.

panchrón (griech. pan = ganz; chrónos = Zeit), wörtlich: »ganzzeitig«, Bezeichnung für Individuen, deren Arten im Laufe langer Zeiträume keine wesentlichen Veränderungen in morphologischer bzw. physiologischer Hinsicht erfahren haben; werden mitunter als »lebende Fossilien« bezeichnet. Beispiel: Ginkgo.

Pancrátium, n., Gatt. der Amaryllidáceae (griech. pan = ganz, alles; krátos = Kraft), Spec.: P. illyricum (beliebte Zierpflanze); P. maritinum (Strandpflanze, Mittelmeerraum).

Pándanus, m., Gatt. der Pandanáceae (pandang = malaischer Volksname; heißt: ansehnlich) – Schraubenbaum; fossil seit dem Tertiär.

pándus (lat.), krumm, gebogen.

paníceus, panícumartig (vielleicht von lat. pánis = Brot).

Panícula (lat.), Blütenrispe, → Blütenstand, insbesondere zahlreicher Poáceae (z. B. bei Avena, Festuca, Dactylis, Bromus, Agrostis, Poa).

paniculáceus (paniculátus, -a, -um), rispig, nach dem Blütenstand von Panicum (z. B. Phléum paniculátum – Rauhes Lieschgras).

Panícum, n., Gatt. der Poáceae (lat. Name für Setária itálica – Kolbenhirse, die in Italien heute noch den Namen Panico führt; der Name bezeichnet die Eignung der Früchte zum Backen von Brot = lat. pánis) – Hirse.

Panmixíe (griech. pas, pása, pan = jeder, ganz; míxis = Vermischung, Begattung), 1. allgemeine Mischung von guten und schlechten Erbanlagen; 2. freie, zufallsmäßig bedingte Paarung innerhalb einer Population.

pannónicus (pannonisch), aus Pannonien stammend (lat. Gebiet, das vom Wiener Wald, der Donau und Save begrenzt ist), in Ungarn und dem südlich angrenzenden Gebiet vorkommend oder von dort stammend.

pannósus (lat.), dichtfilzig, zerlumpt.

panphotométrische Blätter (griech. pan = ganz, jeder; phos, photós = Licht), Blätter, die ihre Stellung je nach Stärke und Richtung des einfallenden Lichtes zu ändern vermögen.

Panspermíe (griech.), eine Theorie, wonach die ersten Lebenskeime von anderen Planeten auf unsere Erde gelangt sein sollen.

Pantropísten (griech. pan = ganz), Pflanzen, die den größten Teil der Tropen bewohnen; → Tropen.

Panzerbeeren, Beerenfrüchte, Saftfrüchte (s.d.) spezifischer Art, wie z.B. die Früchte von Gurke und Kürbis bezeichnet werden können.

Papáver, n., Gatt. der Papaveráceae (lat. Pflanzenname) – Mohn.

papáya, aus dem malaiischen Namen papaia-maram des Melonenbaumes.

Paphínia, f., Gatt. der Orchidáceae (Paphinia = Beiname der Venus) = »Venusorchidee«.

Paphiopédilum, n., Gatt. der Orchidáceae (Paphia = Beiname der Venus und griech. pédilon = Schuh) – Venusschuh.

papílio (lat.), Schmetterling.

papilionáceus (lat. papílio, papiliónis = Schmetterling), schmetterlingsartig.

Papíllen (lat. papílla = Warze, Erhebung), kurze, kegelförmige Haargebilde bzw. Ausstülpungen der Oberhautzellen; Membranwarzen ohne hervortretenden Zellinnenraum.

pappósus, mit einem Haarkranz versehen.

Páppus (griech. páppas = Vater, Papa; in Betracht kommt páppos = Großvater, Ahne; bezieht sich eindeutig auf den das Alter zum Ausdruck bringenden Bart!), haarförmig entwickelter Kelch vieler Asteráceae und Valerianáceae, z. B. bei Cirsium (mit gefiederten Pappusstrahlen) und bei Carduus (mit ungefiederten Pappusstrahlen).

papyracántus (griech./latin.), mit papierartigen Stacheln.

papyráceus (griech. pápyros), aus der Papierstaude.

papýrifer, papyrífera, papyríferum, Papier liefernd.

papýrus (griech. pápȳros = Name der in Ägypt. wachs., Papierstaude, auch: Bast, Schreibpapier), Papier; Artbeiname; → Cyperus, → Papyrusstaude.

Papýrusstaude, Spec.: Cyperus papyrus (Ägypten, Nilgebiet); gehört also zu den Cyperáceae. Die Papyrus-Herstellung (als Schreibmaterial) erfolgt(e) durch Längsspaltung des Marks der Sproßachse. Die Schichten wurden im noch frischen Zustand zusammengepreßt, geklebt (bekannt bereits 2500 v. u. Z., bis ins 11. Jh. betrieben); vielseitige Nutzung, z. B. Wurzelstock als Speise, z. T. auch für Heizungszwecke, bekannt auch die Verwendung der spezifisch leichten, festen Sprosse als Flechtwerk. Die Papyruspfl. hat große Verdunstungsleistung.

para- (griech. pará = Präposition; häufig als Präfix in zusammengesetzten Wörtern), neben, beiderseits; bei, hin, hinzu, außer, nach, gegen, darüber hinaus.

Parácme (griech. parakmázein = verblühen; welk, hinfällig, alt werden), Spezialisations- oder Degenerationsphase in der Sippenentwicklung.

Paracorólla (griech. pará = neben, bei; also »Nebenkrone«), → Nebenkrone.

Paradísea, f., Gatt. der Liliáceae (nach dem Italiener Giovanni Paradisi, 1760–1826) – Trichterlilie.

paradóxus (griech. pará = wider; dóxa = Erwartung; parádoxos), seltsam, wunderbar.

Paragéneon (griech. Verb: = paragignomai = dazukommen, sich nähern, dabei sein, Subst.: génesis = Entstehung), Art, die in ihrem ganzen Bereich nur verhältnismäßig geringfügige morphologische und genetische Variationen aufweist, die aber einige abweichende Genotypen besitzt; alle Individuen sind infertil (= unfruchtbar).

parakárp (griech. pará = neben; karpós = Frucht), zönokarper Fruchtknoten, der einfächerig ist oder höchstens falsche Scheidewände besitzt; die Fruchtblätter sind nur an den Rändern miteinander verwachsen. Ggs. → synkarp.

Parakarpídien, abortierte weibliche Blüten der Arum-Blütenstände.

Parakárpium (griech. → parakarp, Frucht, die aus einem parakarpen Fruchtknoten entstanden ist.

Parakládium (griech. pará = neben; kládos = Zweig), Seitenzweig; in Blütenständen Wiederholungstrieb, der in sog. Cofloreszenzen endet und damit das Verhalten der Hauptachse wiederholt, die in der Hauptfloreszenz endet.

parálisch (griech. páralos = am Meer gelegen), Steinkohlenbecken am Rande variszischer Gebirge, die während ihrer Entstehung zeitweise überflutet wurden und marine Fossilien enthalten. Ggs. intramontan (früher limnisch).

Paralléldisjunktion, das parallele Auseinanderweichen von Chromosomen mit diffusem Centromer in der Anaphase.

paralléle Gene (griech. parállelos = gleichlaufend), Gene mit gleicher phänotypischer Wirkung, die eng gekoppelt sind; → Gen.

Parallélmutatiónen, einander analoge Änderungen des Genotypus bei verwandten Arten oder Gattungen; → Mutationen.

parallélnervige Blätter, Blätter, deren Gefäßbündel in der Blattspreite vom Grund bis zur Spitze parallel oder schwach bogenförmig verlaufen.

parallelodróm (griech. drómos = Lauf, Verlauf), parallel verlaufend, parallelnervig.

Parallélspirale, gemeinsame Spiralisierung der beiden Chromatiden eines Chromosoms in der Weise, daß ihre freie Trennung ohne weiteres möglich ist.

Parallélvariatión, die Formenmannigfaltigkeit einer Art wiederholt sich in der Formenmannigfaltigkeit nahe verwandter Arten oder Gattungen.

Paralysatóren (griech. paralýo = frei, losmachen), Fermentgifte, welche die Wirkung der Fermente hemmen oder aufheben.

Páramos, tropische Hochgebirgsvegetation Afrikas, Indonesiens und der südamerikanischen Anden, die als alpine Stufe zwischen der oberen Waldgrenze und der Grenze geschlossener Vegetationsdecke ausgebildet ist. Ihre Böden sind auch zur Trockenzeit feucht. Es herrscht täglicher Frostwechsel. Die Vegetation ist durch Gräser, Zwerg- und Kriechgehölze, vor allem durch einzeln stehende hohe Pflanzen, Schopfbaumformen, gekennzeichnet.

Paramórphe (griech. pará = neben; morphé = Gestaltung; also »Nebengestalt« = Abweichung), intraspezifische Variante bzw. Abweichung unbestimmter Art; Modifikation oder Sippe unterhalb der Unterart.

Paranuclein, Substanz, aus der die Nukleolen bestehen.

Paraphýllien (griech. pará = neben; phýllon = Blatt; also »Nebenblätter«), blattähnliche Gebilde an manchen Moosstengeln, die nur als Auswüchse des äußeren Stengelgewebes aufzufassen sind.

Paraphýsen, 1. bei den Ascomycetes zwischen den Asci stehende, haploide, meist septierte Füllhyphen, die vom Subhymenium gebildet werden. Sie enden meist in der Höhe der Ascusspitzen oder etwas darüber mit häufig kopfig verdickten Zellen; 2. bei Moosen mehrzellige, haarartige Gebilde, die in den → Gametözien zwischen den → Antheridien und → Archegonien stehen; 3. bei den Farnen Haargebilde, die bald aus dem Stiel der Sporangien, bald zwischen diesen aus dem Receptakulum entstehen.

Paraplásma (griech. pará = neben; plásma = das Gebildete), vorübergehend auftretende, durch den chemischen Stoffumsatz bedingte, im Plasma lokalisierte Produkte, wie Fette, Kohlenhydrate, Fermente, Sekrete, Exkrete usw. In der Erblehre heißt das nichterbliche Plasma Paraplasma im Ggs. zum → Idioplasma.

Paraplectenchym, Geflecht aus kurzzelligen, dichtgedrängten Hyphen, das im Schnitt den Eindruck eines Gewebes von Zellen macht.

Parasíten (griech. parásitos = Mitesser, Schmarotzer; enthält: pará = daneben und síto = Speise; also »Bei- oder Mitesser«), Organismen, die in oder auf anderen lebenden Organismen (Wirtsorganismen) vorkommen und ihnen organische Stoffe entziehen, ohne den Wirtsorganismen einen Nutzen zu bieten.

Parasitísmus, Schmarotzertum; Form der ernährungsbiologischen Beziehungen zwischen den lebenden Organismen, bei der sich der Partner auf oder in dem lebenden Körper eines anderen Organismus aufhält und sich von dessen Substanz ernährt.

Parasórte, reine Linie aus einer Herkunft.

Paraspóren (Seirosporen), in gabelig verästelten Reihen oder ziemlich unbestimmten Zellhaufen auftretende Sporen.

Parastemónen (griech. pará = neben; stemnón = Fäden), abortierte männliche Blüten der Arum-Blütenstände.

Parasterilität, Unfruchtbarkeit einer Pflanze gegenüber dem eigenen Pollen oder Pollen anderer Individuen derselben Art, obwohl dieser normal ausgebildet und funktionstüchtig ist; → Inkompatibilität.

Parastíchen (griech. pará = daneben, bei; stíchos = Linie, Reihe), Schrägzeilen, die bei zerstreuter Blattstellung an gestauchten Sproßachsen als sich kreuzende, die einzelnen Blätter verbindende gekrümmte Linien sichtbar werden. Sie sind z. B. bei Koniferenzapfen deutlich zu sehen oder auch an einem fruchtenden Blütenstand der Sonnenblume. → Orthostichen.

Parasyndése (griech. pará = bei, neben; syn = mit, gemeinsam; désis = Bindemittel, Band), Längspaarung der homologen Chromosomen bei der Reduktionsteilung vom Zygotän; → Pachytänstadium.

Parathécium, schmale vom Hypothecium entspringende und sich an den Flanken des Hymeniums entlangziehende Schicht gedrängtstehender Hyphen bei Apothecien.

paratónisch heißen Pflanzenbewegungen, die durch äußere Reize hervorgerufen werden, z. B. nastische Bewegungen, Taxien, Tropismen. Diese Bewegungen werden auch als induzierte beschrieben.

paratónische Trophíen (griech. parátonos = an der Seite ausgestreckt), auf die Wirkung äußerer Faktoren zurückführbare → Trophien.

paratónische Vorgänge, durch äußere Reize bestimmte Vorgänge.

Páratýpus, 1. ein vom Autor einer Sippe in der Originalveröffentlichung neben dem Holotypus zitiertes Exemplar; 2. die Gesamtheit der nichterblichen Merkmale.

Paravariánten, die mannigfachen Abänderungen einer Pflanze, die in derselben Richtung stattfinden.

Paravariatión, Eigenschaft, die vom Individuum im Laufe seines Lebens als Folge von Umwelteinwirkungen erworben wurde und nicht erblich ist.

parazytisch, Spaltöffnungsapparat mit deutlichen Nebenzellen, deren Längsachse parallel der der Schließzellen ist; → Stoma, syndetocheil.

pardalínus (pardínus, párdalis) (griech. párdalis = Panther), pantherfleckig.

Parenchým (griech. pará = neben, anbei; enchýma = das Eingegossene [das Füllende, »Füll«gewebe]), Grundgewebe, bildet die Hauptmasse der Vegetationskörper krautiger Pflanzen und kommt in funktioneller Differenzierung vor. – Die (zumeist) lebenden Parenchymzellen besitzen eine (in der Regel) nur schwach verdickte, aus elastischen Zelluloseschichten bestehende Wand (die selten verholzt ist). Typische Merkmale: Das Zytoplasma der oft relativ großen Zellen umschließt Safträume (mit reichlichem Vorkommen von Nährstoffen, besonders in den Speicherparenchymen). Außer Leukoplasten kommen in dem Zytoplasma auch Chloroplasten vor, beispielsweise im Speicherparenchym der Möhrenwurzel. Häufig enthalten Chloro- und Leukoplasten Amylum (Stärke). – Die Grundgewebe erfüllen zufolge ihres hohen Turgors, d. h. ihrer prallen Füllung mit Zellsaft, auch eine generelle Festigungsfunktion. So ist das Welken stets primär auf den Wasserverlust der Parenchyme zurückzuführen.– Funktionell kann unterschieden werden: Assimilations-, Speicher-, Leit-, Durchlüftungsparenchym. Ggs. → Prosenchym.

Parenchýmscheide, zartwandiges Gewebe, das die Leitbündel umkleidet und zur Leitung von Kohlenhydraten dient.

Parentálgeneration (lat. paréntes = Eltern), Bezeichnung für die Elterngeneration. Abk.: P.

Parenthosóm (= Parenthosóma) (griech.), n., Sing., Porenkappe; plasmatische Struktur über den Dolipori der Basidiomycetes.

pari- (lat.), in Zusammensetzungen: paarweise.

páries, paríetis (lat.), Mauer, Wand.

parietál (lat. páries, -étis, m. = Wand), wandständig; eine parietale Plazentation liegt vor, wenn die Fruchtblätter nur mit ihren Rändern verwachsen sind, so daß die Plazenten als Leiste auf der inneren Fruchtknotenwand erscheinen (z. B. Viola – Veilchen). Andere Modalitäten der Anordnung der Plazenten (Plazentation) sind: zentralwinkelständige (= axiale) Plazentation, z.B. bei Lilien (Lilium); freizentral ist die Plazentation z. B. bei der Schlüsselblume (Prímula).

Parietária, f., Gatt. der Urticáceae (lat. páries, pariétis = Wand) – Glaskraut.

paripinnat, paarig gefiedert, d. h. ohne ein einzelnstehendes Blättchen am Blattende.

Páris, f., Gatt. der Liliáceae (nach dem trojanischen Königssohn Paris) – Einbeere.

parisiénsis, aus Paris (Frankreich) stammend.

Parkia, f., Gatt. der Mimosáceae (nach dem schott. Afrikareisenden Mungo Park, 1771–1806) – Dourabaum; fossil seit dem Tertiär.

Parkinsónia, f., Gatt. der Fabáceae (nach dem engl. Apotheker John Parkinson, 1567–1629).

Parnássia, f., Gatt. der Saxifragáceae (nach dem Berg Parnassus bei Delphi, dem Sitz der Musen) – Herzblatt.

parnassiaefólius, parnassiifólius, parnassiablättrig (Parnássia, vom Parnássus [Griechenland] stammend).

Paródia, f., Gatt. der Cactáceae, (griech. paródia = Parodie; parodein = parodieren, verspotten).

Paronýchia, f., Gatt. der Caryophylláceae (griech. paronychía = Nietnagel) – Nagelkraut.

Parrótia, f., Gatt. der Hamamelidáceae (nach dem deutsch. Arzt und Botan. in Dorpat F. W. Parrot, 1792–1841, aus Heilbronn) – Eisenholz; endemisch nur in Nordpersien und den Primärwäldern der Kaspi-Region (Parrotia persica); fossil seit dem Tertiär.

parthénium (griech. parthénos = Jungfrau; gegen Frauenleiden) – Mutterkamille.

Parthénium, n., Gatt. der Asteráceae (griech. Pflanzenname nach parthénos = Jungfrau) – Mutterkraut.

Parthenocíssus, f., Gatt. der Vitáceae (griech. parthénos = Jungfrau; kissos = Efeu) – Jungfernrebe, Wilder Wein; fossil seit dem Pliozän.

Parthenogénesis (griech. parthénos = Jungfrau; génesis = Erzeugung), Jungfernzeugung, Entwicklung von unbefruchteten Eizellen; im Tierreich besonders bei den Insekten weitverbreitet, im Pflanzenreich relativ selten (z. B. bei Saprolegniaceae).

Parthenokarpíe (griech. parthénos = Jungfrau; karpós = Frucht), Fruchtausbildung als Folge von Jungfernzeugung (→ Parthenogenesis).

Parthenomíxis (griech. parthénos = Jungfrau; míxis = Mischung), Kernfusion zweier weiblicher Kerne in einem mehrkernigen Oogon, die bei fehlenden männlichen Kernen als Ersatz für einen echten Befruchtungsvorgang vorgenommen wird.

Parthenospóren, Sporen, die durch parthenogenetisches Auswachsen von Gameten entstanden sind, sonst aber den Zygosporen gleichen.

partiär, partiál, partiéll (lat. pars, pártis = Teil), teilweise.

Partie (von lat. pars, pártis = Teil), Saat- und Pflanzengut der gleichen Sorte und Anerkennungsstufe, das von einheitlicher Beschaffenheit ist und von einem Vermehrer oder Speicher stammt. Darüber hinaus wird eine Partie nach Höchstmasse begrenzt, die für die Arten unter Berücksichtigung ihrer spezifischen Eigenschaften festgelegt ist. Im Forstsaatgutwesen versteht man unter Zapfenpartie die Zapfen einer Anerkennungseinheit, die in derselben Ernteperiode geerntet und einheitlich behandelt wurden. Aus der Zapfenpartie wird die Saatgutpartie gewonnen.

partiéll, teilweise.

-partitus (lat.), in Zusammensetzungen: -teilig.

parvi- (lat.), in Zusammensetzungen: klein.

parviflórus (lat.), kleinblütig.

Parvocaricétum (lat. párvus = klein; -caricétum = Seggenbestand), Sumpfwiese, die aus niedrigen Seggen gebildet wird.

párvus (lat.), klein.

Pasánia, f., Gatt. der Fagáceae (javanischer Volksname) – Südeiche; fossil seit dem Tertiär.

Páspalum, n., Gatt. der Poáceae (griech. paspálos = Hirse) – (Hirsen-)Gras. Spec. (z. B.): P. dilatatum (»Dallis grass«); P. distichum = »Knotgras«.

Passánten (franz. passer = vorübergehend) → Ephemerophýten.

Passerína, f., Gatt. der Thymelaeáceae (lat. pásser = Spatz) – Sperlingskopf.

Passiflóra, f., Gatt. der Passifloráceae (lat. pássio = Leiden; flos = Blume) – Passionsblume; fossil seit dem Alttertiär.

pasteurisieren (Verb, nach dem franz. Bakteriologen und Chemiker Louis Pasteur, 1822–1895). Schonendes Erhitzen von Nahrungsmitteln, Arzneimitteln usw. zur Abtötung von Mikroorganismen (nicht der Sporen!). Niederpasteurisierung: einige Minuten 71–74 °C; Hochpasteurisierung: 1–2 min 85 °C. Anwendung vor allem bei Milch, (mehrmaliges Erhitzen = Tyndalisierung).

Pastináca, f., Gatt. der Apiáceae (lat. Pflanzenname; pástus = Nahrung; Pflanze wird wegen ihrer Verwendung so genannt) – Pastinak.

pastóris (lat. pástor = Hirte), des Hirten.

pátens (lat. patére = offenstehen), abstehend, offen.

-pathie (griech. páthos = Leiden), in Zusammensetzungen: -erkrankung, krankhafter Zustand (z. B. Phyllopathie = Blattkrankheit).

pathogén (griech. páthos = Leiden; gignomai = erzeugen), krankheitserregend.

pathogéne Phytoorganísmen → Pathophýta.

Pathogenése (griech. páthos = Leiden; génesis = Entstehung), Krankheitsentstehung.

Pathologíe (griech. páthos = Leiden, Krankheit; lógos = Lehre), Lehre von den krankhaften Vorgängen und Veränderungen im Organismus.

pathológisch, krankhaft verändert, erkrankt.

Pathophýta (griech. páthos = Leiden, Krankheit; phytón = Pflanze), krankheitserregende pflanzliche Organismen, die man nach Münch wie folgt einteilt: I. Parasiten mit den Gruppen: 1. obligate Parasiten (= Voll- und Halbparasiten) und 2. fakultative Parasiten. II. Nekrophyten mit den Gruppen: 1. Perthophyten (a. obligate und b. fakultative Perthoph.), 2. Thryptophyten, 3. Saprophyten (a. Vollsaprophyten und b. Halbsaprophyten). Näheres: → einzelne Termini. → Krankheit, → Phytopathologie.

Pathophýten (griech. páthos = Leiden; phytón = Pflanze), pflanzliche Krankheitserreger.

Pathotýpe, Individuengruppe, deren Glieder sämtlich die gleichen pathologischen Eigenschaften zeigen.

patiéntia (lat.), Geduld, langsame Heilwirkung (Rumex p.).

Patrínia, f., Gatt. der Valerianáceae (nach E. L. M. Patrin, franz. Naturforscher, 1742–1814) – Goldbaldrian.

Patrogoníe (griech. patriá = Abstammung; goné = Erzeugung), modifikative Anpassung während der Embryo- oder Larvenentwicklung.

Patroklinie (griech. patér = Vater; klinéo = neigen, sich neigen), phänotypische Ähnlichkeit der reziproken F_1-Bastarde mit dem jeweiligen Vater.

pátulus (lat.), ausgebreitet, abstehend.

pauci- (lat.), in Zusammensetzungen: wenig-, arm-.

paucicrenátus (lat.), wenigkerbig.

Paulospóre (lat. paulátim = allmählich, aber auch örtlich, einzeln!), Dauerspore, die aus der direkten Umwandlung einer vegetativen Zelle entstanden ist.

Paulównia, f., Gatt. der Scrophulariáceae (nach der russ. Großfürstin Anna Pawlowna, Gattin d. Prinzen Friedrich der Niederlande) – Blauglockenbaum; fossil seit dem Miozän.

pávia, Pawie (nach Pet. Paaw, 1564–1617, benannt).

Pavónia, f., Gatt. der Malváceae (nach dem span. Amerikareisenden Jos. Pavon, der insbesondere Peru und Chile von 1777–1788 bereiste, »Flora Peruviana« publizierte, 1844 starb).

pavónius (lat. pávo = Pfau), pfauartig.

Paxíllus, Krempling, Gatt. der Basidiomycetes der Fam. Paxilláceae. Die Fruchtkörper der P.-Arten sind fleischig und jung mit eingerolltem Hutrand, die Lamellen sind herablaufend.

Paxistíma, f., Gatt. der Celastráceae.

pécan, Volksname für die Nüsse der Carya-Arten in Nordamerika.

Pecópteris, f., (griech. pékein= kämmen; ptéris = Farn), Formgattung der → Pteridophyllen mit breit ansitzenden Fiederchen, überwiegend zu Farnen gehörig. Vorkommen: Unterkarbon bis untere Kreide.

pécten (lat.), Kamm.

pécten véneris (lat.), Venuskamm, Scandix pecten-veneris, auch »Nadelkerbel« genannt.

pectinátus (lat. pécten = Kamm), kammartig.

ped-, pedat-, pedi-, -pedius, -um (lat. pes, pédis = Fuß), -fuß (-füßig).

Pedicéllus (lat. pes, pédis = Fuß; -ellus = Verkleinerungssilbe; pédica = Fußfessel), Blütenstiel; Achse, die eine Einzelblüte trägt.

Pediculáris, f., Gatt. der Scrophulariáceae (lat. pedículus = Laus; die Pflanze wurde gegen Läuse gebraucht; auch ähnelt die Samenform Läusen) – Läusekraut.

pediculátus, -a, -um, gestielt.

Pédigreezüchtung (engl. pedigree, gesprochen: pédigri = Stammbaum), Stammbaumzüchtung auf Grund einer Auslese durch mehrere Generationen; → Mutterstammbaumzüchtung.

pedil-, pedilo- (griech. pédilon = Schuh), schuh-.

Pedilánthus, m., Gatt. der Euphorbiáceae (griech. pédilon = Schuh; ánthos = Blüte).

pediophilus (griech. pédion = Ebene; phílos = Freund), die Ebene liebend.

Pedologíe (griech. pédon = Boden; lógos = Kunde), Bodenkunde; Lehre von der Entstehung, den Eigenschaften und den Umbildungen des Bodens; → Edaphologie.

Pedúnculus (lat.), Blütenstandsstiel; Achse, die einen Blütenstand trägt.

Péganum, n., Gatt. der Zygophylláceae (griech. péganon = Raute) – Steppenraute.

Pektáte, Salze der Pektinsäure.

Pektináse, Ferment, welches das Pektin hydrolysiert.

Pektíne (griech. pektós = befestigt, zusammengefügt), Gemische von hochmolekularen Kohlenhydraten, Zellwandbausteine (quellbare Substanz), treten auf in fadenförmigen Makromolekülen, bauen die Mittellamellen auf und verkitten somit die benachbarten Zellen miteinander. Durch Auflösen der P. kann man Zellen voneinander trennen. P. kommen besonders reichlich in Früchten und Wurzeln vor.

pelágisches Plankton (griech. pélagos = Meer), Mikroplankton des Salzwassers.

pelargoniflórus (griech. pelargós = Storch), pelargoniumblütig.

Pelargónium, n., Gatt. der Geraniáceae (griech. pelargós = Storch, gebildet aus pelós = schwarz und argós = weiß; die Frucht ist schnablig!).

Peléxia, f., Gatt. der Orchidáceae (griech. pelēx = der Helm; das dorsale Sepalum ist mit den benachbarten Petala »helmartig« vereinigt) – »Helmorchidee«.

pélische od. **pelitische Böden** (griech. pélos = »Schlamm«, Sumpf), tonige, feinkörnige Böden von hohem Dispersitätsgrad.

Pellǣa, f., Gatt. der Polypodiáceae (griech. pélla = Fell, Haut).

Péllia, f., Gatt. der Pelliáceae (benannt nach dem Advokaten L. Pelli Fabbroni in Florenz, 1. Hälfte des 19. Jh.) – Lebermoose (Metzgeriales).

Pelochthophýta (griech. pélos = Sumpf, Schlamm; óchthos = Ufer; also Schlamm- oder Sumpfuferpflanzen), Arten, die an die entblößten Böden von Flüssen und Teichen gebunden sind, sie keimen vorwiegend in der → limosen Ökophase.

Pelochthotherophýta (griech. → Pelochthophyta und → Therophyten; also Sumpfufertrockenpflanzen), Arten, deren Keimung an der Grenze zwischen der limosen und terrestrischen Phase erfolgt und die meist in der terrestrischen Phase leben.

pelogéne Pflanzen, Sumpfpflanzen.

Pelórien (griech. pélor, -oros = Ungeheuer), monströse, aktinomorphe Blüten an Pflanzen, die normalerweise zygomorphe Blüten ausbilden.

pelt-, pelti-, pelto- (lat. pélta, griech. pélte = Schild), schild-.

penduläres Bodenwasser, Haftwasser, das

sich im Ggs. zum funikulären Wasser zwischen sich nicht berührenden Bodenpartikeln in Form von Menisken befindet.

pénduli- (lat. péndere = hängen), hängend-.

pendulifólius (lat.), mit hängenden Blättern.

pendulus, -a, -um (lat. péndere = hängen), schwebend, hängend, Hänge- (z. B. Bétula péndula – Hängebirke).

Penetránz (lat. penetráre = eindringen), prozentuale Häufigkeit, mit der ein Gen unter den Individuen des gleichen Genotypus phänotypisch zur Wirkung kommt.

Penicillín, zuerst entdecktes bzw. isoliertes Antibiotikum (von Alexander Fleming) aus dem Schimmelpilz Penicillium notatum. Der Pilz wird entweder im sog. Deckenverfahren (als Oberflächenkultur etwa 10–12 Tage) oder im submersen Verfahren (als Tiefenkultur etwa 3–4 Tage) kultiviert.

Penicíllium, Pinselschimmel; Gatt. der Deuteromycetes (Fungi imperfecti) bzw. (wenn geschlechtliche Vermehrung vorhanden) Ascomycetes. Bekannte Spec.: P. expansum verursacht die Grünfäule der Äpfel. P. italicum und P. digitatum sind die häufigsten Naßfäuleerreger der Zitrusfrüchte. P. roquefortii und P. camembertii dienen aufgrund ihrer Enzymaktivität und der Bildung bestimmter Geruchs- und Geschmacksstoffe zur Herstellung von Roquefort- bzw. Camembertkäse. Spezielle Stämme von P. notatum und P. chrysogenum werden industriell zur Gewinnung von Penicillin eingesetzt.

Peniocéreus, m., Gatt. der Cactáceae (lat. pénis = männliches Glied; céra = Wachsfakkel) – Gliederkaktus.

pennátus, -a, -um (lat.), federartig, gefiedert (z. B. Stipa pennata – Federgras).

Pennisétum, n., Gatt. der Poáceae (lat. pénna = Feder; séta = Borste) – Negerhirse, Federborstengras.

pennsylvánicus, aus Pennsylvania (Nordamerika) stammend.

pénsilis, -is, -e (lat.), aufgehängt, hängend (z. B. Glyptóstrobus pensilis).

Penstémon (Pentstémon, Pentastémon), m., Gatt. der Scrophulariáceae (griech. pénte = fünf; stémon = Staubfaden) – Bartfaden.

pent-, penta- (griech.), in Zusammensetzungen: fünf-.

pentachaétus (griech.), fünfborstig.

pentadáctylus (griech.), fünffingerig.

pentágonus (griech.), fünfseitig, fünfkantig.

pentagýnus (griech.), fünfgriffelig.

pentamér (griech. pénte = fünf; méros = Teil), fünfgliedrig; ein Wirtel, der aus fünf Gliedern besteht.

pentámeris (griech. → pentamer), fünfteilig.

pentaploíde Organismen, Organismen, die den fünffachen Chromosomensatz der normalen Keimzelle besitzen; → Polyploidie.

pentarches Leitbündel, (griech. pénte = fünf; árche = Anfang, Beginn, Ursprung, Prinzip), radiales Leitbündel mit (a priori bzw. prinzipiell) fünf Xylemstrahlen.

pentazýklische Blüte, Zwitterblüte mit fünf Blattwirteln.

Pentósen (griech. pénte, pénta = fünf), Gruppen von Monosacchariden (Einfachzuckern) mit in der Regel fünf Sauerstoffatomen sowie auch meistens fünf Kohlenstoffatomen ($C_5H_{10}O_5$).

peperítus (griech.), pfefferartig.

Peperómia, f., Gatt. der Piperáceae (griech. péperi = Pfeffer; homós = gleich) – Pfefferkraut.

Péplis, f., Gatt. der Lythráceae (griech. péplís = Oberkleid) – Portulak, Zipfelkraut.

peploídes (Euphórbia péplus), wolfsmilchähnlich (z. B. Honckenya peploides – Salzmiere).

péplus, röm. Pflanzenname, vielleicht von griech. péplos = Decke, Gewand, nimmt Bezug auf die Hüllblätter. Beispiel: Euphorbia peplus – Gartenwolfsmilch.

pépo, Kürbis, ursprünglich Melone (griech. pépon = reif, mürbe; péssein = kochen; danach hieß die Melone »pépon«), heute: Curcurbita pepo = Garten-Kürbis.

Peptidbindung, chemische Bindung, die aus der Carboxylgruppe –COOH und der Aminogruppe $-NH_2$ unter Wasserabspaltung hervorgeht; CO–NH–. In allen Organismen ist die Ausbildung der P. ein komplizierter Prozeß.

Peptisatión, Überführung vom Gel- in den Sol-Zustand.

Peptóne, hochmolekulare Abbaustufen der Eiweißkörper, die dialysierbar, wasserlöslich sind und bei Erhitzen nicht koagulieren; Bestandteil vieler Bakteriennährböden.

per- (lat.), in Zusammensetzungen: sehr, durch, hindurch-.

perbéllus (lat.), sehr schön.

peregrínus, -a, -um (lat. peregrináre = in der Fremde sein), fremd, fremdartig.

perénn → perennierend.

perenníerend (lat. parénnis, -e [von ánnus = Jahr] = dauernd, beständig; per bezeichnet Verstärkung), ausdauernd, d.h., die Pflanze blüht und fruchtet mehrere oder viele Jahre hindurch, wie ausdauernde Kräuter (Stauden) und Holzgewächse (Bäume, Sträucher).

perénnis, -is, -e (lat. per = hindurch, sehr; ánnus = Jahr), ausdauernd (z.B. Béllis pérennis – Gänseblümchen).

Peréskia (Peiréskia), f., Gatt. der Cactáceae (benannt nach dem franz. Philosophen N. Cl. Fabry de Peirescó in Aix, lat. Peirescius, 1580–1637) – Laubkaktus.

Pereskioideae, f., Plur., Unterfam. der Cactáceae (→ Peireskia = Pereskia); meist flächige, seltener lineale/schmale Blattspreiten, Areolen ohne Glochiden, gilt als primitivste Unterfamilie der C., deren Vertreter als vorwiegend holzige, immergrüne oder laubwerfende Bäume, Sträucher (z.T. auch mit niedrigem Buschwuchs) gekennzeichnet sind. Genera: Pereskia, Rhodocactus (= Bäume und Sträucher mit flächig entwickelten Laubblättern); Maihuenia (= niedrige, polster- oder kugelbuschbildende mit zylindrischen Blättern. Verbreitet in S-Argentinien und Patagonien).

Pereskiópsis, f., Gatt. der Opuntioidea, Cactáceae (nach dem Gattungsnamen (Pe[i]reskia und griech. ópsis = Aussehen); eine Gatt., deren Vertreter z.T. Peireskia-Species morphologisch ähnlich sind.

perféctus, -a, -um (lat.), vollendet, vollkommen.

perfimbriátus (lat. fímbria = Franse), zerfranst.

perfoliátus (lat.), mit durchwachsenen Blättern.

perforátus, -a, -um (lat.), durchlöchert (z.B. Hypericum perforátum – Tüpfeljohanniskraut).

peri- (griech.), in Zusammensetzungen: um-, herum-, rings-.

periacánthus (griech.), ringsum stachelig.

Perianthblätter, haben wegen ihrer Stellung und Deckung (als Aestivation oder Knospendeckung) eine große systematische Bedeutung. Neben der schraubigen Anordnung (z. B. Krone bzw. Nektarblätter von Nuphar) sind in Perianthwirteln folgende Formen der Aestivation anzutreffen: dachig (= imbricat [s. d.] bei gegenseitiger Deckung der P. [dabei noch in ursprüngl. 2/5-Stellung = quincurcial, z.B. Kelch bei Rose, Krone von Sedum]); mühlradartig gedreht (= contort), z. B. Kronen bei Malva; cochlear und dabei: 1. aufsteigend (z. B. bei Kronen der Caesalpiniáceae), 2. absteigend (z.B. Krone der Fabáceae; klappig (= valvat) durch Auseinanderrücken der P. (z.B. Krone der Mimosaceae) bis offen (= apert; z.B. Krone von Acer).

Perianth(ium) (griech. perí = um, herum; ánthos = Blüte); 1. doppelte Blütenhülle, bestehend aus (meist grünen) Kelch- und (meist auffällig gestalteten, gefärbten) Kronblättern bei Blüten- oder Samenpflanzen (vgl. auch: Perianthblätter); 2. die aus dem innersten Blattkreis durch → kongenitale Verwachsung und Umgestaltung gebildete Hülle um die → Archegonien, später um → Kalyptra und → Embryo, bei Lebermoosen (Jungermanniales). Die Hülle hat oft Becher- oder Glockenform.

periaxiáles Holz, lockergebautes, durch das sekundäre Dickenwachstum entstandenes Außenholz.

Periblém (griech. períblema = Bedeckung, Umwurf), Mantel des sich differenzierenden Vegetationskegels, liegt zwischen Dermatogen und Plerom; Rindenbildner.

Pericárp (griech. perí = um; karpós = Frucht), die Fruchtwand; → Perikarp.

Perichätialblätter (griech. perí = um, herum; chaı̄te = Strähne), gynöziale Hüllblätter bei Laubmoosen.

Perichätíum (griech. chaı̄te = Mähne), gynöziale Hülle der → Archegoniengruppe bei Laubmoosen und → thalloiden Lebermoosen, weitgehend in der Form als »quirliger Blattkranz« bzw. als oft abweichend gestaltete Blättchen.

Perichylén (griech. perí = um, herum; chylós = Saft), Wassergewebe, das zwischen Epidermis und Mesophyll liegt.

periclýmenus (griech. perí = um; klýzein = umranken), geißblattartig.

Peridérm (griech. perí = um, herum; dérma = Haut), Gesamtbegriff für das Korkgewebe der Pflanze (mit Korkkambium und Korkrinde) das sich in der Regel deutlich vom benachbarten Gewebe abhebt. Vorkommen bei mehrjährigen Gewächsen, bei denen das Periderm an die Stelle der absterbenden Oberhaut tritt.

Perídium (Perídie), 1. Hülle des Sporangiums bei den Schleimpilzen; 2. Hülle der Fruchtkörper der eigentlichen Pilze.

Perigón (griech. perí = ringsum; góny = Knie, im Plur. auch Schoß), einheitliche Blütenhülle, bestehend aus gleichgestalteten und gleichgefärbten Blütenhüllblättern, typisch für viele Monokotylen. Das Perigon kann kronartig (Tulpe) oder kelchähnlich (Binse) sein.

perigýne Blüte (griech. perí = um, herum; gyné = Weib), Blüte mit schlüssel- oder becherförmigem Blütenboden, der mit den Fruchtblättern nicht verwachsen ist. Sie stellt eine Übergangsform zwischen hypogyner und epigyner Blüte dar. Der Fruchtknoten ist mittelständig.

Perikámbium, zwischen der Endodermis und dem radialen Gefäßbündel der Wurzel liegende, meist ein-, seltener mehrschichtige Bildungsgewebe, der Entstehungsort der Seitenwurzeln; → Kambium.

Perikárp (griech. perí = um; karpós = Frucht), Fruchtwand; Schale der echten Früchte, die aus der Wandung des Fruchtknotens, beim unterständigen Fruchtknoten auch aus der mit der Fruchtknotenwand verwachsenen Sproßachse, hervorgeht.

Perikaulóm (griech. perí = um, herum; kaulós = Stengel, Sproßachse), Verwachsung der Sproßachse; nach der P.-Theorie ist bei den höheren Pflanzen das Basalstück der Urblätter mit der Urachse verwachsen und bildet um dieses ein P. → Kaulóm.

Perikaulóm-Theorie (griech. → Perikaulom), Theorie, nach der durch den Vorgang der Übergipfelung an gabelig verzweigten Thalluspflanzen phylogenetisch zunächst die übergipfelnden Gabeläste zu Achsen und die übergipfelten Schwesteräste, d. h. die nunmehrigen Seitenzweige, zu Blättern werden. Das Basalstück dieser Urblätter ist bei den höheren Pflanzen mit der Urachse verwachsen und bildet um die Urachse ein Perikaulom. Urachse und Urblatt sind die beiden Teile, die durch Umbildung im Verlauf der Generationen die Gesamtheit aller Formgestaltung bedingen. Da beide sich → phylogenetisch aus den Gabelästen von Thalluspflanzen herleiten, ist das einzige morphologische Grundorgan der höheren Pflanze das thallöse Gabelglied (nach Potonié).

Perikládium (griech. perí = um; kládion = kleiner Zweig), gegliederter Blütenstiel von Rumex und Cannabis, wobei der untere Teil dem eigentlichen Blütenstiel, der obere dem herablaufenden Perigon entspricht.

Periklinalchimäre, Chimäre, deren genetisch andersgeartete Zellschichten alle anderen mantelartig überdecken. → Chimäre.

perikline Zellwände (griech. periklinés = sich rings neigend), Zellwände, die parallel zur Oberfläche des Vegetationskegels verlaufen.

periódisch (→ periodische Bewegung), sich regelmäßig wiederholend.

periodische Bewegung, Bewegung, die in wiederholten Schwingungen um die Gleichgewichtslage erfolgt.

periodische Blüten, Blüten, die sich wiederholt, und zwar täglich einmal, öffnen und schließen.

Periodizität (griech. períodos = Umlauf, Kreislauf, »Periode«), 1. in regelmäßigen Abständen sich wiederholende Erscheinungen; 2. namentlich bei mehrjährigen Pflanzen auftretende periodische Jahresrhythmik im Wechsel zwischen Ruhe und Wachstum, wobei innere Veranlagung und äußere klimatische Bedingungen zusammenwirken. Es gibt periodisch veranlagte Pflanzen, die selbst in gleichmäßigem Klima ihre Jahresrhythmik in Wachstum, Laubfall und Ruhe beibehalten, und aperiodisch (= nichtperiodisch) veranlagte. Letztere können in Gebieten mit Klimawechsel mitunter zu periodisch wachsenden umgestimmt werden; 3. der Wechsel der Aspekte in einer bestimmten Pflanzengemeinschaft.

periphér (griech.), am Rande, außerhalb des Zentrums sich befindend.

Periphýsen → Perithecium.

Periphýton, Aufwuchs, Bewuchs; Bezeichnung für die im Wasser an andere Organismen oder tote Gegenstände angehefteten Organismen, überwiegend Mikroorganismen, Algen und Pilze.

Periplásma (griech. = das Ringsumgebildete), 1. bei Schlauchpilzen die äußere Plasmamasse der Oogonien, die nicht an der Bildung der Oosphäre teilnimmt; 2. bei Sporangien der Farnpflanzen das aus Tapetenzellen stammende Plasma, das am Aufbau der Sporenwände beteiligt ist.

Periplasmódium, Plasmakörper, der nach Auflösung der Membranen aus den Tapetenzellen eines Sporangiums hervorgeht, der Ernährung der jungen Sporen dient und die Bildung des Perispors bewirkt.

Períploca, f., Gatt. der Asclepiadáceae (griech. perí = herum; plokein = schlingen; periploké = Umschlingung; Schlingstrauch!) – Baumschlinge.

Perispérm (griech. spérma = Same; perí = um, herum), Nährgewebe der Samen, das den Rest des Nucellus darstellt und somit außerhalb des Embryosackes gebildet wird.

Perispór, die äußere Zellwandschicht, welche die Oospore mancher Pilze (Perenosporáceae) und die Sporen von Lebermoos und Farnpflanzen umhüllt.

Peristéria, f., Gatt. der Orchidáceae (griech. peristerá = Taube; die Blüte sieht einer Taube etwas ähnlich).

Peristóm (griech. perí = um, herum; stóma = Mund, Öffnung), einfacher oder doppelter Zahnkranz an der Mündung der Kapsel bei Laubmoosen (Bryidae). Die Zähne bestehen aus verschiedenartig skulpturierten Wänden von Zellfragmenten, seltener aus ganzen Zellen. Der Kranz des P. ist oft (meist) 4-, 16- oder 32zähnig.

Perithécium (griech. perithéke = Mütze), kugeliger bis birnenförmiger, nur mit einem Porus sich öffnender Fruchtkörper der Ascomycetes. Das aus Asci und Paraphysen bestehende Hymenium bleibt ständig eingeschlossen.

peritríche Bakterien (griech. perí = um, herum; thríx, Genit. thrichós = das Haar), Bakterien, bei denen die Geißeln über die ganze Oberfläche verteilt sind.

Perizýkel (griech. perí = um, herum; kýklos = Kreis), im Querschnitt kreisförmig erscheinende Zellschicht in der Wurzel, die Rinde und Zentralzylinder gegeneinander abgrenzt, gelegentlich reich an Stärkekörnern, in der Wurzel die Mutterschicht für die Seitenwurzeln; beteiligt an der Bildung des Kambiums für das sekundäre Dickenwachstum der Wurzel, hier auch Perikambium genannt.

perlúcens (lat.), stark glänzend.

Perm, n., (nach einem ehemaligen russ. Gouvernement); früher auch als Dyas bezeichnet (griech, dyás = Zweiheit). Das P. ist nach dem Karbon die jüngste Periode des → Erdaltertums. Der Zeitraum oberes Perm bis einschließl. Neokom (unterer Teil der unteren Kreide) wird als → Mesophytikum bezeichnet.

permeábel (lat. permeáre = durchwandern), durchlässig.

Permeabilität, Durchlässigkeit.

permíxtus (lat.), ganz vermischt.

Permutatión (lat. per drückt in Zusammensetzung häufig Verstärkung oder Vergrößerung aus), Vergrößerung der Blütenhüllen mit gleichzeitigem Abortieren der Geschlechtsorgane; → Mutation.

Pernéttya, f., Gatt. der Ericáceae (nach A. J. Pernetty, franz. Botan., 1716–1801) – Torfmyrte.

pero- (griech. perós), verstümmelt.

Peróvskia, f., Gatt. der Lamiáceae (nach dem Direktor der russ. Bot. Gärten L. A. Peréwskij, 1792 bis 1856).

Peroxysómen → Mikrobodies.

perpléxus, -a, -um (lat.), wirr, verflochten, verworren.

perpusíllus (lat.), winzig klein.

Perséa, f., Gatt. der Lauráceae (griech. Pflanzenname, nach dem Halbgott Perseus und nicht: von Persien) – Isabellenholz.

persicárius (lat.), pfirsichartig.

persicínus, -n, um (lat.), pfirsischfarben, -rot.

pérsicus, -a, -um (lat.), persisch (z. B. Cýclamen pérsicum – Persisches Alpenveilchen).

Persisténz (lat. persístens = festsitzend, stehenbleibend), bestehenbleiben.

Perthóphyta (griech. pérthein = verderben; phytón = Pflanze), pathogene pflanzliche Organismen der Gruppe der → Nekrophyten, befallen lebende Pflanzen, leben aber nur von totem Gewebe, das sie selbst abgetötet haben. Es gibt: 1. obligate P.: volle Entwicklung nur auf Pflanzenteilen, die lebend befallen und dabei getötet worden sind; 2. fakultative P.: volle Entwicklung auch auf totem Substrat, das sie nicht selbst getötet haben oder das nicht lebenden Pflanzenteilen angehört, gelegentlich auch Befall lebender Pflanzen. → Parasiten, Thrypto- und Saprophyten sowie Pathophyten.

pertúsus (lat. pertúndere = durchbohren), durchbrochen, -stoßen, löchert.

Perúlea (lat. péra = Sack; pérula = Säckchen), Knospenschuppen.

Perzeptión (lat. percípere = empfangen, wahrnehmen), Wahrnehmung, die entweder direkt zur Reaktion führt oder unter Zwischenschaltung einer Reizleitung andere, z. T. entfernt liegende Zellen erregt und nachfolgend zur Reaktion bringt.

-pés (lat. pés, pédis = Fuß; übertragen Stiel, Stengel), -fuß, -füßig.

Pescatória, f., Gatt. der Orchidáceae (nach M. Pescatore, Senator zu Paris und Orchideenfreund).

Pestizíd (engl. pesticide), Sammelbezeichnung für chemische Pflanzenschutzmittel; → Umweltverschmutzung.

Pétala, Sing. Pétalum (griech. pétalon = Blatt), Kronblätter, Blütenkron- oder Blumenblätter.

petaloíd, kronblattartig; p. ist entweder die Blütenhülle bei homoiochlamydëischen Blüten oder manchmal der Kelch, wenn die Blumenkrone fehlt wie bei einigen apetalen Blüten.

Petaloidíe, Umbildung eines Hoch-, Kelch-, Staub- oder Fruchtblattes in Petalen.

Petalomaníe (griech. pétalon = Blatt; manía = Raserei, Wahnsinn, überhaupt: anormales Verhalten), überreiche Produktion von Petalen.

-pétalus, in Zusammensetzungen: -kronblättrig.

Petasítes, m., Gatt. der Asteráceae (griech. pétasos = Sonnenschirm oder Hut mit rundem Schirm; gemeint sind hier die großen Blätter) – Pestwurz.

petioláris, petiolátus (lat.), gestielt (z. B. Hydrangea petiolaris – Kletterhortensie).

Petíolus (lat. pes, pédis = Fuß; -olus = verkleinernde Endung; also »kleiner Fuß«) – Blattstiel.

petráeus, -a, -um (griech. pétros = Stein, Felsen), an Felsen vorkommend, auf steinigem Boden wachsend (z. B. Quércus petráea – Stein- oder Traubeneiche).

Petrefákten (lat. fáctus = getan, gemacht, geschaffen; griech. pétra = pétros = Stein), Versteinerungen.

Pétri, Richard Julius, (1852 bis 1921); Bakteriologe; P. führte 1887 die nach ihm benannten Nährbodenbehälter für Bakterienkulturen ein (Petrischalen).

Petrocállis, f., Gatt. der Brassicáceae (griech. pétros = Fels; kállis = Schönheit) – Steinschmückel.

Petrocóptis, f., Gatt. der Caryophylláceae (griech. pétros = Fels; kóptein = zerbrechen, verwunden) – Pyrenäennelke.

Petrophýten (griech.), Gesteinspflanzen.

Petróphytum, n., Gatt. der Rosáceae (griech. pétros = Fels; phytón = Pflanze) – Rasenspiere.

Petroselínum, n., Gatt. der Apiáceae (griech. Pflanzenname von pétros = Fels und selínon = Sellerie) – Petersilie.

Petrosimónia, f., Gatt. der Chenopodiáceae (griech. pétros = Fels, Stein; símos = aufwärtsgebogen, stumpf, hohl, eingebogen). Spec.: P. brachiata – Bunge.

Petúnia, f., Gatt. der Solanáceae (Vernakularname, brasilian. Petún = Tabak; folglich Petúnie sprachlich eigentlich »Tabaksblume«) – Petunie

péuce (griech.), Fichte (peúke).

Peucédanum, n., Gatt. der Apiáceae (griech. Pflanzenname) – Haarstrang; fossil seit dem Pliozän.

Péumus, m., Gatt. der Monimiáceae. Spec.: P. boldus (Chile).

Pfahlwurzel, Wurzelsystem mit einer deutlichen Hauptwurzel, die vertikal abwärts gerichtet ist und kleinere Seitenwurzeln trägt, z. B. Taraxacum; in manchen Fällen ist eine P. stark verdickt und enthält Reservestoffe, wie bei Möhre und Pastinak; vgl. Büschelwurzel.

Pflanzen, Organismen, die im allgemeinen aus anorganischen Stoffen organische aufzubauen vermögen.

Pflanzenassoziatión → Assoziation.

Pflanzenbau, Nutzung der Bodenfruchtbarkeit durch die Kulturpflanzen. Eine rationelle Bodennutzung ist auf zwei Wegen möglich: 1. durch Anpassung der Kulturpflanzen an die ökologischen (standortmäßigen) Bedingungen, d. h. Auswahl bestimmter Pflanzenarten und -sorten für den vorhandenen Bodentyp; 2. durch Schaffung von Standortbedingungen, die den Ansprüchen der Pflanzen genügen. Der letztere Weg ist Aufgabe der Landschaftsgestaltung und des Ackerbaus.

Pflanzenbiologíe, Lehre von der Lebensweise, Vererbung und Veränderlichkeit, Anpassung und natürlichen Verbreitung der Pflanzen.

Pflanzenfarbstoffe, in Pflanzen vorkommende Farbstoffe, die bei ihrem Auftreten eine Färbung der Pflanzenorgane bewirken.

Pflanzenformatión → Formation.

Pflanzengemeinschaft, 1. real vorhandene Kombination von Pflanzenindividuen, die sich miteinander im Wettbewerb befinden und durch die Konkurrenzkraft der Teile im Gleichgewicht sind; 2. gelegentlich auch für Siedlung, Fundort einer Vegatationseinheit oder für Assoziationsindividuum gebraucht.

Pflanzengeographíe (Phytogeographie), Lehre von der Verbreitung der Pflanzenwelt auf der Erde in ihrer Abhängigkeit von den Lebensbedingungen.

Pflanzengesellschaft (Phytocoenóse), Typ einer umweltabhängigen Kombination von Pflanzenarten und -individuen, die sich miteinander im Wettbewerb befinden und sich durch die Konkurrenzkraft der Teile im Gleichgewicht befinden, so daß das Gesamtbild der Gemeinschaft trotz des Auswechselns der Teile eine gewisse Dauer erlangt.

Pflanzenhormóne (→ Hormone), Hormone mit der Funktion von Wuchsstoffen und entsprechender Bedeutung für Wachstum und Entwicklung. → Auxine.

Pflanzenkrankheit, jede Abweichung vom normalen Verlauf der Lebensvorgänge, die das Bestehen der Pflanze oder ihrer Teile bedroht oder unvorteilhaft beeinflußt.

Pflanzenökologíe (griech. oikos = Haus; lógos = Lehre, Kunde), Lehre vom Haushalt der Pflanzen. Sie gliedert sich in die pflanzliche Autökologie, Lehre vom Haushalt der einzelnen Pflanzen, welche die Einpassung der einzelnen Pflanzenindividuen in ihrer Umwelt untersucht, und in die pflanzliche Synökologie, die Lehre vom Pflanzengesellschaftshaushalt, die die Wechselbeziehungen innerhalb der Pflanzengesellschaft, zwischen den Pflanzengesellschaften und zwischen der Pflanzengesellschaft und dem Standort erforscht.

Pflanzenpaläontologíe → Paläobotanik.

Pflanzenpathologíe → Phytopathologie.

Pflanzenquarantäne, alle Maßnahmen (eines Staates), die sich gegen das Einschleppen und Verbreiten von Pflanzenkrankheiten und -schädlingen richten. Die »innere Pflanzenquarantäne« umfaßt alle Maßnahmen, die in dieser Hinsicht innerhalb eines Landes getroffen werden. Die »äußere Pflanzenquarantäne« sorgt für eine Kontrolle des Verkehrs mit dem Ausland. Es bestehen bestimmte Quarantänegesetze, zu deren Durchführung in fast allen Staaten ein Pflanzenbeschaudienst eingerichtet ist.

Pflanzensoziologíe (lat. sócius = gemeinsam, verbunden, auch Gefährte, Teilnehmer; griech. sózein = sich erhalten, behaupten; lógos = Lehre), Wissenschaft von den Pflanzengesellschaften (Phytocoenologie) und ihren Beziehungen zur Umwelt.

pflanzensoziologische Nomenklatur, Benennung pflanzensoziologischer Einheiten verschiedener Dimensionen und Abstufung (= Rangstufen) durch Verwendung insbes. von typischen Suffixen in Verbindung mit dem jeweiligen Wortstamm von diagnostisch wichtigen Arten bzw. deren Gattungsnamen. Suffixe sind z. B. bei: Assoziationen: -etum; Verbänden: -ion; Ordnungen: -etalia; Gesellschaftsklassen: -etea. Dazu folgende Anwendungsbeispiele: Caricetum curvulae, Piceetum subalpinum (= Assoz.); Potentillion caulescentis (= Verband); Caricetalia curvulae (= Ordn.); Caricetea curvulae (= Klasse).

Pflanzgut, Vermehrungsorgane von Kulturpflanzen, die im Unterschied zum Saatgut auf ungeschlechtlichem oder vegetativem Wege entstehen (z. B. Kartoffelknollen, Zwiebeln sowie Pflanzlinge oder Stecklinge).

Pflanzling, Syn.: Steckling, bedeutet für die Kultivierung vorgesehene Pflanze oder Pflanzenteil.

Pflücksalat (= Schnittsalat), Trivialbezeichnung für: Lactuca sativa var. crispa; gestreckter Sproß mit krausen Blättern; mit zahlreichen Sorten als Salatpflanze in Kultur; vgl. Kopfsalat.

Pfrieme, schmal ausgezogene Blattspitze (bei Laubmoosen).

pfriemliche Blätter, nadelartige Blätter.

Pfropfbastárd, durch Pfropfung entstandene → Periklinalchimäre. Kern der Chimäre: Gewebe der Unterlage. Mantel der Chimäre: Gewebe des Pfropfreises oder umgekehrt.

Pfropfen (= Pfropfung), Verfahrensweise bzw. Vorgang für künstlich herbeigeführte Verwachsung von knospentragenden Pflanzenteilen (Pfropfreisern) mit entsprechend zugeschnittenen Teilen von im Boden wurzelnden Pflanzen (Unterlagen).

Pfropfhybríden → Propfbastard.

Pfropfunterlage, bewurzelte Unterlage, auf die Edelreiser aufgepfropft werden.

P-Generation (P = Anfangsbuchstabe von lat. paréntes = Eltern; lat. génus, géneris = Geschlecht), Elterngeneration; im Ggs. zur F-Generation = Tochtergeneration.

pH (= Abk. **p** für lat. poténtia = Potenz und H für Hydrogenium bzw. Wasserstoffionen), Wasserstoffionenkonzentration = *p*H-Wert (s. d.).

Phacélia, f., Gatt. der Hydrophylláceae (griech. phakélos = Büschel; lat. fascículus; die Blüten stehen in Büscheln) – Bienenbrot, Büschelschön.

phaen-, phaeno- (griech. phaínein = sich zeigen, erscheinen), sichtbar.

Phän (griech. phaínein = zeigen, erkennen lassen), einzelnes sicht- und meßbares Merkmal oder eine Merkmalsgruppe, die durch mehrere Gene kontrolliert wird.

Phänoareál, Merkmalsareal.

Phänologíe (griech. phaínein = zeigen, erkennen lassen; lógos = Lehre), Wissenschaft vom jahreszeitlichen Ablauf der Lebenserscheinungen. Langjährige Beobachtungsergebnisse über den Eintritt auffälliger Phasen (Laubentfaltung, Blühbeginn, Fruchtreife, Laubfall) bei allgemein verbreiteten Pflanzen, liefern wichtige Daten auch für die Landwirtschaft.

phänológische Interzeptión (lat. intercípere = auffangen, unterbrechen), zeitliche Verschiebung der Blühtermine bei verschiedenen Arten oder an einem bestimmten Ort in verschiedenen Jahren.

phänologische Isolatión, biologische Isolation einer Art von anderen Arten durch Unterschiede im Zeitpunkt des Blühtermins. → Isolation.

Phänomén (griech. phainómenon = Erscheinung), Zeichen, Erscheinung.

Phänopháse (griech. phaínein = zeigen, erkennen lassen; phásis = Erscheinung, Abschnitt), Zeitraum (Beginn bis Ende) eines beobachteten Zustandes in der Phänologie (z. B. Beginn und Ende der Roggenblüte).

phänotypische Geschlechtsbestimmung, im Inneren des Organismus im Laufe seiner Entwicklung sich einstellende Bedingungen, die bestimmen, ob eine Geschlechtszelle männlich oder weibliche Tendenz erhält.

Phänotýpus (griech. phaínein = zeigen, erkennen; týpos = Gepräge, Bild), Erscheinungsbild, also Summe der sichtbaren Merkmale einer Pflanze. Ggs. → Genotypus.

Phaeóphyta, Phäophyceae (Kl.) (griech. phaeiós = bräunlich; phýkos = Tang) – Braunalgen; fossil wahrscheinlich seit dem Silur.

phaeus (griech.), braunrot, dunkelbraun.

Phágen → Bakteriophagen.

Pháius, m., Gatt. der Orchidáceae (griech. phaios = dunkel, grau; Blüten sind überwiegend dunkel [braun] gefärbt) – Dunkelorchidee.

phalácro (griech. phallós = Kahlkopf), kahl.

Phalaenópsis, f., Gatt. der Orchidáceae (griech. phalaina = Nachtfalter; ópsis = Aussehen, bezieht sich auf die Gestalt der großen weibl. Blüten).

Phalángium, n., Gatt. der Liliáceae (griech. phalángion = Spinne; wegen der dünnen, langen Wurzelzweige) – »Spinnenlilie«, Zaunblume.

Phaláris, f., Gatt. der Poáceae (griech. Pflanzenname von phaláros = glänzend) – Glanzgras.

phállifer, phallífera, phallíferum (lat.), Kolben tragend, Phallus tragend.

Phalloidín, Giftstoff u. a. im Grünen Knollenblätterpilz (Amanita phalloides), thermostabil, durch Magensaft genauso wie das noch gefährlichere → Amanitin nicht angreifbar. Ph. ist in bedeutend geringerer Menge als das Manitin vorhanden. Formel: $C_{40}H_{47}O_{10}N_aS$. Die winzige Menge von 1/20000 g Phalloidin tötet eine Maus.

-phállus (griech. phallós = männliches Glied), -glied.

Phállus, m., Gatt. der Phalláceae (griech. phallós = männliches Glied, das aus Holz oder Stein als Sinnbild der Zeugungskraft der Natur nachgebildet wurde) – Stinkmorchel; Ordn. Bauchpilze.

Phanerogámae (griech. phanerós = sichtbar vor aller Augen; gámos = Heirat), in Sproß und Wurzel gegliederte Pflanzen, die sich durch Blüten- und Samenbildung auszeichnen. Ggs. → Kryptogamae (von Linné benutzte Einteilung der Pflanzen).

Phanerophýten (griech. phanerós = sichtbar vor aller Augen, auffallend; phytón = Pflanze), Holzpflanzen mit in die Luft ragenden, auch während der ungünstigen Jahreszeit ausdauernden Trieben (Luftpflanzen), z. B. Bäume und Sträucher.

-phanerós (griech. phaíno = an den Tag bringen), offenbar, deutlich, sichtbar.

Phanerozóikum, n., (griech. phanerós = sichtbar; zóon = Lebewesen; lat. -icum = Nachsilbe), Zeitalter des sichtbaren Lebens vom Unterkambrium bis heute, Ggs. das davorliegende Kryptozoikum, dem eine deutliche Untergrenze fehlt (griech. kryptós = verborgen).

Phantasienamen (griech. phantasía = Vorstellung, Traumbild, prunkende Erscheinung, Pomp, Gepränge), völlig neu erfundene Namen.

Pharbítis, f., Gatt. der Convolvuláceae (sprachl. Ableit. unklar) – Trichter-, Prunkwinde.

Pharmakognosíe (griech. phármakon = Heilmittel; gnósis = Kenntnis), Drogenkunde, Lehre von der Herkunft, dem Aussehen und der Zusammensetzung der pflanzlichen und tierischen Drogen.

Pharmakologíe (griech. → Pharmakognosie und lógos = Lehre, Kunde), Arzneimittelkunde, Lehre von der Wirkung der Arzneimittel, Gifte und den Veränderungen, die sie im lebenden Organismus hervorrufen.

Phármakon (griech.), Arzneimittel.

Pharmakopoë (griech. poiéō = ich mache), Arzneibuch, Verzeichnis der in den Apotheken zu führenden offiziellen (= rezeptpflichtig.) Mittel nebst Angabe ihrer Beschaffenheit.

Pharmazíe (griech.), Apothekerkunst, Arzneimittelkunde, Lehre von der Herstellung, Verarbeitung und Prüfung der Arzneimittel.

Pháse (griech. phásis = Erscheinung, Abschnitt), Entwicklungsstufe; gegenwärtiger Zustand eines (zeitlich veränderlichen) Vorganges.

Phaséolus, m., Gatt. der Fabáceae (griech. phaséolos = Kahn, wegen der kahnförmigen Hülse; lat. Name für die im tropischen Afrika heimische, aber schon in alter Zeit nach Südasien gekommene Vigna sinénsis, der dann im 16. Jh. auf die aus Amerika eingeführte Gartenbohne übertragen wurde) – Bohne.

Phegópteris, f., Gatt. der Polypodiáceae (griech. phegós = Buche; pterís = Farn) – Buchenfarn.

Phelipáea, f., Gatt. der Orobancháceae (nach den beiden franz. Marinebeamten Louis und Jerome Phelipaux benannt) – »Phelipaux« – Sommerwurz.

phellándrium, Wasserfenchel (Ableit. unsicher).

Phellodéndron, n., Gatt. der Rutáceae (griech. phellós = Kork; déndron = Baum) – Korkbaum; fossil seit dem Oligozän.

Phellodérm (griech. phellós = Kork; dérma = Haut), Korkrinde, durch die Tätigkeit des Korkkambiums entstandene Rindenzellen, die in ihrer Form und Anordnung von den primären Rindenzellen gewöhnlich abweichen. Es sind die vom Korkkambium nach innen abgegebenen Zellen.

Phellogén (griech. phellós = Kork; gígnomai = erzeugen, entstehen; lat. gignere, im Perfekt: genui! altlat. auch: génere!), Korkkambium, also Korkzellen erzeugendes Teilungsgewebe, dem Wesen nach Folgemeristem, bildet sich in der Regel aus bereits differenzierten Rindenzellen.

Phelloíd, Bezeichnung für die unverkorkten Schichten im Korkgewebe, die sich nach Bau und Inhalt nur wenig von den Korkzellen unterscheiden und wie diese entstehen.

Phelloidschichten, meist aus besonders dünnwandigen Korkzellen bestehende Schichten in der (Schuppen-)Borke (s. d.).

phellós (griech.), der Kork.

Phénon, Art mit Intrasterilitätsschranken infolge großer genomatischer (→ Genom) Verschiedenheiten.

Phenylalanín, α-Amino-β--phenylpropionsäure, C_6H_5–$CH_2CH(-NH_2)$–COOH, eine Monoaminomonocarbonsäure, die einen Benzolring im Molekül enthält.

phil-, philo-, -philos, -us, -a, -um (griech. phílos = Freund, phíle = Freundin, phílos = befreundet, philía = Liebe), -freund.

Philadélphus, m., Gatt. der Saxifragáceae (benannt nach Ptolemaeus Philadelphus, König von Ägypten, gest. 246 v. u. Z.; sprachlich heißt philádelphos bezeichnenderweise: Bruderliebhaber, von philéin = lieben und adélphos = Bruder; kann man hier auch auf die »geschwisterlich« sich umfassenden Zweige beziehen) – Pfeifenstrauch; fossil seit dem Miozän.

Philésia, f., Gatt. der Liliáceae (griech. philésis = das Lieben, Küssen).

phillyraeoídes, phillyreoídes, phillyreaähnlich (Phyllyrea, richtiger philyréa von griech. philýrea = Linde; Blattähnlichkeit).

Phillýrea, f., Gatt. der Oleáceae (griech. Pflanzenname) – Steinlinde; fossil seit dem Pliozän.

Philodéndron, n., Gatt. der Aráceae (griech. phílos = Freund; déndron = Baum), Baumfreund, da sie als wurzelkletternde Lianen Bäume als Halt benutzen.

Phílydrum, n., Typusgatt. der Philydráceae (mit nur 4 Genera und 5 Species; Australien bis S-Asien); Spec.: P. lanuginosum.

phleoídes (griech. phléein = fließen, Anwendung gegen »fließende« Ohren), phléumähnlich.

Phléum, n., Gatt. der Poáceae (phléos = griech. Name für ein Gras) – Lieschgras.

Phloëm (griech. phloiós = Rinde, Bast, Borke), Sieb- oder Bastteil, im allgemeinen äußerer Teil des Leitbündels, besteht hauptsächlich aus Siebröhren (noch lebende Zellen) und Bastzellen.

Phloëmprimánen (griech. phloiós = Rinde, Bast, Borke; lat. prímus = erster), zunächst englumige, dehnungsfähige Zellröhren; also Erstlinge des Siebteils.

Phlómis, f., Gatt. der Lamiáceae (griech. Pflanzenname) – Brandkraut.

phlomoídes (griech. phlómos, phlomís von phlóx = Flamme), phlómisähnlich.

Phlox, f., Gatt. der Polemoniáceae (griech. phlox = Flamme; wegen der leuchtenden, oft auch roten Blütenfarben) – Flammenblume.

phoenic-, phoeníceus, -a, -um, phoenico- (lat. purpurn, scharlachrot, hochrot; phoínix = Purpur; auch Dattelpalme).

phoenícius, aus Phönizien (Syrien) stammend, purpurrot.

Phoénix, f., Gatt. der Arecáceae (griech. Name für die Dattelpalme, weil die Griechen den Baum und seine Früchte durch die Phönizier kennengelernt hatten) – Dattelpalme; fossil seit dem Tertiär.

Pholidóta, f., Gatt. der Orchidáceae (griech. phólis, pholídos = Schuppe bzw. pholidotós = schuppig; namentl. Bezug auf die schuppigen Tragblätter und oder auf die von Schuppenblättern umgebenden Pseudobulbi; wahrscheinlich ist sprachlich auch ein Zusammenhang zu konstatieren zwischen den lokalisierten Schuppengebilden und dem Trivialnamen »[Klapper-]Schlangenorchidee«).

Pholióta, f., Gatt. der Unterfam. der Schleierblättler, der Fam. der Agaricáceae – Dünnblättler, der Ordn. Agaricales – Blätterpilze (von griech phólís = Schuppe, bezieht sich auf die kleinen, braunen, sparrig abstehenden, flockigen Schuppen, die den Stiel bedecken, Suffix -otós) – Schüppling.

Pholiúrus, m., Gatt. der Poáceae (griech. phólis, pholídos = Schuppe; oura = Schwanz) – Schuppenschwanz.

Phórmium, n., Gatt. der Liliáceae (griech. phormíon = Matte, Körbchen) – Neuseeländischer Flachs.

Phosphatíde, fettähnliche Substanzen, bei denen zwei Hydroxylgruppen des Glyzerins wie bei den Fetten mit Fettsäuren verestert sind; die dritte Hydroxylgruppe ist jedoch mit Orthophosphorsäure und diese wiederum mit Aminoalkohol verestert.

Photínia, f., Gatt. der Rosáceae (griech. photeinos = glänzend) – Glanzmispel.

phótische Tiefenstufe der Wasservegetation (griech. phos, photós = Licht), Schicht des Wassers, in der die Lichtintensität für die normale Entwicklung von Makrophyten noch ausreicht.

Photoästhése (griech.), Lichtempfindlichkeit.

photoästhétische Bewegungen, vom Licht abhängige Bewegungen.

photométrische Blätter, Blätter, deren Lage von der Richtung des einfallenden Lichtes abhängig ist.

Photomorphósen, Morphosen, bei denen das Licht Reizanlaß ist.

photonástische Krümmung, eine durch Änderung der Beleuchtungsintensität hervorgerufene nastische Bewegung.

Photoperiódik, tagesrhythmischer Wechsel von Licht und Dunkelheit (→ Photoperiodismus).

Photoperiodísmus (griech. phos, photós = Licht; períodos = Umlauf, regelmäßige Wiederkehr), Verhalten der Pflanzen zur täglichen Belichtungsdauer. Man unterscheidet: a) Kurztagspflanzen, die nur unter kurzen Tagen (Belichtung) Blüten bilden und daher in Gebieten niedriger geographischer Breiten häufig sind; b) Langtagspflanzen, die nur bei einer Tageslänge von über 14 Stunden zum Blühen und Fruchten gelangen und daher im Bereich höherer geographischer Breiten häufig sind; c) tagneutrale Pflanzen, sie zeigen keinerlei photoperiodische Reaktion.

photophíl (griech.), lichtliebend.

Photosynthése (griech. phos, photós = Licht; sýnthesis = Aufbau, Zusammensetzung), physiologischer Prozeß, bei dem aus anorganischen Stoffen unter katalytischer Mitwirkung des Blattgrüns und unter Ausnutzung der Sonnenenergie organische Stoffe (Kohlenhydrate) aufgebaut werden, oft auch als Assimilation in engerem Sinne bezeichnet.

photosynthétischer Quotient, Verhältnis des durch grüne Pflanzen aufgenommenen Sauerstoffvolumens zum Volumen des in derselben Zeit bei der Photosynthese abgegebenen Kohlendioxids. Er ist im allg. gleich 1, während der → respiratorische Quotient im allg. etwas unter 1 liegt.

Phototáxis, durch Belichtungsunterschiede ausgelöste Bewegung von Organismen; → Taxien.

Phototropísmus (griech. phos, photós = Licht; trópos = Richtung, Wendung), nach der Lichtrichtung orientierte Krümmungsbewegung; »Lichtwendigkeit«.

Phragmipédilum, n., Gatt. der Orchidáceae (griech. phrágma = Trennwand; pédilon = Pantoffel, Sandale, Schuh; namentl. Bezug auf die Trennwände im Fruchtknoten und auf die pantoffelschuhförmige Lippe; aus gefächerten Fruchtknoten entsteht eine gefächerte Frucht) – »Fachkapsel-Frauenschuh«.

Phragmítes, m., Gatt. der Poáceae (griech. phrágma = Zaun; bezieht sich auf den Gebrauch für Zäune oder zur Berohrung der Wände) – Schilfrohr; fossil seit der oberen Kreide.

phragmítis (griech.), der Umzäunung dienend, eine Art dünnen Rohrs.

Phragmobasídien (griech. phrágma = Scheidewand, Zaun; básis = Grund, Säulenfuß; -idie bedeutet Verkleinerung), geteilte Basidien, die quergeteilt wie bei Auriculária – Judasohr, längsgeteilt wie bei Tremella – Zitterling oder gegabelt wie bei Dacryomyces – Gallerttráne sein können. Ggs. → Holobasidien.

Phragmopédilum, Phragmipedium n., Gatt. der Orchidáceae (griech. = phrágma = Scheidewand, Zaun; pédilon = Schuh) – Riemen-Frauenschuh.

Phragmoplást (griech. phrágma → Phragmopédilum; plastós = gebildet), tonnenförmiger Körper, der bei der Kernteilung aus neuen, von Pol zu Pol gerichteten Fasern bei der Trennung der Tochterchromosomen entsteht. In ihm bildet sich nach vollendeter Mitose die neue Querzellwand.

Phráse (griech. phrásis = eine Ausdrucksweise), vorlinnéischer Artname mit mehrgliedrigem unterscheidendem Beiwort.

Phreátia, f., Gatt. der Orchidáceae (griech. phreátia = Wasserleitung, -behälter, Quelle, Brunnen; der Name ist sicherlich auf die Gestalt der seitlichen Sepala u. der Lippe beziehbar) – »Brunnenorchidee«.

Phrygána (griech. phrygána = kleines, trokkenes Holz, Reisig; phrygein = rösten, trocknen), vorwiegend durch Zwergsträucher, Geophyten und Gräser aufgebaute Formation des östlichen Mittelmeergebietes.

phu, arab. Neme einer Valeriana.

***p*H-Wert,** negativer Logarithmus der Menge der freien Wasserstoffionen in 1 l Wasser bei bestimmter Temperatur. *p*H 7 bedeutet, daß in einer Lösung $10^{-7} = \frac{1}{10\,000\,000}$ gH-Ionen enthalten sind. Bei neutraler Reaktion beträgt die Wasserstoffionenkonzentration (H^+) des reinen Wasser also $\frac{1}{10^7} = 10^{-7}$ und die der Hydroxylionen (OH^-) ebenfalls $\frac{1}{10^7} = 10^{-7}$. Die Gesamtionenkonzentration beider Ionenarten ist bei 22 °C stets konstant 10^{14}.

Phycobilíne, die chromophoren Gruppen der Phycobiliproteide (Vertreter der Stoffklasse Biline). Besonders verbreitete Ph. sind das blaue Phycocyanobilin und das rote Phycoerythrobilin.

Phycobiliproteide, als akzessorische Photosynthesepigmente dienende Chromoproteide der Cyanophyta, Rhodophyceae, Chryptophyceae.

Phycobiónt, Algenpartner einer Flechte.

Phycochemikryptophýta (griech. → Phycoerythrin), auf Rinden oder Steinen haftende Algen.

Phycodomátien, von Spaltalgen bewohnte Domatien.

Phycoërythrín (griech. phýkos = Alge, Tang; erythrós = rot, rötlich), roter Algenfarbstoff (Vorkommen bei Blau-, Feuer- und Rotalgen).

Phycomycétes (griech. phýkos = Alge, Tang; mýkes, -etos = Pilz), Algenpilze, frühere Klasse der Fungi. Sie sind von einer Zellwand umgeben und gliedern sich zumindest z. Z. der Fortpflanzung, auch wenn sie sonst nur einzellig vorliegen, in ein vegetatives System und in Fortpflanzungsorgane. Höhere Vertreter besitzen Hyphen, die meist keine Querwände (Septen) haben (koenozytisch) und vielkernig (polyenergid) sind. Aufgeteilt in: Chytridiomycétes, Endomycétes und Zygomycétes; fossil seit dem Silur.

Phygélius, f., Gatt. der Scrophulariáceae (griech. phýge = Flucht; hélios = Sonne; d. h. liebt schattigen Standort oder »Sonnenflüchter«).

Phykocyán (griech. phýkos = Alge, Tang, kyáneos = stahlblau), blauer Algenfarbstoff.

phylétisch (griech. phylé = Stamm), die Abstammung betreffend.

Phýlica, f., Gatt. der Rhamnáceae (phylike = griech. Pflanzenname) – Kapmyrte.

Phyllánthus, m., Gatt. der Euphorbiáceae (griech. phýllon = Blatt; ánthos = Blüte).

phyllitídes, phyllítisähnlich (Phyllitis der Griechen ist der jetzige Farn Hirschzunge).

Phyllítis, f., Gatt. der Aspleniáceae (griech. Pflanzenname). Spec.: P. scolopendrium – Hirschzunge.

phyllo- (griech.), in Zusammensetzungen: blatt-.

Phyllocáctus, m., Gatt. der Cactáceae (griech. phýllon = Blatt und Gattungsname Cactus) – Blattkaktus.

Phyllocládien, bei Flechten die Algen enthaltenden, von den Stämmchen meist deutlich abgesetzten, blattähnlichen Gebilde. Sie sind verschieden gestaltet, können funktionell aber als Assimilatoren gelten.

Phyllócladus, m., Gatt. der Polocarpáceae (griech. phýllon = Blatt; kládos = Zweig) – Farneibe.

Phyllódien (griech. phýllon = Blatt; im Plur Laub; -odie bedeutet: ähnlich wie), zu Assimilationsorganen umgebildete Blattstiele; häufig wird dabei die Blattspreite re duziert und der Blattstiel spreitenähnlich flach (xeromorphe oder Trockenheitsanpassung, bekannt bei den meisten Akazien).

Phyllódoce, f., Gatt. der Ericáceae (griech. phýllon = Blatt; dokéo = ich scheine, ich halte dafür; Blätter ähnlich wie bei Eríca) – Kantenheide.

Phylloíd (Phyllidien), blattartiges Gebilde der niederen Pflanzen.

phyllokarpische Bewegungen, Bewegungen von Blütenstielen, durch welche die junge Frucht unter die Laubblätter gebracht wird.

Phyllokládien (griech. phýllon = Blatt; kládos = Schößling, Zweig), blattartig verbreiterte Kurztriebe, grüne Flachsprosse, die bei Reduktion der Blätter deren Funktion übernehmen (z. B. bei Phyllocladus).

Phyllóm (griech. phýllon = Blatt), Blatt im allgemeinen Sinne, Gesamtheit der Blätter.

Phyllomaníe (griech. phýllon = Blatt; manía = Wahnsinn, Raserei, überhaupt: Abweichung vom Normalen), vollständige Vergrünung der Blüten, deren Organe alle zu grünen Blättern umgewandelt erscheinen.

Phyllomorphíe (Phyllodíe) (griech.), Auftreten von Laubblättern an Stelle anderer Organe.

Phyllosporíe (griech. phýllon = Blatt; spóros = Keim), Ausbildung der Sporangien an Blättern (z. B. bei Farnen).

Phyllotáxis (griech. phýllon = Blatt; táxis = Stellung), Blattstellungslehre.

Phyllothéca, f., (griech. phýllon = Blatt; théke = Behälter), fossile Artikulatengattung, vor allem in der Gondwana-Flora, teils auch in der Angara-Flora. Vorkommen: Karbon bis Perm, evtl. noch im Jura.

Phyllotropísmus (griech.), Stellung bzw. Veränderung der Blätter am Stengel in Beziehung zu seiner Achse.

phylogenétisch, auf die Stammesgeschichte bezüglich, stammesgeschichtlich.

phylogenétische Systéme, Systeme, die vor allem die Phylogenie der Organismen zu ihrer Gliederung heranziehen.

Phylogeníe (Phylogenése) (griech. phýlon = das von Natur Zusammengehörige, daher Stamm, Sippe, Geschlecht; geneá = Geburt, Abstammung, Herkunft), Wissenschaft von der stammesgeschichtlichen Entwicklung; → biogenet. Grundregel.

Phýlum (griech. = phýlon = Stamm, Geschlecht) → Stamm.

Phymatídium, n., Gatt. der Orchidáceae (griech. phýma = Gewächs, Geschwür, Wucherung; Bezug auf die Winzigkeit der Pflanzen) – Zwergorchidee.

phymato- (griech. phýma = Geschwulst), geschwollen-.

phys-, physo-, physa (griech. phýsa = Blase), blasen-, -blase.

Phýsalis, f., Gatt. der Solanáceae (griech. phýsalis = Wasserblase; Pflanze mit blasenähnlichen Früchten) – Juden- oder Blasenkirsche.

physaloídes (griech. phýsa = Blase – Fruchtform!), phýsalisähnlich.

physikalische Bewegungen, von der Lebenstätigkeit ganz oder doch unmittelbar unabhängige Bewegungen.

Physiochóren (griech. phýsis = Wuehs, Natur; chóros = Raum und chorízein = absondern) → Fliesen.

Physiognomíe (griech. phýsis = Wuchs, natürliche Beschaffenheit, Natur, Wesen, Geschöpf; gnóme = Erkenntnis, Kenntnis, Ansicht; also etwa: »Naturansicht«), das äußere Bild einer Pflanzengesellschaft, das vor allem von der Ökologie abhängig ist. Die Ökologie einer Pflanzengesellschaft kommt u. a. in den vorherrschenden Lebensformen ihrer Einzelpflanzen zum Ausdruck. So bestimmen a) die Phanerophyten (Bäume/Sträucher) die Physiognomie der Waldgesellschaften, b) die Hydrophyten die der Wassergesellschaften, c) die Helophyten die Physiognomie der Sumpfgesellschaften.

Physiologíe (griech. phýsis = Natur, Wuchs, Geburt; lógos = Lehre), Wissenschaft von den Lebensvorgängen der Pflanze.

physiológisch, die Funktion bzw. die Lebenserscheinungen betreffend, auf die Physiologie bezüglich.

physiológische Gruppe, Zusammenfassung von Mikroorganismen, z. B. Bakterienarten mit gleichen Leistungen ohne Rücksicht auf ihre Form. Beispiele: Milchsäure-, Buttersäure-, Fäulnis-, Käsereifungsbakterien usw.

physiológische Reife, Kennzeichnung eines bestimmten Reifestadiums (z. B. des Getreides); Reifestadium zwischen Gelb- und Vollreife, in dem die Stoffeinlagerung in das Korn aufhört und noch kein Kornausfall erfolgt, gilt daher als idealer Ernte- oder Schnittzeitpunkt mit Ausnahme von Mähdrusch-, Saatgutgetreide (wegen der besseren Keimfähigkeit bei Vollreife) und Braugerste (wegen des höheren Stärkegehaltes bei Vollreife).

physiológischer Generationswechsel, der bei den Uredinales beim Übergang vom Haplont zum Dikaryont sich häufig vollziehende obligatorische Wechsel der Wirtspflanze.

Physocárpus, m., Gatt. der Rosáceae (griech. phýsa = Blase; karpós = Frucht) – Blasenspiere.

Physosíphon, n., Gatt. der Orchidáceae (griech. phýsa = Blase, síphon = Röhre; Bezug auf die basal aufgeblasene »Röhre« der Sepalen) – »Blasen«- oder »Röhrenorchidee«.

Physostégia, f., Gatt. der Lamiáceae (griech. phýsa = Blase; stége = Decke, stégein = bedecken) – Gelenkblume, Blasenkelch.

Physostígma, n., Gatt. der Fabáceae (griech. phýsa = Blase; stígma = Narbe) – Gottesurteilbohne.

Phytélephas, f., Gatt. der Arecáceae (griech. phytón = Pflanze; eléphas = Elefant, auch Elfenbein; also Elfenbein liefernde Pflanze) – Elfenbein- oder Steinnußpalme.

Phyteúma, n., Gatt. der Campanuláceae (griech. phyteuein, zeugen) – Teufelskralle (Form des Griffels mit der Staubfadenröhre).

Phytochorologíe → Chorologie.

Phytochróme (griech.), Pflanzenfarbstoffe, die in den chemischen Reaktionen des Photoperiodismus fermentähnliche Wirkung haben. Der Pflanzenfarbstoff existiert in zwei Formen, die sich reversibel (eine in die andere) umwandeln können: eine absorbiert kürzerwelliges, die andere längerwelliges rotes Licht.

Phytocoenologíe → Pflanzensoziologie.

Phytocoenóse (griech. phytón = Pflanze; koinós = gemeinsam) → Pflanzengesellschaft.

Phytodomátien, von pflanzlichen Organismen bewohnte → Domatien.

Phytogeographíe (griech. phytón = Pflanze; ge = Erde; gráphein = schreiben) → Pflanzengeographie.

Phytohormone (griech. phytón = Pflanze; hormé = Anstoß, Antrieb), »pflanzliche Hormone. Ph. sind chemische Signale, die in einem Teil der Pflanze in geringer Konzentration erzeugt, in einen anderen Teil transportiert werden und dort, ebenfalls in geringer Konzentration, steuernd eingreifen können, vor allem in Wachstums- und Entwicklungsprozesse« (Borris/Libbert 1984). Bei höheren Pflanzen werden derzeit unterschieden: 1. drei Klassen überwiegend fördernd wirkender Ph.: Auxine, Gibberelline, Cytokinine (letztere früher Phytokinine genannt); 2. zwei Klassen der Ph. mit vorwiegend hemmender Wirkung: Abscisine, Ethylen. – Bei niederen Pflanzen: sog. → Geschlechtshormone.

Phytolácca, f., Gatt. der Phytolaccáceae (griech. phytón = Pflanze; ital. lácca = Lack) – Kermesbeere.

Phytologíe (griech. phytón = Pflanze; lógos = Lehre), Wissenschaft von den Pflanzen, Pflanzenkunde (→ Botanik).

Phytomorphóse (griech. phytón = Pflanze; morphé = Gestalt), durch pflanzliche Schmarotzer hervorgerufene Gestaltsveränderung des Wirtes.

-phyton, -us, -a, -um (griech. phytón = Pflanze, Gewächs), -pflanze.

Phýton (griech. phytón = Pflanze), nach der Phyton-Theorie: blattähnliches Grundorgan der höheren Pflanze.

Phýton-Theorie (griech.), Theorie, nach der das Grundorgan, aus dem sich die höheren Pflanzen aufbauen, das Phyton ist. Das Vorhandensein eines Sprosses oder einer Achse als unabhängiges Organ wird abgelehnt. Nach dieser Auffassung ist das Blatt das phylogenetische Grundorgan der höheren Pflanzen, die Achse entsteht sekundär (nach Gaudichaud, Chauveaud).

Phytoparasiten, in oder auf Pflanzen lebende Parasiten.

Phytopathologíe (griech. phytón = Pflanze; páthos = Krankheit), Lehre von Pflanzenkrankheiten und deren Bekämpfung.

phytophag (griech.), pflanzenfressend (= herbivor). Phytophagen = Herbivora (s. d.) = Pflanzenfresser.

Phytóphthora, f., Gatt. der Phytiáceae (griech. phytón = Pflanze; phtheirein = verderben, vernichten; der Algenpilz schmarotzt z. B. auf der Kartoffel). Bekannte Art: Ph. infestans, Erreger der Braunfäule der Kartoffel.

Phytosteríne (griech. phytón = Gewächs, Pflanze; stéar = Fett, Talg), in Pflanzen vorkommende Sterine (z. B. Ergosterin).

Phytotoxine (griech. phytón = Pflanze; toxikón = das Pfeilgift), pflanzliche Gifte.

Phytotrón (griech.), 1. Gebäude, in dem Pflanzen unter einer breiten Auswahl verschiedener, aber regulierbarer Umweltbedingungen gehalten werden; hierzu gehören: Licht, Temperatur von Luft und Boden, Feuchtigkeit und Zusammensetzung von Luft, Wasser und den Nährstoffen im Boden usw.; 2. separat kontrollierte Umweltkammern, ein übliches Arbeitsmittel der meisten botanischen Laboratorien, ermöglichen eine begrenzte, weniger Kombinationen enthaltende Umweltgestaltung. Beide Einrichtungen dienen der Erforschung des Pflanzenwachstums.

Phytozönóse → Phytocoenóse.

Picea, f., Gatt. der Pináceae (lat. pix, pícis = Pech, Harz; píceus = pechig; pícea eigentlich Pechföhre) – Fichte; fossil wahrscheinlich seit der unteren Kreide.

píceus (lat.), pechschwarz, pechartig.

píchta (vermutlich von lat. pix, pícis abgeleitet), → Pícea.

picr-, picro- (griech. pikrós = scharf, bitter), bitter-.

Picrásma, f., Gatt. der Simarubáceae (griech. pikrásmos = Bitterkeit; píkros = bitter), Bitterholz liefernder Baum in Zentralamerika (→ Quassia).

Pícris, f., Gatt. der Asteráceae (griech. píkros = bitter) – Bitterkraut.

píctus (lat. píngere, píngo, pínxi, píctus = malen, bemalen), bemalt.

Píeris, f., Gatt. der Ericáceae (griech. mythol. Name).

Pigmént (lat. pigméntum = Farbe, Schminke), granulärer (körniger) Farbstoff.

Pikíeren (franz. piquer = stechen), in der Jungpflanzenanzucht das ein- oder mehrmalige Verpflanzen junger Pflanzen (z. B. in Frühbeete, Folienzelte o. ä. bzw. in Anzuchtgefäße, z. B. Töpfe). Beabsichtigt sind: Ausbildung größerer Wurzelballen, Schaffung besserer Licht- und Standortverhältnisse (durch weiteren Standraum), vorverlagerte Entwicklung der Pflanzen. Das P. geschieht »unter Glas« bzw. nicht im Freiland. Das P. sollte früh, d. h. bei voller Ausbildung der Keimblätter erfolgen bzw. beginnen. P. ist bedeutungsvoll im Gemüse- und Zierpflanzenbau, aber auch im Obstbau (→ Pikieren im Obstbau).

Pikíeren im Obstbau, wird in der Obstbaumschule bei der Anzucht von Sämlingsunterlagen vorgenommen; dabei werden die Sämlinge im optimalen Entwicklungsstadium (nach dem 3. Blatt) bei Kürzung der Pfahlwurzel verpflanzt, um die Bildung von Seitenwurzeln zu fördern (z. B. besonders bei Birnen- und Walnußsämlingen erforderlich).

Pílea, f., Gatt. der Urticáceae (griech. pílos = Kappe, Hut oder auch von pílon = Wurfspieß; die weibl. Blüten haben eine kappenförmige Kelchklappe) – Kanonierpflanze.

Pilgerodéndron, n., Gatt. der Cupressáceae (gebildet aus bzw. nach R. Pilger, 3. 7. 1876 bis 9. 1. 1953, deutsch. Botan.; déndron = Baum).

pílifer, pilífera, pilíferum; píliger, pilígera, pilígerum (lat.), haartragend.

pillíertes Saatgut, Saatguteinheiten, die durch Anlagerung von geeigneten Hüllstoffen zu Kügelchen geformt sind, um die Einzelkornsaat zu ermöglichen. Die Hüllmasse kann Schutzstoffe gegen Krankheitsbefall des Saatgutes sowie auch Nährstoffe enthalten.

Pilocéreus, m., Gatt. der Cactáceae (griech. pílos = Kappe, Hut und Gattungsname Cereus).

piloselloídes, ähnlich Hierácium pilosélla, rauhhaarig.

pilosélIus, -a, -um (lat.), behaart, Verkleinerung von pilósus.

pilósus (lat.), weichhaarig.

Pilothécien (griech.), Plur. Fruchtkörper von Basidiomyceten, die in Hut und Stiel gegliedert sind und sich aus Primordien entwickeln.

Piluléria, f., Gatt. der Pilulariáceae (lat. píla = Ball; pílula = Pille, kleiner Ball; die Sporenbehälter des Farns sind wie ein kleiner Ball geformt) – Pillenfarn.

piluláris (lat. pílula = Pille), pillenartig.

pilulósus (lat.), mit Pillen versehen.

Pilze → Fungi.

Pilzfäden → Hyphen.

Pilzvergiftung, Mycetismus, durch Verspeisen giftiger Pilze entstehende Krankheiten. Symptome: teils Brechdurchfall (Gastroenteritis) bis zu ausgesprochener Cholera nostras mit Kollaps, Delirien, Koma und Tod (hauptsächlich durch → Amanitine und Phalloidin), teils ähnlich denen der Atropinvergiftung.

Pilzwurzel → Mykorrhiza.

Pimélea, f., Gatt. der Thymelaeáceae (griech. pimelé = Fett) – Glanzstrauch.

Pimelínsäure (griech. pimelé = Fett), $HOOC-(CH_2)_5-COOH$, Dicarbonsäure, die ursprünglich durch Fettoxidation gewonnen wurde.

Piménta, f., Gatt. der Myrtáceae (span. piménto = Pfeffer) – Pimentbaum.

Pimpinélla, f., Gatt. der Apiáceae (neulat. Pflanzenname) – Bibernelle.

pináster, Strandkiefer (hybride Bildung von lat. pínus = Kiefer und griech. astér = Stern; die weibl. Zapfen bilden, in 2–4gliedrigen Quirlen vom Tragzweig abstehend, einen Stern).

píneus, pinusartig.

Pinguícula, f., Gatt. der Lentibulariáceae (lat. pínguis = Fett; -ula = Verkleinerungssilbe; die Blätter glänzen wie Fett) – Fettkraut gehört zu den → Carnivora.

pinn-, pinnati-, -pinnátus, -a, -um (lat.), fieder-, gefiedert-, -gefiedert.

pinnatífidus, -a, -um (lat.), fiederspaltig.

pinnátus, -a, -um (lat.), gefiedert (→ imparipinnat = unpaarig gefiedert, paripinnat = paarig gefiedert).

Pinozytóse (griech.), biologischer Prozeß, in dessen Verlauf sich eine Zelle durch Einstülpungen ihrer Oberfläche Nahrung in Tröpfchenform bis ins Zentrum ihres Zytoplasmas einverleibt. Dieser Adsorptionsprozeß ist in Pflanzen- und Tierwelt häufiger als die Phagozytose; bei spezialisierten Zellen festgestellt.

pinsápo (franz. sapin = Tanne; Plinius bezeichnete schon mit sappinus eine Art Tanne oder Fichte), spanische Tanne, zusammengesetzt aus Pinus und Sapo.

Pínus, f., Gatt. der Pináceae (lat. Pflanzenname; eigentlich: Pícnus von pix, pícis = Harz; also Harz liefernder Baum) – Kiefer, Föhre; fossil seit der unteren Kreide.

Pioniergesellschaften (griech. píon, Genit. píonos = wohlgenährt, stattlich), Pflanzengesellschaften, die in neue Gebiete oder noch unbesiedeltes Gelände vordringen.

Píper, n., Gatt. der Piperáceae (lat. Pflanzenname = píper; griech. = péperi) – Pfeffer; fossil seit der Kreide.

Piperín, Alkaloid im Pfeffer (Piper nigrum).

piperítus, -a, -um (lat. píper = Pfeffer), pfefferartig, Pfeffer- (z. B. Ménthe piperíta – Pfefferminze).

Piptanthocéreus, m., Gatt. der Cactáceae (griech. piptein = fallen; ánthos = Blüte und → Cereus).

piráster (lat. pírus = Birne), apfel- bzw. birnengleich.

Pírola, falsche Schreibweise für → Pyrola.

Pírus, falsche Schreibweise für → Pyrus.

Pisangstauden, Staudenpflanzen, deren Blattscheiden einen Scheinstamm ausbilden, z. B. Banane (Músa).

pisifer, pisífera, pisíferum (lat.), erbsentragend.

Pistácia, f., Gatt. der Anacardiáceae (griech. pistakós, -é, -on = echt, unverfälscht, treu; pistake = Pistazienbaum, mit offenbar im Sinne des Wortes beigemessen Eigenschaften) – Pistazie; fossil seit dem Oligozän.

Pístia, f., Gatt. der Aráceae (griech. pistós = wäßrig, flüssig, trinkbar) – Muschelblume; fossil seit dem Tertiär.

pistillát, Bezeichnung von Blüten, die nur Fruchtblätter, keine Staubblätter besitzen, also weiblich sind; vgl. staminat.

Pistilloíde (lat. pístor = »Stampfer«), → Stempel.

Písum, n., Gatt. der Fabáceae (griech. písos, gewöhnliche Erbse, Frucht; písa) – Erbse (mittelhochdtsch. erbeiz und arwis).

Pitcaírnia, f., Gatt. der Bromeliáceae (nach

W. Pitcairn, Prof. der Mediz., Edinburgh; Ende 17. Jh.)

Pittósporum, n., Gatt. der Pittosporáceae (griech. pítta = Pech; spérma = Same) – Klebsame; fossil wahrscheinlich seit dem Tertiär.

-pitys (griech. pítys = Fichte; vgl. Pícea), -fichte.

píus, -a, -um (lat.), fromm.

plagi-, plagio- (griech. plágios = schräg), schief-.

Plagiochíla, f., Gatt. der Plagiochiláceae (griech. plágios = schief; chéilos = Lippe, Saum, Rand. Nach der schief gestutzten Perianthmündung) – Lebermoose,

Plagiogeotropísmus, Orientierung eines Pflanzenorgans durch Krümmungswachstum als Reaktion auf den Reiz der Schwerkraft; seine Achse bildet einen Winkel (außer dem von 90 °) mit der Senkrechten. Sichtbar z. B. an den Verzweigungen einer Hauptwurzel, die um einen spitzen Winkel von der Vertikalen abweichen. Begriff P. im weiteren Sinn verwendet, bedeutet: Ein Organ bildet einen konstanten Winkel mit der Senkrechten, einschließlich des Sonderfalls des → Diageotropismus.

Plagioklímaxgesellschaft, Typ einer Pflanzengemeinschaft, der in seiner Zusammensetzung mehr oder weniger stabil und im Gleichgewicht mit den gegebenen Umweltbedingungen ist. Eine P. hat ihren natürlichen Endzustand aufgrund der durch Umweltfaktoren entstandenen Bedingungen nicht erreicht; z. B. Wiesen unter ständiger Beweidung (vgl. Klimaxgesellschaft).

plagiophýllus (griech. plágios = schief; phýllon = Blatt), schiefblättrig.

Plagiorhégma, n., Gatt. der Berberidáceae (griech. plágios = seitwärts, quer, schräg; rhégma = Spalte, Bruch, Riß). Spec.: P. dubium.

Plagiothécium, n., Gatt. der Plagiotheciáceae (griech. plágios = schief; thékion = kleines Behältnis. Nach der gekrümmten Urne der → Kapsel) – Laubmoose (Hypnales).

plagiotróp (griech.), waagerecht oder schräg wachsend. Ggs. orthotróp.

Plananemochóre (griech. plános = umherirrend; ánemos = Wind; chorízein = absondern), Pflanzen, deren Samen bzw. Früchte sich fliegend verbreiten.

planár (lat. plánum = Ebene, Fläche), zur Höhenstufe der Ebenen gehörig.

Planatión (lat. plánum = Fläche, Ebene), einer der sechs Elementarprozesse bei der Umbildung eines Teloms; eine Organverschiebung, bei der die ursprünglich allseitig verzweigten Triebe in eine einzige Ebene einrücken.

plani- (lat.), flach.

pláníceps (lat.), flachköpfig.

planicúlmis, planicúlmus (lat.), flachhalmig, platthalmig.

plankonvéx (lat. plánus = eben, glatt; convéxus = gewölbt, gerundet), auf der Innenseite flach, auf der Außenseite gewölbt.

Plánkton (griech. plánkton = das Umhergetriebene), Gesamtheit der im Freiwasserraum lebenden, mit den Wasserbewegungen passiv treibenden Organismen; Bakterioplankton, Phytoplankton (Algen), Zooplankton.

Planocóccen (griech. plános = umherschweifend, beweglich; kókkos = Kern, Scharlachbeere), einzelne, vom Thallus abgegebene, aktiv bewegliche Zellen der Blaualgen, die der Vermehrung dienen.

Planogaméten (griech. planós = umherirrend), aktiv mit Geißeln sich bewegende, außerhalb der Mutterpflanze kopulierende Gameten mancher Algen; → Gameten.

Planogamíe (griech. planós = umherirrend; gamein = heiraten), Verschmelzung von 2 Geschlechtszellen (Gameten), von denen mindestens eine durch Geißeln beweglich ist.

plánta (lat.), f., 1. Pflanze, Pfropfreis, Steckling (Regnum plantarum = das Reich der Pflanzen); 2. Fußsohle.

Plantágo, f., Gatt. der Plantagináceae (lat. plánta = Fußsohle; -ago = Suffix für Ähnlichkeit) – Wegerich (am und selbst auf stark begangenen Wegen wuchernd).

plantáre, -is (lat.), n., der Setzling.

plantierénsis, aus Plantières bei Metz stammend.

plánus (lat.), flach, eben, glatt.

Plásma (griech. plásma = das Gebildete), abgekürzte Bezeichnung für → Protoplasma.

Plasmagéne, Einzelfaktoren innerhalb der Gesamtheit der plasmatischen Erbfaktoren.

Plasmalémma (griech. plásma = das Gebildete; lémma = Schale), äußere Plasmahaut, dünne Rand- oder Grenzschicht (Membran), welche das Zellplasma gegen die Zellwand abgrenzt.

Plasmaströmung, gerichtete Bewegung im Zytoplasma (= Zellplasma).

plasmátische Vererbung, Bezeichnung für Erscheinungen, die nicht durch die in den Chromosomen lokalisierten Gene, sondern durch das Zellplasma bedingt sind.

Plasmodérma (griech. dérma = Haut), dünne, das Zytoplasma auch nach den Vakuolen zu überziehende Hautschicht.

Plasmodésmen (griech. plásma = das Gebildete; desmós = Bindemittel), fädige Plasmabrücken, welche die Zellwandporen, vor allem in der Schließhaut der Tüpfel, durchziehen und eine Verbindung des Inhalts benachbarter Zellen herstellen.

Plasmodiocárpium (griech./latin.), n., Sing., Plasmodienfrucht; Fruktifikation der Myxomycetes, bei der eine Bildung von Sporocarpien oder Aethalien unterbleibt; die Meiosporen entwickeln sich direkt aus dem Plasmodium.

Plasmodióphora, f., Gatt. d. Myxomycota (Plasmódium = verschmolzener Plasmakörper; griech. phorós = tragend) – Kohlhernieerreger.

Plasmodiophoromycetes, Gruppe (Cl.) der Myxomycota; diese niederen Pilze wurden früher wegen der Ähnlichkeit der damals bekannten Arten mit bestimmten Algen »Algenpilze« (Phycomycetes) genannt. Einige verwandte Gattungen parasitieren auf verschiedenen Wasser- und Landpflanzen (z. B. Plasmodiophora).

Plasmódium (griech. plásma = das Gebildete, Gebilde), einheitlicher, aus nackten Einzelzellen bestehender Körper; typisch für die Schleimpilze, fast identisch mit dem Begriff → Synzytium.

Plasmogamíe (griech. plásma = das Gebildete; gámos = Heirat, Begattung), Verschmelzung von Plasmakörpern ohne gleichzeitige Kopulation ihrer Kerne.

Plasmolýse (griech. plásma = das Gebildete; lýsis = Lösung, Scheidung), Ablösung der Protoplasten von der Zellwand, tritt ein, wenn durch Einlegen einer Zelle in eine hypertonische Lösung der Zellsaftvakuole osmotisch Wasser entzogen wird. Der elastisch gespannte Protoplast wandert der durch den Wasserentzug ständig kleiner werdenden Vakuole nach, meist reversibler Vorgang (→ Deplasmolyse); unter natürlichen Bedingungen nicht vorkommend, nur im Experiment zu erzielen.

Plasmón, Begriff für alle durch das Plasma übertragenen Erbanlagen; Gegenbegriff → Genom.

Plasmopódien → Pseudopódien.

Plásmotýpus, Erbmasse, die im Zytoplasma lokalisiert ist.

Plastíden (griech. plastós = geformt, gebildet), Plasmaorgane in Pflanzenzellen, die in der Regel Farbstoffe ausbilden (z. B. Chloroplasten).

Plastídotýpus, Erbmasse, die in Plastiden lokalisiert ist.

Plastizität, Eigenschaft, seine Gestalt unter dem Einfluß einer von außen kommenden Einwirkung allmählich zu ändern und diese neue Form beizubehalten.

Plastochrón, Zeitabschnitt, der dem Gestaltwandel des Vegetationskegels zwischen der Anlage zweier aufeinanderfolgender Knoten entspricht.

Plastóm, Gesamtheit der Erbanlagen der Plastiden.

Plastosómen → Chondriosomen.

platanifólius (Plátanus von griech. platýs = breit; Verzweigung!), platanenblättrig.

platanoídes (plátanus-), platanenähnlich.

Platanthéra, f., Gatt. der Orchidáceae (griech. platýs = breit, ausgedehnt; anthéra = Staubbeutel; breite Staubbeutel hat jedoch nur Platanthéra chlorántha, die der Schöpfer des Namens, Richard, als typisch angesehen hatte) – Waldhyazinthe.

Plátanus, f., Gatt. der Platanáceae (griech. plátanos = Platane, auch als »morgenländischer Ahorn« bezeichnet; gebildet von griech. platýs = breit, flach [wie eine Hand!], platt) – Platane; fossil seit der Kreide.

platénsis, -is, -e (griech.), flach, niedrig.

Platte (Lamina), der Blattspreite entsprechender flächiger Teil eines Kronblattes, das am Grund in einen → Nagel ausläuft.

Plattenkollenchým, Zellgewebe, in deren Zellen durch sekundäre Membranen verdickte Wände mit unverdickten abwechseln; → Kollenchym.

Plattenkultur (nach Robert Koch), die mit Gelatine gemischte Nährlösung mit dem zu untersuchenden Bakteriengemisch wird (bei 25 bis 30 °C) verflüssigt und auf Glasplatten ausgegossen, wo sie wieder erstarrt. Heute wird darunter meist eine Oberflächenkultur auf Agarplatten verstanden (= Ausstreichen oder Auftropfen des Untersuchungsmaterials auf Agarplatten).

platy- (griech.), in Zusammensetzungen: breit-.

Platycárya, f., Gatt. der Juglandáceae (griech. platýs = breit; kárya = Nuß, bezieht sich offenbar auf die flachgedrückten Steinfrüchte!) – Zapfennuß.

Platycérium, n., Gatt. der Polypodiáceae (griech. platýs = breit; kéras = Horn) – Geweihfarn.

Platycódon, m., Gatt. der Campanuláceae (griech. platýs = breit; kódon = Glocke) – Ballonblume.

Platykládien → Kladodien.

Platyspérmae (griech. platýs = flach; spérma = Same), bilateralsymmetrische Samen mit flachem Querschnitt im Karbon und im Perm, zu → Pteridospermae und → Cordaitales gehörend; → radiospermisch.

Platystémon, m., Gatt. der Papaveráceae (griech. platýs = breit; stémon = Faden).

Platzfestigkeit, Eigenschaft von Schoten, Hülsen und anderen Fruchtformen, an den Nahtstellen zur Reife nicht aufzuspringen. Sie wird bei der Züchtung angestrebt.

Plazénta (Placénta) (lat. placénta = Kuchen, auch Mutterkuchen), diejenige Stelle eines Sporophylls bzw. Fruchtblattes, an der die Sporangien bzw. Samenanlagen angeheftet sind.

Plazentatión, Stellung der Samenanlagen im Fruchtknoten. Sie ist → laminal, marginal, zentral, parietal, basal, zentralwinkelständig.

Plectenchým, aus Pilzhyphen aufgebautes Scheingewebe, das nicht durch zwei- oder dreidimensionale Teilung von Zellen, sondern durch Verflechtung und Verbindung von Einzelhyphen zustande kommt.

plectr-, plectro (griech. pléktron = Sporn), sporn-.

Plectráchne, f., Gatt. der Poáceae (griech. pléktron = Sporn, Stäbchen; áchnē = Spreu, Spelze).

Plectránthus, m., Gatt. der Lamiáceae (griech. pléktron = Sporn; ánthos = Blüte; die Krone ist an der Basis gespornt) – Harfenstrauch, Mottenkönig.

Plectrídium (griech. pléktron = Schlägelform), durch endständige Sporen entstandene Schlägelform bei Clostridien (C. tetani = Tetanuserreger).

plégma (griech.), der Korb, das Geflecht.

pleio-, plio- (griech. pleíos, pléos, pléres = voll, angefüllt), voll-, viel-.

Pleiochásium, zymöser Blütenstand, bei dem unterhalb der relativen Terminalblüte jeweils mindestens drei Seitenachsen entspringen.

Pleiokórm (griech. plḗ̗ion = mehr; kormós = Stamm), primär, sproßbürtig bewurzeltes, stark verzweigtes Grundachsensystem der höheren Pflanzen.

Pleiomeríe (griech. plḗ̗ion = mehr; méros = Teil), Erscheinung, daß ein Kreis einer Blüte eine erhöhte Gliederzahl aufweist.

Pleióne, f., Gatt. der Orchidáceae (griech. mytol. Name = Pleione; die mit Atlas 7 Töchter, die Plejaden, hatte, die – von Zeus unter die Sterne versetzt – das Siebengestirn im Sternbild des Stiers bilden. Eingedeutschter engl. (Trivial-) Name: »Jadischer Krokus«, »Tibetorchidee«).

Pleiontísmus, gleichzeite Ausbildung von proterandrischen und proterogynen Individuen bei derselben Art.

pleiopetále Blüten, Blüten mit vermehrter Kronblattzahl.

pleiophág (griech. plḗ̗ion = mehr; phágos = Fresser), Bezeichnung für wirtsstete Schmarotzer.

Pleiophyllíe (griech. plḗ̗ion = mehr; phýllon = Blatt), Auftreten mehrerer Blätter an Stelle eines einzigen.

Pleiotaxíe (griech. plḗ̗ion = mehr; táxis = Stellung), abnorme Vermehrung der Blattquirle.

Pleiotropie (Polyphänie) (griech. pleíon → Pleiotaxie; trópos = Richtung, Wendung; polýs = viel; phainein = zeigen), Bezeichnung dafür, daß sich ein und dasselbe Gen in mehreren Merkmalen manifestiert.

pleiozyklisch → plurienn.

Pleistozän, früher = Diluvium, Epoche des Quartärs; → Känozoikum.

Pleistozänböden, Böden, die aus den Ablagerungen des Pleistozäns (Eiszeit, früher Diluvium genannt) entstanden sind.

Plektenchým (griech. plékein = flechten, schlingen, knüpfen; plektós = geflochten, gedreht; énchyma = das Eingegossene), dichtes Geflecht von Pilzfäden (Hyphen), kein echtes Gewebe, sondern Scheingewebe (= Pseudoparenchym).

Pléktomyzéten (griech. plektós = geflochten; mýkes = Pilz), Ascomyzeten, bei denen die → Asci unregelmäßig am Myzel verteilt sind.

Plektostéle (griech.), Stele, bei der das strahlenförmige Xylem durch weiteres Eindringen des Siebgewebes in einzelne Teile zerklüftet wird.

Plenterbetrieb, Bewirtschaftungsform des Hochwaldes, Einzelstammwirtschaft. Der Plenterbetrieb enthält in regelloser Einzel- oder auch Gruppenmischung Bäume jeden Alters und besitzt deshalb keinen einheitlichen Kronenschluß. Es werden auf der ganzen Fläche die jeweils hiebreifsten Stämme einzeln herausgenommen.

plénus (lat.), voll, gefüllt.

pleo-, pleon- (griech.), voll-, satt- (vgl. pleio-).

Pleogamíe (griech. pléos = vollständig, dicht, reichlich versehen; gámos = Heirat, Begattung), Erscheinung, daß Pflanzenarten sowohl andro- bzw. gynomonözisch als auch andro- bzw. gynodiözisch sein können.

pleomórph (griech. pléon = mehr; morphé = Gestalt), vielgestaltig.

Pleomorphísmus, Aufeinanderfolge von verschiedenen Fruktifikationsformen bei Kryptogamen.

Pleophyllíe (griech. pléon = mehr; phýllon = Blatt), Erscheinung anormaler, reicherer Zusammensetzung der Blattspreiten.

Pleróm (griech. pléroma = Ausfüllung, Vervollständigung), Mittelsäule des sich differenzierenden Vegetationskegels, Gefäße und Mark erzeugend.

Plesiasmíe (griech. plesiázein = näher bringen, sich nähern, nahe sein; plesíos = nahe), abnorme Verkürzung der Stengelinternodien.

pleur-, pleuro-, pleúrum (griech. pleurón = Rippe, Seite, Leib), rippen-, -rippe.

pleurokárp (griech. pleurón = Seite; karpós = Frucht), »seitenfrüchtig« (Sporogone an kurzen »Seitensprossen«). Die pleurokarpen Laubmoose wurden im 19. Jh. als taxonomische Einheit angesehen, die jedoch heute allgemein aufgegeben ist. Ggs. → akrokárp.

Pleuroméia, f., fossile Gatt. der Pleuromeiáceae; den Lepidodendrales, neuerlich oft den Isoëtaceae, Isoëtales zugeordnet; heterospor, mit Ligula versehen. Vorkommen: Buntsandstein Mitteleuropas und Ostasiens.

Pleurospérmum, n., Gatt. der Apiáceae (griech. pleurón = Rippe; spérma = Same) – Rippensame.

Pleurothállis, f., Gatt. der Orchidáceae (griech. pleurón = Rippe; thallós = Zweig, Lager; Bezug auf die vielen beblätterten rippenähnlichen Sprosse) – »Rippenorchidee«.

Pleúston (griech. pleustikós = zum Schiffen geeignet), auf der Wasseroberfläche passiv treibende Pflanzen.

plex- (lat. pléctere = falten), -fach, -fältig.

pléxus (lat.), geflochten.

plicátus, -a, -um (lat.), gefaltet.

pliogéne Formen, aus der Kreuzung dreier oder mehrerer Arten hervorgehender Formen.

Ploidíe (griech.), spezifische Zahl für die Reproduktion jedes Chromosoms in der Zelle; → haploid, → diploid.

plombíeren, Ausfüllen von Hohlräumen mit körperfremdem Material.

Plumária, f., Gatt. (lat. plúma = Feder) – Federtang; Abt. Rhodophyta – Rotalgen.

plumárius, -a, -um (lat. plúma = Flaumfeder), federartig (z. B. Diánthus plumárius – Federnelke).

Plumbágo, f., Gatt. der Plumbagináceae (lat. plúmbum = Blei) = Bleiwurz.

Plúmula (lat. plúma = Flaumfeder; plúmula = kleine Flaumfeder), Keim- oder Stammknospe des Embryos, aus der der spätere Sproß hervorwächst, bildet zusammen mit Hypokotyl und Keimblättern den sog. Keimsproß.

Pluralvariatión (lat. plus, plúris = mehr; Plural = Mehrzahl; variátio = Änderung), häufig auftretende Variation.

pluriénn (lat. plúres = mehrere; ánnus = Jahr), mehrjährig; Bezeichnung für hapaxanthe Gewächse, die bis zur Blühfähigkeit mehrere bis viele Jahre brauchen und nach der ersten Blüte und Fruchtreife absterben (Agave).

plurilokuläres Sporangium (lat. plures = mehrere; lóculus = kleiner Ort, an mehreren kleinen Orten befindlich), veraltet, → Gonitothomus.

Plusauslese (lat. plus = mehr, auch im Sinne von höher, teurer, positiv), Auslese von Plusvarianten.

Plúsvarianten, Pflanzen, die den durchschnittlichen Wert einer Population in Richtung auf das Zuchtziel hin übersteigen; → Variante.

pluviális (lat. plúvia = Regen), Regen anzeigend.

PMZ, Abk. für: **P**ollen-**M**utter-**Z**elle(n), hervorgehend durch Teilungsvorgänge aus Zelle(n) im Archespor (s. d.); entsprechend auch **EMZ** gelegentlich verwendet für **E**mbryosack-**M**utterzelle.

Pneumatóden (griech. pnéūma = Hauch, Wind, Atem; odós = Schwelle, Eingang), die Stellen der Epidermis von Pflanzen, an denen die Hohlräume des Durchlüftungsgewebes mit der Außenluft in Verbindung stehen.

Pneumatophóren (griech. → Pneumatóden; phorós = tragend), → Atemwurzeln.

Pneumokokken, Trivialbezeichnung für Streptococcus pneumoniae, Erreger von Lungen-, Mittelohr-, Hirnhautentzündungen. Grampositive, meist paarig gelagerte Kokken mit zugespitzten Enden (Lanzettkokken). Die aus Polysaccharid bestehende, für die Virulenz verantwortliche Kapsel erlaubt eine Unterteilung in etwa 80 Serotypen.

Pneumonánthe, n., Gatt. der Gentianáceae (griech. pneumōn = Lunge; ánthos, ánthe = Blume) – Lungenblume.

Póa, f., Gatt. der Poáceae (griech. póa = Kraut, Gras, Futter; als Pflanzenname erst von Linné verwendet) – Rispengras.

Poáceae, Fam. mit der Typusgatt. Poa; Süßgräser, auch Echte Gräser (früher Gramineae) genannt. Die nur scheinbare Ähnlichkeit im Aussehen mit den Sauergräsern (Cyperáceae) bedeutet keine (nähere) Verwandtschaft; → Süßgräser; fossil seit der oberen Kreide.

pod-, podo-, -pódium (griech.), fuß-, stiel-.

podagrárius, die Podagra heilend.

Podárium, Ansatz des Blattes, der nach dem Abfallen als (deutliche) Narbe zurückbleibt.

Podétium, aufrechte, negativ geotrop wachsende, einfache bis verzweigte, solide oder hohle Gebilde der Flechten, die meist auf einem krustigen bis blattartigen primären Thallus stehen. Sie tragen die Apothecien und Pykniden.

Podocárpus, m., Gatt. der Podocarpáceae (griech. pous, podós = Fuß; karpós = Frucht; bezieht sich auf die fleischig verdickte Scheibe um die Samen) – Steineibe; fossil seit der Kreide.

podólicus, aus Podolien (Südrußland) stammend.

Podophýllum, n., Gatt. der Berberidáceae (griech. pous, podos = Fuß; phýllon = Blatt; wörtlich also: »Fußblatt«, bezieht sich auf das Aussehen des Laubblattes, das einem Entenfuß gleicht) – Maiapfel.

Pódsol (russ., »unter Asche«), Bleicherde; gebleichte Böden, die einen starken ausgewaschenen A-Horizont haben. Im B-Horizont kann die Anreicherung von Sesquioxiden (Al_2O_3, Fe_2O_3) sehr hohe Werte erreichen. Bleicherden bilden sich durch hydrolytische Zersetzung von Eisen- und Alu-Verbindungen infolge Entstehung ungesättigter Huminsäuren; Podsolböden unter feuchtem, ozeanischem Klima.

-podus, -a, -um (von griech. poús, podós = Fuß), -füßig.

Poëciliologíe, Lehre von der Variabilität der Pflanzensippen.

poéticus (lat. poéta = Dichter), dichterisch.

pogo-, pogon-, pogono- (griech. pógon = Bart), bart-, auch bärtig.

Pogónia, f., Gatt. der Orchidáceae (latin./griech. pógon = Bart; nach dem oft bärtig aussehenden Lippenkamm) – Bartorchidee.

Póhlia, f., Gatt. der Bryáceae (benannt nach dem deutsch. Arzt J.E. Pohl, 1746–1800 in Dresden) – Laubmoose (Bryales).

poikilohydrisch (griech. poikílos = verschiedenartig; hýdor = Wasser), wechselhaft feucht, mit stark veränderlichem Dampfdruck, der von der Dampfspannung der umgebenden Luft abhängt. Poikílohydrische oder poikilohydre Pflanzen, wie Moose, Flechten und an der Luft lebende Algen, können ohne Schaden zeitweise »austrocknen«.

poikilothérm (griech. poikílos = verschiedenartig; thérmos = warm), verschiedene Temperaturen (in bestimmten Bereichen) ertragend bzw. an diese oder deren Wechsel angepaßt (bei artspezifischen Optimalbereichen, auch abhängig von Entwicklungsstadium und jahreszeitl. Temperaturen); analog den »wechselwarmen« Tieren, deren Tätigkeitszustand (Physiologie) sich entsprechend der Außentemperatur verändert. Dadurch geograph. Verbreitung beeinflußt, eingeengt.

Poinséttia, f., Gatt. der Euphorbiáceae (benannt nach dem Entdecker der Pflanze in Mexiko Poiensette) – Euphorbis pulcherríma – Mex. Weihnachtsstern.

Pol, 1. apikaler Pol, Spitze des Sprosses oder Stengels von Gefäßpflanzen (Vegetationspunkt), an dem sich die Knospen bilden; 2. basaler Pol, unterer Teil des Sprosses oder Stengels von Gefäßpflanzen, an dem sich die Wurzeln entwickeln.

polarer Stofftransport, Eigenschaft einer polarisierten Zelle, Stoffe nur in einer Richtung durch die Zelle zu transportieren.

polare Saugkraftdifferenz, die Erscheinung, daß die gleiche Zelle an ihrer Innen- und Außenseite verschiedene Saugwerte haben kann, wodurch sie gleichzeitig als »Saug- und Druckpumpe« wirkt. → Endodermissprung.

Polariméter (griech. pólos = Drehpunkt), Polarisationsapparat = Apparat zur Erzeugung von polarisiertem Licht.

Polarisatión, 1. Polarisation des Lichtes (von Malus 1811 entdeckt): Vereinigung aller Lichtschwingungen in einer Ebene, während sie gewöhnlich gleichmäßig nach allen zum Strahl senkrechten Richtungen liegen; 2. elektrische Polarisation: die zersetzende Wirkung des elektrischen (Gleich-)Stroms, wodurch gewisse Stoffe, die Ionen, als negative Anionen zur Anode, andere als positive Kationen zur Kathode gezogen werden.

Polarität (griech. pólos = Pol, Endpunkt der Erdachse), Ausdruck für das Vorhandensein von Sproß- und Wurzel- bzw. Rhizoidpol; kann durch das Gefälle verschiedener Umweltfaktoren induziert werden (wie z. B. Licht, Schwerkraft, Wuchsstoffverteilung).

Polemónium, n., Gatt. der Polemoniáceae (vielleicht von Polemon = König von Pontus) – Himmelsleiter.

Poliánthes, f., Gatt. der Agaváceae (griech. poliós = weißlich; ánthos = Blüte) – Tuberose.

poliertes Saatgut, durch Abreiben von Teilen der Fruchtschale und ihrer Umhüllungen hergestelltes Saatgut (insbes. bei Betarüben von Bedeutung).

polifósius, -a, -um (Teúcrium pólium-), poleiblättrig (z. B. Kálmia polifólia – Lorbeerrose).

Polioplásma (griech. poliós = weißlich, grau, hell; plásma = das Gebildete), Körnerplasma; Bezeichnung für die Hauptmasse des Protoplasmas, das durch Mikrosomen mehr oder weniger getrübt ist.

pólium (pólion = griech. Pflanzenname; poliós = weißgrau, weißlich).

pollakánthe Pflanzen (griech. pollós = viel, häufig; ánthos = Blüte), Bezeichnung für solche Pflanzen, die ihr individuelles Leben nicht mit der ersten Blüten- und Fruchtbildung abschließen, sondern nach Erreichung ihres blühfähigen Alters Jahr für Jahr blühen. Zu ihnen zählen Stauden, Halbsträucher, Sträucher und Bäume. Ggs. → hapaxanthe Pflanzen.

Pollen, Blütenstaub, Gesamtheit der Pollenkörner einer Blütenpflanze.

Pollenallergíe, Pollenkrankheit (griech. pollós = viel; lat. póllos, -inis = Blütenstaub, sehr feines Mehl), durch den Blütenstaub erzeugte Schleimhautreizung, das sog. Heufieber; Heuschnupfen (Rhinallergose).

Pollenanalýse, 1. Untersuchungsmethode für fossile Pollen; 2. Lehre, die sich mit der Floren- und Vegetationsgeschichte befaßt auf Grund der Untersuchung fossiler Pollen und Sporen; 3. Untersuchung der rezenten Pollen und Sporen zur Feststellung von Verwandtschaftsbeziehungen zwischen Arten, Gattungen, Familien usw. Sie betrifft z. B. die Pollenpolarität, -symmetrie, -form, -größe, Sporodermschichtung, Verbreitungsmittel. Die P. wurde von C. A. Weber (1893) begründet; von L. v. Post (1916) weiterentwickelt. → Palynologie.

Pollenblumen, Blumen, die den besuchenden Insekten Pollen anstelle von Honig als Nahrung anbieten.

Pollendiagrámm, Schaubild, das den Pollenanteil der verschiedenen Pollenarten in einem untersuchten Bodenprofil wiedergibt; → Diagramm.

Pollenkammer, eine lysigen entstehende Grube an der Spitze des Nucellus, in die die Pollenkörner hinabgezogen werden.

Pollenkörner, die den Mikrosporen der Pteridophyten entsprechenden männlichen Keimzellen der Phanerogamen (= Samenpflanzen).

Pollenmutterzellen, jene Zellen in den Pollensäcken der Samenpflanzen, die durch Vierteilung die Pollenkörner liefern. Symbol PMZ.

Pollensäcke (Lokulamente), die den Mikrosporangien der Pterídophyten entsprechenden Organe der Phanerogamen, in denen die Pollenkörner gebildet werden.

Pollenschlauch, schlauchförmiges Gebilde, das durch Auswaschen der von der Intine umschlossenen Zelle eines Pollenkorns zustande kommt.

Pollentetráde (griech. tétra = vier), tetradenförmig verbunden bleibende 4 Pollenkörner einer Pollenmutterzelle, die als Einheit übertragen werden.

Pollinárium (griech. pollós, polýs = viel; also Pollenmasse). Bezeichnung für verklebte Pollen einer Theka, die als Einheit übertragen werden; setzt sich aus Pollinium, Stielchen und Klebscheibe zusammen; bei vielen Orchidáceae.

Pollinatión (griech. → Pollinarium) → Bestäubung.

Pollínium, Polleninhalt eines Pollenfaches, wird als Einheit von Bestäubern übertragen.

Pollinósen (griech. pollós = Pollenmasse; nósos = Krankheit), Erkrankungen durch Inhalation oder Hautkontakt von Pollen.

pollvérius, aus Bollweiler (Elsaß) stammend.

polónicus, polnisch.

Polsterpflanzen, Gewächse mit negativ-geotropischen und dicht zusammenschließenden Trieben, so daß sie einen im Zentrum aufgewölbten Schild darstellen.

poly- (griech.), in Zusammensetzungen: viel-, reich-.

polyarche Wurzel (griech. polýs = viel; árche = Anfang, Beginn, Ursprung), Bezeichnung für eine Wurzel, deren radiales Leitbündel (von Anfang an) mehrere (»viele«) Xylemstränge besitzt (bzw. entwickelt).

Polyásen, Enzyme, welche die nicht mehr zuckerartigen, unlöslichen oder nur kolloidal löslichen Kohlenhydrate abbauen.

polyblástisch (griech. polýs = viel; blastós = Keim), in der vegetativen Phase aus vielen einkernigen, zellwandumgebenen Zellen bestehend.

Polycárpon, n., Gatt. der Caryophylláceae (griech. polýs = viel; karpós = Frucht; wegen der zahlreichen kleinen Früchte) – Nagelkraut.

polycárpus (griech.), vielfrüchtig.

Polychänium (Polychéna) (griech. polýs = viel; chainein = sich öffnen), die Spaltfrucht von Malva.

Polychoríe (griech. polýs = viel; chorízein = absondern, verbreiten), Verbreitung von Früchten und Samen einer Pflanzenart auf verschiedene Art und Weise.

Polycnémum, n., Gatt. der Amarantáceae (griech. polýs = viel; knéme = Beinschiene; polyknemón = vielgliedrig, bezieht sich auf den Stengel) – Knorpelkraut.

Polycýcnis, f., Gatt. der Orchidáceae (griech. polýs = viel; kýknos = Schwan; die Blüten haben ± Ähnlichkeit mit kleinen Schwänen) – »Schlankschwänchen«.

Polydaktylíe (griech. polýs = viel; dáktylos = Finger), erblich bedingtes Vorkommen überzähliger Organe.

Polydíe, Vererbung von Merkmalen, die

durch mehrere Genpaare zugleich bedingt sind.

Polyembryoníe, obligatorische vegetative Vermehrung während der Embryonalentwicklung, wobei sich der Keim in mehrere Teile teilt, die sich selbständig zu ganzen Individuen weiterentwickeln; → Embryo.

polyenergíde Zellen (griech. polýs = viel), Zellen mit mehreren Zellkernen.

polyfaktoriell, ein durch mehrere unabhängig voneinander mendelnde Genpaare bedingtes Merkmal; → Faktor.

Polýgala, f., Gatt. der Polygaláceae (griech. polýs = viel; gála = Milch; der Name soll darauf hindeuten, daß die Pflanze als Futter »viel Milch« erzeugt) – Kreuzblume, Scheinbuchs.

Polygámie (griech.), »Vielehigkeit«; Sippen mit eingeschlechtigen und zwittrigen Blüten in unterschiedlicher Verteilung bezeichnet man als polygam. So kommen als Arten der Polygamie vor: männliche und zwittrige Blüten (z. B. bei Verátrum álbum), weibliche und zwittrige Blüten (z. B. bei Thýmus serpýllum), männliche, weibliche und zwittrige Blüten (z. B. bei der Esche, die somit triözisch ist, also drei [tri] verschiedene Blüten aufweist.

polýgamus (griech. mit lat. Endung), vielehig (nach Linné Pflanzen, bei denen neben Zwitterblumen auch eingeschlechtliche vorkommen).

Polygenése (griech. polýs = viel; génesis = Entstehung, Bildung), Entstehung eines neuen Typs zu verschiedenen Zeiten oder an verschiedenen Orten.

Polygeníe (griech. polýs = viel; gené = Bildung), Abhängigkeit eines Merkmals von mehreren Genen.

Polygónatum, n., Gatt. der Liliáceae (griech. polýs = viel; góny = Knie, Knoten; wegen der zahlreichen knotigen Anschwellungen des häufig fälschlich als Wurzel angesprochenen Wurzelstockes) – Salomonssiegel.

polýgonitisch (aus griech. polýs = viel und → Goniten abgeleitet), zahlreiche Goniten je → Gonitozyste hervorbringend. Polygonitische Gonitozysten sind ursprünglich gegenüber → monogonitischen.

Polýgonum, n., Gatt. der Polygonáceae (griech. polýs = viel; goné = Nachkommenschaft; der Name ist für den Vogelknöterich [Polýgonum aviculáre] mindestens seit dem 16. Jh. in Gebrauch) – Knöterich; fossil seit dem Oligozän.

polyhybríde Bastárde, Nachkommen von Eltern, die in mehreren Merkmalen voneinander abweichen.

polykárp wird Saatgut bezeichnet, das aus mehrfrüchtigen Saatguteinheiten besteht. Bei Betarüben sind diese Saatguteinheiten durch knäuelartige Vereinigung mehrerer, meist 3 bis 4 Früchte, entstanden. Polykarpes Saatgut wurde früher als Normal- oder Knäuelsaatgut bezeichnet.

polykárpische Pflanzen → pollakanthe Pflanzen.

Polykárpium (griech. polýs = viel; karpós = Frucht, also »Vielfruchtgebilde«), Frucht, die aus mehreren miteinander verwachsenen Fruchtblättern gebildet wird und als Gesamtfrucht abfällt.

Polykaryónt (griech. polýs = viel; káryon = Kern), mehrkerniges Individuum.

Polykladíe (griech. polýs = viel; kládion = kleiner Zweig), durch Verletzung hervorgerufene Entwicklung von Sprossen eines Verzweigungssystems, die normalerweise nicht ausgewachsen wären.

Polylépis, f., Gatt. der Rosáceae (von griech. polýs = viel; lépis = Schuppe); Spec.: P. racemosa Ruiz et Pav.

polymér (griech. polýs = viel; méros = Teil), vielteilig, vielzählig; in der Genetik: vielanlagig = polyid; Vererbung eines Merkmals, das gleichzeitig von mehreren Genpaaren abhängig ist.

polymérer Blütenwirtel, Blattwirtel einer Blüte mit einer gegenüber den anderen Wirteln vergrößerten Gliederzahl.

polyméres Gynoecéum, Fruchtknoten, der aus mehreren Fruchtblättern gebildet wird.

Polymeríe, Fall von Vererbung, bei dem mehrere in verschiedenen Chromosomen lokalisierte Gene dasselbe Merkmal bedingen, wobei die Summierung der Gene eine Intensitätssteigerung der Merkmalsausbildung bewirkt.

Polymerisatión (griech.), Vorgang, bei dem mehrere Einzelmoleküle zu einem großen Molekül zusammentreten.

Polýmnia, f., Gatt. der Asteráceae (gebildet von dem Namen der griech. Muse »Polyhymnia« [als verkürzte Vereinfachung]); Spec.: P. sonchifolia.

polymórph (griech. polýs = viel; morphé = Gestalt), vielgestaltig; 1. systematische Gruppe mit großer Variabilität; 2. Gewebe, die aus verschiedenartigen Zellen bestehen; 3. mehrgestaltige Früchte.

polymórphus, -a, -um (griech. polýs = viel; morphé = Gestalt), vielgestaltig (z. B. Marchántia polymórpha – Brunnenlebermoos).

Polynucleát (griech. polýs = viel; lat. núcleus = Kern), Zelle mit mehreren Kernen.

polynukleär (griech. polýs = viel; lat. núcleus = Kern), vielkernig, mehrere Kerne enthalten, von mehreren Kernen ausgehend.

Polyophänie → Pleiotropie.

Polyözíe (griech. polýs = viel; oikos = Haus), gleichzeitiges Vorkommen verschiedener, durch das Geschlecht unterschiedener Pflanzen bei einer bestimmten Art.

Polypeptíde (griech. polýs = viel; péptein = verdauen), Eiweißkörper, die sich aus mehreren Aminosäuren aufbauen.

Polyphasíe (griech. polýs = viel; phásis = Erscheinung), Vorkommen von Varietäten oder niederen Sippen einer Art im gleichen Wohngebiet.

polyphylétisch (griech. phýlon, lat. phýlum = Stamm), Abstammung eines Taxons von verschiedenen Stammformen.

Polyphyllíe (griech. polýs = viel; phýllon = Blatt), anormale Vermehrung der Gliederzahl eines Wirtels.

Polyploidíe (griech. polyplóos = vielfach), Vervielfachung des Chromosomenbestandes in einer Zelle. Die meisten Kulturpflanzen (auch viele Wildpflanzen) sind polyploid. Polyploidisierung ist künstlich möglich durch Kältebehandlung, Röntgenstrahlen und vor allem auf dem Wege der Colchicinierung. Durch die Vervielfachung des Chromosomenbestandes werden die Kerne und vielfach die Zellen größer. Polyploide Pflanzen sind oft leistungsfähiger als diploide.

Polyploidíekomplex, Komplex von Pflanzen, der aus verschiedenen Polyploidentypen zusammen mit ihren diploiden Vorfahren besteht.

Polyploidisíerung, Bildung oder künstliche Erzeugung von Polyploidie.

Polypódium, n., Gatt. der Polypodiáceae (griech. polýs = viel; pódion = Füßchen; der Wurzelstock weist viele Blattreste auf) – Tüpfelfarn.

Polypógon, m., Gatt. der Poáceae (griech. polýs = viel; pógon = Bart) – Bürstengras.

Polýporus, m., Gatt. der Polyporáceae (griech. polýs = viel; póros = Loch, Röhre) – Porling; seit dem Tertiär bekannt.

Polysaccharíde (griech. polýs, polle, poly = viel; sakchar, -aros, auch sakcharis = Zukker), nichtzuckerartige Kohlenhydrate, bestehend aus einer größeren Zahl von Monosaccharidmolekülen, dennoch oft als Vielfachzucker bezeichnet (z. B. Stärke, Zellulose).

Polysomatíe, Auftreten von diploiden und polyploiden Zellen in einem Gewebe.

Polysómen (= Polyribosomen), Ribosomen, die zu kleinen schraubig oder spiralig angeordneten Gruppen im Grundzytoplasma vorkommen. Sie sind die Orte der Proteinsynthese.

Polysomíe liegt vor, wenn in einem diploiden Chromosomensatz ein oder mehrere Chromosomen mehr als zweimal auftreten.

Polyspermíe (griech. polýs = viel; spérma = Samen), Erscheinung, daß mehr als eine männliche Zelle mit der weiblichen verschmelzen kann.

Polystáchys, f., Gatt. der Orchidáceae (griech. polýs = viel; stáchys = Ähre; »Vielähre«, »Ährenorchidee«; manche Arten haben aus »vielen Ähren« zusammengesetzte Infloreszenzen).

Polystéle (griech.), Ring vieler konzentrischer Einzelleitbündel, entstanden aus der Zerklüftung des Hohlzylinders der → Siphonostele.

Polystelíe (griech. polýs = viel; stélechos = Stamm), Erscheinung des Auftretens von mehreren Einzelleitbündeln in einem Sproß, wobei jedes Einzelleitbündel seine eigene Endodermis und seinen eigenen Perizykel besitzt.

polystemónes Androecéum (griech. polýs = viel; stémon = Faden), Androeceum, das aus mehr als zwei Staubblattkreisen besteht.

Polýstichum, n.,Gatt. der Polypodiáceae (griech. polýs = viel; stíchos = Reihe) – Schildfarn.

polysýmmetrisch → radiär.

Polytomíe (griech. polýs = viel; témnein = zerlegen, schneiden), Verzweigung, bei der sich die Sproßachse an ihrer Spitze in mehrere gleich kräftige Zweige gabelt, die in anderer Richtung als die Ursprungsachse weiterwachsen.

polytópe Entstehung (griech. polýs = viel; tópos = Ort, Stelle, Raum), mehrmalige, unabhängige Entstehung einer Pflanzensippe aus der gleichen Stammform an getrennten Orten. Ggs. monotop.

Polýtrichum, n., Gatt. der Polytricháceae (griech. polýs = viel; thrix, Genit. tríchos = Haar. Nach der Behaarung der → Kalyptra) – Laubmoose (Polytrichales); fossil seit dem Tertiär.

polytróphe Organísmen (griech. polýs = viel; trophé = Ernährung), Organismen mit vielseitiger Anpassungsfähigkeit.

Pomadérris, f., Gatt. der Rhamnáceae (griech. póma = Deckel; dérris = Haut, Leder).

-pomi (lat. pómum = Obst, Apfel), -apfel.

pómifer, pomífera, pomíferum (lat. pómum = Obstfrucht, Apfel; férre = tragen), apfeltragend.

pomósus (lat.), obstreich.

pompónius (lat.), prunkend, prächtig.

ponderósus (lat.), gewichtig.

Ponéra, f., Gatt. der Orchidáceae (griech. ponērós = nichtsnutzig, nichtswürdig; haben kleine, wenig attraktive Blüten).

Pontedéria, f., Gatt. der Pontederiáceae (nach dem ital. Botan. G. Pontedera, 1688–1757).

pónticus, pontisch, am Schwarzen Meer wachsend.

póntisch (Póntus = Name für Schwarzes Meer); 1. geographische Bezeichnung für das Gebiet am Schwarzen Meer; 2. pflanzengeographische Bezeichnung für das Florengebiet nördlich des Schwarzen Meeres und dessen Florenelemente, die bis in die Hügelsteppen der Trockengebiete Mitteleuropas verbreitet sind.

pontisch-zentralasiatisches Florengebiet, großes Steppen-Halbwüsten-Gebiet mit aridem, kontinentalem Klima, das von den pontischen Ländern am Nordrand des Schwarzen Meeres und den kleinasiatischen Hochländern durch Zentralasien bis in das westl. China reicht und trotz großer Höhenunterschiede weitgehend einheitlich ist.

Populatión (lat. pópulus = Volk, Menge), Fortpflanzungsgemeinschaft von Individuen einer Art, die in ihrer erblichen Konstitution nicht völlig gleich, aber kreuzbar sind.

Populationsanalyse, Auflösung einer aus Homozygoten bestehenden Population in ihre einzelnen Glieder durch einmalige Auslese.

Populationsdynamik, aus Vermehrung und Entwicklungshemmung resultierende Auf- und Abbewegung der Gesamtheit von Organismen gleicher Art in einem Lebensraum bzw. Verbreitungsgebiet. Kenntnisse über die Populationsdynamik sind z. B. bedeutungsvoll bei Pflanzenkrankheitserregern und -schädlingen als Grundlage für die Planung gezielter Pflanzenschutzmaßnahmen.

Populationsforschung, Untersuchungen zur Aufklärung der Gesetzmäßigkeiten, die in abgrenzbaren, durch die Möglichkeit ständiger Kreuzbefruchtung verbundener Individuengruppen einer Art (Populationen), gegeben sind.

Populationsgenetik, Wissenschaftsrichtung, die sich mit den in → Populationen stattfindenden genetischen Gesetzmäßigkeiten befaßt.

Populationskomplex, über größere Flächen ausgedehnte Population.

Populationswelle, Schwankungen in der räumlichen Ausdehnung von Populationen.

populifólius (lat.), pópulus-, pappelblättrig.

Pópulus, f., Gatt. der Salicáceae (lat. Pflanzenname) – Pappel; fossil seit der oberen Kreide.

porcínus, -a, -um (lat. pórcus = Schwein), den Schweinen dienlich (z. B. Carya porcina – Schweinenuß).

Porenkapsel, trockenwandige Frucht, in der

an bestimmten Stellen Löcher entstehen, durch die die Samen ausgestreut werden (z. B. beim Mohn).

Porfíria, f., Gatt. der Cactáceae (nach Porfiria Diaz benannt).

poro-, -porus, -a, -um (lat. pórus = Loch, Öffnung), poren-, -porig, -pore.

Porogamíe (griech. póros = Durchgang; gamein = heiraten, begatten), die auf die Narben gelangten Pollen treiben einen Pollenschlauch durch das Gewebe des Griffels. Der Pollenschlauch durchquert dabei die Höhlung des Fruchtknotens und gelangt so auf kürzestem Weg zur Mikropyle und durch diese zum Embryosack.

Porospóren, an dickwandigen Trägern auf einer porenförmigen Öffnung durch Sprossung gebildete ungeschlechtliche Sporen (Konidien), die basal ebenfalls einen Porus aufweisen. P. sind sehr oft groß, dickwandig, dunkel gefärbt; bilden zuweilen Ketten, wobei die jüngste Konidie am Kettenende steht. P. sind für manche Pilze, z. B. Genera Helminthosporium und Stemphylium, typisch; dienen der Verbreitung.

porphyr-, porphyro- (griech. porphýra = Purpurschnecke), purpur-.

Porphyríne, Farbstoffgruppe, die an Eiweiße gebunden ist und z. B. dem Hämoglobin, Chlorophyll und den Cytochromen zugrunde liegt. Mit Metallen (Eisen, Magnesium, Kobalt) werden sehr gern Metall-Porphyrin-Eiweiß-Verbindungen gebildet. Die Eisen-Porphyrin-Verbindungen (Hämoproteide) sind für den Stoffwechsel des Sauerstoffs von großer Bedeutung. Hierzu gehören die Atmungsenzyme (Cytochrome, Peroxidasen, Katalasen) und die sauerstoffübertragenden Hämoproteide (Hämoglobin, Myoglobin).

Porphyrócoma, f., Gatt. der Acantháceae (griech. porphýra = Purpur; kóme = Schopf) – Purpurschopf.

porrifólius, -lauchblättrig (Allium pórrum).

Pórtea, f., Gatt. der Bromeliáceae (zu Ehren von Giambattista della Porta, 1539–1615, benannt, der u. a. in Neapel einen »Hortus botanicus« gründete).

Portuláca, f., Gatt. der Portulacáceae (röm. Pflanzenname) – Portulak.

Portulacária, f., Gatt. der Portulacáceae (v. Gattungsnamen Portuláca abgeleitet) – Strauchportulak.

Pórus (griech. póros = Durchgang, allgemein Weg), 1. Spalt, der von den Schließzellen gebildet wird, also Teil des Spaltöffnungsapparates; 2. mehr oder weniger runde Keimstelle der Spore oder des Pollens.

Posibacteriophyceae, Kl. der Bakterien, bei denen nach Anilinfärbung der Farbstoff in der Zellwand verbleibt.

Positionseffékt (lat. posítio = Stellung, Lage; efficere = wirken, bewirken), Tatsache, daß der äußerlich sichtbare Effekt eines Gens z. T. von den Wechselwirkungen mit seinen Nachbargenen im Chromosóm bestimmt wird und daß Wechsel in der Genposition sich durch eine Änderung der Merkmalsausbildung bemerkbar macht.

positiv geotrópische Bewegungen, Bewegungen, durch die pflanzliche Organe auf den Erdmittelpunkt zuwachsen; → Geotropísmus.

Positrónen (lat. pónere = lagern), positiv geladene Elektronen.

Postfloratión (lat. post = nach; flos, flóris = Blume, Pflanze), Verhalten der Blüte nach Abschluß des Blühens, der Abblühvorgänge steht ± im Zusammenhang mit der Fruchtbildung; wird durch Wuchsstoffe (Hormone) ausgelöst bzw. reguliert.

postglaziál (lat.), nacheiszeitlich.

Postreduktión (lat. post = nach; redúcere = zurückführen), Gametenbildung, bei der die Verteilung der von den beiden Eltern übernommenen Erbanlagen im zweiten Teilungsschritt erfolgt.

Potamogéton, m., Gatt. der Potamogetonáceae (griech. potamós = Fluß; geiton = Nachbar; Name für eine an nassen Orten wachsende Pflanze, der im 16. Jh. auf Arten der Gatt. Potamogeton übertragen wurde) – Laichkraut; fossil seit der oberen Kreide.

Potamophílen (griech. potamós = Fluß; phílos = Freund, liebend), hydrophile Organismen, die im fließenden Wasser leben.

potamóphilus (griech. potamós = Fluß; phílos = Freund), flußliebend.

Potamoplánkton, Plankton der fließenden Gewässer; → Plankton.

potentiélle Anpassung, eine Abänderung, die als Folge von Einwirkungen äußerer Umstände auf die Eltern bei deren Nachkommen auftritt.

potentiélle natürliche Vegetation (lat. poténtia = Fähigkeit; vegetáre = beleben; Vegetation = Pflanzendecke), noch nicht oder durch menschliche Eingriffe nicht mehr realisierte Schlußgesellschaft eines Standortes.

Potentílla, f., Gatt. der Rosáceae (lat. pótens = mächtig, d.h. kräftig; wegen der Pflanze zugeschriebener Heilkräfte; -illa = Verkleinerungssilbe) – Fingerkraut (Blattform!); fossil mit dem Pliozän.

Potentiométer (lat. poténtia = Fähigkeit), Ionometer; Instrument zur elektrischen Messung des *p*H-Gehaltes von Lösungen.

Poténz (lat. poténtia = Kraft, Vermögen), Entwicklungs- oder Differenzierungsvermögen. Omnipotente Zellen (ómnis = jeder) sind fähig, sämtliche Zellarten der betreffenden Pflanze auszubilden.

Potérium, n., Gatt. der Rosáceae (griech. Pflanzenname von potérion = Becher) – Becherblume (Gestalt!).

Potométer (griech. potón = Getränk, Flüssigkeit; lat. pótio = Trank), Vorrichtung oder Instrument zum Messen des Wasserverbrauches bzw. der Transpiration.

Póttia, f., Gatt. der Pottiáceae (benannt nach dem deutsch. Botan. J.F.Pott, gest. 1805 zu Braunschweig) – Laubmoose.

poús, podós (griech.), Fuß, oftmals in Zusammensetzungen; lat. pes, pédis.

p. p., pro párte (lat.), zum Teil; p. p. max. (pro párte máxima) – zum größten Teil, p.p. min. (pro párte minóre) – zum kleinen Teil.

prae- (lat.), in Zusammensetzungen: sehr; ansonsten: vor.

praealpíne Arten, Arten, die hauptsächlich in den Gebieten vorkommen, die den Alpen vorgelagert sind.

praeáltus (lat.), sehr hoch, erhaben.

Präanthése (lat. prae = vor, vorher), Erscheinung, daß die Kronblätter bei ungenügender Beleuchtung frühzeitig ihr Wachstum einstellen, während der Fruchtknoten weiterwächst; → Anthese.

Praecolpátes (lat. prae = sehr, vor; griech. kólpos = Busen, Aufwölbung), eine Abteilung der → Sporae dispersae, umfaßt ovale Pollenkörner mit drei Längsfalten, zwei liegen beiderseits des Bulbo (ein etwas aufgeblähter Sektor), die dritte liegt dem Bulbo gegenüber als der → monoleten Marke homologe Rinne.

prāécox (lat.), frühzeitig.

Prädeterminatión (lat. prae = vorher; determinátio = Grenze, begrenzte Festlegung; determináre = abgrenzen), Nachwirkung des mütterlichen Genotypus auf die Merkmalsausprägung bei der Nachkommenschaft ohne Rücksicht auf deren erbliche Konstitution.

Präferénten, Arten, die einen bestimmten Biotoptyp (→ Biotop) stark bevorzugen und in ihm optimal gedeihen, jedoch auch an anderen Lebensstätten, wenngleich schwächer, vertreten sind. Sie bilden zusammen mit den »spezifischen Arten« die → Charakterarten einer Lebensstätte.

präglazial, voreiszeitlich.

Prähaustórien, papillöse Epidermiswucherungen von Parasiten, die diese an der Kontaktstelle mit der Wirtspflanze ausbilden; später dringen diese Epidermiswucherungen in das Wirtsgewebe ein; → Haustorien.

praehistórisch, der vorgeschichtlichen Zeit angehörend.

Präkámbrium, n., (lat. prae = voran, vorher; Cambria = alter Name für Wales), geologisches Zeitalter vor dem Paläozoikum, das zum Eophytikum gehört. Der letzte Abschnitt des Präkambriums wird oft als Algonkium (= Name nach einem Indianerstamm) bezeichnet, aus dem Fossilien (Kalkriffe) als Stoffwechselprodukte von Einzellern (Blaualgen) gedeutet werden. Präkambrium: vor etwa 4500 bis 570 Mill. Jahren.

prāénitens (lat. prae = voran; nítens = glänzend), hervorglänzend.

präoccupíeren (lat. prae = vorher; occupáre = besetzen), vorbesetzen.

praepartúriens (lat. prae = vorher; parturíre = gebären wollen, kreißen), frühzeitig gebärend, frühreifend.

Praereduktión (lat. prae = vorher; redúcere = zurückführen), Verteilung der von den beiden Eltern übernommenen Erbanlagen im ersten Teilungsschritt.

Präríe, Steppenformation der kontinentalen Gebiete Nordamerikas. Entspricht den südsibirisch-pontisch-pannonischen Steppen.

Präsentatiónszeit (lat. praesens = gegenwärtig), die minimale Zeitspanne, während der ein Reiz wirken muß, um eine noch erkennbare Reaktion hervorzurufen.

Präsénz, Anwesenheit einer Art in Vegetationseinheiten.

Prävalénz (lat. praevalére = sehr viel vermögen, stark sein), die unvollkommene Dominanz eines Merkmals über das ihm entgegengesetzte Merkmal.

Präzipitát (lat. praecipitáre = stürzen, sich herabstürzen, sinken), Niederschlag.

prasinatus, -a, -um (latin., s. u.), lauchgrün gefärbt.

prásinus, -a, -um (latin. von griech. prásinos), lauchgrün.

praténsis, -is, -e (lat. prátum = Wiese), Wiesen- (z. B. Geránium praténse = Wiesenstorchschnabel).

Prenánthes, f., Gatt. der Asteráceae (griech. prenés = übergeneigt; ánthos = Blüte) – Hasenlattich.

Prénia, f., Gatt. der Aizoáceae (griech. prenés, lat. prénis = übergeneigt, schräg, niedergebeugt). Spec.: P. relaxata (Willd.) NE Br.

primär (lat. prímus = der erste), zuerst vorhanden, die erste Stelle einnehmend; in erster Linie.

Primärart, Bezeichnung für Arten, die durch unüberbrückbare, genetisch-plasmatische → Sterilitätsbarrieren getrennt sind.

Primärblätter, die bei vielen Pflanzen auf die Keimblätter folgenden, von den späteren, definitiven Laubblättern verschiedenen Erstlingsblätter.

primär-diklíne Blüten, dikline Blüten, die sich nicht von Zwitterblüten ableiten lassen; → diklin.

primäre Membran, die auf die pektinhaltige Mittellamelle durch Appositionswachstum vom Protoplasma der Zelle aufgelagerte erste zellulosehaltige Schicht der Zellwand.

primäre Meristéme, Bildungsgewebe, die aus dem einheitlichen Urmeristem hervorgehen; → Meristem.

primäre progressive Sukzession (lat. prímus = erste; prógredi = sich entwickeln, aufbauen; succédere = nachrücken), erstmalig verlaufende → Sukzession; Vegetationsabfolge auf zuvor noch nicht besiedeltem Gelände (z. B. Sandbank).

primäres Dauergewebe, aus dem Urmeristem hervorgehendes Dauergewebe.

primäre Wurzel, Hauptwurzel.

Primärflóra, erste von zwei zeitlich aufeinanderfolgenden Floren eines bestimmten Gebietes.

Primärstoffwechsel, Bezeichnung des Grundstoffwechsels der Zelle im Ggs. zum Sekundärstoffwechsel.

Primärthállus, der bei der ontogenetischen Entwicklung entstehende krustigschuppige bis blattartige, dem Substrat anliegende Thallus, auf dem später die Podetien entstehen. Er kann in einem späteren Entwicklungszustand wieder verschwinden.

Primärzentrum, erstes Entwicklungszentrum.

Primánen (lat. prímus, -a, -um = der erste usw.), Erstlinge der Leitbündel in den noch im Wachstum stehenden Sproßteilen.

Primofilices (= Coenopteridae) (lat. primus = erste; filix, -icis = Farnkraut), heterogene Unterklasse für fossile, eusporangiate Farne. Vorkommen: Oberdevon bis Unterperm.

Primordiálblatt (Primórdium), die zunächst ungegliederte Blattanlage der Phanerogamen.

Primordiálgefäße (lat. primórdium = erster Anfang, Ursprung), Gesamtbezeichnung für alle zuerst gebildeten Gefäße.

Primordiálschlauch, der sackförmige Plasmabelag der Zellwand einer Pflanzenzelle, der entsteht, wenn die Vakuolen zu einem einheitlichen Saftraum zusammenfließen.

Primordiálzellen, nackte Zellen, die sich erst später mit einer Zellwand umgeben.

Primórdium, Pflanzenzellmasse, aus der ein Organ (Blatt, Wurzel oder Blüte) entstehen wird.

Prímula, f., Gatt. der Primuláceae (lat. príma = die erste; -ula = Verkleinerungssilbe; als eine der ersten im Jahre blühenden Pflanzen gleichsam den »Blütenhimmel« aufschließend) – Schlüsselblume.

Prínglea, f., Gatt. der Brassicáceae (nach dem amerik. Botan. C. G-Pringle, 1838 bis 1911) – Kerguelenkohl

prinoídes, prinosähnlich.

prínos, prínus (griech. Pflanzenname), Quércus prínus – Gerbereiche.

príon-, períono- (griech. príein = sägen; príon = Säge), säge-.

Priorität (lat. príor = der frühere), Vorrang der älteren (oder ältesten) Beschreibung einer Pflanze und ihres Namens vor späteren (Synonymen).

Prioritätsregel, Regel der taxonomischen Namensgebung, die besagt, daß nur der älteste, zuerst veröffentlichte regelmäßige (legitime) Name für eine Pflanze als korrekt anerkannt wird.

pro (lat.griech.), für, als, z. B. pro gen. (pro genere) als Gattung (»für ein Genus«), pro syn. (pro synonymo) als Synonym (»für ein Synonym«); → p. p.

Proánthesis, vorzeitige, im Herbst erfolgende Entfaltung der Blütenknospen; → Anthése.

Proanthrópe, einheimische Pflanzen.

proanthropes Element (griech. pro = vorn, vor, eher; ánthropos = Mensch), Bezeichnung für Pflanzen eines Gebietes, die vor dem Auftreten des Menschen vorkamen.

Probándus (lat. probáre = anerkennen; probándus = Gerundivum = »ein« als Individuum »anzuerkennendes«), das einzelne Exemplar oder Individuum einer Population; Versuchsindividuum.

Probasídie, Anschwellung am Grunde der Basidie, in der die Kernverschmelzung stattfindet; → Basidien.

procérus (lat.), schlank, hochragend, vorragend; sehr hoch.

Prochlorophyta (griech. pro = vor, eher; chlóros = gelbgrün; phytón = Pflanze). – Unterreich der Procaryota, aus Algen ohne echten Zellkern, aber mit Chlorophyll a und b und ohne → Phycobiline.

Prochromosómen → Chromozentren des Ruhekerns.

procúmbens (lat.), niederliegend.

procúrrens (lat.), fortlaufend.

prodigiósus (lat. prodígium = Wunder), unnatürlich, seltsam, wundersam.

Pródromus (griech. pródromos = vorauseilend; Vorläufer; -us = latinisiert), Vorläufer eines umfassenderen Werkes.

Produktión, allgemein ist P. der Zuwachs einer Biomasse in einer bestimmten Zeit. Primärproduktion ist der Zuwachs an phototropher Biomasse unter biochemischer Speicherung von Strahlungsenergie. »Sekundärproduktion« ist der Zuwachs an tierischer Biomasse durch Konsumption von organischen Energieträgern. Der Begriff Produktion sollte auf Primärproduktion begrenzt werden; Sekundärproduktion ist Konsumption.

Produktionspotentiál, Fähigkeit eines Pflanzenbestandes, eine bestimmte Menge Strahlungsenergie zu speichern. Die Realisierung des P.s ist unter anderem von den betreffenden Pflanzen lebenden Organismen abhängig. Vgl. Transformationspotential.

Produktionsstufen, bei der → Produktion der Organismenwelt eines Lebensraums unterscheidet man die Primärproduktion der → autotrophen Pflanzen und die Sekundärproduktion der → heterotrophen Organismen. Allgemein übertrifft die jährliche Produktion an Pflanzen im Wasser wie auf dem Land die der einander folgenden P. der heterotrophen Organismen um das Vielfache.

Produzénten (engl.: producers), phototrophe Organismen, Pflanzen, Cyanobakterien und Bakterien, die primär Strahlungsenergie bei der Bildung von Körpersubstanz speichern. Die chemotrophen Organismen werden (heute) demgegenüber als Konsumenten und Destruenten bezeichnet.

Proémbryo (griech. »Vorkeim«), Entwicklungsstadium zwischen Zygote und Embryo bei Samenpflanzen.

Profil (ital. profilo), Seiten-, auch Querschnitts-, Vertikalansicht oder Umrißlinie (Kontur); z. B. Bodenprofil (mit Horizonten = Querschichten).

Profildarstellung, bildhafte Darstellung der vertikalen Verbreitung einer Sippe, einer Pflanzengemeinschaft bzw. Darstellung der vertikalen Gliederung der Zusammensetzung und des Aufbaues einer Pflanzengemeinschaft.

progám (griech. pro = vor; gamein = heiraten, befruchten), vor der Befruchtung.

progáme Geschlechtsbestimmung, das Geschlecht ist bereits vor der Befruchtung bestimmt.

Progressión (lat. progréssio = Fortschritt, Entwicklung), jede auf natürlichem Wege später entstandene, erblich gewordene Weiterentwicklung.

progressív, fortschreitend.

progressíve Endemismen (Neu-Endemismen) (griech. endémos = einheimisch), Endemismen, die dadurch entstanden sind, daß in einem Gebiet durch veränderte Lebensbedingungen aus einer Stammform jüngere Sippen entstanden sind, die sich nicht weiter ausbreiten können.

progressíver Endemismus → Neo-Endemismus.

progressíve Vererbung, Vererbung neuerworbener Eigenschaften.

Progymnospermae, unmittelbare (noch iso- bzw. heterospore) Vorläufer der Spermatophyta. Vergleichende Untersuchungen der älteren Gymnospermen erhellten in neuerer Zeit das Verständnis von Verwandtschaft und Phylogenie der Spermatophyta. Dabei gilt als wesentliche Erkenntnis, daß die P. ein unmittelbares Bindeglied sind zwischen den noch älteren, nicht deutlich in Achsen-, Blatt-, Wurzelbereich gegliederten (also telomartigen) Psilophytatae und den jüngeren, in die Grundorgane differenzierten (samentragenden) Spermatophyta – und zwar sowohl den Coniferophytina als auch den Cycadophytina.

Prokámbium, embryonales Gewebe aus gleichartigen, zartwandigen, protoplasmareichen Zellen, die aus dem Urmeristem hervorgehen und aus denen die Leitbündel entstehen; → Kambium.

Prokárpien (griech. pro = vor; karpós = Frucht; also »Vorfrüchte«), Verbindungen von Karpogonästen und → Auxilliarzellen.

Prokaryóta, Protokaryota, Bezeichnung der Sammelgruppe von Organismen (Bakterien und Blaualgen), die gegenüber den Eukaryotya (s. d.) ein sog. Kernäquivalent oder Nukleoid besitzen (also keinen »echten« Zellkern). Beide Präfixe sind legitim: griech. pro = bezeichnet die »Kern«vorstufe, griech. proto(s) = artikuliert im evolutionären Sinne das frühere (»erste«) Vorhandensein – gegenüber den Eukaryota; das Stammwort ist aus griech. Adjektiv karyotós (latin. betont karyótos) = »kernhaltig«; entstanden aus: griech. prokaryoton bion, Plur.: prokaryota bionta (bei Wegfall des Substantivs bzw. bei Substantivierung des Adjektivs!). Prokaryota wird im Schrifttum offensichtlich häufiger verwendet als Protokaryota. Das Syn. Akaryota (»Kernlose«) ist (historisch) veraltet. – Fossil seit mindestens 3,1 Mrd. Jahren.

Prolamellárkörper, kristallähnliche Substruktur von Plastiden an Stelle des Thylakoidsystems von im Dunkel aufgezogenen Pflanzen; → Etioplasten.

Prolamíne, Sphäroproteine, die in 50- bis 90%igem Ethanol löslich sind. Zusammen mit den Glutelinen sind die P. Haupteiweißbestandteile des Getreidemehls. P. enthalten viel Glutaminsäure und Prolin.

Prolépsis (griech. prolépo = vorher schälen, sich vorher entfalten), vorzeitige Entfaltung eines Sprosses nach kurzer Ruhe.

proléptische Triebe, »vorzeitige« Triebe, wobei es sich um das vorzeitige Austreiben nach kurzer Ruhe der für die kommende Vegetationsperiode angelegten Knospen der Holzgewächse handelt, die zur Überwinterung in Knospenschuppen eingehüllt waren.

prólifer, prolífera, prolíferum, prolificus (lat.), sprossend, Brut bildend.

Proliferatión (lat. proliferátio, -onis, f., »Sprossung«, Nachwuchs; próles = Sprößling, Nachkomme), von einem bestimmten Ausgangspunkt fortschreitende Bildung neuer Zellen bzw. Gewebe; insbesondere die Bildung von neuen Sporangien innerhalb der alten Zellwand bei einigen niederen Pilzen.

Prolifikatión (lat. próles, -is = Brut, Nachkommenschaft), zentrale oder seitliche Durchwachsung von Blüten, Blütenständen oder Früchten.

Prolín, eine Aminosäure mit heterocyclischem Ringsystem, 2-Pyrrolidincarbonsäure.

Promenáea, f., Gatt. der Orchidáceae (Promenaia = griech. Priesterin).

Promitóse, bei niedersten Organismen zwischen der indirekten und direkten Kernteilung nachweisbare Übergänge; → Mitose.

Promycél, Syn. für Basidie; → Myzél.

Propagátio, Syn. für Fortpflanzung.

Propagatiónszellen, Fortpflanzungszellen.

Propágula, Syn. für Brutkörper.

Propháse (griech. pro = vor, voran, vorher; phásis = Erscheinung), erste Phase der indirekten Kernteilung (→ Mitose).

Prophyláxe (griech. prophylaké, prophylakís = Schutz, Vorposten), Vorbeugung.

Prophýlla (griech. pro = vor; phýllon = Blatt), Vorblätter.

prophylloíde Blütenhülle, Perianth, das hochblattartig ausgebildet ist.

Proplastíd, amöboid bewegliche Jugendform der Plastiden, bis 3% des Trockengewichtes DNS, im vollausgebildeten Zustand 1% (= 10^{-14} – 10^{-15} pro Plastid).

Prosenchým (griech. pro[s] = dazu, neben, bei, zwischen; énchyma = das Eingegossene; also »das dazwischen Eingegossene«), Dauergewebe, mit langgestreckten Zellen, die gleichsam mit ihren zugespitzten Enden ineinandergekeilt sind (z. B. Fasergewebe, Leitungsgewebe).

Proserpináca, f., Gatt. der Haloragáceae (Proserpina = Göttin der Unterwelt).

Prosópis, f., Gatt. der Mimosáceae (griech. prosópon = Angesicht, Maske) – Schraubenbohne.

prósperus (lat.), glücklich, günstig, beglükkend.

prosthétische Gruppe (griech. prosthétos = hinzugefügt), an Eiweißstoffe gebundene nichteiweißartige Verbindungen. Die p. G. sind meistens Wirkgruppen von Fermenten.

prostrátus (lat. prostérno, -strávi, -strátum, -sternere = hinstrecken), niedergestreckt.

Protamíne, basisch reagierende, niedermolekulare Eiweißkörper, die bis zu 90% Arginin enthalten.

protándrisch (griech. prŏtos = der erste; anér, andrós = Mann; pro = vorher), Blüten, bei denen die Staubblätter eher als die Narben reif werden. Beispiel: Mais.

Prótea, f., Gatt. der Proteáceae (nach dem griech. Gott Proteus, dem nach der Mythol. die Gestalt wechselnden Meergott; Linné: »ein wahrer Proteus!«) – Schimmerbaum, Silberbaum.

Proteásen, proteolytische Enzyme, katalysieren die hydrolytische Spaltung der Peptidbindung, werden eingeteilt in Endopeptidasen und Exopeptidasen.

Proteïde, proteinähnliche Eiweißkörper, d. h. Eiweißverbindungen, die außer Aminosäuren auch andere organische Gruppen enthalten (vgl. auch Proteíne).

Proteïnásen, Fermente, die hochmolekulare Eiweißkörper spalten.

Proteïne (griech. prótos = erster; wegen ihrer vorrangigen Bedeutung als Baustoff der Lebewesen. Eine zweite Erklärung: wie Próteus in verschiedener Gestalt auftretend), Eiweißkörper, Stoffe von sehr hohem Molekulargewicht mit den regelmäßig auftretenden Elementen C, H, O, N, meist auch mit S und P. Die Proteine bauen sich ausschließlich aus den Aminosäuren auf, sind Hauptbestandteil des Protoplasmas und deshalb die funktionell und strukturell wichtigsten Substanzen der Organismen.

Proteïnkörner, Syn. für Aleuronkörner.

Proteïnstruktur, struktureller Aufbau der Eiweiße. Dabei unterscheidet man die Anordnung der Aminosäuren in der Polypeptidkette (Primärstruktur), die räumliche Anordnung der Aminosäurenkette z. B. als Faltblattstruktur bzw. der α-Helix-(Sekundär-)Struktur und die Ordnung der Polypeptidketten, die durch Disulfidbrücken und Wasserstoffbrückenbindung gekennzeichnet ist (Tertiärstruktur).

Proténor-Typ, das weibliche Geschlecht besitzt ein Chromosom mehr als das männliche.

Proteolýse, Hydrolyse von Eiweißkörpern; → Hydrolyse.

proteolýtisch, Eiweiß abbauend.

proteolýtische Enzyme, Enzyme, die den primären Abbau der Eiweißkörper unter Wasseraufnahme bedingen, oder Fermente der karnivoren Pflanzen, die den Abbau der tierischen Substanzen bewirken; → Fermente.

Proterandríe, auch Protandrie (griech. pro = vor; próteros = der erste; anér, andrós = der Mann), »erst- oder vormännlich«; Bezeichnung für Blüten, bei denen sich die männl. Blütenblätter (Staubblätter) zuerst (als erste) entwickeln und ihren Pollen entleeren; erst danach wird die Narbe derselben Blüte empfängnisfähig; »Vormännigkeit« (= Antheren-Reife vor der Narbenentwicklung, vor den weibl. Blütenteilen).

proterándrisch → protándrisch.

proterogéne Gerbstoffbehälter → hysterogene Gerbstoffbehälter. proteropetáles Androeceum (griech. próteros = früher, vorn; pétalon = Kronblatt); → obdiplostemon.

Proterophýtikum, n., griech.; erdgeschichtliches Zeitalter ohne höhere Pflanzen (= Eophytikum, = Algophytikum).

Prothállium (griech. pro = vor; thallós = grüner Zweig, Sprößling, Lager), Gametophyt bei Farnpflanzen, trägt Antheridien oder Archegonien oder beide.

Prothállus, algenfreier Thallusteil, der bei vielen Krustenflechten dem algenhaltigen Thallus vorausläuft, oft in Form eines zusammenhängenden Gürtels. Er ist meist durch geringere Dicke und abweichende Färbung unterschieden.

Protisten (griech. prótos = erster, früherer, älterer), niedere Organismen, z. B. Protophyten, Protozoen. Sie existierten stammesgeschichtlich vor den höheren Organismen.

Protobiónta (griech. prótos = der erste; bios = Leben; -bionta = Suffix für Unterreich), Bez. für die niederen Pflanzen, die Algen und Pilze umfassend.

Protodérm (griech. prótos = erster; dérma = Haut; also »erste Haut«), aus der peripheren Meristemzellage bestehendes Bildungsgewebe, welches das primäre Hautgewebe des jugendlichen Organs darstellt.

protogýn (griech. prótos = erster; gyné = Weib), Blüten, bei denen die weiblichen Geschlechtsorgane vor den männlichen reif werden.

Protokaryota → Prokaryota.

Protonéma (griech. prótos = erster; néma = Faden; = »Vorkeim«), erstes Stadium des Gametophyten bei Moosen, und zwar von der Sporenkeimung bis zur Scheitelzellanlage. Das P. ist meist faden- oder (seltener) bandförmig. Erst mit der Bildung von Scheitelzellen entstehen die eigentlichen Moospflänzchen.

Protophýta (griech.), bezeichnen oder umfassen alle einzelligen Pflanzen sowie die lockeren Zellverbände, die noch überhaupt keine oder nur eine minimale mit Arbeitsteilung verbundene Differenzierung erfahren haben und daher leicht wieder in Einzelindividuen zerfallen können; vgl. Thallophýta.

Protoplásma (griech. prótos = der erste; plásma = Gebilde, Gebildetes), Gesamtheit der lebenden Bestandteile der Zelle, bestehend aus dem Grundplasma oder Zytoplasma und den → Organellen.

Protoplast → Protoplasma.

Protoplastíden (griech. pro = vor, voran, vorher; plástos = geformt, gebildet), in embryonalen Zellen vorkommende teilungsfähige, farblose Vorstufen der Plastiden, die sich bei Belichtung zu Chloroplasten entwickeln können.

Protospóren → Uredosporen.

Protosporophýt → Karposporophyt.

Protostéle (griech. prótos = erster; stéle = Stamm; also »erster Stamm«), zentraler Achsenstrang aus zentral gelagerten Tracheiden, von einem Mantel von Siebgewebe bzw. wenig differenziertem Gewebe umgeben.

Protothécien, Plur., primitive Fruchtkörper von Ascomyceten, bei denen die Asci von lockerem Hyphengeflecht umgeben sind.

prototróph (griech. prótos = erster; tréphein = ernähren; also »ersternährend«), Bezeichnung für Mikroorganismen (Bakterien), die einen Nährstoff in elementarer oder primärer Form aufnehmen, z.B. Stickstoff der Luft durch Rhizobium leguminosarum. Zu unterscheiden: metatroph und mixotroph.

prototunicát, Bezeichnung für → Asci mit einer einschichtigen Wand.

Protoxylém, die zuerst gebildeten englumigen Elemente des → Xylems.

Protozóen (griech. prótos = erster; zóon = Lebewesen, Tier, also »erste Lebewesen«), die einfachsten, einzelligen tierischen Lebewesen.

Proventívknospen (lat. proveníre = »hervorkommen«; auch: geboren werden); → Ruheknospen.

Proventívsprosse, Sprosse, die aus → Ruheknospen hervorgehen.

provinciális, aus der Provence (Südfrankreich) stammend.

Provínz (lat. província = Wirkungskreis), durch spezielle Florenelemente gekennzeichnetes Gebiet, das größenordnungsmäßig unter einer Unterregion liegt.

Provitamín, Vorstufe eines Vitamins.

próximal, der Ursprungs- oder Anheftungsstelle genähert, z. B. bei der Hauptwurzel: der Sproßachse genähert. Ggs. → distal.

pruinátus, pruinósus (lat.), bereift, mit Reif bedeckt.

Prunélla, f., Gatt. der Lamiáceae (vermutl. aus dem Deutschen latin.) – Braunelle.

prunifólius (Prúnus, lat. Name für Pflaumen), pflaumenbaumblättrig.

Prúnus, f., Gatt. der Rosáceae (lat. Pflanzenname) – Pflaume, Kirsche, Pfirsich, Aprikose, Süß- und Sauerkirsche; fossil mindestens seit dem Oligozän bekannt.

pruthénicus, pruténicus, preußisch.

Psallióta, f., Gatt. Syn. von Agaricus (griech. psellíon = Armband; Suffix - otós = Chámpignon, Feldedelpilz (das Wort Champignon ist franz. und stammt von champ = Feld).

psámmische Böden (griech. psámma = Sand, Mulm), sandige Böden von hohem Dispersitätsgrad.

Psámmon, Psámmion, Lebensraum des sandigen Meeresgrundes und der sandigen Küsten des Meeres.

psammophíl (griech.), sandliebend; Bezeichnung für Organismen, die Lebensräume mit sandigem Untergrund bevorzugen.

Psammophýten (griech. → psámma = Sand; phytón = Pflanze), Sandpflanzen.

Psarónius, m., (griech. psár, psarós = Star), Organgattung für mit Struktur erhaltene, verkieselte Farnstämme. Vorkommen: Karbon und Perm.

pseúd-, pseúdo- (griech. pseúdos = falsch), in Zusammensetzungen: schein-, falsch, unecht.

pseudacácia, Scheinakazie.

pseudácorus (griech.), Iris pseudacorus – Scheinkalmus, die Wasser-Schwertlilie, deren Rhizome man zum Verfälschen der Droge Rhizoma Calami vom echten Kalmus (Acorus cálamus) verwendete.

Pseúdánanas, m., Gatt. der Bromeliáceae (griech. pseúdos = falsch, unwahr, Schein-[Ananas]); z. B. P. sagenárius.

Pseudánthientheorie (griech.), Theorie, nach der die Einzelblüten der Angiospermen phylogenetisch aus einem Blütenstand eingeschlechtiger Blüten entstanden sind (Wettstein, Janchen, Karsten, Fagerlind); → Euanthientheorie.

Pseúdánthium (griech. pseúdos = falsch; ánthos = Blüte), Blütenstand, der durch das gedrängte Sitzen seiner oft umgestalteten Blüten den Eindruck einer einzigen Blüte erweckt (Scheinblüte).

pseúdephemére Blüten (griech. pseúdos = falsch; ephemérios = nur einen Tag lebend), Blüten, die sich nur einmal öffnen, sich aber nicht am Tage des Öffnens wieder schließen.

Pseudoalléle, durch enge Koppelung wie ein einziges Allel erscheinende Gene; → Allél.

pseudoannuélle Pflanzen, ausdauernde Arten, deren Sprosse nur einjährige Lebensdauer haben; → annuell.

Pseudobórnia, f., (griech. pseúdos = falsch; Bórnia = alter Name einer Artikulatengattung), Artikulatengattung unklarer Verwandtschaft, 15–20 m hohe Bäume mit stark zerschlitzten Blättern.

Pseudocecídien, durch fremde Organismen bei Pflanzen hervorgerufene Bildungsabweichungen, die nur durch Hemmung irgendwelcher Wachstums- oder Differenzierungsvorgänge zustande kommen.

Pseudocyphéllen, punkt-, fleck- bis strichförmige Durchbrechungen oder Auflockerungen der Rindenschicht bei Flechten. Sie lassen häufig das freiliegende, helle Mark erkennen und dienen anscheinend der Förderung des Gasaustausches.

Pseudodendrophýten (griech. pseúdos = falsch; déndron = Baum, Stamm; phytón = Pflanze), Pflanzen, deren Blattbasen einen Scheinstamm bilden.

Pseudodichotomíe, Verzweigung, die zustande kommt, wenn die Endknospe abstirbt und die zwei ihr am nächsten stehenden Seitenknospen Langtriebe entwickeln; → Dichotomie.

Pseudogamíe (griech. pseúdos = falsch; gamein = heiraten), 1. die Entwicklung des Embryos aus einer unbefruchteten Eizelle nach erfolgter Reizbestäubung der Narbe; 2. Kopulation einfacher vegetativer Zellen. → Somatogamie.

Pseudoindúsium, umgeschlagener Blattrand bei Farnen, unter dem die Sori ausgebildet werden und der die Funktion eines Indusiums ausübt.

Pseudokarpíe (griech. psēūdos = falsch; karpós = Frucht), Fruchtbildung ohne Samenbildung nach erfolgter Reizbestäubung.

Pseudokeimung (= Blastése nach Langeron und Guerra 1940), der Begriff wird angewandt (von Roux und Linossier, 1890), wenn teilweise sehr lange nicht septierte Hyphen durch Keimung aus Blastosporen, Pseudokonidien oder selbst einem Bruchstück des Pseudomyzels entstehen. Blastosporen und Pseudokonidien findet man sonst nur in Verbindung mit Sproßmyzel bzw. Pseudomyzel. Vorkommen: bei Candida-Arten.

pseudokoenokárp (griech. koinos = gemeinsam, »verwachsen«), ist ein Gynoeceum bzw. Fruchtknoten, bei dem eine Verwachsung der einzelnen Fruchtblätter vorgetäuscht wird.

Pseudólarix, f., Gatt. der Pináceae (griech. psēūdos = falsch und Gattungsname Larix) – Goldlärche.

Pseudomitóse, anormaler Kernteilungsvorgang, wobei keine Chromosomen sichtbar werden; → Mitose.

Pseudomíxis (griech. psēūdos = falsch; míxis = Vermischung, Begattung), Verschmelzung von vegetativen Kernen oder Zellen, die keine echten Gameten sind.

pseudomonokotýler Keimling (griech. psēūdos = falsch; mónos = allein, einzig; kotyledón = Saugorgan, Keimblatt), Embryo einer dikotylen Pflanze, der aber nur ein deutlich wahrnehmbares Keimblatt besitzt, während das andere stark zurückgedrängt ist.

pseudomonomér (griech.), ist ein nur scheinbar aus einem einzigen Fruchtblatt entstehender Fruchtknoten.

Pseudomyzél (griech. psēūdos = falsch; mýzein = saugen), Sonderform des → Sproßmyzels, bei dem die Tochterzelle oder Knospe sich nicht ± abrundet, sondern in einer Richtung fortwächst und einen Faden bildet, der wiederum durch Knospen (Sprossung) Seitenfäden bildet. Aufgrund dieses Entstehungsmodus kann das Pseudomyzel ebenso verzweigt sein wie das echte oder → Fadenmyzel.

Pseudoparaphýllien (griech., wörtl. »Schein-Neben-Blätter«), Zwischenbildungen zwischen Paraphyllien und Rhizoiden.

Pseudoparaphýsen, Scheinparaphysen; paraphysenähnliche Hyphen in ascolocularen Fruchtkörpern von Ascomyceten.

Pseudoparenchým, gleichbedeutend mit Paraplectenchym.

Pseudopetalíe (griech. psēūdos = falsch; pétalon = Kronblatt), Erscheinung, daß in einer Blüte die Petalen durch Staubblätter ersetzt sind.

Pseudoplasmódien, falsche Plasmodien, Aggregatplasmodien; → Plasmodien.

pseudoplátanus, die Ähnlichkeit mit der Platane andeutend, z. B. Ácer pseudoplátanus – Bergahorn.

Pseudopódien (griech. psēūdos = falsch; pous, pódos = Fuß; also »Scheinfüßchen«), veränderliche Fortsätze des Protoplasmaleibes freier Zellen, durch die sich diese aktiv fortzubewegen vermögen.

Pseudopódium, ein vom Gametophyten gebildeter Tragstiel für Archegonien bzw. Sporogone.

Pseudorhíza, (griech.), f., Sing., »Scheinwurzel«; wurzelartige Hutverlängerung bei manchen Pilothecien von Blätterpilzen.

Pseudothécien, Plur., griech., Fruchtkörper einiger Ascomycetes, die auf ascoloculäre Weise entstehen.

Pseudotsúga, f., Gatt. der Pináceae (griech. psēūdos = falsch und Gattungsname Tsúga) – Douglasie; fossil seit dem Tertiär.

Pseudovikariánz, ähnliches ökologisches und morphologisches Verhalten von Sippen verschiedenen Ursprungs, wobei sich diese Sippen in bestimmten Gebieten ablösen; → Vikarianz.

Pseudoviviparíe, Erscheinung, daß in der Blütenregion neben den Blüten mit Laubblättern besetzte Sprosse gebildet werden, die sich zu bewurzeln vermögen, aber nicht allein von der Mutterpflanze abfallen; → Viviparíe.

psilo- (griech.), in Zusammensetzungen: nackt-, kahl-.

psilocárpus (griech.), kahlfrüchtig.

psilophýllus (griech.), kahlblättrig.

Psilophýten (griech. psilós = kahl, unbewachsen, entblößt, nackt; phytón = Pflanze), blattlose Gefäßpflanzen mit äußerlich einfachem Bau, die jedoch bereits Merkmale der höheren Pflanzen aufweisen, erscheinen im Obersilur als erste Landpflanzen, Höhepunkt ihrer Entwicklung im Devon. Sie sind stammesgeschichtliche Vorläufer der Farnpflanzen. – Spec.: Psilophyton princeps, Urfarn. – Neuerdings werden die Psilophyta in 3 Taxa aufgegliedert: Rhynio-, Zosterophyllo-, Trimerophyto-phyta; dabei jedoch oft in unterschiedlichen Rangstufen gewertet.

Psilótum, n., Gatt. der Psilotáceae (griech. psilós = nackt).

Psorálea, f., Gatt. der Fabáceae (griech. psoraléos = krätzig, räudig; psóra = Krätze, Räude; besonders der Kelch ist drüsenhökkerig) – Harzklee.

psoro- (griech. psóra = Krätze, psoraléos = krätzig, räudig), -krätze, -schorf.

Psycholamarckísmus (griech. psyché = Lebenskraft, Leben, auch Seele), Abstammungslehre, die die Entwicklung auf den Willen der Organismen zur Vervollkommnung zurückführt.

Psychótria, f., Gatt. der Rubiáceae (griech. psyché = Leben, Seele; otréein = erregen bzw. térein = erhalten; wird oder wurde nach P. Browne auf Jamaika als »Kaffee« gebr.) – Brechstrauch, Schwarze Brechwurz.

psychrophil (griech. psychrós = kalt, kühl; phílos = liebend), Bezeichnung für sehr niedriges Temperaturoptimum der Organismen. So haben z. B. psychrophile Formen der Mikroorganismen ihr Optimum um etwa 10 °C, mesophile hingegen bei 25–30 °C und thermophile zwischen 40–65 °C. Im Boden herrschen die psychrophilen und mesophilen Formen vor.

Psychrophýten (griech. psychrós = kalt, kühl; phytón = Pflanze), an niedrige Temperaturen angepaßte Pflanzen.

Psygmophýllum, n., Formgattung für spatelbis fächerförmige Flachblätter mit meist gekerbtem Distalrand, möglicherweise Vorläufer der Ginkgoáceae. Vorkommen: Unterdevon bis Oberperm.

ptármicus, -a, -um (griech. ptairo = ich niese, ptármikos = Niesen erregend), Niesen erregend; z. B. Achillea ptarmica – Sumpfschafgarbe.

Ptélea, f., Gatt. der Rutáceae (griech. Name für Ulme) – Hopfenstrauch.

pteridifólius (griech. pterídion, Verkleinerung von ptéris = Farn, dieses abgeleitet von pterón), flügelfarnblättrig.

Pterídium, n., Gatt. der Polypodiáceae (griech. ptéris = Farn, -idium: Verkleinerung) – Adlerfarn.

Pteridophýllen (griech. ptéris, pteridos = Farn; phýllon = Blatt), farnlaubige fossile Pflanzen, die zu Formgattungen gestellt werden; teils sind es Farne, teils Progymnospermae, Pteridospermae, Cycadeen oder Bennettitales.

Pteridophýta (griech. ptérís, Genit. pteridos = Farnkraut; phytón = Pflanze), Farnpflanzen; Abteilung im Reich der Sproßpflanzen, u. a. die Bärlappe, Schachtelhalme und Farne umfassend.

Pteridophýtikum, n., (griech. ptérís = Farn; phytón = Pflanze; »Farnpflanzen«; = »Flora der Farne«); → Paläophytikum.

Pteridospérmae (Samenfarne, Farnsamer, auch Lyginopteridatae), f., Plur., ausgestorbene Klasse der Gymnospermae, die ihren Höhepunkt in Karbon und Perm hatte und im Mesozoikum bereits ausstarb. Die P. sind von großem phylogenetischem Interesse, weil sie sich durch Samen fortpflanzten, aber farnartige Blätter besaßen, sekundäres Dickenwachstum des Holzes, aber farnartige Leitbündel hatten.

Pteridospermáles, f., Plur., (griech. ptéris = Farn; spérma = Same), fossile Ordnung der Gymnospermae, die farnartiges Laub, Gymnospermenachsen und Samen ausbildeten.

ptéris, -e, -pterus, -a, -um (griech.), -farn, auch flügelig.

Ptéris, f., Gatt. der Polypodiáceae (griech. ptéris = Farn) – Saumfarn; fossil seit dem Tertiär.

ptero- (griech.), in Zusammensetzungen: flügel-, flügelig-.

pterocárpus (griech.), flügelfrüchtig.

Pterocárya, f., Gatt. der Juglandáceae (griech. pterón = Flügel; káryon = Nuß) – Flügelnuß; fossil seit dem Tertiär.

Pterocéltis, f., Gatt. der Ulmáceae (griech. pterón = Flügel und Gattungsname Celtis) – Flügelzürgel; fossil seit dem Oligozän.

Pterocéphalus, m., Gatt. der Dipsacáceae (griech. pterón = Flügel; képhale = Kopf).

Pteródium (→ Pterocephalus), geflügelte Schließfrucht.

Pterópsida (griech. ptérís = Farnkraut) – Farne; Kl. der Farnpflanzen, im System der Pflanzen: → Filices.

Pterostýlis, f., Gatt. der Orchidáceae (griech. pterón = Flügel, stylis = Griffel; nach der seitlich geflügelten, relativ langen Säule) – »Flügelsäulenorchidee«.

púbens (lat.), strotzend, weichhaarig.

pubérulus (lat. púbes = Flaum), schwachflaumhaarig.

pubéscens (lat.), flaumig werdend.

pubispínus (lat.), schwach bestachelt, mit kleinen Stacheln.

Puccinéllia, f., Gatt. der Poáceae (nach dem ital. Botan. H. B. Puccinelli, 1808–1850) – Salzschwaden.

Puccínia, f., Gatt. der Puciniáceae (benannt nach dem ital. Botan. Puccini) – Getreide- oder Schwarzrostpilz; Ordn. Rostpilze (Uredináles), Unterklasse Phragmo-Basidiomycetídes.

pudícus, -a, -um (lat.), keusch, sittlich, schamhaft (z. B. Mimósa pudíca – Sinnpflanze).

Púffer, Lösungen mit der Eigenschaft, innerhalb gewisser Grenzen das *p*H konstant zu halten, gleich ob Basen oder Säuren zugesetzt werden.

pulchéllus (lat.), niedlich, hübsch.

púlcher, púlchra, púlchrum (lat.), schön.

pulchérrimus (lat.), am schönsten, sehr schön.

pulégium (griech. pólios = weißgrau; röm. Pflanzenname); Spec. Méntha pulégium.

Pulicária, f., Gatt. der Asteráceae (lat. púlex, pulicis = Floh) – Flohkraut.

pulicáris, pulicárius (lat. púlex = Floh), flohartig.

Pullularia, f., (lat. pullulus = junger Zweig), Gatt. der Schimmelpilze aus der Gruppe der Fungi imperfecti.

Pulmonária, f., Gatt. der Boragináceae (lat. púlmo, -ónis = Lunge; pulmonáris = für die Lunge heilsam) – Lungenkraut.

Púlpa (lat. = Fruchtbrei), die saftigen oder fleischigen Teile einer Frucht.

Pülpe, Rückstand bei der Stärkegewinnung aus Kartoffeln; Futtermittel.

Pulsatílla, f., Gatt. der Ranunculáceae (lat. pulsáre = schlagen, läuten) – Küchenschelle.

pulsíerende Vakuolen (lat. péllere, -o, pulsi púlsum = treiben, bewegen), kontaktile Vakuolen.

pulveruléntus (lat. púlvis, pulveris = Staub), voller Staub.

Pulvis (lat.), Pulver; (pharmazeutisch) abgegeben als: Einzelpulver (abgeteilte Pulver, bei differenten Arzneimitteln), Schachtelpulver (nicht abgeteilt, nur bei indifferenten Mischungen).

Pulvis adspersórius, Streupulver gegen Zusammenkleben von Pillen.

Pulvis aërophórus (griech. aër = Luft; phérein = tragen), gemischtes Brausepulver aus Natr. bicarb., Acid. Aorter. und Saccharum (bei Dyspepsien).

púmilus (lat.), zwergig.

punctátus (lat.), punktiert.

púngens (lat.), stechend.

Púnica, f., Gatt. der Punicáceae (röm. Name der Pflanze; lat. Púnica = Phönizerin, Punierin, punische Farbe; intensiv rote Farbe von Blüte und Frucht) – Granatbaum.

puníceus (lat.), granatrot, hochrot.

Punktkarte, Verbreitungskarte mit punktförmiger Angabe der Fundorte bestimmter Pflanzen.

Punktmutation, auf Basenaustausch- oder Rastermutation zurückzuführende, ein Nucleotid(paar) betreffende Veränderung eines Gens; → Genmutation.

púrgans (lat.), reinigend, abführend.

Purinbasen, Grundbausteine der Nucleinsäuren und anderer wichtiger Zellverbindungen; bestehend aus einem Pyrimidin- und einem Imidazolring. P. sind z. B. Adenin, Hypoxanthin, Guanin, Koffein, Theobromin.

purpúrei-, purpúreo- (lat.), in Zusammensetzungen: purpur-.

purpúreus, -a, -um (lat.), purpurn; rot (z. B. Digitális purpúrea – Roter Fingerhut).

Puschkínia, f., Gatt. der Liliáceae (nach dem russ. Reisenden und Botan. Graf Mussin-Puschkin von Adams, gest. 1837).

pusíllus (lat.), winzig.

pústula (lat.), Pustel.

Putámen (lat., Genit. putáminis = Schale, Steinschale), Steinkern, Stein.

Putrescín, ein 1,4-Diaminobutan, basische Verbindung des Zellstoffwechsels. Es kann durch Decarboxylierung aus der Aminosäure Ornithin hervorgehen.

Púya, f., Gatt. der Bromeliáceae (chil. Volksname).

pycn-, pycno- (griech. pyknós = dicht), in Zusammensetzungen: dicht-, gedrängt.

Pycnóstachys, f., Gatt. der Lamiáceae (griech. pyknós = dick, dicht; stáchys = Ähre).

Pycnostelma, f., Gatt. der Asclepiadáceae (von griech. pyknós = dicht, dick und wahrscheinl. stelē = Säule); Spec.: P. chinensis Bunge.

pygmǽus (lat.), zwerghaft.

Pykníden, kleine, meist kugelige bis birnenförmige, seltener unterteilte oder mit sackförmigen Ausstülpungen versehene Behälter, in denen die Pycnosporen gebildet werden. Sie sind meist in den Thallus eingesenkt und öffnen sich mit einem Porus.

Pyknídium (Pyknídien) (griech. pyknós = dick, dicht), krugförmiger Behälter, der außer sterilen Paraphysen in seinem Zentrum kurze, dichtgedrängte Hyphen enthält, die sehr kleine, haploide Pycnosporen konidienartig abschnüren.

Pyknóse (griech. pyknós = dick, zahlreich, dicht), Erscheinung, daß alle Chromosomen in eine einzige Masse verschmelzen.

Pyknospóren (griech. pyknós = dicht, zahlreich; spóros = Keim), sehr kleine einkernige, elliptische Konidien, die in den Pyknidien sehr zahlreich erzeugt werden.

pyknoxyl, pycnoxyl (griech.), dichtes, kompaktes Holz mit engen Tracheiden und schmalen Markstrahlen, Markanteil gering, z. B. bei Koniferen; → manoxyl.

pyogen (griech.), eiterhervorrufend; pyogen sind z. B. Strepto- und Staphylokokken.

Pyracántha, f., Gatt. der Rosáceae (griech. pyr = Feuer; ákantha = Dorn) – Feuerdorn.

pyramidális, pyramidátus, -a, -um (lat.), pyramidenartig, Beispiel: Koeleria pyramidata – Pyramiden-Schillergras.

Pyrenárium (griech. pyrén = Kern), eine aus mehreren verwachsenen Fruchtblättern gebildete Steinfrucht mit einem bis mehreren Steinkernen.

Pyrenoíde (griech. pyrén = Kern; eídos = Aussehen), eiweißreiche Körperchen in meist großen Chloroplasten, um die sich schalenförmig Stärkekörnchen anlagern (besonders bei Algen), also »Stärkeherde«.

Pyrenomycétes (griech. pyrén = Kern; mýkes = Pilz), Schlauchpilze mit in einem Fruchtkörper (Ascocarpus) zusammengelagerten Asci. Der Fruchtkörper ist geschlossen, besitzt eine flaschenförmige bis runde Gestalt, stellt also ein → Perithecium dar.

pyrénus, -a, -um (griech. pyrén = Kern), -steinkernig.

Pýrethrum, n., Gatt. der Asteráceae (griech. pýr = Feuer) – Edelmargerite.

Pyrimidínbasen, heterocyclische organische Basen mit zwei Stickstoffatomen. Zu den P. gehören z. B. Uracil, Cytosin, wichtige Bausteine der Nucleinsäuren.

Pýrola, f., Gatt. der Pyroláceae (Verkleinerungsform v. lat. pýrus, pírus = Birnbaum) – Wintergrün.

Pyrostégia, f., Gatt. der Bignoniáceae (griech. pyr, pýrros = Feuer; stége = Dach); Spec.: P. venústa.

Pyrróphyta (griech. pýrrhos = feuerrot; phytón = Pflanze) – Feueralgen; umfassen (nach Pascher) die Dino-, Cryptophyten, Chloromonaden.

-pýrus, -a, -um (griech. pyrós = Korn), -korn, -weizen.

Pýrus, f., Gatt. der Rosáceae (röm. Name der Birne) – Birnbaum; fossil seit dem Tertiär.

pyxid-, -pýxis (griech. pyxís = Büchse), in Zusammensetzungen: büchsen-.

Pyxidanthéra, f., Gatt. der Diapensiáceae (griech. pýxis = Büchse; anthéra = Staubbeutel) – Blühendes Moos.

Pyxídium (griech. pýxis = Büchse) → Dekkelkapsel.

Q

Q. s., Abk. auf Rezepten von lat.: quantum satis = genügend viel; z. B. q. s. s. f pil.: quantum satis, [ut] fiant pilulae = genügend viel, um Pillen herzustellen.

quadrángulus (lat.), viereckig, vierkantig.

Quadrat, lateinisches, Versuchsform für Anlage von Feldversuchen, um systematische Fehler mit der Varianzanalyse auszugleichen.

quadri- (lat.), in Zusammensetzungen: vier-.

quadrifólius, -a, -um (lat. quádrus, -a, -um = vier[eckig]; fólium = Blatt), vierblättrig (z. B. Páris quadrifólia = Vierblättrige Einbeere).

Quadrivalent, Chromosomenverband aus vier homologen Partnern bestehend, der für autotetraploide Pflanzen charakteristisch ist.

quadriválvis (lat.), vierklappig.

Qualitative Vererbung, Vererbungsart, in der die Ausprägung eines bestimmten Merkmals unter den Individuen einer Art scharf abgegrenzt ist (diskontinuierliche Variation); ist von der Wirkung weniger Gene mit starkem Effekt abhängig.

Qualitätssaatgut, Saatgut mit hoher Qualität, für das bestimmte Reinheits- und Keimfähigkeitswerte festgelegt sind.

quámoclit (nach der gleichnam. Gatt., f., der Convolvuláceae), mexik. Pflanzenname.

Quant, kleinste Energieeinheit oder Menge.

quantitative Vererbung, Vererbungsart, bei der die Ausprägung des betreffenden Merkmals unter den Individuen einer Art nur graduell variiert; im typischen Fall gibt es jede Abstufung von einem zum anderen Extrem (kontinuierliche Variation), wobei die mittleren Typen überwiegen; sie ist an eine Anzahl von Genen gebunden, deren jedes nur einen kleinen Effekt hat.

Quántum (lat. = wieviel), Menge.

Quarantäne (franz.), umfaßt alle Maßnahmen eines Staates, die sich gegen das Einschleppen und Verbreiten von (Pflanzen-)-Krankheiten und Schädlingen richten: innere Pflanzenqu. (innerhalb eines Landes), äußere Pflanzenqu. (Kontrolle des Verkehrs mit dem Ausland). Für die Einhaltung der Quarantänegesetze ist in fast allen Staaten ein Pflanzenbeschaudienst eingerichtet.

Quarantäne-Unkräuter, für den Pflanzenbau gefährliche Unkräuter, z. B. Cuscuta- und Orobanche-Arten, vor deren Einschleppung sich die einzelnen Staaten durch strenge Maßnahmen zu schützen suchen.

Quartär, n., (franz. quartaire = viertes Zeitalter, von lat. quártus = der vierte), letzte erdgeschichtliche Periode, folgt dem Tertiär, umfaßt als Epochen Pleistozän und Holozän. Gehört paläobotanisch zum Känophytikum (Angiospermenzeit). Beginn vor 1,5 bis 2 Mill. Jahren.

Quássia, f., Gatt. der Simaroubáceae (bekannt ist die in Zentralamerika beheimatete Art Quássia amára, die das Bitterholz [Lignum quassiae] liefert, aus dem eine Droge [Magenarznei] hergestellt und die »Quassiabrühe« zur Insektenbekämpfung gewonnen wird; der Name soll von einem Negersklaven namens Quassi stammen).

Quellfluren, lockere Bestände feuchtigkeitsliebender Gewächse am Rande von Bächen und Quellen.

Quellstift → Laminariastift.

Quellung, Volumenvergrößerung eines Körpers durch Wassereinlagerung um die den Quellkörper aufbauenden und im trockenen Zustand ohne lufterfüllte Räume eng aneinanderliegenden Teilchen.

quercetórum (Genit. Plur. von lat. quercétum = Eichenwald, -hain), der Eichenwälder, in Eichenwäldern wachsend.

quérceus (lat.), eichenartig.

quercifólius (lat.), eichenblättrig (Quércus = Eiche).

quercoídes (lat.), eichenähnlich.

Quércus, f., Gatt. der Fagáceae (lat. Pflanzenname) – Eiche; fossil seit der oberen Kreide.

Querschnitt, senkrecht zur Längsachse eines Organs verlaufender Schnitt.

quer-zygomorph → transversalzygomorph.

Quesnélia, f., Gatt. der Bromeliáceae (benannt nach M. Quesnel, franz. Konsul in

Cayenne, der die ersten Arten einführte); Spec.: Q. marmoráta (Lem.) R.W. Read; Q. testudo Lindm.

-quéter, -quétra, quétrum (lat.), -schneidig, -eckig.

Quícker-Methode (früher »Methode Washington«), Methode zur Reinheitsprüfung. Als vollwertig gelten jede ausgebildete Saatguteinheit und ihre Bruchstücke, sofern diese mindestens größer als die Hälfte des ursprünglichen Kornes sind. Nach dieser Methode werden bei der Reinheitsbestimmung vier Gruppen gebildet: reine Samen, unschädliche Verunreinigungen, fremde Kulturpflanzen, Unkrautsamen.

Quiéscenz (lat. quíes, -étis = Ruhe, Erholung, Schlaf; quiéscere = ruhen), exogene Ruhe, die durch ungünstige Außenbedingungen (Kälte, Wassermangel) den aktionsbereiten Zellen (bzw. Knospen, Cambien, Samen od. Sporen) aufgezwungen wird und bei Eintritt günstiger Außenfaktoren unterbrochen/beendet ist. Gegensatz: → Dormanz als → endogene Ruhe.

Quillája, f., Gatt. der Rosáceae (chil. Volksname) – Seifenbaum.

quinátus (lat. quínque = fünf), fünfzählig.

quincunciál (lat. quínque = fünf und unz, uncis [m.] = quantitative Wertangabe, Unze; eigentl. [lat.]: quíncunx = 5/12 [als Wertangabe]), bezeichnet die Knospendekkung (Aestivation) mit 2/5-Stellung der → Perianthblätter.

quínoa, in Chile der Name einer Chenopódium-Art.

quínque (lat.), in Zusammensetzungen: fünf-.

quinquecolórus (lat. cólor = Farbe), (lat.), fünffarbig.

quinquefoliátus, quinquefólius (lat. fólium = Blatt), (lat.), fünfblättrig.

quirlig → zyklisch.

quirlige Blattstellung → wirtelige Blattstellung.

Quisquális, f., Gatt. der Combretáceae (lat. quisquális = was ist das [als Ausdruck des Erstaunens]) – Wunderstrauch; fossil seit dem Miozän.

quoad (lat.), in bezug auf.

quotidiánus (lat.), täglich.

R

R, 1. Symbol für eine Rückkreuzungsgeneration; 2. »r« = Symbol für eine → Röntgeneinheit.

Rabíca (lat. rábies = Wildheit), f., Gatt. der Aizoáceae.

racémifer, racemífera, racemíferum (lat. racémus = Traube; férre, fero, tuli, latum = tragen, bringend), Trauben tragend.

racemósus (lat.), traubig.

Racémus → Traube.

Rachenbalg (Stomatokárpium), ein Monokarpium, das quer mit einer Spalte aufspringt.

rachído, ráchis (-rhachis), (griech. ráchis = Rücken, Rückgrat; bot. Spindel), spindel-, -spindel, -rispe, auch -rippig.

Ráchis (griech. ráchis = Rückgrat) → Spindel.

raco- (griech. rhákos = Lappen), lappen-.

Racomítrium, n., Gatt. der Grimmiáceae (griech. rhákos = Lappen; mítrion = Mützchen. Nach der mützenförmigen, gelappten → Kalyptra) – Laubmoose.

raddiána, nach dem ital. Forscher Giuseppe Raddi, geb. 9. 2. 1770 in Florenz, gest. 6. 9. 1829 in Rhodos.

radförmige Krone, Blüte mit kurzer Röhre und flach ausgebreitetem Saum.

radi- (lat. rádius = Radspeiche, Strahl), strahl-.

radiál (lat. rádius = Strahl, Radspeiche), 1. strahlenförmig, geradlinig vom Zentrum nach außen laufend (vgl. tangential); 2. Bau des Leitbündels, in dem abwechselnd Gefäß- und Siebteile sternförmig nach außen »strahlen«.

radiále Wandrichtung → antikline Wandrichtung.

Radialpolster, Polster mit kugelradienförmig von einem Punkt ausstrahlenden Trieben.

radiär (polysymmetrisch, aktinomorph, strahlig, multilateral), Bezeichnung für Gebilde (Blüten, Organe), die durch mindestens drei Symmetrieebenen in spiegelbildlich gleiche Teile zerlegbar sind (vgl. disymmetrisch, dorsiventral).

radícans (lat.), wurzelnd, kriechend, kletternd.

radicósus (lat.), reich bewurzelt.

Radícula (lat. rádix, radicis = Wurzel; radícula = kleine Wurzel) → Keimwurzel.

Radikánt, wurzelnde Pflanze.

Radioaktivität, hervorgerufen durch instabile chemische Elemente, die unter Aussendung einer radioaktiven Strahlung zerfallen; → Isotope.

Radíola, f., Gatt. der Lináceae (Verkleinerungsform v. lat. rádius = Strahl) – Zwergflachs.

radiospermisch, Samen mit radialstrahliger Symmetrie; → Platyspermae.

Rádix (lat.) → Wurzel. In der Pharmazie Wurzeln, die als Droge verwendet werden, z. B. R. Althǽe – Eibischwurzel, R. Valeriánae – Baldrianwurzel.

radizikol (lat. rádix = Wurzel; cólere = »wohnen«), Bezeichnung für Organismen, die auf oder in Pflanzenwurzeln leben.

Rádula, f., Gatt. der Raduláceae (lat. rádula = Raspel. Nach der flachgedrückten Gestalt des Perianths) – Lebermoose (Jungermanniales).

rádulus (lat. rádere = kratzen; rádula = Raspel), raspelartig, kratzend.

Rafflésia, f., Gatt. der Rafflesiáceae (nach Th. Wt. Raffles, Gouverneur von Surinam, 1781–1826, benannt) – Riesenblume.

Rahmenhülse (Craspédium), Gliederfrucht, bei der das Monokarpium quer in einsamige, meist geschlossene Teile zerfällt, die aus einem durch Bauch- und Rückennaht gebildeten, stehenbleibenden Rahmen herausfallen.

rájah, König (auf Kalimantan: 1. König; 2. allgem. für alles besonders Schöne, Große, daher auch für die größte Art der Nepénthes).

ram-, rami-, ramos- (lat. rámus = Ast, Zweig), verzweigt-.

rámifer, ramífera, ramíferum, zweigtragend.

Ramifikatión (lat. rámus = Zweig, Ast), Verzweigung.

Ramíschia, f., Gatt. der Pyroláceae (nach dem Prager Botan. F. A. Ramisch, 1798–1859) – Wintergrün.

Ramónda, f., Gatt. der Gesneriáceae (nach dem franz. Geologen Ramond de Carbonnières, 1755 bis 1827).

ramósus, -a, -um (lat.), ästig, verzweigt, z. B. Anthéricum ramósum = Ästige Graslilie.

Ramsch, Kreuzungsramsch; in der Pflanzenzüchtung: die Kreuzungsnachkommenschaft (-Population) von Selbstbefruchtern ohne Auslese über mehrere Generationen. Bei der nach dieser Nachkommenschaft (Kreuzungspopulation = Ramsch) bezeichneten Züchtungsmethode (Ramschmethode) erfolgt eine über 5–6 Jahre fortgesetzte »Ramsch«-vermehrung von Selbstbefruchtern ohne sofortige Auslese zwecks Anreicherung der Homozygoten (= reiner Linien), d. h., der Anteil der reinerbigen Pflanzen nimmt von Generation zu Generation zu; erst dann wird die nunmehr erleichterte (erfolgssichere) züchterische Bearbeitung begonnen. Von Nilson-Ehle und E. Baur eingeführte Methode, kommt vor allem bei Kreuzungen genetisch stark differenzierter Ausgangsformen (von Selbstbefruchtern) in Betracht.

ranárius (lat. rána = Frosch), zu Fröschen gehörend.

Randblüten, bei den Asteráceae die äußeren, am Rand des Körbchens stehenden Blüten, wenn diese sich in ihrer Form, Größe oder ihrem Geschlecht (nur weiblich oder geschlechtslos) von den inneren, den → Scheibenblüten, unterscheiden.

randständige Samenanlagen → marginale Plazentation.

Rangǽris, f., Gatt. der Orchidáceae (Anagramm, gebildet durch [willkürliche] Buchstabenumstellung aus: → Aerangis; daher [etwa]: »Schein-Luftspornochidee«).

Rangstufe, Kategorie, Einheit des Systems. Jedes Lebewesen gehört zu einer Anzahl einander übergeordneter Rangstufen, die zusammen eine Rangstufenfolge (Rangordnung) bilden. Die Bezeichnungen für die einzelnen Rangstufen sind in absteigender Folge: Reich, Abteilung, Klasse, Ordnung, Familie, (Tribus), Gattung, (Sektion), (Serie), Art, (Varietät), (Form). Die in Klammern gesetzten Bezeichnungen sind Zwischen- bzw. Unterkategorien, die nur in besonderen Fällen gebraucht werden, während die Hauptkategorien in der Regel zur Einordnung eines Lebewesens notwendig sind. Unterkategorien können z. B. durch Vorsetzen von Unter-(Sub-) vor die entsprechende Bezeichnung gebildet werden.

Ranken (Círrhus), meist fadenförmig verlängerte, kontaktreizbare, ausschließlich dem Klettern dienende Organe.

Ránker, Böden karbonatfreier Substrate, deren Profil lediglich einen Humushorizont oder eine Ackerkrume über dem Untergrund erkennen läßt.

Ranúnculus, m., Gatt. der Ranunculáceae (lat. rána = Frosch; ranúnculus = Verkleinerungsform; die Pflanze lebt oft im oder am Wasser) – Hahnenfuß (die Blätter einiger Arten sind den Zehen eines Hahnes ähnlich; der deutsche Name kann aber auch mit Bezug auf die Wurzeln gedeutet werden, da z. B. die Wurzeln von R. asiaticus als »Klauen« gehandelt werden; auch andere Species haben knollige Wurzeln); fossil seit dem Miozän.

Raoúlia, f., Gatt. der Asteráceae (nach Ed. F. A. Raoul, franz. Schiffsarzt und Botan. [Hauptwerk »Choix des plantes de la Nouvelle-Zélande«, 1846]).

rápa =rupum (lat.), Rübe.

raphanínus, rettichartig.

raphanístrum (ráphanus-), rettichgleich, z. B. Raphanus raphanistrum.

Ráphanus, m., Gatt. der Brassicáceae (lat. rápa = Rübe) – Rettich, Hederich.

Ráphe (griech. raphé = Naht; Samennaht), 1. Verwachsungsnaht des Integumentes mit dem Funiculus bei anatroper Samenanlage; 2. spaltenartige Längsrinne auf den Schalen einiger Kieselalgen.

Ráphia (griech. r(h)aphís = Nadel), f., Gatt. der Arecáceae, die R.-Arten entfalten steil aufsteigende Blätter; R.aedigera (Fiederblätter von 15 bis 20 m Länge); R. vinifera ist eine von den Palmen, deren junge Infloreszenzen zur Gewinnung von zuckerreichem Saft für die Vergärung zu Palmwein abgeschnitten bzw. verwendet werden.

Raphíden (griech. raphís, -ídos = Nähnadel, »Kristallnadel«), Bündel feiner Nadeln aus oxalsaurem Kalk im Zellsaft.

-raphis (rhapis), raphi-, raphid- (griech. rhaphís = Nähnadel), nadel-.

rapifórmis (lat.), rübenförmig.

Rapístrum, n., Gatt. der Brassicáceae (lat. rápa = Rübe; ástrum = Suffix für Ähnlichkeit) – Rapsdotter.

rapunculoídes (lat. rápa = Rübe; úlus ist Verkleinerungsform; oídes = ähnlich), rapunzelähnlich.

rapúnculus (lat.), Rapunzel, kl. Rübe.

rárus (lat.), selten.

Rasen, 1. dichter, niedriger, mehr oder weniger umfangreicher Moosflecken; 2. Grasnarbe, ± geschlossener Wuchs von nur oder doch vorherrschend Gräsern, vor allem der nichthorstbildenden, ausläufertreibenden Untergräser. Parkrasen: häufig reine Narbe von Lolium perenne, einem wichtigen Untergras auch für Weide (Reinbestand der sog. Fettgräsereien Holsteins) und der Wiese.

Rasenubiquíst, in allen Wiesentypen vorkommende Pflanze, → Ubiquisten.

Rasse, 1. Gesamtheit der Individuen innerhalb einer Art, die gewisse, erblich konstante Eigenschaften erkennen lassen, meist ohne Bewertung im Sinne einer Rangstufe (→ Taxon), manchmal im Sinne von → Unterart; 2. besondere pflanzengeographische Ausbildung einer Pflanzengesellschaft, die durch geographische Differentialarten gekennzeichnet ist.

Rasse, geographische, durch pflanzengeographisch-floristische Momente bedingte Abwandlung einer Pflanzengemeinschaft.

Rassenkette, Rassenkreis, bei dem die beiden Endglieder der kettenförmig aneinanderschließenden Rassen stark voneinander abweichen.

Rassenkreis, Zusammensetzung einer polytypischen Art aus mehreren vikariierenden Rassen.

Rassenschnur, Rassenkette, deren einzelne Glieder durch Übergangsformen gleitend miteinander verbunden sind.

Rastermutation → Punktmutation.

ratisbonénsis (lat.), aus Regensburg stammend.

Rauwólfia, f., Gatt. der Apocynáceae (nach L. Rauwolf benannt) – R. serpentina: aus Indien stammende Pflanze, aus deren Extrakt das → Reserpin gewonnen wird.

Ravenála, f., Gatt. der Musáceae (ravenal = Volksname auf Madagaskar) – Baum der Reisenden.

Raygras, Trivialname von Lolium perenne (nach dem Engl. John Ray, 1628–1705, benannt).

razemös, racemös (lat. racémus = Traube, Weinbeere), traubig. Blütenstände, bei denen die Hauptachse weiterwächst und seitlich in ansteigender Folge eine Vielzahl von Blüten entwickelt. Die Grundform verkörpert die Traube. Durch Wegfall des Blütenstieles, Verdickung der Achse u. a. entstehen zahlreiche Abwandlungen (Ähre, Kolben). Weitere traubige oder razemöse Blütenstände sind: Rispe, Köpfchen, Körbchen, einfache und zusammengesetzte Dolden. Ggs. → zymös.

razemöse Verzweigung → monopodiale Verzweigung.

Reagéns (lat. reágere = gegenwirken), Prüfungsmittel, Stoff, der durch seine chemische Einwirkung die Anwesenheit eines anderen erkennbar macht.

Reagénsglas, Prüfröhrchen, Probeglas.

Reagénspapier, Prüfpapier, Lackmus-, Kurkuma-, Kongopapier u. a. zur Prüfung auf saure und alkalische Reaktion.

reagieren, gegenwirken, rückwirken, ansprechen, auf einen Reiz antworten, Gegenwirkung zeigen.

Reaktión (lat.), die durch eine Einwirkung ausgelöste Folgeerscheinung, Rückwirkung, Gegenwirkung.

Reaktionsnorm, Fähigkeit einer Pflanze, auf bestimmte Bedingungen durch Hervorbringen bestimmter Merkmale zu reagieren.

Reaktionszeit, Zeitspanne zwischen Reizwirkung und Reaktion.

Realisatóren, Faktoren oder festgekoppelte Faktorenkomplexe, die bei getrenntgeschlechtigen Individuen die Geschlechtsbestimmung beeinflussen.

Reaumúria, f., Gatt. der Tamaricáceae (nach dem franz. Physiker Réaumur, 1683 bis 1757).

Rebútia, f., Gatt. der Cactáceae (nach Rebut, franz. Kakteenkenner und Händler, 2. Hälfte 19. Jh.).

Receptákulum (lat. = Fruchtboden), 1. bei Braunalgen besondere Äste, die in Einsenkungen die Fortpflanzungsorgane tragen; 2. bei manchen Farnen der Sporangienträger, der eine verlängerte fadenförmige oder eine kurze, polsterförmige Gestalt besitzt; 3. bei den Samenpflanzen der → Blütenstandsboden.

Rechsteinéria, f., Gatt. der Gesneriáceae (nach dem Pfarrer u. Botan. Rechsteiner, Eichberg).

reclinátus (lat. reclináre = zurückneigen), zurückgebogen, -geneigt.

rectiúsculus (lat.), fast gerade.

réctus (lat.), gerade, aufrecht.

recurvátus, -a, -um (lat.), zurückgekrümmt, -gebeugt.

Reduktión (s. u.), Reaktion in der Chemie, bei der entweder die reduzierte Verbindung an Sauerstoff ärmer oder an Wasserstoff reicher wird.

Reduktiónsteilung (lat. redúcere = zurückführen), Art der Zellteilung, bei der aus einer diploiden Zelle nach zwei Teilungsschritten im Endergebnis vier haploide Tochterzellen entstehen. Die Chromosomenzahl wird also reduziert. → Meiose.

Reduplikatión → Autoreduplikation.

reduziert, in ihrer Größe oder Differenzierung unvollkommen entwickelte, aber noch funktionsfähige Organe.

reduzíerte Orgáne, wenig differenzierte Gebilde ohne deutliche Funktion, die sich aus vollkommeneren rückgebildet haben.

refléxus (lat.), zurückgebogen, herabgebogen.

refráctus (lat. frángere = brechen), zurückgebogen, -geknickt.

Refugialgebiete (lat. re = zurück; fugáre = fliehen, flüchten; refúgium = Zuflucht, Zufluchtsort), Rückzugsgebiete bestimmter Arten.

regális, régius, -a, -um, königlich (lat. réx, régis = König), z. B. Osmunda regalis – Königsfarn.

Regélia, f., Gatt. der Myrtáceae (nach dem russ. Botan. E. v. Regel, 1815–1892).

regelmäßig → aktinomorph.

Regeneratión (lat. regenerátio, -onis = Neubildung, Wiederherstellung), Ersatz durch Auswachsen bereits vorgebildeter, ruhender embryonaler Anlagen oder völlig adventive Neubildung, wobei oft auch bereits differenzierte Zellen noch ihre Totipotenz zeigen bzw. wiedererlangen (z. B. besonders bekannt und nachgewiesen an Blättern von Begonien durch Neubildung von Adventivknospen und -wurzeln). Regenerationen sind die wichtigsten Formen der → Restitution. Erfolgt der Ersatz einfach durch erneute Teilungstätigkeit der verletzten Zellen der Wundfläche, so liegt eine Reparation (als Form der Restitution) vor.

Regenfáktor, nach Lang Quotient von Jahresniederschlag in mm zu Jahreswärme in Grad Celsius, charakterisiert die landwirtschaftliche Bewertung des Klimas. Nach Roemer/Scheffer bedeuten die Werte von 50 bis 60 = Intensivgebiet für Hackfrucht, Erbse und Braugerste, von 60 bis 80 = optimale Ackerbaugebiete, von 80 bis 100 = Getreide-Futterbau-Gebiete, von 100 bis 120 = Futterbau-Getreide-Gebiete und über 120 = reine Futterbaugebiete.

Regenfrucht (Hygrochásium), Kapselfrucht, die zur Trockenzeit geschlossen bleibt, sich aber bei Regen oder feuchtem Wetter weit öffnet, so daß die Samen herausgespült werden können.

Regenschwemmling → Ombrohydrochore.

Regenstreuer → Boleohydrochore.

Regenwald, tropischer, immergrüner, üppige Waldvegetation der feuchten Äquatorialzone, in der die täglichen → Zenitálregen das Gedeihen von tropischen, immergrünen Gehölzen mit großen Blättern ermöglichen.

regína (lat.), Königin.

Región(en) (lat. régio, regiónis = Gegend, Gebiet), 1. Gebiet, Unterbegriff des Florenreiches in der Pflanzengeographie. Die wichtigsten Regionen der Holarktis für Europa sind: die a) arktische; b) boreale; c) mediterrane; d) turkoiranische. Die Regionen kann man unterteilen in Provinzen (Domänen), denen Elemente oder Unterelemente entsprechen, so die atlantische Provinz (zu b), die pannonische und sarmatische (zu d), die südeuropäisch-montane (zu c) usw. → Florenregion; 2. die der Ernährung (vegetative Region) und der Fortpflanzung (reproduktive Region) dienenden Abschnitte einer Pflanze; 3. Abfolge der Vegetation in vertikaler Erstreckung in Gebirgen, besser als Stufe bezeichnet.

Regnellídium, n., Gatt. der Marsileáceae, einzige Art der Gatt.: R. diphyllum (Blätter bilden an der Spitze nur 2 (= di) nierenförmige Fiederblätter aus); in S-Brasilien vorkommend; fossil seit dem Oligozän.

Régnum → Reich.

regressív (lat. regrédi, -gredior, -gressus, -gressum = zurückgehen), rückschreitend, sich zurückbildend.

regressíve Metamorphóse, eine Umbildung, die von komplizierteren zu einfacheren Verhältnissen führt, → Metamorphosen.

regressíver Endemísmus → konservativer Endemismus.

regressíve Sukzessión (lat.) rückschreitende, abbauende → Sukzession.

reguläre Alloploidíe, Vorhandensein jedes Genoms in gleicher, durch 2 teilbarer Anzahl.

Regulationshypothése (lat. régula = Richtschnur, Maßstab, Regel), Verjüngungshypothese, → Hypothese.

Regulatóren → Enzymrepression.

Rehmánnia, f., Gatt. der Scrophulariáceae (nach J. Rehmann, russ. Leibarzt und Staatsrat, geb. Badenser, 1779–1831, benannt).

Reich (regnum), höchste systematische Kategorie in der Organismenwelt (→ Rangstufe).

Reichenbachánthus, m., Gatt. der Orchidáceae (nach dem deutsch. Orchidologen Heinrich Gustav Reichenbach, 1824 bis 1889; griech. ánthos = Blume) – »Reichenbachblume«.

Reifestadium, die verschiedenen Reifungsgrade der Samen bzw. Früchte im Pflanzenbau, die z. B. ausschlaggebend für den Erntetermin sind. Bei den Hauptgetreidearten unterscheidet man Milch- oder Grünreife, Gelb- oder Teigreife, Vollreife und Totreife. Entsprechende Reifegrade werden z. B. auch bei den Fabáceae unterschieden. Als Reifestadien bei Mais sind definiert: Blüh-, Grün-, Dünnmilch-, Milch-, Milch-Wachs-, Wachs-, Gelb- und Vollreife.

Reifeteilung, die zur Bildung der Geschlechtszellen führenden, aufeinanderfolgenden Kern- und Zellteilungen.

Reihe → Ordnung.

Reihenkonídien, reihenweise Bildung und Abschnürung der Sporen direkt am Konidienträger oder an besonderen Stielchen; → Konidien.

Reinéckea, f., Gatt. der Liliáceae (nach

J. Reinecke, Obergärtner, Berlin 1798 bis 1871).

reine Linie, Individuen mit gleichen (homozygoten) Erbanlagen.

reinerbig → homozygot.

reine Samen, alle Samen oder Saatguteinheiten, die, gemäß Bezeichnung der Probe, zu der betreffenden Art gehören. Zu den reinen Samen werden nach der Quicker-Methode gerechnet: reife, unbeschädigte Samen oder Früchte und fruchtähnliche Gebilde der betreffenden Art, einschließlich besonders kleiner, zusammengeschrumpfter, gedrehter oder unreifer Samen, Bruchstücke, die größer als die Hälfte der ursprünglichen Größe sind, hohle und kranke Samen oder Früchte. Nicht einbezogen sind Samen, die durch Pilze in Sklerótien (→ Sklerótium) verwandelt wurden.

Reinhárdtia, f., Gatt. der Arecáceae (Pálmae), R. grácilis (Mittelamerika).

Reinheit, das Fehlen von Verunreinigungen im Saatgut bzw. der prozentuale Masseanteil reiner Samen.

Reinheitsprüfung, Ermittlung der Zusammensetzung des Saatgutes an Hand der Arbeitsprobe. Die Komponenten, z. B. reine Samen, Unkrautsamen, werden in Masse-% angegeben. Syn.: Reinheitsuntersuchung, -bestimmung.

Reinigung, das Absterben der unteren Zweige bei Bäumen.

Reinkultur, lebende Anzucht einer bestimmten Mikroorganismenart auf keimfreiem Substrat, zu dem der Zutritt fremder Keime ausgeschaltet ist.

Reinsaat, der alleinige Anbau einer Fruchtart im Gegensatz zum gleichzeitigen Anbau mehrerer Fruchtarten im Gemenge.

Reĩnschia, f., problematisches Fossil: unregelmäßig rundlich geformte kleine Kolonien mit einem größeren Hohlraum, in paläozoischen Bogheadkohlen. Wahrscheinlich Grünalgen aus der Verwandtschaft der rezenten Gatt. Botryocóccus.

Re-Inversión (lat. re = zurück; invérsio, -onis = Umkehrung, Umdrehung), Wiederherstellung der normalen Genfolge, die durch eine → Inversion umgekehrt worden war.

Reinwárdtia, f., Gatt. der Lináceae (nach dem Botan. K. G. K. Reinwardt, Holland, 1773–1854).

Reis, (Pfropfreis), Veredlungspartner (Edelsorte), der als knospentragender Sproßteil auf die Unterlage aufgepfropft (oder transplantiert) wird und die Krone (mit Früchten) bildet. Häufig wird im Obstbau ein frostharter Stammbildner (Zwischenveredlung) zwischen Wurzel und Krone durch Veredlung eingeschaltet. → Unterlage.

Reiz, ein außerhalb des Organismus liegender Faktor, der bestimmte Reaktionen auslöst.

Reizbefruchtung, parthenogenetische Entwicklungsanregung der Eizelle.

Reizbewegungen, die durch äußere Reize veranlaßten Bewegungen bzw. Krümmungen der Pflanzen.

Reizerscheinungen, die durch den Reiz veranlaßten Veränderungen des Organismus.

Reizleitung, Leitung des Reizes in der Pflanze, die durch Wirkstoffe und durch einen Aktionsstrom erfolgt.

Reizmenge, Produkt aus Intensität und Einwirkungszeit des Reizes.

Reizphysiologíe → Physiologie der Bewegungserscheinungen, wobei Außeneinflüsse in gleicher Weise auch in den Stoff- und Formwechsel eingreifen, ja gewisse Stoffwechselvorgänge geradezu Bewegungserscheinungen ursächlich zugrunde liegen.

Reizschwelle, die kleinste Reizmenge, die zu einer gerade noch wahrnehmbaren Reaktion führt.

Rekauleszénz (lat. cāulis = Stengel; géns, géntis = hier: Sprößling), lose Verwachsung der Seitenachse mit dem dazugehörigen Tragblatt, so daß dieses an dem Seitentrieb emporgehoben scheint.

Rekréte (lat. recérno, -crévi, -crétus = »zurückscheiden«, absondern), pflanzliche Ausscheidungsstoffe in anorganischer Form, die in den Stoffwechsel nicht eintreten, da die Elimination direkt an die Resorption anschließt.

Rektifikatión (lat. réctus = richtig; fácere = tun, machen), mehrmals wiederholte Destillation von Flüssigkeiten.

relatíve Sexualität (lat. relátio = Beziehung,

Verhältnis; also: rückbezüglich oder verhältnismäßig), Erscheinung, daß sich das Wesen der Geschlechtigkeit nur in Quantitätsunterschieden äußert, → Sexualität.

relative Transpiratión, gewichtsrelative Transpiration oder das Verhältnis zwischen der absoluten Transpirationsgröße und der gleichzeitigen Verdunstungsgröße einer freien Wasserfläche oder eines Evaporimeters (nach Livingston).

Relhánia, f., Gatt. der Asteráceae (nach Richard Relhan, 18. Jh., veröffentlichte 1785 eine »Flora Cantabrigiensis«). Spec.: R. quinquenérvis Thunb.

Reliéf (franz., leitet sich ab von lat. releváre = »in die Höhe heben«), Erhebung über eine Fläche; Oberflächengestaltung.

Relíkt (lat. relínquere = übrigbleiben), eine Pflanzenart, die in einem bestimmten Gebiet nur ein räumlich beschränktes Areal einnimmt, das vermutlich den Rest eines früher größeren Areals darstellt (z. B. Glazialrelikt).

Reliktendemísmus → konservativer Endemismus.

Relíktgesellschaften (lat. relíctum = Überrest), Pflanzengesellschaften, deren Verbreitungsgebiet sich verkleinert hat. Beispiele: Einzelbestände in den Hochmooren auf höheren Gebirgen oder auf Inseln.

Remanénz (von lat. remanére = zurückbleiben), Restwirkung einer chemischen Substanz oder einer physikalischen Ursache (z. B. Nachwirkung eines Insektizids oder Pflanzenschutzmittels).

Remédia simplícia (→ Remedium; lat. símplex = einfach), »einfache Heilmittel« = Rohdrogen.

Remédium (lat. Plur.: remédia), Heilmittel.

Remíjia, f., Gatt. der Rubiáceae. Spec.: R. panicúlata DC.

remotiflórus (lat.), entferntblütig.

remótus (lat.), entfernt stehend, freistehend.

Remusátia, f., Gatt. der Aráceae (nach G. P. Remusat, 1785–1832, franz. Arzt und Orientalist). Spec.: R. vivipára (Lodd.) Schott.

Renanthéra, f., Gatt. der Orchidáceae (lat. ren, rénis = Niere; anthéra = Anthere = Staubgefäß; Pollinien der Typusart nierenförmig) – »Nierenanthere, -beutel«.

Rendzína (poln.), Humuskarbonatboden, bei dem die humusreiche Bodenschicht unmittelbar dem kalkreichen Grundgestein aufliegt.

renifórmis (lat.), nierenförmig.

Rentierflechte → Cladónia.

repándus (lat.), ausgeschweift, aufwärts gekrümmt.

Reparatión (lat. reparáre = wiederherstellen), Ersatz durch erneute Teilungstätigkeit aller verletzten Zellen der Wundfläche.

répens (lat.), kriechend (z. B. Agropýron répens – Quecke).

Replikatión, Autoreduplikation, Selbstverdopplung, → identische Reduplikation.

Réplum (lat. → Rahmen), bei den Früchten der Brassicáceae das aus den Rändern der beiden Fruchtblätter und den Plazenten gebildete Rähmchen, zwischen dem die falsche Scheidewand ausgespannt ist und das bei der Öffnung der Frucht auf dem Fruchtstiel stehenbleibt.

Représsor, Verbindung, die vom Regulatorgen gebildet wird; → Enzymrepression.

Reproduktión (lat.), Wiedererzeugung bzw. Vermehrung von Saatgut nach den im Saatgutwesen festgelegten Grundsätzen.

Reproduktionsmyzél → Luftmyzel mit Reproduktionsorganen.

reproduktíve Phase, Entwicklungabschnitt, in dem die Fortpflanzung erfolgt.

réptans (lat. reptáre = kriechen), kriechend, wurzelnd, z. B. Potentilla reptans = Kriechendes Fingerkraut.

Reséda, f., Gatt. der Resedáceae (lat. resedáre = heilen) – Reseda, (Färber) – Wau.

Reserpín, Alkaloid, das in der Medizin als Medikament gegen Hypertension und als Beruhigungsmittel bei Neurosen verwendet wird. Gewonnen aus → Rauwolfia serpentina.

resínifer, resinífera, -ferum (lat. resína; griech. retíné = Harz), harzliefernd.

resinósus, -a, -um (lat. resína; griech. retiné = Harz), harzig, z. B. Pínus resinósa – Kanadische Kiefer.

Resisténz (lat. resístere = Widerstand leisten), Widerstandskraft eines Organismus gegen Krankheiten oder andere Schädigungen bzw. Umwelteinflüsse.

Resisténzzüchtung, mit Hilfe von → Auslese, → Mutations- und Kreuzungszüchtung erfolgt die Entwicklung von Sorten, die gegen schädigende Umweltfaktoren (sowohl abiotischer als auch biotischer Natur) widerstandsfähig sind.

Resorptión (lat. resórptio, -onis = das Aufsaugen), Aufnahme gelöster Stoffe.

Respiratión (Atmung) (lat. respirátio, -onis = das Atemholen), der Gaswechsel aller Organismen, der in der Aufnahme von Sauerstoff und Abgabe von Kohlensäure besteht.

respiratórischer Quotiént (lat. respiráre = ausatmen), das Verhältnis von ausgeatmetem Kohlendioxid zum aufgenommenen Sauerstoff. Schreibweise:

$$RQ = \frac{CO_2}{O_2}.$$

Réstio, m., Gatt. der Restionáceae (lat. restis = Strick; réstio = Seiler) – Seilgras.

Restitutión (lat. restitútio, -onis = Wiederherstellung), 1. Wiederbildung verlorener oder ausgeschalteter Organe oder Organteile durch den Organismus; 2. Wiederverklebung freier Chromosomenbruchstücke in die ursprüngliche Form.

Restitutiónskern, Zellkern, der entsteht, wenn eine Kernteilung nach der Längsspaltung der Chromosomen unterbunden wird, und der deshalb die doppelte Chromosomenzahl aufweist.

Restrépia, f., Gatt. der Orchidáceae (nach Jose E. Restrepo benannt, der [als erster] die Geographie und Naturgeschichte der Anden in Kolumbien erschloß, wie die Widmung durch Humboldt, Boupland und Kunth ausweist, die im Jahre 1815 diese Gatt. begründeten). Restrepo – Orchidee.

Restsaatgutmethode, Züchtungsmethode für Fremdbefruchter (auch Ohio-Methode genannt) zur Befruchtungslenkung. Saatgut wird geteilt, ein Teil vorgeprüft. Die besten Stämme durchlaufen mit Restsaatgut eine Hauptprüfung zur Selektion überdurchschnittlicher A-Stämme.

Resupinatión (lat. resupinátio, -ónis = das Zurückbeugen; Umkehrung), vollständige Umkehrung eines Blattorgans oder einer dorsiventralen Blüte aus ihrer ursprünglichen Stellung in die entgegengesetzte, z. B. beim Persischen Klee und bei Orchidáceae.

resupinátus, umgebogen, herumgedreht (lat. resupináre = zurückbeugen).

Retáma, f., Gatt. der Fabáceae (ursprünglich arab. retem, Plur.: retām = Ginster; span. und portugies. retama = Ginster).

reticulátus, (lat. réte = Netz; retículum = Netzchen) netzartig, mit kleinem Netz versehen.

retikulär (→ retikulärer Kerntyp), netzförmig.

retikulärer Kerntyp, Kern, bei dem die Chromosomenspiralen sich stark gestreckt und aufgelockert haben, ihre Färbbarkeit einbüßten und zu einem Knäuel oder Maschenwerk wurden.

Retíkulum (lat. retículum = kleines Netz), Kerngerüst, das aus eben wahrnehmbaren Pünktchen (oder leicht färbbaren Körnern) sowie aus nichtfärbbaren Fäden besteht. Die körnige, färbbare Substanz wird als Chromatin bezeichnet. Die fädige, nichtfärbbare Substanz heißt Achromatin oder Linin. Aus dem Chromatin entstehen bei der Kernteilung die Kernschleifen oder Chromosomen. Das Chromatin wird durch die extrem entspiralisierten Chromosomen gebildet und stellt deren eigentliches Funktionsstadium dar.

Retíkulum, endoplasmatisches, von Biomembranen (5–6 nm dick) durchzogenes begrenztes, unregelmäßiges, vielfach kommunizierendes System von flachen Hohlräumen und Kanälen des Zytoplasmas. Endoplasmatisches Retikulum dient als intrazelluläres Transportsystem und ist Ort verschiedener Synthesen.

rétinens (lat.), festhaltend, zurückhaltend.

Retinit, Sammelbegriff für bernsteinartige, fossile Harze, vor allem in Braunkohlen. Retinit zerfällt bei Luftzutritt.

retino- (griech. retiné = Harz), harz-.

retinoídes (griech.), harzig.

Retinospóra-Form (griech. retiné = Harz; sporá = Samen) »Harzsamen«; die durch Stecklinge fixierte Jugendform von Thuja-, Biota- und Chamaecyparis-Arten, durch nadelförmige Blätter ausgezeichnet.

retorsíve Vererbung (lat. retorquére, -tórsi, -tórtus = zurückdrehen, -wenden), Verlegung von Eigenschaften auf frühe Stadien, die bei den Vorfahren erst im erwachsenen Zustand zur Ausbildung kamen.

retrofléxus (lat. retro = zurück; fléctere = biegen), hin und her gebogen, z. B. Amaránthus retrofléxus – Rauhaariger Fuchsschwanz.

retúsus, -a, -um (lat.), gestutzt, eingedrückt, abgestumpft.

Reunión (lat. re = zurück; único, -ónis = Vereinigung, Bund), Wiedervereinigung von Chromosomen oder Chromatidenbruchstücken in neuer Anordnung.

reversíbel (lat. revértere = zurückwenden, umkehren), umkehrbar.

reversíble Paravariánte, Pflanzen, deren erworbene Abänderungen durch Änderung der Bedingungen wieder rückgängig gemacht werden können.

Reversión → Atavísmus.

revérsus, zurückgewendet.

Revisión (lat. revísio, -ónis), Rückschau; Durchsicht; Überblick, Kontrolle.

revólvens (lat. Partizipium Praesentis von revólvere = zurückwälzen), sich zurückrollend.

réx, régis, m., (lat.), König.

rezénte Art (lat. récens = frisch, neu, jung), heute, jetzt lebende Art; → subfossile Pflanzenreste; → fossil.

Rezeptákel → Receptáculum.

Rezeptiónsbewegungen → Reizbewegungen.

rezeptív (lat. recípere, -io, -cépi, -céptus = annehmen, wieder erhalten, aufnehmen) → paratonisch.

rezessív (lat. recédere = zurückweichen; recéssus = zurückgewichen), überdeckt; adjektivischer Terminus der Vererbungslehre; → dominant.

Rezessivität, Erscheinung, daß die rezessive Erbanlage bei Heterozygotie durch das entsprechend allele dominante Gen überdeckt wird.

rezipróke Kreuzung (lat. récus = rückwärts; prócus = vorwärts), »auf demselben Wege zurückkehrend«, umgekehrt; Bezeichnung für Kreuzungen, in denen derselbe Elternteil einmal als Vater, einmal als Mutter benutzt wird.

Rháchis → Spindel.

rhaéticus, rhaétus, aus Graubünden (Schweiz) stammend.

Rhagadíolus, m., Gatt. der Asteráceae (griech. rhagás, rhagádos = Ritze, bezieht sich auf die Kelchzipfel mit Spaltvertiefungen) – Schrundenkelch.

rhamnoídes, rhamnusähnlich.

Rhámnus, f., Gatt. der Rhamnáceae (griech. Pflanzenname für Dornstrauch) – Faulbaum, Kreuzdorn; fossil seit der oberen Kreide.

Rhaphíden (griech. rháphis, rhaphídos = Nähnadel, Nadel), Vereinigungen von Kristallnadeln zu größeren Paketen (Bündeln), die in einer Schleimvakuole auftreten. Die nadelförmigen Kristalle liegen parallel nebeneinander.

Rhaphidóphora, f., Gatt. der Aráceae (griech. rháphis = Nadel, spitzer Stab; phorein = tragen, -phora = tragend) – Träger.

Rhaphithámnus, m., Gatt. der Verbenáceae (griech. rháphis = Nadel; thamnos = Busch) – »Nadelbusch«.

Rhapidophýllum, n., Gatt. der Arecáceae (griech. rhapís = Rute; phýllon = Blatt).

Rhápis, f., Gatt. der Arecáceae (griech. rhapís, -idos = Rute) – Rutenpalme.

Rhapónticum, n., Gatt. der Asteráceae (griech. Rha = Wolga oder allgemein Fluß; lat. pónticum = Fluß in Pontus bzw. = pontisch).

Rházya, f., Gatt. der Apocynáceae. Spec.: R. strícta Decne.

Rhégma (griech. rhégma = Bruch, Spalte), die Spaltfrucht von Erodium und Geranium.

Rhektophýllum, n., Gatt. der Aráceae (griech. rhektós = zerreißbar, verletzbar, zerfranst; phýllon = Blatt).

rhenánus, am Rhein (Rhenus) wachsend.

Rheogámeon (griech. rhéein = fließen, strömen), Art, zusammengesetzt aus morphologisch beträchtlich verschiedenen Sippen, deren Arealgestaltung aber einen Genaustausch ermöglicht. Die Individuen der einander benachbarten Sippen sind infertil (= unfruchtbar).

Rheotropísmus (griech. rhéein = fließen, strömen; trópos = Wendung, Richtung), die durch die Richtung von strömendem

Wasser beeinflußte Wachstumsrichtung von Pflanzenteilen.

Rhéum, n., Gatt. der Polygonáceae (griech. Pflanzenname), Rhabarber.

Rhéxia, f., Gatt. der Melastomatáceae (griech. rhéxis = Bruch; Anwendung gegen Brüche) – Bruchheil.

rhexigén (griech. rhéxis = Bruch), durch Zerreißung von Zellen infolge ungleich verteilten Wachstums entstanden.

Rhigózum, n., Gatt. der Bignoniáceae (griech. rhígos = starr [frostig]; ózos = Zweig [nach Wittstein], aber auch [etymol.] möglich: ózein = duften, riechen). Spec.: R. obovátum Burch.

rhin-, rhino-, rhínus, -a, -um (griech. rhís, rhinós = Nase), -nase, -nasig.

Rhinánthus, m., Gatt. der Scrophulariáceae (griech. rhís, Genit. rhinós = Nase; ánthos = Blüte; die Oberlippe ist wie eine Nase geformt) – Klappertopf (die reifen Samen klappern beim Schütteln der Früchte).

rhinánthus (griech.), nasenblütig, rüsselblütig.

rhipid-, rhipido- (griech. rhípis. rhipídos = Fächer), fächer-.

Rhipidium (griech. rhipízein = fächeln; rhipís, -idos oder rhipídion = Fächer) → Fächel.

Rhípsalis, f., Gatt. der Cactáceae (griech. rhips = Rute, Flechtwerk) – Rutenkaktus.

rhiz-, -rhizus, rhizo- (griech.), in Zusammensetzungen: wurzel-.

Rhizína (Plur. Rhizinae), ein wurzelähnlicher Strang oder Faden bei manchen Pilzen.

Rhizínen (griech.), in Form, Größe und Verzweigungsform sehr variable Anhangsorgane des Thallus bei Flechten. Gewöhnlich werden sie auf der Thallusunterseite, seltener am Thallusrand gebildet und dienen oft der Anhaftung der Flechte (Laubflechten) an das Substrat.

Rhizóbium leguminosárum, Bacterium, das Knoten an den Wurzeln der Leguminosales hervorruft und den Luftstickstoff bindet; »Knöllchenbakterien«; Syn.: Bacillus radicicola.

Rhizodérmis (griech. rhíza = Wurzel; dérma = Haut), Oberhaut der Wurzel, auch gelegentlich Epiblem genannt.

Rhizoíde (griech. rhíza = Wurzel; eídos = Aussehen), haardünne, zuweilen auch verzweigte, ein- oder mehrzellige, chlorophyllarme oder -freie Zellschläuche, die auf der Unterseite der Moosgametophyten und selbständig lebender Prothallien der Farnpflanzen entspringen. Ihre Funktion ist vorwiegend die Verankerung im Substrat.

Rhizolíthen (griech. rhíza = Wurzel; líthos = Stein, Fels), Felswurzler.

Rhizóm (griech. rhíza = Wurzel, Wurzelstock), unterirdische, mehr oder weniger verdickte Sproßachse, die sich durch Vorhandensein von meist schuppenartigen Niederblättern und durch ihre Gliederung deutlich von Wurzeln unterscheidet. Die Rhizome speichern häufig Stärke und dienen der vegetativen Vermehrung.

Rhizóma (griech.), Wurzelstock. In der Pharmazie Rhizome, die als Droge verwendet werden; z. B. R. Iridis – Wurzelstock von Iris germánica (Hustendroge).

Rhizomgeophýten, Pflanzen, die mit Rhizomen die ungünstige Jahreszeit überdauern.

Rhizomórph (griech. rhíza = Wurzel; morphé = Gestalt; Plur. Rhizomorphen) 1. strangförmige Vereinigung parallel gelagerter Hyphen; Struktureinheiten haben z. T. Funktionsteilung, wobei die einzelne Hyphe ihre Individualität verliert. R. dienen vor allem dem Stofftransport. Bei Serpula lacrimans (Hausschwamm) und bei Armillariella polymyces (Hallimasch) können die R. bis zu mehreren Metern lang sein;

2. wurzelähnliche, derbe Stränge von Pseudoparenchym, die durch innige Verflechtung oder Verwachsung mit der befallenen Wirtspflanze entstanden sind.

Rhizóphora, f., Gatt. der Rhizophoráceae (griech. rhíza = Wurzel; phorós = tragend) – Manglebaum; Charakterpflanze der Mangrove-Ästuare.

Rhizopóden (griech.), »Wurzelfüßler«, Kleinlebewesen, zu den Protozoen gehörig, die sich durch Pseudopodien fortbewegen.

Rhizosphäre (griech. rhíza = Wurzel; sphaíra = Kugel), Bodenschicht, die von den Wurzelsystemen der Pflanzen durchwuchert wird.

Rhizosphärenflóra, die Gesamtheit der in der unmittelbaren Umgebung einer Wurzel (→ Rhizosphäre) lebenden Mikroorganismen (Bakterien, Aktinomyzeten und Pilze).

Rhizothámnien (griech. → Rhizom; thámnos im Sing. und Plur. = Gebüsch, Gesträuch), Wurzelgallen, die durch symbiotische Bakterien (→ Actinomyces) hervorgerufen werden.

rhod-, rhodo- (griech.), in Zusammensetzungen: rosen-, rosenrot-, rot-.

Rhodíola, f., Gatt. der Crassuláceae (Verkleinerungsform von griech. rhódon = Rose; rhodiós = rosig; wegen des Rosengeruchs der Wurzel) – Rosenwurz.

Rhododéndron, n., Gatt. der Ericáceae (griech. rhódon = Rose; déndron = Baum) – Alpenrose; fossil seit dem Tertiär.

Rhodohypóxis, f., Gatt. der Hypoxidáceae (griech. rhódon = Rose; Gattungsname → Hypóxis).

rhodólepis (griech. rhódon = Rose; lepís = Schuppe), mit rosenroten Schuppen.

Rhodomýrtus, f., Gatt. der Myrtáceae (griech. rhódon = Rose; u. Gatt. vgl. Myrtus).

Rhodóphyta (griech. rhódeios = rosenrot; phýton = Pflanze), Rotalgen; Abteilung im Reich der Plantae; fossil seit dem Kambrium.

Rhodoplásten (griech. rhódeios = rosenrot; plastós = gebildet, geformt), Farbstoffträger der Rotalgen; enthalten Chlorophyll, Karotin und Xantophyll sowie vor allem Phycoërythrin und Phycozyan.

Rhodospirilláceae, f., schwefelfreie Purpurbakterien; Familie der Ordnung Rhodospirillales, phototrophe Bakterien. Die Familie umfaßt die Gattungen: Rhodospirillum mit spiralförmigen Zellen; Rhodopseudomonas mit stäbchenförmigen, ei- oder kugelförmigen, aber keine Filamente bildenden Zellen; Rhodomicrobium mit eiförmigen bis länglich-eiförmigen filamentbildenden Zellen.

Rhodothámnus, f., Gatt. der Ericáceae (griech. rhódon = Rose; thámnos = Strauch) – Zwergalpenrose.

Rhodotórula, Gatt. der »Roten Hefen«; umfaßt Hefen mit runden oder ovalen, seltener länglichen Zellen, die multilateral sprossen und nur selten ein primitives Pseudomyzel oder echtes Myzel bilden. Sie produzieren charakteristische rote, mitunter gelbliche Farbstoffe und oft Schleimkapseln. Typisch: keine Vergärung von Zucker, Fettspeicherung einiger Arten der Gatt., häufige Bildung von Kolonien.

rhóeas (vielleicht von griech. rhein = fließen, wegen der hinfälligen Blütenblätter, oder von rhoiá = Granatapfel, nach der Farbe des Mohns [Papáver rhóeas]), bei Dioskorides ist rhoiás eine Mohnart, die ihre Blätter schnell abwirft.

Rhóeo, f., Gatt. der Commelináceae (Ableit. unbekannt).

Rhoicíssus, Gatt. der Vitáceae (griech. rhus = Pflanzenname; kíssos = Efeu).

rhoifólius, rhusblättrig, Rhus (vielleicht von kelt. rhudd = rot oder griech. rhoiá = Granatapfel; die anderen Ableit. erscheinen gewagter: lat. rhoícis fóliis = zum Sumach [= Rhús, rhoís] gehörende Blätter [bei Plin.]).

rhómbeus, rhómbicus (lat.), rautenförmig, rhómbisch.

rhombifólius (lat.), rautenblättrig.

Rhus, f., Gatt. der Anacardiáceae (griech. Pflanzenname; rhéein = fließen, wegen der saftigen Rinde; allgemeine Bezeichnung für Gerberbaum) – Sumach; fossil seit dem Tertiär (Eozän).

rhynch-, rhyncho- (griech.), in Zusammensetzungen: schnabel-, rüssel-.

rhynchocárpus (griech.), schnabelfrüchtig.

Rhynchóspora, f., Gatt. der Cyperáceae (griech. rhýnchos = Schnabel; sporá = Samen) – Schnabelriet.

Rhynchosporium, n., Gatt. der Deuteromycetidae (= Fungi imperfecti), innerhalb diesen den Melanconiáceae, Ordn. Melanconiales (von einzelnen Autoren den Moniliales) zugeordnet. Rh. secalis (nach der Sporenform benannt; Epitheton = Genit. locativus von lat. secále, bezeichnet das Vorkommen auf Getreide), ist vor allem bei Gerste pathogen, so daß die Resistenzzüchtung bei Gerstensorten aktuell ist.

Rhýnia, f., Gatt. der Psilophyten (Ordn. Rhyniales). »Urlandpflanze« aus dem Unterdevon Schottlands (nach dem Ort Rhynie).

Bis 50 cm hohe Pflanze mit einfacher Protostele und Stomata in der Epidermis der Lufttriebe, aber nicht an den Rhizomen.

rhytid- (griech. rhytís, rhytídos = Runzel), runzel-.

Rhytidom (griech. rhytís, Genit. rhytídos = Falte, Runzel; dóma = Gemach, Gebilde, Gebäude), die → Borke.

Ríbes, n., Gatt. der Saxifragáceae (pers., ins Arab. übernommener Name [ribas oder riwas] für den auf dem Karmel, Libanon, den Gebirgen Persiens und dem Hindukusch heimischen Rhéum ribes, aus dem von den Arabern ein Sirup bereitet wurde, der als kühlendes Arzneimittel Verwendung fand. Als Ersatz für ihn diente im Mittelalter ein Sirup aus den Beeren von Arten der Gatt. Ríbes, auf die der Name durch deutsche Botaniker im 16. Jh. endgültig übertragen wurde) – Stachelbeere, Johannisbeere.

Ribonucleinsäure (RNS), hochmolekulares Polynucleotid, das in den Molekülsträngen neben Phosphorsäure, Purin- und Pyrimidinbasen, Ribose enthält. Die RNS besitzt große Bedeutung für die Proteinsynthese der Zelle. Nach dem Vorkommen, mehr noch nach ihrer Funktion, unterscheidet man Boten-RNS (= messenger RNS = m-RNS), Überträger-RNS (= transfer RNS = t-RNS) und Ribosomen-RNS (= ribosomale RNS = r-RNS).

Ribóse-Nuclein-Säure → RNS.

Ribosómen, nur elektronenoptisch erkennbare Partikeln von 15 bis 25 nm Durchmesser, die bei Zentrifugation mit einer Beschleunigung von 50000 bis 100000 g sedimentieren; bestehen aus Ribonucleinsäure und Protein; Orte der Proteinbiosynthese.

Ríccia, f., Gatt. der Ricciáceae (benannt nach P. F. Ricci, Senator und Mitglied der Botanischen Gesellschaft in Florenz, 1690 bis 1751) – Lebermoose (Marchantiales); die meisten Riccia-Arten sind Erdbewohner; Riccia fluitans lebt submers, ist morphologisch dichotom-bandförmig; fossil seit dem Miozän.

ricinifólius, ricinusblättrig (Ableit. für Rícinus ist unsicher!).

Rícinus, m., Gatt. der Euphorbiáceae (entweder von ríkonos = griech. Pflanzenname oder hebräisch rikar = rundlich) – Wunderbaum (wegen des schnellen Wachstums).

Rickettsia prowazekii, Spec. der Gatt. Rikkettsia, Kurzstäbchen, die nur in Wirtszellen (Eukaryoten) vermehrt werden können. Erreger des Fleckfiebers, Übertragung durch Läuse; Rickettsien sind Erreger zahlreicher durch Läuse, Flöhe oder Zecken übertragener Erkrankungen bei Mensch und Tier.

Riedgrasgewächse → Cyperáceae, Sauergräser.

Riesenchromosómen, anormal große, gestreckte Chromosomen, die im Ruhekern voll erkennbar bleiben.

Riesenzellen, Zellen, die weit über das Normalmaß hinauswachsen.

rígens (lat.), starr, steif, fest.

rígidus (lat.), starr, steif emporragend.

Rinde (Córtex), Bezeichnung für die verschiedenartigsten peripher gelegenen Achsengewebe.

Rindenmarkstrahl, außerhalb des Verdikkungsringes befindliche Fortsetzung der Holzmarkstrahlen.

Rindenporen → Lentizellen.

Rindenschicht, oberste und vielfach unterste Schicht eines Flechtenthallus, die in Dichte und häufig auch Färbung von den übrigen Schichten deutlich abgesetzt ist. Sie entsteht entweder durch Absterben und Verquellen des Thallus an seinen Außengrenzen oder durch die Tätigkeit einer eigenen, über die Algenschicht angelegten Bildungszone aus plasmareichen Hyphenzellen.

rindenständige Bündel, außerhalb des Leitbündelzylinders in der Rinde laufende Leitbündel.

Ríndera, f., Gatt. der Boragináceae (nach A. Rinder, 19. Jh., Entdecker der Gatt.). Spec.: R. umbellata Waldst. et Kit.

Ring (Anulus), 1. durch eine Hülle zwischen Hutrand und Stiel entstandene Bildung am Stiel von Blätterpilzen und Röhrlingen; 2. der aus dickwandigen Zellen gebildete Wulst an Farnsporangien; 3. Gürtel differenzierter Zellen zwischen Deckel und Urnenrand der Mooskapsel bei Bryidae (Laubmoosen); 4. Areal abweichend entwickelter Exoexine (→ Sporoderm) um den Porus eines Pollenkorns.

Ringelborke, z. B. bei Bétula (Birke) und Prúnus cérasus (Kirsche) auftretende Borke, bei der die einzelnen Korklagen rings geschlossene Hohlzylinder bilden und so zu stammumfassenden (± abringelnden) Gewebemassen werden.

Ringelung, ringförmige operative Entfernung des Rindengewebes an Stamm, Ästen oder Zweigen.

ringu, japan. Name einer Apfelart, auch allgemeine Bezeichnung für Apfel.

ripárius, -a, -um (lat. rípa) uferliebend, an Ufern wachsend, z. B. Cárex ripária – Ufersegge.

Rippen, 1. Blattrippen (Nerven) der Blätter; 2. Längsleisten an den Früchten der Apiáceae.

Rispe, eine zusammengesetzte Traube oder traubiger Blütenstand, dessen Nebenachsen ebenfalls Trauben bilden.

Rispenschieben, Heraustreten der Rispe aus der obersten Blattscheide; z. B. bei Avéna satíva und zahlreichen anderen Poáceae; → Ährenschieben.

Ritzen, das vorsätzliche Verletzen z. B. der Samenschale, um die Hartschaligkeit zu beheben.

rivális, rivuláris (lat. rívus = Bach; rívulus = Bächlein), bachliebend, an Bächen wachsend.

Rivína, f., Gatt. der Phytolaccáceae (benannt nach A. R. Rivinus, s. u.).

riviniánus (nach Prof. Rivinus in Leipzig, 1652–1723).

rívus, -i (lat.), der Bach.

Rizinusöl, Oleum Ricini, aus dem Samen von Rícinus commúnis; dünndarmwirksames Abführmittel.

R-Kolonien (R = Abk. von engl. rough = rauh). Kolonien von Mikroorganismen mit rauher Oberfläche, meist ein Zeichen von Virulenzverlust durch Kapselverlust. Die vollvirulente, kapseltragende Form bildet → S-Kolonien.

RNS, Abk. Ribonucleinsäure.

robertiánus, Roberts, Geránium robertiánum – Ruprechtskraut.

Robínia, f., Gatt. der Fabáceae (benannt nach V. Robin, durch den um 1623 Pflanzen aus Amerika in Frankreich kultiviert wurden) – Scheinakazie oder Robinie; fossil seit dem Tertiär.

Roborántia, Roborántien (lat. róbur, roboris = Kraft), stärkende Mittel.

róbur (lat., Kraft; Eichenart mit besonders hartem Holz), Kraft, Eichenholz, Hartholz (als Sinnbild der Kraft; z. B. Quércus róbur – Sommer- oder Stieleiche.

robústus (lat.), kräftig, widerstandsfähig.

Róchea, f., Gatt. der Crassuláceae (nach dem franz. Botan. de la Roche).

Rodgérsia, f., Gatt. der Saxifragáceae (nach dem amerik. Marineoffizier Rodgers).

Rodriguézia, f., Gatt. der Orchidáceae (nach dem span. Botan. und Apotheker Don Manuel Rodriguez, 18. Jh.) – Rodriguezorchidee.

Röhre (Tubus), der untere, verwachsene Teil einer gamotepalen (Perigonröhre), gamosepalen (Kelchröhre) oder gamopetalen (Kronröhre) Blüte.

Röhrenblatt, aufrechtes hohles Blatt ohne deutliche Mittelrippe mit ± gleichmäßigem, radiärem Bau.

Röhrenblüten, bei den Asteráceae, Blüten mit regelm. fünfzähligem Saum.

röhrige Krone, Form der verwachsenblättrigen Krone, bei der der Saum die enge Röhre fortsetzt, ohne sich wesentlich zu erweitern (Primel).

Roeméria, f., Gatt. der Papaveráceae (benannt nach Joh. Jac. Römer, Zürich, 1763–1819).

»Römischer Salat«, als Kochgemüse verwendete Formen bzw. Varietät von → Lactúca satíva, Anbau aus der Antike bekannt, überliefert; → Kopfsalat erst seit dem Mittelalter.

Röntgeneinheit, Abk.: R; nach Wilhelm Conrad Röntgen (1845–1923), dem Entdecker der Röntgenstrahlen (1901 Nobelpreis), benannte Einheit der Ionendosis einer ionisierenden Strahlung: 1 R = 2,58 10^{-4} C/(kg Luft). Als Einheit für die Energie, die bei der Bestrahlung mit 1 R an 1 g Luft abgegeben wird, dient(e) das Gramm = Röntgen (Abk.: gR): 1 gR = 8,26 10^{-6} Joule.

Rohasche, anorg. Substanz, die verbleibt, wenn pflanzl. oder tier. Stoffe bei 500 °C bis zur hellgrauen Verfärbung verbrannt werden. Ihre Einzelbestandteile sind die Mineralstoffe (Mengen- und Spurenelemente).

Róhdea, f., Gatt. der Liliáceae (nach M. Rhode, Bremer Arzt und Botan., um die Wende des 19./20. Jh.).

Roheiweiß, Begriff für alle die Eiweißstoffe oder stickstoffhaltigen Stoffe, die durch einen Aufschluß mit konzentrierter Schwefelsäure nach Kjeldahl unter Zusatz eines Katalysators bestimmt und mit dem N-Faktor 6,25 multipliziert werden.

Rohfaser, Sammelbegriff für alle stickstofffreien Bestandteile der Pflanzen, die bei je $^1/_2$stündigem Kochen mit 1,25%iger Schwefelsäure und 1,25%iger Kalilauge sowie darauffolgendem Auswaschen mit warmem Wasser ungelöst bleiben. Diese zurückbleibende Substanz setzt sich aus Zellulose, Pentosanen und Lignin, den sog. Gerüstsubstanzen, zusammen.

Rohfett, Bezeichnung für Fette und fettähnliche Stoffe; Rohfett gewinnt man, indem eine getrocknete Substanz nach Soxhlet mit Ether mindestens 12 Stunden extrahiert wird.

Rohhumus, eine durch Pilzhyphen und durch das Wurzelgeflecht höherer Pflanzen verfilzte, von der mineralischen Feinerde deutlich abgegrenzte, sauer reagierende Humusschicht mit weitem Kohlenstoff-Stickstoff-Verhältnis.

Rohrsumpf, von hohen Sumpfpflanzen bestandener Sumpf.

Rohrzucker, ein aus Fruktose und Glukose bestehendes Disaccharid.

Rohtabelle, die zu Tabellen vereinigten Pflanzenaufnahmelisten zur weiteren Verarbeitung.

Rohware, Erntegut von Vermehrungsschlägen, das die Saat- und Pflanzgutaufbereitung (noch) nicht durchlaufen hat.

románicus, románus, römisch, aus od. um Rom stammend.

Romúlea, f., Gatt. der Iridáceae (wahrscheinlich nach Romulus gebildet).

-rops (griech. róps = Gesträuch), -strauch.

Ridula, f., Gatt. der Roridulaceae (lat. roridus = betaut) – Taupflanze (die zu den → Carnivora gehört).

Rorípa, f., Gatt. der Brassicáceae (Ableit. unklar) – Brunnenkresse.

Rósa, f., Gatt. der Rosáceae (lat. Pflanzenname) – Rose; fossil wahrscheinlich seit der oberen Kreide.

Roscoéa, f., Gatt. der Zingiberáceae (nach W. Roscoe, engl. Botan., 1753–1831).

»Rosenapfel« → Syzýgium.

Rosenöl, ätherisches Öl, durch Destillation von Rosenblättern mit Wasser gewonnen.

Rosette, Sproß mit gestauchten Internodien und daher sehr dicht stehenden Blättern.

Rosettenpflanzen, niedrige Kräuter mit rosettig angeordneten Grundblättern und blattlosem Stengel, der die Blüte oder den Blütenstand trägt.

rosmarinifólius, rosmarinblättrig (Ableit. ungewiß).

Rosmarínus, m., Gatt. der Lamiáceae (röm. Pflanzenname) – Rosmarin.

rostellulátus (lat.), fein geschnäbelt.

Rostéllum (lat.), »Schnäbelchen« bei den Orchidáceae; trennt die Narbe von den Ausgängen der Pollenfächer.

Rostpilze → Uredinaceae.

rostrátus (lat. rostrum = Schnabel), geschnäbelt.

-rostris (lat.), in Zusammensetzung: -schnäbelig.

Rosulária, f., Gatt. der Crassuláceae (lat. rósula = kleine Rose); Art (z.B.): R. serráta.

rótang, malaiischer Name einer Calamus-Art.

Rotatión (lat. rotáre = sich drehen, umlaufen), 1. in der Zellenlehre einheitliche kreisförmige Plasmabewegung, wobei die Plastiden mitgeführt werden; 2. im Acker- und Pflanzenbau Fruchtfolgeumlauf, bei dem entsprechend der Zahl der Schläge und ihrer chronologischen Bebauung bzw. der Jahre der Ablauf bis zum Beginn der Wiederholung zu verstehen ist.

Rotationsbereich, Nutzungseinheit bzw. Flurbereich einer Fruchtfolgerotation. Produktionsbedingungen, Bewirtschaftung, Ackerflächenverhältnis und Rotationsablauf weitgehend einheitlich. Grundforderung ist die maximale Ausschöpfung der Produktionspotenz des Standortes bei großflächiger, technologisch günstiger Flurgestaltung.

Rotatiónsleistung, Gesamtertrag einer Fruchtfolge, ausgedrückt in einer Zahl mittels eines Vergleichsmaßes, z. B. Getreideeinheit/ha (GE/ha) oder summierte Nährstoffleistung/ha (SNL/ha).

Roterden, Böden vornehmlich der feuchten Tropen, bei denen es wegen der hohen Temperatur nicht zur Ausbildung von Humushorizonten (Humus) kommt. Vom verwitterten Oberboden werden Silikate, Alkalien und Kalk ausgewaschen. Die infolge des Tonzerfalls übrigbleibenden Sesquioxide (Fe_2O_3, Al_2O_3) bedingen die Rotfärbung des Bodens. Gelbfärbung tritt auf, wenn die Sesquioxide mehr hydriert sind.

Rothmánnia, f., Gatt. der Rubiáceae (nach G. Rothmann, Afrikareisender).

rothomagénsis, aus Rouen (Frankreich) stammend; z. B. Syrínga rothomagénsis, die Kreuzung S. pérsica × S. vulgáris.

Rotklee, Stammpflanze des Ackerrotklees ist der wildwachsende Wiesenrotklee. Rotklee ist eine zwei- bzw. dreijährige Pflanze mit Wurzelkopf. Neben der Luzerne ist der Rotklee die wichtigste mehrjährige Ackerfutterpflanze in Mitteleuropa einschließlich der DDR. Er ist eine Futterpflanze der feuchtkühlen Gebiete mit wertvollen Futtereigenschaften und günstiger Wirkung auf die Bodenfruchtbarkeit. Rotklee wird in Reinsaat und im Gemenge mit Gräsern (= Kleegras, s. d.) angebaut. Wegen der Vorteile des Kleegrasbaus wird die Reinsaat von Rotklee zugunsten von Kleegras eingeschränkt; → Trifolium.

rotundifólius, -a, -um (lat. rotúndus = rund, wie ein Rad [= róta]; fólium = Blatt), rundblättrig (z. B. Campánula rotundifólia – Rundblättrige Glockenblume).

Roystónea, f., Gatt. der Arecaceae – Königspalme (Wappenpflanze Kubas; Vorkommen [auch]: S-Florida, Hispaniola).

rubéllus (lat.), rötlich.

rúbens (lat.), rot, errötend.

rúber, rúbra, rúbrum (lat.) (z. B. Ríbes rúbrum – Rote Johannisbeere), rot.

Rúbia, f., Gatt. der Rubiáceae (lat. rúber = rot; die Wurzel enthält roten Farbstoff) – Röte, Krapp.

rubifólius, brombeerblättrig (Rúbus, in bezug auf die roten Früchte vieler Arten).

Rúbus, m., Gatt. der Rosáceae (lat. rúber = rot; die Früchte sind rot) – Himbeere, Brombeere; fossil seit dem Tertiär.

Rudbéckia, f., Gatt. der Asteráceae (nach dem Lehrer Linnés Olaus Rudbeck, Prof. der Botanik in Uppsala, 1660–1740).

Ruderále (lat., Sing.: rúdus, -eris, n. = Stein, Stück; Plur.: rúdera = Schutt), → Ruderalpflanzen; → Ruderalgesellschaften.

Ruderálflora (-pflanzen) (lat. rúdus, -eris, neutr. = Stück, Erz oder Stein; Plur. rúdera = Schutt), Gewächse, die mit Vorliebe auf stickstoffreichen, stark beeinflußten Böden vorkommen (Schutt- und Wegrandpflanzen).

Ruderalgesellschaften (lat., n. Plur.: rúdera = Schutt), vergesellschaftete Pflanzen, die vorzugsweise die stickstoffreichen Böden in der Nähe der Siedlungen (Schuttplätze, Wegränder und ähnliche Standorte) bewohnen und u. a. bzw. v. a. auch durch Chenopodium – u. Urtica-Arten ausgezeichnet sind.

ruderális, -e (lat.), schuttliebend, auf Schutt wachsend (z. B. Lepídium ruderále – Schutt-Kresse).

Ruderálpflanzen (Ruderale), Wegrandpflanzen bzw. Arten mit dem vorzugsweisen Vorkommen auf stickstoffreichen (nährstoffreichen) Böden (Schuttplätzen, Wegrandstandorten).

Ruderalstellen, unter dauerndem menschlichem Einfluß stehende, ursprünglich oder zeitweise pflanzenarme, meist verhältnismäßig nährstoffreiche Standorte, denen gewöhnlich eine gare Bodenkrume oder echte Horizontbildung des Bodens fehlt. Ihr Untergrund zeichnet sich durch große Schwankungen der Temperatur und Feuchtigkeit aus. Ihre Vegetation hat mit derjenigen von Küstenspülsäumen viel gemeinsam. Zu R. gehören Müllhalden, Abfallhaufen, Hofplätze und Trümmerstellen. Einige Autoren erweitern den Begriff auf Feldraine, Wegränder und Brachfelder, die jedoch andere Bodenbedingungen aufweisen.

Rudimént (lat. rudiméntum = erster [roher] Anfang; rúdis, -is, -e = roh; also heißt rudimentär = erste, rohe Anfänge zeigend), rudimentäres Organ.

rudimentär, im Laufe der Stammesgeschichte rückgebildete, wenig differenzierte, aber noch vorhandene Organe, die ihre ursprüngliche Funktion verloren haben, aber manchmal eine neue Funktion übernehmen können (z. B. Staminodien: rudimentäre Staubblätter, die als Nektarien dienen können); → abortiert.

rúdis, (lat.) wild, kunstlos, naturwüchsig.

Rübe, verdickte Hauptwurzel einschließlich der Sproßbasis, die neben der Stoffleitung auch noch die Funktion der Stoffspeicherung übernimmt.

Rübels Prinzip, Prinzip der Vertretbarkeit oder Ersetzbarkeit der Faktoren – richtiger »Prinzip der Gleichwertigkeit verschiedener Umweltwirkungen« – besagt, daß durch verschiedene ökologische Gegebenheiten die gleiche Wirkung erzielt werden kann. Luftfeuchtigkeit, Nebel oder Nordlage können unter Umständen auf bestimmte Organismen denselben Effekt haben wie Niederschläge, Wind, oder Kälte. Südexposition, Sonnenstrahlung, Kalkgehalt oder Lockerheit des Bodens vermögen eine gleichsinnige Änderung der Wärmeverhältnisse herbeizuführen, bedingen gleichermaßen Trockenheit.

Rückennaht, bei Früchten die vom Mittelnerv des Fruchtblattes durchzogene Naht.

Rückkreuzung, die Kreuzung eines Bastardes mit einem seiner Elternteile.

Rückmutatión, Erscheinung, daß aus einer Mutante durch erneute Mutation wieder die ursprüngliche Stammform entsteht, → Mutation.

Rückschlagbildung → Atavismus.

Rüllen, breite Einsenkungen in der Oberfläche eines Hochmoors, die von der Mitte zum Rand hin verlaufen und natürliche Abflußrinnen bilden. Sie liegen zuweilen unter der Oberfläche und erscheinen dann nur in trichterartigen Resten. Von den R. werden die sog. Flarken unterschieden, die langgestreckte, bis mehrere Meter tiefe, wassergefüllte, oft nur schmale Risse im Hochmoor darstellen und senkrecht zu seinem Gefälle angeordnet sind.

Ruéllia, f., Gatt. der Acantháceae (nach J. de la Ruelle, Arzt und Botan., Paris, 1474 bis 1537).

ruf-, rufi-, rufo- (lat. rúfus = fuchsrot), fuchsrot-.

rufinérvis (lat. rúfus = Fuchs), fuchsrot genervt.

rugósus (lat. rúga = Runzel, Falte), runzlig.

Ruhe, Entwicklungsphase einer Pflanze oder von Pflanzenteilen ohne physiologische Leistungen (kein Wachstum, keine Entwicklung) bzw. mit minimalem oder stark herabgesetztem Stoffwechsel. Man unterscheidet zwischen → Dormanz und → Quiescenz; vgl. auch: Ruhezustand (Ruhezeit).

Ruhekern, der nicht in Teilung befindliche Kern, der seine Funktion ausübt und in dem normalerweise keine Chromosomen erkennbar sind.

Ruheknospen (schlafende Augen), regelmäßig angelegte Achselknospen vieler Bäume, die auf frühem Entwicklungsstadium stehenbleiben, von der Rinde des Stammes überwallt werden und erst nach oft jahrelanger Ruhe unter besonderen Bedingungen austreiben.

Ruheperióde, derjenige Teil des Jahres, in dem eine Pflanze kaum merklich weiterwächst oder vollständig ruht.

Ruhezustand (Ruhezeit), latenter Zustand mit einem relativ geringen Stoffwechsel. Der R. kann den ganzen Organismus, wie bei höheren Pflanzen und Tieren, erfassen oder auf Fortpflanzungskörper beschränkt sein, z. B. ruhende Sporen, Sklerotien der Pilze, Sporen der Bakterien (bei Tieren Eier, Statoblasten). Ein R. bedeutet Unterbrechung des Wachstums. Bei höheren Pflanzen kann dies durch ungünstige Umweltbedingungen eintreten, z. B. niedrige Temperaturen, Mangel an Feuchtigkeit; der Zustand endet, sobald die beschränkenden Faktoren ausgeschaltet sind. Viele Samen (wie Erbsen, Weizen) können sofort nach der Ernte keimen. Andererseits ist eine Ruheperiode Teil des jährlichen Rhythmus der meisten Pflanzen. Häufig hat diese »Ruhe« Überlebenswert (z. B. Winterruhe der sommergrünen Bäume). Nach vegetativem Wachstum und Blüte im Frühjahr folgt für viele Zwiebelgewächse, wie Schneeglöckchen und Narzissen, eine Ruhezeit, die mit günstigen Wachstumsbedingungen für andere Pflanzen zusammenfällt. Einen Ruhezustand gibt es häufig bei Pflanzen feuchter, tropischer Klimazonen. Samenruhe unter an sich günstigen Keimbedingungen ist von vielen Pflanzen bekannt, z. B. Weißdorn, Seidelbast. Diese Latenzzeit ist bei verschiedenen Pflanzen durch unterschiedliche Faktoren begründet: unvollständige Entwicklung des Embryos, Undurchlässigkeit der Samenschale für Wasser und Sauerstoff, Vorhandensein von Keimhemmstoffen, Fehlen von Stimulatoren. Der R. der sommergrünen Bäume wird durch die Tageslänge (unter Beteiligung einer hormonähnlichen Substanz, das Dormin) gesteuert. Bei der Keimung mancher Samen wirkt z. B. auch die Lichtperiodizität als Einflußfaktor.

rumélicus, aus Rumelien (Bulgarien, Griechenland) stammend.

Rúmex, m., Gatt. der Polygonáceae (lat. Pflanzenname) – Ampfer, Sauerampfer; fossil seit dem Pliozän.

ruminíert (lat. rúmen = Schlund; ruminátio = das Wiederkäuen), zernagt.

rupéster, rupéstris, rupéstre (lat.), felsliebend, auf Felsen wachsend.

rupícolus (lat.), Felsbewohner.

Rúppia, f., Gatt. der Potamogetonáceae (nach dem Jenenser Botan. H. B. Rupp, 1688–1719) – Salde.

rurális (lat.), ländlich, auf Feldern wachsend.

ruscifólius (lat. rús = Land, scópa = Besen; nach Plinius wurden auf dem Lande Besen aus Rúscus gemacht?), ruscusblättrig.

Rúscus, m., Gatt. der Liliaceae (röm. Name der Pflanze) – Mäusedorn.

russatus (lat.), rot gefärbt.

Russélia, f., Gatt. der Scrophulariáceae (nach P. Russel, engl. Arzt und Botan. in Aleppo, 1825 verst.).

Rußtau, schwarzer, lockerer, rußartiger Überzug auf Pflanzenteilen, der durch Pilze hervorgerufen wird.

Rússula (lat. rússulus = rötlich), Täublinge, Basidiomycetes-Gatt. der Fam. Russuláceae. Die Fruchtkörper der R.-Arten sind fleischig und wie die Lamellen meist brüchig. Bei den meisten Arten herrschen »rote« Farbtöne vor.

rústicus (lat.), bäuerlich, ländlich, einfach.

Rúta, f., Gatt. der Rutáceae (lat. Pflanzenname, erwähnt bei Cicero) – Raute.

rúta-murária (lat. rúta = Raute, múrus = Mauer bez. Blattform und Standort) – Mauerraute.

Rute, Rutengewächs, Xerophyt, bei dem die reduzierten oder frühzeitig abgeworfenen Laubblätter eine Verringerung der Transpiration bewirken und bei dem die grünen Sprosse die Assimilation übernehmen.

ruthénicus, aus Ruthenien (Ungarn) stammend.

rútilans (lat. rutiláre = rötlich schimmern, wie Gold glänzen), gelblichrot schimmernd.

ruyschiána (nach der Lippenblütlergatt. und diese nach Prof. Frederic Ruysch, geb. 1638 in Den Haag, gest. 1731 in Amsterdam).

rynch, ryncho- (griech.), schnabel-.

rynchocárpus (griech.), schnabelfrüchtig.

S

Saatbett, der für die Aussaat vorbereitete Boden.

Saatgrasland (bzw. Saatgrasbau), der auf Graslandstandorten betriebene Anbau von artenarmen Beständen aus leistungsstarken Gräserarten und -sorten mit gestaffelter Nutzungsreife; wird in Abhängigkeit von der Leistungs- und Lebensdauer der Arten und Sorten, dem Standort und den Nutzungsbedingungen in 4 bis 8 Jahren periodisch neu angesät. Auf diese Weise kann auch der Zuchtfortschritt bei den Gräsern genutzt werden.

Saatgut, Bezeichnung für Samen oder Früchte und Fruchtstände oder Teile von Früchten oder Fruchtständen, die zur Aussaat verwendet werden sollen.

Saatgutanerkennung, Prüfung und Beurteilung des Aufwuchses und des Saatgutwertes einer Sorte.

Saatgutaufbereitung, Vorbereitung des Saatgutes zur Aufbewahrung und Aussaat oder Anerkennung und Zulassung. Dazu zählt das Entfernen von Verunreinigungen, die Trocknung, das Sortieren und gegebenenfalls die Kalibrierung, Segmentierung und Beizung. Syn.: Saatgutherrichtung.

Saatguteinheit, kleinster Bestandteil des zur Aussaat gelangenden Saatgutes. Es kann sich dabei handeln um: Samen, Früchte, Scheinfrüchte, Fruchtbestände u. a.

Saatgutimpfung, Beimengung von Reinkulturen, z. B. der Knöllchenbakterien zum Saatgut der anzubauenden Leguminosenart. → Bodenimpfung.

Saatgutwesen, umfaßt alle Einrichtungen und Maßnahmen, die der Gewinnung, Aufbereitung, Behandlung und Prüfung des Saatgutes sowie der Saatgutversorgung dienen.

Saat- und Pflanzengutwechsel, obligatorische Maßnahmen, um dem → Abbau der Sorten vorzubeugen.

Saatwert, Eignung zur Saat, festgelegt auf der Grundlage von Reinheit, Art der Verunreinigungen, Keimfähigkeit, Feuchtigkeitsgehalt, Gesundheitszustand und anderen äußeren Werteigenschaften des Saatgutes.

Saatzucht, im engeren Sinne die Erzeugung von hochwertigem Saat- und Pflanzengut der höchsten Vermehrungsstufen.

Sábal, f., Gatt. der Arecáceae (südamerik. Volksname) – Zwergpalme, Deichpalme; fossil wahrscheinlich seit der oberen Kreide.

sabaúdus (lat. Sabauda, Sabóia), aus Savoyen (Italien) stammend.

sabína, sabiniána, nach dem Volk der Sabiner (Italien) genannt.

saccátus (lat. sáccus = Sack), sackartig.

Saccharásen (griech. sákcharon = Zucker; -asen = häufige Endung bei Fermenten), Fermente, die Rohrzucker in Traubenzukker und Fruchtzucker spalten.

Saccharíde, Hexosen-Zucker.

Saccharómyces, f., Gatt. der Saccharomycetáceae (griech. sákcharon = Zucker; mýkes = Pilz) – Hefepilz; Ascomycétes – Kl. Schlauchpilze. Zur Gatt. S. gehören wichtige Kulturhefen. So haben verschiedene Rassen von S. cerevisiae als Back- und Brennereihefen ökon. Bedeutung. Die Weinhefe, früher als S. cerevisiae var. ellipsoideus (= S. ellipsoideus) bezeichnet, wird nunmehr ebenfalls als S. cerevisiae eingeordnet. Zahlreiche Stämme von S. carlsbergensis, die neuerdings als Syn. von S. uvarum angesehen wird, finden als Reinzuchten im Braugewerbe bei der Bierherstellung Verwendung.

Saccharómyces álbicans (lat. álbus = weiß), Hefepilzart; neuerlich bezeichnet als Candida albicans = Soorpilz (s. d.).

Saccharómyces cerevísiae, alkoholbildende Art und Rassen der Hefepilze = Bierhefe.

Saccharóse (griech. sákchar und sákcharon = Zucker), Rohr- und Rübenzucker, Disaccharid, besteht aus einem Molekül Traubenzucker u. aus einem Molekül Fruchtzucker.

Sáccharum (lat. abgeleit. von griech. sákcharon = Zucker), 1. Gatt. der Poáceae; Zukkerrohr = Sáccharum officinarum; 2. chemisch: Zucker, wie z. B. Saccharum láctis = Milchzucker.

Saccítes, m., (griech.), eine Abteilung der → Sporae dispersae für Sporen, deren Exoxine (→ Sporoderm) zu einem oder mehreren »Säckchen« aufgebläht sind.

sacco- (griech. sákkos = Sack), sack-.

Saccolábium, n., Gatt. der Orchidáceae (lat. sáccus = griech. sákkos = Sack; lat. lábium = Lippe; nach der sackförmigen Lippe) – »Sacklippe«.

sacculátus, -a, -um, wie ein Säckchen geformt, mit Säckchen versehen.

sácer, sácra, sácrum (lat.), heilig.

sachalinénsis, von der Insel Sachalin (nördlich Japan) stammend.

sacrátus (lat.), geheiligt, geweiht.

sacrórum (lat.), der Heiligen.

säkulár (lat. sǽculum = Jahrhundert), im Laufe von Jahrhunderten.

Sämling, 1. vorwiegend in der Pflanzenzüchtung üblicher Begriff für eine aus dem Samen entstandene junge Pflanze; 2. in der Forstwirtschaft eine aus den Samen entstandene, bis drei Jahre alte, unverschulte Pflanze.

saepícola (lat. sǽpes, -is = Zaun), Zaunbewohner, Heckenbewohner.

saetósus (lat.), borstig.

Sáfran, Gelbfärbemittel und Gewürz aus getrockneten Blütenteilen, insbesondere aus Blütennarben von Crócus satívus.

Saftfrüchte, coenokarpe Früchte mit den

Untergruppen: Stein- und Beerenfrüchte (s. d.).

saftige Kapselfrüchte, Streufrüchte (s. d.) mit besonderer Verbreitung in den Tropen; einheimisches (europäisches) Beispiel ist Euonymus. Auch die sog. Explosionskapseln (s. d.) gehören in diese Fruchtformgruppe.

sagenárius (lat.), zauberhaft, köstlich.

Sagína, f., Gatt. der Caryophylláceae (lat. sagína = Mästung) – Mastkraut.

Sagittálebene, Ebene, die zur Medianebene parallel verläuft.

Sagittária, f., Gatt. der Alismatáceae (lat. sagítta = Pfeil, wegen der Gestalt der Blätter) – Pfeilkraut; fossil seit dem Tertiär.

sagittátus, -a, -um (lat. sagítta = Pfeil), mit Pfeilen versehen, pfeilförmig (z. B. Fagopýrum sagittátum – Buchweizen).

Sagradarinde, amerik. Faulbaumrinde; verwendet gegen chron. Obstirpation (Verstopfung).

Saintpáulia, f., Gatt. der Gesneriáceae (nach dem deutsch. Baron W. v. Saint-Paul Hilaire, dem Entdecker der Gatt.) – Usambaraveilchen.

Saisondimorphísmus (franz. saison), Entwicklung verschiedener Formen in den verschiedenen Jahreszeiten; → Dimorphismus.

saisondiphýle Sippen (griech. di- in Zusammensetzungen = zwei; phýlon = Stamm, Entwicklung von Sippen mit zwei jahreszeitlich verschiedenen und unterschiedenen Untersippen.

salicorioídes, weiderichähnlich (Salicária von Sálix = Weide; Blattform!).

salicárius, -a, -um, an Weiden erinnernd (Sálix, Sálicis = Name der Weide bei den Römern), z. B. Lythrum salicaria – Blutweiderich.

salicínus, salígnus, (lat.), weidenartig.

Salicórnia, f., Gatt. der Chenopodiáceae (lat. sal, sális = Salz; córnu = Horn; die Pflanze wächst auf salzigem Boden und hat hornartig gebogene Sproßenden) – Queller, Glasschmelz.

sālinus, salzliebend, an salzigen Orten wachsend (lat. sál, sális = Salz).

Sálix, f., Gatt. der Salicáceae (lat. Pflanzenname, Gen. sálicis, leitet sich ab von kelt. sal = nahe; lis = Wasser) – Weide; fossil seit der oberen Kreide.

Salmonélla, eine nach dem Bakteriologen F. D. E. Salmon (1850–1914) benannte Gruppe gramnegativer, begeißelter Stäbchenbakt., die als Krankheitserreger und »Fleischvergifter« human- und veterinärmedizinisch bedeutungsvoll sind (Typhus-, Paratyphus-, Enteritisbakterien).

salmóneus (lat. sálmo, salmónis = Lachs), lachsfarbig.

Salpeterbaktérien, Nitrit- und Nitratbakterien; → Nitrifikation.

Salpíchroa, f., Gatt. der Solanáceae (griech. sálpinx = Röhre; chros = Haut, Rinde).

Salpiglóssis, f., Gatt. der Solanáceae (griech. sálpinx = Trompete, glóssa = Zunge) – Trompetenzunge.

Salpingolobívia, f., Gatt. der Cactáceae (griech. sálpinx, salpíngis = Röhre und Anagramm von Bolivia in Südamerika) – »Röhren«-Lobivie.

Sálsola, f., Gatt. der Chenopodiáceae (Verkleinerungsform v. lat. sálsus = salzig) – Salzkraut; fossil seit dem Tertiär.

Saltatión (lat. saltáre = springen; saltátio = Sprung), sprunghafte, oft permanente Veränderung in den Eigenschaften eines ganzen oder (häufiger) eines Teiles eines Pilzthallus. In Kultur zeigt sich dies in der Regel als ein Sektor, der sich in der Wachstumsgeschwindigkeit, Färbung oder Sporenbildung unterscheidet. Der Grund hierfür kann Mutation oder somatische Segregation von Homokaryonen aus einem Heterokaryon sein.

Salvadóra, f., Gatt. der Salvadoráceae (nach dem span. Botan. J. Salvador) – Salvadore.

Sálvia, f., Gatt. der Lamiáceae (lat. Pflanzenname; sálvus = gesund; bezieht sich auf die Heilwirkung) – Salbei.

salviifólius (lat. salváre = heilen), salbeiblättrig.

Salvínia, f., Gatt. der Salviniáceae (benannt nach A. M. Salvini, Prof. in Florenz, 1633–1720) – Schwimmfarn; fossil seit der oberen Kreide.

Salzpflanzen → Halophyten.

Salzreihen, nach dem Entsalzungsgrad des Bodens gürtelförmig angeordnete Pflanzengesellschaften.

sambucifólius (Sambúcus, vielleicht von griech. symbýke = eine Harfe aus Holunderholz), holunderblättrig.

sambúcinus, -a, -um, holunder- (sambúcus-)-artig (z. B. Orchis sambucina – Holunder-Knabenkraut; Geruch!).

Sambúcus, f., Gatt. der Caprifoliáceae (röm. Pflanzenname; ob von griech. symbýke = Harfe oder sámbyx = rot herzuleiten, ist ungewiß, wenngleich Holzverwendung und Fruchtsaftfarbe Beziehungen ergäben!) – Holunder; fossil seit dem Tertiär.

Samen (Sémen), aus einer Samenanlage entstandenes Verbreitungsorgan, das aus einem vorübergehend ruhenden Embryo besteht, von einer Samenschale umschlossen ist und meist noch ein besonderes Nährgewebe enthält.

Samenanlage (Óvulum), das weibliche, dem Makrosporangium der heterosporen Pteridophyten entsprechende Fortpflanzungsorgan der Gymnospermen und Angiospermen; besteht aus → Embryosack, → Nucellus, → Integumentum, → Mikropyle, → Chalaza und → Funiculus.

Samendeckel, Teil der Samenschale, der bei der Keimung bestimmter Samen abgehoben wird.

Samenfarne → Pteridospermae.

Samenimpfung, Behandlung des Fabaceae-Saatgutes mit Reinkulturen geeigneter, spezialisierter Bakterien, um nach mehrjähriger Anbaupause oder bei Erstanbau die Symbiose (N-Sammlung) zu gewährleisten resp. zu fördern. Sie wirkt etwas reifeverzögernd.

Samenleiste → Plazenta.

samenlose Früchte, Früchte, die ohne Befruchtung der Eizelle auf rein vegetativem Wege gebildet werden.

Samenmantel → Arillus.

Samennaht → Raphe.

Samenpflanzen, hochentwickelte Kormophyten, die sich durch den Besitz von Blüten und durch die Bildung von Samen auszeichnen; → Phanerogamae.

Samenplantage, mit Pfropflingen bepflanzte Waldfläche, die der Erzeugung von hochwertigem Forstsaatgut dient.

Samenritzung, absichtliche Beschädigung der Samenhüllen, um eine verstärkte Wasseraufnahme zu ermöglichen und um die Keimung zu verstärken.

Samenruhe, Zeitraum zwischen Reife und Beginn der Keimfähigkeit der Samen.

Samenschale → Testa.

Samenschuppe, Bezeichnung für einen definierten Teil der Zapfenschuppen, von denen eine jede bei den Pinatae aus zwei hintereinanderstehenden, fast bis zur Basis getrennten Teilen besteht. Dabei werden der äußere, meist schmalere und kürzere Teil als Deckschuppe, der innere, breitere, zur Samenreife (Reifezeit) sich stark vergrößernde Teil als Samenschuppe bezeichnet. Die Samenschuppe (früher weniger exakt »Fruchtschuppe« genannt) ist lokalisiert in der Achsel der Deckschuppe.

Samenstände, samentragende Abschnitte des Sprosses der Gymnospermae.

Samenstiel → Funiculus.

Samenträger, Stecklinge von zweijährigen Pflanzen (z. B. Rüben) im 2. Vegetationsjahr, in dem sie Samen tragen.

Samenüberalterung, sie gibt oft Anlaß zu strukturellen Chromosomenumbauten, die die Keimfähigkeit stark herabsetzen. Ebenso wirken höhere Temperaturen (über 50 °C) und ansteigende Feuchtigkeit während der Lagerungszeit.

Sammelart, eine Gruppe verwandter, untereinander bastardierender Arten.

Sammelbalgfrüchte, Sammelfrüchte (s. d.) mit typischer, jedoch zur Verbreitungseinheit führenden Verwachsung von ± zahlreichen chorikarpen Fruchtblättern (z. B. Tróllius oder Spiraéa).

Sammelbeere, Sammelfrucht, die durch die Verwachsung von zwei oder mehreren apokarpen Beeren entsteht.

Sammelfrüchte, von den Einblattfrüchten (s. d.) unterschiedene, jedoch durch viele Übergänge mit ihnen verbundene Gruppe der chorikarpen Früchte (s. d.); bei ihnen sind ± zahlreiche chorikarpe Fruchtblätter, von denen jedes ein Karpidium darstellt, über Achsengewebe oder infolge postgenitaler Verwachsung zur Verbreitungseinheit verbunden. Es sind somit aus chori- od. apokarpen Fruchtknoten entstehende Früchte bzw. Synkarpien mehrerer Blüten, die mit ihren Fruchtwänden verwachsen und zur Reifezeit eine Verbreitungsart darstellen. Es werden unterschieden: 1. Sammelbalgfrüchte (s. d.); 2. Sammelnußfrüchte (s. d.); 3. Sammelsteinfrüchte (s. d.); 4. Apfelfrüchte (s. d.).

Sammelnußfrüchte, durch Verwachsung entstandene Verbreitungseinheit von Nußfrüchten im Ggs. zu den Einblattnüssen (s. d.) und daher eine Form der Sammelfrüchte, wie sie z. B. vorliegt bei Fragaria, wo die zu Nüßchen reduzierten Karpidia an einer fleischigen Blütenachse stehen, und bei Rosa, wo sie zu einem fleischigen Achsenkrug eingesenkt sind.

Sammelsteinfrüchte, Gruppe oder Form der Sammelfrüchte (s. d.), bei deren Bildung die Blütenachse beteiligt oder unbeteiligt (am Karpidium) sein kann. Zwei bis mehrere Steinfrüchte einer oder mehrerer Blüten bilden infolge Verwachsung der Fruchtwände eine Verbreitungseinheit (z. B. Him- und Brombeere).

Sammelstreufrucht, Bezeichnung für Streufrüchte zweier bis mehrerer Blüten, die miteinander verwachsen und ihre Samen durch eine gemeinsame Öffnung ausstreuen.

Sámolus, m., Gatt. der Primuláceae (röm. Pflanzenname; herzuleiten von kelt. san = heilsam; mos = Schwein; bei den Galliern gegen Viehkrankheiten!) – Bunge.

s. ampl. → sensu.

Sanchézia, f., Gatt. der Acantháceae (nach dem Botan. Jos. Sanchez in Cadis) – Sanchezblume.

s. ang. → sensu.

Sanguinária, f., Gatt. der Papaveráceae (lat. sánguis = Blut) – Blutwurz.

sanguíneus, -a, -um (lat. sánguis, -inis = Blut), blutrot (z.B. Córnus sanguínea – Roter Hartriegel).

Sanguisórba, f., Gatt. der Rosáceae (lat. sánguis = Blut; sorbére = schlürfen; weil der viel Gerbsäure enthaltende Wurzelstock eine blutstillende Wirkung hat) – Wiesenknopf.

Sanícula, f., Gatt. der Apiáceae (lat. sanáre = heilen) – Saníkel.

Sansevíeria, f., Gatt. der Agaváceae (nach Raim v. Samaro, Fürst von Sansevier in Neapel, 1710–1771) – Bogenhanf.

santaloídes (→ Sántalum, von arab. sandal, pers. sandul, malaiisch tsjendan = nützlich; Name der Pflanze), sandelholzähnlich.

Sántalum, n., Gatt. der Santaláceae (Eigenname aus dem Arab.; von pers. sandul, arab. sandal = nützlich) – Sandelholz.

Santolína, f., Gatt. der Asteráceae (vielleicht von lat. santónes = gallischer Volksstamm, doch logischer von sánctus = heilig, ehrwürdig) – Heiligenkraut.

Sanvitália, f., Gatt. der Asteráceae (nach dem span. Botan. Sanvital, Brescia, verst. 1767).

sápidus (lat. sapíere = schmecken), schmackhaft.

sápiens (lat.), weise, klug.

sapiéntum (lat. Genitiv Pluralis von sápiens), der Weisen.

Sapíndus, m., Gatt. der Sapindáceae (lat. sápo = Seife; índicus = indisch) – Seifenbaum; fossil seit der oberen Kreide.

Saponária, f., Gatt. der Caryophylláceae (lat. sápo, sapónis = Seife; wegen des in allen Teilen der Pflanze enthaltenen Saponins) – Seifenkraut; fossil seit dem Pleistozän.

Sapóta, f., Gatt. der Sapotáceae (nach dem mexikan. Volksnamen: cochit-zapotl) – Sapotillbaum.

sáppan (malaiisch), Name der Cassia-Art.

saprogén → fäulniserregend.

Sapropél (griech. saprós = faul; pelós = Ton, Schlamm), Faulschlamm; eine Ablagerung aus abgestorbenen Wasserorganismen in stagnierenden, meist eutrophen Gewässern.

Saprophýten (griech. saprós = in Fäulnis übergehend, faul; saprótes = Fäulnis; phytón = Pflanze), heterotrophe Pflanzen, die im Gegensatz zu den Parasiten auf totem organischem Substrat leben. Sie bewirken einen fermentativen Abbau des Substrats und nehmen organische Zersetzungsprodukte auf.

Saproplánkton, Mikroplankton in organogen verunreinigtem Wasser; → Plánkton.

saracénicus, sarazenisch, arabisch.

Sarcánthus, m., Gatt. der Orchidáceae (griech. sarx, sarkós = Fleisch; ánthos = Blüte, Blume; namentl. Bezug auf die fleischigen Blütenteile) – »Fleischblume«; Spec. (z. B.): S. rostrátus.

Sarcína, f., Sarzinen (griech. sargáne, lat. sarcína = Bündel, Paket); Gatt. der Fam. Peptococcáceae; Sarzinen sind große, unbewegliche, grampositive, streng anaërobe Kokken, die sich in drei senkrecht zueinander stehenden Ebenen teilen und regelmäßige Zellpakete aus 8 oder mehr Zellen bilden (Zelldurchmesser: 1,8–3 µm). S.-Arten benötigen zahlreiche Aminosäuren und ein vergärbares Kohlenhydrat zum Wachstum. Aus Glucose wird vorwiegend CO_2, H_2 und Butter- oder Essigsäure gebildet. Zwei Spec. sind bekannt: S. ventriculi und S. maxima. Sie kommen im Boden, auf Getreidekörnern, in trübem Bier, aber auch als harmlose Bewohner von Magen und Blase vor, gehören zur Vaginalflora.

Sarcóbatus, m., Gatt. der Chenopodiáceae (griech. sarx, sarkós = Fleisch; bátos = Dornstrauch, auch Brombeerstrauch) – Fettholz; Spec.: S. maximíliani Nees.

Sarcocaúlon, n., Gatt. der Geraniáceae (griech. sarx, sarkós = Fleisch; kaulós = Stengel) – Buschmannkerze.

Sarcochílus, m., Gatt. der Orchidáceae (griech. sarx = Fleisch; cheilos = Lippe) – »Fleischlippe«, da die »Lippe« fleischig ist.

Sárcodon, n., Gatt. der Hydnáceae – Stachelpilze (griech. sarx, sarkós = Fleisch, bezieht sich auf ± bräunliche, blasse, auch rotbraune Färbung von Fleisch, Hut, Schuppe; odón = Zahn) – Habichtspilz.

Sarcopódium, n., Gatt. der Orchidáceae (griech. sarx, sarkós = Fleisch; podion = kleiner Fuß; die Säulenbasis ist fleischig, fußförmig) – Schwammfußorchidee.

sarcorrhízus (griech.), fleischwurzelig.

sardénsis, aus Sardinien (Italien) stammend.

Sarkokárp (griech. sarx = Fleisch; karpós = Frucht), fleischig oder ausgebildetes Mesokarp.

Sarkotésta, f., (griech. sarx, sarkós = Fleisch; lat. testa = Krug, Schale); bei → Spermatophyta; fleischige äußere Samenhülle im Gegensatz zu → Sklerotesta.

sarmátisch (lat. sármata, m. = der Bewohner des poln.-russ. Tieflandes), Süden Polens und der UdSSR, Gebiet zwischen Weichsel und Wolga.

sarmentósus (lat. sarméntum = Schößling, Reis), Schößling treibend, auch wurzelrankig, kriechend.

Sarothámnus, m., Gatt. der Fabáceae (griech. sáron = Besen; thámnos = Strauch) – Besenginster.

sarothroídes (griech.), lanzenähnlich.

Sarracénia, f., Gatt. der Sarraceniáceae (nach dem kanad. Arzt D. Sarrazin, in Quebec, Anf. 17. Jh.) – Krugblatt; carnivor in den Küstensümpfen des atlantischen Nordamerika.

Sarzínen (lat. sarcína = Bündel), Paketkokken, → Sarcína.

sássafras, steinbrechend (auf Blasensteine bezogen! – von span. sasafras).

Sássafras, n., Gatt. der Lauráceae (nach dem span. sasafras s. o.) – Sassafras, Fieberbaum; fossil seit der oberen Kreide.

SAT-Chromosom, Chromosom mit einem → Trabant, d. h., daß der Verbindungsfaden zwischen Chromosom und Trabant in den meisten Fällen keine DNS enthält (sine acido thymonucleinico).

Satellit → Trabant.

satívus, -a, -um (lat.), angebaut, ausgesät (z. B. Avéna satíva – Saathafer).

satúra (lat., Dichtungsart, Gemengsel, Verbindungsform), Verwachsungsnaht.

Satúra ventrális (lat. → satúra; vénter, ventrís masc. = Bauch), Bauchnaht.

Saturéja, f., Gatt. der Lamiáceae (lat. Pflanzenname; leitet sich von lat. saturáre = sättigen ab, weil die Pflanze bei den Römern als Speise [Würze] verwendet wurde) – Alpenquendel (Pfeffer- oder Bohnenkraut).

Satýrium, n., Gatt. der Orchidáceae (griech. sátyros = Waldgott, Satyr, Faun) – Faunblume (u. a. auch: Rag-, Stendelwurz).

Sauergräser, = Riedgrasgewächse, → Cyperáceae; zahlreiche Arten sind acidophil (daher »Sauergräser«).

Saugfortsatz → Haustórium.

Saughaar, schuppen- oder schildförmig ausgebildetes, vielzelliges Haar, das durch Quellung aus der Atmosphäre Wasser aufnehmen und dem Blattinnern zuführen kann.

Saugspannung → Turgor.

Saugwurzeln, 1. die letzten Auszweigungen der Bodenwurzeln, die sehr kurz und meist dicht mit Wurzelhaaren besetzt sind; 2. feine Zellfäden an den Haustorien von Parasiten, die in das Wirtsgewebe eindringen und ihm Nahrung entziehen können.

Saum (Limbus), der obere, nicht verwachsene, meist ausgebreitete Teil einer gamotepalen (Perigonsaum), gamosepalen (Kelchsaum) oder gamopetalen (Kronsaum) Blüte.

Saumgesellschaft, nährstoffliebende Pflanzengesellschaft, die meist am Fuß von Mantelgesellschaften, z. B. an Waldrändern, entwickelt ist.

Säuregärung, Umwandlung der Kohlenhydrate und Alkohole in Säuren durch Bakterien.

Säuregrad → *p*H-Wert.

Säuren, Stoffe, die durch Metalle ersetzbaren Wasserstoff enthalten, sich mit Basen zu Salzen und Wasser neutralisieren und, wenn löslich, in wäßriger Lösung saure Reaktion zeigen.

sauro- (griech. saūra, -os = Eidechse), eidechsen-.

Saurómatum, n., Gatt. der Aráceae (griech. saúros = Eidechse; mátos = das Suchen; das bedeutet: von den Eidechsen aufgesucht) – Eidechsenwurz.

Saurúrus, m., Gatt. der Saururáceae (griech. saūros = Eidechse; oúra = Schwanz) – Molchschwanz.

Saussúrea, f., Gatt. der Asteráceae (nach dem Genfer Mineralogen und Bergsteiger Th. de Saussure, 1767–1845) – Schärtling.

Savanne (span. sabána, aus einer Indianersprache), Grasfluren der subtropischen Gebiete, aus Gräsern und dazwischen eingestreuten Stauden, Sträuchern und Bäumen zusammengesetzt.

saxátilis (lat. sáxum = Stein, Felsstück), felsliebend, auf Felsen wachsend.

Saxegothǣa, f., Gatt. der Podocarpáceae, Coniferae (nach Prinz Albert v. Sachsen-Coburg und Gotha benannt bzw. in »willkürlich-phantasievoller« Weise gebildet).

Saxífraga, f., Gatt. der Saxifragáceae (lat. sáxum = Fels, Stein; frángere = brechen; die Wurzeln zersprengen durch Eindringen in Spalten der Steine) – Steinbrech.

scáber, scábra, scábrum (lat.), scharf, rauh (z. B. Trifolium scabrum – Rauher Klee).

scabérrimus (lat.), sehr scharf.

Scabiósa, f., Gatt. der Dipsacáceae (lat. scábies = Krätze, Grind) – Grindkraut.

scabiosifólius (lat. scábies = Grind, Krätze; früher als Heilmittel gebraucht), scabiosablättrig.

Scǣvola, f., Gatt. der Goodeniáceae (lat. scǣvus = verkehrt, linkshändig) – Spaltglocke.

Scála (lat.), Treppe, Leiter, Gradeinteilung.

scándens (lat. scándere = steigen), kletternd, klimmend.

Scándix, n., Gatt. der Apiáceae (griech. Pflanzenname f. Kerbel; griech. skandix = Kamm) – Nadelkerbel.

Scapánia, f., Gatt. der Scapaniáceae (griech. skapánion = Spaten; nach der Gestalt des Perianths) – Lebermoose (Jungermanniales).

scaph-, scapho- (griech. skáphos = Graben, Grube, auch Kahn; skáptein = graben), hohl-, grubig-; ferner -scáphis, -kahn, -mulde.

Scaphiglóttis (Scaphyglóttis), f., Gatt. der Orchidáceae (griech. skáphe = Napf, Höhlung; glótta = Zunge; die Lippe ist konkav [= napfförmig]) – »Napfzunge«.

Scaphosépalum, n., Gatt. der Orchidáceae (griech. skáphe = Napf, Höhlung; lat. sépalum = Kelchblatt; die seitlichen Sepala hängen zusammen und stellen ein napfartiges Gebilde dar) – Napfkelchorchidee.

scaphýllus, scaphophýllus (griech.), (letzteres richtiger), kahnblättrig.

scapi- (lat. scápus = Schaft), Blütenschaft-.

scápus (lat. = eigentlich Walze, Zylinder) → Schaft.

scaríola, Wildlattich (bei Hegi wird der ältere, von Linné gegebene Name serríola verwendet, aus dem scaríola wurde; griech. sérris = Salat).

scariósus, trockenhäutig (angeblich arab. Ursprungs).

sceptrum (lat.), Zepter (zepterförmig).

sceptrum carolínum (lat.), Karlszepter.

Schaft, lange, blattlose oder nur mit wenigen kleinen Hochblättern versehene Achse, die an ihrem oberen Ende einen deutlich abgesetzten Blütenstand oder eine Blüte trägt.

Schälen, flaches Wenden oder Lockern des Bodens nach dem Abernten der Getreidefelder, um u. a. die unproduktive Verdunstung zu vermindern, die Bodenstruktur zu verbessern und das Unkraut zu bekämpfen.

Schartigkeit, lückenhafter Kornbesatz einer Ähre.

Schattenblätter, an das gedämpfte Licht eines schattigen Standortes angepaßte Blätter, die meist größer und durch Verminderung der Zellschichten dünner sind als die Sonnenblätter.

Schattenpflanzen, Gewächse, die nur im Schatten zur vollen Entwicklung gelangen.

Schauapparate, Gesamtbezeichnung für alle jene Einrichtungen, die eine Blüte oder einen Blütenstand durch Farbe und Form für die Bestäuber der Blüten aus der Ferne auffällig machen.

Scheibe (= Diskus, s. d.), meist rundliche, bei manchen Flechten verlängerte, besonders im Alter oft verzerrte Oberfläche des Hymeniums bei Apothecien.

Scheibenblüten, bei den Asteráceae die inneren, auf der Fläche des Körbchens stehenden Blüten, wenn diese sich in ihrer Form, Größe oder ihrem Geschlecht von den äußeren, den → Randblüten unterscheiden.

Scheidchen → Vaginula.

Scheide (lat. vagina), 1. → Blattscheide; 2. Gewebehülle, welche die jugendlichen Fruchtträger der Blätterpilze umhüllt.

Scheinachse → Sympódium.

Scheinähre, gedrängt rispiger Blütenstand mancher Gräser, bei dem die Ährchen an der → Spindel kurz gestielt sind. Beispiele: Alopecúrus praténsis – Wiesenfuchsschwanz, Phléum praténse – Wiesenlieschgras, Cynosúrus cristátus – Kammgras, Anthoxánthum odorátum – Ruchgras.

Scheinblüte → Pseudanthium.

Scheindolde, Trugdolde; Blütenstand, der durch Achsenverkürzung aus einer Ähre oder Traube entstanden ist und einer Dolde ähnelt (z. B. Cirrhopétalum).

»Scheinfrüchte«, eingebürgerte, morphologisch nicht exakte Bezeichnung für die Erscheinung, daß ein ganzer Fruchtstand eine Einheit bildet. Bei der Ananas geschieht dies durch gedrängte Stellung der Einzelfrüchte, bei der Feige durch krugförmige Entwicklung der Achse, die innen aus Einzelblüten hervorgegangene (kleine) Nüßchen einschließt.

Scheinparenchým → Plektenchym, Pseudoparenchym.

Scheinstämme, aus ineinandergerollten Blattscheiden entstandene stammähnliche Gebilde einiger ausdauernder Kräuter der Tropen.

Scheitelzelle, durch Gestalt und Größe ausgezeichnete Zelle an den Spitzen der Sprosse bei den Thallophyten und Archegoniaten, aus der alle Zellen der Urmeristeme und damit des ganzen Pflanzenkörpers hervorgehen. Sie teilt sich in bestimmter Reihenfolge in jeweils 2 Zellen, von denen eine der ursprünglichen Sch. ähnlich bleibt und wieder als Sch. fungiert, während die andere, als Segment bezeichnet, durch weitere Teilung Dauergewebe bildet.

Schenkel, Chromosomenarme, die durch das Centromer verbunden sind.

Scheuchzéria, f., Gatt. der Scheuchzeriáceae (nach dem Züricher Phys. Joh. Scheuchzer, 1684 bis 1738) – Blasenbinse.

Schichtung, Aufbau einer Pflanzengemeinschaft aus übereinander befindlichen Schichten (→ Synusie), die zum Teil von der Lebensform der Arten abhängig sind.

Schiffchen (Carína), das aus den zwei vorderen Blütenkronblättern bestehende, kahnartige Gebilde der Schmetterlingsblüte der Fabáceae, auch Kiel genannt; vgl. Alae.

Schildchen der Gräser → Scutellum.

schildförmig ist die Blattanheftung, wenn sich der Blattstiel unterhalb der Spreitenmitte befindet.

Schimmel, jedes oberflächliche Wachstum eines Pilzmyzels (z. B. Mehltau).

Schimmelpilze → Fadenpilze.

Schínus, m., Gatt. der Anacardiáceae (griech. Pflanzenname; schinein = anschneiden).

schipkaénsis, vom Schipkapaß (Balkan) stammend.

Schirmrispe → Ebenstrauß.

Schirmschlagbetrieb, Bewirtschaftungsform des Hochwaldes; Großflächenwirtschaft, da großflächenweise und gleichmäßig auf der Erntefläche eingegriffen wird; andere Bewirtschaftungsformen: → Plenter-, → Femelschlag- und → Kahlschlagbetrieb.

Schirmtraube → Ebenstrauß.

Schisándra → Schizandra.

schisma-, schismato-, schist-, schisto- (griech. schísma = Spaltung), spalt-.

Schismatoglóttis, f., Gatt. der Aráceae (griech. schísma = Spaltung; glótta = glóssa = Zunge).

Schistostéga, f., Gatt. der Schistostegáceae (griech. schízein = spalten; schistós = gespalten; stége = Dach, Deckel; kommt häufig in Felsspalten vor; also »Spaltdekkelchen«) – Leuchtmoos; Kl. Laubmoose (Musci).

Schiveréckia, f., Gatt. der Brassicáceae (nach dem poln. Botan. Schivereck, verst. 1806).

schiz-, schizo- (griech. schízein = spalten), spalt-.

Schizǽa, f., Gatt. der Schizaeáceae (griech. schízein = spalten) – Spalt-Rispenfarn.

Schizándra, f., Gatt. der Schisandráceae (griech. schízein = spalten; anér, andrós = Mann) – Beerentraube.

Schizánthus, m., Gatt. der Solanáceae (griech. schízein = spalten; ánthos = Blüte) – Schlitzblume.

Schizocódon, m., Gatt. der Diapensiáceae (griech. schízein = spalten; kódon = Glocke) – Spaltglocke.

schizogén (griech. schízein = spalten; génesis = Entstehung), durch Spaltung entstanden.

Schizogoníe (griech. schízein = spalten; goné = Erzeugung), Form der ungeschlechtlichen Vermehrung, bei der sich eine Zelle in mehrere Teile spaltet.

Schizokárpium (griech. schízein = spalten; karpós = Frucht), Spaltfrucht, → Spaltfrüchte.

Schizolobium, n., Gatt. der Fabáceae (griech. schízein = spalten; latin. lóbos = Lappen, Hülse) – »Spaltlappen«.

Schizomyzéten, -mycétes (griech. schízein = spalten; mýkes = Pilz), Spaltpilze oder Bakterien; Kl. der Spaltpflanzen (Schizophyta).

Schizoneura, f., (griech. schízein = spalten; néūron, auch néūra = Nerv), fossile Artikulatengattung der Gondwana- und euramerischen Flora; Vorkommen: Perm bis Jura.

Schizopétalon, n., Gatt. der Brassicáceae (griech. schízein = spalten; pétalon = Blumenblatt) – Spaltblume.

Schizophrágma, n., Gatt. der Saxifragáceae (griech. schízein = spalten; phrágma = Zaun, Wand) – Spalthortensie.

Schizophýceae (griech. schízein = spalten; phýkos = Alge), ältere Bezeichnung für die Spalt- oder Blaualgen.

Schizóphyta (griech. schízein = spalten; phytón = Pflanze), Spaltpflanzen; einzellige Pflanzen, die sich durch Spaltung vermehren, ohne Zellkern (Blau- und Spaltalgen), → Prokaryota.

Schizosaccharómyces, m., Gatt. (griech. schízein = spalten; sákcharon = Zucker; mýkes = Pilz), Spalthefepilz, dessen Rassen sich wie die Bakterien durch Querteilung vermehren; gehört zu den Schlauchpilzen.

Schizostelíe (griech. schízein = spalten; stéle = Stamm), Bezeichnung für Stelen, bei denen jedes einzelne Leitbündel von einer besonderen Endodermis und von perizykelartigem Gewebe umgeben ist.

Schizostýlis, f., Gatt. der Iridáceae (griech. schízein = spalten; stylís = Griffel) – Spaltgriffel.

Schkúhria, f., Gatt. der Asteráceae (nach dem Wittenberger Universitätsmechaniker Chr. Schkuhr, 1741–1811).

schlafende Knospen → Ruheknospen.

Schlag (Fruchtfolgeschlag), Ackerstück, das fruchtfolgemäßig einheitlich oder annähernd einheitlich behandelt resp. bebaut wird.

Schlageinheit, Flurbereich eines Fruchtfolgefeldes. Setzt sich in der Regel aus 2 bis 6 gruppiert liegenden Geländeschlägen mit etwa gleichen Produktionsbedingungen zusammen. Sichert auf Grundlage der konkreten Gelände- und Bodenbedingungen die Konzentration des Anbaus in der Flur als Voraussetzung für den effektiven Komplex- und Schichteinsatz der modernen Technik.

Schlagflora, auf Kahlschlägen sich einfindende Flora, die die Schlagvegetation bildet.

Schlaggruppe, in der Praxis spontan gebildete Geländeschlaggruppierung entsprechend der aktuellen Anbausituation. Stellt keine durchgehend paßfähige und stabile

Gliederung des Rotationsbereiches dar. Kann als Übergang zur planmäßigen Einrichtung von Schlageinheiten genutzt werden.

Schlauch → Utriculus.

Schlauchbalg, ein sich unregelmäßig öffnendes, die Samen ausstreuendes Monokarpium.

Schlauchfrucht, das Sporangium der Ascomycéten – Schlauchpilze.

Schlauchkapsel, ein Synkarpium, das sich unregelmäßig öffnet.

Schlauchpilze → Ascomycetes.

Schleierchen → Indusium.

Schleiergesellschaften, eine besonders an Vegetationsrändern sich einstellende Vegetation, die oft nur schmale Bänder bildet und eine charakteristische Artenkombination aufweist, oft aber ohne Charakterarten (z. B. an Hecken, Gebüschen, Flußufern).

Schlempe, Abfallprodukt der Brennereien; unvergorener Rückstand von Getreide oder Kartoffeln, der als Mast- und Kraftfutter dient.

Schlenken, flache, nasse Vertiefungen im Hochmoor.

Schleuderbewegungen, Bewegungen, die auf einem plötzlichen Ausgleich osmotischer Spannungsdifferenzen beruhen, womit eine Ablösung und Abschleuderung von Organen verknüpft ist.

Schleuderer → Boleoautochóre.

Schleuderfrucht, Frucht, die durch Schleudereinrichtungen ihre Samen in einem ± weiten Umkreis um die Mutterpflanze verbreitet.

Schleuderzellen → Elateren.

Schlick, Ablagerungen aus organischen Resten und tonig-sandigen Mineralteilen; Meeresschlamm.

Schließfrucht, aus einem oder mehreren Fruchtblättern gebildete Frucht, die als geschlossene, selbständige Verbreitungseinheit abfällt.

Schließhaut, 1. die Spaltöffnungen begrenzende und durch ungleiche Wandverdikkungen das Öffnen und Schließen der Spaltöffnungen bewirkende Zellen von meist halbmond- oder bohnenförmiger Gestalt; 2. ursprüngliche, nicht verdickte Zellwand, die aufeinandertreffende Tüpfel trennt.

Schließzellen, spezialisierte, oft bohnenförmige Epidermiszellen, die paarweise die Spaltöffnungen (Stoma, Plur. Stomata) begrenzen. Veränderungen ihrer Form beruhen auf Änderungen ihres Turgors, der das Öffnen und Schließen der Stomata steuert bzw. die Abgabe von Wasserdampf und den Gasaustausch reguliert.

Schlumbérgera, f., Gatt. der Cactáceae, Syn.: Zygocáctus (n. d. Kakteenkenner F. Schlumberger, 19. Jh.) – Weihnachtskaktus.

Schlund (Faux), der oberste, oft erweiterte Teil der → Röhre an ihrer Grenze zum → Saum.

Schlundschuppen, nebenkronenartige Anhängsel an den Kronblättern vieler Boragináceae, die durch Einstülpung der Kronblätter entstehen und den Eingang zur Kronröhre verschließen.

Schlußgesellschaft, Vegetationseinheit, die sich als Endglied der Vegetationsentwicklung auf einem bestimmten Standort einstellt und die ohne menschliche Einwirkung und, von Katastrophen abgesehen, dauernd bestehenbleibt.

Schmarotzer → Parasiten.

Schnallen, kurze bogige oder erweiterte Hyphenstücke bei Basidiomyceten, die oft neben den Septen zu erkennen sind und deren Entstehung mit der konjugierten Kernteilung im Zusammenhang steht.

Schnittsalat → Pflücksalat.

Schnurbaum, kleine Obstbaumform mit einer Stammhöhe von 0,4 m und mit kurzem, verzweigtem Seitenholz (durch strengen Schnitt).

schoen, schoeno- (griech.), binsen-.

Schoenóprasum (griech. schoínos = Binse; prásos = Lauch), Schnittlauch, eigentlich Binsenlauch; nach der Blattform.

Schoénus, m., Gatt. der Cyperáceae (griech. schoínos = Binse) – Kopfriet, -simse.

Schombúrgkia, f., Gatt. der Orchidáceae (nach den Brüdern Richard und Roland Schomburgk, die u. a. durch die Erforschung von Guayana, 1835–1844, bekannt wurden und dabei die Typusart dieser Gatt. entdeckten) – Schomburgk-Orchidee.

Schossen, Emporwachsen der Halme bis zur

Bildung der Blütenstände. Beim Vorgang des Schossens geht die Pflanze von der vegetativen in die reproduktive Phase über. Beim Schossen wachsen aus den Blattscheiden die Halme heraus, die an ihrem Ende einen zu Blütenanlagen umgebildeten Vegetationskegel tragen.

Schosser, Einzelpflanzen in einem zweijährigen Bestand, schon im ersten Jahr blühend.

Schote (→ Silíqua), mehrsamige Kapselfrucht, die aus zwei Fruchtblättern besteht, die sich klappig von ihren Rändern, welche die Plazenten tragen, ablösen (z. B. bei Chelidónium május); bei Brassicáceae ist noch eine (falsche) Scheidewand ausgespannt (z. B. Lunária ánnua). Im engeren Sinne mehr als dreimal so lang wie breit (→ Schötchen).

Schötchen (→ Silícula), eine → Schote, die höchstens dreimal so lang wie breit ist.

schräg-dorsiventral, dorsiventrale Blüte, deren Symmetrieebene zwischen der Medianebene und der Transversalebene liegt.

Schrägzeilen, die (z. B. bei Cactáceae) in einer bestimmten Anzahl und Reihenfolge sich kreuzenden Warzenspiralen; auch Berührungszeilen genannt.

Schraubel (griech. bóstryx), zymöser Blütenstand vom Typ eines Monochasiums, in dem die aufeinanderfolgenden Sproßgenerationen zwar in verschiedenen Ebenen stehen, aber die relative Richtung der Auszweigungen immer dieselbe bleibt.

Schrumpfung, Volumenverringerung durch Wasserabgabe.

Schüttelfrüchte, Kapselfrüchte, aus denen die Samen (z. B. durch den Wind) herausgeschüttelt werden.

Schüttelkletten → Boleozoochore.

Schuppen (→ Squámae), 1. flächenhaft ausgebreitete Trichome; 2. verschiedenartige Hoch- und Niederblattbildungen; 3. blattartige Organe der Zapfen von Nadelhölzern.

Schuppenblätter, kurze, verbreiterte und der Sproßachse angedrückte Blätter (z. B. bei Thúja – Lebensbaum).

Schuppenborke, Borke, die dadurch zustande kommt, daß jüngere Korklagen mit ihren Rändern an ältere anschließen, so daß schuppenförmige Gewebestücke entstehen, die das Korkkambium, aus dem die Korkschichten entstanden sind, und begrenzte Teile der Stammoberfläche umfassen. Schuppenborke z. B. bei Platanus, Quercus und Nadelhölzern. Das Abblättern (z. B. bei Platanus und Pinus) geschieht durch Vermittlung von Trennungsschichten aus absterbenden Parenchymzellen oder aus Phelloidschichten (zwischen den Korkschichten) bzw. durch die dilatationsbedingte Querspannung in der Borke, die zum Zerreißen führt.

Schuppenhaare, flächig verbreiterte Haare (z. B. die Spreuschuppen der Farne).

Schuttfluren, offene Pflanzengesellschaften auf mechanisch zertrümmerten Fels- und Steinteilen.

Schutzkolloíde, Kolloide, die das Koagulieren anderer Kolloide erschweren oder verhindern; → Kolloide.

Schutzscheide → Endodermis.

Schwärmsporen → Zoosporen.

Schwammparenchym, chlorophyllärmeres Parenchym aus meist unregelmäßig gestalteten, oft sternförmigen Zellen mit großen Interzellularen.

Schwarzerde, aus feinerdereichem Material, meist aus Löß, gebildeter Bodentyp, bei dem ein an mildem Humus, Nährstoffen und Stickstoff reicher, meist schwarz gefärbter Horizont unmittelbar dem Ausgangsgestein (Löß) aufsitzt; weitgehend an Steppenflora und lichte Wälder gebunden; entsprechend typische Verbreitung (z. B. Magdeburger Börde, Ungar. Tiefebene, Ukraine, Südsibirien, Transbaikalien, China).

Schweber → Euanemochore.

Schwefelregen, Massenanhäufungen von Pollen und Sporen windblütiger Pflanzen, vor allem von Kiefern, ergeben im Mai gelegentlich schwefelgelbe Ränder auf Wasserflächen.

Schwellenwert → Reizschwelle.

Schwellgewebe, Zellschichten mit starker Turgeszenz bei saftigen Schleuderfrüchten.

Schwellkörper, Schwellkörperchen → Lodiculae.

Schwemmlinge, Pflanzen, die durch fließendes Wasser verbreitet werden.

Schwiele, 1. durch Verletzung am Holzgewebe verursachte Anschwellung, welche die Wunde allmählich schließt; 2. Samenschwiele; → Caruncula.

Schwimmblasen → Aerozysten.

Schwimmer → Nautohydrochore.

Schwimmgewebe, Gewebe, die eine Schwimmfähigkeit bestimmter Pflanzenorgane herstellen bzw. die Schwimmfähigkeit erhöhen.

Schwingrasen, aus Moosen und höheren Pflanzen aufgebaute, rasenartige Verlandungsvegetation, die sich meist vom Rande eines Gewässers aus in dieses hineinschiebt und beim Betreten schwingt.

sciad-, sciado-, sciádum (griech. skiás, skiádos = Schattendach), -schirm.

Sciadópitys, f., Gatt. der Taxodiáceae (griech. skiás, skiádos = Schirm; pítys = Kiefer, Fichte) – Schirmtanne (Japan); fossil seit dem Jura.

scílla, nach der gleichnamigen Gatt.

Scílla, f., Gatt. der Liliáceae (griech. skilla = Meerzwiebel; alt. griech. Pflanzenname) – Blaustern.

Scindápsus, m., Gatt. der Aráceae (griech. Pflanzenname).

scirpoídes → Scírpus; binsenähnlich.

Scírpus, m., Gatt. der Cyperáceae (röm. Name der Binse) – Simse; fossil seit dem Alttertiär.

scissus, -a, -um (lat.), geschlitzt, zerspalten, getrennt.

sciuroídes (griech. skiúros = Eichhorn; -oides bedeutet Ähnlichkeit), einem Eichhörnchen ähnlich.

Scleránthus, m., Gatt. der Caryophylláceae (griech. sklerós = rauh, hart, trocken; ánthos = Blüte, Blume) – Knäuel; fossil seit dem Pliozän.

Scleróchloa, f., Gatt. der Poáceae (griech. sklerós = trocken; chloë = Gras) – Hartgras.

Sclerópoa, f., Gatt. der Poáceae (griech. sklerós = trocken; póa = Gras) – Starrgras.

sclérus (lat.), hart, trocken, knorpelig.

Scolóchloa, f., Gatt. der Poáceae (griech. skólos = Stachel; chloë = Gras) – Schwingelschilf.

Scolopéndrium, n., Gatt. der Polypodiáceae (griech. skolopéndra = Tausendfuß, bezieht sich auf die Fruchthaufen) – Hirschzunge; fossil seit dem Pleistozän.

scólymus (griech. skólops, skólopos = Spitzpfahl; skólos = Stachel), Artischocke (griech. skólymos, eine eßbare Distelart).

Scólymus, m., Gatt. der Asteráceae (griech. Pflanzenname von skólos = Stachel) – Golddistel.

scopárius, -a, -um (lat. scópa = Besen), besenartig (z. B. Cýtisus scopárius – Besenginster).

Scopólia, f., Gatt. der Solanáceae (nach dem ital. Botan. J. A. Scopoli, 1723–1788) – Tollkraut.

-scórdium, -scórdon, -scórodon, scórodo- (griech. skórodon = Knoblauch), -knoblauch.

scorodóprasum (griech. skórodon = Knoblauch; prason = Lauch; latin. = prasum), Schlangenlauch, Knoblauch.

scorpioídes (griech.), einem Skorpion ähnlich.

Scorzonéra, f., Gatt. der Asteráceae (ital. scórza = Rinde; néra = schwarz) – Schwarzwurzel (Farbe der Rinde).

scóticus, aus Schottland stammend.

Scrophulária, f., Gatt. der Scrophulariáceae (lat. scróphula = Halsdrüsengeschwulst) – Braunwurz.

scutátus (lat. scútum = länglicher Schild der Römer), schildartig, mit Schild versehen.

Scutellária, f., Gatt. der Lamiáceae (lat. scutéllum = Schildchen; scutélla = Schüsselchen, bezieht sich auf den Kelch) – Helmkraut.

scutellátus (lat. scutélla = kleine Schüssel), schüsselartig.

Scutéllum (lat. scútum = Schild; scutéllum = Schildchen), als Saugorgan fungierendes Keimblatt der Poáceae, das dem Endosperm anliegt und dem Keimling die Reservestoffe vermittelt.

Scutecária, f., Gatt. der Orchidáceae (lat. scútica = Peitsche; scutecárius, -a, -um = peitschenartig; wegen der zumeist langen, runden, herabhängenden Blätter) – Peitschenorchidee.

scútum (lat.), n., Schild.

scyph-, scypho-, scýphus, -os (griech. skýphos = Becher), becher-, tasse-, -becher.

Scyphánthus, m., Gatt. der Loasáceae (griech. skýphos = Becher; ánthos = Blüte) – Becherblume.

scyto- (griech. skýtos = Leder), leder-.

Secacornin, Alkaloide und Amine des Mutterkorns.

Sécale, n., Gatt. der Poáceae (lat. Pflanzenname; secáre = schneiden; die Halme werden geschnitten) – Roggen.

Sécale cornútum (lat. sécale = Korn, Roggen; córnu = Horn), Mutterkorn, das auf Roggen wachsende Sklerotium von Claviceps purpurea – Mutterkornpilz.

secalínus (Sécale nach Plinius von lat. secáre = schneiden), roggenartig.

Séchium, n., Gatt. der Cucurbitáceae (griech. sekós = Stall, Zaun, Hürde) – Stachelgurke, Chayote.

séctio → Sektion.

-sectus, in Zusammensetzungen: zerschnitten.

secúndus, der zweite, der nächste; folgend, nachstehend.

Securígera, f., Gatt. der Fabáceae (lat. secúris = Beil; gérere = tragen) – Beilwicke.

Securínega, f., Gatt. der Euphorbiáceae (lat. secúris = Beil; negáre = widerstehen; d. h. mehr als beilhartes Holz) – Hartholz.

sedatív (lat. sedátus, -a, -um = gesetzt, still), beruhigend.

Sedativum, n., Beruhigungsmittel.

Sédum, n., Gatt. der Crassuláceae (lat. sedére = sitzen; weil die Pflanze dicht am Boden wächst) – Fettblatt, Mauerpfeffer.

Segetále (lat. séges, -etis = Saatfeld, Ackerfeld), »Ackerkräuter«, oft ± vergesellschaftete Vertreter der Segetalflora, die regelmäßige Eingriffe (z. B. durch Ackern und andere Maßnahmen der Bodenpflege) ertragen oder diesen ausweichen.

Segetálflora, Flora der Äcker bzw. der landwirtschaftlich genutzten Flächen.

segetális, saatlandliebend, zwischen der Saat (lat. séges, ségetis) wachsend.

Segetálpflanzen (lat. séges, ségetis = Saatfeld, Ackerfeld), Ackerunkräuter und Akkerungräser, die gegen den Willen bzw. durch die unbeabsichtigte Mitwirkung des Menschen auf landwirtschaftlichen und anderen Nutzflächen wachsen. Sie können auch Kulturpflanzen sein, wenn sie in andersartigen Kulturpflanzenbeständen auftreten (z. B. Roggen in Wintergerste). Zur Segetalflora gehören (i. e. S.) vorzugsweise Pflanzenarten, die regelmäßige Eingriffe (Kulturmaßnahmen, z. B. Pflügen) weitgehend ertragen oder ihnen (z. B. in der Samenruhe) ausweichen. So erklärt sich im Zusammenhang mit nicht in Nutzung befindlichen Flächen innerhalb der Flur der ± hohe Anteil der Ackerunkräuter bzw. die Notwendigkeit der Unkrautbekämpfung (auf mechanischem und chemischem Wege).

ségetum (lat. Genit. Plur. von séges, → Segetalpflanzen), der Saaten, in Saatfeldern wachsend.

Segmént (lat. segméntum = Abschnitt, Teil, Glied), bei der Teilung von der Scheitelzelle abgeschiedene Tochterzelle, die der Mutterzelle an Gestalt nicht oder wenig gleicht.

Segméntaustausch → Faktorenaustausch.

segmentiertes Saatgut, durch mechanisches Spalten aus Knäueln hergestelltes ein- oder zweifrüchtiges Saatgut (z. B. Betarüben).

Segmentíerung, innere und meist auch äußere Gliederung des Körpers in gleichartige, aufeinanderfolgende Teile.

seguíne, seguínum (ein südamerikanischer Name), schierlingähnlich.

Seidlítzia, f., Gatt. der Chenopodiáceae (nach N. K. Seidlitz).

Seifen, Kalium- und Natriumsalze der höheren Fettsäuren.

Seirospóren (griech. seirá = Schnur, Kette, Seil; spóros = Keim) → Parasporen.

Seismonastíe (griech. seismós = Erschütterung, [Erd-]Beben), durch Erschütterung ausgelöste Bewegung, die unabhängig von der Reizwirkung abläuft (→ Nastien).

Seitenachsen, Sproßachsen, die aus einer Abstammungsachse hervorgehen, d. h. alle Achsen mit Ausnahme der → Hauptachse. Nach dem Grad der Verzweigung unterscheidet man Seitenachsen 1., 2., 3. usw. Ordnung.

Seitenknospen, Knospen, die in den Achseln der Blätter sitzen.

Seitennerven, vom Hauptnerv abzweigende Nerven eines Blattes.

Seitensproß, eine → Seitenachse samt ihren Blättern.

Seitenwurzeln, alle Wurzeln, die aus einer Wurzel hervorgehen. Im allgemeinen entstehen sie endogen in akropetaler Reihenfolge.

Sekrét (lat. secérnere = absondern; secrétus = abgesondert), Ausscheidung, soweit sie für den Organismus noch eine ernährungsphysiologische Bedeutung hat (z. B. Absonderung aus Drüsenhaaren).

Sekrétgänge, Behälter, in die Sekrete (Öle, Harze, Gummi oder Schleim) abgeschieden werden.

Sekretiónsorgane, Organe, die Sekrete ausscheiden.

Sekrétzellen, in verschiedenen Geweben zerstreut vorkommende isodiametrische oder schlauchförmige Zellen, in deren Protoplasten sich größere Mengen flüssiger oder fester Sekrete befinden.

Sektión (lat. séctio), systematische Kategorie zwischen Gattung und Art (→ Rangstufe).

Séktor (lat. séctor = Zerschneider); 1. allgemein: Abschnitt, Teilbereich; 2. Begriff in der Pflanzengeographie für »Bezirk« = Teilgebiet einer Provinz. Zusammengehörige Sektoren ergeben eine Provinz oder Domäne, entsprechende Provinzen eine Region oder ein Gebiet, während die Regionen floristische Differenzierungen eines Florenreiches sind; 3. bestimmter Ausschnitt einer Pflanze oder eines Pflanzenorgans.

Sektoriálchimäre, Chimäre, bei der die verschiedenen Gewebearten als Sektoren nebeneinanderliegen; → Chimäre.

sekundär (lat. secúndus = der zweite, der folgende), an zweiter Stelle stehend, im Anschluß an etwas anderes (Primäres) erfolgend.

Sekundärblüte, Blüte, die eine zweite Achse eines zymösen Blütenstandes abschließt.

sekundäre Blattstellung, Blattstellung, die durch Änderung der ursprünglichen Blattanordnung entsteht.

sekundäre Geschlechtsmerkmale, Merkmale, die normalerweise nur bei einem Geschlecht auftreten.

Sekundäreinschnürung → SAT-Chromosom.

sekundäre progressíve Sukzessión, nach einer abbauenden Gesellschaftsentwicklung einsetzende, erneut aufbauende Sukzession; → primäre progressive Sukzession.

sekundärer Embryosackkern, bei Bedecktsamern diploider Kern des Embryosackes; aus der Verschmelzung zweier haploider Kerne entstanden.

sekundäre Rinde, → Bast.

sekundäres Dauergewebe, aus dem sekundären Meristem hervorgehendes Dauergewebe.

sekundäres Dickenwachstum, Bildung von zusätzlichem, sekundärem Leitungsgewebe durch die Tätigkeit eines Kambiums bei gleichzeitiger Zunahme des Durchmessers von Sprossen und Wurzeln der Dikotyledonen und Gymnospermen; hierdurch erhält die Pflanze weiteres Leit- und Stützgewebe für ihr Wachstum. Die durch das s. D. gebildeten Strukturen machen den Hauptteil der reifen Pflanze aus.

sekundäres Meristém, Dauerzellen, die einen Funktionswechsel durchmachen und sich erneut zu teilen beginnen. → Meristem.

sekundäres Phloëm (sekundärer Bast), das gesamte, nach außen gebildete Gewebe des Kambiums, das histologisch sehr verschiedenartig sein kann; → Phloëm.

sekundäres Xylém (sekundäres Holz), das gesamte nach innen gebildete Gewebe des Kámbiums; → Xylém.

sekundäre Wurzeln → Adventivwurzeln.

Sekundärflóra, eine auf die Primärflora folgende Nachfolgeflora.

Sekundärformation, unter dem verändernden Einfluß von Menschen oder Tieren entstandene Formation.

Sekundärholz → sekundäres Xylem.

Sekundärstoffwechsel, Stoffwechselgeschehen, das Verbindungen zur Stoffspeicherung und Substanzen, die nicht mehr unmittelbar am Grundstoffwechsel beteiligt sind, liefert. Stoffwechselprodukte des S. können sehr oft wieder in den Primärstoffwechsel der Zelle einbezogen werden. Zu den typischen sekundären Stoffwechselprodukten zählt man z. B. die Alkaloide.

Sekundärzentrum, zweites, späteres oder nachfolgendes Entwicklungszentrum.

Sekundíne, das innere (lat. secúndus = dem äußeren »folgende«) → Integument der Samenanlage.

Selaginélla, f., Gatt. der Selaginelláceae

(Verkleinerung von Selágo = griech. Pflanzenname; von Plinius als Name für eine Wacholderart verwendet) – Mooskraut; fossil wahrscheinlich seit der oberen Trias.

selágo (griech./röm. Pflanzenname), z. B. Lycopódium selágo – Kolbenbärlapp.

Selbstableger, Geoautochóre.

Selbstbefruchter, Pflanzen, bei denen die Befruchtung durch Selbst- oder Eigenbestäubung (also autogam) erfolgt. Ausgesprochene S. sind z. B.: Erbse, Sojabohne, Busch-/Stangenbohne, Kartoffel; vorwiegend tritt Selbstbefruchtung (Autogamie) ein z. B. bei: Weizen, Hafer, Reis, Linse, Lein, Tomate, Salat, Tabak, Walnuß.

Selbstbestäubung, Erscheinung, daß sich Blüten durch ihren eigenen Pollen befruchten.

Selbstfertilität (lat. fértilis = fruchtbar), Selbstbestäubung, die normale Frucht- und Samenbildung zur Folge hat (Selbstkompatibilität).

Selbstfolge, zweijähriger Nacheinanderbau der gleichen Hauptfrucht auf derselben Fläche.

selbstfolgelabil, neuerliche Bezeichnung für Fruchtarten, die aus pflanzenbaulich-phytopathologischen Gründen Anbaupausen in der Fruchtfolge verlangen.

selbstfolgelabile Fruchtart, benötigt aus pflanzenbaulich-phytosanitären Gründen ein- bis mehrjährige Anbaupausen in der Rotation (selbstunverträglich).

selbstfolgestabil, neuerlich vorgeschlagene Bezeichnung für bei Selbstfolge ungefährdete Fruchtarten, die in der Fruchtfolge bei guter Ackerkultur und Düngung ohne wesentlichen Ertragsabfall ein- oder mehrmals nacheinander angebaut werden können.

selbstfolgestabile Fruchtart, kann bei guter Ackerkultur ohne wesentlichen Ertragsabfall ein- oder mehrmals nacheinander angebaut werden (selbstverträglich).

Selbstpflanzer → Cormautochore.

Selbstreinigung (engl. self purification), organismische Aktivität in einem Gewässer, durch die Fremdstoffe abgebaut, mineralisiert und in den natürlichen Stoffkreislauf einbezogen werden (z. B. Abwasserinhaltsstoffe).

Selbstsäer → Barochore.

Selbststerilität (lat. stérilis = unfruchtbar), Erscheinung, daß die Bestäubung einer Pflanze mit ihrem eigenen Pollen oder dem Pollen genotypisch gleicher Individuen nicht zur Samenbildung führt (Selbstinkompatibilität).

Selbstverbreiter → Autochóre.

Selbstverbreitung → Autochoríe.

selbstverträglich, bei Selbstfolge ungefährdet, d.h., unmittelbar aufeinanderfolgender Anbau der gleichen Pflanzen auf demselben Feld ist ohne Ertragseinbuße möglich (z. B. Kartoffeln und Roggen).

Selektion (lat. seléctus = auserlesen; seléctio = die Auslese, Zuchtwahl), 1. Auslese der dem Zuchtziel entsprechenden Typen zur Weiterzucht; 2. in der Saat- und Pflanzgutvermehrung die Entfernung von art- und sortenfremden und bestimmten kranken Pflanzen aus dem Vermehrungsbestand. Man kann also unterscheiden zwischen positiver (1.) und negativer (2.) Selektion; 3. natürliche, durch Umwelteinflüsse bewirkte Selektion.

Selektionsarten, das auf Zufall beruhende Prinzip, daß es in kleinen Populationen auf unbeabsichtigte Weise zur Eliminierung oder zur Fixierung von Allelen kommt (genetische Drift); gewöhnlich werden jedoch durch natürliche Konkurrenz oder durch künstliche Zuchtwahl vorteilhafte Merkmale durch Selektion »ausgelesen«. Man unterscheidet: 1. stabilisierende Selektion, bei der durch Unterdrückung der Extremformen die Variationsbreite eingeengt wird; 2. die gerichtete Selektion (mit einseitiger Verschiebung der Variationsbreite); 3. disruptive Selektion, die im Effekt durch mehrgipfeliges Aufgliedern der Variationsbreite gekennzeichnet ist.

Selektionstheoríe → Darwinismus.

selektív, auf Selektion bezüglich.

selektíve Befruchtung, Befruchtung, bei der die Kombination der Gameten nicht nach den Wahrscheinlichkeitsgesetzen erfolgt, sondern bestimmte Kopulationen häufiger auftreten als andere.

Selektiv-Herbizid, ein Unkrautbekämpfungs- (-vertilgungs-) Mittel, bei dessen Anwendung nur die Unkräuter in Nutzpflanzenbeständen selektiv gegenüber dem eingesetzten chemischen Wirkstoff empfindlich sind; z. B. Anwendung von 2,4-Dichlorphenoxyessigsäure oder deren Salze gegen breitblättrige Unkräuter im Getreide u. zur Rasenpflege; vgl. Herbicide.

Selenicéreus, Gatt. der Cactáceae (griech. seléne = Mond, Mondgöttin; Gattungsname Cereus) – Königin der Nacht.

Selenipédium, n., Gatt. der Orchidáceae (griech. seléne = Mond, Hörnchen; pedílon = Pantoffel, Schuh; namentl. Bezug auf die gehörnt schuhförmige Lippe) – Schweiffrauenschuh.

-selínum (griech. seléne = Mond; Fruchtform!), -eppisch.

Selínum, n., Gatt. der Apiáceae (sélinon = griech. Pflanzenname) – Silge.

Selliéra, f., Gatt. der Gordeniáceae (nach Natale Sellier, Ende 18./Anfang 19. Jh., franz. Stecher, der für Caranilles Pflanzenbilder anfertigte). Spec.: S. radícans Cav.

-sema, -zema (griech. séma = Kennzeichen, Merkmal), -fahne, -zeichen.

Semaphorónt (griech. séma = Kennzeichen; phórein = tragen), raumzeitlicher Abschnitt aus dem Lebenslauf eines Organismus, der unmittelbares Objekt der Forschung ist; kann in Extremen entweder unendlich klein bzw. momenthaft gedacht werden oder mit der gesamten Lebensdauer eines Individuums zusammenfallen.

Sémele, f., Gatt. der Liliáceae (griech. mythol. Name der Mutter des Bacchus).

Sémen (lat.) → Samen; in der Pharmazie Samen, die als Droge verwendet werden (z. B. S. Lini – Leinsamen, S. Sinapis – Senfkörner).

sémi- (lat.), in Zusammensetzungen: halb-.

Semialbínos (lat. sémi = halb; álbus = weiß; álbidis = weißlich) – »Halbweißliche«; Blüten und Früchte mit verminderter Anthocyanbildung.

Semi-Alléle, Nachbargene, die im gleichen Chromosom liegen und ähnliche, aber nicht übereinstimmende Wirkung haben; → Pseudoallele.

semiarid, halbtrocken.

Semifrútex (lat.), Halbstrauch.

semiheterotýpische Teilung (lat. sémi = halb-; griech. héteros = ein anderer, bezeichnet also den abnormen Verlauf), eine »Reduktionsteilung«, bei der ein Restitutionskern gebildet und somit die Chromosomenzahl nicht auf die Hälfte reduziert wird.

Semiletalfaktóren (lat. sémi = halb; letális = tödlich), Gene, die bei homozygotem Vorhandensein die Lebensfähigkeit des Organismus zwar beeinträchtigen oder schwächen, aber nicht verhindern können.

semipermeábel (lat. sémi = halb; permeáre = hindurchwandern), halbdurchlässig; Bezeichnung für Membranen mit kleinen Porengrößen, die undurchlässig für große Moleküle (wie z. B. Zucker) und durchlässig für kleine Moleküle (z. B. H_2O) sind (→ Osmose).

Semispézies, eine durch die geographische Isolation aus einer anderen Spezies abgespaltene »Art« (z. T. veränderliche Art).

semper- (lat.), immer-.

semperflórens (lat.), immerblühend.

sempérvirens (lat.), immergrünend.

Sempervívum, n., Gatt. der Crassuláceae (lat. sémper = immer; vívus, -a, -um = lebend; die Pflanze vermag lange [ohne Wasser] zu leben) – Hauslauch (auch Hauswurz).

Senécio, f., Gatt. der Asteráceae (lat. sénex, sénis = Greis; die Haarkrone des Pappus wird mit dem Greisenhaar verglichen) – Greiskraut, Kreuzkraut; fossil seit dem Pleistozän.

senéscens (lat.), ergrauend, alternd.

Senescenz (lat.), das Altern von Zellen.

senílis (lat. sénex = Greis), greisenartig.

Senker, 1. → Absenker; 2. von den Nebenwurzeln ausgebildete zapfenförmige Saugorgane der Mistel.

sens → sensu.

sensíbel (lat. sentíre, séntio, sénsi, sénsus = fühlen, empfinden), empfindlich.

sénsu (lat. Ableit. von sens, sensís = Sinn), im Sinne; meist in folgender Abk. gebraucht: s. lat. oder s.l. = sénsu láto oder latiore = im weiten oder weiteren Sinne; s. str. = sénsu strícto oder strictiore = im engen oder engeren Sinne; s. strss. = sénsu strictíssimo = im engsten Sinne; früher auch s. ampl. = sénsu amplióre = im erweiterten Sinne; s. ang. = sénsu angustióre = im engeren Sinne.

senticósus (lat. dornenstrauchartig, voller Dornen oder Stacheln, z. B. Acanthópanax senticósus – Stachelkraftwurz).

Sépala (Sing. **Sépalum**) (wahrscheinlich von lat. separáre = absondern, abscheiden, trennen) – Kelchblätter.

Sepaloíde, Blattgebilde (Phyllome), die zu Kelchblättern oder zu kelchähnlichen Organen umgebildet sind.

-sepalus, in Zusammensetzungen: -kelchblättrig.

Separíerungszüchtung (lat. separáre = trennen), Form der gelenkten Bestäubung, bei der die einzelnen Nachkommenschaftsgruppen von Fremdbestäubern isoliert angebaut werden; → Mutterstammbaumzüchtung.

sépium, (lat. sǣpes, sépes = Zaun; sépium = der Zäune), in oder an Zäunen wachsend, Zaun- (z. B. Calystégia sépium – Zaunwinde).

Septálnektarien, im Grenzbereich zwischen den Fruchtblättern eines Gynoeceums ausgebildete Nektarien.

septentrionális (lat. septem-triones = »die sieben Dreschochsen«, das Siebengestirn, Großer Bär; septemtrío, -ónis = Norden), nördlich, nordisch.

septíert (lat. saepíre, -psi, -ptus = umzäunen, umhegen), mit Querwänden versehen.

septifráge Spaltkapsel (lat. → septiert; frángere = brechen, zerbrechen), Kapselfrucht, bei deren Öffnung die Scheidewände der Fruchtblätter zerbrechen.

séptius (griech. septós = verfault), fäulniserregend, auf fauligen Stoffen wachsend.

septizíde Spaltkapsel (lat. séptum = Wand; cǣdere = zerschneiden), Kapselfrucht, bei der sich die Fruchtblätter an ihrer Verwachsungsnaht voneinander lösen, durch Aufspalten entlang echter Scheidewände.

Séptum (lat.), Scheidewand.

Sequénz (lat. séqui = folgen), Folge, z. B. von Nucleotid(paar)en oder Aminosäuren; auch Folgerung.

Sequóia, f., Gatt. der Taxodiáceae (nach dem Indianerhäuptling Sequoiah, 1770–1843) – Küsten-Sequoia; fossil seit dem mittleren Jura.

Sequoiadéndron, n., Gatt. der Taxodiáceae (→ Sequóia u. griech. déndron = Baum). Spec.: S. gigantéum (Lindl.) Buchh.; – Mammutbaum; fossil seit der oberen Kreide.

Serápias, f., Gatt. der Orchidáceae (Serápis = ägypt. Gottheit der unterirdischen Seelen; auch griech. Pflanzenname) – Geilwurz.

seriál (lat. séries = Reihe), in einer Reihe über- oder untereinanderstehend (z. B. → Beiknospen); Ggs. → kollateral.

sericátus, -a, -um (lat.), seidenartig.

Sericocáctus, m., (= Notocactus), Gatt. der Cactáceae (griech. seríkos = Seide; → Cactus) – »Seiden«-kaktus.

Serie (series), 1. systematische Kategorie zwischen Sektion und Art (→ Rangstufe); 2. Aufeinanderfolge der Stadien oder Phasen in der Sukzession von Pflanzengemeinschaften.

Serín, Aminosäure, α-Amino-β-hydroxypropionsäure, $HO-CH_2CH(-NH_2)-COOH$, eine Monoaminomonocarbonsäure.

-seris (lat. séris = Cichorie), -salat (-lattich).

Serodiagnóstik (lat. sérum = Molke; griech. diágnosis = Unterscheidung, Entscheidung), Verwandtschaftsermittlung durch Serumbestimmung (Eiweißbestimmung).

serótinus (lat.), spät, verspätet.

serpentárius (lat. sérpens, -entis = Schlange), schlangenbißheilend.

Serpentín (lat. sérpens = Schlange; kann bezogen werden auf das schlangenähnliche fließende Ausfüllen von Gesteinsspalten), kristalliner Schiefer, vorwiegend aus Magnesiumsilikat.

Serpentínpflanzen, nur auf Serpentin vorkommende Pflanzen.

serpyllifólius (lat.), quendelblättrig.

serpýllum (griech. hérpein, lat. sérpere = kriechen; griech. hérpyllon = »kriechendes Gewächs«; lat. serpyllum = Quendel, Feldthymian), röm. Name des Quendels (Thýmus serpýllum – Feldthymian).

Serrátia, f., Gatt. der Enterobacteriáceae. Einzige Spec.: S. marcescens (= Bacterium prodigiosum) – Wunderbazillus, auch Prodigiósus (lat. = voller Wunder) genannt; bildet auf kohlenhydratreichen Lebensmitteln bluttropfenähnliche Kolonien; ist weit verbreitet, kommt u. a. in Milch, Wasser und im Erdboden vor.

Serrátula, f., Gatt. der Asteráceae (röm.

Pflanzenname von serrátus = gesägt) – Scharte.

serrátus (lat.), gesägt.

Sésamum, n., Gatt. der Pedaliáceae (semsem = arab. Pflanzenname) – Sesam.

Séseli, f., Gatt. der Apiáceae (griech. Pflanzenname) – Bergfenchel.

seseloídes, seseliähnlich.

Sesléria, f., Gatt. der Poáceae (nach dem venezian. Arzt Leonhard Sesler, 18. Jh.) – Kopfgras, Blaugras.

sessíl (lat. séssilis = seßhaft), seßhaft, festgewachsen auf einer Unterlage.

sessilifólius (lat. sedére, sédeo, sédi, séssum = sitzen; fólium = Blatt), mit sitzenden Blättern (z. B. Acanthópanax sessilifólius).

séssilis (lat.), sitzend, stiellos.

Sesúvium, n., Gatt. der Aizoáceae – Eiskraut oder Mittagsblumengewächse; bekannte Art: S. portulacástrum (Warmhaus, Vermehrung durch Samen und Stecklinge).

Séta (lat. = Borste), starkes Haar; Stielteil des Sporogons bzw. Stiel der Mooskapsel.

set, séti, sétus (lat. sǽta, séta = Borste), -borstig, -borste, borsten-.

setáceus (lat.), borstenartig.

Setária, f., Gatt. der Poáceae (lat. séta = Borste) – Borstenhirse.

setchuenénsis, setchuénsis, aus Szetschwan (China) stammend.

setifórmis, borstenförmig.

sétiger, setígera, setígerum, borstentragend.

setósus, -a, -um (lat. séta = Borste), reichborstig (z. B. Crépis setósa – Borsten-Pippau).

Sexokarpie (lat. séxus = Geschlecht; griech. karpós = Frucht), Fruchtbildung infolge Befruchtung.

Sexualität (lat. séxus = Geschlecht; sexuéll = geschlechtlich), Geschlechtlichkeit.

Sexualitätshypothése, theoretische Vorstellung vom Wesen der Sexualität, die von der Tatsache ausgeht, daß jede Zelle, auch Geschlechtszelle, bisexuell ist, d. h. die vollständigen Anlagen des ♂ und ♀ Geschlechtes besitzt. Jederzeit, z. B. durch eine Zell- oder Kernteilung, äußere Einwirkungen auf zwei getrennte Kerne oder verschiedene Zellen, tritt eine Verschiebung des Gleichgewichtes der beiden sexuellen Anlagen ein. Die für die sexuelle Verschiedenheit verantwortlichen geschlechtsspezifischen Gamone sind es, die dann das Wiederzusammenkommen, den Kopulationsvorgang, bewirken (Bütschli, Schaudinn, Hartmann).

Sexuálsystem, Linnés Pflanzensystem nach den Sexualorganen.

sezerníeren (lat. secérnere), absondern.

shállon, auch salal, ind. Name einer Gaulthéria.

Sherphérdia, f., Gatt. der Elaeagnáceae (nach dem engl. Gärtner J. Shephard, 1764–1836) – Büffelbeere.

Sherárdia, f., Gatt. der Rubiáceae (nach dem engl. Botan. W. Shererd, 1659–1728) – Akkerröte.

Shórtia, f., Gatt. der Diapensiáceae (nach Ch. W. Short, Prof. in Lexington, Nordamerika, 1794–1862) – Winterblatt.

Sibbáldia, f., Gatt. der Rosáceae (nach Rob. Sibbald, Prof. in Edinburgh, schrieb über Flora Schottlands, 1643–1720) – Gelbling.

siccátus, -a, -um (lat.), getrocknet.

síccus, -a, -um (lat.), trocken.

Sichel (Drepánium), zymöser, monochasischer Blütenstand, bei dem die aufeinanderfolgenden Sproßgenerationen in einer Ebene liegen, und zwar immer auf der vorderen Seite der Abstammungsachse.

Sícyos, f., Gatt. der Cucurbitáceae (griech. Name der Gurke) – Haargurke.

Sída, f., Gatt. der Malváceae (griech. Pflanzenname) – Sammetpappel.

Sidálcea, f., Gatt. der Malváceae (Kompositum aus den Gattungsnamen Sida und Alcea) – Präriemalve.

síder-, sidero- (griech. sidéros = Eisen), eisen-.

Sidérasis, f., Gatt. der Commelináceae (griech. sidéreos = eisern, fest, stark, rauh).

Sideritis, f., Gatt. der Lamiáceae (griech. Pflanzenname von sidéros = Eisen; als Heilmittel gegen von Eisen geschlagene Wunden) – Gliedkraut.

Sideróxylon, n., Gatt. der Sapotáceae (griech. sidéros = Eisen; xýlon = Holz) – Eisenholz; fossil seit dem Tertiär.

Siebplatte, die zwischen zwei Siebröhren liegende, siebartig durchlöcherte, den Stoffaustausch ermöglichende Querwand.

Siebröhren, Elemente des → Phloëms der Leitbündel, die Zellverbindungen darstellen, deren Zwischenwände zu durchlöcherten Siebplatten umgewandelt sind.

Siebstränge, Siebröhren, die mit schmalen, langgestreckten Parenchymzellen verbunden sind und die ganze Pflanze durchziehen.

Siebteil → Phloëm.

Sieglíngia, f., Gatt. der Poáceae (nach dem Erfurter Prof. Siegling, Anf. 19. Jh.) – Dreizahn.

Sievérsia, f., Gatt. der Rosáceae (nach dem Reisenden und Botan. J. Sievers, 2. Hälfte 18. Jh.) – Petersbart.

Sigillária, f., – Siegelbaum; Gatt. der Lepidodendrales; große, nicht oder wenig verzweigte Bäume; Vorkommen: Oberkarbon bis Unterperm.

Sigmatóstalix, f., Gatt. der Orchidáceae (sígma, -atos = griech. Buchstabe, früher als C. geschrieben; stálix = Stellholz für Jagdnetze, Pfahl; die relativ lange Säule ist halbmondförmig [wie ein großes C] gekrümmt) – Halbmondorchidee.

Signatúr (lat. sígnum = Zeichen), Zeichnung, Bezeichnung, Aufschrift (z. B. auf Arzneigefäßen).

Signatúrlehre, mittelalterliche Irrlehre, die besagt, daß jede Pflanze von der Natur aus äußerliche Zeichen mitbekommen habe, damit die Menschen gleich erkennen können, wozu sie zu gebrauchen ist. Besitzt also eine Pflanze gelbe Blüten, dann wäre sie gegen Gelbsucht wirksam; oder hat eine Pflanze nierenförmige Blätter, dann sei sie gegen Nierenleiden anzuwenden.

Signifikánz, Ausdruck der Zuverlässigkeit einer vorhandenen Abweichung zwischen Beobachtung und Erwartung in der Versuchsstatistik.

Sikkatión, Trocknung, Trocknungsvorgang.

Sikkatíve (lat. siccáre = trocknen), Trockenmittel.

sikkiménsis, aus Sikkim (Himalaja) stammend.

Sílaus, m., (= Sílaum, n.), Gatt. der Apiáceae (griech. seláein = glänzen) – Roßfenchel.

Siléne, f., Gatt. der Caryophylláceae (nach Silén, dem Begleiter des Bacchus, der der Sage nach immer mit Geifer [= griech. sialon] bedeckt war. Die Pflanze hat klebrige Stiele!) – Leimkraut.

silenifólius, leimkrautblättrig (→ Siléne).

síler (verstümmelt aus selínum), eine Staude, deren Samen zur Arznei diente; gemeiner Spindelbaum (nach anderen Bachweide), Deutung unsicher!.

Síler, n., Gatt. der Apiáceae (röm. Pflanzenname) – Roßkümmel.

silesíacus, aus Schlesien stammend.

Silícula (lat. síliqua = Schote; -ula bezeichnet Verkleinerung), → Schötchen.

Silikáte (lat. sílex, -icis = harter Stein, Kiesel, Quarz), Verbindung von Siliciumdioxid mit basischen Oxiden. Zu ihnen gehören u. a. Feldspate, Glimmer, Granate, Augite, Tonmineralien.

silikóle Pflanzen (lat. sílex, -icis = Quarz, Kiesel), Pflanzen, die ausschließlich oder bevorzugt Silikatböden bewohnen.

Siliqua (lat.) → Schote.

siliquástrum (lat. síliqua = Schote), Baum mit »unechten Schoten« (z. B. Cércis siliquástrum – Gemeiner Judasbaum).

siliquósus, -a, -um (lat.), schotenartig (z. B. Lótus siliquósus – Gelbe Spargelbohne).

Sílofutter (Silágen), Futterkonservate, die durch Lagerung wasserreicher Futterstoffe unter anaëroben Bedingungen entstehen und deren Lagerfähigkeit auf der Milchsäuregärung und/oder dem Zusatz von Konservierungsstoffen beruht.

Sílphium, n., Gatt. der Asteráceae (sílphion = griech. Pflanzenname) – Kompaßpflanze. Die Art S. perfoliátum gilt als neue Futterpflanze (Diss. W. Neumerkel, Univ. Halle 1980). In der DDR wurde 1985 die Sorte »Benko« zugelassen.

Silúr, n., (nach kelt. Stamm der Silurer in Shropshire), auf das Ordovizium folgende Periode; überwiegend zum Eophytikum gehörend; im obersten Silur beginnt das Paläophytikum; gefunden wurden im Silur u. a. eine Fülle hochentwickelter Algen sowie die ersten Landpflanzen als blattlose Gefäßpflanzen (Psilophýten). Auf das Silur folgt das Devon.

Silvǽa, Landschaftstyp der sommergrünen Laubwälder der kühltemperierten Zone; Verbreitungsbereich: Osten der USA, das

Kerngebiet Europas sowie Ostasien (nördliches China, Korea, Mandschurei, Nordjapan).

silváticus, sylváticus (lat. sílva = Wald), im Wald wachsend, Wald- (z.B. Rúbus silváticus – Wald-Brombeere, Fágus sylvática – Rotbuche).

silvikól, Bezeichnung für Organismen, die in Wäldern vorkommen.

Sílybum, n., Gatt. der Asteráceae (griech. Pflanzenname von sílybon = Quaste) – Mariendistel.

Simaroūba, f., Gatt. der Simaroubáceae (Vernakularname für Búrsera simarúba auf den Antillen); fossil seit dem Eozän.

símia (lat.), Affe (z.B Órchis símia – Affen-Knabenkraut).

símilis, -is, -e (lat.), ähnlich.

Simmóndsia, Gatt. der Buxáceae (nach dem engl. Arzt F.W. Simmonds).

Símplex (lat.), polyploide Form, die neben rezessiven ein dominantes Allel besitzt; → Polyploidie.

símplex (lat.), einfach, einfach blühend.

símulans (lat. simuláre = ähnlich machen), täuschend.

simultán (lat. símul = gleichzeitig, zugleich, zur gleichen Zeit), gleichzeitig; Ggs. → sukzedan.

simultáne Wandbildung, Bildung von vier Zellkernen, um die dann die Trennungswände gleichzeitig gebildet werden.

Sinarundinária, f., Gatt. der Poáceae (lat. sína = China; Gattungsname Arundinária).

Sinápis, f., Gatt. der Brassicáceae (lat. Pflanzenname von griech. nápy = Senf; si = Augment) – Senf.

sinénsis, chinesisch, aus China stammend.

Single crósses (engl.), Kreuzung zweier Inzuchtlinien für die Erzeugung von Heterosissaatgut (Anwendung vor allem bei der Maiszüchtung).

sínicus, chinesisch.

sinistrohamátus, -a, -um (lat.), linkshakig.

Sinnesepithél, Epidermis, die ihrer anatomischen Struktur entsprechend als Wahrnehmungsorgan fungiert.

Sinníngia, f., Gatt. der Gesneriáceae (nach dem Bonner Universitätsgärtner W. Sinning, 1792–1879) – Gartengloxinie.

Sinnpflanzen, Pflanzen, deren Blätter auf Stoßreize reagieren.

sinuátus (lat. sínus = Bucht, Meerbusen), buchtig.

sípho (griech. síphon = Röhre), Schlauch, Röhre.

siphonál, schlauchförmig, meist im Sinne von → coenoblastisch.

siphonáler Thállus, vielkerniger Thallus, bei dem der Protoplast nicht durch Querwände unterteilt ist.

Siphonanthíe (griech. síphon = Röhre; ánthos = Blüte), röhrenförmige Ausbildung der ligularen Strahlenblüten im Kompositenköpfchen (Asteráceae).

siphonocladál, bezeichnet Organisationsstufe der niederen Pflanzen mit Mehrzellern bzw. mit vielkernigen Zellen.

Síphono-Eustéle (griech.), Stele, bei der durch Differenzierung von Markstrahlen innerhalb des Xylemhohlzylinders dieser in radial angeordnete Einzelbündel aufgespalten wird; → Eustele, Stele.

Siphonogámen → Phanerogamen.

Siphonostéle (griech.), Stele, bei der ein Xylemhohlzylinder von einem Siebgewebezylinder nach außen umgeben und innen von einem Markzylinder ausgefüllt wird (ektophloïsch) oder wo außerdem an der Peripherie des Markzylinders noch ein Innen-Siebring eingeschaltet ist (amphiploïsch); → Stele.

Sippe → Taxon.

sisymbriifólius, rauken- (sisýmbrium-) blättrig.

Sisýmbrium, n., Gatt. der Brassicáceae (griech. Pflanzenname) – Rauke.

Sisyrínchium, n., Gatt. der Iridáceae (griech. Pflanzenname) – Binsenlilie.

Sítes, Fliesen.

sitkaénsis (sitchénsis), von der Stadt Sitka auf der Insel Baranof (Amerika) stammend.

Sitosterín (lat. sítus = Lage, Zustand) → Phytosterin.

Síum, n., Gatt. der Apiáceae (síon = griech. Pflanzenname) – Merk.

Skelettgewebe, Gewebe von Zellen mit stark verdickten Wänden, der Festigung des Pflanzenorgans dienend.

Skiatóphytum, n., Gatt. der Aizoáceae

(griech. skiás, skiádos = Schirm; phytón = Pflanze).

skiophíl, schattenliebend, Bezeichnung für Organismen, die schattige Stellen bevorzugen. Ggs. heliophíl = »Sonne«- oder lichtliebend.

Skiophýten (griech. skiá = Schatten; phytón = Pflanze) → Schattenpflanzen.

Skleraéa, Landschaftstyp der Trockenwälder und Trockenstrauchheiden der gemäßigten und subtropischen Breiten. Hartlaubgehölze haben durch xeromorphe Lebensform eine ähnliche Physiognomie, z. B. die Steineichen- (Quercus ilex) und Kiefernwälder (Pinus) im Mittelmeergebiet (die durch das Wirken des Menschen in → Macchien umgewandelt sind), die macchiaähnlichen Chaparrals im Winterregengebiet Kaliforniens (mit vorwiegend immergrünen Hartlaubgew.), die chil. und südafrikan. Hartlaubformationen.

Sklereíden (griech. sklerós = hart u. ä.), Zellen mit allseitig sehr stark verdickten Wänden und mit isodiametrischer Form.

Sklerenchým (griech. sklerós = hart, spröde; énchyma = das Eingegossene), Bezeichnung für die Festigungsgewebe der ausgewachsenen Pflanzenteile, besteht aus Sklerenchymfasern (Holz- oder Bastfasern) oder aus Sklerenchymzellen (Steinzellen); beide sind tote und meist englumige Zellen mit sehr stark verdickten und häufig verholzten Zellwänden.

Sklerenchýmzellen (→ Sklerenchym), Zellen mit allseitig sehr stark verdickten Wandungen.

Skléro-Chamaephýta frutescéntia (→ Chamaephyten), immergrüne, vollständig verholzte Zwergsträucher mit harten, meist kleinen Blättern.

Sklerokaúlen (griech. sklerós = hart; kaulis = Stengel; also »Hartstengel«), Stengel der Xerophyten, bei denen ein funktionstüchtiges Assimilationsparenchym auftritt, das die Funktion des Blattes übernimmt.

Skléro-Makrophanerophýta (→ Makrophanerophyten), immergrüne Hartlaubbäume mit Knospenschutz und Hartlaubblättern.

sklerophýll (griech. sklerós = hart; phýllon = Blatt), Bezeichnung für hartblättrige, meist immergrüne Gewächse, deren Blätter häufig klein oder reduziert sind. Ggs. malakophýll.

Sklerotésta, f., (griech. sklerós = hart; lat. tésta = Scherbe, Schale), die harte, widerstandsfähige Hülle von Samen, Ggs. → Sarkotesta.

Sklerótium (griech. sklerós = hart), Dauermyzel der Pilze, fester Hyphenverband, der mitunter steinhart ist (Hartkörper) und durch Umbildung ganzer Mycelien oder einzelner Mycelteile hervorgegangen ist (z. B. Cláviceps purpúrea – Mutterkorn).

S-Kolonien (S = Abk. von engl. smooth = glatt), Kolonien von Mikroorganismen mit glatter, glänzender Oberfläche. Bei den meisten Arten spricht dies für das Vorhandensein einer Kapsel und damit der virulenten Form.

skotophíle Pflanzen (griech. skótos = Dunkel, Schatten; philos = liebend), »schattenliebende«, dunkle Standorte bevorzugende Pflanzen, auch Erdbewohner; Ggs. photophile Pflanzen.

s. l. (s. lat.) (lat.), sensu lato = im weiten Sinne; → sensu.

Smilacína, f., Gatt. der Liliáceae (v. Gattungsnamen Smilax abgeleitet) – Schattenblume.

Smílax, f., Gatt. der Liliáceae (griech. Pflanzenname) – Stechwinde; fossil seit der oberen Kreide.

Smithiántha, f., Gatt. der Gesneriáceae (nach Miss Smith, der Pflanzenmalerin; griech. ánthos = Blüte).

Smýrnium, n., Gatt. der Apiáceae (griech. Pflanzenname) – Gelbdolde.

SMZ, Sporenmutterzelle: im Verlaufe der Teilung des Archespors entstehen Zellen (Sporozyten), aus denen in 2 Teilungsschritten normalerweise 4 haploide Sporen entstehen (→ Meiosis).

sobólifer, sobolífera, sobolíferum (lat.), Wurzelsprosse bildend.

Sobrália, f., Gatt. der Orchidáceae (nach dem span. Arzt und Botan. Francisca M. Sobral, 18. Jh.) – »Sobral-Orchidee«.

socotránus, -a, -um (auch socotrínus), von der Insel Sokotra (südl. Arab.) stammend.

sogdiánus, -a, -um, aus Sogdina (Turkestan) stammend (z. B. Fráxinus sogdiána – Turkestan-Esche).

Sója, f., Gatt. der Fabáceae (nach einem jap. Pflanzennamen; doch eigentlich zunächst von jap. sooja = Name einer Sauce, zu welcher die Bohnen benutzt wurden) – Sojabohne.

Sol (lat. sólus = allein, einzig; solútio = Auflösung, das Gelöstsein), flüssiger Zustand von Kolloiden, bei dem die einzelnen kolloiddispersen Teilchen in der Flüssigkeit (Dispersionsmittel) schweben. Gegenbegriff → Gel.

Solanín, giftiges Alkaloid, findet sich in verschiedenen Solanum-Arten, besonders in den Keimen, die die Kartoffeln im Keller treiben; farblose, geruchlose Kristalle, schwach bitter schmeckend, leicht in Alkohol löslich, sehr giftig.

Solánum, n., Gatt. der Solanáceae (lat. solámen = Trost oder solári = lindern) – Kartoffel, Tomate, Nachtschatten.

Soldanélla, f., Gatt. der Primuláceae (vielleicht für das mittellat. sólidus = kl. Geldstück) – Troddelblume.

-solen, soleno (griech. solén = Röhre), -röhre, röhre.

Solenánthus, m., Gatt. der Boragináceae (griech. solén = Röhre; ánthos = Blüte) – Riesenboretsch.

Solidágo, f., Gatt. der Asteráceae (lat. sólidus = gesund, fest; bezieht sich auf die Heilwirkung) – Goldrute.

sólidus (lat.), fest, nicht hohl, dicht.

solitär (lat. sólus = allein), vereinzelt, einzeln stehend.

Solonézboden (russ. solonzewaty = Salz führend), salzreicher Boden, dessen Salzreichtum in den oberen Bodenhorizonten durch den aufsteigenden Bodenwasserstrom bedingt ist.

Solontschákboden (russ.), salzreicher, feuchter Boden, dessen Salzreichtum sowohl durch den aufsteigenden Bodenwasserstrom als auch durch Ansammlung von salzreichem Wasser im Boden zustande kommt.

solstitiális (lat. sol = Sonne), sommerlich, z. Z. der Sommerwende oder sommerlichen Sonnenwende, eigentlich des Sonnenstillstandes (z. B. Centaurea solstitialis – Sommer-Flockenblume).

-sóma (griech. sóma = Leib, Körper), -leib.

Sóma (griech. sóma = Körper), Gesamtheit der Körperzellen, im Ggs. zu den Keimzellen.

somátisch, körperlich, auf den Körper bezogen.

somátische Aufspaltung, Entstehung zweier genetisch ungleicher Tochterzellen im Verlauf einer somatischen Zellteilung.

somátische Mutatión, Genmutation im somatischen Gewebe der Körperzellen.

somátische Parthenogénesis (Ooapogamíe), Parthenogenesis, bei welcher der Eikern die diploide Chromosomenzahl besitzt.

somátische Zellen, Körperzellen.

somátische Zellteilung, Zellteilung, wie sie sich in allen Körperzellen mit Ausnahme der Geschlechtszellen vollzieht.

Somatogamíe (griech. sóma = Körper; gámos = Heirat), → Pseudogamie, Verschmelzung zweier gewöhnlicher vegetativer Zellen, wodurch aus einem einkernigen Mycel ein Paarkernmycel hervorgeht (bei Basidiomycetes und einigen Ascomycetes).

somatogén (griech.), im Körper entstanden.

Somatogoníe (griech. sóma = Körper; goné = Erzeugung, das Erzeugte), vegetative Fortpflanzung, bei der sich mehr oder weniger umfangreiche Zellgruppen, ganze Organe oder junge Pflanzen vom älteren Organismus ablösen und neue Individuen bilden.

sommerannuélle Pflanzen, monokarpische Gewächse, die in derselben Vegetationsperiode keimen und fruchten; → annuell.

sommergrüne Pflanzen, Pflanzen, deren Laubblätter nur während einer Vegetationsperiode tätig sind.

Sommersporen → Uredosporen.

Sommerwirt, Organismus (Träger), auf oder in dem ein Organismus anderer Art (als parasitärer, schädigender Gast) im Sommer (in der Vegetationszeit) (bestimmte) Phasen seiner Entwicklung vollzieht; vgl. Winterwirt.

sómnifer, somnífera, somníferum (lat. sómnium = Schlaf; fero = ich trage), schlafbringend, Schlaf- (z. B. Papáver somníferum – Schlafmohn).

Sónchus, m., Gatt. der Asteráceae (griech. Pflanzenname; nach Theophr. sókchos und sógchos = Hasenkohl; nach Wettstein von somphós = weich, wegen der Struktur des Stengels) – Gänse-, Sau-, Knackdistel.

Sonerila, f., Gatt. der Melastomatáceae (Vernakularname aus Indien).

songáricus, soongáricus, songarisch (Songarei = Dsungarei, Landschaft westl. der Mongolei).

Sonnerátia, f., Gatt. der Sonneratiáceae (nach dem franz. Reisenden P. Sonnenrat, 1749–1814); fossil seit dem Tertiär.

Soorpilz, Erreger der Soormykose; Syn.: Candidiasis, Kandidose (»Schwämmchen«); durch Kontakt übertragbare Pilzerkrankung bei Mensch und Tieren, die durch Species der Gatt. Candida, meist Candida albicans, hervorgerufen wird und einen festhaftenden, grauen, fleckigen Belag der Mundschleimhaut verursacht. Der Soorpilz gehört zur Gatt. Candida = der Kl. Endomycetes.

sóphia (griech.), Weisheit.

Sóphora, f., Gatt. der Fabáceae (arab. Pflanzenname für die gelbblühende Cássia sóphora, der von Linné auf die Gatt. übertragen wurde) – Schnurbaum; fossil seit dem Tertiär.

Sophronítis, f., Gatt. der Orchidáceae (griech. sóphron = bescheiden, maßvoll, keusch; die Pflanze ist klein und wenig auffällig).

Sorál, abgegrenzter Teil der Thallusfläche von Flechten, der Soredien erzeugt.

Sorále (griech. sorós = Gefäß, auch Haufen), scharf umschriebene Stellen des Flechtenthallus, an denen die Soredien stehen.

Sorbária, f., Gatt. der Rosáceae (abgeleit. vom Gattungsnamen Sórbus) – Fiederspiere.

sorbifólius, ebereschenblättrig (Sórbus hat verschiedene Ableit.!).

Sórbus, f., Gatt. der Rosáceae (lat. Pflanzenname für Sórbus doméstica – Speierling; Sorbus = der Sorbe, slaw. Volk; kelt. sor = herb; lat. sorbére = verschlucken; arab. sorbet oder sherbet, Getränk aus deren Saft) – Eberesche; fossil seit dem Pleistozän.

Soredien (griech. sorós = Gefäß, Urne), unberindete, kleine rundliche bis unregelmäßig elliptische Verbreitungseinheiten (von Flechten), die aus meist in der Mitte zusammengedrängten Algen und einer Hyphenhülle bestehen.

sórghum, von ind. sorghi, Name der Hirse.

Sórghum, n., Gatt. der Poáceae (sorgo = ital. Name der Mohrenhirse) – Mohrenhirse.

Sorokárp (Plur. Sorokarpe), ein Fruchtkörper (Sporangium) der Acrasiales. Die Sorokarpe sind einzellig, kugelförmig und haben einen haploiden Kern. Sie sind von einer hellen oder dunklen (rötlichen) Wand umgeben und sehr widerstandsfähig. Bei der Keimung werden ein bis zwei, seltener bis zu acht Amöben freigesetzt.

Sorósus (griech. sorós = Haufen, Gefäß), Fruchthaufen, die durch Verwachsung der die Früchte liefernden Blüten zustande kommen. Sie fallen meist als Ganzes von der Mutterpflanze ab.

Sorptión (lat. sorbére = Flüssiges einziehen, aufsaugen, festhalten), Festhalten von Stoffen durch andere Stoffe.

Sorte → Cultivar.

Sortenbestimmung, die Feststellung der Sortenzugehörigkeit. Die Bestimmung erfolgt am Saat- und Pflanzgut und an den daraus erwachsenen Pflanzen.

Sortenechtheit, liegt vor bei Saat- und Pflanzgut, wenn es befähigt ist, Pflanzen hervorzubringen, die alle Merkmale der angegebenen Sorte aufweisen. Bei anerkanntem Saat- und Pflanzgut wird die Sortenechtheit durch die Feldanerkennung garantiert.

Sortenliste, amtliches Verzeichnis der zum Anbau, zur Vermehrung und zum Handel zugelassenen Sorten von Kulturpflanzen.

Sortentyp Convarietät.

Sortenwert, vor allem genetisch (erblich) bedingter Wert des Saatgutes.

Sortenwertprüfung, Nachweis des volkswirtschaftlichen Wertes von Neuzüchtungen und zugelassenen Sorten durch mehrjährige Parzellen- und Produktionsversuche in verschiedenen Anbaugebieten (und im Vergleich mit anderen Sorten). Sie gliedert sich in die Prüfstufen Vor-, Haupt- und Kontrollprüfung.

Sortierung, Korngrößenverhältnis der unveränderten Saatgut-Originalprobe, das durch die Aufteilung in einzelne Größenklassen mit Hilfe von genormten Schlitz- und Rundlochsieben bestimmt wird.

Sórus (Plur. Sori) (griech. sorós = Gefäß, auch Haufen), Sporangienhäufchen der Farne.

soulangeána (nach Et. Soulange-Bodin, franz. Gärtnereibesitzer, geb. 1774 in Touraine, gest. 23.7.1846 in Fromont – Paris).

Soziabilität (lat. → Soziation), Häufungsweise oder Geselligkeitsgrad einer Art in einer Probefläche.

Soziatión (lat. sócius = Bundesgenosse, Begleiter), Pflanzengemeinschaft, die durch weitgehende floristisch physiognomische Übereinstimmung aller Schichten charakterisiert wird. Für die S. werden die Mengenverhältnisse und die Verteilungsweise der Arten als maßgeblich betrachtet.

Soziologíe (→ Soziation; griech. lógos = Lehre), Lehre von den Gesellschaften der Organismen.

soziologische Artengruppe, eine Gruppe von Pflanzenarten, die in einem begrenzten Gebiet stets gemeinsam wachsen und aus pflanzensoziologischer Sicht ähnlich erscheinen. Sie können in verschiedenen Pflanzengesellschaften (Assoziationen u. a.) vorkommen. Sie werden auf statistischem Wege durch Vergleich vieler Vegetationsaufnahmen gewonnen. Ihre Gültigkeit ist auf eine Formation, z. B. Wald, Wiese, Acker und meist auf ein Gebiet begrenzt, wo sie aufgestellt wurden. Ihre Pflanzenarten zeigen oft ähnliches ökologisches Verhalten (ökologisch-soziologische Artengruppe).

Soziomorphologie (griech. morphé = Gestalt, beschreibende → Pflanzensoziologie.

Spádix (griech. spádix, Genitiv spádikos = Blütenkolben, auch Palmfruchtzweig); → Kolben.

Spätglaziál (lat. glácies = »Eis«), Späteiszeit, Ausgang der Eiszeit.

Spätholz (Herbstholz), das in Gebieten mit Vegetationsruhe im Herbst gebildete Holz, das sich durch englumige Gefäße und tangential abgeplattete Holzparenchymzellen unterscheidet.

Spaliere, Holz- und Drahtgerüste zum Anheften von Pflanzen.

Spalierformen (zurückzuführen auf griech. spáein = ziehen), Obstbaumformen mit niederer Stammhöhe zum Bepflanzen und Ziehen an Wänden durch entsprechenden Schnitt.

Spalierwuchs, Wuchsform von Holzpflanzen, deren Stämme flach auf dem Boden liegen und deren Zweige sich horizontal ausbreiten.

Spaltanlage, Anlage für Feldversuchstechnik. Hierbei wird ein → Teilstück, das zur Prüfung eines Faktors dient (z. B. Ertrag), in mehrere kleinere Teilstücke zergliedert, wodurch die Prüfung mehrerer Faktoren erfolgen kann.

spalterbig → heterozygot.

Spaltfrüchte, Untergruppe der (coenokarpen) Zerfallfrüchte (s. d.), bei denen sich die Merikarpien (Teilfrüchtchen) septierend lösen; es können viele (z. B. bei Malve) oder nur zwei (z. B. bei Acer) sein; auch in der Mitte kann ein zentraler Karpophor (Fruchthalter) stehenbleiben (z. B. bei den Apiáceae); unterscheidbar von den → Bruchfrüchten.

Spalthefen, Gruppe (Gatt.) von Hefen (Schizosaccharomyces), die sich nicht durch die für Hefen typische Sprossung, sondern durch Zellteilung (= Spaltung) vermehren.

Spaltkapsel, aus ober- oder unterständigen Fruchtknoten hervorgehende Kapselfrucht, die sich der Länge nach öffnet.

Spaltöffnungen Stomata, die Öffnungsstellen der Epidermis der Pflanzen, die von zwei besonders gestalteten Epidermiszellen (Schließzellen) umgeben werden, zwischen denen sich die Zentralspalte befindet, die in die darunterliegende Atemhöhle führt.

Spaltpilze, Schizomyzeten (Schizomycetes); veraltete Bezeichnung für Bakterien.

Spaltungsgärung, Stoffumwandlung auf nicht oxidativem Weg durch einen Spaltungsprozeß.

Spaltungsgeneration, die F_2-Generation einer Kreuzung; → 2. Mendel-Regel.

Sparássis, f., Gatt. der Clavariáceae – Keulenpilze (griech. sparássein = zerzupfen, wegen des »zerzupften« Habitus) – Ziegenbart, Krause Glucke.

Sparáxis, f., Gatt. der Iridáceae (griech. sparássein = zerreißen) – Fransenschwertel.

Spargánium, n., Gatt. der Sparganiáceae

(griech. Pflanzenname, vermutlich von spárganon = Band) – Igelkolben; fossil seit der oberen Kreide.

»Spargelsalat« → Lactúca satíva.

Sparmánnia, f., Gatt. der Tiliáceae (benannt nach dem schwed. Naturforscher und Weltreisenden A. Sparmann, gest. 1787) – Zimmerlinde.

sparsiflórus (lat.) lockerblütig, zerstreutblütig.

Spartein, Alkaloid in Fabáceae.

sparteus, -a, -um (lat.), dem Pfriemengras (griech. spárton) ähnlich.

Spártína, f., Gatt. der Poáceae (griech. spárte = Strick) – Strick- oder Besengras.

spartioídes (griech. spárton = Pfriemengras, woraus Seile, Stricke gemacht wurden), spartiumähnlich.

Spártium, n., Gatt. der Fabáceae (griech. Pflanzenname von spárte = Strick) – Binsenginster.

spártum (lat.), Pfriemengras.

spasmolýtische Wirkung (griech. spasmós = Kampf; lýein = lösen), krampflösende Wirkung.

-spatha (-e), spath-, spatho- (spathi-) (griech.), spatel-, blütenscheide-.

Spátha (griech. spáthe = Säbel, Schwert; lat. = spátha), Blütenscheide oft lebhaft gefärbtes Hochblatt, das in Ein- und Mehrzahl unter den meist kolbigen Blütenständen sitzt. Typisch für die Aronstabgewächse (Aráceae).

spathiflórus (lat.), scheidenblütig.

Spathiphýllum, n., Gatt. der Aráceae (griech. spáthe = Blütenscheide; phýllon = Blatt) – Blattfahne; ihre Blütenscheiden haben Aussehen wie Fähnchen.

Spathoglóttis, f., Gatt. der Orchidáceae (griech. spáthe = breites Schwert, Streifen, Spatel; griech. glótta = Zunge; namentl. Bezug auf die Gestalt der Lippe).

spathulifólius (lat.), spatelblättrig.

Spécies → Art.

Spécies excludéndae (Plur., Nominativ; von lat. exclúdere Gerundivum), auszuscheidende Arten.

spécies nóva (Abk. sp. n.), eine neu gefundene oder neu beschriebene Art.

speciósus (lat.,) ansehnlich, schön, prächtig, herrlich.

spectábilis (lat.), ansehnlich, sehenswert, auch glänzend.

Speculária, f., Gatt. der Campanuláceae (lat. spéculum = Spiegel) – Venusspiegel.

spéculum (lat.), der Spiegel.

Speicherblätter, Bezeichnung für in der Regel »fleischig« erscheinende Blätter, die reich entwickelte Parenchym-Massen enthalten. Sowohl Wasser als auch organische Stoffe können in Blättern gespeichert werden (z. B. die besonders zur Stoffspeicherung angelegten Blattorgane an Zwiebeln [Zwiebelschuppen] oder die der Wasserspeicherung und der Assimilation dienenden Blätter der Sukkulenten).

Speichergewebe, lebendes Parenchymgewebe der Pflanzen, in dem Reservestoffe aufgespeichert werden.

Speicherwurzel, sproßbürtige Wurzel, die partiell infolge von Stoffspeicherung deutlich verdickt ist.

Spéktrum (lat. Vorstellung), 1. durch Lichtzerlegung entstehendes Farbenbild; 2. bildliche Darstellung einer Erscheinung aus einzelnen Komponenten oder Teilbildern.

Spelzen, (lat. glúmae; Sing. gluma); trockenhäutige Hochblätter der Gräser (Poáceae), die als Hüll-, Deck- und Vorspelzen in den Blütenährchen stehen und die Einzelblüten schützend umgeben.

Spelzfrucht, von Spelzen fest umschlossene Getreide- oder Grasfrucht (z. B. Gerste, Hafer).

Spérgula, f., Gatt. der Caryophylláceae (vielleicht vom lat. spárgere = ausstreuen) – Spark.

Spérgulária, f., Gatt. der Caryophylláceae (Verkleinerungsf. v. Gatt. Spérgula) – Spärkling.

Spermatíd (griech. spérma = Samen), haploide Zelle, die sich ohne Kernteilung in eine ♂ Keimzelle umbildet.

Spermátien (griech. spérma = Same), Spermazellen; geißellose, passiv bewegte männliche Keimzellen.

spermatogén (griech.), spermatozoenbildend.

Spermatophýta (griech. spérma, spérmatos = Same; phytón = Pflanze), Samenpflanzen, Abteilung des Pflanzenreiches, die die heute vorherrschenden Vertreter der Flora stellt; besitzen einen hoch differenzierten

Pflanzenkörper aus einem beblätterten Sproß und Wurzel mit einem entwickelten Gefäßsystem. Es sind heterospore Pflanzen mit einem dominierenden Sporophyten und einer reduzierten Gametophytengeneration. Die Sporophytengeneration ist die eigentliche Pflanze. Der männliche Gametophyt besteht aus dem gekeimten Pollenkorn, mit dessen Pollenschlauch die meist nichtbeweglichen Gameten zur Eizelle befördert werden. Der weibliche Gametophyt wird im Sporophyten zurückgehalten und in der Samenanlage ernährt und geschützt, die nach der Befruchtung der Eizelle in ihr zum Samen wird. Im Samen liegt, geschützt durch die Samenschale, ein junger Sporophyt, der Embryo. Einteilung in: Gymnospermae, deren Samenanlagen offen und ungeschützt auf Makrosporophyllen liegen; Angiospermae, bei denen die Makrosporophylle, hier Fruchtblätter (Karpelle) genannt, die Samenanlagen im Fruchtknoten einschließen. Nach der Befruchtung wird daraus eine Frucht mit einem oder mehreren Samen.

Spermatozoíden (griech. spérma = Same; zóon = Lebewesen; Tier; zoíd = tierähnlich), frei bewegliche männliche Keimzellen.

Spermidín, stark alkalische Verbindung, die in Hefe und Sperma zusammen mit Spermin vorkommt. S. ist ein Tetraminderivat.

Spérmien (griech. spérma = Same), 1. sehr kleine bewegliche Gameten; 2. die männlichen Gameten.

Spermogónien (Sing. Spermogonium) (griech. spérma = Same; goné = Erzeugung; also »Orte oder Behälter der Spermienerzeugung«), krugförmige Behälter, in denen Spermatien entstehen.

Spezialisatión, allmähliche, eine sich über lange Zeit erstreckende Artneubildung mittels → geographischer Isolation einer Population von einer Parentalart. Verschwindet die geographische Isolation, so haben sich eventuell Isolationsmerkmale ergeben, die auch eine reproduktive Isolation gestatten.

Spezialisatión, explosíve, plötzliches Auftreten einer Anzahl neuer Arten im Areal der Parentalformen.

Spezialisatión, sympátrische, mittels der → Auto- oder → Allopolyploidie kann ein Artbildungsprozeß eintreten, der die Entstehung neuer Arten innerhalb einer einzigen Lokalpopulation ohne Hilfe der geographischen Isolation zum Inhalt hat. Solche neuen Individuen können die Vorfahren neuer Arten werden.

Spezialisíerung, 1. spezielle Entwicklung als Gesetzmäßigkeit der Wissenschaftsentwicklung gegenüber der Integration, durch die neue Inhalte bestehender Spezialdisziplinen, aber auch neue Spezialisierungsrichtungen entstehen; 2. Sonderentwicklung in morphologisch-ökologischem Sinne: Besitz spezieller Anpassungen an einen besonderen Lebensraum oder an eine besondere Lebensweise, was zu einer weiten Divergenz von den Ausgangsformen führt. S. kann eine Einengung des bewohnbaren Lebensraumes und der Auswahl an möglichen Lebensweisen zur Folge haben, weshalb sie als einschränkender Faktor für die Flexibilität der Evolution angesehen wird.

Spezialísten, gesondert angepaßte Organismen.

Spezialsorten, Sorten, die nur unter bestimmten Standortbedingungen hohe Erträge bringen. Ggs. → Universalsorten.

Speziatión, Artbildung.

spezielle Botanik, die Systematik und Pflanzengeographie sowie die Paläobotanik umfassender Wissenschaftszweig der Botanik.

Spézies → Art.

Spéziesbastard, Artbastard.

sphacelátus, -a, -um (lat.), angebrannt, fakkelförmig, brandfleckig; → Greigia.

sphaer-, sphaero-, sphaeri- (griech. sphaíra = Kugel), kugel-.

Sphaerálcea, f., Gatt. der Malváceae (griech. sphaíra = Kugel; lácea = Malve) – Kugelmalve.

sphaericus, -a, -um, kugelig (z.B. Tephrocáctus [= Cylindropúntia] sphaerícus).

sphärisch (griech. sphaíra = Kugel), kugelförmig.

Sphaerocárpos, m., Gatt. der Sphaerocarpáceae (griech. sphaíra = Kugel; karpós = Frucht; nach der kugeligen → Kapsel) – Sphaerocarpáles – Lebermoose.

Sphärochorisíe (griech. sphaíra = Kugel; chorizéin = absondern, trennen, teilen), Vielteilung einer Achse nach allen Richtungen.

Sphaeropsidáles, Formordnung der Deuteromycetes (Fungi imperfecti) mit dem charakteristischen Merkmal der → Pyknídie; hohle, meist kugel- oder birnenförmige, ungeschlechtliche Fruchtkörper, deren innere Wandung mit Konidienträgern besetzt ist. Die schleimigen Konidien werden auch Pyknidiosporen genannt. Die Pyknidien sind geschlossen oder haben eine Öffnung (Ostiolum) oder andere Öffnungen, stehen getrennt oder sind durch stromatische Gewebe vereint. Viele S. leben saprophytisch (z. B. auf Baumstämmen) oder phytoparasitisch. Ihre Einteilg. erfolgt u. a. nach der Morphologie der Pyknidien. Familie: Sphaeropsidaceae, Zythiaceae, Excipulaceae, Leptostromataceae.

Sphaerosícyos, m., Gatt. der Cucurbitáceae (griech. sphaíra = Kugel; síkyos = Gurke) – Kugelgurke.

Sphärosomen, 0,5–1 µ große runde Einschlüsse des Protoplasmas, die hauptsächlich aus Eiweiß bestehen.

Sphaerótilus (sewage fungus), »Abwasserpilz«, meist graue, fellartige Überzüge eines Bakteriums, dessen Zellen locker in fädigen Scheiden liegen, auf festen Substraten im Vorfluter.

Sphágnum, n., Gatt. der Sphagnáceae (sphágnos bereits bei Plinius), Sphagnidae – Torfmoose. Einzige rezente, über 300 Arten umfassende Gatt.; fossil seit dem Tertiär bekannt. Mit Ausnahme von Trockengebieten (Wüsten) global verbreitet. Bilden (auf sumpfigen Standorten) große Polster oder Decken, die an ihrer Oberfläche von Jahr zu Jahr weiterwachsen. Die tieferen Schichten sterben ab und werden zu Torf. Bekannte Arten (z. B.): Sph. fuscum, Sph. acutifolium = Torf-, Sumpfmoos. Torfmoose besitzen ein großes Wasseraufnahme- und -speichervermögen; daher die Verwendung von Torf als feuchtigkeithaltender Belag bei Aussaaten im Gartenbau; z. B. Beigabe zum Substrat für die Kultur von Orchideen und epiphytischen Kakteen (auch wegen *p*H-Wert-Senkung); fossil seit der oberen Kreide.

sphegoídes (griech. sphex, sphekós = Wespe, Hornisse; -oides bedeutet ähnliches »Aussehen«), wespenähnlich.

sphen-, spheno- (griech. sphen = Keil), keil-.

sphenoídes (griech. sphen = Keil; -oides bezeichnet die Ähnlichkeit), keilähnlich.

Sphenophylláles (griech. sphen, Genitiv sphenós = Keil; phýllon = Blatt), Keilblattgewächse, fossile Ordnung der Articulatae (= Sphenopsida); Vorkommen: Mitteldevon (?) bis Oberperm.

Sphenópteris, f., (griech. sphén = Keil; ptéris = Farn), Formgattung der Pteridophyllen (teils Farne, teils Pteridospermae); Vorkommen: Oberdevon bis Oberkreide.

Spíca (lat.) → Ähre.

spícant, angeblich Volksname einer Bléchnum-Art, Bléchnum spícant – Rippenfarn.

Spícula (lat.) → Ährchen.

Spielart (Lúsus), eine sich nur vereinzelt oder nur vorübergehend bildende, geringfügige, individuelle erbliche Abänderung.

Spielform, durch ungeschlechtliche Vermehrung aus einem → Sport gewonnene neue Erbform.

Spigélia, f., Gatt. der Loganiáceae (nach dem holländ. Botan. Adriaan van der Spiegel in Padua, 1578–1625) – Nelkenwurz.

Spikulárzellen (lat. spículum = Spitze), Astrosklereiden, vielarmig verzweigte, prosenchymatisch zugespitzte Sklerenchymzellen.

spil-, spilo-, flecken-, schmutz-.

spína (lat.), Dorn, Stachel.

Spinácia, f., Gatt. der Chenopodiáceae (der Name geht auf das pers. Wort aspanach zurück; die Erklärung vom lat. spína = Dorn, Stachel in bezug auf die etwas »stachelige« Frucht ist gezwungen) – Spinat.

Spindel (Rhachis), 1. Hauptachse eines razemösen Blütenstandes; 2. Mittelnerv eines fiederig zusammengesetzten Blattes.

Spindel(busch), Obstbaumform mit einer Stammhöhe von 0,4 m, die vor allem beim Apfel sehr erfolgreich gezogen wird.

Spindelfaseransatz → Centromer.

spindelförmig, allmählich sich verjüngend.

spinibárbus, -a, -um (lat.), dornbärtig.

spinósus (lat.), dornig.

spir-, spiro- (lat. spíra; griech. speíra = Windung), dreh-, spiralig-.

Spiráea, f., Gatt. der Rosáceae (griech. speíra = Winde, Windung; die Fruchtkapseln sind gedreht) – Spierstrauch; fossil seit dem Tertiär.

spirálig (lat. spíra = Windung), gewunden, schraubenförmig, auch → azyklisch.

spirálige Blattstellung → zerstreute Blattstellung.

Spiralisatión der Chromosómen, das spiralige Zusammenziehen der → Chromosomen (= Chromonemata), das bis zur Metaphase von Mitose und Meiose verläuft und in diesem Stadium sein Maximum erreicht, wobei sich die einzelnen Spiralwindungen dicht nebeneinanderlegen.

Spiralverdickung, innere Wandverdickung von Holzgefäßen oder Tracheiden in Form einer spiralförmig verlaufenden Leiste. Derartige Verdickungen kommen in Protoxylemzellen vor, wo sie mechanische Verstärkung bieten, aber gleichzeitig beim Wachstum der Nachbarzellen in der Längsrichtung gestreckt werden können.

Spiramycín, Antibiotikum, das von Streptomyces ambofaciens gewonnen wird.

spiránthes, -us (griech.), spiralblumig.

Spiránthes, f., Gatt. der Orchidáceae (griech. speíra = Gewinde; ánthos = Blüte) – Wendelähre.

Spirém (griech. speíra = Windung), Knäuelstadium der Kernschleifen während der Prophase der → Mitose.

Spirilláceae (griech. speíra = Windung), Familie der Spaltpilze, die schraubig gekrümmte starre Stäbchen und teils auch längere schraubige Fäden bilden. Gatt. sind: → Vibrio, → Spirillum.

Spiríllum, n., Gatt. der Spirilláceae. Die Arten sind gekennzeichnet durch robuste, spiralig gewundene, lange Stäbchen mit einem polaren Geißelbündel.

Spirodéla, f., Gatt. der Lemnáceae (griech. speíra = Gewinde; délos = deutlich) – Teichlinse.

Spirogýra, f., Gatt. der Zygnematáceae (griech. speíra = Windung, Spirale; gýros = gebogen, krumm; bezieht sich auf das schraubig gewundene »Blattgrünband«) – Schraubenalge.

spirozýklisch (griech. speíra; lat. spíra = Windung), → hemizyklisch.

Spírre, Rispe, bei der die unteren Seitenäste so stark verlängert sind, daß die Blüten trichterförmig angeordnet sind, wobei die Endblüte des Stengels sich an der tiefsten Stelle des Trichters befindet.

Spitzenwachstum zeigt sich (in zyto- bzw. histologischer Sicht) bei Trichomen (z. B. Wurzelhaaren) und besonders bei mechanischen Fasern und erklärt sich dahingehend, daß zwei spitze Zellenenden samt den seitlich angrenzenden Membranen bevorzugt wachsen. Bei den oft sehr langgestreckten Fasern verkeilen sich die zugespitzten Zellenenden; allgemein bzw. i. e. S. (in mehr organographischer Sicht): apikales (an der Spitze, am Vegetationskegel erfolgendes, zur Spitze gehöriges) Wachstum.

spléndidus (lat.), glänzend, schimmernd.

Splínt, äußeres Holz, das aus den jüngsten Jahresringen besteht, enthält lebende Zellen und leistungsfähige Leitelemente. Ggs. Kernholz.

spondyl-, spondylo-, spond- (griech. spondýlios, spóndylos = Wirbel), wirbel-.

spondýlium, mit wirbeligen Stengelknoten.

spontán (franz. spontané = freiwillig, von selbst eintretend, selbsttätig, wild wachsend), wild, wildwachsend; Bezeichnung für Vorkommen von Pflanzen, die weder kultiviert wurden noch verwildert sind.

spontáne Bewegung → Variationsbewegungen.

spontáne Selbstbestäubung, Selbstbestäubung, die ohne fremde Einwirkung eintritt.

sporádisch (griech. sporáden, Adverb = zerstreut, hier und da, vereinzelt; sporás, Adjektiv = zerstreut), einzeln vorkommend, zerstreut, Begriff der Pflanzengeographie.

Spórae dispérsae, f., Plur., (griech. spóros = Same, Saat; lat. dispérgere = ausstreuen), im Sediment verstreut vorhandene fossile Sporen und Pollen, für die ein eigenes morphographisches System existiert.

Spórae in sítu (latin./griech. spóros = Same, Saat; lat. in sítu = an Ort und Stelle), aus Fruktifikationen gewonnene Sporen und Pollen, die keinen eigenen Namen erhalten (= Teil der Mutterpflanze).

Sporangiólen (Verkleinerungsform von Sporangien), veraltete Bezeichnung für wenigsporige Sekundärsporozysten, die in Form von Bläschen an der Außenseite reduzierter, nicht mehr sporenbildender Primärsporozysten entstehen.

Sporangiophór, m., (griech. spóros = Same; phorein = tragen), stielartiger Teil des Sporophylls, an dessen distalem Ende ein oder mehrere Sporangien befestigt sind (z.B. bei den Articulatae).

Sporangiospóren → Endosporen.

Sporángium (griech. spóros = Samen, Keim; aggeíon = Behälter), vielzelliger Behälter, in dem → ental umgeben von einer allseits umschließenden Hülle aus steril bleibenden Zellen Sporen gebildet werden; nur bei → Embryobionten. Vielfach auch für die → Sporozysten der Protobionten verwandt, was zu vermeiden ist, da es grundlegenden Homologien widerspricht.

Spóren (griech. spóros = Keim), ungeschlechtliche Keim- oder Fortpflanzungszellen; bei Bazillen, Clostridien und einigen anderen Bakterienarten Dauerformen, gegen Hitze, Austrocknung, Desinfektionsmittel sehr widerstandsfähig.

Sporenbehälter → Sporangium.

Sporenblätter → Sporophylle.

Sporensäckchen, sackartige Anschwellungen an den Enden der Sterigmen (bei den Basidiomycetes), die durch das Übertreten der in der Basidie gebildeten Meiosesporenkerne entstehen.

Sporídien → Konidien, insbesondere die Konidien der Brandpilze und Rostpilze.

Sporn, hohler, meist kegelförmiger Fortsatz am Grunde eines Kelch- oder Kronblattes, oft als Honigbehälter dienend.

Sporobiónt (griech. spóros = Keim; biónton = Lebewesen; bíos = Leben), allgemeine biologische Bezeichnung für → Sporophyt.

Sporóbolus, m., Gatt. der Poáceae (griech. spóra = Samen; bóle = Wurf) – Fallsame.

Sporocyste, Behälter, in dem durch Teilungen Sporen gebildet werden; kurz: sporenbildende → Gonitozyste.

Sporodérm (= Sporderma), n., (griech. spóros = Keim; derma = Haut), Sporenhaut, besteht aus mehreren Schichten (von innen nach außen): Intine, Exine (aus Intexine und Exoexine), darüber als sekundäre Bildung das Perispor.

Sporodochíen (griech. spóros = Keim; doché = Gefäß), saprophytische Formen der → Koremien, die oft die Gestalt flach ausgebreiteter Lager haben.

sporogén (griech. spóros = Keim; génesis = Erzeugung), sporenerzeugend.

sporogéne Fäden, 1. → Gonimoblasten; 2. bei den Schleimpilzen aus dem Plasmodium hervorgehende Fruchtkörper; jeder (± fadenförmige) Fruchtkörper bildet in seinem Inneren zahlreiche einkernige Sporen.

sporogénes Gewebe, Bezeichnung für den Teil der Archesporzellen der Pteridophyten, der zu Sporen wird. Im Umkreis des sporogenen Gewebes finden sich bei vielen Pteridophyten die Ernährung der Sporen vermittelnde Zellen in ein bis mehreren Schichten, sog. Tapetumzellen.

Sporogoníe (griech. spóros = Keim; goné = Erzeugung, Fortpflanzung), Fortpflanzung erfolgt durch Sporen.

Sporogónium (Moossporophyt), ungeschlechtliche, sporenbildende Generation der Moose, die aus der befruchteten Eizelle hervorgeht, auf der gametophytischen Moospflanze verbleibt und gewöhnlich aus haustorialem Fuß, Seta (Stiel) und Kapsel besteht.

Sporokarpien (griech. spóros = Keim; karpós = Frucht), die von einem dicken Indusium vollständig umschlossenen Sporenhaufen der Wasserfarne.

Sporomorphen, allgemeiner Begriff für Fossilien, die Sporen ähnlich sind, z. B. Sporen, Pollen, Sporangienwandzellen, Dinophyta.

Sporophýlle (griech. spóros = Keim; phýllon = Blatt), von Schleiden zuerst angewendeter Terminus für die fruchtbaren, der Fortpflanzung dienenden Blätter der Farnpflanzen, die von der ungeschlechtlichen Generation neben den unfruchtbaren, assimilierenden Blättern erzeugt werden; Blattgebilde, welche die Sporanien tragen und mehr oder weniger metamorphosiert sind.

Sporophýt (griech. spóros = Keim; phytón = Pflanze), sporenbildende Generation innerhalb des heterophasischen (antithetischen) Generationswechsels; der Sporophyt ist diploid und bringt auf ungeschlechtlichem

Wege haploide Sporen hervor. Aus den Sporen wächst der haploide Gametophyt heran.

Sporopollenín, n., zusammenfassende Bezeichnung für das Baumaterial der Exine von Sporen (Sporonin) und Pollenkörnern (Pollenin).

Sporozýste (griech. spóros = Keim; kýstis = Beutel, Blase), reproduktive Zelle, innerhalb deren Zellwand Sporen gebildet werden; wird oft auch → Sporangium genannt, obwohl dies grundlegenden Homologien widerspricht.

Sport (mittellat.; franz.; engl. = Spiel), durch Mutation im vegetativen Gewebe entstandene und im Verlauf der Weiterentwicklung selbständig gewordene Neubildung; Sproßmutation.

Sporulatión (griech. spóros = Keim), Fortpflanzung durch Sporen.

-sporus, in Zusammensetzungen: -sporig, -samig.

Spreite (Lamina) → Blattspreite.

Sprekélia, f., Gatt. der Amaryllidáceae (nach J. H. v. Sprekelsen in Hamburg, gest. 1764) – Jakobslilie.

Spreublätter → Spreuschuppen.

Spreuschuppen (Paleae), 1. flächenhaft ausgebildete Haare der Farne; 2. verkümmerte, häutige, schuppenförmige Blätter am Boden der Blütenkörbchen, die Deckblätter der Blüten darstellend.

Springfrucht, sich bei der Reife öffnende und dabei die Samen entlassende Frucht.

Springschläge, Bestandteile eines Fruchtfolgenumlaufs (einer Rotation), die zeitweilig außerhalb des Fruchtfolgeablaufs bewirtschaftet werden.

Sproß, der aus hintereinanderliegenden Gliedern, die durch Knoten begrenzt werden, bestehende Teil der Pflanze, der aus Sproßachse und Blättern besteht.

Sproßachse, die Blätter tragende Achse der höheren Pflanzen.

sproßbürtige Wurzeln, Adventivwurzeln, die am Sproß entstanden sind.

Sproßdornen, spitze, harte, verholzte Triebe oder Triebspitzen, die einfach oder verzweigt sein können.

Sproßfolge, Aufeinanderfolge der Sproßachsen einer Pflanze.

Sproßknollen → Knollen.

Sprößling → Absenker.

Sproßmetamorphóse, die mit einem Funktionswechsel verbundene Umwandlung von Laubsprossen in Dornen, Ranken, Phyllokladien usw.

Sproßmutatión → Sport.

Sproßmyzél, durch Sprossung entstehendes → Myzel. Die Sprossung beginnt durch Ausbildung eines Röhrchens (franz. tube), das sich von der Zentralvakuole der Mutterzelle nach einem Punkt der Zellwand hin ausdehnt, an dem bald darauf die Zellwand dünner wird und aussackt. In diese Aussackung – Knospe oder Sproß genannt – die zur Tochterzelle wird, wandert das Vakuolenröhrchen und bildet dort die Vakuole. Die zwei Zellen trennen sich an der Zellwandstelle, an der die Knospe entstanden ist, oder sie bleiben an dieser Stelle abgeschnürt miteinander verbunden.

Sproßpflanzen → Kormophyta.

Sproßranken, dünne, meist blattlose, oft reich verzweigte und seltener mit Haftscheiben versehene Seitensprosse kletternder Pflanzen; → Ranken.

Sproßsystem, die aus einer Achse durch Verzweigung entstandene Gesamtheit der Sproßachsen (Hauptsproß, Seitensprosse).

Sprossung, 1. Sproßbildung der Pflanzen; 2. Abschnürung einer Zelle von einer Mutterzelle.

Sproßverkettung, Art der Aufeinanderfolge der einzelnen Sproßachsen einer Pflanze.

Sprungschicht (engl. discontinuity layer, thermocline), horizontale Wasserschicht im See (Meer) mit besonders steilem Temperaturgradient (d°C/dm). Während der Sommerstagnation zwischen Epilimnion und Hypolimnion (= Metalimnion) gelegen, im Winter (unter Eis) an der Oberfläche ausgebildet.

Spurenelemente, chem. Elemente (z. B.: B, Cu, Mn), die in geringster Menge nützlich oder gar unentbehrlich, in großen Gaben oft schädlich sind. Ihr Fehlen verursacht Mangelkrankheiten (Bormangel: Herz- und Trockenfäule der Rüben, Manganmangel: Dörrfleckenkrankheit des Hafers, Kupfermangel: Heidemoorkrankheit oder Weißseuche).

Spurensteine, die äußeren Abdrücke von Organismen, sehr bedeutsam für die paläontologische Forschung (bzw. die »Rekonstruktion« der Morphologie von Lebewesen oder ihrer Teile); Ggs. → Steinkern(e).

spúrius, -a, -um (lat.), im übertragenen Sinne falsch, zweifelhaft; eigentlich: unehelich, Bastard (z. B. Veronica spuria – Unechter Ehrenpreis).

Spur-Typen (engl. spur = Sporn, Spieß), Compact-Mutationen bei Obstsorten; haben Triebe mit gestauchten Internodien und bilden viele Kurztriebe (Fruchtspieße).

squálens, squálidus (lat. squalére = vor Schmutz starren), schmutzig.

squam-, squami-, squámeus -a, -um (lat. squáma = Schuppe), schuppen-, schuppig.

Squámae (lat.) → Schuppen.

squamárius, -a, -um (lat. squáma = Schuppe), geschuppt, Schuppen- (z. B. Lathraea squamária – Rötlicher Schuppenwurz).

squarrósus (lat.), sperrig.

ssp. → Unterart.

s. str. (s. strss.) → sensu.

stabíle Géne, Gene mit geringer Mutationsfrequenz.

Stabilitätsversuche → Verträglichkeitsversuche.

Stachel (= Aculus), spitzer, stechender Auswuchs der Epidermis, wobei auch darunterliegendes Gewebe am Aufbau der St. beteiligt ist; typisch bei Rosen- und Brombeersträuchern zu finden. Bei Kakteen handelt es sich um »Blattdornen«.

stachy-, -stachys, -stachyus (griech.), in Zusammensetzungen: ähren-; -ährig.

Stachyosporíe (griech. stáchys = Ähre; spóros = Keim), Bildung von Sporangien am Ende von Kurztrieben.

Stáchys, f., Gatt. der Lamiáceae (griech. Pflanzenname von stáchys = Ähre) – Ziest.

Stadium, 1. pflanzensoziolog. Bezeichn. f. einen floristisch abgrenzbaren Abschnitt innerh. einer Sukzession; 2. Entwicklungsabschnitt.

Staehelína, f., Gatt. der Asteráceae (nach dem schweiz. Botan. Benedikt Staehelin, 1695–1750).

Stärke → Amýlum.

Stärkeblätter (Amylophýlle), Blätter, die als Kohlenstoffassimilationsprodukt reichlich Stärke führen.

Stärkeherde → Pyrenoíde.

Stärkescheide, an beweglichen Stärkekörnern reiche Zellschicht, die in den Stengeln der Monokotyledonen die einzelnen Leitbündel, bei den Dikotyledonen die Gesamtheit der Leitbündel umfaßt.

Stärkewert, Produktionswert zur Beurteilung und Bewertung der Futtermittel bzw. Ausdruck für Flächenleistungen der Pflanzenerträge; in der DDR nicht mehr verwendeter Produktionswert.

stagnális (lat. stágnum = stehendes Gewässer), in stehenden Gewässern wachsend.

Stagnatión (engl. stagnation phase), energetischer Stabilitätszustand horizontal übereinander geschichteter, meist in der Temperatur unterschiedlicher Wassermassen eines Sees. Durch Wind- und Luftdruckeinwirkungen können die horizontalen Schichten schräg gestellt werden und pendeln, bleiben aber als solche erhalten. Die S. wird von einer Zirkulation abgelöst.

Stágnogley, m., (lat. stagnáre = stehen[bleiben], stauen), Bezeichnung für Böden, in denen die oberflächennahe Staunässe ganzjährig anhält. Derartige Böden sind vor allem auf Hochflächen und in flachen Mulden anzutreffen. Die Humusauflage ist sehr gering; darunter liegt ein Reduktionshorizont von graublauer, oft auch grünlicher und mancherorts infolge der Humussedimentierung in der oberen Schicht von ± dunkler Farbtönung. Für die Nutzung von Kulturpflanzen bedarf der Stagnogley der Melioration, primär des Stauwasserabflusses durch Dränage.

Stámina (lat. stámen, -inis = Faden) → Staubblätter.

staminát, Bezeichnung für Blüten, die nur Staubblätter (Stamina) und keine Fruchtblätter (Karpelle) besitzen; vgl. Pistillat.

Staminódien (lat. stámen, -inis = Faden), rudimentäre, sterile Staubblätter ohne Staubbeutel oder mit blütenstaublosen Staubbeuteln.

staminósus (lat.), reich an Staubblättern.

Stamm, 1. (Phýlum), frühere systematische

Kategorie oberhalb der Abteilung; nach den heute geltenden Nomenklaturregeln identisch mit der → Abteilung; 2. (Caulóm), Hauptachse der Pflanzen, besonders die verholzende Hauptachse der Bäume und Sträucher; 3. (Caúdex), Stamm der Palmen und Baumfarne; 4. in der Züchtung die durch generative Fortpflanzung erzeugte Nachkommenschaft einer Einzelpflanze (Syn.: Zuchtstamm); 5. in der Mikrobiologie Rasse als systemat. Untereinheit der Species, die die gleichen (morphologischen) Grundeigenschaften wie die Spezies hat, sich aber durch besondere physiologische, biochemische, pathologische oder andere Merkmale auszeichnet. Spezielle Stämme bestimmter Mikroorganismenarten sind für die mikrobiologische Industrie von besonderem Wert, z. B. zur (teilweise patentierten) Herstellung bestimmter Wein- und Sektsorten, Antibiotika, Enzyme, Vitamine, Dextran und Milchprodukte.

Stammbaum, bildliche Darstellung der Phylogenie.

Stammbaumzüchtung → Pedigreezüchtung.

Stammbildner → Reis (Pfropfreis).

Stammblütigkeit → Kauliflorie.

stammeigene Leitbündel, Leitbündel, die im Stamm bis in die Spitze verlaufen, ohne in Blätter auszubiegen.

Stammelite (StE), Saat- und Pflanzgut aus der Neu- oder Erhaltungszüchtung. St. ist die höchste Anerkennungsstufe und bei Kulturpflanzenarten mit einem niedrigen Vermehrungskoeffizienten üblich. Bei Arten mit hohem Vermehrungskoeffizienten wird diese Stufe übersprungen.

Stammesentwicklung → Kladogenese.

Stammesgeschichte → Phylogenie.

Stammgarbe, eine Nachkommenschaftsgruppe, die eine durch laufende Einzelauslesen entstandene Generationsfolge darstellt, die auf eine einzige Mutterpflanze zurückgeht.

Stammglied → Internodium.

Stammkreis, Verwandtschaftsdarstellung in Kreisform.

Stammprüfung, interne Prüfung von jungen Zuchtstämmen durch die Züchter, wird auch an mehreren Orten durchgeführt.

Stammrasen, Verwandtschaftsdarstellung für polyphyletisch entstandene Gruppen.

Stammsaat, anerkanntes Saat- und Pflanzgut, das aus Saat- und Pflanzgut höherer Anerkennungsstufen als Stammsaat, in der Regel aus Elite von einer Sorte, die keinem Sortenschutz unterliegt, erwachsen ist.

Stammsukkulénte, Pflanzen, die fleischige Stämme besitzen, welche die Funktion der meist reduzierten Blätter übernehmen und in ihren Geweben Wasser speichern.

Stándard → Typus, nomenklatorischer.

Stándardmethode, Verfahren bei systematisch-nomenklatorischen Arbeiten unter Verwendung eines Standards.

Stándardsorte, eine Sorte, die im Zuchtgarten oder bei Sortenversuchen zum Vergleich herangezogen wird. Dazu werden Sorten ausgewählt, deren Eigenschaften und Leistungsfähigkeit in bestimmten Anbaugebieten gut bekannt sind.

Stándardtyp, ein bestimmter Genotyp, der als Grundlage für genetische Untersuchungen innerhalb seiner Art dient.

stánding crop (engl.), »stehende Ernte«, Gesamtbiomasse einer biologischen Einheit (Taxon o. Funktionsgruppe, z. B. Primärkonsumenten) zu einer bestimmten Zeit.

Stándort, potentieller Wohnplatz einer Art oder einer Pflanzengemeinschaft unter Einschluß aller darauf einwirkenden Umweltfaktoren, gleich ob die Art oder die Pflanzengesellschaft real vorhanden ist oder nicht (vgl. dagegen Fundort).

Standortmodifikatión, eine durch die Umweltgegebenheiten des Standortes entwikkelte Phänotypenveränderung, die meist nicht erblich ist.

Standortsfaktóren, Gesamtheit aller äußeren Bedingungen, die auf eine Pflanze bzw. Pflanzengesellschaft innerhalb ihres Lebensraumes einwirken.

Standortsformen, Modifikationen, die durch äußere Bedingungen verursacht worden sind, jedoch nur so lange andauern, wie die verändernden Bedingungen einwirken. Sie können nicht als taxonomische Einheit benannt werden.

Standortsgruppe, Gruppierung von Vegetationseinheiten, die eine Korrelation mit dem sprunghaften räumlichen Wandel eines bestimmten ökologischen Faktors erkennen läßt.

Standortsraum, naturräumliche Einheit.

Standortsreihe, Gruppierung von Vegetationseinheiten, die eine Korrelation mit dem allmählichen oder sprunghaften räumlichen Wandel eines bestimmten ökologischen Faktors erkennen läßt.

Standplatz, Platz, an dem die Pflanze in Kultur (z. B. Zimmerpflanze) aufbewahrt wird und der den spezifischen Ansprüchen (z.B. bezüglich Licht, Temperatur) (weitgehend) entsprechen sollte; dabei treten jahreszeitlich bedingte Anforderungen bei manchen Arten auf (vgl. Winterstandplatz).

Standraum, die Bodenfläche, die jeder einzelnen Pflanze zur Verfügung steht; er ergibt sich im Bestand bzw. beim Pflanzenbau aus der Reihenentfernung und dem Abstand von den Nachbarpflanzen in der Reihe.

Standweite, der Reihenabstand und der Abstand der Kulturpflanzen in der Reihe.

Stangéria, f., Gatt. der Cycadáceae (nach dem Engländer W. Stanger in Port Natal, gest. 1854).

Stanhópea, f., Gatt. der Orchidáceae (nach dem Grafen Ph. Henry v. Stanhope, 1781–1855, Vizepräsident d. Lond. Bot. Gesell.).

Stapélia, f., Gatt. der Asclepiadáceae (nach dem holländ. Arzt J. B. van Stapel, gest. 1736) – Aasblume.

Staphyléa, f., Gatt. der Staphyleáceae (griech. staphylé = Traube) – Pimpernuß; fossil seit dem Tertiär.

Staphylokókken (griech. staphylé = Weintraube; kókkos = Kugel, Beere), trauben- oder haufenförmig zusammenliegende, nicht sporenbildende, grampositive unbewegliche Kokken (= Kugelbakterien).

Staphylomykóse (→ Staphylokokken; griech. mýkes = Pilz), Erkrankung durch Staphylokokken.

Starrezustand, vorübergehende Aufhebung verschiedener Lebensäußerungen durch Einwirkung äußerer Faktoren.

Startpunkt, Publikationsdatum einer Veröffentlichung, die den Ausgangspunkt für die Nomenklatur einer bestimmten Organismengruppe bildet; in der botanischen Nomenklatur gelten 9 verschiedene Startpunkte.

Stasimorphíe (griech. stásimos = feststehend; morphé = Gestalt), Hemmung in der Entwicklung eines Organes bzw. Organkomplexes und dessen Stehenbleiben auf einer niederen Entwicklungsstufe.

Státice, f., (griech. Pflanzenname von statiké = die Zusammenziehende), ungültiger Name für → Limonium bzw. → Armeria.

státischer Reiz, der ohne Erschütterung durch gleichmäßigen Druck wirkende Reiz.

stat. nov., státus nóvus, neuer Rang, neue Rangstufe; bei einer Veränderung der Rangstufe hinter dem Autornamen angegeben.

Statolíthen (griech. statós = stehend, gestellt; líthos = Stein, hartes Gebilde), leichtbewegliche Stärkekörner, die in der Wurzelhaube und in den Stärkescheiden von Luftsprossen eingelagert sind.

Statolithenhypothése, Hypothese, daß das Wahrnehmen der Schwerkraftrichtung auf einer Druckwirkung innerhalb lebender Protoplasten beruht und durch spezifisch schwerere Körperchen vermittelt wird.

Statozýsten, spezifische Sinneszellen, welche die Statolithen enthalten; → Zyste.

Staubbeutel, in der Regel aus Hälften (Theken) bestehend, die durch ein Zwischenstück (Konnektiv) verbunden sind. Jede der Staubbeutelhälften enthält zwei Pollensäcke, in denen sich die Pollenkörner bilden.

Staubblätter (Stamina), die den Pollen erzeugenden Blattorgane der Phanerogamen, in der Regel fadenförmig dünn, gelegentlich auch blattartig verbreitert, betehend aus Staubfaden und Staubbeutel.

Staubblüte, triviale Bezeichnung für Blüte, die nur Stamína (Staubblätter) enthält (und keine Pistílla) (vgl. Stempelblüte).

Staubgefäße → Staubblätter.

Staubgefäßvorreife → Proterandrie.

Staubfaden (Filament), der untere faden- oder stabförmige, seltener blattartig verbreiterte, die Staubbeutel tragende Teil der Staubblätter.

Stauchsproß → Kurztriebe.

Stauden, ausdauernde, wiederholt fruchtende, krautige Pflanzen, die in ihren oberirdischen Achsen relativ wenig Holzgewebe erzeugen und häufig unter der Erde stärker entwickelte Achsenorgane besitzen.

Steckholz, Stecklinge von unbelaubten, ausgereiften, in der Regel einjährigen Trieben laubabwerfender Hölzer.

Stecklinge, 1. Syn. Schnittlinge = Pflanzenteile, die sich nach Abtrennung von der Mutterpflanze unter geeigneten Bedingungen bewurzelt und Knospen und Triebe gebildet haben, sich also zur selbständigen Pflanze entwickeln; 2. Syn. Pflanzlinge = bei zweijährigen Pflanzen (z. B. Betarüben) die einjährigen Pflanzen, die im nächsten Jahr als Samenträger angebaut werden. Da diese Stecklinge gepflanzt werden, ist das Syn. »Pflanzlinge« zutreffender. 3. Augenstecklinge = aus vorgekeimten Kartoffeln herausgeschnittene Knollenstücke, die einen Keim tragen. 4. Blattstecklinge = ebenfalls vegetative Vermehrungsmethode, Pflanzen aus Blättern zu erzielen, wie z. B. in Gärtnereien bei »Rex-Begonien« durch ganze Blätter oder nur Dreiecke oder bei »Saintpaulia« (Blätter mit Stiel, doch ohne Augen); spezielles Verfahren von 1.

-stega, -stege (lat. stéga = Verdeck), -decke.

Stégmata (griech. stégein = decken, bedekken) → Deckzellen.

Stegocárp (griech. stégos = Dach, Obdach, Deckel; karpós = Frucht), Bezeichnung für sich mit einem Deckel öffnende Kapsel (bei Laubmoosen).

Steinborke, Borke mit besonders reichlicher Ausbildung von → Sklerenchym.

Steinfrucht (Drupa), Frucht mit einem äußeren, fleischig-saftigen und einem inneren, erhärteten Fruchtwandteil. Die Steinfrüchte sind coenokarpe Saftfrüchte mit sklerenchymatischem, bei der Keimung gesprengtem Endokarp (z. B. Juglans, Olea, Sambucus). Eine Sonderstellung nimmt Cocos als trop. Küstenpflanze infolge des faserigen, lufthaltigen Schwimmgewebes (Mesokarp) ein.

Steingarten → Alpínum.

Steinkern, der natürliche Ausguß der Hohlräume eines Fossils; der verhärtete Abguß (von mineralischer oder/und chemischer Art), der nach Zersetzung der hohlraumumgebenden Hartteile als Ausfüllung zurückbleibt und einen inneren Abdruck (Zustand des Baus von Organismen bzw. ihrer derartig »abgebildeten« Teile/Organe) darstellt. St. sind bedeutsame »Urkunden« (Beweisstücke) für die Paläontologie. Ggs. → Spurensteine.

Steinsamen, steinharte, nicht quellungsfähige Samen.

Steinzellen (Sklereíden) → Sklerenchymzellen.

Stelär-Theorie (griech. stéle = Stamm), Theorie, die verschiedenen Leitbündeltypen, die in Stengel und Wurzel der einzelnen Pflanzengruppen vorliegen, in einen stammesgeschichtlichen Zusammenhang zu bringen, d. h., phylogenetisch zu erklären (Schoute, Zimmermann).

-stele (is), stelma (griech. stéle = Säule), -stielig, -stiel, -säule.

Stéle (griech. = Stamm, Säule), Zentralzylinder der Sproßachse, die Leitbündel, das Mark, die primären Markstrahlen und den Perizykel umfassend.

Stélis, f., Gatt. der Orchidáceae (griech. stéle = Säule, Pfleiler, Ständer; der Name deutet auf die Lebensweise auf Bäumen hin).

Stellária, f., Gatt. der Caryophylláceae (lat. stélla = Stern; bezieht sich auf die Form der Blüte) – Sternmiere; fossil seit dem Pliozän.

stelláris, stellárius, stellátus (lat. stélla = Stern), sternartig.

Stelzwurzeln, die am unteren Stammteil entspringenden Luftwurzeln, die zum Stützen des Stammes dienen.

Stempel (Pistíllum), das weibliche Fortpflanzungsorgan der Blütenpflanzen, bestehend aus Fruchtknoten, Griffel und Narbe.

Stempelblüte, eine nur Pistilla und keine Stamina enthaltende Blüte (= »weibliche Blüte«); vgl. Staubblüte.

Stempelträger → Gynophor.

sten- (steno-), in Zusammensetzungen: schmal-, dünn-.

Stengel (Cáulis), krautige Sproßachse der Farn- und Blütenpflanzen.

stengelbürtige Wurzeln, Adventivwurzeln, die am Stengel gebildet werden.

Stengelglied → Internódium.

stengelumfassende Blätter, sitzende Blätter, deren Basis den Stengel ganz oder teilweise umgreift.

Sténia, f., Gatt. der Orchidáceae (griech. sténos = schmal, dünn, nimmt Bezug auf die langen, schmalen Pollinien) – »Dünn-, Schmalorchidee«.

stenochóre Arten (griech. sténos = schmal; chorizein = absondern, verbreiten), Arten mit enger (geographischer) Verbreitung.

Stenocorýne, f., Gatt. der Orchidáceae (griech. korýne = Keule; bezieht sich auf den langen, vom Säulenfuß gebildeten, dünnen Sporn) – »Dünnkeule«.

Stenoglóttis, f., Gatt. der Orchidáceae (griech. sténos = schmal, glótta = Zunge; wegen der langen, schmalen Lippe) – »Schmalzunge«.

stenohalín (griech. sténos = eng, schmal; lat. hálinus = salzhaltig), Bezeichnung für Meerespflanzen (z. B. Algen), bei denen die Kardinalpunkte (Minimum und Maximum) der Salzkonzentration eng zusammenliegen.

stenohýdre Arten (griech. sténos = klein, eng; hýdor = Wasser), Pflanzen mit kleiner ökologischer Amplitude hinsichtlich des Wassergehaltes.

Stenophrágma, n., Gatt. der Brassicáceae (griech. sténos = schmal; phrágma = Zaun, Wand) – Schmalwand.

stenosynúsisch, an bestimmte → Synusien gebunden.

stenotópe Arten (griech. sténos = schmal; tópos = Raum, Gegend), Arten mit enger (ökologischer) Verbreitung.

stenözische Arten (griech. sténos = schmal, oĩkos = Haus, Standort, Arten mit enger (ökologischer) Amplitude.

Stephanándra, f., Gatt. der Rosáceae (griech. stéphanos = Krone, Kranz; anér, andrós = Mann) – Kranzspiere.

Stephanótis, f., Gatt. der Asclepiadáceae (griech. stéphanos = Krone, Kranz; ous, otós = Ohr) – Kranzschlinge.

-stéphium, -stéphus (lat. stémma, stémmus; griech. stéphanos = Kranz), -kranz, -bekränzt.

Steppe, fast baumlose, pflanzengeographische Formation, die von xerophilen Gräsern beherrscht wird, denen hochwüchsige Stauden, Knollen- und Zwiebelgewächse sowie Annuelle beigesellt sein können.

Steppenheide, früher in der pflanzengeographischen Literatur verwendete Bezeichnung für gehölzarme Formation trockener Standorte der südlichen gemäßigten Breiten, die von kontinental und submediterran verbreiteten Gräsern und Kräutern aufgebaut wird.

Stercúlia, f., Gatt. der Sterculiáceae (lat. stércus = Mist) – Stinkbaum; fossil seit der Oberkreide.

Stereíden (griech. stereós = hart), alle das Skelett bildenden Elemente der Pflanzen.

Stereóm (griech. stereós = starr, fest, hart; steréoma = Stütze), Gesamtheit der mechanisch festigenden Zellen; hierzu gehören folgende Festigungsgewebe: Bastfaser-, Holzfaser-, Steinzellengewebe und das Kollenchym.

Sterígma (griech. steréoma = Stütze; Plur. Sterigmata), aus den Basidien hervorgehende dünne, kurze Auswüchse, die Konidien abgliedern.

steríl, unfruchtbar, keimfrei.

stérilis, -is, -e (lat.), unfruchtbar, taub (z. B. Brómus stérilis – Taube Trespe).

sterilisíeren, keimfrei machen, durch Abtöten aller auf einem Substrat befindlichen Mikroorganismen.

Sterilität, Unfruchtbarkeit der Organismen.

Sterilitätsbarriére → Isolationsmechanismus.

Steríne (griech. stereós = fest, hart, starr), stickstofffreie, polycyclische, unverseifbare Verbindungen, die im Organismenreich weit verbreitet sind.

Sternbergia, f., Gatt. der Amaryllidáceae (nach dem böhm. Botan. Kaspar Graf von Sternberg, 1761–1838) – Gewitterblume.

Stetigkeit, Bezeichnung für die Häufigkeit des Vorkommens einer Art in einer bestimmten Pflanzengemeinschaft.

Stichoblastém (griech. stíchos = Reihe; blastós = Sproß, Keim), → Thallus aus verzweigten, mehrzellreihigen Fäden einkerniger, zellwandumgebener Zellen.

-stichus, -a, -um (latin. von griech. stichos), in Zusammensetzungen: -zeilig, -reihig.

Stickstoffassimilation, Prozeß, der zum Aufbau stickstoffhaltiger Verbindungen, insbesondere der Eiweißverbindungen, führt.

Stickstoffbaktérien, Bakterien, die gasförmigen Stickstoff in Nitrite und Nitrate überführen.

Stickstoffpflanzen, Pflanzen, die durch Symbiose mit Mikroorganismen freien Luftstickstoff binden und ihn in Eiweiß überführen.

Stícky-Effekt, oberflächliche Verklebung zweier Chromosomen.

stielförmige Krone, Blüte, deren Röhre lang und eng ist, ihr Saum hingegen flach ausgebreitet (Flieder).

Stígma (griech. stígma = Narbe, Zeichen), 1. roter Augenfleck (bei Eugléna víridis), ist karotinhaltig, mit lichtbrechenden Körpern versehen; absorbiert Lichtstrahlen; seine Reizung veranlaßt die Fortbewegung in bestimmter Richtung und Intensität; 2. → Narbe.

Stigmária, f., (griech. stigma = Punkt, Mal), Narbenbaum, Formgattung für die unterirdischen Organe der Lepidodendrales, stark gabelig verzweigt, an den Rhizomästen saßen schlauchartige Appendices; Vorkommen: Karbon.

Stimulatión des Saatgutes (lat. stimulátio = Anreizung, Reiz, Reizwirkung), durch Behandlung des Saat- und Pflanzgutes mit bestimmten chemischen oder physikalischen Mitteln bewirkte Erhöhung der Vitalität der daraus erwachsenen Pflanzen, um einen höheren Ertrag zu erhalten.

Stinkschimmel (= Penicillium expansum) (lat. expánsus = verbreitet), gehört zu den in Europa am häufigsten vorkommenden Schimmelpilzen, verursacht unangenehmen »Schimmelgeruch«, befällt Lebensmittel aller Art (namentlich Obst), ist oft Ursache des Korkgeschmackes bei Flaschenweinen.

Stípa, f., Gatt. der Poáceae (griech. stýpe = Werg) – Pfriemengras, Federgras.

Stipéllen, kleine schuppen- oder zähnchenförmige Bildungen am Grund der Blättchen gefiederter Laubblätter.

Stípites Laminariae (lat.), Laminariastifte, aus dem an felsigen Küsten der Nordsee und des Nordatlantiks vorkommenden Blatt- oder Riementang Laminaria cloustoni (lat. lámina = Blatt, wegen der Gestalt des Thallus, Clouston = Eigenname) gewonnen. Aus dem stark quellungsfähigen Mark werden die zylindrischen Stifte gedreht; Anwendung: zur Erweiterung des Uterushalses und der Wundkanäle.

Stípulae (Stipeln) (lat. stípula = Halm, im Plur. Stroh) → Nebenblätter.

Stípulae laterales, freie, seitliche Nebenblätter.

Stipulárbildungen, Anhangsgebilde von Blättern, meist im Bereich der Blüte, die Nebenblättern (→ Stipulae) homolog sind, z. B. der Außenkelch von Potentílla – Fingerkraut.

Stoffaustausch, Austausch chemischer Substanzen zwischen Zytoplasma und dem umgebenden Milieu; gestattet die Ausscheidung von Stoffwechselrückständen und die Absorption der für die Zellfunktion erforderlichen Substanzen.

Stoffwechsel, Inbegriff der chemischen Veränderungen, die mit der Lebenstätigkeit der Organismen verknüpft sind, sie umfassen die gesamte Stoffaufnahme, den Stoffumsatz und die Stoffabgabe.

Stolónen (griech. stólos = Zug, Strang), ausläuferartige Sprosse, an denen sich z. B. bei Solanum tuberosum die (Sproß-)Knollen (als Organe der vegetativen Vermehrung) bilden.

stolónifer, stolonífera, stoloníferum (lat.), Ausläufer treibend (z. B. Agróstis stolonífera = Weißes Straußgras).

stoloniflórus (lat.), an Ausläufern blühend.

Stóma (griech. stóma = Mund, Ein- und Ausgang, Plur. stómata), → Spaltöffnung.

stomatäre Transpiratión, die Menge des Wasserdampfes, die durch die Spaltöffnungen der Blätter austritt; → Transpiration.

Stomatokárpium (griech. stóma = Mund; karpós = Frucht), Rachenbalg.

Stomatomykósis (griech. stóma, Genit. stómatos = Mund; mýkes = Pilz), Pilzerkrankung von Mensch oder Tier, vornehmlich und primär lokalisiert an oder in der Schleimhaut (dem Epithel) des Mundes.

Stómium (lat., Mund), aus dünnwandigen, gestreckten Zellen bestehende Zone des Farnsporangiums, in welcher dieses bei der Reife aufreißt.

-stomus (lat.), in Zusammensetzungen: -schlundig, -mündig.

Stoppelsaaten, möglichst im Juli nach der Ernte frühräumender Hauptfrüchte ausgesäte Kulturen, deren Hauptentwicklungszeit in den Hochsommer und deren Schnittzeitpunkt in den Herbst fällt.

Strahlblüten, die vergrößerten, äußeren Zungenblüten vieler Asteráceae, die wie Strahlen nach allen Seiten hin gerichtet sind.

Strahlenpilze → Aktinomyzeten.

strahlig → radiär.

stramíneus (lat. strámen = Streu, Stroh), strohgelb.

stramónium, Beiname des Stechapfels (Datúra); soll aus griech. strýchnon (unser Solánum) und monikón = rasend (mánia = Wahnsinn) zusammengezogen sein?

Stratifikatión (lat. strátum = Lager; stratificátio, -ónis = Lagerherrichtung, Schichtung); 1. im physiologischen Sinne: Lagerung von Saatgut entsprechend artspezifischer Bedingungen hinsichtlich Feuchtigkeit und (relativ niedriger) Temperatur; bei vielen Holzgewächsen notwendig, um eine Keimfähigkeit zu erreichen (ggf. zu beschleunigen); 2. im ökologisch-soziologischen Sinne: durch die Vegetation gebildete vertikale Schichtung eines Lebensraums. Man unterscheidet Boden-, Kraut-, Strauch- und Baumschicht (letztere besteht aus Stamm- und Kronenschicht). Die einzelnen Schichten (Strata) werden von bestimmten tierischen und pflanzlichen Lebensvereinen besiedelt (Stratozönose). Der Schichtenaufbau von Pflanzengesellschaften läßt sich in Form eines Schichtendiagramms auch quantitativ veranschaulichen.

stratiótes, die schwertförmigen Blätter sollen an Soldaten (griech. stratiótes) erinnern.

Stratiótes, m., Gatt. der Hydrocharitáceae (griech. stratiótes = Soldat), z.B. Stratiotes aloides – Krebsschere (mit schwertförmigen, stark kieselsäurehaltigen Blättern an »Soldaten« im Aussehen erinnernd); fossil seit dem Oligozän.

Stratozönose, der Lebensverein einer einzelnen Vegetationsschicht.

Strátum (lat.) die Einzelschicht der Vegetation; → Stratifikation.

Strauch (Frútex), kleinere (meist nur bis 3 m hohe) Holzgewächse, deren Hauptachse und Seitenachsen sich schon aus basalen oder unterirdischen Seitenknospen verzweigen oder bei denen an Stelle einer Hauptachse mehrere gleichwertige Stämmchen vorhanden sind.

Strauchschicht, aus Sträuchern und Jungwuchs von Bäumen gebildete Vegetationsschicht.

Streifenaderung, allgemein bei den Monocotyledonen verbreitete (weitgehend parallel bzw. streifig verlaufende) Anordnung der → Adern; einaderig sind die Nadelblätter vieler Coniferae.

Streifenborke, die z. B. bei Vítis, Lonícera, Clématis bestehende Art der Borkenbildung, bei der die ringförmigen Korklagen von parenchymatischen Streifen unterbrochen sind.

streifennerviges Blatt → parallelnerviges Blatt.

Strelítzia, f., Gatt. der Musáceae (nach der Gemahlin d. Königs Georg III., geb. Prinzessin v. Mecklenburg-Strelitz) – Paradiesvogelblume.

strept-, streptó- (griech. streptós = gedreht; strépto = ich drehe), dreh-, gedreht-.

Streptocályx, f., Gatt. der Bromeliáceae (griech. streptós = gedreht, gewunden; kályx = Blütenkelch, Frucht[kapsel]).

Streptocárpus, m., Gatt. der Gesneriáceae (griech. streptós = gedreht; karpós → Frucht) – Drehfrucht.

Streptocóccus, m., Gatt. der Coccáceae; → Streptokokken.

Streptokókken (griech. streptós = Kette; kókkos = Beere), in Ketten gelagerte Kokken (Fäden von Kugelbakterien); von Billroth 1874 entdeckt; leben teils als Saprophyten, teils pathogen aërob.

Streptomycétes (griech.), Strahlenpilze (Streptomycetaceae); Mikroorganismen (des Bodens), die Antibiotika produzieren; aus einem speziellen Stamm wird Streptomyzín gewonnen.

Streptomycín, Antibiotikum des Strahlenpilzes Streptomyces griseus, das gegen zahlreiche Mikroorganismen wachstumshemmend wirkt. Es ist eine der wenigen Verbindungen, die Tuberkelbakterien hemmen. S. besteht aus Streptidin, Streptose und N-Methyl-L-glucosamin.

Stréptopus, m., Gatt. der Liliáceae (griech. streptós = gedreht; pous = Fuß, Stengel: der Blütenstiel ist gedreht) – Knotenfuß.

Streptosólen, m., Gatt. der Solanáceae (griech. streptós = gedreht; solen = Röhre).

Streubreite, 1. das Ausmaß der Variationsfähigkeit; 2. bei Streufrüchten die Ausdehnung der Breite der Ausstreuung der Samen.

Streufrüchte, coenokarpe Früchte (s. d.), die aus phylogenetischer Sicht an deren Anfang gehören; typisch für diese, daß sie sich öffnen und die Samen (»streuend«) freigeben; differenzierbar in trockene und saftige Streufrüchte (s. d.).

Streunutzung, für den Wald schädliche Entnahme der lockeren Nadel- und Laubauflage als Stalleinstreu.

Streuung, Maß für die Abweichung der Einzelwerte vom Mittelwert in einer Meß- oder Beobachtungsreihe.

striátus (lat.), gestreift; z. B. Chlorophytum striatum = Grünlilie (mit gestreiften Blättern).

stríctus, -a, -um (lat. stríngere = straff anziehen), steif, straff (z. B. Euphorbia stricta – Steife Wolfsmilch).

striegelig (strigósus), mit dicht anliegenden Borstenhaaren bedeckt.

strigósus, mit Borsten versehen, mager, schmächtig.

strobil-, strobili-, strobilo- (griech. stróbos = Kreisel), zapfen-, kreisel-.

Strobilánthes, m., Gatt. der Acantháceae (griech. stróbilos = Zapfen; Kreisel; ánthos = Blüte).

Stróbilus (griech. stróbilos = Kreisel; lat. = Fruchtzapfen), Zapfen der Koniferen.

stróbus (griech. stróbos), Wirbel; Beiname einer Pinus-Art mit kreiselförmigen Zapfen.

Strömungsblätter, untergetauchte, flache, langgezogene Blätter flutender Wasserpflanzen.

Stróma (griech. stróma = Lager, Bett), 1. wäßrige Grundsubstanz der Plastiden, im elektronenoptischen Bild granulär und stärker kontrastiert als Grundcytoplasma; 2. dichtes vegetatives Hyphengeflecht, das der Überdauerung oder Aufnahme des Hymeniums dient.

Stromatolíth, m., (griech. stróma = Lager; líthos = Stein), »Algenkalk«, knollige oder schalige Kalkabsonderungen, wahrscheinlich unter Mitwirkung von Organismen (→ Cyanophyta) entstanden; Vorkommen: Präkambrium bis rezent.

Strombocáctus, m., Gatt. der Cactáceae – Kreiselkaktus.

strongylogónus (griech. strongylos = rund), stumpf-, rundrückig.

stroph- (griech. stréphein = drehen), vgl. strept-, gedreht-, band-.

Strophánthus, m., Gatt. der Apocynáceae (griech. strophé = Drehung; ánthos = Blüte).

Struktúr (lat. structúra), Gefüge, Aufbau.

strumósus (lat. strúma = Drüsenschwellung), kropfig, drüsig angeschwollen.

Strunk, verdickter Stengel krautiger Pflanzen.

Struthiópteris, f., Gatt. der Polypodiáceae (griech. strouthós = Strauß [der Vogel]; ptéris = Farn) – Straußenfarn.

struthiópterus (griech. strouthós = Sperling, Strauß), straußflügelig.

Strychnínum nítricum, Alkaloidsalz aus dem Samen von Strychnos nux-vomica; bei Lähmungen angewandt; Kreislauftonikum.

Strýchnos, m., Gatt. der Familie der Loganiáceae, die der Familie der Asclepiadáceae sehr nahe steht (strýchnos = ehemals Bezeichnung im Griech. für mehrere Nachtschattenarten). Von den wichtigsten Arten der Gattung ist die in Südasien verbreitete Brechnuß (= Strychnos nux-vomica) zu nennen, deren knopfgroße Samen offizinell sind (Semen strychni, DAB). Sie enthalten giftige Alkaloide (Strychnin, Brucin). Als Magen- und Gichtmittel, außerdem als Ratten- und Mäusegift hat die Droge Bedeutung. Fossil seit dem Eozän.

Stützblatt → Tragblatt.

Stützfrucht, eine standfeste Pflanzenart, die (bei Gemengesaaten) dem oder den rankenden Partnern Halt verleiht.

Stützwurzeln, starke, säulenartige Luftwurzeln, welche die Äste stützen.

Stufe, Ausdruck für die vertikale Gliederung der Vegetation in Gebirgen und Gewässern.

stufenváge Pflanzen (lat. vágus = unstet, unbeständig, umherschweifend), Pflanzen, die verschiedene Höhenstufen bewohnen.

Stutzen → Entspitzen (vgl. Entrümpeln).

stýgius, -a, -um, dunkel, beschattet, unterirdisch.

styl-, stylo-, stýlus, -a, -um, -is, -e (griech. stýlos = Säule, Stiel; in der Botan. Griffel), griffel-, griffelig.

Stylídium, n., Gatt. der Stylidiáceae (griech. stýlos = Griffel, Säule; eidos = Gestalt) – Säulenblume.

Styloíde (griech. stýlos = Säule, Pfeiler; stylís = Stange), stabförmige Einzelkristalle meist im monoklinen Kristallsystem.

Stylopódien (griech. »Griffelpolster«), die verdickten, drüsigen Basalteile der Griffel bei den Apiáceae.

-stylósus, -stylus, in Zusammensetzungen: -griffelig.

Stýlus (griech. stýlos = Säule, Pfeiler, Stütze), → Griffel.

Styphélia, f., Gatt. der Epacridáceae (griech. styphelós = hart, fest) – Hartheide.

Stýrax, m., Gatt. der Styracáceae (griech. Pflanzenname) – Storaxbaum; fossil seit dem Miozän.

Suaéda, f., Gatt. der Chenopodiáceae (Gänsefußgewächse) (nach arab. suad = Soda) – Sode, Kelch- oder Salzmelde.

suavéolens (lat. suávis = süß; ólens = riechend, duftend), wohlriechend.

sub-, (lat.); 1. In der Taxonomie Vorsilbe zur Bezeichnung der Unterkategorien (→ Rangstufe), z. B. subfamilia – Unterfamilie, subspecies – Unterart; 2. in Zusammensetzungen: fast, etwas, schwach; die Lage darunter = »unter« bezeichnet.

subalpine Stufe, Höhenstufe, welche die Krummholzvegetation umfaßt.

subamárus (lat.), schwach bitter.

subárktisches Gebiet, Gebiet, das die Wälder der arktischen Waldgrenze umfaßt.

Subassoziatión, Pflanzengemeinschaft unterhalb der Größenordnung einer Assoziation, durch Differentialarten von ähnlichen Subassoziationen der gleichen Assoziation unterschieden.

Subassoziation, typische, nach Tüxen eine Subassoziation ohne eigene Differentialarten.

Subassoziationsgruppe, Zusammenfassung von Subassoziationen unter Herausarbeitung von besonderen Differentialarten; jedoch gibt es auch Subassoziationsgruppen ohne Differentialarten.

subboreál (lat. sub = unter; bóreas = Norden), Übergangszone zwischen dem borealen und temperaten Arealgürtel der Pflanzenverbreitung.

súber (lat.), Kork (z. B. Quércus súber – Korkeiche).

Suberíne (lat. súber = Kork, Korkeiche, Korkzelle) – Korkstoffe, die sich in Form von Lamellen den unverkorkten Membranlamellen anlagern. Sie bilden für die Pflanzen einen Verdunstungsschutz, da sie nahezu wasserundurchlässig sind. Die Suberinsubstanz ist chemisch verwandt mit dem Kutin.

suberósus (lat.), korkartig, -reich.

subfossile Pflanzenreste, zwischen rezent und fossil vermittelnde Pflanzen, etwa im Sinne (oder gleich): »prähistorisch«; aber ohne genaue Altersbegrenzung; auch manche Pflanzenreste aus dem Eozän des Geiseltals gehören hierher, da sie rezenten Objekten auch stofflich noch sehr ähnlich sind.

subgynözische Pflanzen (griech. gyné = Weib; oikos = Haus; -özisch = häusig), weibliche Pflanzen, die männliche oder zwittrige Teile aufweisen.

Subhymeniálschicht (lat. sub = unter, hýmen = Haut) → Hypothecium.

Subhyménium, unter dem Hymenium liegende Schicht aus meist stark verflochtenen Hyphen. Aus ihr gehen Asci und Paraphysen hervor.

Súbkultur → Nachkultur.

subletále Faktoren → Semiletalfaktoren.

Sublimatión (lat. sub = unter; límes = Grenze), Übergang fester Körper in gasförmige oder umgekehrt, ohne vorher in flüssige Form überzugehen.

submediterrán (lat. sub = unter), Landstriche an der nördlichen Grenze des Mittelmeergebietes und die dort heimische Flora bezeichnend (→ mediterrán).

submérs (lat.), untergetaucht, unter Wasser lebend.

Submérskultur, Submersverfahren: Methode zur Kultivierung von aëroben oder anaëroben Mikroorganismen. Im Gegensatz zur Emerskultur, bei der die Mikroorganismen nur an der Oberfläche des Nährmediums wachsen, erfolgt bei dem Submersverfahren das Wachstum in der gesamten Nährlösung (= »Untertauchverfahren«).

Submikrosómen, sublichtmikroskopische Bauelemente des Zytoplasmas, → Mikrosomen.

subnivále Stufe, Höhenstufe der dauernden Schneeflecken und der vereinzelten Rasenflecken, → nival.

subsexuélle Reproduktion, parthenogenetische Entwicklung eines neuen Individuums nach einer Ameiosis, in deren Verlauf keine Chromosomenreduktion erfolgte.

Subspécies, taxonomische Kategorie unterhalb der Species, wodurch Gruppen entstehen, deren Glieder sich weitgehend gleichen, sich jedoch von anderen Individuen derselben Art in bestimmten Merkmalen unterscheiden, ohne daß innen eine scharfe Trennungslinie gezogen werden kann. Polymorphismus ist hierbei ausgeschlossen. Fortpflanzung zwischen Vertretern verschiedener Unterarten einer Art möglich, jedoch nicht so leicht wie innerhalb einer Unterart. Da die reproduktive Isolation nicht vollständig ist, gehen Unterarten meistens ineinander über. Einige Unterarten können im Entstehen begriffene, neue Arten sein (oder werden).

subspontane Arten, verwilderte Arten bzw. Kultur- und Gartenflüchtlinge, → spontán.

substantiéll, stofflich, wesentlich.

Substánz (lat. substántia), Stoff.

Substrát (lat. substrátum = Unterlage), Grundlage, auch Nährboden.

súbtilis, fein, zart.

Subtrópen, die klimatischen Übergangszonen zwischen den Tropen und den südlichen gemäßigten Breiten sowohl auf der nördl. als der südl. Halbkugel.

Subulária, f., Gatt. der Brassicáceae (lat. súbula = Pfriemen) – Pfriemenkresse.

subulátus (lat. súbula = Pfriemen), pfriemlich, pfriemförmig.

subvestítus, -a, -um (lat.), ziemlich (fast, etwas) bekleidet.

succedán → sukzedan.

succedáneus (lat. succédere = folgen, nachfolgen), nachfolgend.

Succísa, f., Gatt. der Dipsacáceae (lat. succísus = unten abgeschnitten) – Abbiß.

succísus (lat. succídere = unten abbeißen), abgebissen.

succuléntus, saftig, fleischig.

sudéticus, aus den Sudeten stammend.

suécicus, aus Schweden stammend.

Süßgräser, Poáceae – Echte Gräser, formenreiche Familie (mit etwa 8000 Arten); wirtschaftlich höchst bedeutungsvoll (z. B. Getreidearten; Grasarten als Hauptbestandteil von Wiesen und Weiden).

Suffrútex (lat.) → Halbstrauch.

suffruticósus, halbstrauchig.

Suíllus (lat. sus = Schwein), m.; Röhrlinge mit meistens schmieriger Huthaut, Basidiomycetengatt. der Fam. Boletáceae, deren Arten Mykorrhizae mit Nadelhölzern bilden. Hierher gehören bekannte Speisepilze wie: S. grevillei – Goldröhrling, S. luteus – Butterpilz und S. variegatus – Sandröhrling.

Sukkulénte (lat. succuléntus = saftreich; súccus = Saft), wasserspeichernde Pflanzen mit verdicktem, häufig blattlosem Stamm oder mit aufgetriebenen, dicken Blättern. Die aufgewölbte Form hat eine Oberflächenverkleinerung im Verhältnis zum Inhalt als Verdunstungsschutz zur Folge. Es gibt Stamm- und Blattsukkulenten. Die Wasserspeicherung ermöglicht das Vorkommen auf außergewöhnlich trockenen Standorten (z. B. Kakteen, viele Euphorbien).

sukkulénte Sprosse, Achsen, die fleischig geschwollen sind und neben der Funktion der Kohlensäureassimilation auch die der Wasserspeicherung haben.

sukzedán (lat. succédere = nachrücken, nachfolgen), allmählich, schrittweise im Ggs. zu → simultan.

sukzedáner Typus der Wandbildung, Bildung von zwei Tochterzellen, aus denen vier Enkelzellen werden.

Sukzessión (lat. succédere = nachrücken, folgen, ablösen), umweltbedingtes Ablösen einer Pflanzengesellschaft durch eine andere; ist möglich durch Kulturmaßnahmen (z. B. Entwässerung), aber auch durch natürliche Ursachen.

sukzessív, allmählich, nach und nach.

sukzessive Sippenbildung, eine Sippe bildet sich aus einer vorhergehenden.

sulcátus, súlcus, -a, -um (lat. sulcáre = furchen), gefurcht, -furchig.

Sulfíde (griech. súlpur und sulfur = Schwefel), Salze des Schwefelwasserstoffes.

Sulfonamíde, Bezeichnung für das Sulfonialamid und eine Reihe chemisch verwandter organischer Schwefelverbindungen; haben in vitro und in vivo eine bakteriostatische Wirkung auf zahlreiche Mikroorganismen: Strepto-, Pneumo-, Gono-, Meningokokken u. a.

sulphúreus, sulpureus (griech. súlpur, sulphur, -uris, n. = Schwefel), schwefelgelb, schwefelig.

Súmach, m., (arab.), 1. Trivialname für das Genus → Rhus; Artenbeispiele: Rh. chinénsis – Gallensumach, Rh. coriária – Gerbersumach, Rh. glábra – Scharlachsumach, Rh. vérnix – Giftsumach; 2. Bezeichnung für vorwiegend aus Blättern und auch aus Beeren hergestellte (getrocknete und gemahlene) Substanzen der Rhus-Species, die wegen ihres hohen Gerbstoffgehaltes als Gerb- und Färbmittel (Schwarzfärben, Farbenbeizen), verwendet werden.

Sumpfpflanzen des süßen Wassers → Helophýten.

super-, in Zusammensetzungen: stark, ober-.

supérbiens, supérbus, stolz, erhaben.

Superdominánz, gesteigerte Leistungsfähigkeit der heterozygoten Allelkombination (Aa) gegenüber der homozygoten (AA) Kombination.

Superelite (SE), anerkanntes Saat- und Pflanzgut, das aus Saat- und Pflanzgut höherer Anerkennungsstufen als SE, in der Regel aus Supersuperelite oder aus Saat- und Pflanzgut aus der Erhaltungszüchtung, erwachsen ist.

superponíert (lat. superpónere = übereinander stehen, setzen, legen), die Glieder aufeinanderfolgender Blattkreise einer Blüte alternieren nicht, sondern stehen übereinander.

Superspézies, 1. → monophyletische Gruppe von Arten, die wegen deutlicher morphologischer Unterschiede nicht zu einer Art zusammengefaßt werden können; 2. durch Vervielfachung des Chromosomenbestandes aus einer → Primärart entstandene Arten.

Supersuperelite (SSE), Ernte aus anerkanntem Saat- oder Pflanzgut höherer Vermehrungsstufen als SSE (oder aus Saat- und Pflanzgut der Erhaltungszüchtung).

supínus (lat. supináre = rückwärts beugen), ausgebreitet.

Supplementärgéne (lat. suppleméntum = Ergänzung), Gene, welche die qualitative Ausprägung anderer Gene modifizieren, ohne eine direkte Wirkung zu besitzen; → Gen.

Suppressión (lat. supprímere, -préssi, -préssus = herunterdrücken), gänzliche Unterdrückung z. B. eines Organs.

Suppréssor (lat. »Unterdrücker«), Gen, das die Wirkung eines Hauptgens unterdrückt, ohne selbst phänotypisch in Erscheinung zu treten; → Gen.

Supraspezies, (lat.), Groß- oder Sammelart; Formengruppe, deren Arten und Unterarten schwierig als solche zu bestimmen sind.

surculósus, -a, -um, reich sprossend, mit kleinen Zweigen versehen.

Suspensión (lat. suspénsus = hängend, schwebend), Aufschwemmung feinster, fester Teilchen in einer Flüssigkeit.

Suspensionskolloíde, Kolloide, die im Lösungsmittel in fester Form vorhanden sind; → Kolloide.

Suspénsor, 1. bei Samenpflanzen im Embryosack ein stielartiges Gebilde, das den Embryo in das sich bildende Nährgewebe hineinschiebt; 2. Embryoträger der Farnpflanzen, an dem die Keimpflanze sitzt.

suspénsus (lat.), hängend, aufgehängt.

Suszeptión (lat. suscípere, -io, -cépi, -céptus = auffangen, aufnehmen), Vorgang der Reizaufnahme.

Swértia, f., Gatt. der Gentianáceae (nach dem holländ. Gärtner E. Sweert, 16./17. Jh.) – Tarant.

Swieténia, f., Gatt. der Meliáceae (nach dem holländ. Arzt Gerard van Swieten in Leiden, 1700–1772).

sycómorus (griech. sýkon = Feige, moréa = Maulbeerbaum) – Maulbeerfeige.

Sýllabus (griech. syllabé = das Zusammenfassen oder Zusammengefaßte, wurde durch Endung -us latin.; Plur. Syllabi), Zusammenstellung, Verzeichnis (z. B. von Pflanzen, Vorlesungen, Skripten, Lehren/Theorien usw.).

sylváticus → silvaticus.

sylvéstris, -is, -e, waldig, im Wald.

sym-, syn-, zusammen-.

Symbiónten (griech. syn, sym = zusammen; bíos = Leben), Partner einer → Symbiose, die mit Andersartigem eine Lebens- oder Ernährungsgemeinschaft eingehen. Beide Lebewesen ziehen aus dieser Vergesellschaftung (Symbiose) in der Regel Nutzen (z. B. a) Algen und Pilze als Flechten; b) Leguminosen und Knöllchenbakterien; c) Pilze und Bäume bei Mykorrhiza).

Symbióse (griech. syn, sym = zusammen, zugleich, gemeinschaftlich; bíos = Leben), Zusammenleben verschiedener Organismen zum Vorteil für beide Partner, die sich gegenseitig ergänzen, also Lebens- oder Ernährungsgemeinschaft (Beispiele: → Symbionten).

symbiotróphe Pflanzen (→ Symbiose; griech. trophé = Ernährung; also: Symbiotrophie = »Gemeinschaftsernährung«), Pflanzen, die sich mit Hilfe von Mykorrhizen, Knöllchenbakterien usw. ernähren.

Symmetrie, regelmäßige Wiederholung gleicher oder gesetzmäßig abgewandelter Teile entweder durch Spiegelung an einer Symmetrieebene (spiegelbildliche S., vgl. radiär, disymmetrisch, dorsiventral) oder in der Längsrichtung einer Achse (longitudinale S., vgl. Basitonie, Mesotonie, Akrotonie) oder seitlich um eine Achse herum (laterale S., vgl. Hypotonie, Amphitonie).

Symmetríe-Ebene, Ebene, die einen Körper in spiegelbildgleiche Hälften zerlegt.

Sympatríe, geographische Beziehung verschiedener Arten oder Unterarten, deren Verbreitungsgebiete (lat. patria, -ae = Heimat, Vaterland) übereinstimmen oder sich sehr stark überlappen.

sympátrisch, Bezeichnung für Sippen mit gleichen oder sich überschneidenden Arealen.

sympetál (gamopetal) (griech. syn, sym = zusammen; pétalon = Kronblatt), mit verwachsenen Kronblättern.

symphiocárpus, mit verwachsenen Früchten.

Symphoricárpos, m., Gatt. der Caprifoliáceae (griech. symphórein = zusammentragen; karpós = Frucht; die Früchte stehen dicht beieinander, sind »zusammengetragen«) – Schneebeere (weiße Frucht!).

symphy-, vereint- (zusammengewachsen).

Symphyándra, f., Gatt. der Campanuláceae (griech. symphýein = zusammenwachsen; anér, andrós = Mann) – Steinglocke.

Symphýsis (griech. symphýein = zusammenwachsen), Verwachsung.

Sýmphytum, n., Gatt. der Borragináceae (griech. symphýein = zusammenwachsen, zusammenfügen) – Schwarzwurz, Beinwell (alte Heilpfl. bei Brüchen u. Wunden).

Symplocárpus, m., Gatt. der Aráceae (griech. sýmplokos = zusammengeflochten; karpós = Frucht) – Stinkkohl.

Sýmplocos, f., Gatt. der Symplocáceae (griech. sýmplokos = zusammengeflochten) – Rechenblume; fossil seit dem Eozän.

sympodiále Verzweigung (griech. → Sympodium), sie entsteht, wenn der Scheitel des Muttersprosses sein Wachstum nach gewisser Zeit einstellt und die jeweils obersten, sich kräftig entwickelnden Seitensprosse ihren Muttersproß übergipfeln. Meist kommt nur ein Seitensproß zur Entwicklung, der sich in die Richtung der Mutterachse einstellt und das Verzweigungssystem fortsetzt.

Sympódium (griech. syn, sym = zusammen; pous, Genit. podós = Fuß), Wuchstyp bzw. Sproßsystem mit → sympodialer Verzweigung, wobei jeweils der oberste Seitensproß die Spitze der Abstammungsachse verdrängt und selbst in deren Richtung fortwächst. Es entsteht ein scheinbarer Hauptsproß, der sich in Wirklichkeit aus Achselsprossen verschiedener Ordnung zusammensetzt (z.B. bei Linde, Ulme, Hasel und den Rhizomen vieler Stauden). Die Blüten erscheinen akranth und pleuranth (z. B. Cattleya). Ggs. → Monopodium.

Symptóm (griech. symptóma = das Zusammenfallen, der Zufall, Unfall, die krankhafte Veränderung, Erscheinung), Krankheitszeichen; im Gefolge einer Infektion oder eines Befalls durch Schaderreger auftretende Veränderung des normalen Bildes eines gesunden Organismus oder seiner Organe, bei Pflanzen als Krankheitserscheinung, Beschädigung oder Ansammlung bestimmter Entwicklungsstadien bzw. Relikte von Schadorganismen sichtbar. Es werden z. B. unterschieden: Früh-, Spät-, Haupt-, Neben-, Primär-, Sekundär-, Folgesymptome. Symptomkomplex = → Syndrom als Gesamtheit oder Gruppe zusammengehöriger Symptome.

Symptomatologie (griech. → Symptom; griech. lógos = Kunde, Lehre), Lehre von den Krankheitserscheinungen und Beschädigungen; in der Phytopathologie wichtige Grundlage für die Diagnostik von Pflanzenerkrankungen und -beschädigungen.

Synakinéten (griech. syn = zusammen; akínetos = unbeweglich, unveränderlich), kurze Teilstücke von Algenfäden, die durch Zerfall entstanden sind.

Synandríe (griech. syn = zusammen; anér, andrós = Mann), abnorme Verwachsung der Staubblätter.

Synándrium, das Gebilde, das durch die Verwachsung sämtlicher Staubblätter entsteht.

Synandrodíe (griech. syn = zusammen; anér, andrós = Mann), Verwachsung der → Staminódien.

Synandroíden (griech. → Synandrie; -oiden bedeutet Ähnlichkeit oder ähnliches Aussehen), steril gewordene Synandrien.

Synángium (griech. syn = zusammen, angeĩon [aggeíon] = Behälter), Gruppe untereinander → kongenital verwachsener Sporangien (z. B. bei einigen Farnen).

Synantheríe (griech. syn = zusammen; anthéros = blühend; ánthera = Staubbeutel), Verwachsung der Staubbeutel.

Synanthíe (griech. syn = zusammen; ánthos, ánthe = Blüte), seitliche Verwachsung von zwei oder mehr Blüten.

Synanthodíe (griech. syn = zusammen, seitliche Verwachsung zweier Blütenköpfchen auf gemeinsamem Stiel oder auf zwei längs verwachsenen Stielen.

Synanthrópen (griech. syn = zusammen; ánthropos = Mensch; »Menschenbegleiter«), Pflanzen, die durch den Menschen in ein Gebiet gelangt sind.

Synápsis (griech. sýnapsis = Verbindung, Verknüpfung), → Syndese.

Synaptospermíe (griech. sýnapsis = Verbindung; spérma = Same, Keim; also »Keimkoppelung«), Koppelung von mehreren Samen oder einsamigen Früchten zu einer Verbreitungseinheit.

syncárpus (→ synkarp), mit verwachsenen Früchten, als Artbezeichnung.

Synchorologíe (griech. syn = zusammen; chóros = Ort, Landschaft, Gegend; lógos = Lehre, Kunde), Lehre von der geographischen Gesellschaftsverbreitung.

Synchrónkultur, Kultur (von Mikroorganismen oder Gewebezellen), in der durch entsprechende künstliche Bedingungen sich alle Zellen (oft Millionen) zu jedem Zeitpunkt in annähernd dem gleichen (= synchronem) Stadium der Entwicklung oder des mitotischen Zyklus befinden.

Synchronmitósen (griech. sýnchronos = gleichzeitig), gleichzeitig in einer Gruppe benachbarter Zellen ablaufende → Mitosen.

Synchronologíe (griech. sýnchronos = gleichzeitig; lógos = Lehre), Lehre von der Gesellschaftsentwicklung im Verlauf der Erdgeschichte.

Syncónus (griech. syn = zusammen; kónos = Kegel, Fruchtzapfen in Kegelform; lat. = cónus), Frucht der Feige.

Syncrétio, f., (griech. syn = zusammen; créscere = wachsen), Verwachsung = Concretio.

Syndése (Synapsis) (griech. syndéo = verbinden, zusammenbinden, aneinanderfügen), Paarung der homologen Chromosomen in der ersten meiotischen Teilung.

syndetocheil (griech. sýndetos = gefesselt; cheilos = Lippe), Spaltöffnungen, bei denen die Urmutterzelle sich zunächst in drei Teile teilt; der mittelste wird zur Spaltöffnungsmutterzelle; die beiden seitlichen werden zu Nebenzellen.

Syndróm (griech. sýndromos = Gesamtverlauf), Gesamtheit der Symptome, die eine Krankheit kennzeichnen.

Syndynámik (griech. syn = zusammen; dynamis = Kraft), Lehre von den in der Gegenwart sich abspielenden gesetzmäßigen Gesellschaftsfolgen der Pflanzenwelt.

Synechíe (griech. synéchein = verbinden), Verwachsung.

Synergíden (griech. synérgein = helfen, beistehen), die beiden Nachbarzellen der befruchtungsfähigen Eizelle im Embryosack, wörtlich: »Gehilfinnen«.

Synergísmus (griech. sýnergein = helfen), Zusammenwirken von Organen in derselben Richtung.

Synfloreszenz (griech. syn = zusammen; lat. flos = Blüte), komplexer Blütenstand, der aus komplexen Infloreszenzen niederen Grades zusammengesetzt ist.

syngám → Syngamie.

syngáme Geschlechtsbestimmung (griech. syn = zugleich; gamein = heiraten, »befruchten«), Bestimmung des Geschlechts im Augenblick der Befruchtung.

Syngámeon (griech. → syngám), Kreuzungsgemeinschaft.

Syngamíe (griech.), Vereinigung zweier haploider Gameten (als sexuelle oder geschlechtliche Fortpflanzung (im eigentlichen Sinn). Die auf sexuellem Wege entstandene Tochtergeneration enthält demnach in der Regel in ihrem diploiden Chromosomensatz das Erbgut zweier (genetisch verschiedener) Eltern. Bevor es zu einem neuen Sexualakt kommen kann, muß durch den Prozeß der Meiose zunächst der haploide Ausgangszustand wiederhergestellt werden. Syngamie und Meiose sind somit zwei einander notwendig ergänzende Vorgänge.

Syngenétik, Lehre, die sich mit den Gesetzen des Werdens und Vergehens der Pflanzengesellschaften beschäftigt; → Genetik.

Syngónium, n., Gatt. der Aráceae (griech. syn = zusammen; gonẏ = Knie).

synkárp (griech. syn = zusammen; karpós = Frucht), Bezeichnung für einen mehrfächrigen Fruchtknoten, der durch Verwachsung mehrerer Fruchtblätter entstand. Ggs. → parakarp.

Synkárpium, Frucht, die aus zwei bis mehreren verwachsenen Fruchtblättern einer Blüte hervorgeht.

Synkáryon (griech. syn = zusammen; káryon = Kern), 1. ein Kernpaar, das durch »konjugierte« Kernteilung der beiden nicht verschmolzenen Gametenkerne bei vielen Pilzen zustande kommt; 2. Kern der befruchteten Eizelle.

Synkotylíe (griech. syn = zusammen; kotýledon = Saugorgan, Keimblatt, auch kotýle), Einkeimblättrigkeit, die durch Verwachsung von zwei Keimblättern entstanden ist.

Synökologie, Ökologie der Populationen, Biozönosen und Ökosysteme. Bei d. Betrachtungsweise muß der ganze Lebensraum berücksichtigt werden, dessen Bewohner in mannigfacher Weise direkt oder indirekt verknüpft sind, voneinander abhängen, sich gegenseitig hemmen oder fördern, auf ihre Umgebung wirken und umgekehrt von dieser wieder beeinflußt werden. Zur S. (im weiteren allgemeinbiol. Sinne) gehören: Populationsdynamik, Biozönologie im engeren Sinne, Produktionsbiologie und Ökogeographie. In der Pflanzensoziologie versteht man unter S. nur die Lehre vom Gesellschaftshaushalt. Ggs. Autökologie.

synözisch (von griech. syn = zusammen, mit; ó ikos = Haus; d. h. »zusammen wohnend«), Bezeichnung für das gemeinsame Vorkommen von Archegonien und Antheridien im gleichen Perichaetium.

Synoným (Abk. Syn.) (griech. syn = mit, zusammen; ónoma, ónyma = Name), Name gleicher Bedeutung wie ein anderer, z. B. Quércus róbur (korrekter Name) und Q. pedunculáta (Synonym). Adj.: synoným = gleichbedeutend, gleichnamig.

Synópsis (griech. sýnopsis = Überblick), Vorschau; zusammenfassende, vergleichende Übersicht; Zusammenstellung von Teilen bezüglich des gleichen Gegenstandes; Bezeichnung für Publikationen des benannten Charakters (nicht selten in der Botanik gebräuchlich). Synópsis = Synopse (beide: f.), Plur. Synopsen.

Synóptik (→ Synopsis), großräumige Wetteranalyse (als Arbeitsverfahren der Meteorologie; von Lamarck begründet).

synpetál, → sympetal.

synsepál (griech. syn = zusammen; lat. sépalum = Kelchblatt), verwachsene Kelchblätter.

Synspermíe (griech. syn = zusammen;

spérma = Same), Verwachsung von Samen untereinander.

Synthése (griech. sýnthesis = Zusammensetzung), Vereinigung, Verbindung verschiedener Faktoren oder Stoffe zu einer Einheit.

synthétisch (griech. sýnthetos = zusammengesetzt), künstlich hergestellt; auf Synthese bezogen.

Sýnthyris, f., Gatt. der Scrophulariáceae (griech. syn = zusammen; thýra = Klappe).

Syntríchia, f., (griech. thrix, trichós = Haar); Syn. von → Tortula, viele Arten haartragend (griech. Name).

Syntriploidíe (griech. sýn = zusammen; tría = drei; tríplex = dreifach, auch triplous), Fusion oder Verschmelzung von zwei triploiden Kernen.

Syntropíe (griech. trópos = Richtung), gemeinsames Vorkommen von zwei verschiedenen Krankheiten bei einem Individuum (z. B. die Phytophthora- und Viruskrankheit bei der Kartoffel).

Sýntypus, m., eines von mehreren Exemplaren, die vom Autor in der Originalbeschreibung zitiert sind, wenn kein Holotypus angegeben wurde oder alle Exemplare gleichzeitig als Typus bezeichnet wurden.

Synúsie (griech. = Verein), eine Gruppe von Pflanzen mit gleicher Lebensform, die unter einheitlichen Standortbedingungen gedeiht.

synzóische Verbreitung (griech. zóon = Tier), absichtliches Verschleppen von Verbreitungseinheiten der Pflanzen durch Tiere.

Synzoochóre (griech. syn = zusammen; zóon = Tier; chórein = sich verbreiten), Pflanzen, deren Verbreitungseinheiten durch Tierverschleppung (z. B. Hamster) verbreitet werden; → Zoochorie.

Synzoosporen (griech. syn = zusammen, mit; zóon = Tier, Lebewesen; spóros = Keim), vielgeißelige Riesenzoosporen, die zahlreichen zweigeißeligen Zoosporen entsprechen; Gesamtheit der in einer Zelle gebildeten Zoosporen (z. B. bei Vaucheria).

Synzýtium (griech. syn = zusammen; kýtos = Zelle), Bezeichnung für vielkernige Plasmamasse, die durch Verschmelzung ursprünglich einzelner Zellen entstanden ist (vgl. auch Plasmodium).

Syringa, f., Gatt. der Oleáceae (griech. sýrinx = Flöte, Pfeife, Röhre) – Flieder; fossil seit dem Pleistozän.

syringánthus (von sýrinx und griech. ánthos = Blume, Blüte), fliederblumig.

syringiflórus, -a, -um, statt früher syringaeflorus, flieder-, syringablütig.

Systém, 1. Ordnung, geordnete Darstellung; 2. in der Taxonomie ein System, in das von der Ziel- oder Aufgabenstellung her jedes Lebewesen aufgrund seiner Merkmale an einer bestimmten Stelle eingeordnet werden kann. Es wird gegliedert durch eine Folge über- bzw. untergeordneter → Rangstufen, wobei meist mehrere Taxa gleicher Rangstufe zu einem → Taxon der nächst höheren Rangstufe zusammengefaßt werden. Das hierarchische taxonomische System und die damit verknüpften Namen sind Ausdruck der abgestuften Ähnlichkeit der Pflanzen und des Forschungsstandes ihrer Abstammung bzw. Verwandtschaft (vgl. Abschnitt A. 1. 1., 2. 2.); 3. Teil eines bot. Gartens, in dem Pflanzen, nach dem natürlichen System angeordnet, in kleinen Parzellen angebaut werden; 4. geologischer Zeitabschnitt, wie Kambrium, Karbon u. a. (alt: Formation), definiert durch konkrete Schichtenfolge und deren Fossilinhalt.

Systemátik (lat. systéma = das Zusammengestellte, Gruppe, System), stützt sich als Verwandtschaftsforschung auf die Ergebnisse von vielen anderen Disziplinen (z. B. Morphologie, Anatomie, Cytologie, Palynologie, Embryologie, Phytochemie, Genetik, Pflanzengeographie); Teilgebiet der S. ist die Taxonomie. Dazu kommt die Aufklärung der Stammesgeschichte (Phylogenie), bes. mit Hilfe der Paläobotanik, sowie die Evolutionsforschung (Sippenbildung und ihre Ursachen); vgl. Abschnitt A. 1. 2.

systémisch heißen Substanzen, die sich über einen ganzen Organismus ausbreiten und von hier aus wirken (z. B. Pflanzenschutzmittel).

Systóle (griech. systolé = das Zusammenziehen), Zusammenziehung von Vakuolen, verbunden mit Abgabe von wäßriger Lösung. Ggs. → Diastóle.

systýlus (griech. sy = syn = zusammen; stýlos = »Griffel«, Säule), verwachsen-griffelig, vereintgriffelig.

Syzýgium, n., Gatt. der Myrtáceae (griech. syzygía = Verbindung, Verwachsung; namentl. Bezug auf die miteinander verklebten Kronblätter, die bei der Blütenentfaltung als Haube abgeworfen werden); bekannteste Art der (über 100 Arten umfassenden) Gatt.: S. aromáticum – Gewürznelke. Als Ursprungsland gilt eine kl. Inselgruppe der Molukken, heute Sansibar, bedeutendes Exportland von Gewürznelken. Die Früchte von S. jámbos (= »Rosenapfel«) wegen ihres angenehmen Duftes!) sind in den Tropen eine beliebte (frische und gekochte) Speise.

T

T, Symbol für → Translokation.

tabácum, Artname des Tabaks Nicotiána, gebildet aus tobaco, Bezeichnung der »Zigarren« und der »Pfeife« bei den Indianern.

tabernaemontánus (lat.; nach J. Theodorus, gest. 1590, der sich Tabernaemontanus nannte, weil er aus Bergzábern [Rheinpfalz] stammte).

tabuláris, vom Tafelberg (am Kap) stammend (eigentl. lat., zur Tafel gehörend).

tabulifórmis (lat.), (statt früher tabulaeformis), tafelförmig.

tacamahácca, ostind. Name für einen Balsam, übertragen z. B. auf Pópulus tacamaháca – Balsampappel.

Tácca, f., Gatt. der Taccáceae (malaiischer Volksname).

Tacínga, f., Gatt. der Cactáceae (→ Anagramm von Caatinga, nordbrasil. Trockenlandschaft).

tǽdiger(us), -a, -um (tǽda = Kienholz; gérere = tragen, hervorbringen), kienliefernd

-tǽn, tǽnio-, tǽnius-, -a, -um (griech. tainía = Band), -band, -bänderig.

Taeniophýllum, n., Gatt. der Orchidáceae (griech. tainía = Band, phýllon = Blatt; Bezug auf die bandförmigen Wurzeln, die wie Blätter aussehen) – »Grünwurzelorchidee«.

Taeniópteris, f., (griech. tainía = Band; ptéris = Farn), Formgatt. für fossile Blätter von Pteridospermae, Cycadatae, Bennettitatae und evtl. auch einigen Farnen; Vorkommen: oberes Karbon (Stefan) bis untere Kreide.

Tagétes, f., Gatt. der Asteráceae (benannt nach dem etruskischen Halbgott Tages) – Samt- oder Studentenblume.

tagneutrale Pflanzen, Pflanzen, die für die tägliche Lichtrhythmik unempfindlich oder wenig empfindlich sind.

Tái̯ga (jakut. tajqa = Wald), Gebiet des borealen Nadelwaldes der Nordhemisphäre (nicht nur Sibirien).

Tainia, f., Gatt. der Orchidáceae (griech. tainía = Band; nach den langen schmalen Blättern) – Bandorchidee.

Taiwánia, f., Gatt. der Taxodiáceae (nach der Insel Taiwan = Formosa), außerdem vorkommend in den chin. Prov. Hupeh/Szetschwuan, Yünnan, Osttibet; fossil seit dem Eozän.

Takákia, f., Gatt. der Takakiáceae (nach dem japan. Mooskenner N. Takaki, geb. 1915, dem Entdecker in Japan) – Calobryales – Lebermoose; erst 1958 beschriebene, sehr isolierte, vielleicht urtümliche Moosgatt.

táktische Bewegungen, durch einen Reiz veranlaßte freie Ortsbewegungen von Organismen, → Taxien.

Taláuma, Gatt. der Magnoliáceae.

Talg, tier. oder pflanzl. Fett, das bei gewöhnlicher Temperatur fest ist.

tamarindifólius (Tamarindus, nach arab. tamar = Dattelpalme; hindi = indisch), tamarindeblättrig.

Tamaríndus, f., Gatt. der Caesalpiniáceae (arab. tamar hindi = indische Dattel) – Tamarinde.

tamariscifólius, tamariskeblättrig (Támarix, nach ihrem Vorkommen am Tamaris, Fluß in den Pyrenäen).

Támarix, f., Gatt. der Tamaricáceae (röm. Pflanzenname) – Tamariske.

Támus, m., Gatt. der Dioscoreáceae (lat. Pflanzenname für eine Schlingpflanze, Ende des 17. Jh. auf die Gatt. übertragen) – Schmerzwurz, Stickwurz.

tanacetifólius, rainfarn- (tanacétum-) blättrig.

Tanacétum, n., Gatt. der Asteráceae (mittelalterl. lat. Pflanzenname) – Rainfarn.

tangentiál, rechtwinklig zum Radius eines Kreises verlaufend, parallel zur Längsachse liegende Fläche (vgl. radial).

tangúticus, tungusisch (Sibirien).

Tannín, = Acidum tannicum; aus Galläpfeln gewonnene Gerbsäure; verwendet als Adstringens; T-Beizen: Gemische aus T. und Chromsäure zur Geißelfärbg. oder aus T. und Karbolsäure zur Spirochaetenfärbg.

Tapeténzellen, die innerste Zellschicht der Sporangien bei den Pteridophyten und der Pollensäcke bei den Phanerogamen.

Taráxacum, n., Gatt. der Asteráceae (arab. Pflanzenname) – Löwenzahn; fossil seit dem Pliozän.

Tarchonánthus, m., Gatt. der Asteráceae (griech. tárchon = Estragon; ánthos = Blume, Blüte) – Totenstrauch.

tardiflórus (lat.), spätblühend.

tardívus (lat.), langsam wachsend.

tárdus (lat.), spät, langsam.

tartáreus (griech. Tártaros = ein sagenhafter finsterer Abgrund, die Unterwelt; spätgriech. tártaron = mit Weinstein eingerieben), weinsteinartig, unterirdisch, höllisch.

tartáricus (= tatáricus), aus der Tartarei (Innerasien) stammend.

Tartárus depurátus, Kalium bitartaricum – Weinstein.

tátula (pers. von tat = stehen; in bezug auf die Früchte) – Datura tatula – Stechapfel.

taube Samen, Samen ohne Embryonen.

taúricus, aus Taurien (Südrußland, jetzt Ukraine und Krim) stammend.

Tausendkornmasse (Abk. TKM), die Masse von 1 000 Saatgutkörnern in Gramm ausgedrückt; Wertzahl für die Beurteilung von Saatgut und zur Bemessung der richtigen Aussaatnorm; Ermittlung durch Abzählen von mindestens 2mal 250 lufttrockenen Körnern und abschließendes Wägen.

Tausendkornvolumen, das Volumen von 1 000 (Saatgut-)Körnern; dient als Vergleichswert bei der Saatgut-Bonitur.

Tautoným (griech. tó autó[n] = dasselbe; ónoma, ónyma = Name), Artname, bei dem das Epitheton den Gattungsnamen unverändert wiederholt. In der bot. Nomenklatur sind T. regelwidrig, in der zoologischen dagegen korrekt (z. B. Riparia riparia – Uferschwalbe).

taúzin, eine Quércus-Art (→ toza).

Tavarésia, f., Gatt. Asclepiadáceae (benannt nach José Tavares de Maredo, einem Beamten im portug. Ministerium).

Taxa, Plural zu → Taxon.

Táxien (Sing. Táxis) (griech. táxis = Stellung), reizgerichtete Ortsbewegungen frei beweglicher Organismen, finden sich vor allem bei sehr vielen schwimmenden Einzellern oder Kolonien, seltener bei am Boden lebenden Organismen. Nach der Art des äußeren Reizes spricht man von Phototaxis (Licht als Reiz), Geotaxis (Schwerkraft als Reiz), Chemotaxis (chem. Reiz), Thigmotaxis (Berührung als Reiz).

taxifólius, eiben- (taxus-) blättrig.

-táxis (griech. tássein = ordnen), -reihe.

Taxódium, n., Gatt. der Taxodiáceae (abzuleit. von dem Namen der Gatt. Táxus [Eibe], mit der sie aber nur eine entfernte Ähnlichkeit hat; griech. eídos = Gestalt, Aussehen) – Sumpfzypresse; Charakterbaum der atlantischen nordamerik. Küstensümpfe (sog. dismal swamps); fossil seit der oberen Kreide.

Táxon, n., (gr. táxis = táxon = geordnete Aufstellung, Rangordnung; → Taxonomie); Sippe, Gruppe, Systemeinheit verschiedener Rangstufe, taxonomische Kategorie, z. B. Art, Gatt. Familie, Ordnung; → Rangstufe.

Taxonomie (griech. táxis = Ordnung, geordnete Aufstellung, Anordnung; nómos = Gesetz, Regel, Gesetzmäßigkeit), die Lehre von den Gesetzmäßigkeiten der Ordnung; Wissenschaftszweig der Biologie – der Botanik (= Phytotaxonomie) und der Zoologie (= Zootaxonomie) – mit der Aufgabenstellung, die Organismen (Taxa) zu beschreiben, zu benennen und hierbei aufgrund ihrer (phylogenetisch bedingten) Verwandtschaftsgrade zu natürlichen Gruppen zu vereinigen und in ein System einzuordnen (vgl. Abschnitt: A. 1. 1., 1. 2., 2. 2.).

Táxus, f., Gatt. Taxáceae (lat. Pflanzenname) – Eibe; fossil wahrscheinlich seit dem Jura.

Tct., Abk. auf Rezepten für Tinctura, Tinktur.

Tecóma, f., Gatt. der Bignoniáceae (nach einem mexik. Volksnamen) – Trompetenwinde; fossil seit dem Tertiär.

Tecophiläea, f., Gatt. der Amaryllidáceae (nach der Tochter eines ital. Botan. Tecophila Billotti benannt) – Chilekrokus.

Tectóna, f., Gatt. der Verbenáceae (tekka = malaiischer Name des Baumes) – Teakbaum.

tectórum (lat. téctum = Dach, tectórum = der Dächer), auf Dächern wachsend.

Teep-Präparate (engl. teep = unveränderlich), unveränderliche Verreibungen frischer Pflanzensubstanz (in der Medizin).

Teesdália, f., Gatt. der Brassicáceae (nach dem engl. Botan. R. Teesdale, gest. 1804) – Rahle, Bauernsenf.

Tégmen (lat.), Hülle, Schutz.

Tegménta (lat. tegméntum = Bedeckungsmittel, Bedeckung) → Knospenschuppen.

Teilstück, kleinste Einheit eines nach Grundsätzen angelegten Feldversuchs; seine Größe richtet sich nach: 1. den Ansprüchen der bearbeiteten Art (Größe, Variabilität); 2. dem zu prüfenden Faktor.

Teilungsgewebe → Meristem.

Telékia, f., Gatt. der Asteráceae (nach dem ungar. Grafen Teleki van Szék, 19. Jh.) – Ochsenauge.

Teleologíe (griech. télos = Ende, Ziel, Zweck; lógos = Lehre, Kunde), Lehre von der zweckmäßigen Einrichtung der belebten Natur.

telephioídes, telephiumähnlich (nach König Telephos von Mysien).

Teléphium, n., Gatt. der Caryophylláceae (griech. Pflanzenname) – Zierspark.

Teleútosporen (Wintersporen) (griech. teleuté = Ende, Vollendung; spóros = Keim), paarkernige, mit besonders ausgebildeter Innenwand versehene Einzelsporen, die meist vor ihrer Weiterentwicklung ein Ruhestadium durchmachen. Die Kernverschmelzung tritt erst kurz vor der Keimung ein.

Telipógon, m., Gatt. der Orchidáceae (griech. télos = Ende, Gipfel, pogón = Bart; Säulenspitze ist stark »behaart«) – »Gipfelbartorchidee«.

telmatéjus, -a, -um (griech. télma, télmatos = Sumpf), im Sumpf wachsend.

Telochromosomen, längsgespaltene Isochromosomen.

Telóm (griech. télos = Ende, das in sich abgeschlossen ein kleines Ganzes bildet, Abteilung), morphologisches Grundorgan, auf das im Laufe der Entwicklung die Gliederung des Kormus der höheren Pflanzen zurückgeführt werden kann. In besonders ursprünglicher Form bei den Rhyniáceae der Psilophytopsida des Devon als gabelig verzweigte, einnervige Achse mit vegetativen bzw. fertilen Endausgliederungen.

Telóm-Theorie (griech. → Telom), Theorie, welche die Gliederung des Kormos der höheren Pflanzen in Wurzel, Sproßachse, Blatt und Blüte auf die Umbildung eines einzigen morphologischen Grundorganes, des Teloms, zurückführt. An der Umbildung des Teloms können sechs Elementarprozesse beteiligt sein: 1. Übergipfelung, 2. Planation, 3. Verwachsung, 4. Reduktion, 5. Inkurvation, 6. Gewebedifferenzierung (nach Zimmermann).

Telopháse (griech. télos = Ende; phásis = Erscheinung), vierte (letzte) Phase der indirekten Zell- oder Kernteilung, in der sich der Zelleib senkrecht zur Polachse durchschnürt und sich die beiden Tochterkerne ausbilden (Entstehung einer Kernmembran, Zerteilung der Chromatinsubstanz).

Telosyndése, Endverbindungen der Chromosomen, wie sie in bestimmten Fällen im Zygotän auftreten; → Syndese.

temperát (= boreomeridional), pflanzengeographische Bezeichnung für ein überwiegendes oder ausschließliches Vorkommen in der Zone des sommergrünen Laubwaldes oder der Steppenzone der gemäßigten Breiten.

temporär (lat. témpus, témporis = Zeit), zeitweilig, vorübergehend.

temuléntus, témulus (lat.), betäubend, berauschend, schwindelerregend.

tenagéius, -a, -um (lat.; von griech. ténagos = Sumpf), im seichten Wasser lebend (z. B. Juncus tenageia – Sumpfbinse).

Tenagophýta (griech. ténagos = seichtes Wasser, Lache, unter Wasser stehendes Land, Sumpf; phytón = Pflanze), Arten, deren Leben an die seichte litorale Phase gebunden ist.

ténax (lat.), zähe.

tenéllus, -a, -um (lat. téner = zart; sehr zart), z. B. Gentiána tenélla – Zarter Enzian.

téner, ténera, ténerum (lat.), zart, weich.

tenoreánus (nach Prof. Michele Tenore, geb. 5. 5. 1780 in Neapel, gest. 19. 7. 1861 ebenda).

Tentákel (lat. tentáculum = Tastorgan, Fangarm; von tentáre = betasten), fermentabsondernde Fang- und Verdauungshaare an den Blättern des Sonnentaus.

tenuifólius (lat.), dünnblättrig.

tenuinuzellát, ist eine Samenanlage, in der die Wand des Nucellus (Nuzellus) bzw. des Makrosporangiums wenigschichtig (dünn) ist.

ténuis (lat.), dünn, zart, schwach.

Teosínte, mexik. Name für die Gatt. → Euchlǽna, die als Stammform des Maises in Betracht kommt. Die in Mexiko heimische T. besitzt zwar keine kolbenförmigen Blütenstände, jedoch erinnern die an mehreren grundständig verwachsenen Ähren befindlichen Körner an den Mais. T. ist wie der Mais monözisch. Bastardierungen zwischen T. und Mais (→ Zéa) ergeben fertile Hybriden, die als Übergangsform zahlreich existent sind.

Tépala (griech. Plur. Tépalae = Tepalen), die gleichartigen Glieder eines Perigons, Perigonblätter; es liegt eine Blütenhülle vor, die also nicht in Kelch und Krone gegliedert ist (z. B. bei Tulipa).

tephro- (griech. téphra = Asche), aschgrau-.

Teratologie (griech. téras = Schreckbild, Ungeheuer; logos = Lehre), Lehre von den Mißbildungen der Lebewesen.

téres (lat.), stielrund, kantenlos.

tereti- (lat.), stielrund- (vgl. téres).

teretifolius (lat.), mit stielrunden Blättern.

terminál (lat. términus = Spitze), endständig, am Ende.

Terminálblüte, einzelstehende Blüte als Abschluß eines Sprosses.

Terminália, f., Gatt. der Combretáceae (lat. términus = Spitze) – Almond.

Terminálknospe, Knospe, die das fortwachsende Sproßende abschließt.

Terminologíe (lat. términus = Ausdruck; griech. lógos = Lehre), Lehre von den Fachausdrücken; → Abschnitt A.

Términus (lat.), 1. Grenze, Spitze u. ä.; 2. Bezeichnung, Ausdruck (Wort).

Términus téchnicus (lat.), Fachausdruck.

Termóne, Stoffe, die die Ausbildung der Sexualcharaktere (der Sexualorgane) hervorrufen, während man unter → Gamonen Stoffe versteht, die chemotaktische Anlockung und Verschmelzung der Gameten bewirken.

tern-, ternato-, terni- (lat. térni = je 3), dreimal-, dreizählig.

ternáteus, von Ternate (Insel der Molukken) stammend.

Terpéne (griech. térpein = sättigen, erfreuen, sich vergnügen), aus mehreren Isopórenmolekülen zusammengesetzte, oft durch ihren Geruch ausgezeichnete, weit verbreitete, organische Naturstoffe.

Terramycín (lat. térra = Erde, Land; griech. mýkes = Pilz), Antibiotikum aus dem Kulturfiltrat des Strahlenpilzes Streptomyces rimotus.

terréstrisch (lat. térra = Erde), auf die Erde bezüglich, auf der Erde befindlich.

terréstrische Phase (→ terréstrisch; griech. phásis = Erscheinung), Milieu, in dem das Wasser des Bodens als Hauptfaktor auftritt.

térreus (lat.), erdig.

Terriphýten (lat. térra = Erde; griech. phytón = Pflanze), Landpflanzen.

territoriále Charakterarten (lat. territórium = eigentl. Stadtgebiet, Gebiet), Charakterarten, die für ein größeres, natürliches Gebiet Gültigkeit haben.

Tertiär, n., (franz. tertiaire = die dritte Stelle einnehmend; mit Primär und Sekundär bezeichnete man früher die vorangehenden Formationsgruppen), Periode der Erdgeschichte (des Neozoikums) vor dem Quartär, vor 65 bis ca. 2 Mill. Jahren; gehört paläobotanisch zum Neophytikum (= Angiospermenzeit), charakteristisch sind auch die »Braunkohlenmoorwälder« (gegliedert in die Epochen Paleozän, Eozän, Oligozän, Miozän und Pliozän).

tertiär, an dritter Stelle stehend.

Tertiärflora (lat. flos, flóris = Pflanze), Pflanzenwelt d. Tertiärs.

Tertiärrelikte, Überreste der Tertiärflora in unserer Zeit; → Relikt.

Testa (lat.), Samenschale, die aus den früheren Integumenten hervorgegangen ist.

testáceus (lat. tésta = Schale), schalenartig.

testiculáris (lat. testículus = Hoden), hodenförmig, sackartig.

Testudinária, f., Gatt. der Dioscoreáceae (lat. testúdo, testúdinis = Schildkröte) – Schildkrötenpflanze (wegen der Ähnlichkeit der Knolle mit dem Panzer einer Schildkröte).

tetanicus, gegen Starrkrampf angewendet.

Tetanus (griech. tétanos von teinein = spannen), Wundstarrkrampf; akute Infektionskrankheit, bei der die Erreger (Clostridium tetani) meist mit verunreinigter Erde in die Wunde eindringen und das dort gebildete Tetanustoxin den Wundstarrkrampf hervorruft.

Tetanusbazillen, von Nicolaier 1884 beschriebene und von Kitasato 1889 isolierte, anaerob wachsende, grampositive Stäbchenbakterien (Clostridium tetani). Sie bilden an einem Ende den Bakterienleib auftreibende kugelförmige Sporen (Trommelschlegelform).

tetr-, tetra- (griech. tétra = vier), vier-.

Tetráde (griech. tétra = vier), Vierergruppe von Chromosomen (z. B. während der → Meióse), Sporen oder Pollenkörnern.

tetradynámische Blüten (griech. tétra = vier; dýnamis = Kraft), Blüten der Brassicaceen, bei denen die inneren Staubblätter verdoppelt sind und längere Filamente als die beiden äußeren besitzen.

Tetragónia, f., Gatt. der Aizoáceae (griech. tétra = vier; gonía = Ecke; Früchte vierkantig geflügelt) – Neuseeländ. Spinat.

Tetragonólobus, m., Gatt. der Fabáceae (griech. tetrágonos = viereckig; lobós = Hülse) – Schotenklee.

tétrahit (griech. tétra = vier; bezieht sich auf den vierkantigen Stengel), mit vier Rändern; z. B. Galeopsis tetrahit – Gemeiner Hohlzahn.

tetrakotýl (griech. tétra = vier; kotýledon = Keimblatt, Saugorgan), mit vier Keimblättern versehen.

tetrálix (griech. hélix = gewunden, Windung; kontrahiert aus tetra und helix), vierfach gewunden.

tetramér (griech. tétra = vier; méros = Teil), viergliederig; ein Wirtel, der aus vier Gliedern besteht.

Tetrápanax, m., Gatt. der Araliáceae (griech. tétra = vier und Gattungsname Panax) – Reispapierbaum.

Tetráphis, f., Gatt. der Tetraphidáceae (griech. tetra- = vier-; rhaphís = Nadel; nach dem vierzähnigen → Peristom) – Tetraphidales – Laubmoose.

tetraploide Organismen (griech. tetráplous = vierfach), Organismen, die den vierfachen haploiden Chromosomensatz enthalten.

tetrarches Leitbündel (griech. tetra = vier; arche = Anfang, Ursprung, Beginn, Prinzip), Leitbündel mit (von Anfang an bzw. prinzipiell) vier Xylemstrahlen; vierstrahlig.

Tetrasomatíe (griech. tétra = vier; sóma, sómatos = Körper, Leib), Auftreten von somatischen Kernen mit dem vierfachen diploiden Chromosomensatz.

Tetrasomie, Bezeichnung für Zellen, die ein bestimmtes Chromosom eines sonst diploiden Satzes viermal haben (Formel: 2n + 2).

Tetrasporen, unbewegliche Sporen in Vierzahl, die unter Reduktionsteilung in einem Sporangium ausgebildet werden.

Tetrasporophýt, die Tetrasporen ausbildende Pflanze (bei Florideae); → Sporophyt.

Tetrastígma, n., Gatt. der Vitáceae (griech. tétra = vier; stígma = Narbe).

Tetrazyklíne, Gruppe von Antibiotika, die das gleiche chemische Grundgerüst von vier kondensierten Kernen besitzen und sich untereinander durch die Art der Substitutionen am Kerngerüst unterscheiden. Wichtigste T. sind: Chlortetrazyklin, Oxytetrazyklin, 6-Dimethylchlortetrazyklin, 6-Dimethyltetrazyklin, Tetrazyklin.

tetrazýklische Blüten, Blüten, die aus vier Blattquirlen bestehen.

Tetrósen, Zucker mit 4 C-Atomen, Kohlenhydrate.

Teúcrium, n., Gatt. der Lamiáceae (griech. Pflanzenname) – Gamander.

texánus (= texénsis), aus (in) Texas (Staat im Süden der USA) stammend (vorkommend).

téxtilis (lat. téxo, téxui, téxtum, -ere = weben), gewebt, geflochten.

Textúr (lat. textúra = Gewebe), 1. Oberflächenbeschaffenheit eines Organs, z. B. eine glatte, rauhe, höckerige Oberfläche; 2. Begriff aus der Morphologie der Zellwand. Je nach Anordnung der Zellulosemikrofibrillen in der Zellwand, verglichen zur Längsachse der Zelle, spricht man von Ring-, Parallel- oder Schrankentextur. 3. Zusammensetzung eines Bodens nach verschiedenen Korngrößen bzw. Fraktionen derselben. Hauptsächlich nach Unterschieden der Textur differenziert man die Böden in Bodenarten (Sand, Lehm, Ton).

Thalamiflórae (lat. thálamus = griech. thálomos = Blumen- oder Fruchtboden, eigentl. Gemach; lat. flos, flóris = Pflanze, Blume), früherer Name für eine Gruppe der Dicotyledoneae mit unterständiger (hypogyner) Krone, Fruchtknoten oberständig.

Thálamus (s. o.), oberes Ende der Blütenachse.

thalictroídes (Thalíctrum wahrscheinlich von griech. thállein = grünen), wiesenrauteähnlich.

Thalíctrum, n., Gatt. der Ranunculáceae (griech. Pflanzenname; thaliktron = grünes Kraut) – Wiesenraute.

Thalló-Chamáephýta (griech. chamaí = am Boden; phytón = Pflanze), Moose, Flechten, Pilze und Algen, die in Nähe des Bodens die ungünstige Jahreszeit überdauern.

Thalló-Epiphýta (→ Epiphýten), Moose, Flechten, Pilze und Algen, die auf anderen Pflanzen leben.

Thalló-Geophýta (→ Geophýten), Moose, Flechte, Pilze und Algen, die im Boden die ungünstige Jahreszeit überdauern.

Thalló-Hemikryptophýta, Moose, Flechten, Pilze und Algen, die unmittelbar am Boden die ungünstige Jahreszeit überdauern.

Thalló-Hydrophýta natántia (→ Hydrophýta; natántia = Partizip Präsens von lat. natáre = schwimmen), frei schwimmende niedere Pflanzen.

Thalloíd (aus Thallus und griech. eídos = Aussehen), gametophytischer Pflanzenkörper ohne Gliederung in Stengel und Blätter, jedoch mit echtem Gewebe (z. B. bei blattlosen Lebermoosen).

Thallophýta (griech. thallós = Lager; phytón = Pflanze; »Lagerpflanzen«), Pflanzen mit den Merkmalen eines → Thallus. Die Th. haben sich aus der Primitivstufe der Protophyta im Verlauf der Stammesgeschichte auf die vielzellige Organisationsstufe mit ± geringer Zelldifferenzierung entwickelt, wobei die morphologische Organisation der Thalli bei den verschiedenen Gruppen der Th. auf differente Weise erfolgte (vgl. Kormophyta).

Thallospóren (griech. thallós = Lager; spóros = Keim), ungeschlechtliche Sporen, die direkt aus dem Myzel hervorgehen. Zu ihnen gehören: die Arthrosporen (Oidien), die Blastosporen, die Chlamydosporen (Gemmen).

Thállo-Therophýta, einjährige Moose und Pilze, die als Sporen die ungünstige Jahreszeit überdauern.

Thállus (griech. thallós = sprossender, grünender Zweig; im übertragenen Sinne: Lager, ungegliederter Pflanzenkörper), Pflanzenkörper, der sich nicht aus den Grundorganen Sproßachse, Blatt und Wurzel aufbaut und durch geringe Zelldifferenzierung auszeichnet; Vorkommen bei Blaualgen, Algen, Pilzen, Flechten und Moospflanzen (→ Kormus). So bezeichnet der Thallus z. B. von Flechten die Gesamtheit der vegetativen Struktur, in der Algen und Pilze in engem Kontakt stehen.

thamn-, thamno- (lat. thámnus = griech. thámnos = Gebüsch, Strauch), strauch-.

Thápsia, f., Gatt. der Apiáceae (griech. Pflanzenname) – Purgierdolde.

tapsifórmis, thapsoídes, königskerzenförmig.

thápsus, Wollkraut-Art mit gelb (griech. thápsos) gefärbten Blüten.

Théa, f., Gatt. der Theáceae (theah = chin. Name des Teestrauches) – Teestrauch.

thebáicus, aus Theben (Griechenland) stammend.

Thécium, gleichbedeutend mit Hymenium.

Théka (griech. théke = Behältnis u. ä.), 1. Antherenhälfte → Anthere; 2. Schale der Kieselalgen.

Thelespérma, n., Gatt. der Asteráceae (griech. théle = Brustwarze; spérma = Samen) – Warzensame.

Thelocáctus, m., Gatt. der Cactáceae (griech. théle = Warze u. Gatt. cactus) – Warzenkaktus.

Thelygeníe (griech. thélys = weiblich; gené = Bildung, Erzeugung), Erzeugung von Nachkommen, die völlig oder fast ausschließlich weiblichen Geschlechts sind.

thelýpteris, weibl. Farn (griech. thélys = weiblich; ptéris = Farn) – Dryopteris thelypteris – Sumpffarn.

Theobróma, n., Gatt. der Sterculiáceae (griech. theós = Gott; bróma = Speise) – Kakaobaum.

Theobromín, koffeïnähnliches Alkaloid, chemisch: 3,7-Dimethylxanthin, ein Pirinderivat, kristallin. Pulver; bitterer Geschmack, in H_2O schwer löslich; kommt meist neben → Coffeinum vor, besonders wirksam in Théa sinénsis – Schwarzer Tee, Theobróma cacáo – Kakao, auch in Ílex paraguariénsis – Matetee und Cóla – Kolanuß.

Theophrásta, f., Gatt. der Theophrastáceae (benannt nach dem griech. Philosophen Theophrast, der 288 v. u. Z. starb).

Theoríe, Verknüpfung von Hypothese (Annahme) und Tatsache, die mit keiner Erfahrung in Widerspruch steht.

Therapíe (griech. therapeia = Behandlung, Pflege, Heilung), Lehre von der Heilung bzw. Behandlung der Krankheiten.

thermális, thérmicus (lat.), an warmen Quellen wachsend.

thermisch indifferente Pflanzen, Pflanzen, die gegen Temperaturen weitgehend unempfindlich sind.

thermogéne Baktérien, Bakterien, welche die Selbsterhitzung organischer Substanzen verursachen.

thermolabíl wird eine Substanz (auch lebende Materie) bezeichnet, die durch Hitze zerstört oder unwirksam gemacht wird bzw. werden kann.

Thermomorphósen (griech. thermós = warm, heiß; morphé = Gestalt), Gestaltsveränderungen, verursacht durch den Einfluß der Temperatur (vgl. auch Morphosen).

Thermonastíe, durch Wirkung des Temperaturwechsels hervorgerufene periodische Bewegungen, die auf einem verschieden starken Wachstum der Organseiten beruhen; → Nastien.

thermophíl (griech. thermós = warm, heiß; phílos = liebend), wärmeliebend, Bezeichnung für Pflanzen, vor allem Mikroorganismen, die hohe Temperaturminima sowie auch Optima u. Maxima in hohem Temperaturbereich besitzen (z. B. Bacillus calfactor mit einem Min. von +30 °C und Max. von +75 °C).

Thermópsis, f., Gatt. der Fabáceae (griech. thérmos = heiß, ópsis = Aussehen) – Fuchsbohne.

thermostabíl, hitzebeständig.

Thermostát, 1. Raum mit konstanter Temperatur; 2. Wärmeregulator.

Thermotropísmus, durch einseitige Erwärmung beeinflußte Wachstumsrichtung von Pflanzenteilen; → Tropismen.

Theró-Belónido-Makrophanerophýta, sommergrüne Nadelbäume.

Theró-Chamaephýta frutescéntia, vollständig verholzte Zwergsträucher mit sommergrünen Blättern.

Theró-Makrophanerophýta, sommergrüne Laubbäume mit Knospenschutz im Winter.

Therophýta (griech. théros = warme Jahreszeit, Sommer; phytón = Pflanze), einjährige Pflanzen; diese haben sich an eine ungünstige Jahreszeit (Winter oder periodische Trockenheit) angepaßt, z. B. durch Überdauerung von Trockenheit mit Hilfe von Samen, des Winters in Form von Rosetten. Sie kommen in größerer Zahl in den Trockengebieten Südeuropas vor. Untergruppen: Th. caespitosa, einjährige Pflanzen, die durch Bestockung Horste bilden; Th. reptantia, einjährige Pflanzen mit Ausläufern oder niederliegenden Sprossen, die sich bewurzeln; Th. rosulata, einjährige Pflanzen mit grundständiger Blattrosette; Th. hemirosulata, einjährige Pflanzen, die anfänglich eine Blattrosette, später einen beblätterten Stengel bilden; Th. scapósa, einjährige Pflanzen ohne Blattrosette; Th. scandentia, rankende oder windende einjährige Pflanzen.

Thése, Forderung, Behauptung, belegte Aussage.

Thésium, n., Gatt. der Santaláceae (Name für ein nach Theseus benanntes Knollengewächs von bitterem Geschmack, von Linné auf die Gatt. übertragen) – Vermeinkraut oder Leinblatt.

Thevétia, Gatt. der Apocynáceae (nach dem franz. Mönch André Thevet, geb. 1502, gest. 1590, der Brasilien und Guayana bereiste); fossil seit dem Tertiär.

Thiamin (Aneurin, Vitamin B, Antiberiberivitamin), dieses wasserlösliche Vitamin ist am längsten bekannt und besteht aus einem Pyrimidin- und Thiazolderivat. Das Pyrophosphat des Th. fungiert als Coënzym verschiedener Enzyme und ist vor allem bei der oxidativen Decarboxylierung bedeutungsvoll.

thiacanthus, -a, -um (griech., latin.) schwefelgelb bestachelt.

Thigmomorphósen, morphogene Wirkungen, die durch den Kontakt mit irgendwelchen Gegenständen hervorgerufen werden; → Morphosen.

Thigmonastíe (griech. thígma = Berührung), Organbewegung, die durch einen Berührungsreiz ausgelöst wird und ohne Beziehung zum Ort der Reizung abläuft (z. B. Zusammenklappen der Fangblätter bei der Dionaea – Venusfliegenfalle; → Nastien.

Thigmotropísmus (griech. thígma = Berührung; trópus = Richtung), Krümmungsbewegung, welche der Aufrechterhaltung eines mechanischen Kontaktes dient (z. B. beim Winden von Pflanzenteilen); Kontaktreizbarkeit.

Thíobakterien (griech. theíon = Schwefel), Schwefelbakterien.

Thladiántha, f., Gatt. der Cucurbitáceae (griech. thladías = der Gequetschte; ánthos = Blüte) – Quetschgurke.

Thláspi, n., Gatt. der Brassicáceae; bereits in der Antike verwendeter Name (griech. thláein = zerquetschen, Wortstamm bei Futur/1. Person: thlás-ō; nimmt Bezug auf die gleichsam zusammengedrückten und abgeplatteten Schötchen und Samen, von Dioskorides bereits so erklärt; die Endung [s-] pi ist offenbar angefügt worden von der 1. Silbe des griech. Verbs piézein = zusammendrücken und verstärkt den Wortinhalt der [von Sprachregeln abweichenden] »schöpferischen« Namensgebung) – Heller-, Pfennig- oder Täschelkraut.

Threonin, α-Amino-β-hydroxybuttersäure, $CH_3CH(-OH)CH-(-NH_2)-COOH$, eine Monoaminomonocarbonsäure.

Thrínax, f., Gatt. der Arecáceae (griech. thrínax = Dreizack) – Schilfpalme.

-thrix (griech.), in Zusammensetzungen: -haarig.

Thryptophýta (griech. thryptein = zerreiben, zerbröckeln; griech. phytón = Plur.: phýta = Pflanzen), pathogene pflanzliche Organismen, die lebende Pflanzen befallen, aber nur von totem Gewebe leben, dessen Abtötung sie (durch andere, indirekte Ursachen) vermittels Enzymausscheidung ermöglicht haben; Gruppe der Nekrophyta bzw. nekrotropher Krankheitserreger.

Thuidium, n., Gatt. der Thuidiáceae (nach Thuja und griech. idíos = eigen; d. h. einer Thuja ähnlich im Habitus) – Hypnales – Laubmoose.

Thúja, f., Gatt. der Cupressáceae (griech. thyía, Name für einen nordafrikan. Baum mit wohlriechenden, zum Räuchern benutztem Holz [Cállitris articuláta], der zuerst am Ende des 16. Jh. auf den amerik. Lebensbaum übertragen wurde) – Lebensbaum; fossil seit der Oberkreide, evtl. seit dem Jura.

Thujópsis, f., Gatt. der Cupressáceae (Gattungsname Thúja und griech ópsis = Aussehen) – Hiba.

Thunbérgia, f., Gatt. der Acantháceae (nach K. P. Thunberg, schwed. Botan. Uppsala, 1743 bis 1828, Schüler und Nachf. Linnés).

Thúnia, f., Gatt. der Orchidáceae (nach Graf v. Thun Hohenhaim von Tetschen, Böhmen) – Thun-Orchidee.

thuringíacus, aus Thüringen stammend.

Thylakoíd (griech. thýlakos = Sack; thýlakoides = sackartig), tubuläre od. lamelläre Membraneinstülpungen der inneren Plastidenhülle bei Abschnürung in sich geschlossener Doppellamellen; auch Fusion von Vesikeln und Tubuli möglich. Es werden unterschieden: 1. Granathylakoide (übereinander geschichtet); 2. Stromathylakoide (einzeln liegend).

Thýllen (griech. thýllis = Sack, Beutelstoff), bei Hölzern eine sackartige Ausstülpung einer Parenchymzelle in den Hohlraum einer Trachee. Dieser Vorgang kann zur völligen Verstopfung der Wasserbahnen führen. Die Ausstülpung kann durch Bildung einer neuen Zellwand zu einer selbständigen Zelle werden. In diesen Fällen können sie Speicherzellen für Stärke sein.

Thymelǽa, f., Gatt. der Thymelaeáceae (griech. thymelaía = Purgierstrauch) – Purgierstrauch.

Thýmus, m., Gatt. der Lamiáceae (griech. Pflanzenname: thýmos und thýmon; bei den Römern: Thymum) – Thymian.

thyoídes (thyía = griech. Holzname), lebensbaum- (thúja-)ähnlich: Chamaecyparis thuyoides – Weiße Zeder.

thyrs-, thyrso-, strauß-, auch -thýrsus, -a, -um; sträußig (griech. thýrsos = Thyrsosstab, ein Stab mit Efeu, Weinlaub, Fichtenzapfen, daher auch Strauß).

Thýrse (Thýrsus), Ebenstrauß; ebensträußiger, rispenartiger Blütenstand, zusammengesetzt aus → zymösen Teilblütenständen, deren alleinige Verzweigung aus den Achseln der Vorblätter erfolgt, die als einzige Blattorgane unterhalb der Blüte ausgegliedert werden.

thyrsiflórus, -a, -um, straußblumig, z. B. Lysimachia thyrsiflora – Strauß-Gilbweiderich.

Tiarélla, f., Gatt. der Saxifragáceae (Verkleinerungsform v. lat. tiára = Turban) – Schaumblüte.

tiefgründig, Boden ohne steinigen Untergrund, bis in große Tiefen von den Pflanzen zu durchdringen.

tierblütig (zoidiogam), Pflanzen, deren Pollen durch Tiere verbreitet werden.

Tierfrüchtigkeit → Zoochorie.

tíglium, von der Molukkeninsel Tiglis (Ostindien) stammend.

Tigrídia, f., Gatt. der Iridáceae (lat. tígris, tígridis = Tiger) – Tigerblume.

tigrídius, tigrínus (lat. tígris = Tiger), getigert, tigerfleckig.

Tília, f., Gatt. der Tiliáceae (lat. Pflanzenname) – Linde; fossil wahrscheinlich seit der oberen Kreide.

Tillǽa, f., Gatt. der Crassuláceae (nach dem ital. Botan. Michelangelo Tilli, 1655 bis 1740) – Moosblümchen, Tilliblume.

Tillándsia, f., Gatt. der Bromeliáceae (nach dem finn. Prof. der Medizin Elias Tillands, Abo, 1640–1693).

Tillétia, f., Gatt. der Tilletiáceae (nach dem Botan. Tillet, gest. 1791) – Schmierbrand (Ustilagináles – Brandpilze).

-tílus, -a, -um (griech. tílos = Faser), -faden.

tinctórius (lat.), zum Färben verwendet.

tinctórum (Genit. Pl. von lat. tinctor), der Färber.

Tinktúr (= Tinctúra) (lat. tíngere, tíngo, tínxi, tínctus = benetzen, färben), Ausdruck für mit Weingeist, Ätherweingeist, Wein, Azeton oder Wasser hergestellte Auszüge aus pflanzl. oder tier. Stoffen (z.B. Arnikatinktur = alkoholisch-wäßriger Auszug aus Arnikablüten).

tínus (von griech. teínein = ausdehnen), röm. Pflanzenname von Vibúrnum tínus – Lorbeerschlinge.

titánius (lat.) = riesenhaft.

títanus (lat.), kalkig.

Titer, das relative Maß für die Menge eines Antikörpers oder Antigens in einer Flüssigkeit, gewöhnlich in einem Serum. Der T. ist die größtmögliche Verdünnung einer Flüssigkeit, die noch imstande ist, eine feststellbare Antikörper-Antigen-Reaktion zu zeigen. Er wird in dem Verhältnis ausgedrückt, in dem die Flüssigkeit verdünnt wurde. Die relativ vorhandenen Antikörpermengen können so bei verschiedenen Flüssigkeiten verglichen werden.

tithymaloídes, wolfsmilchähnlich (früher Tithýmalos, Sammelname aller Euphorbien).

tithýmalus, griech. Pflanzenname.

titríeren, eine Maßanalyse ausführen.

tobíra (griech. tobíra = Türflügel), jap. Name der Pittósporum-Art.

Tochterachsen → Seitenachsen.

Tochterchromosomen, Chromosomenspalthälften.

Tódea, f., Gatt. der Osmundáceae (nach dem deutsch. Botan. H. J. Tode, 1733–1797) – Elefantenfarn, Xerophyt in Südafrika.

Tofiéldia, f., Gatt. der Liliáceae (nach dem engl. Botan. Tofield, 1730–1793) – Kelchlilie, Simsenlilie.

Tokogénesis (griech. tókos = Geburt; génesis = Entstehung), Elternzeugung, geschlechtliche oder ungeschlechtliche Abstammung eines Lebewesens von einem anderen.

Tokophýlle (griech. tókos = Fortpflanzung,

Geburt; phýllon = Blatt), Urblätter, die nur oder im wesentlichen der Fortpflanzung dienen.

Toleránz (lat. toleràntia = das Erdulden, Ertragen), zulässige Abweichung zwischen den Ergebnissen mehrerer Analysen z. B. aus einer Saatgutprobe. Syn. Latitude, Spielraum.

Tólpis, f., Gatt. der Asteráceae (Ableit. unklar) – Bartpippau.

Tomatín, Alkaloid in der Tomate Es sammelt sich primär in den Früchten an und wird während des Reifens abgebaut. Gleichzeitig verlieren die Früchte ihren bitterlichen, kratzigen Geschmack und ihre Giftwirkung.

tomentósus (lat.), filzig, polstrig.

Tomilláres, vorwiegend durch Zwergsträucher, Geophyten und Gräser aufgebaute Formation des westlichen Mittelmeergebietes.

-tomus, -a, -um (griech. tomé = Schnitt; témnein = schneiden), schnittig-.

Ton, anorganischer Bestandteil des Bodens mit Teilchendurchmesser kleiner als 0,002 mm.

Ton-Humuskomplex, innige Vermengung organischer Substanzen (Huminsäuren) mit dem anorganischen Bodenmaterial (Ton), die zu einem nicht mehr entmischbaren Komplex führt, welcher den wesentlichen Bestandteil des → Mulls, der hochwertigsten Humusform des Bodens, bedingt. Die Bildung beginnt im Darm der Regenwürmer.

Tónica remédia (griech. tónos = Spannung; lat. remédium = Heilmittel), kräftigende Mittel (→ Roborantien).

Tónicum (griech. tónos = Spannung), Kräftigungsmittel.

Tonoplást (griech. tónos = Spannung, Nachdruck; plastós = geformt, gebildet), innere Plasmagrenzschicht, die den Protoplasten von den Zellsafträumen (→ Vakuolen) trennt; wichtig für den Stoffaustausch innerhalb der Zelle (→ Plasmalemma).

tónsus (lat. tónsere = scheren), haarlos, geschoren.

tópische Reaktion, 1. freie Ortsbewegung zur Reizrichtung hin durch direktes Einstellen der Körperachse in die Richtung des Konzentrationsgefälles; 2. ein aktives Zuschwimmen auf die Stoffquelle.

Topographie (griech. tópos = Gegend, Landschaft, Ort; gráphein = beschreiben), Geländebeschreibung.

Topoklíma (griech.), Standortsklima, Klima der bodennahen Luftschicht.

Topotýpus, beim Fehlen der vom Erstbeschreiber einer Sippe zur Namensgebung herangezogenen Pflanze ein Exemplar vom Originalfundort, das zur Namensgebung (als Neotypus) verwendet wird.

Tordýlium, n., Gatt. der Apiáceae (tordýlion = griech. Pflanzenname) – Zirmet.

Torénia, f., Gatt. der Scrophulariáceae (nach O. Toren, Schiffsprediger, Gotenburg, gest. 1753, Schüler Linnés).

Torf, sedentäre Ablagerung abgestorbener Pflanzenteile mit >30% organischer Substanz in der Trockenmasse, die unter weitgehendem Luftabschluß durch Wasser einer als → Vertorfung bezeichneten Art der Zersetzung unterlagen.

Torfdolomít, m., (altnord. torf = Rasen; Dolomit nach dem franz. Mineralogen J. D. de Dolomieu, 1750–1801), Dolomitknollen (engl. = »coal-balls«), ± rundliche Konkretionen in Steinkohlen aus Kalzit u. Dolomit. Bedeutend ist ihr hoher Gehalt gut erhaltener Intuskrustationen von Pflanzen. Die Dolomite entstanden im Torfstadium unter dem Einfluß mariner Überflutungen. Als Seltenheit (rein kalkig) kommen ähnliche Knollen auch in der Braunkohle vor.

Torfmoos → Sphágnum.

Tórilis, f., Gatt. der Apiáceae (Ableit. unbekannt) – Klettenkerbel.

tormentílla (lat.), kleine Qual (tormentum), d. h. gegen Leibschmerzen dienlich.

torminális (lat.), Leibschmerzen lindernd, gegen Durchfall dienlich.

torminósus, -a, -um (lat.), Durchfall erzeugend.

Torrēýa, f., Gatt. der Taxáceae (nach dem amerik. Botan. J. Torrey, 1796–1873) – Nußeibe; fossil wahrscheinlich seit dem Jura.

Torsión (lat. tórtus = Windung), Bewegung, bei der sich ein Organ unter Beibehaltung seiner Wuchsrichtung um die eigene Achse dreht, wobei die Basis in Ruhe bleibt.

tórti- (lat. tórqueo, tórsi, tórtum, -ére = drehen), gedreht-.

Tórtula, f., artenreiche Gatt. der Pottiáceae, Bryopsida – Laubmoose; T. muralis global verbreitet; allen Arten ist gemeinsam das Vorhandensein von 32fädigen, meist linksgewundenen Peristomzähnen.

tortuósus, tórtus (lat.), gewunden, gedreht.

Torulópsis, meist Tórula (lat. torus = Wulst, Polster, also Wülstchen; griech. ópsis = Aussehen) genannt, f., Gatt., die zu den asporogenen Hefen zählt; wichtige Arten: Torula amara (macht Milch bitter), Torula casei (erzeugt weiße Schmiere auf unreifem Harz- und Camembertkäse). Sie gehören allgemein zur Flora gesunder Käseschmiere. T.-Arten werden zur Herstellung von Futterhefe verwendet (z. B. T. utilis). Alle Arten sind asporogen.

torulósus, -a, -um (lat. tórus = Wulst) kleinwulstig, mit kleinen Polstern versehen.

Tórus (lat. tórus = Polster, Lager), 1. verdickte Mittelpartie der Schließhaut der Hoftüpfel; 2. → Blütenboden.

Totalpräparat, ein ganzer Organismus oder ein Teil von ihm, der durch Fixierung, Färbung, Entwässerung und Aufhellung (aber ohne mit einem Mikrotom geschnitten zu sein) vorbereitet, auf einem Objektträger, gewöhnlich in Kanadabalsam, eingebettet, mit einem Deckglas abgedeckt, der mikroskopischen Untersuchung dient.

Totipoténz (lat. tótus = ganz; pótentia = Vermögen, Fähigkeit), Befähigung von Zellen, alle Teile und Gewebe des späteren Pflanzenkörpers aufzubauen.

Totreife, der Vollreife sich anschließendes Reifestadium (z. B. des Getreides), für das u. a. starke Brüchigkeit aller strohigen Teile, Sprödesein des Korns und Zunahme des Kornausfalls charakteristisch sind.

Townséndia, f., Gatt. der Asteráceae (nach dem amerik. Botan. D. Townsend, 19. Jh.).

toxicodéndron (griech. tóxikon = Gift; déndron = Baum) – Giftbaum (z. B. Rhus t. – Gift-Sumach).

Toxikologíe (griech. toxikón = Gift, Pfeilgift; lógos = Wort, Kunde), Lehre von den Giften und Vergiftungen.

Toxíne, von Pflanzen und Tieren gebildete spezifische Giftstoffe.

tóxisch, giftig.

Toxizität, unerwünschte Giftigkeit von Pflanzenteilen oder Pflanzenschutzmitteln gegenüber Menschen und Haustieren.

tóza (tózza), Artname einer Quércus, gebildet aus den in Südfrankr. (Pyrenäen) für diese Art gebräuchlichen Volksnamen Toza, Tauza, Tauzin, Auzin.

Tózzia, f., Gatt. der Scrophulariáceae (nach dem ital. Botan. Lucas Tozzi, 1663 bis 1717) – Alpenrachen.

TPN, Abk. für Triphosphorpyridinnucleotid, → NADP.

Trabánt (Satellít), bei manchen Chromosomen durch sekundäre Einschnürung vom Ende eines Schenkels getrenntes, teils kugeliges, teils stabförmiges Gebilde von unterschiedlicher Größe; → SAT-Chromosom.

Trabéculae, f., Plur., (lat. trabécula = Bälkchen), dünne Stränge stützenden Gewebes in verschiedenen Pflanzenorganen; 1. radial verlängerte Zellen der Endodermis, die sich durch Teilung zu Reihen entwickeln und das Leitgewebe im großen Luftraum des Sprosses von Selaginella stützen, indem sie Leitbündel mit Rinde verbinden; 2. membranartige sterile Stränge, die die Sporangien der Isoëtales durchziehen.

tracheáles System → Tracheom.

Trachéen (griech. trachḗia = Luftröhre), Gefäße, relativ weite Röhren, die aus Längsreihen vieler unterschiedlich gestreckter, tonnenförmiger Zellen durch mehr oder weniger vollständige Auflösung der Endwände entstanden sind. Die T. sind im funktionsfähigen Zustande tot und dienen der Leitung von Wasser und Nährsalzen. T. zeigen typische Zellwandverstärkungen, wonach man Ring-, Schrauben-, Netz- und Treppengefäße unterscheidet. T. finden sich neben → Tracheíden bei allen Angiospermen, fehlen aber den Gymnospermen weitgehend.

Tracheíden (griech. trachḗia = Luftröhre; eídos = -artig, ähnlich wie), röhrenförmige, relativ enge Einzelzellen, die mit meist steilen, besonders reich behöft getüpfelten, aber nicht durchbrochenen Endwänden aneinandergrenzen. Die T. dienen, wie die → Tracheen, im toten Zustande der Leitung von Wasser und Nährsalzen und kommen bei allen Samenpflanzen vor; bei den Gymnospermen sind sie fast stets die einzigen wasserleitenden Elemente.

Trachélium, n., Gatt. der Campanuláceae (griech. tráchelos = Hals, Genick) – Halskraut.

Trachelospérmum, n., Gatt. der Apocynáceae (griech. tráchelos = Hals; spérma = Samen) – Sternjasmin.

Tracheóm, Gesamtbezeichnung für das von den Tracheen und Tracheiden gebildete Wasserleitungssystem.

trachy- (griech.), in Zusammensetzungen: rauh-.

trachycárpus (griech.), rauhfrüchtig.

Trachycárpus, f., Gatt. der Arecáceae (griech. trachýs = rauh; karpós = Frucht) – Hanfpalme; fossil seit dem Tertiär.

Trachýmene, f., Gatt. der Apiáceae (griech. trachýs = rauh; hýmen = Haut) – Rauhdolde.

Tradescántia, f., Gatt. der Commelináceae (nach dem engl. Gärtner J. Tradescant, 17. Jh.) – Dreimasterblume.

Träger, auch Apoferment genannt im Ggs. zum Coferment. Apoferment + Coferment = Holoferment. Das Apoferment ist ein hochmolekularer Eiweißstoff in kolloidalem Zustand mit einer Temperaturverträglichkeit zwischen oder bis 50 und 100 °C.

Trägerzelle → Basidien.

Träufelspitze, verlängerte Blattspitzen bei Pflanzen des tropischen Regenwaldes dienen dem Abtropfen von Tau- und Regenwasser.

Tragblatt, Blatt, aus dessen Achsel ein Seitenzweig (oder eine Blüte) hervorgeht.

Tragholz → Fruchtholz.

Tragopógon, m., Gatt. der Asteráceae (griech. trágos = Bock; pógon = Bart) – Bocksbart.

Trágus, m., Gatt. der Poáceae (griech. trágos = Bock) – Klettengras.

Trama (vom griech. bzw. dorischen Verb tráphein, tréphein = fest oder dick machen, sich ernähren), das »Fleisch« oder Grundgeflecht (inneres → Plectenchym) der Fruchtkörper der Pilze, z. B. das Lamellen-, Hut-, Stieltrama.

Transaminásen, Aminotransferasen, Aminogruppen übertragende Enzyme des Zellstoffwechsels, die zu den gruppenübertragenden Enzymen gehören.

Transduktión (lat. transdúctio = Überführung), Übertragung von genetischem Material von einem Bakterium zum anderen mit Hilfe von Bakteriophagen; ein oder mehrere Gene der einen (Wirts-) Bakterienzelle werden in die Phagenpartikeln aufgenommen, die nach der Entlassung aus der toten Wirtszelle als Überträger dieses genetischen Materials auf andere Bakterienzellen dienen.

Transekt, Vegetationslinie oder -gürtel, zur Kartierung der Pflanzen ausgewählt, um Veränderungen in der Zusammensetzung der Vegetation in einem bestimmten Gebiet zu untersuchen.

Transformatión (lat. transformátio = Umwandlung, Übertragung), Bezeichnung für die Übertragung von genetischer Information von einem Bakterienstamm auf einen anderen durch → Desoxyribonucleinsäure; Voraussetzung für die T. ist das Eindringen der Desoxyribonucleinsäure in die Akzeptorzelle.

Transformatiónslehre → Deszendenztheorie.

Transformationspotentiál (lat. transformátio, -onis = Übertragung; lat. poténtia = Vermögen, Kraft, Fähigkeit, Wirkbereich); die Möglichkeit oder Fähigkeit (bzw. der Bedingungs- oder Wirkungsbereich für die Fähigkeit) der Transformation (Übertragung genetischen Materials). So wird die Genübertragung durch freie, aus einem Spenderbakterium extrahierte DNS auf ein Empfängerbakterium als Transformation bezeichnet; dieser Prozeß ist die am längsten bekannte Art von Merkmalsübertragung bei Bakterien, woraus auch die Erkenntnis gewonnen wurde, daß die DNS das genetische Material der Organismen darstellt.

Transfusiónsgewebe, Gewebe aus leeren Zellen mit getüpfelten, gelegentlich innen verdickten Wänden sowie proteinhaltigen, parenchymatösen Zellen, das in den Blättern der meisten Gymnospermen das Leitgewebe begleitet, wo es auf beiden Seiten des

Leitbündels der einzigen Blattader liegt. Das T. der Coniferae vermittelt den Stoffaustausch zwischen »Nerv« (»Ader«) und Mesophyll.

Transgressión (lat. transgrédi, -ior, -gréssus, -sum = hinüberschreiten, hinübergehen), Bezeichnung für in Spaltungsgenerationen auftretende Genotypen, die die Variation der Parentalarten und die der F_1 in ein oder mehreren Merkmalen überschreiten.

Transgressionszüchtung, eine bestimmte, auf polymer veranlagten Merkmalen aufgebaute Form der Kombinationszüchtung.

transitórische Stärke (lat. transíre = hinübergehen), auf dem Weg von dem Ort der Entstehung nach den Stellen des Verbrauches oder der Aufbewahrung befindliche, zeitweise abgelagerte Stärke.

Transkriptión (lat.), 1. biochemisch: Bezeichnung für den ersten Schritt des Ablesens der in der DNS verschlüsselten Information. Der Code der DNS wird durch komplementäre Basensequenz auf die Messenger-RNS transkribiert; → Translation; 2. nomenklatorisch-terminologisch: die Umschreibung oder Übertragung ins Lateinische oder die Latinisierung hinsichtlich Schrift, Schreibweise, Suffix z. B. von Termini und Nomina aus dem Griechischen.

Translatión (lat.), Übertragung der in der Messenger-RNS enthaltenen Information, die zu einer spezifischen Aminosäuresequenz in den Polypeptiden führt. Die T. ist der zweite Schritt des Ablesens der in der DNS enthaltenen genetischen Information; → Transkription.

Translokatión (lat. trans = hinüber; lócus = Ort), Übergang eines bestimmten Chromosomensegments an eine andere Stelle desselben Chromosomens oder seine Angliederung an ein nichthomologes Chromosom.

Transparenz (lat. transparere = durchscheinen), Verhältnis der durchgelassenen zur auffallenden Lichtmenge.

Transpiratión (lat. transpiráre = ausatmen), dampfförmige Wasserabgabe, besonders durch die Blätter. Man unterscheidet: a) kutikuläre T.: Wasserabgabe durch die Kutikula der Epidermiszellen (besonders bei Hygrophyten, welche eine nur sehr dünne Kutikula besitzen); b) stomatäre T.: Wasserabgabe durch die Spaltöffnungen (Stomata), die vorwiegend auf der Unterseite der Blätter liegen und deren Weite regulierbar ist.

Transpirationsgewébe, das die Transpiration fördernde Durchlüftungsgewebe.

Transpirationskoëffiziént, Vergleichszahl, die angibt, wieviel Liter Wasser eine Pflanze verbraucht, um 1 kg Trockensubstanz aufzubauen.

Transpirationskráft → relative Transpiration.

Transpirationszúg, das Nachziehen des Wassers vor allem durch Kapillarwirkung in den Leitungsbahnen, dessen Strömungsgeschwindigkeit bei ringporigen Hölzern (Eiche) bis zu 40 m/h, bei zerstreutporigen (Buche) wie auch bei Kräutern bis zu 4 m/h und bei Nadelhölzern, da diese nur Tracheiden besitzen, bis zu 1,5 m/h beträgt.

Transplantatión (lat. transplantáre = überpflanzen), 1. Verpflanzung eines lebenden Organs oder Gewebes an eine andere Körperstelle des gleichen Individuums oder auch auf einen anderen Organismus, um das Transplantat dort zur Einheilung zu bringen. Bei Pflanzen wird Transplantation auch als Pfropfung bezeichnet. Voraussetzung für das Gelingen einer Pfropfung ist, daß die Meristeme der Pfropfpartner miteinander in Verbindung treten; 2. (gebräuchlich in der englischsprachigen Literatur); das Auspflanzen von Arten, die in der Natur gesammelt wurden, unter kontrollierbaren und vergleichbaren Bedingungen (z. B. Versuchsgärten usw.), um systematische und genetische Vergleichsexperimente durchführen zu können.

transsilvánicus, transsylvánicus (lat. transsylvánicus = aus Transsilvanien [Rumänien], lat. sílva = Wald).

transversál, in der Transversalebene gelegen.

transversál-dorsiventrál, dorsiventrale Blüte, deren Symmetrieebene mit der Transversalebene zusammenfällt.

Transversálebene (lat. transvérsus = »hinübergewendet«, auch schräg, quer), Ebene, die durch den Seitentrieb geht und senkrecht zur Medianebene steht.

transversále Wandrichtungen → antikline Wandrichtung.

Transversálgeotropísmus (s. o.; → Geotropismus), Bezeichnung für Bewegungen, durch die sich pflanzliche Organe in einem bestimmten Winkel schräg zur Erdanziehungskraftrichtung stellen.

transversál-zygomórph (lat. transvérsus = querliegend, schief, schräg; griech. zygomórph = quer- oder joch- oder waagengestaltig), Bezeichnung für ein zygomorph-symmetrisches Organ, dessen Teilungsebene mit der Transversalebene (= Querebene, eine zur Längsachse senkrecht stehende Ebene) zusammenfällt.

Trápa, f., Gatt. der Trapáceae (lat. calcitráppa = Fußangel) – Wassernuß; fossil seit dem Tertiär, Vorläufer seit unterer Kreide.

Traube (lat. racémus), razemöser Blütenstand, bei dem an der gestreckten Hauptachse gestielte Blüten stehen.

Traubenzucker (Glucóse), Kohlenhydrat, erstes Oxidationsprodukt eines mehrwertigen Alkohols.

traumátischer Reiz (griech. tra͞uma = Wunde), Wundreiz.

Traumatropísmus, durch Verletzung bedingte tropistische Krümmungen, → Tropismen.

Trẹber, relativ eiweißreicher Rückstand der Braugerste oder Bierwürze, wertvolles Futtermittel, das getrocknet oder frisch zur Verfütterung gelangt.

tremuloídes, zitterpappel- (Pópulus trémula) ähnlich.

trémulus, -a, -um, trémulans (lat. trémere = zittern), zitternd, leicht beweglich.

Trend, Bezeichnung für eine im Verlauf der Phylogenie anhaltende und vorherrschende Entwicklungstendenz, die durch eine Reihe planmäßiger Veränderungen eintritt (→ Evolution).

Trennart, Syn. für Differentialart.

Trennungsphelloíd, unverkorktes Trennungsgewebe, das eine leichtere Ablösung der Borke ermöglicht; → Phelloid.

Tréster, Rückstände in der Obst- und Weinverarbeitung.

Treue, der in der Pflanzensoziologie als Gesellschaftstreue, in der Tierökologie als Gemeinschaftstreue bezeichnete Grad der mehr oder weniger engen Bindung einer Art an eine Pflanzengesellschaft (Assoziation) bzw. eine Lebensgemeinschaft (Biozönose). Die Arten stärkster Bindung werden → Charakterarten genannt (mit den Unterbegriffen treu, fest, hold), solche ohne besondere Bindung → Begleiter (vgl. fremd).

tria- (griech.), in Zusammensetzungen: drei-.

tricánthus (griech.), dreistachelig.

Triáde (griech. triás, -ádos = die Dreizahl), die durch meiotische Unregelmäßigkeiten anstelle von vier entstehenden drei haploiden Mikrosporen.

triadélphisches Androecéum (griech. trias = Dreizahl; delphínion = délphis = Delphin), Androeceum, bei dem die Staubblätter in drei Bündeln verwachsen sind.

triarche Wurzel (griech. tri- = drei; árche = Anfang, Ursprung, auch Prinzip), Wurzel, deren radiales Leitbündel (a priori bzw. prinzipiell) drei Xylemstränge besitzt; dreistrahlig.

Trías, f., (griech. triás = Dreiheit; bezieht sich auf die Gliederung der germanischen Trias in Buntsandstein, Muschelkalk und Keuper), erste Periode des Mesozoikums, folgt auf das Perm; paläobotanisch gehört die Trias zum Mesophytikum (Gymnospermenzeit), charakteristisch waren Koniferen, Farne, erste Caytoniales, Cycadales, Nilssoniales und Bennettitales (teilweise sehr häufig), auch die Ginkgoales waren stellenweise zahlreich vorhanden.

Tríbulus, m., Gatt. der Zygophylláceae (tríbolus = griech. Pflanzenname; dreispitzig) – Burzeldorn.

Tríbus, systematische Kategorie zwischen Familie bzw. Unterfamilie und Gatt. (→ Rangstufe).

trichál (griech. thrix, Genit. tríchós = Haar, Faden), Organisationsstufe der niederen Pflanzen mit Mehrzellern; aus unverzweigten oder verzweigten Fäden einkerniger, zellwandumgebener Zellen bestehend; bei → Protobionten; auch blastonematisch.

tricho- (griech.), in Zusammensetzungen: behaart, Haar-.

trichocárpus (griech.), mit behaarten Früchten.

Trichocéntrum, n., Gatt. der Orchidáceae (griech. thrix, trichós = Haar; kéntron = Sporn; bei vielen Arten ist der lange, dünne Sporn auffallend) – »Haarspitzorchidee«.

Trichocéreus, m., Gatt. der Cactáceae (Subfam.: Cereoideae; aus griech. thrix = Haar; neulat. céreus = Wachskerze) – »Haar-Kerzenkaktus«; – Borstencereus, (Borstensäule).

Trichocéros, m., Gatt. der Orchidáceae (griech. thrix = Haar; kéras = Horn; nach den behaarten, hornartigen Fortsätzen der Säule) – »Haarhornorchidee«.

Trichodérm (griech. »Haarhaut«), Oberflächenstruktur von Pilzfruchtkörpern, bei denen die Hyphen wie Haare senkrecht zur Oberfläche angeordnet sind.

Trichoglóttis, f., Gatt. der Orchidáceae (griech. thrix, thrichós = Haar; glótta = Zunge; nach der behaarten Lippe der Typusart) – »Haarzungen-Orchidee«.

Trichogýne (griech. thrix, trichós = Haar; gyné = Weib), der auf dem Karpogon sitzende, haarfeine, als Empfängniswerkzeug dienende, obere, schlauchförmige Teil bei Algen und Pilzen.

Trichohygrophýta (griech. thrix, trichós = Haar; hygrós = naß, phytón = Pflanze), Arten, die in der terrestrischen Ökophase keimen und sich entwickeln, wenn die oberen Bodenschichten noch ziemlich feucht sind.

Tricholóma, f., Genus, Ritterlinge, Basidiomycetengatt. der Fam. Tricholomatáceae. Fleischige mittelgroße Pilze, die auf Erdboden wachsen, Weißsporer (von griech. thrix = Haar; lóma = Saum; bezieht sich auf randständige Härchen einiger Arten).

Trichómanes, n., Gatt. der Hymenophylláceae (griech. thrix, trichós = Haar; manós = dünn) – Hautfarn; charakteristisch in Moos- und Nebelwäldern der Subtropen (Indo-Malaysia und Mexiko). Fossil seit dem Pliozän.

Trichóme (griech. thrix, trichós = Haar, Auswuchs, Geißel), → Haare.

Trichóphorum, n., Gatt. der Cyperáceae (griech. thrix, trichós = Haar; phorēin = tragen) – Haargras.

Trichopília, f., Gatt. der Orchidáceae (griech. thrix, trichós = Haar; pílos = Filz, Filzkappe; Rand des Klinandriums ist bewimpert) – »Haarkappenorchidee«.

Trichoplásten, Wurzelhaarbildner; nur an bestimmten Abschnitten der Rhizodermis werden Wurzelhaare ausgebildet.

Trichosánthes, f., Gatt. der Cucurbitáceae (griech. thrix, trichós = Haar; ánthos = Blüte) – Haarblume.

Trichósporum, n., Gatt. der Gesneriáceae (griech. thrix = Haar; spóra = Same).

Trichóstomum, n., Gatt. der Pottiáceae (griech. thrix = Haar; stóma = Mündung. Nach dem Kranz von → Peristomzähnen, die je bis fast zur Basis in zwei fadenförmige Schenkel geteilt sind) – Pottiales – Laubmoose.

Trichotomíe (griech. tría = drei; témnein = schneiden, teilen, hier auch: verzweigen; tómos = Abschnitt, Stück) gabelige Verzweigung, bei der sich der ursprüngliche Vegetationspunkt in drei neue Vegetationspunkte teilt, die zu gleichstarken Zweigen auswachsen.

Trichterrispe → Spirre.

Trichterzellen, trichterförmige Assimilationszellen, die in Blättern mancher Schattenpflanzen die Palisadenzellen vertreten und mit ihrem verbreiterten oberen Ende an die Innenwände der Epidermis grenzen.

-trichus, -a, -um, -e (griech. thríx, trichós = Haar), -haarig.

trícolor (lat. tres, tría = drei; cólor = Farbe), dreifarbig (z. B. Víola trícolor – Feldstiefmütterchen).

Tricýrtis, f., Gatt. der Liliáceae (griech. tría = drei; kyrtós = höckerig) – Höckerblume.

Tridáctyle, f., Gatt. der Orchidáceae (griech. tría = drei; dáktylos = Finger; namentl. Bezug auf die dreilappige Lippe) – »Dreifingerorchidee«.

Trídax, f., Gatt. der Asteráceae (griech. tria = drei; dákos = Biß).

Triebkraft, Eigenschaft des Saatgutes, auch unter ungünstigen Bedingungen leistungsfähige Pflanzen hervorzubringen. Für die Ermittlung der Triebkraft gibt es (mehrere, aber) keine (allgemein) anerkannte Prüfmethode.

Trientális, f., Gatt. der Primuláceae (vielleicht von lat. trientális = $\frac{1}{3}$ Fuß hoch = 4 Zoll) – Siebenstern.

trifoliátus, trifólius (lat.), dreiblättrig.

Trifólium, n., Gatt. der Fabáceae (lat. tres, tría = drei; fólium = Blatt) – Klee.

Trift, meist beweidete, gehölzarme, kurzgrasige Formation trockener Standorte.

Triglóchin, n., Gatt. der Juncagináceae (griech. tría = drei; glochís = Spitze) – Dreizack.

Trigonélla, f., Gatt. der Fabáceae (Verkleinerungsform v. lat. trigónum = Dreieck) – Bockshornklee.

Trigonídium, n., Gatt. der Orchidáceae (griech. trígonos = dreieckig; die Sepalen bilden einen dreieckigen Becher, die Narbe bildet eine dreieckige Höhlung, auch an der Anheftungsstelle der Pollinien ist ein Dreieck wahrzunehmen) – Dreieckstendel (Dreiecksorchidee).

Trihybríden, Bastarde, deren Eltern sich durch drei Merkmale voneinander unterscheiden; → Hybriden.

Tricarbonsäurezýklus → Zitronensäurezyklus.

trikotýl (griech. tría = drei; kotýledon = Saugorgan, Keimblatt), mit drei Keimblättern versehen.

trilét (griech. tri = dreifach; lethein = verborgen sein), die Y-förmige, dreistrahlige apikale Dehiszenzmarke vieler → Sporen (= Tetradenmarke).

Triletes, eine Ableitung der → Sporae dispersae für azonale Iso-, Mikro- und Megasporen mit Y-Marke.

Tríllium, n., Gatt. der Liliáceae (lat. trílix = dreifädig) – Waldlilie, Wachslilie.

trimér (griech. tría = drei; méros = Teil), dreigliederig, ein Wirtel, der aus drei Gliedern besteht.

Trimerophytophyta → Psilophyten

trimonözische Pflanzen, Pflanzen, die auf einem Individuum männliche, weibliche und zwitterige Blüten tragen; → monözisch.

trimórphe Früchte (griech. tría = drei; morphé = Gestalt), Pflanzen mit dreigestaltigen Früchten.

trinervátus, trinérvis, trinervósus, trinérvus (lat.), dreinervig (z. B. Cárex trinérvis – Dreinervige Segge).

Trinóm (lat. tres = drei; nómen = Name), dreigliederiger Name.

Triódia, f., Gatt. der Poáceae (griech. tría = drei; odoús = Zahn) – Dreizahn.

Triözie (griech. tría = drei; o͞ikos = Haus), Erscheinung, daß bei einer Art zwittrige, weibliche und männliche Blüten auf dreierlei verschiedene Individuen verteilt sind.

triónum, Dreistundenblume, Epitheton des Stundeneibischs.

Triósteum, n., Gatt. der Caprifoliáceae (griech. tría = drei; ostéon = Knochen) – Fieberwurz.

tripartítus (lat.), dreiteilig.

Tripelbastárd, Artbastard, an dessen Entstehung drei Parentalarten beteiligt waren: durch Rückkreuzung eines F_1-Bastardes mit dieser dritten Parentalart.

Tripetaléia, f., Gatt. der Ericáceae (griech. tría = drei; pétalon = Blumenblatt).

tripl-, triplo-, tríplex (lat. tríplex = dreifach), dreifach-.

Triplasíe (griech. tría = drei; plásis = Bildung, Gestaltung; also: »Dreigestaltung«; triplásios = dreifach), Spaltung eines Organs in drei analoge Gebilde.

Tríplex (lat. tríplex = dreifach), tetraploider Organismus mit drei dominanten Allelen.

triploíde Organismen, Organismen, die den dreifachen Chromosomensatz der haploiden Keimzelle enthalten. Ihre Gameten haben oft unvollständige Chromosomensätze, wodurch eine teilweise Sterilität der Pollen entsteht.

triplokaulisch (griech. tríplous = dreifach, dreifältig; ka͞ulis = Stengel), Pflanzen, bei denen erst die Achsen 3. Ordnung mit einer Blüte abschließen.

tripólium (griech. tría = drei; pole͞in = umkehren), war früher Státice sinuáta, die dreimal die Farbe der Griffel wechselte.

tripter-, tripteri-, trípterus, -a, -um, trípteris (lat.), dreiflügelig.

Trisaccharíde, (griech. tría = drei; sákchar, -aros = Zucker), Zwischenformen zwischen den Disacchariden und den Polysacchariden, »Dreifachzucker«.

Trisétum, n., Gatt. der Poáceae (lat. tri = drei und séta = Borste) – Goldhafer.

Trisomíe (griech. tría = drei; sóma = Leib, Körper), Erscheinung, daß Individuen mit diploidem Chromosomensatz ein Chromosom dreimal führen.

tristích (lat. tres, tría = drei; stíchus = zeilig, reihig), dreizeilig.

trístis (lat.), traurig, dunkel.

Tristylíe (griech. tría = drei; stýlos = Säule, Griffel), Ausbildung von drei auf verschiedene Pflanzen verteilten Blütentypen mit verschieden langen Griffeln.

Triteléia, f., Gatt. der Liliáceae (griech. tría = drei; teleíos = vollendet) – Frühlingsstern.

Tríticum, n., Gatt. der Poáceae (lat. Pflanzenname) – Weizen.

triviális (lat.), gewöhnlich, gemein.

Trivialname, landessprachlicher Name einer Art; s. Vernakularname.

Trizéuxis, f., Gatt. der Orchidáceae (griech. tria = drei; zéuxis = Joch, Anspannung; wahrscheinlich wegen der Sepalen, die häufig ± etwas zusammenhängen) – »Dreijochorchidee«.

Trizýgia-Anordnung (griech. tria = drei; zygón = Joch), Blattanordnung bei manchen Sphenophyllales, wohl durch Dorsiventralität der Zweige bedingt, ein auffallend kürzeres unteres Blattpaar steht mit zwei seitlichen Blattpaaren an einem Nodium.

trocho- (griech. tróchos = Rad, Scheibe), rad-.

Trochodéndron, n., Gatt. der Trochodendráceae (giech. tróchos = Rad; déndron = Baum) – Radbaum.

Trockenbeize (= Staubbeize), chemische Saatgutentseuchung, bei der das Beizmittel durch längeres gründliches Durcharbeiten in dicht schließenden Behältern dem Saatgut möglichst fest »angerieben« wird. Das Mittel muß eine gute Haftfähigkeit haben. Vorzüge der Trockenbeize gegenüber der → Naßbeize: längere Wirkung im Boden, keine Flüssigkeitsaufnahme.

trockene Kapselfrüchte, Streufrüchte (s. d.) der Angiospermae, unterscheiden sich gegenüber den saftigen Kapselfr. (s.d.); unterteilbar nach: 1. Mehr- oder Einfrüchtigkeit (von synkarpen bzw. parakarpen Gynoeceen); 2. Umfang bzw. Lokalisation des Aufspringens, völlig oder bloß apikal; 3. Art des Aufspringens (septi-, dorsizid- oder septifrag oder Kombinationen davon). Es ergeben sich als Sonderformen Deckel- oder Porenkapseln; hierbei auch erwähnenswert: Schote, Katapultkapsel.

Trockengrünfutter, bezeichnet durch Heißlufttrocknung aus Grünfutterpflanzen gewonnene Konservate.

Trockenheitspflanzen → Xerophyten.

Trockensubstanz, wasserfreie Substanz, die durch Erhitzen von Frischsubstanz im Trockenschrank auf +105 °C gewonnen wird. Die Trockensubstanz besteht aus organischen Verbindungen und Mineralstoffen und wird in % der Frischsubstanz angegeben.

Tróllius, m., Gatt. der Ranunculáceae (latin. aus dem althochdeutschen Wort trol = Kugel) – Trollblume.

Tropáeolum, n., Gatt. der Tropaeoláceae (griech. trópaigon = Siegeszeichen, schildförmiges Blatt; -olum = Verkleinerungssilbe) – Kapuzinerkresse, weil die Blüte an die Kopfbedeckung der Kapuziner erinnert.

Trópen (tropisch) (griech. trópos = Richtung, Wendung), Gebiet der heißen Zone zwischen den Wendekreisen nördlich und südlich des Äquators.

Tropenweltbürger → Pantropisten.

Trophíe (griech. trophé = Ernährung), ungleichmäßige, durch die Lage bedingte Förderung der Gewebe bzw. Organe von Pflanzen bzw. ist die Intensität der photoautotrophen Produktion. Eutrophierung (engl. eutrophication). Sie ist demnach die Zunahme dieser »Primärproduktion« im Gewässer durch natürliche oder künstliche Nährstoffanreicherung.

Trophíe-Ebene (engl. trophic level), Organismen einer trophischen Funktionsgruppe bilden T.-E., also die Primärproduzenten, Primärkonsumenten, Sekundärkonsumenten etc. Die Bakterien sind auf allen T-.E. aktiv und bilden keine eigene T.-E. Mit der Anzahl der Organismenarten (nicht Menge) in jeder T.-E. hängt die Stabilität eines Ökosystems zusammen.

tróphisch, auf die Ernährung bezüglich.

tróphische Stoffe, Baustoffe.

trophogéne Zone (engl. trophogeneous layer), durchlichteter Oberflächenbereich eines Gewässers, in dem photoautotrophe

(Überschuß-) Produktion möglich ist. Umfaßt das oberste Pelagial (»Epipelagial«) und Benthal (Litoral).

tropholytische Zone (engl. tropholytic layer), Tiefenbereich eines Gewässers ohne Möglichkeit zur photoautotrophen Produktion. Daher nur heterotrophe und chemolithotrophe Bioaktivität.

Trophophýlle (griech. trophé = Ernährung; phýllon = Blatt), Blätter, die der Ernährung der Pflanze dienen. Ggs. → Sporophylle.

Trophosporophýlle (griech. trophé = Ernährung; spóros = Keim; phýllon = Blatt), sporentragende Blätter, die jedoch den Blättern, die der Ernährung der Pflanze dienen, gleichen.

Trophotáxis (griech. trophé = Ernährung; táxis = Stellung), durch chemische Reize bewirkte Bewegung einzelliger Organismen nach zusagenden Nahrungsquellen.

Trophotokophýlle (griech. trophé = Ernährung; tókos = Geburt, Fortpflanzung; phýllon = Blatt), Urblätter, die sowohl der Ernährung als auch der Fortpflanzung dienen.

tropid-, tropido- (griech. trópis = Nachen), nachen-.

-tropis (griech.), -kiel, -kielig.

Tropísmen (griech. trópos = Richtung, Wendung), durch Reize ausgelöste Krümmungsbewegungen von Pflanzenorganen, wobei die Krümmungsrichtung durch die Richtung der Reizquelle bzw. durch ein örtliches Reizgefälle bestimmt wird. Nach der Art des wirksamen Reizes werden unterschieden: Photot., Geot., Thigmo- und Thermot. u. a. Nach der Orientierung zur Reizquelle werden unterschieden: a) positiver T.: bei Hinwendung zur Reizquelle; b) negativer T.: bei Abwendung von der Reizquelle; positive und negative T. werden auch als Orthot. zusammengefaßt; c) Plagiot.: bei schräger Einstellung (zwischen 0° und 180°) zur Reizquelle. Einen Sonderfall des Plagiot. stellt der transversale T. dar, bei dem sich die Pflanzenorgane senkrecht (90°) zur Richtung des Reizes einstellen.

-trópium (griech. trépein = drehen, wenden), -wende.

Tropophýten (griech. trépein = drehen; phytón = Pflanze), Pflanzen, die sich in günstigen Jahreszeiten wie → Hygrophyten, in ungünstigen wie → Xerophyten verhalten.

Trotzer, einzelne Pflanzen in einem Bestand zweijähriger Pflanzen, die im zweiten Vegetationsjahr keine Blüten und Samen, sondern nur vegetative Organe entwickeln.

Trüffel, unterirdischer Fruchtkörper der mehrere Arten umfassenden Gatt. Tuber, die innerhalb der Ascomycetes zu dem Ordo Tuberales gehört; wurden bereits im Altertum als delikate Speisepilze geschätzt.

Trümmerflóra, Vegetation auf Ruinen.

Trúgdolde, zymöser oder racemöser Blütenstand, dessen Einzelblüten wie bei einer Dolde annähernd in einer Ebene liegen, obgleich die Blütenstiele nicht von demselben Punkt ausgehen.

trúlla (lat.), Kelle.

truncátus (lat.), gestützt, abgestützt.

Trúncus (lat. Rumpf, auch: gestützt, verstümmelt als Adjektiv), → Stamm.

Trýma, Steinfrucht mit abspringendem Exo- und Mesokarp.

Trypanospermíe (griech. trýpanon = Bohrer; spérma = Same), Samen mit Bohreinrichtungen.

trýptische Enzýme (Trypsíne), Enzyme, die sowohl echte Eiweißstoffe als auch Polypeptide hydrolysieren.

Tryptophán, Aminosäure mit einem heterocyclischen Ringsystem, α-Amino-β-indolylpropionsäure.

Tryptophýten (griech. thrýptein = verweichlichen; phytón = Pflanze), → Nekrophyta, die lebende Pflanzen befallen, jedoch nur von totem Gewebe leben, dessen Abtötung durch andere Ursachen sie durch »verweichlichende« Fermentabsonderung ermöglicht haben (→ Pathophyta, Krankheit).

Tschernosém (russ. Tschernosjem) → Schwarzerde.

Tsúga, f., Gatt. der Pináceae (jap. Name des Baumes tsuge = Buchsbaum, Buchsholz) – Hemlockstanne; fossil seit dem Tertiär.

túba, túbus (lat.), Röhre, Trompete.

Túbe (franz.), Röhrchen, das sich bei der Sprossung von der Zentralvakuole der Mutterzelle nach einem Punkt der Zellwand hin ausdehnt. Das Vakuolenröhrchen wandert sodann nach erfolgter Aussackung der Zellwand an diesem Punkt in die aus der Knospe oder dem Sproß hervorgehende Tochterzelle und bildet dort die Vakuole (→ Sproßmyzel).

Túber, n., Gatt. der Eutuberáceae (lat. túber, Genit. túberis = Beule, Höcker) – Trüffel; Ordn. Tuberáles, Kl. Schlauchpilze (Ascomycétes).

Túber (lat.) → Knollen.

Tuberária, f., Gatt. der Cistáceae (lat. túber = Knolle) – Sandröschen.

Tuberkulínum (lat. tubérkulum = Knötchen), ein Extrakt aus Tuberkelbazillen; ist offizinell; wird auch, zumal in der Medizin, kurz Tuberkulin genannt. Tuberkuline sind demnach gelöste Gifte der TbB (Tuberkelbakterien).

Tubérkulum (-i), n., (lat.), kleiner Höcker, Knötchen.

tuberfórmis, -is, -e (lat.), statt früher tubaeformis (mit nicht korrekter Verbindungsform), posaunenförmig, beulenartig.

tuberósus, -a, -um (lat.), knollig (z. B. Solánum tuberósum – Kartoffel).

túbifer, tubífera, tubíferum (lat.), röhrentragend, trompetentragend.

Túbus (lat.) → Röhre.

Tüpfel, verdünnte Stellen in den pflanzlichen Zellwänden, die im Querschnitt als Kanäle erscheinen, in den benachbarten Zellen aufeinandertreffen und durch die Schließhaut voneinander getrennt werden.

Túlipa, f., Gatt. der Liliáceae (pers. Dulbend = Turban; die Blume wurde im 16. Jh. von den Türken mit einem Turban verglichen) – Tulpe.

tulipíferus (lat.), tulpentragend.

Tumbóa, f., (Syn. für Welwitschia) Gatt. der Welwitschiáceae (afrikanischer Volksname).

túmens (lat.), schwellend, aufgeblasen.

túna, mexik. Volksname einer Opuntia-Art.

tunbrigénsis, aus Tunbridge (England) stammend.

Túndra (russ.: aus finn. tunduri = hoher Berg), Gesamtheit der baumlosen Bestände auf oft vertorftem Boden im Bereich oder jenseits der arktischen Waldgrenze.

Túnica (Mantel), die äußerste(n) Zellschicht(en) des Vegetationskegels, die sich zunächst nur antiklin teilt.

Túnica, f., Gatt. der Caryophylláceae (lat. túnica = Unterkleid) – Felsennelke.

Tunicata-Zwiebel, schalige Zwiebel.

tunicátus, -a, -um (lat.), mit einem »Mantel« oder einer (häutigen) Hülle versehen.

turbinátus (lat.), kreiselförmig.

Turgeszénz (lat. túrgere = anschwellen, strotzen; turgéscere = geschwollen sein), Gespanntheit von Zellen, Geweben und Organen, hervorgerufen durch pralle Füllung der Zellen mit Wasser (→ Turgor).

túrgidus (lat.), gedunsen, geschwollen.

Túrgor (lat. túrgere = anschwellen, strotzen; turgéscere = geschwollen sein), der osmotisch bedingte Spannungszustand der Zelle bzw. der Druck des Zellinhaltes auf die Zellwand. Ursache der → Turgeszénz. Wassermangel und Transpiration führen zur Herabsetzung des Turgors und schließlich zum Erschlaffen und Welken der Pflanzenteile.

Túrgorbewegungen, Variationsbewegungen, bewirkt durch Schwankungen der Turgeszenz und damit der Gewebespannung.

túrifer, turífera, turíferum (lat. tús = Weihrauch; túreus = weihrauchig), Weihrauch tragend, z. B. Juniperus turifera – Weihrauch-Wacholder.

Turiónen (lat. túrio, -ónis = Stockknospe, -sprosse, z. B. turiones aspáragi = Spargelsprossen), → Hibernakeln.

turkestánus, = turkestánicus = aus (in) Turkestan (Innerasien) stammend (vorkommend).

Túrnera f., Gatt. der Turneráceae (nach dem engl. Arzt William Turner, 1515–1568).

Turnover (engl. turnover), der zeitliche, auf ein Molekül oder Ion oder eine Biomasse bezogene Stoffumsatz; d. h. diejenige Menge eines (definierten) Stoffes, die in einem System in der Zeiteinheit ausgetauscht wird. Beispielsweise hat das gelöste PO_4^{3-} im eutrophen See in der trophogenen Zone einen T. von oft nur wenigen Minuten, während Bakterien einen bedeutend höheren Biomasse-Turnover (in der Dimension von Stunden) und Sekundärkonsumenten sogar häufig in der Größenordnung von Wochen bis Monaten haben.

turpatus (lat.), entstellt, häßlich.

Trurrítis, f., Gatt. der Brassicáceae (lat. túrris = Turm) – Turmkraut.

Tussilágo, f., Gatt. der Asteráceae (lat. tússis = Husten; -ago = Suffix für Ähnlichkeit; oder von ágere = vertreiben) – Huflattich, Eselslattich.

Túte → Ochrea.

Týpha, f., Gatt. der Typháceae (griech. týphos = Rauch; bezieht sich auf die braune, rauchähnliche Farbe der Fruchtkolben) – Rohrkolben; fossil seit der oberen Kreide.

týphinus (griech. typhé = Rohrkolben), rohrkolbenartig.

Týphusbakterien (griech. týphos = Nebel, Dunst, Rauch), zur Salmonellagruppe gehörige Bakterien.

Typogenése (griech. týpos = Typus, Figur, Bild, Schlag; génesis = Entstehung), Epacme in der → Typostrophenlehre.

typológische Gradatión (griech. typóo = forme, bilde; týpos = Gepräge, Urbild, Form, Reihenfolge; lógos = Lehre; lat. grádus, -us = Schritt, Rang, Stufe, Grad), nach der idealistischen Morphologie die Rangfolge der Typen. Jeder Grundtypus gliedert in sich wieder typenhafte Einheiten niederen Ranges aus, dergestalt, daß die untergeordneten Typen von den ihnen übergeordneten umschlossen werden.

Tpolýse (griech. týpos = Gepräge; lýsis = Auflösung, Unterbrechung), Paracme in der → Typostrophenlehre.

Typonýn (griech. týpos = Gepräge; ónyma = Name), auf den gleichen nomenklatorischen Typus gegründeter Name.

Typostáse (griech. týpos = Gepräge; stásis = Stand, Stellung, Haltung, Standpunkt), Acme in der → Typostrophenlehre.

Typostrophenlehre (griech. týpos = Gepräge; stróphos = Band; logos = Lehre), Lehre zur Deutung der Kladogenese mit Epacme (Typogenese), Acme (Typostase) und Paracme (Typolyse).

Týpus, 1. nomenklatorischer T. (Standard); das auf ein bestimmtes (definiertes) Pflanzenexemplar begründete Taxon (Art). Das vom Erstbeschreiber für die Namensgebung herangezogene Exemplar ist der Holotypus. Ist kein Holotypus angegeben, muß aus dem Originalmaterial ein Exemplar als Lectotypus ausgewählt werden. Falls kein Originalmat. mehr auffindbar, muß ein neuer T. = Neotypus bestimmt werden. Nach dem ICBN (Sydney) ist der Typus einer Gatt. das Typusexemplar der Typusart. Nomenklatorische Typen sind für Vergleiche aufzubewahren; 2. systematischer T., charakteristische Pflanze einer Population, bei welcher die Merkmale einer bestimmten Sippe (z.B. einer Art) am besten ausgeprägt sind (»typische Pflanze« einer Art); 3. morphologischer T., in der → idealistischen Morphologie der durch Abstraktion erhaltene einheitliche Bauplan (Urbild), auf den verschiedene Pflanzengestalten zurückgeführt werden.

Tyrocidín → Tyrothricin.

Tyrosín, α-Amino-β-hydroxyphenyl-propionsäure,

$C_6H_4(-OH)-CH_2CH(-NH_2)-COOH$,

eine Monoaminomonocarbonsäure, die einen Benzolring enthält, der in Para-Stellung zum Propionsäurerest hydroxyliert ist.

Tyrothricín, antibiotische Substanz (Mischung von Tyrocidin = 80% und Gramicidin = 20%); gewonnen aus Bacillus brevis; wirksam gegen grampositive Aërobiërkeime und bestimmte Anaërobiërkeime. Bei toxischer Wirkung im Körper (Mensch, Tier) ist es ein effektives Bakteriostatikum bei lokaler Anwendung auf Haut und Schleimhäute.

U

U, in der Medizin benutzte Abk. für urea = Harnstoff.

uberifórmis (lat. úber = Euter), euterförmig.

Ubichinóne, Plur., Coënzym Q, Chinonderivate, die in der Zelle vor allem in den Mitochondrien lokalisiert sind. U. sind an biologischen Oxidationen beteiligt, z. B. in der Atmungskette.

Ubiquísten (lat. ubíque = überall), Pflanzen, die keine besonderen Standortansprüche stellen, daher auf verschiedensten Böden und in verschiedensten Pflanzengesellschaften vorkommen. Ihre geringe Bindung an einen spezifischen Lebensraum resultiert aus großer Anpassungsbreite (= ökologische Valenz); sie werden auch als »azön« bezeichnet.

ubiquitär (lat. ubíque = überall), überall verbreitet.

údus (lat.), feucht, naß.

Überdauerungsorgane, Organe zum Überstehen der ungünstigen Jahreszeit.

Überfruchtwechsel, Fruchtfolgeglied mit überwiegendem Blattfruchtanteil.

Übergangsfolge, kurzfristiger exakter Realisierungsplan im Pflanzenbau für Rotationsanlauf oder -umstellung, anbautechnische Zusammenführung der Schlageinheiten und Einführungsdauer.

Übergangsgebiet (engl. ecotone), es gibt außer den schmalräumigen Saumbiotopen (wie Waldränder, Ufer usw.) großräumige Übergangsgebiete, in denen ganze Landschaftstypen allmählich ineinander übergehen (Name!); z. B. Waldsteppe zw. Wald- und Steppenzone in der UdSSR, Mischwaldzone zw. Nadel- und Laubwaldgebiet in Nordamerika.

übergreifende Charakterarten, Arten, die zwar in einer bestimmten Gesellschaft ihr Optimum haben, in einer anderen Gesellschaft jedoch auch vorkommen.

Überlagerung, Lagerung nicht verbrauchten Saatgutes bis in das folgende Aussaatjahr mit dem Ziel der Verwendung als Saatgut (nach erneuter Anerkennung oder Zulassung).

Überlebenswert, Wirksamkeitsgrad eines bestimmten Merkmals, die Chance eines Organismus zu fördern, an der künftigen Population mit möglichst vielen Nachkommen beteiligt zu sein; vgl. natürliche Auslese (Selektion).

Überliegen, Eigenschaft von Samen, oft jahrelang im Boden ungekeimt liegenzubleiben.

Überpflanzen → Epiphyten.

Überschwemmungsreihen, nach der Dauer, Häufigkeit, Regelmäßigkeit und den Zeitpunkten der Flußüberschwemmung gürtelförmig angeordnete Pflanzengesellschaften.

überzählige Chromosómen → B-Chromosomen.

überzählige Chromosómensätze, Chromosomensätze, die in der somatischen Zelle neben den beiden normalerweise vorkommenden Sätzen vorhanden sind; → Polyploidie.

úgni, chil. Name der Ugni = Myrte.

ule (griech. oulé = Narbe), Narbe (Wundverheilung).

Úlex, m., Gatt. der Fabáceae (röm. Pflanzenname) – Stechginster, Gaspeldorn.

Uliginosophýta (lat. ulígo, Genit. ulíginis = Feuchtigkeit, Nässe; phytón = Pflanze), Arten, die in der litoralen oder limosen Phase keimen; das Blühen und Fruchten wird in der terrestrischen Phase beendet.

uliginósus, -a, -um (lat. ulígo, ulíginis = Moor), sumpf- oder moorliebend (z. B. Gálium uliginósum – Moor-Labkraut).

Ullmánnia, f., Sammelgatt. (unsicherer systematischer Stellung aus dem Zechstein) für Koniferenzweige, teils mit ansitzenden männl. oder weibl. Zapfen.

Ullúcus, m., Gatt. der Baselláceae (chil. Volksname); Spec.: U. tuberósus – Ulluco.

Ulmária, f., Gatt. d. Rosáceae (vom Gattungsn. Ulmus gebildet).

ulmárius, -a, -um, ulmen- oder rüstern-(ulmus)artig.

ulmifólius, ulmenblättrig.

Úlmus, f., Gatt. der Ulmáceae (lat. Pflanzenname) – Ulme, Rüster; fossil seit dem Oligozän.

Úlothrix, f., Gatt. der Ulotricháceae (griech. oúlos = kraus; thrix = Haar) – Kraushaaralge; Ord. Ulotricháles.

Últrafilter (lat. últra = darüber hinaus), von Bechthold 1907 erstmals angewandt, wobei es sich um ein durch Gallerte gedichtetes Filter handelt, das ultramikroskopische Teilchen (auch Viren und Eiweißmoleküle) zurückhält.

Ultrafiltertheorie, Auffassung hinsichtlich der Permeabilität (= Durchlässigkeit) im Rahmen des osmotischen Systems, wonach die Membranen feine Filter darstellen und entsprechend deren Porengröße größere Teilchen zurückhalten.

Ultramikroskóp, Mikroskop mit einer Vergrößerung bis 1 : 3000; stellt die Grenze der optischen Leistungsfähigkeit dar, beruht auf Anordnung von Dunkelfeldbeleuchtung; nicht identisch mit Elektronenmikroskop.

Ultramikrotóm, Schneidegerät zur Herstellung von Dünnschichten für die Elektronenmikroskopie.

ultrarote Strahlen, unsichtbare Strahlen von größerer Wellenlänge und geringerer Brechbarkeit als rote Lichtstrahlen.

ultraviolette Strahlen, unsichtbare, biologisch sehr aktive Strahlen von kleinerer Wellenlänge und größerer Brechbarkeit als die violetten Lichtstrahlen.

Ultraviólglas (Ultravítglas), für ultraviolette Strahlen durchlässiges Spezialglas.

ultravisíbel (lat. visibilis = sichtbar), über die Sichtbarkeitsgrenze des gewöhnlichen Mikroskops hinausgehend, nur durch besondere Vorrichtungen sichtbar zu machen. Syn. (= gleichbedeutend): sub- oder ultramikroskopisch.

-ulus, -a, -um, -e, Verkleinerungssilbe -chen, -lein.

ulv-, kraus-; lat. ulvraceus = kraus.

Úlva (lat. = eigentl. Schilfgras), Gatt. der Grünalgen, hierher gehört z. B. U. lactuca – Meersalat.

Umbélla (lat. umbella = Schirm), → Dolde.

umbellátus (lat.), doldig.

Umbelluläria, f., Gatt. der Lauráceae (Verkleinerungsform v. lat. umbélla = Schirm) – Berglorbeer; fossil seit dem Tertiär.

Umbilícus, m., Gatt. der Crassuláceae (lat. umbilícus = Nabel) – Nabelkraut.

Umblätter, äußere Blätter eines Kopfkohles.

umbracúlifer, umbraculífera, -ferum (lat. umbráculum, der Sonnenschirm), schirmtragend.

umbrélla (lat.), Schattendach.

umbrínus, -a, -um (lat.), dunkelbraun, umbrafarbig, auch umbrisch.

umbrósus (lat.), schattenreich, stark schattig.

umgewendete Samenanlage → anatrope Samenanlage.

Umrißkarte, kartenmäßige Arealdarstellung durch Umrisse.

umweibig → perigyne Blüte.

Umwelt, in der Ökologie die Gesamtheit der äußeren Lebensbedingungen, die auf eine bestimmte Lebenseinheit an deren Lebensstätte einwirken. Die Einwirkung der Umwelt bedingt, daß erbgleiche Pflanzen unter verschiedenen Außenbedingungen Unterschiede im Wachstum und in der Entwicklung aufweisen. Die durch Umwelteinflüsse bedingten Veränderungen greifen im allgemeinen nur am Phänotyp an, die Erbsubstanz bleibt trotz großer Mannigfaltigkeit im Erscheinungsbild zunächst unverändert. Diese phänotypischen Veränderungen der Organismen durch Umweltfaktoren bezeichnet man als → Modifikationen.

Umweltbeeinflussung, durch eigene Stoffwechselprodukte je nach der Populationsdichte verschieden starke Änderung der Umweltbedingungen, die sich fördernd (allelokatalytischer Effekt) oder hemmend auf die Organismen auswirken können.

Umweltfaktoren, Einwirkungen der Umgebung auf ein Lebewesen; man unterscheidet: 1. physiographische oder abiotische Faktoren: a) klimatische Faktoren (Wärme, Licht, Feuchtigkeit, Niederschläge, Wind); b) edaphische Faktoren (physikalische und chemische Bodeneigenschaften); c) orographische Faktoren (Lage, Exposition und Inklination des Geländes); 2. biotische Faktoren: Einwirkungen von Pflanzen, Tieren und Menschen; Nahrung, Feinde, Konkurrenz.

Umweltschutz, Schutz der natürlichen Umwelt des Menschen durch ein komplexes System von Maßnahmen zur Reinhaltung von Luft, Wasser und Boden sowie durch → Landschaftspflege. Zur Luftüberwachung gehören Strahlenschutz, Schutz vor Übermaß der in die Luft entlassenen Gase oder staub- bzw. rußförmigen Partikeln (Emissionen) sowie Lärmschutz. Wasserschutz umfaßt Küsten- und Hochwasserschutz, Wasserversorgung, Abwasserbeseitigung, Kontrolle von Trink- und Badewasser. Bodenschutz befaßt sich vor allem mit Abfallbeseitigung (Mülldeponie), Verhütung der Bodenerosion und Überwachung der chemischen Pflanzenschutzmaßnahmen. Landschaftspflege erstrebt umfassende Sicherung des Natur- und Erholungsraums, Errichten von Landschafts- und Naturschutzgebieten (Landschaftsschutz, Naturschutz), Anlage von Windschutzpflanzungen, Verhütung der Zersiedlung der Landschaft.

Umweltverschmutzung Verunreinigung der Natur durch das Wirken der Menschen. Luftverschmutzung geschieht durch gasförmige Stoffe, Staub und Ruß von Fabriken, Haushaltungen, Kraftfahrzeugen, ferner durch radioaktive Abgase der Kernkraftwerke sowie durch Pestizidrückstände im Pflanzenschutz und bei der Bekämpfung medizinisch wichtiger Schädlinge. Verschmutzung der Gewässer erfolgt durch häusliche und industrielle Abwässer mit Fäkalien, Produktionsrückständen, Detergentien, Ölen usw. Vergiftung des Bodens findet durch Pflanzenschutzmittel (Pestizide) statt, die zu langsam von Mikroben abgebaut werden, sowie durch radioaktive Stoffe, die z. B. als »fall out« aus der Luft auf den Boden gelangen. Bodenverschmutzung wird auch durch mangelnde Abfallbeseitigung bewirkt.

Unabhängigkeitsgesetz (→ 3. Mendelsche Regel), die Erbanlagen kombinieren sich bei der Befruchtung frei und unabhängig voneinander.

Uncífera, f., Gatt. der Orchidáceae (lat. úncus = Haken; -fer = tragend; namentl. Bezug auf den hakenähnlichen Sporn) – »Hakenorchidee«.

uncifólius (lat.), hakenblättrig.

uncinátus (lat. úncus = Haken), hakenförmig.

úncus (lat.), hakig, gekrümmt.

undulatifólius (lat.), mit welligen Blättern.

undulátus (lat.), wellenförmig gebogen, wellig.

undulifólius (lat.), mit welligen Blättern.

unédo, Artname des Erdbeerbaumes Arbutus, nach Plinius (irrtümlich) aus: únum tántum édo = »ich esse nur eine«, weil man nur eine (der sauren Früchte) zu essen versucht.

ungegliedert, 1. Lagerpflanzen, die weder Sproß noch Wurzel zeigen; 2. Milchröhren, die sich aus einer Zelle entwickelt haben; 3. Wurzelstöcke, deren Jahrestriebe nicht durch Einschnürungen voneinander abgegrenzt sind.

ungeschichtet → homoiomerisch.

ungeschlechtlich, 1. Fortpflanzung durch Sporen; 2. die Sporen hervorbringende Generation der Moose und Farne; 3. eine Blüte ohne Staubgefäße und Stempel.

ungeschlechtliche Generation → Sporophyt.

ungeschlechtliche Vermehrung, Vermehrung, die durch Bildung und Lostrennung von Zellen oder Zellkörpern erfolgt, die ohne einen vorausgehenden Kopulationsprozeß zu neuen selbständigen Individuen werden.

ungleicherbig → heterozygot.

Ungnádia, f., Gatt. der Sapindáceae (nach dem Baron Chr. S. Ungnad, Gesandter Rudolfs II., Konstantinopel, 18. Jh.; führte die Roßkastanie nach Mitteleuropa ein); fossil seit dem Eozän.

unguiculátus (lat.), nagelförmig.

unguiláris (lat.), nagelartig, nagelgroß, nagellang.

Unguis (lat.) → Nagel.

unguispínus, -a, -um (lat.), krallenstachelig, klauendornig.

uni- (lat.), in Zusammensetzungen: ein-.

unícolor (lat.), einfarbig.

unifaktoriéll (lat. únus = eins; fácere = tun, machen), durch ein Gen kontrolliertes Merkmal.

unifaziál (lat. únus = eins; fácies = Gestalt, Form), einseitig.

unifaziále Blätter, Blätter, deren gesamte Spreitenfläche sich nur aus der Unterseite ihrer Blattanlagen entwickelt.

uniflórus (lat.), einblütig.

unifólius (lat.), einblättrig.

Uniformitätsgesetz (→ 1. Mendelsche Regel) (lat. unifórmis = einförmig), die Individuen der F_1-Bastardgeneration reinrassiger Eltern sind unter sich gleichartig oder uniform.

uníjugus (unijugátus) (lat.), einjochig.

unilokuläres Gametángium (lat. uniloculáris = einfächerig), bei Phaeophyceae üblicher Terminus, der vermieden werden sollte, besser → monogonitische → Gametozyste bzw. → Gonitozyste.

Uníola, f., Gatt. der Poáceae (lat. único = Einheit) – Ährengras.

unioloídes, uníola – ähnlich (lat. únus = eins, gemeint: ein [!] Staubblatt, griech. -oides = -förmig, -ähnlich).

unipotent (lat.), Bezeichnung für Zellen, die

nur zu einer Art der Differenzierung fähig (= potent) sind.

unitunicát, Bezeichnung für einen Ascustyp bei den Schlauchpilzen (Ascomycetes), bei dem der Ascus nur eine (unitunicate), aber aus zwei Schichten verwachsene, homogen erscheinende Ascuswand hat. Die Ascosporen gelangen aus dem Ascus durch einen Porus oder Spalt ohne Deckel (inoperculat) oder mit Deckel (operculat).

univalénte Chromosómen (lat. únio, -onis = einzeln; válens, -éntis = stark, gesund, wirksam), die nicht zu Paaren vereinigten Einzelchromosomen der Meiosis; → Bivalente.

Universálsorten (lat. univérsus = gesamt, gänzlich, ganz, allgemein; univérsum = Weltall; adv. in univérsum = im ganzen, überhaupt, im allgemeinen), Sorten, die – wenn auch stets begrenzt – auf sehr verschiedenartigen Böden oder in wechselnden Klimaten relativ gut gedeihen, also ökologisch eine ziemlich hohe Anpassungsfähigkeit bzw. große Anbaubreite haben. Ggs. → Spezialsorten; → Sorten.

univittátus, mit einem Bandstreifen versehen, gebändert, gestreift, bandförmig.

Unkraut, in den vom Menschen angelegten Kulturpflanzengemeinschaften wild vorkommende, meist vom Menschen unerwünschte Pflanze.

Unkrautsamen, Samen und Früchte aller Pflanzen, die nicht kultiviert oder anderweitig genutzt werden und als schädlich für die Kulturpflanzen angesehen werden. Besonders schädlich sind Unkrautsamen, wenn sie aufgrund ihrer Masse, Form und Größe nicht oder schwer aus dem Kulturpflanzensaatgut getrennt werden können.

unpaarig gefiedertes Blatt, ein mit Endblättchen versehenes, gefiedertes Blatt.

unreduzierte Gameten, Gameten haben den diploiden (somatischen) Chromosomensatz.

unregelmäßig → zygomorph.

unregelmäßige Krone, nicht alle Kronblätter sind einander gleich.

unreine Spaltung, scheinbare Beeinflussung der rezessiven Erbanlagen durch die dominanten.

unselbständige Faktoren, Erbfaktoren, die nur bei Gegenwart anderer Faktoren zur Wirkung kommen.

unseptíert, querwandlos; → septiert.

Unter-, in der Taxonomie zur Bezeichnung der Unterkategorien (→ Rangstufe), z. B. Unterfamilie; → Unterart.

Unterart (subspecies), wichtigste systematische Kategorie unterhalb der Art. Die Unterarten einer Art sind durch einige Merkmale gut voneinander unterschieden und stets räumlich oder zeitlich voneinander isoliert (vikariierend), bilden aber bei Kreuzung fertile Bastarde. Abk. subsp. oder ssp.

Unterblatt, der (untere, basale) Teil der Laubblattanlagen, aus dem sich der Blattgrund (z. T. als Blattscheide) und (soweit vorhanden) die Nebenblätter entwickeln, bei manchen Arten auch der Blattstiel (z. B. bei Hellébori). Aus dem Oberblatt geht u. a. die Blattspreite hervor, bei manchen Arten auch der Blattstiel (z. B. bei Málus).

Unterelement, für eine Unterregion einer Florenregion charakteristische Pflanzen.

Unterfamilie, Subfamilia, Einheit zur Kennzeichnung für Gruppen nahe verwandter Gatt. großer Fam. Die Namen haben in der Botanik die Endung -oideae; z. B. Fam.: Asteráceae; Unterfam.: Cichorioideae, Asteroideae usw., in der Zoologie die Endung -inae, z. B. Fam. Bovidae, Unterfam. Rupricaninae, Antilopinae usw.

untergärige Biere, Biere, die unter den für die untergärigen Hefen günstigen Bedingungen vorwiegend oder ausschließlich mit Hilfe derselben hergestellt werden.

untergärige Hefen, solche Kulturhefen bzw. Rassen von Saccharomyces cerevisiae, die bei bzw. nach der Gärung in ihrer Hauptmenge auf dem Boden des Gärbebehälters liegen bleiben und infolge der Zusammenlagerung der klebrigen Zellhäute einen festliegenden Bodensatz erzeugen, z. B. die Weinhefen und die untergärigen Bierhefen, die relativ niedrigen Temperaturen (5–10 °C) angepaßt sind. Ggs. → obergärige Hefen.

Untergräser, die Gräser des Dauergrünlandes mit niedrigeren Wuchsformen, relativ größerem Blattanteil, Ausbildung von Rhizomen und daher mit der mehr oder weniger großen Fähigkeit des Narbenschlusses. Die Untergräser zeichnen sich durch ihre Weideeignung aus, da sie im Gegensatz zu den Obergräsern tritt- und bißverträglich, jedoch weniger schnittverträglich sind. Wertvollstes Untergras: Ausdauerndes Weidelgras – Lólium perénne.

Untergrundlockerung, Bodenbearbeitung, die die Krume vertiefen und Verdichtungen (Pflugsohle, Verdichtungshorizonte) beseitigen soll.

Unterhautgewebe → Hypoderm.

unterirdisch → hypogäisch.

Unterlage, Pflanzenkörper, auf den abgetrennte, knospentragende Teile einer Kulturpflanze übertragen und zur Verwachsung gebracht werden; man unterscheidet: 1. Sämlingsunterlagen (durch Aussaat von Samen gewonnen); 2. Klonunterlagen (durch verschiedene Methoden aus Sproß- oder Wurzelstücken gewonnen); → Reis, A_2, »M I, M II, M III«.

Unterlippe (Lábium inferior), der nach unten gerichtete Teil einer Lippenblüte, der aus drei miteinander verwachsenen Kronblättern entstanden und daher meist dreilappig ist.

Unterregion, durch bestimmte Pflanzen, deren Verbreitung mit den Grenzen der Unterregion annähernd übereinstimmt, charakterisierte Untereinheit einer Florenregion.

Untersaat, Aussaat von Fruchtarten unter einer Deckfrucht zur Körnernutzung oder Gründeckfrucht nur zur Nutzung als Zwischenfrucht, während die »Einsaat« der Hauptfutternutzung dient.

unterschlächtig, der obere Blattrand deckt den unteren des nächstälteren Blattes; bei beblätterten Lebermoosen gebräuchlich. Ggs. → oberschlächtig.

unterständiger Fruchtknoten, mit der Blütenachse verwachsener Fruchtknoten, der unterhalb der Ansatzstelle der Blütenhülle und Staubblätter steht.

unterweibig → hypogyne Blüte.

unverträglich, 1. Eigenschaften von Pflanzen, die bedingen, daß die Pflanze nicht im nächsten Jahre auf gleichem Felde wieder angebaut werden kann, weil eine Ertragsminderung zu erwarten ist; z. B. bei Rotklee und Weizen; 2. im Obstbau bzw. in der Baumschule Bezeichnung für die mangelnde vegetative Verträglichkeit der Veredlungspartner Reis bzw. Edelsorte und Unterlage; äußert sich in Mißwuchs, vorzeitigem Vergreisen der Gehölze usw.

Uracíl, Pyrimidinbase, die am Aufbau von Nukleinsäuren (Ribonukleinsäuren) beteiligt ist.

Uragóga, f., Gatt. der Rubiáceae (griech. úron = Harn, agógos = vertreibend) → Brechwurzel; fossil seit dem Tertiär.

uraléensis, urálus, aus dem Ural stammend.

urbánicus, urbánus, úrbicus (lat.), städtisch, zur Stadt gehörend.

Urbild, in der idealistischen Morphologie der Bauplan bestimmter Pflanzengestalten; → Typus (3.).

Urbínia, f., Gatt. der Crassuláceae (nach Manuel Urbino).

Urblätter, nach der Perikaulom-Theorie die Urblätter einer Pflanze, die phylogenetisch durch den Vorgang der Übergipfelung an gabelig verzweigten Thalluspflanzen aus den übergipfelten Schwesterästen entstehen.

urceolátus (lat. urcéus = Krug, Urne), urnenförmig.

Urceolina, f., Gatt. der Amaryllidáceae (lat. urcéolus = kleiner Krug).

Ureáse, zu den Hydrolasen zählendes Enzym, das die Harnstoffspaltung katalysiert; U. wurde als erstes Enzym kristallin hergestellt.

Uredináceae, phytopathologisch wichtige Fam. der Ordn. → Uredinales, Rostpilze, zur Klasse der Ständerpilze (= Basidiomycetes) gehörig; bekannte Gattungen der Uredinaceae (»Uredinaceen«) sind z. B.: Puccinia, Uromyces, Gymnosporangium. – Trivial auch üblich: Uredinaceen.

Uredináles (lat. urédo-, -inis = Getreidebrand) – Rostpilze; Pilz-Parasiten in den Geweben höherer Pflanzen, Wintersporen und Sommersporen, zuweilen auch eine Frühjahrsform erzeugend, wobei der Generationswechsel vielfach mit einem Wirtswechsel verbunden ist.

Uredosórus, m., Plur. Uredosóri, = Urédium, Urédolager; bräunlich gefärbtes Sporenlager der Rostpilze (Uredinales), in dem die dikaryotischen Sommersporen (Uredosporen) gebildet werden.

Urédosporen, Sommersporen: paarkernige (dikaryotische), ovale bis kugelige, gewöhnlich einzellige Sporen der Rostpilze (→ Urednáles), die in den Uredosori gebildet werden. Die meist deutlich gestielten U. haben eine von Stacheln, Warzen oder Leisten bedeckte Oberfläche und sind lebhaft gelblich oder braun gefärbt; daher die Bezeichnungen Gelbrost, Braunrost usw. U. werden in Massen gebildet und auf dem Luftwege verbreitet. Sie führen zur Masseninfektion und bilden neue Uredolager, die wiederum Uredosporen bilden können.

úrens (lat. úrere = brennen), brennend (z. B. Urtíca úrens – Kleine Brennessel).

Uréra, f., Gatt. der Urticáceae (lat. úrere = brennen).

Urfarne → Urlandpflanzen.

Urgínea, f., Gatt. der Liliáceae (benannt nach dem Araberstamm Ben Urgin) – Meerzwiebel (bekannte Zierpflanze).

Uridin, Nucleosid, das aus der Pyrimidinbase Uracil und Ribose aufgebaut und Bestandteil von Nucleinsäuren (RNS) ist.

Urkaulóm (lat. caúlis = Stengel = griech. kaulós), nach der Perikaulom-Theorie die Urachse einer Pflanze, die phylogenetisch durch den Vorgang der Thalluspflanzen aus den übergipfelten Gabelästen entsteht.

Urkormophyten, ungewöhnlich geformte Fossilien aus devonischen und älteren Schichten, meist unsichere, hypothetische Vorfahren der frühen Gefäßpflanzen.

Urlandpflanzen, Nacktpflanzen → Psilophyten, Psilophytatae.

Urmark, aus isodiametrischen Zellen bestehendes, zentrales Gewebe beim Meristemring.

Urmeristéme (griech. merízein = teilen), Bildungsgewebe der vollentwickelten Pflanze, die direkt von undifferenziertem, embryonalem Gewebe der Keimpflanze abstammen; embryonal gebliebene Gewebe z. B. in den Vegetationspunkten.

úrniger, urnígera, -gerum (lat.), urnentragend.

uro- (griech. ourá = Schwanz; lat. cauda-), schwanz-, schweif-.

Uropétalum, n., Gatt. der Liliáceae (griech. ourá = Schwanz; pétalon = Blumenblatt).

Urospérmum, n., Gatt. der Asteráceae (griech. ourá = Schwanz; spérma = Same) – Schwanzsamen.

Uróstachys, m., Gatt. der Lycopodiáceae (griech. ourá = Schwanz; stáchys = Ähre) – Bärlapp.

Urpflanze, nach der idealistischen Morphologie die allgemeine Form der höheren Pflanze, aus der sich nicht nur alle bestehenden speziellen Pflanzenformen ableiten, sondern auch eine unbegrenzte Mannigfaltigkeit von neuen Formen erfinden läßt. Die Urpflanze zeigt eine Gliederung in Wurzel, Achse und Blatt, die demnach als die gegebenen fundamentalen Organe aufgefaßt werden.

Urrinde → Meristemrinde.

Ursínia, f., Gatt. der Asteráceae (nach dem Regensburger Geistlichen J. H. Ursinus, 1608–1667) – Bärenkamille.

ursínus, -a, -um (lat. úrsus = der Bär), für Bären geeignet (z. B. Állium ursínum – Bären-Lauch).

Ursprungszentrum, Entwicklungszentrum einer Sippe.

Urtíca, f., Gatt. der Urticáceae (lat. úro = ich brenne) – Brennessel.

urticifólius, urtícablättrig, brennesselblättrig.

-úrus, -a-, -um (griech. ourá = Schwanz), -schwänzig.

urwüchsig, einheimisch, spontan.

Urzeugung (Generátio spontánea), Hypothese einer Entstehung von Lebewesen ohne Elternlebewesen aus lebloser Materie.

usitatíssimus, -a, -um (lat. úsus = Gebrauch; usitátus = gebräuchlich), am meisten verwendet, sehr gebräuchlich (z. B. Línum usitatíssimum – Lein).

usneoídes (aus Usnea, aus dem Arab. sinnverwandt Moos; griech. -oides = -förmig, -ähnlich), usnea = -ähnlich.

ussuriénsis, vom Ussurifluß (Ostasien) stammend.

Ustilágo, f., Gatt. der Ustilagináceae (lat. ustuláre = ustiláre = ansengen, -brennen; bezieht sich auf die gleichsam »verbrannten« schwarzen Sporen) – Flug- oder Staubbrand; Ordn. Brandpilze (Ustilagináles).

ustulátus (lat.), brandfarbig, schwärzlich, angebrannt.

utahénsis, aus Utah (Nordamerika) stammend.

Utáhia, f., Gatt. der Cactáceae (nach dem Staat Utah, Nordamerika).

útilis, -is, -e (lat.), nützlich, brauchbar.

Utriculária, f., Gatt. der Lentibulariáceae (lat. utrículus = kleiner Schlauch) – Wasserschlauch; gehört zu den → Carnivora; fossil seit dem Pleistozän.

Utrículus (lat. kleiner Schlauch), 1. bei Gatt. Cárex das von dem Deckblatt der weibl. Blüte gebildete schlauchförmige Organ, das die weibl. Blüte bzw. die Frucht umhüllt; 2. bei Gatt. Utriculária die aus Blattzipfeln gebildeten Fangblasen, die als Fallen zum Fangen kleiner Wassertiere dienen.

útriger, utrígera, utrígerum (lat.), schlauchtragend.

Uva (lat. = Traube), Beerenfrucht mit zartem Exokarp.

úva críspa (lat.), krause Traube.

Uvaria, f., Gatt. der Anonáceae (lat. uva = Traube).

uvárius, -a, -um (lat.), traubig.

úva-úrsi (lat. úva = Traube; ursus = Bär, also: Traube des Bären) – Bärentraube.

Uvulária, f., Gatt. der Liliáceae (lat. úvula = kleine Traube) – Trauerglocke.

V

V. → vidi.

vácans (lat.), leer, ledig, frei.

Vaccária, f., Gatt. der Caryophylláceae (lat. vácca = Kuh) – Kuhkraut.

vacciniifólius (lat.), vaccínium = blättrig.

Vaccínium, n., Gatt. der Ericáceae (lat. Pflanzenname, geht zurück auf baccínium = Beerenstrauch; bácca = Beere, wegen der Beerenfrucht) – Heidelbeere, Preiselbeere, Kronsbeere; fossil seit dem Oligozän.

vaccinoídes, vaccinium – ähnlich.

vaccínus (lat.), für Kühe dienlich; kuhartig gefärbt.

vacíllans (lat. vacilláre = wanken, wackeln), wankend, wackelnd, schwankend.

vágans, (lat.), weitschweifig, umherstreichend, wandernd.

vagíles Bénthos (lat. vágus = ungebunden), auf dem Boden umherkriechende bzw. nicht sessile Meeres- und Seebewohner.

Vagína (lat. vagína = Scheide des Schwertes), → Blattscheide.

Vaginálflora, normale mikrobielle Besiedlung der Scheide. Zur V. gehören Bakterien z. B. der Genera: Corynebacterium, Escherichia, Lactobacillus, Sarcina, Staphylo- Streptococcus (u. a.).

vaginátus (lat.), scheidig.

Vagínula, f., Sing., (lat. = kleine Scheide; -ula = Verkleinerungs-Suffix), Bezeichnung für den unteren Rest der Archegoniumwand um den Fuß des Sporogons.

vágus (lat.), ungebunden, unbeständig; allseitswendig, unstet.

Vaillantia, f., Gatt. der Rubiáceae (nach dem franz. Botan. Sebastian Vaillant, 1669 bis 1722).

Vakuólen (lat. vácuus = leer), Zellsafträume.

Vakuóm, System oder Gesamtheit der Vakuolen einer Zelle.

valdiviánus-, = valdiviénsis, aus Valdivia (Chile) stammend.

válens (lat.), gesund, stark, kräftig.

Valénz (Wertigkeit), quantitatives Übergewicht, Wirkungsstärke; Anlagerungsvermögen.

Valeriána, f., Gatt. der Valerianáceae (lat. valére = gesund sein, wegen der Heilwirkung der Pflanze) – Baldrian.

Valerianélla, f., Gatt. der Valerianáceae (lat. valeriána [→ Valeriána] und der Verkleinerungssilbe -ella) – Rapünzchen; fossil seit dem Miozän.

válidus, -a, -um (lat.), stark, kräftig.

Valín, α-Amino-isovaleriansäure, $(CH_3)_2CHCH(-NH_2)-COOH$, eine Monoaminomonocarbonsäure.

valláris, -is, -e (lat.), zum Wall gehörend.

Valláris, f., Gatt. der Apocynáceae (lat. vallåre = umringen, einschließen).

vallesíacus, -a, -um, valesíacus, -a, -um (lat.), aus dem Kanton Wallis (Südschweiz) stammend (z. B. Festúca valesíaca – Walliser Schwingel).

vallícolus, -a, -um (lat.), talbewohnend (vállis = Tal; cólere = bewohnen).

Vallisnéria, f., Gatt. der Hydrocharitáceae nach Anton Vallisneri, Padua, 1661 bis 1730) – Wasserschraube.

Vallóta, f., Gatt. der Amaryllidáceae (nach N. J. Vallot, franz. Botan., 19. Jh.).

valváte Knospendeckung (lat. válvae, -árum = Türflügel, Doppeltür), → klappige Knospendeckung; vgl. Perianthblätter.

-válvis (lat.), in Zusammensetzungen: -klappig.

Vancouvéria, f., Gatt. der Berberidáceae (nach dem Kapitän George Vancouver, 1758–1798); Spec. (z. B.): V. planipétala (im Westen der USA).

Vánda, f., Gatt. der Orchidáceae (ostind. Volksname); – Adelfange.

Vandoideae, »Adelflangen-Verwandte«, Unterfam. der Orchidáceae, mit etwa 310 Gatt., z. B. Polystachya – Vielähre, Cymbidium – Kahnlippe, Maxillaria – Kinnbackenorchidee, Lycaste, Zygopetalum – Jochkrone, Huntleya – Perlhuhnorchidee, Gongora – Kasperle-Orchidee, Phalaenopsis – Malaienorchidee, Vanda – Adelflange, Angraecum – Tropensporn, Odontoglossum – Zahnzunge, Oncidium – Höckerblume, Catasetum – Dreibundorchidee.

Vandópsis, f., Gatt. der Orchidáceae (Gattungsname Vánda; und griech. ópsis = Aussehen).

Vanguéria, f., Gatt. der Rubiáceae (madagass. Volksname).

Vaniéria, f., Gatt. der Moráceae (nach dem franz. Mönch Jacq. de Vanière, 1664 bis 1739).

Vanílla, f., Gatt. der Orchidáceae (span. Vainilla = Schötchen, Verkleinerungsform von vaína = Scheide, Hülse) – Vanille.

Vanzíjlia, f., Gatt. der Aizoáceae (nach einem Personennamen).

var. → Varietät.

variabilis, -is, -e (lat.), veränderlich.

Variabilität (lat. variátio = Abänderung, Schwankung), Abänderungsfähigkeit des Erscheinungsbildes in morphologischer und physiologischer Hinsicht.

Variánte (lat. variáre = verändern, abwechselnd machen), 1. Pflanzengesellschaften, die sich durch eine bestimmte, oft wiederkehrende Artenverbindung auszeichnen, ohne daß eigentliche Differentialarten vorhanden wären; 2. Einzelglied einer variierenden Individuengruppe, die nach einem bestimmten Gesichtspunkt zusammengefaßt ist.

Variánzanalyse, in der Versuchsstatistik angewendete Verrechnungsmethode zur Feststellung von Abweichungen zwischen den Versuchsfaktoren und zur Bestimmung des Fehlers, der dem Versuchsergebnis anhaftet.

Variatión (lat. variátio = Änderung), im Sinne der Vererbungslehre die Veränderung der Organismen durch Außen- und Innenbedingungen.

Variatiónsbewegungen, Bewegungen der Pflanzen, die mechanisch durch Turgoränderungen zustande kommen, die also rückgängig gemacht werden, wenn die sie verursachenden Einwirkungen aufhören.

Variatiónsbreite, die nach Zahl oder Maß bestimmbare Größe der Verschiedenheit, welche die Individuen einer Sippe in irgendeinem Merkmal aufweisen.

Variatiónsbreite eines Merkmals, Intervall, in welchem ein erblich bedingtes Merkmal durch Einflüsse verändert werden kann.

varicósus (lat.), erweitert (eigentl. voller Krampfadern), aufgetrieben.

Variegatión, unregelmäßige Veränderung der Farbe pflanzl. Organe, wie Blätter und Blüten, aufgrund der Unterdrückung einer normalen Pigmententwicklung z. B. von Chlorophyll und Anthozyanen in bestimmten Bereichen. Die Ursache kann ein genetischer Faktor oder ein Krankheitssymptom sein, wie die Mosaikkrankheit durch Virusinfektion.

variegátus (lat.), bunt, verändert.

Varietät (varíetas), Abart, systmatische Kategorie unterhalb der Art (→ Rangstufe); von geringerem systematischem Rang als die → Unterart. Varietäten einer Art unterscheiden sich durch wenige Merkmale und sind weder räumlich noch zeitlich voneinander isoliert. Abk. var.

vari-, varii- (lat. variáre = verändern), in Zusammensetzungen: verschieden-, anders-.

varioláris (lat. variola = Blatter, Pocke), schorfartig.

várius (lat.), mannigfaltig, verschiedenartig.

Vasálteil (lat. vása = Gefäß) → Xylem.

Vatéria, f., Gatt. der Dipterocarpáceae (nach dem deutsch. Botan. Abraham Vater, 1684–1751) – Ostindischer Kapalbaum.

Väter der Botanik (Pátres Botánicae), die Begründer der mitteleuropäischen Botanik in der Renaissancezeit, Verfasser von Kräuterbüchern des 16. Jh., in denen zu dem aus Antike und Mittelalter Übernommenen Neues und Eigenes hinzugefügt wurde.

Vauánthes, f., Gatt. der Crassuláceae (gebildet aus Buchstaben »V« und griech. ánthos = Blüte, Blume).

Vauchéria, f., Gatt. der Vaucheriáceae (benannt nach dem Botan. Vaucher, Genf, gest. 1841) – Schlauchalge; Ordn. Siphonáles; fossil wohl seit dem Miozän.

Vegetabílien (lat. vegetáre = wachsen), pflanzl. Substanzen.

vegetabílisch, zu den Pflanzen gehörig, aus dem Pflanzenreich stammend, aus Pflanzen bereitet.

Vegetatión (lat. vegetáre = beleben, wachsen; neulat. vegetatio = Pflanzenwuchs), 1. Pflanzenwachstum, 2. Pflanzendecke, die Gesamtheit der Pflanzengesellschaften eines bestimmten Gebietes.

Vegetatión, azonál, ohne Bindung an eine Zone auftretende Vegetationseinheiten.

Vegetatión, extrazonál, die einer Zone fremden, aus anderen, meist benachbarten Zonen stammenden Vegetationseinheiten.

Vegetationsaufnahme, tabellarisch angeordnete Artenliste einer → Pflanzengesellschaft, aus der die Schichtung sowie die Werte für → Deckungsgrad und Geselligkeit (→ Soziabilität) jeder einzelnen Art auf einer bestimmten → Minimalfläche zu ersehen sind.

Vegetationseinheit, regelmäßig wiederkehrende Kombinationen von Arten ohne bestimmte Ranghöhe im System oder in der natürlichen Ordnung der Vegetation, entspricht etwa der Sippe in der Taxonomie.

Vegetationsentwicklungstyp, Entwicklungsstufe der Vegetation, dargestellt durch die vorangegangene, die augenblickliche und die folgende Pflanzengemeinschaft.

Vegetationsform, Begriff für Lebewesen, deren Gesamtbau ± deutlich ausgeprägte, gleichartige Anpassungserscheinungen an den Lebenshaushalt aufweist.

Vegetationsgeographíe, Forschungszweig, der das Pflanzenkleid der Erde im Hinblick auf seine Bedeutung für den Charakter der Landschaft oder der Erdgegend untersucht.

Vegetationskegel → Vegetationspunkt.

Vegetationskomplex (lat.), das für eine Gegend charakteristische Gesellschaftsinventar.

Vegetatiónskunde, wichtiges Teilgebiet der Pflanzengeographie, hat die Pflanzengesellschaften zum Gegenstand (→ Pflanzensoziologie).

Vegetationslinien, Verbreitungsgrenzen, die mit Klimagrenzen in Beziehung zu bringen sind.

Vegetationsorgáne, Organe, die der Erhaltung eines schon vorhandenen Individuums dienen.

Vegetationsperióde, der Teil des Jahres, in dem die Hauptmasse der in einem bestimmten Gebiet wachsenden Pflanzen im lebhaften Wachstum begriffen ist.

Vegetationsprofil, durch einen Geländeabschnitt, gleich welcher Größenordnung, gelegter Schnitt durch die Vegetation, oft zum Zwecke bildlicher Darstellung.

Vegetationspunkt, die Region des Pflanzenkörpers, an der die Neubildung von Organen durch Bildungsgewebe stattfindet.

Vegetationsring → Dickenwachstum.

Vegetationsscheitel, Vegetationspunkt mit dem anschließenden primären Meristem.

Vegetationsschichtung, die durch Pflanzen gebildete vertikale Strukturierung eines Lebensraums (vgl. Stratifikation).

Vegetationsstufen, von der Höhenlage abhängige Aufeinanderfolge der Vegetation.

Vegetationstýpen, Pflanzengesellschaften, die zum Charakter einer Landschaft gehören, wie z. B. Buchenwald, Fichtenwald usw. (→ Vegetation).

Vegetationszeit, Wachstumszeit.

Vegetation, zonále, die an eine Zone gebundenen Vegetationseinheiten.

vegetatív, 1. pflanzlich, auf Vegetation bezüglich; 2. ungeschlechtlich.

vegetatíve Befruchtung → Doppelbefruchtung.

vegetatíve Mutatión → somatische Mutation.

vegetatíve Phase, Entwicklungsabschnitt der Pflanze, in dem nur vegetative Organe gebildet werden.

vegetatíves Myzél (griech. mýzein = saugen), das in den Nährboden eindringende Myzel bei dem als Kolonie bezeichneten Kulturverband, welches die Ernährung des Pilzes gewährleistet; zu unterscheiden von dem sich über die Oberfläche des Nährbodens erhebenden Luftmyzel. Werden von dem Luftmyzel Reproduktionsorgane gebildet, spricht man von Reproduktionsmyzel. (→ Myzel).

vegetatíve Vermehrung, Fortpflanzung auf ungeschlechtlichem Weg.

vegetíeren, ausschließliche Bildung solcher Organe, die den vegetativen Prozessen der Pflanzen dienen.

végetus (lat.), frisch, lebhaft, rüstig.

Velámen (lat. velámen = Hülle, Schleier, Gewand), äußere, schwammähnliche Rindenschicht an Luftwurzeln der Epiphyten (velámen rádicum); besteht aus toten Zellen, die eine kapillare Wasserversorgung bewirken im Ggs. zur osmotischen der Bodenwurzeln; vorkommend bei tropischen epiphytischen Orchideen und Aronstabgewächsen.

velátus (lat.), verschleiert, verhüllt.

Vélla, f., Gatt. der Brassicáceae (nach einem kelt. Pflanzennamen).

Vellózia, f., Gatt. der Velloziáceae (nach dem portug. Botan. J. M. Velloso, 1743–1812).

Velthéimia, f., Gatt. der Liliáceae (nach dem Grafen Aug. Ferdinand v. Veltheim, Botan., 1741–1801).

Vélum (lat. = Schleier, Segel, Vorhang), Hülle, die bei den Blätterpilzen Hut und Stiel (V. úniversale) oder nur die Unterseite des Hutes bedeckt (V. pártiale) und nach dessen Entfaltung zerreißt.

velútinus (franz. velouté = samtartig aussehen, velours = Samt; dies von lat. villósus), samtartig.

venenátus (lat. venenáre = vergiften; lat. venénum = Gift), giftig, gefährlich.

véneris, der Venus.

venósus (lat. véna = Ader), aderig, geadert.

Ventenáta, f., Gatt. der Poáceae (nach dem franz. Botan. P. E. Ventenat, 1757–1805) – Grannenhafer.

ventrál (lat. ventrális, -is, -e), bauchseitig, -wärts, bauchständig, auf der Bauchseite gelegen; bezeichnet bei einer Blüte oder einem Seitensproß die Unterseite, bei einem Blatt hingegen die Oberseite. Ggs. → dorsal.

ventricósus (lat. vénter, véntris = Bauch), bauchig, aufgeblasen (z. B. Alopecúrus ventricósus – Rohrartiges Fuchsschwanzgras).

ventrizíde Kapsel, Spaltkapsel, deren verwachsene Fruchtblätter, aus denen sie zusammengesetzt ist, sich entlang der Bauchnähte spalten.

venulósus, -a, -um (lat.), fein geadert.

venústus, -a, -um (lat.), lieblich, anmutig, reizend (Bezug auf Venus, Göttin der Schönheit).

Verband, pflanzensoziologische Bezeichnung, gruppiert Assoziationen verwandter floristischer Zusammensetzung, die unter sich eine Reihe von Arten gemeinsam haben, die in anderen Verbänden gar nicht oder in geringer Häufigkeit und Vitalität vorkommen, da ihr Lebensoptimum in den Grenzen eines bestimmten Verbandes liegt. Nomenklatorisch wird das Suffix -ion verwendet, z. B. Potentillion caulescentis = Verband der Gesellschaften des Stengeltreibenden Fingerkrautes.

Verdauungsdrüsen → Digestionsdrüsen.

Verdauungssämlinge → Endozoochore.

Verdickungsring → Kambiumring.

Verdoppelung → Dédoublement, → Chorise.

Verdrängungszüchtung, Form der Rückkreuzungszüchtung, bei der nach physiologischen Gesichtspunkten ausgelesen wird.

Verdunstung → Transpiration.

Veredelung, Vorgang, bei dem abgetrennte, knospentragende Teile einer Kulturpflanze auf einen anderen, meist anspruchsloseren Pflanzenkörper (Unterlage) übertragen und mit diesem zum Verwachsen gebracht werden.

Vererbung, Übertragung der elterlichen Eigenschaften auf die Nachkommenschaft durch Vermittlung von Geschlechtszellen.

Vererbung, somátische, Übertragung der

Merkmale einer Art durch andere Zellen wie die Keimzellen, was bei ungeschlechtlicher Fortpflanzung der Fall ist: Der neue Organismus entsteht durch Sprossung des Körpers oder »Soma« (z. B. bei Hefen).

Vererbung »übers Kreuz« (engl. crossingover), Erscheinung, daß die Töchter das Merkmal des Vaters, die Söhne das der Mutter zeigen.

Vergällen, das Benetzen oder Einpudern von Saatgut und Pflanzen mit Stoffen zum Schutze z. B. gegen Wildverbiß und Vogelfraß.

Vergeilung → Etiolement.

Vergesellschaftung, bezeichnet jede Form des Zusammentreffens mehrerer Individuen der gleichen Art (Aggregation) oder verschiedener Arten.

Vergrünung → Verlaubung.

Verholzung, Einlagerung von Holzstoff in die verdickten Membranen der Gefäße und Holzfasern.

véris (lat. vér, véris = Frühling), im Frühjahr blühend (z. B. Prímula véris – Duftende Schlüsselblume).

Verjüngungshypothése (Regulationshypothese), theoretische Vorstellung über das Wesen der Sexualität, wonach die Befruchtung im Leben der Organismen eine physiologische Notwendigkeit ist, um die zum Aussterben führenden Alterserscheinungen wieder auszugleichen. In dieser Reorganisation der lebenden Substanz liegt die wirksame Einrichtung, um den physiologischen Tod zu verhüten (Maupa, Hertwig).

Verkorkung, Ein- und Auflagerungen von Suberin oder Korkstoff auf die Zelluloseschichten der Zellwände.

Verlandung, Vorgang des Übergehens eines offenen Gewässers in Festland.

Verlaubung (Phyllodíe), Ersetzung verschiedener, nicht laubblattartiger Organe durch wirkliche Laubblätter.

Verlustmutatón, erbliche Veränderung, bei der eine Fähigkeit oder ein Merkmal verlorengeht.

Vermehrung, 1. → Fortpflanzung; 2. Erzeugung des Saat- und Pflanzguts zugelassener Sorten von Kulturpflanzen auf vertraglicher Basis.

Vermehrungsanbau, im züchterischen Sinne der feldmäßige Samenbau einer fertigen Züchtung, die vom Züchter weiter kontrolliert wird.

Vermehrungsaufbau, System für die Erhaltungszüchtung und Saat- und Pflanzguterzeugung. Durch Anbau- oder Erntestufen wird die Entfernung vom Aufwuchs aus der Erhaltungszucht des Zuchtgartens ausgedrückt, die durch die Reproduktion eintritt.

Vermehrungsbestand, mit einer Kulturpflanzenart, meist mit einer Zuchtsorte bestellte zusammenhängende Fläche zur Saat- und Pflanzgutvermehrung. In der Forstsaatguterzeugung: Mit einer bestimmten Holzart bestockte anerkannte Fläche, die eine auf die anzuerkennende Holzart und den Schlußgrad 1,0 reduzierte Mindestgröße von 1 ha hat. Die Mindestfläche darf unterschritten werden, wenn mehrere Teilflächen zu einer Anerkennungseinheit mit einer reduzierten Mindestfläche von 1 ha zusammengefaßt werden können.

Vermehrungsquote, das Verhältnis der für die Flächeneinheit aufgewendeten Saatgutmasse einer Pflanzenart zur daraus gewonnenen Saatgutmasse. Syn.: Vermehrungsfaktor, Vermehrungsrate.

Vermehrungssaatgut, anerkanntes Saatgut, das zur Weitervermehrung bestimmt ist.

Vermehrungsstufe, Sammelbegriff für Anbau- und Erntestufe; → Anerkennungsstufe.

Vermehrungszentrum, ökologisch günstiges Gebiet für Saat- und Pflanzguterzeugung.

vermiculátus (lat. vermículus = ein kl. Wurm), 1. wurmförmig; 2. würfelförmig.

verminderte Penetránz, Abnahme der Individuenanzahl eines bestimmten Phänotypus, ohne daß die entsprechende Anzahl Genotypen vermindert wird.

Vermullung, sekundäre aërobe Umwandlung von Torfen bis zum pulverförmigen Zerfall der bei der Vererdung gebildeten Krümel.

Vernakulárname (lat. vernáculus = einheimisch, inländisch), volkstümliche Bezeichnung, die von Bewohnern eines bestimmten Gebietes für eine Pflanze geprägt wurde; nichtwissenschaftlicher Name, nomen vernaculum → Trivialname.

Vernalisatión → Jarowisation.

Vernatión (lat. vernátio = Knospenlage eines – noch nicht entwickelten – Blattes, stammt von vernáre = Frühling machen), Knospenlage bzw. die Art und Weise, in der die Blätter in einer Knospe zueinander angeordnet, angelegt sind.

vérnix (lat.), Firnis.

Vernónia, f., Gatt. der Asteráceae (nach dem nordam. Botan. William Vernon, geb. 1.7.1911).

vérnus, -a, -um (lat. ver. véris = Frühling), Frühlings- (z. B. Potentílla vérna – Frühlingsfingerkraut).

Verónica, f., Gatt. der Scrophulariáceae (benannt nach der Heiligen Veronica) – Ehrenpreis.

verrucósus (lat.), warzig, voller Warzen.

versatíle Reproduktión (lat. versátilis = beweglich), die Fähigkeit zur sexuellen oder apomiktischen Embryobildung.

Verschafféltia, f., Gatt. der Arecáceae (nach dem Belgier A. Verschaffelt, 1825–1886).

Verschiedenartigkeit → Variabilität.

Verschiedenblättrigkeit → Heterophyllie.

Verschiedenfrüchtigkeit → Heterokarpie.

Verschiedengriffeligkeit → Heterostylie.

Verschulpflanze, Sämling, der bis zum Erlangen einer für die Pflanzung in der Kultur erforderlichen Qualität in einem zweckentsprechenden Verband in der Forstbaumschule verpflanzt wird.

versi- (lat.), in Zusammensetz.: verschieden-.

versícolor (lat.), verschiedenfarbig.

Versteinerungen → Fossilien.

verticilláris (verticillátus) (lat.), quirlständig, quirlförmig.

vertikál (lat. vértex = Scheitel, Wirbel), senkrecht, lotrecht.

Vertorfung, biologische Umwandlung toten organischen Materials, die zunächst bei behindertem Sauerstoffzutritt wie die Humifizierung verläuft, später vor allem durch anaërobe Bakterien als Fäulnis vor sich geht und schließlich eine Stockung der Zersetzung erleidet (Inkohlung).

verträglich (kompatibel), adjektivischer Begriff für gegenseitige Wirkungen der Pflanzen aufeinander ohne Nachteil.

Verträglichkeits- und Stabilitätsversuche, dienen der Ermittlung der Nachwirkung des gehäuften Anbaues einer oder mehrerer Fruchtarten, und zwar als Monokultur ohne Fruchtwechsel, als alternierender Anbau (wenn zwei Feldfrüchte sich im Anbau von Jahr zu Jahr abwechseln) oder als kurzfristig auf dem gleichen Schlag wiederkehrender Anbau gleicher oder verwandter Fruchtarten. Im Ggs. zu den Vorfruchtversuchen werden hierbei die benutzten Schläge bzw. Parzellen nicht gewechselt.

vérus (lat.), wahr, echt.

verwachsenblättrig, Bezeichnung für Krone und Kelch, deren Blätter wenigstens am Grunde miteinander verwachsen sind.

verwachsene Blätter, zwei gegenständig sitzende Blätter mit gemeinsamer Basis.

verwachsenkronblättrig → sympetal.

Verwandtschaft, das auf Abstammung beruhende Verhältnis zweier oder mehrerer Individuen bzw. Individuengruppen.

Verwandtschaftszucht, gemilderte Form der Inzucht durch Paarung von Individuen mit gemeinsamer P_3.

Verwesung, im engeren Sinne die mikrobielle Zersetzung organischer Substanzen wie toter Tiere und pflanzlicher Reste unter aëroben Bedingungen. Die V. spielt eine wichtige Rolle beim Kreislauf der Stoffe in der Natur (Mineralisation). Sie wird in starkem Maße durch die Temperatur- und Feuchtigkeitsverhältnisse beeinflußt. Als Endprodukte der V. werden energiearme oxydierte Substanzen wie Kohlendioxid und Wasser gebildet. Von der V. wird die unter anaëroben Bedingungen ablaufende Fäulnis unterschieden.

verwilderte Pflanzen, aus der Kultur entflohene Arten.

Verwitterung, Gesamtheit der Veränderungen, welche die Gesteine durch Einwirkung exogener Kräfte (Luft, Wasser, Temperatur, Pflanzen und Tiere) erfahren.

Verzweigung (Ramifikatión), die Ausbildung gleicher Pflanzenglieder.

Verzweigungssysteme, 1. der Sproß teilt sich an der Spitze in zwei (→ Dichotomie) oder mehrere (→ Polytomie) gleichwertige Seitenäste; 2. der Sproß wächst weiter und erzeugt Seitenzweige, wobei der Hauptzweig über die Seitenzweige dominiert und die weitere Verzweigung übernimmt (→ monopodiale Verzweigung) oder die Seitenzweige über den Hauptzweig dominieren und die weitere Verzweigung übernehmen (→ sympodiale Verzweigung).

Verzwergung → Nanismus.

véscus, -a, -um (lat.), eßbar, genießbar (z. B. Rússula vésca – Fleischroter Speisetäubling).

Vesicária, f., Gatt. der Brassicáceae (lat. vésica = Blase) – Blasenschötchen.

vesicátus, vesicósus (lat.), mit Blasen versehen.

vestítus (lat. vestíre = kleiden, bekleiden), bekleidet; vgl. subvestítus.

Vetivéria, f., Gatt. der Poáceae (franz. vétiver = aus Tamilisch [südind.], vettivēru = Betelwurzel vet-tila = Betelpfeffer; -veru = Wurzel) Spec.: V. zizanioídes.

vétulus (lat. vétus = alt), ältlich.

vexilláris, vexillárius (lat. vexíllum = Fahne), fahnenartig.

Vexíllum (lat. vexíllum = Fähnchen) → Fahne.

viádri, an der Oder (Viadrus) wachsend, so z. B. Pópulus viadri – »Oder-Pappel« (wahrscheinlich eine P.-nigra-Form).

Vía naturális (lat.), der natürliche Weg.

Víbrio, Plur. **Vibriónen** (lat. vibráre = zittern; also wörtlich: »Zitterlebewesen«), dünne, kommaförmige, axial gekrümmte, gramnegative Stäbchen, die durch Polargeißeln sehr beweglich sind und hin- und hervibrieren; Vibrio = Gatt. der Vibrionáceae. Vibrionen sind in der Natur weit verbreitet, leben vorwiegend in Süß- und Salzwasser sowie auf Seetieren. Von den 20 Arten der Gattung haben V. cholerae und V. parahaemolyticus als Erreger menschlicher Infektionskrankheiten (Cholera bzw. Gastroenteritis) medizinische Bedeutung. In Fischzuchten häufig Schäden verursachend: V. anguillarum.

Vibúrnum, n., Gatt. der Caprifoliáceae (röm. Name von Viburnum lantana oder tinus) – Schneeball; fossil seit der oberen Kreide.

Vícia, f., Gatt. der Fabáceae (röm. Pflanzenname) – Wicke.

vicifólius (lat. vícia = Vogelwicke, von víncere = übersteigen, Oberhand gewinnen), viciablättrig.

Victória, f., Gatt. der Nymphaeáceae (nach der engl. Königin Victoria, 1819–1901).

vídi (lat. = ich habe gesehen; 1. Pers. Perfecti Act. von vidére = sehen), in Abk.: v. v. (vídi vívam) – lebend, d. h. als lebende Pflanze gesehen; v. s. (vídi síccam) – getrocknet, d. h. als Herbarpflanze gesehen; v. c. (vídi cúltam) – kultiviert, d. h. als lebende Pflanze in einem Garten gesehen.

Vielehigkeit → Polygamie.

vielgabelige Trugdolde → Pleiochasium.

Vielzellbildung, Art der Zellbildung, bei der erst nach wiederholter Kernteilung sich deren Protoplasmabezirke als Zellen voneinander scheiden.

Vierlingskörner → Pollentetraden.

viermächtige Staubblätter (Tetradynamia), Androeceum, bei dem von den vorhandenen sechs Staubblättern vier länger als die beiden anderen sind.

Vierstrangstádium, meiotisches Kernteilungsstadium, in dem die zu Bivalenten gepaarten homologen Chromosomen eine deutliche Längsteilung in je zwei Chromatiden erkennen lassen.

vierzählig → tetramer.

Vígna, f., Gatt. der Fabáceae (nach dem ital. Botan. Domenico Vigna, 17. Jh.).

Vikariánz (lat. vicárius = stellvertretend; Subst.: Nachfolger, Stellvertreter), sich gegenseitig vertreten von nahe verwandten Sippen in benachbarten Räumen (Biotopen).

vikariíeren, sich gegenseitig ersetzen.

vikariíerende Arten, nahe verwandte Arten, die ökologisch verschieden sind und sich gegenseitig vertreten.

Villársia, f., Gatt. der Gentianáceae (nach dem franz. Prof. Dom. Villars, 1745–1814).

vílliger, villígera, villígerum (lat.), Zotteln tragend.

villósus (lat.), zottig, rauhhaarig.

viminális, vimíneus (lat.), rutenförmig, gertenartig, herabhängend.

Viminária, f., Gatt. der Fabáceae (lat. vímen, Genit. víminis = Rute, Gerte).

vinárius (lat. vínum = Wein), zum Wein gehörig.

Vínca, f., Gatt. der Apocynáceae (röm. Pflanzenname) – Immergrün; fossil seit dem Tertiär.

Vincetóxicum, n., Gatt. der Asclepiadáceae (lat. víncere = überwinden; tóxicum = Gift, Pfeilgift) – Schwalbenwurz.

vinifer, vinífera, -ferum (lat. vínum = Wein), weintragend.

Vínum (lat.), Wein.

Vínum generósum (lat. generósum = edel), edler, reiner Wein (auch auf Rezepten).

Víola, f., Gatt. der Violáceae (lat. Pflanzenname) – Veilchen. Spec.: V. trícolor = Stiefmütterchen; fossil seit dem Pleistozän.

violáceus (lat.), violett, veilchenfarbig.

viórna, (franz. viorne, von lat. vía = Weg), Clématis viórna – Wegzierde.

vírens (lat.), grünend.

viréscens (lat.), grün werdend.

virgátus, rutenförmig (lat. virga = Rute).

Virgília, f., Gatt. der Papilionáceae (nach dem röm. Dichter Virgil, 70–19 v. u. Z.).

virginális, virginiceus (lat. vírgo, virginis = Jungfrau), jungfräulich.

virginiánus, virgínicus, aus Virginia (Nordamerika) stammend.

viridi- (lat.), in Zusammensetzungen: grün-.

viridiflórus (lat.), grünblütig.

Vírion, voll ausgebildetes, »reifes« Virus, das eine Zelle infizieren kann.

Virizíd (Plur. Virizide), eine chemische Substanz, die aufgrund ihrer spezifischen biologischen Aktivität Viren zerstört oder blockiert. Virizide Substanzen haben praktische Bedeutung als Desinfektionsmittel.

Virologíe, Lehre von den Viren; aufgrund der Bedeutung der Viren als Krankheitserreger bei Menschen, Tieren und Pflanzen zunächst bedeutende Forschungsrichtung der Medizin, Veterinärmedizin und Pflanzenbiologie. Neben der Bakteriologie innerhalb der Mikrobiologie selbständige Disziplin, hat die V. die Molekularbiologie wesentlich gefördert, die Molekulargenetik ins Leben gerufen. Beginn der Virologie als wissenschaftliche Disziplin mit der Entdekkung der Filtrierbarkeit des Maul-und-Klauenseuche-Virus duch Loeffler und Frosch im Jahre 1897.

Viróse (Plur. Virosen), eine durch Viren (Virus) verursachte Krankheit; besonders in der Phytopathologie gebräuchliche Bezeichnung.

Virostátikum, chemische Substanz, die aufgrund ihrer spezifischen Wirkung die Vermehrung von → Viren hemmt. Virostatika werden zur Behandlung von Viruserkrankungen eingesetzt, bisher sind nur wenige geeignete Substanzen bekannt.

virósus (lat. vírus = Gift), giftsaftig, giftig, stinkend.

vírtus, -útis (lat.), Kraft, Stärke, Fähigkeit.

Virulénz (Aggressivität) (lat.), Ansteckungs-, Krankmachungsfähigkeit.

Vírus, n., Plur. Víren (lat. vírus = das Giftige), hochmolekulare Eiweißkörper, die nur in lebenden Zellen sich entwickeln und Lebensfunktionen äußern; Erreger zahlreicher Krankheiten von Pflanze, Tier und Mensch; → Bakteriophagen.

Viruskrankheiten, durch Viren verursachte Erkrankungen; → Virose.

Viscária, f., Gatt. der Caryophylláceae (lat. viscátus = mit Vogelleim bestrichen; viscárius = leimartig) – Pechnelke.

viscárius (lat.), als Epitheton: viscumartig.

Viscídium, Klebkörper.

víscidus, viscósus (lat.), klebrig, leimig.

Víscum, n., Gatt. der Lorantháceae (röm. Name der Mistel; lat. viscum = Vogelleim) – Mistel.

viskós, klebrig, zähflüssig.

Viskosität (lat. viscósus = klebrig; víscus = Vogelleim), Zähflüssigkeit, ist charakteristisch für kolloide Zustände und kommt zustande durch Kohäsion bzw. innere Reibung der Teilchen einer Flüssigkeit.

Vísnea, f., Gatt. der Theáceae (nach dem span. Kaufmann Visne).

vitáceus (lat. vítis = Rebe, -aceus = -artig, Suffix), rebenartig.

vitál (lat. víta = Leben), das Leben betreffend, lebenskräftig.

vitálba (lat. albus, -a, -um = weiß; vítis = Rebe) – Weißrebe; Clématis vitálba – Waldrebe.

Vitalfärbung, Färbung lebender Organismenteile oder Organismen.

Vitalísmus, Lehre, daß das Leben nicht nur auf dem Ablauf von physikalisch-chemischen Prozessen beruht, sondern daß hierzu noch ein besonderes dynamisches Prinzip gehört.

Vitalität, Lebensfähigkeit, Lebenskraft, mittlere Lebensdauer.

Vitamíne (lat. víta = Leben; chemisch: Amine), Wirkstoffe (Ergänzungsstoffe) der

Nahrung, die im Ggs. zu den Hormonen und Fermenten dem Organismus meist von außen zugeführt werden müssen; ihr Fehlen verursacht Mangelkrankheiten (Avitaminosen).

Vitellária, f., Gatt. der Sapotáceae (lat. vitéllus = Eidotter) – Butterbaum.

vitellínus, -a, -um (lat. vitéllus = Eidotter), dotterartig, z. B. Sálix álba f. vitellína = Dotterweide, häufig angepflanzte Form der Weißweide mit dottergelben Zweigen.

Vítex, f., Gatt. der Verbenáceae (röm. Pflanzenname von viére = binden) – Keuschbaum, Mönchspfeffer; fossil seit der oberen Kreide.

viticifólius lat. viére = binden, flechten) vitexblärrtig.

viticulósus (lat.), rebenartig.

vítilis (lat.), geflochten.

Vítis, f., Gatt. der Vitáceae (röm. Pflanzenname; vítis = Weinstock) – Weinrebe; fossil seit der oberen Kreide.

vítis idǽa, Rebe vom Berge Ida auf Kreta.

Vittadínia, f., Gatt. der Asteráceae (nach dem ital. Arzt und Botan. C. Vittadini, Anf. 19. Jh.).

Vittária, f., Gatt. der Polypodiáceae (lat. vítta = Binde) – Bandfarn.

vittátus(lat. vítta = Binde), gebändert.

Viviparíe (lat. vívere = leben; párere = gebären, hervorbringen; Adj.: vivipár = lebendgebärend), das Lebendgebären; vegetative Vermehrung in der Blütenregion.

vívus, -a, -um (lat.), lebend-.

Voandzéia, f., Gatt. der Fabáceae (Volksname auf Madagaskar) – Erderbse.

Vogelblumen, für Vogelbestäubung eingerichtete Blüten.

Volksnamen (Pl.: nómina vernaculária), im Volksmund gebräuchliche Namen; → Trivialnamen, → Vernakularnamen.

Vollmast, bei Laub- und Nadelhölzern die optimale Entfaltung der Blüten in bestimmten Zeitabständen.

Vollreife, der Gelbreife folgendes Reifestadium z. B. des Getreides, das im wesentlichen durch fortschreitende Kornschrumpfung, Hartwerden der Körner, Beginn des Ausfalls der Körner und durch Bräunlichwerden sowie Einschrumpfen der Nodien gekennzeichnet ist.

Vóltzia, f., Gatt. der (ausgestorbenen) Voltziáçeae, Coniferales; Vorkommen in der Trias (→ Lebachia).

volúbilis (lat. vólvere = kreisen, drehen), windend.

Volutín, Reserveeiweiß der Mikroorganismen (z. B. von Hefepilzen) in Form von Volutinkörnern (gegenüber dem Plasmaeiweiß).

volútus (lat.), gerollt, gewunden.

Vólva (lat. = Gebärmutter, Tasche, Hülle), Gewebehülle, welche die jugendlichen Fruchtträger der Blätterpilze umhüllt und nach der Entfaltung den Stiel wie eine Scheide umgibt.

Vorblatt (Bractéola), das erste Blatt bzw. die ersten Blätter eines Seitensprosses.

Vorderasien, eines der Genzentren mit den gebirgigen Gebieten Vorderasiens für Einkorn und Emmer, Luzerne, Wicke und viele obstliefernde Pflanzen wie Apfel, Birne, Kirsche, Pflaume, Mandel und Rebe.

Vorfrucht, die im Vorjahr auf einem Beet oder Feld angebaute Kulturpflanze.

Vorfruchtanspruch, Anforderungen einer bestimmten Fruchtart an die Vorfruchtwahl; vgl. Fruchtfolge.

Vorfruchteigenschaften, V. einer Fruchtart beziehen sich nur auf die Ursachen dieser Einwirkung auf die Nachfrüchte.

Vorfruchtversuche, Versuche, die der Ermittlung geeigneter Fruchtfolgepaare und Fruchtfolgeglieder, auch bei unterschiedlicher Intensität, dienen und nur einmal auf der gleichen Parzelle (Schlag) ablaufen.

Vorfruchtwert, die meßbare Wirkung verschiedener Vorfrüchte auf die gleiche Nachfrucht.

Vorfruchtwirkung, Einfluß einer bestimmten Vorfrucht auf die Nachfrucht sowie auf Bodenfruchtbarkeitskennziffern, insbesondere über die Beeinflussung von: Nährstoffhaushalt des Bodens; Wasserhaushalt des Bodens; Versorgung des Bodens mit organischer Substanz; Bodenstruktur; Bodenbiologie; phytopathologische Faktoren; (= Komponenten der Vorfruchtwirkung).

Vorhof, vor der Verengung einer Spaltöffnung liegender, kleiner Hohlraum.

Vorkeim, 1. Protonema bei den Moosen; 2. Prothallium bei den Farnen.

Vorkeimen, das Einleiten des Keimvorganges in geeigneten Räumen vor der Aussaat oder dem Auspflanzen; besonders im Frühkartoffelanbau üblich, um eine frühe Ernte zu erzielen.

Vorkeimsorten, z. B. Kartoffelsorten der sehr frühen Reifegruppe, bei denen durch Vorkeimen eine sehr frühe Ernte erzielt werden kann.

Vorkern, der Kern der reifen Eizelle oder Samenzelle.

vorkultivieren → vorziehen.

vormännig → protandrisch.

Vorposten → Exklave.

Vorprüfung, erste Prüfungsstufe im Rahmen der Sortenwertprüfung. Sie wird je nach Kulturpflanzenart an einem oder mehreren Orten in Parzellenversuchen durchgeführt, wobei die Dauer der Vorprüfung in der Regel ein oder zwei Erntejahre beträgt.

Vorquellen, 1. allgemein: reversibles Einlagern einer Substanz in Wasser, die hierdurch eine Volumenzunahme erfährt; 2. bei Saatgut: das Einquellen in Wasser [bei Zimmertemperatur] vor der Aussaat oder vor einer anderen Saatgutvorbehandlung.

Vorspelze (lat. Pálea súperior) → Spelze.

Vorstufe, Sammelbegriff für alle Vermehrungsstufen, die höher als die genannte Anbau- oder Erntestufe sind.

vorweibig → protogyn.

vorziehen, vorkultivieren, Jungpflanzen im Gewächshaus oder Frühbeet heranziehen.

Vóssia, f., eine (wenig eindeutig beschriebene) Gatt. der Cactáceae (benannt nach A. Voß, 1837 in Lyke bei Bremen geb., 1924 in Heiligendamm verst.).

Vriésea, f., Gatt. der Bromeliáceae (nach dem Botan. W. de Vries, 1807–1862; Hugo de Vries lebte später, 1848–1935), Rosettenpflanze mit Blattrichter.

vulgáris, -ia, -e (lat. vúlgus = Volk), gewöhnlich, gemein (z. B. Ligústrum vulgáre = Gemeiner Liguster).

vulnerárius (lat.), Wunden heilend.

vulpárius (lat.), fuchsig.

Vúlpia, f., Gatt. der Poáceae (nach dem Stuttg. Apotheker J. S. Vulpius, 1746–1806) – Fuchsschwingel.

vulpínus (lat.), fuchsartig, fuchsrot.

Vuylstekeára, f., Gatt. der Orchidáceae (nach dem belg. Orchideenzüchter Vuylsteke, 19./20. Jh.).

W

Wachse, zu den Lipoiden gehörige fettartige, leicht schmelzbare Verbindungen; chem.: Fettsäureester höherer Alkohole.

Wachstum, eine mit Gestaltsveränderung verknüpfte, bleibende Volumenzunahme.

Wachstumsbewegungen, Krümmungen von Pflanzenteilen, die auf Wachstumsvorgängen beruhen.

Wachstumsgeschwindigkeit, in der Zeiteinheit erfolgter Zuwachs der Längeneinheit.

Wachstumshemmstoffe, Syn.: Wachstumsinhibitoren = Substanzen, die Prozesse des Wachstums und der Entwicklung hemmen bzw. verlangsamen (= Retardantia) oder letal beeinflussen (→ Herbicide). Neben den körperfremden, vor allem synthetischen W. (Herbicide, Retardantia), die es in großer Zahl gibt, können die körpereigenen W. wie folgt charakterisiert werden: Bleibt ihre Konzentration im lebenden Protoplasma unter dem Limit physiologischer Wirksamkeit, sind sie funktionslos; oder sie wirken regulierend, z. B. Keimungshemmstoffe in Samen, die erst nach ihrer Entfernung die Keimung ermöglichen; oder sie üben darüber hinaus eine hormonelle Funktion aus im Falle ihres Transportiertwerdens. Die letztere Funktion gilt (bei den bisher chemisch bekannten W.) allein für Abscisinsäure u. ihre Vorstufe, das Xanthoxin, als nachgewiesen. – Die Biosynthese mehrerer W. wird offensichtlich ähnlich durch Auxin verstärkt wie die von Ethylen (nach Borris/Libbert 1984).

Wachstumskorrelatión, gegenseitige Beeinflussung verschiedener Organe in ihrem Wachstum; → Korrelation.

Wärmeformen, modifikatorische Färbungsabweichungen bei Tieren und Pflanzen, die durch Einwirkung hoher Temperatur während einer bestimmten sensiblen Entwicklungsperiode verursacht werden.

Wärmetod, Störung des normalen Stoffwechsels der Organismen durch Einwirkung zu hoher Temperatur mit letalem Ausgang. Dieser tritt definitiv durch Eiweißgerinnung ein. Dabei verlieren die Enzyme ihre katalytischen Eigenschaften und die Hormone ihre regulierenden Wirkungen. Bestimmte Bakterien und Cyanophyceae können noch bei + 75 °C (in Thermalgewässern) existieren.

Wärmezeit, Zeitabschnitt der Nacheiszeit.

Wahlenbérgia, f., Gatt. der Campanuláceae (nach dem schwed. Botan. Georg Wahlenberg, 1780–1851).

Waise, hybridogene Sippe, in deren Verbreitungsgebiet beide Eltern nicht vorkommen.

Wáitzia, f., Gatt. der Asteráceae (benannt nach dem Botan. Karl Friedrich Waitz, Altenburg, 1774–1848); Spec. (z. B.): W. áurea, W. corymbósa, W. grandiflóra.

Walchia, f., (nach dem deutsch. Prof. Joh. E. I. Walch, 1725–1778), Koniferen-Gattung. Vorkommen Oberkarbon (ab Westfal) bis Perm.

Wald, eine in ihrem Aufbau von Bäumen beherrschte natürliche oder halbnatürliche Pflanzenformation.

Waldgebiet, durch bestimmte natürliche Waldgesellschaften charakterisiertes Gebiet.

Waldgesellschaft, natürliche, durch die natürliche Holzartenkombination und charakteristische Artengruppenkombination gekennzeichnete Einheit der Waldvegetation; entspricht einer → Assoziation.

Waldgrenze, Grenze geschlossener Waldbestände an für das Waldwachstum ungünstigen Standorten.

Waldhygiene, forstwirtschaftliches Maßnahmesystem, das langfristige Verhältnisse schafft, die das Auftreten von Krankheiten, Schädlingen und sonstigen Schädigungen des Waldes erschweren oder verhindern. Dazu gehören die standortgerechte Anzahl der Holzart und -herkunft, Berücksichtigung von Resistenzeigenschaften, Kultur- und Pflegemaßnahmen, Schutz nützlicher Tiere (Vogelschutz, Nutzinsekten-Ameisenhege).

Waldsteínia, f., Gatt. der Rosáceae (nach Graf Waldstein-Wartenburg, Botan. in Österr., 1759 bis 1812).

Waldsteppe, Übergangsformation zwischen Wald und Steppe.

Waldtyp, in sehr verschiedenem Sinn gebrauchter Ausdruck, nicht immer einen Begriff der Vegetationskunde darstellend; (in der Vegetationskunde z. B. Waldtyp nach Cajander, Sukatschew).

Wallíchia, f., Gatt. der Arecáceae (nach dem engl. Botan. Nathan Wallich, 1786–1854).

wandbrüchige Kapsel → septifrage Spaltkapsel.

Wanderung → Migration.

wandspaltige Kapsel → septizide Spaltkapsel.

wandständige Samenanlage → parietale Plazentation.

Warburg-Apparat, Apparat, der zur Messung des Gasaustausches bei der Assimilation dient.

Warmhaus → Calidarium.

Warmnaßbehandlung, zeitweilige Aufbewahrung von vollständig gequollenem Saatgut bei 18 bis 25 °C.

Wárrea, f., Gatt. der Orchidáceae (nach Frederik Warre, der 1829 die Gatt. in Brasilien entdeckte) – »Warre-Orchidee«.

Warscewiczélla, f., Gatt. der Orchidáceae (nach dem Gartenbauing. J. v. Warscewicz in Kraków, 1822–1866).

Washingtónia, f., Gatt. der Arecáceae (nach dem ersten Präsidenten der USA George Washington, 1732–1799).

Wasserbilanz, 1. Ausdruck für den Gesamtwasserhaushalt, der die Vorgänge der Wasseraufnahme, Wasserleitung und der Transpiration sowie der Guttation umfaßt; 2. Gegenüberstellung der Wasseraufnahme mit dem produktiven und unproduktiven Verbrauch.

Wasserblüte, an der Wasseroberfläche konzentrierte Massenentwicklung von Algen, bei denen meist eine oder wenige Arten dominieren; W. gelten als Indikator für die Eutrophierung der Gewässer. Die häufigsten Wasserblüten werden durch Blaualgen (Cyanophyceae) hervorgerufen. Dominierende Gatt.: Microcystis, Anabaena, Aphanizomenon, Nodularia. Durch W. gelangen toxische Substanzen in das Wasser, die

Massensterben von Tieren verursachen können.

wasserblütige Pflanzen, hydrogame Pflanzen.

Wasserdrüsen → Hydathoden.

Wasserergiebigkeit, die in der Zeiteinheit je Flächeneinheit den Pflanzenwurzeln zufließende Wassermenge.

Wassergewebe, alle jene Gewebe, deren Haupt- oder ausschließliche Funktion die der Wasserspeicherung ist.

Wasserhärte → Härte des Wassers.

Wasserkapazität, jene Wassermenge, die ein Boden bis zur Sättigung festhält und vor dem Absickern bewahrt. Sie wird in g/100 cm^3 ausgedrückt.

Wasserkultur, Ziehen von Pflanzen in wäßrigen Mineralsalzlösungen.

Wasserpflanzen → Hydrophyten.

Wasserreiser, Langtriebe, die aus den Stämmen oder Ästen hervorbrechen und oft eigenartig vergrößerte Laubblätter besitzen.

Wasserspalten → Hydathoden.

Wasserstoffionenkonzentration → *p*H-Wert.

Wasserstoffzahl (Wasserstoffexponent), → *p*H.

Wasserstufe, Gliederungseinheit der standörtlichen Wasserverhältnisse nach Art, Intensität und Tiefe des Auftretens des Bodenwassers.

Wasserverbreiter → Hydrochore.

Watson-Crick-Modell → Basenpaarung.

Watsónia, f., eine in Afrika beheimatete Gatt. der Iridáceae (nach dem engl. Botan. William Watson, 1715–1787); Spec. (z.B.): W. coccínea, W. densiflóra, W. húmilis.

Watten, seichte, küstennahe, bei Ebbe trokkene Meeresteile.

Weberbauerocéreus, m., Gatt. der Cactáceae (nach dem Botan. August Weberbauer; und Gattungsname Céreus).

wechselständige Blätter, Blätter, die nur in Einzahl am Knoten stehen; → zerstreute Blattstellung.

Wechselwirkung → Korrelation.

Wedel, große, reichgeäderte Blätter (bei Farnpflanzen, Cycadeen und Palmen).

»Weender«-Analyse, in Weende bei Göttingen entwickeltes Analyseverfahren, das heute noch im Prinzip angewendet wird zur quantitativen Bestimmung von Rohnährstoffgruppen in Futterstoffen pflanzl. oder tier. Herkunft.

Wegrandpflanzen → Ruderale.

weiblich ♀, 1. Blüten, die nur Fruchtknoten enthalten; 2. Prothallien, die nur Archegonien besitzen; 3. Pflanzen, die nur weibliche Geschlechtszellen ausbilden.

Weichharze → Balsame.

Weichholzaue → Auenwald.

Weide, regelmäßig vom Vieh abgeweidetes, nicht gemähtes Gebiet.

Weigela, f., Gatt. der Caprifoliáceae (benannt nach dem Prof. Weigel, Greifswald, 1748–1831) – Weigelie.

Weihrauch, beim Verbrennen und Glimmen verschiedener Harze entstehender Rauch. Weihrauchbäume sind afrikanische harzausscheidende Gehölze der Fam. Balsambaumgewächse (Burseráceae), z. B. Boswellia carteri und Commiphora abyssinica, (= aethiopica).

Wein (lat. vínum = Wein), aus Obst- oder Weinbeerensaft auf dem Wege der Gärung (besonders durch Saccharomyces ellipsoideus) erzeugtes Getränk.

Weingaertnéria, f., Gatt. der Poáceae (nach dem Erfurter Lehrer Weingärtner, Anf. 19. Jh.) – Silbergras.

Weingártia, f., Gatt. der Cactáceae (benannt nach Wilhelm Weingart, 1856–1936, Georgenthal bei Gotha, Thüringen).

Weingeist, Ethylalkohol, ein einwertiger Alkohol (C_2H_5OH).

Weinhefen, überall in der Natur vorkommende Hefen, die erst seit 1892 gezüchtet werden. Ihnen gegenüber ist z. B. die untergärige Bierhefe eine reine Kulturrasse. Sie finden sich regelmäßig in Sporenform in den oberen Erdschichten vor allem der Obst- und Weingärten. Entomo- und anomochore Verbreitung auf und an Früchten (Weinbeeren, Obst); rufen u. a. im zuckerreichen Saft geplatzter Früchte rasch alkoholische Gärung hervor. Überreife Himbeeren z. B. können schon an der Pflanze in Gärung geraten. Artbezeichnung: Saccharomyces ellipsoideus.

Weinstein, Tartárus depuratus, saures Kaliumtartrat.

Weldénia, f., Gatt. der Commelináceae (nach

dem Österreicher L. v. Welden, 1769 bis 1852).

Welken, Schlaffwerden der Zellwände, des Gewebes, beruht auf dem Nachlassen des Turgors und tritt dann ein, wenn die Wasserabgabe eine Zeitlang größer als der Wassernachschub ist.

Welwítschia, f., Gatt. der Welwitschiáceae (benannt nach dem Botan. Fr. Welwitsch, dem Entdecker der Pflanze, 1806–1872).

Wentscher Test, pflanzenphysiologische Methode zum Nachweis und zur Messung der Konzentration der → Auxine in den Koleoptilen (Sproßscheiden der Poáceae).

Wertigkeit (Valénz), die Anzahl von einwertigen Atomen, mit denen sich ein Atom des betreffenden Elementes zu einem Molekül verbinden kann.

Westríngia, f., Gatt. der Lamiáceae (nach dem schwed. Arzt Joh. Peter Westring, 1753–1833).

Whípplea, f., Gatt. der Saxifragáceae (nach dem amerik. Offizier A. W. Whipple, 19. Jh.).

Whitlávia, f., Gatt. der Hydrophyllaceae (Syn. zu Phacélia), nach dem Botaniker Whitlav benannt.

Wickel (Císcinnus), monochasischer Blütenstand, in dem die sukzessiven Sproßgenerationen in verschiedenen Ebenen liegen, wobei die Richtung der Auszweigung sich von Zweig zu Zweig umkehrt.

Wickelköpfchen, ein aus Wickeln zusammengesetztes Köpfchen.

Wickelranke, Zweig- oder Blatteil mit der Fähigkeit, Stützen zu umranken und sich dadurch aufrecht zu erhalten.

Wickeltraube, eine aus Wickeln zusammengesetzte Traube.

Widerhaken (Glochídien), Borsten, die an der Spitze mit rückwärtsgerichteten Haken versehen sind.

Wiesen, Pflanzengesellschaften, die ausgezeichnet sind durch die geschlossene Grasnarbe, durch das Fehlen von Holzpflanzen, durch eine regelmäßige Kombination vorwiegend ausdauernder Mesophyten sowie durch regelmäßigen (ein- bis mehrmaligen) Schnitt pro Jahr.

Wiesengrasdermatóse (griech. dérma = Haut), durch scharfe Gräser, Scharfgarbe usw. hervorgerufene, streifige Hautentzündung (oft Blasenbildung) beim Menschen.

Wiesenschweidel, Bastardgras (Festulolium braunii [K. Richt,] A. Camus) aus der Kreuzung von Wiesenschwingel × Welschem Weidelgras. Ähnelt in Aussehen, Futterertrag und Futterqualität dem Welschen Weidelgras, ist aber wie Wiesenschwingel mehrjährig. Mit dem frühen Mähtyp »Paulita« wurde in der DDR 1986 die erste Sorte zugelassen. Spätere Typen gelten als Zuchtziel. Wesentliche Eigenschaften des Wiesenschweidels sind: zeitige Frühjahrsentwicklung, gute Standfestigkeit, durch hohen Zuckergehalt gute Schmackhaftigkeit und Siliereignung, weniger auswinterungsgefährdet als das Welsche Weidelgras. Wiesenschweidel hat Bedeutung als Partner von Luzerne bzw. Rotklee im mehrjährigen Ackerfutterbau und auch im Saatgrasbau.

Wigándia, f., Gatt. der Hydrophylláceae (nach dem Hamburger Arzt Justus Wigand, gest. 1837).

Wilcóxia, f., Gatt. der Cactáceae (nach dem amerik. General T. E. Wilcox, 20. Jh.).

Wildacker, ein Flurstück, das dem Wild zur Äsung oder zum Schutz dient und mit entsprechenden Pflanzen bebaut wird.

»wilde« Hefen, solche Sproßpilze, die überall in der Natur vorkommen und vielfach unbrauchbar oder sogar schädlich für das Gärungsgewerbe sind. Man kann sie nicht scharf abgrenzen gegenüber den Kulturhefen (Brauerei-, Brennerei-, Bäckerei- oder Preßhefen, Weinhefen), da etliche von ihnen schon lange »kultiviert« werden. Das betrifft: die Obstweinhefen, die Hefen der alkoholhaltigen Milchgetränke (Kefir, Kumys) und die der primitiven Biere (Kwaß, Lambik).

Wildformen, Stammformen der Kulturpflanzen mit dem Charakter von Unkräutern (→ Mannigfaltigkeitszentren, → Genzentrum).

Wildheuplanken, ungedüngte, nicht regelmäßig gemähte Grasbänder und Abhänge in den Alpen.

Wildläger → Lägerpflanzen.

Wildling, Bezeichnung nur für generativ vermehrte → Unterlage; in der Forstwirtschaft: aus Naturverjüngung hervorgegangene ein- bis fünfjährige Forstpflanzen für Verschulung oder Freikultur.

Wildpopulation, wildwachsende Pflanzenbestände, → Population.

Willemétia, f., Gatt. der Asteráceae (nach dem franz. Botan. P. R. F. de Paule Willemet, 1762–1790) – Kronlattich.

Wilmáttea, f., Gatt. der Cactáceae (nach Wilmatte P. Cockerell, einer amerik. Sammlerin, 20. Jh.).

Wilsonára, f., Gatt. der Orchidáceae (nach dem Engl. G. Wilson, Gärtner, 20. Jh.).

Wimpern (Zílien), in großer Zahl vorkommende, kurze Anhangsorgane der Bakterien, Flagellaten, Schwärmsporen und Spermatozoiden, die diesen eine freie Ortsbewegung ermöglichen.

Windblütler → anemophile Pflanzen.

winden, Fähigkeit der Schlingpflanze, sich in Form einer Schraube um eine Achse zu bewegen.

windgescherte Bäume → Fahnenwuchs der Bäume.

Windschutz, Busch- oder Baumgruppe zum Abbremsen von Winden.

Windstreuer → Boleoanemochore.

Windverbreiter → Anemochorie.

wínterannuell (einjährig-überwinternd), Bezeichnung für Pflanzen, die im Herbst keimen und im folgenden Frühjahr blühen, fruchten und absterben.

Winterhärte, Frostwiderstandsfähigkeit der Pflanzen, die nach Arten unterschiedlich ist, z. B. bei Weizen bis −20 °C, bei Roggen bis −25 °C.

Winterknospen, Knospen, die zum Zweck der Überwinterung mit derben Knospenschuppen umhüllt sind.

Winterruhe, starke Einschränkung der Lebensäußerungen im Winter.

Winterspore → Teleutospore.

Wintersporen, ein- oder mehrzellige derbwandige Dauersporen der Rost-Brandpilze (Uredinales, Ustilaginales), die in der Lage sind, ungünstige Umweltbedingungen, besonders Kälte, zu überdauern, Teleutosporen. Der Begriff findet speziell bei Pilzspezies mit Generationswechsel Anwendung. Ggs.: → Sommersporen.

Winterstandplatz, ein in ausreichendem Maße Wachstumsruhe gewährleistender Platz, an den bestimmte in Kultur gehaltene Pflanzen spezifische Anforderungen stellen (weitgehend gemäß optimalen Herkunftsbedingungen); z. B. sind Wohnräume für die meisten Kakteen zu warm, während → Schlumbergera, aber auch Sukkulenten aus anderen Familien wie Aloë und Euphorbien im Winter in warme Wohnräume passen; vgl. Standplatz.

Winterwirt, Pflanzenart, die parasitierenden Schaderregern mit einem Wirtswechsel als Wirt zur Überdauerung dient. Ggs.: → Sommerwirt.

Winterzwischenfrüchte, Futterkulturen, die im Herbst ausgesät werden und deren Hauptentwicklung und Schnittreife im Frühjahr (besonders im Mai) liegen.

Wirkgruppe, Coferment, aktive Gruppe oder prosthetische Gruppe als Komponente eines Fermentes gegenüber dem Träger oder Apoferment (andere Komponente), ist niedrigmolekular, dialysierbar und stärker thermostabil.

Wirkstoffe (Energíne), organische Verbindungen, die in der lebenden Zelle gebildet werden und für den normalen Ablauf der Lebensvorgänge notwendig sind. Sie wirken in so geringer Menge, daß ihre Wirkung nicht durch Energielieferung infolge Oxidation des einzelnen Moleküls bedingt sein kann.

Wirkungsgesetz der Umweltfaktoren, unter speziell ökologisch-soziologischem Aspekt besagt das weiterentwickelte, auf die ganze Lebensgemeinschaft übertragene Gesetz: »Die Zusammensetzung einer Lebensgemeinschaft nach Art und Zahl wird durch denjenigen Umweltfaktor bestimmt, der sich am meisten dem Pessimum nähert.«

Wirkungsgesetz der Wachstumsfaktoren, von E. A. Mitscherlich in Fortführung und Ergänzung des Minimumgesetzes gefunden und formuliert. Es besagt, daß der Pflanzenertrag mit Zufuhr steigender Mengen eines beliebigen Wachstumsfaktors, also etwa eines Nährstoffs, nicht proportional dessen Menge, sondern proportional dem an einem unter gegebenen Bedingungen erzielbaren Höchstertrag noch fehlenden Ertrag steigt. Das bedeutet, daß die Ertragssteigerung bei gleichmäßig steigender Nährstoffzufuhr immer geringer wird (Erkenntnis vom abnehmenden Ertragszuwachs).

wirtelig → zyklisch.

wirtelige Blattstellung, die quirlige Blattstellung, bei der an jedem Stengelknoten zwei oder mehr Blätter sitzen, die zusammen einen Wirtel (Quirl) bilden. Sitzen nur zwei Blätter an einem Knoten, spricht man auch von → gegenständiger Blattstellung.

wirtsholde Schmarotzer, Schmarotzer, die gewisse Nährpflanzen bevorzugen.

Wirtspflanze (Wirt), von Parasiten befallener Organismus.

wirtsstéte Schmarotzer, Schmarotzer, die auf ganz bestimmte Nährpflanzen angewiesen sind.

wirtsvágẹ Schmarotzer (lat. vágus = umherschweifend, unstet), Schmarotzer, die auf verschiedenen Nährpflanzen leben.

Wirtswechsel, Auftreten der einzelnen Entwicklungsstufen eines Schmarotzers auf verschiedenen Wirten.

wirtswechselnde Parasiten → heteroözische Parasiten.

Wistéria, f., Gatt. der Fabáceae (nach dem Anatomen Caspar Wistar, Prof. in Pennsylvania, 1761–1818) – Glyzine, Blauregen.

Wíttia, f., Gatt. der Cactáceae (nach W. H. Witt in Manaos, Brasilien).

Wittmáckia, f., Gatt. der Bromeliáceae (nach dem Berliner Botan. Ludwig Wittmack, 1839–1929).

woerlitzénsis, aus dem Wörlitzer Park bei Dessau stammend.

Wólffia, f., Gatt. der Lemnáceae (nach dem Schweinfurter Arzt Jos. Fr. Wolff, 1778–1806) – Zwergwasserlinse.

wolgáricus, an der Wolga wachsend.

Woódsia, f., Gatt. der Polypodiáceae (nach dem engl. Botan. Jos. Woods, 1776–1864) – Wimperfarn.

Woodwárdia, f., Gatt. der Blechnáceae (nach dem engl. Botan. Thom. A. Woodward, 18./19. Jh.) – Kettenfarn; fossil seit dem Tertiär.

Wuchsdistrikt (-bezirk) (lat.), die kleinste, durch ein eigenes gesellschaftsdynamisches Gefüge gekennzeichnete vegetationsräumliche Einheit.

Wuchsform, die Gesamtheit der den → Habitus einer Pflanze bestimmenden Merkmale einschließlich ihrer Veränderungen durch Wachstum und Entwicklung und ihrer Beziehungen zum Standort. Die Wuchsform wird im wesentlichen bestimmt durch die Vegetations- und Überdauerungsorgane, die Innovation und die Lebensdauer einer Pflanze an ihrem Standort. Ähnliche Wuchsformen werden zu Wuchstypen zusammengefaßt.

Wuchsstoffe, alle organischen Stoffe, die, ohne selbst Nährstoffe zu sein, das Wachstum vielzelliger Pflanzen fördern.

Wulfénia, f., Gatt. der Scrophulariáceae (nach dem österr. Botan. Franz Xaver v. Wulfen, 1728–1805) – Kuhtritt.

Wundholz, Holz, das durch Überwallung von Verletzungen aus einem neugebildeten Kambium entsteht.

Wundhormóne → Nekrohormone.

Wundkork, die Wunde verschließendes, dünnwandiges, korkähnliches Gewebe, das nach Verwundung aus Zellen entsteht, die der Wunde benachbart sind.

Wundparasíten, Parasiten, die unverletzte Pflanzenorgane nicht befallen können, sondern nur durch Wunden Einlaß zu jenen finden; z. B.: das Bakterium Pseudomonas tumefaciens als Erreger des Wurzelkropfes des Obstes; der Pilz Nectria galligena als Erreger des Obstbaumkrebses.

Wurzel (Radix), Teil der höheren Pflanze, der in der Regel zur Befestigung im Boden dient, die Nahrungsaufnahme vermittelt, niemals Blätter entwickelt, endogen entsteht und an der Spitze von der Wurzelhaube bedeckt ist.

Wurzelboden, meist feinklastische, von Wurzeln durchzogene Sedimente (= fossiler Boden), oft in Zusammenhang mit Kohlenflözen gefunden, seit Unterdevon bekannt.

Wurzelbrut → Wurzelsprosse.

Würzelchen → Radicula.

Wurzeldornen, basal am Stamm entspringende, zu Dornen metamorphosierte Wurzeln bei manchen Palmen.

Wurzeldruck, die auf der Osmose beruhende Kraft, die das Wasser in den Wasserleitungsbahnen emporpreßt. Der Wurzeldruck wirkt aktiv bei dem Wassertransport neben dem → Transpirationszug mit und wird sichtbar bei dem sog. Bluten und bei der Guttation.

Wurzelepidérmis → Wurzelhaut.

Wurzelhaare, dünnwandige, in Form langer haarähnlicher Schläuche ausgezogene Teile der Epidermisaußenwände der Wurzel; in der Hauptsache zur Aufnahme der im Wasser gelösten Nährsalze des Bodens dienend.

Wurzelhals (-»stuhl«), Übergangsstelle zw. Wurzel(n) und Sproß (bzw. oberirdischem Pflanzenkörper).

Wurzelhaube, (= Kalýptra), Kappe locker angeordneter Zellen, die den Scheitel des Vegetationspunktes der Wurzel bedeckt und ihn beim Hineintreiben in den Boden schützt. Die W. wird von einem Promeristem, dem Dermatogen, oder einer meristematischen Schicht außerhalb des Dermatogens, dem Calyptrogen, gebildet.

Wurzelhaut (Rhizodérmis), die ein- oder mehrschichtige Oberhaut der Wurzel, die entwicklungsgeschichtlich aus dem Protoderm hervorgeht und zur Aufnahme von Wasser und Nährsalzen dient.

Wurzelhülle → Velámen.

Wurzelknöllchen, die an Wurzeln verschiedener Pflanzenarten durch symbiontisch lebende Bakterien oder Strahlenpilze hervorgerufenen knotenförmigen Anschwellungen. Besonders bekannt sind die W. der Fabales, in denen die Knöllchenbakterien (Gatt. Rhizobium) leben. Sie dringen aus dem Boden durch Wurzelhaare in das Rindengewebe ein, bewirken eine starke Zellwucherung, die aufgrund der Abwehrkräfte des Wirtsorganismus auf die Knöllchen begrenzt bleibt, und vermehren sich in den W. Sie haben für die Pflanze besondere Bedeutung, da sie molekularen Stickstoff der Luft binden. In späterer Phase werden die Knöllchenbakterien aufgelöst, wobei von der Pflanze der gebundene Stickstoff als Nährstoff genutzt wird. Dabei treten anomale, zu Verzweigungen neigende oder unregelmäßig angeschwollene Bakterienzellformen auf, die als Bakterioiden bezeichnet werden. Ein Teil der Knöllchenbakterien gelangt in den Boden und kann in der nächsten Vegetationsperiode mit keimendem Samen erneut eine Symbiose eingehen. Die relativ großen W. bestimmter Baumarten, z. B. Álnus – Erle, Hippóphaë – Sanddorn und Elaeágnus – Ölweide beherbergen Streptomyzetenarten, die ebenfalls den molekularen Stickstoff der Luft binden können. Dank dessen sind sie in der Lage, auf stickstoffarmen Böden zu gedeihen.

Wurzelknollen, metamorphosierte, lokal verdickte Wurzeln.

Wurzelmetamorphósen, besondere Ausgestaltungen der Wurzeln, wobei neben einem Funktionswechsel gleichzeitig auch eine Formveränderung erfolgt; → Metamorphosen.

Wurzelranken, metamorphosierte, als Ranken dienende Luftwurzeln.

Wurzelrinde → Exodermis.

Wurzelscheide → Koleorhiza.

Wurzelschmarotzer, unterirdisch liegende, in der Wirtspflanze verankerte Überdauerungsknospen von Schmarotzern.

Wurzelsprosse, aus Wurzeln hervorgehende Adventivsprosse.

Wurzelstecklinge, Adventivknospen erzeugende Wurzelteile, die sich zu neuen Pflanzen entwickeln können.

Wurzelstock → Rhizóm.

Wurzelsukkulénte, Pflanzen, deren Wurzeln ein mächtig entwickeltes Wassergewebe als Wasserspeicher besitzen.

Wurzelsymbióse → Mykorrhiza.

Wurzelsystém, die Gesamtheit der aus der Hauptwurzel hervorgehenden Wurzeln.

Wurzeltasche, aus einem besonderen Wurzelhüllgewebe hervorgehendes Gebilde, das bei der Wasserlinse die fehlende Wurzelhaube ersetzt.

Wüste, Landschaftstyp mit extrem arider Vegetation, die aus (extrem) xerotischen Sträuchern, Halbsträuchern, Stauden, Sukkulenten und ephemeren Kräutern aufgebaut ist. Echte Wüstenpflanzen zeigen strukturelle und funktionelle Anpassungen an die Temperaturverhältnisse und den Wasserhaushalt der Wüstengebiete, die durch zumindest in bestimmten Jahreszeiten trockenheiße Bedingungen und durch sehr ungleichmäßige Verteilung der Niederschläge gekennzeichnet sind. Die Hauptwüstengebiete erstrecken sich von der Sahara bis zur Gobi, liegen im Inneren Australiens, in SW-Afrika, im Süden und SW von Nordamerika und an der südamerik. W-Küste.

X

x, 1. → Basiszahlsymbol der Chromosomen; 2. Symbol für einen Einzelwert in der Versuchsstatistik; 3. $\bar{X}$ = Symbol für den Mittelwert der Versuchsstatistik.

Xanthín (griech. xanthós = gelb, goldgelb), chem.: 2,6-Dihydroxypurin, phys.: wichtiges Purinderivat, ein Abbauprodukt des Nucleinstoffwechsels.

xánthinus (griech./latin.), goldgelb.

Xanthísma, f., Gatt. der Asteráceae (griech. xanthós = gelb).

Xánthium, n., Gatt. der Asteráceae (griech. Pflanzenname von xanthós = gelb) – Spitzklette.

xantho- (griech.), in Zusammensetzungen: goldgelb-, gelb-.

xanthocárpus (griech.), gelbfrüchtig.

Xanthóceras, f., Gatt. der Sapindáceae (griech. xanthós = gelb; kéras = Horn) – Gelbhorn.

xanthodérmus, gelbhäutig, z. B. Agaricus xanthodermus = Karbol-Egerling, dessen nach Karbol riechendes »Fleisch« bei Verletzungen chromgelb anläuft.

xantholeúcus (griech.), gelbweiß.

Xanthophýlle (griech. xanthós = gelb, goldgelb; phýllon = Blatt), 1. Dioxy-α-Karotin ($C_{18}H_{56}O_{22}$), ein Oxidationsprodukt des Karotins; gelbe Pflanzenfarbstoffe, kommen gelöst oder in allerfeinsten Tröpfchen (Grana) vor allem in den Chromoplasten vor; 2. Sammelbegriff für verschiedene gelbe, isomere Farbstoffe.

Xanthória, f., Gatt. der Teloschistáceae (griech. xanthós = gelb) – Wand- oder Schlüsselflechte; – Flechten.

Xanthorrhíza, f., Gatt. der Ranunculáceae (griech. xanthós = gelb; rhíza = Wurzel) – Gelbwurz.

Xanthorrhóea, f., Gatt. der Xanthorrhoeáceae (griech. xanthós = gelb; rhóe = Fluß, das Fließen) – Harzaffodil, Gelbharzbaum. X. hastilis – Grasbaum (liefert rotgelbes Harz).

Xanthosóma, n., Gatt. der Aráçeae (griech. xanthós = gelb; sóma = Leib, Körper) – Goldnarbe.

xanthostémmus (griech.), gelbbekränzt.

xanthoxylódes, xanthoxylumähnlich (= gelbholzähnlich); (Xanthosylum → Zanthoxylum).

xatus, -a, .um (griech.), ergossen.

X-Chromosóm, Chromosom, in dem die weiblichen Geschlechtsfaktoren lokalisiert sind.

Xénien (griech. xénos = Fremdling), 1. durch die Einwirkung fremden Pollens hervorgerufene Abänderungen der normalen Gestalt oder Farbe irgendwelcher Pflanzenteile; 2. Bastardsamen, die als solche phänotypisch an Farbe, Form, Größe usw. erkennbar sind (Mais).

Xenogamíe (Kreuzbestäubung) (griech. xénos = Fremdling; gamein = heiraten, befruchten), Gesamtbezeichnung aller echten Kreuzungen; → Fremdbestäubung.

Xenokarpíe (griech. xénos = Fremdling; karpós = Frucht), Resultat der erfolgreichen Xenogamie; → Kreuzbestäubung.

xenoplástische Transplantatión (griech. xénos = Fremdling; plássein = bilden), Überpflanzung von Geweben oder Organen auf ein Individuum, das einer anderen Organismenart angehört; hierfür ist auch die Bezeichnung heteroplastisch üblich.

xenovegetatíve Vermehrung, vegetative Vermehrung unter Zuhilfenahme einer anderen (»fremden«) Pflanze; kann als Oberbegriff für viele Veredlungsarten gelten.

Xeránthemum, n., Gatt. der Asteráceae (griech. xerós = trocken; ánthemon = Blüte) – Spreublume.

xeránthemus (griech.), spreublütig, trockenblütig.

Xerochasíe (griech. xerós = trocken; chásis = Spalt, Schlund), Öffnen der Fruchtkapseln und Ausstreuen der Samen bei Trokkenheit.

Xerocómus, Filzröhrlinge, Basidiomycetengatt. der Fam. Boletaceae – Röhrlinge. Die Fruchtkörper haben zumeist im trockenen

Zustand eine samtig-filzige Huthaut und besitzen ein gelbgelbgrünes Hymenium. Zur Gatt. gehören bekannte Speisepilze, z. B. X. badius – Maronenröhrling und X. chrysenteron – Rotfußröhrling.

Xerokleistogamíe (griech. xerós = trocken; kleistós = verschlossen; gámos = Heirat), Erscheinung, daß die Blüten infolge zu geringer Wasserzufuhr geschlossen bleiben.

xeromórph (griech. xéros = trocken; morphé = Gestalt), Bezeichnung für Habitus an Trockenzeiten angepaßten Pflanzentyps. Im Vergleich zu → hygromorphen zeichnen sich x. Formen durch dichtere Blattnervatur, stärkere Entwicklung des mechanischen Gewebes und der Palisadenschicht, schwächere Ausbildung des Schwammparenchyms und der Interzellularen, kleinere Zellelemente, größere Zahl der Spaltöffnungen und in Zeiten guter Wasserversorgung durch größere Transpiration pro Flächeneinheit aus. → Xerophyten.

xeromórphe Blätter, Blätter, die durch ihre anatomische Struktur und äußere Form der Verdunstung einen größeren Widerstand bieten als die Blätter hygro- und mesophiler Pflanzen.

Xeromorphíe, strukturelle Anpassung an Trockenheit.

xerophíl (xerótisch) (griech. xerós = trokken; phílos = liebend), gebräuchliche Bezeichnung für Eigenschaften der Pflanze oder Vegetation, die durch Trockenheit bedingt sind.

Xerophýllum, n., Gatt. der Liliáceae (griech. xerós = trocken; phýllon = Blatt) – Truthahnbart.

Xerophýten (griech. xerós = trocken; phytón = Pflanze), Pflanzen, die an trockene Standorte angepaßt sind und sich durch kleine, derbe Blätter mit dicker Kutikula, häufig stärkerer Behaarung und durch umfangreiche Bewurzelung usw. auszeichnen.

xerophýtische Paravariánten, verschiedenartige Einrichtungen zum Schutz vor Austrocknung; → Paravarianten.

Xerosérie, unter trockenen Bedingungen beginnende bzw. sich entwickelnde Serie (s. d.) in Abgrenzung zu Hydro- u. Lithoserie (s. d.).

Xerosícyos, m., Gatt. der Cucurbitáceae (griech. xerós = trocken; sikyós = Gurke).

xerothérm, trockenwarm, Bezeichnung für steppen- und wüstenartige Lebensräume sowie für deren Trockenheit und Wärme liebende Flora und Fauna.

xerothérme Relíkte (griech. xerós = trocken; thermós = warm), Überbleibsel einer trokkenwarmen Zeit; → Relikte.

X-Generation → Haploid-Generation.

Ximenésia, f., Gatt. der Olacáceae (nach Fr. Ximenes benannt).

Xiphídium, n., Gatt. der Haemodoráceae (griech. xiphídion = kurzes oder kleines Schwert, als Deminitivum von: xíphos = Schwert).

xiphidioídes (griech.), schwertähnlich.

xíphium (griech.), Schwert-.

Xíphium, n., Gatt. der Iridáceae (griech. xiphos = Schwert) – Schwertblatt.

xípho- (griech.), in Zusammensetzungen: schwert-.

X^2-Methode (sprich »chi-quadrat« oder »xiquadrat«), Prüfungsmethode der Aussage, ob empirische Werte einer Versuchsserie von den theoretischen Werten zufällig abweichen, oder ob diese Abweichung einem bestimmten Faktor zugeschrieben werden kann.

Xylán (griech. xýlon = Holz), Holzgummi.

Xylém (griech. xýlon = Holz), Gefäß- oder Holzteil, meist nach innen liegender, wasserleitender Teil des Leitbündels, der u. a. Holzfasern und Tracheien sowie Tracheen enthält.

Xylemparenchýmzellen (griech. parénchyma = das »Danebengegossene«, Füllsel; xýlon = Holz), die lebenden Elemente des Xylems, die aus engen, langgestreckten Zellen mit oft unverholzten Zellwänden bestehen.

Xylémprimánen (griech. xýlon = Holz; lat. prímus = Erster), sehr streckungs- und dehnungsfähige, meist englumige Gefäße als Erstlinge des Gefäßteils. Im fertigen Leitbündel sind sie stark gedehnt und vielfach zerrissen und zerdrückt.

Xýlia, f., Gatt. (des Tribus Adenanthereae) der Fam. Mimosáceae (griech. xýlon =

Holz, Baumstamm), bekannte Art: X. xylocarpa, liefert das »Burmesische Eisenholz«, sehr wertvoll wegen ungewöhnlicher Härte, vor allem bei Schiffs- und Hausbau verwendet. Die Art wird in SO-Asien forstwirtschaftl. kultiviert.

xýlinus, -a, -um (griech.), hölzern.

Xylít, m., (griech. xýlon = Holz), Holz in den Braunkohlen mit meist wenig verändertem Gefüge.

xylo- (griech.), in Zusammensetzungen: holzartig, Holz-.

Xylóbium, n., Gatt. der Orchidáceae (griech. xýlon = Holz; bíos = Leben; bezieht sich auf das epiphytische Wachstum) – Holzstendel, Holzorchidee.

Xylocárpus, m., (griech. xýlon = Holz; karpós = Frucht) Gatt. der Meliáceae – »Holzfrucht«, nimmt Bezug auf die einem Granatapfel ähnlichen Früchte. Die Samenschale besteht aus umfangreichem Korkgewebe, in welchem exzentrisch nahe der Mikropyle der relativ schwere Embryo liegt.

Xylochróme (griech. xýlon = Holz; chróma = Farbe), zusammenfassende Bezeichnung für die Farbstoffe des Holzes.

Xylomélum, n., Gatt. der Proteáceae (griech. xýlon = Holz; méli = Honig, Nektar; namentl. Bezug auf die Nektarabsonderung durch den basalen Ringwulst [Diskus] des Gynoeceum).

xylophág (griech. xýlon = Holz; phageīn = fressen), Bezeichnung für holzfressende Organismen, wie sie besonders bei einigen Schmetterlings- und Käferfamilien (z. B. Cossidae, Aegeriidae, Buprestidae, Anobiidae, Bostrichidae, Cerambycidae, Curculionidae, Ipidae) sowie bei Holzwespen (Siricidae) zahlreich auftreten.

Xylópia, f., Gatt. der Annonáceae (griech. xylópikron = bitteres Holz) – Mohrenpfeffer; Spec.: X. aethiópica.

Xylopódien (griech. xýlon = Holz; poūs, podós = Fuß), als Wasserspeicher fungierende, knollenförmige Bildungen an den Wurzeln vieler Pflanzen der periodisch austrocknenden Gegenden.

Xylóse (griech. xýlon = Holz), Holzzucker, eine Aldopentose.

Xylósma, f., Gatt. der Flacourtiáceae (griech. xýlon; ósme = Duft); fossil seit dem Tertiär.

xylósteus, -a, -um (griech.), mit knochenhartem Holz.

Xylotomíe, f., (griech. xýlon = Holz; tomé = Schnitt), generell: Holzkunde, Lehre vom Aufbau und Unterschied der Holzkörper der Pflanzen; speziell: mikrobotanische Untersuchungsmethode zum Studium anatomischer Merkmalskomplexe von Hölzern mittels Dünnschnitt- und Dünnschlifftechnik (Paläoxylotomie = Xylotomie fossiler Holzgewächse).

xynthostémmus (griech.), gelbbekränzt.

Xýris, f., Gatt. der Xyridáceae, Commeliales (griech. xyré-ein = glatt sein, glatt [wie geschoren] aussehen).

xystracánthus, -a, -um (griech.), mit beilartigen Stacheln.

xystropétalus, -a, -um (griech.), mit beilartigen Blumen- od. Kronblättern.

Y

yakusimánus, Yakushima- (Japan).

yanthínus (griech.), violett.

Y-Chromosóm, Chromosom, in dem die männl. Geschlechtsfaktoren lokalisiert sind.

yedoénsis, Jedo- (Japan).

yeménsis, von Jemen (südwest-arab. Landsch.) stammend.

Yérma, extrem vegetations- und humusarmer Rohboden der Trockenwüsten.

yervamóra, Maulbeerkraut.

yohímba, afrikan. Name für Pausinystalia yohimba.

Yohimbin, ein Indolalkaloid aus der Gruppe der Rauwolfia-Alkaloide; verwendet als Sexualstimulans u. in der Ophthalmologie (Augenheilkunde).

Yúcca, f., Gatt. der Agaváceae (westind. Volksname) – Palmlilie; fossil wahrscheinl. seit dem Tertiär.

yuccifólius, -a, -um, yucca-blättrig.

yuccoídes, palmlilien- (yúcca-) ähnlich.

yúlan, Volksname einer Magnólia-Art.

Yúngas, tropische Region.

yunnanénsis, aus Yünnan (China) stammend.

Z

Zacíntha, f., Gatt. der Asteráceae (nach der ionischen Insel Zante).

Zahlbrúcknera, f., Gatt. der Saxifragáceae (nach dem österr. Botan. Joh. Zahlbruckner, 1782–1850) – Glimmersteinbrech.

Zalacca, f., Gatt. der Arecáceae; mollukan. (Vernakular-)Name.

Zaluziánskia, f., Gatt. der Scrophulariáceae (nach dem böhm. Botan. Adam Zaluzianski, 16. Jh.).

Zámia, f., Gatt. der Cycadáceae (lat. zámia = Zapfen der Tannen nach Plinius; griech. zámia = Schaden bzw. zaménes = feindselig) – Zapfenpalme.

Zamiocúlcas, f., Gatt. der Aráceae (aus den Gattungsn. Zámia und Culcásia).

Zannichéllia, f., Gatt. der Zannichelliáceae (nach dem venetian. Apotheker G. Zannichelli, 1662–1729) – Teichfaden.

zanónia, nach der gleichnamigen Gatt., diese nach dem Präfekten des Botan. Gartens von Bologna, Giacomo Zanoni, geb. 16.3.1615 in Montechio, gest. 24.8.1682 in Bologna.

Zantedéschia, f., Gatt. der Aráceae (benannt nach dem ital. Botan. Fr. Zantedeschi, 1797–1846) – Gold- oder Zimmerkalla.

Zanthóxylum, n., Gatt. der Rutáceae (griech. xanthós = gelb; xýlon = Holz) – Gelbholz.

Zapfen (Cónus, Stróbilus), Blüten oder Blütenstände von Ährenform mit verholzenden Tragblättern und verholzender Achse.

Zapfensucht, bei Koniféren das Auftreten von abnorm vielen weibl. Blütenständen anstelle der Kurztriebe oder der männl. Blüten.

Zauschnéria, f., Gatt. der Oenotheráceae (nach dem Prager Prof. J. G. Zauschner, 1737–1799) – Kolibritrompete.

Zéa, f., Gatt. der Poáceae (griech. Name einer Getreideart; von Linné übertragener griech. Name; der etymologisch mögliche Bezug auf griech. zé-ein [= hoch gehen] deutet auf den hohen Wuchs hin; sehr alte Kulturpflanze mit großer Formenvielfalt; verwandt mit Euchlaena [E. mexicana, E. perennis], die als Stammform in Betracht kommt [möglicherweise in Verbindung mit einer Andropogon-Species]) – Mais; Zea mays L.; Herkunfts- oder Ursprungsland: Mittelamerika; gezüchtete Formenvielfalt groß, differenziert bzw. differenzierbar in: Zea mays convar. amylacea – Weich-, Stärkemais; convar. amyleasaccharata, convar. aorista, vonvar. ceratina – Wachsmais, Chines. M.; convar. dentiformis – Zahn-, Pferdezahn-M.; convar. microsperma – Puff-, Perlmais, »Popcorn«; convar. saccharata – Zuckermais; convar. vulgaris – Haut-, Steinmais; → Euchlaena, Teosinte.

zealándiae, aus Zealand, Seeland, stammend.

Zebrína, f., Gatt. der Commelináceae (lat. zebrínus = gestreift).

zebrínus (lat.), zebraartig gestreift.

Zedernholzöl, Öl von Juníperus virginiána, benutzt zur Ölimmersion.

zedoárius, Zitterwurzel (von arab. djeduar).

Zehntnerélla, f., Gatt. der Cactáceae (benannt nach dem Naturforscher Leo Zehntner in Joazeiro, Brasilien).

Zeín, im Mais vorkommendes Prolamin (Maiseiweiß), aus dem Filme, Lacke, Textilfasern und Linoleum hergestellt werden.

Zeitgeber, alle Außenfaktoren, welche die endogene Rhythmik (Periodik) eines Lebensvorgangs in Frequenz (Periodenlänge) und Phasenlänge mit der Umwelt synchronisieren. Die meisten Organismen sind einer endogenen Rhythmik unterworfen, die als »innere Uhr« auch unter konstanten Außenbedingungen weiterläuft. Sie muß mit der Umwelt synchronisiert werden, um biologisch sinnvoll zu sein. Wichtiger Z. für die Tagesperiodik ist das Sonnenlicht; für die Lunarperiodik sind es Mondlicht und Gezeitenwirkung (Wasserbedeckung), für die Jahresperiodik besonders die Tageslänge (Photoperiodik). Doch können auch Temperatur, Luftfeuchtigkeit, Regen und biotische Faktoren als Z. wirken.

Zeitstauden (Etasĩee), Stauden, deren oberirdische Organe nur zu gewissen Zeiten vorhanden sind.

Zélkowa, f., Gatt. der Ulmáceae (kaukas. Volksname für Zélkowa carpinifólia); fossil seit dem Oligozän.

Zellbildung, Entstehung von Zellen aus bereits vorhandenen Zellen.

Zelleib → Protoplast.

Zellen, verschiedenartig spezialisierte, aber nach einem einheitlichen Plan gebaute und mit einer gewissen physiologischen Selbständigkeit versehene Elementarteilchen der Körper der Organismen.

Zellenpflanzen (Celluláres), längst überholte Zusammenfassung von Thallophyten und Moosen, die nur aus ± gleichartigen Zellen gebildet werden und keine Gefäße enthalten.

Zellentheorie, 1838/39 von M. J. Schleiden (1804–1881) und Th. Schwann (1810–1882) aufgestellt; sie besagt, daß Tiere und Pflanzen aus Zellen und deren Produkten bestehen und Wachstum sowie Fortpflanzung im wesentlichen auf Zellteilung beruhen.

Zellfamilien → Kolonien.

Zellfusion (lat. fúsio, ónis = Erguß, Ausfluß, das Ausbreiten), enge Verbindung zwischen Zellen, die durch Auflösen der Zellwände entsteht.

Zellgewebe → Gewebe.

Zellhaut → Zellmembran.

Zellkern (Núcleus), im Zytoplasma gelegener, meist rundlicher, zäher, scharf abgegrenzter Körper, der aus Kernkörperchen, Kernsaft und Kernmembran besteht und die Chromosomen enthält.

Zellknospung (Gemmátio) → Zellsprossung.

Zellkoloníe, Zellen, die zu losen Zellverbänden zusammengeschlossen sind.

Zellkultur, Technik zur Lebenderhaltung von aus dem Verband des Organismus gelösten Zellen. Im Ggs. zur Gewebekultur werden bei der Z. nicht ganze Stücke explantiert, sondern durch die Einwirkung von Verdauungsfermenten (i. d. Regel Trypsin) die Zellen aus dem Gewebeverband gelöst und dann, ähnlich wie bei der Gewebekultur, weitergehalten. So gelingt es, Zellen eines Lebewesens weit über die mögliche Lebenszeit des Spenders hinaus am Leben zu halten und zu vermehren. Die Zellen gehen in der Kultur bald in einen unspezialisierten, meist fibroblastenähnlichen Typ über. Z. dient zur Erforschung des Zellstoffwechsels und zur Züchtung von Viren.

Zellínie, Zellpopulation, die bereits nach der ersten Subkultivierung einer Primär-Zellkultur entsteht.

Zellmembrán, plasmatische Grenzschicht (Plasmalemma). – Früher oft auch für Zellwand benutzt, was heute unbedingt vermieden werden sollte.

Zellsaft, der wäßrige Inhalt der zentralen Vakuole in ausgewachsenen Zellen, der eine sauer reagierende Lösung von anorganischen und organischen Verbindungen darstellt.

Zellsafträume → Vakuólen.

Zellsprossung, Vorgang des Entstehens einer oder mehrerer Ausstülpungen an der Mutterzelle, die zu neuen Tochterzellen heranwachsen und sich schließlich ablösen, wobei die Mutterzelle den Reproduktionsvorgang überdauert.

Zellstoff → Zellulose.

Zellteilung → mitotische und amitotische Zellteilung.

zellulär, auf die Zelle bezüglich.

zelluläre Endospérmbildung, Endospermbildung, bei der auf die Teilung des sekundären Embryosackkernes sofort eine Zellteilung folgt.

Zellulóse, Cellulose, organische Verbindung, hochmolekulares Kohlenhydrat, das aus zwischen den Kohlenstoffatomen 1 und 4 β-glycosidisch verknüpften Glucoseresten besteht. Das Dimere heißt Cellobiose; das Molekulargewicht des Zellulosemakromoleküls beträgt etwa 300000. Die Z. ist Bestandteil zahlreicher Gewebefasern z. B. bei Baumwolle, Leinen, Jute u. a.

Zellwand, den lebenden Protoplasten allseits umschließendes, dem Plasmalemma außen dicht anliegendes, als hochorganisiertes Sekret entstehendes totes Organell, das anfangs im wesentlichen aus Zellulose (Ausnahmen u. a. die meisten Pilze) besteht, später durch andere Stoffe inkrustiert wird.

Zellwandbildung, meist im Verein mit der Kernteilung erfolgende Bildung einer Zellwand, indem die Spindelfasern in der Äquatorialplatte anschwellen und die Membran ausscheiden; → Phragmoplast.

Zenitálregen, Regen der tropischen Breiten, die kurz nach dem täglichen Höchststand der Sonne erfolgen.

Zenóbia, f., Gatt. der Ericáceae (benannt nach der Königin Zenobia von Palmyra).

zentral, im Mittelpunkt befindlich.

zentrale Plazentatión, die Samenanlagen stehen bei einem parakarpen Fruchtknoten an einer Plazenta, die von unten in die Fruchtknotenhöhlung hineinragt.

Zentralholz → axiales Holz.

Zentralpórus, zentrale Öffnung in der Scheidewand von Pilzen, insbesondere bei Ascomycetes und Basidiomycetes. Die Septenporen ermöglichen den Durchtritt von Plasma (Plasmaströmung) einschließlich der Zellkerne zu benachbarten Zellen.

Zentralstrang, zentraler, dehnbarer Hyphenstrang.

zentralwinkelständige Plazentatión, bei synkarpen Fruchtknoten die Plazentation an den Fruchtblatträndern, die in der Mitte des Fruchtknotens zusammenstoßen.

Zentralzylínder (griech. kylíndros = Walze), leitbündelhaltiges Gewebe des Stengels, das vor allem aus Parenchym besteht.

zentrifugál, vom Mittelpunkt gegen den Rand zu, von innen nach außen. Ggs. → zentripetal.

Zentriólen → Centriolen.

zentripetál, gegen den Mittelpunkt zu, von außen nach innen. Ggs. → zentrifugal.

zéntrisch (lat. céntrum = Mittelpunkt), Form des Leitbündels, bei dem der Siebteil den Gefäßteil umgibt oder umgekehrt.

Zentroplasma, zentraler, farbloser, das Kernäquivalent darstellender Teil der Cyanophyceae-Zelle, der ohne scharfe Abgrenzung vom peripherer gelegenen Chromatoplasma umgeben ist. Das Z. besitzt stab-, netz- oder fadenförmige Elemente, die DNS enthalten und in ihrer Gesamtheit als Chromatinapparat bezeichnet werden.

Zentrosómen → Centrosomen.

Zephyránthes, f., Gatt. der Amaryllidáceae (griech. zephýros = Westwind; ánthos = Blüte) – Zephyrblume.

zephýrinus, zephyrartig, angehaucht.

Zerfallfrüchte, coenokarpe Früchte (s. d.), differenzierbar in: Spalt- und Bruchfrüchte (s. d.).

zerstreute Blattstellung, die spiralige oder schraubige Blattstellung, bei der an jedem Stengelknoten nur ein Blatt sitzt. Die Blätter sind in gesetzmäßiger Weise auf der → Grundspirale angeordnet, indem je zwei aufeinanderfolgende Blätter um einen bestimmten Winkel (→ Divergenz) gegeneinander verschoben sind.

zerstückeltes Areal → disjunktes Areal.

Zertatión (lat. certátio, -ónis = Wettkampf, -eifer), Wettlauf der geschlechtsbestimmenden ♂ und ♀ Gameten.

Zertifikat (lat. cértus, -a, -um = sicher, untrüglich; fácere = tun, machen), »sicher ermitteltes« Ergebnis; Syn. → Attest, Zeugnis, Bescheinigung eines Befundes.

zeylánicus, sprachlich richtig nur singalesisch = aus Ceylon (die Einwohner Ceylons heißen nicht Ceylaner oder Ceylonen, sondern Singalesen).

Zílien (lat. cílium) → Wimpern.

Zíngiber, n., Gatt. der Zingiberáceae (bedeutet im Sanskrit [der sakralen, altind. Sprache] hornförmig) – Ingwer; fossil mit Sicherheit seit dem Oligozän.

Zínnia, f., Gatt. der Asteráceae (benannt nach dem Göttinger Prof. der Medizin und Botan. Joh. Gottfr. Zinn, 1727–1759).

Zirkulatión (lat. círculus = Kreis, Ring), in ihrer Richtung wechselnde Plasmaströmung in Zellen mit umfangreicheren Safträumen. Ggs. → Rotation.

zirkumpolár (lat. círcum = ringsumher), Bezeichnung für das Tundrengebiet der nördlichen Halbkugel.

Zitrónensäure (Citronensäure), Tricarbonsäure, die in zahlreichen Früchten in großer Menge vorkommt (Zitrone, Apfel, Birne u. a.); als Bestandteil des Tricarbonsäurezyklus in kleiner Menge in allen Pflanzen vorhanden.

Zitronensäurezyklus, Tricarbonsäurezyklus, Krebszyklus, zyklischer Prozeß der Energiegewinnung der aërob lebenden Organismen. Dabei wird Acetyl-Coënzym A oxidativ abgebaut, in dem es mit Oxalessigsäure zur Zitronensäure reagiert und so in den Zyklus eingeschleust wird. Am Z. sind folgende organische Carbonsäuren beteiligt: Oxalessigsäure, Zitronensäure, cis-Akonitsäure, Isozitronensäure, Oxalbernsteinsäure, α-Ketoglutarsäure, Bernstein-, Fumar- und Äpfelsäure.

Zizánia, f., Gatt. der Poáceae (zizánion = griech. Pflanzenname) – Wasserreis.

Zíziphus, (= Zisyphus), f., Gatt. der Rhamnáceae (nach dem arab. Pflanzennamen »zizouf« gebildet [latin.]) – Jujube; fossil seit der oberen Kreide.

Zöloblásten, einzellige Pflanzen, die habituell den vielzelligen ähneln.

Zön, System von Lebensgemeinschaft und Lebensraum (→ Holocön).

Zönobien, Coenobien (griech. kóinos und bíos = Lebensgemeinschaft), lockere Verbände aus einzelligen Organismen, die aber keine funktionelle Einheit darstellen. Z. werden dadurch gebildet, daß die Zellen nach der Teilung nicht voneinander getrennt werden, sondern miteinander verbunden bleiben, z. B. durch Schleim oder Kapseln. Z. kommen u. a. bei Bakterien und Blaualgen vor. Sie können in voll lebensfähige Einzelzellen zerfallen.

zönokárp (griech. kóinos = gemeinsam; karpós = Frucht), ein aus mehreren Fruchtblättern verwachsenes Gynoeceum. Ggs. → apokarp.

Zönokárpium, fruchtartige Bildung, die aus einem Blütenstand hervorgeht.

Zönospécies, eine Pflanzengruppe gemeinsamen evolutionären Ursprungs; → Species.

zoeschensis, aus Zöschen (bei Leipzig).

Zoíde (griech. zóon = Tier; eídomai = gleichen), einzellige eukaryotische Individuen, die weder enzystiert noch von einer Zellwand umgeben sind. Sie sind primär begeißelt, sekundär gelegentlich geißellos.

Zoidiogamíe (griech. abzuleiten von zóon = Tier; gamein = heiraten, bestäuben, befruchten), Vermittlung der Bestäubung durch Tiere. Die Blütenbestäubung kann z. B. erfolgen durch Insekten (Entomogamie), Vögel (Ornithogamie) oder durch bestimmte Fledermäuse (chiropterophil).

Zoidogoníte, → Gonite, die als → Zoide aus der → Gonitozyste entlassen werden.

zonál = zonár (griech. zoné = Gürtel, Zone; lat. conális = gürtelig, zur Zone gehörig), den Zonen der Erde gemäß.

Zonáles, f., Plur. (griech. zoné = Gürtel), eine Abteilung der → Sporae dispersae für → trilete Sporen mit besonderen Äquatorialbildungen (wie z. B. Cingulum, Corona, Crassitudo oder Zona).

zonális, -is, -e (lat.), gürtelartig, gestreift.

Zonatión, das einem Faktorengefälle entsprechende, regelmäßige und zonenartige Nebeneinander verschiedenartiger Lebensräume, wie es besonders an Ufern oder im Hochgebirge ausgeprägt ist. Die einzelnen Zonen können zu Zonationskomplexen zusammengefaßt werden.

zonátus, -a, -um (lat.), mit Gürtel oder Streifen versehen.

Zóne(n), Gebiet(e), das (die) durch eine horizontale Gliederung der Erde in bezug auf die Vegetation abgegrenzt wird (werden).

zonozýtisch, coënocytisch, polyenergid, vielkernig, ohne regelmäßige Querwände (→ Sëptum; in bezug auf Hyphen gebräuchliche Bezeichnung (z. B. bei Oomycetes und Zygomycetes).

zoobiótische Faktóren (griech. zóon = Tier; bíos = Leben), Wirkungen der Tiere auf die Pflanzen.

Zoocecídien, die durch Tiere erzeugten Gallen; → Cecidiologie.

Zoochoríe (Tierverbreitung) (griech. zóon = Tier; chorein = absondern, sich verbreiten), Verbreitung der Früchte bzw. Samen durch Tiere.

Zoodomátien (griech. zóon = Tier; lat. dómus = Haus), von Tieren bewohnte → Domatien.

Zoogaméten (griech. → Zoodomatien; gamós = Heirat, Befruchtung; bezieht sich also nomenklatorisch auf die tierähnliche Bewegung), durch Geißeln aktiv bewegliche Gameten.

Zoogamie, Bestäubung durch Tiere.

zoogén, unter Mitwirkung der Tiere oder des Menschen entstanden.

Zooglóea (griech. zóon = Lebewesen; gloios = klebrige Masse), Bezeichnung für in gallertartige Schleimmmasse eingebettete Bakterien (Kolonie; Konglomerat), wobei die schleimigen Substanzen der Z. von den Bakterien selbst ausgeschieden werden.

Zoogonídium, Plur. Zoogonídien; eine durch Geißeln bewegliche Spore, → Zoospore.

Zoologíe (griech. zóon = Tier; lógos = Lehre, Kunde). Lehre von den Tieren.

Zoophobíe (griech. zóon = Tier; phóbos = Frucht, Scheu, Schrecken), Erscheinung des Vorhandenseins von als Schutz gegen Tierfraß dienenden Anpassungen der Pflanze.

Zoosporángien, Sing. Zoosporangium; Behälter, in denen Schwärmsporen (= Zoosporen) gebildet werden; → Sporangium.

Zoospóre, Schwärmer, Zoogonidium, Schwärmspore; in einem Zoosporangium ungeschlechtlich gebildete Spore, die durch den Besitz von Geißeln (eine oder mehrere) aktiv beweglich ist.

Zostéra, f., Gatt. der Potamogetonáceae (griech. zostér = Gürtel, Riemen; der Name nimmt Bezug auf die Blattform) – Seegras; fossil wahrscheinlich seit dem Tertiär.

zosterifólius (griech. zostér = Gürtel, Riemen), zostérablättrig.

Zosterophyllophyta, → Psilophyten

Zotte, abstehendes, haarähnliches, keulenförmiges, aus mehreren Oberhautzellen entstandenes Anhangsgebilde der Sproßachse oder des Blattes.

-zóus, -um, -on (griech. zóon = lebendiges Tier), -lebendig.

Zuchtgarten, ein ausgesuchtes, ständig oder nur einjährig genutztes Feldstück, das dem Anbau der ersten Saatstufen einer Züchtung dient.

Zuchtgartenelite, Abk. ZGE, Ernte aus der Neu- oder Erhaltungszüchtung.

Zuchtrassen, durch Selektion veredelte Kulturrassen.

Zuchtwahl → Selektion.

Zucker → Kohlenhydrate.

Zufällige, Arten, deren Anwesenheit in einer Pflanzengemeinschaft offensichtlich vom Zufall abhängig und nur vorübergehend ist.

Zugwurzeln, Wurzeln, welche die Fähigkeit besitzen, durch Kontraktion die Pflanze tiefer in den Boden zu ziehen.

Zungenblüten, bei den Asteráceae zygomorphe Blüten mit einseitig zungenförmig verlängertem Saum.

zusammengesetzte Blätter (= fólia compósita), Blätter, deren Spreite aus mehreren getrennten Blättchen zusammengesetzt ist (→ einfache Bl. = fólia simplícia).

zusammengesetzte Frucht, eine Frucht, die aus zwei oder mehreren Blüten gebildet wird.

Zusatzfutterfläche, derjenige Teil der Nutzpflanzen im landwirtschaftlichen Betrieb, die außer ihrer anderweitigen Hauptnutzung beachtliche Futtermengen wie z. B. die Zuckerrübe in Form von Blättern, Schnitzeln, Melasse oder wie die Pflückerbsen in Form von nährstoffreichem Stroh liefern oder zwischen zwei Hauptfrüchten als → Zwischenfrüchte angebaut werden, um die betriebseigene Futtergrundlage zu verbessern und zu erweitern.

Zwangsbestäubung, in geschlossen bleibenden Blüten unvermeidliche, spontane Selbstbestäubung; → Kleistogamie.

zweibrüderig → diadelphisch.

Zweifrüchtigkeit → Amphikarpie.

Zweig, Seitenachse, bei Gehölzen dünnere Seitenachse.

zweigeschlechtig → monoklin.

zweihäusig → diözisch.

zweijährig → bienn.

zweikeimblättrige Pflanzen, Dicotyledonae.

zweiseitig-symmetrisch (bilateral-symmetrisch), zygomorph.

zweizeilige Blattstellung → Distichie.

Zwergsträucher, Sträucher, die niedriger als $^1/_2$ m bleiben.

Zwergstrauchheide, Pflanzengesellschaft, vornehmlich aus immergrünen Zwergsträuchern (Calluna und Ginsterarten) und Borstgräsern zusammengesetzt.

Zwiebel (Búlbus), metamorphosierter, meist unterirdischer Sproß, dessen Achse scheibenförmig abgeflacht ist und dessen fleischig angeschwollene Blätter mit Reservestoffen angefüllt sind.

Zwiebelbrut → Brutzwiebeln.

Zwiebelgeophýten, Pflanzen, die die ungünstige Jahreszeit mit Zwiebeln überdauern.

Zwiebelkuchen, sehr stark verkürzte, scheibenförmig abgeflachte Sproßachse der Zwiebel.

Zwiebelschuppen, Zwiebelschalen, die schuppen- bzw. schalenförmigen, fleischigen Niederblätter der Zwiebel.

Zwischenband → Konnektiv.

Zwischenfruchtbau, planvoller Anbau von Pflanzen zwischen Ernte und Saat zweier anderer Fruchtarten in einer Zeit, die für die völlige Entwicklung einer Hauptfrucht nicht mehr ausreichen würde. Formen des Zwischenfruchtbaus sind: Anbau von Winterzwischenfrüchten, Stoppelsaaten und Untersaaten (s. d.).

Zwischenmoor, Übergangsmoor, oligotrophe bis mäßig dystrophe, bewaldete, gehölzarme oder wald- und baumfreie Moorgesellschaften, die ökologisch zwischen nassen, baumfreien Flachmoorgesellschaften und ± gehölzbestandenen, torfmoosreichen Hochmoorgesellschaften stehen. Sie zeichnen sich durch eine sehr geringe Kalk-, Mineral- und Stickstoffversorgung aus.

Zwischenwirt, im phytopathologischen Sinne Pflanzen, die keine Nutzpflanzen sind, aber bestimmten Generationen (bzw. Entwicklungsstadien) von Schaderregern, die einen Wirtswechsel durchmachen müssen (z. B. Rostpilze, Blattläuse), als Wirte die Weiterentwicklung ermöglichen.

Zwischenzellraum → Interzellularen.

Zwitter → Hermaphrodit.

zwittrig 1. Blüten, in denen Staub- und Fruchtblätter vorhanden sind; 2. Pflanzen mit zwittrigen Blüten.

Zyáthium → Cyathium.

Zygadénus, m., Gatt. der Liliáceae (griech. zygón = Joch; áden = Drüse).

Zygobiónt (griech. zygón = Verbindung; bíos = Leben), Entwicklungsabschnitt oder -vorgang im Verlauf der Entwicklung eines Organismus, der mit der Vereinigung der Gameten zur Zygote beginnt und mit der Bildung der Sporen endet.

Zygocáctus, m., Gatt. der Cactáceae (griech. zygón = Joch und Gattungsname Cáctus) – Gliederkaktus.

Zýgodon, m., Gatt. der Orthotricháceae (griech. zygón = Joch; odón = Zahn. Nach den paarweise verbundenen Zähnen des → Peristoms) – Laubmoose.

Zygogamíe (griech. zygón = Joch; gamós = Heirat, Befruchtung), Befruchtung, die eingeleitet wird durch die Verschmelzung (= Fusion) von Kopulationsästen, die → Gametozysten homolog sind, in zellulären Brücken. Bei dieser Konjugation werden die Zellinhalte zu amöboiden Gameten. Häufig ist eine Unterscheidung in Ruhe- und Wandergameten möglich.

Zygomeióse (griech.), Bezeichnung bei niederen Pflanzen für Meiose, die direkt auf die Zygotenbildung folgt.

zygómeris (griech. zygón = Joch; méros = Teil), jochgliederig, paarig gereiht, paarig, jochteilig.

zygomórph (griech. zygón = Joch; morphé = Gestalt), → dorsiventral.

Zygonéma (griech. zygón = Joch; néma = Faden), die im → Zygotän charakteristische Längsstruktur noch fadenförmiger Chromosomen.

Zygopétalon (= Zygopetalum), n., Gatt. der Orchidáceae (griech. zygón = Joch; griech. pétalon = Kronblatt; nimmt Bezug auf den verdickten Kallus am Grunde der Lippe) – »Jochkrone, -stendel«.

Zygopháse → Gamopháse.

Zygophýllum, n., Gatt. der Zygophylláceae (griech. zygón = Joch; phýllon = Blatt) – Doppelblatt; fossil wahrscheinl. seit dem Tertiär.

zygophýllus (griech.), jochblättrig, paar-, doppelblättrig.

Zygosóme (griech. zygón = Joch; sóma = Körper; also: vereinigte Körper), durch Syndese im Zygotän verschmolzenes Chromosomenpaar.

Zygospóren (griech. zygón = Joch; spóros = Samen, Keim), große dickwandige Dauersporen, die durch die Verschmelzung des mehrkernigen Inhaltes zweier benachbarter, zu Kopulationszellen (den Gametozysten homolog) umgebildeter Hyphenenden entstehen. Die Kerne der Hyphenenden legen sich meist nach einer Teilung (Reifeteilung) paarweise aneinander. Múcortyp: Kernverschmelzung direkt nach der Plasmogamie; Phycomýcestyp: Karyogamie (Kernverschmelzung) und Reifeteilung werden bis zur Keimung der Zygospore hinausgeschoben. Z. = Hypnozygoten (s. d.). Bei den Conjugatophyceae vereinigen sich zwei gleichgestaltete, unbegeißelte Gamocysten, aus dem ganzen Protoplasmakörper vegetativer Zellen hervorgehend, zur Zygote, die als ebenfalls dickwandige Dauerspore nach längerer (Verbreitung oft begünstigender) Ruhe meiotisch keimt.

Zygotän (griech. zygón = Joch; tainia = Band), zweites Stadium meiotischer Prophase, in dem homologe Chromosomen abschnittsweise mit der Paarung beginnen; neben gepaarten liegen noch ungepaarte Chromosomensegmente vor.

Zygotáxis (griech. zygón = Joch; táxis = Stellung), Anziehung zwischen verschieden geschlechtlichen Gameten.

Zygóte (griech. zygón = Joch), Verschmelzungsprodukt der verschiedengeschlechtlichen Gameten, befruchtete (diploide) Eizelle. Meistens sind die Zygoten unbeweglich.

zygótischer Kernphasenwechsel → Haplontentyp.

zygótische Letalität, durch Letalgene bedingtes Unvermögen der Zygote oder des Keimlings, am Leben zu bleiben; → Letalfaktoren.

zygótische Mutatión, in der Zygote erfolgende → Mutation.

zygótische Subletalität, durch Erbanlagen bedingte, verminderte Lebensfähigkeit der Zygote; → Letalfaktoren.

zýklisch (griech. kýklos = Kreis, Ring, Umkreis), auf einen Zyklus bezogen, im Kreise angeordnet, im Kreis verlaufend, kreisförmig, -läufig, im Kreislauf aufeinander folgend, aneinandergereiht, in regelmäßiger Folge wiederkehrend, ringförmig.

zýklische Blüte, Blüte, deren Glieder quirlig angeordnet sind.

zýklische Fortpflanzung, Entwicklungskreis, in dem verschieden gestaltete oder in verschiedener Weise sich vermehrende Generationen aufeinanderfolgen.

zýklische Kreuzung, die Kreuzung einer Form als Vater mit einer Gruppe von anderen als Mutter.

Zyklomorphóse (griech. morphé = Gestalt), Bezeichnung für zyklische Gestaltveränderung (bei einigen Phytoplanktern, z. B. Ceratium) in Abhängigkeit von Umweltfaktoren bzw. den Jahreszeiten.

Zýklus, 1. Kreislauf; 2. Abschnitt der Grundspirale, den man durchlaufen muß, um von einem Blatt zu dem ersten senkrecht darüberstehenden zu gelangen; 3. Kulturpflanzensippe aus fortpflanzungsmäßig verbundenen Untersippen; 4. lytischer Zyklus: Infektionszyklus, Bezeichnung in der Virologie für die Erscheinung der aktiven Produktion von »Bakterienviren« (oder Bakteriophagen), die in der Zerstörung der betreffenden Bakterien (= Lyse) endet.

Zylinderepithél, Gesamtbezeichnung für eine Zellschicht aus palisadenförmig stehenden, zylindrischen, zartwandigen, plasmareichen und meist großkernigen Zellen, die zum Aufsaugen gelöster Nährstoffe oder zur Abscheidung von Sekreten oder gleichzeitig beiden Funktionen dienen.

Zymásen (griech. zýma = Gärstoff, Sauerteig; zymóo = ich setze in Gärung, ich säure), ältere Bezeichnung für kohlenhydratabbauende Fermente oder Karbohydrasen.

Zýme, ein → zymös gebauter Blütenstand.

zymös (griech. kýma = Woge, Übergipfelung), Bezeichnung für Blütenstände, bei denen die Hauptachse mit einer Endblüte abschließt, unter der in Ein- oder Mehrzahl Seitenachsen entspringen, welche die Hauptachse übergipfeln und sich in gleicher Weise verzweigen. Hierzu gehören → Pleiochasium, Dichasium, Monochasium (Monochasien: Wickel, Schraubel, Fächel, Sichel). Ggs. → razemös.

zymogen, Fermente oder Enzyme bildend.

Zymoíd, Blütenstandsform, durch akrotone Förderung abgewandelter → Thyrsus, bei dem die Terminalblüte weit übergipfelt wird (→ Pleiochasium, Dichasium, Monochasium).

Zymologíe (griech. zýma = Gärung; lógos = Wort, Lehre, Kunde), 1. Lehre von der Gärung; 2. Lehre von den Fermenten oder Enzymen (»Enzymologie«).

Zymósis (griech.), Gärung.

zymóticus, -a, -um, gärungerzeugend.

Zýste (griech. kýstis = Beutel, Blase), meist durch Wasserabgabe und durch kapselartige Verfestigung der äußeren Hülle entstandene Dauerform, die Trockenheit oder Dürre zu überstehen vermag.

Zystíden (griech. kýstis = Beutel, Blase), größere, sterile Terminalzellen der Basidiomycetes, zwischen den Basidien stehend und über diese vorragend, besonders an der Lamellenschneide im Hymenium (Cheilozystiden), aber nicht an den Flächen (= Pleurozystiden) bzw. auf Hut oder Stiel

(Dermatozystiden). Die Z. können sich aus dem Subhymenium oder dem darunterliegenden Trama entwickeln; sind gewöhnlich größer als Paraphysen, mitunter verzweigt (Dendrophysen), gezackt (Acanthophysen) oder inkrustiert (Metuloiden). Mitunter sind sie dickwandig oder scheiden apikal kleine Kristalle aus. Stark lichtbrechende, ölige Z. mit häufig gelbem Inhalt werden als Gloeozystiden bezeichnet.

Zystogamíe = Cystogamie (griech. kýstis = Beutel, Blase; gamós = Heirat, Befruchtung), Befruchtung, die eingeleitet wird durch die Verschmelzung zweier vielkerniger Coenogametozysten ohne Individualisierung freier Gameten. Die Verschmelzung der beiden (unbegeißelten) Gamozysten geschieht nach lokaler Wandauflösung, z. B. bei Ascomycetes und bei den meisten Samenpflanzen; wurde früher Gametangiogamie genannt.

Zystogoníte, → Gonite, die bereits enzystiert aus der → Gonitozyste entlassen werden.

Zystokárp (Hüllfrucht) (griech. kýstis = Beutel; karpós = Frucht), bei Rotalgen der von besonderen Hüllzweigen umwachsene → Gonimoblast.

Zystolíth (griech. kýstis = Beutel; lithos = Stein), zentripetaler Auswuchs (Verdikkung) der Zellwand in Form eines ± gestielten Körpers, der starke Ablagerungen von Calciumcarbonat enthält. Vorkommen z.B. bei Urtica – Brennessel, Ficus elastica – Gummibaum.

Zytisín, giftiges Alkaloid in Laburnum (= Goldregen).

Zytochemíe (griech.), Methode zum Studium der Zelle mit dem Ziel, Lokalisation und Funktion verschiedener chemischer Substanzen in den Zellbestandteilen (Kern, Mitochondrien usw.) genauer zu bestimmen, bei starker Vergrößerung (evtl. mit Hilfe eines Elektronenmikroskops).

Zytochróme (griech. kýtos = Zelle; chróma = Farbe), gefärbte Proteide aller lebenden Zellen, die aus einem eisenhaltigen Porphyrinring und einer Eiweißkomponente bestehen. Sie fungieren bei der Zellatmung als Katalysatoren. Man unterscheidet mehrere Zytochrome (z. B. Zytochrom a, b, c, u. a.).

Zytochrómsystem, Zytochrome sind Enzyme der Zellatmung, d. h. der biologischen Oxidation. Entscheidend für die Funktion ist der Valenzwechsel des in den Fermenten enthaltenen Eisens vom zwei- in den dreiwertigen Zustand. Das Z. besteht aus mehreren Fermenten, die für den Elektronentransport von einem hohen zu einem niederen Energieniveau verantwortlich sind. Das letzte Enzym des Z. der biologischen Oxidation (Atmung) ist die Zytochromoxydase, die den vom Blutfarbstoff (Hämoglobin) transportierten Sauerstoff bindet und aktiviert. Das Z. ist Teil der Atmungskette.

Zytóde (griech. kýtos = Zelle; odós, Schwelle; Bezeichnung also für die Zelle »auf der Schwelle«), die noch nicht in Zelleib und Zellkern differenzierte Zelle.

zytogén (griech. kýtos = Zelle; génesis = Bildung, Entstehung), zellenbildend.

Zytogenétik, Richtung der Vererbungslehre, die sich mit der Erforschung des Zusammenhangs zwischen Feinbau der Zelle und Vererbung beschäftigt; → Genetik.

Zytogoníe (griech. kýtos = Höhlung, Zelle; génesis = Erzeugung, besser noch: goné = Erzeugung, das Erzeugte), Zellfortpflanzung, bei der die gezeugten Individuen einzelne Zellen darstellen. Hierbei unterscheidet man a) Agamogonie: Fortpflanzung mit nicht geschlechtlich differenzierten Keimzellen (Sporen oder Agameten) und b) Gamogonie: Fortpflanzung durch geschlechtlich differenzierte Keimzellen (Gameten).

Zytologíe (griech. kýtos = Zelle; lógos = Lehre), Zellenlehre, Wissenschaft zur Erforschung von Bau und Funktion der Zellen.

Zytolýse (griech. kýtos = Zelle; lýein = auflösen), Zellauflösung.

Zytolysíne (griech. kýtos = Zelle; lýsis = Auflösung), Lysine, die Zellauflösung bewirken.

Zytomorphóse, die gesamte Umbildung der Zellen (→ Morphosen).

Zytophágen (griech.), Bakterien (Schizomycetes), die dank einer reichen enzymatischen Ausrüstung in der Lage sind, sich auf reiner Zellulose zu entwickeln und sie in ihre Bestandteile aufzuspalten.

Zytoplásma (griech. kýtos = Höhlung, Zelle; plasma = das Gebildete, Gebilde), Grundsubstanz des Protoplasmas (s. d.), die elektronenmikroskopisch nicht weiter auflösbar ist und die → Organellen enthält.

Zytoplasmamembrán (= Plasmalemma), sehr dünne Membran, die die Oberfläche des Protoplasten bildet und diesen gegen die Zellwand abgrenzt. Sie ist funktionell die osmotische Schranke der Zelle, die die Aufnahme von Nährstoffen und die Abgabe von Stoffwechselprodukten reguliert.

zytoplasmátische Vererbung, nicht-mendelsche, extrachromosomale Vererbung durch Selbstvermehrung von Zytoplasmaeinheiten zum Unterschied von der Vererbung durch Gene.

Zytorrhýse (griech. rhysós = zusammengeschrumpft, runzelig; rhýsis = das Fließen), Zellschrumpfung, Zellkontraktion; die Verkleinerung des Zellvolumens unter dem Einfluß stark konzentrierter Salz- oder Zuckerlösungen, inbes. bei Hefen und and. Pilzen. Im Ggs. zur Plasmolyse werden bei der Z. Protoplast und Zellwand nicht voneinander getrennt.

Zytostatikum (griech. kýtos = Zelle; statikós = stellend, wägend), Zellteilung und -wachstum hemmender Stoff.

zytostátisch, Zellteilung und Zellwachstum hemmend; den Ruhezustand der Zelle bezeichnend.

Zytotaxonomíe, die mit der Chromosomenzahl, -form und dem Chromosomenverhalten arbeitende Hilfswissenschaft der Systematik.

Zytotomíe (griech. kýtos = Zelle; tomé = Schnitt), Zellteilung, bei der im Anschluß an die Kernteilung einer Zellquerwand zwischen den beiden Tochterzellen entsteht und die Zellwand der Mutterzelle zum Bestandteil der Zellwände der beiden Tochterzellen wird.

Zytotoxín (griech. kýtos = Zelle; toxikón = Gift), Zellgift.

C Verzeichnis der deutschen Pflanzennamen

Vorbemerkung: Das Verzeichnis enthält eine in Abstimmung zum lexikalischen Hauptteil (Abschnitt B) getroffene Auswahl (weitgehend) verbreiteter deutscher Namen. Der Zweck des Verzeichnisses besteht vor allem darin, daß der nach dem wissenschaftlichen Namen (Gattungsnamen) Suchende von dem ihm bekannten deutschen Namen aus den legitimen Namen des Genus finden kann. Der wissenschaftliche, d. h. nach der Nomenklatur gültige Gattungsname ermöglicht dann das Nachschlagen im Abschnitt B, um dort nähere Informationen über die sprachliche Herkunft (Etymologie) und Familienzugehörigkeit (ggf. höhere Taxa, wie Ordnung) zu erfahren. Damit ist die Möglichkeit gegeben, durch die Familienzugehörigkeit im Abschnitt E die Stellung im System der Pflanzen in Erfahrung zu bringen. – Erwähnt werden muß jedoch, daß die deutschen Namen oft regional im deutschsprachigen Raum stark differieren. Deswegen wird auch das Studium des Abschnittes A 2.8. empfohlen, in dem dieser Problemkreis erörtert wird (vgl. auch die Informationen im Abschnitt »Hinweise für die Benutzung«). Berücksichtigt werden in dem nachstehenden Verzeichnis z. T. Bestrebungen, für wissenschaftliche Namen von Gattungen deutsche Namen einzuführen. Das gilt z. B. für eine Reihe von Gattungsnamen bei den Orchidáceae. Diese wurden durch direkte Übersetzung des wissenschaftlichen Namens ins Deutsche gebildet oder durch in anderen Sprachen (insbesondere im englischen Sprachraum) bereits mehr oder weniger übliche Trivialnamen ins Deutsche übertragen.

A

Aasblume	Stapelia
Abbiß	Succisa
Ackerfrauenmantel	Aphanes
Ackerkohl	Conringia
Ackerröte	Sherardia
Adelflange	Vanda
Adlerfarn	Pteridium
Adonisröschen	Adonis
Ährenhafer	Gaudinia
Ährenheide	Bruckenthalia
Affenbrotbaum	Adansonia
Affodill	Asphodelus
Agave	Agave
Ahorn	Acer
Akanthus	Acanthus
Akazie	Acacia
Akelei	Aquilegia
Alant	Inula
Algenfarn	Azolla
Alkannawurzel	Alcanna
Almond	Terminalia
Alpenbärentraube	Arctous
Alpenbalsam	Erinus
Alpendost	Adenostyles
Alpenglöckchen	Soldanella
Alpenheide	Loiseleuria
Alpenhelm	Bartsia
Alpenkamm	Bartsia
Alpenlattich	Homogyne
Alpenmaßlieb	Bellidiastrum
Alpenquendel	Satureja
Alpenrachen	Tozzia

Alpenrose	Rhododendron
Alpenveilchen	Cyclamen
Alraun	Mandragora
Amberbaum	Liquidambar
Ameisenbaum	Cecropia
Ameisenpflanze	Hydnophytum
Ampfer	Rumex
Ananas	Ananas
Andorn	Marrubium
Angrekorchis	Angraecum
Anis	Pimpinella
Apfelbaum	Malus
Aralie	Aralia, Fatsia
Araukarie	Araucaria
Arbuse	Citrullus
Arekapalme	Areca
Aronstab	Arum
Artischocke	Cynara
Asand	Ferula
Aschenblume	Cineraria
Assacu	Hura
Astpalme	Hyphaene
Augentrost	Euphrasia
Augenwurz	Athamanta
Aukuba	Aucuba
Australische Seideneiche	Grevillea
Azalee	Azalea

B

Backenklee	Dorycnium
Bärenkamille	Ursinia
Bärenklau	Heracleum
Bärenohr	Arctotis
Bärentraube	Arctostaphylos
Bärlapp	Lycopodium, Urostachys
Bärwurz	Meum
Baldrian	Valeriana
Ballonblume	Platycodon
Balsamapfel	Momordica
Bambus	Arundinaria, Chusquea
Bambusorchidee	Arundina
Bambusrohr	Bambusa
Banane	Musa
Bandfarn	Vittaria
Bandorchidee	Taina
Barbarakraut	Barbarea
Barbosa-Orchidee	Barbosella
Barker-Orchidee	Barkeria
Bartblume	Caryopteris
Bartfaden	Celsia, Penstemon
Bartgras	Andropogon, Bothriochloa
Bartholin-Orchidee	Bartholina
Bartorchidee	Pogonia
Bartpippau	Tolpis
Basilienkraut	Ocimum
Bastardindigo	Amophora
Bastardlauch	Nothoscordon
Bateman-Orchidee	Batemania
Bauchlippe	Gastrochilus
Bauchlippenorchidee	Microcoelia
Bauernsenf	Teesdalia
Bauhinie	Bauhinia
Baumaster	Olearia
Baum der Reisenden	Ravenala
Baumfreund	Philodendron
Baumschlinge	Periploca
Baumwollbaum	Bombax
Baumwolle	Gossypium
Baumwurzler	Epidendrum
Becherblume	Poterium, Scyphanthus
Becherglocke	Adenophora, Edraianthus
Beerentraube	Schizandra
Beifuß	Artemisia
Beilwicke	Securigera
Beinbrech	Narthecium
Beinwell	Symphytum
Beißgurke	Momordica
Beißrinde	Drimys
Benediktenkraut	Cnicus
Berberitze	Berberis
Bergfenchel	Seseli
Bergheide	Epacris
Berglorbeer	Oreodaphne, Umbellularia
Bergminze	Calamintha, Satureja
Bergpalme	Oreodoxa, Chamaedorea
Berle	Berula
Bertolonie	Bertolonia
Berufkraut	Erigeron
Beschreikraut	Erigeron
Besenginster	Sarothamnus
Besengras	Spartina
Besenheide	Calluna

Betelnußpalme	Areca
Beulenstendel	Cyrtopodium
Bibernelle	Pimpinella
Bienenbrot	Phacelia
Bienensaug	Lamium
Billbergie	Billbergia
Bilsenkraut	Hyoscyamus
Bingelkraut	Mercurialis
Binse	Juncus
Binsenginster	Spartium
Binsenlilie	Aphyllanthes, Sisyrinchium
Birke	Betula
Birnbaum	Pyrus
Birnmoos	Mnium
Bisamkraut	Adoxa
Bischofskappe	Mitella, Tiarella
Bitterblatt	Logania
Bitterholz	Picrasma, Quassia
Bitterklee	Menyanthes
Bitterkraut	Picris
Bitterling	Exacum
Bitterschopf	Aloë
Bitterwurzel	Lewisia
Blasenesche	Koelreuteria
Blasenfarn	Cystopteris
Blasenkelch	Physostegia
Blasenkirsche	Physalis
Blasenorchidee	Physosiphon
Blasenschötchen	Vesicaria
Blasenspiere	Physocarpus
Blasenstrauch	Colutea
Blattfahne	Spathiphyllum
Blattkaktus	Phyllocactus
Blaudolde	Didiscus
Blauglöckchen	Cyananthus
Blauglockenbaum	Paulownia
Blaugras	Sesleria
Blaukissen	Aubrietia
Blauregen	Wisteria
Blaustern	Scilla
Bleiwurz	Ceratostigma, Plumbago
Blumenblatt	Cirrhopetalum, Tripetaleia
Blumenrohr	Canna
Blumensimse	Scheuchzeria
Blumenspiere	Exochorda
Blutauge	Comarum
Blutblume	Haemanthus
Blutholzbaum	Haematoxylon
Blutorchidee	Haemaria
Blutweiderich	Lythrum
Blutwurz	Sanguinaria
Bocksbart	Tragopogon
Bocksdorn	Lycium
Bockshornklee	Trigonella
Bodenlorbeer	Epigaea
Bogenhanf	Sansevieria
Bohne	Phaseolus
Bohnenkraut	Satureja
Bolus-Orchidee	Bolusella
Boretsch	Borago
Borstencereus	Trichocereus
Borstenhirse	Setaria
Borstgras	Nardus
Bougainvillie	Bougainvillea
Bourbonenlilie	Lomatophyllum
Bouvardie	Bouvardia
Bovist	Bovista
Boykinie	Boykinia
Brachsenkraut	Isoëtes
Brandkraut	Phlomis
Brasilienholz	Caesalpinia
Braunelle	Prunella
Braunwurz	Scrophularia
Brechnußbaum	Strychnos
Brechstrauch	Psychotria
Brechwurzel	Uragoga
Breiapfelbaum	Achras
Breitsame	Orlaya
Breit-Trichter-Orchidee	Eurychone
Brenndolde	Cnidium
Brennessel	Urtica
Brennwinde	Loasa (Cajophora)
Brillenschötchen	Biscutella
Brombeere	Rubus
Bromelie	Bromelia
Bronzeblatt	Galax
Brot-Farnpalme	Encephalartus (+ os)
Brotfruchtbaum	Artocarpus
Bruchheil	Rhexia
Bruchkraut	Herniaria
Brunnenkresse	Nasturtium, Rorippa
Brunnenlebermoos	Marchantia
Brunnenorchidee	Phreatia
Brutblatt	Bryophyllum
Bubiköpfchen	Helxine
Buche	Fagus
Buchenfarn	Phegopteris
Buchsbaum	Buxus

Buchweizen	Fagopyrum
Büffelbeere	Shepherdia
Bürstengras	Polypogon, Hystrix
Büschelblume	Lophantus
Büschel-Kaktus	Lophophora
Büschelschön	Phacelia
Buffalogras	Buchloë
Bunge	Samolus
Buntnessel	Coleus
Buntwurz	Caladium
Burzeldorn	Tribulus
Buschmannkerze	Sarcocaulon
Butterbaum	Vitellaria
Butterpilz	Suillus

C

Champignons	Agaricus
Chilekrokus	Tecophilaea
Chilepalme	Jubaea
Chinagras	Boehmeria
Christrose	Helleborus
Christusdorn	Paliurus
Cistrose	Cistus
Clarkie	Clarkia
Clivie	Clivia
Cocastrauch	Erythroxylon
Colanußbaum	Cola
Comfrey	Symphytum
Commeline	Commelina
Comparetti-Orchidee	Comparettia
Cunninghamie	Cunninghamia
Cypergras	Cyperus

D

Dämonshorn	Daemonoceras
Dahlie	Dahlia
Darlingtonie	Darlingtonia
Dattelpalme	Phoenix
Dattelpflaume	Diospyros
Dickblatt	Crassula
Dickstamm	Pachyphytum
Dieffenbachie	Dieffenbachia
Dill	Anethum
Dingel	Limodorum
Diptam	Dictamnus
Distel	Carduus
Doldenrebe	Ampelopsis
Doppelblatt	Zygophyllum
Doppeldrilling	Dichorisandra
Doppelsame	Diplotaxis
Doppelzaum-orchidee	Bifrenaria
Dorn-Geißklee	Calycotome
Dornkronenbaum	Gleditsia
Dossin-Orchidee	Dossimia
Dost	Origanum
Dotterblume	Caltha
Douglasie	Pseudotsuga
Dourabaum	Parkia
Drachenkopf	Dracocephalum
Drachenlilie	Dracaena
Drachenmaul	Horminum
Drehfrucht	Streptocarpus
Dreiblattspiere	Gillenia
Dreibundorchidee	Catasetum
Dreiecksorchidee	Trigonidium
Dreifingerorchidee	Tridactyle
Dreijochorchidee	Trizeuxis
Dreimasterblume	Tradescantia
Dreizack	Triglochin
Dreizahn	Sieglingia, Triodia
Drüsenköpfchen	Cephalotus
Dünnkeule	Stenocoryne
Dünnorchidee	Stenia
Dünnschwanz	Lepturus
Duftblüte	Osmanthus
Dunkelorchidee	Phaius
Durchblickorchidee	Diaphananthe

E

Ebenholz	Euchea
Eberesche	Sorbus
Eberwurz	Carlina
Edeleberesche	Sorbus
Edelkastanie	Castanea
Edelweiß	Leontopodium
Efeu	Hedera
Ehrenpreis	Veronica
Eibe	Taxus
Eibisch	Hibiscus
Eiche	Quercus
Eichenmistel	Loranthus
Eidechsenwurz	Sauromatum
Eierfrucht	Solanum
Einbeere	Paris
Eisenholz	Parrotia, Sideroxylon

Eisenholzbaum	Metrosideros
Eisenhut	Aconitum
Eisenkraut	Verbena
Elefantenfarn	Todea
Elfenbeindistel	Chamaepeuce
Elfenbeinpalme	Phytelephas
Elfenblume	Epimedium
Elfenkönigsorchidee	Oberonia
Elfenspiegel	Nemesia
Endivie	Cichorium
Engelsauge	Houstonia
Engelswurz	Angelica
Enzian	Gentiana
Erbse	Pisum
Erbsenstrauch	Caragana
Erdbeerbaum	Arbutus
Erdbeere	Fragaria
Erderbse	Voandzeia
Erdgalle	Ophiorrhiza
Erdnuß	Arachis
Erdrauch	Fumaria
Erdstern	Geastrum
Erle	Alnus
Esche	Fraxinus
Eselsdistel	Onopordum
Eselslattich	Tussilago
Eselsorchidee	Diuris
Esparsette	Onobrychis
Espartogras	Lygeum
Eßkastanie	Castanea

F

Fachkapsel-Frauenschuh	Phragmipedilum
Fackellilie	Kniphofia
Fackelträger	Cajophora
Fadenkraut	Filago
Fächerschwanz-orchidee	Aerides
Fälblinge	Hebeloma
Färberwaid	Isatis
Fallsame	Sporobolus
Falscher Jasmin	Philadelphus
Faltenlilie	Lloydia
Falzblume	Micropus
Farneibe	Phyllocladus
Faulbaum	Frangula, Rhamnus
Faunblume	Satyrium
Federborstengras	Pennisetum
Federgras	Stipa
Federmohn	Bocconia, Macleya
Feige	Ficus
Feigenkaktus	Opuntia
Feigwurz	Ficaria
Felberich	Lysimachia
Felsenbirne	Amelanchier
Felsenblümchen	Draba
Felsennelke	Tunica
Felsheide	Epacris
Felskresse	Hornungia
Felswurz	Monanthes
Fenchel	Foeniculum
Fensterorchidee	Cryptophoranthes
Fensterpflanze	Fenestraria
Ferkelkraut	Hypochoeris
Fettblatt	Sedum
Fetthenne	Sedum
Fettholz	Sarcobatus
Fettkraut	Pinguicula
Feuerdorn	Pyracantha
Feuerkolben	Arisaema
Feuerkraut	Chamaenerion
Fichte	Picea
Fichtenspargel	Monotropa
Fieberbaum	Eucalyptus, Sassafras
Fieberklee	Menyanthes
Fieberrindenbaum	Cinchona
Fieberstrauch	Lindera
Fieberwurz	Triosteum
Fiederpolster	Cotula
Fiederspiere	Sorbaria
Fiederzwenke	Brachypodium
Fingergras	Digitaria
Fingerhut	Digitalis
Fingerkraut	Potentilla
Finkensame	Neslia
Fischgras	Cabomba
Flachs	Linum
Flamingoblume	Anthurium
Flammenblume	Phlox
Flaschenbaum	Annona
Flaschenkürbis	Lagenaria
Flattergras	Milium
Flaumorchidee	Lanium
Fleckenaron	Arisaema
Fleckenblatt	Nephelaphyllum
Fleischlippe	Sarcochilus
Fleißiges Lieschen	Impatiens
Flieder	Syringa
Fliegenblume	Caralluma

Flockenblume	Centaurea
Flohkraut	Pulicaria
Flügelnuß	Pterocarya
Flügelsamen	Lomatium
Flügelsäulen-orchidee	Pterostylis
Flügelzürgel	Pteroceltis
Flußzeder	Libocedrus
Föhre	Pinus
Fransenschwertel	Sparaxis
Franzosenkraut	Galinsoga
Frauenfarn	Athyrium
Frauenhaarfarn	Adianthum
Frauenhaargras	Isolepis
Frauenmantel	Alchemilla
Frauenschuh	Cypripedium
Frauenspiegel	Legousia
Freilandgloxinie	Incarvillea
Froschbiß	Hydrocharis
Froschkraut	Batrachium, Elisma, Luronium
Froschlöffel	Alisma, Limnobium
Frühlingsstern	Triteleia
Fuchsbohne	Thermopsis
Fuchsie	Fuchsia
Fuchsschwanz	Amaranthus
Fuchsschwanzgras	Alopecurus
Fuchsschwingel	Vulpia
Funkie	Hosta

G

Gagelstrauch	Myrica
Gamander	Teucrium
Gänseblümchen	Bellis
Gänsedistel	Sonchus
Gänsefuß	Chenopodium
Gänsekresse	Arabis
Gartengloxinie	Sinningia
Gauchheil	Anagallis
Gauklerblume	Mimulus
Gazanie	Gazania
Gedenkemein	Omphalodes
Geigenholz	Citharexylum
Geilwurz	Serapias
Geißbart	Aruncus
Geißblatt	Lonicera
Geißklee	Cytisus
Geißraute	Galega
Gelbblattorchidee	Cirrhopetalum
Gelbdolde	Smyrnium
Gelbharzbaum	Xanthorrhoea
Gelbholz	Cladrastis, Zanthoxylum
Gelbhorn	Xanthoceras
Gelbling	Sibbaldia
Gelbstern	Gagea
Gelbweiderich	Lysimachia
Gelbwurz	Xanthorrhiza
Gelenkblume	Physostegia
Gemsenhorn	Martynia
Gemskresse	Hutchinsia
Gemswurz	Doronicum
Gerberstrauch	Coriaria
Germer	Veratrum
Gernegroß	Macromeria
Gerste	Hordeum
Geweihbaum	Gymnocladus
Geweihfarn	Platycerium
Gewitterblume	Sternbergia
Gewürzlilie	Kaempferia
Gewürznelke	Syzygium
Gewürznelkenbaum	Eugenia
Gewürzstrauch	Calycanthus
Giersch	Aegopodium
Gießkannen-schimmel	Aspergillus
Giftbeere	Nicandra
Gilbweiderich	Lysimachia
Gilgen	Panax
Gilie	Gilia
Ginkgo	Ginkgo
Ginster	Genista, Retama
Gipfelbartorchidee	Telipogon
Gipskraut	Gypsophila
Glanzgras	Phalaris
Glanzkölbchen	Aphelandra
Glanzkraut	Liparis
Glanzmispel	Photinia
Glanzorchidee	Liparis
Glanzstendel	Liparis
Glanzstrauch	Pimelea
Glaskraut	Parietaria
Glasschmelz	Salicornia
Glatthafer	Arrhenatherum
Glattlippe	Leochilus
Gleichens Farn	Gleichenia
Gleichlippe	Isochilus
Gliedercereus	Arthrocereus
Gliederkaktus	Epiphyllum, Peniocereus, Zygocactus

Gliederpflanze	Arthrophytum
Gliedkraut	Sideritis
Glimmersteinbrech	Zahlbrucknera
Glockenblume	Campanula
Glockenheide	Erica
Glockenkraut	Codonopsis
Glockenwinde	Nolana
Glöckel	Cortusa
Gloxinie	Gloxinia
Glyzine	Wisteria
Gnadenkraut	Gratiola
Godetie	Godetia
Götterbaum	Ailanthus
Götterblume	Dodecatheon
Goldaster	Chrysopsis
Goldbaldrian	Patrinia
Goldbart	Chrysopogon
Goldblatt	Macodes
Golddistel	Scolymus
Goldflieder	Forsythia
Goldglöckchenstrauch	Forsythia
Goldhafer	Trisetum
Goldkalla	Zantedeschia
Goldkettenorchidee	Dendrochilum
Goldkeule	Orontium
Goldkolben	Ligularia
Goldlack	Cheiranthus
Goldlärche	Pseudolarix
Goldmohn	Eschschol(t)zia
Goldnarbe	Xanthosoma
Goldpflaume	Chrysobalanus
Goldregen	Laburnum
Goldröhrling	Suillus
Goldröschen	Kerria
Goldrute	Solidago
Goldschopf	Linosyris
Goldschwan-Orchidee	Chrysocycnis
Goldweide	Forsythia
Gomes-Orchidee	Gomesa
Gongoraorchidee	Gongora
Goodenie	Goodenia
Gottesurteilbohne	Physostigma
Granatbaum	Punica
Grannenhafer	Ventenata
Grannenhirse	Oryzopsis
Grasblattorchidee	Agrostophyllum
Graslilie	Anthericum
Grasnelke	Armeria
Grastulpe	Calochortus
Graukresse	Berteroa
Graumelde	Atriplex
Greiskraut	Ligularia, Senecio
Grindkraut	Scabiosa
Grünlilie	Chlorophytum
Grünwurzelorchidee	Taeniophyllum
Grundnessel	Hydrilla
Günsel	Ajuga
Gundermann	Glechoma
Gurke	Cucumis
Gurkenkraut	Borago
Gußorchidee	Chysis
Guter Heinrich	Chenopodium

H

Haarblume	Melothria, Trichosanthes
Haargerste	Elymus
Haargras	Trichophorum
Haargurke	Sicyos
Haarhornorchidee	Trichoceros
Haarhütchen	Trichopilia
Haarkappenorchidee	Trichopilia
Haarschopf	Haplopappus
Haarspitzenorchidee	Trichocentrum
Haarstrang	Peucedanum
Haarzungen-Orchidee	Trichoglottus
Habichtskraut	Hieracium
Habichtspilz	Sarcodon
Händelwurz	Gymnadenia
Hängeorchidee	Chysis
Hafer	Avena
Haftdolde	Caucalis
Hagedorn	Crataegus
Hahnenkamm	Celosia
Hahnenfuß	Ranunculus
Hainbuche	Carpinus
Hainfarn	Alsophila
Hainfreund	Nemophila
Hainsimse	Luzula
Hakenlilie	Crinum
Hakenorchidee	Uncifera
Hallimasch	Armillariella
Halskraut	Trachelium
Hammerstrauch	Cestrum
Hanfnessel	Galeopsis
Hanfpalme	Trachycarpus
Harfenstrauch	Plectranthus

Hartgras	Sclerochloa
Hartheide	Styphelia
Hartheu	Hypericum
Hartholz	Securinega
Hartriegel	Cornus
Harz	Dacrydium
Harzaffodil	Xanthorrhoea
Harzklee	Psoralea
Haselnuß	Corylus
Haselwurz	Asarum
Hasenkümmel	Lagoecia
Hasenlattich	Prenanthes
Hasenohr	Bupleurum, Lagotis
Hauhechel	Ononis
Hauslauch	Sempervivum
Hauswurz	Sempervivum
Hautfarn	Hymenophyllum, Trichomanes
Heckenkirsche	Lonicera
Heckenlilie	Crinum
Hederich	Raphanus
Heidekraut	Erica, Calluna
Heidelbeere	Vaccinium
Heideröschen	Fumana
Heiligenkraut	Santolina
Heilwurz	Libanotis, Opopanax
Hellerkraut	Thlaspi
Helmbohne	Dolichos
Helmkraut	Scutellaria
Helmorchidee	Coryanthes, Galeandra, Pelexia
Hemlockstanne	Tsuga
Hennahstrauch	Lawsonia
Herbstlorchel	Helvella
Herbstzeitlose	Colchicum
Herkulesstaude	Heracleum
Herzblatt	Parnassia
Herzblume	Dicentra
Herzgespann	Leonurus
Herznußbaum	Anacardium
Heusenkraut	Ludwigia
Hexenkraut	Circaea
Hiba	Thujopsis
Hickorynuß	Carya
Himbeere	Rubus
Himmelsherold	Eritrichum
Himmelsleiter	Polemonium
Hirschzunge	Phyllitis, Scolopendrium
Hirse	Panicum
Hirtentäschel	Capsella
Höckerblume	Cuphea, Oncidium, Tricyrtis
Hohlstendel	Coelia
Hohlzahn	Galeopsis
Hohlzunge	Coeloglossum
Holunder	Sambucus
Holzlippenorchidee	Dendrochilum
Holzorchidee	Xylobium
Holzstendel	Xylobium
Honiggras	Holcus
Honigklee	Melilotus
Honigpalme	Jubaea
Honigstrauch	Melianthus
Hopfen	Humulus
Hopfenbuche	Ostrya
Hopfenstrauch	Ptelea
Hornbaum	Carpinus
Hornblatt	Ceratophyllum
Hornfarn	Ceratopteris
Hornklee	Lotus
Hornkraut	Cerastium
Hornmelde	Eurotia
Hornmohn	Glaucium
Hornmoos	Anthoceros
Hornorchidee	Trichoceros
Hornstrauch	Osyris
Hortensie	Hydrangea
Houllet-Orchidee	Houlletia
Hühnerhirse	Echmochloa
Hüllenklaue	Hypoestes
Hülse	Ilex
Hufeisenklee	Hippocrepis
Huflattich	Tussilago
Hundsgift	Apocynum
Hundskamille	Anthemis
Hundspetersilie	Aethusa
Hundsrauke	Erucastrum
Hundsrute	Cynomorium
Hundswurz	Anacamptis
Hundszunge	Cynoglossum
Hungerblümchen	Erophila
Hyazinthe	Hyacinthus

I

Igelginster	Erinacea
Igelgurke	Echinocystis
Igelkaktus	Echinocactus
Igelkolben	Sparganium
Igelpolster	Acantholimon

Igel-Säulenkaktus	Echinocereus
Igelsame	Lappula
Igelschlauch	Echinodorus
Immenblatt	Melittis
Immergrün	Vinca
Indigostrauch	Indigofera
Indische Seerose	Euryale
Ingwer	Zingiber
Inkalilie	Alstroemeria
Irische Heide	Daboecia
Irrlichtblume	Merendera
Isabellenholz	Persea
Isabel-Orchidee	Isabelia
Isländisches Moos	Cetraria
Ixlilie	Ixiolirion

J

Jadischer Krokus	Pleione
Jägerkraut	Gallianthemum
Jakobinie	Jacobinia
Japanische Sicheltanne	Cryptomeria
Japanmispel	Eriobotrya
Japanzeder	Cryptomeria
Jasmin	Jasminum
Jasminwurzel	Gelsemium
Jerichorose	Anastatica
Jochkrone	Zygopetalon
Jochorchidee	Helcia
Johannisbeere	Ribes
Johannisbrotbaum	Ceratonia
Johanniskraut	Hypericum
Judasbaum	Cercis
Judasblatt	Cercidiphyllum
Judenkirsche	Physalis
Jujube	Zizyphus
Jungfer im Grünen	Nigella
Jungfernrebe	Parthenocissus
Junkerlilie	Asphodeline
Jute	Corchorus

K

Kadsura	Cercidiphyllum
Kälberkropf	Chaerophyllum
Käsepappel	Malva
Kaffeebaum	Coffea
Kahnfrucht	Euscaphis
Kahnlippe	Cymbidium
Kaiserkrone	Fritillaria
Kakaobaum	Theobroma
Kakipflaume	Diospyros
Kalmus	Acorus
Kameldorn	Alhagi
Kamelie	Camellia
Kamille	Chamomilla, Matricaria
Kammgras	Cynosurus
Kamminze	Elsholtzia
Kampferkraut	Camphorosma
Kannenpflanze	Nepenthes
Kanonierpflanze	Pilea
Kantenheide	Phyllodoce
Kapernstrauch	Capparis
Kapiris	Moraea
Kapmyrte	Phylica
Kapokbaum	Ceiba
Kaporchidee	Disa
Kappenmohn	Eschschol(t)zia
Kappenstendel	Calypso
Kapuzenorchidee	Cattleya
Kapuzinerkresse	Tropaeolum
Karde	Dipsacus
Kardendistel	Morina
Kartoffel	Solanum
Kasperle-Orchidee	Gongora
Katzenminze	Nepeta
Katzenpfötchen	Antennaria
Kaurifichte	Agathis
Kautschukbaum	Castilla, Hevea
Keilmelde	Obione
Kelchlilie	Tofieldia
Kelchmelde	Suaeda
Kerbel	Anthriscus
Kerguelenkohl	Pringlea
Kermesbeere	Phytolacca
Kernkeule	Cordyceps
Kerzenstrauch	Fouquieria
Kettenfarn	Woodwardia
Keulenbaum	Casuarina
Keulenlilie	Cordyline
Keuschbaum	Vitex
Kichererbse	Cicer
Kiebitzblume	Fritillaria
Kiefer	Pinus
Kieferorchidee	Maxillaria
Kieselalgen	Diatomeen
Kinnbackenorchidee	Maxillaria
Kinnorchidee	Epigeneium

Kirsche	Cerasus, Prunus
Kirschlorbeer	Laurocerasus
Kirschmyrte	Eugenia
Klaffmoos	Andreaea
Klapperschlangen-orchidee	Pholidota
Klappertopf	Alectorolophus, Rhinantus
Klauenfarn	Onychium
Klebkraut	Galium
Klebsame	Pittosporum
Klebschwertel	Ixia
Klee	Trifolium
Kleefarn	Marsilia
Kleeseide	Cuscuta
Kleine Kammlippe	Eulophiella
Kleingefäßorchidee	Chamaeangis
Kleingriffel	Microstylis
Kleinling	Centunculus
Kleopatranadel	Eremurus
Klette	Arctium
Klettengras	Tragus
Klettenkerbel	Torilis
Klimme	Cissus
Knabenkraut	Orchis
Knackdistel	Sonchus
Knäuel	Scleranthus
Knäuelgras	Dactylis
Knoblauch	Allium
Knoblauchsrauke	Alliaria
Knöterich	Polygonum
Knollenblätterpilz	Amanita
Knollenkümmel	Bunium
Knopfblume	Cephalanthus
Knopfkraut	Galinsoga
Knorpelblume	Illecebrum
Knorpelkraut	Polycnemum
Knorpellattich	Chondrilla
Knorpelmöhre	Ammi
Knotenblume	Leucojum
Knotenfuß	Streptopus
Koboldorchidee	Mormolyce
Kobresie	Kobresia
Kölme	Calamintha
Königin der Nacht	Selenicereus
Königinorchidee	Grammatophyllum
Königskerze	Verbascum
Königspalme	Oreodoxa, Roystonea
Kohl	Brassica
Kohlröschen	Nigritella
Kokardenblume	Gaillardia
Kokospalme	Cocos
Kolanuß	Cola
Kolbenfaden	Aglaeonema
Kolbenschosser	Balanophora
Kolibritrompete	Zauschneria
Kolorado-Sandlilie	Leucocrinum
Kolumnel	Columnea
Kompaßpflanze	Silphium
Kopaivabalsambaum	Copaifera
Kopernikuspalme	Copernicia
Kopfeibe	Cephalotaxus
Kopfgras	Sesleria
Kopfriet	Schoenus
Kopfschimmel	Mucor
Korakan	Eleusine
Koralle	Clavaria
Korallenbeere	Nertera
Korallenpilz	Clavaria
Korallenraute	Boronia
Korallenstrauch	Erythrina
Korallenwurz	Corallorrhiza
Koriander	Coriandrum
Korkbaum	Phellodendron
Korkholz	Leitneria
Kornblume	Centaurea
Kornrade	Agrostemma
Kosmee	Cosmos
Kosobaum	Hagenia
Kotholz	Olax
Krähenbeere	Empetrum
Krähenfuß	Coronopus
Kraftwurz	Panax
Kranzblume	Hedychium
Kranzschlinge	Stephanotis
Kranzspiere	Stephanandra
Krapp	Rubia
Kratzdistel	Cirsium
Krause Glucke	Sparassis
Kraushaaralge	Ulothrix
Krebsschere	Stratiotes
Kreisblume	Anacyclus
Kreiselkaktus	Strombocactus
Krempling	Paxillus
Kresse	Lepidium
Kreuzblume	Polygala
Kreuzdorn	Rhamnus
Kreuzkraut	Senecio
Kreuzstrauch	Baccharis
Krokus	Crocus
Kronlattich	Willemetia

Kronsbeere	Vaccinium
Kronwicke	Coronilla
Kroton	Croton
Krugblatt	Sarracenia
Krukenbaum	Lecythis
Krummfuß-Orchidee	Cyrtopodium
Krummhals	Lycopsis
Krummsporn	Campylocentrum
Kuchenbaum	Cercidiphyllum
Küchenschelle	Pulsatilla
Kümmel	Carum
Kürbis	Cucurbita
Kugelamaranth	Gomphrena
Kugelblume	Globularia
Kugeldistel	Echinops
Kugelfaden	Kadsura
Kugelgurke	Sphaerosicyos
Kugelmalve	Sphaeralcea
Kugelschötchen	Kernera
Kugelsimse	Holoschoenus
Kuhblume	Taraxacum
Kuhkraut	Vaccaria
Kuhtritt	Wulfenia
Kupferblatt	Acalypha

L

Labkraut	Galium
Lablabbohne	Dolichos
Lack	Cheiranthus
Lämmersalat	Arnoseris
Lärche	Larix
Läusekraut	Pedicularis
Laichkraut	Potamogeton
Lampenputzerstrauch	Callistemon
Langdrüsenorchidee	Macradenia
Langfaden	Combretum
Lanzenfarn	Lonchitis
Lappenbeere	Coccoloba
Lappenblume	Hypecoum, Lobularia
Lappenfarn	Lastrea
Larvenorchidee	Mormodes
Laserkraut	Laserpitium
Lattich	Lactuca
Laubkaktus	Pe(i)reskia
Lauch	Allium
Lauchkraut	Alliaria
Laugenblume	Cotula
Lavendel	Lavendula
Lavendelheide	Andromeda
Lebender Stein	Lithops
Lebensbaum	Biota, Thuja
Leberbalsam	Ageratum, Erinus
Leberblümchen	Hepatica
Leberwurstbaum	Kigelia
Lederholz	Cyrilla
Leierbaum	Liriodendron
Leimkraut	Silene
Lein	Linum
Leinblatt	Thesium
Leindotter	Camelina
Leinkraut	Linaria
Leinkraut-Aster	Linosyris
Leopardenorchidee	Ansellia
Lerchensporn	Corydalis
Leuchterblume	Ceropegia
Levkoje	Matthiola
Lichtblume	Bulbocodium
Lichtnelke	Lychnis
Liebesgras	Eragrostis
Liebesröschen	Anacampseros
Liebstöckel	Levisticum
Lieschgras	Phleum
Liguster	Ligustrum
Lilie	Lilium
Lilienschopf	Eucomia
Linde	Tilia
Linse	Lens
Lobelie	Lobelia
Lobivie	Salpingolobivia
Lochschlund	Anarrhinum
Löffelkraut	Cochlearia
Löwenmaul	Antirrhinum
Löwenzahn	Leontodon, Taraxacum
Lolch	Lolium
Lorbeer	Laurus
Lorbeerbaum	Laurus
Lorbeerrose	Kalmia
Losbaum	Clerodendron
Lotosblume	Nelumbo
Lotwurz	Onosma
Luftsporn	Aerangis
Lungenblume	Pneumonanthe
Lungenkraut	Pulmonaria
Lupine	Lupinus
Luzerne	Medicago
Lycaste-Orchidee	Lycaste

M

Madie	Madia
Mädchenauge	Coreopsis
Mädchenhaarbaum	Ginkgo
Mädesüß	Filipendula
Mähnenpalme	Jubaea
Märzenbecher	Leucojum
Mäusedorn	Ruscus
Mäuseschwanz	Myosurus
Magnolie	Magnolia
Mahonie	Mahonia
Maiapfel	Podophyllum
Maiglöckchen	Convallaria
Mais	Zea
Majoran	Majorana
Malaienorchidee	Phalaenopsis
Malve	Malva
Mammillarie	Mammillaria
Mammutbaum	Sequoia
Mandarine	Citrus
Mandelbaum	Amygdalus, Prunus
Manglebaum	Rhizophora
Mangobaum	Mangifera
Mangold	Beta
Maniok	Manihot
Maniokstrauch	Jatropha
Mannstreu	Eryngium
Mansanillabaum	Hippomane
Margerite	Leucanthemum, Pyrethrum
Mariendistel	Silybum
Mariengras	Hierochloe
Maßlieb	Bellis
Mastixdistel	Atractylis
Mastkraut	Sagina
Mastpalme	Oenocarpus
Mauerlattich	Mycelis
Mauerpfeffer	Sedum
Maulbeere	Morus
Mauritiuspalme	Mauritia
Meerbohne	Entada
Meerkohl	Crambe
Meerrettich	Armoracia
Meersalat	Ulva
Meersenf	Cakile
Meertraube	Coccolóba
Meerträubel	Ephedra, Gnetum
Meerzwiebel	Urginea
Mehlbeere	Sorbus
Meisterwurz	Imperatoria
Melde	Atriplex
Melisse	Melissa
Melone	Cucumis
Melonenbaum	Carica
Mexikanischer Weihnachtsstern	Poinsettia
Miere	Alsine, Minuartia
Mikanie	Mikania
Milchkraut	Glaux
Milchlattich	Cicerbita, Mulgedium
Milchstern	Ornithogalum
Milzkraut	Chrysosplenium
Mimose	Acacia
Minze	Mentha
Mispel	Mespilus
Mistel	Viscum
Mittagsblume	Mesembrianthemum, Dorotheanthus
Mönchskraut	Nonea
Mönchspfeffer	Vitex
Mohn	Papaver
Mohrenhirse	Sorghum
Mohrenpfeffer	Xylopia
Mohrrübe	Daucus
Molchschwanz	Aururus
Molukken-Strauchpalme	Nipa
Mondraute	Botrychium
Mondsame	Menispermum
Mondviole	Lunaria
Monimie	Monimia
Moosauge	Moneses
Moosblümchen	Tillaea
Moosfarn	Selaginella
Moosglöckchen	Linnaea
Moosheide	Phyllodoce
Mooskraut	Selaginella
Morchel	Morchella
Moritzpalme	Mauritia
Moskitogras	Bouteloua
Mottenkönig	Plectranthus
Mützenlorchel	Helvella
Mummel	Nuphar
Muschelblümchen	Isopyrum
Muschelblume	Molucella
Muskatnußbaum	Myristica
Mutterkornpilz	Claviceps
Mutterkraut	Matricaria, Parthenium
Mutterwurz	Ligusticum
Myrrhe	Myrrhis

Myrte	Myrtus
Myrtenheide	Melaleuca
Myrtenstrauch	Commiphora

N

Nabeldornorchidee	Mesospinidium
Nabelkraut	Cotyledon, Umbilicus
Nabelmiere	Moehringia
Nachtkerze	Oenothera
Nachtnelke	Melandrium
Nachtschatten	Solanum
Nachtviole	Hesperis
Nacktriet	Elyna
Nacktwurzelbaum	Bruguiera
Nadelbusch	Rhaphithamnus
Nadelkerbel	Scandix
Nägelie	Naegelia
Nagelbeere	Ochna
Nagelkraut	Paronychia, Polycarpon
Napfkelchorchidee	Scaphosepalum
Napfzunge	Scaphioglottis
Naraspflanze	Acanthosicyos
Narzisse	Narcissus
Natternkopf	Echium
Natternzunge	Ophioglossum
Negerhirse	Pennisetum
Nelke	Dianthus
Nelkenwurz	Geum, Spigelia
Nestbromelie	Nidularium
Nestwurz	Neottia
Netzblatt	Goodyera
Neuseeländischer Flachs	Phormium
Neuseeländischer Spinat	Tetragonia
Nierenfarn	Nephrodium
Nieswurz	Helleborus
Nixblume	Nuphar
Nixenkraut	Najas
Nußeibe	Torreya

O

Ochsenauge	Buphthalmum, Telekia
Ochsenzunge	Anchusa
Odermennig	Agrimonia
Ölbaum	Olea
Ölmadie	Madia
Ölpalme	Elaeis
Ölweide	Elaeagnus
Ohrblume	Diotes
Ohrenlippe	Otochilus
Oleander	Nerium
Olive	Elaeocarpus
Orange	Citrus
Orangenblume	Choisya
Orangenkirsche	Idesia
Oregonpflaume	Nutalla
Orleanbaum	Bixa
Osagedorn	Maclura
Osterluzei	Aristolochia
Ostindischer Kapalbaum	Vateria

P

Palisanderholzbaum	Jacaranda
Palmfarn	Cycas
Palmlilie	Yucca
Panamahut-Palme	Carludovica
Pantoffelblume	Calceolaria
Papiermaulbeerbaum	Broussonetia
Pappel	Populus
Paradiesvogelblume	Strelitzia
Paranuß	Bertholletia
Passionsblume	Passiflora
Pastinak	Pastinaca
Paternosterbaum	Melia
Paternosterstrauch	Osteospermum
Paxinbapalme	Iriartea
Pechnelke	Viscaria
Peitschenorchidee	Scuticaria
Pelzfarn	Notholaena
Perlgras	Melica
Perlhuhnorchidee	Huntleya
Perltang	Chondrus
Perückenstrauch	Cotinus
Pestwurz	Petasites
Petersbart	Sieversia
Petersilie	Petroselinum
Peyote	Lophophora
Pfaffenhütchen	Euonymus
Pfahlrohr	Arundo
Pfeffer	Piper
Pfefferkraut	Peperomia, Satureja

Pfeifengras	Molinia
Pfeifenstrauch	Philadelphus
Pfeilkraut	Sagittaria
Pfeilkresse	Cardaria
Pfeilwurz	Maranta
Pfennigkraut	Thlaspi
Pfifferling	Cantharellus
Pfingstrose	Paeonia
Pfirsich	Prunus
Pflaume	Prunus
Pfriemengras	Lygeum, Stipa
Pfriemenkresse	Subularia
Phelipaux	Phelipaea
Pillenfarn	Pilularia
Pimentbaum	Pimenta
Pimpernuß	Staphylea
Pippau	Crepis
Pistazie	Pistacia
Pituripflanze	Duboisia
Platane	Platanus
Platterbse	Lathyrus
Pockholz	Guaiacum
Pohrling	Polyporus
Porree	Allium
Porst	Ledum
Portulak	Peplis, Portulaca
Prachtglocke	Enkianthus, Ostrowskia
Prachtorchidee	Aganisia
Prachtscharte	Liatris
Prachtspiere	Astilbe
Präriemalve	Sidalcea
Preiselbeere	Vaccinium
Prophetenblume	Arnebia
Prunkwinde	Ipomoea, Mina, Pharbitis
Purgierdolde	Thapsia
Purgierstrauch	Thymelaea
Purpurglöckchen	Heucheria
Pyrenäennelke	Petrocoptis

Q

Quebrachobaum	Aspidosperma
Quecke	Agropyrum
Quellenorchidee	Arethusa
Queller	Salicornia
Quellkraut	Montia
Quellried	Blysmus
Quendel	Thymus
Quetschgurke	Thladiantha
Quitte	Cydonia

R

Radbaum	Trochodendron
Rade	Agrostemma
Radmelde	Kochia
Ragi	Eleusine
Ragwurz	Ophrys
Rahle	Teesdalia
Rainfarn	Tanacetum
Rainkohl	Lapsana
Rainwinde	Ligustrum
Ranunkelstrauch	Kerria
Rapsdotter	Rapistrum
Rapünzchen	Valerianella
Rasenspiere	Petrophytum
Raubvogelorchidee	Oeonia
Rauhblume	Trachymene
Rauhdolde	Trachymene
Rauhgras	Lasiogrostis
Rauhschopf	Dasylirion
Rauke	Eruca, Sisymbrium
Raukensenf	Desurainia
Raute	Ruta
Rayanagras	Euchlaena
Raygras	Lolium
Rechenblume	Symplocos
Regenbogenpflanze	Bylbis
Reichenbachblume	Reichenbachanthus
Reiherschnabel	Erodium
Reis	Oryza
Reispapierbaum	Tetrapanax
Reisquecke	Leersia
Reitgras	Calamagrostis
Reseda	Reseda
Rettich	Rhaphanus
Rhabarber	Rheum
Riemenblume	Loranthus, Loropetalum
Riemen-Frauenschuh	Phragmopedilum
Riemenlippe	Habenaria
Riemenzunge	Himantoglossum
Riesenblume	Rafflesia
Riesenboretsch	Solenanthus
Riesenhülse	Entada
Riesenhyazinthe	Galtonia
Riesenrohr	Ludolfia

Rindenorchidee	Lepanthes
Rindenpilz	Corticium
Ringelblume	Calendula
Rippenfarn	Blechnum
Rippenorchidee	Pleurothallis
Rippensame	Pleurospermum
Rispelstrauch	Myricaria
Rispenfarn	Osmunda
Rispengras	Poa
Ritterstern	Amaryllis, Hippeastrum, Delphinium
Robinie	Robinia
Rodriguezorchidee	Rodriguezia
Röhrenorchidee	Physosiphon
Röte	Rubia
Roggen	Secale
Rohrkolben	Typha
Rose	Rosa
Rosenapfel	Jambosa, Syzygium
Rosenapfelbaum	Dillenia
Rosenmalve	Alcea
Rosenwurz	Rhodiola
Rosmarin	Rosmarinus
Rosmarinheide	Andromeda
Rosmarinweide	Itea
Roßfenchel	Oenanthe
Roßkastanie	Aesculus
Roßkümmel	Laser
Rotangpalme	Calamus
Ruchgras	Anthoxanthum
Rübling	Collybia
Rührmichnichtan	Impatiens
Rüster	Ulmus
Ruhmeskrone	Gloriosa
Ruhrkraut	Gnaphalium
Runkelrübe	Beta
Rutenkaktus	Rhipsalis
Rutenpalme	Rhaphis

S

Sadebaum	Juniperus
Säckelblume	Ceanothus, Epimedium
Säuerling	Oxyria
Säulenblume	Stylidium
Säulenkaktus	Cereus
Saflor	Carthamus
Safranwurz	Curcuma
Sagopalme	Metroxylon
Salbei	Salvia
Salde	Ruppia
Salomonssiegel	Polygonatum
Salpeterstrauch	Nitraria
Salvadore	Salvadora
Salzmelde	Suaeda
Salzmiere	Honckenya
Salzschwaden	Atropis, Puccinellia
Salzstrauch	Halimodendron
Sammetgras	Lagurus
Sammetpappel	Sida
Samtblume	Tagetes
Sanchezblume	Sanchezia
Sandarakzypresse	Callitris
Sanddorn	Hippophaë
Sandelholz	Santalum
Sandglöckchen	Jasione
Sandknöpfchen	Jasione
Sandkraut	Arenaria
Sandmyrte	Leiophyllum
Sandrohr	Ammophila
Sandröhrling	Suillus
Sandröschen	Tuberaria
Sandverbene	Abronia
Sanikel	Sanicula
Sapotillbaum	Sapota
Saudistel	Sonchus
Sauerbaum	Oxydendron
Sauerdorn	Berberis
Sauerklee	Oxalis
Saumfarn	Pteris
Saumnarbe	Lomatogonium
Saxaul	Haloxylon
Schachbrettblume	Fritillaria
Schachtelhalm	Equisetum
Schärtling	Saussurea
Schafgarbe	Achillea
Schaftdolde	Hacquetia
Schamblume	Clitoria
Scharbockskraut	Ficaria
Scharte	Serratula
Schattenblume	Maianthemum, Smilacina
Schattenröhre	Episca
Schaumblüte	Tiarella
Schaumkraut	Cardamine
Schaumkresse	Cardaminopsis
Scheibenblume	Cyclanthus
Scheinakazie	Robinia
Scheinbeere	Gaultheria

Scheinbuche	Nothofagus
Scheinduftsporn-orchidee	Rangaeris
Scheinhanf	Datisca
Scheinhasel	Corylopsis
Scheinhopfenbuche	Ostryopsis
Scheinkastanie	Castanopsis
Scheinmohn	Meconopsis
Scheinquitte	Chaenomeles
Scheinseide	Adenostoma
Scheinveilchen	Ionopsidium
Scheinwallorchidee	Eriopsis
Schiefblatt	Begonia
Schild	Dipelta
Schildblume	Aspidistra
Schildfarn	Aspidium, Polystichum
Schildkrötenpflanze	Testudinaria
Schilfpalme	Thrinax
Schilfrohr	Phragmites
Schillergras	Koeleria
Schimmerbaum	Protea
Schirmakazie	Albizzia
Schirmblatt	Diphylleia
Schirmtanne	Sciadopitys
Schlammkraut	Limosella
Schlangenäugelein	Asperugo
Schlangenbart	Ophiopogon
Schlangenlilie	Dracaena
Schlangenorchidee	Pholidota
Schlangenwurz	Calla
Schlankschwänchen	Polycycnis
Schlauchalge	Vaucheria
Schlauchsporn	Ascocentrum
Schleierling	Cortinarius
Schleifenblume	Iberis
Schleimling	Nostoc
Schlingfarn	Lygodium
Schlitzblume	Schizanthus
Schlüsselblume	Primula
Schmalorchidee	Stenia
Schmalwand	Arabidopsis, Stenophragma
Schmalzunge	Stenoglottis
Schmarotzerstendel	Colax
Schmerzwurz	Tamus
Schmiele	Deschampsia
Schmielenhafer	Aira
Schmierbrand	Tilletia
Schmucklilie	Agapanthus
Schnabelriet	Rhynchospora
Schnapskopf	Lophophora
Schneckenklee	Medicago
Schneckenorchidee	Cochlioda
Schneeball	Viburnum
Schneebeere	Symphoricarpos
Schneeglöckchen	Galanthus
Schneelocke	Neviusa
Schneerose	Helleborus
Schneestolz	Chionodora
Schneide	Cladium
Schnittlauch	Schoenoprasum
Schnurbaum	Sophora
Schöllkraut	Chelidonium
Schönbart	Calapogon
Schönblatt	Calophyllum
Schönblick	Calathea
Schönblume	Euanthe
Schöner Leuchterstock	Eulychnia
Schönhäutchen	Hymenocallis
Schönnessel	Eucnide
Schönorchidee	Calanthe
Schöterich	Erysimum
Schomburgk-Orchidee	Schomburgkia
Schopflilie	Eucomia
Schotendorn	Acacia
Schotenklee	Tetragonolobus
Schraubenalge	Spirogyra
Schraubenbaum	Pandanus
Schriftblattorchidee	Grammatophyllum
Schriftfarn	Ceterach
Schrundenkelch	Rhagadiolus
Schüppling	Pholiota
Schuppenfaden	Lobostemon
Schuppenheide	Cassiope
Schuppenkopf	Cephalaria
Schuppenmiere	Lepigonum
Schuppenriet	Kobresia
Schuppenschwanz	Pholiurus
Schuppenwurz	Lathraea
Schusserbaum	Gymnocladus
Schwaden	Glyzeria
Schwalbenwurz	Cynanchum, Vincetoxicum
Schwammkürbis	Luffa
Schwanenblume	Butomus
Schwanenhals-orchidee	Cycnoches
Schwanzblume	Anthurium
Schwanzsamen	Urospermum

Schwarze Brechwurz	Psychotria
Schwarzholz	Melanoxylon
Schwarzkümmel	Nigella
Schwarzmund	Melastoma
Schwarznessel	Ballota
Schwarzwurz	Symphytum
Schwarzwurzel	Scorzonera
Schweiffrauenschuh	Selenipedium
Schweiforchidee	Dichaea
Schweinsohr	Calla
Schwertblatt	Xiphium
Schwertlilie	Iris
Schwielenorchidee	Notylia
Schwimmfarn	Salvinia
Schwingel	Festuca
Schwingelschilf	Scolochloa
Sechsbänderorchidee	Hexadesmia
Seeampfer	Delesseria
Seebeere	Haloragis
Seegras	Zostera
Seeheide	Frankenia
Seekanne	Limnanthemum, Nymphoides
Seerose	Nymphaea
Segge	Carex
Seidelbast	Daphne
Seidengras	Erianthus
Seidenkaktus	Sericocactus
Seidenpflanze	Asclepias
Seifenbaum	Quillaja, Sapindus
Seifenkraut	Saponaria
Seilgras	Restio
Sellerie	Apium
Senf	Sinapis
Sennespflanze	Caraguata, Cassia
Sesam	Sesamum
Seychellennuß	Lodoicea
Sichelblatt	Arpophyllum
Sichelmöhre	Falcaria
Siebenstern	Trientalis
Siegwurz	Gladiolus
Silberbaum	Leucadendron, Protea
Silberblatt	Lunaria
Silber-Brandschopf	Celosia
Silbergras	Corynephorus, Imperata, Weingaertneria
Silberkerze	Cimicifuga
Silberscharte	Jurinea
Silberwurz	Dryas
Silge	Selinum
Simse	Scirpus
Simsenlilie	Tofieldia
Sinau	Aphanes
Sinnklee	Biophytum
Sinnpflanze	Mimosa
Sobral-Orchidee	Sobralia
Sockenblume	Epimedium
Sode	Suaeda
Sojabohne	Soja
Sommeraster	Callistephus
Sommer-Efeu	Mikania
Sommerflieder	Buddleja
Sommerfuchsie	Clarkia
Somerhyazinthe	Galtonia
Sommerwurz	Orobanche, Phelipaea
Sonderkraut	Monopsis
Sonnenauge	Heliopsis
Sonnenblume	Helianthus
Sonnenbraut	Helenium
Sonnenflüchter	Phygelius
Sonnenflügel	Helipterum
Sonnenröschen	Helianthemum
Sonnentau	Drosera
Sonnenwende	Heliotropium
Spärkling	Spergularia
Spaltblume	Schizopetalon
Spaltglöckchen	Lobelia
Spaltglocke	Scaevola, Schizocodon
Spaltgriffel	Schizostylis
Spalthortensie	Schizophragma
Spaltlappen	Schizolobium
Spalt-Rispenfarn	Schizaea
Spanischer Pfeffer	Capsicum
Spargel	Asparagus
Spark	Spergula
Spelze	Plectrachne
Sperlingskopf	Passerina
Sperrstrauch	Eurya
Spierstaude	Filipendula
Spierstrauch	Spiraea
Spießorchidee	Doritis
Spießtanne	Cunninghamia
Spinat	Spinacia
Spinnenlilie	Phalangium
Spinnenorchidee	Arachnis
Spitzenblume	Ardisia
Spitzkiel	Oxytropis
Spitzklette	Xanthium
Sporenbüchschen	Beleperone
Spornblume	Centranthus

Spreu	Plactrachne
Spreublume	Xeranthemum
Springkraut	Impatiens
Spritzgurke	Ecballium
Spurre	Holosteum
Stachelbeere	Ribes
Stachelgras	Oplismenus
Stachelgurke	Sechium
Stachelmohn	Argemone
Stachelnüßchen	Acaena
Stachelorchidee	Acanthohippium
Stachelpanax	Acanthopanax
Starrgras	Scleropoa
Staudenaster	Aster
Staudenimmortelle	Anaphalis
Staudenpappel	Lavatera
Stechapfel	Datura
Stechdorn	Paliurus
Stechginster	Ulex
Stechnelke	Acantholimon
Stechpalme	Ilex
Stechwinde	Smilax
Steckenkraut	Ferula
Steinapfel	Osteomeles
Steinblume	Anacyclus
Steinbrech	Saxifraga
Steineibe	Podocarpus
Steinglocke	Symphyandra
Steinklee	Melilotus
Steinkraut	Alyssum
Steinkresse	Aethionema
Steinlinde	Phillyrea
Steinminze	Calamintha
Steinmispel	Cotoneaster
Steinnußpalme	Phytelephas
Steinpilz	Boletus
Steinsame	Lithospermum
Steinschmückel	Petrocallis
Stelzenpalme	Iriartea
Steppenraute	Peganum
Sternanis	Illicium
Sternbalsam	Nycterinia
Sterndolde	Astrantia
Sterngladiole	Acidanthera
Sternhortensie	Decumaria
Sternjasmin	Trachelospermum
Sternkaktus	Astrophytum
Sternmiere	Stellaria
Sternwurz	Orostachys
Stickwurz	Tamus
Stiefmütterchen	Viola
Stiefmütterchen-orchidee	Miltonia
Stiefblütengras	Miscanthus
Stinkandorn	Ballota
Stinkbaum	Sterculia
Stinkholz	Olax
Stinkkohl	Symplocarpus
Stinkmorchel	Phallus
Stoppelpilz	Hydnum
Storaxbaum	Styrax
Strahlengriffel	Actinidia
Strahlenpilz	Actinomyces
Strahlensame	Heliosperma
Strandling	Corrigiola, Littorella
Strandsimse	Bolboschoenus
Strauchpalme	Nipa
Strauchpappel	Lavatera
Strauchportulak	Portulacaria
Straußenfarn	Struthiopteris
Straußgras	Agrostis
Streifenfarn	Asplenium
Strickgras	Spartina
Striemendolde	Molopospermum
Strohblume	Helichrysum
Studentenblume	Tagetes
Sturmhut	Aconitum
Südbuche	Nothofagus
Südeiche	Pasania
Südseemyrte	Leptospermum
Süßdolde	Myrrhis
Süßholz	Glycyrrhiza
Sumach	Rhus
Sumpfblume	Limnanthes
Sumpfgras	Heleochloa
Sumpfkrug	Heliamphora
Sumpfriet	Eleocharis
Sumpfwurz	Epipactis
Sumpfzypresse	Taxodium

T

Tabak	Nicotiana
Tännel	Elatine
Tännelkraut	Kickxia
Täschelkraut	Thlaspi
Taglilie	Hemerocallis
Tamarinde	Tamarindus
Tamariske	Tamarix
Tanne	Abies
Tannenwedel	Hippuris

Tarant	Swertia
Taubblatt	Drosophyllum
Taubenkropf	Cucubalus
Taubenorchidee	Palumbina
Taubnessel	Lamium
Taupflanze	Roridula
Tausendblatt	Myriophyllum
Tausendgüldenkraut	Centaurium, Erythraea
Teakbaum	Tectona
Teestrauch	Thea
Teichfaden	Zanichellia
Teichlinse	Spirodela
Teosinte	Euchlaena
Teufelszwirn	Lycium
Thun-Orchidee	Thunia
Thymian	Thymus
Tibetorchidee	Pleione
Tigerblume	Tigridia
Tintling	Coprinus
Tollkirsche	Atropa
Tollkraut	Scopolia
Tomate	Solanum, Lycopersicon(-um)
Torfgränke	Chamaedaphne
Torfmyrte	Pernettya
Totenstrauch	Tarchonanthus
Totentrompete	Craterellus
Träger	Rhaphidophora
Träubel	Muscari
Tragant	Astragalus
Trapp	Leontice
Traubenheide	Leucothoe
Traubenhyazinthe	Muscari
Traubenschimmel	Botrytis
Traubenspiere	Luetkea
Trauerbaum	Nyctanthes
Trauerglocke	Uvularia
Trespe	Bromus
Tressenorchidee	Lockhartia
Trichterlilie	Paradisea
Trichtermelisse	Molucella
Trichterwinde	Ipomoea, Pharbitis
Troddelblume	Soldanella
Trollblume	Trollius
Trompetenbaum	Catalpa
Trompetenblume	Bignonia, Incarvillea
Trompetenwinde	Tecoma
Trompetenzunge	Salpiglossis
Tropensporn	Angraecum
Trugkölbchen	Herantheria
Tuberose	Polianthes
Tüpfelfarn	Polypodium
Tulpe	Tulipa
Tulpenbaum	Liriodendron
Tulpenorchidee	Angulosa
Tupelobaum	Nyssa
Turmkraut	Turritis

U

Urlandpflanze	Rhynia
Urnenpflanze	Dischidia
Usambaraveilchen	Saintpaulia

V

Veilchenstendel	Ionopsis
Venusfliegenfalle	Dionaea
Venusorchidee	Paphinia
Venusschuh	Paphiopedilum
Venusspiegel	Specularia
Vergißmeinnicht	Myosotis
Vermeinkraut	Thesium
Vielähre	Polystachys
Vogelbeere	Sorbus
Vogelkopforchidee	Ornithocephalus
Vogelnestorchidee	Neottia
Vogelorchidee	Ornithidium
Vogelschnabel-orchidee	Ornithochilus

W

Wacholder	Juniperus
Wachsblume	Cerinthe
Wachsblume	Hoya
Wachsmyrte	Myrica
Wachsstielorchidee	Ceratostylis
Wachspalme	Copernicia
Wachtelweizen	Melampyrum
Waldhyazinthe	Plantanthera
Waldlilie	Trillium
Waldmantelbaum	Hippocratea
Waldmeister	Asperula
Waldmohn	Hylomecon
Waldrebe	Clematis
Waldvögelein	Cephalanthera
Walnuß	Juglans
Walzenkaktus	Cylindropuntia

Wandelklee	Desmodium
Wandelröschen	Lantana
Wanzensamen	Corispermum
Warre-Orchidee	Warrea
Warzenkaktus	Mammillaria, Thelocactus
Warzensame	Thelesperma
Wasserähre	Aponogeton
Wasserblatt	Hydrophyllum
Wasserdarm	Eupatorium
Wasserfalle	Aldrovanda
Wasserfeder	Hottonia
Wasserfichte	Glyptostrobus
Wasserliesch	Butomus
Wasserlinse	Lemna
Wasserlöffel	Hydromystria
Wassermelone	Citrullus
Wassernabel	Hydrocotyle
Wassernuß	Trapa
Wasserpest	Elodea
Wasserranunkel	Batrachium
Wasserrebe	Leca
Wasserreis	Zizania
Wasserschierling	Cicuta
Wasserschild	Brasenia
Wasserschlauch	Utricularia
Wasserschlüssel	Hydrocleis
Wasserschraube	Vallisneria
Wasserstern	Callitriche
Wau	Reseda
Wegerich	Plantago
Wegwarte	Cichorium
Weichorchis	Malaxis
Weide	Salix
Weidelgras	Lolium
Weidenröschen	Epilobium
Weiderich	Lythrum
Weigelie	Weigela
Weihnachtskaktus	Schlumbergera
Weihrauchstrauch	Boswellia
Weinpalme	Oenocarpus
Weinrebe	Vitis
Weißbart	Leucopogon
Weißbecher	Nierembergia
Weißdorn	Crataegus
Weißgras	Chionochloa
Weißgummibaum	Bursera
Weißmiere	Moenchia
Weißmoos	Leucobryum
Weißzeder	Chamaecyparis
Weißzunge	Leucorchis
Weizen	Triticum
Wicke	Vicia
Wickelwurz	Bergenia
Widerbart	Epipogium
Widerstoß	Limonium
Wiesenhafer	Helictotrichon
Wiesenknopf	Sanguisorba
Wiesenraute	Thalictrum
Wilder Wein	Ampelopsis
Willkommorchidee	Aspasia
Wimperfarn	Woodsia
Winde	Convolvulus
Windhalm	Apera
Windröschen	Anemone
Winterblatt	Shortia
Wintergrün	Pyrola, Ramischia
Winterlieb	Chimaphila
Winterling	Eranthis
Wirbeldost	Clinopodium
Witwenblume	Knautia
Wohlverleih	Arnica
Wolfsauge	Lycopsis
Wolfsbohne	Lupinus
Wolfsmilch	Euphorbia
Wolfsorchidee	Lycomormium
Wolfstrapp	Lycopus
Woll-Feige	Eriosyce
Wollfruchtkaktus	Ariocarpus
Wollgras	Eriophorum
Wollknöterich	Eriogonum
Wollorchidee	Eria
Wulstling	Amanita
Wunderbaum	Ricinus
Wunderblume	Bougainvillea, Mirabilis
Wunderstrauch	Codiaeum, Quisqualis
Wundklee	Anthyllis
Wurmfarn	Dryopteris
Wurzelbaum	Bruguiera

Y

Yamswurzel	Dioscorea
Ysop	Hyssopus

Z

Zackenschötchen	Bunias
Zahnfaden	Odontonema

Zahnlilie	Erythronium
Zahntrost	Odontites
Zahnwurz	Dentaria
Zahnzunge	Odontoglossum
Zapfennuß	Platycarya
Zapfenpalme	Zamia
Zartblattorchidee	Leptotes
Zaubernuß	Hamamelis
Zaunblume	Phalangium
Zaunlilie	Anthericum
Zaunwinde	Calystegia
Zeder	Cedrus
Zehrwurz	Arum, Colocasia
Zeitlose	Colchicum
Zephyrblume	Zephyranthes
Ziegenbart	Sparassis
Ziernessel	Coleus
Zierspark	Telephium
Ziest	Stachys
Zimmerkalla	Zantedeschia
Zimmerlinde	Sparmannia
Zimmertanne	Araucaria
Zimtbaum	Cinnamomum
Zinerarie	Cineraria
Zipfelkraut	Peplis
Zirmet	Tordylium
Zitrone	Citrus
Zittergras	Briza
Zittertang	Nostoc
Zweiblatt	Listera
Zweizahn	Bidens
Zwergalpenrose	Rhodothamnus
Zwergflachs	Radiola
Zwerggliedorchidee	Microstylis
Zwerggras	Mibora
Zwerglorbeer	Lyonia
Zwerglöwenmaul	Chaenorrhinum
Zwergminze	Menthella
Zwergölbaum	Cneorum
Zwergorchidee	Phygmatidium
Zwergpalme	Chamaerops
Zwergrohrpalme	Chamaedorea
Zwergstendel	Chamorchis
Zwergwasserlinse	Wolffia
Zwergporst	Loiseleuria
Zwiebelblatt-Orchidee	Bulbophyllum
Zwillingsblatt	Jeffersonia
Zwillingspflaume, chin.	Litchi
Zürgelbaum	Celtis
Zungenfarn	Elaphoglossum
Zylinderkaktus	Cylindropuntia
Zymbelkraut	Cymbalaria
Zymbelrebe	Cymbalaria
Zypresse	Cupressus

D Verzeichnis von Autorennamen und ihren Abkürzungen

Zur Beachtung: Der hinter dem Pflanzennamen stehende Name des Autors (oder der Autoren) ist der Name des Erstbenenners (bzw. der Erstbenenner) der Pflanze. Außer den Autorennamen für die Gattungen und besonders für die Arten haben ferner nomenklatorische Bedeutung die Autorennamen der Taxa (= Systemeinheiten) unterhalb der Species (= Art), deren Stellung im vollständigen Namen stets direkt dem jeweiligen Namen folgt. Beispiel: Viola tricolor L. ssp. subalpina Gaud. – Näheres über die Bedeutung und Festlegungen regelhafter, normativer Art sowie über Sonderfälle vermittelt Abschnitt 2.5. »Die Autorennamen«, dessen Studium empfohlen wird. –

Die folgende Aufstellung beinhaltet eine Auswahl von etwa 2000 Autorennamen, deren anerkannte Schreibweise oder Abkürzungen durch den vollen Namen und kurze biographische Angaben Erklärung und Erläuterung finden. Für die Übermittlung fehlender Jahreszahlen (insbesondere auch beim Ableben zeitgenössischer Autoren) wären die Verfasser dieses Buches dankbar, um die im nachstehenden Register angeführten biographischen Daten weiterhin (laufend) zu vervollständigen. Auch Vorschläge für die Neuaufnahme sind für eine zweckdienliche Ergänzung der getroffenen Auswahl erwünscht.

A

Abb.	des Abbayes, H., franz. Botaniker, 1898–1974
Abel	Abel, Clarke, engl. Botaniker, 1780–1826
Abrom.	Abromeit, J., deutsch. Botaniker, 1857–1946
Ach.	Acharius, E., Provinzialmedikus in Wadstena, schwed. Flechtenforscher, 1757–1819
Acl.	Acloque, A., franz. Botaniker 1871–?
Adams	Adams, J. M. Fr., russ. Botaniker, 1780–1838
Adans.	Adanson, M., franz. Botaniker, 1727–1806
Ade	Ade, A., deutsch. Botaniker, 1876–1968
Aellen	Aellen, Paul, schweiz. Botaniker, 1896–1973
A. et Gr.	Ascherson, Paul, 1834–1913, und Gräbner, Paul, deutsch. Botaniker, 1871–1933
Afzel.	Afzelius, A., schwed. Botaniker, 1750–1837
Ag.	Agardh, J. G., schwed. Botaniker, 1813–1901
Ag. C.	Agardh, C. A., Professor der Botanik in Lund und zugleich Pastor am St.-Peters-Kloster in Skåne, 1785–1859
Agosti	Agosti, G., ital. Botaniker in Belluno, 1715–1786
Ahl.	Ahles, W., deutsch. Botaniker, 1829–1900

Ahln.	Ahlner, St,. schwed. Botaniker, geb. 1905
Ahti	Ahti, T., finn. Botaniker, geb. 1934
Aichele	Aichele, D., deutsch. Botaniker, geb. 1928
Aigr.	Aigret, C., belg. Botaniker, 1856–1922
Airy-Shaw	Airy-Shaw, H.K., engl. Botaniker, geb. 1902
Ait.	Aiton, William, Direktor von Kew Gardens bei London, 1731–1793
Ait.f.	Aiton, W.T., Sohn (filius) des vorigen, 1766–1849
Aitch.	Aitchison, J.E.T., Arzt, engl. Botaniker in Indien und Afghanistan, 1836–1898
Alb.et Schw.	Albertini, J.B.v., deutsch. Botaniker, 1769–1831, und de Schweinitz, 1780–1834
Alef.	Alefeld, Friedr., deutsch. Arzt u. Botaniker, 1820–1872
All.	Allioni, C., ital. Botaniker, 1728–1804
Allan	Allan, H.H., neuseel. Botaniker, 1882–1957
Allesch.	Allescher, A., deutsch. Botaniker, 1828–1903
Almb.	Almborn, O., schwed. Botaniker, geb. 1914
Almqu.	Almquist, S.O.J., schwed. Botaniker, 1844–1923
Alphand	Alphand, J.C.A., franz. Gärtner, 19. Jahrh.
Alston, A.	Alston, A.H.G., engl. Botaniker, 1902–1958
Alston, C.	Alston, C., schott. Botaniker, 1683–1760
Alstroem	Alstroem, Clas., schwed. Botaniker u. Landwirt, 1736–1796
Ames	Ames, L.M., Botaniker der USA, 1900–1966
Amo	Amo y Mora, Mariano del, span. Botaniker, 1809–1894
Anders	Anders, J., tschech. Botaniker, 1863–1936
Anderss.	Andersson, N.J., schwed. Botaniker, Weidenkenner, 1821–1880
Anders., T.	Anderson, Thomas, Direktor des Botanischen Gartens in Kalkutta (Indien), 1832–1870
Andr.	Andrews, H.C., engl. Pflanzenmaler, 1794–1830
Andr., D.M.	Andrews, D.M., amerik. Gärtner, 1897–1938
André	André, Ed., franz. Gärtner, 1840–1911
Andrz.	Andrzejowski, A. L., russ. Botaniker, 1785–1868
Ångstr.	Ångström, Johann, Botaniker in Schweden, 1813–1879
Antoine	Antoine, F., Direktor der Hofgärten in Schönbrunn (Österreich), 1815–1886
Anzi	Anzi, M., ital. Botaniker, 1812–1883
Applegate	Applegate, E.I., Botaniker der USA, 1867–1949
Arc.	Arcangeli, G., ital. Botaniker, 1840–1921
Ard.	Arduino, P., ital. Botaniker, 1728–1805
Arends	Arends, Georg, deutsch. Gärtner, 1863–1951
Aresch.	Areschoug, J. E., schwed. Botaniker, 1811–1908
Armstr.	Armstrong, J.B., Neuseeland, 2. Hälfte des 19. Jahrh.
Arn.	Arnott, G.A.W., schott. Botaniker, 1799–1868
Arn., H.	Arnell, H.W., schwed, Botaniker, Mooskenner, 1848–1932
Arnold	Arnold, F., deutsch. Botaniker, 1828–1901
Arn., S.	Arnell, S.V., schwed. Botaniker, Mooskenner, 1895–1970
Arrhen.	Arrhenius, J.P., schwed, Botaniker, 1811–1889
Asah.	Asahina, Y.T., japan. Botaniker, 1881–1975
Asami	Asami, Y., japan. Botaniker, geb. 1894
Aschers.	Ascherson, Paul, deutsch. Botaniker, 1834–1913
Ashe	Ashe, W.W.A., amerik. Botaniker, 1872–1932
Asso	Asso y del Rio, I.J.de, span. Botaniker, 1742–1814

Aubl.	Aublet, F. J. B., franz. Botaniker u. Reisender, 1723–1778
auct.	auctorum, bezieht sich auf den Gebrauch eines Namens durch verschiedene Autoren
Auersw.	Auerswald, deutsch. Botaniker, 1818–1870
Auquier, P.	Auquier, P., belg. Botaniker, Spezialist der Poaceae, 1939–1980
aut.	autorum = der Schriftsteller
Avé-Lall.	Avé-Lallemand, J. L. E., deutsch. Botaniker, 1803–1867
Awasthi	Awasthi, D. D., ind. Botaniker, geb 1922

B

Baas-Beck.	Baas-Becking, Laurens Gerhard Marinus, niederl. Botaniker, 1895–1963
Bab.	Babington, Ch. C., engl. Botaniker, 1808–1895
Bachm.	Bachmann, E,. deutsch. Botaniker, 1850–1937
Bachm., F.	Bachmann, F. M., Botanikerin der USA, 1878–?
Backeb.	Backeberg, K., deutsch. Kakteenkenner, 1894–1966
Backer	Backer, C. A., niederl. Botaniker, 1874–1963
Backh.	Backhouse, J., engl. Botan., Florist, Gärtner, 1825–1890
Baen.	Baenitz, C. G., Lehrer, deutsch. Botaniker, 1837–1913
Bagl.	Baglietto, F., ital. Botaniker, 1826–1916
Bailey	Bailey, L. H., amerik, Gartenbauschriftsteller, 1858–1954
Bailey, C.	Bailey, C., engl. Botaniker, 1838–1924
Baill.	Baillon, H. E., franz. Botaniker, 1827–1895
Bak.	Baker, J. G., engl. Botaniker, 1834–1920
Bak.f.	Baker, E. G., Sohn des vorigen, 1864–1949
Bak., G.	Baker, G. E., Botanikerin der USA, geb. 1908
Balb.	Balbis, G., ital. Botaniker, 1765–1831
Bald.	Baldacci, A., ital. Botaniker, 1867–1950
Balf.	Balfour, I. H., brit. Botaniker, 1808–1884
Balf. f. et Ward	Balfour, I. B., Sohn des vorigen, 1853–1922, und Fr. K. Ward, 1885–1958
Balf. f. et W. W. Sm.	der vorige und W. W. Smith, 1875–1956
Ball, C.	Ball, C. R., Nordamerika, 1873–1958
Ball, J.	Ball, John, engl. Botaniker, 1818–1889
Ball, P. W.	Ball, P. W., brit. Botaniker, geb. 1932
Balt.	Baltet, Ch., Herausgeber der Revue Horticole, Zeitgen.
Banks	Banks, Sir J., engl. Botaniker, 1743–1820
Banks et Sol.	der vorige und D. C. Solander, 1736–1782
Barbier	Barbier, A., franz. Baumschulbesitzer, 1845–1931
Barb.-Rodr.	Barbosa Rodrigues, J., brasil. Botaniker, 1842–1909
Barn.	Barnéoud, F. M., franz. Botaniker, geb. 1821
Baroni	Baroni, E., ital. Botaniker, 1865–1943
Bart.	Barton, H. W. P. G., Nordamerika, 1786–1856
Bartl.	Bartling, F. G., deutsch. Botaniker zu Göttingen, 1798–1875
Bartl. et Wendl.	der vorige und H. L. Wendland, 1792–1865
Bartr.	Bartram, W., Nordamerika, 1739–1823
Bassi	Bassi, F., ital. Botaniker, 1714–1774
Bast.	Bastard, T., franz. Botaniker in Angers, 1784–1846
Bat.	Bataille, F., franz. Mykologe, 1850–1946

Batal.	Batalin, A., russ. Botaniker, 1847–1898
Batem.	Bateman, J., brit. Botaniker, Gärtner, 1811–1897
Batsch	Batsch, A. J. G. C., Prof. in Jena, 1761–1802
Batt.	Battandier, J. A., Arzt in Algier, 1848–1922
Baum.	Baumann, C. A. N. (1804–1884) und Ch. A. (Lebzeit ?), franz. Gärtner (beide 19. Jahrh.)
Baumg.	Baumgarten, J. Chr. G., deutsch. Botaniker in Siebenbürgen, 1765–1843
Bäuml.	Bäumler, J. A., ungar. Botaniker, 1847–1926
Baur	Baur, E., deutsch. Botaniker, 1875–1933
Bausch	Bausch, W., deutsch. Botaniker, 1804–1873
Bayrh.	Bayrhoffer, J. D. W., deutsch. Botaniker, 1793–1868
B. de Lesd	Lesdain Bouly de, M., franz. Botaniker, 1869–?
Beadle	Beadle, C. B., Nordamerika, geb. 1866
Bean	Bean, W. J., engl. Botaniker, 1863–1947
Beauv.	Palisot de Beauvois, A. M. F. J., franz. Botaniker u. Reisender, 1752–1820
Becc.	Beccari, O., ital. Botaniker, 1843–1920
Becherer	Becherer, Alfred, schweiz. Botaniker, 1897–1977
Bechst.	Bechstein, J. M., deutsch. Forstmann, 1757–1822
Beck	Beck, L., Botaniker in USA, 1798–1853
Beck, G.	Beck von Mannagetta, G., österr. Botaniker, 1856–1931
Becker	Becker, W., deutsch. Lehrer, 1874–1928
Becker, J.	Becker, Johannes, deutsch. Botaniker, 1769–1833
Beckh.	Beckhaus, C. F. L., deutsch. Botaniker, 1821–1890
Beer	Beer, J. G., österr. Botaniker, 1803–1873
Behl.	Behlen, St., deutsch. Botaniker, 1784–1847
Behr	Behr, O., deutsch. Botaniker, 1901–1957
Beissn.	Beissner, L., deutsch. Nadelholzforscher, Inspektor d. Bot. Gartens in Bonn, 1853–1927
Bél.	Bélanger, Ch., franz. Botaniker, 1805–1881
Bell.	Bellardi, C. L., ital. Botaniker, 1741–1826
Beltr.	Beltramini de Casati, F., ital. Botaniker, 1828–1903
Benn.	Bennett, J. J., engl. Botaniker, 1801–1876
Benn. A.	Bennett, A. W., engl. Botaniker, 1833–1902
Benth.	Bentham, G., berühmter engl. Botaniker, 1800–1884
Benth. et Hook.	der vorige und J. D. Hooker, 1817–1911
Bentz-St.	v. Bentzel-Sternau, A., österr. Botaniker, 1806–1878
Bercht. et Presl	Berchtold, Fr., Graf von, österr. Botaniker, 1781–1876, und K. B. Presl. 1794–1852
Berd.	Berdau, F., poln. Botaniker, 1826–1895
Berg, C.	Berg, C. A., schwed. Botaniker, 1857–1929
Berg, O.	Berg, O. K., deutsch. Botaniker, 1815–1866
Berger	Berger, Alwin, deutsch. Gärtner, Sukkulentenkenner, 1871–1931
Bergeret	Bergeret, J. P., franz. Botaniker, 1751–1813
Bergg.	Berggren, S., schwed. Botaniker, 1837–1917
Bergius	Bergius, P. J., Prof. in Stockholm, 1730–1790
Bergm.	Bergmans, J. B., niederl. Botaniker, geb. 1892
Berk.	Berkeley, M. J., engl. Botaniker, 1803–1859
Berl.	Berlese, A. N., ital. Botaniker, 1864–1903
Berland.	Berlandier, J. L., franz. Botaniker, 1805–1851

Bernh.	Bernhardi, J. J., deutsch. Botaniker, 1774–1850
Bert.	Bertero, C. J., ital. Botaniker u. Reisender, 1789–1831
Berth.	Berthelot, S., franz. Konsul auf Teneriffa, 1794–1880
Bertol.	Bertoloni, A., ital. Botaniker, 1775–1868
Besch.	Bescherelle, É., franz. Botaniker, Mooskenner, 1828–1903
Beschel	Beschel, R., österr. Botaniker, geb. 1928
Bess.	Besser, W. S. G. J., von, deutsch. Botaniker in Rußland, 1784–1842
Betcke	Betcke, E. F., Arzt in Pentzlin, 1815–1865
Beyer	Beyer, R., deutsch. Botaniker, 1852–1932
Beyrich	Beyrich, H. C., engl. Botaniker, 1796–1834
Bge. (Bunge)	Bunge, A. von, russ. Botaniker, 1803–1890
Biasoletto	Biasoletto, Bartolommeo, Apotheker in Triest, 1793–1858
Bickn.	Bicknell, E. P., Botaniker der USA, 1859–1925
Bidw.	Bidwill, J. C., austral. Botaniker, 1915–1953
Bieb.	siehe MB.
Bigel.	Bigelow, J., nordamerik. Botaniker, 1787–1879
Bijh.	Bijhouwer, J. T. P., holländ. Botaniker, 20. Jh.
Billot	Billot, Paul Constani, franz. Botaniker, 1796–1863
Biria	Biria, J. A. J., franz. Botaniker, geb. 1889
Biroli	Biroli, G., ital. Botaniker. 1772–1827
Bisch.	Bischoff, G. W., deutsch. Botaniker, 1797–1854
Bisse	Bisse, Joh., Botaniker der DDR, geb. 1935
Bitt.	Bitter, G., deutsch. Botaniker, 1873–1927
Bl.	Blume, C. L., deutsch-holländ. Botaniker u. Reisender, 1796–1862
Blake	Blake, S. F., Botaniker in d. USA, 1892–1959
Blasia	nach Pater Balsius Biagi, etwa 1670–1735
Blomb.	Blomberg, O. G., schwed. Botaniker, 1838–1901
Bluff	Bluff, M. J., deutsch. Botaniker, 1805–1837
Bluff et Fingerh.	der vorige und Fingerhuth, K. A., 1802–1876
Blytt	Blytt, Matthias Numsen, Professor der Botanik in Christiana, 1789–1862
Bob.	Boberski, L., österr. Botaniker, 1846–1891
Bobb. et Atk.	Bobbing and Atkins, nordamerik. Gärtner, 20. Jh.
Boeck.	Boeckeler, O., deutsch. Botaniker, 1803–1899
Boed.	Boedecker, Fr., deutsch. Gärtner, Kakteenforscher, 1867–1937
Boehm.	Boehmer, Georg Rudolf, Professor der Anatomie und Botanik an der Universität Wittenberg, 1723–1803
Boehmer	Boehmer, L., deutsch. Gärtner in Japan, 1882–1908
Boenningh.	Boenninghausen, Cl. M. Fr., v., Arzt, deutsch. Botaniker in Münster/W., 1785–1864
Boerh.	Boerhaave, H., niederl. Botaniker, 1668–1738
Bogenhard	Bogenhard, C., deutsch. Pharmazeut, seit 1852 in Nordamerika, 1811–1853
Bois	Bois, D. G. J. M., franz. Botaniker, 1856–1946
Boiss.	Boissier, P. E., schweiz. Botaniker, »Flora orientalis‹, 1810–1885
Boiss. et Bal.	derselbe und B. Balansa, 1825–1891
Boiss. et Buhse	derselbe u. F. A. Buhse, 1854–1899
Boiss. et Hohenack.	derselbe und R. F. Hohenacker, 1798–1874
Boiss. et Huet	derselbe und A. Huet du Pavillon, 1829–1907
Boiss. et Noe	derselbe und F. W. Noë, deutsch. Botaniker, Apotheker, gest. 1858
Boiss. et Reut.	derselbe und G. F. Reuter, 1805–1872

Boist.	Boistel, A., franz. Botaniker, 1836–1908
Bojer	Bojer, W., österr. Botaniker auf Mauritius, 1800–1856
Bolle	Bolle, K. A., Berliner Privatgelehrter und Dendrologe, 1821–1909
Bolton	Bolton, James, engl. Botaniker, 1758–1799
Bolus	Bolus, Harry, engl. Botaniker in Südafrika, 1834–1911
Bolus, L.	Bolus, Harriet Margaret Louisa, südafrikan. Botanikerin, 1877–1970
Bon.	Bonorden, H. F., deutsch. Botaniker, 1801–1884
Bong.	Bongard, H. G., deutsch. Botaniker in Petersburg, 1786–1839
Bonpl.	Bonpland, A., franz. Botaniker, Reisebegleiter A. von Humboldts, 1773–1858
Bonst.	Bonstedt, C., deutsch. Gärtner (Botaniker), 1866–1953
Boom	Boom, B. K., holländ. Gärtner, Zeitgen.
Booth	Booth, J. B., deutsch. Gärtner, 1836–1908
Boott	Boott, J. M. D., amerik. Botanikerin, 1792–1863
Bor.	Boreau, A., franz. Botaniker, 1803–1875
Borbás	Borbás, V., von, ungar. Botaniker, 1844–1905
Borel	Borel, A., franz. Botaniker, geb. 1911
Borkh.	Borkhausen, M. B., deutsch. Botaniker, 1760–1806
Born.	Bornet, J. B. C., franz. Botaniker, 1828–1911
Bornm.	Bornmüller, J., deutsch. Botaniker, 1862–1948
Boros	Boros, A., ungar. Botaniker, 1900–1973
Borrer	Borrer, William, engl. Botaniker, 1781–1862
Borsos, O.	Borsos, Olga, ungar. Botanikerin, geb. 1926
Bory	Bory de Saint Vincent, J. B. G. M., franz. Botaniker, 1778–1846
Bory et Chaub.	derselbe u. L. A. Chaubard, 1785–1854
Borza	Borza, A., rumän. Botaniker, 1887–1971
Borzí	Borzí, A., ital. Botaniker, 1852–1911
Bosc	Bosc, A. G., franz. Botaniker, 1759–1828
Bosel	Bosel, R. B. van den, niederl. Botaniker, 1810–1862
Bosse	Bosse, J. F. W., deutsch. Botaniker, Gärtner, 1788–1864
Boswell-Syme	Boswell, J. T., Syme, J. T., Herausgeber der Englisch-Botany Ed. III. 12 Bände, 1863–1886
Bouché, P.K.	Bouché, P. K., deutsch. Gärtner (Botaniker), 1784–1856
Bouché, K.D.	Bouché, K. D., Sohn des vorigen, deutsch. Gärtner, 1809–1881
Boud.	Boudier, E., Apotheker, franz. Mycologe, 1828–1920
Bourd.	Bourdot. H., Abbé, franz. Mycologe, 1861–1937
Bouvet	Bouvet, franz. Botaniker, 1874–1929
Bowles	Bowles, E. A., engl. Botaniker, 1865–1954
Boynt.	Boynton, F. E., nordamerik. Botaniker. geb. 1859
Br., A.	Braun, A. C. H., deutsch. Botaniker, 1805–1877
Brandeg.	Brandegee, T. S., Botaniker in der USA, 1843–1925
Brandt	Brandt, Th., deutsch. Botaniker, 1877–1939
Brandt, J.	Brandt, Johann Friedrich, deutsch. Botaniker und Zoologe in Petersburg, 1802 (Jüterbog)–1879 (Estland)
Braun, F.	Braun, Franz Anton von, österr. Botaniker,1766–1853
Br.-Bl.	Braun-Blanquet, J., schweiz. Botaniker, 1884–1980
Bréb.	Brébisson, L. A., de, franz. Botaniker, 1798–1872
Breistr.	Breistroffer, M. M. W., franz. Botaniker, geb. 1910
Brenn.	Brenner, M., finn. Botaniker, 1843–1930
Bres.	Bresadola, G., Abbé, ital. Mykologe, 1847–1929

Brign.	Brignoli di Brunnhoff, Giovanni, Professor der Botanik in Modena, 1774–1857
Briosi	Briosi, G., ital. Botaniker, 1846–1919
Briot.	Briot, P. L., franz. Gärtner, 1804–1888
Briq.	Briquet, J. J., schweiz. Botaniker, 1870–1931
Briss.	Brisson de Lenharrée, T. P., franz. Botaniker, 1828–?
Britt. et Rose	Britton, N. Lord u. J. N. Rose
Brittinger	Brittinger, Christian, Apotheker in Linz, 1795–1869
Britton	Britton, H. Lord, nordamerik. Botaniker, 1859–1934
Britz.	Britzelmayer, M., deutsch. Schulrat, Mykologe, 1839–1909
Br., N. E.	Brown, N. E., engl. Botaniker, 1849–1934
Brockmann	Brockmann-Jerosch, H., schweiz. Botaniker, 1879–1939
Bromfield	Bromfield, William, Arnold, engl. Botaniker, 1801–1851
Brond.	Brondeau, L. de, franz. Botaniker, 1794–1859
Brongn.	Brongniart, A. T., franz. Botaniker, 1801–1876
Broome	Broome, C. E., engl. Botaniker, 1812–1886
Brot.	Brotero, F. Alvellar, portug. Botaniker, 1744–1828
Broth.	Brotherus, V. F., finn. Botaniker, 1849–1929
Brouss.	Broussonet, P. M. A., franz. Arzt u. Botaniker, 1761–1807
Br., P.	Braun, P., ir. Botaniker auf Jamaika, 1720–1790
Br., R.	Brown, Rob., engl. Botaniker, 1773–1858
Brügg.	Brügger, Chr. G., schweiz. Botaniker, 1833–1899
Bruhin	Bruhin, Thomas Anton, Botaniker, 1835 (in Schwyz)–1895 (Basel)
Brumh.	Brumhard, Ph., deutsch. Botaniker, geb. 1879
Brummitt	Brummitt, R. K., brit. Botaniker, geb. 1937
B. S. P.	Britton, N. L., E. E. Sterns und J. F. Poggenberg, B. (1859–1934); S. (1846–1926), P. (1840–1883)
Buch	Buch, H. R. V., finn. Botaniker, Mooskenner, 1883–1964
Buch.	Buchenau, F., Realschuldirektor, deutsch. Botaniker, 1831–1906
Buch	Buch, Ch. L. von, deutsch. Botaniker, 1774–1853
Buch.-Ham.	Buchanan, F., später Lord Hamilton, engl. Arzt in Indien, 1762–1829
Buc'hoz	Buc'hoz, P. J., Leibarzt des Königs Stanislaus, 1731–1807
Buckl.	Buckley, S. B., nordamerik. Botaniker, 1809–1884
Buerg.	Buerger, holländ. Botaniker, 1804–1858
Buin.	Buining, A. F. H., holländ. Kakteenkenner, 1902–1976
Bull.	Bulliard, P., franz. Mykologe, 1742–1793
Bullock	Bullock, A. A., engl. Botaniker, 1906–1980
Bunge	Bunge, Alexander von, Professor der Botanik in Dorpat, 1803–1890
Bur.	Bureau, L. E., franz. Botaniker, 1830–1918
Burb.	Burbidge, F. W., engl. Botaniker, 1847–1905
Bur. et Franch.	Bureau, L. E. und A. Franchet, 1834–1900
Burkart	Burkart, A., deutsch. Botaniker, geb 1908
Burkw.	Burkwood Albert u. Arthur, engl. Gärtner, geb. 1890 u. 1888
Burm.	Burman, Joh., niederl. Botaniker, 1706–1788
Burm. f.	Burman, Nik. Laur., 1734–1793
Burn.	Burnat, E. B., Industrieller, schweiz. Botaniker, 1828–1920
Burnh.	Burnham, St. H., Botaniker der USA, 1870–1943
Burv.	Burvenich, Frédéric, belg. Gärtner, 1857–1917
Bury	Bury, E., engl. Botanikerin und Pflanzenmalerin, um 1830
Bush	Bush, B.-J., nordamerik. Botaniker, 1858–1937

Buxb.	Buxbaum, J. Chr., deutsch. Botaniker, 1693–1730
Buxb., F.	Buxbaum, Franz, österr. Botaniker, 1901–1979

C

Cajander	Cajander, A. K., schwed. Botaniker, 1879–1943
Callier	Callier, A. C., Apotheker, deutsch. Botaniker, 1866–1927
Cambess.	Cambessedes, H., franz. Botaniker, 1799–1863
Campd.	Campderá. Francois, franz. Botaniker, 1793–1862
Camus, A.	Camus, Aimée, franz. Botanikerin, 1879–1965
Camus, E.G.	Camus, Edmond G., franz. Botaniker, 1852–1915
Carestia	Carestia, A., ital. Botaniker, 1825–1908
Carey	Carey, W,. engl. Botaniker, 1761–1834
Carr.	Carrière, E. Abel, franz. Botaniker, bedeutender Koniferenkenner, 1818–1896
Carruth.	Carruthers, W., engl. Botaniker, 1830–1922
Casp.	Caspari, R., deutsch. Botaniker, Monograph der Nymphaeaceae, 1818–1887
Cass.	Cassini, A. H. G., franz. Botaniker, 1781–1832
Cav.	Cavanilles, A. J., span. Botaniker, 1745–1804
Čelak.	Čelakovsky, L. J., böhm. Botaniker, 1834–1902
Čern.	Černohorsky, Z., tschech. Botaniker, geb. 1910
Cerv.	Cervantes, V., mexikan. Botaniker, 1759(?)–1829
Ces.	Cesati, Vincenzo, de, ital. Botaniker, 1806–1883
Chabaud	Chabaud, S. B., franz. Gärtner, 1833–1915
Chaix	Chaix, D., franz. Botaniker, 1730–1799
Cham.	Chamisso, Adalbert v., deutsch. Dichter u. Botaniker, 1781–1838
Cham. et Schlecht.	der vorige u. D. F. L. v. Schlechtendal, 1794–1866
Champ.	Champion, J. G., schott. Offizier u. Pflanzenfreund, 1915–1954
Chap.	Chapman, A. W., amerik. Arzt u. Botaniker, 1809–1899
Châtelain	Châtelain, J. J., schweiz. Botaniker, 1736–1822
Chater	Chater, A. O., brit. Botaniker, geb. 1933
Chaubard	Chaubard, L. A., franz. Botaniker, 1785–1854
Cheesem.	Cheesemann, Th. F., Neuseeland, 1846–1923
Chenault	Chenault, L. C., franz. Botan., Gärtner, 1833–1930
Cheng	Cheng, Wan Chun, chin. Botaniker, 20. Jahrh.
Chev. (Cheval.)	Chevalier, F. F., Florist und Systematiker, zuerst in Paris, später in Freiburg i. Br., 1796–1840
Chevall.	Chevallier, A., franz. Botaniker, geb. 1873
Ching	Ching, R.-Ch., chin. Botaniker, Farnspezialist, geb. 1895
Chittenden	Chittenden, F. J., engl. Gärtner, 1873–1950
Chod.	Chodat, R., schweiz. Botaniker, 1865–1934
Chois.	Choisy, J. D., schweiz. Botaniker, 1799–1859
Choisy	Pantré genannt; Choisy, M., franz. Botaniker, geb. 1897
Chr. C.	Christensen, C. F. A., dän. Botaniker, 1872–1942
Christ	Christ, H., schweiz. Farn-und Rosenkenner, 1833–1933
Christener	Christener, Christian, Lehrer in Bern, Botaniker 1810–1872
Christiansen, W.	Christiansen, W., deutsch. Botaniker, 1885–1961
Chrtek	Chrtek, J., tschech. Botaniker, geb. 1931
Chun	Chun, Woon Young, chin. Botaniker, 20. Jh.

Ciferri	Ciferri, R., ital. Botaniker, 1895–1964
Cir.	Cirillo, D., ital. Botaniker, 1739–1799
Cke.	Cooke, M. C., engl. Mykologe, 1825–1914
Ckn. et Allan	Cockayne, L. (s. d.) und Allan, H. H. (s. d.)
Clairv.	Clairville, J. Ph. de, schweiz. Botaniker, 1742–1830
Clapham	Clapham, A. R., engl. Botaniker, geb. 1904
Clarke	Clarke, Baron C., engl. Botaniker, 1832–1906
Clausen	Clausen, R. T., Botaniker der USA, geb. 1911
Clementi	Clementi, Giuseppe, Professor in Turin, 1812–1873
Clos	Clos, D., franz. Botaniker, 1821–1908
Cochet	Cochet-Cochet, P. Ch. M., franz. Gärtner, 1866–1936
Cockayne (Ckn.)	Cockayne, L., neuseel. Botaniker, 1855–1934
Coem.	Coemans, Eu., belg. Botaniker, 1825–1871
Cogn.	Cogniaux, C. A., belg. Botaniker, 1841–1916
Coleman	Coleman, W. H., 1816–1863
Colla	Colla, L., ital. Botaniker in Turin, 1766–1848
Collett	Collett, H., engl. Botaniker, 1836–1901
Comm.	Commerson, P., franz. Botaniker, 1727–1773
Conw.	Conwentz, H., deutsch. Botaniker, 1855–1922
Coop.	Cooper, J. G., nordamerik. Botaniker, 1830–1902
Copel.	Copeland, E. B., nordamerik. Botaniker, 1873–1964, Farnspezialist
Cornu	Cornu, M., franz. Botaniker, 1843–1901
Corr. (Correv.)	Correvon, J. H., schweiz. Gärtner, 1855–1939
Corréa	Corréa, J. F. (Correia), span. Botaniker, 1751–1823
Coss.	Cosson, E. S. C., franz. Botaniker, 1819–1889
Coss. et Germ.	der vorige und Germain (1815–1882)
Coste	Coste, Jean François, franz. Botaniker, 1741–1819
Coult.	Coulter, J. M., nordamerik. Botaniker, 1851–1928
Coult. Th.	Coulter, Th., irl. Botaniker, 1793–1843
Court.	Courtois, R., Prof. in Lüttich, 1806–1835
Coutinho	Pereira Coutinho, A. X., portug. Botaniker, 1851–1939
Coville	Coville, F. V., nordamerik. Botaniker, 1867–1937
Cov. et Britt.	der vorige, und N. L. Britton, 1859–1934
Craib	Craib, W. G., engl. Botaniker, 1882–1933
Craig	Craig, W. N. C., nordamerik. Gärtner, 20. Jh.
Cramer	Cramer, K., schweiz. Botaniker, 1838–1923
Cr. (Crtz.)	Crantz, H. J. N. von, Prof. der Botanik in Wien, 1722–1799
Crép.	Crépin, F., bedeutender belg. Rosenkenner, 1830–1903
Cretzoiu	Cretzoiu, P. C., rumän, Botaniker, 1909–1946
Cripps	Cripps, Ph., engl. Gärtner, 1810–1888
Cromb.	Crombie, J. M., engl. Botaniker, 1830–1906
Crome	Crome, Georg Ernst, Professor in Möglin, 1780–1813
Cronquist	Cronquist, A. J., Botaniker der USA, geb. 1919
Croom	Croom, H. B., nordamerik. Botaniker, 1799–1837
Croz.	Crozals, A. de, franz. Botaniker, 1861–1932
Crum	Crum, H. A., nordamerik. Botaniker, Mooskenner, geb. 1922
Cufod.	Cufodontis, G., österr. Botaniker, 1896–1974
Cunn., A.	Cunningham, A,. engl. Botaniker in Australien, 1791–1839
Cunn., R.	Cunningham, R., Bruder des vorigen, Botaniker in Australien 1793–1835

Curt.	Curtis, William, engl. Apotheker, Begründer von »Curtis Botanical Magazine«, 1746–1799
Curt., M.A.	Curtis, Moses Ashley, nordamerik, Botaniker, 1808–1872
Cuss.	Cusson, P., franz. Botaniker, 1727–1783
Cust.	Custer, J.L., Arzt, schweiz. Botaniker, 1755–1828
Cutak	Cutak, Ladislaus, nordamerik. Gärtner, 1908–1973
Cyr.	Cyrillo, D. (siehe Cirillo)
Czern.	Czernjaew, V.M., russ. Botaniker, 1796–1871

D

Dahlst.	Dahlstedt, H.G.A., schwed. Botaniker 1856–1943
Dalla Torre	Dalla Torre, K.W. von, österr. Botaniker, 1850–1928
Dallim.	Dallimore, W., engl. Botaniker, 1871–1959
Dammer	Dammer, Udo, deutsch. Botaniker, Palmenkenner, 1860–1920
Dandy	Dandy, J.E., 1903–1976
Danert	Danert, Siegfried, Botaniker der DDR, 1926–1973
Danser	Danser, B.H., niederl. Botaniker, 1891–1943
David	David, Armand, franz. Missionar in China, 1826–1900
Davies, H.	Davies, H., engl. Botaniker, 1739–1821
Davis, P.H.	Davis, P.H., schott. Botaniker, geb. 1918
Davis, W.	Davis, W.T., New. Brighton, New York, Erforscher der Flora des östl. Nordamerikas, 1862–1945
DC.	De Candolle, Aug. Pyr., schweiz. Botaniker, 1778–1841
DC., A.	De Candolle, Alphons, Sohn des vorigen, 1806–1893
DC., C.	De Candolle, Casimir, Enkel des ersten, 1836–1918
Deak.	Deakin, R., engl. Botaniker, 1809–1873
De Bary	de Bary, H.A., deutsch. Botaniker, 1831–1888
Decker	Decker, P., deutsch. Botaniker, geb. 1867
Decne.	Decaisne, J., franz. Botaniker, 1807–1882
Degel.	Degelius, G., schwed. Botaniker, geb. 1903
Degen	Degen, A. von, Arzt, ungar. Botaniker, 1866–1934
Deg. et Bald.	der vorige und A. Baldacci, 1867–1950
Degl.	Degland, J.V.Y., franz. Botaniker, 1773–1841
Deichm. Br.	Deichmann Branth, J.S., dän. Botaniker, 1831–1917
Del.	Delarbre, A., franz. Botaniker, 1724–1813
Del.	Delise, D.J., franz. Botaniker, 1780–1841
Delar.	Delaroche, F., franz. Botaniker, 1780–1813
Delastre	Delastre, Charles Jean Louis, franz. Botaniker, 1792–1859
Delile	Delile, A.R., franz. Botaniker, 1778–1850
Demat.	Dematra, schweiz. Botaniker, 1742–1824
De Not.	De Notariis, Giuseppe, ital. Botaniker, 1805–1877
Déseglise	Déseglise, P.A., franz. Botaniker, bes. Rosenkenner, 1823–1883
Desf.	Desfontaines, R.L., franz. Botaniker, 1750–1833
Desm.	Desmazières, J.-B., franz. Botaniker, 1786–1862
Desmoul.	Desmoulins, Ch., franz. Botaniker, 1797–1875
Desp.	Desportes, N.H.F., franz. Botaniker, 1776–1856
Desr.	Desrousseaux, L.A.Z., franz. Botaniker, 1753–1838
Desv.	Desvaux, A.N., franz. Botaniker, 1784–1856
Deth.	Detharding, Georg, Gustav, deutsch. Botaniker, 1765–1838

Dettmann, U.	Dettmann, Ute, Botanikerin der DDR, geb. 1933
De Vr.	De Vriese, W. H., niederl. Botaniker, 1807–1862
De Vries	Vries, Hugo de, Professor der Botanik in Amsterdam, Begründer der Oenothera-Forschung, 1848–1936
Deyl	Deyl, M., tschech. Botaniker, geb. 1906
Dicks.	Dickson, J., schott. Botaniker, 1738–1822
Dieck	Dieck, G., deutsch. Dendrologe und bot. Reisender, 1847–1925
Diels	Diels, L., deutsch. Botaniker, 1874–1945
Diels et Gilg	der vorige und E. Gilg, 1867–1933
Dierb.	Dierbach, J. H., deutsch. Botaniker, 1788–1845
Dietr.	Dietrich, F. G., deutsch. Botaniker, 1765–1850
Dietr., A.	Dietrich, Albert, deutsch. Botaniker, 1795–1856
Dietr., D.	Dietrich, D. N., deutsch. Botaniker, 1800–1888
Dill.	Dillenius, J. J., deutsch. Botaniker in England, 1684–1747
Dinter	Dinter, M. K., deutsch. Botaniker in Südwestafrika, 1868–1945
Dipp.	Dippel, L., deutsch. Botaniker, Gehölzkenner, 1827–1914
Dix.	Dixon, H. N., engl. Botaniker, Mooskenner, 1861–1944
DNot.	Notaris, G. de, ital. Botaniker, 1805–1877
Dode	Dode, L. A., franz. Botaniker, Gehölzkenner, 1875–1943
Dörfl.	Dörfler, J., österr. Botaniker, 1866–1950
Doll, R.,	Botaniker der DDR, geb. 1941
Domak	Domak, R., jugosl. Botaniker, geb. 1918
DOmbr.	D'Ombrain, H., engl. Gärtner, 1818–1905
Domin	Domin, K., böhm. Botaniker, 1882–1953
Don, D.	Don, David, engl. Botaniker, 1799–1841
Don, G.	Don, George, engl. Botaniker, 1764–1814
Don, G. fil.	Don, G., engl. Botaniker, Sohn des Vorgen., 1798–1856
Donn	Donn, J., engl. Botaniker, 1758–1813
Doorenb.	Doorenbos, S. G. A., holländ. Gärtner, 20. Jh.
Dopp.	Doppelbaur. H., deutsch. Botaniker, geb. 1927
Dostál	Dostál, J., tschech. Botaniker, geb. 1903
Dougl.	Douglas, D., schott. Reisender u. Botaniker,1798–1834
Drej.	Drejer, S. Th. N., dän. Botaniker, 1813–1842
Dressl.	Dresslar, R. L., nordamerik. Botaniker, Orchideenspezialist, geb. 1927
Druce	Druce, G. C., engl. Botaniker, 1850–1932
Drude	Drude, O., deutsch. Botaniker, 1852–1933
Dryand.	Dryander, H., schwed. Botaniker, 1748–1810
Dubois	Dubois (d'Amiens), F. N. A., franz. Botaniker, 1752–1824
Duby	Duby, J. E., schweiz. Botaniker, 1798–1885
Duchn.	Duchesne, A. N., franz. Botaniker, 1747–1827
Duchr.	Duchartre, P., franz. Botaniker, 1811–1894
Dueben	Dueben, Magnus Wilhelm von, schwed. Botaniker, 1814–1845
Düll	Düll, R., deutsch. Botaniker, geb. 1932
Duf.	Dufour, Jean-Marie Leon, franz. Botaniker, 1780–1865
Duham.	Duhamel du Monceau, franz. Pomologe, 1700–1781
Dumont	Dumont de Courset, G. L. M., franz. Botaniker, 1746–1824
Dumort.	Dumortier, B. C., belg. Botaniker, 1797–1877
Dun.	Dunal, M. F., franz. Botaniker, 1789–1856
Dunc.	Duncan, A., brit. Arzt, 1744–1828
Dunn	Dunn, St. T., engl. Botaniker, 1868–1938

Dur.	Durieu de Maisonneuve, M. Ch., Direktor des Botanischen Gartens in Bordeaux, 1796–1878
Durand	Durand, E. M., nordamerik. Botaniker, 1794–1873
Durande	Durande, J. F., franz. Botaniker, 1732–1794
Durazz.	Durazzini, A., ital. Arzt, Botaniker, 18. Jahrh.
Du Rietz	Du Rietz, G. E., schwed. Botaniker, 1895–1968
Du Roi	Du Roi, J. Ph., deutsch. Arzt, Gehölzkenner, 1741–1785
Duthie	Duthie, J. F., engl. Botaniker, 1845–1922
Duv.	Duvigneaud, P., belg. Botaniker, geb. 1913
Duval.	Duval, C. J., franz. Botaniker, 1851–1928
Dyer	Thiselton-Dyer, W. T., engl. Botaniker, 1843–1928

E

Eat.	Eaton, A., nordamerik. Botaniker, 1776–1842
Eckl.	Ecklon, C. F., deutsch. Botaniker, 1795–1868
Edgew.	Edgeworth, M. P., engl. botan. interessierter Beamter in Indien, 1812–1881
Edm.	Edmondston, Th., schott. Botaniker, 1825–1846
Edw.	Edwards, S. T. J., engl. Botaniker, Illustrator, 1769–1819
E. et Z.	derselbe und C. Zeyher, 1799–1850
Egel.	Egeling, G., deutsch. Botaniker, 1858–?
Ehrenb., C. A.	Ehrenberg, Carl August, deutsch. Pflanzensammler, 1801–1849
Ehrenb., C. G.	Ehrenberg, C. G., deutsch. Botaniker, 1795–1876
Ehrendorf.	Ehrendorfer, F., österr. Botaniker, geb. 1927
Ehrh.	Ehrhart. Fr., deutsch. Botaniker, 1742–1795
Eichl.	Eichler, H. W., deutsch. Botaniker, 1839–1887
Eitn.	Eitner, E., deutsch. Botaniker ?–1921
Ekman	Ekman, E. L., schwed, Botanikerin, 1883–1931
Elenk.	Elenkin, A. A., russ. Botaniker, 1873–1942
Elkan	Elkan, Ludwig, Arzt in Königsberg, 1815–1851
Ell.	Elliott, S., nordamerik. Botaniker, 1771–1830
Ellis	Ellis, J., engl. Kaufmann, 1710–1776
Ellw. et Barry	Ellwanger, G., 1816–1906, und P. Barry, 1816–1890, nordamerik. Gärtner
Endl.	Endlicher, St. L., österr. Botaniker, 1804–1849
Endtmann	Endtmann, J., Botaniker der DDR, geb. 1938
Engelm.	Engelmann, G., nordamerik. Arzt in St. Louis u. Botaniker, 1809–1884
Engl.	Engler, Adolf, deutsch. Botaniker, 1844–1930
Engl. et I.	der vorige und E. Irmscher s. d.
Engl. V.	Engler, Victor, deutsch. Botaniker, 1885–1917
Erichs.	Erichsen, C. F. E., deutsch. Botaniker, 1867–1945
Esch.	Eschscholtz, J. Fr., russ. Botaniker, 1793–1831
Eschw.	Eschweiler, F. G., deutsch. Botaniker, 1796–1831
Ett.	Ettinghausen, K., von, österr. Botaniker, Palaeobotaniker, 1826 bis 1897
Evans	Evans, A. W, Botaniker in USA, 1868–1959
Eversm.	Eversmann, E. F., Botaniker in Rußland, 1794–1860
Exell	Exell, A. W., engl. Botaniker, geb. 1901

F

Fabr.	Fabricius, P.C., deutsch. Botaniker, Prof. in Helmstedt, 1714–1774
Facch.	Facchini, Fr., Südtirol. Botaniker, 1788–1852
Falc.	Falconer, W., engl. Naturforscher, 1743–1824
Falk	Falk, H. G., schwed. Botaniker, 1840–1880
Farw.	Farwell, O. A., 1867–1944
Fay.	Fayod, V., franz. Mykologe in Straßburg, 1860–1900
Fedde	Fedde, F., Professor, deutsch. Botaniker, 1873–1942
Fedtsch.	Fedtschenko, B. A., russ. Botaniker, 1872–1947
Fedtsch. O	Fedtschenko, O. A., russ. Botanikerin, 1845–1921
Fée	Fée, A. L., franz. Botaniker, 1789–1874
Fenzl	Fenzl, E., österr. Botaniker, 1808–1879
Ferguson	Ferguson, I. K., ir. Botaniker, geb. 1938
Fern.	Fernald, M. L., nordamerik. Botaniker, 1873–1950
Fern. et Griscom	der vorige und L. Griscom, 20. Jh.
Fieber	Fieber, Franz Xaver, Direktor des Kreisgerichtes zu Chrudim in Böhmen, 1807–1872
Fiedler	Fiedler, Karl Gustav, deutsch. Botaniker. 1791–1853
Fiek	Fiek, E., Apotheker, deutsch. Botaniker, 1840–1897
Finet et Gagnep.	Finet, A., franz. Botaniker, 1862–1913, und F. Gagnepain, geb. 1866
Fingerhuth	Fingerhuth, K. A., deutsch. Arzt u. Botaniker, 1802–1876
Fink	Fink, B., Botaniker in USA, 1861–1927
Fisch. (Fischer)	Fischer, F. E. L. von, deutsch., in Rußland tätiger Botaniker, 1782–1854
Fisch. et Mey.	der vorige und C. A. Meyer, 1795–1855
Fitschen	Fitschen, Jost, deutsch, Lehrer u. Botaniker, Koniferenkenner, 1869–1947
Fitzg.	Fitzgerald, R. D., engl. Botaniker, 1830–1892
Fl. Dan.	Flora Danica, erschienen 1764–1883
Flag.	Flagey, C., franz. Botaniker, 1836–1898
Fleet	Fleet, W. van. holländ. Botaniker, 1861–1922
Fleisch.	Fleischer, M., deutsch. Botaniker, Mooskenner, 1861–1930
Fletcher	Fletcher, H., engl. Gärtner, 1907–1978
Flk.	Floerke, H. G., deutsch. Botaniker, 1764–1835
Florsch.	Florschütz, P. A., niederl. Botaniker, Mooskenner, 1923–1976
Flot.	Flotow, J. von, deutsch. Botaniker, 1788–1856
Flügge	Flügge, Joh., Arzt, deutsch. Botaniker, 1775–1816
Focke	Focke. W. O., deutsch. Arzt, Rubuskenner, 1834–1922
Forb.	Forbes, J., engl. Gärtner, (1772–1861) oder 1799–1823
Forrest	Forrest, G. F., engl. Botaniker, 1873–1932
Forr. et Diels	der vorige und L. Diels, 1874–1945
Fors.	Forsell, K. B. J., schwed. Botaniker, 1856–1898
Forselles	Forselles, J. H. af, Berghauptmann in Sala, 1785–1855
Forsk.	Forskål, P., schwed. Botaniker u. Reisender, 1732–1763
Forst.	Forster, J. R., deutsch. Botaniker, 1729–1798
Forst., E.	Forster, Edw., engl. Botaniker, 1765–1849
Forster fil.	Forster, J. G. A., deusch. Botaniker, Sohn von J. R. Forster, 1754–1794
Fort.	Fortune, R., schott. Botaniker u. Reisender, 1812–1880

Fotsch	Fotsch, K. A., schweiz. Gärtner, Zeitgen.
Fourn.	Fournier, E., franz. Arzt, 1834–1884
Fourr.	Fourreau, J., Mitarbeiter von A. Jordan, 1844–1871
Fr.	Fries, Elias M., schwed. Botaniker, 1794–1878
Frahm	Frahm, G. F., deutsch. Gärtner, Ende 19. Jahrh.
Franch.	Franchet, A. R., franz. Botaniker u. Reisender, 1834–1900
Franchet. et Rochebr.	der vorige und A. F. de Rochebrune, 1834–1912
Franch. et Sav.	der vorige und L. Savatier, 1830–1891
Franco	Franco, J. do Amaral, portug. Botaniker, geb. 1921
Fraser, H.	Fraser, H., engl. Botaniker, 1834–1904
Fraser, J.	Fraser, J., engl. Botaniker, 1750–1811
Freemann	Freemann, O. M., nordamerik. Botaniker (USA), geb. 1891
Fresen.	Fresenius, J. B. G., deutsch. Botaniker, 1808–1866
Frey	Frey, E., schweiz. Botaniker, geb. 1888
Freycin.	Freycinet, L. de, franz. Schiffskapitän, 1779–1842
Freyer	Freyer, H., deutsch. Botaniker, 1802–1866
Freyn	Freyn, J., Baurat, österr. Botaniker, 1845–1903
Freyn et Sint.	der vorige und P. E. E. Sintenis, 1847–1907
Frič	Frič, tschech. Kakteensammler, -kenner und Reisender, 1882–1944
Fries, Th.	Fries, Th. Magnus, schwed. Botaniker, Sohn von Elias M. Fries, 1832–1913
Fritsch	Fritsch, K. F., österr. Botaniker, 1812–1878 (aus Prag)
Fritsch, K.	Fritsch, K., österr. Botaniker, 1864–1934 (aus Graz)
Friv.	Frivaldszky von Frivald, E., ungar. Botaniker, 1799–1870
Froeb.	Froebel, K. O. F., schweiz. Gärtner, 1844–1906
Fröhlich, A.	Fröhlich, A., böhm.-tschech., Botaniker, 1882–1969
Fröhner	Fröhner, S., Botaniker der DDR, geb. 1941
Froel.	Froelich, J. A. von, deutsch. Arzt, 1766–1841
Frost	Frost, J., engl. Botaniker, 1803–1840
Fuchs	Fuchs, H.-P., schweiz. Botaniker, geb. 1928
Fuckel	Fuckel, Leopold, deutsch. Botaniker, 1821–1876
Funck	Funck, H. Ch., deutsch. Apotheker u. Botaniker, 1771–1839
Fuss	Fuss, Michael, Pfarrer in Giereisau in Siebenbürgen, 1814–1883
F. v. M.	s. Mueller

G

Gaertn.	Gaertner, Ph. G., 1754–1825
Gaertn. f.	Gaertner, C. F. v., Arzt, 1772–1850, Sohn des Folgenden
Gaertn. J.	Gaertner, J., deutsch. Arzt. u. Botaniker, 1732–1791
Gagnebin	Gagnebin, A., franz. Botaniker, 1707–1800
Gagnep.	Gagnepain, F., franz. Botaniker, 1866–1952
Gal.	Galeotti, H., belg. Botaniker, 1814–1858
Gams	Gams, H., Prof. in Innsbruck, 1893–1976
Gand.	Gandoger, M., Abbé, franz. Botaniker, 1850–1926
Garay	Garay, L. A., nordamerik. Botaniker, Orchideenspezialist, geb. 1924
Garcke	Garcke, A., deutsch. Botaniker, 1819–1904
Gardn.	Gardner, J., engl. Botaniker auf Ceylon, 1812–1849
Garov.	Garovaglio, S., ital. Botaniker, 1805–1882

Garsault	Garsault, F. A. de, franz. Botaniker, 1691–1776
Gasp.	Gasparrini, G., ital. Botaniker, 1804–1866
Gatt.	Gattinger, nordamerik. Botaniker, 1825–1903
Gaud.	Gaudin, Aimé, ev. Pfarrer in Hyon (Schweiz), Botaniker, 1766–1833
Gaudich.	Gaudichaud-Beaupré, Ch., franz. Botaniker, 1789–1854
Gaussen	Gaussen, H. M., franz. Botaniker, geb. 1891
Gay, C.	Gay, Claude, franz. Botaniker, 1800–1873
Gay, J.	Gay, Jacques, franz. Botaniker, 1786–1864
Gb.	Gramberg, Eugen, Lehrer, Mykologe, 1865–1945
Georgescu	Georgescu, C. C., rumän. Botaniker, 1898–1968
Georgi	Georgi, J. G., Botaniker in Rußland, 1729–1802
Germain	Germain de St. Pierre, J. N. E., franz. Botaniker, 1815–1882
Geschw.	Geschwind, R., deutsch. Gärtner, 1829–1910
Gibbs	Gibbs, V., engl. Botaniker, 1853–1932
Gibbs. P.	Gibbs, P. E., engl. Botaniker, geb. 1938
Gibson	Gibson, George Stacey, engl. Botaniker, 1818–1883
Gilb.	Gilbert, E. J., franz. Mykologe, 1888–1954
Gilg	Gilg, E., deutsch. Botaniker, 1867–1933
Gilib.	Gilibert, J. E., franz. Botaniker, 1741–1814
Gill.	Gillet, C. C., Tierarzt, franz. Mykologe, 1806–1896
Gillet, A.	Gillet, A., franz. Botaniker, 1857–1927
Gillies	Gillies, J., schott. Botaniker, 1747–1834
Gingins	Gingins de Lassaraz, Frédéric Charles Jean, schweiz. Botaniker, 1790–1863
Giseke	Giseke, P. D., deutsch. Botaniker, 1741–1796
Gled.	Gleditsch, J. G.,deutsch. Botaniker, 1714–1786
Glox.	Gloxin, B. P., franz. Botaniker, um 1785
Gmel. C. C.	Gmelin, Carl Christian, Arzt in Karlsruhe, 1762–1837
Gmel, J. F.	Gmelin, Johann Friedrich, Professor in Tübingen und Göttingen, Sohn von Gmelin, Philipp Friedrich, 1748–1804
Gmel. J. G.	Gmelin, Johann Georg, Akademiker in Petersburg, später Professor in Tübingen, 1709–1755
Gmel. P. F.	Gmelin, Philipp Friedrich, Prof. der Botanik in Tübingen, 1721–1768
Gmel. S. G.	Gmelin, S. G., russ. Botaniker, 1744–1774
God.	Godey, L. L., franz. Botaniker, 1813–1873
Godet	Godet, Ch. H., schweiz. Botaniker, 1797–1879
Godr.	Godron, D. A., franz. Botaniker, 1807–1880
Goepp.	Goeppert, H., deutsch. Botaniker, 1800–1884
Görz	Görz, R., deutsch. Botaniker, Mittelschullehrer, 1879–1935
Goeschke	Goeschke, Fr., deutsch. Gärtner, 1845–1912
Good.	Goodenough, Samuel, Bischof von Carlisle (England), 1743–1827
Gord.	Gordon, George, engl. Botaniker, 1806–1879
Gottsche	Gottsche, C. M., deutsch. Botaniker und Arzt, Mooskenner, 1808–1892
Gouan, A.	Gouan, A., franz. Botaniker, 1733–1821
G.P.R.	Guillemin, A., und S. Perrottet und A. Richard
Grab.	Grabowski, H. E., deutsch. Botaniker, 1792–1842
Gradstein	Gradstein, S. R., niederl. Botaniker, Mooskenner, geb. 1943
Graebener	Graebener, L., deutsch. Gärtner, 1849–1937

Gräbn.	Gräbner, Paul, deutsch. Botaniker, 1871–1933
Graebn. et Buchw.	der vorige und Joh. Buchwald, 1892–1921
Graewe	Graewe, P. H. F., schwed. Botaniker, 1819–1866
Grah.	Graham, R. C., engl. Botaniker, 1786–1845
Gray, A.	Gray, Asa, nordamerik. Botaniker, 1810–1888
Gray, S. F.	Gray, Sam. Fr., engl. Botaniker, 1766–1828
Greene	Greene, E. L., nordamerik. Botaniker, 1843–1915
Grembl.	Gremblich, P. J., Franziskaner, österr. Botaniker, 1851–1905
Gremli	Gremli, August, schweiz. Botaniker, 1833–1899
Gren.	Grenier, Charles, franz. Botaniker, 1808–1875
Gren. et Godr.	der vorige und D. A. Godron, 1807–1880
Greuter	Greuter, W., deutsch. Botaniker, geb. 1938
Grev.	Greville, R. K., schott. Botaniker, 1794–1886
Griff.	Griffith, W., engl. Arzt in Ostindien, 1810–1845
Griffiths, D.	Griffiths, D., nordamerik. Botaniker, 1867–1935
Grign.	Grignan, G. T. G., franz. Gärtner, Ende 19. Jahrh.
Grimm	Grimm, J. K. F., Arzt, deutsch. Botaniker, 1737–1821
Griseb.	Grisebach, H. R. A., deutsch. Botaniker, 1814–1879
Griseb. et Sch.	der vorige und J. A. v. Schenk, 1815–1891
Groenl.	Groenland, J., deutsch. Gärtner, 1824–1891
Grogn.	Grognot, C., franz. Botaniker, 1791–1869
Grolle	Grolle, Riclef, Botaniker der DDR, Moosexperte, geb. 1934
Gron.	Gronovius, J. G., holländ. Botaniker, 1690–1762
Grootend.	Grootendorst, H. J., holländ. Gärtner, 20. Jh.
Grosdemange	Grosdemange, Ch., franz. Gärtner, Ende 19. Jahrh.
Grossh.	Grossheim, A. A., sowjet. Botaniker, 1888–1948
Grufb.	Grufberg, I. O., schwed. Botaniker, Schüler von Linné, 1736–1764
Grumm.	Grummann, V., deutsch. Botaniker, 1899–1967
Günth.	Günther, K. Chr., Apotheker, deutsch. Botaniker in Breslau, 1769–1833
Guerke	Guerke, M., deutsch. Botaniker, 1854–1911
Guersent	Guersent, L. B., Arzt in Paris, 1776–1848
Guett.	Guettard, J. E., franz. Botaniker, 1715–1786
Guill.	Guillemin, A., franz. Botaniker, 1796–1842
Guillaum.	Guillaumin, A., franz. Botaniker, 1885–1952
Gumbl.	Gumbleton, E. W. G., engl. Botaniker, 1830–1911
Gunn.	Gunnerus, J. E., norw. Botaniker, Bischof von Drontheim, 1718–1773
Guss.	Gussone, G., ital. Botaniker, 1787–1866
Guterm.	Gutermann, W., österr. Botaniker, geb. 1935
Guthnick	Guthnick, H. J., Direktor des Botanischen Gartens in Bern, 1800–1870
Gyeln.	Gyelnik, V., ungar. Botaniker, 1906–1945

H

Haage	Haage, Ferd., deutsch. Gärtner, 1859–1930
Haas, A.	Haas, Adolf, Dr., Pater S. J., München, geb. 1904
Hack.	Hackel, E., österr. Professor, 1850–1926
Hacq.	Hacquet, B. A., österr. Botaniker, 1739–1815
Hadač	Hadač, E., tschech. Botaniker, geb. 1914

Haenke	Haenke, T., böhm. Botaniker u. Reisender, 1761–1817
Hagen	Hagen, C. G., deutsch. Botaniker, 1749–1829
Hagerup	Hagerup, O., dän. Botaniker, 1889–1961
Haglund	Haglund, G., 1900–1955
Hagström	Hagström, Joh. O., schwed. Botaniker, 1860–1922
Hakul.	Hakulinen, R., finn. Botaniker, geb. 1918
Halácsy	Halácsy, E. v., Arzt, österr. Botaniker, 1842–1913
Hall.	Haller, A. von, deutsch. Botaniker, 1708–1777
Hall. f.	Haller, A. von, Sohn des vorigen, 1758–1823
Hall, W.	Hall, W., engl. Botaniker, 1743–1800
Hallier	Hallier, Ernst, deutsch. Botaniker, 1831–1904
Hallier, f.	Hallier, Hans, deutsch. Botaniker, 1868–1932
Ham.	s. Buch.-Ham.
Hampe	Hampe, E., deutsch. Apotheker, Mooskenner, 1795–1890
Hance	Hance, H. F., engl. Botaniker, 1827–1886
Hand.-Mazz.	Handel-Mazzetti, österr. Botaniker, 1882–1940
Hanelt	Hanelt, Peter, Botaniker der DDR, geb. 1930
Hanst.	Hanstein, J., deutsch. Botaniker, 1822–1880
Hao	Hao, Kin Shen, chin. Botaniker, 20. Jh.
Hara	Hara, Hiroshi, jap. Botaniker, geb. 1911
Hardouin	Hardouin, L., franz. Botaniker, 1800–1858
Hardw.	Hardwicke, engl. Botaniker, 1757–1835
Hariot	Hariot, P. A., franz. Gärtner, 1854–1917
Harm.	Harmand, J., franz. Botaniker, 1844–1915
Harms	Harms, H., deutsch. Botaniker, 1870–1942
Harrow	Harrow, R. L., engl. Gärtner, 1867–1954
Hart.	Hartig, Th., deutsch. Forstmann, 1801–1880
Hartm.	Hartman, C. J., schwed. Botaniker, 1790–1849
Hartman, fil.	Hartman, Carl, schwed. Botaniker, Sohn von Hartman, C. J., 1824–1884
Hartmann, F.	Hartmann, Franz Xaver von, Protomedikus von Oberösterreich, 1737–1791
Hartw.	Hartweg, K. T., Hofgärtner in Schwetzingen, 1812–1871
Hartwig	Hartwig, K. A. J., deutsch. Gärtner, 1823–1913
Hartwig et Rümpl.	der vorige und T. Rümpler, 1817–1891
Harv.	Harvey, W. H., ir. Botaniker, 1811–1866
Harz	Harz, C. H., 1842–1906
Hassk.	Hasskarl, J. K., deutsch. Botaniker u. Reisender, 1811–1894
Hatt.	Hattori, S., jap. Botaniker, Mooskenner, geb. 1915
Hausmann	Hausmann, Franz von, österr. Botaniker, 1810–1878
Haussk.	Haussknecht, C., deutsch. Botaniker, 1838–1903
Hav.	Havaas, J., norw. Botaniker, 1864–1956
Haw.	Haworth, A. H., engl. Botaniker, 1768–1833
Hay.	Hayek, A. von, österr. Botaniker, 1871–1928
Hayata	Hayata, Bunzo, jap. Botaniker, 1874–1934
Hayne	Hayne, F. G, deutsch. Botaniker, 1763–1832
Hazslinszky	Hazslinszky, F., Direktor des ev. Kollegiums in Eperies, ungar. Botaniker, 1818–1896
H.B.K.	Humboldt, F. A. von, deutsch. Naturforscher u. Reisender, 1769–1859, und A. J. A. Bonpland, 1773–1858, und C. S. Kunth, 1788–1850

Hedl.	Hedlund, J. T., schwed. Botaniker, 1861–1953
Hedw.	Hedwig, J., deutsch. Botaniker, 1730–1799
Hedw. f.	Hedwig, R. A., Sohn des vorigen, 1772–1806
Heer	Heer, O., schweiz. Botaniker, 1809–1883
Hegelm.	Hegelmaier, Ch. Friedrich, Professor der Botanik in Tübingen, 1834–1906
Hegetsch.	Hegetschweiler, J., schweiz. Arzt, 1789–1839
Hegi	Hegi, G., deutsch-schweiz. Botaniker, 1876–1932, gab »Flora von Mitteleuropa« in 13 Bänden heraus
Heim.	Heimerl, A., Professor in Wien, 1857–1942
Heist.	Heister, L., deutsch. Botaniker, 1683–1758
Heldr.	Heldreich, Th. v., deutsch. Botaniker in Griechenland, 1822–1902
Hellb.	Hellbom, P. J., schwed. Botaniker, 1827–1903
Helm	Helm, J., deutsch. Botaniker, geb. 1906
Hemsl.	Hemsley, W. B., engl. Botaniker, 1843–1924
Hemsl. et Wils.	der vorige u. E. H. Wilson, 1876–1930
Henk. et Hochst.	Henkel, J. B., 1815–1871, und W. Hochstetter, 1825–1881, deutsch. Botaniker
Henkel	Henkel, H., deutsch. Gärtner, Ende 19./Anf. 20. Jahrh.
Henn.	Hennings, P., deutsch. Pilzforscher, 1841–1908
Henry	Henry, A., engl. Botaniker und Pflanzensammler in China, 1857–1930
Henry, J. K.	Henry, Jos. Kaye, kanad. Botaniker, 1866–1913
Henry, L.	Henry, Louis, franz. Gärtner, 1853–1913
Hepp	Hepp, Ph., deutsch. Botaniker, 1797–1867
Herb.	Herbert, W., engl. Geistlicher, 1778–1847
Hérinq	Hérinq, Fr., franz. Gärtner, 1820–1891
Hérit	s. L'Hérit.
Hermann, F.	Hermann, F., deutsch. Botaniker, 1873–1967
Herre	Herre, Hans, deutsch. Gärtner in S-Afrika, 1895–1979
Herrm.	Herrmann, J., elsäss. Botaniker, 1738–1800
Hertsch	Hertsch, H., Pharmazeut, zuletzt in Zehden, 1819–1856
Herz.	Herzog, Th., deutsch. Botaniker, 1880–1961
Hess	Hess, Johannes, deutsch. Botaniker, 1787–1837
Hesse	Hesse, H. A., deutsch. Baumschulbesitzer, -experte, 1852–1937
Heuff.	Heuffel, J., ungar. Botaniker, 1800–1857
Heynh.	Heynhold, G., deutsch. Botaniker, 1828–1850
Heywood	Heywood, V. H., engl. Botaniker, geb. 1927
Hickel	Hickel. Rob., franz. Botaniker, 1861–1935
Hiern	Hiern, W. Ph., 1839–1925
Hieron.	Hieronymus, G., deutsch. Botaniker, 1846–1921
Hil.	s. St. Hil.
Hildebrand	Hildebrand, F. G. H., Professor der Botanik zu Freiburg im Breisgau, 1835–1915
Hilitz.	Hilitzer, A., tschech. Botaniker, 1899–1940
Hill	Hill, John, engl. Arzt, 1716–1775
Hill, E. J.	Hill, E. J., nordamerik. Botaniker, 1833–1917
Hillebr.	Hillebrand, W. P., österr. Gärtner, 1805–1860
Hillier	Hillier and Sons, engl. Gärtner, 20. Jh.
Hillm.	Hillmann, J., deutsch. Botaniker, 1881–1943
Hitchc., A.	Hitchcock, A. S., nordamerik. Botaniker, 1865–1935

Hitchc., E.	Hitchcock, E, nordamerik. Botaniker, 1793–1864
Hochreut.	Hochreutiner, B. P. G., schweiz. Botaniker, 1873–1959
Hochst.	Hochstetter, F., deutsch. Pfarrer u. Botaniker, 1787–1860
Höfk.	Höfker, H., deutsch. Botaniker, Gehölzkenner, 1859–1945
Høeg	Høeg, O. A., norw. Botaniker, geb. 1898
Höjer	Höjer, J. C., um 1750
Hoess	Hoess, Franz, österr. Botaniker, 1756–1840
Hoffm.	Hoffmann, G. F., deutsch. Botaniker, 1761–1826
Hoffmans.	Hoffmansegg, J. C., deutsch. Botaniker, 1766–1849
Hfg. et Link	der vorige und H. F. Link, 1767–1851
Hoh.	Hohenacker, R. F., ev. Pfarrer in Helmendorf (Transkaukasien) bis 1837, 1798–1874
Holandre	Holandre, J., Stadt-Bibliothekar in Metz, 1773–1857
Holmberg	Holmberg, O. R., schwed. Botaniker, 1874–1930
Holmboe	Holmboe, J., norw. Botaniker, 1880–1943
Holtt.	Holttum, R. E., engl. Botaniker, geb. 1895
Holub	Holub, J., tschech, Botaniker, geb. 1930
Holuby	Holuby, Josef, evang. Pfarrer in Nemes Podhrad, 1836–1923
Holz.	Holzinger, J. M., nordamerik. Botaniker, 1858–1929
Honck.	Honckeny, G. A., deutsch. Amtmann und Botaniker, 1724–1805
Honda	Honda, M., jap. Botaniker, geb. 1897
Hook.	Hooker, W. J., engl. Botaniker, 1785–1865
Hook. et Arn.	der vorige und G. A. W. Arnott, 1799–1868
Hook. et Thoms.	der folgende u. Th. Thomson, 1817–1878
Hook. f.	Hooker, J. D., Sohn von W. J. Hooker, engl. Botaniker, 1817–1911
Hoopes	Hoopes, J., nordamerik. Gärtner, 1832–1904
Hope	Hope, J., engl. Botaniker, 1725–1786
Hoppe	Hoppe, D. H., deutsch. Botaniker, 1760–1846
Horan.	Horaninow, P., russ. Botaniker, 1796–1866
Horkel	Horkel, J., Professor in Berlin, 1769–1846
Hornem.	Hornemann, J. W., dän. Botaniker, 1770–1841
Hornibr.	Hornibrook, M., brit. Botaniker, Koniferenkenner, 1874–1949
Hornung	Hornung, G. E., deutsch. Apotheker u. Botaniker, 1795–1862
Horsf.	Horsfield, T., engl.-amerik. Botaniker, 1773–1859
hort.	= hortorum (Genit. Pl. von hortus) = der Gärten
Hort. Kew.	Hortus Kewensis, Pflanzen-Katalog der Kew.-Gärten bei London von Hooker und Walker-Arnott, 1847
hortul.	= hortulanorum (Genit. Pl. von hortulanus) = der Gärtner
Horvátovsky	Horvátovsky, Sigismund, Arzt in Turna (Slowakei) um 1770
Hose	Hose, J. A., 1838–1922
Host	Host, N. Th., Kaiserl. Leibarzt in Wien, 1761–1834
House	House, H. D., Botaniker der USA, 1878–1949
Houtt.	Houttuyn, M., holländ. Arzt u. Botaniker, 1720–1798
Houtte	s. van Houtte
Houzeau	Houzeau de Lehaie, J. H., belg. Botaniker, 1820–1888
Howell	Howell, Th., nordamerik. Botaniker, 1842–1912
Hrabět.-Uhr.	Hrabětová-Uhrová, A., tschech. Botanikerin, 1900–1981
Hryniew.	Hryniewiecki, Bolesław, poln. Botaniker, 1875–1963
Hryn. et Kobend.	siehe: Hryniew. und Kobendza
Hu	Hu, Hsen Hsu, chin. Botaniker, geb. 1894
Hubb., C.E.,	Hubband, C. E., engl. Botaniker, Spezialist der Poaceae, geb. 1900

Hubb. F.T.	Hubbard, F.T., nordamerik. Botaniker, 1875–1962
Hub.-Mor.	Huber-Morath, A., schweiz. Botaniker, geb. 1901
Huds.	Hudson, W., engl. Botaniker, 1734–1793
Hue	Hue, A., franz. Botaniker, 1840–1917
Hülsen	Hülsen, Reinhold, Pastor, 1837–1912
Huet	Huet du Pavillon, A., Professor in Toulon-sur-Mer, 1829–1907
Hughes	Hughes, Dorothy K. (Mrs. Wilson Popenoe), engl. Botanikerin, 1899–1932
Hull	Hull, J.G., engl. Botaniker, 1761–1843
Hult.	Hulting, J., schwed. Botaniker, 1842–1929
Hultén	Hultén, E.O.G., schwed. Botaniker, 1894–1980
Hunt.	Hunter, W., engl. Arzt, 1718–1783
Hunt, P.F.	Hunt, P.F., brit. Botaniker, geb. 1936
Hurst	Hurst, engl. Botaniker, geb. 1870
Husnot	Husnot, T., franz. Botaniker, 1840–1929
Hutchins.	Hutchinson, J., engl. Botaniker, 1884–1972
Hutchison	Hutchison, P.C., Botaniker der USA, geb. 1924
Huter	Huter, R., Pfarrer, österr. Botaniker, 1834–1909
Hy	Hy, J.C., franz. Botaniker, 1853–1918
Hylander	Hylander, N., schwed. Botaniker, 1904–1970

I

Iljin	Iljin, M.M., russ. Botaniker, 1889–1967
Imsh.	Imshaug, H.A., Botaniker in USA, geb. 1925
Ingram	Ingram, C., engl. Gärtner, Pflanzenliebhaber, geb. 1880
Inoue	Inoue, H., jap. Botaniker, Mooskenner, geb. 1932
Inum.	Inumaru, S., jap. Botaniker, geb. 1899
Irmisch	Irmisch, Thilo, Gymnasialprof. u. Botaniker in Sondershausen, bedeut. Morphologe, 1816–1879
Irmscher	Irmscher, E., deutsch. Botaniker, 1887–1968
Isert	Isert, P.E., dän. Botaniker, 1757–1789
Isoviita	Isoviita, P., finn. Botaniker, Mooskenner, geb. 1931
Ito	Ito, Tokutarom, jap. Botaniker, 1868–1941
Itzigs.	Itzigsohn, H., 1814–1878
Itzigs. et Hertzsch	der vorige und H. Hertzsch, 1819–1856
Iwats.	Iwatsuki, Z., jap. Botaniker, Mooskenner, geb. 1929

J

Jack, J.	Jack, J.G., nordamerik. Botaniker, 1861–1949
Jack, W.	Jack, W., schott. Botaniker, 1795–1822
Jackmann	Jackmann, G., engl. Gärtner, 1837–1887
Jacks.	Jackson, A.B., engl. Botaniker, 1876–1947
Jacobs.	Jacobsen, Hermann, deutsch. Gärtner, 1898–1978
Jacq.	Jacquin, N.J. von, österr. Botaniker, 1727–1817
Jacquem.	Jacquemont, V., franz. Reisender, 1801–1832
Jacques	Jacques, H.A., franz. Gärtner, 1782–1866
Jaeg.	Jaeger, H., deutsch. Gärtner, 1815–1890

Jaenn.	Jaennicke, Fr., deutsch. Botaniker, 1831–1907
Jalas	Jalas, J., finn. Botaniker, geb. 1920
James	James, E., nordamerik. Botaniker, 1797–1861
Janchen	Janchen, E., österr. Botaniker, 1882–1970
Jancz.	Janczewski, E. von, österr. Botaniker, 1846–1918
Janka	Janka von Bulcs, V., ungar. Botaniker, 1837–1890
Jas.	Jasiewicz. A., poln. Botaniker, geb. 1928
Jatta	Jatta, A., ital. Botaniker, 1852–1912
Jaub.	Jaubert, H. F. von, franz. Minister, 1798–1874
Jaub. et Spach	der vorige und E. Spach, 1801–1879
Jaume St. Hil.	Jaume St. Hilaire, J. H., franz. Botaniker, 1772–1845
Jávorka	Jávorka, S., ungar. Botaniker, 1883–1961
Jennison	Jennison, H. M., nordamerik. Botaniker, 1885–1940
Jessen	Jessen, K. F. W., Prof. der Botanik in Eldena, 1821–1889
Jirásek	Jirásek, V., tschech. Botaniker, geb. 1906
Joerg.	Joergensen, E. H., norw. Botaniker, Mooskenner, 1862–1938
Jones	Jones, M. E., nordamerik. Botaniker, 1852–1934
Jones, E. W.	Jones, E. W., engl. Botaniker, Mooskenner, geb. 1909
Jord. et Fourr.	Jordan, A., 1814–1897, und J. P. Fourreau, franz. Botaniker, 1844–1871
Jouin	Jouin, V. J., 1839–1909, und V. E. Jouin, franz. Gärtner, 20. Jh.
Jov.-Ast	Jovet-Ast, S., franz. Botanikerin, Mooskennerin, geb. 1914
Jühlke	Jühlke, F., deutsch. Gärtner, 1815–1893
Jundz.	Jundzill, H. B. St., poln. Botaniker, 1761–1830
Jung	Jung, W., Apotheker in Hochheim, um 1830
Junge, P.	Junge, Paul, Lehrer in Hamburg, 1881–1919
Jungh.	Junghuhn, F. W., deutsch. botan. Reisender, 1812–1864
Jusl. (Juslen.)	Juslenius, A. D., schwed. Botaniker, um 1750
Juss.	Jussieu, A. L. de, franz. Botaniker, 1748–1836
Juss., A.	Jussieu, Adrian, Sohn des vorigen, 1797–1853
Juss., B.	Jussieu, Bernhard, 1699–1777

K

Kaal.	Kaalaas, B. B. L., norw. Botaniker, Mooskenner, 1851–1918
Kache	Kache, P., deutsch. Gärtner, 1882–1945
Kaeser	Kaeser, Friedrich, Lehrer an der Elementarschule in Zürich, 1853–1915
Kalm	Kalm, Pehr, schwed. Botaniker, 1716–1779
Kaltenb.	Kaltenbach, J. H., deutsch. Realgymnasiallehrer, 1807–1876
Kar. et Kir.	Karelin, S. G., 1801–1872, und J. Kirilov, russ. Botaniker
Kárpáti	Kárpáti, Z., ungar. Botaniker, 1909–1942
Karst.	Karsten, P. A., finn. Mykologe, 1834–1917
Karst., H.	Karsten, H., deutsch. Botaniker, 1817–1908
Karst. et Triana	der vorige und J. Triana
Karw.	Karwinski v. Karwin, botan. Reisender in Brasilien, 1780–1855
Kaulf.	Kaulfuß, G. F., deutsch. Botaniker, 1786–1830
Kbch.	Kallenbach, F., Lehrer, Mykologe, 1893–1944
Kearn.	Kearney, Th. H., nordamerik. Botaniker, geb. 1874
Keissl.	Keissler, K. von, österr. Botaniker, 1872–1965
Keller	Keller, R., schweiz. Botaniker, 1854–1939

Keller, L.	Keller, Louis, Kommunallehrer in Wien, 1850–1915
Kellogg	Kellogg, A., nordamerik. Botaniker, 1813–1887
Kelsey	Kelsey, H. P., amerik. Botaniker, 1872–1959
Keng	Keng,Y. L., geb. 1897
Kerch.	Kerchowe de Denterghem, O., belg. Botaniker, 1. Hälfte/19. Jahrh.
Ker-Gawler	Ker-Gawler, J., engl. Botaniker, 1764–1842
Kern.	Kerner v. Marilaun, A., österr. Botaniker, Professor der Botanik in Wien, 1831–1898
Kern., J.	Kerner, Josef, Landgerichtspräsident in Salzburg, österr. Botaniker, 1829–1906
Kernst.	Kernstock, E., österr. Botaniker, 1852–1900
Kesselr.	Kesselring, J., schweiz. Gärtner, 1835–1909
Khek	Khek, Eugen Joachim, Apotheker in Wien, 1861–1927
Kikuchi	Kikuchi, Akio, jap. Botaniker, 1883–1951
Killias	Killias, E., schweiz. Botaniker, 1829–1891
Kindb.	Kindberg, Nils Conrad, Lektor in Linköping (Schweden), 1832–1910
Kir.	Kirilow, Iwan, russ. Botaniker, 1822–1842
Kirchner	Kirchner, G., deutsch. Gärtner, 1837–1885
Kirk, T.	Kirk, Th., neuseel. Botaniker, 1828–1898
Kirschl.	Kirschleger, F., Prof. für mediz. Botanik in Straßburg, 1804–1869
Kit.	Kitaibel, P., ungar. Botaniker, 1757–1817
Kittel	Kittel, M. B., deutsch. Botaniker, 1798–1885
Kl.	Klotzsch, J. F., deutsch. Botaniker, 1805–1860
Klášterský	Klášterský, J., tschech. Botaniker, geb. 1901
Klatt	Klatt, F. W., deutsch. Botaniker, 1825–1897
Kleb.	Klebahn, Heinrich, Hamburg, Honorarprofessor der Universität Hamburg, 1859–1942
Klem.	Klement, Oskar, deutsch. Botaniker, 1897–1980
Klenert	Klenert, W., österr. Gärtner, 20. Jh.
Klinge	Klinge, Johann Christoph, Oberbotaniker am Botanischen Garten in St. Petersburg, 1851–1902
Kloss	Kloss, K., Botaniker der DDR (Jena), geb. 1934
Klotz	Klotz, Gerhard, Botaniker der DDR (Jena), geb. 1928
Klotzsch	Klotzsch, J. F., deutsch. Botaniker, 1805–1860
Kluk	Kluk, K., Propst, poln. Botaniker, 1739–1796
Kmet	Kmet, A., ungar. Botaniker, 1841–1908
Kn.	Knight, T. A., engl. Botaniker, 1758–1833
Knaf	Knaf, J., böhm. Botaniker, 1801–1865
Kneucker	Kneucker, Anton, Karlsruhe, Prof. 1862–1946
Knight	Knight, Jos., engl. Gärtner, 1781–1855
Knight et Perry	Knight, J., und Th. A. Perry, engl. Gärtner, 20. Jh.
Knight, Ch.	Knight, Ch., engl. Botaniker, 1818–1891
Knowl.	Knowles, M. C., ir. Botaniker, 1864–1933
Kobendza	Kobendza, Roman, poln. Botaniker, 1886–1955
Koch	Koch, W. D. J., deutsch. Botaniker, 1771–1849
Koch, K.	Koch, Karl, deutsch. Botaniker, Gehölzkenner, 1809–1879
Koeh. et Lingelsh.	Koehne, E., und A. von Lingelsheim, 1874–1937
Koehler	Koehler, J. Ch. G., Instituts-Vorsteher, 1759–1833
Koehne	Koehne, E., deutsch. Oberlehrer, Professor, Gehölzkenner, 1848–1918

Koel.	Koeler, G. L., Prof. in Mainz, 1765–1807
Koene	Koene, Joh. R., deutsch. Botaniker, 1799–1860
König	König, D., deutsch. Botaniker, geb. 1909
Körb.	Körber, G. W., deutsch. Botaniker, 1817–1885
Koern.	Koernicke, F., deutsch. Botaniker, Getreidekenner, 1828–1908
Koerte	Koerte, F., 1782–1845
Koidz.	Koidzumi, G., jap. Botaniker, 1883–1953
Komar.	Komarow, V. L., russ. Botaniker, 1869–1945
Koopm.	Koopmann, K., deutsch. Gärtner, 1851–(nach 1924)
Kop.	Koponen, T., finn. Botaniker, Mooskenner, geb. 1939
Korb	Korb, Eduard, Arzt in Wien-Lainz, 1873–?
Kordes	Kordes, W., 1865–1935, und W. Kordes, 1891–1976, deutsch. Rosenzüchter
Korsh.	Korshinsky, S. J., russ. Botaniker, 1861–1900
Korth.	Korthals, Pieter, Willem, holländ. Botaniker, 1807–1892
Kost.	Kosteletzky, F. V., böhm. Botaniker, 1801–1887
Kotschy	Kotschy, Th., österr. Botaniker im Orient, 1813–1866
Kov.	Kovár, F., tschech. Botaniker, 1863–1925
Kováts	Kováts, Julius von, Prof. der Botanik in Pest, 1815–1873
Krajina	Krajina, V. J., tschech. Botaniker, geb. 1905
Kram.	Kramer, J. G. H., um 1720
Kränzl.	Kränzlin, F., deutsch. Botaniker, 1847–1934
Krašan	Krašan, F., zuletzt Schulrat u. Prof. in Graz, 1840–1907
Krassn.	Krassnov, A. N., russ. Botaniker, 1862–1915
Krause	Krause, Apotheker in Breslau, 1847–1934
Krause, E. H. L.	Krause, Ernst H. L., Rostock, Dr. med., Marinestabsarzt i. R., Honorarprof. an der Universität, 1859–1942
Krause, M.	Krause, Max, deutsch. Rosenzüchter, 1880–1937
Krbh.	Krombholz, J. V. von, Mykologe, Prag, 1782–1843
Krecz. V.	Kreczetowicz, V., sowjet. Botaniker, 1901–1942
Krempelhuber	Krempelhuber, A. von, Forstrat in München, 1813–1882
Krey.	Kreyer, G. K., russ. Botaniker, 1887–1942
Krock.	Krocker, A. J., Arzt in Breslau, deutsch. Botaniker, 1744–1823
Krüssm.	Krüssmann, Gerd, deutsch. Dendrologe, 1910–1980
Kth. (Kunth)	Kunth, C. S., deutsch. Botaniker, 1788–1850
Ktze.	Kuntze, C. E. Otto, deutsch. Botaniker u. Reisender, 1843–1907
Kudo	Kudo, Y., jap. Botaniker, 1887–1932
Kühlew.	Kühlewein, P. E., 1798–1870
Kuhn	Kuhn, M., 1842–1894
Kük.	Kükenthal, G., deutsch. Botaniker, 1864–1955
Kullh.	Kullhem, H. A., schwed. Botaniker, 1839–1877
Kummer	Kummer, Paul, deutsch. Botaniker, 1834–1912
Kunze	Kunze, G., deutsch. Botaniker, 1793–1851
Kuš.	Kušan, Fran, jugosl. Botaniker, 1902–1972
Kusn.	Kusnezov, N. J, russ. Botaniker, 1864–1932
Kütz.	Kützing, Traugott, Prof. in Nordhausen, bedeut. Algenkenner, 1807–1893

L

L.	Linné, Carl von, berühmter schwed. Naturforscher, 1707–1778
L.f.	Linne, Carl von, Sohn des vorigen, 1741–1783
Labill.	Labillardière, J. J. H., franz. Botaniker u. Reisender, 1755–1834
Lachenal	Lachenal, W. de, Prof. der Botanik in Basel, 1736–1800
Laest.	Laestadius, Lars Levi, Pastor der Parochie Karesuando in Lappland, 1800–1861
Lag.	Lagasca, Segura, M., span. Botaniker, 1776–1839
Lagrèze-Foss.	Lagrèze-Fossat, A. R. A., Advokat in Moissac, 1818–1874
La Harpe	La Harpe, Jean Jacques Charles de la, schweiz. Botaniker, 1802–1838
Lahm	Lahm, G., deutsch. Botaniker, 1811–1888
Laich.	Laicharding, J. N., österr. Botaniker, 1754–1797
Lam. (Lamk.)	Lamarck, J. B. A. P. Monnet, franz. Naturforscher, 1744–1829
Lamb.	Lambert, A. B., engl. Koniferenkenner, 1761–1842
Lamb, M.	Lamb, J. M., engl. Botaniker, geb. 1911
Lambert	Lambert, P., deutsch. Rosenzüchter, 1859–?
Lamotte	Lamotte, M., zuletzt Direktor des Botanischen Gartens in Clermont-Ferrand, 1820–1883
Lamy	Lamy de la Chapelle, E., franz. Botaniker, 1803–1886
Láng	Láng, Adolf Franz, ungar. Botaniker, 1795–1863
Lang, F.	Lang, Otto Friedrich, deutsch. Botaniker,1817–1847
Lange	Lange, J., dän. Botaniker, 1818–1898
Lange, O.L.	Lange, O. L., deutsch. Botaniker, geb. 1927
Langs.	Langsdorff, G. H. von, russ. Konsul in Brasilien, 1774–1852
Lap.	Lapeyrouse, P. de, franz. Botaniker, 1744–1818
Larsen, K.	Larsen, K., dän. Botaniker, geb. 1926
Lasch	Lasch, W., Apotheker in Driesen, Neumark, 1787–1863
Laterrade	Laterrade, Jean François, franz. Botaniker,1784–1858
Latour.	Latourrette, M., franz. Botaniker in Lyon, 1729–1793
Lauche	Lauche, W., deutsch. Gärtner, 1827–1882
Laund.	Laundon, J. R., engl. Botaniker, geb. 1934
Laur.	Laurer, J. F., deutsch. Botaniker, 1798–1873
Lav.	Lavallée, A., franz. Botaniker, 1835–1884
Laven	Laven, L., deutsch. Botaniker, geb. 1881
Lavrenko	Lavrenko, E. M., russ. Botaniker, geb. 1900
Lawolrée	Lawolrée, A., belg. Botaniker, geb. 1921
Laws.	Lawson, M. A., engl. Botaniker, 1840–1896
Laxm.	Laxmann, E., russ. Botaniker, 1737–1796
Lebert	Lebert, Hermann, Professor in Breslau, 1813–1878
Lecq.	Lecoq, H., franz. Botaniker, 1802–1871
Ledeb.	Ledebour, C. F., deutsch-russ. Botaniker, 1785–1851
Leenders	Leenders, M., holländ. Gärtner, 20. Jh.
Leers	Leers, J. D., Apotheker in Herborn, Nassau, deutsch. Botaniker, 1727–1774
Le Gal	Le Gal, Marcella, L. F., franz. Botanikerin, geb. 1895
Lehm.	Lehmann, J. G. Ch., deutsch. Botaniker, 1792–1860
Lehm., C.	Lehmann, Friedr. Carl, deutsch. Pflanzensammler in Südamerika, 1850–1903
Lehm., C.B.	Lehmann, Carl Bernhard, deutsch. Botaniker, 1858–1940

Lehmann	Lehmann, Ernst, Professor der Botanik in Tübingen, 1880–1957
Leicht.	Leichtlin, M., deutsch. Gärtner, 1831–1910
Leight.	Leighton, W. A., engl. Botaniker, 1805–1889
Lej.	Lejeune, A. L. S., belg. Arzt u. Botaniker, 1779–1858
Lej. et Court.	Lejeune u. Courtois, R., 1806–1835, Prof. in Lüttich
Lem.	Lemaire, Ch., belg. Gärtner u. Botaniker, 1801–1871
Leman	Leman, Dominique Sebastian. Botaniker in Frankreich, 1781–1829
Lemke	Lemke, W,. deutsch. Botaniker, 1896–1973
Lemoine	Lemoine, R.L. Victor, 1823–1911, und Émile Lemoine, 1862–1943
Lengyel	Lengyel, Gaza, ungar. Botaniker, 1884–1965
Lep.	Lepechin, J., russ. Botaniker, 1737–1802
Leroy	Leroy, André, 1801–1875, und Louis Leroy, 1808–1887, franz. Gärtner
Lesch.	Leschenault de la Tour, L. Th., franz. Botaniker, 1773–1826
Less.	Lessing, Ch. F., Arzt, deutsch. Botaniker in Rußland, 1810–1862
Lett.	Lettau, G., deutsch. Botaniker, 1878–1951
Lévl., A.	Léveillé, A. A. H., franz. Botaniker, 1863–1918
Lévl.	Léveillé, J. H., franz. Botaniker, 1796–1870
Leybold	Leybold, F. E., österr. Botaniker, 1827–1879
Leys.	Leyser, F. W. von, deutsch. Botaniker, 1731–1815
Lge	Lange, J. E., dän. Mykologe, 1864–1941
L'Hérit.	L'Heritier de Brutelle, C. L., franz. Botaniker, 1746–1800
Libosch.	Liboschitz, J. L., österr. Arzt in Petersburg, 1783–1824
Lichtst.	Lichtenstein, A. G. G., deutsch. Arzt, 1780–1851
Liebl.	Lieblein, F. K., deutsch. Botaniker, 1744–1810
Liebm.	Liebmann, F. M., dän. Botaniker, 1813–1856
Lightf.	Lightfoot, John, engl. Geistlicher u. Botaniker, 1735–1788
Liljeb.	Liljeblad, S,. schwed. Botaniker, 1761–1815
Lind.	Linden, J. J., belg. Gärtner u. Reisender, 1817–1898
Lindau	Lindau, G., deutsch. Botaniker, 1866–1923
Lindb.	Lindberg, C. J., schwed. Botaniker, 1815–1900
Lindb. f.	Lindberg, H., finn. Botaniker, 1871–1963
Lindenb.	Lindenberg, J. B. W., Amtmann in Bergedorf, 1781–1851
Lindgr.	Lindgren, S. Joh., 1810–1849
Lindl.	Lindley, J., engl. Botaniker, 1799–1865
Lindl. et Paxt.	der vorige und J. Paxton, 1802–1865
Lindmann	Lindmann, C. A. M., schwed, Botaniker, 1856–1928
Linds.	Lindsay, W. L., engl. Botaniker, 1829–1880
Lingelsh.	Lingelsheim, A. von, deutsch. Botaniker, 1874–1937
Link (Lk.)	Link, H. F., deutsch. Botaniker, 1767–1851
Lipsky	Lipsky, V. J., russ. Botaniker, 1863–1937
Litvin.	Litvinow, D., J., russ. Botaniker, 1854–1929
Lloyd, Fr.	Lloyd, François Ernest, franz. Botaniker, 1868–1947
Lodd.	Loddiges, C., 1738–1826, und dessen Sohn Georges, 1784–1846, engl. Gärtner
Löbn.	Löbner, Max, deutsch. Gärtner, 1869–1947
Loefl.	Loefling, P., schwed. Botaniker u. Reisender, 1729–1756
Loehr	Loehr, Mathias Joseph, Apotheker in Köln, 1800–1864
Lönnr.	Lönnroth, K. J., schwed. Botaniker, 1826–1885
Loes.	Loesener, T., deutsch. Botaniker, 1865–1941
Loes. et Rehd.	der vorige und A. Rehder, 1863–1949

Lötschert	Lötschert, W., deutsch. Botaniker, geb. 1923
Löve, Á.	Löve, Á., nordamerik. Botaniker isländischer Abstammung, geb. 1916
Löve, D.	Löve, D., nordamerik. Botanikerin schwedischer Abstammung, geb. 1918
Loew	Loew, E., deutsch. Botaniker, 1843–1908
Loisl.	Loiseleur-Deslongschamps, J. L. A., franz. Arzt, 1774–1849
Looymans	Looymans, P. J., holländ. Gärtner, 20. Jh.
Loud.	Loudon, J. C., engl. Gärtner, 1783–1843
Lour.	Loureiro, J., portug. Jesuit u. Botaniker in Hinterindien, 1717–1791
Low	Low, Hugh, engl. Botaniker, 1824–1905
Lozano	Lozano, J. T., span. Botaniker, um 1808
Ludwig, A.	Ludwig, Alfred, Studienrat i. R., Siegen, geb. 1879
Ludwig, F.	Ludwig, Ch. F., deutsch. Botaniker, 1759–1823
Ludwig, G.	Ludwig, Ch. G., deutsch. Botaniker, 1709–1773
Ludwig, W.	Ludwig, Wolfgang, deutsch. Botaniker, geb. 1923
Lüdi	Lüdi, W., schweiz. Botaniker, 1888–1968
Luerss.	Luerssen, Christian, Assistent am Bot. Laboratorium in Leipzig, 1843–1916
Lumnitzer	Lumnitzer, St., ungar. Botaniker, 1750–1806
Lynge	Lynge, B., norw. Botaniker, 1884–1942
Lyons	Lyons, J. C., engl. Botaniker, 1792–1874

M

Maack	Maack, R., Direktor des Gymnasiums in Irkutsk, russ. Botaniker, 1825–1886
Maas, G.	Maas, Geesteranus, R. A., niederl. Botaniker, geb. 1911
Machule	Machule, Martin, Stetten im Remstal, Bankbeamter i. R., geb. 1899
Mack.	Mackenzie, K. K., nordamerik. Botaniker, 1877–1934
Macv.	Macvicar, S. M., schott. Botaniker, Mooskenner, 1857–1932
Mägdefrau	Mägdefrau, K., deutsch. Botaniker, geb. 1907
Maerklin	Maerklin, G. F., deutsch. Apotheker, gest. 1828
Magn., H.	Magnusson, A. H., schwed. Botaniker, geb. 1885
Mah.	Maheu, J. M. A., franz. Botaniker, 1873–1937
Maill.	Maillard, P. N., franz. Botaniker, 1813–1883
Mak.	Makino, Tomitaro, jap. Botaniker, 1862–1957
Mak. et Shib.	der vorige und Shibata, K., jap. Botaniker, 1877–1949
Makar.	Makarevicz, M. F., russ. Botaniker, geb. 1906
Malbr.	Malbranche, A.-J., franz. Botaniker, 1818–1888
Malme	Malme, G. O., schwed. Botaniker, 1864–1937
Malý	Malý, Karl, zuerst Eisenbahnbeamter, zuletzt Kustos am Landesmuseum Serajewo, 1874–1951
Manetti, G.	Manetti, G., ital. Botaniker, um 1842
Manetti, X.	Manetti, X., ital. Arzt und Botaniker, 1723–1784
Mansf.	Mansfeld, R., deutsch. Botaniker, 1901–1960
Marchant	Marchant, M., engl. Gärtner
Marg.	Margadant, W. D., niederl. Botaniker, Mooskenner, geb. 1916
Marsh.	Marshall, H., nordamerik. Botaniker, 1722–1801
Marss.	Marsson, Th., Apotheker, deutsch. Botaniker, 1816–1892

Mart.	Martius, C.F.Ph.von, deutsch. Botaniker u. Reisender, Direktor des Münchener Bot. Gartens, 1794–1868
Martelli	Martelli, U., ital. Botaniker, 1860–1934
Martens	Martens, M., belg. Botaniker, 1797–1863
Mart. et Zucc.	der vorige und J.G. Zuccarini, 1737–1809
Martinovský, O.	Martinovský, O., tschech. Botaniker, Stipa-Spezialist, 1903–1981
Martr.-Don.	Martrin-Donos, Victor de, franz. Botaniker, 1801–1870
Martyn	Martyn, Thomas, Prof. in Cambridge, 1736–1825
Massal.	Massalongo, A.B., ital. Botaniker, 1824–1860
Mass.,C.	Massalongo, C.B., ital. Botaniker, Mooskenner, 1852–1928
Mast.	Masters, M. T., engl. Botaniker, Begründer des »The Gardeners Chronicle«, 1833–1907
Matsum.	Matsumura, J., jap. Botaniker, 1855–1928
Matt.	Mattuschka, H.G. Graf von, deutsch. Botaniker, 1734–1779
Mattf.	Mattfeld, Joh., deutsch. Botaniker, 1895–1951
Mattick	Mattick, F., deutsch. Botaniker, geb. 1901
Mauri	Mauri, E., ital. Botaniker, 1791–1836
Maxim.	Maximowicz, D.J., russ. Botaniker u. Reisender, 1827–1891
Mayr.	Mayr, H., deutsch. Botaniker u. Forstmann, 1856–1911
M.B.	Marschall v. Bieberstein, F.A., deutsch-russ. Botaniker, 1768–1826
McKelvey	Mac Kelvey, S. Delano, nordamerik. Botanikerin, 20. Jh.
Med.	Medicus, F.C., deutsch. Botaniker, 1736–1808
Medwed.	Medwediew, Y.S., russ. Botaniker, 1847–1923
Meisner, E.	Meisner, Engelbert, Apotheker u. Fabrikbesitzer in Starnberg a. See, zuletzt in Meersburg a. Bodensee, 1878–1953
Meissn.	Meissner, C.F., schweiz. Botaniker, 1800–1874
Mér.	Mérat, Fr.V., franz. Botaniker, 1780–1851
Mereschk.	Mereschkowsky, K.S., russ. Botaniker, 1855–1921
Merill, G.	Merill, G.K., Botaniker in USA, 1864–1927
Merr.	Merrill, E.D., nordamerik. Botaniker, 1876–1956
Mert.	Mertens, F.K., Prof. in Bremen, 1764–1831
Mert. et Koch (M. et K.)	Mertens und W.D.J. Koch, 1771–1849
Merxm.	Merxmüller, H., Botaniker der BRD, geb. 1920
Mett.	Mettenius, G.H., deutsch. Botaniker, 1823–1866
Metzel.	Metzelová-Kropáčová, A., geb. 1922
Metzger	Metzger, Johann, Gartendirektor in Heidelberg, 1789–1852
Metzl.	Metzler, A.M., deutsch. Botaniker, 1813–1883
Meusel	Meusel, Hermann, Botaniker der DDR, geb. 1909
Mey.	Meyer, B., Florist der Wetterau, 1767–1836
Mey., C.A.	Meyer, Carl Anton, russ. Botaniker, 1795–1855
Mey., D.E.	Meyer, D.E., deutsch. Botaniker, Farnspezialist, 1926–1982
Mey., E.H.F.	Meyer, Ernst Heinr. Friedr., deutsch. Botaniker, 1791–1858
Mey., F.K.	Meyer, Friedrich Karl, Botaniker der DDR (Jena), geb. 1926
Mey., G.F.W.	Meyer, Georg Friedr. Wilh,. deutsch. Botaniker, 1782–1856
Mez	Mez, C., deutsch. Botaniker, 1866–1944
Mgf.-Dbg.	Markgraf-Dannenberg, Ingeborg, deutsch. Botanikerin in Zürich, geb. 1911
Mi.	Michael, Ed., Lehrer, deutsch. Mykologe, 1849–1920
Michal.	Michalet, Eugène, franz. Botaniker, 1829–1862
Micheli	Micheli, P.A., ital. Botaniker, 1679–1737

Michx.	Michaux, André, franz. Botaniker, 1746–1802
Michx. f.	Michaux, François André, Sohn des vorigen, 1770–1855
Miers	Miers, J., engl. Botaniker, 1789–1879
Mig.	Migula, W., deutsch. Botaniker, 1863–1938
Mik.	Mikan, J.C., böhm. Botaniker, 1769–1844
Mikan pat.	Mikan, Joseph Gottfried, Prof. in Prag, 1743–1814
Milde	Milde, J., Prof. in Breslau, 1824–1871
Mill.	Miller, Ph., engl. Gärtner, 1691–1771
Miq.	Miquel, F.A.W., deutsch-holländ. Botaniker, 1811–1871
Mirbel	Mirbel, Charles François, franz. Botaniker, 1776–1854
Mitch.	Mitchell, M.E., ir. Botaniker, geb. 1934
Mitt.	Mitten, W., engl. Botaniker, Mooskenner, 1819–1906
Miyabe	Miyabe, Kingo, jap. Botaniker, 1860–1951
Miyabe et Kudo	der vorige und Y. Kudo, 1887–1932
Miyoshi	Miyoshi, Manabu, jap. Botaniker, 1861–1939
Mol.	Molina, J.C., ital. Jesuit in Chile, 1740–1829
Moll	Moll, E., 1760–1838
Moench (Mnch.)	Moench, C., deutsch. Botaniker, 1744–1805
Mönkem.	Mönkemeyer, W., deutsch. Garteninspektor, Mooskenner, 20. Jh.
Mong.	Monguillon, E., franz. Botaniker, 1865–1940
Monn.	Monnier-Legrand, Auguste, Prof. der Botanik in Nancy, um 1830
Mont.	Montagne, J.P.F.C., franz. Botaniker, 1784–1866
Moore, Sp.	Spencer le Marchant Moore, engl. Botaniker, 1850–1931
Moore, T.	Moore, Thomas, engl. Botaniker, 1821–1887
Moq.	Moquin-Tandon, A., franz. Botaniker, 1804–1863
Mor.	Moretti, G., Prof. in Pavia, 1782–1853
Moreau	Moreau, F., franz. Botaniker, geb. 1886
Moreau, M.	Moreau, M., franz. Botanikerin, geb. 1886
Moric.	Moricand, M.E., schweiz. Botaniker, 1779–1854
Moris	Moris, Giuseppe Giacinto, Prof. der Botanik zu Turin, 1796–1869
Moritzi	Moritzi, A., schweiz. Botaniker, 1806–1850
Morr., E.	Morren, E., belg. Botaniker, 1833–1886
Morr., Ch.	Morren, Ch.F.A., belg. Botaniker, 1807–1858
Morton	Morton, C.V., nordamerik. Botaniker, Farnspezialist, 1905–1972
Moser	Moser, J.J., franz. Gärtner, Ende 19./20. Jahrh.
Moss	Moss, E., kanad. Botaniker, geb. 1914
Mot.	Motyka, J., poln. Botaniker, geb. 1900
Mott.	Mottet, S., franz. Gärtner, 1861–1930
Moug.	Mougeot, J.B., franz. Arzt, 1776–1858
Mouillef.	Mouillefert, P., franz. Gärtner, 1845–1903
Mre.R.	Maire, René, franz. Mykologe, 1878–1949
Mudd	Mudd, W., engl. Botaniker, 1830–1879
Muell.-Arg.	Müller, Arg., J., (aus Aargau) schweiz. Botaniker, 1828–1896
Muell., F. v.	Müller, Baron Ferd. von, deutsch. Botaniker in Australien, 1825–1896
Müll.	Müller, O.F., dän. Staatsrat u. Botaniker, 1730–1784
Müll.,C.	Müller, C. (Hallensis), deutsch. Botaniker, Mooskenner, 1818–1899
Müll., K.	Müller, K. (Friburgensis), deutsch. Botaniker, Mooskenner, 1881–1955
Müller, J.	Müller, J., tschech. Botaniker, geb. 1925

Müller, K.	Müller, Karl, Herausgeber der Walpers'schen Annalen deutsch. Botaniker, 1817–1870
Müller, Ph.J.	Müller, Philipp Jakob, deutsch. Botaniker, 1832–1889
Müllner	Müllner, Michael Ferdinand, Wien, Erforscher der Flora der österr. Kernländer, 1847–1912
Muench.	Muenchhausen, O. Frhr. von, deutsch. Botaniker, 1716–1774
Münch, E.	Münch, Ernst, Prof. der Botanik Tharandt (Forstbotanik, Phytapathologie), seit 1933 Vorstand des forstbotan. Institutes der Universität München, 1876–1946
Muhl. (Mühlenb.)	Mühlenberg, H. L., Geistlicher in Nordamerika, 1756–1817
Murb.	Murbeck, S., schwed. Botaniker, 1859–1946
Muret	Muret, Jean, schweiz. Botaniker, ursprünglich bis 1844 Jurist in Lausanne, 1799–1877
Murr	Murr, J., österr. Botaniker, 1864–1932
Murr.	Murray, J. A., deutsch. Botaniker, 1740–1791
Murr., A.	Murray, Andr., engl. Botaniker, 1798–1838
Mutis	Mutis, J. C., span. Botaniker in Kolumbien, 1732–1808
Mygind	Mygind, F. von, in Wien botanisch tätiger Däne, 1710–1789
Myrin	Myrin, Claes Gustav, Dozent der Botanik in Uppsala, 1803–1835

N

Nádv.	Nádvornik, J., tschech. Botaniker, 1906–1977
Naeg.	Naegeli, C. v., schweiz. Botaniker, 1817–1891
Nakai	Nakai, Takenoshi, jap. Botaniker, 1882–1952
Nannf.	Nannfeldt, J. A. F., schwed. Botaniker, geb. 1904
Nash	Nash, G. V., nordamerik. Botaniker, 1864–1919
Nath.	Nathorst, A. G., schwed. Paläontologe, 1850–1921
Natho	Natho, Günter, Botaniker der DDR, geb. 1930
Naud.	Naudin, Ch., franz. Botaniker, 1815–1899
Neck.	Necker, N. J. de, kurpfälzischer Botaniker in Mannheim, 1730–1793
Nees, Ch.	Nees von Esenbeck, Ch. G., deutsch. Botaniker, 1776–1858
Nees, Th.	Nees von Esenbeck, Th. Fr. L., deutsch. Botaniker, Bruder des vorigen., 1787–1837
Nees et Eberm.	der vorige und C. H. Ebermayer, 1802–1870
Neill	Neill, R., engl. Botaniker, 1776–1851
Neilr.	Neilreich, A., österr. Oberlandesgerichtsrat, 1803–1871
Nestl.	Nestler, C. G., deutsch-elsäss. Botaniker, 1778–1832
Neubert	Neubert, W., deutsch. Gärtner, 1808–1905
Neumann	Neumann, Karl Georg, Medizinalrat, deutsch. Botaniker, 1774–1850
Neumayer	Neumayer, J., deutsch. Botaniker, 1791–1840
Neumayer, H.	Neumayer, H., österr. Botaniker, 1887–1945
Newm.	Newman, E., engl. Botaniker, 1801–1876
Neygenf.	Neygenfind, Friedrich Wilhelm, deutsch. Botaniker, um 1820
Nichols.	Nicholson, G., engl. Botaniker, 1847–1908
Niedenz.	Niedenzu, F., deutsch. Botaniker, 1857–1937
Niemez	Niemez, W. F., ungar. Gärtner, Ende 19./20. Jahrh.
Nitschke	Nitschke, Th., deutsch. Botaniker, 1834–1883
Noehd.	Noehden, H. A., deutsch. Botaniker, 1775–1804

Noerdl.	Nördlinger, H., deutsch. Botaniker, 1818–1897
Noguchi	Noguchi, A., jap. Botaniker, Mooskenner, geb. 1907
Nois.	Noisette, Louis Claude, franz. Botaniker, 1772–1849
Nolte	Nolte, Ernst Ferdinand, Prof. der Botanik in Kiel, 1791–1875
Norm.	Norman, J. M., norw. Botaniker, 1823–1903
Norrl.	Norrlin, J. P., finn. Botaniker, 1842–1917
Novák	Novák, Fr. A., tschech. Botaniker, 1892–1964
Nutt.	Nuttall, Th., nordamerik. Botaniker, 1786–1859
Nyárády	Nyárády, E. I., rumän. Botaniker, 1881–1966
Nyárády f.	Nyárády, Antal, rumän. Botaniker, geb. 1920
Nyl.	Nylander, W., finn. Botaniker, 1822–1899
Nym.	Nyman, C. F., schwed. Botaniker, 1820–1893

O

Oberd.	Oberdorfer, E., deutsch. Botaniker, geb. 1905
Oborny	Oborny, Adolf, zuletzt Direktor der deutschen Realschule in Leipzig, 1840–1924
O'Brien	O'Brien, J., engl. Orchideenspezialist, 1842–1930
Obrist	Obrist, Joh., 1854–1906
Ockendon	Ockendon, D. J., engl. Botaniker, geb. 1940
Oed.	Oeder, G. Chr., deutsch. Botaniker, 1728–1791
Oefelein	Oefelein, Hans, Beringen (Schaffhausen, Reallehrer), Kenner der Flora der nördlichen Schweiz, geb. 1905
Oerst.	Oerstedt, A. S., dän. Botaniker, 1816–1872
Ohl.	Ohlert, A., deutsch. Botaniker, 1816–1875
Ohlendorff	Ohlendorff, J. H. O., deutsch. Gärtner, Mitte 19. Jahrh.
Ohwi	Ohwi, Jisaburo, jap. Botaniker, 1905–1977
Oliv.	Oliver, D., engl. Botaniker, 1830–1916
Olivier	Olivier, G. A., franz. Arzt u. Reisender, 1756–1814
Olivier, H.	Olivier, H., franz. Botaniker, 1849–1923
Omang	Omang, S. O. F., norw. Botaniker, 1867–1953
Opiz	Opiz, Ph. M., böhm. Botaniker, 1787–1858
Orb.	Orbigny, Charles d', franz. Botaniker, 1806–1876
Orph.	Orphanides, Th. G., griech. Botaniker, 1817–1886
Ort.	Ortega, C. Gómez, span. Botaniker, 1740–1818
Ortg.	Ortgies, schweiz. Gärtner, 1829–1916
Ortmann	Ortmann, Johann, Erforscher der Flora von Wien und Niederösterreich 1814–1890
Osbeck	Osbeck, P., schwed. Geistlicher, 1723–1805
Osborn	Osborn, A., engl. Botaniker, 20. Jh.
Ostenf.	Ostenfeld, C. E. H., dän. Botaniker, 1873–1931
Ostenf. et Syrach	der vorige und L. C. Syrach, schwed. Botaniker, geb. 1898
Otto	Otto, Fr., deutsch. Gärtner, 1783–1856
Otto et Dietr.	der vorige und A. Dietrich, 1795–1856
Oudem.	Oudemanns, C. A. J., holländ. Botaniker, 1825–1906
Ouden	Ouden, P. den, holländ. Gärtner, 1873–1963
Oxn.	Oxner, A. N., russ. Botaniker, 1898–1973
Ozanon	Ozanon, Charles, 1835–1909
Ozenda	Ozenda, P., franz. Botaniker, geb. 1920

P

Pall.	Pallas, P. S., deutsch. Botaniker in Rußland, 1741–1811
Palla	Palla, E., österr. Botaniker, 1864–1922
Palmer	Palmer, E. J., nordamerik. Botaniker (USA), 1875–1962
Palm. et Steyerm.	der vorige und J. A. Steyermark, Botaniker, geb. 1909
Palmgren	Palmgren, A., schwed. Botaniker, 1880–1960
Panc.	Pančić, J., serb. Botaniker, 1814–1888
Pantocsek	Pantocsek, J., ungar. Botaniker, 1846–1916
Panz.	Panzer, G. W. F., Arzt in Hersbruck, 1755–1829
Paol.	Paoletti, G., ital. Botaniker, 1865–1941
Pappe	Pappe, K. W. L., deutsch. Botaniker, 1803–1862
Pardé	Pardé, L. G. Ch. P., franz. Botaniker, 1865–1944
Paris	Paris, J. E. G. N., franz. Botaniker, Mooskenner, 1827–1911
Parl.	Parlatore, F., ital. Botaniker, 1816–1877
Parodi	Parodi, L. R., argent. Botaniker, 1895–1966
Parr.	Parrique, J. G., franz. Botaniker, gest. 1908
Parry	Parry, Ch. Ch., nordamerik. Botaniker, 1823–1890
Parsons	Parsons, S. B., nordamerik. Gärtner, 1819–1906
Pascher	Pascher, A., deutsch. Botaniker, 1881–1945
Pass.	Passerini, G., ital. Botaniker, 1816–1893
Pat.	Patouillard, N., Apotheker, franz. Mykologe, 1854–1926
Patze	Patze, C., Stadtrat in Königsberg, Botaniker, 1808–1892
Paul, A.R.	Paul, A. R., deutsch. Botaniker, geb. 1865
Paul, H.	Paul, Hermann, K. G., Regierungsrat i. R., Professor in München, 1876–1964
Pauls.	Paulson, R., engl. Botaniker, 1857–1935
Pav.	Pavón, J., span. Botaniker, 1750–1844
Pavlov	Pavlov, N. V., russ. Botaniker, 1893–1971
Pawłowski	Pawłowski, B., poln. Botaniker, 1898–1971
Pax	Pax, F., deutsch. Botaniker, 1858–1942
Paxt.	Paxton, J., engl. Botaniker, 1803–1865
P.B.	Palisot de Beauvois, A. M. Fr. Jos., Akad. in Paris, Reisen in Afrika u. N.-Amerika, 1755–1820
Pennell	Pennell, F. W., Botaniker in USA, 1886–1952
Pénzes	Pénzes, Antal, Budapest, geb. 1895
Pernet	Pernet, Jean, franz. Rosenzüchter, 1832–1896
Pernet-Ducher	der vorige und J. Ducher, franz. Rosenzüchter
Pernh.	Pernhoffer, G. v., österr. Botaniker der Steiermark, 1831–1899
Perr.	Perrottet, G. S., franz. Kolonialbotaniker, 1793–1870
Perrier	Perrier, Eugene T., de la Bathie, Professor der Landwirtschaft in Albertville, 1825–1916
Pers.	Persoon, Ch. H., franz. Botaniker niederl.-dtsch. Abstammung, 1762–1836
Pet.	Peter, G. A., deutsch. Botaniker, 1853–1937
Peterm.	Petermann, W. L., deutsch. Botaniker, 1806–1855
Petrak	Petrak, F., österr. Botaniker, 1886–1973
Petrović	Petrović, S., Leibarzt, serb. Botaniker, 1839–1889
Pfeiff.	Pfeiffer, L., deutsch. Arzt u. Kakteenkenner, 1805–1877
Pfitz.	Pfitzer, E. H., deutsch. Botaniker, 1846–1907
Pfund	Pfund, Johannes, deutsch. Botaniker, gest. 1876

Phil.	Philippi, R. A., deutsch-chil. Botaniker, 1808–1904
Philib.	Philibert, H., franz. Botaniker, Mooskenner, 1822–1901
Pichi-Serm.	Pichi-Sermolli, R. E. G., ital. Botaniker, Farnspezialist, geb. 1912
Pilger	Pilger, R., deutsch. Botaniker, 1876–1953
Piré	Piré, Louis, belg. Botaniker, 1827–1887
Planch.	Planchon, J. E., franz. Botaniker, 1823–1888
Plantier	Plantier, franz. Gärtner, Mitte 19. Jahrh.
Podlech	Podlech, D., deutsch. Botaniker, 1931–1979
Podp.	Podpěra, J., tschech. Botaniker, 1878–1954
Pöll	Pöll, Josef, Innsbruck, Professor, geb. 1874
Poellnitz	Poellnitz, K. von, deutsch. Botaniker, 1896–1945
Poelt	Poelt, J., deutsch. Botaniker, geb. 1924
Poepp.	Poeppig, E. F., deutsch. Zoologe u. Reisender, 1798–1868
Poeverl.	Poeverlein, H., deutsch. Botaniker, 1874–1957
Poggenb.	Poggenburg, J. F., 1840–1893
Pohl	Pohl, J. E., böhm. Botaniker, 1782–1834
Poir.	Poiret, J. L. M., ursprüngl. Abbé, franz. Botaniker, 1755–1834
Poit.	Poiteau, A., franz. Botaniker, 1766–1854
Pojark.	Pojarkova, A. J., Botanikerin der UdSSR, geb. 1897
Pokorny	Pokorny, Aloys, Professor in Wien, 1826–1886
Polatsch.	Polatschek, A., österr. Botaniker, geb. 1932
Poll.	Pollich, J. A., deutsch. Arzt, 1740–1780
Pollini	Pollini, C. Arzt, ital. Botaniker, 1782–1833
Pont.	Pontedera, G., ital. Botaniker, 1688–1757
Popov	Popov, M. G., russ. Botaniker, 1893–1955
Porsch	Porsch, Otto, Prof. d. Hochschule f. Bodenkultur in Wien, 1875–1959
Portenschl.	Portenschlag-Ledermayer, F. von, österr. Botaniker, 1772–1822
Porter	Porter, Th. C., nordamerik. Botaniker, 1822–1901
Pouls.	Poulsen, V. A., dän. (deutsch.) Botaniker, 1855–1919
Poulsen	Poulsen, Svend, dän. Gärtner, 20. Jh.
Pourr.	Pourret, de Figeac, P. A., franz. Botaniker in Chile, 1754–1818
Pouzar	Pouzar, Z., geb. 1932
Pradel	Pradel, franz. Gärtner, Mitte 19. Jahrh.
Praeger	Praeger, R. L., engl. Botaniker, Sedumspezialist, 1865–1953
Prain	Prain, D., engl. Botaniker, 1857–1944
Prantl	Prantl, K., deutsch. Botaniker, 1849–1893
Préaubert	Préaubert, E., Angers., Prof. honoraire, 1901–1932
Presl	Presl, K. B., böhm, Botaniker, 1794–1852
Presl, J.	Presl, Jan Swertopluk, Professor in Prag, 1791–1849
Priszter	Priszter, Szanislo, ungar, Botaniker, geb. 1917
Pritz., E.	Pritzel, E., deutsch. Botaniker, 1875–1946
Prodan	Prodan, J. rumän. Botaniker, 1875–1959
Pugsley	Pugsley, H. W., London, engl. Botaniker, Kenner der Gattung Fumaria, 1868–1947
Purdom	Purdom, W., engl. Botaniker, 1880–1921
Purkynje	Purkynje, J. E., böhm. Botaniker, 1787–1869
Purp., A.	Purpus, Joseph Anton, deutsch. Gärtner, 1860–1933
Purp., C. A.	Purpus, Carl Anton, deutsch. botan. Reisender, 1853–1914
Pursh	Pursh, Fr. Tr., deutsch. Botaniker in Kanada, 1774–1820
Pynaert	Pynaert van Geert, E. Ch., belg. Gärtner, 1835–1900

Q

Quehl	Quehl, A., deutsch. Botaniker, 1883–1947
Quél.	Quélet, Lucien, Arzt, franz. Mykologe, 1832–1899

R

Rabenh.	Rabenhorst, Apotheker, deutsch. Botaniker, 1806–1881
Racib.	Raciborski, M., poln. Botaniker, 1864–1917
Raddi	Raddi, G., ital. Botaniker u. Reisender, 1770–1829
Radlk.	Radlkofer, L., deutsch. Botaniker, 1829–1927
Räs.	Räsänen, V. J. P. B., finn. Botaniker, 1888–1953
Raeuschel	Raeuschel, E. A., gest. 1797
Raf.	Rafinesque-Schmaltz, C. S., Botaniker in Nordamerika, 1783–1840
Rafn	Rafn, C. G., dän. Botaniker, 1769–1808
Rak.	Rakete, R., deutsch. Botaniker, 1870–1939
Ram.	Ramond de Cobonnièrs, L. F., franz. Botaniker, 1753–1827
Raoul	Raoul, E. F. L., 1815–1852
Rass.	Rassadina, K. A., russ. Botanikerin geb. 1903
Rathke	Rathke, deutsch. Gärtner, 1841–1909
Rau	Rau, Ambrosius, Prof. in Würzburg, 1784–1830
Rauh	Rauh, Werner, deutsch. Botaniker, geb. 1913
Raunkiaer	Raunkiaer, Ch. Ch., dän. Botaniker, 1860–1938
Rauschert	Rauschert, S., Botaniker der DDR (in Halle), 1931–1986
Ravaud	Ravaud, C. M., franz. Botaniker, 1822–1898
Raym.	Raymond, M., 1915–1972
R. Br.	s. Brown, R.
Rebent.	Rebentisch, J. F., deutsch. Botaniker, 1762–1810
Rebholz	Rebholz, Evarist, Lehrer, geb. 1870
Rech. pat.	Rechinger, K., österr. Botaniker, 1867–1952
Rech. fil.	Rechinger, K. H., österr. Botaniker, geb. 1906
Redgr.	Redinger, K., österr. Botaniker, 1907–1940
Reg.	Regel, Eduard A. von, deutsch. Botaniker in Petersburg, 1815–1892
Reg. et Schmalh.	der vorige und J. Th. Schmalhausen, 1849–1894
Reg. et Tiling	der vorige und H. S. Tiling, 1818–1871
Reg. et Winkl.	der vorige und C. Winkler, 1848–1900
Rehd.	Rehder, A., deutsch. Botaniker in USA, 1863–1949
Rehd. et Wils.	der vorige und E. H. Wilson, 1876–1930
Rehm	Rehm, E., deutsch. Botaniker, 1829–1916
Rehmann	Rehmann, Anton, Prof. der Geographie in Lemberg, 1840–1917
Reichard	Reichard, Johann Jakob, Stadtarzt in Frankfurt (Main), 1743–1782
Reichb. (Rchb.)	Reichenbach, H. G. L., deutsch. Botaniker, 1793–1879
Reichb. f., (Rchb. f.)	Reichenbach, G. H., deutsch. Botaniker, Sohn des vorigen, 1824–1889
Reiche	Reiche, K., deutsch. Botaniker in Chile, 1860–1929
Reichenbach, H.	Reichenbach, Helmut, deutsch. Botaniker, 1898–1961
Reichling	Reichling, L., Luxemburg, geb. 1921
Reichst.	Reichstein, T., schweiz. Botaniker, Farnspezialist, geb. 1897
Reinke	Reinke, J., deutsch. Botaniker, 1849–1931
Reinw.	Reinwardt, K. G. K., deutsch. Botaniker, 1773–1854
Rendle	Rendle, A. B., engl. Botaniker, 1865–1938

Renner	Renner, Otto, deutsch. Botaniker, 1883–1960
Req.	Requien, Esprit, franz. Botaniker, 1788–1851
Retz.	Retzius, A. J., schwed. Botaniker, 1742–1821
Reut.	Reuter, G. F., schweiz. Botaniker, 1805–1872
Reuter	Reuter, A., deutsch. Gärtner, 1825–1901
Revel	Revel, J., franz. Botaniker, 1811–1887
Reyn.	Reynier, L., schweiz. Botaniker (Lausanne), 1762–1824
Ri.	Ricken, Adalbert, kath. Pfarrer, Mykologe, 1851–1921
Rich.	Richard, L. C. M., franz. Botaniker, 1754–1821
Rich., A.	Richard, A., franz. Botaniker, 1794–1852
Richards.	Richardson, Sir J., engl. Botaniker, 1787–1865
Riche, C.	Riche, Claude Antoine Gaspard, franz. Botaniker, 1762–1797
Richter	Richter, K., österr. Botaniker, 1855–1891
Ridl.	Ridley, H. N., engl. Botaniker, 1855–1956
Riedl	Riedl, H., österr. Botaniker, geb. 1936
Riehm.	Riehmer, E., deutsch. Botaniker, geb. 1874
Rinz	Rinz, S., deutsch. Gärtner, 1782–1861
Ripart	Ripart, J. B., franz. Botaniker, 1814–1878
Risso	Risso, J. A., ital. Botaniker, 1777–1845
Rivas-Goday	Rivas-Goday, S., span. Botaniker, geb. 1905
Rivers	Rivers, Th., engl. Gärtner, Mitte 19. Jahrh.
Rizz.	Rizzini, C. T., Botaniker in Brasilien, geb. 1921
Robins.	Robinson, B. L., nordamerik. Botaniker, 1864–1935
Robins. W.	Robinson, William, engl. Gärtner, 1839–1935
Robs.	Robson, Stephen, engl. Botaniker, 1741–1779
Robyns	Robyns, W., belg. Botaniker, geb. 1901
Roch.	Rochel, A. ungar. Botaniker, 1770–1847
Rod.	Rodig, F. W., deutsch. Botaniker, 1770–1844
Rod.	Rodigas, E., belg. Botaniker, 1831–1902
Rodr.	Rodriguez, J. D., span. Botaniker, 1780–1846
Rodr., B.	Rodriguez, Barbosa, brasil, Botaniker, 19./20. Jh.
Rodr. J.	Rodrigues, J., brasil, Botaniker, 1842–1909
Roehl.	Roehling, J. Ch., Pfarrer, deutsch. Botaniker 1757–1813
Roem. et Schult. (R. et Sch.)	Roemer, J. J., und J. A. Schultes, 1773–1831
Roem., F. A.	Roemer, F. A., deutsch. Geologe u. Botaniker, 1809–1871
Roem., J. J.	Roemer, J. J., schweiz. Botaniker, 1763–1819
Roess.	Roessig, K. G., deutsch. Jurist, 1752–1806
Rogow.	Rogowicz, A. S., 1812–1878
Rohlena	Rohlena, J., tschech. Botaniker, 1874–1944
Rohrb.	Rohrbach, P., deutsch. Botaniker, 1847–1871
Rojas (Clem.)	de Rojas Clemente y Rubio, S., span. Botaniker, 1777–1827
Rolfe	Rolfe, R. A., engl. Botaniker, 1855–1921
Rom.	Romell, Lars, schwed. Mykologe, 1854–1927
Rond.	Rondon, S., franz. Botaniker, geb. 1914
Ronn.	Ronniger, Karl, 1871–1954
Rosc.	Roscoe, W., engl. Botaniker, 1753–1831
Rose	Rose, J. N., nordamerik. Botaniker, 1862–1928
Rosén	Rosén, R. W., Göteborg, bedeutender Cytologe, geb. 1891
Rosen, F.	Rosen, Felix, Prof. der Botanik an der Universität Breslau, 1863–1920

Rosenth.	Rosenthal, R. C., österr. Gärtner, 1849–1899
Rossem	Rossem, G. A. van, holländ. Gärtner, 20. Jh.
Rostk.	Rostkovius, Fr. W. G., deutsch. Arzt, 1770–1848
Roth	Roth, A. W., deutsch. Arzt, 1757–1834
Röth, J.	Gärtner der DDR, geb. 1929
Rothm.	Rothmaler, W., Botaniker der DDR, Prof. in Greifswald, 1908–1962
Rottb.	Rottboell., Ch. F., dän. Botaniker, 1727–1797
Rottl.	Rottler, J. P., dän. Missionar, 1749–1836
Rouleau	Rouleau, E., kanad. Botaniker, geb. 1916
Rouss.	Roussel, H. F. A. de, franz. Botaniker, Prof. in Caen, 1748–1812
Rouy	Rouy, G. C. Ch., franz. Botaniker, 1851–1924
Rovelli	Rovelli, Renato, 1806–1880; Rovelli, Carlo, gest. 1902 und Achille Rovelli, 20. Jahrh., ital. Gärtner
Roxb.	Roxburgh, W., engl. Botaniker in Indien, 1751–1815
Royle	Royle, J. F., engl. Botaniker, 1800–1858
Roz.	Rozier, F., franz. Botaniker, 1734–1793
Rudolph	Rudolph, K., 1881–1938
Rudolph, E.	Rudolph, E. D., Botaniker in USA, geb. 1927
Rübel	Rübel, E. A., schweiz. Botaniker, 1876–1960
Ruempl.	Rümpler, Th., deutsch. Gärtner, 1817–1891
Ruhmer	Ruhmer, Gustav Ferdinand, 1853–1883
Ruiter	Ruiter, G. de, holländ. Gärtner, 20. Jh.
Ruiz et Pav. (R. et P.)	Ruiz, L. H., 1754–1815, und J. Pavón, 1750–1844, span. Botaniker
Run.	Runemark, H., schwed. Botaniker, geb. 1927
Ruppert	Ruppert, Josef, Apotheker, 1864–1935
Rupr.	Ruprecht, F. J., deutsch-russ. Botaniker, 1814–1870
Russell	Russell, P. G., Botaniker der USA, 1889–1963
Ruthe	Ruthe, Johann Friedrich, deutsch. Botaniker, 1788–1859
Rutstr.	Rutström, C. B., schwed. Botaniker, 1758–1826
Rydb.	Rydberg, P. A., nordam. Botaniker, 1860–1931
Rydz.	Rydzak, J., poln. Botaniker, geb. 1908

S

Sabr.	Sabransky, Heinrich, zuletzt Bezirksrat in Solchan (Steiermark), Rubus-Forscher, 1864–1916
Sacc.	Saccardo, Pier Andrea, ital. Mykologe, 1845–1920
Sacc., D.	Saccardo, D., ital. Botaniker, 1872–1952
Sadler	Sadler, Joseph, Professor in Pestl, 1791–1849
Sag.	Sagorski, E., deutsch. Botaniker, 1847–1929
Salisb.	Salisbury, R. A., engl. Botaniker, 1761–1829
Salisb., G.	Salisbury, G., engl. Botaniker, geb. 1912
Salm-Dyck	Salm-Reifferscheidt-Dyck, J. Fürst von, deutsch. Botaniker, 1773–1861
Salmon	Salmon, C. E., bedeut. Architekt, engl. Botaniker, 1872–1930
Salw.	Salway, T., engl. Botaniker, 1791–1877
Salzm.	Salzmann, Ph., deutsch. Botaniker, 1781–1851
Sambo	Sambo E., ital. Botaniker, geb. 1884
Sampaio	Sampaio, G., portug. Botaniker, 1865–1937
Sander	Sander, H. F. C. S. (Sander and Sons), 1847–1920, engl. Gärtner

Sandst.	Sandstede, H., deutsch. Botaniker, 1859–1951
Sant. R.	Santesson, R., schwed. Botaniker, geb. 1916
Sántha	Sántha, L., ungar. Botaniker, 1885–1954
Sarg.	Sargent, Ch. Sp., nordamerik. Botaniker, Gehölzkenner, 1841–1927
Sarnth.	Sarntheim, Graf Ludwig von, 1861–1914
Sato	Sato, M., jap. Botaniker, geb. 1910
Saut.	Sauter, A. E., Bezirksarzt in Salzburg, 1800–1881
Sauzé	Sauzé, A., Abbé, Erforscher der Flora von Savoyen (Isère), 1828–1894
Savat.	Savatier, L., franz. Botaniker, 1830–1891
Savicz	Savicz, V. P., russ. Botaniker, geb. 1885
Savi	Savi, G., ital. Botaniker, 1769–1844
Savul.	Savulescu, T., rumän. Botaniker, 1889–1963
Schack	Schack, H., deutsch. Botaniker, 1878–1946
Schade	Schade, F. A., deutsch. Botaniker, 1881–1976
Schaeffer	Schaeffer, J. Ch., Superintend. u. Botaniker in Regensburg, 1718–1790
Schaer.	Schaerer, L. E., schweiz. Botaniker, 1785–1853
Schauer	Schauer, J. C., deutsch. Botaniker, Prof. in Eldena und Greifswald, 1813–1848
Scheele	Scheele, G. H. A., Pfarrer u. Botan. in Hildesheim, 1808–1864
Scheidw.	Scheidweiler, belg. Botaniker, 1799–1861
Schelle	Schelle, E., deutsch. Gärtner, 1864–1929
Schenck	Schenck, J. H. R., deutsch. Botaniker, Prof. in Darmstadt, 1860–1927
Schenk	Schenk, J. A., deutsch. Botaniker, 1815–1891
Schenk, E.	Schenk, Ernst, Studienrat i. R. in Mannheim, geb. 1880
Scherb.	Scherbius, J., deutsch. Botaniker, Frankfurt a. M., 1769–1813
Schiede	Schiede, Christian Julius Wilhelm, deutsch. Botaniker, 1798–1836
Schiffner	Schiffner, V., österr. Botaniker, 1862–1944
Schill.	Schilling, J., deutsch. Botaniker, geb. 1897
Schimper	Schimper, Wilhelm Philipp, Prof. in Straßburg, 1804–1879
Schimper, K.	Schimper, Karl Friedrich, deutsch. Botaniker, 1803–1867
Schinz	Schinz, H., schweiz. Botaniker, 1858–1941
Schinz et Kell.	der vorige und R. Keller, 1854–1939
Schinz et Thell.	der vorige und A. Thellung, 1881–1928
Schischkin	Schischkin, B. K., russ. Botaniker, 1886–1963
Schkuhr	Schkuhr, Chr., deutsch. Universitätsmechaniker, 1741–1811
Schlecht. (Schl.)	Schlechtendal, D. F. L. von, deutsch. Botaniker, 1794–1866
Schleich.	Schleicher, J. Ch., deutsch., in der Schweiz tätiger Botaniker, 1768–1834
Schleid.	Schleiden, M. J., deutsch. Botaniker (Jena), 1804–1881
Schloth.	Schlotheim, E. F., Freiherr von, deutscher Paläontologe, Begründer der Paläobotanik (1764–1832)
Schltr.	Schlechter, R., deutsch. Botaniker, Orchideenkenner, 1872–1925
Schm.	Schmidt, J. K., deutsch. Botaniker in der Schweiz, 1793–1850
Schmid	Schmid, E., schweiz. Botaniker, geb. 1891
Schmidel	Schmidel, C. Ch., Prof. in Erlangen, 1718–1792
Schmidt, Fr.	Schmidt, Friedr., Major, russ. Botaniker, 1832–1908
Schmidt, Frz.	Schmidt, Franz, österr. Botaniker. 1751–1834
Schmidt, F. W.	Schmidt, Franz Willibald, Prof. der Botanik in Prag, 1764–1796

Schmidt, J.C.	Schmidt, Joh. Karl, deutsch. Gärtner, 1851–1921
Schnabl	Schnabl, J.N., deutsch. Botaniker, 1853–1899
Schneid, A.	Schneider, A., Botaniker in USA, 1863–1928
Schneid, C.K.	Schneider, Camillo, Karl, deutsch. Gärtner u. Botaniker, Gehölzkenner, 1876–1951
Schneider, G.	Schneider, Gustav, Kunnersdorf bei Hirschberg. Hieraciumkenner, 1834–1900
Schneider, U.	Schneider, Ulrike, Botanikerin der DDR, geb. 1936
Schnizlein	Schnizlein, A., Prof. in Erlangen, 1814–1868
Schoch	Schoch, J.G., deutsch. Gärtner, 1853–1905
Schönheit	Schönheit, F.Ch.H., deutsch. Pfarrer u. Botaniker, 1789–1870
Schol.	Scholander, P.F., norw. Botaniker, geb. 1905
Scholler	Scholler, F. A., Lehrer am Seminar der Brudergemeinde Barby, 1718–1785
Scholz, H.	Scholz, H., deutsch. Botaniker, geb. 1928
Schomb.	Schomburgk, R., deutsch-austral. Botaniker, 1811–1891
Schotsman	Schotsman, Henriette, holländ. Botanikerin, Kennerin der Arten der Gattung Callitriche, geb. 1921
Schott	Schott, H. W., Direktor der Kaiserlichen Gärten in Schönbrunn, 1794–1865
Schott, A.	Schott, A., 1814–1875
Schott, H.	Schott, Heinrich, Universitätsgärtner in Wien, 1759–1819
Schotter	Schotter, G., franz. Botaniker, geb. 1922
Schrad.	Schrader, H.A., deutsch. Botaniker, 1767–1836
Schr(an)k	Schrank, Franz von Paula von, deutsch. Botaniker, 1747–1835
Schreb.	Schreber, J.D.C., deutsch. Botaniker, 1739–1810
Schroet., C.	Schroeter, C., schweiz. Botaniker, 1855–1939
Schroet.	Schroeter, J., deutsch. Botaniker, 1837–1894
Schröter	Schröter, Carl, Prof. der Botanik am Polytechnikum in Zürich, 1855–1939
Schubert	Schubert, Rudolf, Botaniker der DDR (Halle), geb. 1927
Schul.	Schuler, J., österr. Botaniker, 1853–?
Schult.	Schultes, I.A., deutsch. Botaniker, 1773–1831
Schultz Bip.	Schultz, K.H. (Bipontinus = aus Zweibrücken), deutsch. Botaniker, 1805–1867
Schultz, F.	Schultz, Friedrich Wilhelm, Apotheker in Zweibrücken, 1804–1876
Schultze-Mot.	Schultze-Motel, W., deutsch. Botaniker, Mooskenner, geb. 1934
Schulz, A.	Schulz, August, deutsch. Botaniker, 1862–1922
Schulz-K.	Schulz-Korth, K., deutsch. Botaniker, 1906–1931
Schulz, O.E.	Schulz, O.E., deutsch. Botaniker, 1874–1936
Schulz, R.	Schulz, Roman, Lehrer in Berlin, 1873–1926
Schulze, M.	Schulze, Max, zuletzt Apotheker i.R. in Jena, 1841–1915
Schulzer	Schulzer v. Müggenburg, St., deutsch-ungar. Botaniker, 1802–1892
Schum.	Schumacher, Ch.F., dän. Botaniker, 1757–1830
Schum., K.	Schumann, K., deutsch. Botaniker, Kakteenkenner, 1851–1904
Schumm.	Schummel, Th.E., Lehrer, deutsch. Botaniker, 1785–1848
Schur	Schur, P.J.F., österr. Botaniker, 1799–1878
Schust.	Schuster, R.M., nordamerik. Botaniker, Mooskenner, geb. 1921
Schuster	Schuster, Kurt, Bibliothekar des Botanischen Vereins der Provinz Brandenburg, 1860–1935
Schuster, M.	Schuster, M., deutsch. Botaniker, geb. 1936

Schuster, R.	Schuster, R., deutsch. Botaniker, geb. 1935
Schw.	Schweinitz, L. D. von, Vorstand der mährischen Brüder in Nordamerika, nordamerik. Botaniker, 1780–1834
Schwantes	Schwantes, G., Professor der Vorgeschichte, deutsch. Botaniker, 1891–1960
Schwz.	Schwarz, O., Botaniker der DDR (Jena), 1900–1983
Schweigg.	Schweigger, A. Fr., deutsch. Botaniker, 1783–1821
Schw. et K.	Schweigger u. Koerte, 1782–1845
Schweinf.	Schweinfurth, G. A., deutsch. Afrikaforscher, 1836–1925
Schwend.	Schwendener, S., schweiz. Botaniker, 1829–1919
Schwer.	Schwerin, Fr. Graf von, deutsch. Privatgelehrter, Gehölzkenner, 1856–1934
Schwertschl.	Schwertschlager, Josef, Lyzealprofessor in Eichstätt, 1853–1924
Schwimmer	Schwimmer, Johann, Privatgelehrter in Bregenz. Erforscher der Flora von Vorarlberg, 1879–1958
Schz.	Schinz, H., schweiz. Botaniker, 1858–1941
Scop.	Scopoli, J. A., ital. Botaniker, 1723–1788
Scriba	Scriba, L., deutsch. Botaniker, 1847–1933
Seb.	Sebastiani, A., ital. Botaniker, 1782–1821
Secr.	Secretan, Louis, schweiz. Mykologe, 1758–1839
Seehaus	Seehaus, A., zuletzt in Stettin, 1813–1892
Seem.	Seemann, B., deutsch. botan. Reisender, 1825–1871
Seemen	Seemen, K. O. O., deutsch. Botaniker, 1838–1910
Ségnier	Ségnier, J. F., franz. Botaniker, 1703–1784
Seidl	Seidl, W. B., Rechnungsoffizial bei der K. K. Staatsbuchhaltung in Prag, böhm. Botaniker, 1773–1842
Sello	Sello, F., deutsch. botan. Sammler in Brasilien, 1789–1831
Semler	Semler, Karl, Nürnberg, Erforscher der Flora von Bayern, 1875–1955
Sen.	Sennen, E. M., 1861–1937
Sendtner	Sendtner, Otto, Professor der Botanik in München, 1814–1859
Sénécl.	Sénéclauze, A., franz. Gärtner, Mitte 19. Jahrh. (vielleicht 1840–1867)
Seneta	Seneta, Włodzimierz, poln. Dendrologe (Warschau), geb. 1923
Senft	Senft, E., österr. Botaniker, 1870–1922
Sengh.	Senghas, Karl-Heinz, deutsch. Botaniker, geb. 1928
Sennholz	Sennholz, G., 1850–1895
Ser.	Seringe, N. Ch., franz. Botaniker, 1776–1858
Sern.	Sernander, R., schwed. Botaniker, 1866–1944
Serv.	Servit, M., tschech. Botaniker, 1886–1959
Shafer	Shafer, J. A., nordamerik. Botaniker, 1863–1918
Shibata	Shibata, Keita, jap. Botaniker, 1877–1949
Shirai	Shirai, Mitsutaro, jap. Botaniker, 1863–1932
Shiras.	Shirasawa, Homi, jap. Botaniker, 1868–1947
Shiras et Koyama	der vorige und M. Koyama
Shirl.	Shirley, J., engl. Botaniker, 1849–1922
Sibth.	Sibthorp, J., engl. Botaniker, 1758–1796
Sibth. et Sm.	der vorige und J. E. Smith, 1759–1828
Sieb.	Siebold, P. F. von, deutsch. botan. Japanforscher, 1796–1866
Sieb. et Zucc. (S. et Z.)	der vorige und J. G. Zuccarini, 1797–1848
Sieber	Sieber, F. W., böhm. botan, Reisender, 1789–1844

Siegfried	Siegfried, Hans, 1837–1903
Siehe	Siehe, W., deutsch. Kaufm. in Mersina (Kleinasien), 1859–1928
Simm.	Simmer, H., deutsch. Botaniker
Simonkai	Simonkai, Lajos tól, ungar. Botaniker, 1851–1910
Simon-Louis	Simon-Louis, L. L., franz. Gärtner, 1834–1913
Sims	Sims, J., engl. Botaniker, 1749–1831
Sinclair	Sinclair, G., engl. Gärtner, 1786–1834
Sint.	Sintenis, P., Apotheker, botan. Sammelreisen im Orient und in Westindien, 1847–1907
Skalický	Skalický, V., tschech. Botaniker, geb. 1930
Skvortsov, A.	Skvortsov, Botaniker der UdSSR, geb. 1920
Sleumer	Sleumer, H., deutsch. Botaniker, geb. 1906
Sm.	Smith, James Edward, engl. Botaniker, 1759–1828
Sm., A.L.	Smith, A. L., engl. Botanikerin, 1854–1937
Sm., J.	Smith, John, engl. Botaniker, 1798–1888
Smejhal	Smejhal, M., tschech. Botaniker, geb. 1927
Smet	Smet, Ch. L. de, belg. Gärtner. 1812–1887
Smirnow	Smirnow, P. A., sowjet. Botaniker, Spezialist der Poaceae, geb. 1896
Smith. A.J.E.	Smith, A. J. E., engl. Botaniker, Mooskenner, geb. 1935
Smith, W.W.	Smith, Sir William Wright, brit. Botaniker, 1875–1956
Sobolewksi	Sobolewksi, G. F., russ. Botaniker in Petersburg, 1741–1803
Soest, v.	Soest, Joh. L. v., niederl. Botaniker, geb. 1898
Soják	Soják, J., tschech. Botaniker, geb. 1936
Soland. (Sol.)	Solander, D. C., engl. Botaniker, 1733–1782
Solemacher	Solemacher-Antwedler, J. V. L. A. G., Frhr. von, deutsch. Pflanzenliebhaber, 1889–1942
Somerset	Somerset, Rose Nursey, nordamerik. Gärtner, 20. Jh.
Somm.	Sommier, St., ital. Botaniker, 1848–1922
Somm. et Lev.	der vorige und E. Levier
Sommerf.	Sommerfelt, S. Ch., norw. Botaniker, 1794–1838
Sond.	Sonder, O. W., deutsch. Apotheker u. Botaniker, 1812–1881
Song.	Songeon, A., 1826–1905
Sonn.	Sonnerat, P., franz. Reisender in Afrika und Asien, 1749–1814
Soó	Soó, R. v., ungar. Botaniker, 1903–1980
Soul.-Bod.	Soulange-Bodin, Et., franz. Gärtner, 1774–1846
Soulié	Soulié, R. P., 1858–1905
Sow.	Sowerby, J., engl. Maler u. Naturforscher, 1757–1822
Soy.-Will.	Soyer-Willemet, H. F., franz. Oberbibliothekar und Botaniker, 1791–1867
Spach	Spach, E., franz. Botaniker, 1801–1879
Späth	Späth, Franz Ludwig, 1893–1913, Helmut Ludwig, 1885–1945, deutsche Gärtnerfamilie bzw. Botaniker
Speg.	Spegazzini, C., Botaniker in Argentinien, 1858–1926
Spen.	Spenner, F. K. L., Prof. in Freiburg, Br., 1798–1841
Spitzn.	Spitzner, V., österr. Botaniker, 1852–1907
Sprague	Sprague, Th. A., engl. Botaniker, 1877–1958
Spreng.	Sprengel, K., deutsch. Botaniker, 1766–1833
Sprenger	Sprenger, K., Gärtner in Italien, 1847–1918
Spring	Spring, Anton Fr., Professor in Lüttich, 1814–1872
Spruce	Spruce, R., engl. Botaniker, Mooskenner, 1817–1893
Stackh.	Stackhouse, J., engl. Botaniker, 1740–1819

St.-Am.	Saint-Amans, J. F. B. de, franz. Botaniker, 1748–1831
Standish	Standish, J., engl. Gärtnereibesitzer, 1814–1875
Stapf	Stapf, O., österr.-engl. Botaniker, 1857–1933
Starb.	Starbäck, K., schwed. Botaniker, 1863–1931
Stearn	Stearn, W. T., engl. Botaniker zu London, geb. 1911
Steenis	Steenis, C. G. G. J. van, niederl. Botaniker geb. 1901
Steere	Steere, W. C., nordamerik. Botaniker, Mooskenner, geb. 1907
Stefanoff	Stefanoff, B., bulgar. Botaniker, geb. 1894
Stein	Stein, B., deutsch. Botaniker, 1846–1899
Steiner	Steiner, J., österr. Botaniker, 1844–1918
Steiner, M.	Steiner, M., deutsch. Botaniker, geb. 1904
Stenh.	Stenhammer, Ch., schwed. Botaniker, 1783–1866
Stenholm	Stenholm, C., schwed. Botaniker, 1862–1939
Steph.	Stephan, F., russ. Botaniker, 1757–1814
Steph.	Stephani, F., deutsch. Botaniker, Mooskenner, 1842–1927
Sternb.	Sternberg, Graf K. von, böhm. Botaniker, Paläobotaniker, 1761–1838
Sterneck	Sterneck, Jacob von, Monograph der Gattung Alectorolophus, geb. in Prag; 1864–1941
Sterner	Sterner, K. R., schwed. Botaniker, 1891–1956
Sterns	Sterns, E. E., engl. Botaniker, 1846–1926
Steud.	Steudel, E. G., deutsch. Arzt, 1783–1856
Stev.	Steven, Chr., finn. Botaniker in Rußland, 1781–1863
Stew.	Stewart, J. L., engl. Botaniker, 1832(?)–1873
Steyerm.	Steyermark, J. A., nordamerik. Botaniker, geb. 1909
St.-Hil.	Saint-Hilaire, A. de, franz. Botaniker, 1779–1853
Stirt.	Stirton, J., engl. Botaniker, 1833–1917
Stiz.	Stizenberger, E., deutsch. Botaniker, 1827–1895
St.-Lag.	Saint-Lager, T., franz. Botaniker, 1825–1912
Stoerck	Stoerck, Anton von, Leibarzt und Promedikus von Österreich, 1741–1803
Stohr	Stohr, G., Botaniker der DDR, geb. 1928
Stojanoff	Stojanoff, N., bulgar. Botaniker, 1883–1968
Stokes	Stokes, J., engl. Botaniker, 1755–1831
Strähler	Strähler, Adolf, Salix-Kenner, 1829–1897
Strass.	Strasser, P., österr. Botaniker, 1843–1927
Strobl	Strobl, G., deutsch. Botaniker, 1846–1910
Stück.	Stückenberg, E. K., russ. Botanikerin, geb. 1883
Sturm, J.	Sturm, J., deutsch. Botaniker, Kupferstecher, 1771–1848
St.-Yves	Saint-Yves, A., franz. Botaniker, 1855–1933
Sudre	Sudre, Henri, Professor in Albi, 1862–1918
Sudw.	Sudworth, G. B., nordamerik. Botaniker, 1864–1927
Sünd.	Sündermann, F., deutsch. Gärtner, 1864–1946
Suksd.	Suksdorf, W. N., deutsch. Botaniker, 1850–1932
Summerh.	Summerhayes, V. S., engl. Botaniker, 1897–1974
Suter	Suter, R. J., schweiz. Botaniker, Professor in Bern, 1766–1827
Suza	Suza, J., tschech. Botaniker, 1890–1951
Svends.	Svendsen, C. J., norw. Botaniker, 1875–?
Sw.	Swartz, O., schwed. Botaniker, 1760–1818
Sweet	Sweet, R., engl. Botaniker u. Gärtner, 1783–1835

Swingle	Swingle, T., nordamerik. Botaniker, 1871–1952
Syd.	Sydow, P., deutsch. Botaniker, 1851–1925
Syd. H.	Sydow, H., deutsch. Botaniker, 1879–1946
Symons	Symons, J., engl. Geistlicher u. Botaniker, 1778–1851
Szat.	Szatala, O., ungar. Botaniker, 1889–1958
Szysz.	Szyszylowicz, J., poln, Botaniker, 1857–1910

T

Takeda	Takeda, Hisayoshi, jap. Botaniker, geb. 1883
Takhtadzhan	Takhtadzhan, A. L., Botaniker der UdSSR, geb. 1910
Tanaka	Tanaka, Yoshio, jap. Botaniker, 1838–1915
Tantau	Tantau, M., deutsch. Rosenzüchter, 1882–1953
Tatewaki	Tatewaki, Misao, jap. Botaniker, geb. 1899
Tausch	Tausch, I. F., böhm. Botaniker, 1793–1848
Tav., C.	Tavares, C. d. N., portug. Botaniker, geb. 1914
Taylor	Taylor, W. R., Botaniker der USA, geb. 1895
Tayl. Th.	Taylor, Th., ir. Botaniker, 1775–1848
Ten.	Tenore, M., ital. Botaniker, 1780–1861
Teuscher	Teuscher, H,. deutsch. Gärtner in Nordamerika, geb. 1891
Teyber	Teyber, Anton, Lehrer in Wien, Erforscher der Flora Österreichs, 1846–1913
Thaxt.	Thaxter, R., Botaniker in USA, 1858–1932
Theiss.	Theissen, F., deutsch. Botaniker, 1877–1919
Thell.	Thellung, A., schweiz. Botaniker, 1881–1928
Thér.	Thériot, M. H. I., franz. Botaniker, Mooskenner, 1859–1947
Thomas, F.	Thomas, Fr. A., Oberlehrer, deutsch. Botaniker, 1840–1918
Thoms.	Thomson, J. W., Botaniker in USA, geb. 1913
Thory	Thory, C. A., franz. Rosenkenner, 1757–1827
Thouars	Du Petit Thouars, franz. Botaniker u. Reisender, 1758–1831
Thouin	Thouin, A., franz. Gärtner, 1747–1824
Thüm.	Thümen von Gräfendorf, F., österr. Botaniker, 1839–1892
Thuill.	Thuillier, J. L., franz. Botaniker, 1759–1822
Thunb.	Thunberg, C. P., schwed. Botaniker u. Reisender, 1743–1828
Thwait.	Thwaites, G. H. K., engl. Botaniker, 1812–1882
Tiegh.	Tieghem, P. E. L. van, Botaniker in Paris, 1839–1914
Timb.	Timbal-Lagrave, Eduard, Apotheker in Toulouse, 1819–1888
Timkó	Timkó, G., ungar. Botaniker, 1876–1945
Timm	Timm, J. Ch., deutsch. Botaniker, 1734–1805
Tischler	Tischler, G., deutsch. Botaniker, 1878–1962
Tobler	Tobler, Fr., deutsch. Botaniker, 1879–1957
Tobol.	Tobolewski, Z. R., poln. Botaniker, geb. 1927
Tod.	Todaro, A., sizilian. Botaniker, 1818–1892
Tod	Tod, K., böhm. Botaniker, 1874–1944
Tode	Tode, H. J., deutsch. Botaniker, 1733–1797
Toepf.	Toepfer, A., deutsch. Botaniker, Weidenkenner, 1853–1931
Tomas.	Tomaselli, R., ital. Botaniker, geb. 1920
Tomin	Tomin, M. P., russ. Botaniker, geb. 1883
Tongl.	Tonglet, Au. J. M. A., belg. Botaniker
Torges	Torges, Emil, zuletzt Oberstabsarzt i. R. in Weimar, Kenner der Gattung Calamagrostis, 1831–1917

Tornab.	Tornabene, F., ital. Botaniker, 1813–1897
Torner	Torner, E., Schüler von Linné, um 1760
Torr.	Torrey, J., nordamerik. Botaniker, 1796–1873
Torr. et Gr.	der vorige und Asa Gray, 1810–1888
Torss.	Torssell, G., schwed. Botaniker, 1811–1849
Tourlet	Tourlet, E. H., 1843–1907
Tourn.	Tournefort, J. P., franz. Botaniker, 1656–1708
Townsend	Townsend, Frederik, 1822–1905
Trabut	Trabut, L., franz. Botaniker, 1853–1929
Tratt.	Trattinick, L., österreich. Botaniker, 1764–1849
Traunsteiner	Traunsteiner, Joseph, Apotheker in Kitzbühel in Tirol, 1798–1850
Trautv.	Trautvetter, E. R., von, russ. Botaniker, 1809–1889
Travis	Travis, W. G., engl. Botaniker, 1877–1958
Trel.	Trelease, W., Botaniker der USA, 1857–1945
Trevir.	Treviranus, L. Ch., deutsch. Botaniker, 1779–1864
Trevis.	Trevisan, ital. Botaniker, 1817–1897
Trew	Trew, Ch. J., deutsch. Botaniker, 1695–1769
Trimen	Trimen, Henry, engl. Botaniker, 1843–1896
Trin.	Trinius, K. B., deutsch. Botaniker in Rußland, 1778–1844
Trott.	Trotter, A., ital. Botaniker, 1874–?
Tscherning	Tscherning, J. W., 1856–1890
Tuckerm.	Tuckerman, E., nordamerik. Botaniker, 1817–1886
Tüxen	Tüxen, Reinhold, deutsch. Botaniker, 1899–1980
Tul.	Tulasne, L. R., franz. Botaniker, 1815–1885
Turbat	Turbat, franz. Gärtner, 20. Jh.
Turcz.	Turczaninow. N., russ. Botaniker, 1796–1864
Turner	Turner, B. L., Botaniker der USA, geb. 1925
Turner, D.	Turner, D., engl. Botaniker, 1775–1858
Turp.	Turpin, P. J. F., franz. Botaniker, 1775–1840
Turra	Turra, A., ital. Botaniker, 1730–1796
Tutin	Tutin, T. G., engl. Botaniker, geb. 1908
Tzvelev	Tzvelev, N. N., sowjet. Botaniker, Spezialist der Poaceae, geb. 1925

U

Ucria	Ucria, Bernardino da, ital. Botaniker, 1739–1796
Uechtritz	Uechtritz, R. Fr. C. v., deutsch. Botaniker, 1838–1886
Ulbrich	Ulbrich, E., deutsch. Botaniker, 1879–1952
Uloth	Uloth, W., deutsch. Botaniker, 1833–1895
Underw.	Underwood, L. M., 1853–1907
Urb.	Urban, J., deutsch. Botaniker, 1848–1931
Usteri	Usteri, P., schweiz. Botaniker, 1768–1831
Uyeki	Uyeki, Homiku, jap. Botaniker, geb. 1882

V

Vaccari	Vaccari, Lino, zuerst Prof. in Aosta, dann in Tivoli bei Rom, Erforscher der Flora des Aostatales, 1873–1951
Vahl	Vahl, M., dän. Botaniker, 1749–1804

Vain.	Vainio, E. A., finn. Botaniker, 1853–1929
Valck.-Suring.	Valckenier-Suringar, Jan, holländ. Botaniker, Dendrologe, 1865–1932
Van Hall	Hall, Hermann, Christian van, Prof. in Göttingen, 1801–1874
Van Houtte	Van Houtte, Louis, 1810–1876, belg. Gärtner
Van Kleef	Kleef, C. van, holländ. Gärtner, 19. Jahrh.
Vatke	Vatke, G. C., deutsch. Botaniker, 1849–1889
Vaup.	Vaupel, Fr. J., deutsch. Botaniker, Kakteenkenner, 1876–1927
Vavilov	Vavilov, N. J., russ. Botaniker, 1887–1943
Veitch	Veitch, J. G., 1839–1870, H. J., 1840–1924, engl. Gärtner
Vej.	Vej Tzjan-czunj, chin. Botaniker
Vel. (Velen.)	Velenovský, J., böhm. Botaniker, 1858–1949
Vell.	Velloso, J. M., brasil. Botaniker, 1742–1811
Venema	Venema, H. J., holländ. Botaniker, geb. 1899
Vent.	Ventenat, E. P., franz. Botaniker, 1757–1808
Vent, W.	Vent, Walter, Botaniker der DDR, geb. 1920
Verd.	Verdoorn, F., niederl. Botaniker, Mooskenner, geb. 1906
Verlot	Verlot, Jean Baptiste, franz. Botaniker, 1825–1891
Verm.	Vermeulen, P., holländ. Botaniker, geb. 1899
Vers.	Verseghy, C., ungar. Botanikerin, geb. 1930
Versch.	Verschaffelt, A., belg. Gärtner, 1825–1886
Verschuren	Verschuren, H. A., holländ. Gärtner, 20. Jh.
Vest	Vest, L. Ch. von, österr. Botaniker, 1776–1840
Vestergren	Vestergren, J. T. C., schwed. Botaniker, 1875–1930
Vetter	Vetter, Johann Jacob, Konservator des Baileyschen Herbars in Valleyris, 1826–1913
Vezda	Vezda, A., tschech. Botaniker, geb. 1920
Viaud-G.-M.	Viaud-Grand-Marais, A., franz. Botaniker, 1833–1913
Victorin	Victorin, Fr. Marie, kanad. Botaniker, geb. 1885
Vierhapper	Vierhapper, Fr., öster. Botaniker, 1876–1932
Vill.	Villars, D., franz. Botaniker, 1745–1814
Vill, A.	Vill. A., deutsch. Botaniker, 1851–1930
Vilm.	Vilmorin, M. L. de, 1849–1919, Phil. de Vilmorin, 1872–1917, franz. Gärtner
Vis.	Visiani, R. de, ital. Botaniker, 1800–1878
Vitt.	Vittadini, C., ital. Mykologe, 1800–1865
Viv.	Viviani, D., ital. Botaniker, 1772–1840
Vogel, St.	Vogel, St, deutsch. Botaniker, geb. 1925
Vogl.	Voglino, P., ital. Botaniker, 1864–1933
Vogler	Vogler, J. A., nassau. Hofrat in Weilburg, 1746–1816
Voigt	Voigt, F. S., deutsch. Botaniker, 1781–1850
Volk.	Volkens, G., deutsch. Botaniker, 1855–1917
Volkart	Volkart, A., schweiz. Botaniker, 1873–1951
Vollmann	Vollmann, F., deutsch. Botaniker, 1858–1917
Voss, A.	Voss, Andreas, deutsch. Gartenbauschriftsteller, 1857–1924
Vonaux	Vonaux, franz. Botaniker, 1870–1914

W

Wachter	Wachter, Willem Hendrik, zuletzt Lehrer in Rotterdam, 1882–1946
Wade	Wade, A. E., engl. Botaniker, geb. 1895

Wächt.	Wächter, W., deutsch. Botaniker, 1870–1928
Wágner	Wágner, Janos, ungar. Botaniker in Budapest, Kenner der Gattung Tilia und Centaurea, 1870–1955
Wahl. (Wahlnb.)	Wahlenberg, G., schwed. Botaniker, 1780–1851
Wahlb.	Wahlberg, P. F., schwed. Botaniker. 1800–1877
Waisb.	Waisbecker, Anton, zuletzt Bezirksarzt a. D. in Günz. Erforscher der Flora Westungarns. 1835–1916
Waldst.	Waldstein, Graf von F. A., österr. Botaniker, 1759–1823
Waldst. et Kit. (W. et K.)	der vorige und P. Kitaibel. 1757–1817
Walk.-Arn.	Walker-Arnott, G., engl. Botaniker, 1799–1868
Walker	Walker, S., engl. Botaniker, geb. 1924
Wall.	Wallich, N., dän. Arzt, als Botaniker in Indien tätig, 1786–1854
Wallr.	Wallroth, F. W., deutsch. Arzt u. Botaniker, 1792–1857
Walp.	Walpers. W. G., deutsch. Botaniker, 1816–1853
Walt.	Walter, Th., nordamerik. Botaniker, 1740–1789
Walters, S. M.	Walters. S. M., engl. Botaniker, geb. 1920
Walther, E.	Walther, Edward, amerik. Botaniker, geb. 1892
Wangenh.	Wangenheim, F. A. J. von, deutsch. Forstmann, 1747–1800
Wanger.	Wangerin, W., deutsch. Botaniker, 1884–1938
Warb.	Warburg, O., deutsch. Botaniker, 1859–1938
Warb., E. F.	Warburg, E. F., engl. Botaniker, 1908–1966
Ward	Ward, Fr. Kingdon, engl. Botaniker, 1885–1958
Warder	Warder, J. A., engl. Botaniker, 1812–1883
Warnst.	Warnstorf, C. F. E., deutsch. Botaniker, Mooskenner, 1837–1921
Warscz.	Warsczewicz, Josef von, poln. Gärtner u. Reisender, 1812–1866
Wartmann	Wartmann, F. Bernhard, Prof. in St. Gallen, 1830–1902
Waterer	Waterer, A., engl. Gehölzzüchter (Dendrol.), 1822–1896
Waterer, J.	Waterer and Crisp., engl. Gärtner, 20. Jh.
Wats., H. C.	Watson, H. C., engl. Botaniker, 1804–1881
Wats.	Watson, P. W., engl. Botaniker, 1761–1830
Wats., S.	Watson, Sereno, nordamerik. Botaniker, 1826–1892
Wats., Wi.	Watson, William, engl. Gärtner, 1858–1925
Wats. W.	Watson, W., engl. Botaniker, 1872–1960
Watt	Watt, D. A. P., engl. Botaniker 1830–1917
Watzl	Watzl, Cajetan, Botaniker in Böhmisch-Leipa, 1812–1885
Web. fil.	Weber, F., Prof. in Kiel, 1781–1823
Web., W. A.	Weber, W. A., Botaniker in USA, geb. 1918
Webb	Webb, Ph. B., engl. Botaniker, 1793–1854
Webb, D. A.	Webb, D. A., brit. Botaniker, geb. 1912
Webb et Berth.	Webb, Ph. B., und Berthelot, S., 1794–1880
Weber	Weber, G. H., deutsch. Botaniker, 1752–1828
Weberb.	Weberbauer, A., deutsch. Botaniker in Peru, 1871–1948
Wedd.	Weddel. H. A., franz. Botaniker, 1819–1877
Weese	Weese, J., österr. Botaniker, 1888–1962
Weide	Weide, H., deutsch. Botaniker, geb. 1933
Weig.	Weigel, Christian Ehrenfried von, Prof. in Greifswald, 1748–1831
Weihe	Weihe, K. E. A., deutsch. Arzt, Brombeerforscher, 1779–1834
Weihe et Nees	der vorige und Nees von Esenbeck, 1776–1858
Weinert	Weinert, Erich, Botaniker der DDR zu Halle, geb. 1931
Wein, K.	Wein, Kurt, Botaniker der DDR (Nordhausen), 1883–1968

Weiß	Weiß, F. W., deutsch. Botaniker, 1744–1826
Welwitsch	Welwitsch, Friedrich, Prof. der Botanik in Lissabon, 1806–1872
Wenderoth	Wenderoth, Georg Wilhelm Franz, Prof. der Botanik in Marburg, 1774–1861
Wendl.	Wendland, Joh. Chr., deutsch. Gärtner, 1755–1828
Wendl. H.	Wendland, Hermann, Enkel des vorigen, deutsch. Gärtner, 1825–1903
Wendl., H. L.	Wendland, Heinr. Ludolph, Vater des vorigen, deutsch. Gärtner, 1792–1869
Wenz.	Wenzig, Th., deutsch. Botaniker, 1824–1892
Wer.	Wereitinow, J. A., russ. Botaniker, 1878–1922
Werderm.	Werdermann, E., deutsch. Gärtner, Kakteenkenner, 1892 bis 1959
Werneck	Werneck, Heinrich, Linz, Dr.-Ing. Oberkommissar der Landwirtschaftlich-chemischen Bundesanstalt, Pflanzenschutz, 1890–1966
Werner, K.	Werner, Klaus, Botaniker der DDR, geb. 1928
Werner, R.	Werner, R. G., franz. Botaniker, 1901–1977
Wessely-Meincke	Wessely-Meincke, J., Botanikerin der DDR, geb. 1932
Westend.	Westendorp, G. D., belg. Botaniker, 1813–1868
Westr.	Westring, J. P., schwed. Botaniker, 1753–1833
Wetm.	Wetmore, C. M. Botaniker in USA, geb. 1934
Wettst.	Wettstein, R. Ritter von, österr. Botaniker, 1863–1931
Wettst. fil.	Wettstein, F. von, österr. Botaniker, 1895–1945
Wheld.	Wheldon, J. A., engl. Botaniker, 1862–1924
Wib.	Wibel, A. W. E. Ch., Arzt in Wertheim, Franken, 1775–1814
Wibiral	Wibiral, Erich, Graz. Universitäts-Garteninsp., Kenner der Arten der Gattung Erophila, 1878–1950
Widder	Widder, F. J., österr. Botaniker, 1892–1874
Wiegand	Wiegand, K. M., amerik. Botaniker, 1873–1942
Wiesb.	Wiesbaur, J. B., österr. Botaniker, 1836–1906
Wigg.	Wiggers, F. H., dän. Botaniker, 1746–1811
Wight	Wight, Rob., engl. Botaniker, 1796–1872
Wight et Arn.	der vorige und G. A. W. Arnott, 1799–1868
Wight et Hedr.	der vorige und U. P. Hedrick, geb. 1870
Wight, W. F.	Wight, William Franklin, nordamerik. Botaniker, geb. 1874
Wiinst.	Wiinstedt, K., dän. Botaniker, 1878–1964
Wikstr.	Wikström, J. E., schwed. Botaniker, 1789–1856
Wilczek	Wilczek, Ernest, Direktor des Botanischen Institutes und Gartens der Universität Lausanne, 1867–1948
Willd.	Willdenow, K. L., deutsch. Botaniker, 1765–1812
Willey	Willey, H., Botaniker in USA, 1824–1907
Willis, J. H.	Willis, J. H., austral. Botaniker, geb. 1910
Willk.	Willkomm, M., deutsch. Botaniker, 1821–1895
Willk. et Lge.	der vorige und Lange, J. M. C., 1818–1898
Willm.	Willmott, Ellen Ann, engl. Pflanzenliebhaberin, 1860–1934
Wils.	Wilson, E. H., nordamerik. Botaniker u. Reisender, 1876–1930
Wils. A.	Wilson, A., engl. Botaniker, 1862–1949
Wils. F.	Wilson, F., engl. Botaniker, 1832–1903
Wimm.	Wimmer, C. F. H., deutsch. Botaniker, 1803–1868
Winge	Winge, Ö., dän. Botaniker, 1886–1964
Winkler, H.	Winkler, Hubert, deutsch. Botaniker, 1875–1941

Winkler, Hans	Winkler, Hans K. A., deutsch. Botaniker, 1877–1945
Winkler, M.	Winkler, Moritz, Fabrikdirektor in Giehsmannsdorf b. Neihsa, 1812–1889
Wint.	Winter, H. G., deutsch. Botaniker, 1848–1887
Wirtg.	Wirtgen, Philipp, Lehrer in Koblenz, 1806–1870
Witasek	Witasek, Johanna, Botanikerin in Wien, 1865–1910
With.	Withering, W., engl. Arzt, 1741–1799
Witte	Witte, H., holländ. Gärtner, 1825–1927
Wittm.	Wittmack, L., deutsch. Botaniker, 1839–1939
Woerlein	Woerlein, Georg, zuletzt Zahlmeister a. D. in München. Erforscher der Flora um München, um 1890
Wohlf.	Wohlfahrt, R., Rektor, deutsch. Botaniker, 1830–1888
Wolf, E.	Wolf, Egbert, russ. Botaniker, 1860–1931
Wolf, F. O.	Wolf, F. O., Organist, Musikdirektor, Professor, Erforscher der Flora des Wallis, 1838–1905
Wolff	Wolff, J. F., Arzt in Schweinfurt, 1778–1806
Wolfgang	Wolfgang, J. F., poln. Botaniker, 1776–1859
Wollenw.	Wollenweber, H. W., deutsch. Botaniker, 1879–1949
Woloszszuk	Woloszszuk, Eustach, Prof. in Lemberg, 1835–1918
Wood	Wood, W., engl. Botaniker, 1745–1808
Wood, A.	Wood, A., Botaniker in USA, 1810–1881
Woods	Woods, J., Architekt, engl. Botaniker, 1776–1864
Woron.	Woronow, J. N., russ. Botaniker, 1874–1931
Woronich.	Woronichin, N. N., russ. Botaniker, 1882–1956
Woynar	Woynar, J., Erforscher der Flora von Nordtirol bzw. um Salzburg, 1829–1900
Woynar, H.	Woynar, H., Erforscher der Farnflora von Tirol und Steiermark, 1865–1917
Wrang.	Wrangel, F. A., schwed, Botaniker, 1786–1842
Wright, C.	Wright, Ch., Botaniker in USA, 1811–1885
Wulf.	Wulfen, F. X. Frhr. von, österr. Botaniker, 1728–1805
Wüstnei	Wüstnei, Karl Georg Gustav, Lehrer in Schwerin, 1810–1858

Y

Yas.	Yasuda, A., jap. Botaniker, 1868–1924
Yatabe	Yatabe, Ryokichi, jap. Botaniker, 1851–1899
Yeo	Yeo, P. F., engl. Botaniker, geb. 1929
Young	Young, M. G., engl. Gärtner, 1777–1848
Yuncker	Yuncker, T. G., 1891–1964

Z

Zab. (Zbl.)	Zabel, H., deutsch. Gartenmeister, Gehölzkenner und Gehölzzüchter, 1832–1912
Zahlbr.	Zahlbruckner, J., österr. Botaniker, 1782–1850
Zahn	Zahn, K. H., deutsch. Botaniker, 1865–1940
Zámels	Zámels, Alexander, Riga, Institut für Systematische Botanik und Morphologie der Pflanzen. 1897–1943

Zanfr.	Zanfrognini, C., ital. Botaniker, 1866–?
Zapal.	Zapalowicz, Hugo, Auditor. Erforscher der Flora von Galizien, 1852–1917
Zauschner	Zauschner, J. B. J., Prof. in Prag, 1737–1799
Zederb.	Zederbaur, E., österr. Botaniker, geb. 1877
Zeman	Zeman, Fr., tschech, Gärtner, 20. Jh.
Zenk.	Zenker, J. C., deutsch. Botaniker, 1799–1837
Zett.	Zetterstedt, J. E. W., schwed. Botaniker, 1785–1874
Zeyh.	Zeyher, K. L. Ph., deutsch. Botaniker, 1799–1858
Zimm.	Zimmeter, A., österr. Botaniker, 1848–1897
Zimmermann, A.	Zimmermann, Albrecht, zuletzt Prof. der Botanik in Berlin, 1860–1931
Zimmermann, W.	Zimmermann, Walter, deutsch. Botaniker (Tübingen), 1892–1980
Zinger	Zinger, N. V., 1866–1923
Zinn	Zinn, J. G., Prof. in Göttingen, 1727–1759
Ziz	Ziz, Johann Baptiste, Lehrer in Mainz, 1779–1829
Zobel, A.	Zobel, A, deutsch. Botaniker, 1861–1934
Zobel, J.B.	Zobel, Johann Baptista, Botaniker in Prag, 1812–1865
Zoega	Zoega, J., dän. Botaniker, 1742–1788
Zoll.	Zollinger, H., schweiz. Botaniker, 1818–1859
Zollik.	Zollikofer, C. T., schweiz. Jurist, 1. Hälfte 19. Jh.
Zopf	Zopf, W., deutsch. Botaniker, 1846–1909
Zschacke	Zschacke, deutsch. Botaniker, 1867–1937
Zucc.	Zuccarini, J. G., deutsch. Botaniker, 1797–1848
Zuccag.	Zuccagni, A., ital. Botaniker, 1754–1807
Zukal	Zukal, H., österr. Botaniker, 1845–1900
Zw.	Zwackh.-Holzhausen, W. v., deutsch. Botaniker, 1826–1903

E System der Pflanzen

Zur Beachtung: Näheres über den System-Aufbau und die Problematik der Taxonomie vermittelt Abschnitt A, insbesondere 2.1.: »Überblick über die Taxa«, dessen Studium als unerläßlich zum besseren Verständnis des folgenden Systems empfohlen wird. Das System soll funktionell einen Überblick über die höheren Taxa (Familie bis Abteilung) und über deren Einordnung geben und die Möglichkeit bieten, im Lexikonteil B angegebene Namen in ihrer Stellung im System betrachten zu können. Zum anderen wurde Wert darauf gelegt, die den Familiennamen zugrunde liegenden Leitgattungen im Lexikonteil vor allem bei höheren Pflanzen aufzunehmen. Aus didaktischen Gründen wurde das vorliegende System weitgehend in Anlehnung an folgende Quellen dargestellt: »Lehrbuch der Botanik«, 32. Auflage, von Strasburger, neu bearbeitet von D. Denffer, W. Schuhmacher, K. Mägdefrau und F. Ehrendorfer, Fischer Verlag, Jena 1983, und »Botanik«, 3. Aufl., von F. Jacob, E. Jäger und E. Ohmann, Fischer Verlag, Jena 1987.

I. Reich: Prokaryota

1. Unterreich: Archaebacteriobionta

2. Unterreich: Bacteriobionta

Abteilung: Eubacteriophyta

1. Klasse: Negabacteriophyceae
(gramnegative Bakterien)
Familien unsicherer Gruppierung:
Fam.: Veillonellaceae
Bacteroidaceae
Enterobacteriaceae
Vibrionaceae
Neisseriaceae
Pseudomonadaceae
Azodobacteraceae
Rhizobiaceae
Methylomonadaceae
Gallionellaceae
Caulobacteriaceae
Nitrobacteraceae
Ordn.: Cryptophagales
Fam.: Cryptophagaceae
Ordn.: Spirochaetales
Fam.: Spirochaetaceae
Treponemataceae
Ordn.: Spirillales
Fam.: Spirillaceae
Ordn.: Myxobacterales
Ordn.: Rhodospirillales
Fam.: Rhodospirillaceae
Chromatiaceae
Chlorobiaceae
Ordn.: Rickettiales

2. Klasse: Posibacteriophyceae
(grampositive Bakterien)
Familien unsicherer Gruppierung:
Fam.: Peptococcaceae
Streptococcaceae
Lactobacillaceae
Bacillaceae
Propionibacteriaceae

Ordn.: Actinomycetales
Fam.: Mycobacteriaceae
Actinomycetaceae
Streptomycetaceae
Nocardiaceae
Actinoplanaceae

Anhang: Mycoplasmen

3. Unterreich: Cyanophytobionta
(Cyanobacteria)

Abteilung: Cyanophyta
Klasse: Cyanophyceae
1. Ordn.: Chroococcales
Fam.: Chroococcaceae
Entophysalidaceae
2. Ordn.: Pleurocapsales
Fam.: Pleurocapsaceae
Scopulonemataceae
Siphononemataceae
Pascherinamataceae
3. Ordn.: Chamaesiphonales
(Dermocarpales)
Fam.: Cyanidiaceae
Dermocarpaceae
Chamaesiphonaceae
4. Ordn.: Hormogonales
(Oscillatoriales)
Fam.: Oscillatoriaceae
Nostocaceae
Microchaetaceae
Rivulariaceae
Scytonemataceae
Capsosiraceae
Stigonemataceae
Nostochopsidaceae
Mastigocladaceae

Anhang (als Unterreich):
Prochlorophytobionta

2. Reich: Fungi

1. Abteilung: Myxomycota
(Myxophyta)

1. Klasse: Myxomycetes
1. Ordn.: Ceratiomyxales
Fam.: Ceratiomyxaceae
2. Ordn.: Protosteliales
Fam.: Protosteliaceae
3. Ordn.: Physarales
Fam.: Physaraceae
Didymiaceae
4. Ordn.: Stemonitales
Fam.: Collodermataceae
Stemonitaceae
Lamprodermataceae
5. Ordn.: Liceales
Fam: Cribrariaceae
Liceaceae
Tubiferaceae
Reticulariaceae
Lycogalactaceae
6. Ordn.: Trichiales
Fam.: Dianemataceae
Perichaenaceae
Arcyriaceae
Trichiaceae
7. Ordn.: Echinosteliales
Fam.: Echinosteliaceae

Anhang:
Ordn.: Hydromyxales
Fam.: Plakopaceae
Vampyrellaceae

2. Klasse: Acrasiomycetes
Ordn.: Acrasiales
Fam.: Guttulinaceae
Dictyosteliaceae

3. Klasse: Plasmodiophoromycetes
Ordn.: Plasmodiophorales
Fam.: Plasmodiophoraceae
Olpidiopsidaceae
Woroninaceae

2. Abteilung: Oomycota

1. Klasse: Hyphochytridiomycetes
Ordn.: Hypochytriales
Fam.: Anisolpidiaceae
Rhizidiomycetaceae
Hypochytriaceae

2. Klasse: Labyrinthulomycetes
Ordn.: Labyrinthulales
Fam.: Labyrinthulaceae

3. Klasse: Oomycetes
1. Ordn.: Saprolegniales

Fam.: Saprolegniaceae
Ectrogellaceae
Thraustochytriaceae
2. Ordn.: Leptomitales
Fam.: Leptomitaceae
Rhipidiaceae
3. Ordn.: Lagenidales
Fam.: Olpidiopsidaceae
Sirolpidiaceae
Lagenidiaceae
4. Ordn.: Peronosporales
Fam.: Pythiaceae
Albuginaceae
Peronosporaceae
Phytophtoraceae

3. Abteilung: Chytridiomycota

Klasse: Chytridiomycetes
1. Ordn.: Myxochytridiales
Fam.: Olpidiaceae
Synchytriaceae
Achlyogetonaceae
2. Ordn.: Chytridiales
Fam.: Rhizidiaceae
Cladochytriaceae
Chytridiaceae
Megachytriaceae
Phlyctidiaceae
Physodermataceae
3. Ordn.: Blastocladiales
Fam.: Catenariaceae
Coelomycetaceae
Blastocladiaceae
4. Ordn.: Monoblepharidales
Fam.: Monoblepharidaceae
Gonapodyaceae

4. Abteilung: Eumycota

1. Klasse: Zygomycetes
1. Ordn.: Mucorales
Fam.: Mucoraceae
Cunninghamellaceae
Mortierellaceae
Thamnidiaceae
Choanephoraceae
Syncephalastraceae
2. Ordn.: Entomophthorales
Fam.: Entomophthoraceae
Pilobolaceae
Basidiobolaceae
3. Ordn.: Endogonales
Fam.: Endogonaceae
4. Ordn.: Zoopagales
Fam.: Zoopagaceae
Piptocephalidaceae
5. Ordn.: Harpellales
Fam.: Harpellaceae
Genistellaceae
6. Ordn.: Kickxellales
Fam.: Kickxellaceae
Dimargaritaceae

2. Klasse: Endomycetes
1. Ordn.: Saccharomycetales
(Endomycetales)
Fam.: Ascoideaceae
Fabosporaceae
Lipomycetaceae
Schizosaccharomycetaceae
Nematosporaceae
Dipodascaceae
Endomycetaceae
Saccharomycetaceae
2. Ordn.: Taphrinales
Fam.: Taphrinaceae
Protomycetaceae

Anhang:
Ordn.: Geosiphonales
Fam.: Geosiphonaceae

3. Klasse: Ascomycetes
1. U. Kl.: Archaeascomycetidae
(Lecanoromycetidae)
1. Ordn.: Lecanorales
Fam.: Umbilicariaceae
Acarosporaceae
Pertusariaceae
Lecanoraceae
Parmeliaceae
Usneaceae
Lecideaceae
Cladoniaceae
2. Ordn.: Caliciales
Fam.: Caliciaceae
Cypheliaceae
Sphaerophoraceae
3. Ordn.: Graphidales
Fam.: Arthoniaceae
Opegraphaceae

Graphidaceae
Dirinaceae
4. Ordn.: Roccellales
Fam.: Roccellaceae
Thamnoliaceae
5. Ordn.: Thelotrematales
Fam.: Lecanactinaceae
Byssolomataceae
Chrysotrichaceae
Thelotremataceae
Diploschistaceae
Gyalectaceae
Coenogoniaceae
6. Ordn.: Cyanophilales
Fam.: Ephebaceae
Pyrenopsidaceae
Lichinaceae
Collemataceae
Heppiaceae
Placynthiaceae
Pannariaceae
Stictaceae
Peltigeraceae
7. Ordn.: Caloplacales
Fam.: Caloplacaceae
Teloschistaceae
Buelliaceae
Physciaceae
8. Ordn.: Verrucariales
Fam.: Moriolaceae
Verrucariaceae
Dermatocarpaceae
9. Ordn.: Pyrenulales
Fam.: Pyrenulaceae
10. Ordn.: Pyrenidiales
Fam.: Pyrenidiaceae
Xanthopyreniaceae

Anhang: Lichenes imperfecti

2. U. Kl.: Euascomycetidae
1. Ordn.: Gymnoascales
Fam.: Gymnoascaceae
Onygenaceae
2. Ordn.: Eurotiales
Fam.: Thermoascaceae
Eurotiaceae
Elaphomycetaceae
3. Ordn.: Microascales
Fam.: Ophiostomataceae
Chaetomiaceae
Microascaceae
Melanosporaceae
4. Ordn.: Erysiphales
Fam.: Erysiphaceae
Lanomycetaceae
5. Ordn.: Hypocreales (Clavicipitales)
Fam.: Clavicipitaceae
Cordycipitaceae
Ostropaceae
Nectriaceae
Hypomycetaceae
Hypocreaceae
6. Ordn.: Sphaeriales
Fam.: Sphaeriaceae
Amphisphaeriaceae
Diatrypaceae
Valsaceae
Diaportaceae
Halosphaeriaceae
Polystigmataceae
Loramycetaceae
7. Ordn.: Xylariales
Fam.: Xylariaceae
Neurosporaceae
Sordariaceae
Roselliniaceae
8. Ordn.: Pezizales
Fam.: Pyronemataceae
Rhizinaceae
Pezizaceae
Ascobolaceae
Helvellaceae
Humariaceae
Sarcoscyphaceae
9. Ordn.: Helotiales
Fam.: Dermateaceae
Hemiphacidiaceae
Helotiaceae
Sclerotiniaceae
Geoglossaceae
Ascocorticiaceae
Hyaloscyphaceae
Orbiliaceae
Cyttariaceae
Bulgariaceae
Baeomycetaceae
10. Ordn.: Hysteriales
Fam.: Hysteriaceae
11. Ordn.: Tuberales
Fam.: Geneaceae

Pseudotuberaceae
Eutuberaceae
Terfeziaceae
12. Ordn.: Laboulbeniales
Fam.: Ceratomycetaceae
Laboulbeniaceae
Peyritschiellaceae
13. Ordn.: Ascosphaerales
Fam.: Ascosphaeraceae
3. U.Kl.: Loculoascomycetidae
1. Ordn.: Myriangiales
Fam.: Myriangiaceae
Atichiaceae
Piedraiaceae
2. Ordn.: Dothideales (Pseudosphaerales)
Fam.: Pseudosphaeriaceae
Pleosporaceae
Sporormiaceae
Phaeotrichaceae
Venturiaceae
Mycosphaerellaceae
Arthopyreniaceae
Trypetheliaceae
Dermatinaceae
3. Ordn.: Dothiorales
Fam.: Botryosphaeriaceae
Dothioraceae
Parmulariaceae
4. Ordn.: Capnodiales
Fam.: Chaetothyriaceae
Capnodiaceae
Schizothyriaceae
Micropeltaceae
Trichothyriaceae
Microthyriaceae
Perisporiopsidaceae
Englerulaceae
Asterinaceae
5. Ordn.: Coronophorales
Fam.: Coronophoraceae
6. Ordn.: Phacidiales
Fam.: Phacidiaceae
Cryptomycetaceae
Hypodermataceae

Anhang:
U.Kl.: Deuteromycetidae (Ascomycetes imperfeti)
1. Ordn.: Sphaeropsidales
Fam.: Sphaeropsidaceae
Zythiaceae
Leptostromataceae
Excipulaceae
2. Ordn.: Melanconiales
Fam.: Melanconiaceae
3. Ordn.: Moniliales
Fam.: Moniliaceae
Dematiaceae
Stilbaceae
Tuberculariaceae

4. Klasse: Basidiomycetes
1. U.Kl.: Heterobasidiomycetidae
1. Ordn.: Ustilaginales
Fam.: Ustilaginaceae
Tilletiaceae
2. Ordn.: Uredinales
Fam.: Melampsoraceae
Pucciniaceae
2. U.Kl.: Holobasidiomycetidae
1. Ordn.: Tremellales
Fam.: Sirobasidiaceae
Tremellaceae
Hyaloriaceae
2. Ordn.: Auriculariales
Fam.: Auriculariaceae
Phleogenaceae
Septobasidiaceae
3. Ordn.: Russulales
Fam.: Russulaceae
4. Ordn.: Tulasnellales
Fam.: Tulasnellaceae
Ceratobasidiaceae
Dicellomycetaceae
5. Ordn.: Poriales
Fam.: Peniophoraceae
Punctulariaceae
Lachnocladiaceae
Xenasmataceae
Meruliaceae
Coniophoraceae
Stereaceae
Podoscyphaceae
Thelephoraceae
Bankeraceae
Scutigeraceae
Laetiporaceae
Steccherinaceae
Coriolaceae
Ganodermataceae
Hymenochaetaceae

6. Ordn.: Cantharellales
Fam.: Hydnaceae
Clavulinaceae
Gomphaceae
Fistulinaceae
Clavariaceae
Pterulaceae
Sparassidaceae
Bondarzewiaceae
Hericiaceae
Auriscalpiaceae
Clavariadelphaceae
Clavicoronaceae
Ramariaceae
7. Ordn.: Dacrymycetales
Fam.: Dacrymycetaceae
8. Ordn.: Polyporales
Fam.: Polyporaceae
Schizophyllaceae
9. Ordn.: Agaricales
Fam.: Hygrophoraceae
Tricholomataceae
Rhodophyllaceae
Cortinariaceae
Crepidotaceae
Amanitaceae
Pluteaceae
Lepiotaceae
Agaricaceae
Secotiaceae
Strophariaceae
Belbitiaceae
Coprinaceae
10. Ordn.: Boletales
Fam.: Paxillaceae
Gomphidiaceae
Boletaceae
Strobilomycetaceae
11. Ordn.: Sclerodermatales
Fam.: Sclerodermataceae
Astraeaceae
12. Ordn.: Tulostomatales
Fam.: Phelloriniaceae
Tulostomataceae
13. Ordn.: Melanogastrales
Fam.: Melanogastraceae
Torrendiaceae
14. Ordn.: Rhizopogonales
Fam.: Rhizopogonaceae
15. Ordn.: Nidulariales
Fam.: Nidulariaceae
Sphaerobolaceae
16. Ordn.: Lycoperdales
Fam.: Mycenastraceae
Lycoperdaceae
Battarraeaceae
Arachniaceae
17. Ordn.: Geastrales
Fam.: Geastraceae
18. Ordn.: Hymenogasterales
Fam.: Hymenogastraceae
Hydnangiaceae
19. Ordn.: Gastrosporiales
Fam.: Gastrosporiaceae
20. Ordn.: Gautieriales
Fam.: Gautieriaceae
21. Ordn.: Phallales
Fam.: Hysterangiaceae
Clathraceae
Phallaceae

Anhang:
Ordn.: Corales
Fam.: Coraceae
Dictyonemataceae
Herpothallaceae

3. Reich: Plantae

1. Unterreich (Abteilungsgruppe): Phycobionta

1. Abteilung: Chlorophyta

1. Klasse: Chlorophyceae
1. Ordn.: Volvocales
Fam.: Chlamydomonadaceae
Haematococcaceae
Phacotaceae
Dunaliellaceae
Spondylomoraceae
Chlorocoronaceae
Volvocaceae
Hypnomonadaceae
Chlorangiaceae
Chaetochloridaceae
Tetrasporaceae
2. Ordn.: Chlorococcales
Fam.: Chlorococcaceae
Micractiniaceae
Characiaceae
Hydrodictyaceae

Gloeocystidaceae
Oocystaceae
Scenedesmaceae
Eremosphaeraceae
Dictyosphaeriaceae
Ankistrodesmaceae
3. Ordn.: Ulotrichales
Fam.: Ulotrichaceae
Microsporaceae
Ulvaceae
Prasiolaceae
4. Ordn.: Chaetophorales
Fam.: Chaetophoraceae
Trentepohliaceae
Coleochaetaceae
5. Ordn.: Bryopsidales
(Siphonales)
Fam.: Derbesiaceae
Protosiphonaceae
Caulerpaceae
Bryopsidaceae
Codiaceae
Phyllosiphonaceae
Dasycladaceae
6. Ordn.: Cladophorales
Fam.: Cladophoraceae
Anadyomenaceae
Boodleaceae
Acrosiphonaceae
Siphonocladaceae
Valoniaceae
Sphaeropleaceae
7. Ordn.: Oedogoniales
Fam.: Oedogoniaceae

2. Klasse: Prasinophyceae
Ordn.: Prasinophycales
Fam.: Pyramimonadaceae
Tetraselmidaceae
Nephroselmidaceae
Prasinocladaceae
Pedinomonadaceae

3. Klasse: Conjugatophyceae
(Conjugatae, Zygophyceae)
1. Ordn.: Mesotaeniales
Fam.: Mesotaeniaceae
2. Ordn.: Zygnemales
Fam.: Zygnemataceae
3. Ordn.: Gonatozygales
Fam.: Gonatozygaceae
Peniaceae
Closteriaceae
4. Ordn.: Desmidiales
Fam.: Desmidiaceae

4. Klasse: Charophyceae
Ordn.: Charales
Fam.: Palaeocharaceae
Clavatoraceae
Characeae

2. Abteilung: Euglenophyta

Klasse: Euglenophyceae
Ordn.: Euglenales
Fam.: Eutrepiaceae
Euglenaceae
Menoidiaceae

3. Abteilung: Chromophyta

1. Klasse: Chrysophyceae
1. Ordn.: Chrysomonadales
Fam.: Ochromonadaceae
Dinobryonaceae
Synuraceae
2. Ordn.: Silicoflagellales
Fam.: Dictyochaceae
3. Ordn.: Chrysamoebidales
Fam.: Chrysamoebidaceae
Lagyniaceae
Myxochriysidaceae
4. Ordn.: Chrysocapsales
Fam.: Chrysocapsaceae
5. Ordn.: Chrysosphaerales
Fam.: Chrysosphaeraceae
6. Ordn.: Chrysotrichales
Fam.: Phaeothamniaceae

2. Klasse: Haptophyceae
1. Ordn.: Prymnesiales
Fam.: Isochrysidaceae
Diacronemataceae
Prymnesiaceae
2. Ordn.: Coccolithophorales
Fam.: Coccolithaceae

3. Klasse: Xanthophyceae
1. Ordn.: Heterochloridales
2. Ordn.: Rhizochloridales
3. Ordn.: Heterogloeales

4. Ordn.: Mischococcales
5. Ordn.: Heterotrichales
6. Ordn.: Botrydiales
7. Ordn.: Vaucheriales

4. Klasse: Bacillariophyceae (Diatomeae)
1. Ordn.: Centrales
Fam.: Coscinodiscaceae
Rhizosoleniaceae
Biddulphiaceae
2. Ordn.: Pennales
Fam.: Araphidaceae
Raphidiodaceae
Monoraphidaceae
Biraphidaceae

5. Klasse: Phaeophyceae
1. Überordnung: Isogeneratae
1. Ordn.: Ectocarpales
Fam.: Ectocarpaceae
Ralfsiaceae
2. Ordn.: Sphacelariales
Fam.: Sphacelariaceae
Stypocaulaceae
Cladostephaceae
Choristocarpaceae
3. Ordn.: Cutleriales
Fam.: Cutleriaceae
4. Ordn.: Tilopteridales
Fam.: Tilopteridaceae
5. Ordn.: Dictyotales
Fam.: Dictyotaceae
2. Überordnung: Heterogeneratae
1. Ordn.: Chordariales
Fam.: Myrionemataceae
Elachistaceae
Corynophlaeaceae
Chordariaceae
Spermatochnaceae
Acrotrichaceae
Chordariopsidaceae
Splachnidiaceae
2. Ordn.: Sporochnales
Fam.: Sporochnaceae
3. Ordn.: Desmarestiales
Fam.: Arthrocladiaceae
Desmarestiaceae
4. Ordn.: Dictyosiphonales
Fam.: Striariaceae
Gyraudyaceae
Myriotrichiaceae
Punctariaceae
Scytosiphonaceae
Chnoosporaceae
Dictyosiphonaceae
5. Ordn.: Laminariales
Fam.: Chordaceae
Laminariaceae
Lessoniaceae
Alariaceae
Prototaxitaceae
3. Überordnung: Cyclosporeae
Ordn.: Fucales
Fam.: Ascoseiraceae
Durvilleaceae
Notheiaceae
Fucaceae
Himanthaliaceae
Cystoseiraceae
Sargassaceae

4. Abteilung: Dinophyta

Klasse: Dinophyceae
1. Ordn.: Desmomastigiales
2. Ordn.: Prorocentrales
3. Ordn.: Dinophysidales
4. Ordn.: Peridiniales
5. Ordn.: Dinotrichales
6. Ordn.: Blastodiniales

5. Abteilung: Cryptophyta

Klasse: Cryptophyceae
Ordn.: Cryptomonadales
Fam.: Cryptomonadaceae
Cryptochrysidaceae
Cyathomonadaceae
Katablepharidaceae
Senniaceae
Monomastigaceae

6. Abteilung: Rhodophyta

Klasse: Rhodophyceae
1. U.Kl.: Bangiophycidae
1. Ordn.: Bangiales
2. Ordn.: Porphyridiales
2. U.Kl.: Florideophycidae
1. Ordn.: Nemalionales
Fam.: Acrochaetiaceae

Batrachospermaceae
Lamaneaceae
Naccariaceae
Bonnemaisoniaceae
Thoreaceae
Helminthocladiaceae
Chaetangiaceae

2. Ordn.: Gelidiales
Fam.: Gelidiaceae

3. Ordn.: Cryptonemiales
Fam.: Dumontiaceae
Rhizophyllidaceae
Polyideaceae
Squamariaceae
Corallinaceae
Callymeniaceae
Hildenbrandtiaceae

4. Ordn.: Gigartinales
Fam.: Gracilariaceae
Plocamiaceae
Sarcodiaceae
Furcellariaceae
Rhabdoniaceae
Rhodophyllidaceae
Hypneaceae
Phyllophoraceae
Gigartinaceae
Chondriellaceae
Solieriaceae

5. Ordn.: Rhodymeniales
Fam.: Rhodymeniaceae
Champiaceae

6. Ordn.: Ceramiales
Fam.: Ceramiaceae
Delesseriaceae
Dasyaceae
Rhodomelaceae

Anhang:

Abteilung: Glaucophyta

Klasse: Glaucophyceae
Fam.: Glaucosphaeraceae
Gloeochaetaceae
Glaucocystaceae

2. Unterreich (Abteilungsguppe): Archegoniatae (Cormobionta)

1. Abteilung: Bryophyta

1. Klasse: Anthocerotopsida
1. Ordn.: Anthocerotales
Fam.: Anthocerotaceae
Notothyladaceae

2. Klasse: Hepaticopsida (Hepaticae)
1. Ordn.: Metzgeriales
Fam.: Metzgeriaceae
Pelliaceae
Aneuraceae
Dilaenaceae
Blasiaceae
Codoniaceae

2. Ordn.: Jungermanniales
Fam.: Ptilidiaceae
Lepidoziaceae
Calypogeiaceae
Cephaloziellaceae
Cephaloziaceae
Odontoschismataceae
Harpanthaceae
Lophocoleaceae
Lophoziaceae
Marsupellaceae
Jungermanniaceae
Plagiochilaceae
Scapaniaceae
Pleuroziaceae
Radulaceae
Madothecaceae
Frullaniaceae
Lejeuneaceae

3. Ordn.: Calobryales
Fam.: Haplomitriaceae
Calobryaceae

4. Ordn.: Sphaerocarpales
Fam.: Sphaerocarpaceae
Riellaceae

5. Ordn.: Marchantiales
Fam.: Marchantiaceae
Lunulariaceae
Cyathodiaceae
Cleveaceae
Exormothecaceae

Corsiniaceae
Oxymitraceae
Ricciaceae

3. Klasse: Musci
1. U.Kl.: Sphagnidae
Ordn.: Sphagnales
Fam.: Sphagnaceae
2. U.Kl.: Andreaeidae
Ordn.: Andreaeales
Fam.: Andreaeaceae
3. U.Kl.: Bryidae
1. Ordn.: Archidiales
Fam.: Archidiaceae
2. Ordn.: Dicranales
Fam.: Ditrichaceae
Dicranaceae
Leucobryaceae
3. Ordn.: Fissidentales
Fam.: Fissidentaceae
4. Ordn.: Pottiales
Fam.: Calymperaceae
Encalyptaceae
Pottiaceae
5. Ordn.: Grimmiales
Fam.: Grimmiaceae
6. Ordn.: Funariales
Fam.: Disceliaceae
Ephemeraceae
Funariaceae
7. Ordn.: Schistostegales
Fam.: Schistostegaceae
8. Ordn.: Tetraphidales
Fam.: Georgiaceae
9. Ordn.: Eubryales
Fam.: Bryaceae
Mniaceae
Aulacomniaceae
Meeseaceae
Catascopiaceae
Bartramiaceae
Timmiaceae
10. Ordn.: Isobryales
Fam.: Ptychomitriaceae
Orthotrichaceae
Hedwigiaceae
Cryphaeaceae
Leucodontaceae
Neckeraceae
Lembophyllaceae
Fontinaliaceae
Climaciaceae
11. Ordn.: Hookeriales
Fam.: Nemataceae
Hookeriaceae
12. Ordn.: Hypnobryales
Fam.: Theliaceae
Fabroniaceae
Leskeaceae
Thuidiaceae
Amblystegiaceae
Brachytheciaceae
Entodontaceae
Plagiotheciaceae
Sematophyllaceae
Hypnaceae
Rhytidiaceae
Hylocomiaceae
13. Ordn.: Buxbaumiales
Fam.: Diphysciaceae
Buxbaumiaceae
14. Ordn.: Polytrichales
Fam.: Polytrichaceae
15. Ordn.: Dawsoniales
Fam.: Dawsoniaceae

2. Abteilung: Pteridophyta

1. Klasse: Psilophytatae
Ordn.: Psilophytales
Fam.: Rhyniaceae
Zosterophyllaceae
Psilophytaceae
Asteroxylaceae
Pseudosporochnaceae

2. Klasse: Psilotatae
Ordn.: Psilotales
Fam.: Psilotaceae
Tmesipteridaceae

3. Klasse: Lycopodiatae
1. Ordn.: Protolepidodendrales
Fam.: Protolepidodendraceae
2. Ordn.: Drepanophycales
Fam.: Drepanophycaceae
3. Ordn.: Lepidodendrales
Fam.: Lepidodendraceae
Bothrodendraceae
Sigillariaceae
Pleuromeiaceae
4. Ordn.: Lycopodiales

Fam.: Lycopodiaceae
5. Ordn.: Selaginellales
Fam.: Selaginellaceae
6. Ordn.: Isoetales
Fam.: Isoetaceae

4. Klasse: Articulatae
(Spenopsida = Equisetatae)
1. Ordn.: Pseudoborniales
Fam.: Pseudoborniaceae
2. Ordn.: Sphenophyllales
Fam.: Sphenophyllaceae
Cheirostrobaceae
3. Ordn.: Calamitales
Fam.: Asterocalamitaceae
Calamitaceae
4. Ordn.: Equisetales
Fam.: Equisetaceae

5. Klasse Filicatae
(= Polipodiatae)
1. U.Kl.: Protopteridiidae
Ordn.: Protopteridiales
Fam.: Pseudosporochnaceae
Cladoxylonaceae
2. U.Kl.: Archaeopterididae
Ordn.: Archaeopteridales
3. U.Kl.: Coenopterididae
4. U.Kl.: Ophioglossidae
Ordn.: Ophioglossales
Fam.: Ophioglossaceae
5. U.Kl.: Marattiidae
Ordn.: Marattiales
Fam.: Angiopteridaceae
Marattiaceae
Christenseniaceae
Danaeaceae
Asterothecaceae
6. U.Kl.: Osmundidae
Ordn.: Osmundales
Fam.: Osmundaceae
7. U.Kl.: Polypodiidae
Ordn.: Filicales
Fam.: Schizaeaceae
Gleicheniaceae
Matoniaceae
Hymenophyllaceae
Dicksoniaceae
Cyatheaceae
Polypodiaceae
Parkeriaceae
8. U.Kl.: Marsileidae
Ordn.: Marsileales
Fam.: Pilulariaceae
Marsileaceae
9. U.Kl.: Salviniidae
Ordn.: Salviniales
Fam.: Salviniaceae
Azollaceae

Anhang:
Lepidospermales

3. Abteilung: Spermatophyta

1. Unterabteilung:
Coniferophytina

1. Klasse: Ginkgoatae
Ordn.: Ginkgoales
Fam.: Ginkgoaceae

2. Klasse: Pinatae
1. U.Kl.: Cordaitidae
Ordn.: Cordaitales
Fam.: Pityaceae
Cordaitaceae
Poroxylaceae
2. U.Kl.: Pinidae
1. Ordn.: Voltziales
Fam.: Lebachiaceae
Voltziaceae
Cheirolepidaceae
Protopinaceae
2. Ordn.: Pinales
Fam.: Cephalotaxaceae
Podocarpaceae
Araucariaceae
Pinaceae
Taxodiaceae
Cupressaceae
3. U.Kl.: Taxidae
Ordn.: Taxales
Fam.: Taxaceae

2. Unterabteilung: Cycadophytina

1. Klasse: Lyginopteridatae
(Pteridospermae)
1. Ordn.: Pteridospermae
Fam.: Lyginopteridaceae
Medullosaceae
Calamopityaceae

Peltaspermaceae
Corystospermaceae
2. Ordn.: Caytoniales
Fam.: Caytoniaceae

2. Klasse: Cycadatae
1. Ordn.: Cycadales
Fam.: Cycadaceae
2. Ordn.: Nilssoniales
Fam.: Nilssoniaceae
3. Ordn.: Pentoxylales
Fam.: Pentoxylaceae

3. Klasse: Bennettitatae
Ordn.: Bennettitales
Fam.: Williamsoniaceae
Wielandiellaceae
Bennettitaceae

4. Klasse: Gnetatae
(Chlamydospermae)
Ordn.: Gnetales
Fam.: Gnetaceae
Welwitschiaceae
Ephedraceae

3. Unterabteilung: Angiospermophytina (Magnoliophytina)

1. Klasse: Dicotyledoneae
(Magnoliatae)
1. U.Kl.: Magnoliidae
(Polycarpicae)
1. Ordn.: Magnoliales
Fam.: Magnoliaceae
Degeneriaceae
Himantandraceae
Winteraceae
Annonaceae
Eupomatiaceae
Myristicaceae
Canellaceae
Lactoridaceae
2. Ordn.: Laurales
Fam.: Austrobaileyaceae
Trimeniaceae
Amborellaceae
Monimiaceae
Calycanthaceae
Gomortegaceae
Lauraceae
Hernandiaceae
3. Ordn.: Illiciales
Fam.: Schisandraceae
Illiciaceae
4. Ordn.: Piperales
Fam.: Piperaceae
Saururaceae
Chloranthaceae
Peperomiaceae
5. Ordn.: Aristolochiales
Fam.: Aristolochiaceae
6. Ordn.: Nelumbonales
Fam.: Nelumbonaceae
7. Ordn.: Nymphaeales
Fam.: Nymphaeaceae
Ceratophyllaceae
Cabombaceae
Barclayaceae
8. Ordn.: Ranunculales
Fam.: Ranunculaceae
Berberidaceae
Sargentodoxaceae
Lardizabalaceae
Menispermaceae
Podophyllaceae
Nandinaceae
9. Ordn.: Papaverales
Fam.: Papaveraceae
Fumariaceae
2. U.KL.: Hamamelididae
(Amentiferae)
1. Ordn.: Trochodendrales
Fam.: Tetracentraceae
Trochodendraceae
2. Ordn.: Hamamelidales
Fam.: Eupteleaceae
Cercidiphyllaceae
Altingiaceae
Platanaceae
Hamamelidaceae
Myrothamnaceae
3. Ordn.: Casuarinales
Fam.: Casuarinaceae
4. Ordn.: Juglandales
Fam.: Juglandaceae
Rhoipteleaceae
5. Ordn.: Balanopales
Fam.: Balanopaceae
6. Ordn.: Leitneriales
Fam.: Leitneriaceae
Didymelaceae
7. Ordn.: Myricales

Fam.: Myricaceae
8. Ordn.: Fagales
Fam.: Fagaceae
Betulaceae
Salicaceae
9. Ordn.: Urticales
Fam.: Ulmaceae
Eucommiaceae
Moraceae
Cannabaceae
Urticaceae
Barbeyaceae
3. U.Kl.: Rosidae
1. Überordnung: Rosanae
1. Ordn.: Sarraceniales
Fam.: Sarraceniaceae
Nepenthaceae
Droseraceae
2. Ordn.: Podostemonales
Fam.: Podostemonaceae
Hydrostachyaceae
3. Ordn.: Rosales
Fam.: Rosaceae
Neuradaceae
Chrysobalanaceae
4. Ordn.: Saxifragales
Fam.: Crassulaceae
Cephalotaceae
Saxifragaceae
Hydrangeaceae
Grossulariaceae
Iteaceae
Rousseaceae
Montiniaceae
Phyllonomaceae
Brunelliaceae
Cunoniaceae
Davidsoniaceae
Pittosporaceae
Byblidaceae
Roridulaceae
Bruniaceae
Eucryphiaceae
Crypteroniaceae
Escalloniaceae
Penthoraceae
Vahliaceae
Francoaceae
Eremosynaceae
Parnassiaceae
5. Ordn.: Fabales
Fam.: Mimosaceae
Caesalpiniaceae
Fabaceae
2. Überordnung: Proteanae
Ordn.: Proteales
Fam.: Proteaceae
3. Überordnung: Myrtanae
1. Ordn.: Myrtales
Fam.: Penaeaceae
Lythraceae
Trapaceae
Crypteroniaceae
Myrtaceae
Sonneratiaceae
Punicaceae
Lecythidaceae
Melastomataceae
Rhizophoraceae
Combretaceae
Onagraceae
(Oenotheraceae)
Oliniaceae
2. Ordn.: Haloragales
Fam.: Haloragaceae
Hippuridaceae
Gunneraceae
3. Ordn.: Elaeagnales
Fam.: Elaeagnaceae
4. Überordnung: Rutanae
1. Ordn.: Rutales
Fam.: Rutaceae
Cneoraceae
Simaroubaceae
Picrodendraceae
Burseraceae
Meliaceae
Anacardiaceae
Julianiaceae
2. Ordn.: Sapindales
Fam.: Staphyleaceae
Aceraceae
Sapindaceae
Akaniaceae
Hippocastanaceae
Bretschneideraceae
Melianthaceae
Greyiaceae
Sabiaceae
3. Ordn.: Geraniales
Fam.: Limnanthaceae
Oxalidaceae

Geraniaceae
Tropaeolaceae
Zygophyllaceae
Linaceae
Erythroxylaceae
Ixonanthaceae
Ctenolophonaceae
Humiriaceae
Irvingiaceae
Lepidobotryaceae
Malpighiaceae
Balanitaceae
Connaraceae
Balsaminaceae
Biebersteiniaceae
Dirachmaceae
4. Ordn.: Polygalales
Fam.: Krameriaceae
Trigoniaceae
Vochysiaceae
Xanthophyllaceae
Polygalaceae
Tremandraceae
5. Überordnung: Aralianae
1. Ordn.: Araliales
Fam.: Araliaceae
Apiaceae
2. Ordn.: Cornales
Fam.: Alangiaceae
Nyssaceae
Davidiaceae
Cornaceae
Garryaceae
Mastixiaceae
Terricelliaceae
6. Überordnung: Celastranae
1. Ordn.: Calastrales
Fam.: Geissolomaceae
Siphonodontaceae
Aquifoliaceae
Corynocarpaceae
Pandaceae
Celastraceae
Staphyleaceae
Hippocrateaceae
Stackhousiaceae
Salvadoraceae
Goupiaceae
Icacinaceae
2. Ordn.: Rhamnales
Fam.: Rhamnaceae
Vitaceae
Leeaceae
3. Ordn.: Euphorbiales
Fam.: Buxaceae
Daphniphyllaceae
Euphorbiaceae
Chailletiaceae
4. Ordn.: Santalales
Fam.: Olacaceae
Dipentodontaceae
Opiliaceae
Santalaceae
Myzodendraceae
Loranthaceae
Aptandraceae
Octoknemaceae
Eryhtropalaceae
Peripterygiaceae
Cynomoriaceae
Medusandraceae
5. Ordn.: Balanophorales
Fam.: Balanophoraceae
6. Ordn.: Rafflesiales
Fam.: Rafflesiaceae
Hydnoraceae
7. Ordn.: Thymelaeales
Fam.: Thymelaeaceae
Aquilariaceae
Gonystylaceae
4. U.Kl.: Dilleniidae
1. Überordn.: Dillenianae
1. Ordn.: Dilleniales
Fam.: Dilleniaceae
Paeoniaceae
Crossosomataceae
2. Ordn.: Theales
Fam.: Lophiraceae
Pentaphyllaceae
Tetrameristaceae
Clusiaceae
Elatinaceae
Bonnetiaceae
Pellicieraceae
Sarcolaenaceae
Rhopalocarpaceae
Asteropeiaceae
Medusagynaceae
Ochnaceae
Dioncophyllaceae
Strasburgeriaceae
Dipterocarpaceae

Theaceae
Caryocaraceae
Marcgraviaceae
Quiinaceae
Guttiferae
(Hypericaceae)
Ancistrocladaceae
3. Ordn.: Violes
Fam.: Flacourtiaceae
Peridiscaceae
Violaceae
Stachyuraceae
Cistaceae
Bixaceae
Lacistemataceae
Cochlospermaceae
4. Ordn.: Passiflorales
Fam.: Turneraceae
Malesherbiaceae
Passifloraceae
Achariaceae
Caricaceae
5. Ordn.: Cucurbitales
Fam.: Cucurbitaceae
6. Ordn.: Begoniales
Fam.: Datiscaceae
Begoniaceae
7. Ordn.: Capparidales
Fam.: Capparidaceae
Koeberliniaceae
Tovariaceae
Moringaceae
Brassicaceae
Resedaceae
8. Ordn.: Tamaricales
Fam.: Tamaricaceae
Fouquieraceae
Frankeniaceae
9. Ordn.: Salicales
Fam.: Salicaceae
2. Überordnung: Malvanae
1. Ordn.: Malvales
Fam.: Elaeocarpaceae
Tiliaceae
Malvaceae
Bombacaceae
Sterculiaceae
Scytopetalaceae
3. Überordnung: Ericanae
1. Ordn.: Ericales
Fam.: Clethraceae
Pyrolaceae
Ericaceae
Empetraceae
Epacridaceae
Sauraniaceae
Actinidiaceae
Vacciniaceae
Monotropaceae
Cyrillaceae
Grubbiaceae
2. Ordn.: Diapensiales
Fam.: Diapensiaceae
3. Ordn.: Ebenales
Fam.: Sapotaceae
Sarcospermataceae
Ebenaceae
Styracaceae
Lissocarpaceae
Symplocaceae
4. Ordn.: Primulales
Fam.: Theophrastaceae
Myrsinaceae
Primulaceae
Aegicerataceae
5. U. Kl.: Caryophyllidae
1. Ordn.: Caryophyllales
Fam.: Phytolaccaceae
Gyrostemonaceae
Batidaceae
Theligonaceae
Nyctaginaceae
Didiereaceae
Caryophyllaceae
Dysphaniaceae
Holophytaceae
Amaranthaceae
Chenopodiaceae
Molluginaceae
Aizoaceae
Cactaceae
Portulacaceae
Basellaceae
Simmondsiaceae
2. Ordn.: Polygonales
Fam.: Polygonaceae
3. Ordn.: Plumbaginales
Fam.: Plumbaginaceae
6. U. Kl.: Asteridae
1. Überordnung: Lamianae
1. Ordn.: Gentianales
Fam.: Loganiaceae

Desfontainiaceae
(Potaliaceae)
Gentianaceae
Menyanthaceae
Apocynaceae
Asclepiadaceae
Rubiaceae
Plocospermataceae
Periplocaceae
Buddlejaceae
Dialypetalanthaceae
Sambucaceae
2. Ordn.: Dipsacales
Fam.: Dipsacaceae
Caprifoliaceae
Adoxaceae
Valerianaceae
3. Ordn.: Oleales
Fam.: Oleaceae
4. Ordn.: Polemoniales
Fam.: Polemoniaceae
Convolvulaceae
Cuscutaceae
Hydrophyllaceae
Boraginaceae
Lennoaceae
Dichondraceae
Hoplestigmataceae
Loasaceae
5. Ordn.: Scrophulariales
Fam.: Solanaceae
Scrophulariaceae
Globulariaceae
Bignoniaceae
Acanthaceae
Pedaliaceae
Martyniaceae
Gesneriaceae
Nolanaceae
Columelliaceae
Orobanchaceae
Lentibulariaceae
Myoporaceae
Plantaginaceae
6. Ordn.: Lamiales
Fam.: Verbenaceae
Callitrichaceae
Lamiaceae
Stilbaceae
Chloanthaceae
Phrymaceae
Avicenniaceae
2. Überordnung: Asteranae
1. Ordn.: Campanulales
Fam.: Campanulaceae
Sphenocleaceae
Pentaphragmataceae
Goodeniaceae
Brunoniaceae
Stylidiaceae
Donatiaceae
Lobeliaceae
2. Ordn.: Calycerales
Fam.: Calyceraceae
3. Ordn.: Asterales
Fam.: Asteraceae

2. Klasse: Monocotyledoneae (Liliatae)
1. U.Kl.: Alismatidae
1. Ordn.: Alismatales
Fam.: Alismataceae
Butomaceae
Limnocharitaceae
2. Ordn.: Hydrocharitales
Fam.: Hydrocharitaceae
3. Ordn.: Najadales
Fam.: Scheuchzeriaceae
Aponogetonaceae
Juncaginaceae
Potamogetonaceae
Zannichelliaceae
Najadaceae
Zosteraceae
Ruppiaceae
Posidoniaceae
Lilaeaceae
Cymodociaceae
2. U.Kl.: Liliidae
1. Überordnung: Lilianae
1. Ordn.: Triuridales
Fam.: Triuridaceae
2. Ordn.: Liliales
Fam.: Liliaceae
Xanthorrhoeaceae
Stemonaceae
Agavaceae
Haemodoraceae
Cyanastraceae
Amaryllidaceae
Hypoxidaceae
Velloziaceae

Taccaceae
Dioscoreaceae
Pontederiaceae
Iridaceae
Geosiridaceae
Burmanniaceae
Corsiaceae
Philydraceae
Philesiaceae
Pontederiaceae
Trilliaceae
Tecophilaeaceae
Alstroemeriaceae
3. Ordn.: Orchidales
Fam.: Orchidaceae
2. Überordnung: Bromelianae
1. Ordn.: Bromeliales
Fam.: Bromeliaceae
2. Ordn.: Zingiberales
Fam.: Musaceae
Zingiberaceae
Cannaceae
Marantaceae
Lowiaceae
Strelitziaceae
3. Überordnung: Juncanae
1. Ordn.: Juncales
Fam.: Juncaceae
Thurniaceae
2. Ordn.: Cyperales
Fam.: Cyperaceae
3. Ordn.: Typhales
Fam.: Sparganiaceae
Typhaceae
4. Überordnung: Commelinanae
1. Ordn.: Commelinales
Fam.: Commelinaceae
Mayacaceae
Xyridaceae
Rapateaceae
2. Ordn.: Eriocaulales
Fam.: Eriocaulaceae
3. Ordn.: Restionales
Fam.: Restionaceae
Centrolepidaceae
Flagellariaceae
4. Ordn.: Poales
Fam.: Poaceae
3. U.Kl.: Arecidae
1. Ordn.: Arecales
Fam.: Arecaceae
2. Ordn.: Cyclanthales
Fam.: Cyclanthaceae
3. Ordn.: Arales
Fam.: Araceae
Lemnaceae
4. Ordn.: Pandanales
Fam.: Pandanaceae

F Literatur

Anmerkung: Das Verzeichnis enthält neben den für die Bearbeitung des Wörterbuches herangezogenen Quellen auch zusätzlich aufgenommene Titel, die weiterführenden (vertiefenden bzw. ergänzenden) Studien dienen. Das betrifft Lehr- und Fachbücher disziplinübergreifenden und disziplinspezifischen Charakters. Die Orientierung auf moderne Fach- bzw. Spezialliteratur ergibt sich aus dem Querschnittscharakter des (Taschen-)Wörterbuches, das aus relativ vielen Disziplinen der Botanik und aus einigen Anwendungsgebieten jeweils nur eine begrenzte Auswahl von Stichwörtern in kurzgefaßter Definition enthält. – Neben dem Nachweis verwendeter Sprachlexika (Griechisch, Latein) wurde ferner eine Auswahl von aktuellen Wörterbüchern der Biologie (Botanik, Zoologie) aufgenommen – dabei auch eine Reihe von Titeln, die aus historischer Sicht von Interesse sind.

Abercrombie, M.; Hickmann, C. J.; Johnson, M. L.: Taschenlexikon der Biologie. Stuttgart, Fischer, 1971.

Ahrens, G.: Naturwissenschaftliches und medizinisches Latein. 8. Aufl., Leipzig, Barth, 1983.

Andrée, I.: Lexique des termes de botanique en latin. Paris, 1956.

Bach, H.: Kärntner Naturschutz-Handbuch. Klagenfurt, Kärntner Druck- und Verl.-Ges. (in Komm.), Bd. 1, 1978, Teil 1. Gefährdete und geschützte Pflanzen; Teil 2. Pflanzengesellschaften als Lebensräume gefährdeter, geschützter Pflanzen …

Backeberg, C.: Das Kakteenlexikon: enumeratio diagnostica Cactacearum (mit Anh. von W. Haage). 5. Aufl., Jena, Fischer, 1979.

Bährmann, R. (Bearb.): Ökologie. 1. Aufl., Jena, Fischer, 1984 (Studienreihe Biowissenschaften).

Benseler, G. E.: Griechisch-deutsches Schulwörterbuch (bearb. von A. Kaegi). 15., neubearb. Aufl., Leipzig, Teubner, 1931.

Berger, K. (Hrsg.): Mykologisches Wörterbuch: 3200 Begriffe in 8 Sprachen (Bearb. von G. R. W. Arnold). 2., durchges. Aufl., Jena, Fischer, 1980.

Bergey's manual of determinative bacteriology (ed. by R. E. Buchanan and N. E. Gibbons). 8. ed., Baltimore, Williams & Williams, 1974.

Bergey's manual of systematic bacteriology. Baltimore, Williams & Williams, 1986.

Bergmann, W. (Hrsg.): Ernährungsstörungen bei Kulturpflanzen: Entstehung u. Diagnose. Jena, Fischer, 1983.

Boerner, F.: Taschenwörterbuch der botanischen Pflanzennamen: für Gärtner, Baumschuler, Garten- u. Pflanzenfreunde, Land- u. Forstwirte. 3. Aufl. Berlin (West)/Hamburg, Parey, 1978.

Bögel, Th.: Lehrbuch des klassischen Lateins. Halle (Saale), Niemeyer, 1955.

Bold, H. C.: Morphology of plants. 3. ed., New York (u. a.), Harper & Row, 1973. – S. 627–639: Glossary.
Boros, G.: Lexikon der Botanik: mit bes. Berücks. d. Vererbungslehre u.d. angrenzenden Gebiete. Stuttgart, Ulmer, 1966.
Borris, H.; Libbert, E. (Hrsg.): Pflanzenphysiologie (bearb. von D. Bernhard ...), 1. Aufl. Jena, Fischer, 1984 (Wörterbücher der Biologie).
Brockhaus ABC Biologie. 6., überarb. u. erweit. Aufl., 2 Bde., Leipzig Brockhaus, 1986.
Carpenter, J. R.: An ecological glossary. New York, Hafner, 1956.
Davydov, N. N.: Botaničeskij slovar': russko-anglijsko-nemecko-francuzsko-latinskij = Botanical dictionary = Botanisches Wörterbuch (Red. F. Ch. Bachteeva). Izd. 2., stereotip, Moskva, Glav. Red. Inostr. Nauč.-Techn. Slovarej Fizmatgiza, 1962.
Denffer, D. von (Hrsg.): Lehrbuch der Botanik für Hochschulen (begr. von E. Strasburger ...), 32. Aufl., Stuttgart/New York, Fischer, 1983.
Dietrich, G.: Müller-Hegemann, A. (Hrsg.): Jugendlexikon Biologie. 5., neubearb. Aufl., Leipzig, Bibliogr. Inst., 1986.
Engler, A.: Syllabus der Pflanzenfamilien: mit bes. Berücks. d. Nutzpflanzen nebst einer Übersicht über d. Florenreiche u. Florengebiete d. Erde. 12., völlig neugest. Aufl., 2 Bde., Berlin (West), Borntraeger, 1964.
Ettl, H.: Grundriß der allgemeinen Algologie. 1. Aufl., Jena, Fischer, 1980.
Fachwörterbuch zu. S. Jávorkas Handbuch »Magyar flóra (Flora Hungarica)« und »Iconographia florae Hungaricae«, Budapest, Studium, 1932.
Farbatlas Ernährungsstörungen bei Kulturpflanzen: visuelle u. analyt. Diagnose (hrsg. von W. Bergmann). 2., erweit. Aufl., Jena, Fischer, 1986.
Friedrich, G.; Schuricht, W.: Seltenes Kern-, Stein- und Beerenobst. 1. Aufl., Leipzig/Radebeul, Neumann, 1985.
Füller, H.: Das Bild der modernen Biologie. 3. Aufl., Leipzig/Jena/Berlin, Urania, 1985.
Fukarek, F. (Hrsg.) : Pflanzenwelt der Erde. 1. Aufl., Leipzig/Jena/Berlin, Urania, 1979.
Gams, H., u. Mitarb.: Kleine Kryptogamenflora von Mitteleuropa. Jena/Stuttgart, Fischer, 1953.
Genaust, H.: Etymologisches Wörterbuch der botanischen Pflanzennamen. 2., verbess. Aufl., Basel (u. a.), Birkhäuser, 1983.
Gerke, O.: Botanisches Wörterbuch. Leipzig/Berlin, Teubner, 1919.
Giljarov, M. S. (glav. red.): biologičeskij enciklopedičeskij slovar'. Moskva, Sovět. Encikl., 1986 (Enzyklopädisches Biologie-Wörterbuch).
Glaser, L.: Taschenwörterbuch für Botaniker. Leipzig, Weigel, 1980.
Goetzke, K.: Tabellen und Übungen zum Vulgärlatein – für d. Gebrauch in Vorlesungen u. Seminarübungen zus.-gestellt. Leverkusen, Gottschalk, 1947.
Grolle, R.: Die pflanzlichen Hüllorgane, in denen Sporen und Gameten entstehen: zur Homologie u. Terminologie. In: Flora, Jena, 160 (1971), S. 105–136.
Grummann, V.: Catalogus lichenum Germaniae: ein systemat.-florist. Katalog d. Flechten Deutschlands. Stuttgart, Fischer, 1963.
Grunert, Ch.; Viedt, G.; Kauffmann, H.-G.: Kakteen und andere schöne Sukkulenten. 4. Aufl., Berlin, Dt. Landwirtschaftsverl., 1984.
Guttenberg, H. von: Lehrbuch der Allgemeinen Botanik. 6., neubearb. Aufl., Berlin, Akademieverl., 1963.
Haage, W.: Kakteen von A bis Z.: ein Ratgeber für d. Kakteenfreund mit Kurzbeschreibung d. wichtigsten bis Ende 1979 benannten Gattungen u. Arten von Kakteen sowie d. dazugehörigen Wissensgebiete. Leipzig/Radebeul, Neumann; 1981.
Handbuch für Pilzfreunde (begr. von E. Michael, neubearb. von B. Hennig, weitergef. von H. Kreisel). Jena, 6 Bde., Fischer, 1975–1983.
Hegi, G.: Illustrierte Flora von Mitteleuropa. Berlin (West)/Hamburg, Parey, 1966.

Heinichen, F.A.: Taschenwörterbuch Lateinisch-Deutsch. 12. Aufl., Leipzig, Teubner, 1983.

Henderson, I. F.; Henderson, W. D.: A dictionary of scientific terms: pronunciation, derivation, and definition of terms in biology, botany (by J.H.Kenneth). 8. ed., Edinburgh (u.a.), Oliver and Boyd, 1963.

Hentschel, E.; Wagner, G.: Zoologisches Wörterbuch: Tiernamen, allgemeinbiolog., anatom., physiolog. Termini ... 4. Aufl., Jena, Fischer, 1988.

Heywood, V.H. (Hrsg.): Popular encyclopedia of plants. Assoc. ed. St. R. Chant. Cambridge (u. a.), Cambridge Univ. Pr., 1982.

Horecký, J. (Hrsg.): Terminológia botanickej morfológie (Terminologie d. botan. Morphologie). Bratislava, Akad., 1959.

Jacob, F.; Jäger, E.J.; Ohmann, E.: Kompendium der Botanik. 3., durchges. Aufl., Jena, Fischer, 1987 (Studienreihe Biowissenschaften).

Jacobsen, H.: Das Sukkulentenlexikon: kurze Beschreibung, Herkunftsangaben u. Synonymie d. sukkulenten Pflanzen mit Ausnahme d. Cactaceae. 3., durchges. Aufl., Jena, Fischer, 1983.

Jahn, I. (Hrsg.): Geschichte der Biologie: Theorien, Methoden, Institutionen, Kurzbiographien. 2., durchges. Aufl., Jena, Fischer, 1985.

Kirpičnikov, M.E.; Zabinkova, N.N.: Russko-latinskij slovar' dlja botanikov (Russ.-lat. Wörterbuch für Botaniker). Leningrad, Nauka, 1977.

Lamb, E.; Lamb, B.: Kakteen und andere Sukkulenten in Heim und Wildnis. 2. Aufl., Melsungen (u. a.), Neumann-Neudamm, 1979.

Lehmann, U.: Paläontologisches Wörterbuch. 3., überarb. u. erweit. Aufl., Stuttgart, Enke, 1985.

Lerch, G.: Pflanzenökologie. 4., bericht. Aufl., Berlin, Akademieverl., 1985.

Löwe, G. (Hrsg.): Wörterbuch Lateinisch-Deutsch. 1. Aufl., Autorenkollektiv unter Ltg. von Gerhard Löwe, Leipzig, Enzyklopädie-Verlag, 1985.

Mansfeld, R.: Die Technik der wissenschaftlichen Pflanzenbenennung: Einf. in d. internat. Regeln d. botan. Nomenklatur. Berlin, Akademieverl., 1949.

Mansfeld, R.: Rudolf Mansfelds Verzeichnis landwirtschaftlicher und gärtnerischer Kulturpflanzen (ohne Zierpflanzen). hrsg. von J. Schultze-Motel, bearb. v. E. H. Benedix ... 2., neubearb. u. wesentl. erweit. Aufl., 4 Bde., Berlin, Akademieverl., 1986.

Meusel, H. (Hrsg).: Vergleichende Chorologie der zentraleuropäischen Flora. 2 Bde., Jena, Fischer, 1965, 1978.

Müller, G. (Hrsg.): Mikrobiologie (bearb. v. H. Bochow ...). 1. Aufl., Jena, Fischer, 1980 (Wörterbücher der Biologie).

Pschyrembel, W.: Klinisches Wörterbuch: mit klin. Syndromen u. nomina anatomica (bearb. von d. Wörterbuchred. d. Verl. unter d. Leitung von Ch. Zink). 255., völlig überarb. u. stark erweit. Aufl., Berlin (West)/New York, de Gruyter, 1986.

Räuber, H.; Möschner, D.; Schröder, R.: Namensliste wichtiger Zierpflanzen: Topfpflanzen u. Schnittblumen unter Glas, Einjahresblumen, Gruppenpflanzen, Stauden, Ziergehölze. 1. Aufl., Berlin, Dt. Landwirtschaftsverl., 1984.

Rauh, W.: Kakteen an ihren Standorten: unter bes. Berücks. ihrer Morphologie u. Systematik. Berlin (West)/Hamburg, Parey, 1979.

Rieger, R.; Michaelis, A.: Genetisches und cytogenetisches Wörterbuch. Berlin (West)/Göttingen/Heidelberg, Springer, 1958.

Rieger, R.: Michaelis, A.; Green, M.M.: Glossary of genetics and cytogenetics: classical and molecular. 4. compl. rev. ed., Berlin (West)/Heidelberg/New York, Springer, 1976.

Ries, E.: Biologie der Zelle (bearb., erg. u. hrsg. von M. Gersch). Leipzig, Teubner, 1953.

Röth, J.: Orchideen. 2. Aufl., Berlin, Dt. Landwirtschaftsverl., 1983.

Röth, J.; Vahsholz, S.: Orchideen und andere Exoten. 1. Aufl., Leipzig/Radebeul, Neumann, 1985.

Saftenberg, F.: Botanisches Wörterbuch. Erklärung u. Ableitung d. botan. Gattungs- u. Artbezeichnungen ... (neubearb. von J. G. Gärtner). 5. Aufl., Leipzig, Hachmeister & Thal, 1951.

Scamoni, A.: Einführung in die praktische Vegetationskunde (unter Mitarb. von. H. Passarge). 2. neu bearb. Aufl., Jena, Fischer, 1963.

Schaefer, M.; Tischler, W.: Ökologie: mit engl-dt. Reg. 2., überarb. u. erweit. Aufl., Stuttgart/New York, Fischer, 1983.

Schenkel, K.: Deutsch-griechisches Schulwörterbuch. Leipzig, Teubner, 1873.

Schmithüsen, J.: Allgemeine Vegetationsgeographie. 3., neu bearb. u. erweit. Aufl., Berlin (West), de Gruyter, 1968.

Schneider, C.K.: Illustriertes Handwörterbuch der Botanik (hrsg. von K. Linsbauer). 2., völlig umgearb. Aufl., Leipzig, Engelmann, 1917.

Schubert, R. (Hrsg.): Lehrbuch der Ökologie. 2. Aufl., Jena, Fischer, 1986.

Schubert, R.; Handke, H.-H.; Pankow, H.: Exkursionsflora für die Gebiete der DDR und BRD, Bd. 1, Volk u. Wissen, Berlin, 1983.

Schubert, R.; Werner, K.; Meusel, H.: Exkursionsflora für die Gebiete der DDR und BRD (begr. von W. Rothmaler). Bd. 2, 12. Aufl., Volk u. Wissen, Berlin, 1984.

Schubert, R.; Vent, W.: Exkursionsflora für die Gebiete der DDR und BRD (begr. von W. Rothmaler). Bd. 4, 4. Aufl., Volk u. Wissen, Berlin, 1976.

Schubert, R.: Pflanzengeographie. 2., bearb. Aufl., Berlin, Akademieverl., 1979.

Schwörbel, J.: Einführung in die Limnologie. 5., neu bearb. Aufl., Stuttgart/New York, Fischer, 1984.

Sedlag, U.; Weinert, E.: Biogeographie, Artbildung, Evolution. Fischer, Jena, 1987 (Wörterbücher der Biologie).

Soó R.: A magyar flóra és vegetáció rendszertani-növényföldrajzi kézikönyve = Synopsis systematico-geobotanica florae vegetationisque Hungariae. Budapest, Akad. K., 1/1964, 2/1966, 3/1968, 4/1970.

Stearn, W. T.: Botanical latin: history, grammar, syntax, terminology and vocabulary. London/Edinburgh, Nelson, 1966.

Stowasser, J.M.: Der kleine Stowasser: lat.-dt. Schulwörterbuch (fortgef. von M. Petschenig u. F. Skutsch., bearb. u. erweit. von R. Pichl). Wien, Hölder-Pichler-Tempsky, 1979.

Strasburger, E. (Begr.): Lehrbuch der Botanik für Hochschulen (Neubearb. von D. V. Denffer). 32. Aufl., Stuttgart/New York, Fischer, 1983.

Strömberg, R.: Griechische Pflanzennamen. Göteborg, Wettergren u. Kerbers, 1940.

Tachtadžjan, A. L.: Die Evolution der Angiospermen. Jena, Fischer, 1959.

Tachtadžjan, A. L.: Evolution und Ausbreitung der Blütenpflanzen. 1. Aufl., Jena, Fischer, 1973.

Tutin, T. G. (Hrsg.): Flora Europaea. Vol. 1–5, Cambridge, Univ. Press, 1964–1980.

Vogellehner, D.: Botanische Terminologie und Nomenklatur: eine Einführung. 2., überarb. u. erweit. Aufl., Stuttgart, Fischer, 1983.

Voss, A.: Botanisches Hilfs- und Wörterbuch. Berlin, Parey, 1920.

Wagner, G.: Fachworterklärungen Botanik. Berlin, Volk u. Wissen, 1957.

Wagner, G.: Börner, Th.: Zur Etymologie von »Prokaryota« und »Eukaryota«. In: Biolog. Rundschau, Jena, 15 (1977), S. 121–123.

Walde, A.; Hoffmann, J. B.: Lateinisches etymologisches Wörterbuch. 3. Aufl., Heidelberg, 1938.

Walter, H.; Breckle, S.-W. (Hrsg.): Ökologie der Erde. 3 Bde., Stuttgart/New York, Fischer, 1983, 1984, 1987 (in Vorbereitung).

Walter, H.: Vegetation und Klimazonen: Grundriß d. globalen Ökologie. 5., überarb. u. ergänzte Aufl., Stuttgart, Ulmer, 1984.

Watson, J. D.: Molecular biology of the gene. New York/Amsterdam, Benjamin, 1965.

Wehrhahn, H. R.: Die botanischen Pflanzennamen. 6. Aufl. (völlig neu bearb. u. erweit. von P. Stötzel), Gießen, 1955.

Werner, Cl. F.: Wortelemente lateinisch-griechischer Fachausdrücke in den biologischen Wissenschaften. 2. Aufl., Leipzig, Akad. Verl.-Ges. Geest & Portig, 1961.

Wittstein, G. C.: Etymologisch-botanisches Handwörterbuch. 2. Aufl., Erlangen, Palm u. Anke, 1956.

Zabinkova, N. N.; Kirpičnikov, M. E.: Lexicon Latino-Rossicum pro botanicis. Moskva/Leningrad, 1957.

Zander, R.: Kleines botanisches Fremdwörterbuch. 3. Aufl., Stuttgart, Ulmer, 1950.

Zander, R.; Encke, F.: Handwörterbuch der Pflanzennamen. 12. Aufl., Stuttgart, Ulmer, 1980.

Zickgraf, A.: Schreibweise und Aussprache der botanischen Namen. Bielefeld, 1914.